陕西气象部门财务制度汇编

（上　册）

陕西省气象局　编

图书在版编目(CIP)数据

陕西气象部门财务制度汇编／陕西省气象局编. --北京：气象出版社，2016.6
 ISBN 978-7-5029-6349-1

Ⅰ.①陕… Ⅱ.①陕… Ⅲ.①气象局-财务制度-汇编-陕西省 Ⅳ.①F233.2

中国版本图书馆 CIP 数据核字(2016)第 109626 号

Shaanxi Qixiang Bumen Caiwu Zhidu Huibian
陕西气象部门财务制度汇编
陕西省气象局　编

出版发行：气象出版社	
地　　址：北京市海淀区中关村南大街46号	邮政编码：100081
电　　话：010-68407112(总编室)　010-68409198(发行部)	
网　　址：http://www.qxcbs.com	E-mail：qxcbs@cma.gov.cn
责任编辑：郭健华　张盼娟	终　　审：邵俊年
责任校对：王丽梅	责任技编：赵相宁
封面设计：博雅思企划	
印　　刷：北京中石油彩色印刷有限责任公司	
开　　本：787 mm×1092 mm　1/16	印　　张：68.375
字　　数：1560 千字	
版　　次：2016 年 7 月第 1 版	印　　次：2016 年 7 月第 1 次印刷
定　　价：180.00 元	

本书如存在文字不清、漏印以及缺页、倒页、脱页等，请与本社发行部联系调换

编委会

主 任：杜毓龙
副主任：贺文彬　张　莉

主 编：张　莉（兼）
编 委：王　晔　于　洪　吕彦林　张小锋

编委会

序

"不依规矩,不成方圆",规矩反映到气象部门全局管理中就是制度,严谨可行的制度能够厘定责任,提升素质,强化管理,保障事业的健康发展。

为适应新常态下气象事业发展的需要,使各项工作开展得更加科学、规范、有序,必须进一步加强制度建设,制定更为完善的规章制度。陕西省气象局党组在推进气象现代化建设中非常重视发挥规章制度的作用,计财工作是推进气象现代化建设的有力保障,是全面深化气象改革的重要方面。这就需要我们适应改革发展的新形势,大胆创新,继续深化职能转变,提高宏观管理能力,努力使规划、预算、项目、资产及财务等管理工作有所创新和突破,努力增强计划财务工作的系统性和全面性,使之精细化和科学化,逐步建立适应气象事业发展要求的计划财务制度体系。

这本《陕西气象部门财务制度汇编》是我局多年规范化建设的工作成果,涵盖了全国人大、国务院、相关部委、中国气象局、陕西省政府、陕西省气象局颁布的与财务相关的法律规章制度近200项,集中反映了我局的发展轨迹与工作状况,是我局全体计财干部多年工作经验与智慧的结晶,标志着我局的计财管理水平迈上了新的台阶。本书的编写工作历时一年有余,经过省局计财处的努力,先后对汇编涉及的内容进行了逐篇、逐段、逐字的核对与修改,涵盖了气象计财工作的各个方面,必将对我局今后正确地执行政策法律,提高工作效率,更好地服务大局,促进气象现代化建设有着极其重要的意义。

制度重在建设,精在落实,贵在坚持,愿全局上下以此为新的起点,以实际行动保障制度规范在工作中得到充分的贯彻执行,为我局的发展再立新功!

陕西省气象局局长 丁传群

2016年5月6日

目 录

序

上 册

第一编 预决算管理

第一部分 预算管理 ……………………………………………………………… (3)
　中华人民共和国预算法 ……………………………………………………… (3)
　关于专员办加强财政预算监管工作的通知 ………………………………… (18)
　专员办财政预算监管工作程序 ……………………………………………… (21)
　关于进一步加强中央农口部门预算执行管理的通知 ……………………… (25)
　中央部门预算绩效目标管理办法 …………………………………………… (27)
　关于推进中央部门中期财政规划管理的意见 ……………………………… (45)
　关于加强和改进中央部门项目支出预算管理的通知 ……………………… (48)
　关于加强中央部门预算评审工作的通知 …………………………………… (55)
　关于中央预算单位2016年预算执行管理有关问题的通知 ………………… (58)
　气象部门基本支出预算管理办法 …………………………………………… (61)
　气象部门项目支出预算管理办法 …………………………………………… (64)
　气象部门中央财政预算支出进度管理若干规定 …………………………… (68)
　关于推进气象部门预算科学化精细化管理的实施意见 …………………… (72)
　气象部门预算编报工作考核评比办法（试行） …………………………… (78)
　气象部门预算管理责任制暂行规定 ………………………………………… (82)
　中国气象局部门预算编制工作规程 ………………………………………… (84)
　陕西省气象部门预算管理责任制暂行规定实施细则 ……………………… (90)
　陕西省气象部门中央部门预算编制规程 …………………………………… (94)
　中央部门财政拨款结转和结余资金管理办法 ……………………………… (99)
　关于进一步做好盘活财政存量资金工作的通知 …………………………… (103)
　关于盘活中央部门存量资金的通知 ………………………………………… (106)

第二部分　决算管理

部门决算管理制度 …………………………………………………… (108)
气象部门年度部门决算评审办法(试行) ……………………………… (115)
气象部门住房改革支出决算工作考核评比暂行办法 ………………… (118)
气象部门企业财务决算工作考核评比暂行办法 ……………………… (120)
气象部门决算管理工作规程 …………………………………………… (122)
陕西省气象部门年度部门决算评审办法(试行) ……………………… (129)
陕西省气象部门决算管理工作规程 …………………………………… (132)

第三部分　国库集中支付管理

中央财政国库动态监控管理暂行办法 ………………………………… (138)
气象部门财政国库管理制度改革资金支付管理办法实施细则 ……… (142)
气象部门财政国库管理制度改革年终预算结余资金管理暂行办法 … (153)
气象部门国库集中支付资金归垫管理暂行办法 ……………………… (155)
气象部门国库集中支付工作考核管理办法 …………………………… (157)
关于加强公务机票购买管理有关事项的通知 ………………………… (162)
关于气象部门公务机票购买管理有关事项的通知 …………………… (164)
关于气象部门公务机票购买管理有关事项的补充通知 ……………… (166)
气象部门公务卡管理实施办法 ………………………………………… (167)
关于进一步推进公务卡制度的通知 …………………………………… (174)

第二编　内部控制与财务管理

第一部分　内控与审计

行政事业单位内部控制规范(试行) …………………………………… (177)
中华人民共和国审计法 ………………………………………………… (187)
中华人民共和国审计法实施条例 ……………………………………… (193)
陕西省气象部门审计结果整改情况跟踪检查实施细则 ……………… (202)
党政机关厉行节约反对浪费条例 ……………………………………… (206)
党政机关厉行节约反对浪费实施细则 ………………………………… (216)
违规发放津贴补贴行为处分规定 ……………………………………… (226)
关于在县级气象局建立三人决策制度的通知 ………………………… (228)
关于在市气象局和省局直属单位建立"三重一大"事项议事决策制度的通知 ……
……………………………………………………………………………… (230)
关于在市气象局和省局直属单位建立"联签会审"制度的通知 ……… (233)
中共陕西省气象局党组落实党风廉政建设和反腐败工作主体责任实施办法 ………
……………………………………………………………………………… (235)

第二部分　现金与银行账户管理 （240）

　　现金管理暂行条例 （240）
　　中央预算单位银行账户管理暂行办法 （244）
　　《中央预算单位银行账户管理暂行办法》补充规定 （250）
　　陕西省预算单位银行账户管理暂行办法 （252）
　　中央单位财政国库管理制度改革试点资金支付管理办法 （257）
　　中华人民共和国发票管理办法实施细则 （271）
　　行政事业单位资金往来结算票据使用管理暂行办法 （275）
　　气象部门中央行政事业单位资金往来结算票据使用管理办法 （279）

第三部分　各项支出制度 （285）

　　气象部门因公临时出国经费管理办法 （285）
　　党政机关会议定点管理办法 （290）
　　中央和国家机关会议费管理办法 （293）
　　陕西省气象部门会议费管理办法 （298）
　　气象部门培训费管理办法 （302）
　　关于调整中央和国家机关差旅住宿费标准等有关问题的通知 （306）
　　关于印发《中央和国家机关工作人员赴地方差旅住宿费标准明细表》的通知 ……
　　　 （309）
　　陕西省气象部门差旅费管理办法 （314）
　　关于规范异地任职、挂职干部交通管理有关事项的通知 （320）
　　陕西省党政机关国内公务接待管理办法 （322）
　　陕西省气象局公务接待管理规定 （326）
　　关于规范各类奖励的通知 （328）

第四部分　专项资金管理 （330）

　　公益性行业科研专项经费管理试行办法 （330）
　　中央级公益性科研院所基本科研业务费专项资金管理办法（试行） （338）
　　调整国家科技计划和公益性行业科研专项经费管理办法若干规定 （341）
　　公益性行业（气象）科研专项管理办法 （345）
　　气象部门科研经费监督管理办法 （354）
　　政府非税收入管理办法 （360）
　　中央财政"三农"服务专项资金管理办法 （365）
　　中央财政"三农"服务专项资金绩效评价办法 （367）
　　气象部门业务经费管理办法（试行） （370）
　　气象专用及办公设备购置费管理办法 （376）
　　气象关键技术集成与应用项目管理办法 （378）

山洪地质灾害防治气象保障工程管理办法 …………………………………… (385)
　　陕西省气象软科学研究项目管理办法 ……………………………………… (389)
　　现代气象人才支撑计划专项资金管理暂行办法 …………………………… (395)
　　陕西省气象局"火车头计划"专项资金管理暂行办法 …………………… (397)
　　陕西省省级财政专项资金管理暂行办法 …………………………………… (400)
　　陕西省人工影响天气专项资金管理暂行办法 ……………………………… (405)

第五部分　统计及其他管理 ……………………………………………………… (410)
　　气象部门统计工作管理办法 ………………………………………………… (410)
　　陕西省气象部门统计工作管理办法 ………………………………………… (415)
　　陕西省气象局机关财务运行管理办法 ……………………………………… (420)
　　住房公积金管理条例 ………………………………………………………… (424)
　　陕西省气象局机关及直属事业单位补充医疗保险暂行办法 ……………… (430)
　　关于进一步加强商业预付卡管理的通知 …………………………………… (433)

第六部分　会计核算 ……………………………………………………………… (443)
　　中华人民共和国会计法 ……………………………………………………… (443)
　　事业单位财务规则 …………………………………………………………… (451)
　　事业单位会计准则 …………………………………………………………… (459)
　　政府会计准则 ………………………………………………………………… (465)
　　基本建设财务规则 …………………………………………………………… (480)
　　会计基础工作规范 …………………………………………………………… (488)
　　会计从业资格管理办法 ……………………………………………………… (501)
　　工会会计制度 ………………………………………………………………… (506)
　　会计档案管理办法 …………………………………………………………… (513)
　　中国气象局财务账簿数据库系统管理制度 ………………………………… (519)
　　关于收回财政存量资金预算会计处理有关问题的通知 …………………… (525)
　　关于基建并账相关事项的通知 ……………………………………………… (527)

下 册

第三编 企业及科技服务管理

第一部分 企业管理 …………………………………………………………… (533)
　中华人民共和国公司法 ……………………………………………………… (533)
　中华人民共和国企业国有资产法 …………………………………………… (560)
　企业财务通则 ………………………………………………………………… (569)
　小企业会计准则 ……………………………………………………………… (580)
　中华人民共和国税收征收管理法 …………………………………………… (597)
　中华人民共和国企业所得税法 ……………………………………………… (608)
　企业内部控制基本规范 ……………………………………………………… (615)
　气象部门企业财务管理办法 ………………………………………………… (622)
　关于进一步规范党政领导干部在企业兼职(任职)问题的意见 …………… (629)
　企业产品成本核算制度(试行) ……………………………………………… (631)

第二部分 科技服务管理 ……………………………………………………… (639)
　气象部门事业单位科技服务财务管理办法 ………………………………… (639)
　陕西省气象部门科技服务管理办法 ………………………………………… (645)
　关于建立全省气象部门科技服务统筹基金的通知 ………………………… (651)

第四编 国有资产管理

第一部分 资产管理 …………………………………………………………… (655)
　事业单位国有资产管理暂行办法 …………………………………………… (655)
　中央级事业单位国有资产管理暂行办法 …………………………………… (663)
　中央国家机关通用资产配置管理暂行办法 ………………………………… (670)
　政府机关办公通用软件资产配置标准(试行) ……………………………… (674)
　驻地方中央垂直管理单位公务用车制度改革实施办法 …………………… (676)
　驻地方中央垂直管理单位公务用车制度改革实施方案制定与报送具体事项 ………
　　………………………………………………………………………………… (678)
　专员办参与驻地方中央垂直管理单位公车改革实施方案审核规程 ……… (682)
　党政机关公务用车配备使用管理办法 ……………………………………… (686)

气象部门房地产产权管理暂行办法 ………………………………………(689)
　　关于规范和加强气象部门软件资产管理的通知 …………………………(695)
　　陕西省气象部门国有资产管理实施办法 ……………………………………(697)

第二部分　资产使用处置 ………………………………………………………(711)
　　中央级事业单位国有资产处置管理暂行办法 ………………………………(711)
　　中央级事业单位国有资产使用管理暂行办法 ………………………………(719)
　　气象部门国有资产使用管理暂行办法 ………………………………………(724)
　　气象部门国有资产处置管理暂行办法 ………………………………………(730)
　　关于统一使用气象部门固定资产调拨单及暂估值（调拨）单的通知 ……(739)

第五编　项目建设管理

第一部分　项目规划与申报 ……………………………………………………(753)
　　党政机关办公用房建设标准 …………………………………………………(753)
　　气象发展规划管理暂行办法 …………………………………………………(771)
　　气象台站迁建行政许可管理办法 ……………………………………………(774)
　　气象部门项目咨询管理办法（试行） ………………………………………(777)
　　气象部门项目论证和评审工作办法 …………………………………………(780)
　　关于转发《气象部门项目库管理办法》的通知 ……………………………(784)
　　气象部门项目库管理办法 ……………………………………………………(786)
　　气象部门项目论证工作细则 …………………………………………………(791)
　　陕西省省级财政专项资金项目库管理办法 …………………………………(794)
　　陕西省气象部门项目库管理实施细则 ………………………………………(798)
　　关于切实做好中央和地方以及其他投入统筹集约工作的通知 ……………(802)
　　气象重点工程项目建议书编制规范 …………………………………………(810)
　　气象重点工程项目可行性研究报告编制规范 ………………………………(819)
　　气象重点工程项目初步设计编制规范 ………………………………………(830)
　　中国气象局气象小型建设项目可行性研究报告格式 ………………………(840)

第二部分　项目建设 ……………………………………………………………(852)
　　气象部门基本建设管理办法 …………………………………………………(852)
　　中国气象局重点工程建设项目管理办法 ……………………………………(860)
　　中国气象局重点工程建设项目概算管理办法 ………………………………(863)
　　陕西省气象部门基本建设管理实施细则 ……………………………………(866)
　　中央预算内基建投资项目前期工作经费管理暂行办法 ……………………(873)
　　气象部门基本建设财务管理规定 ……………………………………………(875)

解释《气象部门基本建设财务管理规定》执行中有关问题 …………………… (883)
关于基本建设项目结余财政资金收回同级财政的通知 ……………………… (885)
气象部门台站基础设施维修费管理暂行办法 ………………………………… (886)
陕西省气象部门基本建设项目管理流程图 …………………………………… (888)
陕西省气象部门基本建设招投标程序流程图 ………………………………… (889)

第三部分 竣工决算与验收 ………………………………………………………… (893)
建设工程价款结算暂行办法 …………………………………………………… (893)
气象部门基本建设项目竣工财务决算管理办法 ……………………………… (900)
关于《行政事业类项目竣工财务决算》编报及审批权限变动的通知 ……… (906)
气象部门基本建设审计暂行办法 ……………………………………………… (907)
陕西省气象部门项目建设档案立卷归档规定 ………………………………… (910)
陕西省气象部门项目执行检查规定 …………………………………………… (915)
气象建设项目竣工验收规范 …………………………………………………… (918)

第六编 政府采购

第一部分 国家及财政部法规 …………………………………………………… (945)
中华人民共和国政府采购法 …………………………………………………… (945)
中华人民共和国政府采购法实施条例 ………………………………………… (955)
中华人民共和国招标投标法 …………………………………………………… (966)
政府采购货物和服务招标投标管理办法 ……………………………………… (974)
政府采购进口产品管理办法 …………………………………………………… (986)
中央行政单位通用办公设备家具配置标准 …………………………………… (992)
中央预算单位批量集中采购管理暂行办法 …………………………………… (996)
关于中央预算单位实施批量集中采购工作的通知 …………………………… (998)
政府采购竞争性磋商采购方式管理暂行办法 ………………………………… (1000)
关于政府采购竞争性磋商采购方式管理暂行办法有关问题的补充通知 …… (1006)
中央预算单位变更政府采购方式审批管理办法 ……………………………… (1007)

第二部分 部门及省级制度 ……………………………………………………… (1010)
气象部门政府采购管理实施办法 ……………………………………………… (1010)
关于政府采购审批事项报送规定的通知 ……………………………………… (1017)
气象部门政府采购评审专家管理实施意见 …………………………………… (1018)
气象部门非公开招标方式采购管理暂行办法 ………………………………… (1021)
中国气象局政府采购监督人员管理办法 ……………………………………… (1029)
中国气象局政府采购监督人监督工作管理暂行办法 ………………………… (1032)
中国气象局政府采购中心受托采购事项实施办法 …………………………… (1038)

关于申请单一来源采购方式审核前公示有关事项的通知 …………………… (1043)
关于气象部门变更政府采购方式财政审批有关问题的通知 ………………… (1046)
政府向社会力量购买服务暂行办法 ……………………………………………… (1052)
关于进一步规范政府采购活动的通知 …………………………………………… (1058)
陕西省气象局政府采购管理实施细则 …………………………………………… (1062)
关于进一步加强全省气象部门政府采购管理工作的通知 ……………………… (1068)

第一编

预决算管理

第一章

财务算管理

第一部分　预算管理

中华人民共和国预算法

（1994年3月22日第八届全国人民代表大会第二次会议通过，2014年8月31日全国人民代表大会常务委员会第十次会议修订）

第一章　总　则

第一条　为了规范政府收支行为，强化预算约束，加强对预算的管理和监督，建立健全全面规范、公开透明的预算制度，保障经济社会的健康发展，根据宪法，制定本法。

第二条　预算、决算的编制、审查、批准、监督，以及预算的执行和调整，依照本法规定执行。

第三条　国家实行一级政府一级预算，设立中央，省、自治区、直辖市，设区的市、自治州，县、自治县、不设区的市、市辖区，乡、民族乡、镇五级预算。

全国预算由中央预算和地方预算组成。地方预算由各省、自治区、直辖市总预算组成。

地方各级总预算由本级预算和汇总的下一级总预算组成；下一级只有本级预算的，下一级总预算即指下一级的本级预算。没有下一级预算的，总预算即指本级预算。

第四条　预算由预算收入和预算支出组成。

政府的全部收入和支出都应当纳入预算。

第五条　预算包括一般公共预算、政府性基金预算、国有资本经营预算、社会保险基金预算。

一般公共预算、政府性基金预算、国有资本经营预算、社会保险基金预算应当保持完整、独立。政府性基金预算、国有资本经营预算、社会保险基金预算应当与一般公共预算相衔接。

第六条 一般公共预算是对以税收为主体的财政收入,安排用于保障和改善民生、推动经济社会发展、维护国家安全、维持国家机构正常运转等方面的收支预算。

中央一般公共预算包括中央各部门(含直属单位,下同)的预算和中央对地方的税收返还、转移支付预算。

中央一般公共预算收入包括中央本级收入和地方向中央的上解收入。

中央一般公共预算支出包括中央本级支出、中央对地方的税收返还和转移支付。

第七条 地方各级一般公共预算包括本级各部门(含直属单位,下同)的预算和税收返还、转移支付预算。

地方各级一般公共预算收入包括地方本级收入、上级政府对本级政府的税收返还和转移支付、下级政府的上解收入。地方各级一般公共预算支出包括地方本级支出、对上级政府的上解支出、对下级政府的税收返还和转移支付。

第八条 各部门预算由本部门及其所属各单位预算组成。

第九条 政府性基金预算是对依照法律、行政法规的规定在一定期限内向特定对象征收、收取或者以其他方式筹集的资金,专项用于特定公共事业发展的收支预算。

政府性基金预算应当根据基金项目收入情况和实际支出需要,按基金项目编制,做到以收定支。

第十条 国有资本经营预算是对国有资本收益做出支出安排的收支预算。

国有资本经营预算应当按照收支平衡的原则编制,不列赤字,并安排资金调入一般公共预算。

第十一条 社会保险基金预算是对社会保险缴款、一般公共预算安排和其他方式筹集的资金,专项用于社会保险的收支预算。

社会保险基金预算应当按照统筹层次和社会保险项目分别编制,做到收支平衡。

第十二条 各级预算应当遵循统筹兼顾、勤俭节约、量力而行、讲求绩效和收支平衡的原则。

各级政府应当建立跨年度预算平衡机制。

第十三条 经人民代表大会批准的预算,非经法定程序,不得调整。各级政府、各部门、各单位的支出必须以经批准的预算为依据,未列入预算的不得支出。

第十四条 经本级人民代表大会或者本级人民代表大会常务委员会批准的预算、预算调整、决算、预算执行情况的报告及报表,应当在批准后二十日内由本级政府财政部门向社会公开,并对本级政府财政转移支付安排、执行的情况以及举借债务的情况等重要事项做出说明。

经本级政府财政部门批复的部门预算、决算及报表,应当在批复后二十日内由各部门向社会公开,并对部门预算、决算中机关运行经费的安排、使用情况等重要事项做出说明。

各级政府、各部门、各单位应当将政府采购的情况及时向社会公开。

本条前三款规定的公开事项,涉及国家秘密的除外。

第十五条 国家实行中央和地方分税制。

第十六条 国家实行财政转移支付制度。财政转移支付应当规范、公平、公开,以推进地区间基本公共服务均等化为主要目标。

财政转移支付包括中央对地方的转移支付和地方上级政府对下级政府的转移支付，以为均衡地区间基本财力、由下级政府统筹安排使用的一般性转移支付为主体。

按照法律、行政法规和国务院的规定可以设立专项转移支付，用于办理特定事项。建立健全专项转移支付定期评估和退出机制。市场竞争机制能够有效调节的事项不得设立专项转移支付。

上级政府在安排专项转移支付时，不得要求下级政府承担配套资金。但是，按照国务院的规定应当由上下级政府共同承担的事项除外。

第十七条　各级预算的编制、执行应当建立健全相互制约、相互协调的机制。

第十八条　预算年度自公历一月一日起，至十二月三十一日止。

第十九条　预算收入和预算支出以人民币元为计算单位。

第二章　预算管理职权

第二十条　全国人民代表大会审查中央和地方预算草案及中央和地方预算执行情况的报告；批准中央预算和中央预算执行情况的报告；改变或者撤销全国人民代表大会常务委员会关于预算、决算的不适当的决议。

全国人民代表大会常务委员会监督中央和地方预算的执行；审查和批准中央预算的调整方案；审查和批准中央决算；撤销国务院制定的同宪法、法律相抵触的关于预算、决算的行政法规、决定和命令；撤销省、自治区、直辖市人民代表大会及其常务委员会制定的同宪法、法律和行政法规相抵触的关于预算、决算的地方性法规和决议。

第二十一条　县级以上地方各级人民代表大会审查本级总预算草案及本级总预算执行情况的报告；批准本级预算和本级预算执行情况的报告；改变或者撤销本级人民代表大会常务委员会关于预算、决算的不适当的决议；撤销本级政府关于预算、决算的不适当的决定和命令。

县级以上地方各级人民代表大会常务委员会监督本级总预算的执行；审查和批准本级预算的调整方案；审查和批准本级决算；撤销本级政府和下一级人民代表大会及其常务委员会关于预算、决算的不适当的决定、命令和决议。

乡、民族乡、镇的人民代表大会审查和批准本级预算和本级预算执行情况的报告；监督本级预算的执行；审查和批准本级预算的调整方案；审查和批准本级决算；撤销本级政府关于预算、决算的不适当的决定和命令。

第二十二条　全国人民代表大会财政经济委员会对中央预算草案初步方案及上一年预算执行情况、中央预算调整初步方案和中央决算草案进行初步审查，提出初步审查意见。

省、自治区、直辖市人民代表大会有关专门委员会对本级预算草案初步方案及上一年预算执行情况、本级预算调整初步方案和本级决算草案进行初步审查，提出初步审查意见。

设区的市、自治州人民代表大会有关专门委员会对本级预算草案初步方案及上一年预算执行情况、本级预算调整初步方案和本级决算草案进行初步审查，提出初步审查意见；未设立专门委员会的，由本级人民代表大会常务委员会有关工作机构研究提出意见。

县、自治县、不设区的市、市辖区人民代表大会常务委员会对本级预算草案初步方案及上一年预算执行情况进行初步审查，提出初步审查意见。县、自治县、不设区的市、市辖区人民代表大会常务委员会有关工作机构对本级预算调整初步方案和本级决算草案研究提出意见。

设区的市、自治州以上各级人民代表大会有关专门委员会进行初步审查、常务委员会有关工作机构研究提出意见时，应当邀请本级人民代表大会代表参加。

对依照本条第一款至第四款规定提出的意见，本级政府财政部门应当将处理情况及时反馈。

依照本条第一款至第四款规定提出的意见以及本级政府财政部门反馈的处理情况报告，应当印发本级人民代表大会代表。

全国人民代表大会常务委员会和省、自治区、直辖市、设区的市、自治州人民代表大会常务委员会有关工作机构，依照本级人民代表大会常务委员会的决定，协助本级人民代表大会财政经济委员会或者有关专门委员会承担审查预算草案、预算调整方案、决算草案和监督预算执行等方面的具体工作。

第二十三条 国务院编制中央预算、决算草案；向全国人民代表大会作关于中央和地方预算草案的报告；将省、自治区、直辖市政府报送备案的预算汇总后报全国人民代表大会常务委员会备案；组织中央和地方预算的执行；决定中央预算预备费的动用；编制中央预算调整方案；监督中央各部门和地方政府的预算执行；改变或者撤销中央各部门和地方政府关于预算、决算的不适当的决定、命令；向全国人民代表大会、全国人民代表大会常务委员会报告中央和地方预算的执行情况。

第二十四条 县级以上地方各级政府编制本级预算、决算草案；向本级人民代表大会作关于本级总预算草案的报告；将下一级政府报送备案的预算汇总后报本级人民代表大会常务委员会备案；组织本级总预算的执行；决定本级预算预备费的动用；编制本级预算的调整方案；监督本级各部门和下级政府的预算执行；改变或者撤销本级各部门和下级政府关于预算、决算的不适当的决定、命令；向本级人民代表大会、本级人民代表大会常务委员会报告本级总预算的执行情况。

乡、民族乡、镇政府编制本级预算、决算草案；向本级人民代表大会作关于本级预算草案的报告；组织本级预算的执行；决定本级预算预备费的动用；编制本级预算的调整方案；向本级人民代表大会报告本级预算的执行情况。

经省、自治区、直辖市政府批准，乡、民族乡、镇本级预算草案、预算调整方案、决算草案，可以由上一级政府代编，并依照本法第二十一条的规定报乡、民族乡、镇的人民代表大会审查和批准。

第二十五条 国务院财政部门具体编制中央预算、决算草案；具体组织中央和地方预算的执行；提出中央预算预备费动用方案；具体编制中央预算的调整方案；定期向国务院报告中央和地方预算的执行情况。

地方各级政府财政部门具体编制本级预算、决算草案;具体组织本级总预算的执行;提出本级预算预备费动用方案;具体编制本级预算的调整方案;定期向本级政府和上一级政府财政部门报告本级总预算的执行情况。

第二十六条 各部门编制本部门预算、决算草案;组织和监督本部门预算的执行;定期向本级政府财政部门报告预算的执行情况。

各单位编制本单位预算、决算草案;按照国家规定上缴预算收入,安排预算支出,并接受国家有关部门的监督。

第三章 预算收支范围

第二十七条 一般公共预算收入包括各项税收收入、行政事业性收费收入、国有资源(资产)有偿使用收入、转移性收入和其他收入。

一般公共预算支出按照其功能分类,包括一般公共服务支出,外交、公共安全、国防支出,农业、环境保护支出,教育、科技、文化、卫生、体育支出,社会保障及就业支出和其他支出。

一般公共预算支出按照其经济性质分类,包括工资福利支出、商品和服务支出、资本性支出和其他支出。

第二十八条 政府性基金预算、国有资本经营预算和社会保险基金预算的收支范围,按照法律、行政法规和国务院的规定执行。

第二十九条 中央预算与地方预算有关收入和支出项目的划分、地方向中央上解收入、中央对地方税收返还或者转移支付的具体办法,由国务院规定,报全国人民代表大会常务委员会备案。

第三十条 上级政府不得在预算之外调用下级政府预算的资金。下级政府不得挤占或者截留属于上级政府预算的资金。

第四章 预算编制

第三十一条 国务院应当及时下达关于编制下一年预算草案的通知。编制预算草案的具体事项由国务院财政部门部署。

各级政府、各部门、各单位应当按照国务院规定的时间编制预算草案。

第三十二条 各级预算应当根据年度经济社会发展目标、国家宏观调控总体要求和跨年度预算平衡的需要,参考上一年预算执行情况、有关支出绩效评价结果和本年度收支预测,按照规定程序征求各方面意见后,进行编制。

各级政府依据法定权限做出决定或者制定行政措施,凡涉及增加或者减少财政收入或者支出的,应当在预算批准前提出并在预算草案中做出相应安排。

各部门、各单位应当按照国务院财政部门制定的政府收支分类科目、预算支出标准和要求,以及绩效目标管理等预算编制规定,根据其依法履行职能和事业发展的需要以及存量资产情况,编制本部门、本单位预算草案。

前款所称政府收支分类科目,收入分为类、款、项、目;支出按其功能分类分为类、款、项,按其经济性质分类分为类、款。

第三十三条 省、自治区、直辖市政府应当按照国务院规定的时间,将本级总预算草案报国务院汇总。

第三十四条 中央一般公共预算中必需的部分资金,可以通过举借国内和国外债务等方式筹措,举借债务应当控制适当的规模,保持合理的结构。

对中央一般公共预算中举借的债务实行余额管理,余额的规模不得超过全国人民代表大会批准的限额。

国务院财政部门具体负责对中央政府债务的统一管理。

第三十五条 地方各级预算按照量入为出、收支平衡的原则编制,除本法另有规定外,不列赤字。

经国务院批准的省、自治区、直辖市的预算中必需的建设投资的部分资金,可以在国务院确定的限额内,通过发行地方政府债券举借债务的方式筹措。举借债务的规模,由国务院报全国人民代表大会或者全国人民代表大会常务委员会批准。省、自治区、直辖市依照国务院下达的限额举借的债务,列入本级预算调整方案,报本级人民代表大会常务委员会批准。

举借的债务应当有偿还计划和稳定的偿还资金来源,只能用于公益性资本支出,不得用于经常性支出。

除前款规定外,地方政府及其所属部门不得以任何方式举借债务。

除法律另有规定外,地方政府及其所属部门不得为任何单位和个人的债务以任何方式提供担保。

国务院建立地方政府债务风险评估和预警机制、应急处置机制以及责任追究制度。国务院财政部门对地方政府债务实施监督。

第三十六条 各级预算收入的编制,应当与经济社会发展水平相适应,与财政政策相衔接。

各级政府、各部门、各单位应当依照本法规定,将所有政府收入全部列入预算,不得隐瞒、少列。

第三十七条 各级预算支出应当依照本法规定,按其功能和经济性质分类编制。

各级预算支出的编制,应当贯彻勤俭节约的原则,严格控制各部门、各单位的机关运行经费和楼堂馆所等基本建设支出。

各级一般公共预算支出的编制,应当统筹兼顾,在保证基本公共服务合理需要的前提下,优先安排国家确定的重点支出。

第三十八条 一般性转移支付应当按照国务院规定的基本标准和计算方法编制。专项转移支付应当分地区、分项目编制。

县级以上各级政府应当将对下级政府的转移支付预计数提前下达下级政府。

地方各级政府应当将上级政府提前下达的转移支付预计数编入本级预算。

第三十九条 中央预算和有关地方预算中应当安排必要的资金,用于扶助革命老区、民族地区、边疆地区、贫困地区发展经济社会建设事业。

第四十条 各级一般公共预算应当按照本级一般公共预算支出额的百分之一至百分之三设置预备费,用于当年预算执行中的自然灾害等突发事件处理增加的支出及其他难以预见的开支。

第四十一条 各级一般公共预算按照国务院的规定可以设置预算周转金,用于本级政府调剂预算年度内季节性收支差额。

各级一般公共预算按照国务院的规定可以设置预算稳定调节基金,用于弥补以后年度预算资金的不足。

第四十二条 各级政府上一年预算的结转资金,应当在下一年用于结转项目的支出;连续两年未用完的结转资金,应当作为结余资金管理。

各部门、各单位上一年预算的结转、结余资金按照国务院财政部门的规定办理。

第五章 预算审查和批准

第四十三条 中央预算由全国人民代表大会审查和批准。

地方各级预算由本级人民代表大会审查和批准。

第四十四条 国务院财政部门应当在每年全国人民代表大会会议举行的四十五日前,将中央预算草案的初步方案提交全国人民代表大会财政经济委员会进行初步审查。

省、自治区、直辖市政府财政部门应当在本级人民代表大会会议举行的三十日前,将本级预算草案的初步方案提交本级人民代表大会有关专门委员会进行初步审查。

设区的市、自治州政府财政部门应当在本级人民代表大会会议举行的三十日前,将本级预算草案的初步方案提交本级人民代表大会有关专门委员会进行初步审查,或者送交本级人民代表大会常务委员会有关工作机构征求意见。

县、自治县、不设区的市、市辖区政府应当在本级人民代表大会会议举行的三十日前,将本级预算草案的初步方案提交本级人民代表大会常务委员会进行初步审查。

第四十五条 县、自治县、不设区的市、市辖区、乡、民族乡、镇的人民政府代表大会举行会议审查预算草案前,应当采用多种形式,组织本级人民代表大会代表,听取选民和社会各界的意见。

第四十六条 报送各级人民代表大会审查和批准的预算草案应当细化。

本级一般公共预算支出,按其功能分类应当编列到项;按其经济性质分类,基本支出应当编列到款。本级政府性基金预算、国有资本经营预算、社会保险基金预算支出,按其功能分类应当编列到项。

第四十七条 国务院在全国人民代表大会举行会议时,向大会作关于中央和地方预算草案以及中央和地方预算执行情况的报告。

地方各级政府在本级人民代表大会举行会议时,向大会作关于总预算草案和总预算执行情况的报告。

第四十八条 全国人民代表大会和地方各级人民代表大会对预算草案及其报告、预算执行情况的报告重点审查下列内容：

（一）上一年预算执行情况是否符合本级人民代表大会预算决议的要求；

（二）预算安排是否符合本法规定；

（三）预算安排是否贯彻国民经济和社会发展的方针政策，收支政策是否切实可行；

（四）重点支出和重大投资项目的预算安排是否适当；

（五）预算的编制是否完整，是否符合本法第四十六条的规定；

（六）对下级政府的转移性支出预算是否规范、适当；

（七）预算安排举借的债务是否合法、合理，是否有偿还计划和稳定的偿还资金来源；

（八）与预算有关重要事项的说明是否清晰。

第四十九条 全国人民代表大会财政经济委员会向全国人民代表大会主席团提出关于中央和地方预算草案及中央和地方预算执行情况的审查结果报告。

省、自治区、直辖市、设区的市、自治州人民代表大会有关专门委员会，县、自治县、不设区的市、市辖区人民代表大会常务委员会，向本级人民代表大会主席团提出关于总预算草案及上一年总预算执行情况的审查结果报告。

审查结果报告应当包括下列内容：

（一）对上一年预算执行和落实本级人民代表大会预算决议的情况作出评价；

（二）对本年度预算草案是否符合本法的规定，是否可行作出评价；

（三）对本级人民代表大会批准预算草案和预算报告提出建议；

（四）对执行年度预算、改进预算管理、提高预算绩效、加强预算监督等提出意见和建议。

第五十条 乡、民族乡、镇政府应当及时将经本级人民代表大会批准的本级预算报上一级政府备案。县级以上地方各级政府应当及时将经本级人民代表大会批准的本级预算及下一级政府报送备案的预算汇总，报上一级政府备案。

县级以上地方各级政府将下一级政府依照前款规定报送备案的预算汇总后，报本级人民代表大会常务委员会备案。国务院将省、自治区、直辖市政府依照前款规定报送备案的预算汇总后，报全国人民代表大会常务委员会备案。

第五十一条 国务院和县级以上地方各级政府对下一级政府依照本法第五十条规定报送备案的预算，认为有同法律、行政法规相抵触或者有其他不适当之处，需要撤销批准预算的决议的，应当提请本级人民代表大会常务委员会审议决定。

第五十二条 各级预算经本级人民代表大会批准后，本级政府财政部门应当在二十日内向本级各部门批复预算。各部门应当在接到本级政府财政部门批复的本部门预算后十五日内向所属各单位批复预算。

中央对地方的一般性转移支付应当在全国人民代表大会批准预算后三十日内正式下达。中央对地方的专项转移支付应当在全国人民代表大会批准预算后九十日内正式下达。

省、自治区、直辖市政府接到中央一般性转移支付和专项转移支付后,应当在三十日内正式下达到本行政区域县级以上各级政府。

县级以上地方各级预算安排对下级政府的一般性转移支付和专项转移支付,应当分别在本级人民代表大会批准预算后的三十日和六十日内正式下达。

对自然灾害等突发事件处理的转移支付,应当及时下达预算;对据实结算等特殊项目的转移支付,可以分期下达预算,或者先预付后结算。

县级以上各级政府财政部门应当将批复本级各部门的预算和批复下级政府的转移支付预算,抄送本级人民代表大会财政经济委员会、有关专门委员会和常务委员会有关工作机构。

第六章　预算执行

第五十三条　各级预算由本级政府组织执行,具体工作由本级政府财政部门负责。

部门、各单位是本部门、本单位的预算执行主体,负责本部门、本单位的预算执行,并对执行结果负责。

第五十四条　预算年度开始后,各级预算草案在本级人民代表大会批准前,可以安排下列支出:

(一)上一年度结转的支出;

(二)参照上一年同期的预算支出数额安排必须支付的本年度部门基本支出、项目支出,以及对下级政府的转移性支出;

(三)法律规定必须履行支付义务的支出,以及用于自然灾害等突发事件处理的支出。

根据前款规定安排支出的情况,应当在预算草案的报告中作出说明。

预算经本级人民代表大会批准后,按照批准的预算执行。

第五十五条　预算收入征收部门和单位,必须依照法律、行政法规的规定,及时、足额征收应征的预算收入。不得违反法律、行政法规规定,多征、提前征收或者减征、免征、缓征应征的预算收入,不得截留、占用或者挪用预算收入。

各级政府不得向预算收入征收部门和单位下达收入指标。

第五十六条　政府的全部收入应当上缴国家金库(以下简称国库),任何部门、单位和个人不得截留、占用、挪用或者拖欠。

对于法律有明确规定或者经国务院批准的特定专用资金,可以依照国务院的规定设立财政专户。

第五十七条　各级政府财政部门必须依照法律、行政法规和国务院财政部门的规定,及时、足额地拨付预算支出资金,加强对预算支出的管理和监督。

各级政府、各部门、各单位的支出必须按照预算执行,不得虚假列支。

各级政府、各部门、各单位应当对预算支出情况开展绩效评价。

第五十八条　各级预算的收入和支出实行收付实现制。

特定事项按照国务院的规定实行权责发生制的有关情况,应当向本级人民代表大会常务委员会报告。

第五十九条　县级以上各级预算必须设立国库；具备条件的乡、民族乡、镇也应当设立国库。

中央国库业务由中国人民银行经理，地方国库业务依照国务院的有关规定办理。

各级国库应当按照国家有关规定，及时准确地办理预算收入的收纳、划分、留解、退付和预算支出的拨付。

各级国库库款的支配权属于本级政府财政部门。除法律、行政法规另有规定外，未经本级政府财政部门同意，任何部门、单位和个人都无权冻结、动用国库库款或者以其他方式支配已入国库的库款。

各级政府应当加强对本级国库的管理和监督，按照国务院的规定完善国库现金管理，合理调节国库资金余额。

第六十条　已经缴入国库的资金，依照法律、行政法规的规定或者国务院的决定需要退付的，各级政府财政部门或者其授权的机构应当及时办理退付。按照规定应当由财政支出安排的事项，不得用退库处理。

第六十一条　国家实行国库集中收缴和集中支付制度，对政府全部收入和支出实行国库集中收付管理。

第六十二条　各级政府应当加强对预算执行的领导，支持政府财政、税务、海关等预算收入的征收部门依法组织预算收入，支持政府财政部门严格管理预算支出。

财政、税务、海关等部门在预算执行中，应当加强对预算执行的分析；发现问题时应当及时建议本级政府采取措施予以解决。

第六十三条　各部门、各单位应当加强对预算收入和支出的管理，不得截留或者动用应当上缴的预算收入，不得擅自改变预算支出的用途。

第六十四条　各级预算预备费的动用方案，由本级政府财政部门提出，报本级政府决定。

第六十五条　各级预算周转金由本级政府财政部门管理，不得挪作他用。

第六十六条　各级一般公共预算年度执行中有超收收入的，只能用于冲减赤字或者补充预算稳定调节基金。

各级一般公共预算的结余资金，应当补充预算稳定调节基金。

省、自治区、直辖市一般公共预算年度执行中出现短收，通过调入预算稳定调节基金、减少支出等方式仍不能实现收支平衡的，省、自治区、直辖市政府报本级人民代表大会或者其常务委员会批准，可以增列赤字，报国务院财政部门备案，并应当在下一年度预算中予以弥补。

第七章　预算调整

第六十七条　经全国人民代表大会批准的中央预算和经地方各级人民代表大会批准的地方各级预算，在执行中出现下列情况之一的，应当进行预算调整：

（一）需要增加或者减少预算总支出的；
（二）需要调入预算稳定调节基金的；
（三）需要调减预算安排的重点支出数额的；
（四）需要增加举借债务数额的。

第六十八条 在预算执行中，各级政府一般不制定新的增加财政收入或者支出的政策和措施，也不制定减少财政收入的政策和措施；必须作出并需要进行预算调整的，应当在预算调整方案中作出安排。

第六十九条 在预算执行中，各级政府对于必须进行的预算调整，应当编制预算调整方案。预算调整方案应当说明预算调整的理由、项目和数额。

在预算执行中，由于发生自然灾害等突发事件，必须及时增加预算支出的，应当先动支预备费；预备费不足支出的，各级政府可以先安排支出，属于预算调整的，列入预算调整方案。

国务院财政部门应当在全国人民代表大会常务委员会举行会议审查和批准预算调整方案的三十日前，将预算调整初步方案送交全国人民代表大会财政经济委员会进行初步审查。

省、自治区、直辖市政府财政部门应当在本级人民代表大会常务委员会举行会议审查和批准预算调整方案的三十日前，将预算调整初步方案送交本级人民代表大会有关专门委员会进行初步审查。

设区的市、自治州政府财政部门应当在本级人民代表大会常务委员会举行会议审查和批准预算调整方案的三十日前，将预算调整初步方案送交本级人民代表大会有关专门委员会进行初步审查，或者送交本级人民代表大会常务委员会有关工作机构征求意见。

县、自治县、不设区的市、市辖区政府财政部门应当在本级人民代表大会常务委员会举行会议审查和批准预算调整方案的三十日前，将预算调整初步方案送交本级人民代表大会常务委员会有关工作机构征求意见。

中央预算的调整方案应当提请全国人民代表大会常务委员会审查和批准。县级以上地方各级预算的调整方案应当提请本级人民代表大会常务委员会审查和批准；乡、民族乡、镇预算的调整方案应当提请本级人民代表大会审查和批准。未经批准，不得调整预算。

第七十条 经批准的预算调整方案，各级政府应当严格执行。未经本法第六十九条规定的程序，各级政府不得作出预算调整的决定。

对违反前款规定作出的决定，本级人民代表大会、本级人民代表大会常务委员会或者上级政府应当责令其改变或者撤销。

第七十一条 在预算执行中，地方各级政府因上级政府增加不需要本级政府提供配套资金的专项转移支付而引起的预算支出变化，不属于预算调整。

接受增加专项转移支付的县级以上地方各级政府应当向本级人民代表大会常务委员会报告有关情况；接受增加专项转移支付的乡、民族乡、镇政府应当向本级人民代表大会报告有关情况。

第七十二条 各部门、各单位的预算支出应当按照预算科目执行。严格控制不同预算科目、预算级次或者项目间的预算资金的调剂，确需调剂使用的，按照国务院财政部门的规定办理。

第七十三条 地方各级预算的调整方案经批准后，由本级政府报上一级政府备案。

第八章 决 算

第七十四条 决算草案由各级政府、各部门、各单位，在每一预算年度终了后按照国务院规定的时间编制。

编制决算草案的具体事项，由国务院财政部门部署。

第七十五条 编制决算草案，必须符合法律、行政法规，做到收支真实、数额准确、内容完整、报送及时。

决算草案应当与预算相对应，按预算数、调整预算数、决算数分别列出。一般公共预算支出应当按其功能分类编列到项，按其经济性质分类编列到款。

第七十六条 各部门对所属各单位的决算草案，应当审核并汇总编制本部门的决算草案，在规定的期限内报本级政府财政部门审核。

各级政府财政部门对本级各部门决算草案审核后发现有不符合法律、行政法规规定的，有权予以纠正。

第七十七条 国务院财政部门编制中央决算草案，经国务院审计部门审计后，报国务院审定，由国务院提请全国人民代表大会常务委员会审查和批准。

县级以上地方各级政府财政部门编制本级决算草案，经本级政府审计部门审计后，报本级政府审定，由本级政府提请本级人民代表大会常务委员会审查和批准。

乡、民族乡、镇政府编制本级决算草案，提请本级人民代表大会审查和批准。

第七十八条 国务院财政部门应当在全国人民代表大会常务委员会举行会议审查和批准中央决算草案的三十日前，将上一年度中央决算草案提交全国人民代表大会财政经济委员会进行初步审查。

省、自治区、直辖市政府财政部门应当在本级人民代表大会常务委员会举行会议审查和批准本级决算草案的三十日前，将上一年度本级决算草案提交本级人民代表大会有关专门委员会进行初步审查。

设区的市、自治州政府财政部门应当在本级人民代表大会常务委员会举行会议审查和批准本级决算草案的三十日前，将上一年度本级决算草案提交本级人民代表大会有关专门委员会进行初步审查，或者送交本级人民代表大会常务委员会有关工作机构征求意见。

县、自治县、不设区的市、市辖区政府财政部门应当在本级人民代表大会常务委员会举行会议审查和批准本级决算草案的三十日前，将上一年度本级决算草案送交本级人民代表大会常务委员会有关工作机构征求意见。

全国人民代表大会财政经济委员会和省、自治区、直辖市、设区的市、自治州人民代表大会有关专门委员会,向本级人民代表大会常务委员会提出关于本级决算草案的审查结果报告。

第七十九条 县级以上各级人民代表大会常务委员会和乡、民族乡、镇人民代表大会对本级决算草案,重点审查下列内容:

(一)预算收入情况;

(二)支出政策实施情况和重点支出、重大投资项目资金的使用及绩效情况;

(三)结转资金的使用情况;

(四)资金结余情况;

(五)本级预算调整及执行情况;

(六)财政转移支付安排执行情况;

(七)经批准举借债务的规模、结构、使用、偿还等情况;

(八)本级预算周转金规模和使用情况;

(九)本级预备费使用情况;

(十)超收收入安排情况,预算稳定调节基金的规模和使用情况;

(十一)本级人民代表大会批准的预算决议落实情况;

(十二)其他与决算有关的重要情况。

县级以上各级人民代表大会常务委员会应当结合本级政府提出的上一年度预算执行和其他财政收支的审计工作报告,对本级决算草案进行审查。

第八十条 各级决算经批准后,财政部门应当在二十日内向本级各部门批复决算。各部门应当在接到本级政府财政部门批复的本部门决算后十五日内向所属单位批复决算。

第八十一条 地方各级政府应当将经批准的决算及下一级政府上报备案的决算汇总,报上一级政府备案。

县级以上各级政府应当将下一级政府报送备案的决算汇总后,报本级人民代表大会常务委员会备案。

第八十二条 国务院和县级以上地方各级政府对下一级政府依照本法第六十四条规定报送备案的决算,认为有同法律、行政法规相抵触或者有其他不适当之处,需要撤销批准该项决算的决议的,应当提请本级人民代表大会常务委员会审议决定;经审议决定撤销的,该下级人民代表大会常务委员会应当责成本级政府依照本法规定重新编制决算草案,提请本级人民代表大会常务委员会审查和批准。

第九章 监 督

第八十三条 全国人民代表大会及其常务委员会对中央和地方预算、决算进行监督。

县级以上地方各级人民代表大会及其常务委员会对本级和下级预算、决算进行监督。

乡、民族乡、镇人民代表大会对本级预算、决算进行监督。

第八十四条 各级人民代表大会和县级以上各级人民代表大会常务委员会有权就预

算、决算中的重大事项或者特定问题组织调查,有关的政府、部门、单位和个人应当如实反映情况和提供必要的材料。

第八十五条 各级人民代表大会和县级以上各级人民代表大会常务委员会举行会议时,人民代表大会代表或者常务委员会组成人员,依照法律规定程序就预算、决算中的有关问题提出询问或者质询,受询问或者受质询的有关的政府或者财政部门必须及时给予答复。

第八十六条 国务院和县级以上地方各级政府应当在每年六月至九月期间向本级人民代表大会常务委员会报告预算执行情况。

第八十七条 各级政府监督下级政府的预算执行;下级政府应当定期向上一级政府报告预算执行情况。

第八十八条 各级政府财政部门负责监督检查本级各部门及其所属各单位预算的编制、执行,并向本级政府和上一级政府财政部门报告预算执行情况。

第八十九条 县级以上政府审计部门依法对预算执行、决算实行审计监督。

对预算执行和其他财政收支的审计工作报告应当向社会公开。

第十章 法律责任

第九十条 政府各部门负责监督检查所属各单位的预算执行,及时向本级政府财政部门反映本部门预算执行情况,依法纠正违反预算的行为。

第九十一条 公民、法人或者其他组织发现有违反本法的行为,可以依法向有关国家机关进行检举、控告。

接受检举、控告的国家机关应当依法进行处理,并为检举人、控告人保密。任何单位或者个人不得压制和打击报复检举人、控告人。

第九十二条 各级政府及有关部门有下列行为之一的,责令改正,对负有直接责任的主管人员和其他直接责任人员追究行政责任:

(一)未依照本法规定,编制、报送预算草案、预算调整方案、决算草案和部门预算、决算以及批复预算、决算的;

(二)违反本法规定,进行预算调整的;

(三)未依照本法规定对有关预算事项进行公开和说明的;

(四)违反规定设立政府性基金项目和其他财政收入项目的;

(五)违反法律、法规规定使用预算预备费、预算周转金、预算稳定调节基金、超收收入的;

(六)违反本法规定开设财政专户的。

第九十三条 各级政府及有关部门、单位有下列行为之一的,责令改正,对负有直接责任的主管人员和其他直接责任人员依法给予降级、撤职、开除的处分:

(一)未将所有政府收入和支出列入预算或者虚列收入和支出的;

(二)违反法律、行政法规的规定,多征、提前征收或者减征、免征、缓征应征预算收入的；

（三）截留、占用、挪用或者拖欠应当上缴国库的预算收入的；

（四）违反本法规定，改变预算支出用途的；

（五）擅自改变上级政府专项转移支付资金用途的；

（六）违反本法规定拨付预算支出资金，办理预算收入收纳、划分、留解、退付，或者违反本法规定冻结、动用国库库款或者以其他方式支配已入国库库款的。

第九十四条　各级政府、各部门、各单位违反本法规定举借债务或者为他人债务提供担保，或者挪用重点支出资金，或者在预算之外及超预算标准建设楼堂馆所的，责令改正，对负有直接责任的主管人员和其他直接责任人员给予撤职、开除的处分。

第九十五条　各级政府有关部门、单位及其工作人员有下列行为之一的，责令改正，追回骗取、使用的资金，有违法所得的没收违法所得，对单位给予警告或者通报批评；对负有直接责任的主管人员和其他直接责任人员依法给予处分：

（一）违反法律、法规的规定，改变预算收入上缴方式的；

（二）以虚报、冒领等手段骗取预算资金的；

（三）违反规定扩大开支范围、提高开支标准的；

（四）其他违反财政管理规定的行为。

第九十六条　本法第九十二条、第九十三条、第九十四条、第九十五条所列违法行为，其他法律对其处理、处罚另有规定的，依照其规定。

违反本法规定，构成犯罪的，依法追究刑事责任。

第十一章　附　则

第九十七条　各级政府财政部门应当按年度编制以权责发生制为基础的政府综合财务报告，报告政府整体财务状况、运行情况和财政中长期可持续性，报本级人民代表大会常务委员会备案。

第九十八条　国务院根据本法制定实施条例。

第九十九条　民族自治地方的预算管理，依照民族区域自治法的有关规定执行；民族区域自治法没有规定的，依照本法和国务院的有关规定执行。

第一百条　省、自治区、直辖市人民代表大会或者其常务委员会根据本法，可以制定有关预算审查监督的决定或者地方性法规。

第一百零一条　本法自1995年1月1日起施行。1991年10月21日国务院发布的《国家预算管理条例》同时废止。

关于专员办加强财政预算监管工作的通知

(财预〔2014〕352号)

财政部驻各省、自治区、直辖市、计划单列市财政监察专员办事处：

为贯彻党的十八大和十八届三中全会精神，落实党中央、国务院关于深化财税体制改革和预算管理制度改革的决定，根据《中华人民共和国预算法》、《财政部门监督办法》(财政部令第69号)、《关于印发财政部驻各省财政监察专员办事处职能配置、机构设置和人员编制规定的通知》(中编办发〔1998〕7号)等有关法律和文件规定，现就财政部驻各地财政监察专员办事处(以下简称专员办)加强财政预算监管工作通知如下：

一、专员办加强财政预算监管工作的重要性和紧迫性

专员办成立以来，紧紧围绕财政工作大局，不断完善监管职能，优化监管思路，强化各项监管工作，监管能力和水平显著提升。但随着财税改革的不断深入，专员办现有业务存在的与财政主体业务衔接不够、部分业务与有关部门职能交叉重叠等问题日益凸显，专员办就地就近管理的优势未能有效发挥。同时，党中央、国务院重大财税政策的落实、转移支付资金的管理、中央基层预算单位的财政管理等工作又亟需加强。这种状况与推进国家治理体系和治理能力现代化、建立现代财政制度的要求明显不相适应。为进一步加强财政预算管理，深入推进各项改革，有效执行财税政策，维护财经秩序，专员办迫切需要加强财政预算监管工作。

二、专员办加强财政预算监管工作的目标和基本原则

从加强财政预算管理的客观需求出发，按照中编办批复专员办"加强对中央财政收支情况的事前、事中监控和事后检查稽核的日常监督"的要求，专员办加强财政预算监管工作的目标是：将专员办业务嵌入预算编制、预算执行、决算管理等财政主体业务，实现从以检查业务为主向财政预算管理为主转变、以事后检查为主向事前事中监管为主转变，进一步提高中央财政预算管理的科学性和有效性。

专员办加强财政预算监管工作的基本原则是：

(一)立足财政预算。结合深化财税体制改革和预算管理制度改革的实际需要，调整工作重点，强化财政预算管理。

(二)规范工作程序。依据规章制度和财政部授权开展财政预算监管工作，业务上接受部内相关司局指导，并嵌入财政主体业务流程和内控体系。

(三)就近有效监管。充分利用贴近基层、就地就近的有利条件，配合部内司局有效开展相关工作，提高监管工作成效。

(四)配套保障到位。在明确专员办加强监管工作目标任务的基础上，调整内部机构设置，制订相关工作计划，切实保障监管工作顺利开展。

三、专员办加强财政预算监管工作的主要内容

根据《关于印发财政部驻各省财政监察专员办事处职能配置、机构设置和人员编制规定的通知》(中编办发〔1998〕7号)和《中共财政部党组关于调整内设机构和职责的决定》(财党〔2014〕19号)的相关规定,对专员办加强财政预算监管工作进行具体细化,主要内容如下:

(一)开展属地省区中央预算单位预算管理。审核属地中央预算单位预算编制,对属地中央二级及二级以下预算单位,以及个别一级预算单位(以下简称属地中央预算单位)的预算编制进行审核。监控属地中央预算单位预算执行,审核中央财政直接支付资金,监控授权支付资金,监控预算执行进度和政府采购预算执行,审批管理银行账户。审核属地中央预算单位决算编制。

(二)审核中央对地方转移支付资金预算相关基础资料,监督中央对地方转移支付资金预算执行。

(三)监督中央重大项目预算执行和财务管理。根据相关项目资金管理办法,对中央重大项目预算执行和财务管理进行监督。

(四)监督国家重大财税政策执行情况。主要对中央重大财税政策的贯彻落实情况,以及财政资金的管理使用情况开展调研和检查。

(五)监督中央预算收入执行和国库业务。监督中央税收收入征缴,征收和监缴部分中央非税收入,监督属地中央执收单位执收中央非税收入情况。按规定审批退付中央预算收入,监督国库办理预算收入的收纳、划分、留解、退付和预算支出拨付。

(六)承担中央财政预算支出绩效管理工作。

(七)监督地方政府债务。按照财政部对地方政府债务管理的统一要求,对地方政府债务实施监督。

(八)监督会计信息质量。开展会计信息质量检查和注册会计师行业执业质量监督检查。

(九)配合参加内部审计。按照财政部统一安排,配合参加监督检查局组织的对部内单位有关审计工作。

(十)承办财政部交办的其他事项。

四、专员办加强财政预算监管工作的配套措施

(一)强化部内司局业务指导。专员办的总体业务工作由预算司负责归口管理,主要是对专员办进行业务协调、工作联络、业务考评等,具体业务工作归口相关司局指导;专员办的预算资产财务工作由办公厅负责归口管理;专员办的人事工作由人事教育司负责归口管理;专项检查、会计信息质量监督、对专员办内控建设的指导与监督由监督检查局负责归口管理;专员办的纪检监察工作由驻部监察局归口管理;专员办信息化建设工作由信息网络中心负责归口管理。

(二)调整内设机构设置。根据加强财政预算监管工作需要、与部内司局的工作对接以及本地本办实际情况,专员办的内设机构原则上设置为:

办公室,主要对口预算司(综合协调工作)、办公厅、人事教育司、驻部监察局、巡视办、信息网络中心以及无经常性业务联系的司局。

业务一处，主要对口预算司（业务工作）、国库司（收入业务部分）、税政司、综合司、关税司等，并牵头综合业务事项。

业务二处，主要对口国库司、行政政法司、教科文司、社会保障司、文资办等，并牵头协调国库业务和属地中央预算单位管理。

业务三处，主要对口经济建设司、农业司（综改办）、农发办等，并牵头协调转移支付业务。

业务四处，主要对口金融司、资产管理司、国防司、国际财金合作司等。

监督检查处，主要对口监督检查局。

各专员办之间人员配备及办内各处室的人员配备，根据财政预算监管工作需要进行相应调整。

（三）完善相关制度。预算司负责研究制定专员办财政预算监管工作程序；相关业务司局负责就专员办业务涉及的具体内容，制定完善相关管理制度；专员办根据具体工作要求制定各项实施细则和操作规程。

（四）加快信息化建设。将专员办信息化建设纳入财政部信息化建设进行统筹规划和设计，按照一体化建设思路与原则，实现专员办与相关业务司局信息管理系统的对接。推动专员办与地方财政部门及属地中央预算单位的信息联网。

五、加强组织领导，切实做好财政预算监管工作

专员办加强财政预算监管工作是适应当前形势需要，完善财政管理制度的迫切要求。各专员办应站在建立现代财政制度和服务财政改革发展大局的高度，提高认识，转变观念，加强组织领导。合理调整机构，人员尽快到位。健全工作机制，完善业务流程，强化内部控制。加强学习和培训，提升业务素质。做好工作衔接，突出重点任务，切实履行好各项财政预算监管职能。

财政部

2014 年 10 月 28 日

专员办财政预算监管工作程序

(财预〔2014〕352号 2014年10月28日)

一、关于审核属地中央预算单位预算编制

（一）审核范围。

属地中央预算单位的支出预算和人员编制、资产等基础信息以及其他事项。

（二）审核工作程序。

属地中央预算单位将其人员编制、资产等基础信息及变动情况及时报专员办备查。

预算司在布置年度预算编制工作时，明确专员办预算编制审核的范围和权限，并提出审核工作重点和具体要求。如部门司对专员办审核工作有特殊要求的，由预算司在布置年度预算编制工作时一并布置。已经授权专员办的业务不再另行布置。

属地中央预算单位在报送"一上"预算（含政府采购预算，下同）时，将"一上"预算抄报专员办备查。预算司收到部门上报的"一上"预算后，将属地中央预算单位预算分解抄送专员办。专员办收到预算司转来的"一上"预算后，结合属地中央预算单位报送的"一上"预算资料进行审核，提出具体审核意见，并在规定时间内报部门司和预算司，其中新增资产配置报资产管理司汇总复核后报预算司。以上非涉密信息通过内网报送，涉密信息通过文件交换报送。

部门司结合专员办的审核意见，对部门预算进行审核。对意见不一致的事项，部门司要作出说明，并附专员办意见报预算司。

在部门"一上"和"二上"预算审核进程中，如有需要专员办进行审核的其他工作，由部门司提出需求转预算司，预算司委托相关专员办进行审核，专员办应及时将审核意见反馈部门司。

部门预算批复后，由预算司将属地中央预算单位"二下"预算分解抄送专员办。

二、关于监控属地中央预算单位预算执行

（一）监控属地中央预算单位资金拨付。

国库司将属地中央预算单位用款计划、政府采购计划、采购方式变更审批及进口产品采购审核结果抄送专员办。

对中央财政直接支付资金，专员办按要求审核并签署意见。

对属地中央预算单位中央财政授权支付资金，专员办可根据国库外围平台的支付数据进行监控，发现的违规问题要及时予以纠正，监控处理情况报国库司和部门司。

（二）监控属地中央预算单位预算执行进度以及政府采购项目执行有关法律制度和采购政策情况。

（三）审批管理属地中央预算单位银行账户。

按照相关规定办理属地中央预算单位银行账户审批、备案、年检等工作,对属地中央预算单位银行账户管理使用情况进行监管。

三、关于审核属地中央预算单位决算编制

国库司在布置年度决算时,对专员办审核决算工作提出具体要求。

属地中央预算单位将决算草案上报主管部门的同时,抄送专员办。

专员办按规定审核,并将审核意见在规定时间内报部门司和国库司。

部门司结合专员办提出的审核意见对部门决算进行审核。

四、关于审核中央对地方转移支付资金预算编制

(一)审核范围。

重点审核中央对地方转移支付资金预算相关基础资料。

(二)审核工作程序。

预算司会同部门司提出审核工作总体要求;部门司根据总体要求和各项转移支付资金特点,在相关制度文件中明确审核要求,并将转移支付相关制度文件提供给专员办。

省级财政部门在向财政部上报预算申请资料的同时抄报专员办。

专员办按规定开展审核,并将审核结果和相关建议报部门司和预算司。

部门司会签预算司提前下达或下达预算指标时,将专员办审核意见和采纳情况一并报预算司。

部门司在下达中央对地方转移支付资金时,将文件抄送专员办。

预算司直接分配一般性转移支付时,其职责视同部门司。

五、关于监控中央对地方转移支付资金(含基建项目)预算执行

省级财政部门根据财政部要求,将资金分配情况,包括分配依据、分地区分部门分配结果等报财政部的同时,抄送专员办备查。

预算执行中需要专员办重点监管的中央转移支付资金项目,预算司和部门司要予以明确,并提出管理要求。对重点监管的项目,省级财政部门应按要求将资金管理使用情况汇总报送专员办。

专员办根据相关制度要求,对资金安排是否符合政策方向、有无按规定时间下达预算、因素选择是否合理、共同支出责任中地方承担部分是否落实等进行审核,对支出进度是否符合要求、有无挤占挪用、有无结转结余资金、资金使用是否有效等进行监控,发现问题及时向相关司报告。

六、关于监督中央预算收入执行和国库业务

开展中央预算收入对账工作,监督中央和地方收入划分,检查违反法律法规规定,多征或者减征、免征、缓征应征的预算收入,违规审批退付中央预算收入等问题;按规定监缴部分中央非税收入,按规定审批退付中央预算收入。

对需要由专员办征收的中央非税收入,专员办根据财政部文件规定,及时核定缴款人应缴额,开具《非税收入一般缴款书》,督促缴款人缴款。通过《非税收入一般缴款书》年审(备案)、核销,以及实地检查等,对属地中央预算单位执收中央非税收入情况进行监督检查。

监督国库办理预算收入的收纳、划分、留解、退付和预算支出拨付。

定期将中央预算收入执行和国库业务监督等情况报国库司。

七、关于承担中央财政预算支出绩效管理工作

(一)对属地中央预算单位预算。

预算编制阶段,专员办对属地中央预算单位预算编制过程中,参考以前年度有关绩效评价结果情况和绩效目标设定情况等进行审核,在属地中央预算单位预算审核报告中予以反映,并报送部门司和预算司。中央部门在批复下级单位部门预算时,要将细化批复的属地中央预算单位预算绩效目标一并抄送专员办。

预算执行中,专员办按照财政部的要求开展绩效监控,发现预算执行可能偏离年初确定的绩效目标时,要及时提出处理意见和建议报部门司和预算司;相关司要及时形成相应的处理意见并转专员办;专员办据此督促属地中央预算单位的整改落实。

预算执行结束后,专员办可根据财政部的要求,对属地中央预算单位的绩效自评情况进行抽查,同时,接受财政部的委托,对相关预算支出开展绩效评价,形成相应的绩效评价报告,并提出评价结果的应用建议报部门司和预算司。在正式的绩效评价结果形成后,相关司要及时抄送专员办;专员办要督促绩效评价结果的应用,并对相应后续政策的完善和有关问题的整改落实进行跟踪。

(二)对中央对地方转移支付资金。

预算编制阶段,省级财政部门在将预算申请材料抄送专员办后,专员办要及时对其预算绩效目标设定情况、参考有关支出绩效评价情况等进行审核,形成相应的审核意见报部门司和预算司。在转移支付资金正式下达后,相关司要将批复的预算绩效目标抄送专员办。

预算执行中,专员办按照财政部的要求开展绩效监控,发现预算执行可能偏离年初确定的绩效目标时,要及时提出处理意见和建议报送省级财政部门,并将有关情况报部门司和预算司备案。

预算执行结束后,专员办接受财政部的委托开展转移支付资金绩效评价,形成相应的绩效评价报告,并提出评价结果的应用建议报部门司和预算司。在正式的绩效评价结果形成后,相关司要及时抄送专员办。专员办要督促绩效评价结果的应用,并对相应后续政策的完善和有关问题的整改落实进行跟踪。

八、关于监督地方政府债务

省级财政部门根据财政部要求,将地方政府债务数据等报财政部预算司的同时,抄送专员办备案。

预算司在下达各地地方政府债务规模、债务风险评估结果、债务管理要求等文件时,抄送专员办备案。

专员办根据预算司统一要求,对地方政府举债和担保承诺行为是否合法合规,债务资金安排和使用是否符合政策方向,债务偿还是否有偿还计划和稳定的偿还资金来源,债务风险是否按要求积极防范和化解,债务上报数据是否真实准确等进行监控。督促地方政府加强债务管理,发现问题及时向预算司报告,并对地方政府相应后续政策的完善和有关问题的整改落实进行跟踪。

九、关于财政监督检查工作

专员办开展的专项检查和会计信息质量检查由监督检查局统一组织部署,年度检查计划由监督检查局商预算司按程序报部领导批准后实施。有关司需要临时增加检查任务的,应事先商监督检查局,由监督检查局按程序报部领导批准。

十、其他事项

财政部交办的其他事项按相关要求办理。

关于进一步加强中央农口部门预算执行管理的通知

(财办农〔2010〕62号)

水利部财务司、农业部财务司、国务院南水北调工程建设委员会办公室经济和财务司、国务院扶贫开发领导小组办公室规划财务司、国家林业局发展规划与资金管理司、中国气象局计划财务司,新疆生产建设兵团财务局:

近年来,中央农口各部门充分发挥部门职能作用,高度重视预算执行管理工作,积极采取了一系列加快预算执行进度的措施,并取得了一定成效。为了加强预算执行科学化精细化管理,切实提高财政支农资金使用效益,现对进一步做好预算执行管理工作提出如下要求:

一、要切实提高认识

预算执行关系党和国家政策的贯彻落实,关系到财政职能的发挥和财政资金使用效益,加快预算执行,强化拨款管理对于保障财政支农政策落实,充分发挥财政支农资金使用效益具有十分重要的意义。农口各部门要牢固树立依法理财的理念,进一步统一思想,积极采取有效措施加强预算执行管理。要严格规范预算执行管理程序,加强监管;要坚持"两手抓",既要加快预算执行,又要科学拨款,杜绝"以拨代支"等现象发生,促进提高预算执行的均衡性、时效性和真实性。

二、要严格执行细化预算编制要求

农口各部门年初预算原则上要将项目全部细化到具体承担单位。按照项目性质和单位职责,对应列下级单位预算。因年初不能确定资金分配计划或无法确定承担单位等特殊原因,只能暂列在本级的项目,执行中要通过调整预算的方式,报财政部批准后,分解细化到基层预算单位,不允许采取部门内部划转资金的方式。

三、要强化资金拨付管理

对项目支出属于本单位职责,但需要委托下级单位或部门外单位实施的,承担项目的预算单位应加强资金拨付管理,健全资金拨付机制,研究采取有效的方式,做到按项目进度拨款,不得超进度拨款。同时,要加强对项目资金的跟踪监管,及时发现和解决问题。对资金拨付进度与项目实际进度不符的,要及时收回已拨付资金。

四、要对弄虚作假行为严肃处理

对弄虚作假,故意通过"以拨代支"方式转移资金,造成虚假执行进度的行为,应坚决禁止。对借此挪用财政资金的,更要依法追究责任,严肃处理。

五、要做到执行进度和项目绩效两手抓

农口各部门要进一步加强预算管理,全面掌握项目实际进展情况,在狠抓预算执行进度的同时,还要注重项目执行的实效。避免因"以拨代支"超进度拨款造成的支出进度与项目实际进度脱节问题,杜绝因片面追求预算执行进度出现的人为超预算拨款现象。

六、要继续完善工作机制

农口各部门要严格执行预算管理的有关程序和规定,扎实做好预算执行管理的各项基础工作,及时掌握预算执行动态。在此基础上,要加强预算执行分析,对发现的问题要早研究、早报告、早解决。要继续采取并完善预算执行通报制、约谈制、考核制、督导制等行之有效的工作机制,进一步提高预算执行管理水平。

财政部办公厅

2010 年 9 月 9 日

中央部门预算绩效目标管理办法

(财预〔2015〕88号　2015年5月21日)

第一章　总　则

第一条　为了进一步加强预算绩效管理,提高中央部门预算绩效目标管理的科学性、规范性和有效性,根据《中华人民共和国预算法》、《国务院关于深化预算管理制度改革的决定》(国发〔2014〕45号)等有关规定,制定本办法。

第二条　绩效目标是指财政预算资金计划在一定期限内达到的产出和效果。

绩效目标是建设项目库、编制部门预算、实施绩效监控、开展绩效评价等的重要基础和依据。

第三条　本办法所称绩效目标:

(一)按照预算支出的范围和内容划分,包括基本支出绩效目标、项目支出绩效目标和部门(单位)整体支出绩效目标。

基本支出绩效目标,是指中央部门预算中安排的基本支出在一定期限内对本部门(单位)正常运转的预期保障程度。一般不单独设定,而是纳入部门(单位)整体支出绩效目标统筹考虑。

项目支出绩效目标是指中央部门依据部门职责和事业发展要求,设立并通过预算安排的项目支出在一定期限内预期达到的产出和效果。

部门(单位)整体支出绩效目标是指中央部门及其所属单位按照确定的职责,利用全部部门预算资金在一定期限内预期达到的总体产出和效果。

(二)按照时效性划分,包括中长期绩效目标和年度绩效目标。

中长期绩效目标是指中央部门预算资金在跨度多年的计划期内预期达到的产出和效果。年度绩效目标是指中央部门预算资金在一个预算年度内预期达到的产出和效果。

第四条　绩效目标管理是指财政部和中央部门及其所属单位以绩效目标为对象,以绩效目标的设定、审核、批复等为主要内容所开展的预算管理活动。

第五条　财政部和中央部门及其所属单位是绩效目标管理的主体。

第六条　绩效目标管理的对象是纳入中央部门预算管理的全部资金。

第二章　绩效目标的设定

第七条　绩效目标设定是指中央部门或其所属单位按照部门预算管理和绩效目标管理的要求,编制绩效目标并向财政部或中央部门报送绩效目标的过程。

绩效目标是部门预算安排的重要依据。未按要求设定绩效目标的项目支出，不得纳入项目库管理，也不得申请部门预算资金。

第八条 按照"谁申请资金，谁设定目标"的原则，绩效目标由中央部门及其所属单位设定。

项目支出绩效目标，在该项目纳入中央部门项目库之前编制，并按要求随同中央部门项目库提交财政部；部门（单位）整体支出绩效目标，在申报部门预算时编制，并按要求提交财政部。

第九条 绩效目标要能清晰反映预算资金的预期产出和效果，并以相应的绩效指标予以细化、量化描述。主要包括：

（一）预期产出，是指预算资金在一定期限内预期提供的公共产品和服务情况；

（二）预期效果，是指上述产出可能对经济、社会、环境等带来的影响情况，以及服务对象或项目受益人对该项产出和影响的满意程度等。

第十条 绩效指标是绩效目标的细化和量化描述，主要包括产出指标、效益指标和满意度指标等。

（一）产出指标是对预期产出的描述，包括数量指标、质量指标、时效指标、成本指标等。

（二）效益指标是对预期效果的描述，包括经济效益指标、社会效益指标、生态效益指标、可持续影响指标等。

（三）满意度指标是反映服务对象或项目受益人的认可程度的指标。

第十一条 绩效标准是设定绩效指标时所依据或参考的标准。一般包括：

（一）历史标准，是指同类指标的历史数据等；

（二）行业标准，是指国家公布的行业指标数据等；

（三）计划标准，是指预先制定的目标、计划、预算、定额等数据；

（四）财政部认可的其他标准。

第十二条 绩效目标设定的依据包括：

（一）国家相关法律、法规和规章制度，国民经济和社会发展规划；

（二）部门职能、中长期发展规划、年度工作计划或项目规划；

（三）中央部门中期财政规划；

（四）财政部中期和年度预算管理要求；

（五）相关历史数据、行业标准、计划标准等；

（六）符合财政部要求的其他依据。

第十三条 设定的绩效目标应当符合以下要求：

（一）指向明确。绩效目标要符合国民经济和社会发展规划、部门职能及事业发展规划等要求，并与相应的预算支出内容、范围、方向、效果等紧密相关。

（二）细化量化。绩效目标应当从数量、质量、成本、时效以及经济效益、社会效益、生态效益、可持续影响、满意度等方面进行细化，尽量进行定量表述。不能以量化形式表述的，可采用定性表述，但应具有可衡量性。

（三）合理可行。设定绩效目标时要经过调查研究和科学论证，符合客观实际，能够在一定期限内如期实现。

（四）相应匹配。绩效目标要与计划期内的任务数或计划数相对应，与预算确定的投资额或资金量相匹配。

第十四条 绩效目标申报表是所设定绩效目标的表现形式。其中，项目支出绩效目标涉及内容的相关信息，纳入项目文本中，通过提取信息的方式以确定格式（详见附1）生成；部门（单位）整体支出绩效目标，按照确定格式和内容（详见附2）填报，纳入部门预算编报说明中。

第十五条 绩效目标设定的方法包括：

（一）项目支出绩效目标的设定。

1.对项目的功能进行梳理，包括资金性质、预期投入、支出范围、实施内容、工作任务、受益对象等，明确项目的功能特性。

2.依据项目的功能特性，预计项目实施在一定时期内所要达到的总体产出和效果，确定项目所要实现的总体目标，并以定量和定性相结合的方式进行表述。

3.对项目支出总体目标进行细化分解，从中概括、提炼出最能反映总体目标预期实现程度的关键性指标，并将其确定为相应的绩效指标。

4.通过收集相关基准数据，确定绩效标准，并结合项目预期进展、预计投入等情况，确定绩效指标的具体数值。

（二）部门（单位）整体支出绩效目标的设定。

1.对部门（单位）的职能进行梳理，确定部门（单位）的各项具体工作职责。

2.结合部门（单位）中长期规划和年度工作计划，明确年度主要工作任务，预计部门（单位）在本年度内履职所要达到的总体产出和效果，将其确定为部门（单位）总体目标，并以定量和定性相结合的方式进行表述。

3.依据部门（单位）总体目标，结合部门（单位）的各项具体工作职责和工作任务，确定每项工作任务预计要达到的产出和效果，从中概括、提炼出最能反映工作任务预期实现程度的关键性指标，并将其确定为相应的绩效指标。

4.通过收集相关基准数据，确定绩效标准，并结合年度预算安排等情况，确定绩效指标的具体数值。

第十六条 绩效目标设定程序为：

（一）基层单位设定绩效目标。申请预算资金的基层单位按照要求设定绩效目标，随同本单位预算提交上级单位；根据上级单位审核意见，对绩效目标进行修改完善，按程序逐级上报。

（二）中央部门设定绩效目标。中央部门按要求设定本级支出绩效目标，审核、汇总所属单位绩效目标，提交财政部；根据财政部审核意见对绩效目标进行修改完善，按程序提交财政部。

第三章 绩效目标的审核

第十七条 绩效目标审核是指财政部或中央部门对相关部门或单位报送的绩效目标进行审查核实,并将审核意见反馈相关单位,指导其修改完善绩效目标的过程。

第十八条 按照"谁分配资金,谁审核目标"的原则,绩效目标由财政部或中央部门按照预算管理级次进行审核。根据工作需要,绩效目标可委托第三方予以审核。

第十九条 绩效目标审核是部门预算审核的有机组成部分。绩效目标不符合要求的,财政部或中央部门应要求报送单位及时修改、完善。审核符合要求后,方可进入项目库,并进入下一步预算编审流程。

第二十条 中央部门对所属单位报送的项目支出绩效目标和单位整体支出绩效目标进行审核。

有预算分配权的部门应对预算部门提交的有关项目支出绩效目标进行审核,并据此提出资金分配建议。经审核的项目支出绩效目标,报财政部备案。

第二十一条 财政部根据部门预算审核的范围和内容,对中央部门报送的项目支出绩效目标和部门(单位)整体支出绩效目标进行审核。对经有预算分配权的部门审核后的横向分配项目的绩效目标,财政部可根据需要进行再审核。

第二十二条 绩效目标审核的主要内容:

(一)完整性审核。绩效目标的内容是否完整,绩效目标是否明确、清晰。

(二)相关性审核。绩效目标的设定与部门职能、事业发展规划是否相关,是否对申报的绩效目标设定了相关联的绩效指标,绩效指标是否细化、量化。

(三)适当性审核。资金规模与绩效目标之间是否匹配,在既定资金规模下,绩效目标是否过高或过低;或者要完成既定绩效目标,资金规模是否过大或过小。

(四)可行性审核。绩效目标是否经过充分论证和合理测算;所采取的措施是否切实可行,并能确保绩效目标如期实现。综合考虑成本效益,是否有必要安排财政资金。

第二十三条 对一般性项目,由财政部或中央部门结合部门预算管理流程进行审核,提出审核意见。

对社会关注程度高、对经济社会发展具有重要影响、关系重大民生领域或专业技术复杂的重点项目,财政部或中央部门可根据需要将其委托给第三方,组织相关部门、专家学者、科研院所、中介机构、社会公众代表等共同参与审核,提出审核意见。

第二十四条 对项目支出绩效目标的审核,采用"项目支出绩效目标审核表"(详见附3)。其中,对一般性项目,采取定性审核的方式;对重点项目,采取定性审核和定量审核相结合的方式。

部门(单位)整体支出绩效目标的审核,可参考项目支出绩效目标的审核工具,提出审核意见。

第二十五条 项目支出绩效目标审核结果分为"优"、"良"、"中"、"差"四个等级,作为项目预算安排的重要参考因素。

审核结果为"优"的，直接进入下一步预算安排流程；审核结果为"良"的，可与相关部门或单位进行协商，直接对其绩效目标进行完善后，进入下一步预算安排流程；审核结果为"中"的，由相关部门或单位对其绩效目标进行修改完善，按程序重新报送审核；审核结果为"差"的，不得进入下一步预算安排流程。

第二十六条 绩效目标审核程序如下：

（一）中央部门及其所属单位审核。中央部门及其所属单位对下级单位报送的绩效目标进行审核，提出审核意见并反馈给下级单位。下级单位根据审核意见对相关绩效目标进行修改完善，重新提交上级单位审核，审核通过后按程序报送财政部。

（二）财政部审核。财政部对中央部门报送的绩效目标进行审核，提出审核意见并反馈给中央部门。中央部门根据财政部审核意见对相关绩效目标进行修改完善，重新报送财政部审核。财政部根据绩效目标审核情况提出预算安排意见，随预算资金一并下达中央部门。

第四章 绩效目标的批复、调整与应用

第二十七条 按照"谁批复预算，谁批复目标"的原则，财政部和中央部门在批复年初部门预算或调整预算时，一并批复绩效目标。原则上，中央部门整体支出绩效目标、纳入绩效评价范围的项目支出绩效目标和一级项目绩效目标，由财政部批复；中央部门所属单位整体支出绩效目标和二级项目绩效目标，由中央部门或所属单位按预算管理级次批复。

第二十八条 绩效目标确定后，一般不予调整。预算执行中因特殊原因确需调整的，应按照绩效目标管理要求和预算调整流程报批。

第二十九条 中央部门及所属单位应按照批复的绩效目标组织预算执行，并根据设定的绩效目标开展绩效监控、绩效自评和绩效评价。

（一）绩效监控。预算执行中，中央部门及所属单位应对资金运行状况和绩效目标预期实现程度开展绩效监控，及时发现并纠正绩效运行中存在的问题，力保绩效目标如期实现。

（二）绩效自评。预算执行结束后，资金使用单位应对照确定的绩效目标开展绩效自评，分别填写"项目支出绩效自评表"（详见附4）和"部门（单位）整体支出绩效自评表"（详见附5），形成相应的自评结果，作为部门（单位）预、决算的组成内容和以后年度预算申请、安排的重要基础。

（三）绩效评价。财政部或中央部门要有针对地选择部分重点项目或部门（单位），在资金使用单位绩效自评的基础上，开展项目支出或部门（单位）整体支出绩效评价，并对部分重大专项资金或财政政策开展中期绩效评价试点，形成相应的评价结果。

第三十条 中央部门应按照有关法律、法规要求，逐步将有关绩效目标随同部门预算予以公开。

第五章 附 则

第三十一条 各部门可根据本办法,结合实际制定本部门具体绩效目标管理办法和实施细则,报财政部备案。

第三十二条 此前关于中央部门预算绩效目标管理的规定与本办法不一致的,适用本办法。

第三十三条 本办法由财政部负责解释。

第三十四条 本办法自印发之日起施行。

附 1-1

项目支出绩效目标申报表（生成表）

（　　　年度）

项目名称							
主管部门及代码				实施单位			
项目属性				项目期			
项目资金（万元）	中期资金总额：			年度资金总额：			
	其中：财政拨款			其中：财政拨款			
	其他资金			其他资金			

总体目标	中期目标（20××年—20××+n年）			年度目标			
	目标1： 目标2： 目标3： ……			目标1： 目标2： 目标3： ……			

绩效指标	一级指标	二级指标	三级指标	指标值	二级指标	三级指标	指标值
	产出指标	数量指标	指标1： 指标2： ……		数量指标	指标1： 指标2： ……	
		质量指标	指标1： 指标2： ……		质量指标	指标1： 指标2： ……	
		时效指标	指标1： 指标2： ……		时效指标	指标1： 指标2： ……	
		成本指标	指标1： 指标2： ……		成本指标	指标1： 指标2： ……	
		……			……		
	效益指标	经济效益指标	指标1： 指标2： ……		经济效益指标	指标1： 指标2： ……	
		社会效益指标	指标1： 指标2： ……		社会效益指标	指标1： 指标2： ……	
		生态效益指标	指标1： 指标2： ……		生态效益指标	指标1： 指标2： ……	
		可持续影响指标	指标1： 指标2： ……		可持续影响指标	指标1： 指标2： ……	
		……			……		
	满意度指标	服务对象满意度指标	指标1： 指标2： ……		服务对象满意度指标	指标1： 指标2： ……	
		……			……		

附 1-2

项目支出绩效目标申报表内容说明

一、适用范围

（一）本表根据中央部门及其所属单位所填报的项目文本中的相关信息，由预算管理系统自动生成，作为项目绩效目标审核和批复、预算资金确定、绩效监控、绩效评价的主要依据。

（二）项目支出是指中央部门为完成其特定的行政工作任务或事业发展目标、纳入部门预算编制范围的年度项目支出计划。

（三）中央部门的所有预算项目都应设定绩效目标，并形成本表。

（四）本表中的相关内容由项目资金申报单位在项目申报文本中填写。

二、内容说明

（一）年度：指编制部门预算所属年份。如：编报20××年部门预算时，填写"20××年"；20××年预算执行中申请调整预算时，填写"20××年"。

（二）项目基本情况。

1. 项目名称：指项目的具体名称，与部门预算中的项目名称一致。

2. 主管部门及代码：指中央部门的代码及全称。如：[101]国务院办公厅。

3. 实施单位：指项目具体实施单位，与项目文本中的有关内容一致。

4. 项目属性：指新增项目或延续项目。

5. 项目期：指项目的具体实施期限，其中，一次性项目，填1年；有确定项目实施期的项目，填确定的年限，如3年等；属于部门经常性业务项目，填"长期"。

6. 项目资金：指中期或年度项目资金总额，按资金来源分为财政拨款、其他资金。本项内容以万元为单位，保留小数点后两位。

（三）总体目标。

项目支出总体目标描述利用该项目全部预算资金在一定期限内预期达到的总体产出和效果。

1. 中期目标：概括描述延续项目在一定时期内（一般为三年）预期达到的产出和效果。其中，所填写的期限，按一定时期滚动填写，如2015年编制2016年预算，填写2016—2018年；2016年编制2017年预算，填写2017—2019年等。

一次性项目和处于项目期最后一年的项目，不需填写此项，只填写年度目标。

2. 年度目标：概括描述项目在本年度内预期达到的产出和效果。

（四）绩效指标。

绩效指标按中期指标和年度指标分别填列，其中，中期指标是对中期目标的细化和量化，年度指标是对年度目标的细化和量化。一次性项目和处于项目期最后一年的项目，只填写年度指标。

绩效指标一般包括产出指标、效益指标、满意度指标三类一级指标，每一类一级指标细分为若干二级指标、三级指标,分别设定具体的指标值。指标值应尽量细化、量化,可量化的用数值描述,不可量化的以定性描述。

1.产出指标:反映根据既定目标,相关预算资金预期提供的公共产品和服务情况。可进一步细分为:

(1)数量指标,反映预期提供的公共产品和服务数量,如"举办培训的班次"、"培训学员的人次"、"新增设备数量"等;

(2)质量指标,反映预期提供的公共产品和服务达到的标准、水平和效果,如"培训合格率"、"研究成果验收通过率"等;

(3)时效指标,反映预期提供公共产品和服务的及时程度和效率情况,如"培训完成时间"、"研究成果发布时间"等;

(4)成本指标,反映预期提供公共产品和服务所需成本的控制情况,如"人均培训成本"、"设备购置成本"、"和社会平均成本的比较"等。

2.效益指标:反映与既定绩效目标相关的、前述相关产出所带来的预期效果的实现程度。可进一步细分为:

(1)经济效益指标,反映相关产出对经济发展带来的影响和效果,如"促进农民增收率或增收额"、"采用先进技术带来的实际收入增长率"等;

(2)社会效益指标,反映相关产出对社会发展带来的影响和效果,如"带动就业增长率"、"安全生产事故下降率"等;

(3)生态效益指标,反映相关产出对自然环境带来的影响和效果,如"水电能源节约率"、"空气质量优良率"等;

(4)可持续影响指标,反映相关产出带来影响的可持续期限,如"项目持续发挥作用的期限"、"对本行业未来可持续发展的影响"等。

3.满意度指标:属于预期效果的内容,反映服务对象或项目受益人对相关产出及其影响的认可程度,根据实际细化为具体指标,如"受训学员满意度"、"群众对××工作的满意度"、"社会公众投诉率/投诉次数"等。

4.实际操作中其他绩效指标的具体内容,可由部门(单位)根据需要,在上述指标中或在上述指标之外另行补充。

附 2-1

部门(单位)整体支出绩效目标申报表

(　　　年度)

	部门(单位)名称				
年度主要任务	任务名称	主要内容	预算金额(万元)		
			总额	财政拨款	其他资金
	任务 1				
	任务 2				
	任务 3				
	……				
	金额合计				
年度总体目标	目标 1:				
	目标 2:				
	目标 3:				
年度绩效指标	一级指标	二级指标	三级指标		指标值
	产出指标	数量指标	指标1: 指标2: ……		
		质量指标	指标1: 指标2: ……		
		时效指标	指标1: 指标2: ……		
		成本指标	指标1: 指标2: ……		
		……			
	效益指标	经济效益指标	指标1: 指标2: ……		
		社会效益指标	指标1: 指标2: ……		
		生态效益指标	指标1: 指标2: ……		
		可持续影响指标	指标1: 指标2: ……		
	满意度指标	服务对象满意度指标	指标1: 指标2: ……		
		……			

附 2-2

部门(单位)整体支出绩效目标申报表填报说明

一、适用范围

(一)本表适用于中央部门及其所属单位在申报部门(单位)整体支出绩效目标时填报,作为部门(单位)整体支出预算审核及绩效评价的主要依据。

(二)部门(单位)整体支出是指纳入中央部门预算管理的全部资金,包括当年财政拨款和通过以前年度财政拨款结转和结余资金、事业收入、事业单位经营收入等其他收入安排的支出;包括基本支出和项目支出。

(三)中央部门及其所属单位应按要求设定整体支出绩效目标,填报本表。

(四)本表由中央部门或所属单位财务主管机构负责填写,必要时可以由本部门或本单位业务部门协助填写。

二、填报说明

(一)年度:填写编制部门预算所属年份。如:编报20××年部门预算,填写"20××年"。

(二)部门(单位)名称:填写填报本表的预算部门或单位全称。

(三)年度主要任务:填写根据部门(单位)主要职责和工作计划确定的本年度主要工作任务以及开展这项任务所对应的预算支出金额(一般为一级项目及金额)。预算支出金额包括当年财政拨款和其他资金,以万元为单位,保留到小数点后两位。

(四)年度总体目标:描述本部门(单位)利用全部部门预算资金在本年度内预期达到的总体产出和效果。

(五)年度绩效指标:一般包括产出指标、效益指标、满意度指标三类一级指标,每一类一级指标细分为若干二级指标、三级指标,分别对应具体的指标值。指标值应尽量细化、量化,可量化的用数值描述,不可量化的以定性描述。具体填报要求可参照"项目支出绩效目标申报表内容说明"。

附 3-1

项目支出绩效目标审核表(一般性项目)

审核内容	审核要点	审核意见
一、完整性审核		
规范完整性	绩效目标填报格式是否规范,内容是否完整、准确、详实,是否无缺项、错项	优□ 良□ 中□ 差□
明确清晰性	绩效目标是否明确、清晰,是否能够反映项目主要情况,是否对项目预期产出和效果进行了充分、恰当的描述	优□ 良□ 中□ 差□
二、相关性审核		
目标相关性	总体目标是否符合国家法律法规、国民经济和社会发展规划要求,与本部门(单位)职能、发展规划和工作计划是否密切相关	优□ 良□ 中□ 差□
招标科学性	绩效指标是否全面、充分、细化、量化,难以量化的,定性描述是否充分、具体;是否选取了最能体现总体目标实现程度的关键指标并明确了具体指标值	优□ 良□ 中□ 差□
三、适当性审核		
绩效合理性	预期绩效是否显著,是否能够体现实际产出和效果的明显改善;是否符合行业正常水平或事业发展规律;与其他同类项目相比,预期绩效是否合理	优□ 良□ 中□ 差□
资金匹配性	绩效目标与项目资金量、使用方向等是否匹配,在既定资金规模下,绩效目标是否过高或过低;或是完成既定绩效目标,资金规模是否过大或过小	优□ 良□ 中□ 差□
四、可行性审核		
实现可能性	绩效目标是否经过充分调查研究、论证和合理测算,实现的可能性是否充分	优□ 良□ 中□ 差□
条件充分性	项目实施方案是否合理,项目实施单位的组织实施能力和条件是否充分,内部控制是否规范,管理制订是否健全	优□ 良□ 中□ 差□
综合评定等级	优□ 良□ 中□ 差□	
总体意见		

附 3-2

项目支出绩效目标审核表(重点项目)

审核内容		审核要点		审核意见	得分
具体内容	分值	具体内容	分值		
一、完整性审核(20 分)					
规范完整性	10 分	绩效目标填报格式是否规范、符合规定要求	5 分	优□ 良□ 中□ 差□	
		绩效目标填报内容是否完整、准确、翔实,是否无缺项、错项	5 分	优□ 良□ 中□ 差□	
		得分小计			
明确清晰性	10 分	绩效目标是否明确,内容是否具体,层次是否分明,表述是否准确	5 分	优□ 良□ 中□ 差□	
		绩效目标是否清晰,是否能够反映项目的主要内容,是否对项目预期产出和效果进行了绩效目标是否清晰,是否能够反映项目的主要内容,是否对项目预期产出和效果进行了充分、恰当的描述	5 分	优□ 良□ 中□ 差□	
		得分小计			
二、相关性审核(30 分)					
目标相关性	15 分	总体目标是否符合国家法律法规、国民经济和社会发展规划要求	7 分	优□ 良□ 中□ 差□	
		总体目标与本部门(单位)职能、发展规划和工作计划是否密切相关	8 分	优□ 良□ 中□ 差□	
		得分小计			
指标科学性	15 分	绩效指标是否全面、充分,是否选取了最能体现总体目标实现程度的关键指标并明确了具体指标值	8 分	优□ 良□ 中□ 差□	
		绩效指标是否细化、量化,便于监控和评价;难以量化的,定性描述是否充分、具体	7 分	优□ 良□ 中□ 差□	
		得分小计			
三、适当性审核(30 分)					
绩效合理性	15 分	预期绩效是否显著,是否能够体现实际产出和效果的明显改善	8 分	优□ 良□ 中□ 差□	
		预期绩效是否符合行业正常水平或事业发展规律;与其他同类项目相比,预期绩效是否合理	7 分	优□ 良□ 中□ 差□	
		得分小计			

续表

审核内容		审核要点		审核意见	得分
具体内容	分值	具体内容	分值		
资金匹配性	15 分	绩效目标与项目资金是否匹配,在既定资金规模下,绩效目标是否过高或过低;或要完成既定绩效目标,资金规模是否过大或小	8 分	优□ 良□ 中□ 差□	
		绩效目标与相应的支出内容、范围、方向、效果等是否匹配	7 分	优□ 良□ 中□ 差□	
		得分小计			
四、可行性审核(20 分)					
实现可能性	10 分	绩效目标是否经过充分调查研究、论证和合理测算	5 分	优□ 良□ 中□ 差□	
		绩效目标实现两年可能性是否充分,是否考虑了现实条件和可操作性	5 分	优□ 良□ 中□ 差□	
		得分小计			
条件充分性	10 分	项目实施方案是否合理,项目实施单位的组织实施能力和条件是否充分	5 分	优□ 良□ 中□ 差□	
		内部控制是否规范,预算和财务管理制度是否健全并得到有效执行	5 分	优□ 良□ 中□ 差□	
		得分小计			
总分					
综合评定等级		优□ 良□ 中□ 差□			
总体意见					

附 3-3

项目支出绩效目标审核表填报说明

一、适用范围

（一）本表适用于财政部或中央部门及其所属单位在审核项目支出绩效目标时填报，是绩效目标审核的主要工具。

（二）本表全面反映审核主体对绩效目标的审核意见。

（三）本表由财政部或中央部门及其所属单位财务主管机构负责填写；委托第三方审核的，可以由第三方机构协助填写。

二、填报说明

（一）审核内容

绩效目标审核包括完整性审核、相关性审核、适当性审核和可行性审核等四个方面。绩效目标审核应充分参考部门（单位）职能、项目立项依据、项目实施的必要性和可行性、项目实施方案以及以前年度绩效信息等内容，还应充分考虑财政资金支持的方向、范围和方式等。

（二）审核方式

审核采取定性审核与定量审核相结合的方式。定性审核分为"优"、"良"、"中"、"差"四个等级，其中，填报内容完全符合要求的，定级为"优"；绝大部分内容符合要求、仅需对个别内容进行修改的，定级为"良"；部分内容不符合要求、但通过修改完善后能够符合要求的，定级为"中"；内容为空或大部分内容不符合要求的，定级为"差"。定量审核按对应等级进行打分，保留一位小数。具体审核方式如下：

1. 对一般性项目，采取定性审核的方式。审核主体对每一项审核内容逐一提出定性审核意见，并根据各项审核情况，汇总确定"综合评定等级"。确定综合评定等级时，8个审核要点中，有6项及以上为"优"，且其他项无"中"、"差"级的，方可定级为"优"；有6项及以上为"良"及以上，且其他项无"差"级的，方可定级为"良"；有6项及以上为"中"及以上的，方可定级为"中"。同时，在本表"总体意见"栏中对该项目绩效目标的修改完善、预算安排等提出意见。

2. 对重点项目，采取定性审核和定量审核相结合的方式。审核主体对每一项审核内容提出定性审核意见，并进行打分。定性审核为"优"的，得该项分值的90%～100%；定性审核为"良"的，得该项分值的80%～89%；定性审核为"中"的，得该项分值的60%～79%；定性审核为"差"的，得该项分值的59%以下。

各项审核内容完成后，根据项目审核总分，确定"综合评定等级"。总得分在90分以上的为"优"；在80分至90分（不含，下同）之间的为"良"；在60分至80分之间的为"中"；低于60分的为"差"。同时，在本表"总体意见"栏中对该项目绩效目标的修改完善、预算安排等提出意见。

附 4

项目支出绩效自评表

（　　　年度）

项目名称					
主管部门及代码			实施单位		
项目预算执行情况（万元）	预算数：		执行数：		
	其中:财政拨款		其中:财政拨款		
	其他资金		其他资金		
年度总体目标完成情况	预期目标			目标实际完成情况	
	目标1： 目标2： 目标3： ……			目标1完成情况： 目标2完成情况： 目标3完成情况： ……	
年度绩效指标完成情况	一级指标	二级指标	三级指标	预期指标值	实际完成指标值
	产出指标	数量指标	指标1： 指标2： ……		
		质量指标	指标1： 指标2： ……		
		时效指标	指标1： 指标2： ……		
		成本指标	指标1： 指标2： ……		
		……			
	效益指标	经济效益指标	指标1： 指标2： ……		
		社会效益指标	指标1： 指标2： ……		
		生态效益指标	指标1： 指标2： ……		
		可持续影响指标	指标1： 指标2： ……		
		……			
	满意度指标	服务对象满意度指标	指标1： 指标2： ……		

附 5

部门(单位)整体支出绩效自评表

(　　年度)

<table>
<tr><td colspan="2">部门(单位)名称</td><td></td><td colspan="2"></td><td colspan="2"></td></tr>
<tr><td rowspan="5">年度主要任务完成情况</td><td>任务名称</td><td>完成情况</td><td colspan="2">预算数(万元)</td><td colspan="2">执行数(万元)</td></tr>
<tr><td></td><td></td><td></td><td>其中:财政拨款</td><td></td><td>其中:财政拨款</td></tr>
<tr><td>任务1</td><td></td><td></td><td></td><td></td><td></td></tr>
<tr><td>任务2</td><td></td><td></td><td></td><td></td><td></td></tr>
<tr><td>任务3</td><td></td><td></td><td></td><td></td><td></td></tr>
<tr><td>……</td><td></td><td></td><td></td><td></td><td></td></tr>
<tr><td></td><td>金额合计</td><td></td><td></td><td></td><td></td><td></td></tr>
<tr><td rowspan="2">年度总体目标完成情况</td><td colspan="3">预期目标</td><td colspan="3">目标实际完成情况</td></tr>
<tr><td colspan="3">目标1:
目标2:
目标3:
……</td><td colspan="3">目标1完成情况:
目标2完成情况:
目标3完成情况:
……</td></tr>
<tr><td rowspan="25">年度绩效指标完成情况</td><td>一级指标</td><td>二级指标</td><td>三级指标</td><td colspan="2">预期指标值</td><td>实际完成指标值</td></tr>
<tr><td rowspan="13">产出指标</td><td rowspan="3">数量指标</td><td>指标1:</td><td colspan="2"></td><td></td></tr>
<tr><td>指标2:</td><td colspan="2"></td><td></td></tr>
<tr><td>……</td><td colspan="2"></td><td></td></tr>
<tr><td rowspan="3">质量指标</td><td>指标1:</td><td colspan="2"></td><td></td></tr>
<tr><td>指标2:</td><td colspan="2"></td><td></td></tr>
<tr><td>……</td><td colspan="2"></td><td></td></tr>
<tr><td rowspan="3">时效指标</td><td>指标1:</td><td colspan="2"></td><td></td></tr>
<tr><td>指标2:</td><td colspan="2"></td><td></td></tr>
<tr><td>……</td><td colspan="2"></td><td></td></tr>
<tr><td rowspan="3">成本指标</td><td>指标1:</td><td colspan="2"></td><td></td></tr>
<tr><td>指标2:</td><td colspan="2"></td><td></td></tr>
<tr><td>……</td><td colspan="2"></td><td></td></tr>
<tr><td>……</td><td></td><td colspan="2"></td><td></td></tr>
<tr><td rowspan="12">效益指标</td><td rowspan="3">经济效益指标</td><td>指标1:</td><td colspan="2"></td><td></td></tr>
<tr><td>指标2:</td><td colspan="2"></td><td></td></tr>
<tr><td>……</td><td colspan="2"></td><td></td></tr>
<tr><td rowspan="3">社会效益指标</td><td>指标1:</td><td colspan="2"></td><td></td></tr>
<tr><td>指标2:</td><td colspan="2"></td><td></td></tr>
<tr><td>……</td><td colspan="2"></td><td></td></tr>
<tr><td rowspan="3">生态效益指标</td><td>指标1:</td><td colspan="2"></td><td></td></tr>
<tr><td>指标2:</td><td colspan="2"></td><td></td></tr>
<tr><td>……</td><td colspan="2"></td><td></td></tr>
<tr><td rowspan="3">可持续影响指标</td><td>指标1:</td><td colspan="2"></td><td></td></tr>
<tr><td>指标2:</td><td colspan="2"></td><td></td></tr>
<tr><td>……</td><td colspan="2"></td><td></td></tr>
<tr><td>满意度指标</td><td rowspan="3">服务对象满意度指标</td><td>指标1:</td><td colspan="2"></td><td></td></tr>
<tr><td></td><td>指标2:</td><td colspan="2"></td><td></td></tr>
<tr><td></td><td>……</td><td colspan="2"></td><td></td></tr>
</table>

附 6

中央部门预算绩效目标管理流程图

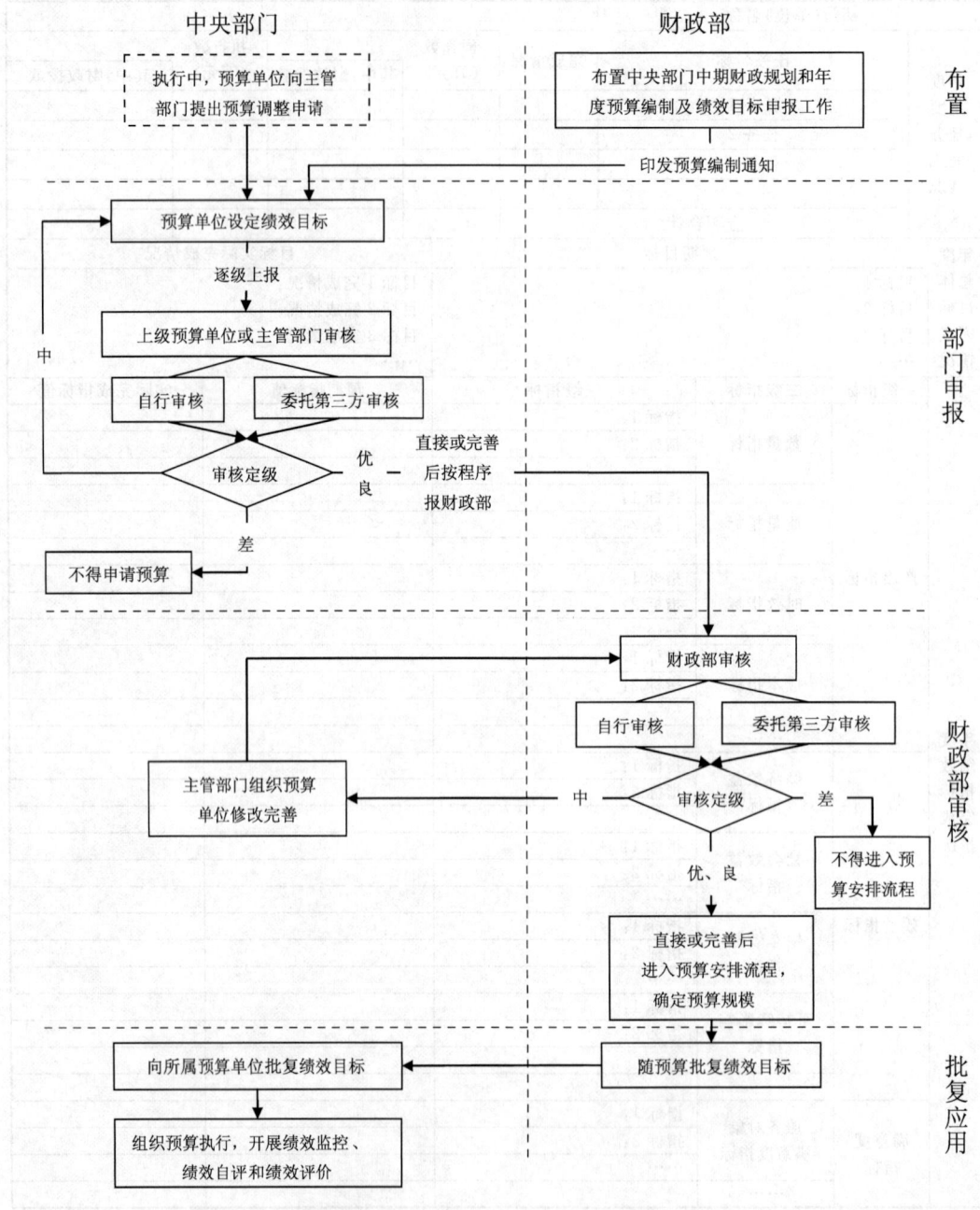

关于推进中央部门中期财政规划管理的意见

(财预〔2015〕43号)

党中央有关部门,国务院各部委、各直属机构,总后勤部,武警各部队,全国人大常委会办公厅,全国政协办公厅,高法院,高检院,有关人民团体,新疆生产建设兵团,有关中央管理企业:

为贯彻《国务院关于实行中期财政规划管理的意见》(国发〔2015〕3号)精神,加快建立全面规范、公开透明的预算管理制度,现就实行中央部门中期财政规划管理提出以下意见:

一、实行中央部门中期财政规划管理的必要性

中央部门中期财政规划是按照中期财政规划管理的总体要求,依据国民经济和社会发展规划、政府宏观调控政策、部门职能和事业发展需要,合理确定规划期内中央部门的支出总量和结构,并以此指导分年度预算的编制和实施周期性管理的预算管理框架。实行中央部门中期财政规划管理,有利于优化预算资源配置,有利于提高中央预算的可持续性,有利于增强预算的约束力,有利于发挥中央部门的部门预算编制主体作用,全面提高部门预算管理水平。

二、中央部门中期财政规划管理的总体思路

(一)与相关规划衔接。全国中期财政规划是部门中期财政规划的基础和依据。部门中期财政规划,在规模上要控制在全国中期财政规划确定的支出水平之内,在规划期限、编制步骤、重点内容和管理方式上要与全国中期财政规划保持衔接。同时,部门中期财政规划还要做好与国民经济和社会发展规划,以及相关专项规划、区域规划的衔接。

(二)实行逐年滚动管理。中央部门中期财政规划的规划期为三年,每年向前延伸一年,在时间上实现滚动管理。在编制下一个三年规划时,各部门根据新的预测结果和财政部确定的支出上限对后两个规划年度进行调整,再添加一个规划年度,形成新一轮中央部门中期财政规划,使规划与实际情况的变化相适应。

(三)突出政策与预算相结合。部门支出上限的确定,要充分聚焦规划期内的重大改革、重要政策和重点项目,提高资源配置效率。部门中期财政规划的编制,要依据国民经济和社会发展规划、政府宏观调控政策、部门职能和事业发展需要,并与相关专项转移支付安排情况统筹考虑,增强预算安排的前瞻性、针对性和有效性,更好地服务于政府施政目标。

(四)增强预算约束力。规划期内,各部门年度预算安排不得突破中期财政规划确定的对应年度部门中期财政规划。强化部门中期财政规划对年度预算的约束,第一年规划约束对应年度预算,后两年规划指引对应年度预算。

（五）完善激励机制。在权利与责任对等、约束与激励并重的基础上，建立健全良性互动、协作顺畅、激励相容的预算管理运行机制，突出部门在预算编制、执行中的主体地位和责任，更好发挥财政部门的资源配置、综合平衡和监督管理作用。

三、主要内容

（一）实施范围。

1.预算范围。从编制2016年预算起，对纳入中央部门预算的一般公共预算和政府性基金预算拨款收支实行中期财政规划管理。

2.支出范围。中央部门中期财政规划包括部门的基本支出和项目支出，重点针对项目支出，基本支出按财政部统一要求编制和调整。

3.单位范围。编制部门预算的中央部门全部纳入部门中期财政规划实施范围。

（二）时间安排。

2015年财政部组织中央部门编制2016、2017、2018年三年支出规划，此后每年向后延伸一年。为确保年度预算与中期规划紧密衔接，2016—2018年中期财政规划编制工作与编制2016年部门预算同步进行。

（三）编制方法和程序。

1.编制方法。

一是部门提出规划需求。中央部门结合国民经济和社会发展五年规划纲要及相关专项规划，按照部门职责，研究2016—2018年涉及财政支出的重大改革和政策事项，以此为基础，测算提出部门的三年支出需求，按规定时间和预算管理渠道提交财政部。

二是审核确定支出限额。财政部根据中期财政规划、财政政策、部门需求等情况，经综合平衡、优化结构，分解形成部门支出限额，并下达部门三年支出控制数。

三是部门调整编报三年规划。中央部门根据财政部下达的三年控制数，合理安排政策出台时机和力度，明确政策目标，列出分年度工作任务和时间节点，说明资金使用对象、保障标准、运行流程，建立预算绩效管理机制，在此基础上编制三年支出规划报财政部。

四是汇总部门中期财政规划。财政部审核汇总部门的三年支出规划，汇编形成中央部门中期规划草案，按程序报批后实施。

2.以后年度编制方法。部门中期财政规划实行滚动管理，以后年度编制规划时，中央部门根据情况变化，可对上年编制的三年规划中后两个年度的分年支出规划进行内部结构调整，并补充第三个年度的规划。财政部重点就调整的内容及第三个规划年度的支出上限进行测算，并按前述程序审核下达。

3.规划调整方法。部门中期财政规划一经确定，原则上不予调整。中央部门因重大增减支因素需要调整三年规划的，应在编制新一轮规划时重新测算提出需求，按部门中期财政规划的编制流程报批。经批准后，按调整后的规划实施。

财政部根据未来财政收支预测结果，可以结合部门提出的调整需求相应调整部门未来年度的支出规划，并在编制规划时通知中央部门，各部门根据新的支出上限调整部门分年度支出安排，按程序报批后实施。

四、组织实施

（一）提高认识，加强组织领导。各部门要充分认识中期财政规划管理的重要意义，从大局、从长远、从整体着眼，把重大改革和政策研究与中期财政规划管理结合起来。各部门要将实行中期规划管理作为预算管理的中心任务来抓，切实加强领导，统筹调度，安排精干力量，充实人手，提供强有力的组织保障。

（二）认真组织，加强协调合作。中央部门要按照统一的工作部署和时间要求，结合本部门实际，提早谋划，制定详细的工作计划，抓好落实，确保工作任务按时完成。实行中期规划管理，各部门要提高统筹管理的能力，部门的财务管理部门与业务管理部门要加强沟通、协调配合，做好各个环节的衔接工作。

（三）注重分析，加强经验总结。中央部门要加强对重大改革、重要政策，以及中期规划编制工作的调查、研究和分析，及时发现新情况、新问题，不断完善政策、措施，确保改革工作顺利有序地进行。各部门要加强与财政部的沟通，及时将发现的问题和改进的意见反馈财政部，共同研究解决方法，确保工作顺利开展，达到预期目标。

财政部

2015 年 4 月 3 日

关于加强和改进中央部门项目支出预算管理的通知

(财预〔2015〕82号)

党中央有关部门,国务院各部委、各直属机构,全国人大常委会办公厅,全国政协办公厅,高法院,高检院,各民主党派中央,有关人民团体,新疆生产建设兵团,有关中央管理企业:

为深化预算管理制度改革,全面提高部门预算管理水平,现就加强和改进中央部门项目支出预算管理有关问题通知如下:

一、充分认识加强和改进项目支出预算管理的重要性

部门预算改革以来,经过各方面的共同努力,中央部门项目支出预算管理日趋规范,结构不断优化,绩效逐年提高,有力地保障了国家重大方针政策的贯彻落实和中央部门履行职能的需要,部门预算管理水平不断提高。

近年来,部门预算管理的内外部环境发生了深刻变化,与改革发展的新形势相比,项目支出预算管理还存在一些不相适应的地方,主要表现在:与政府宏观政策联系不紧密,缺少前瞻性;与部门职能衔接不够,存在交叉重叠现象;缺乏科学合理的立项和分类标准,项目数量多但重点不突出;预算决策机制不完善,重分轻管现象较为普遍;项目库建设滞后,在预算编制中的作用发挥不充分;绩效管理和预算评审需要加强,预算透明度有待提高等。

《国务院关于深化预算管理制度改革的决定》(国发〔2014〕45号)对预算改革进行了全面部署。加强和改进项目支出预算管理,是贯彻落实国务院要求的重要举措,是改进预算管理方式,实施中期财政规划管理的重要支撑;是深化中央部门预算改革,实施全面规范、公开透明预算制度的迫切需要;是优化支出结构,提高财政资源配置效率和使用绩效的必然要求;是更好履行财政职能,实现政府施政目标的必由之路。

二、准确把握加强和改进项目支出预算管理的总体方向

(一)指导思想。

加强和改进中央部门项目支出预算管理,要全面贯彻党的十八大和十八届二中、三中、四中全会精神,按照党中央、国务院的决策部署,落实预算管理制度改革总体要求,进一步转变政府职能,完善管理制度,创新管理方式,规范管理行为,提升管理水平,构建全面规范、公开透明的预算制度。

(二)基本原则。

理顺关系原则。进一步理顺预算管理权责,更好地发挥各部门和所属单位的预算编制和执行主体作用,以及财政部的审核主体作用,同时各部门和单位要对预算编制和执行的结果负责。

政策导向原则。项目支出预算要以国家战略发展规划、宏观调控政策为导向,以相关行业、领域中长期发展规划和年度工作重点为依据,结合部门职能和事业发展需要合理安排。

财力约束原则。各部门项目支出预算安排要严格按照部门三年滚动规划进行控制,要做好部门规划与三年滚动规划的衔接,强化部门三年滚动规划对年度预算的约束。

突出重点原则。根据中央与地方事权划分,中央部门项目支出预算要体现中央本级支出责任,聚焦重大改革、重要政策和重点项目,突出部门主要职能。强化项目排序,优先保障重点项目。

讲求绩效原则。要把绩效管理的理念和要求融入项目支出预算管理各个环节,建立事前有目标、事中有监控、事后有评价、结果要运用的全过程绩效运行机制。

(三)总体思路。

从编制2016年部门预算起,项目支出按新的管理方式运行,力争用3年的时间构建起以三年滚动规划为牵引,以宏观政策目标为导向,以规范的项目库管理为基础,以预算评审和绩效管理为支撑,以资源合理配置和高效利用为目的,以有效的激励约束机制为保障,规模适度、结构合理、重点突出、管理规范、运转高效的中央部门项目支出预算管理新模式,充分发挥预算的资源配置功能和政策工具作用。

三、全面落实加强和改进项目支出预算管理各项工作

(一)完善项目设置规则。科学规范设置项目,集中反映中央部门主要职责,具备可执行性,在保障运行维护合理需要的前提下,更加突出重点,聚集国家的重大改革、重要政策和重点项目,有效避免交叉重复。2015年中央部门要按照新的设置标准,对现有项目进行全面的清理和规范。

(二)改进项目管理方式。项目实行分级、分类管理。项目按层次分为一级和二级项目。一级项目根据部门履行职能的需要设置并包含若干二级项目。二级项目的设立要与对应的一级项目相匹配。完善项目分类标准,构建多层次、多维度的分类体系。推进项目支出预算标准体系建设。

(三)加强项目库建设和管理。项目全部纳入项目库管理,做实项目库,充实项目储备,列入预算安排的项目必须从项目库中选取。入库项目必须有充分的立项依据、明确的实施期限、合理的预算需求和绩效目标等。纳入项目库的项目实行全周期滚动管理,建立中央部门项目库与财政部项目库的信息交流机制。

(四)推进预算评审和绩效管理。将项目评审嵌入预算管理流程,进入部门项目库的项目原则上都要组织评审。纳入财政部项目库的项目,由财政部根据管理的需要组织开展再评审。推进全过程项目支出绩效管理,加强绩效目标管理,开展绩效监控,实施绩效评价,强化评价结果的运用。

(五)强化项目执行管理。硬化预算约束,执行中除救灾等应急支出外,一般不出台增加当年支出的政策,必须出台的政策纳入以后年度预算安排,必须追加当年预算的,首先通过调整部门当年支出结构解决。提前做好预算执行准备工作,加强执行监管,加快预算执行进度。建立预算执行与预算编制相结合的机制。

(六)实行中期财政规划管理。要完善项目生成机制,将国家宏观政策和部门、行业发展规划落实到具体项目,提高政策和规划的可实施性。部门、行业规划确定的项目要与中期财政规划相衔接,合理安排项目实施节奏和力度,促进政策与预算相结合,提高预算的前瞻性。

四、切实做好加强和改进项目支出预算管理的实施保障

加强和改进项目支出预算管理涉及部门预算管理方式的转变、业务流程的整合和利益关系的调整,时间紧迫,任务艰巨。各部门要充分认识加强和改进项目支出预算管理的重要意义,以改革创新精神,加大工作力度,认真落实各项改革措施。要加强统筹协调,理顺内部业务和经费管理关系,完善相关管理制度,切实加强组织领导,确保改革顺利实施。

财政部

2015 年 5 月 18 日

附件

加强和改进中央部门项目支出预算管理工作实施方案

为进一步加强和改进中央部门项目支出预算管理工作,制定本方案。本方案实施范围为一般公共预算,政府性基金预算、国有资本经营预算管理按有关规定执行。

一、改进项目设置和管理方式

(一)关于项目设置规则。

中央部门预算项目要体现中央本级支出责任,由中央部门直接组织实施。完善项目生成机制,项目要在深入的政策研究和充分论证的基础上设立,并具备可执行性,预算批复后即可实施。着力推进部门和行业规划的项目化,提高规划可实施性。项目内容要反映政府施政目标、部门主要职责和发展规划,并避免与公用经费及其他项目交叉重复。规范项目实施主体,部门预算项目实施主体为中央部门及所属单位,非部门所属单位不得作为项目的实施主体纳入部门预算。要按照"职责与经费相匹配"的原则确定部门内部项目实施主体,一般不得将应由本级承担的项目列入下级单位预算,或将应由下级单位承担的项目列入本级预算,也不得将应由行政单位承担的项目列入事业单位预算。

(二)关于项目管理方式。

中央部门预算项目实行分级管理,分为一级项目和二级项目两个层次。

一级项目明细到支出功能分类的款级科目,按照部门主要职责设立并由部门作为项目实施主体,每个一级项目包含若干二级项目。一级项目要有明确的名称、实施内容、支出范围和总体绩效目标,项目数量要严格控制,项目名称、实施内容和支出范围等在年度间要保持相对稳定。

二级项目包括在现有项目基础上规范整合而成的项目和新设立的项目,立项单位为项目实施主体。二级项目的设立,要与对应的一级项目相匹配,有充分的立项依据、具体的支出内容、明确合理的绩效目标。二级项目明细到支出功能分类的项级科目,年初部门预算按二级项目批复。

(三)关于项目分类。

按照使用范围,部门一级项目分为通用项目和专用项目。通用项目,指根据部门的共性项目设立并由各部门共同使用的一级项目。通用项目由财政部根据管理需要统一设立,主要包括有预算分配权部门管理的项目和归口管理的项目等。专用项目,指部门根据履行职能的需要自行设立和使用的一级项目。专用项目由中央部门提出建议,报财政部核准后设立。

按照项目的重要性,二级项目划分为重大改革发展项目、专项业务费项目和其他项目三类。重大改革发展项目,指党中央、国务院文件明确规定中央财政给予支持的改革发展项目,以及其他必须由中央财政保障的重大支出项目等。专项业务费项目,指中央部门为履行职能,开展专项业务而持续、长期发生的支出项目,如:大型设施、大型设备运行费,执法办案费,经常性监管、监测、审查经费,以及国际组织会费、捐款及维和支出等。其他项目,指除上述两类项目之外,中央部门为完成特定任务需安排的支出项目。基本建设项目统一列为其他项目,并按管理主体分为国家发展改革委安排的基建项目、中央财政安排的基建项目和其他主管部门安排的基建项目。

除上述分类外,根据管理需要,中央部门和财政部可对二级项目补充其他分类并加以标识。

(四)关于项目实施周期。

二级项目要有明确的实施周期。项目实施周期应与国民经济社会发展规划、部门或行业发展规划的期限相适应,与中期财政规划相衔接。除业务主管部门已明确批复实施周期外,项目实施周期一般不超过5年,项目到期后需继续安排的,应按程序重新立项。专项业务费项目到期后,可补充编制后续年度的支出计划,实施周期相应顺延。其他项目周期一经确定,原则上不得调整;确需调整的,按程序报批。

(五)关于项目代码。

为保证项目信息的完整、连续、可识别,对项目实行代码化管理。

一级项目代码为8位数字,部门通用项目代码为"999+5位顺序码",部门专用项目代码为"3位部门预算代码+5位顺序码",部门专用的其他项目代码为"3位部门预算代码+5位功能分类类款级科目编码"。

二级项目代码为18位数字,由"3位部门预算代码+3位二级预算单位代码+3位三级预算单位代码(或000)+3位四级预算单位代码(或000)+2位项目编制年份码+4位顺序码"组成。

二、加强项目库建设和管理

(一)关于项目库的构架和主要内容。

中央本级项目库实行分层设立、分级管理。财政部、中央部门和所属单位按照项目管理的相关规定,分别设立项目库,对一级和二级项目进行维护和管理。财政部项目库由中央部门上报的项目构成;中央部门项目库由本级和下级单位上报的项目构成;基层单位项目库由本单位立项和实施的项目构成。

(二)关于项目库管理方式。

中央部门和所属单位的项目库实行开放式管理。各单位可根据工作需要设置二级项目,审核后纳入单位项目库,实时或定期上报,经逐级审核后纳入中央部门项目库,作为部门预算备选项目。编制年度部门预算和部门三年滚动规划时,结合财政部下达的支出控制数,中央部门在预算备选项目中择优选取项目报财政部,未纳入部门项目库的项目原则上不得向财政部申报。各部门申报项目汇总形成财政部项目库,作为财政部进行项目管理、审核年度部门预算和部门三年滚动规划的基础。中央部门和单位如需对已入库项目进行调整,须编制项目调整计划,按上述审核程序报批。

(三)关于项目滚动管理。

以项目库为载体实现项目的全周期滚动管理。编制年度部门预算和部门三年滚动规划前,中央部门要完成项目的储备工作,纳入部门项目库的项目需填写规范的项目文本,包括立项依据、实施主体、支出范围、实施周期、预算需求、绩效目标、可行性论证、评审结果等内容,作为项目审核和管理的依据。纳入预算安排的项目,中央部门和单位要在项目库中对项目的执行、调剂、结转结余、绩效等信息及时进行更新和维护。纳入预算安排的延续性项目,原则上滚动纳入下年度预算。未纳入预算安排的预算备选项目,可滚动进入以后年度项目库。

三、积极推进预算评审和绩效管理

(一)关于项目支出预算评审。

除个别不宜评审和无需评审的项目外,部门二级项目在入库前都要进行评审。归口管理的项目评审工作由主管部门负责,部门不再评审,其他项目由中央部门组织评审。预算评审由部门内部负责预算管理的机构组织,可采取集中评审和分级评审的方法,形成评审结果并随项目支出预算一并报财政部。纳入财政部项目库的项目,由财政部根据需要开展再评审。对延续项目,财政部将有选择地开展再评审,力争实现项目预算评审全覆盖。项目支出预算评审的具体规定另行通知。

(二)关于项目支出绩效管理。

纳入项目库管理的项目都必须设定绩效目标,未按要求设定绩效目标或绩效目标不合理且未进行调整完善的,不得纳入项目库。纳入执行监控的项目,都应开展绩效监控,作为预算执行的重要组成部分。执行完毕的项目都要由项目承担单位对照事先设定的绩效目标开展绩效自评,在此基础上,中央部门和财政部选择部分重大项目开展重点绩效评价,并积极推进中期绩效评价试点。绩效评价结果要与项目库建设和预算安排有机结合,健全项目退出机制。预算绩效管理的具体规定另行通知。

四、规范项目支出预算编制和执行

(一)关于项目支出预算编制。

项目支出预算由基层预算单位编制,逐级审核汇总后,由中央部门按照"一级项目+二级项目"的方式向财政部申报预算,根据二级项目的增减变化情况提出一级项目预算需求。二级项目预算按照经济分类科目编制,项目类别由部门在申报预算时一并提出,财政部审核。二级项目纳入预算安排后,项目类别在项目实施周期内不得调整。财政部对部门报送的项目支出预算进行审核,并按一级项目下达预算控制数,由部门按照审核后的项目类别和排序,安排二级项目预算。

(二)关于项目支出预算执行。

要做好项目支出预算执行的各项前期准备工作,相关工作在部门预算"二上"后即可着手开展。严格按照预算批复的功能分类科目、用款计划、项目进度、有关合同和规定程序做好项目支出预算执行工作,涉及政府采购的应严格执行政府采购有关规定。硬化预算约束,年度预算执行中除救灾等应急支出和少量年初未确定事项外,一般不追加当年项目预算支出,必须出台的政策通过以后年度预算安排。如部门认为必须追加当年支出的,应首先在已批复的预算额度内,通过调整当年支出结构解决并按程序报批。加强预算执行监管,提高预算资金使用的规范性、安全性和有效性,并将预算执行结果与以后年度预算安排相结合。

五、其他事项

中国人民解放军和中国人民武装警察部队参照本方案有关规定执行。

各部门要按照本方案要求,认真落实加强和改进中央部门项目支出预算管理的各项工作。对实施中发现的问题,要尽快与财政部沟通,以便及时研究解决。对实施过程中好的经验和做法也要及时总结并向财政部反馈,以便加以推广,共同努力,不断提高项目支出预算编制质量和管理水平。

关于加强中央部门预算评审工作的通知

(财预〔2015〕90号)

党中央有关部门,国务院各部委、各直属机构,总后勤部,武警各部队,全国人大常委会办公厅,全国政协办公厅,高法院,高检院,各民主党派中央,有关人民团体,新疆生产建设兵团,有关中央管理企业:

为健全预算审核机制,提高预算管理水平,根据《财政部关于实行中央部门中期财政规划管理的意见》(财预〔2015〕43号),现就加强中央部门预算评审有关事项通知如下:

一、加强预算评审工作的必要性

预算评审是预算管理的重要组成部分,是提高预算编制质量,优化预算资源配置的重要手段。部门预算改革以来,中央部门预算评审工作有序推进,评审范围不断扩大,评审形式不断丰富,参与评审机构的专业化程度不断提高,预算评审工作步入常态化轨道,预算评审对预算编制的支撑作用日益显著。

应当看到,与预算改革和发展的要求相比,当前预算评审工作还存在一些亟待解决的问题,如制度建设相对滞后,预算评审机制尚未建立,评审覆盖面较窄,评审程序不够规范,评审质量有待提高,评审能力建设有待加强等,制约了预算评审作用的有效发挥。

深化预算管理制度改革,加强预算管理,对预算评审工作提出了新的更高的要求。健全预算评审机制,做好预算评审工作,是更好发挥预算评审职能,完善预算决策机制的迫切需要;是完善预算编制流程,打通预算管理链条的必要手段;是规范预算编制行为,提高预算管理水平的重要保障。

二、总体思路

(一)总体目标。

通过完善预算评审制度,理顺评审职责,扩展评审范围,明确评审内容,规范评审程序,加强能力建设,提高评审质量,逐步建立健全预算评审机制,将预算评审工作实质性嵌入部门预算管理流程,更好发挥预算评审对规范预算编报行为,提高预算编制质量,优化预算资源配置,改进预算管理绩效的重要支撑作用。

(二)工作思路。

预算评审工作要与加强项目库建设和管理同步规划、同步实施、相互配合。各部门要抓紧启动预算评审的准备工作,着手建立中介机构库和专家库,按照相关要求选择部分重点项目开展预算评审,并逐步扩大评审范围。要根据项目立项和管理的要求,严把项目入库关,切实提高入库项目质量。要不断总结经验,扎实推进预算评审的各项工作,尽快形成较为健全的预算评审机制。要建立激励约束机制,强化评审结果的运用,以评促建、以评促管,全面提高项目支出预算管理水平。

三、重点工作

（一）理顺预算评审职责。

中央部门（即直接向财政部报送部门预算的一级预算单位）和财政部按照部门预算管理权限，分别组织开展预算评审工作。财政部负责制定预算评审的管理制度，对各部门评审工作进行指导，对纳入财政部项目库的项目组织评审，运用评审结果。中央部门预算评审工作应由部门内部负责预算管理的内设机构组织，主要职责是制定评审制度，选择中介机构和专家，监督评审过程，运用评审结果，安排评审经费等。接受委托的中介机构和专家独立开展评审工作，对出具的评审报告负责。

（二）划分预算评审范围。

预算评审主要针对部门预算中的项目支出预算。拟纳入中央部门项目库的项目原则上都要进行预算评审，考虑到评审工作经济性同时避免重复评审，以下项目可不纳入部门预算评审范围：已确定立项且按规定的支出标准和要求测算的项目，按规定由项目主管部门（指负责专项资金管理并审核相关部门申报项目的部门）评审的项目，绝密级项目（另有规定的除外），总支出规模在100万元以下的项目，其他按规定不予评审的项目。预算执行中拟申请追加预算的项目，以及项目内容、绩效目标或支出总规模等发生调整的项目，原则上也要履行部门评审程序。部门申报的项目中拟纳入预算安排的重大项目、财政专项安排的基本建设项目、专业性强或技术复杂的项目优先纳入财政部评审范围。预算执行中拟追加预算的项目，财政部也要有选择地进行评审。

（三）明确预算评审内容。

预算评审的内容主要包括完整性、必要性、可行性和合理性等方面。完整性主要是项目申报程序是否合规，项目申报内容填写是否全面，项目申报所需资料是否齐全等。必要性主要是项目立项依据是否充分，与部门职责和宏观政策衔接是否紧密，与其他项目是否存在交叉重复等。可行性主要是项目立项实施方案设计是否可行，是否具备执行条件等。合理性主要是项目支出内容是否真实、合规，预算需求和绩效目标设置是否科学合理等。

（四）把握预算评审环节。

各部门要按照"先评审后入库"的原则，对部门本级及所属单位申报的项目进行预算评审，评审通过的项目作为预算备选项目进入部门项目库。预算执行中拟申请追加预算的项目，原则上也要经过评审，纳入部门项目库后才能申报。财政部项目库中的项目遵循"先预算评审后安排预算"的原则，预算编制阶段，在部门已经开展评审的基础上，由财政部根据需要对拟纳入预算安排的项目进行评审，根据评审结果确定是否安排及具体额度。预算执行阶段，由财政部对部门申请追加预算的项目中拟安排预算的项目进行评审。

（五）规范预算评审方式。

根据预算管理级次的不同，各部门可实行集中评审或分级评审，具体形式由各部门自行确定。根据不同类型项目的特点，可采取由部门所属评审机构、委托有相应资质的时候中介机构或组织专家评审等方式开展预算评审。委托中介机构评审的，要根据政府购买服务的要求，按照政府采购法规定的方式确定承接主体，签订委托合同。组织专家评审的，原则上应设立专家库并从中随机抽取符合相关专业要求的专家。财政部的评审工作主要由预算评审中心和财政部专员办承担。根据部门的需要,财政部评审中心可提供业务指导和技术支持。

(六)强化评审结果运用。

预算评审的生命力在于结果的有效运用,各部门要在提供评审质量的基础上,强化预算评审结果的运用,将评审结果作为项目入库、申报和调整的重要依据。要把预算评审的总体情况作为确定所属单位预算规模的参考因素之一,引导各单位如实申报项目和预算。财政部将评审结果作为预算安排的重要依据,同时建立激励约束机制,对申报不实、预算审减率较高的部门,根据审减的额度直接扣减部门项目支出预算,并以此作为确定以后年度部门预算规模的参考依据。

(七)提高预算评审能力。

各部门要加强中介机构库和专家库建设,完善中介机构及专家遴选、回避、信用和问责制度,提高预算评审的专业性和权威性。要加强评审信息系统建设,规范评审流程,改进评审方法,健全评审工作规范,加强对评审工作的监督和质量控制,提高评审工作质量和效率。财政部将重点加强预算评审中心和专员办的能力建设,提升工作人员的专业技能和政策水平,并发挥好示范辐射作用,为各部门预算评审提供业务指导和技术支持。

(八)保障预算评审经费。

预算评审遵循"谁委托谁付费"的原则,委托开展评审工作所需经费由委托单位承担,评审机构和专家不得向被评审单位收取任何费用。对评审报告质量达不到要求、出现严重差错、超过约定评审时间且无正当理由的,相应扣减费用,情节严重的,不予支付委托费用。各部门委托评审预算已有专项经费的,通过原渠道安排;未安排专项经费的,应从日常公用经费或部门机动经费中安排。财政部开展预算评审工作所需经费由财政部承担。

四、实施保障

加强预算评审工作是深化预算管理制度改革,提高项目支出预算管理水平的重要举措。各部门要充分认识加强预算评审工作的重要意义,进一步统一思想,加强组织领导,落实好预算评审各项工作。各部门要结合实际,制定本部门加强预算评审工作实施方案,切实保障开展预算评审所需条件,为评审工作创造良好外部环境,确保预算评审工作在正确的轨道上规范有序地开展。

财政部

2015年6月2日

关于中央预算单位 2016 年预算执行管理有关问题的通知

(财库〔2015〕220 号)

党中央有关部门,国务院各部委,各直属机构,武警部队,新疆生产建设兵团,全国人大常委会办公厅,全国政协办公厅,高法院,高检院,各民主党派中央,有关人民团体,有关中央管理企业,各中央国库集中支付代理银行,西藏自治区财政厅,财政部驻各省、自治区、直辖市、计划单列市财政监察专员办事处:

根据《中华人民共和国预算法》、《国务院关于深化预算管理制度改革的决定》(国发〔2014〕45 号)、《国务院关于编制 2016 年中央预算和地方预算的通知》(国发〔2015〕65 号)和财政国库管理制度有关规定,现将 2016 年预算执行管理工作有关事项通知如下:

一、加强预算执行管理的总体要求

(一)2016 年是贯彻落实党的十八届五中全会会议精神、全面实施"十三五"规划的开局之年。加强预算执行管理,对于贯彻落实党和国家方针政策、保障财政职能发挥、提高财政资金使用效益具有重要意义。各部门各单位要继续高度重视预算执行管理,严格落实国家财政财务管理规定,认真做好预算执行工作。

(二)各部门各单位要严格执行国库集中支付范围划分标准;深入开展全年用款计划编报,除部分特殊部门和项目外,中央部门预算全部细化执行到项目;加强项目组织实施管理,加快支出进度;按财政部要求积极参与国库集中收付电子化管理试点工作;严格执行公务卡制度,加快推进科研项目实施公务卡结算;加强政府采购管理,严格执行政府采购有关法律制度;规范银行账户管理,做好银行账户管理有关基础工作;强化预算约束,控制和减少预算执行中的调整事项;从严控制资金垫付行为;继续深化非税收入收缴管理改革;严格执行财经纪律,高度重视预算执行动态监控工作。

二、做好国库集中支付范围划分工作

(三)2016 年实行财政直接支付的资金范围包括:一般公共预算和政府性基金预算支出中,年度财政投资 1000 万元以上的工程采购支出(包括建筑安装工程、设备采购、工程监理、设计服务、移民征地拆迁和工程质量保证金等支出,不包括建设单位管理费等零星支出);单位所在地在直辖市、省会城市和计划单列市市辖区的中央预算单位项目支出中,纳入政府采购预算且单个采购项目金额 120 万元以上的货物和服务采购支出(以部门报送的项目支出预算明细表为划分依据),未列明单个采购项目的,部门预算中所列采购项目金额 200 万元以上的货物和服务采购支出;纳入财政统发范围的工资、离退休费;能够直接支付到收款人或用款单位的转移性支出,包括拨付有关企业的补贴等;国有资本经营预算支出(财政部另有规定的除外);财政部规定的其他支出。

（四）2016年实行财政授权支付的资金范围包括：未纳入财政直接支付的工程、货物、服务等采购支出；特别紧急支出；财政部规定的其他支出。

（五）各部门各单位要严格执行范围划分标准，按照规定时间和要求编报范围划分建议表。为保证预算细化执行到项目，部门和单位填报2016年范围划分明细建议表时，财政直接支付和财政授权支付应填列到具体项目。范围划分建议表的报送、审核批复和调整事项处理等按现行规定执行。

三、深入开展全年用款计划编报工作

（六）各部门各单位要深入开展以细化到项目为核心内容的全年用款计划编报工作，加强预算执行事前规划，提高用款计划编报的准确性。

（七）2016年，除部分特殊部门和项目外，中央部门预算全部细化执行到项目，项目支出按照具体项目编报全年用款计划和进行资金支付。各部门各单位要进一步强化对项目支出执行的监督管理，规范用款行为，避免项目支出超预算情况的发生。其他有关全年用款计划编制、报送、批复和调整的事项按照现行规定执行。

（八）2015年国库集中支付年终结余资金按如下方式处理：财政直接支付资金按预算项目结转，财政授权支付资金按预算科目结转。结余资金核定批复、恢复比例等其他事项仍按照现行规定执行。

四、加强资金支付管理

（九）各部门各单位要加强财政资金支付管理，严肃财经纪律，严格按照财政国库管理制度有关规定支付资金，防止财政资金使用管理中的各种违法违规行为；严格按照批复的预算、用款计划以及项目进度支付资金；除涉密资金等特殊资金和国家另有规定外，不得将资金支付到预算单位实有资金账户；从严控制资金垫付行为，严格执行资金垫付事先备案及归垫申请、审核和批复等规定。

（十）2016年，财政直接支付申请按照经济分类款级科目编报，财政授权支付指令填写到经济分类款级科目。财政授权支付指令编码相应调整，基本支出财政授权支付指令编码由13位调整为15位，编码顺序为：预算管理类型（1位）、功能分类科目（7位）、经济分类科目（5位）、支出类型（1位）、预算来源（1位）；项目支出财政授权支付指令编码由16位调整为18位，编码顺序为：预算管理类型（1位）、功能分类科目（7位）、经济分类科目（5位）、支出类型（1位）、预算来源（1位）、预算信息关联号（3位）。预算单位办理公务卡报销还款业务时，财政授权支付指令编码中的经济分类科目（5位）和支出类型（1位）填为"300000"，用途填"公务卡还款"。

（十一）有关指令编码和凭证调整后，各中央国库集中支付代理银行、公务卡代理银行要抓紧做好系统调整和业务培训等工作。

（十二）国库集中支付有关凭证和报表调整事项另行发文通知。

五、严格执行公务卡制度

（十三）各部门各单位要全面实施公务卡制度，严格执行公务卡强制结算目录，切实提高公务卡使用率，减少现金提取和使用。各部门要加强对所属预算单位公务卡制度实施情况的监督检查，对公务卡使用率不高的单位，要责令其分析原因、及时整改。

（十四）有关部门和单位要充分认识科研项目推行公务卡结算的重要意义，按照《中共中央国务院关于深化科技体制改革加快国家创新体系建设的意见》（中发〔2012〕6号）、《国务院关于改进加强中央财政科研项目和资金管理的若干意见》（国发〔2014〕11号），以及公务卡管理有关制度规定，加快推进科研项目使用公务卡结算。

六、规范预算单位银行账户管理

（十五）各部门各单位要进一步加强银行账户归口管理，明确单位财务部门是银行账户使用和管理的责任部门，由财务部门负责办理账户开立、变更和撤销业务。

（十六）各部门各单位要高度重视银行账户年检工作，按规定时限向财政部门报送账户年检资料，对年检结论指出的问题及时整改。

（十七）各部门要加强对所属预算单位银行账户的监管，加快推进银行账户管理信息系统建设，强化银行账户管理基础。

七、深化非税收入收缴管理改革

（十八）各部门各单位要继续扩大非税收入收缴管理制度改革范围，深化非税收入收缴管理制度改革级次，将所有非税收入项目和执收单位全部纳入改革范围。

（十九）各部门各单位要按照财政部的部署实施非税收入收缴电子化，进一步优化非税收入收缴管理流程，提高办理收缴业务的效率，做好中央财政汇缴专户、《非税收入一般缴款书》管理等基础性工作，实现资金信息及时匹配，切实方便缴款人。

（二十）各部门要进一步加强对本部门非税收入收缴的监督管理，督促各执收单位依法征收非税收入，严格执行非税收入的减、免、停征和取消政策，加大欠缴收入清理力度，确保应收尽收、应缴尽缴。

八、高度重视预算执行动态监控工作

（二十一）各部门各单位要高度重视预算执行动态监控工作，严格执行《财政部关于印发〈中央财政国库动态监控管理暂行办法〉的通知》（财库〔2013〕217号）有关规定，切实增强财经纪律观念、合规用款意识和财务管理水平，积极配合财政部调查核实动态监控发现的疑点，对违规问题按要求及时整改。

（二十二）各部门要加强对所属预算单位国库集中支付工作的指导和监督，规范资金支付和使用。各部门要完善与财政部的监控工作互动机制，对财政部通过动态监控发现的违规问题要督促单位落实整改措施，严防类似违规问题再度发生。有条件的部门可充分利用现代信息网络技术，加强对所属预算单位财政资金使用的动态监管。

九、充分发挥专员办预算执行监管职能

（二十三）财政部驻各地财政监察专员办事处（简称"专员办"）充分发挥就地监管优势，严格按照《财政部关于专员办加强财政预算监管工作的通知》（财预〔2014〕352号）和财政国库管理制度有关规定，强化对基层预算单位预算执行监管。

财政部

2015年12月2日

气象部门基本支出预算管理办法

(气发〔2007〕137号 2007年5月9日)

第一章 总 则

第一条 为规范和加强气象部门基本支出预算管理,提高资金使用效益,进一步推进气象部门预算管理改革,使气象部门基本支出管理程序化、规范化、科学化,根据财政部《中央本级基本支出预算管理办法》,结合气象部门的实际,制定本办法。

第二条 本办法适用于按中国气象局现行管理体制,与中国气象局发生经费领拨关系的单位(以下简称"各单位")。

第三条 基本支出预算是部门支出预算的组成部分,是各单位为保障其机构正常运转、完成日常工作任务而编制的年度基本支出计划,按其性质分为人员经费、日常公用经费。

第四条 各单位在基本支出之外为完成其特定行政任务和事业发展目标以及维持气象业务运转所发生的支出作为项目支出预算管理。

第五条 基本支出预算管理遵循以下基本原则:

(一)综合预算的原则。在编制基本支出预算时,当年财政拨款和以前年度结余资金,中央财政拨款、地方财政拨款和单位其他各项资金,要统筹考虑,合理安排。

(二)优先保障的原则。财力安排要优先保障各单位基本支出的合理需要,以保证单位日常工作的正常运转。

(三)定额管理的原则。基本支出预算原则上实行定额管理。少数比较特殊不宜实行定额管理或暂不具备定额管理条件的基本支出,实行单项核定管理。单项核定参照《气象部门项目支出预算管理办法》(另行下发)的基本原则和精神管理。

第二章 定额制定原则及方法

第六条 定员、资产和定额是测算和编制单位基本支出预算的重要依据。

定员是指中国气象局根据各单位性质、职能、业务范围和工作任务下达的人员标准配置(编制)。

资产是指各单位占有和使用的,依法确认为国家所有的公共财产。

定额是指中国气象局根据单位机构正常运转和日常工作任务的合理需要,结合财力可能,对基本支出的各项内容所规定的指标额度。

第七条 定额标准制定的原则:

（一）制定定额标准要以公平为前提，兼顾单位实际。
（二）制定定额标准要量力而行，以财力可能为基础，切合实际，具有可行性。
（三）制定定额标准要规范化，制定方法要具有科学性。

第八条 定额标准制定的方法：
（一）依据国家有关方针、政策，社会物价水平以及单位承担的任务和各单位的人员、资产等数据资料制定定额标准。
（二）根据基本支出的特点，对政府收支分类中的支出经济分类款级科目进行合理调整、归并，形成若干基本支出定额项目。
（三）基本支出定额项目包括人员经费和日常公用经费两个部分。
（四）人员经费定额依据中国气象局人力资源数据库系统中人员基本信息、工资及津贴补贴政策、社会保障缴费政策等，以人作为测算对象测算确定，实行定员定额管理方式。
（五）日常公用经费定额依据各单位工作量、占用资源和相关历史数据，以人或实物作为测算对象按不同类型的单位分级核定，实行定员定额和实物定额相结合的管理方式。

第九条 定额标准的调整。
定额标准的执行期限与预算年度一致，在年度预算执行中不作调整。定额标准如需要调整的，在年度部门预算编制工作开始前进行。

第三章 基本支出预算的编制审核

第十条 各单位根据中国气象局编制年度部门预算的要求，在规定时间内，组织编制本单位申报基本支出预算的基础数据和相关资料，按规定格式报送中国气象局。

第十一条 中国气象局对各单位报送的基础数据和相关资料进行审核，按照定额标准和有关依据，以及单项核定结果，结合基本支出结余情况，测算并下达基本支出预算控制数及财政拨款补助数。

第十二条 各单位在中国气象局下达的气象基本支出预算控制数范围及财政拨款补助数内，根据本单位的实际和国家有关政策、制度规定的开支范围和开支标准，编制本单位基本支出预算，并在规定时间内报中国气象局。

各单位在编制本单位基本支出预算时，人员经费预算控制数和日常公用经费预算控制数之间不得调整，但人员经费预算控制数和日常公用经费预算控制数各自的支出经济分类款级科目之间可以自主调整。

第十三条 在财政部批复中国气象局部门预算后，中国气象局在规定时间内将预算批复到所属预算单位。

第四章 基本支出预算的管理和监督

第十四条 基本支出预算按人员经费、日常公用经费、单项核定分别核算管理。人员经费严格按照国家相关政策安排；日常公用经费与各单位占用的资产情况相衔接，未按相关规定报批或超过配置标准购置的实物资产,一律不安排日常维护经费;单项核定按照核定的开支内容、范围和标准安排。

第十五条 基本支出预算中按照规定应当纳入政府采购的支出,应当同时纳入政府采购预算,并按照财政部和中国气象局下发的政府采购有关规定执行。

第十六条 各单位要严格执行批准的基本支出预算。执行中发生的非财政补助收入超收部分,原则上不再安排当年的基本支出,可报中国气象局并经财政部批准后安排项目支出或结转下年使用;发生的短收,由单位报中国气象局并经财政部批准后调减当年基本支出预算,当年财政补助数不调整。如遇国家政策调整,对预算执行影响较大,确需调整基本支出预算的,由单位报中国气象局并经财政部批准后调整。

第十七条 各单位在基本支出预算执行中,要严格按照批准的预算控制各项支出,并对资金的使用效益和财务活动情况进行分析、评价和监督。

第十八条 基本支出结余应按照《气象部门财政拨款结余资金管理规定》(气发〔2007〕31号)管理,并将年度预算安排与基本支出结余资金统筹考虑。

第十九条 中国气象局对各单位基本支出预算的执行情况进行检查,对违反国家有关法律、法规和财务规章制度的,依法进行处理。

第五章 附 则

第二十条 本办法由中国气象局计划财务司负责解释。

第二十一条 各省、自治区、直辖市气象局和计划单列市气象局可根据本办法,结合本单位实际情况制定本单位基本支出预算管理的实施细则。

第二十二条 对于基本支出没有财政拨款的单位,其基本支出预算应按照国家财务规章制度规定、部门预算编制有关要求,参照本办法执行。

第二十三条 本办法自批准下发之日起执行。《气象部门基本支出预算管理办法(试行)》(气发〔2002〕240号)同时废止。

气象部门项目支出预算管理办法

(气发〔2007〕149号 2007年5月23日)

第一章 总 则

第一条 为规范和加强气象部门项目支出预算管理,提高资金使用效益,进一步推进气象部门预算管理改革,使气象部门项目支出管理规范化、程序化、科学化,根据财政部《中央本级项目支出预算管理办法》,结合气象部门实际,制定本办法。

第二条 本办法适用于按中国气象局现行管理体制,与中国气象局发生经费领拨关系的、开支项目支出的单位(以下简称"各单位")。

第三条 项目支出预算是部门支出预算的组成部分,是各单位为完成特定的工作任务和事业发展目标,在基本支出预算之外编制的年度项目支出计划,包括基本建设、有关事业发展专项计划、专项业务费、大型修缮、大型购置、大型会议等项目支出。

第四条 项目支出预算管理遵循以下基本原则:

(一)综合预算的原则。在编制项目支出预算时,当年财政拨款和以前年度结余资金,中央财政拨款、地方财政拨款和单位其他各项资金,要统筹考虑,合理安排。

(二)科学论证、合理排序的原则。申报的项目应当进行充分的可行性论证和严格审核,分轻重缓急排序后视当年财力情况,优先安排急需的项目。

(三)项目库管理的原则。项目库是对项目进行规范化、程序化管理的数据库系统。申报的所有项目必须纳入项目库,合理排序,实行滚动管理。

(四)追踪问效的原则。中国气象局对项目的执行过程实施追踪问效,并对项目完成结果进行绩效考评。

第二章 项目的申报

第五条 申报的项目应当同时具备以下条件:

(一)符合国家有关方针政策。

(二)申请财政资金支持的项目,应符合财政资金支持的方向、范围。

(三)属于气象事业维持和发展需要安排的项目。

(四)有明确的项目目标、组织实施计划和科学合理的项目预算,并经过充分的研究和论证。

第六条 各单位要根据履行职能的需要、事业发展的总体规划,合理安排新项目的立项,要从立项依据、可行性论证等方面对新项目进行严格审核,申报规模要均衡、适当。

第七条 项目申报分为新增项目和延续项目。

新增项目,是指本年度新增的需列入预算的项目。

延续项目,是指以前年度已批准,并已确定分年度预算,需要在本年度及以后年度预算中继续安排的项目。延续项目分经常性专项业务费项目和其他延续项目,其中经常性专项业务费项目是指为完成持续性专项气象业务任务所连续发生的特定支出,其具体支出内容和范围相对固定,具有基本支出性质。

延续项目未经中国气象局批准,不得变更项目名称和内容;延续项目中的其他延续项目必须明确项目的起止年限。

第八条 项目申报文本由项目可行性研究报告(含项目申报书)(详见本办法附件,略)和项目评审报告(详见财预〔2007〕38号附件3)组成。

第九条 项目申报文本的填报要求:

(一)新增项目必须填写项目可行性研究报告(含项目申报书)并附相关材料,其中对预算数额较大或专业技术复杂的项目,还应当填写项目评审报告。

(二)延续项目中项目计划及项目预算发生较大变化的,按照本条第(一)款新增项目的要求重新填报项目申报材料;延续项目中项目计划及项目预算没有变化的,可以不再重新填报。

(三)项目申报材料的内容必须真实、准确、完整。

第十条 各单位在申请项目支出预算时,应按照预算管理级次申报项目,不得越级申报。

第十一条 各单位购置有规定配备标准或限额以上资产的,按照国有资产管理的有关规定,应先报中国气象局汇总后报财政部审批。财政部审批同意后,各单位将资产购置项目列入年度部门预算,在进行项目申报时,将资产购置批复文件和相关材料一并报送中国气象局。

第三章 项目审核

第十二条 项目审核的内容主要包括:

(一)项目单位及所申报的项目是否符合规定的申报条件。

(二)项目可研报告是否符合规定的填报要求,相关材料是否齐全等。

(三)项目的申报内容是否真实完整,项目的规模及开支标准是否符合规定,项目预算是否合理,资产购置项目是否已按规定批准。

(四)项目排序是否合理等。

第十三条 对预算数额较大或专业技术复杂的项目,中国气象局会同相关部门组织专家或者委托中介机构进行评审,按项目的类别和性质,根据不同情况,可采取计划财务司单独组织评审、项目职能主管部门单独组织评审、计划财务司会同项目职能主管部门共同组织评审三种方式。

第十四条 中国气象局根据财政部、国家发改委的要求,结合财力可能,对各单位所报的项目进行审核筛选后,纳入部门预算上报财政部。

第十五条 在财政部、国家发改委等有关部门审核中国气象局上报的项目时,需要各项目申请单位和项目职能主管部门给予配合的,有关单位应给予积极配合。

第四章 项目支出预算的核定与项目实施

第十六条 在财政部安排项目支出预算后,由中国气象局将项目安排到项目承担单位,并列入项目承担单位的年度部门预算。

第十七条 对财政部未安排项目支出预算的项目,原则上滚动到下一预算年度备选安排。但对少量确实急需且紧迫、必须安排的项目,经中国气象局领导同意并报财政部批准后,予以核定安排,并列入项目承担单位的年度部门预算。

第十八条 项目职能主管部门要按照核定的项目支出预算组织项目实施。项目牵头单位和项目承担单位要严格执行项目计划和项目支出预算,需要与有关单位签订项目实施协议或合同的,要与有关单位签订项目实施协议或合同。

第十九条 项目支出预算一经批复,项目职能主管部门、项目牵头单位和项目承担单位不得自行调整预算。预算执行过程中,发生项目变更、终止的,必须按照规定的程序报中国气象局审核后报财政部批准,并进行预算调整。在批准调整项目支出预算前,项目职能主管部门、项目牵头单位和项目承担单位不得自行调整预算。

第二十条 项目资金统一纳入单位财务部门管理。在项目支出预算的执行过程中,财务部门应严格把关,在核销项目支出时,对未纳入项目支出预算的支出、未经批准自行变更项目支出预算内容的支出不得核销。

第二十一条 项目完成后,资金如有结余,须按照《气象部门财政拨款结余资金管理规定》的有关要求进行处理。

第二十二条 按照国家有关规定,要执行招投标和纳入政府采购的项目,必须编制政府采购预算和计划,并按照招投标和政府采购管理的有关规定执行。

第五章 项目的监督检查与绩效考评

第二十三条 计划财务司、项目职能主管部门以及项目单位对项目的实施过程和完成结果进行监督、检查。对违反有关法律、行政法规和财务规章制度的,依法进行处理。

第二十四条 项目完成后,项目牵头单位或项目承担单位应当向上级主管部门提出项目验收申请,项目验收按《气象建设项目竣工验收规范》的要求执行。

第二十五条 中国气象局对项目实行绩效考评制度。考评结果作为以后年度项目审批立项和安排项目支出预算的参考依据。

第六章 附 则

第二十六条 本办法中下列用语的含义是:

（一）项目牵头单位：指根据职责和任务，组织提出项目申请，向中国气象局申请安排项目的单位。

（二）项目承担单位：指中国气象局安排项目后，具体承担项目的组织实施和执行的单位。

项目牵头单位和项目承担单位包括：按中国气象局现行管理体制，与中国气象局直接发生经费领拨关系的各省（区、市）气象局和计划单列市气象局（包括所属预算单位）、中国气象局直属事业单位、中国气象局机关本级及各内设机构。

（三）项目职能主管部门：指按本单位职责和任务，承担项目归口职能管理任务的中国气象局机关的有关内设机构。

第二十七条 基本建设项目以及科学技术项目，按照国家有关规定及本办法规定的原则进行管理，并纳入中国气象局项目库。

第二十八条 中国气象局本级机动经费属于项目支出预算，按本办法规定的原则和《中国气象局本级机动经费管理办法》进行管理。

第二十九条 本办法由中国气象局计划财务司负责解释。

第三十条 本办法自下发之日起实施。《气象部门项目支出预算管理办法（试行）》（气发〔2002〕239号）同时废止。

气象部门中央财政预算支出进度管理若干规定

(气发〔2009〕23 号 2009 年 1 月 24 日)

第一条 为加强气象部门中央财政预算支出进度管理,根据财政部关于预算管理和执行的有关规定,结合气象部门实际情况,制定本规定。

第二条 纳入中国气象局部门预算编制范围的所有预算单位,在执行财政部和中国气象局批准的年度中央财政预算时,应遵守本规定。

第三条 年度中央财政预算资金包括:年度部门预算安排的中央财政预算资金、预算执行中因预算调整安排的中央财政预算资金、上年度中央财政滚存结余资金。本规定所指预算均为中央财政资金预算。

第四条 基本支出预算的支出进度管理基本支出预算按时间均衡性原则支出,具体规定如下:

(一)年度部门预算控制数(即"一下")中的基本支出预算,根据基本支出预算控制数按以下进度支出:

截止日期	累计支出进度	截止日期	累计支出进度
1月底	≥8.0%	7月底	≥57.5%
2月底	≥16.0%	8月底	≥66.0%
3月底	≥24.0%	9月底	≥74.5%
4月底	≥32.0%	10月底	≥83.0%
5月底	≥40.5%	11月底	≥91.5%
6月底	≥49.0%	12月底	=100.0%

(二)中国气象局批复的年度部门预算(即"二下")中,如基本支出预算数大于基本支出预算控制数的,超过的部分从 5 月份到 12 月份分 7 个月均衡支出,即超过的部分每个月支出不低于 14.3%。

(三)年度部门预算执行中,遇中国气象局追加基本支出预算的,从追加的次月起到 12 月份分月均衡支出。如中国气象局在 12 月份追加基本支出预算的,应尽量在当月支出,当月确实无法支出的,结转至下年度按基本支出结余资金管理。

(四)结转至下年度的基本支出结余资金(含滚存结余资金),除财政部和中国气象局另有规定的外,按第二年 1 月到 3 月份分 3 个月均衡支出,即每个月支出不低于 33.3%。

第五条 项目支出预算的支出进度管理。

项目支出预算按项目任务进度支出,具体规定如下:

(一)气象业务维持费项目的支出进度管理。气象业务维持费是指为确保气象业务正常维持和运转所安排的经费,具有基本支出的性质。凡部门预算中项目属性为"经常性专项业务费"的项目均按照本规定有关基本支出预算支出进度管理的原则进行管理。

(二)大中型业务建设项目预算的支出进度管理。大中型业务建设项目是指国家专项安排的用于大中型气象业务系统建设的项目。其预算支出进度按照项目实施方案规定的进度管理,当年项目资金预算原则上应在当年全部支出。

(三)小型业务建设项目预算的支出进度管理。小型业务建设项目是指年度部门预算中安排的用于小型气象业务系统建设的项目。小型业务建设项目预算支出进度按以下管理:

1.中国气象局批复的年度部门预算(即"二下")中的年度小型基本建设项目预算,根据预算数按以下进度支出:

截止日期	累计支出进度	截止日期	累计支出进度
5月底	≥20.0%	9月底	≥75.0%
6月底	≥40.0%	10月底	≥85.0%
7月底	≥50.0%	11月底	≥95.0%
8月底	≥60.0%	12月底	=100.0%

2.年度部门预算执行中,遇中国气象局追加年度小型基本建设项目预算的,从追加的次月起到12月份分月均衡支出。如中国气象局在12月份追加小型业务建设项目预算的,应尽量在当月支出,当月确实无法支出的,结转至下年度按项目支出结余资金管理。

3.结转至下年度的小型业务建设项目预算结余资金(含滚存结余资金),除财政部和中国气象局另有规定的外,按第二年1月到5月份分5个月均衡支出,即每个月支出不低于20%。

(四)设备购置项目预算的支出进度管理。设备购置项目是指在年度部门预算中专项安排的用于购置气象专用仪器设备、办公设备、车辆等的项目。设备购置专项项目预算支出进度按以下管理:

1.中国气象局批复的年度部门预算(即"二下")中的设备购置项目预算,根据预算数按以下进度支出:

截止日期	累计支出进度	截止日期	累计支出进度
5月底	≥10.0%	7月底	≥90.0%
6月底	≥70.0%	8月底	=100.0%

2.年度部门预算执行中,遇中国气象局追加设备购置项目预算的,从追加的次月起4个月内全部支出,从次月开始的每个月累计支出进度为10%以上、70%以上、90%以上、100%。如中国气象局在12月份追加设备购置项目预算的,应尽量在当月支出,当月确实无法支出的,结转至下年度按项目支出结余资金管理。

3.结转至下年度的设备购置项目预算结余资金(含滚存结余资金),除财政部和中国气象局另有规定的外,按第二年1月份到4月份分4个月支出,每个月累计支出进度为

10%以上、70%以上、90%以上、100%。

（五）课题类项目预算的支出进度管理。课题类项目是指在年度部门预算中安排的用于科研课题、技术开发和推广、行业标准等的项目。其中科研课题项目预算支出进度按照实施方案规定的进度管理，当年项目资金预算原则上应在当年全部支出；技术开发和推广项目、行业标准等项目预算，根据预算数按以下进度支出：

截止日期	累计支出进度	截止日期	累计支出进度
5月底	≥20.0%	9月底	≥75.0%
6月底	≥40.0%	10月底	≥85.0%
7月底	≥50.0%	11月底	≥95.0%
8月底	≥60.0%	12月底	=100.0%

（六）气象台站维修和建设类项目预算的支出进度管理。气象台站维修和建设项目是指在年度部门预算中安排的用于气象台站综合改善和基础设施维修的项目。气象台站维修和建设类项目预算支出进度按以下管理：

1.中国气象局批复的年度部门预算（即"二下"）中的气象台站综合改善和基础设施维修项目预算，根据预算数按以下进度支出：

截止日期	累计支出进度	截止日期	累计支出进度
5月底	≥20.0%	9月底	≥75.0%
6月底	≥40.0%	10月底	≥85.0%
7月底	≥50.0%	11月底	≥95.0%
8月底	≥60.0%	12月底	=100.0%

2.年度部门预算执行中，遇中国气象局追加气象台站综合改善和基础设施维修项目预算的，从追加的次月起到12月份分月均衡支出。如中国气象局在12月份追加气象台站综合改善和基础设施维修项目预算的，应尽量在当月支出，当月确实无法支出的，结转至下年度按项目支出结余资金管理。

3.结转至下年度的气象台站综合改善和基础设施维修项目预算结余资金（含滚存结余资金），除财政部和中国气象局另有规定的外，按第二年1月份到6月份分6个月均衡支出，即每个月支出不低于16.7%。

（七）救灾资金支出进度管理。救灾资金是指气象部门预算单位遭受自然灾害后为恢复业务运行和职工工作生活条件而安排的资金。救灾资金包括应急性支出和恢复重建支出两个部分。中国气象局安排救灾资金预算后，应急性支出应在预算安排后的次月底全部支出，恢复重建支出按照恢复重建的具体内容，属于设备购置类的应在预算安排后的3个月内全部支出，属于基础设施修缮重建类的应按照气象台站维修和建设类项目预算的支出进度管理原则管理。

（八）其他项目的支出进度管理。除以上项目之外的其他项目的支出进度，其预算支出进度按照项目实施方案规定的进度管理，当年项目资金预算原则上应在当年全部支出。

第六条 中国气象局将按以上原则分基本支出和项目支出计算每个单位当月预算支出应达到标准进度和实际支出进度,并向全国气象部门通报。

凡实际支出进度达到标准的,加 1 分。凡实际支出进度未达到标准的,相差不到三个百分点(含)的,给予提醒注意;相差超过三个百分点以上,每相差一个百分点(含)扣 1 分。中国气象局在每年年底将各单位预算支出进度及得分情况在气象部门内部进行通报,年度扣分为 4 分的,核减下年度预算一个百分点;超过 4 分的,每超过 1 分核减下年度预算一个百分点,但最高不超过五个百分点。

第七条 各单位应按照以上预算支出进度管理的要求,以及财政部和中国气象局的有关规定,统筹计划安排好本单位各项工作任务,明确每个项目执行需履行程序及支出的时间表,合理编制用款计划,并建立计财部门与项目管理单位、项目执行单位的定期沟通机制,确保达到以上预算支出进度管理的要求。

第八条 各单位要严格遵守财务规章制度,防止杜绝违规违纪现象发生。在预算支出中,各单位要严格履行各项程序,严禁突击花钱,严禁擅自提高开支标准和扩大开支范围,严禁转移资金虚列支出。

关于推进气象部门预算科学化精细化管理的实施意见

(气发〔2010〕48号)

各省、自治区、直辖市气象局,计划单列市气象局,各直属单位,各内设机构:

为全面推进气象部门财政预算科学化精细化管理,根据财政部《关于推进财政科学化精细化管理的指导意见》(财办〔2009〕37号)要求,结合气象部门实际,现就新形势下推进气象部门预算科学化精细化管理提出如下意见。

一、推进部门预算科学化精细化管理的总体要求

1. 部门预算科学化精细化管理的重要性。

国家公共财政改革以来,气象部门已建立了一套比较规范、科学的预算管理体系。但是,仍存在规划体系不健全、预算约束力不强、预算和项目编制较粗、统筹集约程度不高、基础工作薄弱等问题。气象部门预算管理水平的高低,直接影响到气象事业发展中预算职能作用和资金效益的发挥。推进预算科学化精细化管理,是落实科学发展观的必然要求,是促进气象事业又好又快发展的必然要求。

2. 部门预算科学化精细化管理的内涵。

预算的科学化管理,是指从实际出发,实事求是,按照国家各项财政法律法规和财务制度,建立健全管理制度和运行机制,把气象事业又好又快发展的要求贯穿到预算的各个方面和各个环节。预算的精细化管理,是指在科学化的指导下,运用现代管理方法和信息技术,建立健全工作规范、责任制度和评价机制,明确职责分工、完善岗位责任、加强协调配合,按照精确、细致、深入的要求实施管理,抓住薄弱环节,采取有效措施,增强执行力,切实保障和促进气象事业又好又快发展。

3. 部门预算科学化精细化管理的指导思想。

以邓小平理论和"三个代表"重要思想为指导,全面落实科学发展观,贯彻中央的一系列方针政策和中国气象局党组对计财工作的各项要求,坚持依法理财、科学理财、民主理财,牢固树立全局观念、法治观念、创新观念、效率观念、服务观念、责任观念,按照突出重点、统筹兼顾、远近结合、分步实施的原则,完善规划编制体系、预算编制方法、项目审核评估机制、预算执行管理和财务监督机制,建立规划、预算、项目、执行和监督相互制衡、有机衔接的运行机制,提高管理效益,确保职能发挥,为气象事业又好又快发展做出新的更大贡献。

4. 部门预算科学化精细化管理的基本要求。

一是突出事业发展。坚持把服务和促进事业发展放在突出位置,围绕气象现代化体系建设这一中心,服务和促进事业发展。

二是坚持依法理财。按照国家法律法规和财务规章制度,做到依法理财、程序正当、权责统一。

三是注重流程设计。梳理管理流程,按照精简程序、清理环节、分清责任、明确标准的要求,健全和优化工作流程。

四是完善岗责体系。从机制上保证权责统一,促进责任落实,做到分工明确、各司其职、协调配合。

五是加强绩效考评。合理确定考核标准,定量考核与定性考核相结合,强化考核结果的应用。

六是夯实基础工作。根据事业发展需要,按照实事求是、统筹集约的原则,制定各项支出标准。

七是强化信息建设。运用先进的科学手段,大力推进预算信息化建设,以信息化推动科学化精细化,提高工作效率和工作质量。

二、加强部门预算基础性工作

5. 完善支出标准。

以完善基本支出综合定额标准为主要任务推进费用支出标准体系建设,以制定综合定额为手段促进气象科技服务资源与财政资源统一管理和配置,以制定和完善资产配置标准、维修维护标准和更新标准为主要任务推进资产支出标准体系建设,做到预算申请和项目申请有依据,预算安排和项目审核有依据,预算执行和项目实施有依据,财务监督和项目督导有依据。

6. 制定基本支出综合定额。

在现有中央财政基本支出定额标准的基础上,按照有关经费支出政策和标准,综合考虑气象部门实际支出情况,制定气象部门基本支出综合定额标准。人员经费支出定额充分考虑基本工资、国家规定的津贴补贴、绩效工资、各类社会保障支出以及其他人员经费支出制定。日常公用经费支出定额综合考虑近三年支出水平制定。推进实物消耗定额,凡能以实物计量的日常公用经费支出定额,按标准配置的实物量和单价制定。

7. 制定资产购置、维修和更新标准。

制定和完善房屋、车辆、通用仪器设备、专用仪器设备、土地等资产的构建标准和更新标准。其中房屋构建标准分业务用房、办公用房分别制定,车辆配置和更新标准分业务用车、公务用车分别制定,通用仪器设备涉及办公和业务的,分办公和业务分别制定,并按统筹集约的原则确定。各类资产购置和更新标准包括数量标准和质量标准。制定大型气象装备、仪器、设施和房屋的大修、中修标准。

8. 制定和完善费用支出标准。

制定和完善会议费、差旅费、培训费、印刷费、租赁费、车辆维护费、出国费、专家咨询费、劳务费等费用支出标准。单项支出国家有明确规定的,按规定执行。结合规范津补贴和绩效工资改革,规范咨询费、劳务费、加班费等发放。

9. 加快管理信息系统建设。

加快计财管理信息化建设,夯实预算科学化精细化基础。推进财务账簿数据库系统、固定资产信息系统、计财综合业务系统建设,充实完善统计指标体系,全面掌握预算单位机构、编制、人员、资产、经费、业务任务等基础资料。在此基础上按照突出重点、统筹兼顾、远近结合、分步实施的原则,整合财务、资产、项目实施、综合统计、政府采购统计等各项信息资源,加强信息资源的分析利用,充分发挥信息资源在政策制定、统筹集约、优化资源配置中的作用。

三、加强预算编制管理

10.完善预算编制体系。

按照部门预算编制要求,所有收支全部纳入部门预算管理。编制收入预算,应将中央财政拨款、地方财政拨款、气象部门非税收入和经营性收入全部纳入部门预算。其中地方机构编制部门批准设立的机构,有地方财政拨款但无中央财政拨款的,不纳入中国气象局部门预算编制范围,但要向中国气象局备案。进一步加强自有资金收入测算的科学性和准确性。综合分析国家宏观经济形势和政策,气象科技服务发展政策和经营情况,以及近年来的收入情况,分项测算气象科技服务资金收入、房屋等资产经营收入。

11.调整优化支出结构。

整合各种资源,加大对气象现代化体系建设和气象部门基层单位的投入。严格控制一般性支出。按照要求切实压缩公务购车用车、公务接待费、出国(境)经费等支出。严格控制党政机关楼堂馆所建设,严禁超面积、超标准建设和装修。会议、培训要实行计划管理。气象业务服务产品和资料要按照业务管理部门批准的数量、发放范围印刷,单位内部材料一般使用电子版。

12.完善预算编制方法。

财政补助收入要按照事业发展需要和财政部确定的年度部门预算编制原则进行编制;非税收入在事业收入中的预算外资金编列,事业单位依托基本气象业务开展气象科技服务取得的收入在经营收入编列,事业单位所属独立核算单位上缴的利润在附属单位上缴收入编列,事业单位资产出租出借、处置收入和对外投资取得的投资收益在其他收入编列。基本支出根据机构、编制、人员等基本情况,按照基本支出综合定额标准分人员经费和日常公用经费编制。项目支出预算要提前进行充分的论证,在"一上"时要有明确的项目实施计划和时间进度,保证项目可执行,项目一经确定原则上不予调整。经营支出预算编制要严格遵照与经营收入配比的原则,不得将与经营支出无关的人员津贴补贴和其他消耗列入经营支出。预算编制中涉及政府采购的,要同时编制政府采购预算。涉及资产购置的,要同时编制资产购置预算。

13.加强统筹集约。

探索建立重大仪器装备的共享机制,避免重复建设和重复购置;严格控制新设立专项,继续实施项目整合,形成整体合力,避免同一类型资金分散在不同项目造成项目小、散、乱和资金使用效率低下;建立预算管理与资产管理有机结合的机制,新增资产要结合现有资产情况,根据资产配置、更新标准确定,资产购置经费根据确定的资产购置计划安排,资产运行经费根据资产配置标准内的资产数量和消耗情况安排;以基本支出综合支出定额为抓手,推进中央财政资金、地方财政资金、部门创收资金纳入部门预算;加大预算安排与财政拨款结余资金、各项基金的统筹安排力度,基本支出和项目支出预算资金来源应首先动用财政拨款结余资金,统筹动用事业基金和修购基金、福利基金等各项专用基金。

14. 优化资源配置。

通过优化资源配置,促进现代气象业务体系、国家气象科技创新体系和气象人才体系协调发展;加大公共气象服务业务的投入,促进公共气象服务业务、气象预报预测业务、综合气象观测业务协调发展;落实《中国气象局关于进一步加强基层气象工作的若干意见》,促进基层气象事业的协调发展;加大对西部地区气象事业的投入和实施东西部对口支援,促进不同地区、不同区域气象事业的协调发展;进一步完善双重计划财务体制,促进国家气象事业和地方气象事业的协调发展。

四、加强预算执行管理

15. 建立项目责任制度。

各预算单位是预算支出执行的责任主体,负责按照批准的预算和项目执行时间进度,执行中应遵守各项财经法律法规和财务制度。关于项目审核:项目主管部门负责对所管理项目的可行性和支出内容进行审核论证,涉及设备采购的要对采购数量和性能进行审核,涉及会议、印刷、出差、出国(境)、委托业务费、软件研发的要对工作量和任务量进行审核,并提出项目实施计划和时间进度;计划财务部门负责对经费开支范围,以及设备采购单价、会议费等费用的开支价格标准进行审核。关于项目执行管理及督导,项目主管部门负责对所管理项目的实施进行指导和督导;计划财务部门负责对项目支出内容和范围、开支标准、支出程序是否符合规定进行监督。关于项目验收:项目主管部门负责对所管理项目进行业务验收和绩效考评,计划财务部门负责项目的财务验收,并协助项目主管部门进行绩效考评。

16. 建立支出计划管理制度。

基本支出和专项业务费原则上按年度预算分月均衡支出。其他项目根据项目审核立项时确定的实施计划和时间进度支出。预算单位应根据以上原则申报用款计划,建立考核制度,未到达支出进度计划又无特殊情况,纳入预算安排与预算执行挂钩范围。

17. 推进国库集中支付改革。

将所有预算单位全部纳入国库集中支付改革范围。推进非税收入收缴分离改革,逐步扩大非税收入收缴分离范围。继续推进公务卡管理改革,提高公务消费透明度,规范现金管理。

18. 规范政府采购管理。

继续扩大政府采购管理实施范围,对列入政府采购的项目全部依法实施政府采购。在落实好节能环保、自主创新、进口审核等政府采购政策基础上,进一步扩大政府采购政策功能范围。充分发挥政府采购预算和采购计划在预算编制、资产管理、预算执行管理等环节的衔接作用,促进预算支出和资产管理进一步规范,资源配置进一步优化。

五、完善监督机制

19. 严格支出管理和监督。

加大国库支出监控力度,扩大监控范围,防止违规操作。完善与财政部的国库监控互动机制,对监控发现的问题要认真核查,重大问题要跟踪核查。加强财务专项检查,按照以检查促规范的原则,定期组织财务检查,力争每年解决1~2个不规范、带有普遍性的财务问题,用5年左右时间解决好当前财务管理中存在的普遍性问题。充分利用财务联网,创新财务监督手段,实现联网监督和实地检查相结合,财务检查与国库资金动态监控相结合,日常监督与专项检查相结合,监督检查与促进规范相结合,使财务监督常态化。

20. 强化气象科技服务财务监督。

狠抓《气象科技服务财务管理办法》的落实。重点加强气象科技服务的资产管理、成本管理和物资管理。规范气象科技服务企业的运行,切实解决事业单位和所属企业"混收混支"的问题。加强气象科技服务财务检查和审计,加强气象科技服务企业财务监督。

21. 严格银行账户管理。

严格执行银行账户的审批、年检和备案制度。对银行账户进行清理,凡未经审批或未通过年检的银行账户一律撤销。建立银行账户基础数据信息系统,掌握银行账户动态情况。

22. 强化资产使用管理。

加强资产自用、出租出借和处置管理,以及对外投资的管理。对实物资产要定期清理,做到账账、账卡、账实相符,购置、接受捐赠、调(划)拨的资产要加强验收入库工作,并进行相应的账务处理。自建资产要及时办理竣工决算并进行相应的账务处理。对已竣工但长期未办理竣工决算的自建资产要进行清理。资产出租和处置要按规定程序审批,出租收入和处置收入要纳入资产产权单位账簿核算并纳入预算。对对外投资进行清理,在对所属公司进行撤并工作中要防止资产流失、转移资金。对外投资要按规定程序审批,对外投资取得的收益要纳入预算。

23. 推进制度建设。

对当前气象部门财务工作中存在的问题进行梳理,深入剖析问题存在的根源。属于制度执行力不强的,要狠抓制度落实,切实做到有章必循。属于制度"缺位"或"错位"的,要废除和修订,同时针对新情况、新问题制定新的制度。

24. 加强绩效考评。

要加快完善相关机制和指标体系,将课题类项目、小型业务建设类项目和软件开发类项目全部纳入绩效考评试点范围,同时将绩效考评结果作为改进预算管理和以后年度编制预算的重要参考依据。项目的绩效目标要公示,绩效考评结果要公开。

25. 推进预算公开。

按照《政府信息公开条例》和财政部、审计署要求,继续推进部门预算公开,接受监督。将预算安排的原则、定额标准和支出内容、测算方法、基本支出和项目安排情况、预算执行情况、项目绩效考评结果等在内部公开。在公开内容反映的明细程度和易读易懂方面,每年要有新进展,不断提高预算内容披露的详细程度。

六、其他要求

26. 加强财经法规宣传教育。

强化财政法律法规和财务规章制度的宣传。使气象部门广大干部职工牢固树立依法理财意识,做到对各种财经违法行为"不去想、不去弄、不敢做"。将气象部门财经违法案例和历年各类财务检查、审计监督发现的问题编撰成册,供预算单位学习和对照检查。

27. 加强人才队伍建设。

进一步加强计财队伍的作风建设,加强政策学习和基层调研,提高预算的前瞻性、系统性和主动性。高度重视计财队伍党风廉政建设,贯彻《中国气象局贯彻落实〈建立健全惩治和预防腐败体系 2008—2012 年工作规划〉实施办法》精神。大力加强各级财务核算中心建设。继续推进计财人员培训,全面提升科学管理能力、专业业务水平和综合素质。

中国气象局
2010 年 2 月 9 日

气象部门预算编报工作考核评比办法(试行)

(气计函〔2010〕59号 2010年4月12日)

第一章 总 则

第一条 为规范和加强气象部门预算管理工作,提高部门预算编报质量,确保部门预算的及时性、完整性和准确性,根据《财政部关于印发〈中央部门预算编报工作考核评比办法(试行)〉的通知》和《气象部门基本支出预算管理办法》、《气象部门项目支出预算管理办法》、《中国气象局本级部门预算编制工作规程》等相关规定,结合气象部门的实际情况,制定本办法。

第二条 向中国气象局报送部门预算的中央二级预算单位(以下简称"各单位")适用本办法。

第二章 考评内容和方法

第三条 气象部门预算编报工作考核评比(以下简称预算考评)主要是考核各单位的部门预算编报及其他与预算管理有关工作的完成情况,按照"科学、公平、公正、公开"的原则,对各单位编报的部门预算进行考评,并对考评结果进行通报,以切实提高各单位部门预算编报的质量和水平。

第四条 预算考评的内容包括:

(一)部门预算"一上"编报工作。

(二)部门预算"二上"编报工作。

(三)结转和结余资金编报工作。

(四)其他与部门预算管理有关的工作。

第五条 预算考评周期为本年5月1日至次年4月30日,平时逐项记录,考评周期结束后进行综合评比。

第三章 考评标准

第六条 预算考评采取"基础分"加"附加分"的计分方法,"基础分"为100分,"附加分"为10分,"基础分"加"附加分"为总分。"基础分"中部门预算"一上"编报工作占35分,部门预算"二上"编报工作占35分,结转和结余资金编报工作占10分,其他与预算管理有关的工作占20分;"附加分"根据各单位积极创新预算管理机制,开展预算改革试点工作等情况确定。

第七条 部门预算"一上"编报工作（35分）

（一）及时性（15分）

在规定时间内报送15分，迟报一天扣3分，迟报二至四天扣6分，迟报五天以上（含五天）本项不得分。

（二）完整性（11分）

1. 报送材料包括纸质报表、软件数据、编报说明、报送函文和签章5部分，共5分。每缺少一项扣1分，扣完为止。纸质报表、签章不完整的，每项扣1分。

2. 按照要求报送中央部门各单位预算人员信息库，并附加相关证明材料3分，未按要求完成扣3分；按要求完成但报送材料不完整的，扣1分。

3. 按照要求报送项目文本3分，未按要求报送扣3分；按要求报送但报送材料不完整的，扣1分。

（三）准确性（9分）

报送数据无修改现象（非各单位自身原因除外）9分，由于各单位自身原因导致数据修改的，每修改一次扣3分，扣完为止。

第八条 部门预算"二上"编报工作（35分）

（一）及时性（15分）

在规定时间内报送15分，迟报一天扣3分，迟报二至四天扣6分，迟报五天以上（含五天）本项不得分。

（二）完整性（8分）

1. 报送材料包括纸质报表、软件数据、编报说明、报送函文和签章5部分，共5分。每缺少一项扣1分，扣完为止。纸质报表、签章不完整的，每项扣1分。

2. 按照要求报送项目文本3分，未按要求报送扣3分；按要求报送但报送材料不完整的，扣1分。

（三）准确性（12分）

1. 报送数据无修改现象（非各单位自身原因除外）8分，由于各单位自身原因导致数据修改的，每修改一次扣2分，扣完为止。

2. 严格执行《气象部门资金使用管理暂行办法》，实施综合预算的得4分，凡隐瞒、漏报各类资金的扣4分。

第九条 结转和结余资金编报工作（10分）

1. 在规定时间内报送结转和结余资金材料4分，迟报一天扣分1分，迟报二至四天扣2分，迟报五天以上（含五天）本项不得分。

2. 逐年压缩结转和结余资金规模2分，结转和结余资金（不含年底追加预算）与上年同比增长10%及以上的扣2分。

3. 部门预算"一上"时，各单位主动结合结转资金情况统筹安排预算和按照财政部有关规定统筹动用结余资金得2分，否则扣2分。

4. 部门预算"二上"时，各单位应充分预计中国气象局批复的部门预算中当年年底的结转资金情况,预计的结转资金数额与中国气象局审核确认的结转资金数额(扣除12月追加预算)差额在20%以内(含20%)的得2分,差额在20%以上的扣2分。

第十条 其他与预算管理有关的工作(20分)

(一)项目绩效评价工作(5分)

1. 按要求在规定时间内报送绩效评价有关材料得3分,未报送扣3分;报送不及时、材料不完整或不符合要求等,扣1~2分。

2. 积极开展项目绩效评价试点工作并上报相关材料的得2分,否则不得分,报送不及时、材料不完整或不符合要求等,扣1分。

(二)预算分配向基层倾斜(5分)

中央财政预算分配按中国气象局要求向基层倾斜5分,基本支出省级增长比例高于地县增长比例的扣3分,项目支出未按中国气象局要求下达或未全额下达地县的每发现一项扣1分。

(三)部门预算批复(5分)

按规定和要求及时批复下属单位部门预算并抄送中国气象局备案的,得5分。未在规定时间内批复、批复不完整、未按规定格式批复、批复没有抄送中国气象局备案等,每项扣1分,直至不得分。

(四)配合做好预算编报方面的其他工作(5分)

1. 积极参加预算编报相关会议或培训1分,未能按时参加的不得分。

2. 按规定报送中国气象局要求提供的预算编报方面的材料2分,未能按时报送每次扣1分,扣完为止。

3. 省级地方财政预算按要求抄报中国气象局备案2分,未按要求抄报的不得分。

第十一条 各单位积极创新预算管理机制,开展预算改革试点工作(10分)

1. 各单位向中国气象局计划财务司报送本单位预算改革经验总结、深化预算改革、加强预算管理方面的材料,经计划财务司确认质量较好的,每份材料得2分。

2. 各单位向中国气象局报送专项资金管理办法方面的材料,经计划财务司确认质量较好的,每个办法得2分。

3. 各单位向中国气象局报送创新部门预算管理机制的其他措施、建议的材料,适当加分。

以上3项总得分为10分,得满为止。

第四章 考评组织与结果应用

第十二条 预算考评工作由中国气象局计划财务司负责组织实施。

第十三条 中国气象局计划财务司于每年预算考评结束后,对各单位的考评结果和存在问题进行通报。

第五章 附 则

第十四条 各单位部门预算编报工作时间节点为:2月15日前编报上一年结转和结余资金情况,7月15日前编报当年"一上"部门预算,11月30日前编报当年"二上"部门预算。如有调整,以中国气象局通知为准。

第十五条 各单位可根据本办法结合实际制定实施细则,并抄送中国气象局计划财务司备案。

第十六条 本办法自下发之日起实施。

气象部门预算管理责任制暂行规定

(气发〔2010〕106号　2010年4月29日)

第一章　总　则

第一条　为建立预算管理分级负责制和岗位责任制,明确各级预算单位和相关人员在预算编制、预算执行和资金使用中的职责,保证资金合法、合规使用,提高资金使用效益,根据国家法律法规和有关财务管理规定,结合气象部门实际情况,制定本规定。

第二条　本规定适用于中国气象局、省(区、市)气象局、计划单列市气象局及地(市)级气象局机关内设机构(以下简称各级内设机构)和纳入中央部门预算编制范围的预算单位及相关人员。

第二章　预算编制管理责任

第三条　各预算单位应按照《预算法》及其他国家法律法规编制预算,预算编制应合法、真实、完整。预算编制不符合法律、法规、规章等规定的,计财部门负责人和相关人员承担直接责任,但因各预算单位的有关内设机构提供的预算编制基础资料不合法、不真实、不完整除外。预算编制基础资料不合法、不真实、不完整而导致预算编制不符合要求的,各预算单位的有关内设机构负责人和相关人员承担直接责任。

项目预算编制工作中,立项依据不足、文本编制不规范、预算测算不实的,各预算单位负责人和项目负责人承担直接责任,其中项目负责人承担主要责任。项目立项依据、实施方案、采购事项,以及会议、差旅、印刷、培训、出国(境)和委托业务等事项审核不严,导致重复建设、资金损失浪费或项目无法实施的,负责项目审核的内设机构负责人承担直接责任。

计财部门应按国家或部门出台的支出定额及标准对项目支出内容进行审核,因审核不严导致资金损失浪费的,计财部门负责人承担直接责任。

第四条　各级预算单位要严格按照上一级单位批复的预算及时批复所属单位预算。未在规定的时间内批复所属单位预算的,单位负责人承担直接责任,计财部门负责人承担间接责任。

第三章　预算执行管理责任

第五条　各级预算单位应建立预算执行进度管理制度,明确职责分工。未建立预算执行进度管理制度、职责分工不清的，各级预算单位负责人承担直接责任，计财部门负责人承担间接责任。

第六条 各级内设机构对所负责项目的实施、支出进度、绩效结果承担管理责任，负责对项目的实施和执行进行督导、协调。

未进行督导、协调，或督导、协调不力导致项目未按计划进度完成的，各级内设机构负责人承担直接责任，各预算单位负责人和项目负责人承担间接责任。

第七条 预算单位是预算执行的责任主体，各预算单位负责人对预算执行承担直接责任。各预算单位应于每年年初，根据工作任务安排及项目实施进度计划，分科目、分项目、分月制定本年度预算执行进度计划，报上级气象主管机构计财部门。各预算单位未按以上要求报送，或报送的进度计划不真实、不完整的，各预算单位负责人和项目负责人承担直接责任，其中项目负责人承担主要责任。

第八条 各预算单位应按规定的程序和要求办理预算执行过程中的调整。不按规定程序调整预算或调整项目内容的，各预算单位负责人和项目负责人承担直接责任，计财部门负责人承担间接责任。

第四章　监督检查责任

第九条 上一级预算单位应加强对所属单位资金使用情况的监督检查，对下一级预算单位的预算管理实行监管。

第十条 各预算单位依法接受有关单位的监督检查，对监督检查中发现的问题，各预算单位应按规定的时间和要求逐项整改落实。未及时整改的，各预算单位负责人承担直接责任。

第十一条 各预算单位在接受监督检查中应及时提供真实、完整的资料。故意隐瞒事实真相、提供虚假资料的，各预算单位负责人承担直接责任，计财部门负责人和有关人员承担间接责任。

第五章　附　则

第十二条 各级内设机构负责人是指按事权划分承担管理任务的职能机构的主要负责人，包括中国气象局、各省（区、市）气象局、计划单列市气象局及各地（市）级气象局机关内设机构。计财部门负责人是指设置了独立计财部门的单位，担任计财部门的主要负责人。未设置独立计财部门的单位，指分管财务（会计）工作的其他负责人或计财主管人员以及负责该单位会计核算的机构及相关人员。

预算单位负责人是指单位的法定代表人，或者法律、行政法规规定代表单位行使职权的主要负责人。项目负责人是指预算单位中负责组织项目实施的人员。

第十三条 各级预算单位应根据本规定结合本单位具体情况制定实施细则。

第十四条 本规定自印发之日起执行。

中国气象局部门预算编制工作规程

(气办发〔2014〕4号 2014年2月19日)

根据财政部、发改委对部门预算、投资计划编制工作的要求和基本规程,中国气象局部门预算编制工作规程划分为预算编制准备阶段、"一上"、"一下"、"二上"、预算批复、预算调整六个阶段。各阶段具体工作任务及要求如下:

一、预算编制准备阶段(1月1日—5月30日)

(一)项目编报、入库及审核

按照滚动预算及《气象部门项目库管理办法》要求,所有拟向财政部、国家发改委申报的发展建设类项目,按统一规定格式在4月1日前报入中国气象局项目库初选库。所有项目必须细化到执行单位并明确具体实施方案,具体支出要细化到经济分类科目。

(1)计划财务司:

——对预算单位上报的项目按照项目管理有关规定进行初审,审核的具体事项包括:项目申报书、可行性研究报告、专家论证单位评审意见等材料是否齐全,内容是否翔实等。将通过初审的项目纳入中国气象局项目初选库;

——将中国气象局项目初选库中相关职能机构管理的项目和项目结余资金情况提供给相关职能机构审核;

——根据相关职能机构对项目立项的审核意见和排序,对项目预算进行审核后,纳入中国气象局项目正式库;

——审核计划财务司主管的项目并将合格的项目纳入中国气象局项目正式库;

——审核相关职能机构对项目支出结余资金的统筹意见。

(2)相关职能机构:

——指导预算单位申报其所分管的业务项目,按规定程序报批后进入中国气象局项目初选库;

——根据项目申报的要求和统一格式,指导各预算单位做好项目申报理由、项目主要内容、项目支出预算测算及说明、项目可行性论证等项目申报立项工作,提高项目支出预算的科学性、合理性,推进项目库建设和管理。

——审核计划财务司提供的初选库中预算单位上报的有关项目,提出审核通过项目的排序建议,并将项目审核结果在规定时间内反馈计划财务司;

——提出项目支出结余资金统筹安排建议,并将项目结余资金统筹安排结果在规定时间内反馈计划财务司。

(3)预算单位:

——按主管职能司发展建设类的要求申报项目;

——各单位(二级预算单位)申报项目的资金总额,不得超过上年预算150%。

——提出项目排序建议随项目一并上报中国气象局项目初选库;

——根据历年财政拨款结转结余资金情况,提出结转结余资金统筹安排建议。

(二)项目清理(4月1日—4月15日)

按财政部部署,对当年已安排项目进行清理,对下年度继续安排或新增的项目滚动进入下年财政部项目总库,对下年不再继续安排的项目从项目总库剔除,项目名称变更建议也需在本阶段完成。

(1)计划财务司:

——召开有关职能机构领导参加的部门预算编制联席会,说明下一年度部门预算编制的要求以及需要协调配合的事项;根据财政部的要求,结合气象部门的具体情况,将项目清理的具体要求通知各职能机构;

——组织各职能机构对分管项目上年预算执行情况开展绩效评价工作;

——审核、整理、汇总各职能机构提供的有关材料;

——汇总形成中国气象局项目清理意见由计划财务司发文报财政部;

——配合财政部完成对中国气象局项目清理的审核,做好解释、沟通和争取工作。

(2)相关职能机构:

——结合事业发展规划提出下年拟保留、整合、新增或更名项目的建议以及申请财政预算需求,并提供项目立项依据和测算说明。同时提出发改委安排的工程项目初步需求;

——完成分管的项目上年执行情况绩效总结报告并送计划财务司;

——积极配合计划财务司做好对财政部、发改委的解释、沟通和争取工作。

(三)中央财政项目支出预算需求初步测算(5月15日—5月30日)

根据前期工作准备,以及下一年度气象部门和所属预算单位的工作计划、任务以及事业发展规划,同时结合各职能机构反馈的三年滚动预算项目支出重点,形成下一年度中央财政项目支出预算申报方案。

(1)计划财务司:

——布置并组织各职能机构开展三年滚动预算项目支出的需求测算,包括财政部安排项目和发改委安排项目;

——配合各职能机构完成小型业务建设类项目、财政部安排项目申报、细化工作;

——审核各内设机构申报的三年滚动预算项目;

——根据测算情况提出重大增支项目,由计划财务司发文报财政部;

——将拟向财政部、发改委申报的项目预算建议反馈给各内设机构,形成下一年度项目预算初步方案。

(2)相关职能机构:

——开展三年滚动预算项目需求测算工作并汇总后报计划财务司;

——完成小型业务建设类项目、财政部安排项目审核工作;

——及时提供计划财务司要求补充的材料。

二、"一上"阶段(6月1日—7月31日)

（一）部门预算编制工作部署

根据财政部、发改委年度预算、计划编制要求，召开部门预算编制工作动员部署电视电话会，部署年度部门预算编制工作；召开部门预算编制培训会，指导所属预算单位按预算编制要求编制"一上"预算。

（二）下发项目预算申报方案

6月30日前将下一年度中央财政拨款项目预算申报方案下发各预算单位，指导各单位统筹考虑各类资金，做好"一上"预算编制、上报工作。

(1)计划财务司：

——根据财政部和国家发改委对拟上报项目的控制额度，结合中国气象局确定的重点建设任务，统筹考虑结余资金情况，资产有偿使用收入、资产处置收入等情况，确定各类项目的中央财政拨款申报总额；

——当年申报项目支出财政拨款预算数原则上控制在上年批复的150%以内，财政部如有要求，按财政部要求增量额度申报。

——形成下一年度中央财政拨款项目预算初步申报方案下发各预算单位；

——收集各预算单位对项目细化情况的意见和建议，及时反馈各主管单位。

(2)相关职能机构：

——提供必要的材料，配合计划财务司完成项目预算申报方案分解、细化工作；

——对各预算单位以及计划财务司收集的反馈意见进行整理归纳，研究提出解决方式或调整建议；

——配合计划财务司完成对预算方案修改的建议。

(3)预算单位：

——根据中国气象局下发的中央财政拨款项目预算初步申报方案，及时细化、下发到各下级预算单位，确保各预算单位按照中国气象局下发项目编报部门预算"一上"；

——对中国气象局下发中央财政拨款项目预算初步申报方案，提出反馈意见或建议。

（三）"一上"预算建议数编制

预算单位按预算编制要求，编制预算建议数报中国气象局。气象部门预算建议数经中国气象局局长办公会审定后于7月31日前报财政部。基本建设投资需求同时按照国家发改委要求报送。

(1)计划财务司：

——指导和督促各预算单位如实、准确地填报人员基础数据等基础信息，并根据所掌握的各预算单位人员、资产等动态基本情况对各预算单位"一上"预算有关基础资料的准确性、真实性进行审核；

——指导所属预算单位按照综合预算原则和有关规定，做好所属预算单位所有收入预算的测算、填报工作；

——组织相关职能机构对以前年度预算安排的需绩效评价项目进行评价，并撰写绩效评价材料，随本部门"一上"预算报财政部；

——审核、汇总预算单位上报的预算报表,形成中国气象局年度部门预算建议数,经中国气象局局长办公会审定后报财政部。

(2)相关职能机构:

——对以前年度预算已安排的绩效评价项目进行评价,并撰写绩效评价材料;

——配合计划财务司做好对各预算单位申报项目预算的审核。

(3)预算单位:

——组织完成本单位综合预算编报工作。合理预计下年各渠道资金收入,特别是非财政拨款渠道的资金收入,按照不同来源、不同收入项目分别编制预算,汇总后形成综合收入预算。根据中国气象局下达的中央财政拨款项目预算初步申报方案,结合本单位其他项目资金支出计划以及基本支出需求,形成综合支出预算;

——根据中国气象局关于部门预算的要求,将本单位部门预算报表及电子数据于7月15日前上报中国气象局。

三、"一下"阶段(8月1日—11月15日)

10月8日,根据"一上"需求情况,及财政部、发改委对下年度中央财政预算支出规模、投资计划的审核情况和预算见面数的下达情况,提出气象部门预算中央财政预算控制数安排方案,于11月10日前经中国气象局局长办公会审定后下达各预算单位。

(1)计划财务司:

——按定额测算基本支出预算控制数,形成基本支出预算控制数分解方案;

——根据财政部、发改委下达的预算控制数、投资计划及中国气象局党组确定的年度工作重点,在与各职能司、各预算单位充分协商的基础上,结合本部门事业发展规划和年度预算支出重点综合平衡后,提出项目支出预算控制数细化方案(细化到项目执行单位、项目名称、投资金额及年度投资计划);

——对已向财政部申请但未得到安排、根据气象事业发展需要必须在预算年度内执行的项目,在可调剂财力范围内,结合结余资金情况,按项目管理程序采取单项核定的方式安排,并形成细化方案;

——下达各二级预算单位的预算控制数,并通知相关职能司;

——将基本支出预算控制数测算方法、标准和原则,项目支出预算控制数细化原则向二级预算单位通报,并就二级预算单位进一步细化预算控制数的原则提出要求;

——收集整理预算单位对下达的预算控制数的反馈意见;

——按照财政部确定的绩效评价试点项目,向所属单位下达绩效评价试点项目。

(2)相关职能机构:

——配合计划财务司完成财政部、发改委的项目争取及质询答复工作;

——向计划财务司提供测算并细化预算控制数所需要的基本数据和资料,配合计划财务司做好预算控制数测算工作;

——对需要按单项核定的方式安排的预算,按项目管理程序报中国气象局审批。

(3)预算单位:

——根据中国气象局下达的预算控制数,以及预算控制数测算方法、标准和原则,项

目支出预算控制数细化原则,按要求细化本单位预算控制数并下达所属预算单位;

——向计划财务司反馈对预算控制数的意见。

四、"二上"阶段(11月15日—12月30日)

预算单位根据预算控制数编制本单位下年度预算草案,并按时上报中国气象局;中国气象局审核、汇总各预算单位根据下达的预算控制数编制的预算草案,形成中国气象局下年度部门预算草案,经中国气象局领导签批后于12月10日前报财政部;基本建设项目根据发改委安排意见再次上报投资建议。12月30日前完成项目库项目批复工作。

(1)计划财务司:

——指导所属预算单位根据下达的"一下"控制数编制"二上"预算;

——审核预算单位上报的预算草案,对预算文件进行规范性审核,对预算数据、预算分解细化情况进行审核;

——做好"三公经费"和会议费预算编报审核工作;

(2)相关职能机构:

——按照财政部要求编写打捆项目的总体项目申报文本;

——制定实行绩效评价试点项目的项目绩效目标、编写自评报告等内容。

(3)预算单位:

——根据中国气象局"一下"控制数,调整编报本单位的综合预算,将本单位下年度预算草案按时上报中国气象局。

五、预算批复("二下")阶段(12月11日—次年4月中旬)

在财政部批复本部门预算之日起15日内,批复中国气象局所属各单位的预算。在发改委下达基本建设投资计划之日起15日内,下达各单位投资计划。将项目建设、执行任务下达到具体单位。

(1)计划财务司:

——根据财政部批复中国气象局的部门预算,组织预算批复工作;

——督促指导各单位在中国气象局批复该单位预算之日起15日内将下级预算单位预算批复完毕;

——将当年预算总体情况报告中国气象局领导并向各内设机构通报;

——按照规定做好本部门预算公开及"三公经费"和行政经费的公开工作。

(2)相关职能机构:

——配合计划财务司做好预算批复工作;

——根据批复的预算,及时向各预算单位下达执行预算的具体任务和绩效考核要求,作好监督检查工作。

(3)预算单位:

——根据中国气象局批复的预算和要求,组织本单位预算批复工作;

——在中国气象局批复预算之日起15个工作日内将下级预算单位预算批复完毕;

——将预算批复情况抄报计划财务司备案。

六、预算调整阶段(6 月中旬—12 月 31 日)

预算一经全国人民代表大会审议通过,并经财政部正式批复后即进入依法执行程序。已批复的预算不能随意调整,因国家政策发生变化或重大自然灾害等不可预见因素,由预算单位向上级主管部门提出调整申请,经计划财务司组织各职能机构进行审核后,对符合预算调整条件的报财政部申请调整预算。预算的调整要按规定的程序进行,一般在当年的 8 月 31 日前完成上报工作。

(1)计划财务司:

——对所属预算单位提出的预算调整申请进行审核;对需要相关职能司审核的预算调整,送相关职能司审核;起草上报财政部的预算调整申请,并在财政部批准后,批复所属预算单位。

(2)相关职能机构:

——负责对主管事项的预算调整审核工作,及时向计划财务司提出明确意见。

(3)预算单位:

——审核本单位预算调整需求,对确实需要调整且不属于机动经费范围内的预算调整事项,提出正式申请、说明相关理由于当年的 8 月 15 日前上报中国气象局。

七、其他事项

在预算编制和调整的各个环节中,各预算单位上报中国气象局的事项和中国气象局的下达事项,必须以正式文件形式上报或下达。计划财务司与相关职能机构之间审核和反馈意见等信息交换事项,必须以纸质材料和电子文档并行的方式进行,其中纸质材料应加盖司印;前后意见不一致的,一律以最后意见为准。

陕西省气象部门预算管理责任制
暂行规定实施细则

(陕气发〔2010〕113号　2010年6月17日)

第一章　总　则

第一条　为建立预算管理分级负责制和岗位责任制,明确各级预算单位和相关人员在预算编制、预算执行和资金使用中的职责,保证资金合法、合规使用,提高资金使用效益,根据中国气象局《气象部门预算管理责任制暂行规定》和《气象部门中央财政预算支出进度管理若干规定》,结合实际情况,制定本实施细则。

第二条　本实施细则适用于陕西省气象局、地(市)级气象局机关内设机构(以下简称各级内设机构)和纳入中央部门预算编制范围的预算单位及预算管理相关人员。

第二章　预算编制管理责任

第三条　各预算单位应按照《预算法》及其他国家法律法规编制预算,预算编制应合法、真实、完整。预算编制由计财部门(无计财部门的指主管财务部门)归口管理,负责管理、协调预算编制的具体工作,综合平衡单位预算收支,相关部门协作配合。预算管理职责划分不清的,单位负责人承担直接责任,计财部门负责人承担间接责任。

第四条　在编制年度预算时,当年财政拨款和以前年度结余资金,中央财政拨款、地方财政拨款和单位其他各项资金,要统筹考虑,合理安排。故意隐瞒不报或虚报的,单位负责人承担直接责任,计财部门负责人承担间接责任。

第五条　预算编制不符合法律、法规、规章等规定的,计财部门负责人和相关人员承担直接责任,因预算单位的有关内设机构提供的预算编制基础资料不合法、不真实、不完整,导致预算编制不符合要求的,由预算单位的有关内设机构负责人和相关人员承担直接责任。有关内设机构应对其提供的业务工作量、人员情况等的真实性、合法性、完整性负责,计财部门负责按相关基础资料和定额以及国家相关支出标准进行测算,并对测算过程负责。

第六条　项目预算编制工作中,立项依据不足、文本编制不规范、预算测算不实的,各预算单位负责人和项目负责人承担直接责任,其中项目负责人承担主要责任。

项目立项依据、实施方案、采购事项,以及会议、差旅、印刷、培训、出国(境)和委托业务等事项审核不严,导致重复建设、资金损失浪费或项目无法实施的,负责项目审核的内设机构负责人承担直接责任。

计财部门应按国家或部门出台的支出定额及标准对项目支出内容进行审核,因审核不严导致资金损失浪费的,计财部门负责人承担直接责任。

第七条 省级和各设区市气象局在收到上一级单位批复的年度部门预算后,应于15个工作日之内将所属单位预算批复完毕,并报上一级单位备案。

第八条 发生以下行为的,单位负责人对预算批复承担直接责任,计财部门负责人承担间接责任:

(一)在规定的时间内未将预算全部批复到所属单位;

(二)预算批复时预留待分配;

(三)越权调整预算指标。

第九条 因项目论证不充分、项目不细化等项目管理原因造成不能及时批复预算的,项目管理部门负责人承担直接责任,计财部门负责人承担间接责任。

第十条 预算批复执行后的调整应按规定的程序和要求办理。不按规定程序调整预算或调整项目内容的,单位负责人承担直接责任,计财部门负责人承担间接责任。

第三章 预算执行管理责任

第十一条 各级预算单位应建立预算执行进度管理制度,明确职责分工。未建立预算执行进度管理制度、职责分工不清的,各级预算单位负责人承担直接责任,计财部门负责人承担间接责任。

第十二条 各级内设机构对所负责项目的实施、支出进度、绩效结果承担管理责任,负责对项目的实施和执行进行督导、协调。

未进行督导、协调,或督导、协调不力导致项目未按计划进度完成的,各级内设机构负责人承担直接责任,各预算单位负责人和项目负责人承担间接责任。

第十三条 预算单位是预算执行的责任主体,各预算单位负责人对预算执行承担直接责任。各预算单位应于每年一月底前,根据工作任务安排及项目实施进度计划,分科目、分项目、分月制订本年度预算执行进度计划,报上级气象主管机构计财部门。各预算单位未按以上要求报送,或报送的进度计划不真实、不完整的,各预算单位负责人和项目负责人承担直接责任,其中项目负责人承担主要责任。

第十四条 财政资金用款计划的申请按预算级次,自下而上逐级审核、汇总、上报。

基层单位计财部门未按规定时限和编制要求编报季度分月用款计划,或编制的用款计划不符合项目支出预算进度计划的,计财部门负责人及经办人员承担直接责任。上一级计财部门未及时审核、汇总、上报,其计财部门负责人及经办人员承担直接责任。

第十五条 实行国库直接支付的单位应依据用款计划办理财政直接支付申请。支付内容不真实的,申请单位负责人承担直接责任;支付程序不合规的,计财部门负责人和经办人员承担直接责任。

第十六条 财政资金的拨付按照预算级次和隶属关系逐级拨付。故意滞留应当拨付的财政资金的,计财部门负责人承担直接责任。如属单位负责人授意的,由单位负责人承担直接责任。

第四章 资金使用管理责任

第十七条 单位应建立资金使用管理内部控制制度,明确相关部门和岗位的职责权限和工作流程。未建立内部会计控制制度或内部控制制度执行不力的,单位负责人承担直接责任,计财部门负责人承担间接责任。

第十八条 各单位应严格规范资金支出审批程序和财务报销手续。不按规定程序支出和财务报销的,计财部门经办人承担直接责任,计财部门负责人承担间接责任。

第十九条 资金使用应严格遵守财经法规,规范资金的使用管理,发生以下行为的,审批人和经办人承担直接责任,其中审批人承担主要责任:

(一)擅自扩大支出范围、提高支出标准;

(二)办理无预(概)算、超预(概)算支出;

(三)伪造、编造虚假合同或发票骗取预算资金;

(四)挪用、挤占资金。

第二十条 人员经费中的工资、福利和社会保障等支出应符合国家或地方的有关规定。单位负责人对人员经费资金来源合法性承担直接责任;计财、劳资、工会等部门负责人对其管理事项的合规性承担间接责任。

第二十一条 公用经费的使用管理应保障机构正常运转和职责的全面履行。支出事项不真实的,有关部门的经办人承担直接责任。审批人员超出审批范围、审批权限或批准不符合规定的支付申请的,审批人员承担直接责任。

第二十二条 项目支出应依据批复的项目预(概)算,按照规定的标准和内容使用项目资金,做到专款专用。项目管理单位审核人员负责对承包供应商提交(有监理的需监理工程师审核)的预付款、价款结算凭证等支付申请进行审查,并对支付申请的真实性承担直接责任。

计财部门审核人对项目管理部门提交的支付申请进行审核,对所审核内容的合规性和机械准确性承担直接责任。单位负责人对项目管理单位、计财部门按照工作流程审核后的支付申请进行审批,对经济事项的合法、合规性承担直接责任。

第二十三条 借出款项、以资金对外担保和对外投资未履行规定程序的,单位负责人承担直接责任,计财部门负责人承担间接责任。以实物资产对外担保和对外投资未履行规定程序的,单位负责人承担直接责任,资产管理部门负责人承担间接责任。

第五章 监督检查责任

第二十四条 上一级预算单位应加强对所属单位资金使用情况的监督检查,对下一级预算单位的预算管理实行监管。

第二十五条 各预算单位依法接受有关单位的监督检查,对监督检查中发现的问题,各预算单位应按规定的时间和要求逐项整改落实。未及时整改的,各预算单位负责人承担直接责任。

第二十六条 各预算单位在接受监督检查中应及时提供真实、完整的资料。故意隐瞒事实真相、提供虚假资料的,各预算单位负责人承担直接责任,计财部门负责人和有关人员承担间接责任。

第二十七条 预算和项目完成或年度终了,按照批准的考核指标和具体实施方案,对预算和项目实际执行情况和结果进行考核评价。在考评过程中弄虚作假的,考评人员承担直接责任,考评负责人承担主要责任。

第二十八条 各级预算单位要建立预算公开制度(涉及国家机密除外),接受职工群众的监督。职工可以在单位计财部门(或指定地点)查阅预算相关文件,计财部门应予以协助配合并承担预算公开直接责任。

第六章 附 则

第二十九条 各级内设机构负责人是指按事权划分承担管理任务的职能机构的主要负责人,包括省级和各设区市气象局机关内设机构。

计财部门负责人是指设置了独立计财部门的单位中该计财部门的主要负责人。未设置独立计财部门的单位,指分管财务(会计)工作的负责人或计财主管人员和负责该单位会计核算的相关人员。

预算单位负责人是指单位的法定代表人,或者法律、行政法规规定代表单位行使职权的主要负责人。

项目负责人是指预算单位中负责组织项目实施的人员。

第三十条 本细则由陕西省气象局负责解释。本细则自印发之日起执行。

陕西省气象部门中央部门预算编制规程

(陕气办发〔2014〕14号　2014年4月11日)

根据中国气象局对部门预算、投资计划编制工作的要求和基本规程,陕西省气象局部门预算编制工作规程划分为预算编制准备阶段、"一上"、"一下"、"二上"、预算批复、预算调整六个阶段。各阶段具体工作任务及要求如下:

一、预算编制准备阶段(1月1日—5月30日)

本阶段主要包括项目编报、入库及审核。

按照滚动预算及《陕西省气象部门项目库管理实施细则》要求,所有拟向中国气象局申报的发展建设类项目,按统一规定格式在4月15日前录入陕西省气象局项目库初选库。所有项目必须细化到执行单位并明确具体实施方案,具体支出要细化到经济分类科目。

(1)计划财务处:

——对预算单位上报的项目按照项目管理有关规定进行初审,审核的具体事项包括:项目申报书、可行性研究报告、专家论证单位评审意见等材料是否齐全,内容是否翔实等。将通过初审的项目纳入陕西省气象局项目初选库;

——将陕西省气象局项目初选库中相关职能机构管理的项目和项目结余资金情况提供给相关职能机构审核;

——根据相关职能机构对项目立项的审核意见和排序,对项目预算进行审核后,纳入陕西省气象局项目正式库;

——审核计划财务处主管的项目并将合格的项目纳入陕西省气象局项目正式库;

——审核相关职能机构对项目支出结余资金的统筹意见。

(2)相关职能机构:

——指导预算单位申报其所分管的业务项目,按规定程序报批后进入省局项目初选库;

——根据项目申报的要求和统一格式,指导各预算单位做好项目申报理由、项目主要内容、项目支出预算测算及说明、项目可行性论证等项目申报立项工作,提高项目支出预算的科学性、合理性,推进项目库建设和管理。

——审核计划财务处提供的初选库中预算单位上报的有关项目,提出审核通过项目的排序建议,并将项目审核结果在规定时间内反馈计划财务处;

——提出项目支出结余资金统筹安排建议,并将项目结余资金统筹安排结果在规定时间内反馈计划财务处;

(3)预算单位:

——按主管职能处发展建设类的要求申报项目;

——各单位(三级预算单位)申报项目的资金总额,不得超过上年预算150%。

——提出项目排序建议随项目一并上报陕西省气象局项目初选库;

——根据历年财政拨款结转结余资金情况,提出结转结余资金统筹安排建议。

二、"一上"阶段(6月1日—7月31日)

（一）部门预算编制工作部署

根据中国气象局年度预算及计划编制要求,省局召开部门预算编制培训会,指导所属预算单位按预算编制要求编制"一上"预算。

（二）下发项目预算申报方案

6月30日前将下一年度中央财政拨款项目预算申报方案下发各预算单位,指导各单位统筹考虑各类资金,做好"一上"预算编制、上报工作。

(1)计划财务处:

——根据中国气象局对拟上报项目的控制额度,结合陕西省气象局确定的重点建设任务,统筹考虑结余资金情况、资产有偿使用收入、资产处置收入等情况,确定各类项目的中央财政拨款申报总额;

——当年申报项目支出财政拨款预算数原则上控制在上年批复的150%以内,中国气象局如有要求,按中国气象局要求增量额度申报。

——形成下一年度中央财政拨款项目预算初步申报方案下发各预算单位;

——收集各预算单位对项目细化情况的意见和建议,及时反馈各主管单位。

(2)相关职能机构:

——提供必要的材料,配合计划财务处完成项目预算申报方案分解、细化工作;

——对各预算单位收集的反馈意见进行整理归纳,研究提出解决方式或调整建议。

(3)预算单位:

——根据省局下发的中央财政拨款项目预算初步申报方案,及时细化、下发到各下级预算单位,确保各预算单位按照省局下发项目编报部门预算"一上";

——对省局下发中央财政拨款项目预算初步申报方案,提出反馈意见或建议。

（三）"一上"预算建议数编制

各预算单位按预算编制要求,编制预算建议数报陕西省气象局。全省气象部门预算建议数经省局局长办公会审定后于7月15日前报中国气象局。基本建设投资需求也同时报送。

(1)计划财务处:

——指导和督促各预算单位如实、准确地填报人员基础数据等基础信息,并根据所掌握的各预算单位人员、资产等动态基本情况对各预算单位"一上"预算有关基础资料的准确性、真实性进行审核;

——指导所属预算单位按照综合预算原则和有关规定,做好所属预算单位所有收入预算的测算、填报工作;

——组织相关职能机构对以前年度预算安排的需绩效评价项目进行评价,并撰写绩效评价材料,随本部门"一上"预算报中国气象局;

——审核、汇总预算单位上报的预算报表,形成陕西省气象局年度部门预算建议数,经省局局长办公会审定后报中国气象局。

(2)相关职能机构：

——对以前年度预算已安排的绩效评价项目进行评价,并撰写绩效评价材料；

——配合计划财务处做好对各预算单位申报项目预算的审核。

(3)预算单位：

——组织完成本单位综合预算编报工作。合理预计下年各渠道资金收入,特别是非财政拨款渠道的资金收入,按照不同来源、不同收入项目分别编制预算,汇总后形成综合收入预算。根据省局下达的中央财政拨款项目预算初步申报方案,结合本单位其他项目资金支出计划以及基本支出需求,形成综合支出预算；

——根据省局关于部门预算的要求,将本单位部门预算报表及电子数据于7月10日前上报省局。

三、"一下"阶段(8月1日—11月15日)

11月15日,根据"一上"需求情况及中国气象局下达的"一下"控制数,提出我省中央财政预算控制数安排方案,于11月20日前经陕西省气象局局长办公会审定后下达各三级预算单位。

(1)计划财务处：

——按中国气象局下达的基本支出预算控制数及测算方法,结合我省各单位实际,形成我省基本支出预算控制数分解方案；

——根据中国气象局下达的项目预算控制数及投资计划,结合省局党组确定的年度工作重点,在与各职能处、各预算单位充分沟通的基础上,综合平衡后,提出项目支出预算控制数细化方案；

——下达各三级预算单位的预算控制数,并通知相关职能处；

——将基本支出预算控制数测算方法、标准和原则,项目支出预算控制数细化原则向三级预算单位通报,并就三级预算单位进一步细化预算控制数的原则提出要求；

——收集整理预算单位对下达的预算控制数的反馈意见；

——按照中国气象局确定的绩效评价试点项目,向所属单位下达绩效评价试点项目。

(2)相关职能机构：

——配合计划财务处完成中国气象局的项目争取及质询答复工作；

——向计划财务处提供测算并细化预算控制数所需要的基本数据和资料,配合计划财务处做好预算控制数测算工作；

——对需要按单项核定的方式安排的预算,按项目管理程序报省局审批。

(3)预算单位：

——根据省局下达的预算控制数,以及预算控制数测算方法、标准和原则,项目支出预算控制数细化原则,按要求细化本单位预算控制数并下达所属预算单位；

——向计划财务处反馈对预算控制数的意见。

四、"二上"阶段(11月15日—12月30日)

预算单位根据省局下达预算控制数编制本单位下年度预算草案,并按时上报陕西省气象局;陕西省气象局审核、汇总各预算单位根据下达的预算控制数编制的预算草案,形成陕西省气象局下年度部门预算草案,经陕西省气象局领导签批后于12月5日前报中国气象局;基本建设项目根据中国气象局安排意见再次上报投资建议。12月30日前完成项目库项目批复工作。

(1)计划财务处:

——指导所属预算单位根据下达的"一下"控制数编制"二上"预算;

——审核预算单位上报的预算草案,对预算文件进行规范性审核,对预算数据、预算分解细化情况进行审核;

——做好"三公经费"和会议费预算编报审核工作。

(2)相关职能机构:

——按照财政部要求编写打捆项目的总体项目申报文本;

——制定实行绩效评价试点项目的项目绩效目标、编写自评报告等内容。

(3)预算单位:

——根据省局"一下"控制数,调整编报本单位的综合预算,将本单位下年度预算草案按时上报省局。

五、预算批复("二下")阶段(12月11日—次年4月中旬)

在中国气象局批复我省部门预算之日起15日内,批复全省气象部门所属各三级单位的预算。在中国气象局下达基本建设投资计划之日起15日内,下达各单位投资计划。将项目建设、执行任务下达到具体单位。

(1)计划财务处:

——根据中国气象局批复我省的部门预算,组织全省预算批复工作;

——督促指导各三级单位在省局批复该单位预算之日起15日内将下级预算单位预算批复完毕;

——将当年全省预算总体情况报告省局领导并向各内设机构通报;

——按照规定做好本省部门预算公开及"三公经费"和行政经费的公开工作。

(2)相关职能机构:

——根据批复的预算,及时向各预算单位下达执行预算的具体任务和绩效考核要求,作好监督检查工作。

(3)预算单位:

——根据省局批复的预算和要求,组织本单位预算批复工作;

——在省局批复预算之日起15个工作日内将下级预算单位预算批复完毕;

——将预算批复情况抄报计划财务处备案。

六、预算调整阶段(6月中旬—12月31日)

预算一经全国人民代表大会审议通过,并经财政部正式批复后即进入依法执行程序。已批复的预算不能随意调整,因国家政策发生变化或重大自然灾害等不可预见因素,由预算单位向上级主管部门提出调整申请,经计划财务处组织各职能机构进行审核后,对符合预算调整条件的逐级报中国气象局申请调整预算。预算的调整要按规定的程序进行,一般在当年的8月15日前完成上报工作。

(1)计划财务处：

——对所属预算单位提出的预算调整申请进行审核；对需要相关职能处审核的预算调整,送相关职能处审核；起草上报中国气象局的预算调整申请,并在中国局批准后,批复所属预算单位。

(2)相关职能机构：

——负责对主管事项的预算调整审核工作,及时向计划财务处提出明确意见。

(3)预算单位：

——审核本单位预算调整需求,对确实需要调整且不属于机动经费范围内的预算调整事项,提出正式申请、说明相关理由于当年的8月1日前上报省局。

七、其他事项

在预算编制和调整的各个环节中,各预算单位上报陕西省气象局的事项和陕西省气象局的下达事项,必须以正式文件形式上报或下达。计划财务处与相关职能机构之间审核和反馈意见等信息交换事项,必须以纸质材料和电子文档并行的方式进行,其中纸质材料应加盖处印；前后意见不一致的,一律以最后意见为准。

中央部门财政拨款结转和结余资金管理办法

(财预〔2010〕7号　2010年1月18日)

第一章　总　则

第一条　为加强中央部门财政拨款结转和结余资金管理,优化财政资源配置,提高财政资金使用效益,根据《中华人民共和国预算法》、《中华人民共和国预算法实施条例》以及财政预算和国库管理制度等有关规定,制定本办法。

第二条　中央部门财政拨款结转和结余资金,是指与中央财政有缴拨款关系的中央级行政、事业单位(含企业化管理的事业单位)、社会团体及企业在预算年度内,按照财政部批复的本部门预算,当年未列支出的财政拨款资金。

第三条　财政拨款结转资金(以下简称结转资金)是指当年支出预算已执行但尚未完成,或因故未执行,下年需按原用途继续使用的财政拨款资金。

财政拨款结余资金(以下简称结余资金)是指支出预算工作目标已完成,或由于受政策变化、计划调整等因素影响工作终止,当年剩余的财政拨款资金。

第四条　中央部门应当对结转资金和结余资金分别进行明细核算和统计,并与单位会计账表相关数字核对一致。

第五条　按形成时间,中央部门结转资金分为当年结转资金和累计结转资金,结余资金分为当年结余资金和累计结余资金。当年结转和当年结余资金是指中央部门当年形成的财政拨款结转和结余资金;累计结转和累计结余资金是指中央部门截止到年底形成的历年累计财政拨款结转和结余资金。

第二章　结转资金的管理

第六条　中央部门结转资金包括部门预算基本支出结转资金和项目支出结转资金。其中基本支出结转资金包括人员经费结转资金和日常公用经费结转资金。

第七条　基本支出结转资金原则上结转下年继续使用,用于增人增编等人员经费和日常公用经费支出,但在人员经费和日常公用经费间不得挪用,不得用于提高人员经费开支标准。

项目支出结转资金结转下年按原用途继续使用。

第八条　结转资金原则上不得调整用途。在年度预算执行过程中,中央部门确需调整结转资金用途的,需报财政部审批。

第九条　中央部门在预算执行中因增人增编需增加基本支出的,应首先通过本部门基本支出结转资金安排,并将安排使用情况报财政部备案。

第十条 中央部门连续年度安排预算的延续项目,有结转资金的,在编制以后年度预算时,应根据项目结转资金情况和项目年度资金需求情况,统筹安排财政拨款预算。

第三章 结余资金的管理

第十一条 中央部门结余资金是指部门预算项目支出结余资金。

对某一预算年度安排的项目支出连续两年未使用,或者连续三年仍未使用完形成的剩余资金,视同结余资金管理。

第十二条 基本建设项目支出结余资金的确认按基本建设财务管理有关规定执行。

第十三条 对财政部核定的部门年度机动经费,当年未使用的资金按项目支出结余资金管理。

第十四条 中央部门在年度预算执行结束后,形成的项目支出结余资金,应全部统筹用于编制以后年度部门预算,按预算管理的有关规定,用于本部门相关支出。

第十五条 中央部门在编制本部门预算时,可以在部门本级和下级预算单位之间、下级不同预算单位之间、不同预算科目之间统筹安排使用结余资金。

第十六条 中央部门项目支出结余资金,在统筹用于编制以后年度部门预算之前,原则上不得动用。因特殊情况需在预算执行中动用项目支出结余资金安排必需支出的,应报财政部审批。

第十七条 中央部门基本建设项目竣工后,应及时按规定向项目主管部门或财政部报送项目竣工财务决算。中央部门根据项目主管部门或财政部批复的项目竣工财务决算中确认的结余资金数额,按基本建设财务管理有关规定,在项目主管部门或财政部批复竣工财务决算后30日内,将应上交中央国库的结余资金上交;中央部门及单位留用的结余资金需报财政部批准后方可动用。

第四章 减少结转和消化结余资金的措施

第十八条 中央部门在预算执行中,对当年执行进度缓慢、预计年底可能形成较多结转或结余资金的项目,应及时提出调减当年预算或调整用于本部门执行中新增的重要支出的建议,报财政部审批。对经财政部审核调减的部门预算资金,全部收回中央总预算。

第十九条 除特殊原因外,对当年结转和结余资金比上年增加较多,或常年累计结转和结余资金规模较大的中央部门,在编制部门预算时,财政部将视其结转和结余资金情况,适当压缩部门财政拨款预算总额。

第二十条 对以前年度部门预算安排的财政拨款资金,因特殊原因已无法支出或已不需要支出的,或因其他原因需要收回的,财政部可以商中央部门后通过调减部门预算等方式,将资金收回中央总预算。

第五章 预算编制阶段结转和结余资金的安排使用

第二十一条 预算编制阶段,中央部门结转和结余资金使用按以下程序办理:

(一)"一上"预算编制阶段。中央部门按照财政部关于编制部门预算的要求,结合本部门累计结转和结余资金情况以及当年部门预算执行进度,统筹安排提出部门"一上"预算申请。对拟统筹使用本部门累计结转和结余资金安排下一年度支出预算情况,随部门"一上"预算报送财政部。

(二)"一下"控制数测算阶段。财政部结合中央部门累计结转和结余资金情况以及当年部门预算执行进度,对部门"一上"预算进行审核,提出"一下"预算控制数。将对部门动用结余资金计划的审核意见,随"一下"预算控制数下达中央部门。

(三)"二上"预算编制阶段。中央部门根据财政部下达的"一下"预算控制数和结余资金安排使用建议数,编制"二上"预算。同时,对当年年底结转资金情况作充分预计,随部门"二上"预算报送财政部。因结合部门预算执行进度,需对下年有关财政拨款预算数进行调整的,应商财政部同意并调整"一下"预算控制数后,调整编制"二上"预算。

(四)部门预算草案上报阶段。年度预算执行结束后,部门预算草案正式上报国务院并由国务院提交全国人大审议之前,财政部可结合中央部门的当年实际财政拨款结转和结余资金情况,商中央部门对有关项目财政拨款预算安排数及统筹使用结转和结余资金数进行调整。

第二十二条 中央部门的项目支出结余资金必须在年度预算执行结束、结余资金已实际形成后,才可在编制以后年度预算时统筹使用。对在年度预算执行中,因项目已完成或终止形成的剩余资金,未经财政部批准,不得直接在编制下年预算时安排使用。

第六章 结转和结余资金的报送及确认

第二十三条 预算年度结束后,中央部门应对本部门和所属预算单位的结转和结余资金情况逐级汇总,并对形成结转或结余资金的原因进行分析说明,于下年2月底前,将本部门《20××年度财政拨款结转和结余资金情况表》(格式及填制说明见附1、2,略)和有关说明文件报送财政部。

第二十四条 国库集中支付形成的年终预算结转和结余资金,中央部门还须按照财政部关于国库管理制度改革试点年终结转和结余资金管理有关规定,在下年1月20日之前报送相关报表。

第二十五条 财政部负责对中央部门结转和结余资金数额进行审核确认,并于3月底前将审核意见通知中央部门。财政部批复的部门预算中的结转资金数额与财政部审核确认的结转资金数额不一致的,以审核确认数为准。

第七章 附 则

第二十六条 中央部门在结转和结余资金管理中违反本办法规定的,财政部应当责成其进行纠正,并可以通过调减部门预算等方式将有关资金收回中央总预算。

第二十七条 中央部门可以依据本办法规定,结合部门实际情况,制定本部门结转和结余资金的具体管理办法。中国人民解放军、武警部队参照本办法的原则,另行制定管理规定。

第二十八条 对纳入预算管理的政府性基金项目支出结转和结余资金,按照有关政府性基金项目管理规定执行。

第二十九条 本办法由财政部负责解释。

第三十条 本办法自发布之日起施行,财政部 2006 年 12 月 7 日发布的《中央部门财政拨款结余资金管理办法》(财预〔2006〕489 号)同时废止。

关于进一步做好盘活财政存量资金工作的通知

(国办发〔2014〕70号)

各省、自治区、直辖市人民政府,国务院各部委、各直属机构:

为更好地发挥积极财政政策作用,提高财政资金使用效益,经国务院同意,现就进一步做好盘活财政存量资金工作通知如下:

一、充分认识盘活财政存量资金的重要性和必要性

国务院对盘活财政存量资金工作高度重视,强调这是创新宏观调控的重要内容,对于稳增长、惠民生具有重要意义,要求切实提高资金使用效率,充分释放积极财政政策的有效作用。按照国务院部署和要求,有关部门在盘活存量方面做了大量工作,提出了具体要求,财政存量资金快速增长的趋势初步得到遏制。但从近期审计署对中央本级和部分省财政存量资金审计情况来看,各级财政存量资金的数额依然较大,与盘活存量、用好增量、支持实体经济提质增效和促进经济社会持续健康发展的要求相比,仍有较大差距,有必要进一步采取措施加以解决。

二、盘活财政存量资金的总体目标和主要原则

(一)总体目标。贯彻落实新修订的预算法和《国务院关于深化预算管理制度改革的决定》(国发〔2014〕45号)的有关规定,以促进稳增长、促改革、调结构、惠民生为主要目标,在用好财政增量资金的同时,着力盘活财政存量资金,不断提高财政资金使用效益。

(二)主要原则。

摸清存量、分类处理。全面摸清各地区、各部门存量资金情况,分门别类提出处理方案。

上下联动、全面推进。盘活存量资金既要在中央层面展开,也要在地方层面展开,既要在财政部门展开,也要在其他部门展开,全面挤压存量资金的空间。

立足当前、着眼长远。既要着力于盘活当前已有的存量资金,也要加强制度规范、建立长效机制,避免将来产生更多的存量资金。

多管齐下、惩防并举。既要注重事前预防、事中监控,也要注重事后督查和问责,形成齐抓共管的良好局面。

三、盘活财政存量资金的主要措施

(一)清理一般公共预算结转结余资金。各级一般公共预算2012年及以前年度结转(不含权责发生制)资金,应当作为结余资金管理,补充预算稳定调节基金,统筹用于2015年及以后年度预算编制。2013年结转资金应加快执行,不需按原用途使用的,应按规定统筹用于经济社会发展亟需资金支持的领域。

(二)清理政府性基金预算结转资金。各级政府性基金预算结转资金原则上按有关规定继续专款专用。结转资金规模较大的,应调入一般公共预算统筹使用。每一项政府性基金结转资金规模一般不超过该项基金当年收入的30%。

(三)加强转移支付结转结余资金管理。对上级政府2012年及以前年度专项转移支付结转资金,预算尚未分配到部门的,由下级政府交回上级政府;已分配到部门的,由该部门同级政府收回统筹使用。对上级政府2013年专项转移支付结转资金,下级政府可在不改变资金类级科目用途的基础上,发挥贴近基层的优势,加大整合力度,调整用于同一类级科目下的其他项目,并报上级政府有关部门备案。

(四)加强部门预算结转结余资金管理。各部门、各单位要加大结转资金执行力度,对不需按原用途使用的,按规定调剂用于本部门、本单位其他项目。2012年及以前年度项目结转资金,应当作为结余资金管理,由同级政府收回统筹使用。收回资金的项目需要在2015年及以后年度继续实施的,应作为新的预算项目,按照预算管理程序重新申请和安排。

(五)规范权责发生制核算。各级政府要严格权责发生制核算范围,控制核算规模。从2014年起,地方各级政府除国库集中支付年终结余外,一律不得按权责发生制列支,严禁违规采取权责发生制方式虚列支出。除国库集中支付年终结余资金外,凡在总预算会计中采取借记"一般预算支出"、贷记"暂存款"科目方式核算的,一律按照虚列支出问题处理。对实行权责发生制核算的特定事项,应当向本级人大常委会报告。地方各级政府应对2013年及以前年度按权责发生制核算的事项进行清理,统筹用于经济社会发展亟需资金支持的领域,并在2016年底前使用完毕。对因清理国库集中支付年终结余新产生的权责发生制核算事项,要在2年内使用完毕。

(六)严格规范财政专户管理。全面清理存量财政专户,除经财政部审核并报国务院批准保留的财政专户外,其余财政专户在2年内逐步撤销;2014年财政部已经发文要求各地清理撤销的财政专户,必须严格按照规定时间清理归并或撤户。严格执行财政专户开立核准程序,各地一律不得新设专项支出财政专户;开立其他财政专户的,必须按照国务院规定报经财政部核准。严格财政专户资金管理,除法律法规和国务院另有规定外,禁止将财政专户资金借出周转使用或转出专户进行保值增值,已经出借或转出专户的资金要限期收回;专户资金必须按照规定用途使用,清理撤销的财政专户中的资金,要按规定并入其他财政专户分账核算或及时缴入国库。严禁违规将财政资金从国库转入财政专户并虚列支出,或将财政资金支付到预算单位实有资金银行账户。

(七)加强收入缴库管理。地方各级政府所有非税收入执收单位要严格执行非税收入国库集中收缴有关规定,取消收入过渡性账户,确保非税收入及时足额上缴财政。积极推行非税收入电子缴库,实现非税收入直接缴入国库;暂未实现非税收入直接缴库的,应当将缴入财政专户中的非税收入资金在10个工作日内足额缴入国库,不得以任何理由拖延或不缴。坚决杜绝延迟缴库等调节财政收入的行为。严禁采取各种方式虚列收入或应计未计收入挂往来。

(八)加强预算周转金、预算稳定调节基金和偿债准备金管理。各级政府可以设置预算周转金,用于本级政府调剂预算年度内季节性收支差额,但要严格控制预算周转金额度,不得超过预算法实施条例规定的比例。各级政府可以根据实际需要将闲置不用的预算周转金调入预算稳定调节基金。合理控制预算稳定调节基金规模,预算稳定调节基金编制年度预算调入后的规模一般不超过当年本级一般公共预算支出总额的5%。超过5%的,各级政府应加大冲减赤字或化解政府债务支出力度。加强偿债准备金管理,从2015年1月1日起,地方各级政府不得新设各种形式的偿债准备金,确需偿债的,一律编制三年滚动预算并分年度纳入预算安排。对已经设立的各类偿债准备金,要纳入预算管理,优先用于偿还到期政府存量债务。

（九）编制三年滚动预算。从2015年起,在财政部编制全国三年财政规划、地方财政部门编制本地区三年财政规划的同时,对目标比较明确的项目,各部门必须编制三年滚动预算,特别是要在水利投资运营、义务教育、卫生、社保就业、环保等重点领域开展三年滚动预算试点,加强项目库管理,健全项目预算审核机制,明确规划期内将要开展的项目。对列入三年滚动预算的项目,各部门、各单位要提前做好项目可行性研究、评审、招投标、政府采购等前期准备工作,确保资金一旦下达就能实际使用;因特殊原因无法使用的资金,要及时调剂用于规划内的其他项目,并报同级财政部门备案。

（十）加大督查和问责力度。根据预算法和《财政违法行为处罚处分条例》,对于截留、占用、挪用或者拖欠应当上缴国库的预算收入,未将所有政府收入和支出列入预算或者虚列收入和支出,违法违规开设财政专户等行为,对负有直接责任的主管人员和其他直接责任人员依法给予处分,构成犯罪的依法追究刑事责任。

四、实施保障

各地区、各部门要高度重视,增强大局意识,加强组织领导,切实抓好贯彻落实。财政部要加大对盘活财政存量资金工作的跟踪监控力度,加强工作指导,发现问题及时纠正,对各地区、各部门好的经验和做法,要及时总结推广;对支出进度慢、盘活存量资金不力的地区或部门及时进行通报或约谈,并研究建立盘活存量资金与预算安排挂钩机制。各级审计机关要加强对财政部门和预算单位财政存量资金的审计,重点关注该用未用、使用绩效低下等问题,促进存量资金尽快落实到项目和发挥效益。中国人民银行要加强对市场流动性的监控,防止因盘活财政存量资金形成流动性波动。监察机关要对违法违规行为追究责任,确保政策落实到位。

国务院办公厅
2014年12月30日

关于盘活中央部门存量资金的通知

(财预〔2015〕23号)

党中央有关部门,国务院各部委、各直属机构,总后勤部、武警各部队,全国人大常委会办公厅,全国政协办公厅,高法院,高检院,有关人民团体,新疆生产建设兵团,有关中央管理企业:

为落实《国务院办公厅关于进一步做好盘活财政存量资金工作的通知》(国办发〔2014〕70号,以下简称《通知》)精神,切实提高财政资金使用效率,现就盘活中央部门存量资金有关问题通知如下:

一、关于盘活一般公共预算存量资金

(一)清理结转结余资金。

按照《通知》要求,中央部门预算结余资金以及结转两年以上的资金,由财政部收回统筹使用。各部门应对一般公共预算以及从2015年起由政府性基金预算转列一般公共预算的结转结余资金进行认真清理,除已在2015年部门"二上"预算中安排动用的结余资金外,清理确认的结余资金由财政部统一收回。以下资金清理为结余资金:

1. 2012年及以前年度项目结转资金(包括基本建设支出和非基本建设支出)。

2. 2013年批复的项目支出,两年未动用的;项目已完成或终止形成的剩余资金;项目结转资金中不需继续使用的部分。

3. 2014年批复的项目支出,项目已完成或终止形成的剩余资金;项目结转资金中不需继续使用的部分。

各部门应于3月10日前,将填报的《中央部门结转结余资金清理情况统计表》(详见附件1,略)和清理情况说明报财政部。

(二)收回结余资金。

清理确认的结余资金,在2月28日前已经形成实际支出的,可不再收回,其余资金待财政部审核后统一收回。收回资金的项目需要在2015年及以后年度继续实施的,应作为新的预算项目管理,按照部门预算程序重新申请和安排。

(三)定期报告存量资金情况。

为有效监控存量资金情况,各部门应根据结转资金执行情况,分季度填报《2015年中央部门结转结余资金×季度执行情况统计表》(详见附件2—5,略),于每季度结束后15日内报财政部。

各部门应使用"中央部门预算管理系统"软件开展上述结转结余清理和存量资金报告工作。各部门即日起可在http://xxzx.mof.gov.cn"下载园地"中下载相关软件升级补丁。

二、关于盘活政府性基金预算存量资金

(一)清理结转结余资金。

政府性基金部门预算结转结余资金,是指与中央财政有缴拨款关系的中央级行政、事业单位(含企业化管理的事业单位)、社会团体及企业在预算年度内,按照财政部批复的本部门预算,当年未列支出的政府性基金。其中:

结转资金是指当年支出预算已执行但尚未完成,或因故未执行,下年需按原用途继续使用的政府性基金。

结余资金是指支出预算工作目标已完成,或由于受政策变化、计划调整等因素影响工作终止,当年剩余的政府性基金。除已在2015年部门"二上"预算中安排动用的部分外,以下资金清理为结余资金:

1. 2012年及以前年度项目结转资金(包括基本建设支出和非基本建设支出)。

2. 2013年批复的项目支出,两年未动用的;项目已完成或终止形成的剩余资金;项目结转资金中不需继续使用的部分。

3. 2014年批复的项目支出,项目已完成或终止形成的剩余资金;项目结转资金中不需继续使用的部分。

各部门应按照附件1格式,制作《中央部门政府性基金结转结余资金清理情况统计表》并对清理情况进行说明,于3月10日前报财政部。

(二)收回结余资金。

清理确认的结余资金,在2月28日前已经形成实际支出的,可不再收回,其余资金待财政部审核后统一收回。收回资金的项目需要在2015年及以后年度继续实施的,应作为新的预算项目管理,按照部门预算程序重新申请和安排。

(三)定期报告存量资金情况。

为有效监控存量资金情况,各部门应根据政府性基金结转资金执行情况,按照附件2—5格式,制作《2015年中央部门政府性基金结转结余资金×季度执行情况统计表》,于每季度结束后15日内报财政部。

三、工作要求

各部门要高度重视盘活存量资金工作,增强大局意识,抓好贯彻落实,加强组织领导,强化监督问责,严格按照相关要求,确保按时完成本部门的结余资金清理收回和存量资金定期报告工作。对继续结转使用的资金,各部门要抓好跟踪分析,采取有效措施,尽快按原用途使用。对编入2015年预算的项目,要提前做好可行性研究、评审、招投标、政府采购等前期准备工作,预算批复后尽快启动,加快预算执行进度。

中国人民解放军、中国人民武装警察部队应按照国务院《通知》精神,参照本通知的要求,另行制定盘活存量资金的具体措施。

特此通知。

财政部
2015年2月27日

附件1—5:略

第二部分　决算管理

部门决算管理制度

(财库〔2013〕209号　2013年12月10日)

第一章　总　则

第一条　为进一步加强部门决算管理工作，保证部门决算信息质量，为编制后续年度预算提供参考和依据，发挥部门决算在财政财务管理中的作用，根据《中华人民共和国预算法》、《中华人民共和国会计法》、《行政单位财务规则》、《事业单位财务规则》和《事业单位会计准则》等法律规章，制定本制度。

第二条　本制度所称部门决算，是指行政事业单位在年度终了，根据财政部门决算编审要求，在日常会计核算的基础上编制的、综合反映本单位预算执行结果和财务状况的总结性文件。

第三条　部门决算管理主要内容包括：部门决算的工作组织、报表设计、编制审核、汇总报送、批复、信息公开、分析利用、数据质量监督检查、数据资料管理以及对部门决算考核评价等方面。

第四条　本制度适用于所有纳入部门预算编报范围的行政事业单位。部门决算编报范围应当与部门预算编报范围保持一致。

行政事业单位包括：各级各类国家机关、政党组织、事业单位等。

第五条　通过建立部门决算管理制度，收集汇总行政事业单位财务收支、资金来源与运用、资产与负债、机构、人员与工资等方面的基本数据，全面、真实反映行政事业单位财务状况和预算执行结果，满足国家财政财务会计监管、各项资金管理以及宏观经济决策等信息需要。

第二章 部门决算工作组织

第六条 部门决算工作按照"科学、规范、统一、高效"的原则，由财政部实施统一管理，各地区、各部门依据预算管理关系或财务管理关系分别组织实施。

第七条 财政部是部门决算工作的主管部门。其职责主要是：

（一）制定部门决算管理的规章制度。

（二）制定全国统一的部门决算报表体系及部门决算软件，明确报表格式要求和填报口径，组织和指导全国部门决算报表及软件的布置与培训。

（三）组织和指导全国部门决算的收集、审核、汇总和报送工作。

（四）组织和指导全国部门决算批复工作，负责批复中央各部门决算。

（五）组织和指导全国部门决算信息公开工作。

（六）组织和指导全国部门决算数据的分析利用。

（七）组织和指导全国部门决算数据质量监督检查。

（八）建立和管理全国部门决算数据库。

（九）组织和指导全国部门决算考核评价工作。

第八条 地方各级财政部门负责组织实施本地区部门决算的管理工作。其职责主要是：

（一）组织和指导本地区部门决算报表及软件的布置与培训。

（二）组织和指导本地区部门决算的收集、审核、汇总和报送工作。

（三）组织和指导本地区部门决算批复工作，负责批复本级各部门决算。

（四）组织和指导本地区部门决算信息公开工作。

（五）组织和指导本地区部门决算数据的分析利用。

（六）组织和指导本地区部门决算数据质量监督检查。

（七）建立和管理本地区部门决算数据库。

（八）组织和指导本地区部门决算考核评价工作。

第九条 各部门应当按照财政部门要求，组织实施本部门的决算管理工作，并对本部门决算数据的真实性、完整性负责。其职责主要是：

（一）组织本部门行政事业单位决算的布置与培训。

（二）组织和指导本部门行政事业单位决算的收集、审核、汇总和报送工作。

（三）负责批复本部门所属行政事业单位决算。

（四）负责本部门决算信息公开工作。

（五）组织本部门决算数据的分析利用。

（六）组织本部门行政事业单位决算数据质量监督检查。

（七）建立和管理本部门行政事业单位决算数据库。

（八）组织本部门行政事业单位决算考核评价工作。

第三章　部门决算报表设计

第十条　部门决算报表体系由四部分组成,具体包括:基础数据表、填报说明、分析表和分析报告。

第十一条　基础数据表主要反映部门收支预算执行结果、资产负债、人员机构、资产配置使用以及事业发展成效等信息,包括:报表封面、主表、附表和补充资料表。

第十二条　填报说明是对基础数据表编报相关情况的说明,包括:部门基本情况、数据审核情况、年度主要收支指标增减变动情况以及因重大事项或特殊事项影响决算数据的情况说明等。

第十三条　分析表通过设定的表样和自动提数功能,对部门决算重要指标进行分析比较,揭示部门预算执行、会计核算和财务管理等方面的情况和问题。

第十四条　分析报告根据分析表中反映的问题和收支增减变动情况进行分析,重点分析部门预算执行情况、资金使用情况、财务状况以及单位主要业务和财务工作开展情况等。

第十五条　在保持部门决算报表体系连续性和可比性的前提下,财政部每年可根据财政财务管理要求,在上述条款规定的框架内进行适当调整。

第四章　部门决算编制

第十六条　年度终了,行政事业单位应当按照财政部门的工作部署,在规定的时间内编制和报送决算。

第十七条　行政事业单位应当在全面清理核实收入、支出、资产、负债,并办理年终结账的基础上编制决算。

(一)应当按照行政、事业单位财务会计制度规定及财政部门对部门预算的批复文件,及时清理收支账目、往来款项,核对年度预算收支和各项缴拨款项。各项收支应当按规定要求进行年终结账。

(二)应当按照综合预算管理规定,如实反映年度内全部收支,不得隐匿收入或虚列支出。凡属本年的各项收入应当及时入账,本年的各项应缴国库款和应缴财政专户款应当在年终前全部上缴。属于本年的各项支出,应当按规定的支出渠道如实列报。

(三)应当根据登记完整、核对无误的账簿记录和其他有关会计核算资料编制决算,做到数据真实正确、内容完整,账证相符、账实相符、账表相符、表表相符。

第十八条　行政事业单位原则上应当实行逐户录入。对于确实不具备逐户录入条件的,可按照财政部统一规定适当调整录入级次。

第五章　部门决算审核

第十九条　各地区、各部门应当认真做好部门决算审核和汇总工作,确保报送数据资料真实、完整、准确。

第二十条 部门决算审核的主要内容包括：

（一）审核编制范围是否完整，是否有漏报和重复编报现象。

（二）审核编制方法是否规范，是否符合财务会计制度及部门决算的编制要求。

（三）审核编制内容是否真实、完整、准确，决算报表表内、表间勾稽关系是否衔接，报表数据与单位会计账簿数据是否相符，是否有漏报、重报、错报项目以及虚报和瞒报等现象，部门决算纸介质数据与电子介质数据、分户数据与汇总数据是否保持一致。

（四）审核决算数据年度间变动是否合理，变动较大事项是否附有相关文件依据。

（五）审核填报说明和分析报告是否符合决算编制规定。

第二十一条 部门决算审核应当采取人工审核和计算机审核相结合方式进行，审核方法主要包括政策性审核、规范性审核等。政策性审核主要依据部门预算、现行财务会计制度和有关政策规定，对部门决算进行审核；规范性审核侧重于决算编制的正确性和真实性及勾稽关系等方面的审核。

第二十二条 部门决算的审核方式可根据实际情况采用自行审核、集中会审、委托审核等多种形式。

（一）自行审核：各部门在报送部门决算前自行将本部门纸质报表、电子介质数据以及相关资料，按规定的审核内容进行逐项审核。

（二）集中会审：各地区、各部门组织专门力量对本地区、本部门行政事业单位编制的决算纸质报表、电子介质数据以及相关资料，按照财政部门的标准及要求集中进行审核。

（三）委托审核：各地区、各部门在遵循有关法律法规的前提下，可委托中介机构对本地区、本部门行政事业单位编制的决算纸质报表、电子介质数据以及相关资料进行审核。

第二十三条 各地区、各部门应当认真做好部门决算审核工作，凡发现决算编制不符合规定，存在漏报、重报、虚报、瞒报、错报以及相关数据不衔接等错误和问题，应当要求有关单位立即纠正，并限期重新报送。

第六章 部门决算汇总与报送

第二十四条 行政事业单位应当按照财务管理关系或预算管理关系，采取自下而上方式，逐级汇总报送。

第二十五条 各部门应当对所属行政事业单位上报的决算报表和部门本级决算报表进行汇总，并对有关收入支出、内部往来项目等汇总虚增进行调整和剔除后，形成本部门汇总决算报表。

地方各级财政部门应当对下级财政部门上报的部门决算报表、本级汇总部门决算报表进行汇总，并对有关收入支出、内部往来项目等汇总虚增进行调整和剔除后，形成本地区汇总部门决算报表。

第二十六条 各地区、各部门汇总的部门决算报表应当以所属行政事业单位上报数据为准，不得自行调整单位数据和科目，不得虚报、瞒报和随意结转。

第二十七条　各部门汇总编制的部门决算,应当在本级财政部门规定时间内报送。

地方各级财政部门汇总的部门决算,应当在上级财政部门规定时间内逐级上报。

第二十八条　中央各部门决算经财政部审核后,报国务院审定,由国务院提请全国人民代表大会常务委员会审查和批准。各地区部门决算报送本级人民代表大会常务委员会审查工作相关事宜,由各地区按有关规定执行。

第七章　部门决算批复

第二十九条　各级财政部门应当在本级人民代表大会常务委员会审查批准决算后30日内,向本级各部门批复决算。各部门应当在接到本级财政部门批复的本部门决算后15日内,向所属行政事业单位批复决算。

第三十条　部门决算批复内容应当与部门预算批复相衔接,主要包括部门综合财务收入、支出、结余,财政拨款收入、支出、结余,以及其他相关决算数据。

部门决算批复文件中应当列出在部门财政财务管理工作及决算审核中发现的主要问题,并提出改进意见。

第三十一条　各级人民代表大会常务委员会批准本级决算后,各部门决算数据还需变动的,相关调整事项在下一年度部门决算中予以反映。

第八章　部门决算公开

第三十二条　各部门是部门决算公开的主体。除涉及国家秘密的内容外,各部门应当按照有关规定主动向社会公开本部门决算。

第三十三条　各部门应当自本级财政部门批复决算后20个工作日内向社会公开决算。各部门所属行政事业单位决算的公开工作,由本部门负责组织。

第三十四条　各部门应当通过政府网站、政府公报等便于社会公众知晓的方式公开部门决算。

第三十五条　财政部门应当加强对本级各部门决算信息公开工作的协调和业务指导。

第三十六条　各部门应当在规定时间内向本级财政部门报告本部门的决算公开情况。地方各级财政部门应当在规定时间内向上级财政部门报告本地区的部门决算公开情况。省级财政部门应当在每年11月30日前向财政部报告本地区部门决算公开工作总结。

第九章　部门决算分析利用

第三十七条　各地区、各部门应当加强对部门决算数据的分析,强化决算分析结果的反馈和运用,规范和改进财政财务管理。

第三十八条　通过部门决算数据分析和实地调研,及时发现预算编制和预算执行中存在的问题,建立健全预算与决算相互反映和相互促进的工作机制;揭示财务管理与会计核算中的问题,规范行政事业单位财务管理与会计核算。

第三十九条 部门决算分析的主要内容包括:预算与决算差异分析,收入、支出、结余年度间变动原因分析,财政资金使用效益分析,部门资产、负债规模与结构分析,机构、人员及人均情况对比分析,以及满足财政财务管理与宏观经济决策需要的各项专题分析等。

第四十条 各地区、各部门应当综合运用多种方法进行分析,主要包括:分类比较法、趋势分析法、比率分析法、因素分析法等。

分类比较法可分预算管理级次、分单位性质等进行分析;趋势分析法可对主要指标的年度变化和发展趋势等进行分析;比率分析法可对指标结构比率、效益比率和人均比率等进行分析;因素分析法可对财务指标或经济指标变动中各因素的影响程度进行分析。

第四十一条 各地区、各部门应当逐步建立本地区、本部门的部门决算评价指标体系。

部门决算评价指标体系主要内容包括:预算约束力评价、部门收入支出结构评价、部门项目资金使用情况评价、部门人员控制及收支合理合规性评价、人均收支余情况评价等方面。各地区、各部门应当合理设置评价指标,分类排序指标信息,科学使用评价结果。

第四十二条 各地区、各部门应当充分利用计算机、网络等方式,推动部门决算数据共享工作,提高决算数据的利用效率。

第十章 部门决算数据质量监督检查

第四十三条 各地区、各部门汇总的部门决算报送后,各级财政部门、各部门应当组织对所报送的部门决算真实性、完整性和规范性进行监督检查。

第四十四条 部门决算数据质量监督检查工作采取统一管理、分级实施原则,全国部门决算数据质量监督检查工作由财政部组织实施,各地区部门决算数据质量监督检查工作由地方各级财政部门按照统一的工作要求分级组织实施,各部门行政事业单位决算数据质量监督检查由本部门组织实施。

第四十五条 部门决算数据质量监督检查采取随机抽取与定向选择相结合的方式进行确定,对部门决算存在明显质量问题或以往年份监督检查不合格单位进行重点核查。

第四十六条 部门决算数据质量监督检查的内容由财政部每年根据部门决算编制情况以及财政检查工作要求予以确定。基本内容包括:上下级财政部门决算报表是否表表一致、单位会计账簿与决算报表是否账表一致、决算编报范围与预算编报范围是否一致等。各地区可结合本地区实际情况对监督检查内容进行补充。

第四十七条 被选定为监督检查对象的单位必须依照有关法律、法规,接受财政部门依法实施的监督检查,按照监督检查工作的要求,及时提供所需会计凭证、会计账簿、会计报表等有关会计资料,并如实反映有关情况。

第四十八条 财政部门对监督检查结果实行通报制度。对于部门决算不符合要求的单位给予通报,责令限期改正,并依法追究相应工作责任。

第十一章 部门决算数据资料管理

第四十九条 部门决算数据资料包括以各种介质存放的各类决算报表、填报说明、分析报告、考核评价材料等。

第五十条 各地区、各部门应当严格按照《会计档案管理办法》,对本地区、本部门收集的部门决算数据资料进行归类整理、建档建库,并从计算机中传出备份保存。

第五十一条 各级财政部门应当指定专门机构对部门决算数据资料进行管理和维护,配备必要的计算机技术人员,明确管理职责。

第五十二条 部门决算数据资料涉及国家秘密的,各级财政部门应当严格实行密级管理。

第五十三条 各级财政部门应当做好部门决算信息服务工作。

各级财政部门向有关单位提供部门决算汇总数据资料,应当有需求方公函请求,并报经有关领导批准后提供。地方各级财政部门不得发布上级财政部门管理范围内的部门决算信息。

第十二章 部门决算工作责任

第五十四条 行政事业单位应当按照有关制度规定,真实、准确、全面、及时地编报决算。各单位负责人对本单位的决算真实性和完整性负责。

第五十五条 行政事业单位财务人员应当认真、如实编制决算,不得故意漏报、瞒报有关决算信息,更不得编造虚假决算信息;单位负责人不得授意、指使、强令财务人员提供虚假决算信息,不得对拒绝、抵制编造虚假决算信息的人员进行打击报复。对于违反规定、提供虚假决算信息的单位及相关责任人,要按照《中华人民共和国预算法》《中华人民共和国会计法》《财政违法行为处罚处分条例》等有关法律法规规定予以处理。

第五十六条 各地区、各部门应当认真组织落实本地区、本部门的部门决算工作。各级财政部门要加强对部门决算工作考核,对因工作组织不力或不当,拖延报送部门决算或数据差错严重,给全国部门决算工作造成不良影响的单位,依据国家有关规定追究相关责任人的工作责任。

第十三章 附 则

第五十七条 各地区、各部门可依据本制度,结合工作实际,制定相应实施细则。

第五十八条 本制度自2014年1月1日起施行。2002年3月5日财政部发布的《行政事业单位会计决算报告制度》(财统〔2002〕4号)同时废止。

气象部门年度部门决算评审办法(试行)

(气计函〔2005〕37号 2005年4月25日)

为进一步加强气象部门行政事业单位会计信息管理工作,规范行政事业单位部门决算行为,提高部门决算编制水平,保证部门决算信息质量,根据《行政事业单位会计决算报告制度》等法律规章以及气象部门实际情况,制定本办法。

一、部门决算评审工作原则和任务

部门决算是指气象部门各行政事业单位在每个会计年度终了,根据财政部及中国气象局的部门决算编审要求,在日常会计核算基础上编制的、综合反映本单位财务收支状况和各项资金管理状况的总结性文件。开展部门决算报表评审工作,将按照"科学、公平、公正"的原则,对各单位上报中国气象局的部门决算报表的真实性、准确性、完整性、及时性等进行评审,并对评审结果进行通报,旨在表扬先进,鞭策落后,切实提高各单位部门决算编报水平。

二、部门决算报表评审方法

部门决算报表评审以正式下发的当年决算报表编制文件(含补充说明)及决算处理软件为依据,按照报表审核内容采取分项打分制,满分为100分,计分采取扣分制,每项扣完为止,部门决算报表送审单位各分项得分合计为单位部门决算评审成绩。

三、部门决算报表审核内容及评分标准

(一)报表编制范围审核:审核部门决算编制范围(包括单位范围、资金范围等)是否全面,是否有漏报和重复编报现象,包括分户录入单位审核及报表完整性审核。本项满分12分。

1. 分户录入单位审核(5分)。

(1)报表分户录入单位审核(3分):是否按规定进行分户录入单位数据,是否存在重报及漏报情况,重(漏)报1户扣1.5分。

(2)分户录入单位名称审核(2分):审核是否按规定填写单位名称,错误1户扣1分。

2. 报表完整性审核(7分)。

(1)报表封面审核(4分):审核是否按要求进行报表封面填报,审核纸质报表封面印章、签字是否符合规定,错误1项扣1分。

(2)单位填报的报表齐全(3分):审核是否按要求录入规定的报表,少(多)录1张报表扣1.5分。

(二)报表数据审核:审核决算编制方法是否符合财政部及中国气象局对部门决算报告的编制要求;审核报表数据是否真实、完整、准确,金额单位是否正确,有无漏报、重报项目以及虚报和瞒报等弄虚作假现象;审核单位上报财政拨款数额的准确性;审核报表中相关数据是否衔接一致,包括表间数据之间、报表数据与计算机录入数据之间是否衔接一致;审核报表数据与上年数据资料进行核对,审核数据变动是否合理等。本项满分40分。

1.国库支付(财政拨款)核对(10分):审核单位上报报表数据与实际核拨数,错误1项扣5分。

2.预算执行情况审核(10分)。

(1)预算收入对比审核(6分):审核单位除财政拨款外的其他各项收入(包括事业收入、经营收入、附属单位上缴收入、其他收入)决算数据与预算数据对比情况,二者差额10%以内不扣分,差额10%-20%扣3分,差额20%以上本项不得分。

(2)预算支出合规性审核(4分):审核各预算科目财政拨款基本支出与项目支出、人员支出与公用支出及有无调剂使用情况,存在调剂使用情况本项不得分。

3.上年数据衔接性审核(5分):审核与上年相关数据的一致性,错误1项扣2.5分。

4.表间相关数据审核(5分):审核套表内相关数据的一致性及勾稽关系,错误1项扣2.5分。

5.报表数据与计算机录入数据审核(5分):抽查上报的打印报表与计算机录入数据的一致性,错误1项本项不得分。

6.分户数据与汇总数据审核(3分):检查上报的汇总数据是否由分户数据汇总而成,错误1项本项不得分。

7.报表数据与分析报告数据审核(2分):检查报表数据与分析报告相关数据一致性,错误1项本项不得分。

(三)报表报送程序审核:审核是否按规定程序上报部门决算报表,是否按规定时间上报等。本项满分8分。

1.报表以正式文件形式上报(3分):审核决算是否以单位正式文件上报,非正式文件或以单位内设机构文件上报本项不得分。

2.按规定时间参加会审(2分):无特殊情况未按规定批次、时间参加会审本项不得分。

3.按规定时间报送报表(3分):审核是否按规定时间上报审核通过的决算报表,迟到1天扣2分,迟到2天本项不得分。

(四)部门决算报表分析报告审核:审核单位部门决算分析报告全面性。本项满分20分。

1.审核报表编制事项说明(8分)。

(1)报表编制基础、依据、原则、方法说明审核(2分):分析报告无此说明本项不得分。

(2)特殊事项的详细情况说明(6分):不按规定进行详细说明的事项,缺1项扣2分。

2.单位财务分析(9分):审核是否对本单位收支、资产负债、净资产等主要财务指标变动情况和原因进行分析,缺1项扣2分。

3.对部门决算、财务管理提出建设性意见或建议(3分):对部门决算或财务管理工作提出建设性意见或建议的,得3分,否则本项不得分。

(五)部门决算数据质量核查:审核单位账簿与部门报表数据是否相符,本项满分20分。

此项工作在部门决算上报结束后进行,中国气象局直属单位的部门决算报表数据质量核查将参考国家审计署决算审签报告,1个审计问题扣5~10分,其中一般性问题扣5分,性质严重的问题扣10分;各省(区、市)气象局的部门决算数据质量采取抽查方式,每年随机抽查各省(区、市)气象局所属的1~2个单位上年账簿进行数据核对,账表不一致1项扣10分。

在部门决算数据质量核查过程中,如发现存在收入项目账表不符、支出科目或项目调整情况,"预算执行情况审核"相关项目不得分。

四、报表评审工作组织与结果通报

中国气象局计划财务司负责年度部门决算报表评审的组织工作,每年部门决算评审结束后,将对各单位报表评审结果和存在的问题进行通报。

五、本办法自2005年1月1日起施行,原《气象部门事业费会计报表质量评比试行办法》停止执行。

六、本办法由中国气象局计划财务司负责解释。

附件

关于《气象部门年度部门决算评审办法(试行)》的说明

为了切实提高部门决算编报水平,中国气象局计划财务司制定了《关于开展气象部门年度部门决算报表评审工作的通知(征求意见稿)》,并将《关于开展气象部门年度部门决算报表评审工作的通知(征求意见稿)》征求了各单位意见。我们对有关单位提出的意见和建议进行了认真研究,并对《关于开展气象部门年度部门决算报表评审工作的通知》进行了修订及完善,现将有关情况说明如下:

一、将《关于开展气象部门年度部门决算报表评审工作的通知》改为《关于印发〈气象部门年度部门决算评审办法(试行)〉的通知》。

二、关于对"预算执行情况审核"部分的意见说明。单位年度部门预算一经批复,就成为单位收支的一种法定性、约束性文件,预算执行需要体现预算约束,增强预算的严肃性。我们把"预算执行情况"作为部门决算审核的一项内容,一方面是因为部门决算与部门预算是两项联系非常紧密的工作,部门决算应作为下一年度部门预算的重要参考依据,也是当年预算执行情况的综合反映;另一方面也是促进单位预算编制更加科学及合理的一项措施。

三、为了保证部门决算数据的真实性,限制单位因为预算和决算不完全衔接而人为调整部门决算收支数据的行为,在《气象部门年度部门决算报表评审办法(试行)》中增加了"在部门决算数据质量核查过程中,如发现存在收入项目账表不符、支出科目或项目调整情况,'预算执行情况审核'相关项目不得分"内容。

气象部门住房改革支出决算工作考核评比暂行办法

(气计函〔2011〕262号 2011年12月5日)

第一条 为提高气象部门住房改革支出决算编报质量,根据财政部编制中央单位住房改革支出决算工作的要求,以及《中央行政事业单位住房改革支出决算工作考核评比暂行办法》,制定本办法。

第二条 纳入本办法考核评比范围的单位,包括人员经费由中央财政补助的各省、自治区、直辖市气象局,计划单列市气象局,各直属单位,中国气象局办公室,离退休干部办公室等(以下简称各单位)。

第三条 住房改革支出决算工作考核评比内容,包括决算数据报表、编制说明以及相应电子介质数据报送的及时性、完整性、准确性和编制说明的系统性。

第四条 气象部门住房改革支出决算考评实行百分制,根据考核重点设置相应的指标及分值。考核指标分值为:报送及时性(10分);编报完整性(20分);数据准确性(30分);编制说明系统性(40分)。

第五条 住房改革支出决算报送及时性(10分)。

各单位应在每年住房改革支出决算会审日报送住房改革支出决算上报文件、数据报表、编制说明及相应电子介质数据等相关资料。未按规定时间报送或报送资料不齐全的,每迟报一天扣1分,扣完为止。

第六条 住房改革支出决算编报完整性(20分)。

各单位不得随意增减、更改报表;报表装订规范,不得缺页少页;报表封面内容应填列完整,必须要有经办部门负责人、人事部门负责人、单位负责人签字或盖章,并加盖单位行政公章。住房改革支出决算应完整反映单位年度预算执行情况,决算编报范围应与预算编制范围保持一致,决算报表数据填列齐全,无漏报、重报、错报现象上述内容缺少一项扣1分,扣完为止。

第七条 住房改革支出决算数据准确性(30分)。

住房改革支出决算数据应真实可靠、准确无误。决算数据应与单位部门决算报表、财务账簿、住房改革统计资料等相关数据保持一致,决算表内、表间数据勾稽关系正确无误,决算上下年度相关数据衔接一致(如有变动,应提供相关文件依据),财政预算拨款指标应与部门决算中相关数据一致,决算纸质报表数据与电子介质数据一致。上述内容如有错误,每错一处扣1分,扣完为止。

第八条 住房改革支出决算编制说明系统性(40分)。

决算编制说明的内容:

(一)决算编制单位基本情况。如,决算编制单位个数、人员编制情况、实有人员状况、汇总单位情况、政策及执行情况等,以及单位在编制决算方面采取的主要措施、取得的经验。

(二)决算数据汇总情况。包括:①收入来源情况;②分项支出情况;③年末结余情况;④收支结余增减变动原因分析。

(三)决算编制反映存在的问题及原因分析。

(四)改进和完善决算编制及相关政策建议等。

上述内容每缺少一项扣 10 分,扣完为止。

第九条 气象部门住房改革支出决算每年考核评比一次,由中国气象局计划财务司负责组织实施。根据考评得分,中国气象局每年评选出约 20% 的单位予以通报表扬。

第十条 本办法由中国气象局计划财务司负责解释。

第十一条 本办法自 2012 年 1 月 1 日起实施。

气象部门企业财务决算工作考核评比暂行办法

(气计函〔2013〕43号 2013年4月18日)

第一条 为提高气象部门企业财务决算编报质量,做好年度企业财务决算工作考核,根据财政部《关于发布企业财务信息工作考核标准的通知》,制定本办法。

第二条 纳入本办法考核评比范围的单位包括各省、自治区、直辖市气象局,计划单列市气象局,各直属单位(以下简称各单位),中国气象局办公室、中国气象局离退休干部办公室。

第三条 企业财务决算工作考核评比内容包括决算数据报表、财务情况说明书以及相应电子介质数据报送的及时性、完整性、准确性和财务情况说明书的系统性。

第四条 气象部门企业财务决算考评实行百分制,根据考核重点设置相应的指标及分值。考核指标分值为:报送及时性(10分);数据准确性(30分);编报完整性(25分);编制说明书系统性(35分)。

第五条 企业财务决算报送及时性(10分)。

各单位应在每年规定的日期之前报送企业财务决算文件、数据报表、财务情况说明书、相应电子介质数据和纸质材料。未按规定时间报送或报送资料不齐全的扣5分,在要求的上报日期结束后一周报送全的扣8分,在要求的上报日期结束后两周报送全的扣10分。

第六条 企业财务决算数据准确性(30分)。

企业财务决算数据应真实可靠、准确无误。企业决算数据应与企业决算报表、会计账簿和财务报表、统计报表等相关数据保持一致。各单位应按规定的报表格式和指标解释填报,会计科目使用正确,报表项目填列准确,表内、表间勾稽关系无误。与上年决算数据比较,数据变化应真实合理(可以有变动,在财务情况说明书中详细说明)。决算报表数据填列齐全,无虚报、漏报、错报现象,上述内容每错一处扣1分,扣完为止。

第七条 企业财务决算编报完整性(25分)。

各单位上报正式公文,附件完整,签盖齐全,分值为5分;所有企业无特殊原因必须审计,未经审计的原因应合理,审计结论与决算报表封面上填报的结论完全一致,分值15分;寄送的审计报告应寄送原件,格式规范,附注内容完整,签章齐全,内容与决算报表数据基本相符,分值为5分。上述内容如有错误,每错一处扣5分,扣完为止。

第八条 财务情况说明书系统性(35分)。

汇总财务情况说明书的内容:

1.基本情况:说明本地区气象部门所属企业户数及增减变化,亏损户数及比例,行业结构,企业职工人数及负责人薪酬水平,企业会计准则执行情况等。

2.审核情况:本地区气象部门所属企业数据审核情况及上年数据核对情况,以及企业决算的报表和文件中要求企业需详细说明的内容。如有企业对上年数据进行了追溯调整,则应说明调整的原因、项目及金额等情况。

3.财务状况和经营成果分析:分析本地区气象部门所属企业资产、负债、所有者权益、收入总额、成本费用总额、实现利润的增减变化及影响因素,国有资产总量及增减变化及影响因素,国有资本保值增值情况及影响因素。

4.重大事项说明:本地区气象部门所属企业资产重组、债务重组、兼并收购、重大资产处置、重大投资融资、产权转让等重大事项进行详细说明。

5.年度财务报表审计情况:本地区气象部门所有企业审计情况;对所有地市级、县级及县级以下单位所属企业审计报告的收集、核查情况;对未经审计、出具了非标注无保留意见、保留意见、无法表示意见或否定意见审计报告企业的财务处理、调整意见或有关情况和意见。

6.对本地区气象部门所属企业重大事项、风险及内控等情况的分析说明,对有关方面的检查、监管工作中发现问题的整改落实情况及拟采取的主要措施。

7.与气象科技服务工作相结合,对本地区企业经济运行情况进行总结和分析,反映本年度企业经济运行中的主要特点、突出问题、对经济走势的判断,以及生产经营中最新出现的情况、变化和改革发展中最新遇到的矛盾、问题,以及宏观经济政策实施的效果等,以及有关工作的意见和建议。

上述内容中1、2、3、5每缺少一项扣5分,4、6、7每缺少一项扣2分,扣完为止。

第九条 气象部门企业财务决算每年考核评比一次,由中国气象局计划财务司负责组织实施。根据考评得分,中国气象局将对考核优秀单位予以通报表扬。

第十条 本办法由中国气象局计划财务司负责解释。

第十一条 本办法自印发之日起实施。

气象部门决算管理工作规程

(气办发〔2014〕10号 2014年4月4日)

第一章 总 则

第一条 为进一步加强气象部门决算管理工作，提高决算管理的科学化和精细化水平，明确气象部门内部决算管理职责分工，规范决算管理程序和编制行为，根据《中华人民共和国会计法》、《中华人民共和国预算法》和《中华人民共和国预算法实施条例》等法律法规，制定本规程。

第二条 气象部门各级预算单位（含地方编制单位和自收自支事业单位）及所属企业办理决算相关事宜适用本规程。

第三条 气象部门决算包括：部门决算、固定资产投资决算、住房改革支出决算和企业决算。部门决算管理主要包括：部门决算的工作组织、报表设计、编制审核、汇总报送、批复、信息公开、分析利用、数据质量监督检查、数据资料管理以及对部门决算考核评价。

第四条 通过部门决算管理，收集汇总气象部门各单位财务收支、资金来源与运用、资产与负债、机构、人员与工资等方面的基本数据，全面真实反映行政事业单位财务状况和预算执行结果，满足国家财政财务会计监管、各项资金管理以及宏观经济决策等信息需要。

第二章 决算工作组织

第五条 按照"科学、规范、统一、高效"的原则，在气象部门内部建立"职能部门牵头组织，各二级预算单位审核汇总，各基层预算单位报送，各级财务核算中心协作"的决算工作运转机制。各二级预算单位应指定专人负责本单位决算组织协调工作。

第六条 中国气象局计划财务司（以下简称计财司）负责牵头组织气象部门各项决算工作。主要包括：明确行政经费支出统计口径；明确资产及相关补充资料表指标口径；参加财政部组织的相关决算培训；根据财政部及中国气象局相关要求，提出各项决算编审工作总体要求，设计和确定气象部门补充资料表；组织气象部门各项决算布置、培训、审核、批复、核查、汇总、上报和分析等工作；组织向财政部报送部门决算草案和负责部门决算公开工作；下发和维护决算管理信息系统（包括部门决算报表软件、固定资产投资决算报表软件和住房改革支出决算报表软件）；督促各二级预算单位落实财政部提出的决算审核意见和核查处理意见；督促各二级预算单位落实审计部门提出的部门决算草案审签意见。

第七条 各二级预算单位负责本单位的决算管理工作。主要包括：参加计财司组织的相关决算培训，组织本单位决算布置、培训、汇总、审核、上报、批复和分析；督促所属单位落实计财司提出的决算审核意见和核查处理决定;督促所属单位落实审计部门提出的部门决算草案审签意见。

第八条 中国气象局资产管理事务中心按照计财司要求负责企业决算的审核、汇总并下发和维护企业决算管理信息系统。

第九条 各基层预算单位负责本单位各项决算的审核上报工作,各基层预算单位是决算编制上报的主体,对本单位财务收支情况和资产状况负完全责任。

第十条 各级财务核算中心负责决算报表的填报工作。主要包括:根据各单位账簿记载情况填报决算报表;按时向各单位提供决算报表数据;根据计财司决算会审调整意见调整账务和决算报表;根据财政部决算审核意见和审计部门决算草案审签意见调整账务和决算报表。核算中心对决算报表填报数据的真实性、准确性和及时性负责。

第十一条 中国气象局办公室(以下简称办公室)负责发布部门决算公开信息,收集气象部门决算公开舆情。

第三章 决算布置和培训

第十二条 计财司根据财政部要求,确定年度决算的编报口径,提出决算编审工作总体要求,并根据部门实际情况确定补充资料表的表式及填报要求。

第十三条 计财司组织气象部门各项决算布置和培训(10月—12月),主要包括:

(一)参加财政部组织的部门决算、固定资产投资决算、住房改革支出决算和企业决算的培训(10月中下旬);

(二)根据财政部要求,提出决算编审工作总体要求,布置气象部门年度决算编审工作,印发决算布置文件(12月初);

(三)举办气象部门决算培训班,讲解各项决算填报要求和软件操作(12月中下旬)。

第十四条 各二级预算单位负责组织所属单位的各项决算布置和培训(12月中下旬—1月上旬),主要包括:

(一)参加计财司举办的决算培训班,熟练掌握决算数据口径、填报要求和审核要求,以及决算软件操作(12月中下旬);

(二)对下属单位布置决算编审工作,开展填报培训(12月中下旬—1月上旬)。

第四章 决算编制

第十五条 年度终了,各基层预算单位根据上级主管部门下发的决算布置文件、培训要求和财务账簿,在规定的时间内组织填写决算报表,编写决算报表说明和分析报告。各级财务核算中心协助各级预算单位完成决算的编制工作。

第十六条 各单位应当在全面清理核实收入、支出、资产、负债,并办理年终结账的基础上编制决算。

(一)应当按照行政、事业单位财务会计制度规定及上级部门对部门预算的批复文件,及时清理收支账目、往来款项,核对年度预算收支和各项缴拨款项。各项收支应当按规定要求进行年终结账。

(二)应当按照综合预算管理规定,如实反映年度内全部收支,不得隐匿收入或虚列支出。凡属本年的各项收入应当及时入账,本年的各项应缴国库款和应缴财政专户款应当在年终前全部上缴。属于本年的各项支出,应当按规定的支出渠道如实列报。

(三)应当根据登记完整、核对无误的账簿记录和其他有关会计核算资料编制决算,做到数据真实正确、内容完整,账证相符、账实相符、账表相符、表表相符。

第十七条　各单位应当按照预算管理级次实行逐户录入。

第五章　决算审核

第十八条　部门决算审核的主要内容包括:

(一)审核编制范围是否完整,是否有漏报和重复编报现象。

(二)审核编制方法是否规范,是否符合财务会计制度及部门决算的编制要求。

(三)审核编制内容是否真实、完整、准确,决算报表表内、表间勾稽关系是否衔接,报表数据与单位会计账簿数据是否相符,是否有漏报、重报、错报项目以及虚报和瞒报等现象,部门决算纸介质数据与电子介质数据、分户数据与汇总数据是否保持一致。

(四)审核决算数据年度间变动是否合理,变动较大事项是否附有相关文件依据。

(五)审核填报说明和分析报告是否符合决算编制规定。

第十九条　气象部门决算审核遵循"逐级上报,分级审核"的原则,审核分为准备工作、二级预算单位汇总审核和集中会审三阶段。

第二十条　决算审核准备工作阶段(12月下旬-2月上旬),主要包括:

(一)计财司制作"决算编审工作问答"并及时下发至各二级预算单位,解答决算口径、填报要求和审核要求等问题(下年1月-2月中旬);

(二)计财司更新决算报表软件和参数,并及时下发至各二级预算单位,解答决算报表软件操作问题(下年1月-2月中旬);

(三)计财司督促各二级预算单位按时报送决算(下年2月上旬);

(四)计财司准备公共财政预算财政拨款、非税收入等财政性资金缴拨款对账单、"部门决算审核记录表"等审核用材料(下年2月上旬);

(五)各二级预算单位及时将计财司下发的"决算编审问答"、决算报表软件和参数下发至所属的基层预算单位,并督促各基层预算单位按时报送决算。

第二十一条　二级预算单位汇总审核阶段(下年1月下旬-2月中旬):

各二级预算单位应对所属基层预算单位上报的决算进行审核、汇总,并对有关收入支出、内部往来项目等汇总虚增进行调整和剔除后,形成本单位汇总决算报表。

第二十二条　计财司组织集中会审阶段(下年2月中旬-2月下旬),主要包括:

(一)计财司召集相关人员组成"气象部门决算会审小组",对各二级预算单位决算进行集中会审(下年2月中旬-2月下旬);

(二)"气象部门决算会审小组"成员在"部门决算审核记录表"上记录会审情况,提出会审意见,交各二级预算单位作为参考,根据情况调整决算数据。经所有"气象部门决算会审小组"成员签字确认后,正式收表;

(三)计财司整理、汇总会审记录情况,向各二级预算单位反馈会审中发现的问题。

(四)各二级预算单位参加计财司组织的决算集中会审,主要包括:

1. 派人参加计财司组织的决算集中会审,协商解决会审中发现的问题;
2. 督促所属单位及财务核算中心根据会审意见调整决算,并相应调整账务;
3. 按时向计财司提交审核通过的决算。

第六章 决算汇总与报送

第二十三条 各单位应当按照预算管理关系,采取自下而上方式,逐级汇总报送。各二级预算单位汇总的决算报表应当以所属单位上报数据为准,不得自行调整下级单位数据和科目,不得虚报、瞒报和随意结转。中国气象局对所属单位上报的决算报表和本级决算报表进行汇总,并对有关收入支出、内部往来项目等汇总虚增进行调整和剔除后,形成部门汇总决算报表。

第二十四条 审计事项的调整原则。对审计署提出的部门决算草案审签意见和财政部提出的中央行政事业单位预决算资产财务检查结论和处理决定,各二级预算单位能够在决算会审工作结束前完成决算数据调整的,应根据审签意见以及检查结论和处理决定进行调整;未能在决算会审工作结束前完成决算数据调整的,不再调整决算数据,作为下一年度会计处理事项调整决算期初数(下年2月中旬-3月中旬)。

第二十五条 计财司根据气象部门决算集中会审情况,调整相关数据,撰写决算编制说明和分析报告,参加财政部组织的决算会审,并协调、督促各二级预算单位落实财政部、审计署的审签意见,调整决算,并相应调整账务。

第二十六条 计财司以部门决算会审数据和指标注释为依据编制汇总气象部门决算草案,连同中国气象局本级"三公经费"决算数、中国气象局本级行政经费支出统计数及说明材料等报司领导审定后报局领导审批(下年3月中旬)。

第二十七条 计财司将通过局领导审批的气象部门各项决算、部门决算草案等上报财政部(下年3月中旬)。

第七章 决算批复

第二十八条 计财司在财政部批复部门决算后15个工作日内完成向气象部门二级预算单位的决算批复工作(下年7月-8月)。主要包括:使用部门决算审核查询系统生成气象部门的决算批复文件文本和批复表。

第二十九条 部门决算批复内容应当与部门预算批复相衔接,主要包括部门综合财务收入、支出、结余,财政拨款收入、支出、结余,以及其他相关决算数据。

部门决算批复文件中应当列出在单位财务管理工作及决算审核中发现的主要问题，并提出改进意见。

第三十条 各省、自治区、直辖市和计划单列市气象局收到中国气象局的决算批复后，应在 15 个工作日内完成对下级单位的决算批复工作。

第三十一条 计财司批复各单位决算后，各单位决算数据还需变动的，相关调整事项在下一年度决算中予以反映。

第八章 决算公开

第三十二条 气象部门决算公开严格按照《中华人民共和国政府信息公开条例》和《中国气象局政府信息公开程序》的要求公开部门决算。

第三十三条 决算公开准备阶段。计财司负责根据财政部要求，提出气象部门决算公开稿（包含：气象部门决算、气象部门"三公经费"决算数总额、气象部门行政经费支出统计数总额等数据）及相关决算数据分析报告，经计财司领导批准后报局领导审阅（下年 6 月—7 月）。

第三十四条 决算公开阶段。计财司负责在财政部批复气象部门决算后 20 个工作日内将经局领导审定的气象部门决算公开稿按规定工作流程送办公室公开发布（下年 7 月）。

第三十五条 决算公开总结阶段。办公室负责收集气象部门决算公开舆情，编写气象部门决算公开舆情简报。计财司负责舆情应对材料准备并向财政部报告气象部门决算公开情况（下年 7 月—8 月）。

第三十六条 各级气象部门决算公开按照地方政府要求公开，公开程序参照气象部门决算公开流程，并报计财司备案。

第九章 决算数据分析利用

第三十七条 各单位应加强对决算数据的分析利用，强化决算分析结果的反馈和运用，规范和改进财务管理。通过部门决算数据分析和实地调研，及时发现预算编制和预算执行中存在的问题，建立健全预算与决算相互反映和相互促进的工作机制；揭示财务管理与会计核算中的问题，规范各单位财务管理与会计核算。

第三十八条 部门决算分析的主要内容包括：预算与决算差异分析；收入、支出、结余年度间变动原因分析；财政资金使用效益分析；部门资产、负债规模与结构分析；机构、人员及人均情况对比分析；以及满足财政财务管理与宏观经济决策需要的各项专题分析等。

第三十九条 部门决算分析的主要方法包括：分类比较法、趋势分析法、比率分析法、因素分析法等。分类比较法可分预算管理级次、分单位性质等进行分析；趋势分析法可对主要指标的年度变化和发展趋势等进行分析；比率分析法可对指标结构比率、效益比率和人均比率等进行分析；因素分析法可对财务指标或经济指标变动中各因素的影响程度进行分析。

第四十条 计财司负责逐步建立气象部门决算评价指标体系。

决算评价指标体系主要内容包括：预算约束力评价、部门收入支出结构评价、部门项目资金使用情况评价、部门人员控制及收支合理合规性评价、人均收支余情况评价等方面。各地区、各部门应当合理设置评价指标，分类排序指标信息，科学使用评价结果。

第四十一条 各单位应充分利用计算机、网络等方式，推动决算数据共享工作，提高决算数据的利用效率。

第十章 决算数据质量监督检查

第四十二条 气象部门各项决算报送后，计财司和各二级预算单位应当组织对所报送的各项决算真实性、完整性和规范性进行监督检查。

第四十三条 决算数据质量监督检查工作采取统一管理、分级实施原则，气象部门各项决算数据质量监督检查工作由计财司组织实施，各单位各项决算数据质量监督检查由本单位组织实施。

第四十四条 决算数据质量监督检查采取随机抽取与定向选择相结合的方式进行确定，对决算存在明显质量问题或以往年份监督检查不合格单位进行重点核查。计财司提出各项决算"账表一致性"核查建议名单，根据检查工作需要，采取联网核查和现场核查方式，提出检查结论和处理决定。

第四十五条 决算数据质量监督检查的内容由计财司每年根据决算编制情况以及财政财务检查工作要求予以确定。基本内容包括：上下级决算报表是否表表一致、单位会计账簿与决算报表是否账表一致、决算编报范围与预算编报范围是否一致等。各单位可结合本单位实际情况对监督检查内容进行补充。

第四十六条 被选定为监督检查对象的单位必须依照有关法律、法规，接受监督检查，按照监督检查工作的要求，及时提供所需会计凭证、会计账簿、会计报表等有关会计资料，并如实反映有关情况。

第四十七条 计财司对监督检查结果实行通报制度。对于决算不符合要求的单位给予通报，责令限期改正，并依法追究相应工作责任。

第十一章 决算数据资料管理

第四十八条 决算数据资料包括以各种介质存放的各类决算报表、填报说明、分析报告、考核评价材料等。

第四十九条 各单位应当严格按照《会计档案管理办法》，对本单位收集的各项决算数据资料进行归类整理、建档建库，并从计算机中传出备份保存。

第十二章　决算工作责任

第五十条　各单位应当按照有关制度规定,真实、准确、全面、及时地编报决算。各单位负责人对本单位的决算真实性和完整性负责。

第五十一条　各单位财务人员应当认真、如实编制决算,不得故意漏报、瞒报有关决算信息,更不得编造虚假决算信息;单位负责人不得授意、指使、强令财务人员提供虚假决算信息,不得对拒绝、抵制编造虚假决算信息的人员进行打击报复。对于违反规定、提供虚假决算信息的单位及相关责任人,要按照《中华人民共和国预算法》《中华人民共和国会计法》《财政违法行为处罚处分条例》等有关法律法规规定予以处理。

第十三章　附　则

第五十二条　以前规定与本规程不符的,以本规程为准。

第五十三条　本规程由中国气象局计划财务司负责解释。

第五十四条　本规程自发布之日起实施。

陕西省气象部门年度部门决算评审办法(试行)

(陕气计函〔2013〕53号 2013年12月10日)

第一章 总 则

第一条 为进一步加强全省气象部门会计信息管理工作,规范部门决算行为,保证部门决算信息质量,提高部门决算编制水平,根据财政部《行政事业单位会计决算报告制度》和中国气象局计财司《气象部门年度部门决算评审办法(试行)》(气计函〔2005〕37号),结合实际制定本办法。

第二条 本办法适用于陕西省气象部门执行事业单位财务和会计制度的各类事业单位。所称的"部门决算"是指气象部门各行政事业单位在每个会计年度终了,根据财政部及气象部门决算编审要求,在日常会计核算基础上编制的、综合反映本单位财务收支状况和各项资金管理状况的总结性文件。

第二章 评审原则

第三条 开展部门决算报表评审工作,将按照"科学、公平、公正"的原则,对各单位上报的部门决算报表的真实性、准确性、完整性、及时性等进行评审,并对评审结果进行通报,旨在表扬先进,鞭策落后,切实提高各单位部门决算编报水平。

第四条 部门决算报表编报以正式下发的当年决算报表编制文件(含补充说明)及决算处理软件为依据,报表审核计分满分为100分,审核采取分项扣分制,每项扣完为止,部门决算报表送审单位各分项得分合计为单位部门决算评审成绩。

第三章 评审内容

第五条 报表编制范围。包括分户录入单位及报表完整性审核,满分12分。

(一)分户录入单位审核(5分),按规定进行分户单位数据录入,户数增减变化原因解释清楚、资金范围填报完整准确,重(漏)报1项扣1.5分,报表树型结构错误扣1.5分。

(二)报表完整性审核(7分),按要求进行报表封面填报,错误1项扣1分;按要求录入规定的报表,少(多)录1张报表扣1.5分。

第六条 报表数据。包括决算编制方法是否符合财政部及气象局对部门决算报告的编制要求,报表数据是否真实、完整、准确,有无漏报、重报项目以及虚报和瞒报等弄虚作假现象,金额单位是否正确,单位上报财政拨款数额是否准确,报表表内及表间相关数据是否衔接一致,与上年数据资料进行核对是否一致、变动是否合理等,满分40分。

(一)国库支付(财政拨款)核对(10分),单位上报报表数据与实际核拨数错误1项扣5分。

(二)预算执行情况审核(10分)。

1. 预算收入对比审核(6分),单位除财政拨款外的其他各项收入(包括事业收入、经营收入、附属单位上缴收入、其他收入)决算数据与预算数据对比,二者差额10%以内不扣分,差额10%-20%扣3分,差额20%以上本项不得分。

2. 预算支出合规性审核(4分),各预算科目财政拨款基本支出与项目支出、人员支出与公用支出,存在调剂使用情况本项不得分。

(三)上年数据衔接性审核(5分),报表数据与上年相关数据核对是否一致、变动是否合理,错误1项扣2.5分。

(四)表间相关数据审核(5分),套表内相关数据一致性及勾稽关系错误1项扣2.5分。

(五)分户数据与汇总数据审核(5分),检查上报的汇总数据是否由分户数据汇总而成,错误1项本项不得分。

(六)报表数据与计算机录入数据审核(3分),抽查上报的打印报表与计算机录入数据是否一致,错误1项本项不得分。

(七)报表数据与分析报告数据审核(2分),检查报表数据与分析报告相关数据是否一致,错误1项本项不得分。

第七条 报表报送程序,包括是否按规定程序上报部门决算报表,是否按规定时间上报等,满分8分。

(一)报表以正式文件形式上报(3分),非正式文件或以单位内设机构文件上报本项不得分。

(二)按规定时间参加会审(2分),无特殊情况未按规定批次、时间参加会审本项不得分。

(三)按规定时间报送报表(3分),按规定时间上报审核通过的决算报表,迟报1天扣2分、迟报2天本项不得分。

第八条 部门决算报表分析报告。包括单位部门决算编制事项、主要指标变动等分析报告,满分20分。

(一)审核报表编制事项说明(8分)。

1. 报表编制基础、依据、原则、方法说明审核(2分),分析报告无此说明本项不得分。

2. 特殊事项的详细情况说明(6分),不按规定进行详细说明的事项,缺1项扣2分。

(二)单位财务分析(9分),对本单位收支、资产负债、净资产等主要财务指标变动情况和原因进行分析,缺1项扣2分。

(三)对部门决算、财务管理提出建设性意见或建议(3分),提出建设性意见或建议的得3分,否则本项不得分。

第九条 部门决算数据质量核查满分20分。审核单位账簿与部门报表数据是否相符,此项工作在部门决算上报结束后进行。各单位部门决算数据质量采取抽查方式,每年随机抽查1~2个单位上年账簿进行数据核对,账表不一致1项扣10分,1个审计问题扣5~10分,其中一般性问题扣5分,性质严重的问题扣10分。

在部门决算数据质量核查过程中,如发现存在收入项目账表不符、支出科目或项目调整情况,"预算执行情况审核"相关项目不得分。

第四章　考核与奖惩

第十条　每年部门决算评审结束后,省气象局将对各单位报表评审结果和存在的问题进行通报。决算评审结果纳入各单位年度工作目标考评。

第十一条　全省气象部门决算考核优秀的财务人员将获颁荣誉证书并由所在单位给予物质奖励。

第五章　附　则

第十二条　本办法自下发之日起施行。

陕西省气象部门决算管理工作规程

(陕气发〔2014〕65号 2014年7月9日)

第一章 总 则

第一条 为进一步加强全省气象部门决算管理工作，提高决算管理的科学化和精细化水平，明确全省气象部门内部决算管理职责分工，规范决算管理程序和编制行为，根据《中华人民共和国会计法》、《中华人民共和国预算法》和《中华人民共和国预算法实施条例》等法律法规，制定本规程。

第二条 气象部门决算包括：部门决算、固定资产投资决算、住房改革支出决算和企业决算。全省部门决算管理主要包括：部门决算的工作组织、报表设计、编制审核、汇总报送、批复、信息公开、分析利用、数据质量监督检查、数据资料管理以及对部门决算考核评价。

第三条 本规程适用于全省气象部门各级预算单位（含地方编制单位和自收自支事业单位）及所属企业（以下简称"各单位"）。

第四条 通过部门决算管理，收集汇总全省气象部门各单位财务收支、资金来源与运用、资产与负债、机构、人员与工资等方面的基本数据，全面真实反映行政事业单位财务状况和预算执行结果，满足国家财政财务会计监管、各项资金管理以及宏观经济决策等信息需要。

第二章 决算工作组织

第五条 按照"科学、规范、统一、高效"的原则，在全省气象部门建立"由各级计划财务部门牵头组织，各三级预算单位审核汇总，各基层预算单位报送，财务核算中心协助各核算单位编报决算报表"的决算工作运转机制。各级预算单位应指定专人负责本单位决算组织协调工作。

第六条 陕西省气象局计划财务处（以下简称"计财处"）负责牵头组织全省气象部门各项决算工作。主要包括：根据中国气象局相关要求，提出全省决算编审工作总体要求；组织全省气象部门决算布置、培训、审核、批复、核查、汇总、上报和分析等各项工作；组织向中国气象局报送全省部门决算草案和负责部门决算公开工作；督促各三级预算单位落实中国气象局提出的决算审核意见和核查处理意见；督促各三级预算单位落实审计部门提出的部门决算草案审签意见。

第七条 各三级预算单位负责本单位的决算管理工作。主要包括：参加计财处组织的相关决算培训，组织本单位决算布置、培训、汇总、审核、上报、批复和分析；督促所属单位落实计财处提出的决算审核意见和核查处理决定;督促所属单位落实审计部门提出的部门决算草案审签意见。

第八条 各基层预算单位负责本单位各项决算的审核上报工作,各基层预算单位是决算编制上报的主体,对本单位财务收支情况和资产状况负完全责任。

第九条 各级财务核算中心负责核算单位决算报表的填报工作。主要包括:根据各核算单位账簿记载情况填报决算报表;按时向各核算单位提供决算报表数据;根据计财处决算会审调整意见调整账务和决算报表;根据财政部决算审核意见和审计部门决算草案审签意见调整账务和决算报表。核算中心对决算报表填报数据的真实性、准确性和及时性负责。

第十条 陕西省气象局办公室负责发布部门决算公开信息,收集气象部门决算公开舆情。

第三章 决算布置和培训

第十一条 计财处根据计财司要求,确定年度决算的编报口径,提出决算编审工作总体要求。

第十二条 计财处组织全省气象部门各项决算布置和培训,主要包括:

(一)参加计财司组织的部门决算、固定资产投资决算、住房改革支出决算和企业决算的培训;

(二)根据计财司要求,提出决算编审工作总体要求,布置全省气象部门年度决算编审工作,印发决算布置文件;

(三)举办全省气象部门决算培训班,讲解各项决算填报要求。

第十三条 各三级预算单位负责组织所属单位的各项决算布置和培训,主要包括:

(一)参加计财处举办的决算培训班,熟练掌握决算数据口径、填报要求和审核要求,以及决算软件操作;

(二)对下属单位布置决算编审工作,开展填报培训。

第四章 决算编制

第十四条 年度终了,各基层预算单位根据上级计财部门的工作部署,在规定的时间内组织填写决算报表,编写决算报表说明和分析报告。各级财务核算中心协助核算单位完成决算的编制工作。

第十五条 各单位应当在全面清理核实收入、支出、资产、负债,并办理年终结账的基础上编制决算。

(一)应当按照行政、事业单位财务会计制度规定及上级部门对部门预算的批复文件,及时清理收支账目、往来款项,核对年度预算收支和各项缴拨款项。各项收支应当按规定要求进行年终结账。

（二）应当按照综合预算管理规定，如实反映年度内全部收支，不得隐匿收入或虚列支出。凡属本年的各项收入应当及时入账，本年的各项应缴国库款和应缴财政专户款应当在年终前全部上缴。属于本年的各项支出，应当按规定的支出渠道如实列报。

（三）应当根据登记完整、核对无误的账簿记录和其他有关会计核算资料编制决算，做到数据真实正确、内容完整，账证相符、账实相符、账表相符、表表相符。

第十六条 决算报表填报应从基层单位做起，各单位应当按照预算管理级次实行逐户录入。

第五章 决算审核

第十七条 部门决算审核的主要内容包括：

（一）审核编制范围是否完整，是否有漏报和重复编报现象。

（二）审核编制方法是否规范，是否符合财务会计制度及部门决算的编制要求。

（三）审核编制内容是否真实、完整、准确，决算报表表内、表间勾稽关系是否衔接，报表数据与单位会计账簿数据是否相符，是否有漏报、重报、错报项目以及虚报和瞒报等现象，部门决算纸介质数据与电子介质数据、分户数据与汇总数据是否保持一致。

（四）审核决算数据年度间变动是否合理，变动较大事项是否附有相关文件依据。

（五）审核填报说明和分析报告是否符合决算编制规定。

第十八条 全省气象部门决算审核遵循"逐级上报，分级审核"的原则，审核分为准备工作、三级预算单位汇总审核和集中会审三阶段。

第十九条 决算审核准备工作阶段，主要包括：

（一）计财处及时下发至各三级预算单位"决算编审工作问答"、对账信息、报表软件和参数，解答部门决算口径、审核要求、软件参数等问题，并核对各三级预算单位公共财政预算财政拨款和非税收入等财政性资金缴拨款情况；

（二）计财处督促各三级预算单位按时报送决算；

（三）各三级预算单位及时将计财处下发的"决算编审问答"、决算报表软件和参数下发至所属的基层预算单位，并督促各基层预算单位按时报送决算。

第二十条 三级预算单位汇总审核阶段：

各三级预算单位应对所属基层预算单位上报的决算进行审核、汇总，并对有关收入支出、内部往来项目等汇总虚增进行调整和剔除后，形成本单位汇总决算报表。

第二十一条 计财处组织集中会审阶段，主要包括：

（一）计财处召集相关人员组成"气象部门决算会审小组"，对各三级预算单位决算进行集中会审；

（三）计财处整理、汇总会审记录情况，向各三级预算单位反馈会审中发现的问题；

（四）各三级预算单位参加计财处组织的决算集中会审，主要包括：

1. 派人参加计财处组织的决算集中会审，协商解决会审中发现的问题；

2. 督促所属单位及财务核算中心根据会审意见调整决算，并相应调整账务；

3.按时向计财处提交审核通过的决算。

第六章 决算汇总与报送

第二十二条 各单位应当按照预算管理关系,采取自下而上方式,逐级汇总报送。各三级预算单位汇总的决算报表应当以所属单位上报数据为准,不得自行调整下级单位数据和科目,不得虚报、瞒报和随意结转。陕西省气象局对所属单位上报的决算报表和本级决算报表进行汇总,并对有关收入支出、内部往来项目等汇总虚增进行调整和剔除后,形成部门汇总决算报表。

第二十三条 审计事项的调整原则。对审计署提出的部门决算草案审签意见和财政部提出的中央行政事业单位预决算资产财务检查结论和处理决定,各三级预算单位能够在决算会审工作结束前完成决算数据调整的,应根据审签意见以及检查结论和处理决定进行调整;未能在决算会审工作结束前完成决算数据调整的,不再调整决算数据,作为下一年度会计处理事项调整决算期初数。

第二十四条 计财处以全省气象部门决算会审数据和指标注释为依据编制汇总全省气象部门决算草案,报处领导审定后报省局领导审批。

第二十五条 计财处参加计财司组织的决算会审,并协调、督促各三级预算单位落实计财司、审计署的审签意见,调整决算,并相应调整账务。计财处将通过计财司会审合格的全省气象部门各项决算、部门决算草案等上报中国气象局。

第七章 决算批复

第二十六条 计财处在中国气象局批复部门决算后15个工作日内完成向全省气象部门三级预算单位的决算批复工作。主要包括:使用部门决算审核查询系统生成气象部门的决算批复文件文本和批复表。

第二十七条 各单位部门决算批复内容应当与部门预算批复相衔接,主要包括部门综合财务收入、支出、结余,财政拨款收入、支出、结余,以及其他相关决算数据。

部门决算批复文件中应当列出在单位财务管理工作及决算审核中发现的主要问题,并提出改进意见。

第二十八条 各三级预算单位收到陕西省气象局的决算批复后,应在15个工作日内完成对下级单位的决算批复工作。

第二十九条 计财处批复各单位决算后,各单位决算数据还需变动的,相关调整事项在下一年度决算中予以反映。

第八章 决算数据分析利用

第三十条 各单位应加强对决算数据的分析利用,强化决算分析结果的反馈和运用,规范和改进财务管理。通过部门决算数据分析和实地调研，及时发现预算编制和预算执行中存在的问题，建立健全预算与决算相互反映和相互促进的工作机制；揭示财务管理与会计核算中的问题，规范各单位财务管理与会计核算。

第三十一条 部门决算分析的主要内容包括：预算与决算差异分析；收入、支出、结余年度间变动原因分析；财政资金使用效益分析；部门资产、负债规模与结构分析；机构、人员及人均情况对比分析；以及满足财政财务管理与宏观经济决策需要的各项专题分析等。

第三十二条 部门决算分析的主要方法包括：分类比较法、趋势分析法、比率分析法、因素分析法等。分类比较法可分预算管理级次、分单位性质等进行分析；趋势分析法可对主要指标的年度变化和发展趋势等进行分析；比率分析法可对指标结构比率、效益比率和人均比率等进行分析；因素分析法可对财务指标或经济指标变动中各因素的影响程度进行分析。

第三十三条 决算评价指标体系主要内容包括：预算约束力评价、部门收入支出结构评价、部门项目资金使用情况评价、部门人员控制及收支合理合规性评价、人均收支余情况评价等方面。各单位应当合理设置评价指标，分类排序指标信息，科学使用评价结果。

第三十四条 各单位应充分利用计算机、网络等方式，推动决算数据共享工作，提高决算数据的利用效率。

第九章 决算数据质量监督检查

第三十五条 各单位气象部门各项决算报送后，计财处和各三级预算单位应当组织对所报送的各项决算真实性、完整性和规范性进行监督检查。

第三十六条 决算数据质量监督检查采取随机抽取与定向选择相结合的方式进行确定，对决算存在明显质量问题或以往年份监督检查不合格单位进行重点核查。计财处提出各项决算"账表一致性"核查建议名单，根据检查工作需要，采取联网核查和现场核查方式，提出检查结论和处理决定。

第三十七条 决算数据质量监督检查的内容由计财处每年根据决算编制情况以及财政财务检查工作要求予以确定。基本内容包括：上下级决算报表是否表表一致、单位会计账簿与决算报表是否账表一致、决算编报范围与预算编报范围是否一致等。各单位可结合本单位实际情况对监督检查内容进行补充。

第三十八条 被选定为监督检查对象的单位必须依照有关法律、法规，接受监督检查，按照监督检查工作的要求，及时提供所需会计凭证、会计账簿、会计报表等有关会计资料，并如实反映有关情况。

第三十九条 计财处对监督检查结果实行通报制度。对于决算不符合要求的单位给予通报，责令限期改正，并依法追究相应工作责任。

第十章 决算数据资料管理

第四十条 决算数据资料包括以各种介质存放的各类决算报表、填报说明、分析报告、考核评价材料等。

第四十一条 各单位应当严格按照《会计档案管理办法》，对本单位收集的各项决算数据资料进行归类整理、建档建库，并从计算机中传出备份保存。

第十一章 决算工作责任

第四十二条 各单位应当按照有关制度规定，真实、准确、全面、及时地编报决算。各单位负责人对本单位的决算真实性和完整性负责。

第四十三条 各单位财务人员应当认真、如实编制决算，不得故意漏报、瞒报有关决算信息，更不得编造虚假决算信息；单位负责人不得授意、指使、强令财务人员提供虚假决算信息，不得对拒绝、抵制编造虚假决算信息的人员进行打击报复。对于违反规定、提供虚假决算信息的单位及相关责任人，要按照《中华人民共和国预算法》、《中华人民共和国会计法》、《财政违法行为处罚处分条例》等有关法律法规规定予以处理。

第十二章 附 则

第四十四条 以前规定与本规程不符的，以本规程为准。
第四十五条 本规程由陕西省气象局计划财务处负责解释。
第四十六条 本规程自发布之日起实施。

第三部分 国库集中支付管理

中央财政国库动态监控管理暂行办法

(财库〔2013〕217号 2013年12月16日)

第一章 总 则

第一条 为进一步加强国库集中支付管理与监督,提高财政资金的安全性、规范性和有效性,根据《中华人民共和国预算法》、《财政违法行为处罚处分条例》以及财政国库管理制度等有关规定,制定本办法。

第二条 本办法所称财政国库动态监控,是指财政部根据财政国库管理制度和相关财政财务管理规定,通过国库动态监控系统,实时监控财政资金支付清算过程,对发现的违规问题及时纠正处理,以防范资金支付使用风险、强化预算支出执行监管的管理活动。

第三条 本办法适用于财政拨款实行国库集中支付管理的中央预算单位,以及代理中央财政国库集中支付业务的商业银行(以下简称代理银行)。

第四条 财政部是财政国库动态监控管理的主管部门。财政部与中央部门、代理银行建立监控工作互动机制,加强财政国库动态监控管理。

第二章 监控内容

第五条 财政国库动态监控的资金范围是实行国库集中支付的财政性资金。

第六条 财政部对财政资金支付清算过程进行实时监控,监控的基本要素包括付款人名称、支付时间、付款金额、结算方式、付款用途、预算科目、支付方式、支付类型、收款人、收款人账号,以及预算指标、用款计划、银行账户等相关信息。

第七条 财政国库动态监控的主要内容:

（一）预算单位财政资金支付情况。

1. 是否按照财政部批准的年度预算科目、指标、支出范围和标准支付资金；

2. 是否按照国库集中支付规定的方式、程序、时限和账户等支付资金；

3. 是否按照政府采购管理规定支付采购资金；

4. 是否按照公务卡制度规定使用公务卡和报销公务支出；

5. 是否按照现金管理规定提取使用现金；

6. 是否按照财政财务管理规定的标准计提基金、发放补贴和报销费用。

（二）代理银行代理国库集中支付业务情况。

1. 是否按照财政部或预算单位的支付指令及时、准确支付资金；

2. 是否按照国库集中支付资金银行支付清算规定清算资金；

3. 是否按照委托代理协议书规定向财政部及时、准确传输财政国库动态监控管理信息；

4. 是否按照委托代理协议书规定及时向财政部报告预算单位违规支付行为。

（三）其他需要监控的事项。

第三章 综合核查

第八条 财政部对财政国库动态监控发现的疑点或线索，采取电话核查、调阅材料、约谈走访、实地核查等多种核查方式进行核实，确认违规支付行为。

第九条 财政部日常监控中发现的疑点问题，通过电话向预算单位、上级主管部门、代理银行和收款单位了解相关情况，核实确认疑点问题。

第十条 财政部经电话核查方式不能完全核实情况的问题，通知预算单位及相关单位提供有关文件、合同、支付单据、原始凭证、账册及报表等资料，作进一步核实。根据情况，财政部可约谈或走访预算单位及相关单位，以核实情况。

第十一条 财政部对财政国库动态监控发现的重大违规疑点或普遍性、趋势性疑点问题，进行实地核查。根据情况，财政部可委托社会中介机构、财政部驻各地财政监察专员办事处、预算单位主管部门、代理银行总行等受托机构开展实地核查。

第十二条 财政部委托核查前后，应分别制发核查工作通知和核查情况通报。

第十三条 财政部在实施核查工作中，应做好文字记录、电子记录和资料归档工作。被核查单位提供的相关文件、资料、票据、说明须真实、合法、有效。

第十四条 财政部接到预算单位、代理银行、收款人等关于国库集中支付事项的投诉举报后，应按照相关程序及时处理投诉举报事项。

第四章 违规处理

第十五条 财政部在监控过程中，发现预算单位和代理银行存在违规行为的，在职责范围内，依据有关法律法规和制度规定，及时做出处理，涉嫌严重违规违纪的，移交有关部门进行处理。

第十六条　预算单位存在违规行为的,根据违规程度按下列方式处理:

(一)对因理解偏差、操作失误等发生的错误支付行为,由财政部通过电话等方式告知单位,按照正确操作方式立即予以纠正,并提出警示;

(二)违规行为属于违反预算执行管理工作制度规定的,由财政部依法作出退回违规资金、调整账目、补办手续等处理决定,并在财政国库动态监控系统中做好相关记录;

(三)对不及时纠正违规行为的,实地核查中不配合核查、拒不执行处理决定、不按要求整改或虚报整改情况的,由财政部制发书面责令整改意见,要求限期予以纠正,并将违规情况通报给其上级主管部门;

(四)对不在限期内落实书面责令整改意见的,财政部依据有关财政法律法规和制度规定可做出暂缓其用款计划批复、撤销相关银行账户等处理措施,并视情节严重程度,予以通报。

第十七条　代理银行存在违规行为的,应将违规资金退回零余额账户或重新办理有关业务;造成损失的,按代理协议承担赔偿责任。违规情节特别严重的,财政部依据有关规定予以通报批评,并结合综合考评浮动其代理手续费,直至终止代理协议。

第十八条　预算单位及代理银行应在核查情况通报发送30个工作日内对通报的问题作出整改,并将整改情况书面反馈财政部。财政部建立违规整改跟踪反馈机制,监督整改结果和成效。

第十九条　预算单位对财政部处理决定不服的,依法申请行政复议或提起行政诉讼;代理银行对在履行代理协议过程中产生的争议,可依照代理协议的规定申请仲裁或提起民事诉讼。

第五章　管理职责

第二十条　财政部在财政国库动态监控中的主要职责:

(一)研究制定财政国库动态监控管理制度。

(二)组织开展日常监控、问题核查和违规处理工作,建立核查通报制度。

(三)会同中央部门建立健全监控工作互动机制。

(四)受理国库集中支付投诉,依照权限及时进行调查和处理。

(五)管理和维护财政国库动态监控系统。

第二十一条　预算单位在财政国库动态监控中的主要职责:

(一)按财政国库管理制度规定支付使用财政资金,并做好相应的财务管理和会计核算工作。

(二)按照财政部动态监控核查要求,及时、完整、准确地提供有关资料。

(三)对财政部发现的违规行为及时进行纠正和整改,并按要求将整改结果及时反馈财政部。

(四)中央部门对所属单位国库集中支付工作负有监督管理职责,负责与财政部建立监控工作互动机制。

第二十二条 代理银行在财政国库动态监控中的主要职责:

(一)按照财政国库管理制度规定的业务流程和规范支付清算资金。

(二)对财政国库动态监控发现的疑点问题应及时核实,完整准确提供有关资料,对所属分支机构国库集中支付业务负有监督管理职责,与财政部建立监控工作互动机制。

(三)发现预算单位违规支付事项,应及时向财政部报告相关情况。

(四)按财政部需求,及时、准确将国库集中支付信息传输至财政国库监控系统。

第六章 附 则

第二十三条 中央对地方专项转移支付资金国库集中支付动态监控管理办法,由财政部另行制定。

第二十四条 地方财政国库动态监控管理工作参照本办法执行。

第二十五条 本办法自2014年1月16日起施行。

气象部门财政国库管理制度改革资金支付管理办法实施细则

(气发〔2005〕186号　2005年8月17日)

第一章　总　则

第一条　为加强气象部门中央财政资金的管理与监督,提高资金使用效益,根据财政部、中国人民银行《中央单位财政国库管理制度改革试点资金支付管理办法》(以下简称《管理办法》)及有关规定,结合气象部门实际情况,制定本实施细则。

第二条　本实施细则适用于气象部门除行政单位离退休经费以外的中央财政资金的支付管理。行政单位离退休经费的支付管理,暂按现行管理办法执行。气象部门非税收入的收支管理按财政部相关规定执行。

第三条　气象部门中央财政资金通过国库单一账户体系存储、支付和清算。

第四条　国库单一账户体系由下列银行账户构成:

(一)国库单一账户,即财政部在中国人民银行开设的国库单一账户。

(二)财政部零余额账户,即财政部在商业银行开设的零余额账户。

(三)非税收入专用账户,包括中央财政专户和中央财政汇缴专户。中央财政专户,即财政部在商业银行设立的用于记录、核算和反映中央预算单位非税收入收支活动的账户;中央财政汇缴专户是由财政部按照规定程序在商业银行为执收单位设立,用于中央预算单位非税收入的收缴,以及与中央财政专户进行清算的银行账户。

(四)预算单位零余额账户,即财政部为预算单位在商业银行开设的零余额账户。

(五)特设专户,即经国务院批准或国务院授权财政部批准为预算单位在商业银行开设的特殊账户。

第五条　财政部是持有和管理国库单一账户体系的职能部门。任何单位不得擅自设立、变更或撤销国库单一账户体系中的各类银行账户。中国人民银行按照有关规定,加强对国库单一账户和代理银行的管理监督。

第六条　气象部门中央财政资金的支付实行财政直接支付和财政授权支付两种方式。

财政直接支付是指由财政部向中国人民银行和代理银行签发支付指令,代理银行根据支付指令通过国库单一账户体系将资金直接支付到收款人或用款单位账户。

财政授权支付是指预算单位按照财政部的授权,向代理银行签发支付指令,代理银行根据支付指令,在财政部批准的用款额度内,通过国库单一账户体系将资金支付到收款人账户。

代理银行是指在财政国库管理制度改革中,由财政部确定的、具体办理财政资金支付业务的商业银行。气象部门代理银行为中国建设银行。收款人是指商品或劳务供应商等。包括未纳入财政国库管理制度改革范围的各级预算单位。

用款单位是指具体申请和使用财政资金的预算单位。

第七条 中央财政资金按支出的具体用途划分为以下几种类型:

货物政府采购支出,指依法应当实行政府采购的货物购买支出。

工程政府采购支出,指依法应实行政府采购的工程购买支出。

服务政府采购支出,指依法应实行政府采购的服务购买支出。

货物非政府采购支出,指当年国务院文件规定的采购限额标准以下无须实行政府采购的货物购买支出。

工程非政府采购支出,指当年国务院文件规定的采购限额标准以下无须实行政府采购的工程购买支出。

服务非政府采购支出,指当年国务院文件规定的采购限额标准以下无须实行政府采购的服务购买支出。

转移支出,指拨付给用款单位或下级财政部门,未指明具体用途的支出。工资支出,指预算单位的工资性支出。

第八条 部门预算批准后,预算单位依法拥有相应的资金使用权,履行财务管理、会计核算职责,并接受财政和审计监督。

第九条 气象部门预算单位按现行预算管理级次分为一级预算单位、二级预算单位、三级预算单位及四级预算单位。

中国气象局为一级预算单位。

省、自治区、直辖市气象局,计划单列市气象局及中国气象局直属事业单位为二级预算单位。

省、自治区气象局所属地区(市)气象局、直属事业单位,直辖市、计划单列市气象局所属县级气象局、直属事业单位和中国气象局直属事业单位所属事业单位为三级预算单位。

省、自治区气象局所属县级气象局为四级预算单位。

第十条 预算单位应当按照规定编制分月用款计划,并根据批复的分月用款计划使用中央财政资金。

第十一条 中央财政资金的支付,应当坚持按照部门预算、分月用款计划、项目进度和规定程序支付的原则。

第二章 中央财政资金银行账户的设立、使用和管理

第十二条 预算单位使用中央财政资金,应当提出设立零余额账户申请,并编制《财政授权支付银行开户情况汇总申请表》(以下简称《开户申请表》,格式见附件1),逐级报主管部门审核、汇总后,由中国气象局汇总编制《开户申请表》,报财政部批准设立。财政部审核同意后,通知代理银行为预算单位开设零余额账户。

第十三条　预算单位零余额账户开设后,代理银行总行将所开账户的开户银行名称、账号等详细情况书面报告财政部和中国人民银行,并由财政部通知中国气象局。

第十四条　中国气象局收到财政部的开户通知后,及时通知二级预算单位,二级及二级以下预算单位按预算管理级次逐级通知所属单位。

第十五条　预算单位根据财政部的开户通知,具体办理预留银行印鉴手续。中国气象局按规定填写《中央一级预算单位预算资金拨款印鉴卡》(格式见附件2)一式三份,自留一份,交财政部总预算会计和财政部国库司各一份。二级及二级以下预算单位根据开户通知,按规定填写《中央基层预算单位预算资金拨款印鉴卡》(以下简称《印鉴卡》,格式见附件3),自留一份,交上级主管部门、中国气象局和财政部国库司各一份。

第十六条　《印鉴卡》必须按规定格式和要求填写。

第十七条　《印鉴卡》内容如有变动,预算单位应及时提出变更申请,重新填写《印鉴卡》,逐级上报中国气象局。经中国气象局报财政部审查同意后,预算单位方可启用新的《印鉴卡》,并据此办理预留银行印鉴变更手续。

第十八条　预算单位增加、变更、合并、撤销零余额账户,应按相关规定和本办法第十二条至十七条规定的程序办理。

第十九条　一个预算单位只能开设一个零余额账户。

第二十条　预算单位零余额账户可以办理转账、提取现金等结算业务;可以向本单位按账户管理规定保留的相应账户划拨按规定提取的工会经费、住房公积金及提租补贴,以及经财政部批准的特殊款项;不得违反规定向本单位其他账户和上级主管部门、所属下级单位账户划拨资金。

第二十一条　预算单位要切实加强现金管理,不得违反《现金管理暂行条例》等规定提取、使用和留存现金。

第二十二条　预算单位应按实行财政国库管理制度改革后有关会计核算办法的规定按资金性质进行会计核算、登记会计账簿。为加强气象部门中央财政资金管理,预算单位还应按"类"、"款"、"项"设置一套用款额度日记账,辅助核算预算单位财政直接支付计划和授权支付额度的收、付情况。气象部门各级主管部门应按所属单位设置辅助账册,按"类"、"款"、"项"分别反映所属单位中央财政资金直接支付计划批复及支付情况、财政授权支付额度批复及支付情况。涉及项目支出的预算科目必须记录到具体项目。

第三章　用款计划

第二十三条　用款计划是办理气象部门中央财政资金支付的重要依据。预算单位应依据批复的年度部门预算批复数(或预算控制数)和本实施细则的规定,认真测算需用资金,科学、合理地编制用款计划。

第二十四条　预算单位按照基本支出和项目支出分别编报用款计划。基本支出用款计划按照年度均衡性原则编制,项目支出用款计划按照项目实施进度和年度基本均衡原则编制。

第二十五条 预算单位应当使用财政部统一下发的《财政国库集中支付管理系统》软件,按要求分别编制《预算单位1—5月基本支出分月用款计划表》、《预算单位6—12月基本支出分月用款计划表》(格式见附件4)、《预算单位项目支出分月用款计划表》(格式见附件5)。

第二十六条 基本支出用款计划每年报送两次。二级预算单位汇总所属各基层预算单位用款计划后,于每年11月20日前报送下年度1—5月份基本支出分月用款计划,每年4月20日前报送当年6—12月份基本支出分月用款计划。三级及三级以下预算单位编报时间由二级预算单位规定。项目支出用款计划按季分月报送。二级预算单位汇总所属各基层预算单位用款计划后,于每年11月20日前报送下年度第一季度项目支出用款计划;每年2月20日、5月20日、8月20日前分别报送当年第二、三、四季度项目支出用款计划。三级及三级以下预算单位编报时间由二级预算单位规定。

第二十七条 预算单位1—5月基本支出分月用款计划和第一、二季度项目支出分月用款计划原则上根据上级主管部门下达的预算控制数编制;预算单位6—12月基本支出分月用款计划和第三、四季度项目支出分月用款计划根据上级主管部门下达的部门预算编制。当部门预算与预算控制数差距较大时,应当根据部门预算及时调整相应月份的分月用款计划,按照规定程序报财政部审批。

第二十八条 预算单位分月用款计划应逐级报主管部门审核,并由中国气象局审核汇总后,分别编制《预算单位1—5月基本支出分月用款计划汇总表》、《预算单位6—12月基本支出分月用款计划汇总表》(格式见附件6)、《预算单位项目支出分月用款计划汇总表》(格式见附件7)报财政部审批。

第二十九条 当中国气象局收到财政部调整用款计划的通知时,应及时将调整情况通知二级预算单位;二级预算单位负责组织所属单位调整相应用款计划,并应在收到中国气象局调整用款计划通知后的2个工作日内,将调整后的用款计划报中国气象局;中国气象局审核汇总后,将调整后的用款计划正式报财政部。

第三十条 年度财政预算执行中因预算调整发生追加、追减变化,预算单位应及时将调整后的用款计划逐级审核、汇总后报中国气象局,由中国气象局报财政部审批。基本支出追加预算在500万元(含)以下的,项目支出追加预算在2000万元(含)以下的,可一次性编报用款计划;基本支出追加预算500万元以上的,项目支出追加预算2000万元以上的,在以后各月按均衡性原则编报用款计划。发生追减预算的,可一次性编报用款计划。

第三十一条 分月用款计划一般不作调整,因特殊情况确需调整的,二级预算单位应在用款月度前15个工作日报中国气象局,并附必要的文字说明;中国气象局审核汇总后,在用款月度前10个工作日报财政部审批。

上款规定的特殊情况是指:(一)工程施工过程中,发生重大工程索赔、重大设计变更等可能造成超计划用款的;(二)用款计划批复后新发生的、事先无法预料的紧急支出项目;(三)政策性因素造成超计划用款的;(四)其他需调整用款计划的特殊情况。

第三十二条 预算单位依据用款计划办理财政直接支付和财政授权支付的支付业务。

第四章 财政直接支付程序

第三十三条 气象部门预算年度纳入财政直接支付范围的中央财政资金,由中国气象局按有关规定提出建议报财政部,并以财政部批复下达的范围为准。

第三十四条 预算单位需要进行财政直接支付时,应依据批复的年度部门预算、分月用款计划、工程进度和有关支付凭证,填写《中央基层预算单位财政直接支付申请书》(以下简称《基层申请书》,格式见附件8),逐级报主管部门审核,并由二级预算单位报送财政部驻所在地财政监察专员办事处(以下简称财政专员办)审核并签署意见后,报中国气象局。上款所规定的支付凭证包括:购货票证、购货合同、中标合同、工程承包合同、设备或材料采购清单、预付工程款支付凭证、经监理工程师签字的工程价款结算单(或支付月报)等文件或凭证的复印件。具体内容以财政专员办要求为准。对预算单位手续齐全的《基层申请书》,二级主管部门和财政专员办均应在2个工作日内审核完毕。

第三十五条 财政专员办与二级预算单位对《基层申请书》的审核意见不一致时,由双方按规定进行协商;经协商后意见仍不一致的,应分别签署意见上报中国气象局,由中国气象局与财政部按照本办法第十一条和第八十三条规定确定是否支付。

第三十六条 中国气象局审核、汇总二级预算单位报送的《基层申请书》后,编制《财政直接支付汇总申请书》(以下简称《汇总申请书》,格式见附件9),连同所属单位的《基层申请书》一并报财政部国库司。

第三十七条 财政部国库司审核中国气象局报送的《汇总申请书》无误后,开具《财政直接支付汇总清算额度通知书》(格式见附件10)和《财政直接支付凭证》(格式见附件11),经财政部国库管理机构加盖印章后,分别送中国人民银行和财政部代理银行。

第三十八条 财政部代理银行根据《财政直接支付凭证》及时将资金支付到收款单位或用款单位,并在支付资金当日将支付信息反馈给财政部。

第三十九条 财政部代理银行办理资金支付后,开具《财政直接支付入账通知书》(格式见附件12),将相应联次分送财政部、中国气象局和支付资金的预算单位,作为有关单位收到和付出相应款项的凭证。

第四十条 预算单位应根据收到的支付凭证做好相应会计核算工作。

第四十一条 预算单位办理财政直接支付的经办人和财务负责人应相对稳定,要确定第一经办人和第二经办人;支付申请一般由第一经办人填制,第一经办人不在时,由第二经办人填制。

第四十二条 财政直接支付的资金,因凭证要素填写错误而在支付之前退票的,由财政部核实原因后通知代理银行办理更正手续;财政直接支付的资金由代理银行支付后,因收款单位的账户名称或账号填写错误等原因而发生资金退回财政部零余额账户的,代理银行在当日(超过清算时间在第二个工作日)将资金退回国库单一账户并通知财政部,由中国人民银行国库局恢复相应的财政直接支付额度。对需要支付的资金,财政部与有关单位核实后通知代理银行办理支付手续。

第四十三条 实行财政直接支付方式的工资支出由财政部向代理银行签发支付指令,代理银行根据支付指令通过财政部零余额账户将工资直接支付到个人工资账户。

第四十四条 工资支出实行财政直接支付的范围是行政单位和事业单位由财政拨款供养的在编人员。具体实施范围由财政部根据改革实施进程加以确定。

第四十五条 工资支出要严格执行国家规定的工资标准和有关政策。

第四十六条 中国气象局人事教育司根据中央编制委员会办公室(以下简称"中编办")和国家人事部的要求,每月20日前提供下月本单位的人员编制、实有人数、工资标准和代扣款项等数据,报中编办和国家人事部审核。代扣款项是指国家政策规定必须由个人缴纳的住房公积金、医疗保险、养老保险、失业保险和依法缴纳的个人所得税等款项。国家政策规定之外应由个人缴纳的其他款项不列入代扣项目。住房公积金、社会保障费等按规定应由预算单位负担的部分,采用财政授权支付方式从预算单位零余额账户支付。

第四十七条 中编办对中国气象局的人员编制数进行审核。国家人事部根据核定的编制数、人员和工资计划管理的政策规定审核中国气象局所报人员和应发工资额,并于每月25日前将审核结果送财政部。

第四十八条 财政部国库司根据国家人事部核定的预算单位在编实有人员及工资额,按照预算科目分类生成发放工资汇总表,计算代扣款项,列出应由财政部发放的工资清单,通知代理银行办理资金支付。

第四十九条 财政部代理银行按财政部国库司的支付指令,通过财政部零余额账户将工资分解到个人工资账户,并根据所列代扣款项分别将个人所得税、医疗保险、养老保险、失业保险和住房公积金等划入财政部门认定的相关账户;同时,财政部代理银行在工资支付的次日为各单位出具工资明细表,向各预算单位传送个人工资支付信息。

第五十条 工资实行财政直接支付的二级及二级以下预算单位,其人员编制、实有人数和工资标准等,由预算单位报上级主管单位人事部门逐级审核汇总,中国气象局填写《财政直接支付汇总申请书》(附各预算单位应由财政发放的工资清单),按规定程序报财政部;财政部审核无误后,签发支付指令,通知财政部代理银行办理有关支付手续。

第五十一条 预算执行中,预算单位发生增人增资、减人减资、正常工资变动及津补贴变化等情况,二级以下预算单位应在变动当月将变动情况和变动后的人员工资一并汇总报上级主管单位人事部门,经逐级审核汇总后,由二级预算单位人事部门在发生变动的当月15日以前上报中国气象局人事司。中国气象局人事司审核汇总后,在变动当月20日以前报人事部审核,人事部在当月25日以前报财政部。财政部及时向其代理银行提供变动后的下月工资发放清单。工资实行财政直接支付过程中,因特殊原因造成部分工资不能在规定时间支付到收款人,财政部代理银行要在当日将未支付工资的明细情况上报财政部,未支付的工资暂保存在财政部零余额账户;财政部按规定核实后,在每月20日前及时通知代理银行将应支付的工资支付到相应的收款人。财政部代理银行在每月20日与中国人民银行进行资金清算时,将剩余资金退回国库单一账户。

第五十二条 建设单位(是指负责工程项目建设和管理的预算单位)的财政直接支付申请书经项目监理审核签字,并附加盖单位公章的本单位分月用款计划批复复印件,按规定程序报财政专员办审核签署意见。财政专员办审核支付申请所列项目是否在规定的部门预算和用款额度内,是否符合项目进度,有关申请的支付凭证是否齐全、相符等。

第五十三条 工程质量保证金的支付,按照有关合同条款,在保修期满后按规定程序支付给收款人。

第五十四条 有多项资金来源的项目,按照融资比例、工程进度支付中央财政资金。其他来源资金不能到位或到位比例低于中央财政资金支付进度50%的,中央财政资金财政直接支付申请将暂缓或停止办理。

第五十五条 建设项目概算及部门预算的调整,要按规定程序审批。在概算、项目预算审批之前,原则上暂停支付资金;在概算、项目预算调整审批后,按重新批复概算、项目预算调整支付计划,办理资金支付。

第五十六条 货物政府采购支出、工程政府采购支出和服务政府采购支出要按照财政部政府采购有关规定实行财政直接支付。需要实行公开招标采购方式的,还应当根据《招标投标法》,履行招标投标程序。

第五章 财政授权支付程序

第五十七条 财政授权支付适用于未纳入财政直接支付管理的购买支出、零星支出、特别紧急支出和经财政部批准的其他支出。

第五十八条 每月25日前,财政部根据批准的各预算单位月度财政授权支付额度,分别向中国人民银行和代理银行总行签发下月《财政授权支付汇总清算额度通知单》(格式见附件13)和《财政授权支付额度通知单》(以下简称《额度通知单》,格式见附件14)。

第五十九条 代理银行总行在收到《额度通知单》1个工作日内,将《额度通知单》所确定的各预算单位财政授权支付额度通知其所属各有关分支机构。各分支机构在接到《额度通知单》1个工作日内,向相关预算单位发出《财政授权支付额度到账通知书》(以下简称《到账通知书》,格式见附件15)。

第六十条 预算单位凭据《到账通知书》所确定的额度支用资金;代理银行凭据《额度通知单》受理预算单位财政授权支付业务,控制预算单位的支付金额,并与国库单一账户进行资金清算。

第六十一条 《到账通知书》确定的月度财政授权支付额度在年度内可以累加使用。年度终了,代理银行和预算单位对截至12月31日时点财政授权支付额度的下达、支用、余额等情况进行对账签证。代理银行将预算单位零余额账户财政授权支付额度余额全部注销,银行对账签证单作为预算单位年终余额注销的记账凭证。代理银行要将财政授权支付额度注销的明细及汇总情况在下年度的第二个工作日报送财政部和中国气象局。财政部下达的下年度财政授权支付额度,由预算单位按规定使用。

第六十二条 代理银行根据预算单位确定的结算方式,通过支票、汇票等形式办理资金支付。

第六十三条 预算单位使用支票和汇兑凭证办理支付结算业务,按以下规定操作:

(一)在支票"附加信息"栏或汇兑凭证"附加信息及用途"栏填写包含以下内容的八位连续代码作为支付指令。预算管理类型:分为基本支出和项目支出两类,具体填写时分别用代码1和2表示;预算科目代码:根据具体支付情况,按照财政部规定的政府预算收支科目,分类、款、项填写,没有项级科目的,填00补位,共计填写六位代码;支出类型:分为货物政府采购、工程政府采购、服务政府采购、货物非政府采购、工程非政府采购、服务非政府采购、转移支出、工资支出等八类,具体填写时按顺序分别用1、2、3、4、5、6、7、8表示。

(二)在支票"用途"栏或汇兑凭证"附加信息及用途"栏,填写具体支出对应的政府预算收支科目的目级科目及明细信息。

(三)除上述规定外的其他信息,包括付款人和收款人的名称、账号等,按照相关规定填写。

第六十四条 预算单位零余额账户需办理同城特约委托收款业务的,可与代理银行签订授权协议,并在协议中载明支出对应的预算科目、预算管理类型及支出类型。授权代理银行在接到煤、电、水等公用企业提供的收费通知单后,从预算单位零余额账户的财政授权支付额度内划拨资金,并相应扣减预算单位对应"项"级科目(项目)下的财政授权支付额度。

第六十五条 代理银行根据支付结算凭证通过预算单位零余额账户及时办理资金支付。代理银行对预算单位填写无误的支付结算凭证不得做退票处理;对预算单位超出财政授权支付额度签发的支付指令,不予受理。

第六十六条 中国气象局在收到预算单位代理银行总行出具的《财政支出日报表》(格式见附件16)及《财政支出月报表》(格式见附件17)后,应及时与有关辅助账簿核对,并就存在问题,及时与代理银行总行沟通。

第六十七条 预算单位办理资金退回业务时,应当填写《财政授权支付更正(退回)通知书》(以下简称《通知书》,格式见附件18),作为银行票证的附件一起提交代理银行。填写《通知书》时,应当在"调整事项"和"业务类型"的对应栏填写"退回"、"原列事项"及"调整事项"对应的"信息代码"栏统一填写原支付票证的附加信息代码,"日期"栏分别填写原支付日期以及办理退回业务的日期,"金额"栏分别填写原支付金额以及需要退回的金额。收款人主动退款的,代理银行应当通知预算单位按规定内容补填《通知书》。

第六十八条 预算单位因差错等原因需要调整预算科目时,应当单独填写《通知书》送交代理银行。其中,"调整事项"和"业务类型"的对应栏填写"更正"、"原列事项"和"信息代码"的对应栏填写原支付票证的附加信息代码,"调整事项"和"信息代码"的对应栏填写调整后的预算管理类型、支出类型、预算科目等八位代码,"日期"栏分别填写原支付日期以及办理更正业务的日期,"金额"栏分别填写原支付金额以及需要更正科目的金额。

第六十九条 预算单位除了应当根据现行财政财务制度规定的记账凭证记账外,对需要填写《进账单》的业务,还应当根据代理银行退回的加盖转讫章的《进账单》(第三联)记账。办理资金退回和科目更正业务,还应当根据代理银行加盖转讫章的《通知书》(第一联)记账。

第七十条 预算单位签发的转账支票可以依法背书转让。代理银行收到经过背书转让的支票,应当选择背书人(第一收款人)信息录入相关信息系统。

第七十一条 预算单位不得签发未填明支付指令的支票和结算凭证。代理银行收到未填明支付指令的支票和结算凭证,应当及时通知预算单位补填;如无法通知预算单位补填,造成代理银行垫付资金,预算单位应当根据代理银行反馈信息,以财务部门函的形式,及时通知代理银行该支付业务所使用的预算管理类型、支出类型和预算科目,供代理银行清算资金,同时要根据实际垫付情况,按同期活期存款利率向代理银行支付利息。

第七十二条 预算单位应根据代理银行付款后返回的有关票据及时登记有关账簿,并与代理银行提供的对账单核对,发现错误及时通知代理银行更正。

第七十三条 财政授权支付的资金,因凭证要素填写错误而在支付之前退票的,由预算单位核实原因后重新通知代理银行办理支付;财政授权支付的资金由代理银行支付后,因收款单位的账户名称或账号填写错误等原因而发生资金退回预算单位零余额账户的,代理银行在当日(超过清算时间在第二个工作日)将资金退回国库单一账户并通知预算单位,按原渠道恢复预算单位零余额账户财政授权支付额度。

第七十四条 代理银行受理预算单位财政授权支付业务按规定收取的汇划手续费,由财政部按年度统一与代理银行总行结算。预算单位只负担相应的工本费。

第七十五条 代理银行在每月初3个工作日内,按上月实际发生的明细业务,向预算单位发出对账单。预算单位应根据对账单按月对账。

第七十六条 预算单位在当地代理银行营业日对外营业时间内,均可办理财政授权支付业务。代理银行应按照有关规定,及时办理资金支付和清算业务。

第七十七条 代理银行在营业日15:30时至停止对外营业的时间内受理的财政授权支付业务,应按照《中央单位国库集中支付代理银行垫付资金计息管理暂行办法》(财库〔2005〕10号)的有关规定,采用当日垫付资金,下一营业日清算的方式办理。

第七十八条 对于代理银行发生的垫付资金,由财政部按季计付利息。

第七十九条 预算单位发生本实施细则第七十七条所述财政授权支付业务,属于下列两种业务的,预算单位应按代理银行的要求填写《代理银行垫付资金计息明细表》(以下简称《明细表》,格式见附件19)有关内容。预算单位不按规定要求填写《明细表》,代理银行可拒绝受理该项业务。

(一)预算单位提取现金业务。

(二)当地人民银行规定的最晚同城票据交换时间或支付清算系统业务截止时间之前(即当天仍可提出交换的时间内)受理的转账和汇兑业务。

第六章 管理与监督

第八十条 中国气象局在中央财政资金支付管理中的主要职责是:

(一)组织制定气象部门有关政策和规章制度,管理和监督气象部门财政国库管理制度改革的具体实施。

(二)指导各级预算单位做好中央财政资金管理和会计核算工作。

（三）指导所属单位办理开设、变更零余额账户的相关工作。

（四）组织和指导所属单位按批复的部门预算编制、审核、汇总和上报所属单位分月用款计划。

（五）负责审核、汇总、上报所属单位财政直接支付申请。

（六）指导各级预算单位按规定使用零余额账户，并对使用情况进行监督。

（七）负责组织所属单位与代理银行、财政部进行对账。

（八）负责管理工程进度、工程质量。

（九）配合财政部对所属各级预算单位预算执行、资金申请与拨付、账户管理等情况进行监督和检查。

第八十一条　各级预算单位在中央财政资金支付管理中的主要职责是：

（一）做好本单位中央财政资金的财务管理和会计核算；对下级单位的中央财政资金的财务管理和会计核算给予指导。

（二）按规定办理本单位零余额账户的开设、变更等具体工作；组织和指导所属单位办理零余额账户的开设、变更等工作。

（三）在有关职能部门的配合下，按批复的部门预算，具体编制本单位分月用款计划；审核、汇总、上报所属预算单位分月用款计划。

（四）负责组织管理本单位招标投标工作。

（五）按批复的分月用款计划提出本单位财政直接支付申请、按财政授权支付管理规定办理财政授权支付业务；审核、汇总、上报所属单位财政直接支付申请。

（六）负责本单位及所属预算单位与代理银行、财政部进行对账工作。

（七）审查本单位各类支出凭证的真实性、合法性，并按财政部的要求提供有关支付凭证。

（八）配合财政部和上级主管部门对本单位预算执行、资金申请与拨付、零余额账户管理等情况进行监督和检查。

第八十二条　除国务院批准或国务院授权财政部批准的特殊事项外，发生以下情形之一的，各级主管部门有权拒绝所属单位的支付申请：

（一）无预算、超预算申请使用资金。

（二）自行扩大预算支出范围申请使用资金。

（三）申请手续及提供的文件不完备，有关审核单位没有签署意见或加盖印章。

（四）未按规定程序申请使用资金。

（五）预算执行中发现重大违规违纪问题。

（六）工程建设出现重大问题。

（七）其他可能造成拒付的情形。

第八十三条　各级主管部门对所属单位使用中央财政资金情况监督检查的内容是：

（一）是否按规定程序、批复的部门预算、用款计划、合同条款、项目进度申请和使用资金；

（二）支付凭证是否真实、合法，上报的资料、信息是否及时、准确；

(三)是否按规定进行招标投标工作；

(四)是否利用报账单位转移、隐匿中央财政资金；

(五)是否提供虚假申请资料或信息骗取中央财政资金；

(六)是否有其他违反财经纪律的行为。

第八十四条 气象部门各级监察审计机构要加强预算单位中央财政资金支付管理情况的监督与审计。

第八十五条 预算单位应当加强账务管理，按规定及时对账，具体对账程序按照财政部及中国气象局的有关规定进行。

第七章 法律责任

第八十六条 预算单位擅自变更预算，改变预算用款方向或性质，造成预算资金损失浪费的，追究单位负责人和有关直接责任人的行政责任。情节严重构成犯罪的，移交司法机关，依法追究刑事责任。

第八十七条 违反本实施细则规定，有下列行为之一的，依法追究其责任：

(一)伪造、变造或提供虚假合同的；

(二)伪造、变造或提供虚假财政直接支付申请的；

(三)伪造、变造或提供虚假收款人及其账户，骗取中央财政资金的；

(四)预算单位有关人员与收款人合谋以非法手段骗取中央财政资金的；

(五)预算单位提供虚假信息，造成中央财政资金流失的。有前款所列行为之一的有关人员，构成犯罪的，移交司法机关追究刑事责任。尚未构成犯罪的，由中国气象局予以通报；对其直接负责的主管人员和其他直接责任人员，由其所在单位依法给予行政处分。

第八章 附 则

第八十八条 有关年终结余资金的财政财务政策和具体操作程序按照财政部及中国气象局的有关规定进行。

第八十九条 本实施细则由中国气象局负责解释。

第九十条 本实施细则自发布之日起施行。《气象部门财政国库管理制度改革试点资金支付管理办法实施细则》(气发〔2002〕219号)同时终止执行。

附件1—19：略

气象部门财政国库管理制度改革年终预算结余资金管理暂行办法

(气发〔2005〕193 号　2005 年 8 月 17 日)

第一条　为规范气象部门财政国库管理制度改革年终预算结余资金的使用和管理，根据财政部《财政国库管理制度改革试点年终预算结余资金管理暂行规定》及有关规定，结合气象部门实际情况，制定本办法。

第二条　财政国库管理制度改革年终预算结余资金(以下简称结余资金)是指纳入改革的预算单位(以下简称预算单位)在预算年度内，按照财政部批复的部门预算，当年尚未支用并按照有关财政财务制度规定应当留归预算单位继续使用的资金。结余资金包括行政事业单位经费结余、政府采购资金结余、留归预算单位使用的项目经费结余、基本建设项目竣工结余和投资包干结余，以及财政财务规章、制度规定的其他结余资金。

第三条　预算单位结余资金的数额按照财政部批复的部门预算数额加上年预算结余数额减当年财政国库已支付数额和应当缴回中央财政数额后的余额计算，并按规定程序由财政部核定。当年财政国库已支付数额，包括财政直接支付数额和财政授权支付数额。财政授权支付数额为预算单位零余额账户已支用的用款额度。

第四条　预算单位应当按照财政财务规章、制度的规定，支用和管理结余资金。

第五条　预算单位应按本年度部门预算数全额编报用款计划。未按部门预算数全额编报用款计划的，应当在下一年度 1 月 10 日前作为当年 12 月份用款计划进行补报。

第六条　年度终了，财政部将单位年终结余用款计划额度注销，同时代理银行向基层预算单位提供对账单后，将各基层预算单位零余额账户额度余额注销。

第七条　下一年度 1 月至 6 月，财政部原则上每个月将未下达的结余用款计划额度的 20％重新下达各部门(单个基层预算单位的单个预算科目结余不足 10 万元的，全部结转在 1 个月内)，于 6 月份将未下达的结余用款计划额度全部下达完毕，并同时向代理银行下达财政授权支付额度。代理银行应当及时向相关预算单位发出《财政授权支付额度恢复到账通知书》(附表 1)。各预算单位在下达的用款计划及授权支付额度内使用资金。财政部按比例下达的结余用款计划额度不能满足预算单位特殊需要的，由一级预算单位提出申请，财政部根据库款情况给以适当调整。

第八条　中国气象局在与各级预算单位完成年度对账的基础上，按照财政部有关规定报送《财政国库管理制度改革实施单位年终预算结余资金申报核定表》(以下简称《核定表》)(附表 2)，财政部根据部门预算和相关财政财务管理规定，在规定时间内将上年度结余资金以正式文件(附核准的《核定表》)通知中国气象局。中国气象局收到财政部正式文件后 15 日内将上年度结余资金以正式文件下达各二级预算单位。

第九条 财政部核定的预算结余数额如小于恢复的上年度财政授权支付额度与未支用财政直接支付用款计划数额之和,预算单位应当报送负数用款计划冲抵差额;不足冲抵的,抵减当年预算。

第十条 上年度注销的财政授权支付额度在下年度无对应预算科目需要变更的,财政部通知中国人民银行,由中国人民银行相应调整支付清算的预算科目。预算单位按照调整后的预算科目支用和管理结余资金。

第十一条 预算单位在财政部核定下达预算结余之前支用结余资金,应当遵守有关财政财务管理规章、制度规定。对违反有关财政财务管理规章、制度支用结余资金的,上级主管单位应当责成其纠正,并可以通过扣减预算等方式缴回有关违反规定支用的资金。

第十二条 预算单位应当根据《气象部门财政国库管理制度改革会计核算办法》的相关规定进行对账,并做好额度注销和额度恢复的账务处理工作。

第十三条 按照有关财政财务规章、制度的规定,允许预算单位在年终结余资金中提取、支用的有关资金,预算单位应当进行相关提取、支用的账务处理,并按规定支用资金。

第十四条 本办法自发布之日起实施。《气象部门财政国库管理制度改革试点预算结余资金管理暂行规定》(气发〔2004〕59号)同时废止。

第十五条 本办法由中国气象局计划财务司负责解释。

附表1-2:略

气象部门国库集中支付资金归垫管理暂行办法

(气发〔2007〕125号　2007年4月23日)

第一条　为保证气象部门国库集中支付工作的顺利进行,切实规范和加强预算单位资金归垫管理,根据财政部有关规定,制定本办法。

第二条　本办法所称财政资金是指列入年度部门预算,并纳入国库集中支付实施范围的中央财政资金。

第三条　预算单位资金归垫,是指预算单位在财政授权支付用款额度或财政直接支付用款计划下达之前,用本单位实有资金账户资金垫付相关支出,再通过财政授权支付方式或财政直接支付方式将资金归还原垫付资金账户的一种特殊行为。

第四条　实行国库集中支付的预算单位,非因特殊情况不得通过本单位实有资金账户支付财政资金。

第五条　预算单位发生下列特殊情况之一的,允许垫付财政资金:

(一)经国务院批准并限时开工的基建投资项目支出。

(二)基建投资项目前期费用支出。

(三)重大紧急突发事项支出。

(四)其他按规定允许垫付的支出。

第六条　预算单位通过本单位实有资金账户垫付财政资金,实行事先备案制度。

第七条　对于按规定允许垫付的支出,由预算单位在资金垫付之前将拟垫付事项、原因和资金来源等情况逐级上报,并由中国气象局审核确认后报财政部国库司备案。

第八条　中国气象局收到财政部国库司是否同意垫付的回复意见后及时、逐级通知预算单位。

第九条　预算单位收到同意垫付的回复意见后,方可通过本单位实有资金账户垫付财政资金。

第十条　预算单位进行资金归垫应严格履行财政审批手续,不得擅自归垫。

第十一条　预算单位收到已垫付资金项目的财政授权支付用款额度或财政直接支付用款计划后,可提出资金归垫申请。

第十二条　以财政授权支付方式进行资金归垫的,预算单位应将资金归垫申请,以及相关合同、发票、银行结算证明、记录垫付事项发生费用账簿复印件等垫付事项证明材料逐级上报,并由中国气象局审核确认后报财政部国库司。

第十三条　中国气象局接到财政部国库司批复文件后,在2个工作日内向预算单位逐级转发。预算单位应将财政部国库司的书面批复作为资金归垫依据,严格按照批复的预算科目和金额等内容到代理银行办理资金归垫业务。

第十四条 以财政直接支付方式进行资金归垫的,预算单位应将资金归垫申请,以及相关合同、发票、银行结算证明、记录垫付事项发生费用账簿复印件等垫付事项证明材料,连同财政直接支付申请书,按照财政直接支付的有关程序上报中国气象局,中国气象局审核确认后随同财政直接支付汇总申请书报财政部国库司,并由财政部国库司通知直接支付代理银行进行资金支付。

第十五条 对于情况比较复杂,以及需要现场核实相关原始凭证和资料的垫付事项,财政部国库司将委托预算单位所在省(自治区、直辖市、计划单列市)财政监察专员办事处(以下简称财政专员办)进行核实。财政专员办对归垫申请事项进行核实时,预算单位应提供相关原始凭证和证明垫付事项真实性的相关材料。

第十六条 预算单位要进一步加强对资金归垫的监督管理,杜绝虚列开支、伪造合同、编造借款事项等骗取资金归垫的情形出现。如若出现,根据财政部有关规定,除责令退回已归垫资金外,还将按照有关法律法规对相关单位和责任人做出处理。

第十七条 本办法由中国气象局计划财务司负责解释。

第十八条 本办法自发布之日起施行。《气象部门垫付中央财政资金管理暂行规定》(气发〔2004〕342号)同时停止执行。

气象部门国库集中支付工作考核管理办法

(气计函〔2007〕94号　2007年6月15日)

为进一步规范气象部门国库集中支付业务操作，保证国库集中支付工作质量，切实提高部门国库集中支付工作管理水平，根据财政部的相关政策、规章制度，结合气象部门实际情况，制定本办法。

一、考核原则和目的。国库集中支付工作是部门预算执行的重要组成部分，贯穿于整个预算年度。国库集中支付考核工作，将按照"公平、公正、公开"的原则对各级预算单位国库集中支付业务进行考核，旨在促进各单位规范国库集中支付操作，加强财政性资金的管理与监督，提高资金运行效率和使用效益。

二、考核对象。凡纳入气象部门国库集中支付范围的预算单位均为考核对象。各二级预算单位为最终得分主体，二级预算单位本级及所属三级和四级预算单位的扣分情况，全部在二级预算单位的总分中反映。

三、考核方法。根据财政部和中国气象局对国库集中支付工作的要求，制定《气象部门国库集中支付工作考核评分表》(见附件1)，采取分项打分的方法。满分为100分，计分采取扣分制，每项扣完为止，预算单位各分项得分合计为考核成绩。

四、考核内容及评分标准。

(一)时效性考核：本项主要考核预算单位是否在规定时间内完成国库集中支付相关业务，满分10分。下列情况，每出现一次扣0.5分。1.未在规定时间内编报用款计划。2.未在规定时间内编制年度国库集中支付改革范围划分建议。3.未在规定时间内反馈对账情况。4.未在规定时间内反馈结余资金核对情况。5.未在规定时间内完成其他国库集中支付工作。

(二)用款计划编报考核：本项主要考核用款计划编报是否符合相关规定，满分20分。

1.与预算一致性考核：

(1)超预算批复数(或预算控制数)编报用款计划，每出现一次扣1分。各预算单位如因年中调整预算，未按以下要求编报用款计划的，视同超预算编报用款计划：按规定应报中国气象局经财政部批准的预算调整事项，须在调整预算的批复正式下达后编报用款计划；按规定应报中国气象局备案的预算调整事项，用款计划编报口径应与备案事项一致。

(2)科目编码、科目名称、支出类型与预算批复数(或预算控制数)不一致，直接支付用款计划的项目编码和项目名称与财政部下达的不一致，每出现一项扣0.5分。

2.编报原则考核：基本支出未按照年度均衡性原则编制，项目支出未按照项目实施进度和年度基本均衡原则编制，且无合理理由的，每出现一次扣1分。

3.其他编报内容考核：

(1)漏报用款计划,每出现一次扣2分。

(2)用款情况可以预见(因预算调整情况除外),但没有在正常批次编报用款计划,出现一次扣1分。

(3)补报用款计划必须附加盖计财处公章的详细说明,并邮寄纸制文件。内容包括补报原因、单位名称、国标码、支出类型、科目编码、科目名称、预算总数、已报用款计划金额、补报金额,直接支付用款计划还应包括项目编码和项目名称,每缺少一项扣0.5分。

(4)因预算调整而编(补)报的用款计划,未附加预算调整的批复文件或备案文件,出现一次扣1分。

(5)编报负用款计划的相应科目额度不足冲减,每出现一次扣1分。

(6)编报第一、二季度项目支出用款计划(除经常性专项业务项目支出用款计划以外)必须附加盖计财处公章的详细说明,并邮寄纸制文件。内容包括编报原因、单位名称、国标码、支出类型、科目编码、科目名称、预算总数、已报用款计划金额、本次编报金额,直接支付用款计划还应包括项目编码和项目名称,每缺少一项扣0.5分。

(三)编报年度国库集中支付改革范围划分建议考核:本项主要考核各预算单位是否按照财政部和中国气象局的相关规定编报年度国库集中支付改革范围划分建议,满分7分。

1.与预算一致性考核:

(1)表内数据、科目编码、科目名称、支出类型与预算批复数(或预算控制数)不一致,直接支付项目编码和项目名称与财政部下达的不一致,每出现一项扣1分。

(2)项目按规定应纳入而未纳入财政直接支付,且无合理理由,每出现一项扣1分。

(3)单位名称与零余额账户名称不一致,每出现一次扣0.5分。

2.数据钩稽关系考核:表内相关数据的钩稽关系错误,每出现一次扣1分。

3.报送方式考核:未按要求以文件形式报送,每出现一次扣1分。

(四)直接支付考核:本项主要考核各预算单位在操作直接支付业务时,是否按照要求填制直接支付申请书,电子数据编报是否正确,满分8分。

1.填报原则考核:(1)列入财政直接支付范围而在财政授权支付范围列支的,每出现一次扣1分。(2)支付前未报、漏报用款计划,支付时金额超出用款计划金额,每出现一次扣1分。(3)编报直接支付申请书时,科目编码、科目名称、项目编码、项目名称与用款计划不一致,每错一项扣0.5分。

2.审批程序考核:未按照规定进行直接支付审核,预算单位、财政监察专员办事处和上级主管单位的印鉴不齐全,缺少一个扣1分。

3.相关信息填写考核:直接支付申请书的联系人、电话、地址、邮政编码等信息,少一项扣0.5分。

4.退单情况考核:因预算单位操作失误,造成直接支付退单的,每出现一次扣1分。

5.数据一致性考核:上报直接支付申请书的电子数据与纸制数据不一致的,每出现一次扣1分。

(五)日常对账及年终结余资金考核:本项主要考核各预算单位是否按照相关制度对

账、核对结余资金,满分10分。

1. 日常对账反馈结果考核:因预算单位工作失误,造成对账结果不符的,每错一项扣0.5分。

2. 结余资金反馈结果考核:因预算单位工作失误,导致核对结余资金有误,进而影响结余资金正常恢复,每错一项扣1分。

3. 提前恢复结余资金考核:需提前恢复结余资金,而未在规定时间内提出申请,每出现一次扣1分。

(六)归还垫付资金考核:本项主要考核各预算单位归还垫付中央财政资金的真实性、合理性、合规性,满分12分。

1. 预算单位垫付财政资金前,未按规定实行事先备案制度的,每出现一次扣1分。

2. 备案材料以及资金归垫申请不符合要求,垫付事项证明材料不齐全的,每出现一项扣1分。

3. 未严格按照财政部批复内容进行归垫的,每出现一次扣2分。

4. 零余额账户中相应科目额度不足归还垫付资金的,每出现一次扣1分。

(七)零余额账户管理考核:本项主要考核各预算单位零余额账户开户、撤户、名称变更是否符合财政部和中国气象局的相关规定,申请程序是否正确,满分6分。

1. 合理性考核:零余额账户开户、撤户、名称变更不符合财政部和中国气象局有关规定,每出现一次扣1分。

2. 规范性考核:零余额账户开户、撤户、名称变更未上报正式文件,相关资料填写不正确、不规范,每出现一次扣0.5分。

3. 预留印鉴考核:预算单位未按规定填写印鉴卡报主管部门备案,每出现一次扣0.5分。

(八)资金支付考核:本项主要考核各预算单位是否严格按照部门预算支付中央财政资金,是否存在违规现象,满分15分。以下任何一种情况,出现一次扣5分;出现两次及两次以上的,本项不得分。

1. 转移、挤占、挪用、隐匿中央财政资金。

2. 提供虚假申请资料或信息骗取中央财政资金。

3. 直接或间接用中央财政资金发放政策外补贴津贴。

4. 串换预算科目使用财政资金。

5. 不履行财政审批程序,擅自进行归垫。

6. 大量、频繁使用现金进行业务结算,且无正当、合理理由。

7. 其他严重违反国库集中支付工作相关规定,并产生不良影响及后果。

(九)其他工作考核:本项主要考核各预算单位其他国库集中支付工作是否符合相关规定,满分12分。

1. 气象部门中央财政资金国库集中支付支出数据统计表考核:表中当年预算数、上年结余资金数与批复文件不一致,申报用款计划情况、已到账可使用额度数、支出数据等与实际情况不符,出现一项扣0.5分。

2.软件维护考核:未按要求对"中央预算单位财政资金支付管理系统"电子数据进行备份的,每出现一次扣1分。

3.档案保管考核:预算单位编报用款计划,未按要求打印纸制文件加盖单位公章后存档的,每出现一次扣1分。

4.辅助账务管理考核:预算单位未按"类"、"款"、"项"设置用款额度明细账,每出现一次扣1分。

5.资金退回或更正业务考核:预算单位未按规定办理资金退回或更正业务,每出现一次扣0.5分。

五、考核情况的处理。按中国气象局工作目标管理考核时限,根据各二级预算单位国库集中支付工作实时情况,纳入工作目标考核中酌情计分。在预算年度结束后,计划财务司将各二级预算单位的国库集中支付工作年度考核成绩从高到低排序、分单位列出主要问题进行通报。对普遍存在的和重大的问题,计划财务司还将进行分类专项通报,提出整改要求。

六、本办法由中国气象局计划财务司负责解释。

七、本办法自发布之日起实施。

附件:1.气象部门国库集中支付工作考核评分表(略)
    2.《气象部门国库集中支付工作考核管理办法》说明

附件 2

《气象部门国库集中支付工作考核管理办法》说明

一、国库集中支付是部门预算执行的重要组成部分,必须与部门预算保持一致。预算单位年度部门预算一经批复,国库集中支付就必须体现预算的严肃性和约束性,严格按照预算执行。

二、考核工作将采取日常检查和专项检查并行的方式。日常检查主要依靠网络,在预算年度中持续进行;专项检查则主要采取实地对各单位国库集中支付工作情况进行检查的方式。

三、国库集中支付相关的会计处理工作,本办法不作要求,以财务管理口径为准。

四、辅助账务管理考核中:按"类"、"款"、"项"设置用款额度明细账的考核。此处的用款额度明细账是指各预算单位全年预算总数、预算调整情况、编报用款计划情况以及未编报用款计划的剩余额度情况。主要用于控制用款计划的编报,防止超预算编报情况发生。各二级预算单位的用款额度明细账应按单位反映本级和所属下级预算单位的用款计划编制情况。

五、"中央预算单位财政资金支付管理系统"的电子数据备份文件保存期至少 1 年,用款计划的纸制文件和用款额度明细账视同单位预算会计月、季度报表的保存,期限均为 5 年。

六、在考核过程中,对下级预算单位数量多(三级预算单位数量在 30 个以上或四级预算单位数量在 100 个以上)和对气象部门国库集中支付工作有特别贡献(如:承接四级预算单位国库集中支付改革试点工作等)的预算单位,计划财务司将酌情予以加分,满分不超过 100 分。

七、考核时间范围是当年 1 月 1 日至 12 月 31 日。

八、各单位的国库集中支付工作应参考以下文件及资料:

1.《关于印发〈气象部门财政国库管理制度改革资金支付管理办法实施细则〉的通知》(气发〔2005〕186 号);

2.《关于印发〈气象部门财政国库管理制度改革会计核算办法〉的通知》(气发〔2005〕192 号);

3.《关于印发〈气象部门财政国库管理制度改革年终预算结余资金管理暂行办法〉的通知》(气发〔2005〕193 号);

4.《关于印发〈气象部门国库集中支付资金归垫管理暂行办法〉的通知》(气发〔2007〕125 号);

5. 2004 年至 2006 年国库集中支付培训材料。

关于加强公务机票购买管理有关事项的通知

(财库〔2014〕33号)

中央有关部门,国务院各部委、各直属机构,全国人大常委会办公厅,全国政协办公厅,高法院,高检院,各人民团体,各民主党派,各省、自治区、直辖市、计划单列市人民政府外事办公室、财政厅(局),新疆生产建设兵团财务局、外事局:

为贯彻落实《党政机关厉行节约反对浪费条例》要求,规范公务机票购买行为,根据《财政部外交部关于印发〈因公临时出国经费管理办法〉的通知》(财行〔2013〕516号)及政府采购相关制度规定,现就加强公务机票购买管理的有关事项通知如下:

一、各级国家机关、事业单位和团体组织工作人员,以及使用财政性资金购买公务机票的其他人员(以下简称购票人),国内出差、因公临时出国购买机票,应当按照厉行节约和支持本国航空公司发展的原则,优先购买通过政府采购方式确定的我国航空公司(以下简称国内航空公司)航班优惠机票。

二、国内航空公司按政府采购合同约定给予公务机票优惠。对于市场折扣机票,各航空公司按国内、国际机票各航班舱位的折扣票价给予9.5折优惠;对于市场全价机票,则分别给予全价票价的8.8折、8.5折优惠。政府采购机票优惠率的变动情况,将在政府采购机票管理网站(www.gpticket.org)上发布。

三、因公临时出国时,购票人应当选择直达目的地国家(地区)的国内航空公司航班出入境,没有直达航班的,应当选择国内航空公司航班到达的最邻近目的地国家(地区)进行中转。因中转1次以上(不含1次)等特殊原因确需选择非国内航空公司航班,以及因最临近目的地国家(地区)中转需办理过境签证而选择其他邻近中转地的,应当填写《乘坐非国内航空公司航班和改变中转地审批表》(见附件),事先报经单位外事部门和财务部门审批同意。

四、购票人应当做好公务出行计划安排,尽可能选择低价机票,原则上不得购买全价机票。对于各航空公司提供的低于政府采购优惠票价的团队价格或促销价格机票,购票人可选择购买,但不再享受政府采购优惠。购票人需要退改签机票的,按照各航空公司的退改签规定办理。

五、购票人可直接使用公务卡在政府采购机票管理网站购买机票,也可通过具备中国民航机票销售资质的各航空公司直销机构或机票销售代理机构,使用公务卡或银行转账方式购买机票。使用公务卡购票的,应当提前在政府采购机票管理网站进行公务卡注册或通过电话方式注册。使用银行转账方式购票的,需要在支票、汇款等票据上标注资金用途为"公务机票购票款",填写的单位名称应与系统记录的单位名称一致。

六、各部门各单位要严格公务机票报销管理,购买国内航空公司航班机票的,应当以标注有政府采购机票查验号码的《航空运输电子客票行程单》作为报销凭证；购买非国内航空公司航班机票的，应当以相关有效票据作为报销凭证，并附经单位外事部门和财务部门出具审核意见的审批表。单位财务人员如需对购票单位、购票时间及购票价格等信息进行核实的，可登录政府采购机票管理网站按查验号码查询。

七、各级外事、财政、审计等部门应当将出国机票购买情况纳入因公临时出国情况联合检查的范围。各部门各单位在审计部门对因公临时出国经费管理使用情况进行审计时，应当提供乘坐非国内航空公司航班审批表等机票购买活动的资料以及经费管理使用的资料。

八、各级财政部门应当按预算级次整理本级预算单位名称全称、组织机构代码等信息，在本级预算单位实施公务机票购买管理改革前，按规定格式提供给中国民用航空局清算中心。中央预算单位信息由财政部提供，地方各级预算单位信息由省级财政部门审核汇总后提供。预算单位相关信息变更的，各级财政部门也按此要求办理。

九、中国民用航空局清算中心具体承担公务机票购买的相关执行工作，统一与各航空公司、机票销售机构签订服务合同，协调处理各中央预算单位和地方财政部门书面反映的航空公司执行优惠率、机票销售机构履行服务承诺等方面的问题，定期向各级财政部门报送公务机票购买执行情况。

十、中央预算单位从2014年6月1日起开始实施公务机票购买管理改革。各省级财政部门要统筹安排本地区改革工作，省级预算单位在2014年底前实施，地市级及以下级预算单位在2015年底前全部实施。

十一、各航空公司航班市场票价和政府采购优惠票价，预算单位基础信息表，公务卡注册流程，公务机票购买操作手册，以及国内航空公司和机票销售机构名录等内容，见政府采购机票管理网站。

十二、各地区各部门各单位可根据本通知规定，结合实际制定相应的实施细则。

十三、各中央部门和省级财政部门在实施工作中，有关政策制定、执行中的意见和建议，请与财政部国库司联系，联系电话：010－68552389。有关预算单位信息提供、购票中出现问题的处理等操作执行方面的问题，请与中国民用航空局清算中心联系，联系电话：010－84669065。

财政部　中国民用航空局

2014年4月14日

附件：略

关于气象部门公务机票购买管理
有关事项的通知

(气计函〔2014〕119号)

各省(区、市)气象局,计划单列市气象局,各直属单位,各内设机构:

按照《财政部 中国民用航空局关于加强公务机票购买管理有关事项的通知》(财库〔2014〕33号)(以下简称《通知》)要求,现就气象部门公务机票购买管理有关事项通知如下:

一、气象部门各级机关、事业单位和社会团体(以下统称"各级预算单位")工作人员,以及使用财政性资金购买公务机票的其他人员,国内出差、因公临时出国购买机票,均应遵守《通知》要求。

二、京内单位从2014年6月1日起执行该《通知》。京外单位具备实施条件的,应从6月1日起按规定方式购买公务机票。实施有困难的,报计财司批准后,可以按照属地化原则,根据所在地区财政部门推进公务机票购买管理改革的时间要求组织实施。

三、购票人在购买公务机票前,应当首先登陆政府采购机票管理网站(www.gpticket.org,以下简称"网站")完成公务卡信息注册和购票注册,注册流程见附件1。

四、购票人可以选择以下三种渠道当中的任意一种购买公务机票:一是购票人自行登录网站,按网站提示自助购票;二是购票人自行联系航空公司直销机构委托购票;三是购票人自行联系机票代理机构委托购票。采用委托购票的,购票人可在网站首页点击"服务商查询"模块,在航空公司直销机构服务商名单和代理人服务商名单中任意选择一家服务商购票。

五、各级预算单位没有公务卡的工作人员,应按照《财政部 中国人民银行关于印发〈中央预算单位公务卡管理暂行办法〉的通知》(财库〔2007〕63号)的有关规定,及时办理公务卡。没有公务卡的工作人员及聘请国内外专家购买机票,可使用银行转账方式到网站"服务商查询"模块中,选择服务商购票。

六、多人同行的情况下,购票人一张公务卡可同时最多为8个"同行购票人"购票,但"同行购票人"必须首先完成公务卡信息注册,且"同行购票人"必须与购票人选择同样的航程和舱位。

七、各级预算单位要严格公务机票报销管理,购买国内航空公司航班机票的,应当以标注有政府采购机票查验号码的《航空运输电子客票行程单》作为报销凭证(票样见附件2);购买非国内航空公司航班机票的,应当以相关有效票据作为报销凭证,并附经单位外事部门和财务部门出具审核意见的审批表(见附件3)。

八、登陆政府采购机票管理网站使用公务卡购票及注册公务卡信息后委托代理机构购票都不能生成POS小票,为方便核对还款信息,报销时需附《公务卡还款信息表》(见附件4)。

九、需要对公务机票相关信息进行核实时,可登录政府采购机票管理网站,按查验号码对购票单位、购票时间及购票价格等信息进行核实的。机票查验号码查询流程见附件5。

计财司已于5月5日通过NOTES邮件将《通知》转发各单位,考虑到网站6月1日才投入使用,运行不稳定,经常临时停止网上服务,各单位在进行公务卡注册时会遇到困难,因此6月30日以前购置的公务机票可按原报销规定执行,7月1日开始购置的公务机票应按照本通知要求执行。《通知》执行过程中如有问题,请及时反馈计财司。

中国气象局计划财务司

2014年6月16日

附件1—3:略

关于气象部门公务机票购买管理
有关事项的补充通知

（气计函〔2014〕228号）

各省（区、市）气象局，计划单列市气象局，各直属单位，各内设机构：

按照《财政部　中国民用航空局关于加强公务机票购买管理有关事项的补充通知》（财库〔2014〕180号）和《关于政府采购机票管理网站恢复运行的通知》（财办库〔2014〕443号）要求，现就气象部门公务机票购买管理有关事项通知如下：

一、政府采购机票管理网站已完成升级改造，恢复运行。请各单位组织本单位工作人员尽快在网站进行用户注册。

二、自2015年1月1日起，京内各单位要严格执行《财政部　外交部关于印发〈因公临时出国经费管理办法〉的通知》（财行〔2013〕516号）、《财政部　中国民用航空局关于加强公务机票购买管理有关事项的通知》（财库〔2014〕33号）、《财政部　中国民用航空局关于加强公务机票购买管理有关事项的补充通知》（财库〔2014〕180号）以及《关于气象部门公务机票购买管理有关事项的通知》（气计函〔2014〕119号）的有关规定。

三、京外单位可根据本单位实际，选择参照京内单位执行，也可根据所在地区改革推进的时间组织实施。

四、各单位工作人员完成公务卡信息注册后，可以用自己的公务卡为其他拥有公务卡的工作人员购买公务机票。为未办理公务卡人员购买机票只能通过银行转账方式完成。

五、购票人可以购买市场上公务机票销售渠道以外低于政府采购优惠票价的国内航空公司航班机票，购票时应当保留从各航空公司官方网站或者政府采购机票管理网站下载的出行日期机票市场价格截图等证明其低于购票时点政府采购优惠票价的材料，并需在报销时提供。

各单位在执行过程中如有问题，请及时反馈计财司。

中国气象局计划财务司
2014年11月26日

气象部门公务卡管理实施办法

(气发〔2012〕59号 2012年7月26日)

第一章 总 则

第一条 为进一步深化气象部门国库集中支付制度改革,规范预算单位支付业务,减少现金支付结算,提高资金支付透明度,根据财政部和中国人民银行《中央预算单位公务卡管理暂行办法》、财政部《关于实施中央预算单位公务卡强制结算目录的通知》等有关规定,结合气象部门实际情况,制定本实施办法。

第二条 本办法所称公务卡,是指预算单位工作人员持有的,主要用于日常公务支出和财务报销业务的银联标准信用卡(银行贷记卡)。公务卡实行实名制管理,凭密码消费,仅限办理人民币消费业务。

第三条 公务卡的发卡银行(以下简称发卡行)应与预算单位零余额账户的开户行一致。

第四条 公务卡管理涉及的有关信息维护、财务报销、银行划款和动态监控等业务,通过发卡行提供的公务卡支持系统和双向转账财务POS(销售终端,下同)系统辅助办理。

第五条 预算单位应与发卡行签订公务卡服务、网上银行服务和双向转账财务POS设备使用等协议。预算单位的财务核算工作由财务核算中心代管的,预算单位还应与财务核算中心签订相应的授权使用协议。

第六条 本办法涉及的部分名词遵从如下定义:

"持卡人"指向发卡行申请公务卡并获得卡片核发的气象部门所属预算单位在职工作人员。

"信用额度"指发卡行根据持卡人的资信情况等为其核定的、持卡人在卡片有效期内使用的最高授信限额。

"交易日"指持卡人实际用卡消费、取现或转账的日期。

"账单日"指发卡行每月对持卡人的累计未还消费交易本金、取现交易本金、费用等进行汇总,结计利息,并计算出持卡人当期应还款额的日期。

"到期还款日"指发卡行规定的持卡人应该偿还其全部应还款额或最低还款额的最后日期。

"还款日"指持卡人实际向发卡行偿还其欠款的日期。

"免息还款期"指在持卡人于到期还款日(含)前偿还全部应还款额的前提下,可享受免息待遇的消费交易的银行记账日至还款日之间的时间。

"罚息"是指借款人没有在发卡行的规定时间内偿还贷款本息的,发卡行按中国人民银行有关规定以日为单位计算的利息。

"滞纳金"指当持卡人未在到期还款日（含）前还款或还款金额不足最低还款额时，按规定应向发卡行支付的费用。

第二章 公务卡日常管理

第七条 预算单位所有在编在职工作人员必须办理公务卡。借调、挂职和聘用等非在编人员，可根据实际情况，经单位人事部门审核并报单位领导批准后，可予办理公务卡。

第八条 预算单位新增工作人员时，应及时按程序办理公务卡；预算单位现有工作人员因调出或退休等原因离职时，应在及时清理公务卡项下的债权债务后，办理公务卡的停止使用手续。同时，预算单位财务部门应通知发卡行及时维护公务卡支持系统。

第九条 公务卡由预算单位统一组织符合办卡条件的工作人员向发卡行申办。

第十条 气象部门公务卡账单日统一确定为每月7日。预算单位在办理公务卡时，应向发卡行予以明确。

第十一条 公务卡免息还款期最短为20日，最长为50日。凡当月7日（含）前公务卡发生的支出，免息还款期截止日为当月27日；凡当月8日（含）后公务卡发生的支出，免息还款期截止日为下月27日。

第十二条 公务卡的信用额度，由预算单位与发卡行协商确定。根据持卡人的资信情况，原则上每张公务卡信用额度不少于2万元，不高于5万元。持卡人在规定的信用额度和免息还款期内先支付，后还款。

第十三条 公务卡主要用于公务支出的支付结算，也可用于个人支付结算业务。公务支出发生后，由持卡人及时向所在单位财务部门申请办理报销手续；个人支出发生后，由持卡人自行办理还款，不得办理财务报销手续，预算单位不承担个人消费行为引致的一切责任。

第十四条 持卡人应妥善保管公务卡和密码。公务卡遗失或损毁后的挂失和补办等事项由持卡人及时到发卡行办理，并通过所在单位财务部门及时通知发卡行维护公务卡支持系统。

第三章 公务卡支付管理

第十五条 气象部门实施公务卡制度改革的预算单位，都必须严格执行《气象部门公务卡强制结算目录》（见附表）。

第十六条 目录中规定的公务项目支出，下列情况可不使用公务卡结算：

（一）在县级以下（不包括县级）地区发生的公务支出；

（二）在县级及县级以上地区不具备刷卡条件的场所发生的单笔消费在200元以下的公务支出；

（三）按规定支付给个人的支出；

（四）签证费、快递费、过桥过路费、出租车费用等目前必须使用现金结算的支出。

第十七条　凡目录中涉及的公务支出项目，除上述第十六条规定的情况外，原则上不再使用现金结算；原使用转账方式结算的，可继续使用转账方式；除此之外的支出，必须按规定使用公务卡进行结算。

第十八条　持卡人应优先在有刷卡条件的商户进行消费。确因特殊情况不能使用公务卡而使用现金结算的，报销人应提供收款方不能使用公务卡结算的证明材料（加盖收款方印章）或在发票背面注明不能使用公务卡结算的原因（加盖收款方印章），经单位财务审批人签字批准后方可报销。

无法取得如上述证明材料的，报销人应在发票背面注明不能使用公务卡结算的原因，并经单位负责人签字批准后方可报销。

第十九条　持卡人在使用公务卡消费时，应取得发票等财务报销凭证，以及公务卡消费凭条（持卡人存根联）等单据。

第二十条　持卡人使用公务卡进行公务消费时，在信用额度范围内，原则上不再设定单笔消费的上限。

第二十一条　持卡人在使用公务卡进行 5000 元（含）以上大额消费前，应事前告知所在单位财务部门。预算单位有事前审批规定的，持卡人还应依照相关规定事先履行相关审批手续。

第二十二条　特殊情况下公务卡信用额度不能满足公务消费需要时，持卡人可通过单位财务部门提前向发卡行申请临时增加信用额度。增加的额度和使用期限等具体事项，按照发卡行有关规定执行。

第二十三条　持卡人原则上不允许通过公务卡提取现金。确有特殊需要，应当事前经过所在单位财务部门批准；未经批准的提现业务，手续费由持卡人自行承担。

第四章　公务卡财务报销管理

第二十四条　实行公务卡制度后，预算单位原有报销审批程序不变。报销人凭发票、公务卡消费凭条（持卡人存根联）等单据填制报销审批凭证，并按本单位报销程序审批。

第二十五条　持卡人网上消费可使用公务卡直接进行网银支付，不得使用第三方支付工具。持卡人因网上消费无法取得消费凭条或消费凭条丢失时，对于已出账单的支出，可依据持卡人提供的对账单交易明细进行报账；对于未出账单的支出，可依据持卡人提供载有公务卡卡号（或持卡人姓名）、消费日期和消费金额等要素的纸质交易明细进行报账。

第二十六条　持卡人使用公务卡进行公务消费后，必须在发生公务消费次日（非工作日顺延）至规定的免息还款期截止前 5 个工作日期间内，到所在单位财务部门报销。

第二十七条　持卡人使用公务卡进行公务消费后，没有在第二十六条规定时间内持有效凭证到财务部门报销的，由此产生的罚息、滞纳金等相关费用以及由此带来的对个人资信造成的不良影响，由持卡人承担。

因持卡人所在单位报销不及时造成的利息等费用，以及由此带来的对个人资信影响等责任,由单位承担。

第二十八条 持卡人因特殊情况(如长期在外地出差),不能在第二十六条规定时间内办理报销手续的,可由持卡人或其所在单位相关人员向单位财务部门提供持卡人姓名、交易日期和每笔交易金额的明细信息,办理相关借款手续,经财务部门审核批准,于免息还款期之前,先将资金存入公务卡,持卡人返回单位后按财务部门规定时间补办报销手续。

持卡人也可先行偿还欠款再按正常程序申请报销,经单位财务部门审核后确认报销的金额将转入该公务卡账户后,持卡人即可将垫付资金取出。

第二十九条 因向供应商退货等原因导致已报销资金退回公务卡的,持卡人应及时将相应款项退回所在单位财务部门。单位财务部门应区分资金性质将款项及时退回零余额账户或基本账户,并依据相关退款凭证和有关规定进行账务处理。

第三十条 预算单位财务部门对于批准报销的公务卡消费支出,应当区分资金性质进行财务报销和款项划拨工作。

(一)应从单位零余额账户列支的经费,财务部门凭核准的报销审批凭证及报销单据,登陆公务卡支持系统,根据持卡人提供的姓名、交易日期和消费金额等信息,查询核对公务消费的真实性,审核确认后报销,并及时签发财政授权支付指令,通知发卡行向指定的公务卡还款。具体程序按财政部和中国人民银行《中央预算单位公务卡管理暂行办法》等相关规定执行。

(二)应从单位基本账户列支的经费,财务部门依托双向转账财务POS系统,通过单位卡办理向公务卡的资金还款手续(有关单位卡的具体规定见第三十一条)。程序如下:

1.财务人员凭核准的报销审批凭证及报销单据,通过双向转账财务POS系统将报销金额从单位卡划转到持卡人公务卡上。

2.持卡人当场确认并在双向财务转账POS打印的凭条上签字。财务人员应将持卡人存根联交持卡人保存。

3.财务人员根据经签字确认的凭条(商户存根联)、报销审批凭证及报销单据登记入账。

第三十一条 单位卡是指预算单位持有的,专门用于公务卡支出中应从单位基本账户列支款项的财务报销和转账业务的银行卡。单位卡应符合以下规定:

(一)单位卡的发卡银行应与预算单位零余额账户的开户行一致。预算单位只能办理一张单位卡主卡,不得办理附属卡。

(二)预算单位应由单位法人书面指定单位卡持卡人,并应指定单位卡持卡人以外的专人妥善保管单位卡密码,并应严格保密。上述人员发生变动时,应办理相关交接手续,并及时变更密码或重新办理单位卡。

(三)单位卡的资金一律从预算单位基本账户转账存入,不得交存现金或将其他存款账户资金存入。

(四)单位卡最高存款额度由预算单位根据日常现金报销业务量自行确定,原则上不得超过基本账户10个工作日平均现金使用量。预算单位从基本账户向单位卡划拨资金应履行正常的审批手续。

（五）单位卡仅限用于公务卡支出中应从单位基本账户列支的款项的报销转账业务，不得直接进行购物消费或其他转账业务。

（六）单位卡向公务卡划转资金应通过双向转账财务POS系统进行。单位卡单日转出金额上限为20万元，转到单张公务卡的上限为5万元。

（七）预算单位开立单位卡、使用发卡行设备而产生的相关费用，由预算单位负担。

（八）单位卡的变更、遗失补办和停用等业务应按代理银行的相关规定办理。

第三十二条 预算单位办理公务卡报销等业务的账务处理，按照中国气象局相关财务规定执行。

第五章 公务卡管理职责

第三十三条 中国气象局在公务卡管理工作中的主要职责是：

（一）组织制定公务卡管理的有关制度规定，组织管理气象部门预算单位公务卡实施工作。

（二）督促和协调发卡行按照双方签署的协议，做好公务卡实施的系统建设、信息传递和资金还款等工作。

（三）协调财政部、中国人民银行等有关部门，解决公务卡实施中的有关政策衔接问题。

（四）通过国库动态监控系统，对预算单位公务卡项下的公务消费支出和报销事项进行监控管理，对重大问题进行调研或组织核查。

第三十四条 预算单位在公务卡管理工作中的主要职责是：

（一）加强财务管理，制定本单位公务卡报销管理细则。

（二）认真做好对本单位持卡人的宣传培训等工作。

（三）与发卡行签订相关服务协议。

（四）财务、人事等各有关部门加强沟通协调，组织本单位工作人员统一办理公务卡，做好新增、调动、退休等人员的公务卡管理工作。

（五）负责单位卡的保管及使用，以及相关设备的维护保养工作。

（六）督促本单位持卡人及时办理公务卡项下公务消费支出的财务报销手续。

（七）协助发卡行向本单位有逾期欠款的持卡人催收欠款。

（八）审核本单位持卡人提请报销的公务卡消费信息，及时办理公务卡报销还款的资金退回等业务，及时下载保存报销还款信息，做好相关账务处理工作，并按月与发卡行就公务卡报销还款情况进行对账。

（九）配合中国气象局做好公务卡监督管理等有关工作。

财务核算工作由财务核算中心代管的预算单位，财务部门承担的相关工作由财务核算中心统一负责。

第三十五条 持卡人的主要职责是：

（一）按规定申请办理公务卡，妥善保管卡片和密码，并承担因个人保管不善等原因引起的相关费用。

（二）执行公务所需支出，应使用公务卡结算和报销，并接受财政部门和所在单位财务部门监控管理。

（三）及时归还公务卡项下银行欠款。

（四）因离职、退休等原因离开所在单位，应按要求清理公务卡项下债权债务，停止公务卡的使用。

（五）公务卡只能由持卡人本人使用，因出租、转让或转借公务卡而导致的经济责任及产生的风险损失由持卡人承担。

（六）持卡人应在发卡行认可的安全网络环境下使用公务卡在互联网上进行交易。

（七）遵守国家关于银行卡使用管理的法律法规。

第三十六条　公务卡的使用和管理将作为评定各单位会计基础工作的重要内容。

第三十七条　监察、审计部门依据本办法对公务卡使用管理及账务处理进行监督、检查。

第六章　附　则

第三十八条　预算单位财务部门应根据本办法规定，结合单位财务内部控制规范，制定本单位公务卡报销管理细则，加强财务管理，并认真做好对本单位持卡人的宣传培训等工作。

第三十九条　本办法未尽事宜，按照财政部、中国人民银行相关规定执行。

第四十条　本办法由中国气象局计划财务司负责解释。

第四十一条　本办法自公布之日起施行。《气象部门公务卡管理实施办法》（气发〔2008〕418号）同时废止。

附表

气象部门公务卡强制结算目录

序号	公务卡结算项目	备注
1	办公费	指单位购买按财务会计制度规定不符合固定资产确认标准的日常办公用品、书报杂志等支出。
2	印刷费	指单位的印刷费、版面费支出。
3	咨询费	指实际付款对象是非个人的专家咨询、评审方面的支出。
4	手续费	指单位支付的手续费支出。
5	水电费	指单位支付的水电费、污水处理费等支出。
6	邮电费	指单位开支的电话费、电报费、传真费、网络通讯费等支出。
7	物业管理费	指单位开支的办公用房、职工及离退休人员宿舍的物业管理费,包括综合治理、绿化、卫生等方面的支出。
8	差旅费	指单位工作人员因公出差支付的住宿费、购买机票等支出。
9	维修(护)费	指单位日常开支的固定资产(不包括车船等交通工具)修理和维护费用,网络信息系统运行与维护费用。
10	租赁费	指租赁办公用房、宿舍、专用通信网以及其他设备方面的费用。
11	会议费	指会议中规定开支的房租费、伙食补助费以及文件资料的印刷费、会议场地租用等。
12	培训费	指各类培训支出。包括培训地租用费、培训教材购置费等。
13	公务接待费	指单位按规定开支的各类公务接待(含外宾接待)费用。
14	专用材料费	指单位购买日常专用材料的支出。具体包括气象专用材料费,实验室用品,专用工具和仪器,材料等方面的支出。气象专用材料费包括:天气雷达业务材料购置费(天气雷达的专用消耗性材料支出,如磁控管等)、高空探测业务材料购置费(高空气象探测业务含小球测风的专用消耗性材料支出,如探空雷达零配件、探空仪、回答器、氢气、气球等)、地面业务材料购置费(地面观测气象业务的专用消耗性材料支出,如温度计、湿度计等)、其他材料购置费(除上述气象专用材料以外的专用消耗性材料支出,如天气图等)。
15	公务用车运行维护费	指公务用车的燃料费、维修维护费、保险费、租用费等支出。
16	其他交通费用	指单位除公务用车运行维护费以外的其他交通费用。如:飞机、船舶等的燃料费、维修维护费、保险费、租用费等。

关于进一步推进公务卡制度的通知

(陕气计函〔2014〕13号)

各设区市气象局,杨凌气象局,省局直属各单位,机关各处室:

为加强和规范气象部门公务支出管理,进一步深化国库集中支付制度改革,规范支付业务,减少现金支付结算,按照《气象部门公务卡管理实施办法》相关要求,现将进一步推进公务卡制度有关事宜通知如下:

一、充分认识实施公务卡制度的重要性

实施公务卡制度是进一步深化气象部门国库集中支付制度改革,提高资金支付透明度的重要举措,公务卡制度的推行,规范了财政资金管理,强化了财政动态监督力度,提高了预算单位财务透明度,减少了预算单位现金支付结算。规范公务支出的政策效应逐步显现,但个别单位对实施公务卡制度的重要性认识不足,存在着使用范围偏窄,办卡积极性不高,使用率偏低等问题,"有卡不用"现象较为普遍。各单位要从党风廉政建设和从源头预防腐败的高度,切实提高对推行公务卡制度必要性和重要性的认识,认真做好落实各项工作。

二、按照要求全面实施,确保公务卡制度实施范围覆盖所有三级预算单位

公务卡制度实施范围包括所有三级预算单位及所属企业、社会团体,资金包括中央财政资金、地方财政资金、科技服务资金及单位自行组织的其他资金。各单位应加大公务卡制度的推行力度,认真组织实施,规范运行,确保所有单位的所有资金都按照规定执行。

三、严格执行公务卡强制结算目录

实施公务卡制度改革的预算单位,凡纳入《气象部门公务卡强制结算目录》(见《气象部门公务卡管理实施办法》附件)的各项支出都必须严格按规定使用公务卡进行结算。确因特殊情况不能使用公务卡而使用现金结算的,报销人应提供不能使用公务卡结算的证明材料或以书面形式说明不能使用公务卡结算的原因,经单位财务负责人签字批准后方可报销。

四、进一步明确公务卡管理职责,完善审批程序

各单位应进一步加强财务管理,制定本单位公务卡报销管理细则,明确各岗位工作职责及公务卡报销审批程序。各级财务核算中心应切实准确有效的履行职责,对公务卡支付和报销事项进行监控管理,规范报销手续。

省局计财、监审部门将加大检查、处罚力度,对未实施公务卡制度、不执行公务卡强制结算目录以及违规提取和使用现金的单位,将按照有关规定予以处理。

陕西省气象局计划财务处
2014年3月18日

第二编

内部控制与财务管理

第一部分　内控与审计

行政事业单位内部控制规范(试行)

(财会〔2012〕21号　2012年11月29日)

第一章　总　则

第一条　为了进一步提高行政事业单位内部管理水平，规范内部控制，加强廉政风险防控机制建设，根据《中华人民共和国会计法》、《中华人民共和国预算法》等法律法规和相关规定，制定本规范。

第二条　本规范适用于各级党的机关、人大机关、行政机关、政协机关、审判机关、检察机关、各民主党派机关、人民团体和事业单位(以下统称单位)经济活动的内部控制。

第三条　本规范所称内部控制，是指单位为实现控制目标，通过制定制度、实施措施和执行程序，对经济活动的风险进行防范和管控。

第四条　单位内部控制的目标主要包括：合理保证单位经济活动合法合规、资产安全和使用有效、财务信息真实完整，有效防范舞弊和预防腐败，提高公共服务的效率和效果。

第五条　单位建立与实施内部控制，应当遵循下列原则：

(一)全面性原则。内部控制应当贯穿单位经济活动的决策、执行和监督全过程，实现对经济活动的全面控制。

(二)重要性原则。在全面控制的基础上，内部控制应当关注单位重要经济活动和经济活动的重大风险。

(三)制衡性原则。内部控制应当在单位内部的部门管理、职责分工、业务流程等方面形成相互制约和相互监督。

(四)适应性原则。内部控制应当符合国家有关规定和单位的实际情况，并随着外部环境的变化、单位经济活动的调整和管理要求的提高，不断修订和完善。

第六条 单位负责人对本单位内部控制的建立健全和有效实施负责。

第七条 单位应当根据本规范建立适合本单位实际情况的内部控制体系,并组织实施。具体工作包括梳理单位各类经济活动的业务流程,明确业务环节,系统分析经济活动风险,确定风险点,选择风险应对策略,在此基础上根据国家有关规定建立健全单位各项内部管理制度并督促相关工作人员认真执行。

第二章 风险评估和控制方法

第八条 单位应当建立经济活动风险定期评估机制,对经济活动存在的风险进行全面、系统和客观评估。

经济活动风险评估至少每年进行一次;外部环境、经济活动或管理要求等发生重大变化的,应及时对经济活动风险进行重估。

第九条 单位开展经济活动风险评估应当成立风险评估工作小组,单位领导担任组长。

经济活动风险评估结果应当形成书面报告并及时提交单位领导班子,作为完善内部控制的依据。

第十条 单位进行单位层面的风险评估时,应当重点关注以下方面:

(一)内部控制工作的组织情况。包括是否确定内部控制职能部门或牵头部门;是否建立单位各部门在内部控制中的沟通协调和联动机制。

(二)内部控制机制的建设情况。包括经济活动的决策、执行、监督是否实现有效分离;权责是否对等;是否建立健全议事决策机制、岗位责任制、内部监督等机制。

(三)内部管理制度的完善情况。包括内部管理制度是否健全;执行是否有效。

(四)内部控制关键岗位工作人员的管理情况。包括是否建立工作人员的培训、评价、轮岗等机制;工作人员是否具备相应的资格和能力。

(五)财务信息的编报情况。包括是否按照国家统一的会计制度对经济业务事项进行账务处理;是否按照国家统一的会计制度编制财务会计报告。

(六)其他情况。

第十一条 单位进行经济活动业务层面的风险评估时,应当重点关注以下方面:

(一)预算管理情况。包括在预算编制过程中单位内部各部门间沟通协调是否充分,预算编制与资产配辖是否相结合、与具体工作是否相对应;是否按照批复的额度和开支范围执行预算,进度是否合理,是否存在无预算、超预算支出等问题;决算编报是否真实、完整、准确、及时。

(二)收支管理情况。包括收入是否实现归口管理,是否按照规定及时向财会部门提供收入的有关凭据,是否按照规定保管和使用印章和票据等;发生支出事项时是否按照规定审核各类凭据的真实性、合法性,是否存在使用虚假票据套取资金的情形。

(三)政府采购管理情况。包括是否按照预算和计划组织政府采购业务;是否按照规定组织政府采购活动和执行验收程序;是否按照规定保存政府采购业务相关档案。

(四)资产管理情况。包括是否实现资产归口管理并明确使用责任;是否定期对资产进行清查盘点,对账实不符的情况及时进行处理;是否按照规定处置资产。

(五)建设项目管理情况。包括是否按照概算投资;是否严格履行审核审批程序;是否建立有效的招投标控制机制;是否存在截留、挤占、挪用、套取建设项目资金的情形;是否按照规定保存建设项目相关档案并及时办理移交手续。

(六)合同管理情况。包括是否实现合同归口管理;是否明确应签订合同的经济活动范围和条件;是否有效监控合同履行情况,是否建立合同纠纷协调机制。

(七)其他情况。

第十二条 单位内部控制的控制方法一般包括:

(一)不相容岗位相互分离。合理设置内部控制关键岗位,明确划分职责权限,实施相应的分离措施,形成相互制约、相互监督的工作机制。

(二)内部授权审批控制。明确各岗位办理业务和事项的权限范围、审批程序和相关责任,建立重大事项集体决策和会签制度。相关工作人员应当在授权范围内行使职权、办理业务。

(三)归口管理。根据本单位实际情况,按照权责对等的原则,采取成立联合工作小组并确定牵头部门或牵头人员等方式,对有关经济活动实行统一管理。

(四)预算控制。强化对经济活动的预算约束,使预算管理贯穿于单位经济活动的全过程。

(五)财产保护控制。建立资产日常管理制度和定期清查机制,采取资产记录、实物保管、定期盘点、账实核对等措施,确保资产安全完整。

(六)会计控制。建立健全本单位财会管理制度,加强会计机构建设,提高会计人员业务水平,强化会计人员岗位责任制,规范会计基础工作,加强会计档案管理,明确会计凭证、会计账簿和财务会计报告处理程序。

(七)单据控制。要求单位根据国家有关规定和单位的经济活动业务流程,在内部管理制度中明确界定各项经济活动所涉及的表单和票据,要求相关工作人员按照规定填制、审核、归档、保管单据。

(八)信息内部公开。建立健全经济活动相关信息内部公开制度,根据国家有关规定和单位的实际情况,确定信息内部公开的内容、范围、方式和程序。

第三章 单位层面内部控制

第十三条 单位应当单独设置内部控制职能部门或者确定内部控制牵头部门,负责组织协调内部控制工作。同时,应当充分发挥财会、内部审计、纪检监察、政府采购、基建、资产管理等部门或岗位在内部控制中的作用。

第十四条 单位经济活动的决策、执行和监督应当相互分离。

单位应当建立健全集体研究、专家论证和技术咨询相结合的议事决策机制。

重大经济事项的内部决策,应当由单位领导班子集体研究决定。重大经济事项的认定标准应当根据有关规定和本单位实际情况确定,一经确定,不得随意变更。

第十五条 单位应当建立健全内部控制关键岗位责任制,明确岗位职责及分工,确保不相容岗位相互分离、相互制约和相互监督。单位应当实行内部控制关键岗位工作人员的轮岗制度,明确轮岗周期。不具备轮岗条件的单位应当采取专项审计等控制措施。内部控制关键岗位主要包括预算业务管理、收支业务管理、政府采购业务管理、资产管理、建设项目管理、合同管理以及内部监督等经济活动的关键岗位。

第十六条 内部控制关键岗位工作人员应当具备与其工作岗位相适应的资格和能力。

单位应当加强内部控制关键岗位工作人员业务培训和职业道德教育,不断提升其业务水平和综合素质。

第十七条 单位应当根据《中华人民共和国会计法》的规定建立会计机构,配备具有相应资格和能力的会计人员。

单位应当根据实际发生的经济业务事项按照国家统一的会计制度及时进行账务处理、编制财务会计报告,确保财务信息真实、完整。

第十八条 单位应当充分运用现代科学技术手段加强内部控制。

对信息系统建设实施归口管理,将经济活动及其内部控制流程嵌入单位信息系统中,减少或消除人为操纵因素,保护信息安全。

第四章 业务层面内部控制

第一节 预算业务控制

第十九条 单位应当建立健全预算编制、审批、执行、决算与评价等预算内部管理制度。

单位应当合理设置岗位,明确相关岗位的职责权限,确保预算编制、审批、执行、评价等不相容岗位相互分离。

第二十条 单位的预算编制应当做到程序规范、方法科学、编制及时、内容完整、项目细化、数据准确。

(一)单位应当正确把握预算编制有关政策,确保预算编制相关人员及时全面掌握相关规定。

(二)单位应当建立内部预算编制、预算执行、资产管理、基建管理、人事管理等部门或岗位的沟通协调机制,按照规定进行项目评审,确保预算编制部门及时取得和有效运用与预算编制相关的信息,根据工作计划细化预算编制,提高预算编制的科学性。

第二十一条 单位应当根据内设部门的职责和分工,对按照法定程序批复的预算在单位内部进行指标分解、审批下达,规范内部预算追加调整程序,发挥预算对经济活动的管控作用。

第二十二条 单位应当根据批复的预算安排各项收支,确保预算严格有效执行。

单位应当建立预算执行分析机制。定期通报各部门预算执行情况,召开预算执行分析会议,研究解决预算执行中存在的问题,提出改进措施,提高预算执行的有效性。

第二十三条 单位应当加强决算管理,确保决算真实、完整、准确、及时,加强决算分析工作,强化决算分析结果运用,建立健全单位预算与决算相互反映、相互促进的机制。

第二十四条 单位应当加强预算绩效管理,建立"预算编制有目标、预算执行有监控、预算完成有评价、评价结果有反馈、反馈结果有应用"的全过程预算绩效管理机制。

第二节 收支业务控制

第二十五条 单位应当建立健全收入内部管理制度。

单位应当合理设置岗位,明确相关岗位的职责权限,确保收款、会计核算等不相容岗位相互分离。

第二十六条 单位的各项收入应当由财会部门归口管理并进行会计核算,严禁设立账外账。

业务部门应当在涉及收入的合同协议签订后及时将合同等有关材料提交财会部门作为账务处理依据,确保各项收入应收尽收,及时入账。财会部门应当定期检查收入金额是否与合同约定相符;对应收未收项目应当查明情况,明确责任主体,落实催收责任。

第二十七条 有政府非税收入收缴职能的单位,应当按照规定项目和标准征收政府非税收入,按照规定开具财政票据,做到收缴分离、票款一致,并及时、足额上缴国库或财政专户,不得以任何形式截留、挪用或者私分。

第二十八条 单位应当建立健全票据管理制度。财政票据、发票等各类票据的申领、启用、核销、销毁均应履行规定手续。单位应当按照规定设置票据专管员,建立票据台账,做好票据的保管和序时登记工作。票据应当按照顺序号使用,不得拆本使用,做好废旧票据管理。负责保管票据的人员要配置单独的保险柜等保管设备,并做到人走柜锁。

单位不得违反规定转让、出借、代开、买卖财政票据、发票等票据,不得擅自扩大票据适用范围。

第二十九条 单位应当建立健全支出内部管理制度,确定单位经济活动的各项支出标准,明确支出报销流程,按照规定办理支出事项。单位应当合理设置岗位,明确相关岗位的职责权限,确保支出申请和内部审批、付款审批和付款执行、业务经办和会计核算等不相容岗位相互分离。

第三十条 单位应当按照支出业务的类型,明确内部审批、审核、支付、核算和归档等支出各关键岗位的职责权限。实行国库集中支付的,应当严格按照财政国库管理制度有关规定执行。

(一)加强支出审批控制。明确支出的内部审批权限、程序、责任和相关控制措施。审批人应当在授权范围内审批,不得越权审批。

(二)加强支出审核控制。全面审核各类单据。重点审核单据来源是否合法,内容是否真实、完整,使用是否准确,是否符合预算,审批手续是否齐全。

支出凭证应当附反映支出明细内容的原始单据,并由经办人员签字或盖章,超出规定标准的支出事项应由经办人员说明原因并附审批依据,确保与经济业务事项相符。

(三)加强支付控制。明确报销业务流程,按照规定办理资金支付手续。签发的支付凭证应当进行登记。使用公务卡结算的,应当按照公务卡使用和管理有关规定办理业务。

(四)加强支出的核算和归档控制。由财会部门根据支出凭证及时准确登记账簿;与支出业务相关的合同等材料应当提交财会部门作为账务处理的依据。

第三十一条　根据国家规定可以举借债务的单位应当建立健全债务内部管理制度,明确债务管理岗位的职责权限,不得由一人办理债务业务的全过程。大额债务的举借和偿还属于重大经济事项,应当进行充分论证,并由单位领导班子集体研究决定。

单位应当做好债务的会计核算和档案保管工作。加强债务的对账和检查控制,定期与债权人核对债务余额,进行债务清理,防范和控制财务风险。

第三节　政府采购业务控制

第三十二条　单位应当建立健全政府采购预算与计划管理、政府采购活动管理、验收管理等政府采购内部管理制度。

第三十三条　单位应当明确相关岗位的职责权限,确保政府采购需求制定与内部审批、招标文件准备与复核、合同签订与验收、验收与保管等不相容岗位相互分离。

第三十四条　单位应当加强对政府采购业务预算与计划的管理。

建立预算编制、政府采购和资产管理等部门或岗位之间的沟通协调机制。根据本单位实际需求和相关标准编制政府采购预算,按照已批复的预算安排政府采购计划。

第三十五条　单位应当加强对政府采购活动的管理。对政府采购活动实施归口管理,在政府采购活动中建立政府采购、资产管理、财会、内部审计、纪检监察等部门或岗位相互协调、相互制约的机制。单位应当加强对政府采购申请的内部审核,按照规定选择政府采购方式、发布政府采购信息。对政府采购进口产品、变更政府采购方式等事项应当加强内部审核,严格履行审批手续。

第三十六条　单位应当加强对政府采购项目验收的管理。根据规定的验收制度和政府采购文件,由指定部门或专人对所购物品的品种、规格、数量、质量和其他相关内容进行验收,并出具验收证明。

第三十七条　单位应当加强对政府采购业务质疑投诉答复的管理。指定牵头部门负责、相关部门参加,按照国家有关规定做好政府采购业务质疑投诉答复工作。

第三十八条　单位应当加强对政府采购业务的记录控制。妥善保管政府采购预算与计划、各类批复文件、招标文件、投标文件、评标文件、合同文本、验收证明等政府采购业务相关资料。定期对政府采购业务信息进行分类统计,并在内部进行通报。

第三十九条　单位应当加强对涉密政府采购项目安全保密的管理。对于涉密政府采购项目,单位应当与相关供应商或采购中介机构签订保密协议或者在合同中设定保密条款。

第四节 资产控制

第四十条 单位应当对资产实行分类管理,建立健全资产内部管理制度。

单位应当合理设置岗位,明确相关岗位的职责权限,确保资产安全和有效使用。

第四十一条 单位应当建立健全货币资金管理岗位责任制,合理设置岗位,不得由一人办理货币资金业务的全过程,确保不相容岗位相互分离。

(一)出纳不得兼管稽核、会计档案保管和收入、支出、债权、债务账目的登记工作。

(二)严禁一人保管收付款项所需的全部印章。财务专用章应当由专人保管,个人名章应当由本人或其授权人员保管。负责保管印章的人员要配置单独的保管设备,并做到人走柜锁。

(三)按照规定应当由有关负责人签字或盖章的,应当严格履行签字或盖章手续。

第四十二条 单位应当加强对银行账户的管理,严格按照规定的审批权限和程序开立、变更和撤销银行账户。

第四十三条 单位应当加强货币资金的核查控制。指定不办理货币资金业务的会计人员定期和不定期抽查盘点库存现金,核对银行存款余额,抽查银行对账单、银行日记账及银行存款余额调节表,核对是否账实相符、账账相符。对调节不符、可能存在重大问题的未达账项应当及时查明原因,并按照相关规定处理。

第四十四条 单位应当加强对实物资产和无形资产的管理,明确相关部门和岗位的职责权限,强化对配置、使用和处置等关键环节的管控。

(一)对资产实施归口管理。明确资产使用和保管责任人,落实资产使用人在资产管理中的责任。贵重资产、危险资产、有保密等特殊要求的资产,应当指定专人保管、专人使用,并规定严格的接触限制条件和审批程序。

(二)按照国有资产管理相关规定,明确资产的调剂、租借、对外投资、处置的程序、审批权限和责任。

(三)建立资产台账,加强资产的实物管理。单位应当定期清查盘点资产,确保账实相符。财会、资产管理、资产使用等部门或岗位应当定期对账,发现不符的,应当及时查明原因,并按照相关规定处理。

(四)建立资产信息管理系统,做好资产的统计、报告、分析工作,实现对资产的动态管理。

第四十五条 单位应当根据国家有关规定加强对对外投资的管理。

(一)合理设置岗位,明确相关岗位的职责权限,确保对外投资的可行性研究与评估、对外投资决策与执行、对外投资处置的审批与执行等不相容岗位相互分离。

(二)单位对外投资,应当由单位领导班子集体研究决定。

(三)加强对投资项目的追踪管理,及时、全面、准确地记录对外投资的价值变动和投资收益情况。

(四)建立责任追究制度。对在对外投资中出现重大决策失误、未履行集体决策程序和不按规定执行对外投资业务的部门及人员,应当追究相应的责任。

第五节 建设项目控制

第四十六条 单位应当建立健全建设项目内部管理制度。

单位应当合理设置岗位,明确内部相关部门和岗位的职责权限,确保项目建议和可行性研究与项目决策、概预算编制与审核、项目实施与价款支付、竣工决算与竣工审计等不相容岗位相互分离。

第四十七条 单位应当建立与建设项目相关的议事决策机制,严禁任何个人单独决策或者擅自改变集体决策意见。决策过程及各方面意见应当形成书面文件,与相关资料一同妥善归档保管。

第四十八条 单位应当建立与建设项目相关的审核机制。项目建议书、可行性研究报告、概预算、竣工决算报告等应当由单位内部的规划、技术、财会、法律等相关工作人员或者根据国家有关规定委托具有相应资质的中介机构进行审核,出具评审意见。

第四十九条 单位应当依据国家有关规定组织建设项目招标工作,并接受有关部门的监督。

单位应当采取签订保密协议、限制接触等必要措施,确保标底编制、评标等工作在严格保密的情况下进行。

第五十条 单位应当按照审批单位下达的投资计划和预算对建设项目资金实行专款专用,严禁截留、挪用和超批复内容使用资金。财会部门应当加强与建设项目承建单位的沟通,准确掌握建设进度,加强价款支付审核,按照规定办理价款结算。实行国库集中支付的建设项目,单位应当按照财政国库管理制度相关规定支付资金。

第五十一条 单位应当加强对建设项目档案的管理。做好相关文件、材料的收集、整理、归档和保管工作。

第五十二条 经批准的投资概算是工程投资的最高限额,如有调整,应当按照国家有关规定报经批准。

单位建设项目工程洽商和设计变更应当按照有关规定履行相应的审批程序。

第五十三条 建设项目竣工后,单位应当按照规定的时限及时办理竣工决算,组织竣工决算审计,并根据批复的竣工决算和有关规定办理建设项目档案和资产移交等工作。

建设项目已实际投入使用但超时限未办理竣工决算的,单位应当根据对建设项目的实际投资暂估入账,转作相关资产管理。

第六节 合同控制

第五十四条 单位应当建立健全合同内部管理制度。

单位应当合理设置岗位,明确合同的授权审批和签署权限,妥善保管和使用合同专用章,严禁未经授权擅自以单位名义对外签订合同,严禁违规签订担保、投资和借贷合同。

单位应当对合同实施归口管理,建立财会部门与合同归口管理部门的沟通协调机制,实现合同管理与预算管理、收支管理相结合。

第五十五条 单位应当加强对合同订立的管理,明确合同订立的范围和条件。对于影响重大、涉及较高专业技术或法律关系复杂的合同,应当组织法律、技术、财会等工作人员参与谈判,必要时可聘请外部专家参与相关工作。谈判过程中的重要事项和参与谈判人员的主要意见,应当予以记录并妥善保管。

第五十六条 单位应当对合同履行情况实施有效监控。合同履行过程中,因对方或单位自身原因导致可能无法按时履行的,应当及时采取应对措施。

单位应当建立合同履行监督审查制度。对合同履行中签订补充合同,或变更、解除合同等应当按照国家有关规定进行审查。

第五十七条 财会部门应当根据合同履行情况办理价款结算和进行账务处理。未按照合同条款履约的,财会部门应当在付款之前向单位有关负责人报告。

第五十八条 合同归口管理部门应当加强对合同登记的管理,定期对合同进行统计、分类和归档,详细登记合同的订立、履行和变更情况,实行对合同的全过程管理。与单位经济活动相关的合同应当同时提交财会部门作为账务处理的依据。

单位应当加强合同信息安全保密工作,未经批准,不得以任何形式泄露合同订立与履行过程中涉及的国家秘密、工作秘密或商业秘密。

第五十九条 单位应当加强对合同纠纷的管理。合同发生纠纷的,单位应当在规定时效内与对方协商谈判。合同纠纷协商一致的,双方应当签订书面协议;合同纠纷经协商无法解决的,经办人员应向单位有关负责人报告,并根据合同约定选择仲裁或诉讼方式解决。

第五章 评价与监督

第六十条 单位应当建立健全内部监督制度,明确各相关部门或岗位在内部监督中的职责权限,规定内部监督的程序和要求,对内部控制建立与实施情况进行内部监督检查和自我评价。

内部监督应当与内部控制的建立和实施保持相对独立。

第六十一条 内部审计部门或岗位应当定期或不定期检查单位内部管理制度和机制的建立与执行情况,以及内部控制关键岗位及人员的设置情况等,及时发现内部控制存在的问题并提出改进建议。

第六十二条 单位应当根据本单位实际情况确定内部监督检查的方法、范围和频率。

第六十三条 单位负责人应当指定专门部门或专人负责对单位内部控制的有效性进行评价并出具单位内部控制自我评价报告。

第六十四条 国务院财政部门及其派出机构和县级以上地方各级人民政府财政部门应当对单位内部控制的建立和实施情况进行监督检查,有针对性地提出检查意见和建议,并督促单位进行整改。国务院审计机关及其派出机构和县级以上地方各级人民政府审计机关对单位进行审计时,应当调查了解单位内部控制建立和实施的有效性,揭示相关内部控制的缺陷,有针对性地提出审计处理意见和建议,并督促单位进行整改。

第六章 附 则

第六十五条 本规范自 2014 年 1 月 1 日起施行。

中华人民共和国审计法

（1994年8月31日第八届全国人民代表大会常务委员会第九次会议通过，2006年2月28日第十届全国人民代表大会常务委员会第二十次会议修订）

第一章　总　则

第一条　为了加强国家的审计监督，维护国家财政经济秩序，提高财政资金使用效益，促进廉政建设，保障国民经济和社会健康发展，根据宪法，制定本法。

第二条　国家实行审计监督制度。国务院和县级以上地方人民政府设立审计机关。

国务院各部门和地方各级人民政府及其各部门的财政收支，国有的金融机构和企业事业组织的财务收支，以及其他依照本法规定应当接受审计的财政收支、财务收支，依照本法规定接受审计监督。

审计机关对前款所列财政收支或者财务收支的真实、合法和效益，依法进行审计监督。

第三条　审计机关依照法律规定的职权和程序，进行审计监督。

审计机关依据有关财政收支、财务收支的法律、法规和国家其他有关规定进行审计评价，在法定职权范围内作出审计决定。

第四条　国务院和县级以上地方人民政府应当每年向本级人民代表大会常务委员会提出审计机关对预算执行和其他财政收支的审计工作报告。审计工作报告应当重点报告对预算执行的审计情况。必要时，人民代表大会常务委员会可以对审计工作报告作出决议。

国务院和县级以上地方人民政府应当将审计工作报告中指出的问题的纠正情况和处理结果向本级人民代表大会常务委员会报告。

第五条　审计机关依照法律规定独立行使审计监督权，不受其他行政机关、社会团体和个人的干涉。

第六条　审计机关和审计人员办理审计事项，应当客观公正，实事求是，廉洁奉公，保守秘密。

第二章　审计机关和审计人员

第七条　国务院设立审计署，在国务院总理领导下，主管全国的审计工作。审计长是审计署的行政首长。

第八条　省、自治区、直辖市、设区的市、自治州、县、自治县、不设区的市、市辖区的人民政府的审计机关,分别在省长、自治区主席、市长、州长、县长、区长和上一级审计机关的领导下,负责本行政区域内的审计工作。

第九条 地方各级审计机关对本级人民政府和上一级审计机关负责并报告工作,审计业务以上级审计机关领导为主。

第十条 审计机关根据工作需要,经本级人民政府批准,可以在其审计管辖范围内设立派出机构。

派出机构根据审计机关的授权,依法进行审计工作。

第十一条 审计机关履行职责所必需的经费,应当列入财政预算,由本级人民政府予以保证。

第十二条 审计人员应当具备与其从事的审计工作相适应的专业知识和业务能力。

第十三条 审计人员办理审计事项,与被审计单位或者审计事项有利害关系的,应当回避。

第十四条 审计人员对其在执行职务中知悉的国家秘密和被审计单位的商业秘密,负有保密的义务。

第十五条 审计人员依法执行职务,受法律保护。

任何组织和个人不得拒绝、阻碍审计人员依法执行职务,不得打击报复审计人员。

审计机关负责人依照法定程序任免。审计机关负责人没有违法失职或者其他不符合任职条件的情况的,不得随意撤换。地方各级审计机关负责人的任免,应当事先征求上一级审计机关的意见。

第三章 审计机关职责

第十六条 审计机关对本级各部门(含直属单位)和下级政府预算的执行情况和决算以及其他财政收支情况,进行审计监督。

第十七条 审计署在国务院总理领导下,对中央预算执行情况和其他财政收支情况进行审计监督,向国务院总理提出审计结果报告。

地方各级审计机关分别在省长、自治区主席、市长、州长、县长、区长和上一级审计机关的领导下,对本级预算执行情况和其他财政收支情况进行审计监督,向本级人民政府和上一级审计机关提出审计结果报告。

第十八条 审计署对中央银行的财务收支,进行审计监督。审计机关对国有金融机构的资产、负债、损益,进行审计监督。

第十九条 审计机关对国家的事业组织和使用财政资金的其他事业组织的财务收支,进行审计监督。

第二十条 审计机关对国有企业的资产、负债、损益,进行审计监督。

第二十一条 对国有资本占控股地位或者主导地位的企业、金融机构的审计监督,由国务院规定。

第二十二条 审计机关对政府投资和以政府投资为主的建设项目的预算执行情况和

决算,进行审计监督。

第二十三条　审计机关对政府部门管理的和其他单位受政府委托管理的社会保障基金、社会捐赠资金以及其他有关基金、资金的财务收支,进行审计监督。

第二十四条　审计机关对国际组织和外国政府援助、贷款项目的财务收支,进行审计监督。

第二十五条　审计机关按照国家有关规定,对国家机关和依法属于审计机关审计监督对象的其他单位的主要负责人,在任职期间对本地区、本部门或者本单位的财政收支、财务收支以及有关经济活动应负经济责任的履行情况,进行审计监督。

第二十六条　除本法规定的审计事项外,审计机关对其他法律、行政法规规定应当由审计机关进行审计的事项,依照本法和有关法律、行政法规的规定进行审计监督。

第二十七条　审计机关有权对与国家财政收支有关的特定事项,向有关地方、部门、单位进行专项审计调查,并向本级人民政府和上一级审计机关报告审计调查结果。

第二十八条　审计机关根据被审计单位的财政、财务隶属关系或者国有资产监督管理关系,确定审计管辖范围。

审计机关之间对审计管辖范围有争议的,由其共同的上级审计机关确定。

上级审计机关可以将其审计管辖范围内的本法第十八条第二款至第二十五条规定的审计事项,授权下级审计机关进行审计;上级审计机关对下级审计机关审计管辖范围内的重大审计事项,可以直接进行审计,但是应当防止不必要的重复审计。

第二十九条　依法属于审计机关审计监督对象的单位,应当按照国家有关规定建立健全内部审计制度;其内部审计工作应当接受审计机关的业务指导和监督。

第三十条　社会审计机构审计的单位依法属于审计机关审计监督对象的,审计机关按照国务院的规定,有权对该社会审计机构出具的相关审计报告进行核查。

第四章　审计机关权限

第三十一条　审计机关有权要求被审计单位按照审计机关的规定提供预算或者财务收支计划、预算执行情况、决算、财务会计报告,运用电子计算机储存、处理的财政收支、财务收支电子数据和必要的电子计算机技术文档,在金融机构开立账户的情况,社会审计机构出具的审计报告,以及其他与财政收支或者财务收支有关的资料,被审计单位不得拒绝、拖延、谎报。

被审计单位负责人对本单位提供的财务会计资料的真实性和完整性负责。

第三十二条　审计机关进行审计时,有权检查被审计单位的会计凭证、会计账簿、财务会计报告和运用电子计算机管理财政收支、财务收支电子数据的系统,以及其他与财政收支、财务收支有关的资料和资产,被审计单位不得拒绝。

第三十三条　审计机关进行审计时,有权就审计事项的有关问题向有关单位和个人进行调查,并取得有关证明材料。有关单位和个人应当支持、协助审计机关工作,如实向审计机关反映情况,提供有关证明材料。

审计机关经县级以上人民政府审计机关负责人批准，有权查询被审计单位在金融机构的账户。

审计机关有证据证明被审计单位以个人名义存储公款的，经县级以上人民政府审计机关主要负责人批准，有权查询被审计单位以个人名义在金融机构的存款。

第三十四条　审计机关进行审计时，被审计单位不得转移、隐匿、篡改、毁弃会计凭证、会计账簿、财务会计报告以及其他与财政收支或者财务收支有关的资料，不得转移、隐匿所持有的违反国家规定取得的资产。

审计机关对被审计单位违反前款规定的行为，有权予以制止；必要时，经县级以上人民政府审计机关负责人批准，有权封存有关资料和违反国家规定取得的资产；对其中在金融机构的有关存款需要予以冻结的，应当向人民法院提出申请。

审计机关对被审计单位正在进行的违反国家规定的财政收支、财务收支行为，有权予以制止；制止无效的，经县级以上人民政府审计机关负责人批准，通知财政部门和有关主管部门暂停拨付与违反国家规定的财政收支、财务收支行为直接有关的款项，已经拨付的，暂停使用。

审计机关采取前两款规定的措施不得影响被审计单位合法的业务活动和生产经营活动。

第三十五条　审计机关认为被审计单位所执行的上级主管部门有关财政收支、财务收支的规定与法律、行政法规相抵触的，应当建议有关主管部门纠正；有关主管部门不予纠正的，审计机关应当提请有权处理的机关依法处理。

第三十六条　审计机关可以向政府有关部门通报或者向社会公布审计结果。

审计机关通报或者公布审计结果，应当依法保守国家秘密和被审计单位的商业秘密，遵守国务院的有关规定。

第三十七条　审计机关履行审计监督职责，可以提请公安、监察、财政、税务、海关、价格、工商行政管理等机关予以协助。

第五章　审计程序

第三十八条　审计机关根据审计项目计划确定的审计事项组成审计组，并应当在实施审计三日前，向被审计单位送达审计通知书；遇有特殊情况，经本级人民政府批准，审计机关可以直接持审计通知书实施审计。

被审计单位应当配合审计机关的工作，并提供必要的工作条件。

审计机关应当提高审计工作效率。

第三十九条　审计人员通过审查会计凭证、会计账簿、财务会计报告，查阅与审计事项有关的文件、资料，检查现金、实物、有价证券，向有关单位和个人调查等方式进行审计，并取得证明材料。

审计人员向有关单位和个人进行调查时，应当出示审计人员的工作证件和审计通知书副本。

第四十条　审计组对审计事项实施审计后,应当向审计机关提出审计组的审计报告。审计组的审计报告报送审计机关前,应当征求被审计对象的意见。被审计对象应当自接到审计组的审计报告之日起十日内,将其书面意见送交审计组。审计组应当将被审计对象的书面意见一并报送审计机关。

第四十一条　审计机关按照审计署规定的程序对审计组的审计报告进行审议,并对被审计对象对审计组的审计报告提出的意见一并研究后,提出审计机关的审计报告;对违反国家规定的财政收支、财务收支行为,依法应当给予处理、处罚的,在法定职权范围内作出审计决定或者向有关主管机关提出处理、处罚的意见。

审计机关应当将审计机关的审计报告和审计决定送达被审计单位和有关主管机关、单位。审计决定自送达之日起生效。

第四十二条　上级审计机关认为下级审计机关作出的审计决定违反国家有关规定的,可以责成下级审计机关予以变更或者撤销,必要时也可以直接作出变更或者撤销的决定。

第六章　法律责任

第四十三条　被审计单位违反本法规定,拒绝或者拖延提供与审计事项有关的资料的,或者提供的资料不真实、不完整的,或者拒绝、阻碍检查的,由审计机关责令改正,可以通报批评,给予警告;拒不改正的,依法追究责任。

第四十四条　被审计单位违反本法规定,转移、隐匿、篡改、毁弃会计凭证、会计账簿、财务会计报告以及其他与财政收支、财务收支有关的资料,或者转移、隐匿所持有的违反国家规定取得的资产,审计机关认为对直接负责的主管人员和其他直接责任人员依法应当给予处分的,应当提出给予处分的建议,被审计单位或者其上级机关、监察机关应当依法及时作出决定,并将结果书面通知审计机关;构成犯罪的,依法追究刑事责任。

第四十五条　对本级各部门(含直属单位)和下级政府违反预算的行为或者其他违反国家规定的财政收支行为,审计机关、人民政府或者有关主管部门在法定职权范围内,依照法律、行政法规的规定,区别情况采取下列处理措施:

(一)责令限期缴纳应当上缴的款项;

(二)责令限期退还被侵占的国有资产;

(三)责令限期退还违法所得;

(四)责令按照国家统一的会计制度的有关规定进行处理;

(五)其他处理措施。

第四十六条　对被审计单位违反国家规定的财务收支行为,审计机关、人民政府或者有关主管部门在法定职权范围内,依照法律、行政法规的规定,区别情况采取前条规定的处理措施,并可以依法给予处罚。

第四十七条　审计机关在法定职权范围内作出的审计决定,被审计单位应当执行。

审计机关依法责令被审计单位上缴应当上缴的款项,被审计单位拒不执行的,审计机关应当通报有关主管部门,有关主管部门应当依照有关法律、行政法规的规定予以扣缴或者采取其他处理措施,并将结果书面通知审计机关。

第四十八条 被审计单位对审计机关作出的有关财务收支的审计决定不服的,可以依法申请行政复议或者提起行政诉讼。

被审计单位对审计机关作出的有关财政收支的审计决定不服的,可以提请审计机关的本级人民政府裁决,本级人民政府的裁决为最终决定。

第四十九条 被审计单位的财政收支、财务收支违反国家规定,审计机关认为对直接负责的主管人员和其他直接责任人员依法应当给予处分的,应当提出给予处分的建议,被审计单位或者其上级机关、监察机关应当依法及时作出决定,并将结果书面通知审计机关。

第五十条 被审计单位的财政收支、财务收支违反法律、行政法规的规定,构成犯罪的,依法追究刑事责任。

第五十一条 报复陷害审计人员的,依法给予处分;构成犯罪的,依法追究刑事责任。

第五十二条 审计人员滥用职权、徇私舞弊、玩忽职守或者泄露所知悉的国家秘密、商业秘密的,依法给予处分;构成犯罪的,依法追究刑事责任。

第七章 附 则

第五十三条 中国人民解放军审计工作的规定,由中央军事委员会根据本法制定。

第五十四条 本法自1995年1月1日起施行。1988年11月30日国务院发布的《中华人民共和国审计条例》同时废止。

中华人民共和国审计法实施条例

(1997年10月21日中华人民共和国国务院令第231号公布,2010年2月2日国务院第100次常务会议修订)

第一章　总　则

第一条　根据《中华人民共和国审计法》(以下简称审计法)的规定,制定本条例。

第二条　审计法所称审计,是指审计机关依法独立检查被审计单位的会计凭证、会计账簿、财务会计报告以及其他与财政收支、财务收支有关的资料和资产,监督财政收支、财务收支真实、合法和效益的行为。

第三条　审计法所称财政收支,是指依照《中华人民共和国预算法》和国家其他有关规定,纳入预算管理的收入和支出,以及下列财政资金中未纳入预算管理的收入和支出:

(一)行政事业性收费;

(二)国有资源、国有资产收入;

(三)应当上缴的国有资本经营收益;

(四)政府举借债务筹措的资金;

(五)其他未纳入预算管理的财政资金。

第四条　审计法所称财务收支,是指国有的金融机构、企业事业组织以及依法应当接受审计机关审计监督的其他单位,按照国家财务会计制度的规定,实行会计核算的各项收入和支出。

第五条　审计机关依照审计法和本条例以及其他有关法律、法规规定的职责、权限和程序进行审计监督。

审计机关依照有关财政收支、财务收支的法律、法规,以及国家有关政策、标准、项目目标等方面的规定进行审计评价,对被审计单位违反国家规定的财政收支、财务收支行为,在法定职权范围内作出处理、处罚的决定。

第六条　任何单位和个人对依法应当接受审计机关审计监督的单位违反国家规定的财政收支、财务收支行为,有权向审计机关举报。审计机关接到举报,应当依法及时处理。

第二章　审计机关和审计人员

第七条　审计署在国务院总理领导下,主管全国的审计工作,履行审计法和国务院规定的职责。

地方各级审计机关在本级人民政府行政首长和上一级审计机关的领导下,负责本行政区域的审计工作,履行法律、法规和本级人民政府规定的职责。

第八条 省、自治区人民政府设有派出机关的,派出机关的审计机关对派出机关和省、自治区人民政府审计机关负责并报告工作,审计业务以省、自治区人民政府审计机关领导为主。

第九条 审计机关派出机构依照法律、法规和审计机关的规定,在审计机关的授权范围内开展审计工作,不受其他行政机关、社会团体和个人的干涉。

第十条 审计机关编制年度经费预算草案的依据主要包括:

(一)法律、法规;

(二)本级人民政府的决定和要求;

(三)审计机关的年度审计工作计划;

(四)定员定额标准;

(五)上一年度经费预算执行情况和本年度的变化因素。

第十一条 审计人员实行审计专业技术资格制度,具体按照国家有关规定执行。

审计机关根据工作需要,可以聘请具有与审计事项相关专业知识的人员参加审计工作。

第十二条 审计人员办理审计事项,有下列情形之一的,应当申请回避,被审计单位也有权申请审计人员回避:

(一)与被审计单位负责人或者有关主管人员有夫妻关系、直系血亲关系、三代以内旁系血亲或者近姻亲关系的;

(二)与被审计单位或者审计事项有经济利益关系的;

(三)与被审计单位、审计事项、被审计单位负责人或者有关主管人员有其他利害关系,可能影响公正执行公务的。

审计人员的回避,由审计机关负责人决定;审计机关负责人办理审计事项时的回避,由本级人民政府或者上一级审计机关负责人决定。

第十三条 地方各级审计机关正职和副职负责人的任免,应当事先征求上一级审计机关的意见。

第十四条 审计机关负责人在任职期间没有下列情形之一的,不得随意撤换:

(一)因犯罪被追究刑事责任的;

(二)因严重违法、失职受到处分,不适宜继续担任审计机关负责人的;

(三)因健康原因不能履行职责1年以上的;

(四)不符合国家规定的其他任职条件的。

第三章 审计机关职责

第十五条 审计机关对本级人民政府财政部门具体组织本级预算执行的情况,本级预算收入征收部门征收预算收入的情况,与本级人民政府财政部门直接发生预算缴款、拨款关系的部门、单位的预算执行情况和决算,下级人民政府的预算执行情况和决算,以及其他财政收支情况，依法进行审计监督。经本级人民政府批准，审计机关对其他取得财政资金的单位和项目接受、运用财政资金的真实、合法和效益情况，依法进行审计监督。

第十六条 审计机关对本级预算收入和支出的执行情况进行审计监督的内容包括：

（一）财政部门按照本级人民代表大会批准的本级预算向本级各部门（含直属单位）批复预算的情况、本级预算执行中调整情况和预算收支变化情况；

（二）预算收入征收部门依照法律、行政法规的规定和国家其他有关规定征收预算收入情况；

（三）财政部门按照批准的年度预算、用款计划，以及规定的预算级次和程序，拨付本级预算支出资金情况；

（四）财政部门依照法律、行政法规的规定和财政管理体制，拨付和管理政府间财政转移支付资金情况以及办理结算、结转情况；

（五）国库按照国家有关规定办理预算收入的收纳、划分、留解情况和预算支出资金的拨付情况；

（六）本级各部门（含直属单位）执行年度预算情况；

（七）依照国家有关规定实行专项管理的预算资金收支情况；

（八）法律、法规规定的其他预算执行情况。

第十七条 审计法第十七条所称审计结果报告，应当包括下列内容：

（一）本级预算执行和其他财政收支的基本情况；

（二）审计机关对本级预算执行和其他财政收支情况作出的审计评价；

（三）本级预算执行和其他财政收支中存在的问题以及审计机关依法采取的措施；

（四）审计机关提出的改进本级预算执行和其他财政收支管理工作的建议；

（五）本级人民政府要求报告的其他情况。

第十八条 审计署对中央银行及其分支机构履行职责所发生的各项财务收支，依法进行审计监督。

审计署向国务院总理提出的中央预算执行和其他财政收支情况审计结果报告，应当包括对中央银行的财务收支的审计情况。

第十九条 审计法第二十一条所称国有资本占控股地位或者主导地位的企业、金融机构，包括：

（一）国有资本占企业、金融机构资本（股本）总额的比例超过50%的；

（二）国有资本占企业、金融机构资本（股本）总额的比例在50%以下，但国有资本投资主体拥有实际控制权的。

审计机关对前款规定的企业、金融机构，除国务院另有规定外，比照审计法第十八条第二款、第二十条规定进行审计监督。

第二十条 审计法第二十二条所称政府投资和以政府投资为主的建设项目，包括：

（一）全部使用预算内投资资金、专项建设基金、政府举借债务筹措的资金等财政资金的；

（二）未全部使用财政资金，财政资金占项目总投资的比例超过50%，或者占项目总投资的比例在50％以下,但政府拥有项目建设、运营实际控制权的。

审计机关对前款规定的建设项目的总预算或者概算的执行情况、年度预算的执行情况和年度决算、单项工程结算、项目竣工决算,依法进行审计监督;对前款规定的建设项目进行审计时,可以对直接有关的设计、施工、供货等单位取得建设项目资金的真实性、合法性进行调查。

第二十一条 审计法第二十三条所称社会保障基金,包括社会保险、社会救助、社会福利基金以及发展社会保障事业的其他专项基金;所称社会捐赠资金,包括来源于境内外的货币、有价证券和实物等各种形式的捐赠。

第二十二条 审计法第二十四条所称国际组织和外国政府援助、贷款项目,包括:

(一)国际组织、外国政府及其机构向中国政府及其机构提供的贷款项目;

(二)国际组织、外国政府及其机构向中国企业事业组织以及其他组织提供的由中国政府及其机构担保的贷款项目;

(三)国际组织、外国政府及其机构向中国政府及其机构提供的援助和赠款项目;

(四)国际组织、外国政府及其机构向受中国政府委托管理有关基金、资金的单位提供的援助和赠款项目;

(五)国际组织、外国政府及其机构提供援助、贷款的其他项目。

第二十三条 审计机关可以依照审计法和本条例规定的审计程序、方法以及国家其他有关规定,对预算管理或者国有资产管理使用等与国家财政收支有关的特定事项,向有关地方、部门、单位进行专项审计调查。

第二十四条 审计机关根据被审计单位的财政、财务隶属关系,确定审计管辖范围;不能根据财政、财务隶属关系确定审计管辖范围的,根据国有资产监督管理关系,确定审计管辖范围。

两个以上国有资本投资主体投资的金融机构、企业事业组织和建设项目,由对主要投资主体有审计管辖权的审计机关进行审计监督。

第二十五条 各级审计机关应当按照确定的审计管辖范围进行审计监督。

第二十六条 依法属于审计机关审计监督对象的单位的内部审计工作,应当接受审计机关的业务指导和监督。

依法属于审计机关审计监督对象的单位,可以根据内部审计工作的需要,参加依法成立的内部审计自律组织。审计机关可以通过内部审计自律组织,加强对内部审计工作的业务指导和监督。

第二十七条 审计机关进行审计或者专项审计调查时,有权对社会审计机构出具的相关审计报告进行核查。

审计机关核查社会审计机构出具的相关审计报告时,发现社会审计机构存在违反法律、法规或者执业准则等情况的,应当移送有关主管机关依法追究责任。

第四章 审计机关权限

第二十八条 审计机关依法进行审计监督时,被审计单位应当依照审计法第三十一条规定,向审计机关提供与财政收支、财务收支有关的资料。被审计单位负责人应当对本单位提供资料的真实性和完整性作出书面承诺。

第二十九条 各级人民政府财政、税务以及其他部门(含直属单位)应当向本级审计机关报送下列资料:

(一)本级人民代表大会批准的本级预算和本级人民政府财政部门向本级各部门(含直属单位)批复的预算,预算收入征收部门的年度收入计划,以及本级各部门(含直属单位)向所属各单位批复的预算;

(二)本级预算收支执行和预算收入征收部门的收入计划完成情况月报、年报,以及决算情况;

(三)综合性财政税务工作统计年报、情况简报,财政、预算、税务、财务和会计等规章制度;

(四)本级各部门(含直属单位)汇总编制的本部门决算草案。

第三十条 审计机关依照审计法第三十三条规定查询被审计单位在金融机构的账户的,应当持县级以上人民政府审计机关负责人签发的协助查询单位账户通知书;查询被审计单位以个人名义在金融机构的存款的,应当持县级以上人民政府审计机关主要负责人签发的协助查询个人存款通知书。有关金融机构应当予以协助,并提供证明材料,审计机关和审计人员负有保密义务。

第三十一条 审计法第三十四条所称违反国家规定取得的资产,包括:

(一)弄虚作假骗取的财政拨款、实物以及金融机构贷款;

(二)违反国家规定享受国家补贴、补助、贴息、免息、减税、免税、退税等优惠政策取得的资产;

(三)违反国家规定向他人收取的款项、有价证券、实物;

(四)违反国家规定处分国有资产取得的收益;

(五)违反国家规定取得的其他资产。

第三十二条 审计机关依照审计法第三十四条规定封存被审计单位有关资料和违反国家规定取得的资产的,应当持县级以上人民政府审计机关负责人签发的封存通知书,并在依法收集与审计事项相关的证明材料或者采取其他措施后解除封存。封存的期限为7日以内;有特殊情况需要延长的,经县级以上人民政府审计机关负责人批准,可以适当延长,但延长的期限不得超过7日。

对封存的资料、资产,审计机关可以指定被审计单位负责保管,被审计单位不得损毁或者擅自转移。

第三十三条 审计机关依照审计法第三十六条规定,可以就有关审计事项向政府有关部门通报或者向社会公布对被审计单位的审计、专项审计调查结果。

审计机关经与有关主管机关协商,可以在向社会公布的审计、专项审计调查结果中,一并公布对社会审计机构相关审计报告核查的结果。

审计机关拟向社会公布对上市公司的审计、专项审计调查结果的,应当在5日前将拟公布的内容告知上市公司。

第五章　审计程序

第三十四条　审计机关应当根据法律、法规和国家其他有关规定,按照本级人民政府和上级审计机关的要求,确定年度审计工作重点,编制年度审计项目计划。

审计机关在年度审计项目计划中确定对国有资本占控股地位或者主导地位的企业、金融机构进行审计的,应当自确定之日起7日内告知列入年度审计项目计划的企业、金融机构。

第三十五条　审计机关应当根据年度审计项目计划,组成审计组,调查了解被审计单位的有关情况,编制审计方案,并在实施审计3日前,向被审计单位送达审计通知书。

第三十六条　审计法第三十八条所称特殊情况,包括:

(一)办理紧急事项的;

(二)被审计单位涉嫌严重违法违规的;

(三)其他特殊情况。

第三十七条　审计人员实施审计时,应当按照下列规定办理:

(一)通过检查、查询、监督盘点、发函询证等方法实施审计;

(二)通过收集原件、原物或者复制、拍照等方法取得证明材料;

(三)对与审计事项有关的会议和谈话内容作出记录,或者要求被审计单位提供会议记录材料;

(四)记录审计实施过程和查证结果。

第三十八条　审计人员向有关单位和个人调查取得的证明材料,应当有提供者的签名或者盖章;不能取得提供者签名或者盖章的,审计人员应当注明原因。

第三十九条　审计组向审计机关提出审计报告前,应当书面征求被审计单位意见。被审计单位应当自接到审计组的审计报告之日起10日内,提出书面意见;10日内未提出书面意见的,视同无异议。

审计组应当针对被审计单位提出的书面意见,进一步核实情况,对审计组的审计报告作必要修改,连同被审计单位的书面意见一并报送审计机关。

第四十条　审计机关有关业务机构和专门机构或者人员对审计组的审计报告以及相关审计事项进行复核、审理后,由审计机关按照下列规定办理:

(一)提出审计机关的审计报告,内容包括:对审计事项的审计评价,对违反国家规定的财政收支、财务收支行为提出的处理、处罚意见,移送有关主管机关、单位的意见,改进财政收支、财务收支管理工作的意见;

(二)对违反国家规定的财政收支、财务收支行为,依法应当给予处理、处罚的,在法定

职权范围内作出处理、处罚的审计决定;

(三)对依法应当追究有关人员责任的,向有关主管机关、单位提出给予处分的建议;对依法应当由有关主管机关处理、处罚的,移送有关主管机关;涉嫌犯罪的,移送司法机关。

第四十一条 审计机关在审计中发现损害国家利益和社会公共利益的事项,但处理、处罚依据又不明确的,应当向本级人民政府和上一级审计机关报告。

第四十二条 被审计单位应当按照审计机关规定的期限和要求执行审计决定。对应当上缴的款项,被审计单位应当按照财政管理体制和国家有关规定缴入国库或者财政专户。审计决定需要有关主管机关、单位协助执行的,审计机关应当书面提请协助执行。

第四十三条 上级审计机关应当对下级审计机关的审计业务依法进行监督。

下级审计机关作出的审计决定违反国家有关规定的,上级审计机关可以责成下级审计机关予以变更或者撤销,也可以直接作出变更或者撤销的决定;审计决定被撤销后需要重新作出审计决定的,上级审计机关可以责成下级审计机关在规定的期限内重新作出审计决定,也可以直接作出审计决定。

下级审计机关应当作出而没有作出审计决定的,上级审计机关可以责成下级审计机关在规定的期限内作出审计决定,也可以直接作出审计决定。

第四十四条 审计机关进行专项审计调查时,应当向被调查的地方、部门、单位出示专项审计调查的书面通知,并说明有关情况;有关地方、部门、单位应当接受调查,如实反映情况,提供有关资料。

在专项审计调查中,依法属于审计机关审计监督对象的部门、单位有违反国家规定的财政收支、财务收支行为或者其他违法违规行为的,专项审计调查人员和审计机关可以依照审计法和本条例的规定提出审计报告,作出审计决定,或者移送有关主管机关、单位依法追究责任。

第四十五条 审计机关应当按照国家有关规定建立、健全审计档案制度。

第四十六条 审计机关送达审计文书,可以直接送达,也可以邮寄送达或者以其他方式送达。直接送达的,以被审计单位在送达回证上注明的签收日期或者见证人证明的收件日期为送达日期;邮寄送达的,以邮政回执上注明的收件日期为送达日期;以其他方式送达的,以签收或者收件日期为送达日期。

审计机关的审计文书的种类、内容和格式,由审计署规定。

第六章 法律责任

第四十七条 被审计单位违反审计法和本条例的规定,拒绝、拖延提供与审计事项有关的资料,或者提供的资料不真实、不完整,或者拒绝、阻碍检查的,由审计机关责令改正,可以通报批评,给予警告;拒不改正的,对被审计单位可以处5万元以下的罚款,对直接负责的主管人员和其他直接责任人员,可以处2万元以下的罚款,审计机关认为应当给予处分的,向有关主管机关、单位提出给予处分的建议;构成犯罪的,依法追究刑事责任。

第四十八条 对本级各部门(含直属单位)和下级人民政府违反预算的行为或者其他违反国家规定的财政收支行为,审计机关在法定职权范围内,依照法律、行政法规的规定,区别情况采取审计法第四十五条规定的处理措施。

第四十九条 对被审计单位违反国家规定的财务收支行为,审计机关在法定职权范围内,区别情况采取审计法第四十五条规定的处理措施,可以通报批评,给予警告;有违法所得的,没收违法所得,并处违法所得1倍以上5倍以下的罚款;没有违法所得的,可以处5万元以下的罚款;对直接负责的主管人员和其他直接责任人员,可以处2万元以下的罚款,审计机关认为应当给予处分的,向有关主管机关、单位提出给予处分的建议;构成犯罪的,依法追究刑事责任。

法律、行政法规对被审计单位违反国家规定的财务收支行为处理、处罚另有规定的,从其规定。

第五十条 审计机关在作出较大数额罚款的处罚决定前,应当告知被审计单位和有关人员有要求举行听证的权利。较大数额罚款的具体标准由审计署规定。

第五十一条 审计机关提出的对被审计单位给予处理、处罚的建议以及对直接负责的主管人员和其他直接责任人员给予处分的建议,有关主管机关、单位应当依法及时作出决定,并将结果书面通知审计机关。

第五十二条 被审计单位对审计机关依照审计法第十六条、第十七条和本条例第十五条规定进行审计监督作出的审计决定不服的,可以自审计决定送达之日起60日内,提请审计机关的本级人民政府裁决,本级人民政府的裁决为最终决定。

审计机关应当在审计决定中告知被审计单位提请裁决的途径和期限。

裁决期间,审计决定不停止执行。但是,有下列情形之一的,可以停止执行:

(一)审计机关认为需要停止执行的;

(二)受理裁决的人民政府认为需要停止执行的;

(三)被审计单位申请停止执行,受理裁决的人民政府认为其要求合理,决定停止执行的。

裁决由本级人民政府法制机构办理。裁决决定应当自接到提请之日起60日内作出;有特殊情况需要延长的,经法制机构负责人批准,可以适当延长,并告知审计机关和提请裁决的被审计单位,但延长的期限不得超过30日。

第五十三条 除本条例第五十二条规定的可以提请裁决的审计决定外,被审计单位对审计机关作出的其他审计决定不服的,可以依法申请行政复议或者提起行政诉讼。

审计机关应当在审计决定中告知被审计单位申请行政复议或者提起行政诉讼的途径和期限。

第五十四条 被审计单位应当将审计决定执行情况书面报告审计机关。审计机关应当检查审计决定的执行情况。

被审计单位不执行审计决定的,审计机关应当责令限期执行;逾期仍不执行的,审计机关可以申请人民法院强制执行,建议有关主管机关、单位对直接负责的主管人员和其他直接责任人员给予处分。

第五十五条 审计人员滥用职权、徇私舞弊、玩忽职守,或者泄露所知悉的国家秘密、商业秘密的,依法给予处分;构成犯罪的,依法追究刑事责任。

审计人员违法违纪取得的财物,依法予以追缴、没收或者责令退赔。

第七章 附 则

第五十六条 本条例所称以上、以下,包括本数。

本条例第五十二条规定的期间的最后一日是法定节假日的,以节假日后的第一个工作日为期间届满日。审计法和本条例规定的其他期间以工作日计算,不含法定节假日。

第五十七条 实施经济责任审计的规定,另行制定。

第五十八条 本条例自 2010 年 5 月 1 日起施行。

陕西省气象部门审计结果整改情况跟踪检查实施细则

(陕气办发〔2014〕10号　2014年3月21日)

第一章　总　则

第一条　为进一步规范全省气象部门审计结果整改情况跟踪检查工作,充分发挥内部审计监督服务作用,保证审计效果,根据《中华人民共和国审计法》和《中国内部审计准则》等有关规定,制定本细则。

第二条　本细则所称审计结果,是指省、市局内部审计机构依法作出的审计报告、审计决定书、审计建议书等业务文书中,需要被审计单位执行、采纳或有关机构配合落实的事项。

第三条　本细则适用于省、市内部审计机构为跟踪检查被审计单位针对审计结果所采取的纠正措施和改进效果而进行的审查评价活动。

第四条　跟踪检查工作按照省、市局内部审计机构职责管理权限,实行统一管理、分级负责,纳入年度内部审计工作计划并组织实施。省局内部审计机构负责对各市局内部审计机构开展跟踪检查工作的督察督导,并将开展情况纳入年度内部审计工作目标考核。

第五条　被审计单位负责对审计中发现的问题和审计建议等采取纠正和改进措施。内部审计机构负责评价被审计单位针对审计结果采取的纠正和改进措施是否及时、合理、有效。

第二章　基本要求

第六条　内审机构要建立审计结果整改跟踪检查台账(见附件)。台账内容主要包括:整改单位、整改问题、整改期限、整改建议、整改落实情况及被审计单位整改措施等。

第七条　被审计单位应当在审计结果下达后,在规定的期限内进行整改。整改时间一般为30日,特殊情况下经内部审计机构同意可适当延长,最长不超过3个月。

第八条　被审计单位应当提供审计整改情况报告。报告主要内容包括:

(一)对审计发现问题的整改情况;

(二)对审计意见、建议的采纳情况;

(三)健全规章制度及改进措施情况;

(四)落实上级有关批示意见情况;

(五)对有关责任部门和责任人的追究处理情况;

(六)未整改或未完全整改事项的原因,以及整改计划和时限等。

第三章 程序、方式、内容和方法

第九条 跟踪检查程序:
(一)成立检查组,编制检查方案;
(二)提前3日向被审计单位送达检查通知书,特殊情况可以在实施检查时送达;
(三)开展检查,反馈检查情况;
(四)形成检查报告,经分管领导审定后送达被审计单位并抄送相关机构。

第十条 按照重要性原则,可采取下列方式开展跟踪检查:
(一)现场检查;
(二)取得并审阅相关书面反馈材料;
(三)其他方式。

第十一条 跟踪检查内容:
(一)对审计发现问题的整改情况,以及整改结束后此类问题重复发生情况;
(二)对审计意见、建议的采纳情况;
(三)建立健全、修订完善内部控制制度及执行情况;
(四)落实上级有关批示意见情况;
(五)对责任单位和责任人的追究处理情况;
(六)未达到整改要求的原因和责任认定。

第十二条 跟踪检查方法:
(一)调阅各级审计报告、审计决定书、审计建议书、审计整改情况报告等文书;
(二)听取被审计单位整改情况汇报;
(三)查阅被审计单位内部控制制度的建立、修订情况,对制度执行的有效性进行穿行测试;
(四)审核审计整改情况的相关证明材料;抽查被审计单位审计整改结束后财务等资料,查证整改过的同类问题是否再次发生;
(五)了解移送纪检、监察机构事项的后续处理情况。

第十三条 内部审计机构应当对跟踪检查情况进行报告。内部审计机构在完成跟踪检查后15日内出具跟踪检查报告。跟踪检查报告主要内容包括:
(一)检查工作开展情况,主要包括检查时间、范围、对象和方式等;
(二)被审计单位和其他有关单位的整改情况;
(三)未整改或未完全整改事项的原因和意见;
(四)对被审计单位整改情况的综合评价。

第十四条 内审机构要将审计结果整改跟踪检查工作纳入审计业务一般程序。审计项目的审计结果整改材料、有关表格等应归入审计业务档案。

第十五条 内审计机构要对每年度审计结果整改跟踪检查情况定期向同级党组汇报

并在本区范围内予以通报,同时上报上一级内审机构。

第四章 责任追究

第十六条 被审计单位为审计整改工作责任单位,被审计单位主要负责人为审计整改工作的第一责任人。

第十七条 内部审计机构应当将跟踪检查结果纳入部门对被审计单位的年度工作考核目标。

第十八条 各相关职能机构应当加强对审计结果整改工作的协调和指导。各级纪检监察、审计、人事、计财、法规、业务等机构应当按照管理职能,针对审计发现的突出问题,完善相关管理制度,提出相应处理意见。

第十九条 对整改不力、屡查屡犯、弄虚作假、拒不整改的被审计单位,由内部审计机构给予通报批评;情节严重的,由人事、纪检监察机构依据有关规定追究主要负责人及相关责任人的责任。

第五章 附 则

第二十条 本细则由陕西省气象局监察审计处负责解释。

第二十一条 本细则自下发之日起施行。

附件

审计结果整改跟踪检查台账

项目名称		审计机构	
整改单位		整改期限	
整改问题		被审计单位整改措施	整改落实情况（是/否）
1.			
2.			
3.			
4.			
5.			
整改建议		被审计单位的采纳意见	采纳落实情况（是/否）
1.			
2.			
3.			
4.			
5.			

填制时间： 年 月 日 　　　　填制人： 　　　　编号：

党政机关厉行节约反对浪费条例

(中发〔2013〕13号 2013年11月18日)

第一章 总 则

第一条 为了进一步弘扬艰苦奋斗、勤俭节约的优良作风,推进党政机关厉行节约反对浪费,建设节约型机关,根据国家有关法律法规和中央有关规定,制定本条例。

第二条 本条例适用于党的机关、人大机关、行政机关、政协机关、审判机关、检察机关,以及工会、共青团、妇联等人民团体和参照公务员法管理的事业单位。

第三条 本条例所称浪费,是指党政机关及其工作人员违反规定进行不必要的公务活动,或者在履行公务中超出规定范围、标准和要求,不当使用公共资金、资产和资源,给国家和社会造成损失的行为。

第四条 党政机关厉行节约反对浪费,应当遵循下列原则:坚持从严从简,勤俭办一切事业,降低公务活动成本;坚持依法依规,遵守国家法律法规和党内法规制度的相关规定,严格按程序办事;坚持总量控制,科学设定相关标准,严格控制经费支出总额,加强厉行节约绩效考评;坚持实事求是,从实际出发安排公务活动,取消不必要的公务活动,保证正常公务活动;坚持公开透明,除涉及国家秘密事项外,公务活动中的资金、资产、资源使用等情况应予公开,接受各方面监督;坚持深化改革,通过改革创新破解体制机制障碍,建立健全厉行节约反对浪费工作长效机制。

第五条 中共中央办公厅、国务院办公厅负责统筹协调、指导检查全国党政机关厉行节约反对浪费工作,建立协调联络机制承办具体事务。地方各级党委办公厅(室)、政府办公厅(室)负责指导检查本地区党政机关厉行节约反对浪费工作。

纪检监察机关和组织人事、宣传、外事、发展改革、财政、审计、机关事务管理等部门根据职责分工,依法依规履行对厉行节约反对浪费相关工作的管理、监督等职责。

第六条 各级党委和政府应当加强对厉行节约反对浪费工作的组织领导。党政机关领导班子主要负责人对本地区、本部门、本单位的厉行节约反对浪费工作负总责,其他成员根据工作分工,对职责范围内的厉行节约反对浪费工作负主要领导责任。

第二章 经费管理

第七条 党政机关应当加强预算编制管理,按照综合预算的要求,将各项收入和支出全部纳入部门预算。

党政机关依法取得的罚没收入、行政事业性收费、政府性基金、国有资产收益和处置等非税收入，必须按规定及时足额上缴国库，严禁以任何形式隐瞒、截留、挤占、挪用、坐支或者私分，严禁转移到机关所属工会、培训中心、服务中心等单位账户使用。

第八条 党政机关应当遵循先有预算、后有支出的原则，严格执行预算，严禁超预算或者无预算安排支出，严禁虚列支出、转移或者套取预算资金。

严格控制国内差旅费、因公临时出国（境）费、公务接待费、公务用车购置及运行费、会议费、培训费等支出。年度预算执行中不予追加，因特殊需要确需追加的，由财政部门审核后按程序报批。

建立预算执行全过程动态监控机制，完善预算执行管理办法，建立健全预算绩效管理体系，增强预算执行的严肃性，提高预算执行的准确率，防止年底突击花钱等现象发生。

第九条 推进政府会计改革，进一步健全会计制度，准确核算机关运行经费，全面反映行政成本。

第十条 财政部门应当会同有关部门，根据国内差旅、因公临时出国（境）、公务接待、会议、培训等工作特点，综合考虑经济发展水平、有关货物和服务的市场价格水平，制定分地区的公务活动经费开支范围和开支标准。

加强相关开支标准之间的衔接，建立开支标准调整机制，定期根据有关货物和服务的市场价格变动情况调整相关开支标准，增强开支标准的协调性、规范性、科学性。

严格开支范围和标准，严格支出报销审核，不得报销任何超范围、超标准以及与相关公务活动无关的费用。

第十一条 全面实行公务卡制度。健全公务卡强制结算目录，党政机关国内发生的公务差旅费、公务接待费、公务用车购置及运行费、会议费、培训费等经费支出，除按规定实行财政直接支付或者银行转账外，应当使用公务卡结算。

第十二条 党政机关采购货物、工程和服务，应当遵循公开透明、公平竞争、诚实信用原则。

政府采购应当依法完整编制采购预算，严格执行经费预算和资产配置标准，合理确定采购需求，不得超标准采购，不得超出办公需要采购服务。

严格执行政府采购程序，不得违反规定以任何方式和理由指定或者变相指定品牌、型号、产地。采购公开招标数额标准以上的货物、工程和服务，应当进行公开招标，确需改变采购方式的，应当严格执行有关公示和审批程序。列入政府集中采购目录范围的，应当委托集中采购机构代理采购，并逐步实行批量集中采购。严格控制协议供货采购的数量和规模，不得以协议供货拆分项目的方式规避公开招标。

党政机关应当按照政府采购合同规定的采购需求组织验收。政府采购监督管理部门应当逐步建立政府采购结果评价制度，对政府采购的资金节约、政策效能、透明程度以及专业化水平进行综合、客观评价。

加快政府采购管理交易平台建设，推进电子化政府采购。

第三章 国内差旅和因公临时出国（境）

第十三条 党政机关应当建立健全并严格执行国内差旅内部审批制度，从严控制国内差旅人数和天数,严禁无明确公务目的的差旅活动,严禁以公务差旅为名变相旅游,严禁异地部门间无实质内容的学习交流和考察调研。

第十四条　国内差旅人员应当严格按规定乘坐交通工具、住宿、就餐,费用由所在单位承担。

差旅人员住宿、就餐由接待单位协助安排的,必须按标准交纳住宿费、餐费。差旅人员不得向接待单位提出正常公务活动以外的要求,不得接受礼金、礼品和土特产品等。

第十五条　统筹安排年度因公临时出国计划,严格控制团组数量和规模,不得安排照顾性、无实质内容的一般性出访,不得安排考察性出访,严禁集中安排赴热门国家和地区出访,严禁以各种名义变相公款出国旅游。严格执行因公临时出国限量管理规定,不得把出国作为个人待遇、安排轮流出国。严格控制跨地区、跨部门团组。

组织、外专等有关部门应当加强出国培训总体规划和监督管理,严格控制出国培训规模,科学设置培训项目,择优选派培训对象,提高出国培训的质量和实效。

第十六条　外事管理部门应当加强因公临时出国审核审批管理,对违反规定、不适合成行的团组予以调整或者取消。

加强因公临时出国经费预算总额控制,严格执行经费先行审核制度。无出国经费预算安排的不予批准,确有特殊需要的,按规定程序报批。严禁违反规定使用出国经费预算以外资金作为出国经费,严禁向所属单位、企业、我国驻外机构等摊派或者转嫁出国费用。

第十七条　出国团组应当按规定标准安排交通工具和食宿,不得违反规定乘坐民航包机,不得乘坐私人、企业和外国航空公司包机,不得安排超标准住房和用车,不得擅自增加出访国家或者地区,不得擅自绕道旅行,不得擅自延长在国外停留时间。

出国期间,不得与我国驻外机构和其他中资机构、企业之间用公款互赠礼品或者纪念品,不得用公款相互宴请。

第十八条　严格根据工作需要编制出境计划,加强因公出境审批和管理,不得安排出境考察,不得组织无实质内容的调研、会议、培训等活动。

严格遵守因公出境经费预算、支出、使用、核算等财务制度,不得接受超标准接待和高消费娱乐,不得接受礼金、贵重礼品、有价证券、支付凭证等。

第四章　公务接待

第十九条　建立健全国内公务接待集中管理制度。党政机关公务接待管理部门应当加强对国内公务接待工作的管理和指导。

第二十条　党政机关应当建立公务接待审批控制制度,对无公函的公务活动不予接待,严禁将非公务活动纳入接待范围。

第二十一条　党政机关应当严格执行国内公务接待标准,实行接待费支出总额控制制度。

接待单位应当严格按标准安排接待对象的住宿用房,协助安排用餐的按标准收取餐费,不得在接待费中列支应当由接待对象承担的费用,不得以举办会议、培训等名义列支、转移、隐匿接待费开支。

建立国内公务接待清单制度,如实反映接待对象、公务活动、接待费用等情况。接待清单作为财务报销的凭证之一并接受审计。

第二十二条 外宾接待工作应当遵循服务外交、友好对等、务实节俭的原则。外宾邀请单位应当严格按照有关规定安排接待活动,从严从紧控制外宾团组和接待费用。

第二十三条 有关部门和地方应当参照国内公务接待标准,制定招商引资等活动的接待办法,严格审批,强化管理,严禁超规格、超标准接待,严禁扩大接待范围、增加接待项目,严禁以招商引资等名义变相安排公务接待。

第二十四条 党政机关不得以任何名义新建、改建、扩建所属宾馆、招待所等具有接待功能的设施或者场所。

建立接待资源共享机制,推进机关所属接待、培训场所的集中统一管理和利用。健全服务经营机制,推行机关所属接待、培训场所企业化管理,降低服务经营成本。

积极推进国内公务接待服务社会化改革,有效利用社会资源为国内公务接待提供住宿、餐饮、用车等服务。

第五章 公务用车

第二十五条 坚持社会化、市场化方向,改革公务用车制度,合理有效配置公务用车资源,创新公务交通分类提供方式,保障公务出行,降低行政成本,建立符合国情的新型公务用车制度。

改革公务用车实物配给方式,取消一般公务用车,保留必要的执法执勤、机要通信、应急和特种专业技术用车及按规定配备的其他车辆。普通公务出行由公务人员自主选择,实行社会化提供。取消的一般公务用车,采取公开招标、拍卖等方式公开处置。

适度发放公务交通补贴,不得以车改补贴的名义变相发放福利。

第二十六条 党政机关应当从严配备实行定向化保障的公务用车,不得以特殊用途等理由变相超编制、超标准配备公务用车,不得以任何方式换用、借用、占用下属单位或者其他单位和个人的车辆,不得接受企事业单位和个人赠送的车辆。

严格按规定配备专车,不得擅自扩大专车配备范围或者变相配备专车。

从严控制执法执勤用车的配备范围、编制和标准。执法执勤用车配备应当严格限制在一线执法执勤岗位,机关内部管理和后勤岗位以及机关所属事业单位一律不得配备。

第二十七条 公务用车实行政府集中采购,应当选用国产汽车,优先选用新能源汽车。

公务用车严格按照规定年限更新,已到更新年限尚能继续使用的应当继续使用,不得因领导干部职务晋升、调任等原因提前更新。

公务用车保险、维修、加油等实行政府采购,降低运行成本。

第二十八条 除涉及国家安全、侦查办案等有保密要求的特殊工作用车外,执法执勤用车应当喷涂明显的统一标识。

第二十九条 根据公务活动需要,严格按规定使用公务用车,严禁以任何理由挪用或者固定给个人使用执法执勤、机要通信等公务用车,领导干部亲属和身边工作人员不得因私使用配备给领导干部的公务用车。

第六章 会议活动

第三十条 党政机关应当精简会议,严格执行会议费开支范围和标准。

党政机关会议实行分类管理、分级审批。财政部门应当会同机关事务管理等部门制定本级党政机关会议费管理办法,从严控制会议数量、会期和参会人员规模。完善并严格执行严禁党政机关到风景名胜区开会制度规定。

第三十一条 会议召开场所实行政府采购定点管理。会议住宿用房以标准间为主,用餐安排自助餐或者工作餐。

会议期间,不得安排宴请,不得组织旅游以及与会议无关的参观活动,不得以任何名义发放纪念品。

完善会议费报销制度。未经批准以及超范围、超标准开支的会议费用,一律不予报销。严禁违规使用会议费购置办公设备,严禁列支公务接待费等与会议无关的任何费用,严禁套取会议资金。

第三十二条 建立健全培训审批制度,严格控制培训数量、时间、规模,严禁以培训名义召开会议。

严格执行分类培训经费开支标准,严格控制培训经费支出范围,严禁在培训经费中列支公务接待费、会议费等与培训无关的任何费用。严禁以培训名义进行公款宴请、公款旅游活动。

第三十三条 未经批准,党政机关不得以公祭、历史文化、特色物产、单位成立、行政区划变更、工程奠基或者竣工等名义举办或者委托、指派其他单位举办各类节会、庆典活动,不得举办论坛、博览会、展会活动。严禁使用财政性资金举办营业性文艺晚会。从严控制举办大型综合性运动会和各类赛会。

经批准的节会、庆典、论坛、博览会、展会、运动会、赛会等活动,应当严格控制规模和经费支出,不得向下属单位摊派费用,不得借举办活动发放各类纪念品,不得超出规定标准支付费用邀请名人、明星参与活动。为举办活动专门配备的设备在活动结束后应当及时收回。

第三十四条 严格控制和规范各类评比达标表彰活动,实行中央和省(自治区、直辖市)两级审批制度。评比达标表彰项目费用由举办单位承担,不得以任何方式向相关单位和个人收取费用。

第七章 办公用房

第三十五条 党政机关办公用房建设应当从严控制。凡是违反规定的拟建办公用房项目,必须坚决终止;凡是未按照规定程序履行审批手续、擅自开工建设的办公用房项目,必须停建并予以没收;凡是超规模、超标准、超投资概算建设的办公用房项目,应当根据具体情况限期腾退超标准面积或者全部没收、拍卖。

党政机关办公用房应当严格管理,推进办公用房资源的公平配置和集约使用。凡是超过规定面积标准占有、使用办公用房以及未经批准租用办公用房的,必须腾退;凡是未经批准改变办公用房使用功能的,原则上应当恢复原使用功能。严禁出租出借办公用房,已经出租出借的,到期必须收回;租赁合同未到期的,租金收入应当按照收支两条线管理。

第三十六条 党政机关新建、改建、扩建、购置、置换、维修改造、租赁办公用房,必须严格按规定履行审批程序。采取置换方式配给办公用房的,应当执行新建办公用房各项标准,不得以未使用政府预算建设资金、资产整合等名义规避审批。

第三十七条 党政机关办公用房建设项目应当按照朴素、实用、安全、节能原则,严格执行办公用房建设标准、单位综合造价标准和公共建筑节能设计标准,符合土地利用和城市规划要求。党政机关办公楼不得追求成为城市地标建筑,严禁配套建设大型广场、公园等设施。

第三十八条 党政机关办公用房建设项目投资,统一由政府预算建设资金安排。土地收益和资产转让收益应当按照有关规定实行收支两条线管理,不得直接用于办公用房建设。

党政机关办公用房维修改造项目所需投资,统一列入预算由财政资金安排解决,未经审批的项目不得安排预算。

第三十九条 办公用房建设应当严格执行工程招投标和政府采购有关规定,加强对工程项目的全过程监理和审计监督。加快推行办公用房建设项目代建制。

办公用房因使用时间较长、设施设备老化、功能不全,不能满足办公需求的,可以进行维修改造。维修改造项目应当以消除安全隐患、恢复和完善使用功能、降低能源资源消耗为重点,严格履行审批程序,严格执行维修改造标准。

第四十条 建立健全办公用房集中统一管理制度,对办公用房实行统一调配、统一权属登记。

党政机关应当严格按照有关标准和本单位"三定"方案,从严核定、使用办公用房。超标部分应当移交同级机关事务管理部门用于统一调剂。

新建、调整办公用房的单位,应当按照"建新交旧"、"调新交旧"的原则,在搬入新建或者新调整办公用房的同时,将原办公用房腾退移交机关事务管理部门统一调剂使用。

因机构增设、职能调整确需增加办公用房的,应当在本单位现有办公用房中解决;本单位现有办公用房不能满足需要的,由机关事务管理部门整合办公用房资源调剂解决;无法调剂、确需租用解决的,应当严格履行报批手续,不得以变相补偿方式租用由企业等单位提供的办公用房。

第四十一条 党政机关领导干部应当按照标准配置使用一处办公用房,确因工作需要另行配置办公用房的,应当严格履行审批程序。领导干部不得长期租用宾馆、酒店房间作为办公用房。配置使用的办公用房,在退休或者调离时应当及时腾退并由原单位收回。

第八章 资源节约

第四十二条 党政机关应当节约集约利用资源,加强全过程节约管理,提高能源、水、粮食、办公家具、办公设备、办公用品等的利用效率和效益,统筹利用土地,杜绝浪费行为。

第四十三条 对能源、水的使用实行分类定额和目标责任管理。推广应用节能技术产品,淘汰高耗能设施设备,重点推广应用新能源和可再生能源。积极使用节水型器具,建设节水型单位。

健全节能产品政府采购政策,严格执行节能产品政府强制采购和优先采购制度。

第四十四条 优化办公家具、办公设备等资产的配置和使用,通过调剂方式盘活存量资产,节约购置资金。已到更新年限尚能继续使用的,不得报废处置。

对产生的非涉密废纸、废弃电器电子产品等废旧物品进行集中回收处理,促进循环利用;涉及国家秘密的,按照有关保密规定进行销毁。

第四十五条 党政机关政务信息系统建设应当统筹规划,统一组织实施,防止重复建设和频繁升级。

建立共享共用机制,加强资源整合,推动重要政务信息系统互联互通、信息共享和业务协同,降低软件开发、系统维护和升级等方面费用,防止资源浪费。

积极利用信息化手段,推行无纸化办公,减少一次性办公用品消耗。

第九章 宣传教育

第四十六条 宣传部门应当把厉行节约反对浪费作为重要宣传内容,充分发挥各级各类媒体作用,重视运用互联网等新兴媒体,通过新闻报道、文化作品、公益广告等形式,广泛宣传中华民族勤俭节约的优秀品德,宣传阐释相关制度规定,宣传推广厉行节约的经验做法和先进典型,倡导绿色低碳消费理念和健康文明生活方式。

第四十七条 党政机关应当把加强厉行节约反对浪费教育作为作风建设的重要内容,融入干部队伍建设和机关日常管理之中,建立健全常态化工作机制。对各种铺张浪费现象和行为,应当严肃批评、督促改正。

纪检监察机关应当不定期曝光铺张浪费的典型案例,发挥警示教育作用。

组织人事部门和党校、行政学院、干部学院应当把厉行节约反对浪费作为干部教育培训的重要内容,创新教育方法,切实增强教育培训的针对性和实效性。

第四十八条 党政机关应当围绕建设节约型机关,组织开展形式多样、便于参与的活动,引导干部职工增强节约意识、珍惜物力财力,积极培育和形成崇尚节约、厉行节约、反对浪费的机关文化,为在全社会形成节俭之风发挥示范表率作用。

第十章 监督检查

第四十九条 各级党委和政府应当建立厉行节约反对浪费监督检查机制,明确监督检查的主体、职责、内容、方法、程序等,加强经常性督促检查,针对突出问题开展重点检查、暗访等专项活动。

下级党委和政府应当每年向上级党委和政府报告本地区厉行节约反对浪费工作情况,党委和政府所属部门、单位应当每年向本级党委和政府报告本部门、本单位厉行节约反对浪费工作情况。报告可结合领导班子年度考核和工作报告一并进行。

第五十条 领导干部厉行节约反对浪费工作情况,应当列为领导班子民主生活会和领导干部述职述廉的重要内容并接受评议。

第五十一条 党委办公厅(室)、政府办公厅(室)负责统筹协调相关部门开展对厉行节约反对浪费工作的督促检查。每年至少组织开展一次专项督查,并将督查情况在适当范围内通报。专项督查可以与党风廉政建设责任制检查考核、年终党建工作考核等相结合,督查考核结果应当按照干部管理权限送纪检监察机关和组织人事部门,作为干部管理监督、选拔任用的依据。

第五十二条 纪检监察机关应当加强对厉行节约反对浪费工作的监督检查,受理群众举报和有关部门移送的案件线索,及时查处违纪违法问题。

中央和省、自治区、直辖市党委巡视组应当按照有关规定,加强对有关党组织领导班子及其成员厉行节约反对浪费工作情况的巡视监督。

第五十三条 财政部门应当加强对党政机关预算编制、执行等财政、财务、政府采购和会计事项的监督检查,依法处理发现的违规问题,并及时向本级党委和政府汇报监督检查结果。

审计部门应当加大对党政机关公务支出和公款消费的审计力度,依法处理、督促整改违规问题,并将涉嫌违纪违法问题移送有关部门查处。

第五十四条 党政机关应当建立健全厉行节约反对浪费信息公开制度。除依照法律法规和有关要求须保密的内容和事项外,下列内容应当按照及时、方便、多样的原则,以适当方式进行公开:

(一)预算和决算信息;

(二)政府采购文件、采购预算、中标成交结果、采购合同等情况;

(三)国内公务接待的批次、人数、经费总额等情况;

(四)会议的名称、主要内容、支出金额等情况;

(五)培训的项目、内容、人数、经费等情况;

(六)节会、庆典、论坛、博览会、展会、运动会、赛会等活动举办信息;

(七)办公用房建设、维修改造、使用、运行费用支出等情况;

(八)公务支出和公款消费的审计结果;

(九)其他需要公开的内容。

第五十五条 推动和支持人民代表大会及其常务委员会依法严格审查批准党政机关公务支出预算,加强对预算执行情况的监督。发挥人大代表的监督作用,通过提出意见、建议、批评以及询问、质询等方式加强对党政机关厉行节约反对浪费工作的监督。

支持人民政协对党政机关厉行节约反对浪费工作的监督,自觉接受并积极支持政协委员通过调研、视察、提案等方式加强对党政机关厉行节约反对浪费工作的监督。

第五十六条 重视各级各类媒体在厉行节约反对浪费方面的舆论监督作用。建立舆情反馈机制,及时调查处理媒体曝光的违规违纪违法问题。

发挥群众对党政机关及其工作人员铺张浪费行为的监督作用,认真调查处理群众反映的问题。

第十一章 责任追究

第五十七条 建立党政机关厉行节约反对浪费工作责任追究制度。

对违反本条例规定造成浪费的,应当依纪依法追究相关人员的责任,对负有领导责任的主要负责人或者有关领导干部实行问责。

第五十八条 有下列情形之一的,追究相关人员的责任:

(一)未经审批列支财政性资金的;

(二)采取弄虚作假等手段违规取得审批的;

(三)违反审批要求擅自变通执行的;

(四)违反管理规定超标准或者以虚假事项开支的;

(五)利用职务便利假公济私的;

(六)有其他违反审批、管理、监督规定行为的。

第五十九条 有下列情形之一的,追究主要负责人或者有关领导干部的责任:

(一)本地区、本部门、本单位铺张浪费、奢侈奢华问题严重,对发现的问题查处不力,干部群众反映强烈的;

(二)指使、纵容下属单位或者人员违反本条例规定造成浪费的;

(三)不履行内部审批、管理、监督职责造成浪费的;

(四)不按规定及时公开本地区、本部门、本单位有关厉行节约反对浪费工作信息的;

(五)其他对铺张浪费问题负有领导责任的。

第六十条 违反本条例规定造成浪费的,根据情节轻重,由有关部门依照职责权限给予批评教育、责令作出检查、诫勉谈话、通报批评或者调离岗位、责令辞职、免职、降职等处理。

应当追究党纪政纪责任的,依照《中国共产党纪律处分条例》、《行政机关公务员处分条例》等有关规定给予相应的党纪政纪处分。

涉嫌违法犯罪的,依法追究法律责任。

第六十一条 违反本条例规定获得的经济利益,应当予以收缴或者纠正。

违反本条例规定,用公款支付、报销应由个人支付的费用,应当责令退赔。

第六十二条 受到责任追究的人员对处理决定不服的,可以按照相关规定向有关机关提出申诉。受理申诉机关应当依据有关规定认真受理并作出结论。

申诉期间,不停止处理决定的执行。

第十二章 附 则

第六十三条 各省、自治区、直辖市党委和政府,中央和国家机关各部委,可以根据本条例,结合实际制定实施细则。有关职能部门应当根据各自职责,制定完善相关配套制度。

国有企业、国有金融企业、不参照公务员法管理的事业单位,参照本条例执行。

中国人民解放军和中国人民武装警察部队按照军队有关规定执行。

第六十四条 本条例由中共中央办公厅、国务院办公厅会同有关部门负责解释。

第六十五条 本条例自发布之日起施行。1997年5月25日发布的《中共中央、国务院关于党政机关厉行节约制止奢侈浪费行为的若干规定》同时废止。其他有关党政机关厉行节约反对浪费的规定,凡与本条例不一致的,按照本条例执行。

党政机关厉行节约反对浪费实施细则

(陕发〔2014〕11号 2014年11月3日)

第一章 总 则

第一条 为发扬延安精神,保持艰苦奋斗、勤俭节约的优良作风和传统,推进我省节约型机关建设,根据《党政机关厉行节约反对浪费条例》(以下简称《条例》)和中共中央、国务院有关规定,结合我省实际,制定本实施细则。

第二条 本实施细则适用于全省各级党的机关、人大机关、行政机关、政协机关、审判机关、检察机关,以及工会、共青团、妇联等人民团体和参照公务员法管理的事业单位。

第三条 党政机关厉行节约反对浪费,应当遵循从严从简、依法依规、总量控制、实事求是、公开透明、深化改革的原则。

第四条 省委办公厅、省政府办公厅负责统筹协调、指导检查全省党政机关厉行节约反对浪费工作。各市(区)、县(市、区)党委办公厅(室)、政府办公厅(室)负责指导检查本地区党政机关厉行节约反对浪费工作。

纪检监察机关和组织人事、宣传、外事、发展改革、财政、审计、机关事务管理等部门根据职责分工,依法依规履行对厉行节约反对浪费相关工作的管理、监督等职责。

第五条 各级党委和政府应当加强对厉行节约反对浪费工作的组织领导。党政机关领导班子主要负责人对本地区、本部门、本单位的厉行节约反对浪费工作负责,其他成员根据工作分工,对职责范围内的厉行节约反对浪费工作负主要领导责任。

第二章 经费管理

第六条 党政机关应当加强预算编制管理,按照综合预算要求,将各项收入和支出纳入部门预算。

年度运行中可使用的公共预算拨款、上级补助、下级上缴等收入预算,应全面编入部门预算,经财政部门批准后统筹安排支出。

第七条 党政机关应当遵循先有预算、后有支出的原则,严格执行预算,严禁超预算或者无预算安排支出,严禁虚列支出、转移或者套取预算资金。确需在执行中增加支出的事项,必须按规定程序报批,经批准后方可安排。

加大对党政机关结余结转资金的清理,严格按相关预算管理规定,加强对单位实户资金的管理和监控,防止随意支出行为的发生。

建立健全预算绩效管理体系,扩大党政机关项目支出绩效评价范围。把绩效评价结果应用于年度安排预算,及时压减或取消支出进度慢、效益差的项目。

完善党政机关经费支出核算体系,细化相关支出会计科目,将接待费、出国(境)费、公车购置和运行费、会议费等重点支出设置明细科目进行核算。加强会计基础工作,完善财务报告和信息披露制度,及时发布合法、真实、准确、完整的会计信息。

第八条 党政机关应当建立健全内部控制体系,加强对预算业务、收支业务、政府采购业务、资产管理、建设项目管理、合同管理等业务的管理和控制,切实防范风险,确保财务信息真实完整、资源配置合理、资产效能发挥充分、财政资金使用效益有效提高。

第九条 全面实行公务卡制度。严格执行公务卡强制结算目录,除按规定实行财政直接支付或银行转账外,党政机关国内发生的公务差旅费、公务接待费、公务车辆购置和运行费、日常办公用品购置费、办公设备维修费、报纸杂志费、会议费、印刷费、水电费、交通费、培训费等强制性结算目录所列项目,必须使用公务卡支付。持卡人刷卡消费后,持购物发票、POS机小票及其他原始票据,按单位财务报销制度规定及时办理公务消费报销手续。持卡人未使用公务卡刷卡消费或票据不全的,单位财务部门应拒绝报销申请。特殊情况下不能使用公务卡结算的,报销时应持相关证明并经单位财务部门批准后方可报销。

第十条 政府采购应当依法完整编制采购预算、强化预算约束。凡使用政府性资金(包括公共预算拨款、政府性基金、政府举债收入等)实施的采购项目一律编制政府采购预算,没有编制采购预算的不予采购,自行采购的属违规采购。要严格执行财政部门制定的资产配置标准,合理确定采购需求,不得超标准采购,不得超出办公需要采购服务。

严格执行政府采购程序,不得以任何方式和理由指定或者变相指定品牌、型号、产地。对达到公开招标限额标准的采购项目,应当进行公开招标,确需改变采购方式的,要严格执行审批程序,重大采购项目变更需报同级政府采购委员会审批。按规定公开发布采购信息,实现采购活动的公开透明。

加快政府采购实施进度,对预算成立后已结转一年仍未启动的采购工作,以及连续结转两年仍未使用完的政府采购预算结余资金,由财政部门统一收回。

第三章 国内差旅和因公临时出国(境)

第十一条 党政机关应当建立健全并严格执行公务出差审批制度,从严控制出差人数和天数,严禁无明确公务目的的差旅活动,严禁以任何名义和方式变相旅游,严禁异地部门间无实质内容的学习交流和考察调研。

第十二条 国内公务出差人员应当严格按规定乘坐交通工具、住宿、就餐,费用由出差人员所在单位或派出单位承担,不得向下级单位、企业或其他单位转嫁。出差人员住宿、就餐由接待单位协助安排的,必须向接待单位缴纳住宿费、餐费。出差人员由接待单位或其他单位提供交通工具的,应向接待单位或其他单位交纳相关费用。

出差人员不得向接待单位提出正常公务活动以外的要求,不得违反规定接受用公款支付的旅游和非工作需要的参观,不得接受礼品、礼金和土特产品等。

第十三条 外事管理部门应当加强因公临时出国审核审批管理,对因公临时出国团组任务的必要性、人员构成和行程安排的合理性提出明确的审核审批意见,对违反规定、不适合成行的团组予以调整或取消。计划外团组不予审核审批,确由特殊原因的在本单位年度计划内调整。

第十四条 加强因公临时出国经费预算总额控制,严格执行经费先行审核制度。因公出国经费应全部纳入预算管理,无出国经费预算安排的不得擅自突破。严禁违反使用出国经费预算以外资金作为出国经费,严禁向同级机关、下级机关、下属单位、企业、我国驻外机构等摊派或者转嫁出国费用。

第四章 公务接待

第十五条 建立健全省内公务接待集中管理制度。省公务接待管理部门应当加强对省内公务接待工作的管理和指导。各市(区)、县(市、区)党政机关公务接待管理部门负责管理本级党政机关国内公务接待工作,指导下级党政机关国内公务接待工作。

市(区)、县(市、区)党政机关应当结合实际,完善公务接待管理制度,制定公务接待标准,接待开支标准应当报上一级党政机关公务接待部门、财政部门备案。

乡(镇、街道办)应当严格执行县(市、区)党委政府确定的有关规定和开支标准,加强公务接待管理。

第十六条 党政机关应当建立公务接待审批控制制度,严格控制国内公务接待范围。公务外出需要接待的,派出单位应当向接待单位发出公函,告知内容、行程和人员。对无公函的公务活动不予接待,严禁将非公务活动纳入接待范围。

第十七条 党政机关应当严格执行国内公务接待标准,实行接待费支出总额控制制度。

接待单位应当严格标准安排接待对象的住宿用房,选择定点饭店或机关内部接待场所,执行协议价格。

接待对象应当按照规定标准自行用餐。确因工作需要,接待单位可以安排工作餐一次,并严格控制配餐人数。

工作餐应当以家常菜为主,突出地方特色。严格控制菜品种类、数量和分量,不得提供高档菜肴和用野生保护动物制作的菜肴,不得提供香烟和高档酒水,不得使用私人会所、高档餐饮场所。

住宿用房以标间为主。接待省部级干部可以安排普通套间,司局级干部安排单间或标准间,处级干部安排标准间,接待单位不得超标准安排接待用房,不得额外配发洗漱用品。

第十八条 加强接待经费管理。严格按规定标准收取应当由接待对象负担的各种费用。不得在接待费用中列支应当由接待对象承担的费用,不得以举办会议、培训名义列支、转移、隐匿接待费开支,不得向下级单位及其他单位、企业、个人转嫁接待费用,不得假借公务接待名义列支其他支出。

接待费资金支付要严格按照国库集中支付制度和公务卡管理有关规定执行。

建立国内公务接待清单制度,接待报销凭证应当包括财务票据、派出单位公函和接待清单。接待清单作为财务报销的凭证之一并接受审计。

第十九条　公务接待的出行活动应当安排集中乘车,合理使用车型,严格控制随行车辆。

公务接待不得在机场、车站和辖区边界组织迎送活动。不得使用欢迎标语和横幅(或电子屏幕),不得安排群众迎送,不得摆放花草,不得铺设迎宾地毯。

中央领导来陕的公务活动,由省公务接待管理部门统筹组织接待。

第二十条　县级以上党政机关公务接待管理部门应当会同有关部门加强对本级党政机关和下级党政机关国内公务接待工作的监督检查,重点督查国内公务接待规章制度的制定、国内公务接待标准的执行、国内公务接待经费的管理使用、国内公务接待的信息公开、机关内部接待场所的管理使用及其接待任务完成等情况。

第五章　公务用车

第二十一条　党政机关公务用车配备使用应当遵循经济适用、节能环保、保障公务、节约使用的原则。

第二十二条　坚持社会化、市场化方向,改革公务用车制度,合理有效配置公务用车资源,构建以社会公共交通和市场租车服务为主的新型公务交通保障机制,降低行政成本,建立符合省情的新型公务用车制度。

改革公务用车实物配给方式,取消一般公务用车。

适度发放公务交通补贴,不得以交通补贴的名义变相发放福利。

第二十三条　党政机关应当从严配备实行定向化保障的公务用车,不得以特殊用途等理由变相超编制、超标准配备公务用车;不得以任何方式换用、借用、占用下属单位或者其他单位和个人的车辆;不得为公务用车增加高档配置或者豪华内饰;不得接受企事业单位和个人赠送的车辆;不得租用超过规定标准的车辆;不得对外出租出借公务用车;不得因私使用公务用车;不得在车辆维修费用中虚列名目或者夹带其他费用;不得擅自扩大专车配备范围或变相配备专车;不得将执法执勤用车作为领导干部固定用车。

第二十四条　从严控制执法执勤用车的配备范围、编制和标准。除涉及国家安全、侦查办案等有保密要求的特殊工作用车外,执法执勤用车应当喷涂明显的统一标识。执法执勤用车不得与一般公务用车重复配置。

各机关购置越野车或者执法执勤用车的,应当逐级报省机关事务主管部门审核后,报省政府批准。

第二十五条　各地各部门原则上不得向下级单位配发车辆,确因工作需要统一功能或技术参数配发的,应当同时符合以下条件:车辆购置经费渠道合法合规;车辆符合规定的配备标准;下级单位接受车辆后符合编制要求;经同级公务用车主管部门审批同意。

第二十六条　党政机关应当建立健全公务用车使用管理制度,降低使用和维修保养成本。

公务用车应当集中管理,统一调度,严格登记和公示用车时间、事由、地点、里程、油耗、费用等信息,节假日期间除特殊工作需要外应当封存停驶。

公务用车保险、维修、加油等实行政府集中采购和定点保险、定点维修、定点加油制度,健全公务用车油耗、运行费用单车核算和节奖超罚制度,定期分析车辆燃油节超情况,及时采取有效措施降低油耗。提高车辆管理水平和驾驶人员的业务操作技能,减少因机械和人为因素造成的损失。

第六章 会议活动

第二十七条 党政机关应当精简会议,严格执行会议费开支范围和标准。建立健全会议审批制度,从严控制会议数量、会期和参会人员规模。严格控制会议费预算和支出。

第二十八条 党政机关会议应当到定点场所召开,按照协议价格结算费用。未纳入定点范围但价格低于会议综合定额标准的单位内部会议室、培训中心等,可作为本单位或本系统会议场所。

会议住宿用房以标准间为主,用餐安排自助餐或者工作餐。

第二十九条 党政机关应当在规定的开支范围和标准内开展培训,择优选择省内党校、行政学院、干部学院、部门行业所属培训机构、高校培训基地以及组织人事部门认可的培训机构承担培训项目。

出省培训应当归口管理、从严控制,省级各部门和各市(区)、县(市、区)出省培训须经省纪委(监察厅)审核后,报省委、省政府领导审批。

党政机关应当改革培训方式,尽量利用网络、视频等信息化手段,大力推行干部自主选学、在职自学等方式,降低培训成本,提高培训效率。

第三十条 严格执行培训费综合定额标准,严格控制培训费支出范围。

严禁以培训名义进行公款宴请、公款旅游活动;严禁组织高消费娱乐、健身活动;严禁使用培训费购置电脑、复印机、打印机、传真机、照相机等固定资产以及开支与培训无关的其他费用;严禁在培训费中列支公务接待费、会议费;严禁套取培训费设立"小金库"。

第七章 办公用房

第三十一条 按照"统筹兼顾、规范管理、优化配置、提高效益"原则,建立健全办公用房统一权属、统一规划、统一建设、统一调配、统一维修、统一物业管理等规章制度。

依据《关于党政机关停止新建楼堂馆所和清理办公用房的通知》(中办发〔2013〕17号)、《党政机关办公用房建设标准》(计投资〔1999〕2250号)等文件精神,对办公用房规划、建设、使用等严格控制、严格程序、严格审批、严格标准。

第三十二条 党政机关办公用房建设应当严格执行国家关于办公用房建设标准和控制楼堂馆所建设的有关规定。凡是违反规定的拟建办公用房项目,必须坚决终止。凡是未按规定程序履行审批手续、擅自开工建设的办公用房项目,必须停建并予以没收。凡是超规模、超标准、超投资概算建设的办公用房项目,由各级党委和政府授权本级机关事务管理部门或机关房产管理部门,根据具体情况限期腾退超标准面积或者全部没收、拍卖。

第三十三条 从严规范党政机关办公用房建设项目资金管理。党政机关办公用房建设项目投资,统一由政府预算建设安排,不得使用银行贷款,不得接受任何形式的赞助或捐赠,不得搞任何形式的集资或摊派,不得向其他单位借款,不得让施工单位垫资,严禁挪用各类专项资金。土地收益和资产转让收益应纳入财政预算管理,不得直接用于办公用房建设。

党政机关办公用房维修改造项目所需投资,统一列入预算由财政资金安排解决,未经审批的项目不得安排预算。

第三十四条 办公用房建设应当严格执行工程招投标和政府采购有关规定,加强对工程项目的全过程监理和审计监督。加快推行办公用房建设项目代建制。

进一步加强对招标代理、设计、监理等单位的监管,对不按审批部门批复规模、标准受理招标的交易单位,由有关部门责令其停业整顿,并追究直接责任人和主要负责人的责任;对不按审批部门批复规模、标准设计的设计单位,由有关部门依法给予其行政处罚,并禁止其承接政府投资项目的设计业务;对不及时制止违规项目建设并向投资主管部门报告的监理单位,由有关部门依法给予其行政处罚,并禁止其承接政府投资项目的监理业务。

第三十五条 党政机关应建立健全办公用房管理制度,实现办公用房资源的优化配置和集约使用,切实提高使用效率。

党政机关办公用房应当严格按照国家有关办公用房面积标准和使用单位"三定"方案,由机关事务管理部门或房产管理部门从严核定、集中统一调配。

各部门各单位超过规定面积标准占有、使用办公用房,以及未经本级机关事务管理部门或机关房产管理部门审核批准租用办公用房的,必须腾退。

严禁出租出借办公用房,已经出租出借的,到期必须收回;租期未满的,租金收入严格按照有关规定实行收支两条线管理,各单位不得截留。

第三十六条 党政机关领导干部应当按照标准配置使用办公用房,严格落实"一人一处办公用房"规定。党政领导干部在人大、政协或民主党派兼任主要领导职务,确因工作需要另行安排办公用的,根据中央规定,必须经主要负责同志批准后,可在非主要工作地安排一处小于本职级办公用房面积标准的工作用房。其中,省党政主要负责同志报中央办公厅、国务院办公厅审批;市(区)党政主要负责同志和省直机关各部门各单位主要负责同志由省党政主要负责同志审批。县(市、区)、乡(镇)街道办)党政主要负责同志和市(区)、县(市、区)所属各部门各单位主要负责同志的审批,参照以上规定执行。

领导干部不得长期租用宾馆、酒店房间作为办公用房。却因调动工作岗位或异地任职,任职单位暂时无法调剂解决办公用房的,租用宾馆、酒店房间办公时间不能超过3个月。

领导干部离退休后须及时腾退办公用房,严禁将办公用房转交秘书、司机或他人使用。领导干部离退休后在协会、学会担任职务的，由所在协会、学会提供办公用房，一律不得占用原办公用房或其他行政办公用房。

非编制内各类协会、学会等社团组织原则上不得使用行政办公用房，已经使用的必须予以清退；因工作需要暂时无法腾退的，须报本级人民政府批准，并应缴纳办公用房使用租金。

第八章 资源节约

第三十七条 党政机关应当加强资源节约工作，大力推进节约型机关建设，建立健全管理机制和管理制度。

第三十八条 对能源、水的使用实施分户、分类、分项计量、分摊核算，实时监测。建立能源、水消耗统计台账，完善统计制度，指定专人负责统计，定期分析总结能源资源消耗状况，实施能源资源消耗审计和公示。不同地域党政机关应制定能源、水的消耗定额和指标，实行定额和目标责任管理。

第三十九条 重点推广利用太阳能、浅层地热能等技术成熟、经济性好的可再生能源。推进屋顶光伏发电、太阳能光电（热）与建筑节能一体化等应用。

配电、食堂、锅炉房等应积极使用清洁能源和一级效能标识设备，淘汰高耗能设施设备。

推广节水器具，定期实施水平衡测试，加强供水管线的维护保养，开展节水型单位创建活动。

完善机关食堂备餐就餐和公务接待活动中的节约粮食制度，加强管理，防止浪费。

第四十条 优化办公家具、办公设备等资产的配置和使用，通过调剂方式盘活存量资产，节约购置资金。已到更新年限尚能继续使用的，不得报废处置。

优化办公照明系统，使用高效节能灯具，充分利用自然光照明。合理设置建筑泛光和装饰照明，严格控制开启时间。计算机、打印机等办公电器，使用后应及时切断电源，减少待机电耗。严格执行国家室内温度控制标准，非采暖、制冷期，不得开启空调。

节约办公耗材，推行无纸化办公，严控发文范围和数量，减少一次性办公用品使用，坚决抵制过度包装。

积极开展废旧物品回收利用，在办公区设置分类回收箱，将废旧物品集中交由具有相应资质的企业进行回收处理和无害化处置，促进循环利用。涉及国家秘密的纸质和电子产品等介质，按照有关保密规定进行循环利用处理。

第四十一条 党政机关政务信息系统应当按照《陕西省电子政务基础资源共享实施办法》（陕办发〔2010〕13号）要求，统筹规划，统一政务信息系统的建设实施和运行保障，防止政出多门和重复建设。

完善全省电子政务公共平台服务体系，加强对机房、业务专网、存储和计算机等基础信息资源的整合。党政机关政务信息系统应当基于电子政务公共平台服务体系开展建设、部署和实施，实现机房、网络、计算、存储灾备、业务支撑软件、数据和基础安全保障、运行维护等资源共享共用。降低政务信息系统开发、软件升级和基础资源等方面的建设和运行维护费用,推进基于电子政务公共平台通用办公业务系统在各级党政机关的应用,提升政务信息系统建设部署和基础信息资源的使用效率。

加强跨部门、跨区域政务信息系统建设,按照统一规范和标准共建共用协同业务系统,实现"一站式"服务于社会、群众和政务业务,推动全省各级、各部门的互联互通,避免低水平政务信息系统的开发;强化各部门、各领域间的信息资源开发、利用和开放,实现党政机关政务信息资源共建共享,防止各部门将政务信息资源部门化,降低政务信息资源采集、使用成本,提高政务信息系统应用水平和政务信息资源社会服务效益。

第四十二条 健全节能产品政府采购政策。建立健全节能产品政府采购统计体系,积极推广和优先采购《节能产品政府采购清单》中的产品和经国家认证的高效节能、环保型产品,杜绝采购国家明令禁止使用的高消耗、低效率设备和产品。

第九章 宣传教育

第四十三条 党政机关应当深入开展厉行节约反对浪费系列宣传教育活动。

各级宣传部门应当把厉行节约反对浪费作为重要宣传内容,充分发挥各级各类媒体作用,利用电视、网络、报纸、杂志、橱窗等媒体,通过新闻报道、文化作品、公益广告等形式,广泛宣传中华民族勤俭节约的优秀品德,宣传阐释相关制度规定,宣传推广厉行节约的经验做法和先进典型,倡导绿色低碳消费理念和健康文明生活方式,引导形成健康、文明、节约的消费模式,积极营造"节约光荣、浪费可耻"的良好风尚和舆论氛围。必要时可在媒体设立违反《条例》曝光台,进行监督、警示。

第四十四条 各级组织人事部门和党校、行政学院、社会主义学院、干部教育培训机构应当将厉行节约反对浪费作为干部教育培训的重要内容,创新教育方法,积极开展廉政教育、警示教育、艰苦奋斗教育,切实增强教育培训的针对性和时效性。

第十章 监督检查

第四十五条 党政机关应当建立健全厉行节约反对浪费监督检查和年度报告制度。

党委、政府办公厅(室)负责监督检查的督促指导、组织协调和制度完善等工作。

第四十六条 厉行节约反对浪费督促检查工作由党委、政府办公厅(室)负责统筹协调相关部门组织实施。开展经常性督促检查和每年至少一次的专项督查,并将督查情况在适当范围内通报。专项督查根据工作需要可协调纪检、监察、财政、审计、机关事务等机关和部门参加,既可以单独组织,也可以结合其他检查考核一并进行。

检查考核结果应当按照干部管理权限送纪检监察机关和组织人事部门,作为干部管理监督、选拔任用的依据。

第四十七条 纪检监察机关应当加强对厉行节约反对浪费的监督检查,受理群众举报和有关部门移送的案件线索,及时查处违纪违法问题。

省委巡视组应当按照有关规定，将有关党组织领导班子及其成员厉行节约反对浪费工作情况纳入巡视范围，听取群众意见，核实有关情况，切实加强监督，督促有效整改。

第四十八条 财政部门应当加强对党政机关预算编制和执行、财政政策、财务会计事项的监督检查。

充分利用信息化监管平台，对党政机关预算和财政财务政策执行情况进行动态监督。每年按一定比例选取部分党政机关实施专项检查，重点检查内容包括：预决算编制质量、重点项目预算执行、结余结转资金管理以及"三公经费"支出情况；执行国库集中支付、政府采购、收支两条线、公务卡等财政政策情况；执行财务会计制度和内控机制建设情况。

依法查处财经违规违纪问题，及时向本级党委、政府相关部门汇报监督检查结果。加强财政监督检查成果利用，督促部门单位强化预算约束，加强财务管理，提高财政资金使用效益。

第四十九条 审计部门应当在每年的审计项目安排中，突出对各单位、各部门涉及公务支出和公款消费事项的审计监督。

对查出的一般违规违纪问题，审计部门在职权范围内应当进行严肃处理。相关部门和单位应当按照审计提出的处理意见和建议，及时开展审计整改，并将整改结果书面反馈审计部门。对不及时、不认真进行审计整改的，审计部门可以提请政府监察、督查等相关部门进行督查、通报。

对查出的严重违纪违规问题，审计部门应当及时移送纪检监察机关或相关部门进行查处，相关单位应当对审计移送事项及时进行查处，并将查处结果书面反馈审计部门。

第五十条 党政机关应当建立健全厉行节约反对浪费信息公开制度。依照有关规定，及时在本级政府门户网站和党政机关网站公布本单位上年度厉行节约反对浪费信息公开报告和本单位预算、决算数据、"三公经费"等信息，自觉接受人大、政协和干部群众的监督。

第五十一条 重视媒体在厉行节约反对浪费方面的舆论监督作用，建立舆情反馈机制，及时调查处理媒体曝光的违规违纪违法问题。

发挥群众对党政机关及其工作人员铺张浪费行为的监督作用，严肃查处群众反映的问题。

第十一章　责任追究

第五十二条 建立党政机关厉行节约反对浪费工作责任追究制度。

第五十三条 违反本实施细则规定的行为，中央《党政机关厉行节约反对浪费条例》已有处理规定的，从其规定。

第十二章　附　则

第五十四条 各地各部门各单位应当根据各自职责，制定完善相关配套制度。

国有企业、国有金融企业、不参照公务员法管理的事业单位,参照本实施细则执行。

第五十五条 本实施细则由省委办公厅、省政府办公厅会同有关部门负责解释。

第五十六条 本实施细则自发布之日起施行。其他有关党政机关厉行节约反对浪费的规定,凡与本实施细则不一致的,按照本实施细则执行。

违规发放津贴补贴行为处分规定

（监察部　人力资源和社会保障部　财政部　审计署令第31号　2013年6月13日）

第一条　为维护收入分配秩序，严肃财经纪律，规范津贴补贴政策执行，根据《中华人民共和国行政监察法》、《中华人民共和国公务员法》、《行政机关公务员处分条例》及其他有关法律、行政法规，制定本规定。

第二条　本规定所称津贴补贴包括国家统一规定的津贴补贴和工作性津贴、生活性补贴、离退休人员补贴、改革性补贴以及奖金、实物、有价证券等。

第三条　有违规发放津贴补贴行为的单位，其负有责任的领导人员和直接责任人员，以及有违规发放津贴补贴行为的个人，应当承担纪律责任。属于下列人员的，由任免机关或者监察机关按照管理权限依法给予处分：

（一）行政机关公务员；

（二）法律、法规授权的具有公共事务管理职能的事业单位中经批准参照《中华人民共和国公务员法》管理的工作人员。

法律、行政法规对违规发放津贴补贴行为的处分另有规定的，从其规定。

第四条　有下列行为之一的，给予警告处分；情节较重的，给予记过或者记大过处分；情节严重的，给予降级或者撤职处分：

（一）违反规定自行新设项目或者继续发放已经明令取消的津贴补贴的；

（二）超过规定标准、范围发放津贴补贴的；

（三）违反中共中央组织部、人力资源社会保障部有关公务员奖励的规定，以各种名义向职工普遍发放各类奖金的；

（四）在实施职务消费和福利待遇货币化改革并发放补贴后，继续开支相关职务消费和福利费用的；

（五）违反规定发放加班费、值班费和未休年休假补贴的；

（六）违反《中共中央纪委、中共中央组织部、监察部、财政部、人事部、审计署关于规范公务员津贴补贴问题的通知》（中纪发〔2006〕17号）等规定，擅自提高标准发放改革性补贴的；

（七）超标准缴存住房公积金的；

（八）以有价证券、支付凭证、商业预付卡、实物等形式发放津贴补贴的；

（九）违反规定使用工会会费、福利费及其他专项经费发放津贴补贴的；

（十）借重大活动筹备或者节日庆祝之机，变相向职工普遍发放现金、有价证券或者与活动无关的实物的；

（十一）违反规定向关联单位（企业）转移好处，再由关联单位（企业）以各种名目给机关职工发放津贴补贴的；

(十二)其他违反规定发放津贴补贴的。

第五条 将执收执罚工作与津贴补贴挂钩，使用行政事业性收费、罚没收入发放津贴补贴的，给予记大过处分；情节严重的，给予降级或者撤职处分。

第六条 以发放津贴补贴的形式，变相将国有资产集体私分给个人的，给予记大过处分；情节较重的，给予降级或者撤职处分；情节严重的，给予开除处分。

第七条 违反财政部关于行政事业单位工资津贴补贴有关会计核算的规定核算津贴补贴的，给予警告处分；情节较重的，给予记过或者记大过处分；情节严重的，给予降级或者撤职处分。

第八条 使用"小金库"款项发放津贴补贴的，给予警告处分；情节较重的，给予记过或者记大过处分；情节严重的，给予降级或者撤职处分。

第九条 利用职务上的便利或者职务影响，违反规定在其他单位领取津贴补贴的，给予记过或者记大过处分；情节较重的，给予降级或者撤职处分；情节严重的，给予开除处分。

第十条 以虚报、冒领等手段骗取财政资金发放津贴补贴的，给予记大过处分；情节较重的，给予降级或者撤职处分；情节严重的，给予开除处分。

以虚报、冒领等手段骗取财政资金，并以发放津贴补贴的形式合伙私分的，依照前款规定从重处分。

第十一条 在执行津贴补贴政策中不负责任，导致本地区、本部门、本系统和本单位发生严重违规发放津贴补贴行为的，给予记过或者记大过处分；情节较重的，给予降级或者撤职处分；情节严重的，给予开除处分。

第十二条 不制止、不查处本地区、本部门、本系统和本单位发生的严重违规发放津贴补贴行为的，给予记过或者记大过处分；情节较重的，给予降级或者撤职处分；情节严重的，给予开除处分。

第十三条 对违规发放的津贴补贴，应当按有关规定责令整改，并清退收回。

第十四条 经费来源由财政补助的事业单位工作人员有本规定所列行为的，参照本规定第四条至第十二条规定的违纪情节，依照《事业单位工作人员处分暂行规定》处理。

第十五条 处分的程序和不服处分的申诉，依照《中华人民共和国行政监察法》、《中华人民共和国公务员法》、《行政机关公务员处分条例》等有关法律法规的规定办理。

第十六条 有违规发放津贴补贴行为，应当给予党纪处分的，移送党的纪律检查机关处理；涉嫌犯罪的，移送司法机关处理。

第十七条 本规定由监察部、人力资源社会保障部、财政部、审计署负责解释。

第十八条 本规定自 2013 年 8 月 1 日起施行。

关于在县级气象局建立三人决策制度的通知

(陕气发〔2008〕109号)

各设区市气象局,杨凌气象局:

为进一步完善县级气象局科学、高效、民主的决策机制,推进工作规范化、制度化,增强单位的凝聚力和战斗力,省局要求全省县级气象部门凡涉及单位重大事项必须通过"三人决策"方式,由决策小组集体做出决定。

一、县(市、区)气象局三人决策小组人员组成

三人决策小组主要由现任县(市、区)气象局领导班子成员,包括局长、副局长和纪检(监察)员组成,现任领导班子成员不足三人的由局长(或主持工作副局长)、纪检(监察)员和经过县级气象局民主推荐,市气象局批准的参与决策人员组成。非现任领导班子成员进入三人决策小组后,每年度市局将对其现实表现(工作态度、工作能力和个人品德)进行综合考核,动态管理。

二、三人决策小组决策的主要事项

1. 年度工作计划、规划、单位发展计划;
2. 年度工作目标的分解落实;
3. 内部机构、工作目标任务、业务服务指标、创收目标及考核标准确定;
4. 工作人员的聘用、岗位调整、评先选优、奖惩兑现、职工培训、专业技术职务推荐;
5. 各项规章制度、岗位分配办法;
6. 全年财务预算、决算;
7. 服务项目的开拓,综合经营项目的兴办、停办、承包、租赁及相关协议;
8. 单位基建项目计划、业务现代化建设项目的规划、投资、招标;
9. 大宗购物、大额经费支出;
10. 涉及单位重大事项和职工切身利益的其他事项。

三、三人决策小组议事基本程序

1. 决策议事小组会议由局长(或主持工作副局长)负责召集。
2. 三人决策议事小组原则上每半月召开一次会议,讨论研究或通报有关工作;召集人也可以根据情况临时召集议事会议。
3. 一般情况下,召集人应将会议内容提前半天至一天通知三人决策小组其他成员,以便对议题进行充分的酝酿。
4. 三人决策小组决策必须坚持少数服从多数原则,在决策小组内提倡票决制,如有不一致意见时,可暂缓决策,等充分酝酿后再决策。遇有特殊情况、紧急情况局长可直接向市局党组或市局分管领导请示后决定,并适时向三人决策小组其他成员通报。

5. 三人决策小组决策后,如需改变决策,仍需通过三人决策小组集体讨论同意。

四、监督机制

1. 三人决策小组成员必须自觉接受群众监督,认真听取和反映职工意见和建议,三人决策小组工作通过局务公开形式接受全局职工监督。

2. 决策小组通过月、季度和年终职工大会或以局务公开栏等形式向职工通报工作,接受群众评议。

3. 市局要加强对本制度的检查落实,通过年度测评、目标检查、适时召开群众座谈会等形式对县局三人决策小组工作进行督查。

陕西省气象局

2008 年 6 月 19 日

关于在市气象局和省局直属单位建立"三重一大"事项议事决策制度的通知

(陕气发〔2008〕146号)

各设区市气象局,杨凌气象局,省局直属各单位、机关各处室:

为进一步加强对"三重一大"事项的管理,规范市气象局和省局直属单位领导班子研究决策"三重一大"事项工作,根据有关规定和精神,省局决定在市气象局和省局直属单位建立"三重一大"事项议事决策制度。

一、"三重一大"是指:重大决策、重要干部任免、重大项目安排和大额度资金的使用。

二、凡属"三重一大"事项,市气象局须经党组会或局务会、省局直属单位须经台务会(所务会、中心主任会)集体研究决定。按规定程序运作,严禁个人说了算,严禁暗箱操作,防止不廉洁行为发生。

三、经集体研究的事项由领导班子成员按照分工组织实施,个人不得擅自改变或拒绝执行。

四、重大决策

(一)重大决策主要内容:(1)党和国家的路线、方针、政策以及上级有关部门会议和文件精神的贯彻落实;(2)体制改革、中长期发展规划的制定和调整;(3)长远规划、年度总体工作计划的制定;(4)年度预、决算的制定和调整;(5)重大改革方案和改革措施的制定;(6)党建、精神文明建设和思想政治工作的重大问题;(7)干部队伍建设、党风廉政建设中的重大问题;(8)关系干部职工切身利益的重要事项;(9)制定和出台规章制度;(10)确定重大国有资产处置、重要设备的购置、基本建设、装修改造及大面积修缮和组织开展的大型活动;(11)研究重大事件的应对方案;(12)需要集体研究决定的其他重大决策。

(二)重大事项决策的原则:

1.决策必须遵循国家的法律法规、党的方针、政策和纪律。

2.决策必须实行集体讨论决定,要充分发扬民主,广泛论证、综合考虑职责、权限和规定,实行科学决策。

(三)重大决策运作的基本程序:

1.有关职能部门根据工作需要提出研究决定的事项。

2.主要领导对部门提出的事项进行协商,确定需要讨论决策的事项。

3.根据所确定的事项,提交会议决定。涉及广大职工切身利益的重大事项,事先应广泛征求职工意见。

4.组织调研,制定实施方案。

5.在实施过程中,如需对决定进行修改完善的要重新提交会议讨论通过。

五、重要干部任免

依据"党政领导干部选拔任用工作条例",及"国家公务员法"等规定,坚持党管干部,德才兼备、任人唯贤,注重实绩,群众公认,公开、公平、交流、竞争、择优、轮岗、回避、群众参与和民主集中制的原则,以编定职,以职定人,实行竞争上岗。重要干部任免工作在单位党组(领导班子)统一领导下进行,集体研究决定。

(一)重要干部任免包括:

1. 下属单位的领导班子及其成员岗位的任免。

2. 后备干部推荐。

3. 重要岗位人事变动。

4. 职称推荐、评定、奖惩、考核。

(二)重要干部任免程序:

1. 民主推荐。发布干部考察预告,按干部管理权限组成干部考察组,组织召开干部职工会议,实行无记名投票,并通过谈话等方式听取推荐意见。

2. 确定考察对象。根据民主推荐情况,由局党组(台务会、所务会、中心主任会)研究确定考察对象。

3. 组织考察。发布干部考察公告,按干部管理权限组成干部考察组对考察对象进行全面考察,根据考察结果,召开局党组(台务会、所务会、中心主任会)会议进行研究提出任免意向。

4. 集体决议。召开局党组(台务会、所务会、中心主任会)全体成员会议,在充分讨论的基础上,采取口头表决、举手表决或无记名投票等方式进行表决,形成决议。

六、重大项目安排

(一)重大项目安排内容:

重大项目是指市局及省局直属单位在5万元及以上的建设项目。

(二)重大项目安排程序:

1. 有关单位或职能部门根据实际需要提出项目建议。

2. 主要领导安排相关部门或单位对拟建项目进行实地考察、论证、提出意见。

3. 将考察情况提交局务会(台务会、所务会、中心主任会)讨论决定。

4. 制订实施方案。

5. 在实施过程中,严格遵守国家规定的基本建设程序。如需对决定进行修改的要重新提交局务会(台务会、所务会、中心主任会)讨论通过。

(三)重大项目,要严格执行工程建设招投标制度。

七、大额度资金使用

(一)大额度资金的使用包括中央财政资金、地方财政资金和科技服务创收资金等公用经费,其控制额度为:

1. 未列入基本建设项目管理如维修等小型工程项目一次性支出在1万元及以上。

2. 大宗物品一次性采购在1万元及以上。

3. 日常公用,公务费除工资、差旅费、水电费、采暖煤气费等日常固定开支一次性开支在1万元及以上。

各单位可根据实际情况对以上控制额度进行细化。

(二)大额度资金使用的决策程序:

1. 大额度资金支出实行计划管理,根据年度计划总的额度和单位工作轻、重、缓、急合理安排,坚持大额经费支出服从本单位总体工作和量入为出的原则,优化支出结构,提高经费使用效率。

2. 大额度资金支出有关部门应提出资金的使用方向、额度和具体意见。

3. 对于大额度资金的使用,必须经领导班子会议集体研究决定并形成会议纪要,不允许通过增加签批次数变通处理。

4. 专项资金要专款专用。

八、监督检查与责任追究

(一)各级领导班子成员要带头严格执行"三重一大"的有关规定,并要求主管或分管的部门严格执行有关规定;对不按规定程序操作的"三重一大"事项,必须及时纠正,重新履行有关程序,确保决策的规范性、科学性。

(二)党组会、局务会(台务会、所务会、中心主任会)集体研究决定的事项,由办公室负责督查,并及时将落实情况向党组书记、局长汇报。办公室、人事、计财、纪检监察等部门要依据职责对决策执行情况进行监督检查,发现问题,及时报告,提出整改建议。

(三)凡"三重一大"事项都要按照局(事)务公开办法进行公开,接受职工监督。

(四)对不执行或不认真执行"三重一大"制度规定的主要负责人,根据事实、视情节轻重、给国家和单位造成的损失程度,分别给予严肃批评教育、依法依纪追究负责人的责任等处罚。

陕西省气象局

2008年8月11日

关于在市气象局和省局直属单位建立"联签会审"制度的通知

(陕气发〔2008〕147号)

各设区市气象局、杨凌气象局、省局直属各单位、机关各处室：

为了进一步规范财务管理,加强财务审核、审批和监督,根据气象部门实施惩治和预防腐败体系建设关于规范权力运行的有关规定,省局决定在市气象局和省局直属单位推行财务支出领导"联签会审"制度。

一、"联签会审"制度

"联签"是指对经办人(经办单位)提供的合法、合规的财务报销票据,按照审批权限,由相关领导按照逐级和分管的原则履行审批签字报销职责的制度。市气象局财务报销由主办单位领导、分管相应业务或单位的局领导和分管财务的局领导联签审批；省局直属单位财务报销由主办单位领导、分管相应业务领导和分管财务的领导联签审批。未经有关领导联签的票据,财务核算部门不得报销。

"会审"是指联签领导按照分管职责对支出项目决策程序、实施过程、成本费用控制等进行分别审查把关的制度。

各单位的主要领导是本单位财务收支合法、合规、真实、效益的第一责任人；分管财务的副职领导按照主要领导的财务审批授权严格履行职责并自觉接受监督；其他副职领导对分管业务内的财务报销承担审签责任。分管财务的副职领导所分管的部门和单位报销票据的联签会审责任,应由一把手履行审签职责,一把手因故不能履行职责时,市气象局应由纪检组长代行审签职责,省局直属单位由主要领导指定一名领导代行审签职责。

二、"联签会审"内容

包括事业经费、基建经费、专项资金、科研课题经费、科技服务创收资金等财政财务支出项目。

三、"联签会审"程序

本单位一切财务支出,实行"先审、再签、后报"的原则。其基本程序是：

(一)财务支出报销发票,由经手人、证明人签字,如有购买实物的票据,实物入库单位计量签字验收,如有购买固定资产的票据,固定资产实物管理部门登记签字,先送本单位财务核算中心审核,再报"联签会审"相关领导审签,后由财务人员审查报销。

(二)属于重要项目安排、大额资金使用和应由领导班子集体决策的支出项目,按照本单位议事规则的规定程序提交市局(省局直属单位)局务会(台务会、所务会、中心主任会)决定,经领导班子集体研究决定的事项要形成《会议纪要》,作为报销凭证的附件。主管财务的局长(省局直属单位领导)和财务会计人员,应依据《会议纪要》审批和报销相关支出。

四、"联签会审"责任和追究

（一）负有"联签会审"责任的领导，应严格执行本制度，依法、依纪履行职责。

1. 对不合法、不合规、不真实的票据，要认真组织核实，对有意弄虚作假的，要严格分清责任，依法、依规处理。对发现违规违纪的重大问题应及时向本单位主要领导和上级财务、纪检部门报告。

2. 负有"联签会审"责任的领导要提高行政效能，受理的"联签会审"事项应及时办妥，对因协调、核查等工作需要延时审批的支出项目，延时时间不得超过两个工作日。

（二）各级财务核算中心要对"联签会审"后的票据进行认真的复核，对不符合审批程序的开支项目和不合法、不合规的报销单据不予报销。

（三）认真执行"联签会审"制度，是领导干部履行党风廉政建设"一岗双责"的重要责任，对不认真履行职责违反本制度的领导干部，视情节轻重，依照党风廉政建设责任制管理办法予以追究责任。

陕西省气象局

2008 年 8 月 11 日

中共陕西省气象局党组落实党风廉政建设和反腐败工作主体责任实施办法

(陕气党发〔2014〕27号 2014年11月3日)

第一章 总 则

第一条 为深入贯彻落实党的十八届三中全会、十八届中央纪委三次全会，进一步落实党组主体责任，根据《中国共产党章程》、《中国共产党党内监督条例(试行)》、《关于实行党风廉政建设责任制的规定》等党内法规，结合陕西省气象部门实际，制定本实施办法。

第二条 本办法所称党组主体责任，是指各级党组领导班子、党组主要负责人、党组成员及分管领导、机关内设机构主要负责人对职责范围内的党风廉政建设分别负全面领导责任、第一责任人责任、主要领导责任、监管责任。敏感领域、关键环节的内设机构还要按其承担重要岗位职责负重要监管责任。

第三条 陕西省气象局党组(以下简称省局党组)是全省气象部门党风廉政建设和反腐败工作的责任主体，按照中央关于党风廉政建设的部署和要求，坚持把党风廉政建设和反腐败斗争放在更加突出的位置，列入省局党组重要议事日程。

第四条 厘清省局党组、党组书记、党组纪检组、党组成员及分管领导、机关内设机构及党支部的责任范围。部门各级领导认真履行"一岗双责"，按照集体领导与个人分工负责相结合的原则，谁主管、谁负责，做到管人、管钱、管事与管党风廉政建设相融合，一级抓一级，层层传导，层层落实。

第五条 省局党组实行严格的责任追究。要按党组全面领导、党组书记、党组纪检组长、党组成员及分管领导、内设机构和牵头工作机构各自的责任分别实施责任追究。健全倒查追究的完整链条，有错必究、有责必问。

第二章 主体责任范围及主要内容

第六条 省局党组在党风廉政建设和反腐败斗争中承担的主体责任范围：
(一)对全省气象部门党风廉政建设和反腐败斗争组织领导、整体部署和检查落实。
(二)选好用好管好干部以形成正确导向。
(三)落实中央要求不断改进作风和建设优良行风。
(四)加强廉政文化建设和党员领导干部廉洁从政教育。
(五)强化权力制约监督并从源头上防治腐败。
(六)严肃纪律，严查案件，以儆效尤。

(七)当好廉洁从政和承担主体责任的表率。

(八)发挥好纪检监察审计机构的监督作用。

第七条 省局党组在党风廉政建设和反腐败斗争中承担的主体责任主要内容:

(一)认真贯彻落实中央关于党风廉政建设和反腐败斗争的部署要求,不断强化组织领导,完善管理机制,分解任务,落实责任。党组每年召开党风廉政建设专题会议,推动落实党风廉政建设年度工作任务。

(二)严格执行《党政领导干部选拔任用条例》,树立正确用人导向,按照好干部"五条标准",公平公正选拔培养使用干部。每3年必须对党组管理的干部进行专项审计或任中、离任审计。在年度述职述廉中加大对党组管理干部履行一岗双责和廉洁自律情况的监督检查。

(三)深入持续抓好中央八项规定和中纪委一系列禁令的贯彻落实,严格执行《党政机关厉行节约反对铺张浪费条例》。坚决纠正公共气象服务和气象行政审批中损害群众利益的行为,继续严控气象部门楼堂馆所建设、严控"三公"经费和会议费,抓常抓细抓长作风建设,坚决防止"四风"问题反弹。建设优良气象政风行风。

(四)加强气象廉政文化和党员领导干部廉洁从政教育。组织本部门党员干部开展党风廉政教育宣传教育月和机关作风建设月活动,加强廉政文化建设。重点针对气象业务服务范围内工程项目建设、科技服务、物资采购、业务专项、大型科研课题、防雷执法等领域有关领导及工作人员,进行遵纪守法教育,早提醒早监督。

(五)强化对权力运行的制约监督。进一步落实《中国气象局党组贯彻落实〈建立健全惩治和预防腐败体系2013—2017年工作规划〉实施办法》,针对本部门容易发生权力滥用和不作为的重点工作环节,加强廉政风险防控、网上局(事)务公开透明运行机制;不断完善行政审批、选人用人、项目预算、资金监管、基建程序、招标投标等方面的规章制度和落实机制,从源头上堵塞腐败漏洞。

(六)进一步做好受理涉及领导干部的信访举报特别是涉及党组管理领导干部的信访举报工作。省局党组书记要亲自批阅,对重要案件亲自督办,定期听取查办案件工作情况汇报。党组班子成员收到检举控告材料要按照相关规定及时批转省局党组纪检组,属于自己分管责任领域的案件要主动督办;对重复信访召开会议专门研究处理和解决;对于重大违纪违法问题,坚决严肃依纪依法依规依程序处理。加强对典型案件的总结剖析和通报,发挥查办案件的惩戒和治本功能。支持纪检监察审计机构转职能、转方式、转作风,为纪检监察审计机构信访处理、案件查办、审计整改当好坚强后盾。

(七)省局党组、党组成员及分管领导要带头加强党性修养、带头遵守党的纪律、带头坚持廉洁自律、带头履行主体责任,坚持民主集中制,自觉执行请示报告制度,管好亲属和身边工作人员,管好职责范围内的人和事,自觉接受上级组织以及广大群众的监督,以上率下为全省气象部门各级党组织和广大党员树立清正廉洁的良好形象。

第八条 省局机关各内设机构主要负责人,承担着所管业务领域内党风廉政建设第一责任,要在协助省局党组履行主体责任上勇担当、作表率,自觉把党风廉政建设工作融入气象业务服务各项工作各方面、各环节,其主要内容有:一是将党风廉政建设有效融入各自业务工作领域中,从容易滋生腐败的关键工作环节入手做好对源头预防腐败工作;二是严明党的纪律,严格党内生活,避免组织涣散、纪律松弛,对本领域内党员干部出现的苗头性问题早提醒、不庇护;三是落实中央八项规定和中纪委系列禁令精神,坚决纠正"四风"问题,治理庸懒散浮,以为民务实清廉为目标持续加强作风建设;四是根据气象行业业务服务属性,层层归口管理,层层传导压力,层层强化落实。

第九条 省局各直属单位和各市气象局党组主体责任的主要内容:参照第七条,结合本单位实际,要进一步细化具体内容。

第三章　健全和完善层层落实的责任体系

第十条 严格落实省局党组、党组书记、党组纪检组长、党组成员及分管领导的责任。

1.省局党组对全省气象部门党风廉政建设负全面领导责任,执行责任和推动责任。定期研究、分析、部署全省气象部门党风廉政建设和反腐败工作,把党风廉政建设与气象事业发展同研究、同部署、同落实、同检查、同考核。凡事关气象部门党风廉政建设和反腐败斗争的重大决策部署、重点工作安排、重要案件查办,都要召开省局党组会议专题研究部署。

2.省局党组书记是部门党风廉政建设第一责任人。要把党风廉政建设的要求融入气象事业发展的整体和全局中思考谋划,重要工作亲自部署、重大问题亲自过问、重点环节亲自协调、重要案件亲自督办。要切实管好班子、带好队伍,坚持原则,敢抓敢管,督促党组成员和下级领导班子廉洁从政并履行好党风廉政建设责任制。

3.省局党组纪检组长是党内监督专门机构的一把手,要在落实主体责任上当好助手,在履行监督责任上主动作为,要协助省局党组履行好主体责任,将党风廉政建设和反腐败工作任务分解到各单位,加强督促检查,促进任务落实。

4.省局党组成员及分管领导要根据分管职责范围内的党风廉政建设负主要领导责任。要认真履行"一岗双责",增强抓好分管范围内的党风廉政建设工作的责任意识和担当精神,加强对分管(联系)单位领导干部的教育、管理和监督,把党风廉政建设责任制落实到分管业务、服务和管理工作的全过程。

第十一条 严格落实省局机关各内设机构所管理业务范围内的指导监管责任,各内设机构要把党风廉政建设责任制融合落实到所属业务领域。特别是人事、财务、科技服务、业务项目管理相关处室,要结合各自所属业务范围充分发挥指导监管作用,落实责任。

第十二条 严格落实省局各直属单位、各市气象局党组、领导班子主要负责人、党组纪检组长及党组成员及分管领导、各内设机构责任范围。

省局各直属单位、各市气象局党组对本单位党风廉政建设负主体责任。各级领导班子的主要负责人是本单位党风廉政建设第一责任人;党组成员及分管领导对分管职责范围内党风廉政建设负主要领导责任。

第四章 建立健全明责、履职、问责等相关制度

第十三条 实行党风廉政建设责任分解和督查制度。

省局党组定期听取纪检组工作汇报，分析党风廉政建设形势，研究解决重大案件查办中的具体问题。逐级签订落实主体责任的责任书，做到明责、知责、守责。

第十四条 建立健全党风廉政建设责任考核制度。

进一步建立健全党风廉政建设责任制考核制度和考核办法，加大党风廉政建设责任落实情况在主要负责人述职述廉和干部选拔任用考核中的权重。

第十五条 建立健全约谈制度。

省局党组书记每年至少约谈1次班子成员和机关各内设机构、各直属单位、各市气象局主要负责人，其他党组成员每年至少约谈1次分管和联系的机关内设机构、直属单位和市气象局领导班子成员。机关各内设机构、直属单位和市气象局主要负责人和班子成员也要结合实际建立干部定期约谈制度。通过约谈，了解情况，发现问题，及时纠正。

第十六条 建立党风廉政建设情况定期报告制度。

省局党组每年要向省纪委、中国气象局党组及中央纪委驻中国气象局纪检组专题报告履行主体责任情况和党风廉政建设工作情况。各市气象局党组，每年要向地方纪委、省局党组、省局党组纪检组专题报告本年度履行主体责任情况和党风廉政建设工作情况。新任主要负责人在任职后一个月内要主动向地方纪检部门汇报工作。各直属单位、局机关各内设机构每年要向省局党组、省局党组纪检组专题报告本年度履行主体责任情况和党风廉政建设工作情况。主要负责人和班子成员还要书面报告履行党风廉政建设责任情况和个人廉洁自律情况。各单位党风廉政建设工作存在的重大事项，要及时向上一级党组织和纪检机构报告。各级纪检机构每年也要向上级纪检机构和同级党组专题报告本单位党风廉政建设的监督执纪问责情况。

第十七条 不断完善全省气象部门廉政风险防控体系。

在现有基础上，针对重点对象、重点领域和关键环节，以现代信息技术为支撑，不断完善权责清晰、流程规范、措施有力、预警及时的气象部门廉政风险防控体系。

第十八条 完善联席会议制度和机制。

每年至少召开一次纪检组长牵头的纪检监察、审计、人事、计财、法规、党办等部门参加的联席会议，沟通情况，分析形势，查找问题，研究措施。

第十九条 建立健全巡查制度。

制定《陕西省气象局党风廉政建设巡查制度和办法》，要依照中央巡视工作要求，不断改进完善全省气象部门巡查工作办法，重点对各单位遵守政治纪律、贯彻落实中央"八项规定"、干部选拔任用、民主集中制执行、廉政和效能风险防控、制度建设与执行、信访问题整改落实等开展巡查，提高巡查权威性、针对性和有效性。

第二十条 建立健全监督执纪问责追究制度。

健全责任追究制度及监督执纪问责追究办法。对已经发生重大腐败案件和严重违纪

行为的单位,实行"一案三查",既要追究当事人的责任,又要追究相关内设机构监管责任,还要追究相关领导人的领导责任。完善重大决策责任终身追究制度,对履行主体责任方面有失职渎职情节和监督不力的,特别是瞒案不报、有案不查,造成不良后果甚至恶劣影响的,一并调查发案单位党组主体责任和纪委监督责任落实情况,对落实不到位的实行"一案多查"。

第五章　责任追究

第二十一条　有违反本实施办法行为的,应根据《中国共产党章程》、《中国共产党纪律处分条例》、《中华人民共和国行政监察法》等法规对有关责任人进行责任追究。违反党纪政纪的按照有关规定依纪依规处理。涉嫌违法犯罪的,按干部管理权限分别移交有关司法机关查处。

第六章　附　则

第二十二条　本办法由省局党组纪检组负责解释。
第二十三条　本办法自发布之日起施行。

第二部分 现金与银行账户管理

现金管理暂行条例

(1988年9月8日国务院令第12号发布,2011年1月8日国务院令第588号修订)

第一章 总　则

第一条 为改善现金管理,促进商品生产和流通,加强对社会经济活动的监督,制定本条例。

第二条 凡在银行和其他金融机构(以下简称开户银行)开立账户的机关、团体、部队、企业、事业单位和其他单位(以下简称开户单位),必须依照本条例的规定收支和使用现金,接受开户银行的监督。

国家鼓励开户单位和个人在经济活动中,采取转账方式进行结算,减少使用现金。

第三条 开户单位之间的经济往来,除按本条例规定的范围可以使用现金外,应当通过开户银行进行转账结算。

第四条 各级人民银行应当严格履行金融主管机关的职责,负责对开户银行的现金管理进行监督和稽核。

开户银行依照本条例和中国人民银行的规定,负责现金管理的具体实施,对开户单位收支、使用现金进行监督管理。

第二章 现金管理和监督

第五条 开户单位可以在下列范围内使用现金:

(一)职工工资、津贴;

(二)个人劳务报酬;

(三)根据国家规定颁发给个人的科学技术、文化艺术、体育等各种奖金；

(四)各种劳保,福利费用以及国家规定的对个人的其他支出；

(五)向个人收购农副产品和其他物资的价款；

(六)出差人员必须随身携带的差旅费；

(七)结算起点以下的零星支出；

(八)中国人民银行确定需要支付现金的其他支出。

前款结算起点定为1000元。结算起点的调整,由中国人民银行确定,报国务院备案。

第六条 除本条例第五条第(五)、(六)项外,开户单位支付给个人的款项,超过使用现金限额的部分,应当以支票或者银行本票支付；确需全额支付现金的,经开户银行审核后,予以支付现金。

前款使用现金限额,按本条例第五条第二款的规定执行。

第七条 转账结算凭证在经济往来中,具有同现金相同的支付能力。

开户单位在销售活动中,不得对现金结算给予比转账结算优惠待遇；不得拒收支票、银行汇票和银行本票。

第八条 机关、团体、部队、全民所有制和集体所有制企业事业单位购置国家规定的专项控制商品,必须采取转账结算方式,不得使用现金。

第九条 开户银行应当根据实际需要,核定开户单位3天至5天的日常零星开支所需的库存现金限额。

边远地区和交通不便地区的开户单位的库存现金限额,可以多于5天,但不得超过15天的日常零星开支。

第十条 经核定的库存现金限额,开户单位必须严格遵守。需要增加或者减少库存现金限额的,应当向开户银行提出申请,由开户银行核定。

第十一条 开户单位现金收支应当依照下列规定办理：

(一)开户单位现金收入应当于当日送存开户银行。当日送存确有困难的,由开户银行确定送存时间；

(二)开户单位支付现金,可以从本单位库存现金限额中支付或者从开户银行提取,不得从本单位的现金收入中直接支付(即坐支)。因特殊情况需要坐支现金的,应当事先报经开户银行审查批准,由开户银行核定坐支范围和限额。坐支单位应当定期向开户银行报送坐支金额和使用情况；

(三)开户单位根据本条例第五条和第六条的规定,从开户银行提取现金,应当写明用途,由本单位财会部门负责人签字盖章,经开户银行审核后,予以支付现金；

(四)因采购地点不固定,交通不便,生产或者市场急需,抢险救灾以及其他特殊情况必须使用现金的,开户单位应当向开户银行提出申请,由本单位财会部门负责人签字盖章,经开户银行审核后,予以支付现金。

第十二条 开户单位应当建立健全现金账目,逐笔记载现金支付。账目应当日清月结,账款相符。

第十三条 对个体工商户、农村承包经营户发放的贷款,应当以转账方式支付。对确需在集市使用现金购买物资的,经开户银行审核后,可以在贷款金额内支付现金。

第十四条 在开户银行开户的个体工商户、农村承包经营户异地采购所需货款,应当通过银行汇兑方式支付。因采购地点不固定,交通不便必须携带现金的,由开户银行根据实际需要,予以支付现金。

未在开户银行开户的个体工商户、农村承包经营户异地采购所需货款,可以通过银行汇兑方式支付。凡加盖"现金"字样的结算凭证,汇入银行必须保证支付现金。

第十五条 具备条件的银行应当接受开户单位的委托,开展代发工资、转存储蓄业务。

第十六条 为保证开户单位的现金收入及时送存银行,开户银行必须按照规定做好现金收款工作,不得随意缩短收款时间。大中城市和商业比较集中的地区,应当建立非营业时间收款制度。

第十七条 开户银行应当加强柜台审查,定期和不定期地对开户单位现金收支情况进行检查,并按规定向当地人民银行报告现金管理情况。

第十八条 一个单位在几家银行开户的,由一家开户银行负责现金管理工作,核定开户单位库存现金限额。

各金融机构的现金管理分工,由中国人民银行确定。有关现金管理分工的争议,由当地人民银行协调、裁决。

第十九条 开户银行应当建立健全现金管理制度,配备专职人员,改进工作作风,改善服务设施。现金管理工作所需经费应当在开户银行业务费中解决。

第三章 法律责任

第二十条 开户单位有下列情形之一的,开户银行应当依照中国人民银行的规定,责令其停止违法活动,并可根据情节轻重处以罚款:

(一)超出规定范围、限额使用现金的;

(二)超出核定的库存现金限额留存现金的。(2011年1月8日删除此条)

第二十一条 开户单位有下列情形之一的,开户银行应当依照中国人民银行的规定,予以警告或者罚款;情节严重的,可在一定期限内停止对该单位的贷款或者停止对该单位的现金支付:

(一)对现金结算给予比转账结算优惠待遇的;

(二)拒收支票、银行汇票和银行本票的;

(三)违反本条例第八条规定,不采取转账结算方式购置国家规定的专项控制商品的;

(四)用不符合财务会计制度规定的凭证顶替库存现金的;

(五)用转账凭证套换现金的；

(六)编造用途套取现金的；

(七)互相借用现金的；

(八)利用账户替其他单位和个人套取现金的；

(九)将单位的现金收入按个人储蓄方式存入银行的；

(十)保留账外公款的；

(十一)未经批准坐支或者未按开户银行核定的坐支范围和限额坐支现金的。（2011年1月8日删除此条）

第二十二条 开户单位对开户银行作出的处罚决定不服的，必须首先按照处罚决定执行，然后可在10日内向开户银行的同级人民银行申请复议。同级人民银行应当在收到复议申请之日起30日内作出复议决定。开户单位对复议决定不服的，可以在收到复议决定之日起30日内向人民法院起诉。(2011年1月8日删除此条)

第二十三条 银行工作人员违反本条例规定，徇私舞弊、贪污受贿、玩忽职守纵容违法行为的，应当根据情节轻重，给予行政处分和经济处罚；构成犯罪的，由司法机关依法追究刑事责任。

第四章 附 则

第二十四条 本条例由中国人民银行负责解释；施行细则由中国人民银行制定。

第二十五条 本条例自1988年10月1日起施行。1977年11月28日发布的《国务院关于实行现金管理的决定》同时废止。

中央预算单位银行账户管理暂行办法

(财库〔2002〕48号 2002年9月19日)

第一章 总 则

第一条 为了规范中央预算单位银行账户管理,促进财政国库管理制度改革的顺利实施,从源头上预防和治理腐败,根据有关法律、行政法规,制定本办法。

第二条 本办法适用于中央各部门及所属行政事业单位和财政预算单列的企业集团总公司(以下统称中央预算单位)银行账户(包括人民币和外汇存款账户)的管理。

中央预算单位分为一级预算单位、二级预算单位(特殊情况可分为三级、四级等预算单位,下同)和基层预算单位。

第三条 中央预算单位开立、变更、撤销银行账户,实行财政审批、备案制度。

第四条 中央预算单位须由财务机构统一办理本单位银行账户的开立、变更、撤销手续,并负责本单位银行账户的使用和管理。

第五条 中央预算单位负责人对本单位银行账户申请开立及使用的合法性、合规性、安全性负责。

第六条 中央预算单位应在国有、国家控股银行或经批准允许为其开户的商业银行(以下简称银行)开立银行账户。

第二章 银行账户的设置

第七条 中央预算单位只能开设一个基本存款账户。该账户用于办理本单位预算内、预算外、自筹以及往来等资金的日常转账结算和现金收付等业务。

第八条 中央预算单位只能开设一个基本建设资金专用存款账户,用于核算本单位使用的各种基建资金。

第九条 中央预算单位按有关规定收取的预算内、预算外资金,可开设一个预算收入汇缴专用存款账户,用于预算内、预算外资金的收缴。该账户的资金只能按规定及时上缴中央国库或中央财政专户,不得用于本单位的支出。中央预算单位按有关规定收取的预算内、预算外资金,有特殊利息处理要求的,可单独开设收入专户。

第十条 中央预算单位根据住房管理制度改革的有关规定,可分别开设一个售房收入、住房维修基金及其利息、个人公积金、购房补贴专用存款账户,用于核算职工按住房制度改革政策规定交纳的购房款等资金。

第十一条 需开设外汇账户、外汇人民币限额账户的中央预算单位,可根据国家外汇管理局和财政部的有关规定,按程序办理。

第十二条 中央预算单位按相关规定可开设党费、工会经费专用存款账户。

第十三条 中央预算单位因特殊原因,经批准可开设如下账户:

(一)垂直管理独立核算的非法人机构,确需开设的基本存款等账户;

(二)中央一级预算单位独立核算的离退休机构,确需开设的离退休经费专户;

(三)系统财务与本级机关财务机构分设并对所属单位有转拨经费的一级预算单位,确需开设的经费转拨账户;

(四)其他特殊情况,确需开设的账户。

第三章 银行账户的开立

第十四条 中央预算单位按本办法规定报经财政部门审批后,可开立银行账户。二级预算单位按照基层预算单位管理。

第十五条 中央预算单位需开立银行账户时,应报送"开立银行账户申请报告",填写财政部统一规定的《中央一级预算单位开立银行账户申请表》(附件一)或《中央基层预算单位开立银行账户申请表》(附件二),并提供相关证明材料。

"开立银行账户申请报告"应详细说明本单位的基本情况和申请开户的理由,包括新开账户的名称、用途、使用范围,开户依据或开户理由,相关证明材料清单及其他需要说明的情况等。

中央预算单位提供的证明包括:

(一)开立基本存款账户的,应提供机构编制、人事、民政等部门批准本单位成立的文件。

(二)开立其他账户的,应提供下列证明材料之一:

1. 基本建设项目的立项批准文件;

2. 按照国务院规定程序批准收取的政府性基金、行政事业性收费、罚没收入及其他预算内、预算外资金的文件;

3. 实行住房制度改革的批复文件;

4. 拥有、使用外汇的相关证明材料;

5. 其他相应证明材料。

第十六条 一级预算单位(含本级,下同)的"开立银行账户申请报告"、《中央一级预算单位开立银行账户申请表》(附软盘)及相关证明材料,由其财务部门报财政部审批。

第十七条 财政部应及时对一级预算单位报送的开户申请进行合规性审核,对同意开设的银行账户签发《中央预算单位开立银行账户批复书》(附件三)。

第十八条 基层预算单位的"开立银行账户申请报告"、《中央基层预算单位开立银行账户申请表》(附软盘)及相关证明材料原则上应经一级预算单位审核签署意见后,报基层预算单位所在省份或计划单列市的财政监察专员办事处(以下简称财政专员办)审批;一级预算单位所属预算单位级次较多、分布较广的,在符合管理要求的前提下,其基层预算单位的开户申请可由其规定的主管单位审核签署意见后,报当地财政专员办审批。

第十九条 财政专员办应及时对基层预算单位报送的开户申请进行合规性审核,一般应在3个工作日内审核完毕,并对同意开设的银行账户签发《中央预算单位开立银行账户批复书》。

第二十条 基层预算单位的主管单位与当地财政专员办对基层预算单位的同一开户申请有异议时,双方应进行协商;协商后意见仍不一致的,分别报一级预算单位与财政部,由财政部将审定结果函告一级预算单位与相关财政专员办。

第二十一条 财政部门对同意开设的有明确政策执行期限的账户,应在《中央预算单位开立银行账户批复书》中注明该账户的使用期。

第二十二条 中央预算单位持财政部门签发的《中央预算单位开立银行账户批复书》,按照中国人民银行账户管理的有关规定,到相关银行办理开户手续。

第二十三条 中央预算单位应在财政部门签发《中央预算单位开立银行账户批复书》的15个工作日内,开立相应的银行账户,在开立银行账户后3个工作日内,填写财政部统一规定的《中央预算单位银行账户备案表》(附件四),附软盘报相应批准开户的财政部门和各级主管单位备案。

第四章　银行账户变更与撤销

第二十四条 中央预算单位按规定发生的下列变更事项,按本办法第二十三条规定进行备案:

(一)中央预算单位变更名称,但不改变开户银行及账号的;

(二)中央预算单位的主要负责人或法定代表、地址及其他开户资料变更的;

(三)因开户银行原因变更银行账号,但不改变开户银行的;

(四)其他按规定不需报经财政部门审批的变更事项。

第二十五条 中央预算单位的主管单位发生变更的,应在变更后3个工作日内填制《中央预算单位主管单位变更登记表》(附件五),附软盘报相应财政部门和各级主管单位备案。

第二十六条 中央预算单位确需延长账户使用期的,应提前提出申请并按本办法第三章规定的程序报财政部门审批。审批期间,按原账户使用期执行。

第二十七条 中央预算单位开立的银行账户应保持稳定。确因特殊需要变更开户银行的,应按规定将原账户撤销,按本办法的规定重新办理开户手续、销户与开户的备案手续,并将原账户的资金余额(包括存款利息)如数转入新开账户。

第二十八条 中央预算单位被合并的,其账户按规定撤销,资金余额转入合并单位的同类账户。合并单位应监督被合并单位撤销其账户,并负责按照本办法第二十三条规定办理备案手续。

不同中央预算单位合并组建一个新的中央预算单位的,原账户按规定撤销,按本办法第二章、第三章规定重新开立银行账户,并办理备案手续。

第二十九条 中央预算单位银行账户使用期满时必须撤户。撤户时预算收入汇缴专用存款账户的资金余额按规定缴入中央国库或中央财政专户,其他账户资金余额转入本单位基本存款账户,销户后的未了事项纳入基本存款账户核算。同时,中央预算单位应按本办法第二十三条规定办理备案手续。

第三十条 中央预算单位按规定开设的银行账户,在开立后一年内没有发生资金往来业务的,该账户应作撤销处理并按本办法第二十三条规定办理备案手续。

第三十一条 中央预算单位因机构改革等原因被撤销的,必须在规定时间内撤销所开立的银行账户,并按相应的政策处理账户资金余额。其销户情况由其上;一级主管单位按照本办法第二十三条规定办理备案手续。

第五章 管理与监督

第三十二条 财政部门应建立中央预算单位银行账户信息管理系统,对中央预算单位开立的银行账户实施动态监控,跟踪监督账户的开立、变更、撤销等情况,建立中央预算单位账户管理档案。

第三十三条 中央预算单位要按照财政部和中国人民银行规定的用途使用银行账户,不得将预算收入汇缴专用存款账户资金和财政拨款转为定期存款,不得以个人名义存放单位资金了不得出租、转让银行账户,不得为个人或其他单位提供信用。

第三十四条 中央预算单位对不同性质或需要单独核算的资金,应建立相应明细账,分账核算。

第三十五条 中央预算单位应加强对所属预算单位银行账户的监督管理,建立所属预算单位银行账户管理系统,定期对所属预算单位银行账户进行监督检查。发现所属单位不按规定开立、使用、变更及撤销银行账户的,应及时督促纠正;纠正无效的,应提请财政部等职能部门按有关规定进行处罚。

第三十六条 除本办法第四十六条规定外,开户银行不得办理未经财政部门审批的中央预算单位银行账户开设业务。

第三十七条 开户银行在办理中央预算单位银行账户开立手续后,应及时将中央预算单位的开户情况报送其总行。

第三十八条 财政部、中国人民银行、国家外汇管理局、监察部、审计署(以下统称监督检查机构)在各自的职责范围内对中央预算单位银行账户实施监督管理。

第三十九条 财政部门在日常管理和监督检查中,发现中央预算单位有违反本办法规定行为的,应按规定进行处理;发现开户银行有违反本办法规定行为的,应移交中国人民银行或国家外汇管理局进行处理。

第四十条 中国人民银行应监督开户银行按本办法规定为中央预算单位开立银行账户,查处开户银行违反本办法规定的行为。

国家外汇管理局应按本办法和国家外汇管理规定,监督中央预算单位开立和使用外汇账户,查处开户银行违反本办法规定的行为。

第四十一条　审计署应按本办法规定对中央预算单位的银行账户实施监督检查,查处违反本办法规定的行为;发现开户银行违反本办法规定的,应移交中国人民银行或国家外汇管理局进行处理。

第四十二条　监督检查机构在对中央预算单位银行账户实施监督检查时,受查单位和开户银行应如实提供有关银行账户的开立和管理情况,不得以任何理由或借口拖延、拒绝、阻挠;有关银行应如实提供受查单位银行账户的收付等情况,不得隐瞒。

第四十三条　监督检查机构在对中央预算单位银行账户实施监督管理中,认为应追究中央预算单位有关人员责任的,应按财政部、审计署、监察部、最高人民检察院《关于严肃追究扰乱财经秩序违法违纪人员责任的通知》(财监字〔1998〕4号)填写《追究有关人员责任建议书》,移交监察部门进行处理;涉及追究开户银行有关人员责任的,移交监察部门进行处理。

第四十四条　中央预算单位有下列情形之一的,监督检查机构除责令违规单位立即纠正外,应函告财政部,由财政部决定暂停或停止对违规单位拨付预算资金,同时提交监察部门对违规单位的责任人员给予相应的行政处分;涉嫌犯罪的,依照《行政执法机关移送涉嫌犯罪案件的规定》(中华人民共和国国务院令第310号)移交司法机关处理:

(一)违反本办法规定开立银行账户的;

(二)违反本办法第二章规定,改变账户用途,使用相应银行账户的;

(三)违反本办法第三十三条规定的;

(四)不按本办法规定变更、撤销银行账户的,或变更、撤销银行账户不按规定报送财政部门审核、备案的;

(五)其他违反账户管理规定的。

第四十五条　监督检查机构发现开户银行违反本办法规定,有下列情形之一的,应提交相关机关按照《金融违法行为处罚办法》(国务院令第260号)、《中华人民共和国商业银行法》、《违反行政事业性收费和罚没收入收支两条线管理规定行政处分暂行规定》(国务院令第281号)等法律法规进行处罚,并函告财政部,由财政部决定取消该金融机构为中央预算单位开户的资格;涉嫌犯罪的,依法移交司法机关处理:

(一)违反本办法规定,为中央预算单位开立银行账户的;

(二)允许中央预算单位超额或超出账户功能提取现金的;

(三)已知是中央预算单位的资金而同意以个人名义开户存放的;

(四)明知是预算收入汇缴资金、财政拨款而为中央预算单位转为定期存款的;

(五)其他违反本办法规定及其他法律法规的。

第六章　附　则

第四十六条　中央预算单位确因业务需要开设贷款转存款账户、保证金存款账户的,可按中国人民银行有关账户管理的规定到开户银行开户,并按本办法第二十三条规定办理备案手续。

第四十七条 实行财政国库管理制度改革试点的中央预算单位,按《中央单位财政国库管理制度改革试点资金支付管理办法》和《中央单位预算外资金收入收缴管理改革试点办法》的规定,由财政部为其开设零余额账户和中央财政汇缴专户;其原有账户确需保留的,暂按本办法规定程序审批后保留,并根据财政国库管理制度改革的推进情况按财政部的有关规定进行清理、归并、撤销。

第四十八条 财政部会同中国人民解放军总后勤部和武装警察部队后勤部参照本办法,另行制定中国人民解放军和武装警察部队的银行账户管理规定。

第四十九条 中央一级预算单位可根据本办法制定本系统内部的基层预算单位开户报批等具体银行账户管理规定,报财政部并抄送相关财政专员办备案。

第五十条 本办法由财政部、中国人民银行、监察部、审计署负责解释。

第五十一条 本办法自发布之日起施行。本办法发布前发布的有关中央预算单位银行账户管理规定与本办法不一致的,按本办法执行。

附件一至五:略

《中央预算单位银行账户管理暂行办法》补充规定

(财库〔2006〕96号 2006年11月15日)

为进一步加强和规范中央预算单位(以下简称预算单位)银行账户管理,针对预算单位银行账户审批中出现的一些新情况、新问题,根据《财政部、中国人民银行、监察部、审计署关于印发〈中央预算单位银行账户管理暂行办法〉的通知》(财库〔2002〕48号)及《财政部、中国人民银行关于执行〈中央预算单位银行账户管理暂行办法〉的补充通知》(财库〔2004〕1号)的规定,现将有关事项补充规定如下:

一、关于开户银行的选择。

预算单位原则上应在国有银行、国有控股银行开立银行账户,确需在其他银行开立账户的基层预算单位,应在确保资金安全的前提下,对银行的资质、经营状况、资产质量等进行综合考量,并报上级主管单位审核同意后,按规定审批程序办理开户。

二、关于事业单位经营性资金账户的设置。

实行企业管理的事业单位,确需开设经营性资金账户的,应从严控制,并经上级主管单位同意后,持营业执照及相关证明文件报中央财政部门(财政部或财政部驻各地财政监察专员办事处,下同)审批。

三、关于预算单位内部资金集中核算机构及结算成员单位相关账户的设置。

中央财政预算单列的企业集团总公司、有关事业单位、政企合一等预算单位,为加强资金集中管理,提高资金整体使用效率,在系统或单位内部按照有关法定程序及政策规定成立资金管理中心、资金结算中心等资金集中核算机构的,应在加强管理、从严控制的前提下,开设相关账户。

(一)资金集中核算机构为法人单位的,经主管部门同意,并报中央财政部门审批后,可开设相关银行结算账户,用于归集、核算所属结算成员单位资金。

预算单位所属资金集中核算机构为非法人单位的,该预算单位可以预算单位名称加资金集中核算机构名称开设相关银行结算账户。

(二)预算单位所属结算成员单位可在资金集中核算机构开设内部结算账户;企业集团公司下设财务公司的,其所属结算成员单位可在财务公司开设内部结算账户。

(三)内部结算账户应由集团总公司及行业系统管理部门按照相关管理办法或规定自行规范管理。

四、关于预算单位所属医院及所属门诊部相关账户的设置。

预算单位所属医院及所属门诊部,根据有关政策规定以及管理需要,经主管部门同意,并报中央财政部门审批后,按以下规定开设账户。

(一)预算单位所属医院为法人单位的,为方便病人使用银行卡以及资金结算,可开设一个"一般存款账户"或"专用存款账户",用于核算病人看病费用等结算资金。"专用存款账户"不得支取现金。

预算单位所属医院为非法人单位的,为方便病人看病费用结算,该预算单位可以预算单位名称后加所属医院名称开设一个"专用存款账户",该"专用存款账户"不得支取现金。

(二)预算单位所属门诊部,被当地劳动和社会保障部门确定为"基本医疗保险定点医疗机构"的,预算单位须持有"基本医疗保险定点医疗机构"服务协议书、营业执照及相关证明文件,以预算单位名称后加所属门诊部名称开设一个"专用存款账户",该"专用存款账户"不得支取现金。其他预算单位所属门诊部,不得开设账户,已开设的一律撤销。

五、关于预算单位实行属地管理资金账户的设置。

预算单位按照国家有关政策规定,实行属地管理的住房改革资金、基本医疗保险基金等,确需开设相关账户进行核算的,由预算单位持地方政府或地方财政(国库)部门有关账户管理的文件,报中央财政部门审批后,开设相关账户。

六、加强协调配合,形成工作合力,做好预算单位银行账户管理工作。

中央各主管部门应切实加强对所属预算单位银行账户的管理,按照中央预算单位银行账户管理有关规定,结合实际情况,建立健全和完善本系统银行账户管理制度,进一步明确银行账户管理的具体要求。

财政部驻各地财政监察专员办事处要充分发挥监管职能,加强管理,堵塞账户申报、审批和备案等各个环节的漏洞。要强化对账户管理的监督检查,加大违规处罚力度。对于预算单位出现的账户管理违规问题,财政监察专员办事处可会同中国人民银行有关机构,依据《财政违法行为处罚处分条例》(中华人民共和国国务院令第427号)、《财政部、中国人民银行、监察部、审计署关于印发〈中央预算单位银行账户管理暂行办法〉的通知》(财库〔2002〕48号)、《财政部、中国人民银行关于执行〈中央预算单位银行账户管理暂行办法〉的补充通知》(财库〔2004〕1号)等相关规定,对预算单位进行行政处罚。

银行账户管理相关部门要进一步加强协调配合,积极创造条件,逐步实现财政部、商业银行及相关部门账户管理系统信息共享和对预算单位银行账户实施动态监控。

陕西省预算单位银行账户管理暂行办法

(陕财办库[2014]16号 2014年6月10日)

第一章 总 则

第一条 为了进一步加强全省预算单位资金管理,严格控制并规范预算单位银行账户,从源头上预防和治理腐败,根据财政部、中国人民银行、监察部、审计署《中央预算单位银行账户管理暂行办法》(财库[2002]48号)及有关法规制定本办法。

第二条 本办法适用于各级各部门及所属的行政事业单位,财政预算单列企业集团总公司及所属的事业单位,独立或与各预算单位存在代管及挂靠关系的学会、协会、研究会、基金会等社团组织(以下简称预算单位)银行账户的管理。

第三条 预算单位银行账户的开立、变更、撤销,实行财政审批、备案制度。

第四条 预算单位的银行账户,经审核报批后,由本单位财务机构统一开立,统一管理。单位内部其他机构不得开立银行账户或变相开立银行账户。

第五条 预算单位负责人对本单位银行账户申请开立及使用的合法性、合规性、安全性负责。

第六条 预算单位的银行账户,按用途分为基本存款账户、专用存款账户、一般存款账户、临时存款账户。

第七条 预算单位应当在国有、国家控股银行或经批准为其开户的商业银行(以下简称银行)开立银行账户。

第二章 银行账户的设置

第八条 预算单位只能开设一个基本存款账户。该账户用于办理本单位预算拨款、非税收入、自筹以及往来等资金的日常转账结算和现金收付等业务。

第九条 凡纳入国库集中支付改革范围的预算单位,须按照国库集中支付改革要求,在国库集中支付代理银行开立一个零余额专用存款账户。

部门系统财务与本级机关财务机构分设并对所属单位有转拨经费的一级预算单位,可与本级机关财务机构分别开立零余额专用存款账户。

部门所属基层预算单位较多、预算未明细到基层预算单位、资金须通过系统财务转拨的,经同级财政部门批准,可在系统财务机构开立一个经费转拨专用存款账户。

第十条 预算单位按照有关规定收取的非税收入,原则上不得开立收入过渡性账户,确因情况特殊难以采取直接缴款方式的,经同级财政部门批准,可开立一个只收不支的政府非税收入汇缴专用账户,用于归集本单位现场征收或者零散的政府非税收入并按规定及时上缴财政。

第十一条 省级事业单位可按照省属事业单位收入分配制度改革实施方案要求设立工资专用存款账户。

第十二条 按照《中华人民共和国工会法》和《陕西省实施〈中华人民共和国工会法〉办法》规定,预算单位可开立工会经费专用存款账户。

第十三条 按照中共中央组织部及中国人民银行总行关于党费管理的相关规定,预算单位可开立党费专用存款账户。

第十四条 按照国家住房公积金管理有关政策规定,住房公积金管理机构可开立住房公积金管理相关账户。

第十五条 按照国家社保基金实行收支两条线管理的政策规定,医疗保险基金、养老保险基金等社保基金经办机构可开立社会保险基金收入账户和支出账户。

第十六条 大中专院校按照国家对学生的助学、奖学相关政策规定,可开立一个济困助学类资金专用存款账户。

第十七条 预算单位所属异址、异地办公的非法人独立核算机构,人员较多、资金流量较大的,可由预算单位报同级财政部门审批后,按本办法和中国人民银行现行有关规定开立一个专用或临时存款账户。

第十八条 预算单位所属医院或门诊部为非法人单位的,被人力资源和社会保障部门确定为"基本医疗保险定点医疗机构"的,单位可持"基本医疗保险定点医疗机构"服务协议书、营业执照及相关证明文件,以单位名称后加所属医院或门诊部名称开立一个专用存款账户,该"专用存款账户"不得支取现金。其他单位所属门诊部不得开立账户,已开设的一律撤销。

第十九条 预算单位同一类性质的资金,只能开设一个银行账户,不得多头开户。

第三章 银行账户开立的程序

第二十条 一级预算单位及无主管部门的预算单位,开立银行账户时,向同级财政部门提出申请,通过"陕西省预算单位银行账户管理系统"下载并填制《银行账户审批表》(附后),经同级财政部门审核同意后,向人民银行申请开立银行账户。

二、三级预算单位开立银行账户时,须向其主管部门申请,通过"陕西省预算单位银行账户管理系统"下载并填制《银行账户审批表》,主管部门报同级财政部门审批。财政部门审核同意后,向人民银行申请开立银行账户。

预算单位申请变更单位名称、主管部门或开户银行的程序同上款。

第二十一条 预算单位申请开立基本存款账户须提供的证明材料:

(一)人力资源和社会保障部门、各级编制委员会或民政部门批准设立该单位的文件;

(二)单位组织机构代码证;

(三)事业单位法人证书(事业单位);

（四）单位法人身份证。

第二十二条　预算单位申请开立专用存款账户、一般存款账户及临时存款账户须提供的资料：

（一）中央或省政府、省财政厅批准设立相关银行账户的文件；

（二）单位组织机构代码证；

（三）事业单位法人证书（事业单位）；

（四）基本账户开户许可证；

（五）单位法人身份证；

（六）贷款合同或其他相关证明文件。

第二十三条　商业银行根据《人民币银行结算账户管理办法》和财政部门《银行账户审批表》以及有关规定，对开户单位开户资料进行审核，符合条件的，按规定程序办理预算单位开户手续，并向人民银行申领《开户许可证》。未持财政部门《银行账户审批表》的，商业银行不得为其开立账户。

第二十四条　人民银行依据有关金融法律、法规和财政部门审批意见，审核预算单位的开户资格，对符合规定的核发《开户许可证》。

第二十五条　预算单位在开立银行账户3个工作日内，填写《预算单位银行账户备案表》（附后，略），将开户信息报送同级财政部门备案；主管部门所属预算单位开立、变更或撤销银行账户后，须抄报其上级主管部门备案。

第四章　银行账户变更与撤销

第二十六条　预算单位按规定发生下列变更事项时，在开户银行或人民银行办理相关变更手续，不须经财政部门审批，但须按本办法第二十五条规定进行备案：

（一）预算单位的主要负责人或法定代表、地址及其他开户资料变更的；

（二）因开户银行原因变更银行账号，但不改变开户银行的；

（三）其他按规定不需报经财政部门审批的变更事项。

第二十七条　预算单位确需延长账户使用期的，应提前提出申请并按本办法第三章规定的程序报财政部门审批。审批期间，按原账户使用期执行。

第二十八条　预算单位开立的银行账户应保持稳定。确因特殊原因需要变更开户银行的，必须按本办法规定重新办理开户手续、销户与开户的备案手续。原账户必须在新账户开设后一个星期内撤销，并将原账户的资金余额（包括存款利息）如数转入新开账户。

第二十九条　有下列情形之一的，预算单位应撤销相关银行账户：

（一）预算单位因机构改革等原因被撤销的；

（二）预算单位被合并的；

（三）预算单位银行账户使用期满的；

（四）银行账户所核算的项目已执行完结的；

（五）银行账户在开立后一年内没有发生资金往来业务的。

预算单位办理销户手续时,无需经财政部门审批,在原开户银行申请销户,经人民银行核准并完成销户手续后,持开户银行加盖印章的"撤销银行结算账户申请书"复印件比照本办法第二十五条规定报同级财政部门备案,同时将《开户许可证》交回人民银行。

第五章 银行账户的监督检查

第三十条 财政部门负责对预算单位银行账户的开立管理和使用情况进行监督检查。被检查单位应如实提供有关情况,需要开户银行协助时,开户银行应按照有关法律、法规规定如实提供被检查单位有关情况。

第三十一条 人民银行负责《开户许可证》的核发和管理,协调、仲裁银行账户开立和使用方面的争议,监督、稽核开户银行的账户设置和开立,按规定纠正和处罚违反本暂行办法的有关行为。

第三十二条 对预算单位银行账户实行网络化管理。财政部门、人民银行要将预算单位账户的开设、变更、撤销、使用等事项纳入"陕西省预算单位银行账户管理系统",实施网络化动态管理。

第三十三条 省级各主管部门不得要求所属预算单位开设超过本办法规定的银行账户,不得要求下级地方单位开设银行账户。各级行政主管部门应加强对所属预算单位银行账户的监督管理,建立所属预算单位银行账户管理档案系统,定期对所属预算单位银行账户进行监督检查。发现所属单位不按规定开立、使用、变更及撤销银行账户的,应及时督促纠正;纠正无效的,应提请财政等职能部门按有关规定进行处罚。

第三十四条 预算单位要按照财政和人民银行规定的用途使用银行账户,不得将财政拨款和非税收入汇缴专用存款账户资金转为定期存款,不得以个人名义存放单位资金,不得出租、转让银行账户,不得为个人或其他单位提供信用。预算单位要自觉接受财政、人民银行、监察及审计部门对本单位银行账户设置及管理情况的监督检查。

第三十五条 预算单位违反规定开立、使用银行账户的,出租、转让银行账户的,公款私存的,为个人或其他单位提供信用的,不按规定变更、撤销银行账户的,或变更、撤销银行账户不按规定报同级财政部门审核、备案的,不按时进行账户年检的,视情节轻重分别做出如下处理:

(一)由财政部门通报批评,暂停财政拨款,并责成预算单位办理撤销银行账户手续。

(二)由人民银行责成开户银行按规定(或决定)撤销违规账户;

(三)由审计部门依照《中华人民共和国审计法》进行处理或处罚;

(四)由监察部门追究直接责任人和单位负责人的行政责任。涉嫌犯罪的,由司法机关依法追究其刑事责任。

第三十六条 商业银行违反规定为预算单位开立银行账户的,由人民银行给予开户银行通报批评,并按照有关法律、法规给予经济处罚,涉嫌犯罪的,提请司法机关依法追究其刑事责任。财政部门视其违规情节做出取消其代理财政业务资格的决定。

第三十七条 建立预算单位银行账户年检制度。

（一）每年1月31日之前，预算单位对截至上年12月31日保留的所有银行账户（含所属非法人机构开设的所有银行账户）填写《预算单位银行账户年检申请表》（附后），附电子文档报送同级财政部门。基层预算单位的账户年检资料，上报其行政主管部门，各主管部门汇总下属预算单位年检资料，并附书面材料上报同级财政部门。书面材料要对本部门上年银行账户管理情况进行总结，特别要对各预算单位存在的账户违规情况进行详细说明。

（二）每年4月30日之前，财政部门按规定完成对账户年检资料的审核工作，并根据审核情况签发年检结论和年检处理决定。

第六章 附 则

第三十八条 本办法自2014年7月10日起施行，有效期至2016年7月10日。陕西省财政厅、中国人民银行西安分行、陕西省监察厅、陕西省审计厅2002年1月10日发布的《陕西省行政事业单位银行账户管理暂行办法》（陕财办库〔2002〕1号）同时废止。

中央单位财政国库管理制度改革试点资金支付管理办法

(财库〔2002〕28号 2002年5月22日)

第一章 总 则

第一条 为了加强财政性资金管理与监督,提高资金运行效率和使用效益,保证财政国库管理制度改革试点工作顺利进行,根据《财政国库管理制度改革试点方案》有关法律法规,制定本办法。

第二条 本办法适用于中央试点单位下列财政性资金的支付管理:
(一)财政预算内资金;
(二)纳入财政预算管理的政府性基金;
(三)纳入财政专户管理的预算外资金;
(四)其他财政性资金。

国家统借统还的世界银行、亚洲开发银行等国际金融组织和外国政府贷款的支付,按照相关规定执行;其国内配套财政性资金的支付,按照本办法执行。

第三条 财政性资金通过国库单一账户体系存储、支付和清算。

第四条 国库单一账户体系由下列银行账户构成:财政部在中国人民银行开设的国库单一账户(简称国库单一账户);财政部在商业银行开设的零余额账户(简称财政部零余额账户);财政部为预算单位在商业银行开设的零余额账户(简称预算单位零余额账户);财政部在商业银行开设的预算外资金财政专户(简称预算外资金专户);经国务院批准或国务院授权财政部批准为预算单位在商业银行开设的特殊专户(简称特设专户)。

国库单一账户体系中的国库单一账户和预算外资金专户按专用存款账户管理。

第五条 财政部是持有和管理国库单一账户体系的职能部门,任何单位不得擅自设立、变更或撤销国库单一账户体系中的各类银行账户。中国人民银行按照有关规定,加强对国库单一账户和代理银行的管理监督。

第六条 财政性资金的支付实行财政直接支付和财政授权支付两种方式。

财政直接支付是指由财政部向中国人民银行和代理银行(系财政国库管理制度改革试点中,由财政部确定的、具体办理财政性资金支付业务的商业银行,下同)签发支付指令,代理银行根据支付指令通过国库单一账户体系将资金直接支付到收款人(即商品或劳务供应商等,下同)或用款单位(即具体申请和使用财政性资金的预算单位,下同)账户。

财政授权支付是指预算单位按照财政部的授权,向代理银行签发支付指令,代理银行根据支付指令,在财政部批准的用款额度内,通过国库单一账户体系将资金支付到收款人账户。

第七条 部门和单位预算批准后,预算单位依法拥有相应的资金使用权,履行财务管理、会计核算职责,并接受财政和审计监督。

第八条 预算单位原则上分为一级预算单位、二级预算单位和基层预算单位。向财政部汇总报送分月用款计划并提出财政直接支付申请的预算单位为一级预算单位;向一级预算单位汇总报送分月用款计划并提出财政直接支付申请且有下属单位的预算单位,为二级预算单位(特别情况可再分为三级、四级等预算单位,下同);只有本单位开支,无下属单位的预算单位,为基层预算单位,基层预算单位一般为一个独立核算的单位。一级、二级预算单位的本级开支,视为基层预算单位管理。

第九条 预算单位应当按照规定编制分月用款计划,并根据批复的分月用款计划使用财政性资金。

第十条 财政性资金的支付,应当坚持按照财政预算、分月用款计划、项目进度和规定程序支付的原则。

第二章 财政性资金银行账户的设立、使用和管理

第一节 财政性资金银行账户的设立

第十一条 预算单位使用财政性资金,应当按照本办法规定的程序和要求,向财政部提出设立零余额账户、特设专户等银行账户的申请,并向财政部国库管理机构和财政部国库支付执行机构办理预留印鉴手续。

第十二条 预算单位提出设立银行账户的申请,由一级预算单位审核汇总,填写《财政授权支付银行开户情况汇总申请表》(附一),报财政部批准设立。

中国人民银行根据《银行账户管理办法》的规定,做好相关审核工作。

第十三条 一级预算单位审核汇总所属基层预算单位设立零余额账户的申请后,向财政部报送《财政授权支付银行开户情况汇总申请表》,财政部审核同意后通知代理银行。

第十四条 代理银行根据财政部批准预算单位开设零余额账户的通知文件以及《银行账户管理办法》的规定,具体办理开设预算单位零余额账户业务,接受财政部和中国人民银行的管理监督。

第十五条 预算单位零余额账户开设后,代理银行将所开账户的开户银行名称、账号等详细情况书面报告财政部和中国人民银行,并由财政部通知一级预算单位。

第十六条 预算单位根据财政部的开户通知,具体办理预留印鉴手续。基层预算单位和一级预算单位分别填写财政部统一制发的《中央基层预算单位预算资金拨款印鉴卡》(附二)和《中央一级预算单位预算资金拨款印鉴卡》(附三)。

《中央基层预算单位预算资金拨款印鉴卡》一式三份,基层预算单位自留一份,交一级预算单位、财政部国库支付执行机构各一份;《中央一级预算单位预算资金拨款印鉴卡》一式三份,一级预算单位自留一份,交财政部总预算会计、财政部国库支付执行机构各一份。

第十七条 预算单位的零余额账户印鉴卡必须按规定的格式和要求填写。印鉴卡内

容如有变动,预算单位应及时通过一级预算单位向财政部提出变更申请,办理印鉴卡更换手续。

第十八条 预算单位增加、变更、合并、撤销零余额账户,应当按照相关规定和本办法第十三条至第十七条规定的程序办理。

第十九条 一个基层预算单位开设一个零余额账户。

第二十条 需要开设特设专户的预算单位通过一级预算单位向财政部提出书面申请,经财政部审核并报国务院批准或经国务院授权财政部批准后,由财政部在代理银行为预算单位开设。

第二节 国库单一账户的使用和管理

第二十一条 国库单一账户用于记录、核算、反映财政预算资金和纳入预算管理的政府性基金的收入和支出。

第二十二条 代理银行按日将支付的财政性资金与国库单一账户进行清算。

第二十三条 代理银行代理财政性资金支付业务与国库单一账户的资金清算办法,由中国人民银行、财政部另行制定。

第三节 零余额账户的使用和管理

第二十四条 财政部零余额账户用于财政直接支付,该账户每日发生的支付,于当日营业终了前由代理银行与国库单一账户清算;营业中单笔支付额5000万元人民币以上的(含5000万元,下同),应当及时与国库单一账户清算。

第二十五条 预算单位零余额账户用于财政授权支付,该账户每日发生的支付,于当日营业终了前由代理银行在财政部批准的用款额度内与国库单一账户清算;营业中单笔支付额5000万元人民币以上的,应当及时与国库单一账户清算。

第二十六条 预算单位零余额账户可以办理转账、提取现金等结算业务;可以向本单位按账户管理规定保留的相应账户划拨工会经费、住房公积金及提租补贴,以及经财政部批准的特殊款项,不得违反规定向本单位其他账户和上级主管单位、所属下级单位账户划拨资金。

第二十七条 各基层预算单位要切实加强对现金支出的管理,不得违反《现金管理暂行条例》等规定提取和使用现金;代理银行按照财政部批准的用款额度和《现金管理暂行条例》等规定,受理预算单位的现金结算业务。

第二十八条 代理银行按照中国人民银行、财政部有关财政性资金银行清算办法的规定办理清算。

第四节 预算外资金专户的使用和管理

第二十九条 预算外资金专户用于记录、核算预算外资金的收入和支出。

第三十条 预算外资金专户收入按预算单位或资金性质设置分类账户,并按预算科目进行明细核算;支出按预算单位设置分类账户,用于记录、核算、反映预算外资金的支出活动。

第三十一条 财政部负责管理中央预算外资金专户。代理银行根据财政部的要求和支付指令，办理预算外资金专户的收入和支付业务。

第三十二条 预算外资金专户用于核算预算外资金的收支活动。预算内资金不得违反规定进入预算外资金专户。

第五节　特设专户的使用和管理

第三十三条 特设专户用于核算经国务院批准或国务院授权财政部批准的特殊专项支出。

第三十四条 预算单位不得将特设专户资金与本单位其他银行账户资金相互划转。

第三十五条 代理银行按照财政部要求和账户管理等规定，具体办理特设专户支付业务。

第六节　账册管理

第三十六条 财政部国库支付执行机构应当按照政府收支分类和会计核算要求，建立账册管理体系。

第三十七条 账册管理体系由预算资金支付账册、预算外资金支付账册组成。

第三十八条 财政部国库支付执行机构应当根据资金的性质设置预算资金总账册和预算外资金总账册，分别按照预算科目类、款、项记录和反映预算资金、预算外资金的支出活动。基本建设支出、科技三项费、专项类支出还要记录到具体项目。

第三十九条 预算资金支付总账册设置预算内资金支付分账册和纳入预算管理的政府性基金支付分账册，分别用于记录和反映预算内资金及政府性基金的支出活动。

第四十条 预算内资金支付分账册、纳入预算管理的政府性基金支付分账册分别按一级预算单位设置子账册，并按基层预算单位设置明细账册，用于记录和反映预算单位资金的支出活动。

第四十一条 预算外资金支付账册比照预算资金支付账册设置。

第三章　用款计划

第四十二条 预算单位根据批准的部门预算和本办法的规定编制分月用款计划。分月用款计划是办理财政性资金支付的依据。

第四十三条 预算单位分月用款计划按季分月编制，包括财政直接支付用款计划和财政授权支付用款计划两部分。

第四十四条 预算单位分月用款计划应当按照财政部统一制定的《中央基层预算单位分月用款计划表》（附四）编制。

基本建设支出、科技三项费、专项类支出用款计划按具体项目编制，其他类支出用款计划按项级科目编制。

第四十五条 预算单位依据批复的年度部门预算(部门预算控制数)和项目进度,科学编制用款计划。基本支出用款计划按照年度均衡性原则编制,项目支出用款计划按照项目实施进度编制。

第四十六条 第一季度、第二季度分月用款计划原则上根据财政部下达的预算控制数编制,第三季度、第四季度分月用款计划根据财政部下达的部门预算编制。当财政部下达的部门预算与预算控制数差距较大时,应当根据部门预算及时调整第二季度分月用款计划,按照规定程序报财政部审批。

第四十七条 各级预算单位编制本单位的用款计划,逐级审核上报,由一级预算单位审核汇总后,编制《中央预算单位分月用款计划汇总表》(附五)报财政部。

第四十八条 一级预算单位于每年12月1日(节假日顺延,下同)前将下年第一季度分月用款计划报送财政部,每年3月1日、6月1日、9月1日前分别报送本年第二季度、第三季度、第四季度分月用款计划。

第四十九条 财政部审批一级预算单位审核汇总的用款计划。基本建设支出、科技三项费、专项类支出,财政部审批项目用款计划汇总数;其他类支出,财政部审批项级科目用款计划汇总数。

第五十条 财政部根据部门预算(部门预算控制数)于每季度最后月份的20日前,批复下达一级预算单位下一季度分月用款计划。一级预算单位根据财政部批准的汇总用款计划,按照本办法第四十四条规定的格式,及时下达二级及二级以下预算单位的用款计划并抄报财政部。

第五十一条 年度财政预算执行中发生追加、追减调整变化,一级预算单位在收到财政部预算调整文件后,及时调整本单位的用款计划,按规定程序报财政部。财政部在收到用款计划的7个工作日内批复。

第五十二条 分月用款计划一般不作调整,因特殊情况确需调整的,预算单位提前提出申请,经一级预算单位审核同意后,一般在用款月度前10个工作日报财政部审批。

第五十三条 预算单位依据用款计划办理财政直接支付用款申请和财政授权支付手续。

第四章 财政直接支付

第一节 一般程序

第五十四条 预算单位实行财政直接支付的财政性资金包括工资支出、工程采购支出、物品和服务采购支出。

第五十五条 基层预算单位填写《中央基层预算单位财政直接支付申请书》(附六),一级预算单位审核汇总后,填写《财政直接支付汇总申请书》(附七)附《中央基层预算单位财政直接支付申请书》报财政部国库支付执行机构。

《中央基层预算单位财政直接支付申请书》和《财政直接支付汇总申请书》按款分项填写,基本建设支出、科技三项费、专项类支出按项目填写。

第五十六条　基层预算单位的财政直接支付申请在报一级预算单位之前,应当由其所在省、自治区、直辖市或计划单列市财政监察专员办事处(以下简称财政专员办)审核签署意见。

基层预算单位所在省、自治区、直辖市或计划单列市有省级主管单位的,其财政直接支付申请由省级主管单位审核后报财政专员办签署意见;无省级主管单位的,由基层预算单位直接报财政专员办签署意见。

财政专员办对基层预算单位的财政直接支付申请,根据审核情况,按照规定签署"同意上报"、"同意部分上报"、"不同意上报"等三种审核意见并核定相应的金额;财政专员办对基层预算单位申请支付金额核减的,要注明原因。

对预算单位手续齐全的财政直接支付申请,一级预算单位以下的各主管单位和财政专员办均应在2个工作日内审核完毕。

第五十七条　财政专员办与中央单位的省级管理单位对基层预算单位财政直接支付申请的审核意见不一致时,由双方按规定进行协商;经协商后意见仍不一致的,应当分别签署意见上报一级预算单位,由一级预算单位与财政部按照本办法第十条和第一百一十三条规定确定是否支付。

第五十八条　财政部国库支付执行机构审核一级预算单位提出的汇总支付申请无误后,开具《财政直接支付汇总清算额度通知单》(附八)和《财政直接支付凭证》(附九),经财政部国库管理机构加盖印章后,分别送中国人民银行和代理银行。

第五十九条　代理银行根据收到的《财政直接支付凭证》及时将资金支付到收款人或用款单位,并在支付资金的当日将支付信息反馈给财政部。

第六十条　代理银行依据财政部国库支付执行机构的支付指令,将当日实际支付的资金,按一级预算单位分预算科目(款级)汇总,附实际支付清单与国库单一账户进行资金清算。

第六十一条　代理银行根据《财政直接支付凭证》办理资金支付后,开具《财政直接支付入账通知书》(附十)发一级预算单位和基层预算单位,作为一级预算单位和基层预算单位收到和付出相应款项的凭证。一级预算单位有所属二级或多级次预算单位的,由一级预算单位负责向二级或其他级次预算单位提供收到和付出款项的凭证。

第六十二条　预算单位根据收到的支付凭证做好相应会计核算工作;财政部国库支付执行机构根据代理银行的回单,记录各用款单位的支出明细账,并向财政部国库管理机构提供预算内外资金按一级预算单位汇总的付款信息。

第六十三条　财政直接支付的资金,因凭证要素填写错误而在支付之前退票的,由财政部核实原因后通知代理银行办理更正手续;财政直接支付的资金由代理银行支付后,因收款单位的账户名称或账号填写错误等原因而发生资金退回财政部零余额账户的,代理银行在当日(超过清算时间在第二个工作日)将资金退回国库单一账户并通知财政部,由中国人民银行国库局恢复相应的财政直接支付额度。对需要支付的资金,财政部与有关单位核实后通知代理银行办理支付手续。

第二节 工资支出

第六十四条 工资支出实行财政直接支付方式。财政部向代理银行签发支付指令，代理银行根据支付指令通过财政部零余额账户将工资直接支付到个人工资账户。

第六十五条 工资支出实行财政直接支付的范围是行政单位和事业单位由财政拨款供养的在编人员。

第六十六条 工资支出要严格执行国家规定的工资标准和有关政策。

第六十七条 一级预算单位根据编制部门和人事部门的要求，每月20日前提供下月本单位的人员编制、实有人数、工资标准和代扣款项等数据，报编制部门和人事部门审核。

代扣款项是指国家政策规定必须由个人缴纳的住房公积金、医疗保险、养老保险、失业保险和依法缴纳的个人所得税等款项。国家政策规定之外应由个人缴纳的其他款项不列入代扣项目。

第六十八条 编制部门对一级预算单位的人员编制数进行审核。人事部门根据编制部门核定的编制数、人员和工资计划管理的政策规定审核各单位所报人员和应发工资额，并于每月25日前将审核结果送财政部。

第六十九条 财政部国库支付执行机构根据人事部门核定的各单位在编实有人员及工资额，按照预算科目分类生成发放工资汇总表，计算代扣款项，列出应由财政部发放的工资清单，通知代理银行办理资金支付。

第七十条 代理银行按财政部国库支付执行机构的支付指令，通过财政部零余额账户将工资分解到个人工资账户，并根据所列代扣款项分别将个人所得税、医疗保险、养老保险、失业保险和住房公积金等划入财政部门认定的相关账户；同时，代理银行在工资支付的次日为各单位出具工资明细表，向各单位传送个人工资支付信息。

第七十一条 工资实行财政直接支付的二级及二级以下预算单位，其人员编制、实有人数和工资标准等，由预算单位报上级主管单位人事部门逐级审核汇总，一级预算单位填写《财政直接支付汇总申请书》(附各基层预算单位应由财政发放的工资清单)，按规定程序报财政部；财政部审核无误后，签发支付指令，通知代理银行办理有关支付手续。其操作程序比照一级预算单位的工资支付程序办理。

第七十二条 预算执行中，各单位发生增人增资、减人减资、正常工资变动及津补贴变化等情况，一级预算单位要在变动当月20日前将变动情况和变动后的人员工资一并汇总报人事部门审核，人事部门在当月25日前将审核结果送财政部；二级及二级以下预算单位要在变动当月将变动情况和变动后的人员工资一并汇总报上一级主管单位人事部门，经逐级审核汇总后，按规定程序在当月25日前报财政部。财政部及时向代理银行提供变动后的下月工资发放清单。

工资实行财政直接支付过程中，因特殊原因造成部分工资不能在规定时间支付到收款人的，代理银行要在当日将未支付工资的明细情况上报财政部，未支付的工资暂保存在财政部零余额账户；财政部按规定核实后，在每月20日前及时通知代理银行将应支付的工资支付到相应的收款人。代理银行在每月20日与中国人民银行进行资金清算时，将剩余资金退回国库单一账户。

第三节　工程采购支出

第七十三条　工程采购支出适用于建设单位（建设单位是指负责工程项目建设和管理的基层预算单位）基本建设投资中年度财政投资超过50万元人民币（含50万元）的支出，包括建筑安装工程、设备采购、工程监理和设计服务等支出。

第七十四条　工程采购支出实行财政直接支付时，建设单位要依据年度单位预算、分月用款计划和有关支付凭证（属于政府采购范围的工程项目，还需要按照财政部有关规定提供相关的政府采购文件），提出项目支付申请，填写财政部统一印制的《中央基层预算单位财政直接支付申请书》。

本条所规定的支付凭证，包括购货合同或招标采购的中标供货合同等文件、票证的复制件。预付工程款还需要提供预付工程款支付凭证；工程款还需要提供工程价款结算单；设备、材料款还需要提供设备、材料采购清单。

第七十五条　建设单位的支付申请书经项目监理审核签字并附加盖单位公章的本单位分月用款计划批复复印件，按规定程序报财政专员办审核签署意见。财政专员办审核支付申请所列项目是否在规定的单位预算和用款额度内，是否符合项目进度，有关申请的支付凭证是否齐全、相符等。

第七十六条　建设单位的支付申请经财政专员办审核签署意见后，按规定程序报上级预算单位审核汇总。一级预算单位审核汇总后，及时填写《财政直接支付汇总申请书》附《中央基层预算单位财政直接支付申请书》报财政部国库支付执行机构。

第七十七条　财政部国库支付执行机构审核一级预算单位提出的财政支付汇总申请无误后，及时向代理银行开具《财政直接支付凭证》，由代理银行通过财政部零余额账户将资金直接支付到收款人或用款单位。

第七十八条　代理银行在当日收到的支付指令，应当及时办理资金支付手续；当日确实无法办理的，于下一个营业日10:00前及时办理。

第七十九条　建筑安装工程、设备采购、工程监理等支出，按规定程序直接支付到有关收款人或用款人。移民征地拆迁等资金原则上支付到移民等收款人；情况特殊的，可按规定程序支付到直接向移民等收款人支付资金的单位，再由其及时支付给收款人。

第八十条　工程质量保证金的支付，按照有关合同条款，在保修期满后按规定程序支付给收款人。

第八十一条　有多项资金来源的项目，按照融资比例、工程进度支付财政性资金。其他来源资金不能到位或到位比例低于财政性资金支付进度50%的，财政部暂缓或停止支付财政性资金。

第八十二条　建设项目概算及财政预算的调整，要按规定程序审批。对办理概算或财政预算调整的项目，一级预算单位和财政部要严格审核其支付申请，在概算、项目预算调整审批之前，原则上暂停支付资金；在概算、项目预算调整审批之后，按照重新批复的概算、项目预算支付资金。

第八十三条 属于政府采购范围的工程采购支出部分（建筑安装工程、设备采购、工程监理等支出），要按照财政部政府采购有关规定实行财政直接支付；需要实行公开招标采购方式的，还应当根据《招标投标法》，履行招标投标程序。

第四节 物品、服务采购支出

第八十四条 物品、服务采购支出适用于预算单位列入财政部颁发的《政府采购品目分类表》的商品、服务采购支出（单件商品或单项服务购买额不足 10 万元的除外），或未列入《政府采购品目分类表》但单件商品或单项服务购买额超过 10 万元（含 10 万元）的支出。情况特殊的，经一级预算单位同意并报财政部批准后可不作为物品、服务采购支出管理。

第八十五条 基层预算单位依据年度单位预算、分月用款计划和有关支付凭证，提出支付申请，填写财政部统一印制的《中央基层预算单位财政直接支付申请书》。

本条所规定的支付凭证包括购货票证、购货合同、招标采购的中标供货合同等文件、相关票证的复制件。

第八十六条 基层预算单位将支付申请书附加盖单位公章的本单位分月用款计划批复件的复印件，按规定程序报财政专员办审核签署意见。财政专员办审核支付申请所列项目是否在规定的单位预算和用款额度内，是否符合有关合同规定，有关申请的支付凭证是否齐全、相符等。

第八十七条 基层预算单位的支付申请经财政专员办审核签署意见后，按规定程序报上级预算单位审核汇总。一级预算单位审核汇总后，及时填写《财政直接支付汇总申请书》附《中央基层预算单位财政直接支付申请书》报财政部国库支付执行机构。一级预算单位本级的物品、服务采购支出支付申请，可直接报财政部国库支付执行机构审核。

第八十八条 财政部国库支付执行机构审核一级预算单位提出的财政直接支付汇总申请无误后，及时向代理银行开具《财政直接支付凭证》，由代理银行通过财政部零余额账户将资金直接支付到收款人或用款单位。

第八十九条 属于政府采购范围的物品、服务采购支出，要按照财政部有关政府采购的规定实行财政直接支付；需要实行公开招标采购方式的，还应当根据《招标投标法》，履行招标投标程序。

第五章 财政授权支付

第九十条 财政授权支付适用于未纳入工资支出，工程采购支出，物品、服务采购支出管理的购买支出和零星支出。包括单件物品或单项服务购买额不足 10 万元人民币的购买支出；年度财政投资不足 50 万元人民币的工程采购支出（含建设单位管理费）；特别紧急支出；经财政部批准的其他支出。

第九十一条 每月 25 日前，财政部根据批准的一级预算单位用款计划中各基层预算单位的月度财政授权支付额度，分别向中国人民银行和代理银行签发下月《财政授权支付汇总清算额度通知单》（附十一）和《财政授权支付额度通知单》（附十二）。

第九十二条 代理银行在收到财政部下达的《财政授权支付额度通知单》的1个工作日内,将《财政授权支付额度通知单》所确定的各基层预算单位财政授权支付额度通知其所属各有关分支机构。各分支机构在接到《财政授权支付额度通知单》的1个工作日内,向相关预算单位发出《财政授权支付额度到账通知书》(附十三)。

第九十三条 基层预算单位凭据《财政授权支付额度到账通知书》所确定的额度支用资金;代理银行凭据《财政授权支付额度通知单》受理预算单位财政授权支付业务,控制预算单位的支付金额,并与国库单一账户进行资金清算。

第九十四条 《财政授权支付额度到账通知书》确定的月度财政授权支付额度在年度内可以累加使用。年度终了,代理银行和基层预算单位对截至12月31日时点财政授权支付额度的下达、支用、余额等情况进行对账签证。代理银行将基层预算单位零余额账户财政授权支付额度余额全部注销,银行对账签证单作为基层预算单位年终余额注销的记账凭证。代理银行要将财政授权支付额度注销的明细及汇总情况在下年度的第二个工作日报送财政部和一级预算单位。财政部下达的下年度财政授权支付额度,由预算单位按规定使用。

第九十五条 预算单位支用财政授权支付额度时,填写财政部统一印制的《财政授权支付凭证》(附十四)并及时送交代理银行。《财政授权支付凭证》要填写完整、清楚,印章齐全,不得涂改。

第九十六条 代理银行根据支付结算凭证及所附《财政授权支付凭证》,通过预算单位零余额账户及时办理资金支付。

代理银行对预算单位填写无误的支付结算凭证及所附《财政授权支付凭证》,不得作退票处理;对预算单位超出财政授权支付额度签发的支付指令,不予受理。

第九十七条 预算单位支用财政授权支付额度可通过转账或现金等方式结算;代理银行根据预算单位《财政授权支付凭证》确定的结算方式,通过支票、汇票等形式办理资金支付。

第九十八条 预算单位需要从银行支取现金时,必须按照《现金管理暂行条例》等有关规定从零余额账户提取。

第九十九条 预算单位使用支票方式结算时,如果不能确定收款人全称、账号、开户银行和支付金额,《财政授权支付凭证》中相关栏目可以不填写,但必须在结算方式栏中填写所使用的支票号码。

第一百条 预算单位零余额账户需办理同城特约委托收款业务的,可与代理银行签订授权协议,授权代理银行在接到煤、电、水等公用企业提供的收费通知单后,从预算单位零余额账户的财政授权支付额度内划拨资金,并相应扣减预算单位对应项级科目(项目)下的财政授权支付额度。

第一百零一条 中国人民银行在《财政授权支付汇总清算额度通知单》确定的累计余额内,根据代理银行每日按实际发生的财政性资金支付金额填制的划款申请与代理银行进行资金清算。

第一百零二条 代理银行按规定编制《财政支出日报表》(附十五)和《财政支出旬

(月)报表》(附十六)。支出日报表按基层预算单位,分预算科目类、款、项(基本建设支出、科技三项费支出和专项类支出列到项目)编制;支出旬(月)报表按一级预算单位,分预算科目类、款、项(基本建设支出、科技三项费支出和专项类支出列到项目)编制。

代理银行按规定向财政部国库支付执行机构和一级预算单位报送财政支出日、旬、月报表,同时向中国人民银行报送财政支出月报表。日报表于次日、旬报表于每旬后1日、月报表于每月后2日(节假日顺延,下同)报送。

财政部国库支付执行机构按照代理银行提供的日、旬、月报表,按日列报财政支出,并向财政部国库管理机构报送日、旬、月报表。

第一百零三条 每月15日前,一级预算单位分预算科目类、款、项汇总所属各级预算单位上月零余额账户支出情况(含电子文档)报财政部国库支付执行机构,并将已提取未支用的现金数额单独反映。

第一百零四条 财政授权支付的资金,因凭证要素填写错误而在支付之前退票的,由预算单位核实原因后重新通知代理银行办理支付;财政授权支付的资金由代理银行支付后,因收款单位的账户名称或账号填写错误等原因而发生资金退回预算单位零余额账户的,代理银行在当日(超过清算时间在第二个工作日)将资金退回国库单一账户并通知预算单位,按原渠道恢复预算单位零余额账户财政授权支付额度。

第一百零五条 代理银行在每月初3个工作日内,按上月实际发生的明细业务,向基层预算单位发出对账单,按月与基层预算单位对账。

第一百零六条 代理银行受理预算单位财政授权支付业务按规定收取的汇划手续费,由财政部按年度统一与代理银行总行结算,不得向预算单位收取。

第六章 管理与监督

第一百零七条 财政部在财政性资金支付管理中的主要职责是:
(一)组织制定有关政策和规章制度,管理和监督财政国库管理制度改革试点实施。
(二)审核办理预算单位印鉴预留手续。
(三)审批一级预算单位报送的分月用款计划。根据年度支出预算和分月用款计划,合理调度资金,办理财政直接支付业务,下达财政授权支付额度。
(四)对预算执行、资金支付、财政决算中的重大事项组织调查。
(五)选择代理银行,会同中国人民银行协调预算单位、代理银行和其他有关部门的相关业务工作。

第一百零八条 财政专员办在财政性资金支付管理中的主要职责是:审核预算单位支付申请,签署审核意见。审核的主要内容包括:
(一)用款是否符合预算;
(二)是否按规定程序申请使用资金;
(三)是否根据合同条款支付资金;
(四)是否按项目进度申请使用资金。

负责承办财政部交办的其他相关事项。

第一百零九条 中国人民银行在财政性资金支付管理中的主要职责是：

（一）会同财政部制定财政性资金支付银行清算业务的制度规定，配合财政部管理和监督财政国库管理制度改革试点的实施。

（二）为财政部开设国库单一账户，办理国库单一账户与代理银行的收支清算业务。

（三）监督代理银行代理财政性资金支付的有关业务。

（四）定期向财政部国库管理机构报送国库单一账户的支出和现金情况。与财政部核对国库单一账户的库存余额，确保数字一致。

（五）配合财政部制定财政国库管理制度改革的有关政策制度和选择代理银行的资格标准。

第一百一十条 一级预算单位在财政性资金支付管理中的主要职责是：

（一）负责按部门预算管理使用财政性资金，并做好相应的财务管理和会计核算工作；

（二）负责本部门及所属单位的财政性资金支付管理的相关工作；

（三）统一组织本部门及所属单位编制物品、服务采购计划、用款计划，负责审批二级预算单位的用款计划；

（四）负责管理工程进度、工程质量；

（五）配合财政部对本部门及所属单位预算执行、资金申请与拨付和账户管理等情况进行监督管理。

第一百一十一条 基层预算单位在财政性资金支付管理中的主要职责是：

（一）负责按单位预算使用财政性资金，并做好相应的财务管理和会计核算工作；

（二）负责组织管理本单位的招标投标工作；

（三）负责编制用款计划；

（四）负责提出财政直接支付申请，提供有关申请所需凭证，并保证凭证的真实性、合法性；

（五）负责本单位的项目进度、工程质量；

（六）根据财政授权支付管理规定，签发支付指令，通知代理银行支付资金。

第一百一十二条 代理银行在代理财政性资金支付业务中的主要职责是：

（一）按照与财政部签订的委托代理协议及有关规定，及时、准确、便捷、高效、安全地办理零余额账户、预算外资金专户及特设专户的财政性资金支付、清算业务。根据账户管理规定，严格按照财政部的支付指令和财政授权额度支付资金，不得违规支付资金。妥善保管财政部及预算单位提供的财政支付的各种单据、资料，并负有保密义务。

（二）按要求开发代理财政业务的信息管理系统并与财政部联网，向财政部反馈财政直接支付与财政授权支付信息。向财政部提供资金支付实时动态监测系统与信息查询系统。

（三）与中国人民银行签订银行资金清算协议，并定期向财政部、中国人民银行和一级预算单位报送报表。及时向预算单位反馈支出情况、提供对账单并对账。

（四）接受财政部和中国人民银行的管理监督。

第一百一十三条 除国务院批准或国务院授权财政部批准的特殊事项外,发生下列情形之一的,财政部有权拒绝受理支付申请:
(一)无预算、超预算申请使用资金;
(二)自行扩大预算支出范围申请使用资金;
(三)申请手续及提供的文件不完备,有关审核单位没有签署意见或加盖印章;
(四)未按规定程序申请使用资金;
(五)预算执行中发现重大违规违纪问题;
(六)工程建设出现重大问题;
(七)出现其他需要拒付情形。

第一百一十四条 财政部国库管理机构、财政部国库支付执行机构、中国人民银行国库部门、预算单位、代理银行应当加强账务管理,按规定及时对账。具体对账程序按照财政国库管理制度改革试点会计核算办法的有关规定办理。

第七章 法律责任

第一百一十五条 预算单位擅自变更预算,改变预算用款方向或性质,造成预算资金损失浪费的,追究单位负责人和有关直接责任人的行政责任。情节严重构成犯罪的,移交司法机关,依法追究刑事责任。

第一百一十六条 违反本办法规定,有下列行为之一的,依法追究其责任:
(一)伪造、变造或提供虚假合同的;
(二)伪造、变造或提供虚假支付申请的;
(三)伪造、变造或提供虚假收款人及其账户,骗取财政性资金的;
(四)预算单位有关人员与收款人合谋以非法手段骗取财政性资金的;
(五)预算单位提供虚假信息,造成财政性资金流失的。

有前款所列行为之一的有关人员,构成犯罪的,移交司法机关追究刑事责任。尚未构成犯罪的,由财政部予以通报,可以对单位并处以一定罚款;对其直接负责的主管人员和其他直接责任人员,可以处以一定罚款;属于国家工作人员的,由其所在单位依法给予行政处分。

第一百一十七条 有关行政部门工作人员在实施财政性资金支付管理、监督工作中滥用职权、玩忽职守、徇私舞弊,造成重大损失,构成犯罪的,移交司法机关追究刑事责任;尚未构成犯罪的,由所在单位依法给予行政处分。

第一百一十八条 违反法律、行政法规或本办法所规定的程序,擅自动用国库库款、预算外资金或者擅自以其他方式支配已入库库款或已存入财政专户预算外资金,构成犯罪的,移交司法机关追究刑事责任;尚未构成犯罪的,由财政部责令退还或者追回国库库款或财政专户预算外资金,并由所在单位对负有直接责任的主管人员和其他直接责任人员依法给予行政处分。

第一百一十九条 代理银行的有关工作人员违反财政部或预算单位支付指令,将财政性资金支付给支付指令以外的单位、个人,构成犯罪的,移交司法机关追究刑事责任,由财政部取消该银行的代理资格。尚未构成犯罪,情节较重的,由财政部取消该银行的代理资格,对该银行予以通报批评;上级主管单位对直接负责的主管人员和其他责任人员依法给予经济处罚;属于国家工作人员的,由其所在单位依法给予行政处分。

第八章 附　则

第一百二十条　本办法所称特别紧急支出,是指经一级预算单位认定并由国务院批准或国务院授权财政部批准的特别紧急事项的支出。特别紧急支出可通过预算单位零余额账户办理。

第一百二十一条　因特别紧急支出,预算单位零余额账户财政授权支付额度不足时,由其通过一级预算单位提出申请报财政部批准,财政部予以调增并及时通知中国人民银行和代理银行。

第一百二十二条　有关年终结余的现行财政财务政策暂不改变,具体操作暂按《财政国库管理制度改革试点预算结余资金处理的有关规定》(财库〔2002〕11号)执行。

第一百二十三条　有下列情形之一的,可以依据本办法另行做出规定:

(一)因战争、自然灾害等不可抗力因素,需要紧急支出的;

(二)人民生命财产遭受危险,需要紧急支出的;

(三)涉及国家安全或机密的支出;

(四)财政部认定的其他情形。

第一百二十四条　本办法施行前有关规定与本办法不一致的,以本办法为准。

第一百二十五条　本办法由财政部会同中国人民银行负责解释。

第一百二十六条　本办法自发布之日起施行。

附一至十六:略

中华人民共和国发票管理办法实施细则

(2011年2月14日国家税务总局令第25号公布,2014年12月27日国家税务总局令第37号修订)

第一章 总 则

第一条 根据《中华人民共和国发票管理办法》(以下简称《办法》)规定,制定本实施细则。

第二条 在全国范围内统一式样的发票,由国家税务总局确定。

在省、自治区、直辖市范围内统一式样的发票,由省、自治区、直辖市国家税务局、地方税务局(以下简称省税务机关)确定。

第三条 发票的基本联次包括存根联、发票联、记账联。存根联由收款方或开票方留存备查;发票联由付款方或受票方作为付款原始凭证;记账联由收款方或开票方作为记账原始凭证。

省以上税务机关可根据发票管理情况以及纳税人经营业务需要,增减除发票联以外的其他联次,并确定其用途。

第四条 发票的基本内容包括:发票的名称、发票代码和号码、联次及用途、客户名称、开户银行及账号、商品名称或经营项目、计量单位、数量、单价、大小写金额、开票人、开票日期、开票单位(个人)名称(章)等。

省以上税务机关可根据经济活动以及发票管理需要,确定发票的具体内容。

第五条 用票单位可以书面向税务机关要求使用印有本单位名称的发票,税务机关依据《办法》第十五条的规定,确认印有该单位名称发票的种类和数据。

第二章 发票的印制

第六条 发票准印证由国家税务总局统一监制,省税务机关核发。

税务机关应当对印制发票企业实施监督管理,对不符合条件的,应当取消其印制发票的资格。

第七条 全国统一的发票防伪措施由国家税务总局确定,省税务机关可以根据需要增加本地区的发票防伪措施,并向国家税务总局备案。

发票防伪专用品应当按照规定专库保管,不得丢失。次品、废品应当在税务机关监督下集中销毁。

第八条 全国统一发票监制章是税务机关管理发票的法定标志,其形状、规格、内容、印色由国家税务总局规定。

第九条 全国范围内发票换版由国家税务总局确定；省、自治区、直辖市范围内发票换版由省税务机关确定。

发票换版时,应当进行公告。

第十条 监制发票的税务机关根据需要下达发票印制通知书,被指定的印制企业必须按照要求印制。

发票印制通知书应当载明印制发票企业名称、用票单位名称、发票名称、发票代码、种类、联次、规格、印色、印制数量、起止号码、交货时间、地点等内容。

第十一条 印制发票企业印制完毕的成品应当按照规定验收后专库保管,不得丢失。废品应当及时销毁。

第三章　发票的领购

第十二条 《办法》第十五条所称经办人身份证明是指经办人的居民身份证、护照或者其他能证明经办人身份的证件。

第十三条 《办法》第十五条所称发票专用章是指用票单位和个人在其开具发票时加盖的有其名称、税务登记号、发票专用章字样的印章。

发票专用章式样由国家税务总局确定。

第十四条 税务机关对领购发票单位和个人提供的发票专用章的印模应当留存备查。

第十五条 《办法》第十五条所称领购方式是指批量供应、交旧购新或者验旧购新等方式。

第十六条 《办法》第十五条所称发票领购簿的内容应当包括用票单位和个人的名称、所属行业、购票方式、核准购票种类、开票限额、发票名称、领购日期、准购数量、起止号码、违章记录、领购人签字（盖章）、核发税务机关（章）等内容。

第十七条 《办法》第十五条所称发票使用情况是指发票领用存情况及相关开票数据。

第十八条 税务机关在发售发票时,应当按照核准的收费标准收取工本管理费,并向购票单位和个人开具收据。发票工本费征缴办法按照国家有关规定执行。

第十九条 《办法》第十六条所称书面证明是指有关业务合同、协议或者税务机关认可的其他资料。

第二十条 税务机关应当与受托代开发票的单位签订协议,明确代开发票的种类、对象、内容和相关责任等内容。

第二十一条 《办法》第十八条所称保证人,是指在中国境内具有担保能力的公民、法人或者其他经济组织。

保证人同意为领购发票的单位和个人提供担保的,应当填写担保书。担保书内容包括:担保对象、范围、期限和责任以及其他有关事项。

担保书须经购票人、保证人和税务机关签字盖章后方为有效。

第二十二条 《办法》第十八条第二款所称由保证人或者以保证金承担法律责任,是指由保证人缴纳罚款或者以保证金缴纳罚款。

第二十三条 提供保证人或者交纳保证金的具体范围由省税务机关规定。

第四章 发票的开具和保管

第二十四条 《办法》第十九条所称特殊情况下,由付款方向收款方开具发票,是指下列情况:

(一)收购单位和扣缴义务人支付个人款项时;

(二)国家税务总局认为其他需要由付款方向收款方开具发票的。

第二十五条 向消费者个人零售小额商品或者提供零星服务的,是否可免予逐笔开具发票,由省税务机关确定。

第二十六条 填开发票的单位和个人必须在发生经营业务确认营业收入时开具发票。未发生经营业务一律不准开具发票。

第二十七条 开具发票后,如发生销货退回需开红字发票的,必须收回原发票并注明"作废"字样或取得对方有效证明。

开具发票后,如发生销售折让的,必须在收回原发票并注明"作废"字样后重新开具销售发票或取得对方有效证明后开具红字发票。

第二十八条 单位和个人在开具发票时,必须做到按照号码顺序填开,填写项目齐全,内容真实,字迹清楚,全部联次一次打印,内容完全一致,并在发票联和抵扣联加盖发票专用章。

第二十九条 开具发票应当使用中文。民族自治地方可以同时使用当地通用的一种民族文字。

第三十条 《办法》第二十六条所称规定的使用区域是指国家税务总局和省税务机关规定的区域。

第三十一条 使用发票的单位和个人应当妥善保管发票。发生发票丢失情形时,应当于发现丢失当日书面报告税务机关,并登报声明作废。

第五章 发票的检查

第三十二条 《办法》第三十二条所称发票换票证仅限于在本县(市)范围内使用。需要调出外县(市)的发票查验时,应当提请该县(市)税务机关调取发票。

第三十三条 用票单位和个人有权申请税务机关对发票的真伪进行鉴别。收到申请的税务机关应当受理并负责鉴别发票的真伪;鉴别有困难的,可以提请发票监制税务机关协助鉴别。

在伪造、变造现场以及买卖地、存放地查获的发票,由当地税务机关鉴别。

第六章 罚 则

第三十四条 税务机关对违反发票管理法规的行为进行处罚,应当将行政处罚决定书面通知当事人;对违反发票管理法规的案件,应当立案查处。

对违反发票管理法规的行政处罚,由县以上税务机关决定;罚款额在 2000 元以下的,可由税务所决定。

第三十五条 《办法》第四十条所称的公告是指,税务机关应当在办税场所或者广播、电视、报纸、期刊、网络等新闻媒体上公告纳税人发票违法的情况。公告内容包括:纳税人名称、纳税人识别号、经营地点、违反发票管理法规的具体情况。

第三十六条 对违反发票管理法规情节严重构成犯罪的,税务机关应当依法移送司法机关处理。

第七章 附 则

第三十七条 《办法》和本实施细则所称"以上"、"以下"均含本数。

第三十八条 本实施细则自 2011 年 2 月 1 日起施行。

行政事业单位资金往来结算票据使用管理暂行办法

(财综〔2010〕1号 2010年1月5日)

第一章 总 则

第一条 为规范行政事业单位资金往来结算票据使用和管理，加强行政事业单位财务监督，防治乱收费、乱集资和各种摊派行为，维护财政经济秩序，根据国家有关财务会计和财政票据管理的法律制度规定，制定本办法。

第二条 本办法所称的行政事业单位资金往来结算票据（以下简称资金往来结算票据），是指国家机关、事业单位、社会团体、经法律法规授权的具有管理公共事务职能的其他组织机构（以下简称行政事业单位）发生暂收、代收和单位内部资金往来结算等经济活动时开具的凭证。

第三条 资金往来结算票据是会计核算的原始凭证，是财政、税务、审计、监察等部门进行监督检查的依据。

第四条 资金往来结算票据的印制、领购、核发、使用、保管、核销、稽查等活动，适用本办法。

第五条 各级财政部门是资金往来结算票据的主管部门，按照职能分工和管理权限负责资金往来结算票据的印制、核发、保管、核销、稽查等工作。

第二章 资金往来结算票据的内容和适用范围

第六条 资金往来结算票据基本内容包括票据名称、票据编码、票据监制章、付款单位、开票日期、收款项目、数量、金额、收款单位、收款人以及联次。

资金往来结算票据一般应设置为三联，包括存根联、收据联和记账联，各联次以不同颜色加以区分。

第七条 下列行为，可以使用资金往来结算票据：

（一）行政事业单位暂收款项。由行政事业单位暂时收取，在经济活动结束后需退还原付款单位或个人，不构成本单位收入的款项，如押金、定金、保证金及其他暂时收取的各种款项等。

（二）行政事业单位代收款项。由行政事业单位代为收取，在经济活动结束后需付给其他收款单位或个人，不构成本单位收入的款项，如代收教材费、体检费、水电费、供暖费、电话费等。

（三）单位内部各部门之间、单位与个人之间发生的其他资金往来且不构成本单位收入的款项。

(四)财政部门认定的不作为行政事业单位收入的其他资金往来行为。

第八条 下列行为,不得使用资金往来结算票据:

(一)行政事业单位按照自愿有偿的原则提供下列服务,其收费属于经营服务性收费,应当依法使用税务发票,不得使用资金往来结算票据。

1. 信息咨询、技术咨询、技术开发、技术成果转让和技术服务收费;

2. 法律法规和国务院部门规章规定强制进行的培训业务以外,由有关单位和个人自愿参加培训、会议的收费;

3. 组织短期出国培训,为来华工作的外国人员提供境内服务等收取的国际交流服务费;

4. 组织展览、展销会收取的展位费等服务费;

5. 创办刊物、出版书籍并向订购单位和个人收取的费用;

6. 开展演出活动,提供录音录像服务收取的费用;

7. 复印费、打字费、资料费;

8. 其他经营服务性收费行为。

(二)行政事业性收费、政府性基金、国有资源有偿使用收入、国有资产有偿使用收入、国有资本经营收益、彩票公益金、罚没收入、以政府名义接受的捐赠收入、主管部门集中收入等政府非税收入,应当按照规定使用行政事业性收费票据、政府性基金票据、罚没票据、非税收入一般缴款书等相应的财政票据,不得使用资金往来结算票据。

(三)行政事业单位受政府非税收入执收单位的委托,代行收取政府非税收入,应当按照有关委托手续,使用委托单位领购的有关政府非税收入票据代收相应的政府非税收入,不得使用资金往来结算票据。

(四)社会团体收取会费收入,使用社会团体会费专用收据;公立医疗机构从事医疗服务取得收入,使用医疗票据;公益性单位接收捐赠收入,使用捐赠票据,均不得使用资金往来结算票据。

(五)行政事业单位取得的拨入经费、财政补助收入、上级补助收入等形成本单位收入,不得使用资金往来结算票据。

(六)财政部门认定的其他行为。

第三章 资金往来结算票据的印制、领购和核发

第九条 资金往来结算票据分别由财政部或省级财政部门统一印制,并套印全国统一式样的财政票据监制章。

第十条 资金往来结算票据原则上由独立核算、会计制度健全的行政事业单位向同级财政票据监管机构领购。

第十一条 资金往来结算票据实行凭证领购、分次限量、核旧购新的领购制度。

第十二条 行政事业单位首次申领资金往来结算票据时,应提供《财政票据领购证》

和领购申请,在领购申请中需详细列明领购资金往来结算票据的使用范围和项目。

财政票据监管机构依照本办法,对行政事业单位提供的资金往来结算票据使用范围和项目进行审核,对符合资金往来结算票据适用范围的,予以核准;不符合资金往来结算票据适用范围的,不予核准,并向领购单位说明原因。

行政事业单位未取得《财政票据领购证》的,应按照规定程序先办理《财政票据领购证》。

第十三条 行政事业单位再次领购资金往来结算票据时,应当出示《财政票据领购证》,并提交前次领购资金往来结算票据的使用情况及存根,经同级财政票据监管机构审验无误并核销后,方可继续领购。

第十四条 行政事业单位领购资金往来结算票据实行限量发放,每次领购数量一般不超过本单位6个月的需要量。

第十五条 行政事业单位在领购资金往来结算票据时,应按照省级(含)以上价格主管部门会同同级财政部门规定的收费标准,向财政票据监管机构支付财政票据工本费。

第四章 资金往来结算票据的使用与保管

第十六条 行政事业单位必须严格按照财政票据监管机构核准的使用范围开具资金往来结算票据,不得超范围使用资金往来结算票据。

行政事业单位不按规定使用资金往来结算票据的,付款单位和个人有权拒付款项,财务部门不得入账。

第十七条 行政事业单位应当按票据号段顺序使用资金往来结算票据,填写资金往来结算票据时做到字迹清楚、内容完整、真实,印章齐全,各联次内容和金额一致。填写错误的,应当另行填写。因填写错误等原因作废的票据,应当加盖作废戳记或者注明"作废"字样,并完整保存全部联次,不得私自销毁。

第十八条 资金往来结算票据的领用单位不得转让、出借、代开、买卖、销毁、涂改资金往来结算票据,不得将资金往来结算票据与其他财政票据、税务发票互相串用。

第十九条 行政事业单位应当建立资金往来结算票据管理制度,设置管理台账,由专人负责资金往来结算票据的领购、使用登记与保管,并按规定向同级财政票据管理机构报送资金往来结算票据的领购、使用、结存情况。

第二十条 行政事业单位领购资金往来结算票据时,应当检查是否有缺页、号码错误、毁损等情况,一经发现应当及时交回财政票据监管机构处理。

第二十一条 行政事业单位遗失资金往来结算票据的,应及时在县级以上新闻媒体上声明作废,并将遗失原因等有关情况,以书面形式报送原核发资金往来结算票据的财政票据监管机构备案。

第二十二条 行政事业单位应当妥善保管已开具的资金往来结算票据存根,票据存根保存期限一般为5年。

第二十三条 对保存期满需要销毁的资金往来结算票据存根和未使用的需要作废销

毁的资金往来结算票据,由行政事业单位负责登记造册,报经同级财政票据监管机构核准后,由同级财政票据监管机构组织销毁。

第二十四条 撤销、改组、合并的行政事业单位,在办理《财政票据领购证》的变更或注销手续时,应对行政事业单位已使用的资金往来结算票据存根及尚未使用的资金往来结算票据登记造册,并交送同级财政票据监管机构统一销毁。

第二十五条 各省、自治区、直辖市财政部门印制的资金往来结算票据,一般应当在本行政区域内核发使用,不得跨行政区域核发使用,但本地区派驻其他省、自治区、直辖市的行政事业单位除外。

第五章 监督检查

第二十六条 各级财政部门应当根据实际情况和管理需要,对资金往来结算票据的领购、使用、

保管等情况进行年度稽查,也可以定期或者不定期的专项检查。

第二十七条 行政事业单位应当自觉接受财政部门的监督检查,如实反映情况,提供有关资料,不得隐瞒情况、弄虚作假或者拒绝、阻碍监督检查。

第二十八条 违反本办法规定领购、使用、管理资金往来结算票据的,财政部门应当责令行政事业单位限期整改,整改期间暂停核发该单位的资金往来结算票据。同时,按照《财政违法行为处罚处分条例》(国务院令第427号)等规定进行处理、处罚,涉嫌犯罪的依法移送司法机关追究刑事责任。

第二十九条 各级财政部门对资金往来结算票据使用管理情况进行监督检查时,应当按照规定的程序和要求进行,不得滥用职权、徇私舞弊,不得向被查行政事业单位收取任何费用。

第六章 附 则

第三十条 各省、自治区、直辖市财政部门可根据本办法,结合本地区实际情况,制定具体实施办法,报财政部备案。

第三十一条 本办法自2010年7月1日起施行。

气象部门中央行政事业单位资金往来结算票据使用管理办法

(气计函〔2014〕226号 2014年11月26日)

第一章 总 则

第一条 为规范气象部门中央行政事业单位资金往来结算票据使用和管理,根据国家有关财务会计制度和《财政部关于印发〈中央行政事业单位资金往来结算票据使用管理暂行办法〉的通知》(财综〔2010〕1号)、《财政部关于中央行政事业单位资金往来结算票据使用管理等有关问题的通知》(财综〔2010〕7号)、《财政部关于行政事业单位资金往来结算票据使用管理有关问题的补充通知》(财综〔2010〕111号)、《财政部关于进一步加强行政事业单位资金往来结算票据使用管理的通知》(财综〔2013〕57号)等文件制定本办法。

第二条 本办法所称的中央行政事业单位资金往来结算票据(以下简称资金往来结算票据),是指向财政部财政票据监管中心(以下简称财政部票据中心)领购的用于暂收、代收和单位内部资金往来结算等经济活动的票据。

第三条 本办法适用于中国气象局直属事业单位,各省、自治区、直辖市气象局,计划单列市气象局等向财政部票据中心领购资金往来结算票据的各单位(以下简称各单位)。

第四条 资金往来结算票据是会计核算的原始凭证,是财政、税务、审计、监察等部门进行监督检查的依据。

第五条 资金往来结算票据的领购、使用、保管、核销等活动,适用本办法。

第二章 职责划分

第六条 中国气象局计划财务司职责:

(一)制定资金往来票据相关办法及管理制度。

(二)指导、监督、检查各单位资金往来结算票据的领购、使用、保管、核销、销毁等事项。

(三)负责《财政票据领用证》申办审核及备案管理。

(四)分析、评价各单位资金往来结算票据的领购、使用、结存、核销以及财政部门票据检查结果等信息。

第七条 中国气象局资产中心职责:

(一)负责中国气象局直属事业单位资金往来票据的领购、分发、收缴、申请财政部票据中心核销、销毁等工作。

(二)制定资金往来结算票据管理的内部控制制度并严格执行。

(三)检查中国气象局直属事业单位资金往来结算票据的使用和保管情况。

(四)配合财政部门及中国气象局相关票据检查工作。

(五)统计汇总各单位每年资金往来结算票据的领购、使用、结存、核销以及财政部门票据检查结果等信息并上报中国气象局计划财务司。

第八条 各省、自治区、直辖市气象局,计划单列市气象局职责:

(一)结合本单位具体情况制定资金往来结算票据相关办法及管理制度。

(二)负责下属单位资金往来结算票据的领购、分发、收缴、申请财政部票据中心核销、销毁等工作。

(三)检查下属单位资金往来结算票据的使用和保管情况。

(四)配合财政部门及中国气象局相关票据检查工作。

(五)每年12月31日前向中国气象局(中国气象局资产中心)备案当年资金往来结算票据的领购、使用、结存、核销以及财政部门票据检查结果等信息,资金往来结算票据信息统计表详见附件1。

第九条 票据使用单位职责:

(一)严格执行资金往来票据相关办法及管理制度。

(二)正确开具、保管资金往来结算票据并及时上缴。

(三)配合相关部门票据检查工作。

第三章 资金往来结算票据的内容和适用范围

第十条 资金往来结算票据基本内容包括票据名称、票据编码、票据监制章、付款单位、开票日期、收款项目、数量、金额、收款单位、收款人以及联次。

资金往来结算票据一般应设置为三联,包括存根联、收据联和记账联,各联次以不同颜色加以区分。

第十一条 下列行为,可以使用资金往来结算票据:

(一)暂收款项。由各单位暂时收取,在经济活动结束后需退还原付款单位或个人,不构成本单位收入的款项,如押金、定金、保证金及其他暂时收取的各种款项等。

(二)代收款项。由各单位代为收取,在经济活动结束后需付给其他收款单位或个人,不构成本单位收入的款项,如代收教材费、体检费、水电费、供暖费、电话费等。

(三)单位内部各部门之间、单位与个人之间发生的其他资金往来且不构成本单位收入的款项。

(四)各单位取得上级主管部门拨付的资金,转拨下级单位的。

(五)各单位取得具有横向资金分配权部门(包括投资主管部门、科技主管部门、国家自然科学基金管理委员会、国家出版基金管理委员会等)拨付的基本建设投资、科研课题经费等,转拨下级单位或其他相关指定合作单位的。

(六)各单位取得非国库集中支付来源的财政性资金,暂可向付款单位开具资金往来结算票据。

(七)财政部门认定的不作为行政事业单位收入的其他资金往来行为。

第十二条 下列行为,不得使用资金往来结算票据:

(一)各单位按照自愿有偿的原则提供下列服务,其收费属于经营服务性收费,应当依法使用税务发票,不得使用资金往来结算票据。

1. 信息咨询、技术咨询、技术开发、技术成果转让和技术服务收费;

2. 法律法规和国务院部门规章规定强制进行的培训业务以外,由有关单位和个人自愿参加培训、会议的收费;

3. 组织短期出国培训,为来华工作的外国人员提供境内服务等收取的国际交流服务费;

4. 组织展览、展销会收取的展位费等服务费;

5. 创办刊物、出版书籍并向订购单位和个人收取的费用;

6. 开展演出活动,提供录音录像服务收取的费用;

7. 复印费、打字费、资料费;

8. 其他经营服务性收费行为。

(二)行政事业性收费、政府性基金、国有资源有偿使用收入、国有资产有偿使用收入、国有资本经营收益、彩票公益金、罚没收入、以政府名义接受的捐赠收入、主管部门集中收入等政府非税收入,应当按照规定使用非税收入票据、罚没票据、非税收入一般缴款书等相应的财政票据,不得使用资金往来结算票据。

(三)各单位受政府非税收入执收单位的委托,代行收取政府非税收入,应当按照有关委托手续,使用委托单位领购的有关政府非税收入票据代收相应的政府非税收入,不得使用资金往来结算票据。

(四)社会团体收取会费收入,使用社会团体会费专用收据;公立医疗机构从事医疗服务取得收入,使用医疗票据;公益性单位接收捐赠收入,使用捐赠票据;均不得使用资金往来结算票据。

(五)各单位取得的拨入经费、财政补助收入、上级补助收入、横向资金、与没有财务隶属关系的单位之间发生的往来资金等形成本单位收入,凭银行结算凭证、《财政直接支付入账通知书》或《财政授权支付额度到账通知书》及相关银行结算凭证入账。不得使用资金往来结算票据。

(六)财政部门认定的其他行为。

第四章 资金往来结算票据的领购及核销

第十三条 资金往来结算票据原则上由各单位向财政部票据中心领购。

第十四条 资金往来结算票据实行凭证领购、分次限量、核旧购新的领购制度。

第十五条 首次办理资金往来结算票据领购程序

(一)首次领购需提供如下资料:

1.单位法人证书、组织机构代码证书副本原件及复印件各一份,并加盖本单位公章;

2.申领中央行政事业单位资金往来结算票据的正式申请函件,主要内容包括单位情况简介、申领财政票据名称、申领财政票据的使用范围或具体用途等,并加盖本单位公章。

(二)上述资料经财政部票据中心审核认定后,由申请单位当场填写《中央单位财政票据领用证申请书》;由财政部票据中心发给《财政票据领用证》;申请单位将此"一表一证"盖本单位公章,并送中国气象局计财司审核盖章后,再持此"一表一证"及上述资料,到财政部票据中心领用相关财政票据,票据中心将限量提供相应的财政票据,并将《中央单位财政票据领用证申请书》等资料存档备查。

(三)首次取得《财政票据领用证》的单位应及时将相关信息报中国气象局备案,详见附件2。

第十六条 各单位再次领购资金往来结算票据时,应当出示《财政票据领用证》,并提交前次领购资金往来结算票据的使用情况及存根,经财政部票据中心审验无误并核销后,方可继续领购。

第十七条 各单位限量领购资金往来结算票据,每次领购数量一般不超过本单位6个月的需要量。

第十八条 各单位领购资金往来结算票据时,应当检查是否有缺页、号码错误、毁损等情况,一经发现应当及时交回财政部票据中心处理。

第十九条 领购数量不超过6个月需要量的单位,再次领购时,应同时核销前次领购的资金往来结算票据,领购数量超过6个月需要量的单位,应每年到财政部票据中心核销当年使用的资金往来结算票据。

第五章 资金往来结算票据的使用与保管

第二十条 各单位必须严格按照财政部票据中心核准的使用范围开具资金往来结算票据,不得超范围使用资金往来结算票据。

各单位不按规定使用资金往来结算票据的,付款单位和个人有权拒付款项,财务部门不得入账。

第二十一条 各单位应当按票据号段顺序使用资金往来结算票据,填写资金往来结算票据时做到字迹清楚,内容完整、真实,印章齐全,各联次内容和金额一致。填写错误的,应当另行填写。因填写错误等原因作废的票据,应当加盖作废戳记或者注明"作废"字样,并完整保存全部联次,不得私自销毁。

第二十二条 资金往来结算票据的领用单位不得转让、出借、代开、买卖、销毁、涂改资金往来结算票据,不得将资金往来结算票据与其他财政票据、税务发票互相串用。

第二十三条 各单位应当建立资金往来结算票据管理制度,设置管理台账,由专人负责资金往来结算票据的领购、使用登记与保管,并于每年末按规定向中国气象局报送资金往来结算票据的领购、使用、结存、核销等情况。

第二十四条 各单位遗失资金往来结算票据的,应及时在县级以上新闻媒体上声明作废,并将遗失原因等有关情况,以书面形式报送财政部票据中心备案。

第二十五条 各单位应当妥善保管已开具的资金往来结算票据存根,票据存根保存期限一般为5年。

第二十六条 对保存期满需要销毁的资金往来结算票据存根和未使用的需要作废销毁的资金往来结算票据,由各单位负责登记造册,报经财政部票据中心核准后由其销毁。

第二十七条 撤销、改组、合并的单位,在办理《财政票据领用证》的变更或注销手续时,应对各单位已使用的资金往来结算票据存根及尚未使用的资金往来结算票据登记造册,并交送财政部票据中心统一销毁。

第六章 监督检查

第二十八条 各单位应当自觉接受财政部门的监督检查,如实反映情况,提供有关资料,不得隐瞒情况、弄虚作假或者拒绝、阻碍监督检查。

第二十九条 违反本办法规定领购、使用、管理资金往来结算票据的,各单位应及时进行整改。

第三十条 各单位应及时将检查和整改的情况报中国气象局备案。

第七章 附 则

第三十一条 各省、自治区、直辖市气象局,计划单列市气象局可根据本办法,结合本地区实际情况,制定具体实施办法,报中国气象局备案。

第三十二条 个别地处偏远、用票量很少的中央行政事业单位,前往财政部票据中心领购确有困难的,经财政部票据中心同意后,以省、自治区、直辖市气象局,计划单列市气象局为单位向所在地财政部门领购。其票据管理单位为同级财政部门,并执行所在地财政部门票据管理相关规定,未有明确规定的可参照本办法执行。

第三十三条 本办法自2015年1月1日起施行。

附件:1. 资金往来结算票据信息统计表(略)
   2. 财政票据购用备案表

附件 2

中央财政票据领用证备案表

单位名称	
单位编码	
购领证编号	
办理领购证时间	
联系人	
联系电话	

购领票据记录					
购领时间	票据名称	数量	起止号码	使用单位	经办人

第三部分 各项支出制度

气象部门因公临时出国经费管理办法

(气发〔2014〕15号 2014年2月10日)

第一章 总 则

第一条 为了进一步规范因公临时出国经费管理,加强预算监督,提高资金使用效益,保证气象部门外事工作的顺利开展,制定本办法。

第二条 本办法适用于气象部门所属各级机关和事业单位因公组派临时代表团组的出国人员。

第三条 各单位因公组派临时出国团组应当坚持强化预算约束、优化经费结构、厉行勤俭节约、讲求务实高效的原则,严格控制因公临时出国规模,规范因公临时出国经费管理。

第二章 预算管理和计划管理

第四条 因公临时出国经费应当全部纳入预算管理,并按照下列规定执行:

(一)各单位财务部门应当加强因公临时出国经费的预算管理,严格控制因公临时出国经费总额,科学合理地安排因公临时出国经费预算。

(二)各单位应当加强预算硬约束,认真贯彻落实厉行节约的要求,在核定的年度因公临时出国经费预算内,务实高效、精简节约地安排因公临时出国活动,不得超预算或无预算安排出访团组。确有特殊需要的,按规定程序报批。

第五条 出访团组应按照《气象部门因公临时出国(境)管理规定(试行)》要求,实行计划审批管理。

第六条　各单位出国经费的支付，应当严格按照国库集中支付制度和公务卡管理制度的有关规定执行。

各单位应当严格执行各项经费开支标准，不得擅自突破，严禁接受或变相接受企事业单位资助，严禁向下级单位、企业等摊派或转嫁出访费用。

第七条　各单位应当建立因公临时出国计划与财务管理的内部控制制度。出访团组应事先填报《因公临时出国任务和预算审批意见表》(见附1)，并由本单位外事和财务部门分别出具审签意见，明确审核责任。出国任务、出国经费预算未通过审核的，不安排出访团组。

第三章　经费管理

第八条　因公临时出国经费包括：国际旅费、国外城市间交通费、住宿费、伙食费、公杂费和其他费用。

国际旅费，是指出境口岸至入境口岸旅费。

国外城市间交通费，是指为完成工作任务所必须发生的，在出访国家的城市与城市之间的交通费用。

住宿费是指出国人员在国外发生的住宿费用。

伙食费是指出国人员在国外期间的日常伙食费用。

公杂费是指出国人员在国外期间的市内交通、邮电、办公用品、必要的小费等费用。

其他费用主要是指出国签证费用、必需的保险费用、防疫费用、国际会议注册费用等。

第九条　国际旅费按照下列规定执行：

(一)选择经济合理的路线。出国人员应当优先选择由我国航空公司运营的国际航线，由于航班衔接等原因确需选择外国航空公司航线的，应当事先报经外事和财务部门审批同意。不得以任何理由绕道旅行，或以过境名义变相增加出访国家和时间。

(二)按照经济适用的原则，通过政府采购等方式，选择优惠票价，并尽可能购买往返机票。

(三)因公临时出国购买机票，须经本单位外事和财务部门审批同意。机票款由本单位通过公务卡、银行转账方式支付，不得以现金支付。财务部门应当根据《航空运输电子客票行程单》等有效票据注明的金额予以报销。

(四)出国人员应当严格按照规定安排交通工具，不得乘坐民航包机或私人、企业和外国航空公司包机。

(五)省部级人员可以乘坐飞机头等舱、轮船一等舱、火车高级软卧或全列软席列车的商务座；司局级人员可以乘坐飞机公务舱、轮船二等舱、火车软卧或全列软席列车的一等座；其他人员均乘坐飞机经济舱、轮船三等舱、火车硬卧或全列软席列车的二等座。所乘交通工具舱位等级划分与以上不一致的，可乘坐同等水平的舱位。所乘交通工具未设置上述规定中本级别人员可乘坐舱位等级的，应乘坐低一等级舱位。上述人员发生的国际旅费据实报销。

（六）出国人员乘坐国际列车，国内段按国内差旅费的有关规定执行；国外段超过6小时以上的按自然（日历）天数计算，每人每天补助12美元。

第十条 出国人员根据出访任务需要在一个国家城市间往来，应当事先在出国计划中列明，并报本单位外事和财务部门批准。未列入出国计划、未经本单位外事和财务部门批准的，不得在国外城市间往来。出国人员的旅程必须按照批准的计划执行，其城市间交通费凭有效原始票据据实报销。

第十一条 住宿费按照下列规定执行：

（一）出国人员应当严格按照规定安排住宿，省部级人员可安排普通套房，住宿费据实报销；厅局级及以下人员安排标准间，在规定的住宿费标准之内予以报销。

（二）参加国际会议等的出国人员，原则上应当按照住宿费标准执行。如对方组织单位指定或推荐酒店，应当严格把关，通过询价方式从紧安排，超出费用标准的，须事先报经本单位外事和财务部门批准。经批准，住宿费可据实报销。

第十二条 伙食费和公杂费按照下列规定执行：

（一）出国人员伙食费、公杂费可以按规定的标准发给个人包干使用。包干天数按离、抵我国国境之日计算。

（二）根据工作需要和特点，不宜个人包干的出访团组，其伙食费和公杂费由出访团组统一掌握，包干使用。

（三）外方以现金或实物形式提供伙食费和公杂费接待我代表团组的，出国人员不再领取伙食费和公杂费。

（四）出访用餐应当勤俭节约，不上高档菜肴和酒水，自助餐也要注意节俭。

第十三条 出访团组对外原则上不搞宴请，确需宴请的，应当连同出国计划一并报批，宴请标准按照所在国家一人一天的伙食费标准掌握。

出访团组与我国驻外使领馆等外交机构和其他中资机构、企业之间一律不得用公款相互宴请。

第十四条 出访团组在国外期间，收受礼品应当严格按有关规定执行。原则上不对外赠送礼品，确有必要赠送的，应当事先报经本单位外事和财务部门审批同意，按照厉行节俭的原则，选择具有民族特色的纪念品、传统手工艺品和实用物品，朴素大方，不求奢华。

出访团组与我国驻外使领馆等外交机构和其他中资机构、企业之间一律不得以任何名义、任何方式互赠礼品或纪念品。

第十五条 出国签证费用、防疫费用、国际会议注册费用等凭有效原始票据据实报销。根据到访国要求，出国人员必须购买保险的，应当事先报经本单位外事和财务部门批准后，按照到访国驻华使领馆要求购买，凭有效原始票据据实报销。

第十六条 出国人员回国报销费用时，须凭有效票据填报有团组负责人审核签字的《出国代表团（组）费用结算表》（见附2）。各种报销凭证须用中文注明开支内容、日期、数量、金额等，并由经办人签字。

中国气象局机关和直属事业单位应按照《中国气象局机关和直属事业单位财务报销

管理暂行办法》，对因公临时出国团组的经费进行核销管理。各省（区、市）气象局财务部门应当根据本办法制定本单位财务报销审批的具体规定，加强对因公临时出国团组的经费核销管理。各单位财务部门应当对因公临时出国团组提交的出国任务批件、护照（包括签证和出入境记录）复印件及有效费用明细票据进行认真审核，严格按照批准的出国团组人员、天数、路线、经费预算及开支标准核销经费，不得核销与出访任务无关的开支。

第十七条　中国气象局机关和直属事业单位应根据出国经费预算，结合实际购汇需求，核定本单位购汇数额，通过财政部批准的人民币资金账户，向外汇指定银行购买外汇。各省（区、市）气象局应按照所在地外汇管理机构有关规定，根据出国经费预算，结合实际购汇需求，具体办理购汇手续。

第四章　监督检查

第十八条　除涉密内容和事项外，因公临时出国经费的预决算应当按照预决算信息公开的有关规定，及时公开，主动接受社会监督。

第十九条　各单位外事、财务、审计等部门对因公临时出国情况进行定期或不定期联合检查。各单位财务部门应当定期或不定期对本单位因公临时出国经费管理使用情况进行监督检查。审计部门应当对本单位因公临时出国经费管理使用情况进行审计。

各单位财务部门应当建立健全因公临时出国团组内部监督检查机制，每半年向中国气象局国际合作司、计划财务司报送本单位因公临时出国经费使用情况。严格按照预算绩效管理的有关规定，加强因公临时出国经费预算绩效评价，切实提高预算资金的使用效益。

第二十条　组团单位应当采取集中形式，对团组全体人员进行行前财经纪律教育。对出国人员违反本办法规定，有下列行为之一的，除相关开支一律不予报销外，按照《财政违法行为处罚处分条例》等有关规定严肃处理，并追究有关人员责任：

（一）违规扩大出国经费开支范围的；
（二）擅自提高经费开支标准的；
（三）虚报团组级别、人数、国家数、天数等，套取出国经费的；
（四）使用虚假发票报销出国费用的；
（五）其他违反本办法的行为。

第五章　附　则

第二十一条　各单位因公临时赴香港、澳门、台湾地区的，适用本办法。

第二十二条　边境地区有频繁出国任务的，其因公临时出国经费开支标准和管理办法可根据所在省、自治区财政厅向财政部备案的实际标准执行。

第二十三条　对与我新建交或未建交国家，相关经费开支标准暂按照经济水平相近的邻国标准执行。

第二十四条 财政部、外交部根据出访国家或地区经济发展、物价等变动情况,对相关经费开支标准适时调整。

第二十五条 企业和其他因公临时出国人员参照本办法执行。

第二十六条 本办法由中国气象局计划财务司、国际合作司负责解释。

第二十七条 本办法自 2014 年 1 月 20 日起施行。中国气象局此前下发的有关管理规定与本办法不一致的,按照本办法执行。

附件 1—3:略

党政机关会议定点管理办法

(财行〔2015〕1号 2015年1月13日)

第一章 总 则

第一条 为加强和规范党政机关会议定点管理,节约会议费支出,降低行政运行成本,根据《党政机关厉行节约反对浪费条例》、《中央和国家机关会议费管理办法》等规定,制定本办法。

第二条 党政机关会议定点管理,是指财政部门或财政部门委托的机构通过政府采购方式确定一定数量的宾馆饭店或专业会议场所作为党政机关举办会议场所(以下称会议定点场所)的相关管理活动。

第三条 各级党政机关举办的会议,除采用电视电话、网络视频方式以及在本单位或本系统内部会议室、礼堂、宾馆、招待所、培训(会议)中心等举办的外,应当在会议定点场所召开。

第四条 省级(含自治区、直辖市和计划单列市,下同)财政部门统一负责本地区党政机关会议定点管理。各省级财政部门根据实际情况确定本地区各级财政部门在会议定点场所的政府采购和日常管理中的具体职责分工。

第五条 各地区确定的会议定点场所在全国范围内实行资源共享,各级党政机关举办会议共同使用,执行统一的会议定点场所目录和相同的协议价格。

第二章 会议定点场所及协议价格的确定

第六条 会议定点宾馆饭店应当具备保证会议所需要的住宿房间、会议室、餐厅以及相关设施。

专业会议场所应当具备会议所需要的会议室等相关设施。

第七条 确定会议定点场所应当遵循的原则:

(一)数量适当。会议定点场所的数量以能满足党政机关会议需要为宜。

(二)布局合理。会议定点场所的分布要合理,交通便利。

(三)档次适中。兼顾不同地区和不同级别党政机关会议的需要,确定不同档次的会议定点场所。

(四)价格优惠。宾馆饭店、专业会议场所对会议的收费给予优惠。

(五)公开公平。对各类宾馆饭店、专业会议场所等应执行公开、统一的政府采购标准。

第八条 会议定点场所应当通过公开招标方式确定。因特殊情况需要采用公开招标以外方式采购的,应当报经省级财政部门批准后执行。

第九条 会议定点场所政府采购的内容包括住宿房间价格、会议室租金和伙食费。住宿房间价格按标准间、单人间和普通套房三种类型确定。会议室租金按照大会议室、中会议室、小会议室三种类型确定。伙食费标准按照每人每天确定或明细到单餐。

会议定点场所的政府采购控制价格由具体负责政府采购的财政部门按照不高于本地区会议费管理办法规定的开支标准确定。

第十条 具备本办法第六条规定条件的宾馆饭店、专业会议场所可以参加会议定点场所招投标。

党政机关驻外地的内部宾馆、招待所、培训(会议)中心等具备本办法第六条规定条件的可以参加所在地的会议定点场所招投标。

第十一条 会议定点场所政府采购应坚持公开、公正、公平的原则,严格按照政府采购制度的有关规定进行。

第十二条 具体负责政府采购的财政部门通过政府采购确定会议定点场所后,应当与会议定点场所签订协议书,并督促会议定点场所在规定时间内在党政机关会议定点场所管理系统上注册。

省级财政部门汇总本地区政府采购的会议定点场所及协议价格报财政部备案。

第三章 会议定点场所的变动调整

第十三条 会议定点场所实行动态管理,两年调整一次。

第十四条 根据工作需要,各地财政部门可以对会议定点场所进行调整,调整办法由省级财政部门按有关规定制定。

第十五条 协议期满后,对符合招标文件中规定的续约条件的,经协议双方协商一致,本轮次的会议定点场所可以续签下一轮次的协议,继续保留会议定点场所资格;也可自愿退出,会议定点场所资格自动取消。

第十六条 会议定点场所在协议期内不得提高协议价格。

第十七条 会议定点场所在协议期内,由于名称、法人代表等信息发生变动的,由会议定点场所申请,经当地财政部门审核同意后重新注册,并报省级财政部门备案。

第十八条 协议期内会议定点场所发生下列情况之一的,由会议定点场所提出书面申请,经签订协议的财政部门审核同意后在党政机关会议定点场所管理系统办理注销:

(一)由于会议定点场所服务功能发生变化,不能满足协议要求的;

(二)由于自然灾害等不可抗力导致会议定点场所无法正常经营的;

(三)由于其他情况导致会议定点场所无法正常经营的。

第四章 管理与监督

第十九条 财政部负责制定党政机关会议定点管理办法和会议定点场所协议书的主

要条款,统筹推进党政机关会议定点场所管理系统建设,组织、指导、协调和监督全国党政机关会议定点管理工作。

第二十条 省级财政部门负责制定本地区会议定点管理的实施细则,指导、协调和实施本地区会议定点场所政府采购工作,负责本省(区、市)党政机关会议定点场所管理系统的管理与运行维护,指导、协调本地区会议定点场所注册、日常管理、处理投诉等工作,负责本省(区、市)党政机关会议定点管理监督检查工作。

第二十一条 省级以下财政部门根据省级财政部门规定的职责,实施本地区会议定点场所的政府采购工作,设立投诉电话,受理对会议定点场所的投诉,对投诉进行及时处理,并定期将投诉情况汇总报省级财政部门。

第二十二条 各级财政部门负责督促本级党政机关执行会议定点管理规定,督促本地区会议定点场所履行协议规定。

第二十三条 党政机关在会议定点场所举办会议应当严格执行定点协议,不得要求会议定点场所虚报会议天数、人数、开具虚假发票等。

第二十四条 会议定点场所有权拒绝党政机关提出的超出协议的服务项目和要求。

第二十五条 会议定点场所有以下行为之一的,经调查属实,第一次予以书面警告,第二次取消会议定点场所资格,情节严重的不得参加下一轮次的会议定点场所政府采购:

(一)无正当理由拒绝接待党政机关会议的;

(二)超过协议价格收取费用或采取减少服务项目等降低服务质量的;

(三)提供虚假发票的;

(四)未按规定提供发票、费用原始明细单据、电子结算单等凭证的;

(五)不配合、甚至干扰阻挠财政部门正常核查工作的;

(六)违反协议规定的其他事项的。

第二十六条 会议定点场所在协议期内未经批准单方面终止履行协议或因违法经营行为受到行政处罚的,根据政府采购法等规定取消其会议定点场所资格,并不得参与下一轮次党政机关会议定点场所政府采购。

第五章 附 则

第二十七条 本办法由财政部负责解释。

第二十八条 各省级财政部门应根据本办法,结合本地区实际,制订具体实施细则,并报财政部备案。

第二十九条 本办法自发布之日起实行。《中央国家机关出差和会议定点管理办法》(财行〔2006〕312号)、《关于进一步加强党政机关出差和会议定点管理工作的通知》(财行〔2012〕254号)同时废止。其他党政机关会议定点管理规定与本办法不一致的,按照本办法执行。

中央和国家机关会议费管理办法

(财行〔2016〕214号　2016年6月29日)

第一章　总　则

第一条　为进一步加强和规范中央和国家机关会议费管理，精简会议，改进会风，提高会议效率和质量，节约会议经费开支，制定本办法。

第二条　中央和国家机关会议的分类、审批和会议费管理等，适用本办法。

本办法所称中央和国家机关，是指党中央各部门，国务院各部委、各直属机构，全国人大常委会办公厅，全国政协办公厅，最高人民法院，最高人民检察院，各人民团体、各民主党派中央和全国工商联(以下简称各单位)。

第三条　各单位召开会议应当坚持厉行节约、反对浪费、规范简朴、务实高效的原则，严格控制会议数量和规模，规范会议费管理。

第四条　各单位召开的会议实行分类管理、分级审批。

第五条　各单位应当严格会议费预算管理，控制会议费预算规模。会议费预算应当细化到具体会议项目，执行中不得突破。会议费应当纳入部门预算，并单独列示。

第二章　会议分类和审批

第六条　中央和国家机关会议分类如下：

一类会议。是以党中央和国务院名义召开的，要求省、自治区、直辖市、计划单列市或中央部门负责同志参加的会议。

二类会议。是党中央和国务院各部委、各直属机构，最高人民法院，最高人民检察院，各人民团体召开的，要求省、自治区、直辖市、计划单列市有关厅(局)或本系统、直属机构负责同志参加的会议。

三类会议。是党中央和国务院各部委、各直属机构，最高人民法院，最高人民检察院，各人民团体及其所属内设机构召开的，要求省、自治区、直辖市、计划单列市有关厅(局)或本系统机构有关人员参加的会议。

四类会议。是指除上述一、二、三类会议以外的其他业务性会议，包括小型研讨会、座谈会、评审会等。

第七条　中央和国家机关会议按以下程序和要求进行审批：

一类会议。应当由主办单位报经党中央和国务院批准。会议总务、经费预算及费用结算等工作分别由中共中央直属机关事务管理局(以下简称中直管理局)和国家机关事务管理局(以下简称国管局)负责。

二类会议。党中央和国务院各部委、各直属机构,各人民团体应当于每年12月底前,将下一年度会议计划(包括会议名称、召开的理由、主要内容、时间地点、代表人数、工作人员数、所需经费及列支渠道等)送财政部审核会签,按程序经中央办公厅、国务院办公厅审核后报批。各单位召开二类会议原则上每年不超过1次。

三类会议。各单位应当建立会议计划编报和审批制度,年度会议计划(包括会议数量、会议名称、召开的理由、主要内容、时间地点、代表人数、工作人员数、所需经费及列支渠道等)经单位领导办公会或党组(党委)会审批后执行。

四类会议。由单位分管领导审核后列入单位年度会议计划。

年度会议计划一经批准,原则上不得调整。对党中央、国务院交办等确需临时增加的会议,按规定程序报批。

第八条 一类会议会期按照批准文件,根据工作需要从严控制;二、三、四类会议会期均不得超过2天;传达、布置类会议会期不得超过1天。

会议报到和离开时间,一、二、三类会议合计不得超过2天,四类会议合计不得超过1天。

第九条 各单位应当严格控制会议规模。

一类会议参会人员按照批准文件,根据会议性质和主要内容确定,严格限定会议代表和工作人员数量。

二类会议参会人员不得超过300人,其中,工作人员控制在会议代表人数的15%以内;不请省、自治区、直辖市和中央部门主要负责同志、分管负责同志出席。

三类会议参会人员不得超过150人,其中,工作人员控制在会议代表人数的10%以内。

四类会议参会人员视内容而定,一般不得超过50人。

第十条 全国人大常委会办公厅、全国政协办公厅、各民主党派中央和全国工商联的会议分类、审批事项、会期及参会人员等,由上述部门依据法律法规、章程规定,参照第六条至第九条作出规定,并报财政部备案。

第十一条 各单位召开会议应当改进会议形式,充分运用电视电话、网络视频等现代信息技术手段,降低会议成本,提高会议效率。

传达、布置类会议优先采取电视电话、网络视频会议方式召开。电视电话、网络视频会议的主会场和分会场应当控制规模,节约费用支出。

第十二条 不能够采用电视电话、网络视频召开的会议实行定点管理。各单位会议应当到定点会议场所召开,按照协议价格结算费用。未纳入定点范围,价格低于会议综合定额标准的单位内部会议室、礼堂、宾馆、招待所、培训中心,可优先作为本单位或本系统会议场所。

无外地代表且会议规模能够在单位内部会议室安排的会议,原则上在单位内部会议室召开,不安排住宿。

第十三条 参会人员以在京单位为主的会议不得到京外召开。各单位不得到党中央、国务院明令禁止的风景名胜区召开会议。

第三章 会议费开支范围、标准和报销支付

第十四条 会议费开支范围包括会议住宿费、伙食费、会议场地租金、交通费、文件印刷费、医药费等。

前款所称交通费是指用于会议代表接送站，以及会议统一组织的代表考察、调研等发生的交通支出。

会议代表参加会议发生的城市间交通费，按照差旅费管理办法的规定回单位报销。

第十五条 会议费开支实行综合定额控制，各项费用之间可以调剂使用。

会议费综合定额标准如下：

单位：元/人·天

会议类别	住宿费	伙食费	其他费用	合计
一类会议	500	150	110	760
二类会议	400	150	100	650
三、四类会议	340	130	80	550

综合定额标准是会议费开支的上限。各单位应在综合定额标准以内结算报销。

第十六条 一类会议费在部门预算专项经费中列支，二、三、四类会议费原则上在部门预算公用经费中列支。

会议费由会议召开单位承担，不得向参会人员收取，不得以任何方式向下属机构、企事业单位、地方转嫁或摊派。

第十七条 各单位在会议结束后应当及时办理报销手续。会议费报销时应当提供会议审批文件、会议通知及实际参会人员签到表、定点会议场所等会议服务单位提供的费用原始明细单据、电子结算单等凭证。财务部门要严格按规定审核会议费开支，对未列入年度会议计划，以及超范围、超标准开支的经费不予报销。

第十八条 各单位会议费支付，应当严格按照国库集中支付制度和公务卡管理制度的有关规定执行，以银行转账或公务卡方式结算，禁止以现金方式结算。

具备条件的，会议费应当由单位财务部门直接结算。

第四章 会议费公示和年度报告制度

第十九条 各单位应当将非涉密会议的名称、主要内容、参会人数、经费开支等情况在单位内部公示或提供查询，具备条件的应当向社会公开。

第二十条 一级预算单位应当于每年3月底前，将本级和下属预算单位上年度会议计划和执行情况（包括会议名称、主要内容、时间地点、代表人数、工作人员数、经费开支及列支渠道等）汇总后报财政部。党中央各部门同时抄送中直管理局，国务院各部门同时抄

送国管局。

第二十一条 财政部对各单位报送的会议年度报告进行汇总分析，针对执行中存在的问题，及时完善相关制度。

第五章 管理职责

第二十二条 财政部的主要职责是：

（一）会同国管局、中直管理局等部门制定或修订中央本级会议费管理办法，并对执行情况进行监督检查；

（二）按规定对各单位报送的二类会议计划进行审核会签；

（三）对会议费支付结算实施动态监控；

（四）对各单位报送的会议年度报告进行汇总分析，提出加强管理的措施。

第二十三条 国管局的主要职责是：

（一）配合财政部制定或修订中央和国家机关会议费管理办法；

（二）负责国务院召开的一类会议的总务工作；

（三）配合财政部对国务院各部委、各直属机构会议费执行情况进行监督检查。

第二十四条 中直管理局的主要职责是：

（一）配合财政部制定或修订中央和国家机关会议费管理办法；

（二）负责党中央召开的一类会议的总务工作；

（三）配合财政部对中央各部门会议费执行情况进行监督检查。

第二十五条 各单位的主要职责是：

（一）负责制定本单位会议费管理的实施细则；

（二）负责单位年度会议计划编制和三类、四类会议的审批管理；

（三）负责安排会议预算并按规定管理、使用会议费，做好相应的财务管理和会计核算工作，对内部会议费报销进行审核把关，确保票据来源合法，内容真实、完整、合规；

（四）按规定报送会议年度报告，加强对本单位会议费使用的内控管理。

第六章 监督检查和责任追究

第二十六条 财政部、国管局、中直管理局会同有关部门对各单位会议费管理和使用情况进行监督检查。主要内容包括：

（一）会议计划的编报、审批是否符合规定；

（二）会议费开支范围和开支标准是否符合规定；

（三）会议费报销和支付是否符合规定；

（四）会议会期、规模是否符合规定，会议是否在规定的地点和场所召开；

（五）是否向下属机构、企事业单位或地方转嫁、摊派会议费；

（六）会议费管理和使用的其他情况。

第二十七条 严禁各单位借会议名义组织会餐或安排宴请；严禁套取会议费设立"小金库"；严禁在会议费中列支公务接待费。

各单位应严格执行会议用房标准，不得安排高档套房；会议用餐严格控制菜品种类、数量和份量，安排自助餐，严禁提供高档菜肴，不安排宴请，不上烟酒；会议会场一律不摆花草，不制作背景板，不提供水果。

不得使用会议费购置电脑、复印机、打印机、传真机等固定资产以及开支与本次会议无关的其他费用；不得组织会议代表旅游和与会议无关的参观；严禁组织高消费娱乐、健身活动；严禁以任何名义发放纪念品；不得额外配发洗漱用品。

第二十八条 违反本办法规定，有下列行为之一的，依法依规追究会议举办单位和相关人员的责任：

（一）计划外召开会议的；

（二）以虚报、冒领手段骗取会议费的；

（三）虚报会议人数、天数等进行报销的；

（四）违规扩大会议费开支范围，擅自提高会议费开支标准的；

（五）违规报销与会议无关费用的；

（六）其他违反本办法行为的。

有前款所列行为之一的，由财政部会同有关部门责令改正，追回资金，并经报批后予以通报。对直接负责的主管人员和相关负责人，报请其所在单位按规定给予行政处分。如行为涉嫌违法的，移交司法机关处理。

定点会议场所或单位内部宾馆、招待所、培训中心有关工作人员违反规定的，按照财政部定点会议场所管理的有关规定处理。

第七章 附 则

第二十九条 各单位应当按照本办法规定，结合本单位业务特点和工作需要，制定会议费管理具体规定。

第三十条 党中央、国务院直属事业单位的会议费管理参照本办法执行。中央和国家机关各部门所属事业单位的会议费管理由各部门依据从严从紧原则参照本办法作出具体规定。

第三十一条 本办法由财政部负责解释，自2016年7月1日起施行。《中央和国家机关会议费管理办法》（财行〔2013〕286号）同时废止。

陕西省气象部门会议费管理办法

(陕气办发〔2014〕15号 2014年4月14日)

第一章 总 则

第一条 为进一步加强和规范气象部门会议费管理，精简会议，改进会风，提高会议效率和质量，节约会议经费开支，根据《中国气象局关于印发〈气象部门会议费管理办法〉的通知》(气发〔2013〕130号)制定本办法。

第二条 全省气象部门会议的分类、审批和会议费管理等，适用本办法。

本办法适用于全省气象部门各级行政、事业单位，以下简称"各单位"。

第三条 各单位召开会议应当坚持厉行节约、反对浪费、规范简朴、务实高效的原则，严格控制会议数量，规范会议费管理。

第四条 各单位召开的会议实行分类管理、分级审批。

第五条 各单位应当严格会议费预算管理，控制会议费预算规模。会议费预算要细化到具体会议项目，执行中不得突破。会议费应纳入部门预算，并单独列示。

第二章 会议分类和审批

第六条 全省气象部门会议分类如下：

一类会议是指以省政府名义召开的，要求省、市政府相关部门负责同志和全省气象部门相关负责同志参加的会议。主要包括全省气象工作会议、全省人工影响天气工作会议等。

二类会议(A类会议)是指陕西省气象局召开的，要求省局领导，省局机关各处室、直属各单位和各市气象局主要负责同志参加的会议。主要包括全省气象局长会议、全省气象局长工作研讨会议、全省气象部门主要负责人会议、全省性业务工作会议及以各市政府名义召开的全市气象工作会议等。

三类会议(B类会议)是指陕西省气象局各处室名义召开的，要求省局有关领导，省局机关各处室、直属各单位和各市气象局相关负责人参加的会议以及各市气象局召开的要求县(区)气象局负责同志参加的会议。主要包括全省性专项业务工作会议、各市气象局主要负责人会议及除上述一、二类会议以外的其他业务性会议，包括小型研讨会、座谈会、评审会等。

第七条 气象部门会议按以下程序和要求进行审批：

一类会议。应报经省政府批准后召开。

二类会议。陕西省气象局办公室于每年2月底,将本年度会议计划(包括会议名称、主要内容、时间地点、代表人数等)报省气象局审议,审议通过后列入当年会议计划。会议召开前由主办单位做出会议安排和预算报局办和计财处审定,经局长审批后执行。

三类会议。陕西省气象局各处室于每年2月底前将本度会议计划报局办公室审核,局办公室将审核结果报省气象局审议,审议通过后列入当年会议计划。会议召开前由主办单位做出会议安排经分管局长审批后执行。

第八条 一类会议会期按照批准文件,根据工作需要从严控制;二类会议会期均不得超过2天;三类会议会期均不得超过1天,其中传达、布置类会议会期不得超过半天。

会议报到和离开时间,一、二类会议合计不得超过2天,三类会议合计不得超过1天。

第九条 各单位应当严格控制会议规模。

一类会议参会人员按照批准文件,根据会议性质和主要内容确定,严格限定会议代表和工作人员数量。

二类会议(除全省气象局长会议外)参会人员原则上不得超过70人,工作人员不超过会议代表人数的10%。

三类会议参会人员视内容而定,一般不得超过50人,工作人员不超过会议代表人数的10%。

第十条 各单位召开会议应当改进会议形式,充分运用电视电话、网络视频等现代信息技术手段,降低会议成本,提高会议效率。

传达、布置类会议优先采取电视电话、网络视频会议方式召开。电视电话、网络视频会议的主会场和分会场应当控制规模,节约费用支出。

第十一条 不能够采用电视电话、网络视频召开的会议实行定点管理。各单位会议应当到定点饭店召开,按照协议价格结算费用。未纳入定点范围,价格低于会议综合定额标准的单位内部会议室、礼堂、宾馆、招待所、培训中心,可优先作为本单位会议场所。

需在单位外部召开的会议应当在四星级以下(含四星)饭店召开。参会人员在50人以内且无外地代表的会议,原则上在单位内部会议室召开,不安排住宿。

第十二条 参会人员以在西安单位为主的会议不得到外地召开。各单位不得到党中央、国务院明令禁止的风景名胜区召开会议。

第三章 会议费开支范围、标准和报销支付

第十三条 会议费开支范围包括会议住宿费、伙食费、会议室租金、交通费、文件印刷费、医药费等。

会议代表参加会议发生的城市间交通费,按照差旅费管理办法的规定回单位报销。

第十四条 会议费开支实行综合定额控制,各项费用之间可以调剂使用。

会议费综合定额标准如下：　　　　　　　　　　　　　　　　单位：元/人天

会议类别	住宿费	伙食费	其他费用	合　计
一类会议	300	150	100	550
二类会议（A类）	210	130	90	430
三类会议（B类）	每个会议2万元包干，不含住宿费，原则上不超过400元/人天，每个处室每年召开B类会议一般不超过2个。			

综合定额标准是会议费开支的上限，各单位应在综合定额标准以内结算报销。其中二类会议（A类）不含住宿费用则定额标准为350元/人天。

第十五条　一、二类会议费在部门预算专项经费中列支，三类会议费由省局承担包干。

会议费由会议召开单位承担，不得向参会人员收取，不得以任何方式向下属机构、企事业单位转嫁或摊派。

第十六条　各单位在会议结束后应当及时办理报销手续。会议费报销时应当提供会议审批文件、会议经费预算表、会议通知及实际参会人员签到表、会议费结算表、定点饭店等会议服务单位提供的费用原始明细单据、电子结算单等凭证。财务部门要严格按规定审核会议费开支，对超范围、超标准开支的经费不予报销。

第十七条　各单位会议费支付，应当严格按照国库集中支付制度和公务卡管理制度的有关规定执行，以银行转账或公务卡方式结算，禁止以现金方式结算。

具备条件的，会议费应由单位财务部门直接结算。

第四章　会议费公示和年度报告制度

第十八条　各单位应当将非涉密会议的名称、主要内容、参会人数、经费开支等情况在单位内部公示，具备条件的应向社会公开。

第十九条　各市气象局及省局直属各单位于每年2月底前，将本单位及下属单位上年度会议计划和执行情况（包括会议名称、主要内容、时间地点、代表人数、工作人员数、经费开支及列支渠道等）汇总后报陕西省气象局。

第二十条　陕西省气象局对各单位报送的会议年度报告进行汇总分析，针对执行中存在的问题，及时提出加强监管的措施。

第五章　管理职责

第二十一条　省局办公室主要负责制定或修订省局会议费管理办法；负责省局机关年度会议计划编制和一类会议的申请、组织等工作。

第二十二条　省局计财处主要负责会议费执行情况的监督检查；对各单位会议费使用情况进行汇总分析，提出加强管理的措施。

第二十三条 各单位负责制定本单位会议费管理的实施细则本单位年度会议计划的编制工作；负责安排会议预算并按规定管理、使用会议费，做好相应的财务管理和会计核算工作，对内部会议费报销进行审核把关，确保票据来源合法、内容真实、完整、合规；按规定报送会议年度报告，加强对本单位会议费使用的内控管理。

第六章 监督检查和责任追究

第二十四条 省局办公室和计财处对各单位会议费管理和使用情况进行监督检查。主要内容包括：

（一）会议计划的编报、审批是否符合规定；

（二）会议费开支范围和开支标准是否符合规定；

（三）会议费报销和支付是否符合规定；

（四）会议会期、规模是否符合规定，会议是否在规定的地点和场所召开；

（五）是否向下属机构、企事业单位转嫁、摊派会议费；

（六）会议费管理和使用的其他情况。

第二十五条 严禁各单位借会议名义组织会餐或安排宴请；严禁套取会议费设立"小金库"；严禁在会议费中列支公务接待费。

各单位应严格执行会议用房标准，不得安排高档套房；会议用餐严格控制菜品种类、数量和分量，安排自助餐，严禁提供高档菜肴，不安排宴请，不上烟酒；会议会场一律不摆花草，不制作背景板，不提供水果。

不得使用会议费购置电脑、复印机、打印机、传真机等固定资产以及开支与本次会议无关的其他费用；不得组织会议代表旅游和与会议无关的参观；严禁组织高消费娱乐、健身活动；严禁以任何名义发放纪念品；不得额外配发洗漱用品。

第二十六条 违反本办法规定，有下列行为之一的，省局将依照本规定追究会议举办单位和相关人员的责任：

（一）擅自召开计划外会议的；

（二）以虚报、冒领手段骗取会议费的；

（三）虚报会议人数、天数等进行报销的；

（四）违规扩大会议费开支范围，擅自提高会议费开支标准的；

（五）违规报销与会议无关费用的；

（六）其他违反本办法行为的。

第七章 附 则

第二十七条 各单位应当按照本办法规定，结合本单位业务特点和工作需要，制定会议费管理具体实施细则。

第二十八条 本办法由陕西省气象局负责解释，自下发之日起施行。

气象部门培训费管理办法

(气发〔2014〕33号　2014年5月15日)

第一章　总　则

第一条　为加强气象部门培训费管理，节约培训费开支，根据《中央和国家机关培训费管理办法》等有关规定，制定本办法。

第二条　本办法所称培训，是指气象部门各级单位根据《中华人民共和国公务员法》、《干部教育培训工作条例(试行)》、《公务员培训规定(试行)》等，在境内举办的三个月以内的岗位培训、任职培训、专门业务培训、初任培训等各项培训。

第三条　本办法适用于气象部门各级行政、事业单位、民间非营利组织，以下简称各单位。

第四条　各单位举办培训应当坚持厉行节约、反对浪费的原则，实行单位内部统一管理，增强针对性和实效性，保证培训质量，统筹和节约培训资源，提高培训经费使用效益。

第二章　计划和备案管理

第五条　建立培训计划编报和审批制度。气象部门培训计划实行分级编报、审批。

中国气象局重点培训计划编报、审批。中国气象局各内设机构每年7月15日前向中国气象局人事司(以下简称人事司)提出下年度重点培训需求，人事司根据各内设机构提出的需求和气象培训工作的总体安排商中国气象局计划财务司(以下简称计财司)编制下年度中国气象局重点培训计划，适时报中国气象局局长办公会或党组会批准后施行。

中国气象局其他全国性业务技术培训计划编报、审批。中国气象局气象干部培训学院根据气象事业发展和各业务领域的需求编制下年度中国气象局其他全国性业务技术培训计划，于每年7月15日前报人事司、计财司批准后施行。

各单位的培训计划编报、审批。各单位人事部门根据业务需求编制下年度培训计划，经单位财务部门审核后，报本单位领导办公会或党委会批准后施行。

各单位应于每年12月15日前将下年度培训计划报上级单位人事部门备案(各二级预算单位人事部门应于12月15日前将本级下年度培训计划报人事司备案)。各单位年度培训计划包括培训名称、对象、内容、时间、地点、参训人数、所需经费及列支渠道等。

第六条　年度培训计划一经批准，原则上不得调整。因工作需要确需临时增加培训及调整预算的，应当按原培训计划申报渠道申请调整，批准后执行。

第七条　气象部门年度重点培训计划由人事司根据有关规定报中央组织部、国家公务员局、财政部备案。

第三章　开支范围和标准

第八条　培训费是指各单位开展培训直接发生的各项费用支出,包括住宿费、伙食费、培训场地费、讲课费、培训资料费、交通费、其他费用。

（一）住宿费是指参训人员及工作人员培训期间发生的租住房间的费用。

（二）伙食费是指参训人员及工作人员培训期间发生的用餐费用。

（三）培训场地费是指用于培训的会议室或教室租金。

（四）讲课费是指聘请师资授课所支付的必要报酬。

（五）培训资料费是指培训期间必要的资料及办公用品费。

（六）交通费是指用于接送以及统一组织的与培训有关的考察、调研等发生的交通支出。

（七）其他费用是指现场教学费、文体活动费、医药费以及授课教师交通、食宿等支出。

第九条　培训费实行综合定额标准,分项核定、总额控制。综合定额标准如下：

单位：元/（人·天）

住宿费	伙食费	场地费和讲课费	资料费、交通费和其他费用	合计
180	110	100	60	450

综合定额标准是培训费开支的上限,各项费用之间可以调剂使用。各单位应在综合定额标准以内结算报销。

15天以内的培训按照综合定额标准控制；超过15天的培训,超过天数按照综合定额标准的80%控制；超过30天的培训,超过天数按照综合定额标准的70%控制。上述天数含报到撤离时间,报到和撤离时间分别不得超过1天。

第十条　讲课费执行以下标准（税后）：

（一）副高级技术职称专业人员每半天最高不超过1000元；

（二）正高级技术职称专业人员每半天最高不超过2000元；

（三）院士、全国知名专家每半天一般不超过3000元。

其他人员讲课参照并不得超过上述标准执行。

第四章　培训组织

第十一条　气象部门培训实行分级管理,中国气象局年度重点培训由人事司负责委托中国气象局气象干部培训学院及培训分院组织开展；干部学院牵头组织全国性业务技术培训；各单位开展的培训,由各单位人事部门和下属培训机构或相关业务部门负责组织开展。

第十二条　各单位开展培训应当在开支范围和标准内,优先选择气象部门所属培训机构承担培训项目;对于气象部门所属培训机构不能承担的培训择优选择党校、行政学院、干部学院、高校培训基地以及组织人事部门认可的培训机构承担培训项目。

第十三条　组织培训的工作人员控制在参加培训人员数量的5%以内,且最多不超过10人。

第十四条　严禁借培训名义安排公款旅游;严禁借培训名义组织会餐或安排宴请;严禁组织高消费娱乐、健身活动;严禁使用培训费购置电脑、复印机、打印机、传真机等固定资产以及开支与培训无关的其他费用;严禁在培训费中列支公务接待费、会议费;严禁套取培训费设立"小金库"。

培训住宿不得安排高档套房,不得额外配发洗漱用品;培训用餐以自助餐为主,不得上高档菜肴,不得提供烟酒;7日以内的培训不得组织调研、考察、参观。

第十五条　各单位组织培训应尽量利用网络、视频等信息化手段,大力推行干部选学、在职自学等方式,降低培训成本,提高培训效率。

第五章　报销结算

第十六条　培训举办单位报销培训费,应当提供培训通知、实际参训人员签到表、讲课费签收单以及培训机构出具的原始明细单据、电子结算单等凭证。

各单位财务部门应当严格按照规定审核培训费开支,对未履行审批备案程序的培训,以及超范围、超标准开支的费用不予报销。

第十七条　讲课费、小额零星开支以外的培训费用,应当按照国库集中支付和公务卡管理的有关制度执行,采用银行转账或公务卡方式结算,不得以现金方式支付。

第十八条　培训费由培训举办单位承担,纳入部门预算管理,在各单位日常公用经费或专项经费中列支。

第十九条　中国气象局气象干部培训学院及培训分院承担中国气象局人事司安排的年度重点培训项目,列入中国气象局气象干部培训学院及各培训分院年度预算,根据中国气象局批准的培训计划组织开展统一安排食宿或食宿自理的培训。对于涉及使用电教室或远程直播教室的培训可以根据预算编制情况适当收取相关费用。

第二十条　在中国气象局部门预算中安排的、用于支持气象部门开展职业教育及培训的中央财政专项经费,按照《职业教育及培训经费管理办法》执行。

第六章　监督检查

第二十一条　各单位应当将培训的项目、内容、人数、经费等情况,以适当方式进行公开。

第二十二条　各二级预算单位应当于每年2月15日前,将本级上年度培训计划执行情况报送人事司。人事司于每年3月底前将上年度中国气象局重点培训计划执行情况报送中央组织部、国家公务员局、财政部。培训计划执行情况包括培训名称、主要内容、时间、地点、培训对象及人数、工作人员数、经费开支及列支渠道、培训成效等。

第二十三条 人事司、计财司、审计室等有关部门对各单位培训活动和培训费管理使用情况进行监督检查。主要内容包括：

（一）培训计划的编报是否符合规定；

（二）培训费开支范围和开支标准是否符合规定；

（三）培训费报销和支付是否符合规定；

（四）是否存在虚报培训费用的行为；

（五）是否存在转嫁、摊派培训费用的行为；

（六）是否存在向参训人员乱收费的行为；

（七）是否存在其他违反本办法的行为。

第二十四条 对于检查中发现的违反本办法的行为，由人事司、计财司、审计室等有关部门根据各自职责责令改正，追回资金，并予以通报；相关责任人员，由所在单位按规定予以党纪政纪处分；涉嫌犯罪的，移交司法机关处理。

第七章 附 则

第二十五条 各单位参加中国气象局统一组织或外部门组织的培训，按照培训通知及相关规定报销培训费和差旅费。

第二十六条 气象部门确因业务发展和人才培养需要举办的时间超过三个月的培训按照本办法执行。

第二十七条 各单位可以按照本办法规定，结合本单位业务特点和工作实际，制定培训费管理具体实施细则。

第二十八条 本办法由中国气象局计财司会同人事司负责解释，自发布之日起施行。

关于调整中央和国家机关差旅住宿费标准等有关问题的通知

(财行〔2015〕497号)

党中央有关部门,国务院各部委、各直属机构,全国人大常委会办公厅,全国政协办公厅,高法院,高检院,各人民团体,各民主党派中央,新疆生产建设兵团:

为贯彻落实《党政机关厉行节约反对浪费条例》和差旅费制度关于标准应适时调整的规定,进一步规范和加强中央和国家机关差旅费管理,提高差旅住宿费标准的科学性、有效性,综合考虑近两年全国各地区宾馆(饭店)住宿费价格变动、实际工作需要、淡旺季等因素,经研究决定,自2016年1月1日起调整《中央和国家机关差旅费管理办法》(财行〔2013〕531号)规定的差旅住宿费标准。现就有关事项通知如下:

一、调整北京、上海等11个城市部级干部住宿费标准、7个城市司局级干部住宿费标准和33个城市处级及以下干部住宿费标准,具体标准见附表。

二、拉萨、西宁、哈尔滨、海口、大连、青岛等6个受地理、气候等自然条件限制和季节性热点影响较大的城市试行差旅住宿费淡旺季标准。旺季期间及上浮后标准见附表。

三、调整后的差旅住宿费标准是中央和国家机关工作人员到各省会城市、直辖市、计划单列市出差的住宿费上限标准,各类人员应当坚持勤俭节约原则,根据职级对应的住宿费标准自行选择宾馆住宿(不分房型),在限额标准内据实报销。

中央和国家机关工作人员到各省、自治区、直辖市、计划单列市所辖地、州、市(县)出差执行当地财政部门制定的差旅住宿费标准。各地、州、市(县)差旅住宿费标准未制定公布前,可暂按其省会城市住宿费标准执行。

四、各单位应当严格按照差旅费制度和厉行节约反对浪费的有关规定,加强出差审批管理,从严控制出差人数和天数,严格差旅费预算管理和报销审核,控制差旅费支出规模。对违反差旅费管理规定的行为,有关部门应依法依规追究相关单位和人员的责任。

财政部
2015年9月30日

附表

中央和国家机关国内差旅住宿费标准调整表

单位：元/(人·天)

序号	地区（城市）	住宿费标准			淡旺季浮动标准建议				
		部级	司局级	其他人员	旺季期间	旺季上浮价			上浮比例
						部级	司局级	其他人员	
1	北京市	1100	650	500					
2	天津市	800	480	380					
3	河北省（石家庄）	800	450	350					
4	山西省（太原）	800	480	350					
5	内蒙古（呼和浩特）	800	460	350					
6	辽宁省（沈阳）	800	480	350					
7	大连市	800	490	350	7—9月	960	590	420	20%
8	吉林省（长春）	800	450	350					
9	黑龙江省（哈尔滨）	800	450	350	7—9月	960	540	420	20%
10	上海市	1100	600	500					
11	江苏省（南京）	900	490	380					
12	浙江省（杭州）	900	500	400					
13	宁波市	800	450	350					
14	安徽省（合肥）	800	460	350					
15	福建省（福州）	900	480	380					
16	厦门市	900	500	400					
17	江西省（南昌）	800	470	350					
18	山东省（济南）	800	480	380					
19	青岛市	800	490	380	7—9月	960	590	450	20%
20	河南省（郑州）	900	480	380					
21	湖北省（武汉）	800	480	350					
22	湖南省（长沙）	800	450	350					
23	广东省（广州）	900	550	450					
24	深圳市	900	550	450					
25	广西（南宁）	800	470	350					
26	海南省（海口）	800	500	350	11—2月	1040	650	450	30%
27	重庆市	800	480	370					

续表

序号	地区（城市）	住宿费标准			淡旺季浮动标准建议			
						旺季上浮价			
		部级	司局级	其他人员	旺季期间	部级	司局级	其他人员	上浮比例
28	四川省（成都）	900	470	370					
29	贵州省（贵阳）	800	470	370					
30	云南省（昆明）	900	480	380					
31	西藏（拉萨）	800	500	350	6—9月	1200	750	530	50%
32	陕西省（西安）	800	460	350					
33	甘肃省（兰州）	800	470	350					
34	青海省（西宁）	800	500	350	6—9月	1200	750	530	50%
35	宁夏（银川）	800	470	350					
36	新疆（乌鲁木齐）	800	480	350					

关于印发《中央和国家机关工作人员赴地方差旅住宿费标准明细表》的通知

(财行〔2016〕71号)

党中央有关部门,国务院各部委、各直属机构,全国人大常委会办公厅,全国政协办公厅,高法院,高检院,各民主党派中央,全国工商联,有关人民团体:

按照《关于调整中央和国家机关差旅住宿费标准等有关问题的通知》(财行〔2015〕497号)的有关规定,中央和国家机关工作人员到各省会城市、直辖市、计划单列市出差,执行财政部制定的住宿费上限标准;到各省、自治区、直辖市、计划单列市所辖市县出差执行地方财政部门制定的住宿费标准。根据财政部的统一部署,目前,各地财政部门已将差旅住宿费标准细化到地市。为方便执行,我们将相关标准汇总整理后,制定了《中央和国家机关工作人员赴地方差旅住宿费标准明细表》,现印发给你们,自2016年5月1日起执行。

该明细标准已同时发布在财政部门户网站行政政法司子网站(xzzf.mof.gov.cn)政策发布栏目,各部门可根据需要自行下载。今后标准如有调整,我部将及时更新。

财政部

2016年4月1日

附件

中央和国家机关工作人员赴地方差旅住宿费标准明细表

单位:元/(人·天)

序号	地区（城市）		住宿费标准			旺季地区	旺季浮动标准			
							旺季期间	旺季上浮价		
			部级	司局级	其他人员			部级	司局级	其他人员
1	北京	全市	1100	650	500					
2	天津	6个中心城区、滨海新区、东丽区、西青区、津南区、北辰区、武清区、宝坻区、静海区、蓟县	800	480	380					
		宁河区	600	350	320					
3	河北	石家庄市、张家口市、秦皇岛市、廊坊市、承德市、保定市	800	450	350	张家口市	7—9月、11—3月	1200	675	525
						秦皇岛市	7—8月	1200	680	500
						承德市	7—9月	1000	580	580
		其他地区	800	450	310					
4	山西	太原市、大同市、晋城市	800	480	350					
		临汾市	800	480	330					
		阳泉市、长治市、晋中市	800	480	310					
		其他地区	800	400	240					
5	内蒙古	呼和浩特市	800	460	350					
		其他地区	800	460	320	海拉尔市、满洲里市、阿尔山市	7—9月	1200	690	480
						二连浩特市	7—9月	1000	580	400
						额济纳旗	9—10月	1200	690	480
6	辽宁	沈阳市	800	480	350					
		其他地区	800	480	330					
7	大连	全市	800	490	350	全市	7—9月	960	590	420
8	吉林	长春市、吉林市、延边州、长白山管理区	800	450	350	吉林市、延边州、长白山管理区	7—9月	960	540	420
		其他地区	750	400	300					

续表

序号	地区（城市）		住宿费标准			旺季地区	旺季浮动标准			
			部级	司局级	其他人员		旺季期间	部级	司局级	其他人员
9	黑龙江	哈尔滨市	800	450	350	哈尔滨市	7—9月	960	540	420
		其他地区	750	450	300	牡丹江市、伊春市、大兴安岭地区、黑河市、佳木斯市	6—8月	900	540	360
10	上海	全市	1100	600	500					
11	江苏	南京市、苏州市、无锡市、常州市、镇江市	900	490	380					
		其他地区	900	490	360					
12	浙江	杭州市	900	500	400					
		其他地区	800	490	340					
13	宁波	全市	800	450	350					
14	安徽	全省	800	460	350					
15	福建	福州市、泉州市、平潭综合实验区	900	480	380					
		其他地区	900	480	350					
16	厦门	全市	900	500	400					
17	江西	全省	800	470	350					
18	山东	济南市、淄博市、枣庄市、东营市、烟台市、潍坊市、济宁市、泰安市、威海市、日照市	800	480	380	烟台市、威海市、日照市	7—9月	960	570	450
		其他地区	800	460	360					
19	青岛	全市	800	490	380	全市	7—9月	960	590	450
20	河南	郑州市	900	480	380					
		其他地区	800	480	330	洛阳市	4—5月上旬	1200	720	500
21	湖北	武汉市	800	480	350					
		其他地区	800	480	320					
22	湖南	长沙市	800	450	350					
		其他地区	800	450	330					
23	广东	广州市、珠海市、佛山市、东莞市、中山市、江门市	900	550	450					
		其他地区	850	530	420					

续表

序号	地区	地区（城市）	住宿费标准 部级	住宿费标准 司局级	住宿费标准 其他人员	旺季地区	旺季浮动标准 旺季期间	旺季上浮价 部级	旺季上浮价 司局级	旺季上浮价 其他人员
24	深圳	全市	900	550	450					
25	广西	南宁市	800	470	350					
		其他地区	800	470	330	桂林市、北海市	1—2月、7—9月	1040	610	430
26	海南	海口市、三沙市、儋州市、五指山市、文昌市、琼海市、万宁市、东方市、定安县、屯昌县、澄迈县、临高县、白沙县、昌江县、乐东县、陵水县、保亭县、琼中县、洋浦开发区	800	500	350	海口市、文昌市、澄迈县	11—2月	1040	650	450
						琼海市、万宁市、陵水县、保亭县	11—3月	1040	650	450
		三亚市	1000	600	400	三亚市	10—4月	1200	720	480
27	重庆	9个中心城区、北部新区	800	480	370					
		其他地区	770	450	300					
28	四川	成都市	900	470	370					
		阿坝州、甘孜州	800	430	330					
		绵阳市、乐山市、雅安市	800	430	320					
		宜宾市	800	430	300					
		凉山州	750	430	330					
		德阳市、遂宁市、巴中市	750	430	310					
		其他地区	750	430	300					
29	贵州	贵阳市	800	470	370					
		其他地区	750	450	300					
30	云南	昆明市、大理州、丽江市、迪庆州、西双版纳州	900	480	380					
		其他地区	900	480	330					
31	西藏	拉萨市	800	500	350	拉萨市	6—9月	1200	750	530
		其他地区	500	400	300	其他地区	6—9月	800	500	350
32	陕西	西安市	800	460	350					
		榆林市、延安市	680	350	300					
		杨凌区	680	320	260					
		咸阳市、宝鸡市	600	320	260					
		渭南市、韩城市	600	300	260					
		其他地区	600	300	230					

续表

序号	地区	地区（城市）	住宿费标准			旺季地区	旺季浮动标准			
			部级	司局级	其他人员		旺季期间	旺季上浮价		
								部级	司局级	其他人员
33	甘肃	兰州市	800	470	350					
		其他地区	700	450	310					
34	青海	西宁市	800	500	350	西宁市	6—9月	1200	750	530
		玉树州、果洛州	600	350	300	玉树州	5—9月	900	525	450
		海北州、黄南州	600	350	250	海北州、黄南州	5—9月	900	525	375
		海东市、海南州	600	300	250	海东市、海南州	5—9月	900	450	375
		海西州	600	300	200	海西州	5—9月	900	450	300
35	宁夏	银川市	800	470	350					
		其他地区	800	430	330					
36	新疆	乌鲁木齐市	800	480	350					
		石河子市、克拉玛依市、昌吉州、伊犁州、阿勒泰地区、博州、吐鲁番市、哈密地区、巴州、和田地区	800	480	340					
		克州	800	480	320					
		喀什地区	780	480	300					
		阿克苏地区	700	450	300					
		塔城地区	700	400	300					

陕西省气象部门差旅费管理办法

(陕气发〔2014〕56号 2014年6月6日)

第一章 总 则

第一条 为加强和规范全省气象部门国内差旅费管理,推进厉行节约反对浪费,根据《党政机关厉行节约反对浪费条例》、《中央和国家机关差旅费管理办法》、《气象部门差旅费管理办法》及《省级机关差旅费管理办法》制定本办法。

第二条 本办法适用于全省气象部门各级行政、事业单位及所属企业、社会团体(以下简称各单位)。

第三条 差旅费是指工作人员临时到常驻地以外地区公务出差所发生的城市间交通费、住宿费、伙食补助费和市内交通费。西安市常住地区域包含:新城区、碑林区、莲湖区、雁塔区、灞桥区、未央区、临潼区、长安区和西安咸阳国际机场。

第四条 各单位应当建立健全公务出差审批制度。出差必须按规定报经单位有关领导批准,填写出差审批单,从严控制出差人数和天数;严格差旅费预算管理,控制差旅费支出规模;严禁无实质内容、无明确公务目的的差旅活动,严禁以任何名义和方式变相旅游,严禁异地单位间无实质内容的学习交流和考察调研。

第五条 省外差旅费标准按照《中央国家机关差旅住宿费和伙食补助费标准》执行(详见附表1);省内差旅费标准按照《省级机关省内差旅住宿费和伙食补助费标准》执行(详见附表2)。

第二章 城市间交通费

第六条 城市间交通费是指工作人员因公到常驻地以外地区出差乘坐火车、轮船、飞机等交通工具所发生的费用。

第七条 出差人员应当按规定等级乘坐交通工具。乘坐交通工具的等级见下表:

交通工具级别	火车(含高铁、动车、全列软席列车)	轮船(不包括旅游船)	飞机	其他交通工具(不包括出租小汽车)
司局级及正高级专业技术人员	火车软席(软座、软卧),高铁/动车一等座,全列软席列车一等软座	二等舱	经济舱	凭据报销
其余人员	火车硬席(硬座、硬卧),高铁/动车二等座、全列软席列车二等软座	三等舱	经济舱	凭据报销

未按规定等级乘坐交通工具的,超支部分由个人自理。

第八条 到出差目的地有多种交通工具可选择时,出差人员在不影响公务、确保安全的前提下,应当选乘经济便捷的交通工具。国内出差购买机票应当按照厉行节约和支持本国航空公司发展的原则,优先购买通过政府采购方式确定的我国航空公司航班优惠机票。尽可能选择低价机票,原则上不得购买全价机票。

第九条 乘坐飞机的,民航发展基金、燃油附加费可以凭据报销。

第十条 乘坐飞机、火车、轮船等交通工具的,每人次可以购买交通意外保险一份。所在单位统一购买交通意外保险的,不再重复购买。

第三章 住宿费

第十一条 住宿费是指工作人员因公出差期间入住宾馆(包括饭店、招待所,下同)发生的房租费用。

第十二条 省外出差住宿费标准按照财政部制定的《中央国家机关差旅住宿费和伙食补助费标准》执行(详见附表1),省内出差住宿费标准按照陕西省财政厅制定的《省级机关省内差旅住宿费和伙食补助费标准》执行(详见附表2)。

对于住宿价格季节性变化明显的城市,旺季住宿费上浮标准按财政部发布的标准执行。

第十三条 司局级及以下人员住单间或标准间。

第十四条 出差人员应当在职务级别对应的住宿费标准限额内,选择安全、经济、便捷的宾馆住宿。

第四章 伙食补助费

第十五条 伙食补助费是指对工作人员在因公出差期间给予的伙食补助费用。

第十六条 伙食补助费按出差自然(日历)天数计算,按规定标准包干使用。出差天数不得超过出差审批单批准的天数。

第十七条 省外出差伙食补助费标准按照财政部制定的《中央国家机关差旅住宿费和伙食补助费标准》执行(详见附表1);省内出差伙食补助费标准按照陕西省财政厅制定的《省级机关省内差旅住宿费和伙食补助费标准》执行(详见附表2)。

第十八条 出差人员应当自行用餐。接待单位统一安排用餐,应尽量安排在单位内部食堂。凡由接待单位统一安排用餐的,应当向接待单位交纳伙食费。

第五章 市内交通费

第十九条 市内交通费是指工作人员因公出差期间发生的市内交通费用。

第二十条 市内交通费按出差自然(日历)天数计算(出差天数以出差审批单批准的

天数为准),每人每天80元包干使用。

第二十一条 出差人员由接待单位或其他单位提供交通工具的,应向接待单位或其他单位交纳相关费用。

第六章 报销管理

第二十二条 出差人员应当严格按规定开支差旅费,费用由所在单位承担,不得向下级单位、企业或其他单位转嫁。

第二十三条 城市间交通费按乘坐交通工具的等级凭据报销,订票费、经批准发生的签转或退票费、交通意外保险费凭据报销。

住宿费在标准限额之内凭发票据实报销。

伙食补助费按出差目的地的标准报销,在途期间的伙食补助费按当天最后到达目的地的标准报销。

市内交通费按规定标准报销。

未按规定开支差旅费的,超支部分由个人自理。

第二十四条 工作人员出差结束后应当及时办理报销手续。差旅费报销时应当提供出差审批单(附表3)、机票、车票、住宿费发票等凭证。

差旅费报销时出差人员应当据实填报是否由接待单位统一安排用餐,是否由接待单位提供交通工具,是否交纳相关费用,接待事项的真实性由出差人员负责。

接待单位统一安排用餐,出差人员已交纳相关费用,或接待单位未安排用餐的,伙食补助费按照标准报销;接待单位统一安排用餐,出差人员未交纳相关费用的,不报销伙食补助费。

接待单位提供交通工具,出差人员已交纳相关费用,或接待单位未提供交通工具的,市内交通费按标准报销;接待单位提供交通工具,出差人员未交纳相关费用的,不报销市内交通费。

在途期间的伙食补助费和市内交通费按规定标准报销。

住宿费、机票支出等按规定用公务卡结算,具体要求按照《气象部门公务卡管理实施办法》执行。

各单位临时聘请其他部门专家或人员开展咨询、评审、调研、试验等工作发生差旅事项,报销时应附邀请函,从事咨询、评审的专家或人员按规定标准报销住宿费和城市间交通费,从事调研、试验的专家或人员按规定标准报销差旅费。

第二十五条 工作人员外出参加会议、培训,举办单位统一安排食宿的,会议、培训期间的食宿费和市内交通费由会议、培训举办单位按规定统一开支,往返会议、培训地点的差旅费由所在单位按照规定报销。

举办单位统一安排食宿,但要求参加会议人员承担住宿费或伙食费的,会议期间的食宿费可以按规定标准报销,不报销市内交通费;往返会议地点的差旅费由所在单位按照规定报销。

举办单位统一安排食宿,但要求参加培训人员承担住宿费或伙食费的,培训期间的住宿费按规定报销,15天以内(含15天)的培训伙食补助费按规定标准报销,超过15天的培训,超过天数伙食补助费按规定标准的80%报销,超过30天的培训,超过天数按规定标准的50%报销,超过90天的培训,超过天数按规定标准的30%报销;不报销市内交通费;往返培训地点的差旅费由所在单位按照规定报销。

纳入省局学历教育计划,赴外地院校脱产学习1年或以上的学员,在校期间每学期按出差人员规定等级乘坐交通工具的标准报销一次往返路费,学习期间伙食补助费按规定标准的15%报销。

第二十六条 各单位财务部门应当严格按规定审核差旅费开支,对未经批准出差以及超范围、超标准开支的费用不予报销。

实际发生住宿而无住宿费发票的,不得报销住宿费以及城市间交通费、伙食补助费和市内交通费。其中:气象部门挂职、交流、锻炼、异地任职和借调的干部到原工作地点出差的,无住宿费发票可以按规定标准报销差旅费;气象部门工作人员开展野外观测实验,住宿在台站或其他无法开具住宿费发票的地方,可以按规定标准报销差旅费;当天往返未发生住宿的或乘坐夕发朝至城际列车没有住宿费发票的,可以报销当天或路程期间的城市间交通费、伙食补助费和市内交通费。使用公务车或其他自带交通工具出差的,不得报销城市间交通费和市内交通费,可按规定标准报销出差期间的住宿费、伙食补助费。

第七章 监督问责

第二十七条 各单位应当加强对本单位工作人员出差活动和经费报销的内控管理,对本单位出差审批制度、差旅费预算及规模控制负责,相关领导、财务人员等对差旅费报销进行审核把关,确保票据来源合法,内容真实完整、合规。对未经批准擅自出差、不按规定开支和报销差旅费的人员进行严肃处理。

各单位应当强化对所属预算单位的监督检查,发现问题及时处理,重大问题向中国气象局报告。

各单位应当自觉接受审计部门对出差活动及相关经费支出的审计监督。

第二十八条 计财和监审部门应对各单位差旅费管理和使用情况进行监督检查。主要内容包括:

(一)单位出差审批制度是否健全,出差活动是否按规定履行审批手续;
(二)差旅费开支范围和标准是否符合规定;
(三)差旅费报销是否符合规定;
(四)是否向下级单位、企业或其他单位转嫁差旅费;
(五)差旅费管理和使用的其他情况。

第二十九条 出差人员不得向接待单位提出正常公务活动以外的要求,不得在出差期间接受违反规定用公款支付的宴请、游览和非工作需要的参观,不得接受礼品、礼金和土特产品等。

第三十条 违反本办法规定,有下列行为之一的,依法依规追究相关单位和人员的责任:

(一)单位无出差审批制度或出差审批控制不严的;

(二)虚报冒领差旅费的;

(三)擅自扩大差旅费开支范围和提高开支标准的;

(四)不按规定报销差旅费的;

(五)转嫁差旅费的;

(六)其他违反本办法行为的。

有前款所列行为之一的,由计财会同监审部门责令改正,违规资金应予追回,并视情况予以通报。对直接责任人和相关负责人,报请其所在单位按规定给予行政处分。涉嫌违法的,移送司法机关处理。

第八章 附 则

第三十一条 各单位因公临时赴香港、澳门、台湾地区的差旅费,适用《因公临时出国经费管理办法》。

第三十二条 各单位可以根据本办法,结合本地区、本单位实际情况制定具体操作规定。

第三十三条 本办法由陕西省气象局负责解释。

第三十四条 本办法自发布之日起施行,陕西省气象部门其他有关差旅费管理规定与本办法不一致的,按照本办法执行。

附表:1.中央和国家机关差旅住宿费和伙食补助费标准表(略)

2.省级机关省内差旅住宿费和伙食补助费标准

3.出差审批单

附表2

省级机关省内差旅住宿费和伙食补助费标准

单位:元/天

省份	住宿费标准			伙食补助费标准
	部级(普通套间)	司局级(单间或标准间)	其他人员(单间或标准间)	
西安	800	460	320	100
咸阳	600	320	260	80
铜川	600	300	230	80
宝鸡	600	320	260	80
渭南	600	300	260	80
汉中	600	300	230	80
商洛	600	300	230	80
安康	600	300	230	80
榆林	680	300	300	90
延安	680	350	300	90
杨凌	680	320	260	80
韩城	600	300	260	80

附表3

出差审批单

姓名		单位			
出差时间	年 月 日至		月 日	职务	
出差地区和单位					
出差人员身份					
同行人员姓名职务					
出差事由					
单位负责人审批意见					
分管领导审批意见					

说明:1. 出差人员身份填:在职、挂职、交流、锻炼、异地任职、借调人员或其他部门专家或人员。

2. 出差事由填:调研、检查、慰问、参加会议、培训、开展野外试验、观测等。

3. 网上办理请假手续的人员,网上出差审批单等同于本审批单。

关于规范异地任职、挂职干部交通管理有关事项的通知

(陕气办发〔2014〕35号)

随着"南北互动"计划的深化和缓解"五项措施"的推进，全省气象部门省、市、县干部职工挂职、任职、借调等人员交流活动日益增多，此类人员交通管理问题也日显突出。为规范异地任职、挂职等人员交通管理问题和公务用车秩序，鼓励广大干部职工积极参与工作交流，现将有关事项通知如下：

1. 严格执行公务用车使用规定。严禁公车私用，异地任职、挂职、交流的干部职工回原住地探亲休假一律不得使用公车接送。各单位要进一步加强对公务用车的监督，并将有关执行情况纳入干部考核、述职述廉和领导班子民主生活会的内容。

2. 异地任职、挂职、交流人员回原住地探亲休假的交通费按原住地与现工作地距离远近按月给予交通费补贴，补贴标准详见附表。异地任职、挂职、交流的干部职工回原住地从事公务活动，按照差旅费管理办法有关规定报销相关费用。

3. 异地任职人员交通费补贴由任职单位按规定标准发放；挂职人员交通费补贴由派出单位按规定标准发放；借调人员交通费补贴由借调单位按规定标准发放。交通补贴所需费用由各单位自筹解决，不得挤占预算资金。异地任职、挂职、交流人员按规定领取交通补贴后，不得再报销回原住地探亲的交通费用。

4. 异地任职、挂职、交流人员按干部管理权限由人事部门确认，财务部门按照人事部门提供的人员名单核定发放交通费补贴。

5. 从县级到省、市级，从市级到省级任职的人员不享受交通费补贴。

6. 参与省外干部交流的人员，每月可按差旅费管理办法有关规定报销一次往返途中费用。

7. 交通费补贴从2014年3月1日开始发放。《陕西省气象部门解决基层"事多人少"矛盾的五项措施》中关于援助人员往返交通费规定不再执行，已按此规定报销费用的，在发放交通补贴时予以扣除。

陕西省气象局办公室

2014年8月21日

附表

交通费补贴标准

距离	每月补贴金额	备注
小于 100 公里	80	
100～200 公里	150	
200～300 公里	200	
300～400 公里	400	
400 公里以上	500	

陕西省党政机关国内公务接待管理办法

(陕办发〔2014〕24号　2014年12月2日)

第一条　为了规范全省党政机关国内公务接待管理，根据中共中央、国务院关于《党政机关厉行节约反对浪费条例》和中共中央办公厅、国务院办公厅关于《党政机关国内公务接待管理规定》，结合我省实际，制定本办法。

第二条　本办法适用于全省各级党的机关、人大机关、行政机关、政协机关、审判机关、检察机关、民主党派机关以及工会、共青团、妇联等人民团体和参照公务员法管理的事业单位（以下简称党政机关）的国内公务接待（以下简称公务接待）行为。

本办法所称国内公务，是指出席会议、考察调研、执行任务、学习交流、检查指导、请示汇报工作等公务活动。

第三条　公务接待应当坚持有利公务、务实节俭、严格标准、简化礼仪、高效透明、尊重少数民族风俗习惯的原则。

第四条　建立健全公务接待集中管理制度。陕西省接待办公室（以下简称省接待办）为全省公务接待管理部门，负责管理省级各部门公务接待工作，指导各市（区）党政机关公务接待工作。

各市（区）党政机关公务接待管理部门负责管理本级公务接待工作，指导所辖各县（市、区）公务接待工作。

各市（区）、县（市、区）应当结合实际，完善公务接待管理制度，制定公务接待标准。

乡镇党委、政府应加强公务接待管理，严格执行有关管理规定和开支标准。

第五条　全省各级党政机关应当加强公务外出计划管理，科学安排和严格控制外出的时间、内容、路线、频率、人员数量。禁止异地部门间没有特别需要的一般性学习交流、考察调研，禁止重复性考察，禁止以各种名义和方式变相旅游，禁止违反规定到风景名胜区举办会议和活动。

实行公函接待制度。公务外出确需接待的，派出单位应当向接待单位发出公函，告知内容、行程和人员。无公函的公务活动和来访人员一律不予接待。

第六条　全省各级接待单位应当严格控制公务接待范围，不得用公款报销或者支付应由个人负担的费用。不得将国家工作人员休假、探亲、旅游等私人活动纳入公务接待范围。

第七条　接待单位应当根据规定的接待范围，严格接待审批控制，对能够合并的公务接待一律合并接待。

实行接待清单制度。公务活动结束后，接待单位应当如实填写接待清单，并由相关负责人审签。接待清单包括接待对象的单位、姓名、职务、人数和公务活动项目、时间、场所、费用等内容。接待场所应如实出具费用清单,不得多算、虚报费用,不得夹带其他费用。

第八条 各市(区)、省级各部门接到省部级以上领导同志来陕的信息后,在履行报批程序的同时,应当及时告知省接待办。信息报告内容包括单位、人数、姓名、性别、职务、民族、来陕目的、日程安排等。

第九条 中央领导同志来陕由省接待办制定接待方案,并组织实施;全国人大常委会领导同志、国务院领导同志、全国政协领导同志、最高人民法院主要负责同志、最高人民检察院主要负责同志来陕,分别由省人大常委会办公厅、省政府办公厅、省政协办公厅和省高院、省检察院商省接待办制定接待方案,并共同组织实施;中央军委领导同志、解放军四总部及各大军区的领导同志来陕,一般由省军区负责接待,需要地方配合的,报经省委领导同志同意后,由省接待办配合做好接待工作;省部级领导同志来陕,由各市(区)、省级各部门商省接待办制定接待方案,并共同组织实施;全国性业务会议和重要活动的接待工作,由承办单位负责,省接待办协助。

第十条 公务接待不得在机场、车站和辖区边界组织迎送活动,不得张贴悬挂欢迎标语横幅(含电子屏幕),不得安排群众迎送,不得摆放花草,不得铺设迎宾地毯。

(一)党和国家领导人来陕,可安排一位相关秘书长到机场、车站迎送,主要领导同志在下榻住所或考察点迎送;

(二)省部级主要领导同志来陕,由一位相关副秘书长或省级相关部门负责人到机场、车站迎送;省部级副职领导同志来陕,由对口部门一位负责人到机场、车站迎送。

第十一条 严格控制陪同人数和工作人员数量,不得层层多人陪同。中共中央政治局常委来陕,陪同的省级领导同志一般不超过三人;其他党和国家领导人来陕,由一位省级领导同志陪同。到市(区)、县(市、区)考察调研,当地只安排一位负责同志陪同。

第十二条 接待住宿应当严格执行中、省有关差旅、会议管理的规定,在定点接待场所或者机关内部接待场所安排,执行协议价格。根据中、省有关标准,公务接待管理部门与接待场所签订协议价格,并根据物价、市场等因素及时调整。出差人员住宿费应当在本单位凭据报销,与会人员住宿费按会议费管理有关规定执行。

住宿用房以标准间为主。接待省部级领导同志可以安排普通套间,司局级干部安排单间或标准间,处级及以下干部安排标准间。接待单位不得超标准安排住房,不得额外配发洗漱用品。

第十三条 接待对象应当按照规定标准自行用餐。确因工作需要,接待单位可以安排工作餐一次,并严格控制陪餐人数。接待对象在10人以内的,陪餐人数不得超过3人;超过10人的,陪餐人数不得超过接待对象人数的三分之一。

工作餐应当供应家常菜、突出地方特色。严格控制菜品种类、数量和分量,不得提供各类高档菜肴和用野生保护动物制作的菜肴,不得提供香烟和高档酒水,不得使用私人会所、高消费餐饮场所。

第十四条 公务接待的出行活动应当安排集中乘车,合理使用车型,严格控制随行车辆,减少工作用车,陪同领导同志的工作用车一般不随行活动。

党和国家领导人来陕的公务活动,由省警卫局按照规定的警卫规格、警卫界限执行警卫任务，不得随意提高规格、扩大界限，不得违反规定实行交通管控。精简高效地安排警力，尽可能缩小警戒范围，不得清场闭馆，不停止和限制正常的生产经营活动。

第十五条 党和国家领导人来陕期间，各市（区）、县（市、区）和省级相关部门、单位，要严格遵照中央规定，不安排新闻记者。

第十六条 省、市（区）、县（市、区）党政机关应当加强对公务接待经费的预算管理，严格总量控制。公务接待费应当全部纳入部门预算，单独列示。

禁止在接待费中列支应当由接待对象承担的差旅、会议、培训等费用，禁止以举办会议、培训为名列支、转移、隐匿接待费开支；禁止向下级单位及其他单位、企业、个人转嫁接待费用，禁止在非税收入中坐支接待费用；禁止借公务接待名义列支其他支出。

第十七条 县级以上党委、政府应当根据当地经济发展水平、市场价格等实际情况，按照当地会议用餐标准制定本级公务接待工作餐开支标准，并定期进行调整。接待住宿应当按照差旅费管理有关规定，执行接待对象在当地的差旅住宿费标准。接待开支标准应当报上一级党政机关公务接待管理部门、财政部门备案。

第十八条 接待费报销凭证应当包括财务票据、派出单位公函和接待清单。

接待费资金支付应当严格按照国库集中支付制度和公务卡管理有关规定执行。具备条件的地方应当采用银行转账或者公务卡方式结算，原则上不得以现金方式支付。

第十九条 机关内部接待场所应当建立健全服务经营机制，推行企业化管理，推进劳动、用工和分配制度与市场接轨，建立市场化的接待费结算机制，降低服务经营成本，提高资产使用率，逐步实现自负盈亏、自我发展。积极推进公务接待服务社会化改革，有效利用社会资源为公务接待提供住宿、餐饮、用车等服务。

进一步加强机关所属接待、培训场所的集中统一管理和利用，建立接待资源共享机制。机关内部接待场所和接待协议单位应当服从公务接待管理部门的业务指导。

第二十条 接待单位不得超标准接待，不得组织旅游和与公务活动无关的参观，不得组织到营业性娱乐、健身场所活动，不得安排专场文艺演出，不得以任何名义赠送礼金、有价证券、纪念品和土特产等。

第二十一条 县级以上党政机关公务接待管理部门应当会同有关部门加强对本级党政机关各部门和下级党政机关公务接待工作的监督检查。监督检查的主要内容包括：

（一）公务接待规章制度制定情况；

（二）公务接待标准执行情况；

（三）公务接待经费管理使用情况；

（四）公务接待信息公开情况；

（五）机关内部接待场所管理使用及其接待任务完成情况。

第二十二条 财政部门应当对党政机关公务接待经费开支和使用情况进行监督检查。审计部门应当对党政机关公务接待经费进行审计，并加强对机关内部接待场所的审计监督。

第二十三条 县级以上党政机关公务接待管理部门应当会同财政部门按年度组织公开本级公务接待标准、经费支出、接待场所、接待项目等有关情况，接受社会监督。

第二十四条 各级政府因招商引资等工作需要,接待除国家工作人员以外的其他因公来访人员,应当参照本办法实行单独管理,明确标准,控制经费总额,注重实际效益,加强审批管理,强化审计监督,杜绝奢侈浪费。严禁扩大接待范围、增加接待项目,严禁以招商引资为名变相安排公务接待。

第二十五条 各级党政机关应当将公务接待工作纳入问责范围。纪检监察机关应当加强对公务接待违规违纪行为的查处,严肃追究相关人员的领导责任和直接责任。涉嫌犯罪的,移送司法机关依法处理。

第二十六条 国有企业、国有金融单位和不参照公务员法管理的事业单位参照本办法执行。

第二十七条 本办法由省接待办负责解释。

第二十八条 本办法自发布之日起施行。其他有关党政机关公务接待管理规定,凡与本办法不一致的,按照本办法执行。

第二十九条 国家有另行规定的,按国家规定执行。

陕西省气象局公务接待管理规定

(陕气办发〔2015〕38号　2015年7月28日)

第一条　为贯彻落实《陕西省党政机关国内公务接待管理办法》(陕办发〔2014〕24号)的有关精神,根据《中国气象局机关公务接待管理暂行办法》(气办发〔2013〕33号),结合我局实际,制定本规定。

第二条　本规定适用于陕西省气象局机关各处室、直属各单位。

第三条　公务接待要做到厉行节约、事前审批、对等接待、流程规范。

第四条　省局办公室是机关公务接待归口管理部门。省局办公室和省局机关服务中心承担省局统一安排的公务接待。省局机关各处室承担对口接待工作。直属单位负责对应单位公务接待。

第五条　接待分工。

(一)省局办公室负责接待的公务来访:中国气象局机关、直属单位以及各省、区(市)气象局司局级以上领导及其随行人员;省、市党政军有关部门厅局级以上领导及其随行人员;省内各市气象局领导来省局工作联系。

(二)省局机关各处室负责接待的公务来访:中国气象局专项工作指导调研人员以及各省、区(市)气象局处级领导及其随行人员;省、市、县(区)党政军相关部门处级领导及其随行人员。

(三)省局直属单位负责接待的公务来访:中国气象局直属单位、各省、区(市)气象局专项指导调研人员;省、市党政军有关部门对直属单位工作专项指导调研;直接联系直属单位公务来访的单位和人员。

(四)省外地市级气象局来陕调研考察,一般安排省局直属单位或相关市级气象局接待。

(五)来陕的同批考察人员中涉及两个或两个以上对口处室(单位),以来访单位带队领导所属处室(单位)确定牵头对口处室(单位),有关处室(单位)配合。

第六条　接待程序。

(一)局办公室负责的接待任务由局办公室提出具体接待方案,报分管办公室局领导批准后实施。

(二)对口处室负责的接待任务,由处室提出具体接待方案,报分管局领导批准后,由对口处室负责实施。

(三)经局领导批准的接待方案,负责接待处室(单位)应报送分管财务局领导和其他有关局领导、局办公室和相关单位,以便安排工作。

第七条　接待标准。

（一）确因工作需要,接待单位可以安排接待工作餐一次,并严格控制陪餐人数。接待对象在10人以内的,陪餐人数不得超过3人;超过10人的,不得超过接待对象人数的三分之一。

接待工作餐标准严格执行《陕西省党政机关国内公务接待管理办法》的规定。接待省部级领导,每人每餐标准为150元;接待厅局级领导,每人每餐标准为100元,接待县处级及以下工作人员,每人每餐标准为80元;除接待工作餐外,其他均安排职工餐,每人每餐标准为40元。接待工作餐应当供应家常菜,不得提供鱼翅、燕窝等高档菜肴和用野生保护动物制作的菜肴,不得提供香烟和高档酒水,不得使用私人会所、高消费餐饮场所。

（二）公务接待就餐一般安排在气象宾馆,确因公务需要在外就餐的,须事先填写《工作餐申请单》,经局办公室批准后方可实施。

（三）住宿标准:接待省部级领导可安排普通套间,司局级干部安排单间或标准间,处级及以下干部安排标准间。接待单位不得超标准安排住房,不得额外配发洗漱用品。由接待对象缴纳住宿费。

（四）用车标准:接送接待对象或安排出行原则上集中乘车,严格控制用车数量。

第八条 职工餐标准。

省局机关和直属单位工作人员到基层调研、检查工作一律在职工食堂就餐,不得安排接待工作餐。

外省、外部门到陕西气象部门的工作人员一般安排在单位职工食堂就餐,每人每餐交纳伙食费20元。省局机关、直属单位工作人员下市县气象局调研、检查指导工作,一律在单位职工食堂用餐,每人每餐交纳伙食费10元。市（区）局领导及其随员在省局安排职工餐,每人每餐缴纳伙食费10元。

职工餐餐券由局办公室印制,按照接待分工交费领取,各处室、各单位接待使用职工餐餐券的,在局办公室领取职工餐餐券样券加盖单位公章后使用。

第九条 接待费用结算。公务接待费用由接待承担单位负责。省局机关各处室接待费用实行定额包干。省局办公室负责第五条（一）中的接待费用结算。

第十条 实行公函接待制度,公务来访单位应当向接待单位发出公函,告知内容、行程和人员。无公函的公务活动和来访人员一律不予接待。

第十一条 公务接待费用报销实行一事一结,公务接待结束后7个工作日内履行财务报销程序,各类接待费用的票据要符合财务规定。公务接待报销要反映接待对象的单位、姓名、职务和公务活动项目、时间、场所、费用等内容。

接待费用发票报销附件:来访公函、接待安排、工作餐申请单、费用清单等。

第十二条 各单位在公务接待中要厉行勤俭节约,从严从简安排接待,严禁机关各单位之间以各种名义相互宴请;严禁用公款安排旅游及到营业性的娱乐、健身场所活动;严禁以任何名义向接待对象赠送礼金、有价证券、纪念品和土特产;严禁向下级单位或其他单位转嫁接待任务和接待费用。

第十三条 各单位应当严格遵守本办法,对违反本办法的,按照有关规定处理。

第十四条 本办法由局办公室负责解释,自下发之日起执行。原《陕西省气象局公务接待管理规定》同时废止。

关于规范各类奖励的通知

各设区市气象局，省局直属各单位、各内设机构：

2016年1月，省局印发了《陕西省气象局奖励办法（试行）》（陕气发〔2016〕1号），现将《陕西省气象局奖励办法（试行）》的附表《陕西省气象局各项奖励汇总表》发给你们，请遵照执行。

陕西省气象局人事处
2016年5月6日

附

陕西省气象局各项奖励汇总表

类别	奖励项名称	奖励频次	具体奖项	奖励名额	奖励级别	奖励金额	备注
综合管理奖	先进集体、先进工作者奖	四年一次	先进集体	10个，其中处级单位不超过3个	处级单位、科级单位		各单位发放
			先进工作者	20人	个人	800	
	年度综合考评奖	每年一次	特别优秀	市局不超过4个；直属单位不超过5个；处室不超过3个	一等奖	参照有关办法奖励	各单位发放
			优秀		二等奖		
			达标		三等奖		
	楷模人物奖	三年一次	个人	5人	不分等次	1500	各单位发放
	优秀县级气象局长奖	两年一次	个人	10人	不分等次	800	各单位发放
	优秀青年奖	每年一次	个人	10人	不分等次	800	
	工作人员年度考核奖	一年一次	上一年考核优秀	15%～20%	嘉奖	800	各单位发放
			连续3年考核优秀		三等功、省局贡献奖	1500	

续表

类别	奖励项名称	奖励频次	具体奖项	奖励名额	奖励级别	奖励金额	备注
单项工作奖	气象业务服务工作奖	每年一次	先进集体	处级单位不超过2个；科级单位不超过13个	处级、科级单位		各单位发放
			先进个人	50人。基层一线人员不低于65%	个人	800	
	气象科学技术工作奖	每年一次	一等奖	总数不超过10个，其中一等奖不超过3个	按有关办法执行	参照有关办法奖励	省局发放
			二等奖		按有关办法执行		
	人工影响天气工作奖	四年一次	先进集体	15个，其中处级单位不超过3个	处级、科级单位		各单位发放
			先进个人	40个，其中处级领导干部不得超过20%	个人	800	
	精神文明创建工作奖	每年一次	先进集体	40个	处级单位		各单位发放
					科级和省局内设机构		
			先进个人	45个	个人	800	各单位发放
	气象科技服务工作奖	每年一次	先进集体	15个	处级单位		各单位发放
					科技单位		
			先进个人	30人	个人	800	
	气象行业职业技能竞赛奖	两年一次	团体奖	5名	团体前三名,团体单项前二名	参照有关办法奖励	省局发放
			个人单项奖	3名	前三名		
			个人全能奖	10名	一、二、三等奖		

第四部分 专项资金管理

公益性行业科研专项经费管理试行办法

(财教〔2006〕219号 2006年11月3日)

第一章 总 则

第一条 为贯彻落实《国家中长期科学和技术发展规划纲要(2006—2020年)》(以下简称《规划纲要》),支持开展公益性行业科研工作,根据《国务院办公厅转发财政部科技部关于改进和加强中央财政科技经费管理若干意见的通知》(国办发〔2006〕56号),中央财政设立公益性行业科研专项经费(以下简称"专项经费")。为规范和加强专项经费的管理,提高资金使用效益,制定本办法。

第二条 专项经费主要用于支持公益性科研任务较重的国务院所属行业主管部门(以下简称"行业主管部门"),围绕《规划纲要》重点领域和优先主题,组织开展本行业应急性、培育性、基础性科研工作。主要包括：

(一)行业应用基础研究；

(二)行业重大公益性技术前期预研；

(三)行业实用技术研究开发；

(四)国家标准和行业重要技术标准研究；

(五)计量、检验检测技术研究。

第三条 专项经费管理和使用的原则：

(一)明确目标,突出重点。专项经费支持的项目要有明确的绩效目标,充分体现行业科研的特点与重点,并且与国家科技计划支持的项目合理区分层次,做好与国家科技计划项目的衔接。专项下只设项目层次,项目不分解,避免专项经费分散使用。

(二)权责明确,规范管理。专项经费管理各方权责明确、各负其责,坚持政府决策与专家咨询相结合,实行决策、实施、监督相互独立、相互制约的管理机制。

(三)科学安排,整合协调。要严格按照项目的目标,科学合理地编制和安排预算,杜绝随意性。要加强科技资源的统筹协调和有效整合。

(四)专款专用,追踪问效。要严格按照国家有关财务制度的规定,将专项经费纳入单位财务统一管理,单独核算,确保专款专用,并建立面向结果的追踪问效机制。

第四条 根据专项经费项目类型特点,一般采取招标或者择优委托方式确定项目承担单位。项目承担单位一般为中国大陆境内具有独立法人资格的科研院所、高等院校和内资或内资控股企业等。

第五条 行业主管部门系统外的单位承担专项经费项目的财政资金应当占各行业专项经费的一定比例,具体比例由行业主管部门确定并报送财政部备案。

第二章 组织管理体系

第六条 行业主管部门应当在财政部、科技部的指导下,组织来自行业主管部门以外的相关部门的管理代表和来自行业协会、科研院所、高等院校等方面的科技、管理、经济等领域的专家,成立专项经费管理咨询委员会(以下简称"委员会")。专项经费项目组成员和其他可能影响公正的人员,不得担任委员会成员。委员会下可以根据需要设立专家组。

委员会成员一般不少于9人,其中应当保证40%以上的本部门及直属单位以外的人员。委员会主任由行业主管部门领导担任。委员会成员名单报送财政部、科技部备案。

第七条 财政部和科技部的主要职责是:

(一)财政部会同科技部制定专项经费管理办法;

(二)科技部负责对行业主管部门报送的专项经费项目建议提出协调意见;

(三)财政部会同科技部组织专项经费项目预算评审评估;

(四)财政部负责核批专项经费项目总预算及年度预算;

(五)财政部会同科技部组织抽取项目进行项目实施情况年度检查和财务审计,逐步建立专项经费的绩效评价制度。

第八条 行业主管部门的主要职责是:

(一)制定本行业科技发展战略规划;

(二)负责委员会的组建和管理工作;

(三)审核委员会提出的项目建议,并提出项目预算及年度预算安排建议方案;

(四)确定项目承担单位,与项目承担单位签订项目任务书;

(五)组织项目实施方案的评审和协作攻关;

(六)协调处理项目执行中的重大问题,组织监督检查、财务审计、项目验收和对项目经费的绩效考评。

第九条 委员会的主要职责是:

(一)根据行业科技发展战略规划,向行业主管部门提出专项经费项目建议;

(二)提出项目承担单位选择方式建议;

(三)对项目执行的全过程发挥咨询评议作用。
第十条 项目承担单位的主要职责是:
(一)按照要求编制项目实施方案和项目预算;
(二)按照签订的项目任务书具体实施项目,按照规定管理和使用项目经费,落实项目约定支付的自筹经费及其他配套条件;
(三)接受监督检查、验收和绩效考评。

第三章 项目及其预算审批程序

第十一条 行业主管部门结合《规划纲要》的目标和任务以及本行业科技发展的实际需要,在国家五年规划期第一年制定本行业科技发展战略规划,报送科技部和财政部备案。

第十二条 委员会根据行业科技发展战略规划,围绕确定的目标、任务和实际需求,提出专项经费项目建议,由行业主管部门审核后于每年4月底前报送科技部、财政部。项目建议的要求是:
(一)具有明确的目标和考核指标;
(二)完成后能够直接投入应用或具有较强应用前景;
(三)与国家科技计划项目层次区分清楚,避免重复交叉。

第十三条 科技部对行业主管部门报送的项目建议进行审核,对于与国家科技计划项目的重复交叉和各行业主管部门项目之间的重复交叉提出协调意见,于每年5月底前反馈行业主管部门,同时抄送财政部。

第十四条 行业主管部门根据科技部的反馈意见,委托委员会对项目进行调整,并由委员会提出项目承担单位选择方式建议报送行业主管部门。

第十五条 行业主管部门根据委员会提出的项目承担单位选择方式建议,采取择优委托或者招投标方式确定项目承担单位,并组织项目承担单位编制项目实施方案和项目预算。

第十六条 项目实施方案的主要内容包括:
(一)项目总体目标、年度目标;
(二)项目研究任务、技术路线和组织实施方式;
(三)项目分年度实施方案;
(四)项目承担单位已有科研条件。

第十七条 项目预算编制的要求是:
(一)项目预算的编制应当根据项目任务的合理需要,坚持目标相关性、政策相符性和经济合理性原则。
(二)项目预算编制时应当同时编制来源预算与支出预算。
来源预算除申请专项经费外,有自筹经费来源的,应当提供出资证明及其他相关财务资料。自筹经费包括单位的自有货币资金、专项用于该项目研究的其他货币资金等。

支出预算应当按照经费开支范围确定的支出科目和不同经费来源编列，同一支出科目一般不得同时列支专项经费和自筹经费。支出预算应当对各项支出的主要用途和测算理由等进行详细说明。

（三）有多个单位共同承担一个项目的，要同时编制列示各单位承担的主要任务、经费预算等。

（四）项目预算由项目负责人协助项目承担单位财务部门共同编制。

（五）编制项目预算时，需要同时申明项目承担单位的现有组织实施条件和资源，以及从单位外部可能获得的共享服务，并针对项目实施可能形成的科技资源和成果，提出社会共享的方案。

第十八条 行业主管部门组织专家对项目实施方案进行评审。行业主管部门建立评审专家库，建立和完善评审专家的遴选、回避、信用和问责制度。

第十九条 行业主管部门根据评审结果，提出专项经费项目预算安排建议，按照优先顺序排序后于每年7月底前一并报送财政部。

第二十条 财政部会同科技部组织专家或委托中介机构进行项目预算评审评估。

第二十一条 财政部根据预算评审评估结果，批复项目总预算，并抄送科技部。

第二十二条 行业主管部门根据财政部批复的项目总预算，与项目承担单位签订项目任务书，下达项目总预算。批复预算的项目应当纳入全国科研项目预算管理数据库统一管理，分年度滚动安排。

第二十三条 行业主管部门根据财政部部门预算编制的要求和批复的项目总预算，在部门预算"一上"时报送年度项目预算。

第二十四条 财政部结合财力情况，核批年度项目预算。

第二十五条 实行招标投标管理的项目，按照国家招投标的有关规定执行。

第二十六条 专项经费预算安排可以探索实行"项目先启动、依据成果后补助"等方式。

第四章 项目经费开支范围

第二十七条 项目经费是指在项目组织实施过程中与研究开发活动直接相关的、由专项经费支付的各项费用。

第二十八条 项目经费的开支范围一般包括设备费、材料费、测试化验加工费、燃料动力费、差旅费、会议费、国际合作与交流费、出版/文献/信息传播/知识产权事务费、劳务费、专家咨询费、管理费等。

（一）设备费：是指在项目研究开发过程中购置或试制专用仪器设备，对现有仪器设备进行升级改造，以及租赁外单位仪器设备而发生的费用。专项经费要严格控制设备购置费支出。

（二）材料费：是指在项目研究开发过程中消耗的各种原材料、辅助材料等低值易耗品的采购及运输、装卸、整理等费用。

（三）测试化验加工费：是指在项目研究开发过程中支付给外单位（包括项目承担单位内部独立经济核算单位）的检验、测试、化验及加工等费用。

（四）燃料动力费：是指在项目研究开发过程中相关大型仪器设备、专用科学装置等运行发生的可以单独计量的水、电、气、燃料消耗费用等。

（五）差旅费：是指在项目研究开发过程中开展科学实验（试验）、科学考察、业务调研、学术交流等所发生的外埠差旅费、市内交通费用等。差旅费的开支标准应当按照国家有关规定执行。

（六）会议费：是指在项目研究开发过程中为组织开展学术研讨、咨询以及协调项目或项目等活动而发生的会议费用。项目承担单位应当按照国家有关规定，严格控制会议规模、会议数量、会议开支标准和会期。

（七）国际合作与交流费：是指在项目研究开发过程中项目研究人员出国及外国专家来华工作的费用。国际合作与交流费应当严格执行国家外事经费管理的有关规定。项目发生国际合作与交流费时，应当事先报经行业主管部门审核同意。

（八）出版/文献/信息传播/知识产权事务费：是指在项目研究开发过程中，需要支付的出版费、资料费、专用软件购买费、文献检索费、专业通信费、专利申请及其他知识产权事务等费用。

（九）劳务费：是指在项目研究开发过程中支付给项目组成员中没有工资性收入的相关人员（如在校研究生）和项目组临时聘用人员等的劳务性费用。

（十）专家咨询费：是指在项目研究开发过程中支付给临时聘请的咨询专家的费用。专家咨询费不得支付给参与专项经费及其项目管理相关的工作人员。

以会议形式组织的咨询，专家咨询费的开支一般参照高级专业技术职称人员 500～800 元/（人·天）、其他专业技术人员 300～500 元/（人·天）的标准执行。会期超过两天的，第三天及以后的咨询费标准参照高级专业技术职称人员 300～400 元/（人·天）、其他专业技术人员 200～300 元/（人·天）执行。

以通讯形式组织的咨询，专家咨询费的开支一般参照高级专业技术职称人员 60～100 元/人次、其他专业技术人员 40～80 元/人次的标准执行。

（十一）管理费：是指在项目研究开发过程中对使用本单位现有仪器设备及房屋，日常水、电、气、暖消耗，以及其他有关管理费用的补助支出。管理费按照项目专项经费预算分段超额累退比例法核定，核定比例如下：

项目经费预算在 100 万元及以下的部分按照 8％的比例核定；

超过 100 万元至 500 万元的部分按照 5％的比例核定；

超过 500 万元至 1000 万元的部分按照 2％的比例核定；

超过 1000 万元的部分按照 1％的比例核定。

管理费实行总额控制，由项目承担单位管理和使用。

第二十九条　项目在研究开发过程中发生的除上述费用之外的其他支出，应当在申请预算时单独列示，单独核定。

第五章 项目及其预算执行

第三十条 项目承担单位根据与行业主管部门签订的项目任务书开展项目研究开发工作。

第三十一条 项目执行过程中实行重大事项报告制度。在项目实施期间出现项目计划任务调整、项目负责人变更或调动单位、项目承担单位变更等重大事项,项目负责人和项目承担单位应当及时报行业主管部门批准。

第三十二条 项目执行的全过程中应当充分发挥委员会的咨询评议作用。

第三十三条 专项经费的拨付按照财政资金支付管理的有关规定执行。经费使用中涉及政府采购的,按照政府采购有关规定执行。

第三十四条 项目承担单位应当严格按照下达的项目预算执行,一般不予调整。确有必要调整时,应当按照以下程序审批:

(一)项目预算、项目年度预算总额的调整应当报经财政部批准。

(二)项目支出预算科目中劳务费、专家咨询费和管理费预算一般不予调整。其他支出科目,在不超过该科目核定预算10%,或超过10%但科目调整金额不超过5万元的,由项目承担单位根据研究需要调整执行;其他支出科目预算执行超过核定预算10%且金额在5万元以上的,由项目承担单位提出调整意见按程序报行业主管部门批准。

第三十五条 项目承担单位应当严格按照本办法的规定,制定内部管理办法,建立健全内部控制制度,加强对专项经费的监督和管理,对专项经费及其自筹经费分别进行单独核算。

第三十六条 项目承担单位应当严格按照本办法规定的经费开支范围和标准办理支出。严禁使用项目经费支付各种罚款、捐款、赞助、投资等,严禁以任何方式变相谋取私利。

第三十七条 项目承担单位应当按照规定编制项目经费年度专项决算。项目经费下达之日起至年度终了不满三个月的,当年可以不编报年度专项决算,其经费使用情况在下一年度的年度专项决算中反映。项目经费决算由项目承担单位财务部门编制,于每年的4月20日前将上年度专项决算报送行业主管部门,行业主管部门审核汇总后于每年的5月20日前报送财政部。

第三十八条 在研项目的年度结存经费,结转下一年度按规定继续使用。项目因故终止,项目承担单位财务部门应当及时清理账目与资产,编制财务报告及资产清单,按程序报送行业主管部门。行业主管部门组织进行清查处理,剩余经费(含处理已购物资、材料及仪器、设备的变价收入)收回行业主管部门,由行业主管部门按照财政部关于结余资金管理的有关规定执行。

第三十九条 专项经费形成的固定资产属国有资产,一般由项目承担单位进行管理和使用,国家有权调配用于相关科学研究开发。专项经费形成的知识产权等无形资产的管理,按照国家有关规定执行。

专项实施中所需的仪器设备应当尽量采取共享方式取得。专项经费形成的大型科学仪器设备、科学数据、自然科技资源等，按照国家有关规定开放共享，减少重复浪费，提高资源利用效率。

项目承担单位应当建立规范、健全的项目科学数据记录和报告制度，按照行业主管部门的要求及时上报项目有关数据。

第六章 监督检查与绩效考评

第四十条 财政部、科技部对专项经费拨付使用情况进行监督检查。

第四十一条 行业主管部门应当按照规定加强对项目实施的监督检查、验收和绩效考评。

第四十二条 项目完成后，项目承担单位应当及时向行业主管部门提出项目验收申请。项目验收分为财务验收和业务验收两个阶段，财务验收是进行业务验收的前提。

第四十三条 行业主管部门负责组织对项目进行财务审计与财务验收，财务审计是财务验收的重要依据。存在下列行为之一的，不得通过财务验收：

（一）编报虚假预算，套取国家财政资金；

（二）未对专项经费进行单独核算；

（三）截留、挤占、挪用专项经费；

（四）违反规定转拨、转移专项经费；

（五）提供虚假财务会计资料；

（六）未按规定执行和调整预算；

（七）虚假承诺、自筹经费不到位；

（八）其他违反国家财经纪律的行为。

第四十四条 财务验收完成后，行业主管部门组织业务验收。存在下列行为之一的，不得通过业务验收：

（一）项目、项目目标任务完成不到85％；

（二）所提供的验收文件、资料、数据不真实，存在弄虚作假；

（三）未经申请或批准，项目承担单位、项目负责人、项目目标、研究内容、技术路线等发生变更；

（四）超过下达的项目任务执行年限半年以上未完成，并且事先未做出说明。

第四十五条 项目通过验收后，项目承担单位应当在一个月内及时办理财务结账手续。项目经费如有结余，应当及时全额上缴行业主管部门，由行业主管部门按照财政部关于结余资金管理的有关规定执行。

第四十六条 行业主管部门应当结合财务验收和业务验收，逐步建立对项目经费的绩效考评制度。

第四十七条 行业主管部门负责制定对未通过验收以及其他违反相关管理规定的行为追究责任的规定。

第四十八条 财政部会同科技部组织抽取项目进行项目实施情况年度检查和财务审计,逐步建专项经费的绩效评价制度。

第四十九条 年度检查、财务审计和绩效评价的结果将作为调整分行业专项经费预算规模的重要依据。

第七章 附 则

第五十条 行业主管部门可以根据本办法制定相关具体办法,报财政部、科技部备案。

第五十一条 本办法由财政部、科技部负责解释。

第五十二条 本办法自发布之日起施行。

中央级公益性科研院所基本科研业务费专项资金管理办法(试行)

(财教〔2006〕288号　2006年12月8日)

第一条　为了贯彻落实《国家中长期科学和技术发展规划纲要(2006—2020年)》,加大对中央级公益性科研院所(以下简称科研院所)的支持力度,建立稳定的支持机制,促进科研院所持续创新能力的提升,根据《国务院办公厅转发财政部科技部关于改进和加强中央财政科技经费管理若干意见的通知》(国办发〔2006〕56号)精神,中央财政设立"公益性科研院所基本科研业务费专项资金"(以下简称基本科研业务费)。为了规范和加强基本科研业务费的管理,提高使用效益,依据中央财政资金管理的有关规定,制定本办法。

第二条　基本科研业务费用于支持科研院所开展符合公益职能定位,代表学科发展方向,体现前瞻布局的自主选题研究工作。具体包括：

(一)学科优势明显、发展潜力大,能保持或提升科研院所持续发展能力的储备性研究。

(二)瞄准世界科技发展前沿,具有重要科学意义、学术思想新颖、交叉领域学科新生长点的创新性研究。

(三)围绕国民经济和社会发展需求,有重要应用前景或重大公益意义,有望取得重要突破或重大发现的孵化性研究。

第三条　基本科研业务费的管理和使用原则：

(一)稳定支持、长效机制。基本科研业务费稳定支持科研院所培育优秀科研人才和团队,为科研院所形成有益于持续发展、不断创新的长效机制提供经费支持。

(二)科学民主、公开公正。基本科研业务费支持的自主选题项目和项目负责人应当在科研院所内按照科学民主的原则,通过学术委员会评议,结果公示等公开公平的方式进行遴选。

(三)依托院所、自主安排。基本科研业务费的使用应当依托科研院所已有的科研条件、设施和环境,由科研院所自行立项,自主安排。重点支持有助于科研院所实现学科布局与发展规划目标,有利于培育优秀科研人才和团队的选题,不搞平均分配。

(四)专款专用、追踪问效。基本科研业务费应当纳入科研院所财务统一管理,单独设账,专款专用,并实行追踪问效。

第四条　财政部负责根据科研发展规律和科研院所的特点综合测算确定科研院所的基本科研业务费年度预算额度,以项目预算"基本科研业务费"方式随部门预算下达。下设研究所的科学(研究)院本级单独核定预算。

主管部门负责本部门基本科研业务费分配、使用和管理的监督检查和绩效评价,定期向财政部提交总结报告。

科研院所负责基本科研业务费的具体分配、使用、考核等全过程管理,定期向主管部门提交总结报告。

第五条 获得基本科研业务费的科研院所应当根据国家规定的职能定位,结合学科发展方向和优秀科研人员、团队独立提出的科研需求,制定发展规划,做好前瞻布局。

第六条 基本科研业务费项目的申报由科研院所自行组织,原则上每年一次,每人或团队限申请一项,已获支持尚未结题的不能申请新项目。申请者应当具备以下条件:

(一)恪守科学道德,学风端正扎实,有可靠时间保证;学术思想活跃,发展潜力较大。

(二)年龄在40周岁及以下,能够组建以青年科技人员为主的稳定研究队伍,申请时没有承担排名前四名的国家科技计划(基金等)等项目。

适度支持引进正在国外学习和工作,年龄在45岁及以下的专家学者。引进人才应当具有博士学位,在国外已聘为助理教授及以上职位,引进后能明显提升科研院所持续创新能力。

第七条 科研院所应当设立学术委员会,由其具体负责评议和遴选基本科研业务费支持的项目和项目负责人等工作。

学术委员会应当由9人以上的科技、经济和财务管理等方面的单数专家组成,其中外单位专家应当占1/3以上。项目申请人和其他可能影响公正的人员应当主动申请回避。

第八条 学术委员会应当在2/3以上委员到会时提出立项项目、项目负责人候选提名和资助金额等具体建议,并在院(所)范围内公示(涉密项目除外)。科研院所负责受理公示期质疑,学术委员会进行调查和复议。

第九条 学术委员会根据公示结果确定基本科研业务费支持项目、项目负责人和资助额度后,应当报科研院所的法定代表人审定,并由科研机构的法定代表人与项目负责人签订项目任务书,明确约定双方的权责关系。

任务书应当包括研究目标、研究内容、时间节点、研究团队(含外协单位)、考核指标、经费预算(含总预算与年度预算)等要素。任务书一经签订,一般不得变动。确需变动,需经学术委员会审议、科研院所的法定代表人审批。

第十条 科研院(所)应当将法定代表人审定的项目、项目负责人和资助额度等情况,按级次向主管部门报告。

第十一条 基本科研业务费是用于支持科研院所的优秀科研人员和团队完成项目研究的直接研究经费,应当严格执行财政专项资金管理的有关规定,按照任务书确定的开支范围和标准使用专项经费。

第十二条 基本科研业务费的开支范围包括:

(一)材料费。是指在项目研究过程中发生的各种原材料、辅助材料的消耗费用。

(二)测试化验加工费。是指在项目研究过程中发生的检验、测试、化验及加工等费用。

(三)差旅费。是指在项目研究过程中开展科学实验(试验)、科学考察、业务调研、学术交流等所发生的外埠差旅费及(含出差补助)、市内交通费。

（四）会议费。是指在项目研究过程中为组织学术研讨、咨询以及协调等活动而发生的会议费用。

（五）出版/文献/信息传播/知识产权事务费。是指在项目研究过程中发生的论文论著出版、文献资料检索与购置、专用软件购置、专利申请与保护的费用。

（六）专家咨询费。是指在项目研究过程中支付给临时聘请的咨询专家进行学术指导所发生的费用。

（七）劳务费。是指项目研究过程中支付给项目组成员中没有工资性收入的相关人员（如在校研究生）和项目组临时聘用人员等的劳务性费用。

基本科研业务费各项费用的开支标准应当严格按照国家有关科技经费管理的规定执行。

基本科研业务费不得开支有工资性收入的人员工资、奖金、津补贴和福利支出，不得购置大型仪器设备，不得分摊院所公共管理和运行费用（含科研房屋占用费），不得开支罚款、捐赠、赞助、投资等，严禁以任何方式谋取私利。

项目研究过程中发生的除上述费用之外的其他支出，应当在申请时单独列示，单独核定。

第十三条 科研院所应当建立健全基本科研业务费内部管理制度，明确经费使用和管理的职责权限，按照时间节点进行考核，加强内部监督检查，确保资金的合理使用和安全有效。

第十四条 基本科研业务费支持的项目应当在到期两个月以内，由科研院所负责组织学术委员会进行验收。项目负责人应当按期提交结题申请、项目总结报告和经费决算等相关材料。

第十五条 科研院所应当建立以科学道德、科技创新、人才培养、社会效益和经济效益等为主要目标的评价体系，按照定性与定量评价相结合的原则，定期组织本院（所）的基本科研业务费的节点考核和绩效评价工作，并向主管部门报送考核评价报告。重点评价一定时期内基本科研业务费所支持项目的绩效情况和科研院所科学研究能力水平的整体变化情况。

第十六条 主管部门应当按照财政部关于绩效考评的有关规定，结合所属科研院所提交的总结报告，逐步开展或组织第三方开展所属科研院所整体科研水平的绩效考评，并向财政部报送总结报告。

第十七条 使用基本科研业务费形成的固定资产、无形资产等均属国有资产，并按照国家有关规定执行管理。

第十八条 获得基本科研业务费的科研院所应当根据本办法规定制定实施细则，报主管部门审定后，由主管部门报财政部备案。

第十九条 本办法由财政部负责解释第二十条本办法自发布之日起施行。

调整国家科技计划和公益性行业科研
专项经费管理办法若干规定

(财教〔2011〕434号)

国务院各部委、各直属机构,总装备部,新疆生产建设兵团,各省、自治区、直辖市、计划单列市财政厅(局)、科技厅(委、局),有关单位:

2006年,财政部、科技部共同制定了《国家重点基础研究发展计划专项经费管理办法》、《国家科技支撑计划专项经费管理办法》、《国家高技术研究发展计划(863计划)专项经费管理办法》和《公益性行业科研专项经费管理试行办法》(财教〔2006〕159号、160号、163号和219号,以下简称《经费管理办法》)。为进一步改革和加强科研经费管理,针对《经费管理办法》执行过程中存在的需要进一步明确和解决的问题,现就相关国家科技计划课题和公益性行业科研专项项目(以下统一简称课题)经费管理和使用的有关事项通知如下:

一、调整课题经费开支范围

为适应科研活动规律的需要,落实财政科学化精细化管理要求,建立课题间接成本补偿机制,将课题经费分为直接费用和间接费用。

1.直接费用是指在课题研究开发过程中发生的与之直接相关的费用,主要包括设备费、材料费、测试化验加工费、燃料动力费、差旅费、会议费、国际合作与交流费、出版/文献/信息传播/知识产权事务费、劳务费、专家咨询费和其他支出等。

2.间接费用是指承担课题任务的单位在组织实施课题过程中发生的无法在直接费用中列支的相关费用。主要包括承担课题任务的单位为课题研究提供的现有仪器设备及房屋,水、电、气、暖消耗,有关管理费用的补助支出,以及绩效支出等。其中绩效支出是指承担课题任务的单位为提高科研工作绩效安排的相关支出。

间接费用使用分段超额累退比例法计算并实行总额控制,按照不超过课题经费中直接费用扣除设备购置费后的一定比例核定,具体比例如下:

500万元及以下部分不超过20%;

超过500万元至1000万元的部分不超过13%;

超过1000万元的部分不超过10%。

间接费用中绩效支出不超过直接费用扣除设备购置费后的5%。

间接费用按课题统一核定,由课题承担单位和课题合作单位根据各自承担的研究任务和经费额度,协商提出分配方案,在课题预算(书)中明确,并分别纳入各自单位财务统一管理,统筹安排使用。其中绩效支出,应当在对科研工作进行绩效考核的基础上,结合科研人员实绩,由所在单位根据国家有关规定统筹安排。课题承担单位和课题合作单位不得在核定的间接费用以外再以任何名义在课题经费中重复提取、列支相关费用。

二、强化预算编制和评估评审要求

课题申请单位应当在认真学习理解《经费管理办法》的基础上，根据课题研究开发任务的特点和实际需要，按照政策相符性、目标相关性和经济合理性的原则，科学、合理、真实地编制课题经费预算。课题直接费用各项支出不得简单按比例编列。其中，劳务费预算没有比例限制，课题申请单位应当结合单位实际和相关人员参与课题的全时工作时间，科学合理、实事求是地编制，并严格按照《经费管理办法》规定的开支范围使用；专家咨询费预算应当按照《经费管理办法》规定的标准据实编制；设备费预算编制中应当注意严格控制设备购置，鼓励共享、试制、租赁专用仪器设备以及对现有仪器设备进行升级改造，确有必要购买的，单位应当对拟购置设备的必要性、现有同样设备的利用情况以及购置设备的开放共享方案等进行单独说明。

课题经费预算评估评审中，有关中介机构和咨询专家应当科学合理地提出预算审核建议，不得简单化地按比例核减课题直接费用预算。建立健全课题经费预算评估评审的沟通反馈机制。

三、加强资金拨付和结存结余经费的管理

科技部、相关主管部门应当按照部门预算管理的规定，提前组织课题立项等相关工作，并按照部门预算编报的时间要求及时将预算安排建议报送财政部，提高年初预算到位率。财政部及时审核并通过部门预算下达课题经费预算。科技部、相关主管部门应当按照财政国库管理有关规定及时支付资金，财政部正式批复部门预算前可以从1月1日起按"二上"预算数的1/4支付资金。

课题承担单位应当根据课题年度实施的实际需要申请预算，本着勤俭节约的原则合理安排支出，最大限度地减少资金的结存结余，提高课题年度预算的执行效率。

课题结存结余经费的管理按照《经费管理办法》有关规定执行。课题结存经费是指未完成课题年度经费预算减去年度实际支出后的余额，课题在研期间，结存经费应当留由课题承担单位结转下一年度按规定继续使用。课题结余经费是指课题结束或因故终止时，课题经费总预算减去实际总支出后的余额，因故终止课题结余经费还应当包括处理已购物资、材料及仪器、设备的变价收入。课题结余经费应当按原渠道收回科技部或相关主管部门，由科技部或相关主管部门按照财政部关于财政拨款结转和结余资金管理的有关规定执行。

四、简化预算调整程序

1. 课题预算总额调整，课题承担单位变更等应当按原程序报财政部批准。

2. 相关国家科技计划课题总预算不变，课题合作单位之间以及增加或减少课题合作单位的预算调整，应当按原程序报科技部批准。

3. 课题总预算不变的情况下，直接费用中材料费、测试化验加工费、燃料动力费、出版/文献/信息传播/知识产权事务费、其他支出预算如需调整，课题组和课题负责人根据实施过程中科研活动的实际需要提出申请，由课题承担单位审批，科技部或相关主管部门在中期财务检查或财务验收时予以确认。设备费、差旅费、会议费、国际合作与交流费、劳

务费、专家咨询费预算一般不予调增,如需调减可按上述程序调剂用于课题其他方面支出。间接费用不得调整。

五、强化课题承担单位和课题合作单位的职责

1. 课题承担单位是课题经费使用和管理的责任主体,应当建立健全经费管理制度,完善内部控制和监督制约机制,严格课题预算调整审批程序,按时提出财务验收申请,配合做好财务审计、财务验收等工作,及时按规定办理财务结账手续,并采取有效措施切实保障科研、财务、行政等管理部门对课题实施的全面支撑,积极推动本单位现有仪器设备等科研条件对课题的开放共享。

课题合作单位应当按照《经费管理办法》的规定,对课题经费和自筹经费分别单独核算,自觉接受有关监督检查。

课题承担单位和课题合作单位应当严格执行国家关于政府采购、招投标、资产管理等的规定。行政事业单位使用课题经费形成的固定资产属于国有资产,一般由单位进行使用和管理,国家有权进行调配。企业使用课题经费形成的固定资产,按照《企业财务通则》等相关规章制度执行。

2. 课题承担单位和课题合作单位应当按照国家有关规定强化间接费用的管理,制定具体的管理办法。遵循公开、公平、公正的原则,合理统筹安排绩效支出,提升科研人员工作绩效水平。

3. 课题承担单位应当及时按预算核拨课题合作单位经费,并加强对外拨经费的监督管理。课题承担单位和课题合作单位不得层层转拨、变相转拨经费。

六、加强监督检查

1. 财政部、科技部、相关主管部门按照《经费管理办法》规定的职责分工对课题经费通过专项审计、中期财务检查、财务验收、绩效评价等多种方式实施监督检查,严肃处理各类违法违规使用经费的行为,切实维护财经法规的严肃性。

2. 建立健全信用管理机制。科技部、相关主管部门对课题承担单位和课题合作单位、课题负责人等科研人员、中介机构和咨询专家在经费管理使用、评估评审方面的信誉度进行评价和记录,作为今后参加国家科技计划和公益性行业科研专项科研和评估评审等活动的重要依据。

3. 积极推进信息公开。科技部、相关主管部门应当及时对非涉密课题预算安排情况进行公示,接受社会监督;逐步探索建立课题绩效情况公示制度;积极推进对违规使用科研经费的行为进行公开。课题承担单位应当逐步建立课题信息公开制度,在单位内部对课题组人员构成、课题设备购置、预算调整、外拨经费、间接费用使用情况等进行公开。

本通知自发布之日起施行。经费管理的其他有关规定,仍按照《经费管理办法》执行,其中涉及相关国家科技计划的定位、承担单位资质、课题组织等方面与相关国家科技计划管理办法规定不一致的内容,以相关国家科技计划管理办法为准。对于 2011 年 1 月 1 日至通知发布期间批复总预算的课题,在批复预算总额不变的前提下,分科目预算可按本通知第一条规定相应调整。各有关部门和单位要按照本通知和《经费管理办法》的要求,加强专项经费管理,切实提高经费使用效益。执行中若有问题,请及时函告财政部、科技部。

财政部、科技部将针对本通知及有关科技经费管理政策实施情况,选择有代表性的单位,进行跟踪、指导和推动政策落实,总结、评估政策实施效果。

财政部　科技部

2011 年 9 月 14 日

公益性行业(气象)科研专项管理办法

(气发〔2012〕57号 2012年7月24日)

第一章 总 则

第一条 为加强公益性(气象)行业科研专项(以下简称"行业专项")规范管理,完善运行管理机制,发挥事业发展需求对行业专项的牵引作用,优化科技资源配置,促进气象科技人才和创新团队成长,强化科技成果业务应用,切实增强对气象现代化建设的科技支撑能力,提高行业专项资金使用效益,根据财政部和科技部《公益性行业科研专项经费管理试行办法》(财教〔2006〕219号)和《关于调整国家科技计划和公益性行业科研专项经费管理办法若干规定的通知》(财教〔2011〕434号),结合气象行业实际,制定本办法。

第二条 行业专项主要面向国家经济社会发展对气象服务的需求,以突破气象事业发展中具有战略性、全局性、先导性的重大科技瓶颈,解决制约现代气象业务发展的重点领域关键科技难题,推动关键环节和区域特色科技创新发展为目标,按重大、重点和面上分类组织项目,全面落实天气、气候、应用气象和综合气象观测等重点研究领域的任务部署,支持全行业开展应急性、培育性、基础性科研工作。

第三条 行业专项组织实施更加聚焦气象现代化发展需求,加强顶层设计,明确目标任务,突出研发重点;完善管理流程,明晰管理职责,加强过程管理;强化业务应用导向,实行政策引导、项目实施、考核评估既相对独立又协调促进的工作机制,强调成果管理与应用,推动产学研用结合。注重国家、区域、省(区、市)之间以及部门内外的均衡、协调发展,注重调动本行业优势科技力量和海外高层次智力资源参与气象科技创新,注重科研任务(项目)与人才培养、团队建设的结合,注重行业专项与国家科技计划项目的合理统筹和有效衔接。

第四条 行业专项组织管理坚持面向需求、程序规范、公平公正、公开透明、监督有力、考核严密、注重实效的原则。行业专项管理包括项目立项、组织实施、监督检查、结题验收与后效评估、资产与知识产权管理等环节。

第五条 中国气象局负责行业专项的组织实施与管理。

第二章 组织管理体系与职责分工

第六条 在财政部、科技部的指导下,中国气象局成立行业专项经费管理咨询委员会(以下简称"咨询委员会")。咨询委员会由中国气象局相关职能司领导及气象行业相关单位的管理代表组成,咨询委员会主任由中国气象局分管科技工作局领导担任。其主要职责是：

（一）评议年度行业专项项目建议。

（二）对项目承担单位选择提出咨询意见。

（三）对项目执行的全过程发挥咨询评议作用。

第七条 中国气象局成立行业专项专家委员会（以下简称"专家委员会"）。专家委员会成员由中国气象局科学技术委员会委员和遴选的行业相关领域资深专家组成。专家委员会对行业专项组织实施发挥科学研究目标把关和专业技术指导作用，对其把关指导结果的公正性、科学性负责。其主要职责是：

（一）审议重点领域研究计划和年度行业专项指南。

（二）评审（议）项目建议书、实施方案和预算。

（三）对项目实施过程进行跟踪咨询指导。

（四）参与项目结题验收与成果评价。

（五）对行业专项组织实施的重大事宜提出意见和建议。

第八条 中国气象局推行重点研究领域首席科学家（以下简称"首席科学家"）负责制。首席科学家人选由中国气象局任命产生。首席科学家对相关领域内的行业专项组织实施发挥顶层规划设计、总体技术指导和研究目标方向把关等作用。其主要职责是：

（一）组织制（修）订相关重点领域研究计划。

（二）围绕相关重点领域发展目标，牵头梳理行业专项指南任务建议，在立项评审和结题验收等工作中负责技术把关。

（三）组织相关重点领域行业专项实施进展交流、检查、成果总结与后效跟踪评估，推动成果转化应用。

第九条 中国气象局科技与气候变化司（以下简称"科技司"）总体协调行业专项组织管理，负责组织指南编制与发布、项目立项、实施过程管理、成果管理等工作，委托相关机构开展综合后效评估；中国气象局业务职能司（以下简称"业务司"）围绕业务发展需求，组织凝练关键科技问题，对指南任务方向、立项项目应用考核目标进行审查把关，统筹协调行业专项项目与业务建设项目的有机衔接，跟踪督查指导项目实施过程，组织协调项目成果中试、应用测试及转化应用等；中国气象局计划财务司（以下简称"计财司"）负责项目预算审核、预算执行情况检查和财务验收；中国气象局审计室（以下简称"审计室"）负责组织协调项目财务审计，督促检查行业专项风险防控措施落实情况及效果。

第十条 项目组织单位为各省（区、市）气象局、中国气象局直属业务科研单位和所属企业，气象行业相关科研院所、高等院校、企业，以及其他具备组织协调能力的单位或组织。项目组织单位对项目总体目标的完成及实施效果负责。其主要职责是：

（一）组织推荐行业专项指南任务建议；对项目建议书、实施方案和预算申报书，以及任务书和预算书进行审核，并确认项目承担单位和项目负责人所提交材料的真实性。

（二）落实项目约定支付的除财政资金以外的其他渠道经费及相关保障条件。

（三）制定内部项目管理办法，建立健全内部监控制度。监督、检查项目执行情况和经费使用情况，协调并处理项目执行过程中出现的有关问题，及时报告项目实施相关重大事项。

(四)按要求汇总、报告项目年度执行情况及有关信息报表;及时组织提交项目验收的有关文件资料;组织成果登记,及时汇交项目形成的技术报告、论文、数据、评价报告等成果资料,并按有关要求归档。

(五)按照有关政策法规,加强对项目成果的知识产权管理和保护工作。督促项目承担单位遵守和执行国家和部门在设备购置、外事、保密等方面的有关规定。

(六)汇总并上报成果业务转化建议,在相关业务司总体协调下,组织实施科研成果业务转化和推广应用。

第十一条 项目承担单位为具有较强科研能力和条件、运行管理规范、在中国大陆境内具有独立法人资格的业务科研单位、高等院校、内资或内资控股企业等。项目承担单位按照法人管理责任制要求对项目具体任务的完成及实施效果负责。其主要职责是:

(一)按要求组织编制项目建议书、实施方案和预算申报书,以及任务书和预算书。

(二)依据签订的项目任务书和预算书内容,具体实施项目研究开发工作,按规定管理使用项目经费,落实项目约定支付的自筹经费及其他配套条件。

(三)在项目实施前与各协作单位签订协议,明确项目执行中产生的知识产权与成果归属,按照有关政策法规,保护各方权益。

(四)对项目实施过程进行跟踪管理,经项目组织单位审核把关,及时报告项目实施有关重大问题。

(五)按要求上报项目年度执行情况及有关信息报表;及时提交项目验收的有关文件资料;及时汇交项目形成的技术报告、论文、数据、评价报告等成果资料。

(六)提出项目成果业务转化建议,并在相关业务司和项目组织单位的协调组织下,做好科研成果业务转化和推广应用实施工作。承担项目研发的相关业务单位应在项目成果的业务转化、中试、检验评估、应用测试和推广应用等方面发挥积极作用。

第十二条 项目负责人的主要职责是:

(一)根据行业专项指南编制项目建议书,按要求编制项目实施方案和预算申报书。

(二)按照财政部批复编制项目任务书和预算书,并根据签订的任务书和预算书内容具体实施项目研发工作,按规定使用项目经费。

(三)接受监督检查、验收和后效评估,按要求报告项目实施进展情况、预算执行进度等有关信息报表及有关重大事项,按照规定时间及时报送项目财务审计、财务验收和综合验收相关材料。

(四)在上级管理部门的协调指导下,承担项目成果业务转化、推广应用、培训、宣传和科普工作。

第三章 项目承担人员条件

第十三条 项目负责人的条件如下:

(一)学术水平高,开拓创新意识强,组织协调能力突出。

(二)作风民主、严谨,无学术不端行为,过去三年无不良信用记录。

(三)项目主体研究思路的主要提出者和实际主持研究的人员。

(四)申报项目当年(12月31日前)年龄不超过57周岁,具有副高级(含)以上的专业技术职称。

(五)正式受聘于项目承担单位,每年在项目承担单位工作时间不得少于六个月,其在主持项目上投入的工作时间和精力应达到自身实际工作量的50%以上。

(六)项目负责人同期只能主持一项行业专项项目,同时可且仅可参加一项;主持在研行业专项项目没有通过综合验收的,项目负责人不得申请主持新项目。

(七)满足上述条件的海外和港澳台地区人员可以作为项目负责人。国家公务员(包括参照公务员管理的人员)不能作为项目负责人。

(八)若因特殊原因,如项目预期有重大创新,且无其他合适承担者,或行业急需的某些特殊人才等,经中国气象局批准,项目负责人条件可适当放宽。

第十四条 具有副高级(含)以上专业技术职称、未主持在研行业专项项目的人员同期参加的项目数不超过三项。

第十五条 同等条件下,优先支持高层次科技创新人才和国家级创新团队成员承担行业专项项目。

第四章 项目立项及其预算审批流程

第十六条 年度行业专项指南编制。

(一)围绕天气、气候、应用气象和综合气象观测等重点领域的任务部署,按照业务发展需求的优先级,每年11月至下一年1月底,面向全行业征集年度行业专项任务建议,经首席科学家梳理凝练,与国家科技计划项目统筹衔接,形成年度行业专项指南建议。

(二)从专家委员会中遴选部分专家组成专家组,对指南建议进行评议和进一步修改凝练。

(三)业务司结合专家评议意见对指南建议进行审议把关,并结合业务需求的轻重缓急提出补充完善意见。

(四)依据首席科学家和专家组梳理、评议、修改凝练结果,以及业务司的审议把关和补充完善意见,中国气象局研究确定并公开发布年度行业专项指南。

第十七条 项目建议书审查和审议。

(一)科技司对项目建议书进行形式审查。

(二)科技司从专家委员会中遴选部分专家组成专家组,对项目建议书进行审议。

(三)业务司结合专家评议意见对项目建议书进行审查把关,重点审查项目研究内容及其与相关业务建设项目任务重叠情况,以及技术关键点、预期成果、业务应用考核目标等。

(四)咨询委员会审议拟推荐项目并对项目承担单位选择提出咨询意见。

(五)根据审查、审议意见,中国气象局研究确定报科技部查重项目,每年4月底前报科技部查重。

第十八条 项目实施方案和经费预算评审。

（一）科技司负责将每个项目实施方案和经费预算分送三位以上行业相关领域专家书面评审。

（二）计财司组织财务专家对项目经费预算进行审查（核）把关，重点审查（核）项目预算编制与任务目标是否相关、是否符合相关政策，以及是否经济合理。

（三）业务司对项目实施方案进行审查把关，重点审查项目技术路线，以及业务应用目标、技术指标、设备购置等内容的合理性、可行性。

（四）根据业务司和专家书面审查（核）评审意见，中国气象局研究确定进入综合评审的项目；进入综合评审的项目进行实施方案修改完善和经费预算调整。

（五）分领域组织项目综合评审。重大、重点项目采取现场答辩形式，面上项目采取主副审专家介绍项目主要情况，综合评审专家组投票表决形式，确定项目综合评审结果。综合评审专家组成员从专家委员会中遴选。

（六）根据综合评审意见，组织项目负责人修改完善项目实施方案，调整经费预算。

第十九条 根据项目综合评审结果，结合科技部查重意见，中国气象局研究确定年度推荐立项项目，公示一周无异议后，于7月底前正式报送财政部。

第二十条 根据财政部批复，科技司会同计财司组织与项目承担单位和项目负责人签订项目任务书和预算书，并在中国气象局网站公布年度立项项目相关信息。

第二十一条 以业务应用为目标的行业专项项目在立项时须明确具体可操作的业务应用考核指标，同时须明确其成果的业务应用单位。

第五章 项目实施及管理

第二十二条 项目组织单位应督促项目承担单位加强对项目实施和经费使用的监督和管理，按规定对专项经费及其自筹经费分别进行核算。项目预算执行和财务验收等严格按照财教〔2006〕219号和财教〔2011〕434号有关规定执行。项目经费的拨付按照财政资金支付管理的有关规定执行。经费使用中涉及政府采购的，按照政府采购有关规定执行。

第二十三条 项目执行过程中，项目承担单位应当严格按照下达的项目预算执行，一般不予调整。确有必要调整的，应当按以下程序审批：

（一）项目预算总额和项目承担单位变更，应由项目承担单位经由项目组织单位向计财司提出申请，计财司按有关程序报财政部批准。

（二）项目总预算不变，直接费用中的材料费、测试化验加工费、燃料动力费、出版/文献/信息传播/知识产权事务费和其他支出如需调整可由项目负责人申请，项目承担单位审批，计财司在中期财务检查或财务验收时予以确认；设备费、差旅费、会议费、国际合作与交流费、劳务费、专家咨询费预算一般不予调增，如需调减可按上述程序调整用于其他方面；间接费用不得调整。

第二十四条 实行重大事项报告制度。项目实施期间如确需进行项目计划任务调整、项目负责人变更,项目承担单位应当及时经项目组织单位向科技司提出申请,经批准后执行。

第二十五条 项目管理实行年度报告、阶段检查和中期评估制度。加强项目实施过程管理,逐步建立和实行重大项目联系专家制度。

(一)项目负责人按要求编制项目执行情况报告和有关信息报表,并经项目组织单位审核汇总于每年11月15日前报送中国气象局;按相关职能司要求报送项目预算执行进度。

(二)首席科学家或项目组织单位牵头组织开展对相关领域项目实施进行阶段检查和中期评估。必要时,科技司会同有关业务司或专家,对部分重点项目执行情况进行现场检查。

(三)重大项目联系专家人选由首席科学家提名并经科技司会同有关业务司认定。重大项目联系专家负责跟踪、督查、指导项目实施和问题整改,促进成果转化应用。

(四)针对阶段检查、中期评估中发现有重大问题的项目,将视情况限期整改;情节严重的,将中止项目执行并做相应的处理。

第二十六条 凡涉及对外合作、对外签署合作协议或备忘录等法规性文件以及重大专业设备购置的项目,项目承担单位应在事前按有关规定履行报批程序。

第六章 项目验收与后效评估

第二十七条 项目验收应在规定执行期结束后六个月内完成,项目验收以正式签订的任务书、预算书、任务变更批复文件等为依据。对具有明确业务应用目标的项目,项目组织单位应在相关业务司的协调指导下,督促项目承担单位联合相关业务应用单位,于项目规定执行期结束前完成其成果转化应用中试,并形成中试报告,中试报告作为项目验收时成果评价的依据。

第二十八条 项目验收包括财务审计、财务验收、应用测试和综合验收。

(一)财务审计。项目承担单位经项目组织单位于规定执行期结束后一个月内提出财务审计申请,并按审计室要求提交相关材料;审计室在接到项目承担单位提交完整、合格的审计资料及申请后一个半月内组织完成财务审计工作,并形成财务审计报告。

(二)财务验收。项目承担单位接到财务审计报告后半个月内经项目组织单位提出财务验收申请,并按要求提交相关材料;计财司在接到申请后二个月内组织完成项目财务验收,并形成财务验收意见。

(三)应用测试。产出软件、系统、平台或仪器设备等成果的项目,其承担单位经项目组织单位于规定执行期结束后一个月内向相关业务司提出成果应用测试申请;相关业务司或其委托的相关职能管理机构在收到申请后两个月内完成成果应用测试,并形成应用测试报告。

(四)综合验收。项目完成财务验收和应用测试后一周内,项目承担单位经项目组织单位向科技司提出综合验收申请,并提交《公益性行业(气象)科研专项项目验收材料汇编》。科技司从专家委员会遴选部分专家组成验收专家组,适时组织项目综合验收。

第二十九条 项目因故不能按期完成的,项目承担单位应经项目组织单位提前三个月向中国气象局提出延期申请,经批准后按新方案执行,原则上,延期不超过一次。如未获批准,项目仍需按原定期限进行验收。对执行期结束后六个月仍未能进行验收的项目,中国气象局将对有关单位和项目负责人进行通报。

第三十条 项目综合验收结论分为通过验收和不通过验收。项目完成任务书规定的研究任务和考核目标(指标),并依照预算书通过财务验收,为通过验收;存在下列情形之一的,为不通过验收:

(一)项目目标任务完成不到85%。

(二)所提供的验收文件、资料、数据不真实,存在弄虚作假。

(三)未经批准,项目承担单位、项目负责人、项目计划任务等发生变更。

(四)超过项目执行期六个月以上未完成项目任务,且事先未做出说明。

(五)未通过财务验收。

第三十一条 项目验收实行复议制度。

对于验收过程中因提供的验收文件资料不翔实、不准确等原因导致验收意见争议较大,或项目成果资料未按要求进行整理、归档,或研究过程及结果等存在纠纷尚未解决的项目,需要进行复议。

对于需要复议的项目,项目承担单位和项目负责人应在首次验收后半年内,针对存在的问题做出改进、补充相关材料,经项目组织单位再次提出验收申请。若未按规定时限要求进行改进或补充材料,视为不通过验收。

第三十二条 对于不通过验收的项目,中国气象局将对相关责任单位和责任人进行通报,并分别记一次不良信用记录。

第三十三条 实行项目后效评估和成果转化应用情况通报制度。

首席科学家对项目验收后成果转化应用情况组织开展连续1—3年的跟踪调查评估,并及时通报有关结果。科技司会同业务司委托相关机构,对成果转化应用情况进行综合评估。项目验收后三年内,未按计划完成成果转化应用的,对相关责任单位和责任人分别记一次不良信用记录。

第三十四条 科技司会同业务司逐步建立和完善行业专项项目成果交流与转化应用评价激励机制,促进成果业务转化和推广应用。

针对项目验收或后效评估优秀的重大关键科技研发成果或具有较强应用前景的重要科研成果,以及其项目负责人和团队,通过行业专项等科技项目优先给予持续支持,确保成果最终实现业务转化应用并提升业务水平,促进人才和团队成长。

通过科技成果转化或中试平台(基地),以及不同形式的科技成果交流展示平台,推进行业专项成果业务转化、交流共享和推广应用;优先推荐取得重大业务转化应用效果的优秀成果申报国家各类科技奖励或参与国内外学术与技术交流。

第七章 资产与知识产权管理

第三十五条 加强行业专项成果和知识产权的管理与保护。行业专项取得的成果要按照《科技成果登记办法》等有关规定进行登记和管理。涉及国家机密的,按《科学技术保密规定》执行。项目形成的知识产权,其归属和管理按照有关知识产权的法律法规和其他规范性文件的规定执行。

第三十六条 鼓励行业专项科研成果的转让和转化。项目组织单位、项目承担单位和项目负责人应积极支持和配合中国气象局遵照《中华人民共和国促进科技成果转化法》等相关规定组织开展行业专项科研成果的业务转化和推广应用工作。

第三十七条 项目承担单位和协作单位应就项目研究过程中形成的知识产权等无形资产的权益分配签订书面协定,遵照国务院办公厅《关于加强与科技有关的知识产权保护和管理工作的若干意见》、《中华人民共和国专利法》、《中华人民共和国著作权法》等相关法规规定执行,不得有恶意垄断成果和知识产权等行为。

第三十八条 项目研究过程中购置或试制形成的固定资产,由项目承担单位或购置(试制)单位代表国家负责管理和使用,固定资产的处置按照国家的有关规定执行。

第三十九条 行业专项项目研究形成的论文及专著须标注"公益性行业(气象)科研专项经费资助"(英文:"China Special Fund for Meteorological Research in the Public Interest")字样及项目编号。

第八章 监督管理

第四十条 按照公开透明的原则,及时将项目遴选结果、工作进度、预期成果及项目检查、验收等信息上网公布,接受监督。

第四十一条 对于违反财教〔2006〕219号、财教〔2011〕434号和本办法有关规定的,中国气象局将对相关责任单位和责任人进行通报,并视情况采取缓拨、减拨、停拨经费等措施,要求项目组织单位和项目承担单位限期整改。整改不力的,视情节给予通报批评、追回已拨付经费,取消其承担或参与行业专项资格等处理,并记入相关责任单位和责任人信用记录。

第四十二条 有不良信用记录的单位及项目负责人自不良信用记录产生起,取消其三年内承担行业专项项目的资格。

第四十三条 行业专项组织管理中实行回避和保密制度。在项目立项、检查、验收、后效评估等环节中,有利益关联的单位和个人,应予以回避;参与项目评审评估、阶段检查和结题验收等组织管理的单位和个人对有关未公开信息和资料负有保密义务。

第九章 附 则

第四十四条 本办法自发布之日起 30 日后施行,《公益性行业(气象)科研专项管理办法》(气发〔2008〕345 号)同时废止。

第四十五条 本办法由中国气象局负责解释。

气象部门科研经费监督管理办法

(气发〔2014〕113号 2014年12月5日)

第一章 总 则

第一条 为落实《国务院关于改进加强中央财政科研项目和资金管理的若干意见》(国发〔2014〕11号)文件精神,加强气象部门科研经费管理,健全部门内部监管制度体系,提高资金使用效益,促进科技创新驱动现代气象业务发展,依据国家有关财务管理制度和科研项目(课题)经费管理办法,制定本办法。

第二条 科研经费监督是指气象部门对所管理或协助有关主管部门管理的各类国家科技计划(专项、基金)项目(课题)和自主设立科研项目(课题)(以下统称科研项目)的经费使用情况组织开展监督检查,并对违规违纪行为追究责任的工作。

第三条 实施科研经费监督旨在规范科研经费管理和使用行为,帮助单位建立健全内部制度,加强廉政风险防控,实现关口前移、预防为主,为扎实推进科技创新驱动现代气象业务发展提供更好的保障服务。

第四条 科研经费监督的执行主体是中国气象局、直属单位、各省(区、市)气象局(以下简称监督主体)。科研经费监督的主要对象(以下简称监督对象)是气象部门管理或协助相关部门管理的科研项目的承担单位及其合作单位(以下简称承担单位)、项目负责人和项目组成员。

第五条 监督主体按照分级管理原则,在科技部、财政部、审计署、国家自然基金委等相关部门指导下,根据各类科研项目经费管理办法规定,建立职责明确、措施有力、程序规范的监督管理机制,依法、客观、公正、透明地组织开展科研经费监督工作。

第六条 中国气象局计划财务司(以下简称计财司)会同科技与气候变化司(以下简称科技司)、审计室归口协调管理气象部门科研经费监督工作。

第二章 监督职责与义务

第七条 中国气象局计财司负责气象部门科研经费监督管理工作的总体协调,负责科研经费预算、使用和监督管理的政策指导,会同科技司、业务职能司(以下简称业务司)、审计室组织制定阶段性专项监督计划,部署开展专项监督或巡视检查工作,组织开展中国气象局管理科研项目的财务验收。

第八条 科技司和业务司负责与其管理的项目经费使用相关的科研任务审查与技术咨询,按规定向社会公开科研立项、验收和资金安排等信息,协助国家有关部门做好科研经费专项巡视检查工作。

第九条 审计室和纪检监察机构分别负责科研经费审计与监督检查政策指导,组织制度化的科研经费专项审计和查处重大科研经费使用违规违纪行为。

第十条 各省(区、市)气象局、各直属单位负责对所属单位(属地单位)承担或自身管理的科研项目的预算申报、预算执行、经费使用和管理情况进行全面的年度监督、检查和指导,按要求协助做好各类科研经费专项监督或巡视检查工作。充分发挥同级财务、审计和纪检监察职能管理部门的作用,加强对科研项目预算执行和决算情况审计及财务验收,督促落实风险防控措施,开展违规行为调查。

第十一条 承担单位是科研经费管理使用的第一责任主体,应当建立健全财务和科研管理相结合的内部控制制度,以及常态化的自查自纠、责任倒查等监督制约机制,规范科研经费预算编制和使用的日常管理,在相关科研项目和经费管理办法授权的职责范围内及时审批项目预算调整事项,做好科研经费使用的日常监管。

第十二条 承担单位财务部门应加强对经费使用的财务审核和会计核算,保障经费规范、合理和有效使用,自觉接受上级主管部门或其委托的组织和单位的监督和巡视检查工作,按要求及时提供项目预算、决算及相关财务报告,并对报告信息真实性、准确性和完整性负责。

第十三条 项目负责人和项目组成员应当按相关科研经费管理办法规定和项目申报要求,科学合理、实事求是地编制项目预算,并严格按立项批复预算规模、科目及相关标准使用经费,不得违规使用和调整经费。

第三章 监督内容和方法

第十四条 科研经费监督贯穿科研经费管理的全过程,必须突出重点、务求实效。监督的主要内容是:

(一)财务管理制度建设及执行情况。包括对国家财经法规及相关科研经费(如间接费用、管理费用、结余经费等)管理制度、规定的贯彻落实情况,针对本单位财务工作特点制定细化的内部财务管理制度、风险防控措施落实情况,以及单位内部监督和责任倒查制度建设与执行情况等。

(二)科研经费会计核算情况。包括单独核算情况,会计科目设置规范性,核算内容和财务报告信息的真实、准确和完整性,经费开支审批程序和手续的完备性,以及相关财务档案资料保存管理情况等。

(三)预算计划与执行情况。包括按照财政国库管理制度相关规定,结合项目实施和资金使用需求,合理制定预算执行计划,按照规定支出范围和标准执行预算情况,配套资金及时足额到位情况,拨付合作单位预算资金规范性及监管情况,以及预算调整的必要性和程序规范性情况等。

(四)经费支出使用情况。包括有无超预算、超范围、超标准支出,以及挤占、挪用、转移、自行分解、擅自调整外拨或转拨科研经费等问题。有无利用虚假票据套取资金,编造虚假合同、虚构人员名单等方式虚报冒领劳务费和专家咨询费，虚构测试化验加工费，提高测试化验支出标准等方式违规开支测试化验加工费，随意调账变动支出、随意修改记账凭证、以表代账应付财务审计和检查等行为。

（五）经费支出管理情况。包括对科研经费开支的会议费、差旅费、小额材料费和测试化验加工费等，事业单位及其项目负责人是否按规定实行"公务卡"结算，企业单位及其项目负责人是否采用非现金方式结算，对设备费、大宗材料费和测试化验加工费、劳务费、专家咨询费等支出，是否尽可能通过银行转账方式结算；对实行间接费用管理的项目，承担单位建立的内部管理办法，是否体现一线科研人员实际贡献公开公平安排绩效支出，体现科研人员价值、充分发挥绩效支出的激励作用；是否存在核定间接费用以外再以任何名义重复提取、列支相关费用行为。

（六）固定资产购置、使用和管理情况。包括批复购置设备预算的执行情况，设备采购与政策规定的相符性及程序规范性，购置设备的开放共享情况，购置设备纳入单位固定资产管理情况等。

（七）决算和财务验收制度执行情况。包括决算和结题财务报告编报情况，及时清理账目、确定项目支出情况，结余经费的认定和依据相关规定使用或上缴情况，以及有无拖延财务结账、长期挂账报销费用等问题。

（八）内部监督和审计执行情况。包括监督工作的组织及进展情况，审计情况，内部监督和审计中发现问题的查处、跟踪督导、记录、整改、重大事项上报情况等。

第十五条 建立和完善科研经费监督管理运行机制。根据需要，综合利用财务报告、巡视检查、专项审计、财务验收、绩效评价、多方监督、受理举报等多种方法，通过日常监督、专项监督和社会监督相结合的方式，对科研经费实施监督。

（一）财务报告。承担单位按照相关制度的规定和要求，定期或不定期地向上级财务主管部门报告项目预算执行情况和重大财务事项。上级财务主管部门对财务报告进行合规性审查。

（二）巡视检查。监督主体的财务部门会同科技、业务、审计职能部门，定期派出由财务、审计、科技专家与管理人员组成的巡视组，针对不同科研项目管理特点，对科研经费数额较大的单位进行制度化的巡视检查或抽查。通过听取汇报、召开座谈会、资料查验等多种方式，全面检查承担单位及项目负责人在贯彻国家科研经费管理制度、建立内部管理机制、执行科研经费预算等方面的情况。

（三）专项审计。监督主体的审计职能部门按照相关管理规定和分级管理原则，对科研经费使用的合法性、合规性和合理性，以及财务收支信息的真实性和完整性等，制度化地组织专项审计和评价。

（四）财务验收。监督主体的财务部门按照相关管理规定，在科研项目验收期间，对项目预算执行情况、经费使用情况和财务决算报告等进行验收审核与评价。财务验收是项目验收的重要组成部分，未通过财务验收的不予通过项目验收。

（五）绩效评价。监督主体的财务部门会同科技、业务、审计职能部门，采用一定的考核方法、量化指标及评价标准，组织对科研经费执行过程及其产出结果进行综合性考核与评价。具体组织实施办法按照国家有关科研项目绩效考评管理办法和中国气象局的有关规定执行。绩效评价的结果将作为单位和个人今后申请立项及预算的重要参考依据。

（六）多方监督。除涉密及法律法规另有规定外，监督主体按规定向社会公开科研立项信息、验收结果和资金安排等，接受社会监督；承担单位在单位内部公开项目立项、主要研究人员、资金使用、科研成果等信息，接受内部监督；相关部门和单位按照财政国库管理制度相关规定，结合项目实施和资金使用进度，及时合规办理资金支付情况，接受承担单位和项目负责人的监督。

（七）受理举报。监督主体的财务、科技、审计等职能部门根据各自职责处理相关信访举报。涉嫌违规违纪的检举控告移交纪检监察机构，按照有关规定予以查处。

第四章　组织实施

第十六条　科研经费监督工作可以采用监督主体直接组织检查组，委托承担单位的上级主管部门或有资质的会计师事务所（以下统称受委托单位）等方式进行。

第十七条　委托开展的科研经费监督工作，需要履行规范的委托程序和手续。受委托单位在具体的监督工作实施中，承担委托人赋予的监督责任。

第十八条　科研经费监督工作按照以下程序组织实施：

（一）制定监督计划。监督主体根据科研经费管理工作需要，制定阶段性（中国气象局）或年度（直属单位或省局）监督计划，确定监督重点和内容，部署开展监督工作。

（二）通知被检查单位。监督主体根据监督计划，遴选确定开展监督检查的单位和项目，提前书面通知被检查单位。

（三）被检查单位上报自查资料。被检查单位根据监督检查工作的通知要求准备相关资料并上报。一般包括自查报告、项目任务书、项目预算书、购置资产清单、相关账簿、会计凭证以及需要填报的财务报表、项目结余经费使用计划等资料。检查组或受委托单位对上报资料按相关要求进行审查。

（四）现场检查。检查组或受委托单位根据需要通知被检查单位进行现场检查，调查了解单位的规章制度建立情况和经费使用、管理及监督情况，收集和检查有关资料和会计凭证，并就检查结果与被检查单位进行沟通和交流，对不规范问题给予纠正指导。

（五）形成监督检查报告。检查组或受委托单位对调查中取得的素材和资料进行归类、汇总和分析确认，结合现场检查情况，按要求形成监督检查报告。

（六）监督检查问题处理。监督主体针对监督检查中发现的问题，按照相关制度规定，下达监督检查整改意见书。被检查单位应在规定时限内完成整改，并将执行结果书面上报监督主体。对监督检查意见书中认定问题有异议的，可以申请重新核查确认。

第十九条　充分发挥专家和会计师事务所等中介机构对监督工作的咨询作用。专家和中介机构在现场检查过程中，有责任就科研经费管理政策法规向被检查单位进行解释说明。在选择专家和会计师事务所的过程中，应坚持以下原则和要求：

（一）对专家的选择应坚持客观、公正和回避的原则。紧密围绕项目所属领域和自身特点选择专家,根据监督工作需要,检查专家可包括财务、技术、经济以及国际合作专家等。专家应了解被检查项目的基本情况,在检查过程中能够客观、公正地发表意见,并对通过检查获得的项目技术和财务情况保守秘密。

(二)对会计师事务所的选择应坚持公开、竞争和择优遴选的原则。会计师事务所应当秉持第三方的独立原则开展审计工作,审计人员应熟悉国家财经法规和科研经费管理各项规定,客观、公正地发表审计意见。

第二十条 建立健全科研经费监督管理信息数据库,全面记录科研经费监督计划、组织实施情况、监督检查结果以及整改落实情况等。

第五章 处罚措施

第二十一条 建立科研信用"黑名单"制度。监督主体对监督检查中发现的违规违纪行为,根据情节轻重予以严肃处理,对相关单位和当事人进行信用评价和记录。将严重不良信用记录者记入"黑名单",阶段性或永久性取消其申请科研经费或参与监督管理的资格,按规定实现信用评价信息共享。

第二十二条 承担单位在科研经费内部管理制度和会计核算方面有下述行为之一的,将视情节轻重按规定采取限期整改、停拨经费、通报批评、不通过财务验收直至取消项目承担者一定期限内项目申报资格等措施。

(一)科研经费不按项目核算的;

(二)科研经费内部管理制度不健全,财务管理和会计基础性工作薄弱的;

(三)固定资产管理不规范,购置的固定资产不及时入账,形成账外资产的;

(四)不按要求及时编报决算,或脱离财务部门编报决算,造成报表数据不准确、账表不一致的;

(五)其他违反财经制度的行为。

第二十三条 承担单位、项目负责人及项目组成员在监督检查中被发现在预算申报过程中有下述行为之一的,将视情节轻重停拨经费、通报批评、不通过财务验收、终止项目、追回已拨经费直至一定时限内取消项目申报资格、记入黑名单等处罚。

(一)编报虚假预算,套取国家财政资金的;

(二)提供虚假财务会计资料的;

(三)提供虚假配套资金承诺的;

(四)采用不正当手段影响预算评审评估结果的;

(五)存在一题多报、重复资助等问题的;

(六)其他违反财经制度的行为。

第二十四条 承担单位、项目负责人及项目组成员在预算执行方面有下述行为之一的,将视情节轻重限期整改、停拨经费、通报批评、不通过财务验收、终止项目、追回已拨经费直至一定时限内取消项目申报资格。

(一)不严格执行预算,存在超预算、超范围、超标准支出行为的;

(二)截留、挤占、挪用经费的;

(三)违反规定开支人员费,乱发津贴、补贴,超额提取管理费的;

(四)未按规定自行调整预算的;

(五)违反规定转拨、转移或变相转移经费的;

(六)已承诺的配套资金不及时足额到位的;

(七)其他违反财经制度的行为。

第二十五条 承担单位、项目负责人及项目组成员在结题验收方面有下述行为之一的,将视情节轻重限期整改、通报批评、不通过财务验收直至一定时限内取消其项目申报资格。

(一)少报、漏报、隐匿不报结余资金的,以及结余资金不按规定及时上缴的;

(二)单位财务不及时结账、长期挂账报销费用的;

(三)不配合监督检查工作,以及采取不正当手段,影响监督检查人员客观发表意见的;

(四)其他违反财经制度的行为。

第二十六条 承担单位、项目负责人及项目组成员发生其他违反科研经费管理规定问题触犯财经纪律的,移交纪检监察机构查处;涉嫌犯罪的,移送司法机关依法追究刑事责任。

第六章 附 则

第二十七条 本办法由中国气象局计财司和科技司负责解释。

第二十八条 本办法自发布之日起执行。

第二十九条 其他来源的科研经费监督工作可由相关监督主体参照本办法执行。

政府非税收入管理办法

(财税〔2016〕33号 2016年3月15日)

第一章 总 则

第一条 为了加强政府非税收入(以下简称非税收入)管理,规范政府收支行为,健全公共财政职能,保护公民、法人和其他组织的合法权益,根据国家有关规定,制定本办法。

第二条 非税收入设立、征收、票据、资金和监督管理等活动,适用本办法。

第三条 本办法所称非税收入,是指除税收以外,由各级国家机关、事业单位、代行政府职能的社会团体及其他组织依法利用国家权力、政府信誉、国有资源(资产)所有者权益等取得的各项收入。具体包括:

(一)行政事业性收费收入;

(二)政府性基金收入;

(三)罚没收入;

(四)国有资源(资产)有偿使用收入;

(五)国有资本收益;

(六)彩票公益金收入;

(七)特许经营收入;

(八)中央银行收入;

(九)以政府名义接受的捐赠收入;

(十)主管部门集中收入;

(十一)政府收入的利息收入;

(十二)其他非税收入。

本办法所称非税收入不包括社会保险费、住房公积金(指计入缴存人个人账户部分)。

第四条 非税收入是政府财政收入的重要组成部分,应当纳入财政预算管理。

第五条 非税收入实行分类分级管理。

根据非税收入不同类别和特点,制定与分类相适应的管理制度。鼓励各地区探索和建立符合本地实际的非税收入管理制度。

第六条 非税收入管理应当遵循依法、规范、透明、高效的原则。

第七条 各级财政部门是非税收入的主管部门。

财政部负责制定全国非税收入管理制度和政策,按管理权限审批设立非税收入,征缴、管理和监督中央非税收入,指导地方非税收入管理工作。

县级以上地方财政部门负责制定本行政区域非税收入管理制度和政策,按管理权限审批设立非税收入,征缴、管理和监督本行政区域非税收入。

第八条 各级财政部门应当完善非税收入管理工作机制,建立健全非税收入管理系统和统计报告制度。

第二章 设立和征收管理

第九条 设立和征收非税收入,应当依据法律、法规的规定或者按下列管理权限予以批准:

(一)行政事业性收费按照国务院和省、自治区、直辖市(以下简称省级)人民政府及其财政、价格主管部门的规定设立和征收。

(二)政府性基金按照国务院和财政部的规定设立和征收。

(三)国有资源有偿使用收入、特许经营收入按照国务院和省级人民政府及其财政部门的规定设立和征收。

(四)国有资产有偿使用收入、国有资本收益由拥有国有资产(资本)产权的人民政府及其财政部门按照国有资产(资本)收益管理规定征收。

(五)彩票公益金按照国务院和财政部的规定筹集。

(六)中央银行收入按照相关法律法规征收。

(七)罚没收入按照法律、法规和规章的规定征收。

(八)主管部门集中收入、以政府名义接受的捐赠收入、政府收入的利息收入及其他非税收入按照同级人民政府及其财政部门的管理规定征收或者收取。

任何部门和单位不得违反规定设立非税收入项目或者设定非税收入的征收对象、范围、标准和期限。

第十条 取消、停征、减征、免征或者缓征非税收入,以及调整非税收入的征收对象、范围、标准和期限,应当按照设立和征收非税收入的管理权限予以批准,不许越权批准。

取消法律、法规规定的非税收入项目,应当按照法定程序办理。

第十一条 非税收入可以由财政部门直接征收,也可以由财政部门委托的部门和单位(以下简称执收单位)征收。

未经财政部门批准,不得改变非税收入执收单位。

法律、法规对非税收入执收单位已有规定的,从其规定。

第十二条 执收单位应当履行下列职责:

(一)公示非税收入征收依据和具体征收事项,包括项目、对象、范围、标准、期限和方式等;

(二)严格按照规定的非税收入项目、征收范围和征收标准进行征收,及时足额上缴非税收入,并对欠缴、少缴收入实施催缴;

(三)记录、汇总、核对并按规定向同级财政部门报送非税收入征缴情况;

(四)编报非税收入年度收入预算;

(五)执行非税收入管理的其他有关规定。

第十三条 执收单位不得违规多征、提前征收或者减征、免征、缓征非税收入。

第十四条 各级财政部门应当加强非税收入执收管理和监督,不得向执收单位下达非税收入指标。

第十五条 公民、法人或者其他组织(以下简称缴纳义务人)应当按规定履行非税收入缴纳义务。

对违规设立非税收入项目、扩大征收范围、提高征收标准的,缴纳义务人有权拒绝缴纳并向有关部门举报。

第十六条 缴纳义务人因特殊情况需要缓缴、减缴、免缴非税收入的,应当向执收单位提出书面申请,并由执收单位报有关部门按照规定审批。

第十七条 非税收入应当全部上缴国库,任何部门、单位和个人不得截留、占用、挪用、坐支或者拖欠。

第十八条 非税收入收缴实行国库集中收缴制度。

第十九条 各级财政部门应当加快推进非税收入收缴电子化管理,逐步降低征收成本,提高收缴水平和效率。

第三章 票据管理

第二十条 非税收入票据是征收非税收入的法定凭证和会计核算的原始凭证,是财政、审计等部门进行监督检查的重要依据。

第二十一条 非税收入票据种类包括非税收入通用票据、非税收入专用票据和非税收入一般缴款书。具体适用下列范围:

(一)非税收入通用票据,是指执收单位征收非税收入时开具的通用凭证。

(二)非税收入专用票据,是指特定执收单位征收特定的非税收入时开具的专用凭证,主要包括行政事业性收费票据、政府性基金票据、国有资源(资产)收入票据、罚没票据等。

(三)非税收入一般缴款书,是指实施非税收入收缴管理制度改革的执收单位收缴非税收入时开具的通用凭证。

第二十二条 各级财政部门应当通过加强非税收入票据管理,规范执收单位的征收行为,从源头上杜绝乱收费,并确保依法合规的非税收入及时足额上缴国库。

第二十三条 非税收入票据实行凭证领取、分次限量、核旧领新制度。

执收单位使用非税收入票据,一般按照财务隶属关系向同级财政部门申领。

第二十四条 除财政部另有规定以外,执收单位征收非税收入,应当向缴纳义务人开具财政部或者省级财政部门统一监(印)制的非税收入票据。

对附加在价格上征收或者需要依法纳税的有关非税收入,执收单位应当按规定向缴纳义务人开具税务发票。

不开具前款规定票据的,缴纳义务人有权拒付款项。

第二十五条 非税收入票据使用单位不得转让、出借、代开、买卖、擅自销毁、涂改非税收入票据;不得串用非税收入票据,不得将非税收入票据与其他票据互相替代。

第二十六条 非税收入票据使用完毕,使用单位应当按顺序清理票据存根、装订成册、妥善保管。

非税收入票据存根的保存期限一般为 5 年。保存期满需要销毁的,报经原核发票据的财政部门查验后销毁。

第四章 资金管理

第二十七条 非税收入应当依照法律、法规规定或者按照管理权限确定的收入归属和缴库要求,缴入相应级次国库。

第二十八条 非税收入实行分成的,应当按照事权与支出责任相适应的原则确定分成比例,并按下列管理权限予以批准:

(一)涉及中央与地方分成的非税收入,其分成比例由国务院或者财政部规定;

(二)涉及省级与市、县级分成的非税收入,其分成比例由省级人民政府或者其财政部门规定;

(三)涉及部门、单位之间分成的非税收入,其分成比例按照隶属关系由财政部或者省级财政部门规定。

未经国务院和省级人民政府及其财政部门批准,不得对非税收入实行分成或者调整分成比例。

第二十九条 非税收入应当通过国库单一账户体系收缴、存储、退付、清算和核算。

第三十条 上下级政府分成的非税收入,由财政部门按照分级划解、及时清算的原则办理。

第三十一条 已上缴中央和地方财政的非税收入依照有关规定需要退付的,分别按照财政部和省级财政部门的规定执行。

第三十二条 根据非税收入不同性质,分别纳入一般公共预算、政府性基金预算和国有资本经营预算管理。

第三十三条 各级财政部门应当按照规定加强政府性基金、国有资本收益与一般公共预算资金统筹使用,建立健全预算绩效评价制度,提高资金使用效率。

第五章 监督管理

第三十四条 各级财政部门应当建立健全非税收入监督管理制度,加强非税收入政策执行情况的监督检查,依法处理非税收入违法违规行为。

第三十五条 执收单位应当建立健全内部控制制度,接受财政部门和审计机关的监督检查,如实提供非税收入情况和相关资料。

第三十六条 各级财政部门和执收单位应当通过政府网站和公共媒体等渠道,向社会公开非税收入项目名称、设立依据、征收方式和标准等,并加大预决算公开力度,提高非税收入透明度,接受公众监督。

第三十七条 任何单位和个人有权监督和举报非税收入管理中的违法违规行为。

各级财政部门应当按职责受理、调查、处理举报或者投诉,并为举报人保密。

第三十八条 对违反本办法规定设立、征收、缴纳、管理非税收入的行为,依照《中华人民共和国预算法》、《财政违法行为处罚处分条例》和《违反行政事业性收费和罚没收入收支两条线管理规定行政处分暂行规定》等国家有关规定追究法律责任;涉嫌犯罪的,依法移送司法机关处理。

第六章 附 则

第三十九条 教育收费管理参照本办法规定执行,收入纳入财政专户管理。

第四十条 省级财政部门可以根据本办法的规定,结合本地区实际情况,制定非税收入管理的具体实施办法。

第四十一条 本办法自颁布之日起施行。

中央财政"三农"服务专项资金管理办法

(气发〔2013〕24号 2013年3月29日)

第一条 为了规范和加强"三农"服务专项资金管理,提高资金使用效益,根据财政部《中央本级项目支出预算管理办法》等有关规定,制定本办法。

第二条 本办法所称"三农"服务专项资金(以下简称"三农"资金)是指中央财政在中国气象局部门预算中安排,用于支持基层气象部门开展农业生产气象服务和农村气象灾害防御的专项资金。

第三条 "三农"资金支持目标:

(一)推动气象服务与农业生产紧密结合,提升农业农村气象服务能力和气象灾害防御水平,提高气象服务对农业增效、农民增收的贡献率;

(二)发挥中央财政资金的示范作用,引导气象服务在新型农业社会化服务体系中发挥作用。

第四条 "三农"资金的管理应坚持直达基层、突出重点、分级管理、自主选项,注重绩效、奖补结合的原则。

第五条 "三农"资金使用范围:

(一)现代农业气象服务和农村灾害防御示范区建设;

(二)基层农业气象服务技术平台建设,农业气象适用技术推广;面向农民合作组织、专业大户等的气象信息服务;

(三)农村气象灾害预警信息发布系统和气象信息服务站建设,气象协理员、气象信息员队伍培训;

(四)主要粮食作物、设施农业、特色农业等农业气候区划及气象灾害风险防御规划编制;

(五)农村防灾减灾科普以及农民气象灾害防御指导。

第六条 "三农"资金开支内容包括:农业气象观测、气象服务和气象灾害预警信息发布设备及相应软件的购置、安装、维护,软件开发,租赁费用;编制和发布"三农"气象服务资料及相关区划和规划的资料费、制作费、印刷费、信息传输费;气象协理员、气象信息员培训费用;开展"三农"气象服务的交通费、会议费、差旅费。

第七条 "三农"资金采取因素法分配,重点支持粮食主产区、气象灾害多发重发区。分配因素及权重如下:

(一)粮食和重要农产品产量、近年气象灾害发生情况及直接经济损失,以最新的中国统计年鉴为准,权重分别为50%。

(二)地方各级政府重视支持情况、县级"三农"气象服务保障机制建立情况,以及县气象局服务能力,权重为25%。

(三)上年度"三农"资金绩效评价结果等,权重为25%。

第八条 根据国家有关"三农"工作的方针政策,中国气象局会同财政部研究确定下年度"三农"资金安排思路和资金需求后,编入部门预算"一上"。根据"一下"预算指标控制数和上一预算年度"三农"资金绩效评价情况,中国气象局会同财政部确定"三农"资金省级分配方案,同时确定立项指南和绩效评价指标,一并下达到各省(区、市)气象局。

第九条 各省(区、市)气象局按立项指南要求,结合上一预算年度"三农"资金绩效评价情况,在中国气象局下达的资金规模内确定项目县及各县资金数额,由项目县编制"三农"资金项目实施方案(方案文本格式附后)。各省(区、市)气象局审核后将安排情况及项目县实施方案上报中国气象局,中国气象局审核后将"三农"资金县级分配情况报送财政部,财政部审核同意后随部门预算"二下"批复。

第十条 各省(区、市)气象局要强化省级层面的项目指导和技术支持,制定统一的"三农"服务规范和业务流程;组织各项目县编制格式统一的区划和规划;推动"三农"气象服务与新型社会化服务体系相结合,确保本省项目资金使用安全高效。

第十一条 项目县要落实项目专人责任制,加强宣传工作,加大农业气象适用技术推广力度。气象服务要深入基层,与基层需求相结合,直接服务农民、农村和农业生产。

第十二条 建立"三农"资金绩效评价制度。各省(区、市)气象局每年12月底前将本省年度项目县绩效自评情况上报中国气象局,中国气象局于次年1月底前对各省报送情况进行抽查和评价,并将评价结果报送财政部。

第十三条 中国气象局商财政部在"三农"资金中安排绩效评价奖励资金,用于奖励绩效评价结果优良的省、地(市)、县级气象局,奖励资金不超过资金总额的2%。奖励资金除按本办法规定的使用范围使用外,也可用于省级和地市级气象局进行技术支持、项目评估和监督检查等工作。

第十四条 "三农"资金必须专款专用,单独核算,任何单位和个人不得截留、挤占和挪用。

第十五条 各级气象部门要加强对"三农"资金的管理、检查和监督,并积极配合财政、审计等有关部门做好审计、监察工作。对"三农"资金申请、分配、使用过程中的财政违法违规行为,依照《财政违法行为处罚处分条例》等有关规定处理。

第十六条 各单位可参照本办法管理用于"三农"气象服务工作的非中央财政资金,并做好与其他中央财政资金的统筹使用工作。

第十七条 本办法由中国气象局负责解释。

第十八条 本办法自发布之日起施行。

中央财政"三农"服务专项资金绩效评价办法

(气发〔2013〕24号　2013年3月29日)

第一章　总　则

第一条　为加强"三农"服务专项资金和项目管理,建立健全激励和约束机制,切实提高资金使用效益,根据财政部《财政支出绩效评价管理暂行办法》、中国气象局《中央财政"三农"服务专项资金管理办法》,制定本办法。

第二条　本办法所称"三农"服务专项资金绩效评价(以下简称"绩效评价"),是指根据设定的绩效目标,运用定性定量结合的评价方法、科学的量化指标和统一的评价标准,对"三农"服务专项资金支出效果和绩效目标实现程度进行综合评价。

第三条　绩效评价原则：

(一)客观公正、科学规范原则。按照"公开、公平、公正"的要求和规范的评价程序,采取科学客观的评价指标体系,准确、全面地衡量资金绩效。

(二)定性与定量相结合原则。在对评价内容确定量化分值的基础上,结合项目实施效果和项目管理情况综合分析评价。

(三)分级负责原则。绩效评价实行中央对省级、省级对市(地)级或县级分级评价。采取本单位自评与上级单位评价、抽查相结合的方式。

(四)突出重点原则。重点对组织管理、目标管理、资金管理、实施效果等进行评价。

第二章　评价依据和内容

第四条　绩效评价的依据：

(一)中国气象局《中央财政"三农"服务专项资金管理办法》和各级财政、气象部门印发的相关规范性文件；

(二)中国气象局下达"三农"气象服务立项指南、绩效评价指标及有关工作通知；

(三)各省(区、市,下同)气象局上报中国气象局的中央财政"三农"服务专项实施方案、工作总结和绩效自评报告等。

第五条　绩效评价主要内容：

(一)组织管理：主要评价省级、市(地)级、县级在管理制度建设和组织水平、政府支持、部门协作等方面情况。

1.省级、市(地)级、县级在项目组织、成果业务化运行等方面的标准、规范、制度建设情况；

2.县级农业生产气象服务和农村灾害防御工作机制的建立情况,县级领导小组、领导小组联席会议制度建立情况;

3.县级多部门协调配合的工作制度以及部门间技术合作情况,涉农、涉灾专家委员会建立情况;

4.县级气象部门组织情况。

(二)目标管理:主要评价项目县农业气象服务体系和农村气象灾害防御体系建设年度任务完成情况。

1.县级气象局农业生产服务情况,包括服务覆盖面、服务内容、服务水平等方面;

2.农业气象服务平台、乡镇气象信息服务站建立和完善情况;

3.农村气象灾害预警信息发布网络建设情况;

4.农业气象服务县主要粮食作物、设施农业、特色农业等精细化农业气候区划和农业气象灾害风险防御规划编制情况;

5.气象协理员、气象信息员组织管理情况。

(三)资金管理:主要评价省、市(地)级、项目县三级资金监管和地方财政资金投入等方面的情况。

1.当年资金支出结构是否合理;

2.连续安排的项目县资金用于基础设施建设和直接农业生产服务的比例是否合理;

3.中央财政安排资金使用是否违规;

4.地方财政投入及支出情况;

5.自筹资金安排及支出情况。

(四)实施效果:主要评价项目建设产出及产生的经济效益、社会效益和其他效益情况。

1.产出指标:按照既定目标计划完成项目情况。达到的标准、水平和效果;提供服务的及时程度和效率等;

2.经济效益:项目推动农业增产、农民增收、农村减灾增效等情况;

3.社会效益:政府、部门、农民以及其他服务对象对项目的认可程度;

4.生态等其他效益。

第三章 评价组织实施

第六条 绩效评价工作实行统一组织、分级实施。

中国气象局:会同财政部制定绩效评价指标及其相应分值;负责对省级开展绩效评价工作;根据省级绩效评价结果,采取相应奖惩措施,及时督导整改绩效评价发现的问题;对省级绩效评价工作进行指导;对市(地)级或项目县绩效评价进行抽查;

省级气象部门:制定本省项目县绩效评价办法,组织开展本省绩效评价工作;根据市(地)或县级绩效评价结果,采取相应奖惩措施,及时督导整改绩效评价发现的问题;开展省级自评工作,及时整改自评发现的问题;按时向中国气象局上报绩效评价相关信息;

市(地)级或项目县级气象部门:开展自评工作,及时整改自评发现的问题;按时向省级气象部门上报绩效评价相关信息;

省级、市(地)、县级分别对本级绩效自评结果的真实性负责。

第七条 预算年度末,各单位根据中国气象局绩效评价管理办法和各省(区、市)气象局年初批复的绩效目标,开展本单位年度"三农"服务专项资金的绩效评价工作。每年12月底前,由省级气象部门完成对当年市(地)级或项目县专项的绩效评价工作,形成自评报告,报中国气象局。中国气象局次年1月底前对各省报送情况进行抽查和评价,并将评价结果报送财政部。

第四章 评价结果运用

第八条 绩效评价实行百分制,计分采用量化指标,满分为100分,各相关指标及分值由中国气象局商财政部制定。

根据评价得分,将评价结果划分为四个等级:90分以上(含90分)为优秀,80~89分(含80分)为良好,60~79分(含60分)为合格,60分以下为不合格。

第九条 中国气象局对省、市(地)或项目县自评结果进行抽查,凡在自评过程中有弄虚作假的,一经查实,本年度绩效评价结果按不合格处理。

第十条 专项资金使用管理中违规违纪,被各级审计和财政机关处理、通报的,本年度绩效评价结果为不合格。

第十一条 中国气象局以适当方式通报省级绩效评价结果,并将绩效评价结果作为中央财政"三农"服务专项资金和绩效评价奖励资金分配的重要依据。

第十二条 各级气象部门应当根据绩效评价结果,及时总结经验教训,完善资金使用管理制度,提高资金使用效益。

第五章 附 则

第十三条 省级气象部门要结合本地实际,根据本办法制定实施细则,并报中国气象局备案。

第十四条 本办法由中国气象局负责解释。

第十五条 本办法自发布之日起施行。

气象部门业务经费管理办法(试行)

(气发〔2007〕163号 2007年5月31日)

第一章 总 则

第一条 为加强气象部门业务经费管理,规范经费使用,提高资金使用效益,依据财政部《中央本级项目支出预算管理办法》,参照财政部、科技部《公益性行业科研专项经费管理试行办法》等财务规章制度,结合气象部门实际情况,制定本办法。

第二条 本办法适用于纳入中国气象局部门预算管理范围的各级各类预算单位。

第三条 本办法所指业务经费,是指为保障气象业务正常运转,在中国气象局部门预算中用中央财政资金安排的专项用于气象业务系统、设施、设备、网络等的运行、保障和技术升级的资金,以及为完成特定气象业务任务的资金。

第四条 业务经费分为经常性专项业务费和非经常性专项业务费。

经常性专项业务费是指为完成持续性专项气象业务任务所连续发生的特定支出,其具体支出内容和范围相对固定,具有基本支出性质。

非经常性专项业务费是指为完成一次性专项气象业务任务所非持续发生的特定支出,具有项目支出性质。

第五条 业务经费管理的基本原则:

(一)项目管理。业务经费预算是部门预算中项目支出预算的组成部分,实行项目支出预算管理,其具体申报和审批程序按部门预算管理的有关规定执行。

(二)专款专用。业务经费必须专门用于完成某专项气象业务任务而发生的支出,不得用于基本支出以及与该专项气象业务任务无关的其他业务经费支出。

(三)绩效考评。建立绩效考评指标体系,对非经常性专项业务费的使用实行绩效考评和追踪问效。对经常性专项业务费的使用定期进行支出情况检查。

(四)分级管理。业务经费预算和支出管理由各级预算管理单位分级管理,由各实施单位具体负责。

第二章 业务经费的开支范围及标准

第六条 业务经费的开支范围包括:与完成某专项业务工作任务相关的专用设备购置(试制)、信息网络购建、印刷费、专家咨询费、水费、电费、邮电费、交通费、差旅费、国际合作与交流费、维修(护)费、租赁费、会议费、培训费、专用材料费、专用燃料费、劳务费、委托业务费、其他商品和服务支出。

第七条 业务经费的开支内容及开支标准:

(一)专用设备购置(试制)费:指项目实施过程中购置或试制专用仪器设备,对现有仪器设备进行升级改造所发生的费用。不得用于购置办公用设备。

(二)信息网络购建费:指项目实施过程中用于信息网络方面的支出,如计算机硬件、软件购置、开发、应用支出等。

(三)印刷费:指项目实施过程中用于印制与项目有关材料方面的费用。

(四)专家咨询费:指项目实施过程中支付给临时聘请的咨询专家的费用。专家咨询费不得支付给参与项目及项目管理的工作人员。

专家咨询费的发放按照以下标准执行:

咨询专家	咨询方式	标	准
院士	会议咨询	第1、2天400元/人/半天,不足半天按半天计算	第3天及以后200元/人/半天,不足半天按半天计算
	通讯咨询	100元/人/项目	
具有或相当于高级专业技术职称的人员	会议咨询	第1、2天300元/人/半天,不足半天按半天计算	第3天及以后150元/人/半天,不足半天按半天计算
	通讯咨询	80元/人/项目	
其他人员	会议咨询	第1、2天200元/人/半天,不足半天按半天计算	第3天及以后100元/人/半天,不足半天按半天计算
	通讯咨询	60元/人/项目	

(五)水费:指项目实施过程中相关大型仪器设备、专用仪器装置等运行发生的可以单独计量的水费支出。

(六)电费:指项目实施过程中相关大型仪器设备、专用仪器装置等运行发生的可以单独计量的电费支出。

(七)邮电费:指项目实施过程中开支的信函、包裹、货物等物品的邮寄费及固定电话费、电报费、传真费、网络通讯费等。不得开支移动电话费。

(八)交通费:指项目实施过程中开支的各类交通工具的租用费、燃料费、维修费、过桥过路费、保险费等。

(九)差旅费:指项目实施过程中开展业务调研、业务实验(试验)、业务考察、学术交流等所发生的外埠差旅费、市内交通费用等。差旅费的开支标准按照国家有关规定执行。

(十)国际合作与交流费:指项目实施过程中开展国际合作与交流而发生的项目研究人员出国及外国专家来华工作的费用。国际合作与交流费由项目牵头单位统一管理,应当严格执行国家外事经费管理的有关规定,有关出国任务应经外事管理部门审批。

(十一)维修(护)费:指项目实施过程中相关仪器设备、装置等(不包含车船等交通工具)修理和维护费用,网络信息系统运行与维护费用。

(十二)租赁费:指项目实施过程中租赁办公室、宿舍、库房、专用通讯网以及其他设备等方面的费用。

(十三)会议费:指项目实施过程中为组织开展咨询、协调项目以及学术研讨等活动而发生的会议费用。项目管理工作相关会议主要分两类：A类会议是中国气象局组织召开的会议；B类会议是项目内部组织召开的会议。

会议费开支按以下标准执行：

单位：元/人/天

会议类别	房租费	伙食补助	其他费用	备注
A类会议	170	80	50	含会议室租金
B类会议	150	80	30	含会议室租金

项目承担单位应当按照国家有关规定，严格控制会议规模、会议数量、会议开支标准和会期。100人以上的大型会议以及会期超过3天的会议，应从严审批预算。确有必要超过标准的，要单独报批。严禁将个人消费的长途电话费（包括电话卡）、洗衣费、参观门票等列入会议费开支，严禁会议发放礼品、纪念品等。会议经费报销时，必须将正式会议通知、会议经费预算及会议详细支出明细作为原始凭证。

（十四）培训费：指项目实施过程中开展的各种培训活动发生的支出，如讲义教材费、课酬费、低值易耗品、伙食补助、考察活动费、租用教室、会议室、讨论室等。培训费按以下标准执行：培训时间在一周以内的，司局长及具有高级专业技术职称人员160元/人/天，其他人员130元/人/天；培训时间在一周以上一个月以内的，司局长及具有高级专业技术职称人员100元/人/天，其他人员80元/人/天；培训时间在一个月以上的，司局长及具有高级专业技术职称人员60元/人/天，其他人员45元/人/天。

（十五）专用材料费：指项目实施过程中发生的购买专用材料的支出。

（十六）专用燃料费：指项目实施过程中发生的专用车、船等的燃料消耗费用。

（十七）劳务费：指在项目实施过程中支付给项目组成员中没有工资性收入的相关人员和项目组临时聘用人员等的劳务性费用。不得用于开支有工资性收入人员的津贴补贴。劳务费按照国家有关规定严格控制、规范管理。

（十八）委托业务费：是指在项目实施过程中委托外单位（非中国气象局所属财政补助单位）办理与项目相关业务而支付的费用，委托业务费采取直接报账或转拨的方式管理，如转拨必须签订委托合同并根据合同实施拨款。项目牵头单位对委托业务费预算进行审核，课题验收时要附委托业务费用支出明细。气象部门内财政补助单位之间不得列支委托业务费，中国气象局通过预算的方式将预算直接下达有关单位。

（十九）其他商品和服务支出：是指在项目实施过程中除上述科目外发生的各种支出，其他商品和服务支出必须有明细预算和详细说明。

其他经费中的评审评估费按以下标准执行：

方式	标　　准	备　注
评估	2500～3500元/项目	对于单个项目金额在100万元以上或存在其他特殊情况的评估评审业务，可在按标准计算的评估评审费基础上适当增加，但需说明具体理由
评审	评审组织工作费用：800～1200元/项目	
	评审专家咨询费用：执行专家咨询费开支标准	
	评审会议费用：执行会议费开支标准	

(二十)不得列支上述明细项目之外的其他费用。

第三章 业务经费预算管理

第八条 对不同预算单位承担相同气象业务所发生的经常性专项业务费实行定额管理;对不同预算单位承担不同气象业务所发生的经常性专项业务费实行单项核定。

第九条 对新增应纳入定额管理的经常性专项业务费,在未形成稳定支出、不具备定额测算条件的情况下,暂时实行单项核定管理,在形成稳定支出、具备定额测算条件后实行定额管理。

第十条 经常性专项业务费定额由中国气象局计划财务司会同相关业务职能司根据有关业务任务按实物消耗标准和单价逐项测算确定,并不定期根据业务任务和物价的变化情况对经常性专项业务费定额进行修订。

第十一条 实行单项核定的经常性专项业务费必须填报项目可行性研究报告,列明详细预算,进行预算审查后按《中国气象局部门预算管理实施办法(试行)》的有关规定执行。

第十二条 非经常性专项业务费按项目库管理。其申报、审核、执行、验收、考评等工作按照《中国气象局部门预算管理实施办法(试行)》、《气象部门项目支出预算管理办法》、《中国气象局部门项目库管理暂行规定》、《中国气象局新技术推广项目管理办法》的有关规定执行。

第十三条 由多个预算单位承担的非经常性专项业务费项目,应明确项目牵头单位,项目牵头单位必须是纳入中国气象局部门预算编制范围的预算单位。其他单位应根据项目牵头单位确定的工作任务向项目牵头单位申报项目,由项目牵头单位汇总后统一向中国气象局申报。项目批准后,中国气象局依据批准的项目将预算分别安排到项目牵头单位和其他单位,由各单位分别纳入本单位预算;如其他单位不属于中国气象局部门预算编制范围的,项目预算安排到项目牵头单位,在委托业务费科目中列支。

第十四条 预算单位必须按照批准的业务经费预算执行。因情况发生变化,需要在各经济分类科目之间调剂开支经费的,应按以下规定执行:

(一)经济分类科目支出不超过该经济分类科目预算10%且金额不超过5万元的,可由预算单位提出调整意见报中国气象局备案后自行调整;

(二)经济分类科目支出超过该经济分类科目预算10%或者金额超过5万元的,按预算调整程序报中国气象局审核并送财政部批准后调整。

第十五条 财务部门凭符合财务制度规定的原始凭证对照预算进行审核后对有关支出予以报销。对属于本办法第十四条第(二)款的支出,在未经批准调整前,财务部门不得报销有关支出。

第十六条 非经常性专项业务费项目中,如有关单位为不属于中国气象局部门预算编制范围的预算单位,采取直接报账方式的,其支出由该单位凭符合财务制度规定的原始凭证到项目牵头单位报销。财务部门按本办法第十四条审核报销。

第十七条 业务经费预算支出中,涉及政府采购事项的,要按照政府采购的有关规定执行。

第四章 业务经费的监督管理与绩效考评

第十八条 中国气象局计划财务司负责业务经费使用情况的监督检查,并会同业务职能司对业务项目进行绩效考评,必要时委托监督机构或中介机构对专项业务费支出进行重点审查。有关职能司负责专项业务费项目实施的监督检查。

第十九条 经常性专项业务费项目不进行验收,定期进行支出情况检查。非经常性专项业务费项目完成后,项目承担单位或项目牵头单位应当向上级主管部门提出项目验收申请,项目验收按《气象建设项目竣工验收规范》执行。

第二十条 项目实施中存在下列行为之一的,不得通过项目验收:

(一)编报虚假预算,套取资金;

(二)未对非经常性专项业务费项目进行单独核算;

(三)截留、挤占、挪用资金;

(四)违反规定转拨、转移资金,或通过虚列支出转移资金;

(五)提供虚假财务会计资料,未提供委托业务费支出明细;

(六)未按规定执行和调整预算;

(七)虚假承诺,自筹资金不到位;

(八)违反国库集中支付、政府采购行为;

(九)其他严重违反国家财经法规、制度的行为;

(十)项目、项目目标任务完成不到85%;

(十一)所提供的验收文件、资料、数据不真实,存在弄虚作假;

(十二)未经申请或批准,项目承担单位、项目负责人、项目目标、研究内容、技术路线等发生变更;

(十三)超过下达的项目任务执行年限半年以上未完成,并且事先未做出说明。

第二十一条 项目通过验收后,有关单位应当及时办理财务结账手续。经费如有结余,应按照《气象部门财政拨款结余资金管理规定》处理。

第二十二条 中国气象局计划财务司会同有关业务司组织选取非经常性专项业务费项目进行绩效考评,并将绩效考评结果在一定范围内公布。

第二十三条 业务费项目的经费使用情况、实施情况、验收情况和绩效考评的结果将作为以后年度安排业务费项目预算的重要依据。

第二十四条 对业务费项目管理中发生违反有关法律、行政法规和财务规章制度的,中国气象局将在下一年度部门预算中抵顶相关经费,同时协同有关部门,依法对主要项目责任人进行处理。

第五章 附 则

第二十五条 基本建设类项目的管理按照《气象部门基本建设管理办法》执行。除基础设施维修、改造之外的其他行政事业类项目按照本办法有关非经常性专项业务费项目规定执行。

第二十六条 各单位自行安排的、不使用中央财政经费的项目支出预算管理,参照本办法有关非经常性专项业务费项目规定执行。

第二十七条 本办法自发布之日起试行。

气象专用及办公设备购置费管理办法

(气发〔2012〕98号　2012年12月6日)

第一条　为了加强专用及办公设备购置费(以下简称设备购置费)管理,提高资金使用效益,根据《中央本级项目支出预算管理办法》等有关规定,制定本办法。

第二条　本办法所称设备购置费是指中央财政在中国气象局部门预算中安排的,用于气象部门购置专用及办公设备的专项经费。

第三条　本办法所称专用设备是指非基本建设投资安排的各类气象观测设备,以及气象业务、服务所需的服务器、工作站、磁盘阵列等。办公设备是指复印机、计算机、打印机、扫描仪、投影仪、传真机、网络设备、正版软件等设备以及批量购置的办公家具等。

第四条　各省(含自治区、直辖市和计划单列市,下同)气象局、中国气象局各直属单位分别按照部门预算编制要求,编制本单位设备购置费"一上"预算报送中国气象局计划财务司。中国气象局各内设机构(不含离退休干部办公室)需求由办公室统一汇总报送,离退休干部办公室单独报送。

第五条　中国气象局计划财务司提出设备购置费预算建议数,随年度部门预算"一上"报送财政部。

第六条　中国气象局计划财务司统筹考虑各省气象局、中国气象局办公室、中国气象局离退休干部办公室和各直属单位的专用及办公设备需求,在财政部下达的设备购置费"一下"预算控制数内,提出分解方案,随部门预算"一下"下达。

第七条　设备购置费的开支内容包括:

(一)购置费:用于购置专用及办公设备的支出;

(二)运输/邮寄费:用于运输或邮寄专用及办公设备发生的支出;

(三)安装调试费:用于安装和调试专用及办公设备发生的支出。

第八条　设备购置费不得用于超过国家规定资产配置标准的设备购置,不得用于应由日常公用经费开支的零星设备购置,不得用于应由部门预算中其他项目资金开支的设备购置。

第九条　使用设备购置费新增的单项设备价值超过财政部规定限额的,应在部门预算中编报新增资产配置预算报财政部审批。

第十条　各省气象局、中国气象局办公室、中国气象局离退休干部办公室和各直属单位负责实施本单位专用及办公设备的采购工作。各省气象局统一购置专用及办公设备后,可以实物方式配发各下级单位。

第十一条　设备购置费支付按照财政国库管理有关规定执行,属于政府采购范围的,应执行政府采购有关规定。

第十二条 设备购置费应单独核算、专款专用,任何单位和个人不得截留、挤占和挪用。

第十三条 各单位应加强对设备购置费使用管理的监督检查,积极配合审计、监察等部门做好相关工作。

第十四条 对在设备购置费申请、分配、使用过程中的违法违规行为,依照《财政违法行为处罚处分条例》(国务院令第 427 号)等有关规定追究法律责任。

第十五条 本办法由中国气象局计划财务司负责解释。

第十六条 本办法自 2013 年 1 月 1 日起施行。

气象关键技术集成与应用项目管理办法

(气发〔2010〕139号 2010年7月9日)

第一章 总 则

第一条 气象关键技术集成与应用工作对于提高气象预报预测准确率,提升防灾减灾服务能力,促进科研成果向业务转化,提升业务工作水平具有重要意义。为加强此项工作,中央财政在中国气象局部门预算中设立"气象关键技术集成与应用项目"(以下简称项目)。为规范气象关键技术集成与应用项目管理工作,制订本办法。

第二条 气象关键技术集成与应用项目是通过集成应用各类气象相关新技术、新方法和新成果,引进、新建或持续改进业务系统,实现气象业务科研项目、国内外相关技术成果在我国气象业务工作中的实际应用,在业务工作中充分发挥效益的应用性项目。

第三条 气象关键技术集成与应用项目的支持对象为气象部门所属各级业务和科研单位(以下简称各单位),重点是各省(区、市)气象局业务科研单位。

第四条 气象关键技术集成与应用项目经费的使用和管理须符合国家和部门有关政策和财务制度。

第二章 组织管理

第五条 在项目申报、评审、立项、实施、验收等组织管理过程中,坚持"重点支持、规范管理、专款专用、追踪问效"的原则。

(一)重点支持原则:依据气象事业发展要求,重点支持现代气象业务发展所急需的技术集成应用。

(二)规范管理原则:严格遵守申报、评审、批复、实施、验收等各项程序。

(三)专款专用原则:全部项目均按程序列入中国气象局项目库管理。项目经费支出严格按照有关经费预算及支出使用管理办法执行。

(四)追踪问效原则:对项目完成情况和效益进行跟踪评估,项目验收结果将作为项目承担单位和项目负责人后续申报项目、延续支持项目以及年度目标考核的依据。

第六条 项目管理采取中国气象局、项目组织单位(司局级单位)、项目承担单位分级负责的方式。

第七条 中国气象局成立气象关键技术集成与应用项目领导小组(以下简称领导小组)。领导小组组长、副组长分别由分管局领导担任,成员由预报与网络司、计划财务司、应急减灾与公共服务司、综合观测司、科技与气候变化司、政策法规司和中央纪委驻局纪检组的负责人组成。领导小组的主要职责是：

（一）审定项目年度重点支持方向、内容，以及年度项目指南；

（二）审定项目立项、经费预算及项目承担单位；

（三）协调解决项目组织、实施、验收、成果登记、知识产权管理等过程中的重大问题。

第八条 领导小组下设项目管理办公室（以下简称项目办）。项目办挂靠预报与网络司，由预报与网络司一位司领导任主任，计划财务司一位司领导任副主任，预报与网络司、计划财务司、应急减灾与公共服务司、综合观测司、科技与气候变化司、政策法规司和中央纪委驻局纪检组相关处领导任项目办成员。主要职责是：

（一）组织拟订项目指南，组织项目申报工作；

（二）会同计财司审核项目预算，落实经费预算；

（三）提出立项项目、经费预算、项目承担单位建议清单，呈报领导小组审批；

（四）组织签订、批准项目任务书；

（五）督促、检查项目实施，进行全过程的监督、追踪问效。协调处理项目实施过程中的有关事宜，重大事项报领导小组协调解决；

（六）组织项目验收，协调项目成果登记和知识产权管理；

（七）组织建立专家库，吸收局内外相关领域专家（含管理专家）参与项目咨询、评审、验收等有关工作；

（八）完成领导小组交办的其他有关任务。

第九条 项目组织单位（司局级单位）负责项目申报及组织实施，其主要职责是：

（一）依据项目指南，根据需要组织编报、审核本单位项目申报材料，组织项目组，并确定项目负责人，择优推荐申报项目；

（二）依据项目初步审核意见，按照预算管理和项目库管理的有关办法和要求，完成项目入库和预算申报工作；

（三）签订项目任务书，落实约定的项目承担单位支撑条件；

（四）组织项目实施，督促项目承担单位按计划开展工作，确保项目保质保量完成；汇总、报告项目年度执行情况及有关信息，协调并处理项目执行过程中的有关问题，及时报告项目实施中出现的重大问题；

（五）落实项目实施过程中的成果应用和数据资源共享等事项；

（六）配合（或接受委托）组织项目验收。

（七）做好知识产权管理和保护相关工作。

第十条 项目承担单位对项目顺利完成承担直接责任，负责督促项目组按要求完成项目各项任务，实现项目业务应用目标。

第三章 申报立项

第十一条 气象关键技术集成与应用项目的设立须突出重点，紧密围绕现代气象业务发展需求和全局年度重点工作，推动科技成果在气象业务中的转化和应用，改进提高相应业务水平。

(一)项目应具有较为先进的技术水平,有比较扎实的前期科研基础;拥有先进成熟的、在短期内经本地化改造或适应性试验改进后即可投入业务应用、预期可产生明显改进效果的科技成果,具备良好的科研成果转化成业务能力的条件;优先支持能够较大幅度提高全国气象业务技术水平的项目和有助于促进新标准规范形成或已有标准规范应用的项目。

(二)项目目标集中、具体,技术实用,具有较强的应用或技术升级价值,具有可以量化的业务应用绩效考核指标。

(三)项目承担单位具有较强的科技能力,能够提供项目实施所需的基础条件,经过努力可以完成项目预期目标。鼓励业务与科研单位、业务人员与科研人员联合申报。

(四)项目分为重点项目、面上项目两类。根据各年度业务实际,适时增设特定专项,解决特定业务技术集成应用需求。

1.重点项目:对促进现代气象业务发展具有重要作用,项目实施后,可明显改进提高全局或主要试点地区相关业务技术能力和水平。

2.面上项目:通过技术引进或集成,实现相关技术系统的本地化应用,项目实施后,可明显改进或提高本地及邻近地区相关业务技术能力和水平;面上项目的立项重点向省级业务科研单位倾斜。

第十二条 项目指南

(一)项目指南是组织实施下年度项目的重要指导,按重点项目、面上项目分类提出重点支持方向和主要内容;

(二)项目指南由项目办汇总各职能司意见,并咨询有关专家,经领导小组审定后,于每年5月底前发布。

第十三条 项目申报

(一)项目办每年6~7月组织各单位申报次年技术应用项目。各单位依据项目指南,组织项目承担单位编报《气象关键技术集成与应用项目申报书》(附件1)。

(二)具体要求:

1.重点项目:由各相关职能司围绕现代气象业务发展重点工作,组织提出若干重点项目,自上而下组织有关单位联合编写项目申报书。

2.面上项目:由各单位依据项目指南,并结合自身业务发展需求自下而上组织申报。

(三)项目第一申报单位须为中国气象局、省(区、市)气象局直属业务科研单位;个人申报不予受理;同一项目负责人不得同时承担两个(含)以上技术应用项目(含在研项目)。

(四)申报项目须由项目组织单位初审后上报。

第十四条 项目评审

项目办负责汇总申报项目,分类组织评审(含预算评审)。重点项目由项目办组织集中评审;面上项目由各相关职能司筛选,由项目办组织专家评审。在上述工作的基础上,项目办于7月初完成项目排序建议,提交领导小组审定后,交计划财务司。

第十五条 批复立项

由计划财务司根据项目建议及经费预算，向财政部申请相关经费。

由项目办根据财政部下达气象部门项目支出预算控制数，在项目排序建议中选取立项项目，报领导小组核定。

由计划财务司向各项目承担单位下达项目预算批复。

由项目组织单位根据项目批复文件，将项目录入中国气象局项目库。

第十六条 签订任务书

项目办依据项目批复文件，与项目组织单位、项目承担单位签订《气象关键技术集成与应用（重点/面上）项目任务书》（附件2）。

项目承担单位可视需要与协作单位签订项目任务实施协议或合同。

第四章 项目实施

第十七条 《项目任务书》签约各方须履行《项目任务书》各项约定，协同完成项目任务。

第十八条 项目承担单位负责督促项目组具体实施项目，主要完成以下工作：

（一）严格执行《项目任务书》规定的各项任务，按计划进度要求保质保量完成项目预定目标；

（二）严格执行中国气象局经费预算和支出管理办法的有关要求；

（三）及时报告项目执行中出现的重大问题；

（四）按要求编报项目执行情况和有关信息报表，提交项目验收材料，配合项目验收和报奖等有关工作；

（五）做好归档和成果登记工作，配合做好知识产权登记和保护。

第十九条 项目组织单位负责检查、监督项目的执行和经费支出情况，及时向项目办报告项目实施过程中的重大问题。如需调整或撤销的项目，项目组织单位应当向项目办提出书面申请，由项目办酌情提出处理意见，重大事项报领导小组审定。

第二十条 项目办会同有关职能司分别按业务管理范围对项目实施情况进行指导和监督检查。对违反有关项目管理要求和经费使用规定、不按照项目计划执行的项目，报领导小组审定后进行调整或撤销。

第二十一条 项目实施过程中有下列情况之一，影响项目正常实施的，应及时向项目办提出项目调整、撤销及后续计划建议：

（一）气象业务需求、项目技术集成应用价值等情况发生重大变化，造成项目原定目标及技术路线需要修改的；

（二）匹配的自筹资金或其他条件不能落实的；

（三）技术引进、国际合作等发生重大变化的；

（四）项目组技术骨干工作岗位发生重大变化的；

（五）出现其他不可抗拒因素的。

第二十二条 凡需调整的项目，项目组织单位应及时向项目办提出调整方案建议，办理报批手续,并按答复后的调整方案执行;凡需撤销的项目,项目组织单位应将已开展的工作、经费使用、已购置设备仪器、阶段性成果、知识产权等情况提出书面报告,报项目办核查备案。

第五章 经费管理

第二十三条 项目经费列入中国气象局年度部门预算,纳入项目库管理。

第二十四条 项目承担单位应严格按照国家和部门有关财务制度规定编制项目经费预算,预算编制须真实、准确,不得弄虚作假。项目经费不得列支人员费和管理费,仪器设备费不得超过总经费的15%,劳务费、咨询费分别不得超过总经费的10%;其他经费的来源和落实情况也应在预算书中明确。

第二十五条 项目经费到位后,项目承担单位应严格按部门财务规定执行经费预决算制度,项目经费支出要确保专款专用。

第二十六条 项目支出预算科目中劳务费、专家咨询费预算一般不予调整。其余各项支出科目中,若科目预算执行在不超过该科目核定预算10%或超10%、但科目调整金额不超过3万元的,可由项目承担单位根据需要自行调整执行;其余支出科目预算执行超过核定预算10%,且调整金额在3万元以上的,由项目承担单位提出调整意见,按照程序报项目办审批。

第二十七条 对违反国家和部门有关财务制度规定使用项目经费的单位,除按有关规定对项目承担单位和责任人给予行政和经济处罚外,中国气象局还将收回部分或全部资金,并根据情况暂停接受其下两年的项目申请,同时,由该单位承担的、已经列入项目库准备实施的项目也将暂停安排实施。

第二十八条 凡已经核准撤销的项目,项目组织单位应将已使用经费情况及剩余经费情况书面报中国气象局,由中国气象局审核后,以适当方式合理使用剩余经费。

第六章 项目验收

第二十九条 项目验收工作按照国家和部门有关规定执行。验收方式可采用召开验收会议、现场考查、书面评议等多种形式。

第三十条 项目承担单位应不迟于项目规定执行期限终止后两个月内,提出项目验收的书面申请报告,组织编写验收材料,汇总项目实施前后的各种档案。

第三十一条 项目验收时提交的材料应当包括:项目验收申请表、项目验收信息表、项目执行情况自评价报告、项目决算表、项目购置仪器设备等固定资产一览表、项目财务审计报告、项目材料归档证明;另外,视项目性质的不同,还应当附加项目技术报告、技术文档(如系统说明、软硬件使用手册、源程序代码等)、系统测试报告、用户证明、相关论文等能够直接反应完成项目考核指标的其他相关材料,由上述材料汇编成《气象关键技术集成与应用项目验收材料汇编》(附件3)。

第七条 业务经费的开支内容及开支标准:

(一)专用设备购置(试制)费:指项目实施过程中购置或试制专用仪器设备,对现有仪器设备进行升级改造所发生的费用。不得用于购置办公用设备。

(二)信息网络购建费:指项目实施过程中用于信息网络方面的支出,如计算机硬件、软件购置、开发、应用支出等。

(三)印刷费:指项目实施过程中用于印制与项目有关材料方面的费用。

(四)专家咨询费:指项目实施过程中支付给临时聘请的咨询专家的费用。专家咨询费不得支付给参与项目及项目管理的工作人员。

专家咨询费的发放按照以下标准执行:

咨询专家	咨询方式	标	准
院士	会议咨询	第1、2天400元/人/半天,不足半天按半天计算	第3天及以后200元/人/半天,不足半天按半天计算
	通讯咨询	100元/人/项目	
具有或相当于高级专业技术职称的人员	会议咨询	第1、2天300元/人/半天,不足半天按半天计算	第3天及以后150元/人/半天,不足半天按半天计算
	通讯咨询	80元/人/项目	
其他人员	会议咨询	第1、2天200元/人/半天,不足半天按半天计算	第3天及以后100元/人/半天,不足半天按半天计算
	通讯咨询	60元/人/项目	

(五)水费:指项目实施过程中相关大型仪器设备、专用仪器装置等运行发生的可以单独计量的水费支出。

(六)电费:指项目实施过程中相关大型仪器设备、专用仪器装置等运行发生的可以单独计量的电费支出。

(七)邮电费:指项目实施过程中开支的信函、包裹、货物等物品的邮寄费及固定电话费、电报费、传真费、网络通讯费等。不得开支移动电话费。

(八)交通费:指项目实施过程中开支的各类交通工具的租用费、燃料费、维修费、过桥过路费、保险费等。

(九)差旅费:指项目实施过程中开展业务调研、业务实验(试验)、业务考察、学术交流等所发生的外埠差旅费、市内交通费用等。差旅费的开支标准按照国家有关规定执行。

(十)国际合作与交流费:指项目实施过程中开展国际合作与交流而发生的项目研究人员出国及外国专家来华工作的费用。国际合作与交流费由项目牵头单位统一管理,应当严格执行国家外事经费管理的有关规定,有关出国任务应经外事管理部门审批。

(十一)维修(护)费:指项目实施过程中相关仪器设备、装置等(不包含车船等交通工具)修理和维护费用,网络信息系统运行与维护费用。

(十二)租赁费:指项目实施过程中租赁办公室、宿舍、库房、专用通讯网以及其他设备等方面的费用。

(十三)会议费:指项目实施过程中为组织开展咨询、协调项目以及学术研讨等活动而发生的会议费用。项目管理工作相关会议主要分两类：A 类会议是中国气象局组织召开的会议；B 类会议是项目内部组织召开的会议。

会议费开支按以下标准执行：

单位：元/人/天

会议类别	房租费	伙食补助	其他费用	备注
A 类会议	170	80	50	含会议室租金
B 类会议	150	80	30	含会议室租金

项目承担单位应当按照国家有关规定，严格控制会议规模、会议数量、会议开支标准和会期。100 人以上的大型会议以及会期超过 3 天的会议，应从严审批预算。确有必要超过标准的，要单独报批。严禁将个人消费的长途电话费（包括电话卡）、洗衣费、参观门票等列入会议费开支，严禁会议发放礼品、纪念品等。会议经费报销时，必须将正式会议通知、会议经费预算及会议详细支出明细作为原始凭证。

（十四）培训费：指项目实施过程中开展的各种培训活动发生的支出，如讲义教材费、课酬费、低值易耗品、伙食补助、考察活动费、租用教室、会议室、讨论室等。培训费按以下标准执行：培训时间在一周以内的，司局长及具有高级专业技术职称人员 160 元/人/天，其他人员 130 元/人/天；培训时间在一周以上一个月以内的，司局长及具有高级专业技术职称人员 100 元/人/天，其他人员 80 元/人/天；培训时间在一个月以上的，司局长及具有高级专业技术职称人员 60 元/人/天，其他人员 45 元/人/天。

（十五）专用材料费：指项目实施过程中发生的购买专用材料的支出。

（十六）专用燃料费：指项目实施过程中发生的专用车、船等的燃料消耗费用。

（十七）劳务费：指在项目实施过程中支付给项目组成员中没有工资性收入的相关人员和项目组临时聘用人员等的劳务性费用。不得用于开支有工资性收入人员的津贴补贴。劳务费按照国家有关规定严格控制、规范管理。

（十八）委托业务费：是指在项目实施过程中委托外单位（非中国气象局所属财政补助单位）办理与项目相关业务而支付的费用，委托业务费采取直接报账或转拨的方式管理，如转拨必须签订委托合同并根据合同实施拨款。项目牵头单位对委托业务费预算进行审核，课题验收时要附委托业务费用支出明细。气象部门内财政补助单位之间不得列支委托业务费，中国气象局通过预算的方式将预算直接下达有关单位。

（十九）其他商品和服务支出：是指在项目实施过程中除上述科目外发生的各种支出，其他商品和服务支出必须有明细预算和详细说明。

其他经费中的评审评估费按以下标准执行：

方式	标准	备注
评估	2500~3500 元/项目	对于单个项目金额在 100 万元以上或存在其他特殊情况的评估评审业务，可在按标准计算的评估评审费基础上适当增加，但需说明具体理由
评审	评审组织工作费用：800~1200 元/项目	
	评审专家咨询费用：执行专家咨询费开支标准	
	评审会议费用：执行会议费开支标准	

(二十)不得列支上述明细项目之外的其他费用。

第三章　业务经费预算管理

第八条　对不同预算单位承担相同气象业务所发生的经常性专项业务费实行定额管理；对不同预算单位承担不同气象业务所发生的经常性专项业务费实行单项核定。

第九条　对新增应纳入定额管理的经常性专项业务费，在未形成稳定支出、不具备定额测算条件的情况下，暂时实行单项核定管理，在形成稳定支出、具备定额测算条件后实行定额管理。

第十条　经常性专项业务费定额由中国气象局计划财务司会同相关业务职能司根据有关业务任务按实物消耗标准和单价逐项测算确定，并不定期根据业务任务和物价的变化情况对经常性专项业务费定额进行修订。

第十一条　实行单项核定的经常性专项业务费必须填报项目可行性研究报告，列明详细预算，进行预算审查后按《中国气象局部门预算管理实施办法（试行）》的有关规定执行。

第十二条　非经常性专项业务费按项目库管理。其申报、审核、执行、验收、考评等工作按照《中国气象局部门预算管理实施办法（试行）》、《气象部门项目支出预算管理办法》、《中国气象局部门项目库管理暂行规定》、《中国气象局新技术推广项目管理办法》的有关规定执行。

第十三条　由多个预算单位承担的非经常性专项业务费项目，应明确项目牵头单位，项目牵头单位必须是纳入中国气象局部门预算编制范围的预算单位。其他单位应根据项目牵头单位确定的工作任务向项目牵头单位申报项目，由项目牵头单位汇总后统一向中国气象局申报。项目批准后，中国气象局依据批准的项目将预算分别安排到项目牵头单位和其他单位，由各单位分别纳入本单位预算；如其他单位不属于中国气象局部门预算编制范围的，项目预算安排到项目牵头单位，在委托业务费科目中列支。

第十四条　预算单位必须按照批准的业务经费预算执行。因情况发生变化，需要在各经济分类科目之间调剂开支经费的，应按以下规定执行：

（一）经济分类科目支出不超过该经济分类科目预算10%且金额不超过5万元的，可由预算单位提出调整意见报中国气象局备案后自行调整；

（二）经济分类科目支出超过该经济分类科目预算10%或者金额超过5万元的，按预算调整程序报中国气象局审核并送财政部批准后调整。

第十五条　财务部门凭符合财务制度规定的原始凭证对照预算进行审核后对有关支出予以报销。对属于本办法第十四条第（二）款的支出，在未经批准调整前，财务部门不得报销有关支出。

第十六条　非经常性专项业务费项目中，如有关单位为不属于中国气象局部门预算编制范围的预算单位，采取直接报账方式的，其支出由该单位凭符合财务制度规定的原始凭证到项目牵头单位报销。财务部门按本办法第十四条审核报销。

第十七条 业务经费预算支出中,涉及政府采购事项的,要按照政府采购的有关规定执行。

第四章 业务经费的监督管理与绩效考评

第十八条 中国气象局计划财务司负责业务经费使用情况的监督检查,并会同业务职能司对业务项目进行绩效考评,必要时委托监督机构或中介机构对专项业务费支出进行重点审查。有关职能司负责专项业务费项目实施的监督检查。

第十九条 经常性专项业务费项目不进行验收,定期进行支出情况检查。非经常性专项业务费项目完成后,项目承担单位或项目牵头单位应当向上级主管部门提出项目验收申请,项目验收按《气象建设项目竣工验收规范》执行。

第二十条 项目实施中存在下列行为之一的,不得通过项目验收:

(一)编报虚假预算,套取资金;
(二)未对非经常性专项业务费项目进行单独核算;
(三)截留、挤占、挪用资金;
(四)违反规定转拨、转移资金,或通过虚列支出转移资金;
(五)提供虚假财务会计资料,未提供委托业务费支出明细;
(六)未按规定执行和调整预算;
(七)虚假承诺,自筹资金不到位;
(八)违反国库集中支付、政府采购行为;
(九)其他严重违反国家财经法规、制度的行为;
(十)项目、项目目标任务完成不到85%;
(十一)所提供的验收文件、资料、数据不真实,存在弄虚作假;
(十二)未经申请或批准,项目承担单位、项目负责人、项目目标、研究内容、技术路线等发生变更;
(十三)超过下达的项目任务执行年限半年以上未完成,并且事先未做出说明。

第二十一条 项目通过验收后,有关单位应当及时办理财务结账手续。经费如有结余,应按照《气象部门财政拨款结余资金管理规定》处理。

第二十二条 中国气象局计划财务司会同有关业务司组织选取非经常性专项业务费项目进行绩效考评,并将绩效考评结果在一定范围内公布。

第二十三条 业务费项目的经费使用情况、实施情况、验收情况和绩效考评的结果将作为以后年度安排业务费项目预算的重要依据。

第二十四条 对业务费项目管理中发生违反有关法律、行政法规和财务规章制度的,中国气象局将在下一年度部门预算中抵顶相关经费,同时协同有关部门,依法对主要项目责任人进行处理。

第五章 附 则

第二十五条 基本建设类项目的管理按照《气象部门基本建设管理办法》执行。除基础设施维修、改造之外的其他行政事业类项目按照本办法有关非经常性专项业务费项目规定执行。

第二十六条 各单位自行安排的、不使用中央财政经费的项目支出预算管理，参照本办法有关非经常性专项业务费项目规定执行。

第二十七条 本办法自发布之日起试行。

气象专用及办公设备购置费管理办法

(气发〔2012〕98号 2012年12月6日)

第一条 为了加强专用及办公设备购置费(以下简称设备购置费)管理,提高资金使用效益,根据《中央本级项目支出预算管理办法》等有关规定,制定本办法。

第二条 本办法所称设备购置费是指中央财政在中国气象局部门预算中安排的,用于气象部门购置专用及办公设备的专项经费。

第三条 本办法所称专用设备是指非基本建设投资安排的各类气象观测设备,以及气象业务、服务所需的服务器、工作站、磁盘阵列等。办公设备是指复印机、计算机、打印机、扫描仪、投影仪、传真机、网络设备、正版软件等设备以及批量购置的办公家具等。

第四条 各省(含自治区、直辖市和计划单列市,下同)气象局、中国气象局各直属单位分别按照部门预算编制要求,编制本单位设备购置费"一上"预算报送中国气象局计划财务司。中国气象局各内设机构(不含离退休干部办公室)需求由办公室统一汇总报送,离退休干部办公室单独报送。

第五条 中国气象局计划财务司提出设备购置费预算建议数,随年度部门预算"一上"报送财政部。

第六条 中国气象局计划财务司统筹考虑各省气象局、中国气象局办公室、中国气象局离退休干部办公室和各直属单位的专用及办公设备需求,在财政部下达的设备购置费"一下"预算控制数内,提出分解方案,随部门预算"一下"下达。

第七条 设备购置费的开支内容包括:
(一)购置费:用于购置专用及办公设备的支出;
(二)运输/邮寄费:用于运输或邮寄专用及办公设备发生的支出;
(三)安装调试费:用于安装和调试专用及办公设备发生的支出。

第八条 设备购置费不得用于超过国家规定资产配置标准的设备购置,不得用于应由日常公用经费开支的零星设备购置,不得用于应由部门预算中其他项目资金开支的设备购置。

第九条 使用设备购置费新增的单项设备价值超过财政部规定限额的,应在部门预算中编报新增资产配置预算报财政部审批。

第十条 各省气象局、中国气象局办公室、中国气象局离退休干部办公室和各直属单位负责实施本单位专用及办公设备的采购工作。各省气象局统一购置专用及办公设备后,可以实物方式配发各下级单位。

第十一条 设备购置费支付按照财政国库管理有关规定执行,属于政府采购范围的,应执行政府采购有关规定。

第十二条 设备购置费应单独核算、专款专用,任何单位和个人不得截留、挤占和挪用。

第十三条 各单位应加强对设备购置费使用管理的监督检查,积极配合审计、监察等部门做好相关工作。

第十四条 对在设备购置费申请、分配、使用过程中的违法违规行为,依照《财政违法行为处罚处分条例》(国务院令第427号)等有关规定追究法律责任。

第十五条 本办法由中国气象局计划财务司负责解释。

第十六条 本办法自2013年1月1日起施行。

气象关键技术集成与应用项目管理办法

(气发〔2010〕139号 2010年7月9日)

第一章 总 则

第一条 气象关键技术集成与应用工作对于提高气象预报预测准确率,提升防灾减灾服务能力,促进科研成果向业务转化,提升业务工作水平具有重要意义。为加强此项工作,中央财政在中国气象局部门预算中设立"气象关键技术集成与应用项目"(以下简称项目)。为规范气象关键技术集成与应用项目管理工作,制订本办法。

第二条 气象关键技术集成与应用项目是通过集成应用各类气象相关新技术、新方法和新成果,引进、新建或持续改进业务系统,实现气象业务科研项目、国内外相关技术成果在我国气象业务工作中的实际应用,在业务工作中充分发挥效益的应用性项目。

第三条 气象关键技术集成与应用项目的支持对象为气象部门所属各级业务和科研单位(以下简称各单位),重点是各省(区、市)气象局业务科研单位。

第四条 气象关键技术集成与应用项目经费的使用和管理须符合国家和部门有关政策和财务制度。

第二章 组织管理

第五条 在项目申报、评审、立项、实施、验收等组织管理过程中,坚持"重点支持、规范管理、专款专用、追踪问效"的原则。

(一)重点支持原则:依据气象事业发展要求,重点支持现代气象业务发展所急需的技术集成应用。

(二)规范管理原则:严格遵守申报、评审、批复、实施、验收等各项程序。

(三)专款专用原则:全部项目均按程序列入中国气象局项目库管理。项目经费支出严格按照有关经费预算及支出使用管理办法执行。

(四)追踪问效原则:对项目完成情况和效益进行跟踪评估,项目验收结果将作为项目承担单位和项目负责人后续申报项目、延续支持项目以及年度目标考核的依据。

第六条 项目管理采取中国气象局、项目组织单位(司局级单位)、项目承担单位分级负责的方式。

第七条 中国气象局成立气象关键技术集成与应用项目领导小组(以下简称领导小组)。领导小组组长、副组长分别由分管局领导担任,成员由预报与网络司、计划财务司、应急减灾与公共服务司、综合观测司、科技与气候变化司、政策法规司和中央纪委驻局纪检组的负责人组成。领导小组的主要职责是：

（一）审定项目年度重点支持方向、内容，以及年度项目指南；

（二）审定项目立项、经费预算及项目承担单位；

（三）协调解决项目组织、实施、验收、成果登记、知识产权管理等过程中的重大问题。

第八条 领导小组下设项目管理办公室（以下简称项目办）。项目办挂靠预报与网络司，由预报与网络司一位司领导任主任，计划财务司一位司领导任副主任，预报与网络司、计划财务司、应急减灾与公共服务司、综合观测司、科技与气候变化司、政策法规司和中央纪委驻局纪检组相关处领导任项目办成员。主要职责是：

（一）组织拟订项目指南，组织项目申报工作；

（二）会同计财司审核项目预算，落实经费预算；

（三）提出立项项目、经费预算、项目承担单位建议清单，呈报领导小组审批；

（四）组织签订、批准项目任务书；

（五）督促、检查项目实施，进行全过程的监督、追踪问效。协调处理项目实施过程中的有关事宜，重大事项报领导小组协调解决；

（六）组织项目验收，协调项目成果登记和知识产权管理；

（七）组织建立专家库，吸收局内外相关领域专家（含管理专家）参与项目咨询、评审、验收等有关工作；

（八）完成领导小组交办的其他有关任务。

第九条 项目组织单位（司局级单位）负责项目申报及组织实施，其主要职责是：

（一）依据项目指南，根据需要组织编报、审核本单位项目申报材料，组织项目组，并确定项目负责人，择优推荐申报项目；

（二）依据项目初步审核意见，按照预算管理和项目库管理的有关办法和要求，完成项目入库和预算申报工作；

（三）签订项目任务书，落实约定的项目承担单位支撑条件；

（四）组织项目实施，督促项目承担单位按计划开展工作，确保项目保质保量完成；汇总、报告项目年度执行情况及有关信息，协调并处理项目执行过程中的有关问题，及时报告项目实施中出现的重大问题；

（五）落实项目实施过程中的成果应用和数据资源共享等事项；

（六）配合（或接受委托）组织项目验收。

（七）做好知识产权管理和保护相关工作。

第十条 项目承担单位对项目顺利完成承担直接责任，负责督促项目组按要求完成项目各项任务，实现项目业务应用目标。

第三章 申报立项

第十一条 气象关键技术集成与应用项目的设立须突出重点，紧密围绕现代气象业务发展需求和全局年度重点工作，推动科技成果在气象业务中的转化和应用，改进提高相应业务水平。

（一）项目应具有较为先进的技术水平，有比较扎实的前期科研基础；拥有先进成熟的、在短期内经本地化改造或适应性试验改进后即可投入业务应用、预期可产生明显改进效果的科技成果，具备良好的科研成果转化成业务能力的条件；优先支持能够较大幅度提高全国气象业务技术水平的项目和有助于促进新标准规范形成或已有标准规范应用的项目。

（二）项目目标集中、具体，技术实用，具有较强的应用或技术升级价值，具有可以量化的业务应用绩效考核指标。

（三）项目承担单位具有较强的科技能力，能够提供项目实施所需的基础条件，经过努力可以完成项目预期目标。鼓励业务与科研单位、业务人员与科研人员联合申报。

（四）项目分为重点项目、面上项目两类。根据各年度业务实际，适时增设特定专项，解决特定业务技术集成应用需求。

1.重点项目：对促进现代气象业务发展具有重要作用，项目实施后，可明显改进提高全局或主要试点地区相关业务技术能力和水平。

2.面上项目：通过技术引进或集成，实现相关技术系统的本地化应用，项目实施后，可明显改进或提高本地及邻近地区相关业务技术能力和水平；面上项目的立项重点向省级业务科研单位倾斜。

第十二条　项目指南

（一）项目指南是组织实施下年度项目的重要指导，按重点项目、面上项目分类提出重点支持方向和主要内容；

（二）项目指南由项目办汇总各职能司意见，并咨询有关专家，经领导小组审定后，于每年5月底前发布。

第十三条　项目申报

（一）项目办每年6～7月组织各单位申报次年技术应用项目。各单位依据项目指南，组织项目承担单位编报《气象关键技术集成与应用项目申报书》（附件1）。

（二）具体要求：

1.重点项目：由各相关职能司围绕现代气象业务发展重点工作，组织提出若干重点项目，自上而下组织有关单位联合编写项目申报书。

2.面上项目：由各单位依据项目指南，并结合自身业务发展需求自下而上组织申报。

（三）项目第一申报单位须为中国气象局、省（区、市）气象局直属业务科研单位；个人申报不予受理；同一项目负责人不得同时承担两个（含）以上技术应用项目（含在研项目）。

（四）申报项目须由项目组织单位初审后上报。

第十四条　项目评审

项目办负责汇总申报项目，分类组织评审（含预算评审）。重点项目由项目办组织集中评审；面上项目由各相关职能司筛选，由项目办组织专家评审。在上述工作的基础上，项目办于7月初完成项目排序建议，提交领导小组审定后，交计划财务司。

第十五条　批复立项

由计划财务司根据项目建议及经费预算,向财政部申请相关经费。

由项目办根据财政部下达气象部门项目支出预算控制数,在项目排序建议中选取立项项目,报领导小组核定。

由计划财务司向各项目承担单位下达项目预算批复。

由项目组织单位根据项目批复文件,将项目录入中国气象局项目库。

第十六条 签订任务书

项目办依据项目批复文件,与项目组织单位、项目承担单位签订《气象关键技术集成与应用(重点/面上)项目任务书》(附件2)。

项目承担单位可视需要与协作单位签订项目任务实施协议或合同。

第四章 项目实施

第十七条 《项目任务书》签约各方须履行《项目任务书》各项约定,协同完成项目任务。

第十八条 项目承担单位负责督促项目组具体实施项目,主要完成以下工作:

(一)严格执行《项目任务书》规定的各项任务,按计划进度要求保质保量完成项目预定目标;

(二)严格执行中国气象局经费预算和支出管理办法的有关要求;

(三)及时报告项目执行中出现的重大问题;

(四)按要求编报项目执行情况和有关信息报表,提交项目验收材料,配合项目验收和报奖等有关工作;

(五)做好归档和成果登记工作,配合做好知识产权登记和保护。

第十九条 项目组织单位负责检查、监督项目的执行和经费支出情况,及时向项目办报告项目实施过程中的重大问题。如需调整或撤销的项目,项目组织单位应当向项目办提出书面申请,由项目办酌情提出处理意见,重大事项报领导小组审定。

第二十条 项目办会同有关职能司分别按业务管理范围对项目实施情况进行指导和监督检查。对违反有关项目管理要求和经费使用规定、不按照项目计划执行的项目,报领导小组审定后进行调整或撤销。

第二十一条 项目实施过程中有下列情况之一,影响项目正常实施的,应及时向项目办提出项目调整、撤销及后续计划建议:

(一)气象业务需求、项目技术集成应用价值等情况发生重大变化,造成项目原定目标及技术路线需要修改的;

(二)匹配的自筹资金或其他条件不能落实的;

(三)技术引进、国际合作等发生重大变化的;

(四)项目组技术骨干工作岗位发生重大变化的;

(五)出现其他不可抗拒因素的。

第二十二条 凡需调整的项目,项目组织单位应及时向项目办提出调整方案建议,办理报批手续,并按答复后的调整方案执行;凡需撤销的项目,项目组织单位应将已开展的工作、经费使用、已购置设备仪器、阶段性成果、知识产权等情况提出书面报告,报项目办核查备案。

第五章 经费管理

第二十三条 项目经费列入中国气象局年度部门预算,纳入项目库管理。

第二十四条 项目承担单位应严格按照国家和部门有关财务制度规定编制项目经费预算,预算编制须真实、准确,不得弄虚作假。项目经费不得列支人员费和管理费,仪器设备费不得超过总经费的15%,劳务费、咨询费分别不得超过总经费的10%;其他经费的来源和落实情况也应在预算书中明确。

第二十五条 项目经费到位后,项目承担单位应严格按部门财务规定执行经费预决算制度,项目经费支出要确保专款专用。

第二十六条 项目支出预算科目中劳务费、专家咨询费预算一般不予调整。其余各项支出科目中,若科目预算执行在不超过该科目核定预算10%或超10%、但科目调整金额不超过3万元的,可由项目承担单位根据需要自行调整执行;其余支出科目预算执行超过核定预算10%,且调整金额在3万元以上的,由项目承担单位提出调整意见,按照程序报项目办审批。

第二十七条 对违反国家和部门有关财务制度规定使用项目经费的单位,除按有关规定对项目承担单位和责任人给予行政和经济处罚外,中国气象局还将收回部分或全部资金,并根据情况暂停接受其下两年的项目申请,同时,由该单位承担的、已经列入项目库准备实施的项目也将暂停安排实施。

第二十八条 凡已经核准撤销的项目,项目组织单位应将已使用经费情况及剩余经费情况书面报中国气象局,由中国气象局审核后,以适当方式合理使用剩余经费。

第六章 项目验收

第二十九条 项目验收工作按照国家和部门有关规定执行。验收方式可采用召开验收会议、现场考查、书面评议等多种形式。

第三十条 项目承担单位应不迟于项目规定执行期限终止后两个月内,提出项目验收的书面申请报告,组织编写验收材料,汇总项目实施前后的各种档案。

第三十一条 项目验收时提交的材料应当包括:项目验收申请表、项目验收信息表、项目执行情况自评价报告、项目决算表、项目购置仪器设备等固定资产一览表、项目财务审计报告、项目材料归档证明;另外,视项目性质的不同,还应当附加项目技术报告、技术文档(如系统说明、软硬件使用手册、源程序代码等)、系统测试报告、用户证明、相关论文等能够直接反应完成项目考核指标的其他相关材料,由上述材料汇编成《气象关键技术集成与应用项目验收材料汇编》(附件3)。

项目组织单位负责对验收材料进行初审,并报送项目办(电子版);经项目办会同有关职能司相关处审阅,提出反馈意见后,安排(或委托)组织验收。

第三十二条 项目验收的内容包括:项目任务的完成情况、项目成果的具体内容、成果集成应用情况、人才培养情况、完成本项目对于提高气象业务水平促进作用的分析、经费使用情况、项目档案归档情况等。

第三十三条 验收专家组成员一般不少于5人(须包含财务专家和业务管理专家)。验收专家组在审阅验收资料或听取项目组汇报的基础上,经认真审查、充分讨论,形成项目验收结论。

第三十四条 项目验收结论分为通过验收、需要复议或不通过验收三种:

(一)已按照项目任务书要求全部完成考核目标和任务、经费使用合理的,为通过验收。

(二)有下列情况之一的,为需要复议:

1.提供文件资料不详,难以判断其是否完成项目考核目标和任务,验收意见争议较大的;

2.经费使用不符合有关规定的;

(三)有下列情况之一的,为不通过验收:

1.未达到项目考核目标的;

2.验收文件、资料、数据严重不真实、弄虚作假的;

3.未经批准,擅自修改任务书的考核目标、内容的;

4.项目实施过程、成果、知识产权存在纠纷,尚未解决的;

5.经费使用存在严重问题的。

第三十五条 需要复议和不通过验收的项目,应分别在接到通知的三个月内和半年内,针对存在的问题做出相应改进后,再次提出验收申请。

第三十六条 因客观原因不能在规定执行期限完成计划(任务)的项目,项目承担单位应在任务书规定执行期限终止前两个月提出书面申请,说明原因和延长期限(不得超过半年),经由项目组织单位审查同意后报送项目办,经项目办核准后执行。

第七章 成果管理

第三十七条 项目成果的鉴定、评价、登记和报奖、知识产权等事宜,按国家和部门有关规定执行。知识产权授予项目承担单位,项目成果在气象部门内应当无偿使用。

第三十八条 项目承担单位须按照《气象科学技术研究档案归档管理办法》(中气办发〔1997〕17号)及其他档案管理规定,协助省(局)级气象档案馆在项目验收前完成项目归档,确保项目档案的完整、准确、规范。未按要求完成项目材料归档的不予验收。

第三十九条 项目验收意见和后续推广应用情况,作为评审项目承担单位再次申报项目的重要依据之一。

(一)项目完成质量优秀、应用效益理想的项目承担单位,在申报新的项目时,将优先推荐、优先评审。

（二）项目承担单位出现下列情况之一，暂停接受其申报下两年新技术推广项目，同时由项目办、项目组织单位双方备案：

1. 违反国家和部门有关财务制度使用项目经费的；
2. 未完成项目目标计划或不按规定及时完成验收工作，推广应用效益不佳的；
3. 管理不善或对有关问题隐瞒不报、弄虚作假的；
4. 需要复议或未通过验收的项目，仍不能按计划进行验收的，或第二次申请验收仍未通过的。

第八章 附 则

第四十条 评审/评估实行回避制度。项目承担单位可提出希望回避的专家名单并说明理由，在项目申报时一并上报。

第四十一条 本办法由气象关键技术集成与应用项目管理办公室负责解释。

第四十二条 本办法自 2010 年 7 月 1 日起执行，2004 年印发的《气象新技术推广项目管理办法》同时废止。

附件 1-3：略

山洪地质灾害防治气象保障工程管理办法

(气发〔2013〕99 号　2013 年 10 月 28 日)

第一章　总　则

第一条　为规范山洪地质灾害防治气象保障工程（以下简称山洪工程）建设程序，明确管理职责，确保工程质量和投资效益，根据国家有关法律、法规，制定本办法。

第二条　山洪工程建设任务依据《全国中小河流治理和病险水库除险加固、山洪地质灾害防御和综合治理总体规划》（以下简称《总体规划》）确定。建设范围覆盖全国各省、自治区、直辖市。

第三条　山洪工程建设坚持"统一规划、集中管理、分级负责、分步实施"的基本原则。建设资金以中央投资为主，各级气象部门结合当地山洪地质灾害防治需求，积极争取地方配套资金，做好各类资金的统筹集约工作。

第二章　职责分工

第四条　山洪工程实行局领导分工指导，业务司主管，计财司及相关职能司协管，纪检监察审计机构监督，工程管理办公室具体管理，建设单位组织实施的管理体制。

第五条　分管局领导定期召开局长专题协调会议，听取工程建设情况汇报，审定业务布局、技术方案和年度建设计划安排，协调工程建设管理中的重要问题，确定需要提交局长办公会议审议的重大事项等。

第六条　主管业务司负责组织提出工程总体建设重点及有关方案设计，提出分阶段和分年度建设重点，审核各建设单位年度实施方案，监督检查工程质量安全与执行情况等。

计财司负责组织工程有关审批，年度投资计划与预算下达，财务监管，竣工验收和后评价等工作。

其他职能司配合主管业务司负责其职责范围内的相关工作。

第七条　纪检监察室负责对有关信访举报的受理；审计室负责组织山洪工程内部控制制度执行的监督检查、竣工财务决算审计。

第八条　中国气象局山洪地质灾害防治气象保障工程管理办公室（以下简称中国气象局山洪办）按照中国气象局确定的职责，负责工程管理，对各建设单位开展工作指导，并根据工程需要制订专项技术方案。

第九条　各省（区、市）气象局、计划单列市气象局、中国气象局直属事业单位、新疆兵团和黑龙江农垦系统(以下简称各建设单位)为工程建设的责任主体,负责本单位建设的全过程管理,并对工程建设进度、质量、资金管理及运行管理等负总责。各省(区、市)气象局成立省级山洪工程管理办公室,具体承担工程建设的管理工作。

第三章 审批程序

第十条 山洪工程审批程序,主要包括总体实施方案、分省建设方案及阶段性实施方案、分省年度实施方案、项目可行性研究报告的编制、评审和报批,投资计划安排等。

第十一条 计财司根据《总体规划》中相关建设任务,牵头组织编制总体实施方案,经中国气象局审核后报国家发展改革委审定。

第十二条 各建设单位以总体实施方案为指导,编制分省(含中国气象局直属单位和新疆兵团、黑龙江农垦,下同)建设方案上报中国气象局。主管业务司组织审核后报局审批。

第十三条 以总体实施方案和分省建设方案为依据,根据山洪工程建设进度安排,中国气象局山洪办组织编制分阶段实施方案,经主管业务司牵头组织审核并报局审定后,由计财司报国家发展改革委,作为申请山洪工程阶段性投资的依据。

第十四条 根据国家发展改革委初步确定的年度投资额度,以分阶段实施方案为依据,主管业务司牵头提出分系统建设重点,计财司统筹提出投资安排建议。

第十五条 中国气象局山洪办依据分系统建设重点及投资安排建议,提出年度建设任务和投资计划建议,主管业务司、计财司组织审核后报局审定。

第十六条 各建设单位依据中国气象局审定的年度建设任务及投资安排,编制年度实施方案报中国气象局,由主管业务司牵头组织核准。

第十七条 各建设单位严格依据核准的年度实施方案,组织工程具体执行单位编制可行性研究报告,并负责本单位可行性研究报告的审批;其中,中国气象局直属单位等的可行性研究报告由计财司负责审批。各建设单位将可行性研究报告及批复文件报中国气象局山洪办备案。

各工程具体执行单位应按照《气象部门基本建设管理办法》规定和要求编制可行性研究报告。

第十八条 计财司根据国家发展改革委下达的年度投资计划编制山洪工程年度投资计划和预算,报中国气象局审定后下达,各省级建设单位及时转下。

第四章 建设管理

第十九条 山洪工程建设管理,包括建设任务和投资计划调整程序、基本建设财务、政府采购招标、合同制度、工程建设质量等方面的管理及工程月报制度等。

第二十条 各建设单位严格按照批准的可行性研究报告执行,不得自行调整,确需调整的,须由主管业务司核准后重新履行审批程序。

第二十一条 各建设单位应严格执行国家有关基本建设财务管理规定,建立健全资金使用各项规章制度,实行专款专用,严禁挤占、挪用、截留和滞留。

第二十二条 各建设单位严格执行政府采购、招投标、工程监理、合同管理及竣工验收制度。其采购文件、施工合同应接受上级计划财务部门、纪检监察审计部门审查。

第二十三条 凡列入集中采购目录或者达到采购限额标准以上的建设项目的勘察、设计、施工、监理和仪器、设备、材料及服务等的采购,各建设单位必须严格按照《气象部门政府采购管理实施办法》的相关规定执行。

第二十四条 山洪工程的仪器、设备采购,工程的勘察、设计、施工、监理和材料采购等都应依法订立合同,明确质量要求、履约担保和违约责任。

第二十五条 各项目建设单位加强对工程实施阶段各环节的质量安全控制,建立健全工程质量安全检查制度,确保工程质量。

第二十六条 山洪工程实行建设进展情况月报制度,各建设单位每月初向中国气象局山洪办报送上月工程建设进展情况,中国气象局山洪办每月进行通报。

第五章 验收评价

第二十七条 各建设单位依照批准的可行性研究报告,按照《关于做好山洪地质灾害防治气象保障工程项目验收工作的通知》相关规定,由可行性研究报告审批部门按年度组织业务验收和竣工验收。各建设单位将验收总结报告报中国气象局山洪办备案。

验收结果将作为下年度项目和投资安排的重要依据之一。验收不合格的,要在规定的期限内完成整改。

第二十八条 工程中全国统一布局的重大业务系统建设,相关职能司牵头组织业务验收,中国气象局山洪办具体承办验收工作。

第二十九条 各建设单位负责本单位年度建设项目竣工验收,验收通过后,应按《气象部门基本建设项目竣工财务决算管理办法》及时办理竣工财务决算及竣工财务决算审计,并根据批复的竣工财务决算办理固定资产交接手续,明确管理主体,制定管理措施,建立健全运行维护、技术保障等各项规章制度,确保工程建设效益充分发挥。

第三十条 各建设单位应按照国家有关规定建立科学、严格的档案管理制度。建立健全项目档案,及时收集、整理、归档从项目批准到竣工验收各环节的文件资料,并在项目竣工验收后按规定将项目档案移交档案管理部门。

第三十一条 各建设单位在山洪工程年度建设项目竣工验收、投入业务运行一年后,应组织开展项目后评价,并将评价报告报中国气象局山洪办备案。中国气象局山洪办在整体工程竣工验收后组织开展工程项目总体后评价工作,并将评价报告报主管业务司和计财司。

第六章 监督检查

第三十二条 各建设单位负责本单位工程建设的监督和检查;中国气象局山洪办采

取定期或抽查等方式对工程建设实施监督和检查,着重加强工程建设、计划执行和政府采购或招投标以及工程质量与安全的监督检查。

第三十三条 各建设单位对建设过程中发现的问题应及时予以纠正和处理,并及时将处理结果报上级有关部门。对违反工程建设程序管理规定的,按照有关法律、法规,由上级主管部门根据情节轻重,对责任者进行处理;对严重违纪违法的单位或个人,依法追究法律责任。

第七章 附 则

第三十四条 本办法自发布之日起施行。

第三十五条 本办法由中国气象局负责解释。各建设单位可根据本办法,结合本单位实际,制定实施细则。

陕西省气象软科学研究项目管理办法

(陕气发〔2016〕31号　2016年5月3日)

第一章　总　则

第一条　为了加强我省气象软科学研究,促进软科学研究项目管理科学化、规范化,依照中国气象局《气象软科学管理办法》等有关规定,制定本办法。

第二条　本办法适用于我省气象部门的软科学课题管理,包括指南的制定、课题立项、结题验收、研究成果的应用推广以及课题基金的使用等。

中国气象局下达的软科学研究课题管理按照中国气象局的相关规定执行,不适用于本办法。

第三条　我省气象软科学研究的目的是围绕我省气象事业发展的阶段性中心工作,为解决比较重要和复杂的、开创性工作的组织、管理、决策问题提供方法、思路,包括:战略、规划、政策、方案、制度、分析等,促进我省气象事业发展。

第四条　省局政策法规处归口管理全省气象软科学研究工作,负责制定省局软科学研究年度课题指南、软科学课题立项、组织课题验收、督促和检查软科学研究课题的实施和成果应用推广。

第二章　申请与立项

第五条　全省气象部门从事气象管理和业务科研的人员可以申报软科学课题。高等院校、科研院所人员也可以单独或与气象部门有关单位和人员合作申报课题。

课题申报应具备以下条件:

1. 按照《陕西省气象软科学年度课题指南》(以下简称《课题指南》)确定课题名称;
2. 课题主持人应当在该领域具有较强研究能力;
3. 参与课题研究的人员一般不少于3人。

第六条　省局政策法规处每年3月份围绕以下方向制定《陕西省气象软科学年度课题指南》,并向全省气象部门和有关高等院校、科研院所发布:

1. 对我省气象事业发展的重点、热点、难点管理问题的研究;
2. 根据气象事业发展规律和方向,借鉴国内外先进经验,对我省气象事业发展的重大、复杂问题的前瞻性研究;
3. 已有气象部门的应用预约,或有省级以上媒体和刊物的刊发预约,对气象部门有一定应用价值和宣传效果的研究。

省局政策法规处在制定《陕西省气象软科学年度课题指南》时应征求省局各相关处室意见,并报省局主管局长同意。

第七条 课题申报人应当依据《陕西省气象软科学年度课题指南》填报《陕西省气象部门软科学研究项目申请表》(见附件1),对立项的主要研究内容、研究方法,创新性、必要性、可行性、应用意义、时间安排、经费预算、承担单位及人员、主持单位及主持人等予以说明。

第八条 省局政策法规处负责组织专家组对申报的课题从以下方面进行评审:
(一)课题的针对性、必要性;
(二)研究内容和方法的创新性、科学性和可行性;
(三)研究人员的综合水平、研究基础、申请单位与个人的信用等;
(四)申请经费、进度安排的合理性;
(五)研究成果的应用前景。

第九条 省局政策法规处根据专家组的评审意见提出课题立项建议,报经省局主管领导批准后向申报人下达气象软科学研究项目立项通知。每年省局根据实际情况立项8~10个气象软科学研究课题。

课题立项后,省局政策法规处应当与课题主持人签订《陕西省气象部门软科学研究课题任务书》(见附件2,简称《任务书》)。

第十条 气象软科学研究项目立项后,因政策变化和重大决策需要,省局政策法规处可与课题主持人协商对课题进行调整。调整包括:课题的合并、分解、增加、撤销,改变课题的名称、研究内容、研究方向,增减课题经费,变动课题完成期限,增减课题承担单位和人员等。

第三章 经费管理

第十一条 省局设立陕西省气象软科学研究课题基金,用于支持气象软科学课题研究。

第十二条 气象软科学研究课题经费采取"一次审定,分期拨款,专款专用,超支不补"的办法进行统一管理。

课题主持人按照气象部门财务规定在批准的研究经费预算内支配和使用经费。当年经费当年使用,不得跨年,到期不报,省局有权收回。

课题立项同时下达50%经费,课题按时结题后报销剩余经费。

第十三条 气象软科学课题研究经费开支范围按照中国气象局《气象软科学管理办法》和省局相关财务规定执行。一般包括设备购置费、印刷费、专家咨询费、邮电费、交通费、差旅费、会议费、劳务费、其他费用等。

第十四条 课题因故中止,视具体情况收回部分或者全部已拨的课题经费。

第十五条 任何单位或者个人不得以任何形式、任何理由截留或者挪用课题经费。对违反规定的,一经查出,追究有关人员的责任,并将截留或者挪用经费全额收缴。

第四章 结题和验收

第十六条 气象软科学研究课题应于当年 10 月 30 日前申请结题验收,11 月 30 日前完成全部经费报销。

第十七条 申请课题结题验收时,课题主持人应提交下列材料:

1. 课题研究主报告;
2. 课题研究摘要,2000 字以内;
3. 《陕西省气象部门软科学研究课题结题表》(见附件 3)。

第十八条 课题结题的形式由省局政策法规处视情况确定。

第十九条 课题因不可抗拒的原因,无法按期完成或者继续实施的,课题承担单位应向省局政策法规处提交书面报告,由其向省局提交课题中止或者撤销的申请报告。经省局批准后,可办理中止或者撤销手续。

第五章 其他

第二十条 省局政策法规处应加强对项目的实施管理,检查和督促项目的进展。对项目在实施过程中出现的问题应及时解决。

课题承担单位在课题实施过程中,应配合省局政策法规处对课题执行情况和经费使用情况进行检查。

第二十一条 气象软科学研究课题取得的研究成果,其知识产权属于省局和课题承担人共有。省局享有优先使用权。

省局各内设机构应当加强气象软科学研究成果的转化推广和应用工作。

第二十二条 省局对优秀研究成果的主要研究人员,在申报下一年度课题时,予以优先考虑。对未按照《任务书》要求,或者无正当理由未按时完成课题研究的课题承担单位和主持人,视情况取消其 1~3 年申请气象软科学研究课题的资格。

第六章 附则

第二十三条 本办法自发布之日起执行。2006 年省局发布的《陕西省气象部门软科学研究项目管理办法》(陕气发〔2006〕116 号)同时废止。

附件 1

陕西省气象部门软科学研究项目申请表

项目名称			主持单位	
主持人	姓名	工作单位	职务（称）	联系电话
参加单位及参加人				
主要研究内容及必要性、应用意义（限500字以内）				
研究课题工作预计达到的目标或效益				
研究课题拟采取的主要方法及创新性、可行性				
进度安排				
经费预算				
主持单位领导意见		单位领导签章　　　　年　月　日		

（可根据内容的多少调整表格大小）

附件 2

陕西省气象部门软科学研究项目任务书

主持人	项目名称		主持单位	
	姓名	工作单位	职务(称)	联系电话
参加单位及参加人				
主要研究内容及必要性、应用意义(限200字以内)				
研究课题工作预计达到的目标或效益				
研究课题拟采取的主要方法及创新性、可行性				
进度安排				
经费预算				
主持单位领导签字: 年　月　日		主持人签字: 年　月　日		主管单位领导签字: 年　月　日

(可根据内容的多少调整表格大小)

附件3

陕西省气象部门软科学研究课题结题表

课题名称				
申请单位				
课题主持人（签字）		联系电话		
课题其他研究人员名单				
姓名	工作单位	职务（职称）		联系电话
课题起止时间				
申请验收时间				
研究项目内容简介（限500字以内）				
主要研究方法				
研究项目创新性体现（限200字内）				
课题研究中使用的技术文件和参考资料清单				
研究经费使用情况				
申请单位意见			（盖章） 年　月　日	
结题验收专家组成员名单				
姓名	工作单位	职务（职称）	所从事的专业	本人签名

结题验收专家组意见

结题验收专家组组长（签章）
年　月　日

省局政策法规处意见

盖章　年　月　日

省局意见

盖章　年　月　日

现代气象人才支撑计划专项资金管理暂行办法

(气发〔2012〕91号 2012年11月20日)

第一条 为了加强现代气象人才支撑计划专项资金(以下简称人才专项资金)管理,提高资金使用效益,根据《中央本级项目支出预算管理办法》等有关规定,制定本办法。

第二条 本办法所称人才专项资金是指中央财政在中国气象局部门预算中安排的,用于支持气象部门人才支撑计划的专项资金。

第三条 本办法所称现代气象人才支撑计划(以下简称人才计划),是指中国气象局用于建立和完善有利于人才成长和发挥作用的体制机制,引进高层次人才,培养部门内骨干人才和青年人才,为气象现代化建设提供人才支撑的专项计划。主要包括以下几个方面:

(一)高层次人才队伍建设,指入选国家千人计划和中国气象局"双百计划"的专家、特聘专家、正研级专家和具有较高水平和发展潜力的专业技术人才的引进与培养,以及由中国气象局确认的气象部门国家级创新团队建设等。

(二)骨干人才和青年人才队伍建设,主要是指副研级专业技术人才和部分具有一定科研开发能力和发展潜力的青年专业技术人才的引进、培养和使用,实施"青年英才计划"、博士后工作站建设和管理等。

(三)基层一线人才队伍建设,主要包括开展岗位技能竞赛等工作。

(四)人才基础工作,主要包括人才队伍状况分析、人才评估、人才政策研究与制定,以及人才工作信息化平台建设等。

第四条 中国气象局人事司根据中国气象局确定的人才发展规划和《关于加强气象人才体系建设的意见》等要求,统筹考虑人才工作及资金需求,按照部门预算编制要求,编制人才专项资金"一上"预算报送中国气象局计划财务司。

第五条 中国气象局计划财务司提出人才专项资金预算建议数,随年度部门预算"一上"报送财政部。

第六条 中国气象局人事司根据人才计划,在财政部下达的人才专项资金"一下"预算控制数内,商计划财务司提出分解方案,随部门预算"一下"下达。

第七条 人才专项资金的开支内容包括:

(一)高层次人才的生活补助和工作经费;

(二)各类人才参加学术交流、访问进修、职业技能提高等发生的差旅、会议、版面费等费用;

(三)开展人才评价、评估以及人才信息平台建设等发生的会议、调研、软件开发的相关费用。

第八条 各类高层次人才的生活补助按照国家、中国气象局规定的标准执行,不得随意扩大范围和提高标准。

第九条 人才专项资金必须专款专用、单独核算,任何单位和个人不得截留、挤占和挪用。

第十条 各单位应加强对人才专项资金使用管理的监督检查,积极配合审计、监察等部门做好相关工作。

第十一条 对在人才专项资金分配、使用过程中的违法违规行为,依照《财政违法行为处罚处分条例》(国务院令第 427 号)等有关规定追究法律责任。

第十二条 本办法由中国气象局人事司和计划财务司负责解释。

第十三条 本办法自 2013 年 1 月 1 日起施行。

陕西省气象局"火车头计划"专项资金管理暂行办法

(陕气计函〔2012〕45号 2012年8月17日)

第一章 总 则

第一条 为加强"火车头计划"专项资金的管理,提高资金的使用效益,根据《陕西省气象局"火车头计划"创新团队管理办法(试行)》(陕气发〔2012〕22号)、《陕西省气象局"火车头计划"省级创新团队特殊津贴发放指导意见》(陕气人函〔2012〕44号)、《气象部门业务经费管理办法》(气发〔2007〕163号)等,制定本办法。

第二条 本办法所称"火车头计划"专项资金,是指《陕西省气象局"火车头计划"总体方案(2012-2015年)》安排的用于支持实施"火车头计划"实施的专项资金和各实施单位配套资金。

第三条 本办法适用于管理和使用"火车头计划"专项资金的所有单位和部门。

第四条 省局直属各单位、各设区市气象局、杨凌气象局是"火车头计划"专项资金管理的主体,负责专项资金的筹集、分配和支出管理。

第五条 "火车头计划"专项资金的管理应遵循以下原则:

(一)统筹安排,突出重点原则。根据年度实施的主要任务,统筹安排专项资金,重点支持提升科技支撑水平和核心竞争力项目。

(二)加强监管,注重绩效原则。加强对专项资金的核算及监督管理,建立面向结果的追踪问效机制,对资金的使用管理进行绩效考评。

(三)公平公正,有效激励原则。逐步形成有利于科技骨干人才成长的新的机制;

(四)权责明确,专款专用原则。各项目实施单位严格按照国家有关财务制度的规定使用和管理,将专项经费纳入单位财务统一管理,单独核算,确保专款专用;

第六条 "火车头计划"专项资金主要用于支持和奖励"火车头计划"重点领域科研攻关及相关项目的支出。

第二章 专项资金使用和管理

第七条 "火车头计划"专项资金支出是指在计划组织实施过程中发生的直接相关的各项费用。

第八条 "火车头计划"专项资金开支范围:

(一)办公设备和软硬件购置:指用于"火车头计划"科研攻关购置的办公设备和计算机硬件、软件,以及开发、应用等软件支出。

（二）无形资产购置：反映著作权、商标权、专利权等无形资产购置支出。

（三）维修(护)、租赁、水电、交通、差旅、培训、会议、印刷、邮电、专家咨询、劳务和管理费等。

维修(护)费：指项目实施过程中相关仪器设备、装置等修理和维护费用，网络信息系统运行与维护费用等。

租赁费：指项目实施过程中租赁办公室、宿舍、专用通讯网以及其他设备等方面的费用。

水电费：指项目实施过程中相关仪器设备、装置等运行发生的可以单独计量的水、电费用支出。

交通费：指项目实施过程中开支的各类交通工具的租用费、燃料费、维修费、过桥过路费、保险费等。

差旅费：指项目实施过程中开展调研、实验（试验）、考察、学术交流等所发生的外埠差旅费、市内交通费用等。差旅费的开支标准按照国家有关规定执行。

培训费：指项目实施过程中开展的各种培训活动发生的支出，如讲义教材费、课酬费、低值易耗品、伙食补助、考察活动费、租用教室、会议室、讨论室等。

会议费：指项目实施过程中为组织开展咨询、协调项目以及学术研讨等活动而发生的会议费用。印刷费：指项目实施过程中用于印制与项目有关材料方面的费用。

邮电费：指项目实施过程中开支的信函、包裹、货物等物品的邮寄费及固定电话费、电报费、传真费、网络通讯费等。

专家咨询费：指项目实施过程中支付给聘请的咨询专家的费用。专家咨询费的发放按照以下标准执行：

咨询专家	咨询方式	标准	
院士	会议咨询	第1、2天400元/人/半天，不足半天按半天计算	第3天及以后200元/人/半天，不足半天按半天计算
	通讯咨询	100元/人/项目	
具有或相当于高级专业技术职称的人员	会议咨询	第1、2天300元/人/半天，不足半天按半天计算	第3天及以后150元/人/半天，不足半天按半天计算
	通讯咨询	80元/人/项目	
其他人员	会议咨询	第1、2天200元/人/半天，不足半天按半天计算	第3天及以后100元/人/半天，不足半天按半天计算
	通讯咨询	60元/人/项目	

劳务费：指在项目实施过程中支付给项目兼职人员或临时人员的劳务性支出。劳务费按照国家有关规定严格控制、规范管理，一般不得超过所在地区平均工资的150%。

管理费：指项目实施期间发生的管理性质的开支，项目管理费不得超过项目经费总额的1.5%。主要用于项目评审、验收、审计和其他管理性质开支。

（四）创新团队特殊津贴：指发放给经省局"火车头计划"领导小组研究确定的省级创

新团队成员的各项津贴补贴,发放标准按《陕西省气象局"火车头计划"省级创新团队特殊津贴发放指导意见》(陕气人函〔2012〕44号)规定执行。

(五)创新团队奖励奖金:指省局根据年度考核情况评比发放的各类奖励,包括"火车头计划"工作先进单位和个人,陕西省气象局科学技术(工作)奖,获得省、部级奖励的科研成果、专利的气象科技成果给予配套的奖励。

(六)业务招待费:是指为保障项目顺利实施合理需要而支付的费用,一般包括赞助费、礼品及招待有关人员就餐费等费用,业务招待费严格控制支出标准,不得超过项目经费总额的3%。

第九条 "火车头计划"专项资金不得开支人员工资和基本建设支出,属于政府采购范围的,应当执行政府采购有关规定,形成资产的应及时办理资产登记手续。

第三章 监督检查与绩效考评

第十条 "火车头计划"专项资金必须专款专用,任何单位和个人不得挤占挪用。各单位要加强对专项资金的管理、检查和监督。

第十一条 "火车头计划"领导小组对各单位项目执行情况进行绩效考评,考评结果作为确定下一年度的经费补助标准的重要依据。

第十二条 对于不按实施方案执行项目计划的,省局可停止后续专项资金预算安排。

第十三条 本办法由陕西省气象局计划财务处负责解释。

第十四条 本办法自发布之日起施行。

陕西省省级财政专项资金管理暂行办法

(陕政发〔2007〕19号 2007年6月13日)

第一章 总 则

第一条 为了规范和加强财政专项资金管理，明确部门职责，保障财政资金安全，提高资金使用效益，建立科学、规范的财政专项资金运行机制，根据国家相关法律、法规，结合我省实际，制定本办法。

第二条 本办法所称财政专项资金（以下简称专项资金）是指在一定阶段内，为实现国民经济发展目标，省本级财政预算安排用于支持经济建设和社会事业发展的具有专门用途的资金。

第三条 专项资金分为三类：经济发展类，主要包括基本建设资金、产业发展和技术改造资金、区域发展资金、重大科技创新资金、旅游服务业资金等；社会事业发展类，主要包括教育、科学技术、文化、民政、社会保障和就业、卫生、人口与计划生育、农林水、气象、扶贫、环境资源保护与利用等资金；公共事务类，主要包括工商管理、质监、食品药品监督、统计普查、人才引进和培训、公检法司及其他公共事务管理等资金。

第四条 中央财政补助的专项资金以及省本级依法征收的各类基金、专项收入安排的支出，一并纳入本办法管理。国务院及国家部委、省政府另有规定的，从其规定。

第五条 专项资金一般应实行项目管理。财政部门和业务主管部门按照职责分工，相互配合，共同做好专项资金的管理工作。

业务主管部门负责审定、提出项目计划，并组织实施，属基本建设的，按基本建设有关程序办理。财政部门参与审定项目和资金计划，负责专项资金筹集，对经批准的项目计划下达预算，审核拨款，对资金实行监督管理和绩效考评。

第六条 专项资金管理应当遵循以下原则：

（一）科学发展原则。专项资金的设立和调整要符合我省经济和社会发展规划，有利于经济、社会和自然的协调、可持续发展，实现速度、结构和效益的统一。

（二）量力而行原则。专项资金的安排，既要综合考虑各项政策要求和实际需要，又要结合财力可能，按照项目的轻重缓急，优先安排最急需的项目。

（三）公正透明原则。专项资金项目申报、项目确定和资金分配要做到公开、公正、透明。专项资金项目实行集体决策制度，有的要按照规定实行专家评审，建立科学决策机制和竞争机制。

（四）依法监管原则。专项资金的申报分配、监督检查和绩效评价等各个环节的管理，要充分体现依法行政的要求，严格按照规定的管理程序和方法运作，确保专款专用。

(五)绩效考评原则。建立专项资金绩效考评制度,坚持社会效益和经济效益并重,制订专项资金绩效考评的量化指标体系,加强专项资金的追踪问效管理,提高专项资金使用效益。

第二章 专项资金设立和调整

第七条 专项资金设立要符合国家产业政策、经济社会发展目标和公共财政要求,有明确的政策依据、具体用途、使用范围、使用对象和起止时间。

第八条 专项资金设立由业务主管部门提出建议,经财政部门审核、综合平衡后,报省政府研究确定。其中建设类专项资金综合平衡时应征询投资主管部门的意见。未经批准,各部门不得自行设立专项资金。

第九条 财政部门会同相关业务主管部门根据不同阶段经济和社会事业发展的目标任务,对专项资金的支持方向、用途和使用范围适时进行调整。对同一使用方向的专项资金要进行归并整合,统筹安排。对专项工作任务已经完成或执行到规定期限的专项资金,及时提出调整意见。专项资金的调整意见报省政府审定。

第三章 预算管理

第十条 财政部门会同业务主管部门,根据年度财力状况,提出专项资金预算初步安排意见。专项资金预算原则上都应明确到项目,暂不能编制到项目的,根据预算控制数按项目类别编报。专项资金预算报经省政府审定后,纳入省本级财政预算草案。

第十一条 省本级财政预算草案经省人民代表大会批准后,财政部门按规定程序在30日内批复专项资金预算和控制指标。对编报部门预算时暂不能明确具体项目的专项资金,财政部门一般应在业务主管部门提出项目计划20个工作日内下达资金预算。

中央财政下达的专项资金,已经明确到具体项目的,财政部门一般应在收到预算指标文件20个工作日内将资金分配下达到有关部门、地区和项目实施单位;需要明确具体项目的,财政部门应在项目计划确定后20个工作日内下达资金预算。

第十二条 省本级财政预算安排的专项资金,年终无特殊原因仍未确定项目计划的,相关专项资金不得结转,由财政部门报经省政府同意后调整用于其他支出。

第十三条 项目计划和资金预算一经批复,业务主管部门、财政部门和项目单位不得自行调整。如确需变更、终止、撤销实施项目或调整预算的,由业务主管部门提出意见,财政部门审定。涉及重大项目预算调整的,需报省政府审定。

第四章 项目资金管理

第十四条 业务主管部门根据全省国民经济和社会发展规划、计划和目标,结合行业发展重点,编制专项资金项目总体规划,并依据规划会同财政部门,在每年9月底前征集下年度专项资金支持项目，需要公开征集的，应向社会发布项目申报指南。项目申报实行项目管理标准文本制度。

第十五条 业务主管部门对申报的项目要在每年12月底前初审完毕，排序列入专项资金项目库，建立项目储备制度，实行项目滚动管理。

第十六条 编入部门预算已明确到具体项目的专项资金，部门预算批复后，由项目单位组织实施。未明确到具体项目的专项资金，业务主管部门会同财政部门根据项目库项目排序和专家评审意见，在财政部门批复专项资金预算控制指标2个月内提出具体项目安排计划，其中涉及全省经济建设和社会各项事业发展的重大项目及资金安排意见应报分管省长或省政府审定。对涉及多个部门管理使用的同类专项资金，一般应在批复控制指标3个月内，由财政部门或项目牵头部门会同有关部门提出具体意见或项目计划，报分管省长或省政府审定。

中央财政下达的专项资金，需要明确具体项目的，业务主管部门一般应在收到中央预算文件后2个月内确定项目计划。

在规定时限内未提出具体项目计划的，有关部门要向省政府书面说明情况。

第十七条 项目库中拟安排的重点项目实行评审制度，项目评审由业务主管部门会同财政部门组织有关专家或委托有资质的社会中介机构进行。项目评审必须坚持公开、公正、透明的原则。

第十八条 业务主管部门和项目实施单位要严格按照批准的项目计划，落实配套资金，执行法人责任制、合同管理制、工程招投标和监理制度，按期完成项目建设任务，及时组织竣工验收。

第五章 资金拨付

第十九条 业务主管部门和项目单位要在收到财政部门预算文件10个工作日内，按项目进度提出项目资金用款计划。

财政部门对业务主管部门提交的用款计划进行审核，并在7个工作日内拨付资金。

第二十条 专项资金原则上实行国库集中支付制度。属于政府采购范围的，必须按政府采购管理程序办理。

第二十一条 专项资金安排用于个人和家庭的补助，一般应委托金融机构以"一卡通"或"一折通"等支付方式，直接发放到受益对象手中。对补助对象明确、用途单一的专项资金，实行"报账制"的支付方式，减少中间环节，提高拨付效率，确保资金的安全性。

第六章 财务管理

第二十二条 业务主管部门和项目实施单位要根据批复的专项资金预算，制订具体项目实施计划，严格按照《中华人民共和国会计法》及其他有关法律、法规，加强日常财务管理和会计核算。

第二十三条 业务主管部门要指导和督促项目实施单位做好项目资金财务管理的基础工作。项目实施单位依法做好本单位项目资金账务记录、会计核算、财务管理，制订内部财务管理制度，按规定编制决算、报送报表。对要求单独记账、专户管理的项目资金，要按规定指定专人负责，做到专户储存、单独记账、单独核算、专款专用，按规定标准开支。

第二十四条 专项资金根据项目和具体用途的不同，分别采取无偿补助、财政贴息和资本金投入等使用方式，并依据项目资金使用方式的不同按照相应的财务管理制度进行具体核算。

第二十五条 项目实施单位要加强固定资产的管理，正确核定新增固定资产的价值，及时办理资产交付使用和登记手续。

第二十六条 项目完成并通过验收后，专项资金有结余的，经财政部门批准可用于其他专项支出；对项目当年已执行但尚未完成或因故需推迟到下年度执行而形成的结余资金，业务主管部门报经财政部门备案后，可结转下年度继续使用，但不得自行改变资金用途。

对无特殊原因连续结转两年以上未安排使用的专项资金，业务主管部门报经财政部门同意后，可调整用于其他项目。

基本建设项目和各项政府性基金项目年度结余资金，按照相关规定执行。

第七章 绩效评价

第二十七条 专项资金实行绩效评价制度。绩效评价的主要内容包括对项目实施内容、项目功能、资金管理效率、经济效益、社会效益和生态效益等方面进行全面、综合考评。

第二十八条 绩效评价实行"统一组织、分级实施"的管理方式，由财政部门统一组织管理，业务主管部门和项目单位分级实施。

第二十九条 绩效评价的方法、指标体系、标准值、考核工作程序等，由财政部门会同业务主管部门根据有关规定和标准，另行研究制订。

第三十条 绩效评价结果作为今后专项资金预算安排的重要依据。资金使用效果好的，可以继续支持或加大支持。资金使用效果差的，要责令其整改，整改不到位的要减少支持或不予支持。

第八章 监督检查

第三十一条 各级财政部门是专项资金财务监督的职能部门，负责对专项资金预算编制、执行以及资金使用、考核等财务活动的全程监督。

第三十二条 业务主管部门要对项目实施和资金使用进行全过程监督，及时掌握项目进度，督促项目实施单位加强资金和项目管理，定期向财政部门和投资主管部门报告资金使用和项目实施情况。

第三十三条 审计部门依法对财政和有资金分配权的部门是否按规定分配专项资金

以及履行财政资金监督职责情况进行审计监督,对业务主管部门是否按规定实施全过程监督以及项目实施单位资金使用和效益情况进行监督检查。对业务主管部门和财政部门落实审计意见整改情况进行监督检查。

第三十四条 专项资金要按照政务公开的要求,接受社会监督。对监督反映的问题,审计部门、财政部门和业务主管部门要及时核实查处。

第三十五条 监察、审计、财政等有关部门要建立健全专项资金和项目管理责任追究制度。对违反财经纪律的,除责令将资金归还原有渠道或收回财政部门外,依据国务院《财政违法行为处罚处分条例》的规定给予处罚,并追究直接责任人员和主管人员的行政责任。严重违纪违规的,由监察机关立案查处。构成犯罪的,移送司法机关依法处理。

第九章 附 则

第三十六条 本办法第二条所指专项资金中,属于救灾、应对突发性事件等不宜实行项目管理的专项资金,按相关规定执行。

第三十七条 财政部门应会同业务主管部门,根据本办法制订或修订各分类专项资金的具体管理办法或实施细则。

第三十八条 各设区市、杨凌示范区要结合当地实际,参照本办法执行。

第三十九条 本办法自发布之日起30日后施行。

陕西省人工影响天气专项资金管理暂行办法

(陕财办农〔2012〕125号 2012年8月7日)

第一章 总 则

第一条 为了加强我省人工影响天气专项资金管理,提高资金使用效益,不断增强我省防灾减灾和应对气候变化的能力,提升人工影响天气工作水平,推动我省经济社会科学发展,根据《中华人民共和国预算法》、《中华人民共和国气象法》、《中央财政人工影响天气补助资金管理暂行办法》和有关财务规定,特制定本细则。

第二条 人工影响天气专项补助资金(以下简称人工影响天气专项资金)是指中省财政设立的,用于本省开展人工影响天气作业(以下简称人工影响天气作业)的专项资金。

第三条 人工影响天气作业是指利用飞机、高炮、火箭等装备,开展的人工增雨(雪)、防雹、消雨、消雾、防霜等作业。人工影响天气作业包括常态化作业和应急性作业。

常态化作业是指为建设和保护生态环境,充分开发利用空中云水资源,保障粮食生产需求,河流水库和重点水源涵养区增水、预防火灾,以及对雹灾高发区实施防雹减灾等开展的常规人工影响天气作业。

应急性作业是指为应对突发的重特大干旱、火灾和重大污染,以及保障重大社会活动等实施的紧急人工影响天气作业。

第四条 人工影响天气专项资金的管理原则:

(一)坚持地方安排和中央适当补助相结合,统筹使用。

(二)坚持省级集中安排使用,不逐级分解。

(三)坚持追踪问效,绩效考评,强化监督检查。

第五条 财政部门和气象主管部门根据职责分工,加强协调,密切配合。财政部门根据全省人工影响天气作业年度计划结合人工影响天气作业需求,落实人工影响天气补助资金预算,审核并及时拨付,监督检查资金使用和管理情况。气象部门负责组织预测当年灾害发生趋势,分析人工影响天气作业需求,制定全省人工影响天气作业年度计划,编报人工影响天气作业方案并组织实施。

第二章 资金申报与安排

第六条 申报人工影响天气专项资金,应具备以下条件:

(一)有人工影响天气作业计划并已进行科学论证,具备作业所需的基本天气气候条件。

(二)具有开展人工影响天气作业所需的基础设施设备和业务指挥平台。

(三)建立了科学合理的人工影响天气作业运行机制和规范的业务流程。

第七条 每年1月31日前,省财政厅会同省气象局,编制当年《中央财政人工影响天气补助资金申请报告》,并联合向财政部和中国气象局申请中央财政人工影响天气补助资金。

省财政、气象部门也可视当年天气气候预测趋势,以及重大气象灾害发生情况,适时向财政部和中国气象局申请应急性人工影响天气作业专项资金。

第八条 人工影响天气专项资金按照省级人工影响天气领导小组制订的人工影响天气作业计划和中省财政下达的人工影响天气专项资金规模,确定人工影响天气专项资金具体使用方案。

第九条 省级财政部门会同气象主管部门应于次年1月30日前,将年度人工影响天气补助资金总结报送财政部和中国气象局。总结内容包括当年人工影响天气工作总体情况、人工影响天气专项资金使用和管理情况、地方各级财政投入以及效益情况等。

第三章 资金使用与管理

第十条 人工影响天气专项资金的开支范围包括:

(一)飞行作业和地面保障费。

1. 飞机租赁和停场费:指使用飞机开展人工影响天气作业发生的飞机租赁、停场、托管、飞机起降、地面保障、油料保障和指挥等费用。

2. 飞行小时费:用于增雨飞机作业飞行小时费、机组及作业人员飞行小时作业费、飞行补助费的支出。

3. 机场保障费:用于人工影响天气作业安全保障、气象信息保障;飞机增雨期间机组及人工影响天气作业人员的日常训练、住宿、伙食、医疗卫生、保险等费用;飞机增雨期间聘用人员的工资及社会保障等费用。

4. 空域协调费:用于飞机作业和地面各类人工影响天气作业高炮、火箭对空开展人工影响天气作业,向空域管理部门支付的协调管理费用;根据业务工作的需要,与其他区域人工影响天气业务部门联合开展作业产生的费用。

5. 通讯费:用于飞行、地面作业、安全管理时产生的卫星通信、有线通信、数字移动通信、Internet网络通信保障费用。

(二)购置和仓储费。

1. 催化剂购置费:用于人工影响天气作业购置碘化银烟条、吸湿性烟条、液态二氧化碳等催化药剂购置所产生的费用。

2. 弹药购置费:用于人工影响天气作业购置各类高炮炮弹、火箭弹、地面烟条及辅助材料的费用。

3. 交通差旅费:用于人工影响天气所需催化剂、弹药购置和保管等活动中按照规定标准支出的燃料费、交通费、住宿费、伙食补助费和公杂费等各种支出。

4. 专用运输车辆租赁费：用于人工影响天气作业弹药、催化剂运输（含押运）、仪器设备专用运输车辆租赁费用。

5. 仓储保管和保险费：用于人工影响天气作业弹药、仪器设备、作业装备、探测设备、作业车辆、探测装备装卸、仓储、安全监控、车辆和作业人员保险等支付的费用。

（三）设备保障费。

1. 设备购置费：用于人工影响天气作业探测设备、通信设备、网络设备、指挥平台设备的购置。

2. 设备维护费：用于支付人工影响天气作业探测设备、通信设备、网络设备、指挥平台设备及高炮、火箭、地面烟炉等设施维护费用。

3. 检修专用材料费：用于支付人工影响天气设备、作业装备、作业车辆、气象雷达、业务平台软硬件检修专用材料费用。

4. 委托业务费：用于支付委托有资质的第三方开展人工影响天气业务系统开发、升级，人工影响天气作业装备年检，人工影响天气设备租赁、改装、开发，开展人工影响天气作业试验研究、技术开发、业务调研，专家咨询所发生的费用。

5. 交通差旅费：用于开展人工影响天气设备购置、设备维护、设备检修时按照规定标准支出的交通费、住宿费、伙食补助费、公杂费和燃料费等各种支出。

第十一条 人工影响天气专项资金不得用于高炮、火箭、雷达等大型设施设备和车辆的购置等基本建设支出，以及其他应在部门预算中安排的支出。

第十二条 人工影响天气专项资金支付按照财政国库管理制度有关规定执行。属于政府采购范围的，应当执行政府采购有关规定。

第十三条 建立健全人工影响天气专项资金管理制度，严格实行预决算制度。

第四章 经费开支标准

第十四条 人工影响天气作业经费开支标准要按照有关财务制度规定，严格执行开支标准，节约使用经费。

（一）飞行作业和地面保障费。

1. 飞行租赁和停场费：参照民用航空飞机租赁成本核算有关规定，由县级以上人民政府或其委托的人工影响天气主管机构与空军部队（或航空公司、增雨药剂供应商）协商确定，凭双方签订的协议书（或合同书）以及收款票据结算。

2. 飞行小时费：飞行补助费参照空军后勤部、政治部转发总后勤部《关于调整航空专业岗位津贴标准的通知》（后财〔2010〕460号）标准执行，飞行员补助费为150元/小时，空勤人员为120元/小时，地勤人员和人工影响天气地面保障作业人员为50元/小时。如有变动按最新标准执行。

3. 机场保障费：机场保障费按照与相关部门签订保障协议执行，机组及作业人员日常训练、住宿、伙食、医疗、保险等费用，按照部队系统相关规定执行。人工影响天气作业外场工作人员及业务指挥平台工作人员业务值班加班、夜班、误餐补助按照国家规定标准支付。

机组及作业人员劳动保护费参照国家劳动保护有关规定、《陕西省气象部门各类工种防护（防雨）防寒用品标准》和特殊职业津贴补助标准执行。机组人员突发疾病医疗费和空中作业人员保险费、身体检查费等按有关规定（省气象局要求）支付，据实报销。作业人员聘用费按陕西省统计部门公布的全省上年度在岗职工平均工资核算。

4. 空域协调费：按照飞机作业空域保障、地面作业空域保障、跨区作业空域协调保障的实际情况与空军、民航航管部门签署相关协议，按照实际签署的协议或合同标准执行。

5. 通讯费：省市县人工影响天气业务网络、空管专线、空地北斗卫星、视频、会商系统通讯费按省级气象信息（预报）服务保障合同票据实际金额支付。

（二）购置和仓储费。

1. 催化剂、地面作业弹药购置费：购买高炮炮弹、火箭弹、地面碘化银烟条及辅助材料，按照中国气象局人工影响天气物资管理处（北京、上海）对全国人工影响天气弹药的统一招标价格，由县级以上人民政府或委托人工影响天气主管部门与厂商签订购买合同，按合同支付相关费用。

2. 交通差旅费：按照《陕西省省级机关和事业单位差旅费管理办法》（陕财办行〔2007〕37号）执行。燃料费等费用根据实际票据支付。

3. 专用运输车辆租赁费：按照实际签署的协议或合同标准执行。

4. 仓储保管和保险费：根据每年用弹量的数量与供应商、弹药库签订弹药运输（含押运）、装卸、存储等费用合同，一般情况高炮炮弹管理费不超过5元/发.年，火箭弹管理费不超过30元/发.年，按合同（按弹药运输、存储协议规定执行）支付费用；车辆和作业人员保险标准按照上级相关规定执行。

（三）设备保障费。

1. 设备购置费：按照政府集中采购相关规定和制度采购相关人工影响天气设备，根据实际票据支付相关费用，牵扯到固定资产更新的按照固定资产管理办法进行修理或更新。

2. 设备维护费：根据公开招标或议价的方式签订人工影响天气设备维护保障费用，按照协议或实际票据支付相关费用。

3. 检修专用材料费：根据实际票据支付相关费用，牵扯到固定资产更新的按照固定资产管理办法进行更新。

4. 委托业务费：按照实际需求采用招标或议价方式签订项目合同并按此执行；人工影响天气装备委托业务费根据每年需要年检的高炮、火箭、烟炉数量核算；其他开展试验研究、技术开发、业务调研、聘请专家咨询等发生费用按照协议或专家咨询相关规定执行。

5. 交通差旅费：按照《陕西省省级机关和事业单位差旅费管理办法》（陕财办行〔2007〕37号）执行，燃料费等费用根据实际票据支付。

第五章 监督检查

第十五条 人工影响天气专项资金必须专款专用，任何部门和单位不得截留、挤占、挪用。

第十六条 省财政、气象主管部门要加强人工影响天气专项资金使用管理的监督检查，积极配合有关部门做好审计、监察等工作。因人工影响天气专项资金使用不规范、管理混乱等问题被省级以上审计部门、监察部门、财政部驻陕西省财政监察专员办事处通报，或被媒体曝光、群众举报并核实的，下年度原则上不安排人工影响天气专项资金。

第十七条 对在人工影响天气专项资金申报、分配、使用过程中的违规违纪行为，依照《财政违法行为处罚处分条例》（国务院令第 427 号）等有关法律法规进行处理处罚。

第六章 附 则

第十八条 本办法报财政部和中国气象局备案。

第十九条 本办法自二零一二年九月六日起施行。

第五部分 统计及其他管理

气象部门统计工作管理办法

(气发〔2010〕144 号 2010 年 8 月 3 日)

第一章 总 则

第一条 为有效、科学地组织实施气象部门统计工作,确保统计资料的真实性、准确性、完整性和及时性,发挥统计工作在了解气象部门总体情况、服务气象事业发展中的重要作用,依据《中华人民共和国统计法》及其实施细则等法律法规,结合气象部门实际,制定本办法。

第二条 本办法适用于全国各级气象部门组织实施的统计活动。

第三条 气象部门统计工作的基本任务是贯彻国家统计法律法规,执行有关的统计制度,对气象事业发展情况开展统计调查、进行统计分析;完成各级政府统计机构布置的统计任务;提供统计资料和统计咨询意见;实行部门统计监督。

第四条 气象部门统计工作实行统一领导、分级负责的管理体制。

第五条 各级气象部门应当加强对统计工作的组织领导,为统计工作提供必要的条件,保障统计法规和统计制度的严格执行,加强气象统计信息自动化的建设。

第六条 依法保护统计人员的合法权益,确保统计调查工作的顺利开展。各级气象部门相关人员不得自行修改统计机构和统计人员依法搜集、整理的统计资料,不得以任何方式要求统计机构和统计人员及其他机构、人员伪造、篡改统计资料,不得对依法履行职责或者拒绝、抵制统计违法行为的统计人员打击报复。

第七条 依法按时保质完成气象统计调查工作。各级气象部门应当依照国家有关法律法规,真实、准确、完整、及时地提供统计调查资料,不得提供不真实或者不完整的统计资料,不得迟报、拒报统计资料。

第八条 气象部门统计工作接受社会公众的监督,任何单位和个人有权检举统计中弄虚作假等违法行为。

第九条 气象部门统计机构和统计人员对在统计工作中知悉的国家秘密、商业秘密和个人信息,应当予以保密。

第十条 各级气象部门和个人不得利用虚假统计资料骗取荣誉称号、物质利益或者职务晋升。

第二章 统计调查管理

第十一条 气象部门统计包括综合统计和专业统计。

综合统计是指气象部门总体基本情况的统计。具体统计调查项目由中国气象局计划财务职能部门制定。

专业统计是指公共气象服务、预报预测、综合观测、信息网络、气象科技、计划财务、人事、政策法规、国际合作、监察审计、精神文明建设等各项统计。具体统计调查项目由中国气象局相关职能部门制定。

综合统计调查项目和专业统计调查项目应当明确分工,互相衔接,不得重复。由政府对口主管部门下达的专业统计任务,应按照该主管部门的统计规定执行。

第十二条 综合统计调查项目和专业统计调查项目中统计调查对象属于气象部门管辖范围的,由中国气象局审定,报国家统计局备案后执行。统计调查对象超出气象部门管辖范围的,报国家统计局审批后执行。

中国气象局相关职能部门制定的专业统计调查项目(包括专业年报、定期报表制度、一次性统计调查项目),须经中国气象局计划财务职能部门会签同意,办理核准、编发表号手续后执行。

省级气象部门制定的统计调查项目,报当地政府统计机构审批后执行。统计调查项目不得与国家统计调查项目和中国气象局制定的统计调查项目重复、冲突。地(州、市)级气象部门不得制发定期统计报表。发生突发公共事件时,各级气象部门可及时组织统计调查,搜集相关资料。

第十三条 制定统计调查项目,应当同时制定该项目的统计调查制度。统计调查制度应当对调查目的、调查内容、调查方法、调查对象、调查组织方式、调查表式、统计资料的报送和公布等作出规定。

第十四条 统计调查表式的标识应当依照法定标识确定。法定标识包括:表号、制表机关、批准机关或备案机关、批准文号或备案文号、有效期截止时间。对于无标识或超过有效期限的,统计调查对象有权拒绝填报。

第十五条 统计报表的制作应当从实际出发,讲究统计成本和效益,做到科学合理,简便易行,便于操作。

第十六条 发往并由基层气象部门填报的全面定期统计报表,应当严格限制。通过抽样调查、重点调查、行政记录等方式可取得统计数据的,不得制发全面定期统计报表。

通过现有资料能提取的统计数据,不得再制发统计报表。通过同级机构能获取的统计数据,不再向下级布置统计调查。

第十七条　气象部门应当严格执行国家统计标准,包括统计指标含义、计算方法、分类目录、调查表式、统计编码等。凡有国家统一标准的,均按国家标准执行。没有国家统一标准的,可根据气象部门的需要,按有关规定和程序制定相应的气象行业标准。

第三章　统计资料管理和公布

第十八条　各级气象部门应当按照国家有关规定设置原始记录、统计台账,建立健全统计资料的审核、签署、交接、归档等管理制度。

第十九条　各级气象部门提供的统计资料,应经统计机构负责人审核签字,报单位主管领导审批签字或者盖章后上报。统计资料中来源于计划财务、人事等专业数据的,由分管机构或分管工作人员提供,并经分管负责人审核同意。统计资料的审核、签署人员应当对其审核、签署的统计资料的真实性、准确性和完整性负责。

第二十条　各单位依照统计工作程序搜集、整理的统计资料如果有误,应当由统计机构、统计人员会同有关人员修订。其他任何人员不得自行更改。

第二十一条　气象部门的非涉密统计资料,经主管领导人审批后,由统计机构定期在气象部门公布。

第二十二条　各单位在正式文件和材料中使用的各项统计数据以统计机构公布的数据为准。当气象部门统计机构掌握的统计数据与业务主管机构掌握的统计数据发生不一致时,需双方共同研究修订,并最终以统计机构认可的统计数据为准。

除按政府对口主管机构、统计机构所下达的统计调查任务上报统计资料外,各级气象部门相关单位对外提供发布的气象部门统计资料,须经同级气象部门统计机构审核,未经许可不得对外提供和泄露。

第二十三条　气象部门各级统计机构和统计人员,应当遵守国家、气象部门保密法规和档案管理法规,建立健全统计数据保存、共享等管理制度,整理保管统计资料档案。各类统计调查汇总数据永久保存。

第四章　统计机构和统计人员

第二十四条　各级气象部门根据统计工作的需要,明确管理、实施统计的机构,设置专职或者兼职统计人员并指定统计负责人。各级气象部门统计机构,在统计业务上接受同级人民政府对口主管机构和统计机构的指导。

中国气象局计划财务职能部门和各省(自治区、直辖市)气象局、计划单列市气象局(以下简称省级气象部门)有关计划财务管理机构,归口管理气象部门统计工作。省级气象部门计划财务管理机构必须设置1名专职统计管理人员。中国气象局统计负责人为计划财务职能部门主要负责人。

中国气象局相关职能部门和省级气象局相关职能机构负责气象部门各项专业统计工作。

第二十五条 中国气象局计划财务职能部门履行下列职责：

（一）组织指导、综合协调各职能部门的专业统计工作，共同完成国家统计调查、部门统计调查和地方统计调查任务，执行国家统计法规和统计制度，监督检查统计法规和统计制度的实施；

（二）建立健全气象部门统计指标体系，制定气象部门统计制度，建立和完善气象统计工作规章制度，制定气象部门统计调查总体方案和统计调查项目备案、审批的报送工作；

（三）承担气象部门综合统计调查，集中管理和对外发布气象部门统计数据；

（四）开展统计分析，提供统计咨询和决策信息服务；

（五）组织开展统计资料搜集、处理、传输、共享、存储、安全的现代化建设，建立统一规范的气象部门统计数据库。会同人事部门开展统计业务培训。

第二十六条 中国气象局相关职能部门履行以下职责：

（一）负责制定本机构业务管理范围内的专业统计调查制度，建立和完善专业统计管理规定；

（二）根据业务管理需要，组织进行相关专业统计调查，依法执行由对口主管部门制定的统计调查任务；

（三）负责专业统计资料的管理以及专业统计年报、定期报表的汇编。按气象部门统计制度要求，向有关计划财务职能部门提供专业统计资料；

（四）开展专业统计分析工作，提供相关信息服务。

第二十七条 省级气象局有关计划财务管理机构参照第二十五条的规定履行职责。省级气象局相关职能机构参照第二十六条的规定履行职责。

第二十八条 中国气象局直属单位、省级气象局直属单位、地（州、市）气象局、县气象局（站），履行以下职责：

（一）贯彻执行各项统计法规和相关制度，根据上级主管部门或地方同级统计机构的要求，及时、如实填报本单位统计调查报表及统计资料；

（二）加强统计基础工作建设，建立健全原始记录、统计台账，加强工作人员的统计业务培训；

（三）对本单位经济运行和业务发展情况进行统计分析。

第二十九条 各级气象部门统计机构、统计人员应当依法履行职责，如实搜集、报送统计资料，不得伪造、篡改统计资料，不得以任何方式要求任何单位和个人提供不真实的统计资料，不得有其他违反本办法规定的行为。

统计人员应当坚持实事求是，恪守职业道德，对其负责搜集、审核、录入的统计资料与统计调查对象报送的统计资料的一致性负责。

第三十条 各级气象部门统计机构和统计人员在依法进行的统计调查中，有权要求有关单位和工作人员如实提供统计资料；在审核检查统计资料时，有权督促统计调查对象改正不实的统计资料。

第三十一条 各级气象部门统计人员应当具备与其从事的统计工作相适应的专业知

识和业务能力。省(市)级气象部门专职统计人员应根据同级人民政府统计机构的要求,参加专业培训和职业道德教育,具备相应统计从业资格。

第三十二条 各级气象部门统计人员,根据本人的工作经历、工作能力和业绩,可在气象部门参加气象类技术职称的评审,也可按国家有关规定参加地方主管部门组织的统计专业技术职称考评。

第五章 统计监督与检查

第三十三条 气象部门统计机构应当加强对其组织实施的统计调查和数据质量进行监督与检查,通报检查结果。

第三十四条 气象部门统计机构应当协助同级人民政府统计机构依法查处统计违法行为。

第三十五条 任何单位和个人在接受统计检查时,应当如实反映情况,提供相关证明和资料,允许检查人员进入有关信息系统核对数据,不得拒绝、推诿或者阻挠检查。

第六章 罚 则

第三十六条 凡有下列行为之一,按干部管理权限进行责令改正,予以通报批评;情节严重的,可对负有直接责任的主管人员或其他直接责任人员依法给予处分:

(一)拒绝提供统计资料或者经催报后仍未按时提供统计资料的;

(二)提供不真实或者不完整的统计资料的;

(三)要求统计机构、统计人员或者其他机构和人员伪造、篡改统计资料的;

(四)违规修改统计资料、编造虚假统计数据的;

(五)拒绝和阻碍统计调查、统计检查的;

(六)未经批准擅自组织统计调查、公布统计资料的;

(七)违反国家有关规定,造成统计资料毁损、灭失的;

(八)对依法履行职责或者拒绝、抵制统计违法行为的统计人员打击报复的;

(九)转移、隐匿、篡改、毁弃或者拒绝提供原始记录和凭证、统计台账、统计调查表及其他相关证明和资料的;

(十)对本单位发生的严重统计违法行为失察的。

第三十七条 对违反《统计法》的其他规定,由政府统计机构依法进行处罚。构成犯罪的,依法追究刑事责任。

第七章 附 则

第三十八条 各省级气象部门可以根据本办法的规定,结合本单位实际制定实施办法,并报中国气象局备案。

第三十九条 本办法自印发之日起施行。

陕西省气象部门统计工作管理办法

(2013年1月17日局务会审定通过)

第一章 总 则

第一条 为有效、科学地组织实施我省气象部门统计工作,确保统计资料的真实性、准确性、完整性和及时性,发挥统计工作在了解全省气象部门总体情况、服务气象事业发展中的重要作用,依据《中华人民共和国统计法》及其实施细则和《气象部门统计工作管理办法》等法律法规,结合我省气象部门实际,制定本办法。

第二条 本办法适用于全省各级气象部门组织实施的统计活动。

第三条 全省气象部门统计工作的基本任务是贯彻国家统计法律法规,执行有关的统计制度,对全省气象事业发展情况开展统计调查、进行统计分析;完成各级政府统计机构布置的统计任务;提供统计资料和统计咨询意见;实行部门统计监督。

第四条 全省气象部门统计工作实行统一领导、分级负责的管理体制。

第五条 全省各级气象部门应当加强对统计工作的组织领导,为统计工作提供必要的条件,保障统计法规和统计制度的严格执行,加强气象统计信息自动化的建设。

第六条 依法保护统计人员的合法权益,确保统计调查工作的顺利开展。全省各级气象部门相关人员不得自行修改统计机构和统计人员依法搜集、整理的统计资料,不得以任何方式要求统计机构和统计人员及其他机构、人员伪造、篡改统计资料,不得对依法履行职责或者拒绝、抵制统计违法行为的统计人员打击报复。

第七条 依法按时保质完成气象统计调查工作。全省各级气象部门应当依照国家有关法律法规,真实、准确、完整、及时地提供统计调查资料,不得提供不真实或者不完整的统计资料,不得迟报、拒报统计资料。

第八条 全省气象部门统计工作接受社会公众的监督,任何单位和个人有权检举统计中弄虚作假等违法行为。

第九条 全省气象部门统计机构和统计人员对在统计工作中知悉的国家秘密、商业秘密和个人信息,应当予以保密。

第十条 全省各级气象部门和个人不得利用虚假统计资料骗取荣誉称号、物质利益或者职务晋升。

第二章 统计调查管理

第十一条 气象部门统计包括综合统计和专业统计。综合统计是指气象部门总体基本情况的统计。具体统计调查项目由中国气象局计划财务职能部门制定。

专业统计是指公共气象服务、预报预测、综合观测、信息网络、气象科技、计划财务、人事、政策法规、国际合作、监察审计、精神文明建设等各项统计。具体统计调查项目由中国气象局及省级气象局相关职能部门制定。综合统计调查项目和专业统计调查项目应当明确分工，互相衔接，不得重复。由政府对口主管部门下达的专业统计任务，应按照该主管部门的统计规定执行。

第十二条 我省气象部门制定的统计调查项目，报当地政府统计机构审批后执行。统计调查项目不得与国家统计调查项目和中国气象局制定的统计调查项目重复、冲突。地（市）级气象部门不得制发定期统计报表。发生突发公共事件时，全省各级气象部门可及时组织统计调查，搜集相关资料。

第十三条 制定统计调查项目，应当同时制定该项目的统计调查制度。统计调查制度应当对调查目的、调查内容、调查方法、调查对象、调查组织方式、调查表式、统计资料的报送和公布等作出规定。

第十四条 统计调查表式的标识应当依照法定标识确定。法定标识包括：表号、制表机关、批准机关或备案机关、批准文号或备案文号、有效期截止时间。对于无标识或超过有效期限的，统计调查对象有权拒绝填报。

第十五条 统计报表的制作应当从实际出发，讲究统计成本和效益，做到科学合理，简便易行，便于操作。

第十六条 发往并由全省基层气象部门填报的全面定期统计报表，应当严格限制。通过抽样调查、重点调查、行政记录等方式可取得统计数据的，不得制发全面定期统计报表。通过现有资料能提取的统计数据，不得再制发统计报表。通过同级机构能获取的统计数据，不再向下级布置统计调查。

第十七条 全省气象部门应当严格执行国家统计标准，包括统计指标含义、计算方法、分类目录、调查表式、统计编码等。凡有国家统一标准的，均按国家标准执行。没有国家统一标准的，可根据我省气象部门的需要，按有关规定和程序制定相应的气象行业标准。

第三章 统计资料管理和公布

第十八条 全省各级气象部门应当按照国家有关规定设置原始记录、统计台账，建立健全统计资料的审核、签署、交接、归档等管理制度。

第十九条 全省各级气象部门提供的统计资料，应经统计机构负责人审核签字，报单位主管领导审批签字或者盖章后上报。统计资料中来源于计划财务、人事等专业数据的，由分管机构或分管工作人员提供，并经分管负责人审核同意。统计资料的审核、签署人员应当对其审核、签署的统计资料的真实性、准确性和完整性负责。

第二十条 各单位依照统计工作程序搜集、整理的统计资料如果有误，应当由统计机构、统计人员会同有关人员修订。其他任何人员不得自行更改。

第二十一条 全省气象部门的非涉密统计资料,经主管领导人审批后,由统计机构定期在全省气象部门公布。

第二十二条 各单位在正式文件和材料中使用的各项统计数据以统计机构公布的数据为准。当我省气象部门统计机构掌握的统计数据与业务主管机构掌握的统计数据发生不一致时,需双方共同研究修订,并最终以统计机构认可的统计数据为准。除按政府对口主管机构、统计机构所下达的统计调查任务上报统计资料外,全省各级气象部门相关单位对外提供发布的全省气象部门统计资料,须经同级气象部门统计机构审核,未经许可不得对外提供和泄露。

第二十三条 全省气象部门各级统计机构和统计人员,应当遵守国家、气象部门保密法规和档案管理法规,建立健全统计数据保存、共享等管理制度,整理保管统计资料档案。各类统计调查汇总数据永久保存。

第四章 统计机构和统计人员

第二十四条 全省各级气象部门根据统计工作的需要,明确管理、实施统计的机构,设置专职或者兼职统计人员并指定统计负责人。全省各级气象部门统计机构,在统计业务上接受同级人民政府对口主管机构和统计机构的指导。

陕西省气象局计划财务处归口管理全省气象部门统计工作。省局计划财务处设置1名专职统计管理人员,省局统计负责人为计划财务处主要负责人。地市级气象部门计划财务管理机构必须设置1名兼职统计管理人员。

省级气象局相关职能机构负责全省气象部门各项专业统计工作。

第二十五条 陕西省气象局计划财务处履行下列职责:

(一)组织指导、综合协调全省各职能部门的专业统计工作,共同完成国家统计调查、部门统计调查和地方统计调查任务,执行国家统计法规和统计制度,监督检查统计法规和统计制度的实施;

(二)建立健全我省气象部门统计指标体系,制定全省气象部门统计制度,建立和完善我省气象统计工作规章制度,制定全省气象部门统计调查总体方案和统计调查项目备案、审批的报送工作;

(三)承担全省气象部门综合统计调查,集中管理和对外发布我省气象部门统计数据;

(四)开展统计分析,提供统计咨询和决策信息服务;

(五)组织开展统计资料搜集、处理、传输、共享、存储、安全的现代化建设,建立统一规范的全省气象部门统计数据库。会同人事部门开展统计业务培训。

第二十六条 陕西省气象局相关职能部门履行以下职责:

(一)负责制定本机构业务管理范围内的专业统计调查制度,建立和完善专业统计管理规定;

(二)根据业务管理需要,组织进行相关专业统计调查,依法执行由对口主管部门制定的统计调查任务;

（三）负责专业统计资料的管理以及专业统计年报、定期报表的汇编。按我省气象部门统计制度要求，向有关计划财务职能部门提供专业统计资料；

（四）开展专业统计分析工作，提供相关信息服务。

第二十七条 省局直属单位、地（市）气象局、县气象局（站），履行以下职责：

（一）贯彻执行各项统计法规和相关制度，根据上级主管部门或地方同级统计机构的要求，及时、如实填报本单位统计调查报表及统计资料；

（二）加强统计基础工作建设，建立健全原始记录、统计台账，加强工作人员的统计业务培训；

（三）对本单位经济运行和业务发展情况进行统计分析。

第二十八条 全省各级气象部门统计机构、统计人员应当依法履行职责，如实搜集、报送统计资料，不得伪造、篡改统计资料，不得以任何方式要求任何单位和个人提供不真实的统计资料，不得有其他违反本办法规定的行为。

统计人员应当坚持实事求是，恪守职业道德，对其负责搜集、审核、录入的统计资料与统计调查对象报送的统计资料的一致性负责。

第二十九条 全省各级气象部门统计机构和统计人员在依法进行的统计调查中，有权要求有关单位和工作人员如实提供统计资料；在审核检查统计资料时，有权督促统计调查对象改正不实的统计资料。

第三十条 全省各级气象部门统计人员应当具备与其从事的统计工作相适应的专业知识和业务能力。

第三十一条 全省各级气象部门统计人员，根据本人的工作经历、工作能力和业绩，可在气象部门参加气象类技术职称的评审，也可按国家有关规定参加地方主管部门组织的统计专业技术职称考评。

第五章　统计监督与检查

第三十二条 全省气象部门统计机构应当加强对其组织实施的统计调查和数据质量进行监督与检查，通报检查结果。

第三十三条 全省气象部门统计机构应当协助同级人民政府统计机构依法查处统计违法行为。

第三十四条 任何单位和个人在接受统计检查时，应当如实反映情况，提供相关证明和资料，允许检查人员进入有关信息系统核对数据，不得拒绝、推诿或者阻挠检查。

第六章　罚　则

第三十五条 凡有下列行为之一，按干部管理权限进行责令改正，予以通报批评；情节严重的，可对负有直接责任的主管人员或其他直接责任人员依法给予处分：

（一）拒绝提供统计资料或者经催报后仍未按时提供统计资料的；

(二)提供不真实或者不完整的统计资料的;

(三)要求统计机构、统计人员或者其他机构和人员伪造、篡改统计资料的;

(四)违规修改统计资料、编造虚假统计数据的;

(五)拒绝和阻碍统计调查、统计检查的;

(六)未经批准擅自组织统计调查、公布统计资料的;

(七)违反国家有关规定,造成统计资料毁损、灭失的;

(八)对依法履行职责或者拒绝、抵制统计违法行为的统计人员打击报复的;

(九)转移、隐匿、篡改、毁弃或者拒绝提供原始记录和凭证、统计台账、统计调查表及其他相关证明和资料的;

(十)对本单位发生的严重统计违法行为失察的。

第三十六条 对违反《统计法》的其他规定,由政府统计机构依法进行处罚。构成犯罪的,依法追究刑事责任。

第七章 附 则

第三十七条 本办法自印发之日起施行。陕西省气象局2003年1月20日下发的《陕西省气象部门统计工作管理办法》(陕气发〔2003〕10号)同时废止。

陕西省气象局机关财务运行管理办法

(陕气办函〔2016〕7号　2016年2月23日)

第一章　总　则

第一条　为规范省局机关财务运行管理,根据《气象事业费基本支出预算管理试行办法》、《气象事业费项目支出预算管理试行办法》、《气象部门差旅费管理办法》、《党政机关厉行节约反对浪费条例》等规定,制定本办法。

第二条　本办法适用于陕西省气象局机关的财务运行管理。

第三条　按照"预算控制、统一规范、分工负责、科学管理"的原则,局办公室负责机关财务的管理工作,各内设机构主要负责人承担其财务运行的组织和审核。

第四条　各内设机构确定专门人员负责预算申报、财务报销、固定资产管理等事项。

第二章　财务预算

第五条　省局机关部门预算包括人员经费预算、公用经费预算、专项工作经费预算和其他支出预算等。

人员经费是指用于工资、津贴、补贴等支出;公用经费指保障机关公务活动正常运行发生的各项支出;专项工作经费是指为完成特定工作任务发生的各项支出。其他支出是指用于解决预算执行中不可预见事项的支出。

第六条　省局办公室负责省局机关部门预算的编制、上报工作。

(一)人员经费预算编报:每年10月中旬,由省局办公室组织编制、上报。

(二)公用经费预算和专项工作经费预算编报:每年10月中旬,各内设机构室向局办公室提出下年度项目和工作运行经费预算需求;省局办公室依据预算审定意见及财力保障程度,组织编制、上报。

(三)其他支出预算编报:由省局办公室组织编制、上报。

第七条　省局办公室按照下达的部门预算控制数分解各内设机构年度支出额度,经机关处长会议研究审定后下发给各内设机构执行。其他支出由承担工作任务的内设机构签报申请。

第八条　每年7月按照预算执行情况、重点工作完成情况,各内设机构提出预算调整申请,局办公室汇总审核,经机关处长会议审定后予以调整。

第三章 财务审批

第九条 人员经费支出审批。

（一）工资支出。

1. 省局财务核算中心每月 25 日（节假日顺延，下同）按照核定的工资、津贴、补贴等发放标准编制下月职工工资发放表，经机关财务负责人审批后，由省局财务核算中心执行。

2. 需要单独发放的人员津补贴，由省局财务核算中心编制发放表，经机关财务负责人审批后，由省局财务核算中心执行。

3. 涉及个人住房公积金、医疗保险及职工养老保险等支出标准变动的，由省局财务核算中心编制，经机关财务负责人审批后执行。

（二）工会经费和福利费支出由机关工会负责人审核，经机关财务负责人审批后执行。

第十条 公用经费支出审批。公用经费包括办公费、公务招待费、公务用车费、差旅费、固定电话费、办公设备维修费、大宗办公用品采购（打印纸、硒鼓、墨盒等）、会议费、印刷费等。

机关人员公务出差飞机票、办公设备采购维修费、大宗办公用品采购、会议费、印刷费由局办公室统一采购。

公用经费由各内设机构主要负责人按照审定的预算进行审核，报请机关财务负责人审批后执行。

第十一条 专项工作经费支出审批。专项工作经费按要求编制项目实施方案及经费支出计划，实行"总额控制、签报申请、当年使用"。经批准的专项工作经费由各内设机构主要负责人审核，机关财务负责人审批后执行。

编制专项资金支出计划应遵循以下规定。

（一）物资及设备采购应列出采购物品的型号、数量目前市场参考价格，属于政府采购项目应执行政府采购有关规定。

（二）应用软件开发费应分别列出各应用系统建设工作量（按人月计费），要细化到模块一级，并简述各模块的功能，估算每个模块的人月数，再根据人月单价计算每个模块的开发费用，估算应用软件开发费用。人月单价分委托和自主开发两种情况，根据软件系统的难度、复杂度和规模计费，其中委托开发按（1.0~2.0）万元/人/月计，自主开发按（0.5~0.8）万元/人/月计，并考虑软件的复用率。

（三）培训费应明确培训的对象、培训内容、培训人数、培训天数和培训单价，其中培训费包含住宿费、伙食费、培训场地费、讲课费、培训资料费、交通费、其他费等。培训费按国家和气象部门有关规定执行。15 天以内的培训按照综合定额标准控制；超过 15 天的培训，超过天数按照综合定额标准的 80% 控制；超过 30 天的培训，超过天数按照综合定额标准的 70% 控制。上述天数含报到撤离时间，报到和撤离时间分别不得超过 1 天。

（四）会议应明确会议内容及参会人员范围，会议地点原则上安排在气象宾馆或省培训中心，不得租用高级宾馆、饭店及到风景名胜区召开会议。会议费开支范围为会议房租费(含会议室)、伙食补贴、交通费、办公费、文件印刷费等,会议费开支标准按照规定执行。严禁发放礼品、纪念品等。

(五)差旅费按照《中央和国家机关差旅费管理办法》标准执行。

(六)劳务费应明确工作内容、工作量及单位价格。不得用于开支本单位有工资性收入的人员。

(七)专家咨询费按照标准执行,不得支付给参与项目及项目管理的工作人员。

(八)印刷费明确印刷内容、数量、单价,原则上在省局机关服务中心印刷。

第十二条 经费支出报销要有经办人、证明人、主要负责人、财务负责人签字。具体责任如下:

(一)经办人对业务真实性、发票合规性、完整性负责;

(二)证明人负责监督,对业务真实性承担连带责任;

(三)各内设机构主要负责人对相应费用支出签署审核意见,并对业务支出的真实性、合规性承担领导责任;

(四)机关财务负责人对各项费用支出是否符合财务制度、规定要求进行审批,并签署审批意见。重点审查支出是否有预算,是否履行相关程序,是否符合相关支出规定,财务负责人对签审事项承担审查合规性责任。

第四章 报销凭证

第十三条 各类报销的原始凭证必须合法、内容真实、完整、清晰,所记载的内容不得涂改,具体要求如下:

(一)发票要求。所有的报销业务必须凭有效发票办理,发票上必须载明填制日期、接受凭证单位名称、业务内容、金额等信息,大小写金额应相符,必须加盖开具单位发票专用章。发票抬头必须写明法人单位全称,如发票抬头限制字数,无法写明全称,可顺序填写直至全称无法显示即可。发票内容不得涂改。若为购买设备、办公用品和材料、图书的,应附明细清单(采购明细清单)。

(二)报销凭单填制要求。必须用黑色水笔或签字笔完整填写报销单据,费用项目应明确、翔实、填写齐全。大、小写金额必须相等,填写大写金额时需顶格填写。报销凭单内容及金额不得涂改。

(三)原始发票单据内容、金额须与报销单据所填内容、金额相符,发票需按规定签字。所有发票等原始凭证粘贴规范,张数和报销单所填一致。同类小额发票数量较多的,可以使用粘贴单,粘贴单按规定签字。如果发票金额与POS机小票等不一致的,以不超过发票金额据实报销。

(四)附件要求。

1.差旅费报销应附有出差审批单。省局领导、各内设机构主要负责人乘坐飞机需在请假手续中注明,经审批后由局办公室负责订票;其他工作人员出差乘坐飞机需在请假手续中说明,经审批后,采购6折(包括6折)以下飞机票出行,购买超过六折的飞机票需经省局局长审批。

2. 批量购买设备、办公用品、材料、图书等物品应附明细清单(采购明细清单)。

3. 会议费报销应附《会议费结算单》和会议通知、会议代表签到表。不在内部宾招召开的会议还需附情况说明。培训费报销应附《培训费结算单》及培训通知、实际参训人员签到表、讲课费签收单、培训机构出具的原始明细单据、电子结算单等凭证。

4. 协作费、维修费、印刷费、加工测试费、委托业务费、建设工程等支出报销需附合同、合同内容应符合有关规定。土建工程还需付三方签字的工程付款进度表。

5. 涉及固定资产的报销需各单位出具固定资产入库单等手续证明。

6. 各项劳务费、专家咨询费、稿酬、加班(值)班费,填制《劳务费报销单》、《加班、值班费报销单》并附当事人身份证号码及联系方式。

7. 因公出国(境)费用报销应附《出国(境)代表团(组)费用预算表》、《出国(境)代表团(组)费用结算表》及相关票据和出国文件。

第十四条 各内设机构应严格按照相关财务规定开支各项经费。对于不符合规定的支出,财务人员有权拒绝办理。

第十五条 各类费用报销手续应及时办理。各内设机构应自办理支付手续后1个月内,持发票等相关原始凭证到核算中心报销。逾期未结算的由省局财务核算中心通报,各内设机构督促结算,所有费用报销手续应于当年年底前办理完毕。年度结算日原则上为专项经费每年12月15日前结清,其他经费每年12月25日前结清。12月25日后不再受理经费报销业务。

第十六条 原始发票遗失要求。原始发票遗失,属于现金结算的,要重新取得原始发票;属于非现金结算的,需提供对方单位出具的证明(单据号码、金额、用途等)和加盖发票专用章的发票复印件,证明和复印件需内设机构主要负责人签字确认。

第五章 报销程序

第十七条 人员支出经费报销。

省局财务核算中心在每月25日前编制下月省局机关人员工资表,并按照有关规定计算扣款项。机关财务负责人审批后执行。

人员费用发放一律采取工资卡发放形式,不得使用现金发放本单位职工的人员费用。

第十八条 日常支出经费报销。各经办人按照支出预算及经费报销要求,填制报销审批单,经各处室主要负责人审核,机关财务负责人审批,交省局财务核算中心执行。

第十九条 专项工作支出经费报销。专项工作承担机构经办人按照支出计划及经费报销要求,填制报销审批单,经主要负责人审核,机关财务负责人审批,交省局核算中心执行。

第六章 附 则

第二十条 本办法自2016年1月起施行,由省局办公室负责解释。

住房公积金管理条例

(1999年4月3日国务院令第262号发布,2002年3月24日国务院令第350号修订)

第一章 总 则

第一条 为了加强对住房公积金的管理,维护住房公积金所有者的合法权益,促进城镇住房建设,提高城镇居民的居住水平,制定本条例。

第二条 本条例适用于中华人民共和国境内住房公积金的缴存、提取、使用、管理和监督。

本条例所称住房公积金,是指国家机关、国有企业、城镇集体企业、外商投资企业、城镇私营企业及其他城镇企业、事业单位、民办非企业单位、社会团体(以下统称单位)及其在职职工缴存的长期住房储金。

第三条 职工个人缴存的住房公积金和职工所在单位为职工缴存的住房公积金,属于职工个人所有。

第四条 住房公积金的管理实行住房公积金管理委员会决策、住房公积金管理中心运作、银行专户存储、财政监督的原则。

第五条 住房公积金应当用于职工购买、建造、翻建、大修自住住房,任何单位和个人不得挪作他用。

第六条 住房公积金的存、贷利率由中国人民银行提出,经征求国务院建设行政主管部门的意见后,报国务院批准。

第七条 国务院建设行政主管部门会同国务院财政部门、中国人民银行拟定住房公积金政策,并监督执行。

省、自治区人民政府建设行政主管部门会同同级财政部门以及中国人民银行分支机构,负责本行政区域内住房公积金管理法规、政策执行情况的监督。

第二章 机构及其职责

第八条 直辖市和省、自治区人民政府所在地的市以及其他设区的市(地、州、盟),应当设立住房公积金管理委员会,作为住房公积金管理的决策机构。住房公积金管理委员会的成员中,人民政府负责人和建设、财政、人民银行等有关部门负责人以及有关专家占1/3,工会代表和职工代表占1/3,单位代表占1/3。

住房公积金管理委员会主任应当由具有社会公信力的人士担任。

第九条 住房公积金管理委员会在住房公积金管理方面履行下列职责:

（一）依据有关法律、法规和政策，制定和调整住房公积金的具体管理措施，并监督实施；

（二）根据本条例第十八条的规定，拟订住房公积金的具体缴存比例；

（三）确定住房公积金的最高贷款额度；

（四）审批住房公积金归集、使用计划；

（五）审议住房公积金增值收益分配方案；

（六）审批住房公积金归集、使用计划执行情况的报告。

第十条 直辖市和省、自治区人民政府所在地的市以及其他设区的市（地、州、盟）应当按照精简、效能的原则，设立一个住房公积金管理中心，负责住房公积金的管理运作。县（市）不设立住房公积金管理中心。

前款规定的住房公积金管理中心可以在有条件的县（市）设立分支机构。住房公积金管理中心与其分支机构应当实行统一的规章制度，进行统一核算。

住房公积金管理中心是直属城市人民政府的不以营利为目的的独立的事业单位。

第十一条 住房公积金管理中心履行下列职责：

（一）编制、执行住房公积金的归集、使用计划；

（二）负责记载职工住房公积金的缴存、提取、使用等情况；

（三）负责住房公积金的核算；

（四）审批住房公积金的提取、使用；

（五）负责住房公积金的保值和归还；

（六）编制住房公积金归集、使用计划执行情况的报告；

（七）承办住房公积金管理委员会决定的其他事项。

第十二条 住房公积金管理委员会应当按照中国人民银行的有关规定，指定受委托办理住房公积金金融业务的商业银行（以下简称受委托银行）；住房公积金管理中心应当委托受委托银行办理住房公积金贷款、结算等金融业务和住房公积金账户的设立、缴存、归还等手续。

住房公积金管理中心应当与受委托银行签订委托合同。

第三章 缴 存

第十三条 住房公积金管理中心应当在受委托银行设立住房公积金专户。

单位应当到住房公积金管理中心办理住房公积金缴存登记，经住房公积金管理中心审核后，到受委托银行为本单位职工办理住房公积金账户设立手续。每个职工只能有一个住房公积金账户。

住房公积金管理中心应当建立职工住房公积金明细账，记载职工个人住房公积金的缴存、提取等情况。

第十四条 新设立的单位应当自设立之日起 30 日内到住房公积金管理中心办理住房公积金缴存登记，并自登记之日起 20 日内持住房公积金管理中心的审核文件，到受委托银行为本单位职工办理住房公积金账户设立手续。

单位合并、分立、撤销、解散或者破产的,应当自发生上述情况之日起30日内由原单位或者清算组织到住房公积金管理中心办理变更登记或者注销登记,并自办妥变更登记或者注销登记之日起20日内持住房公积金管理中心的审核文件,到受委托银行为本单位职工办理住房公积金账户转移或者封存手续。

第十五条 单位录用职工的,应当自录用之日起30日内到住房公积金管理中心办理缴存登记,并持住房公积金管理中心的审核文件,到受委托银行办理职工住房公积金账户的设立或者转移手续。

单位与职工终止劳动关系的,单位应当自劳动关系终止之日起30日内到住房公积金管理中心办理变更登记,并持住房公积金管理中心的审核文件,到受委托银行办理职工住房公积金账户转移或者封存手续。

第十六条 职工住房公积金的月缴存额为职工本人上一年度月平均工资乘以职工住房公积金缴存比例。

单位为职工缴存的住房公积金的月缴存额为职工本人上一年度月平均工资乘以单位住房公积金缴存比例。

第十七条 新参加工作的职工从参加工作的第二个月开始缴存住房公积金,月缴存额为职工本人当月工资乘以职工住房公积金缴存比例。

单位新调入的职工从调入单位发放工资之日起缴存住房公积金,月缴存额为职工本人当月工资乘以职工住房公积金缴存比例。

第十八条 职工和单位住房公积金的缴存比例均不得低于职工上一年度月平均工资的5%;有条件的城市,可以适当提高缴存比例。具体缴存比例由住房公积金管理委员会拟订,经本级人民政府审核后,报省、自治区、直辖市人民政府批准。

第十九条 职工个人缴存的住房公积金,由所在单位每月从其工资中代扣代缴。

单位应当于每月发放职工工资之日起5日内将单位缴存的和为职工代缴的住房公积金汇缴到住房公积金专户内,由受委托银行计入职工住房公积金账户。

第二十条 单位应当按时、足额缴存住房公积金,不得逾期缴存或者少缴。

对缴存住房公积金确有困难的单位,经本单位职工代表大会或者工会讨论通过,并经住房公积金管理中心审核,报住房公积金管理委员会批准后,可以降低缴存比例或者缓缴;待单位经济效益好转后,再提高缴存比例或者补缴缓缴。

第二十一条 住房公积金自存入职工住房公积金账户之日起按照国家规定的利率计息。

第二十二条 住房公积金管理中心应当为缴存住房公积金的职工发放缴存住房公积金的有效凭证。

第二十三条 单位为职工缴存的住房公积金,按照下列规定列支:

(一)机关在预算中列支;

(二)事业单位由财政部门核定收支后,在预算或者费用中列支;

(三)企业在成本中列支。

第四章　提取和使用

第二十四条　职工有下列情形之一的,可以提取职工住房公积金账户内的存储余额:
(一)购买、建造、翻建、大修自住住房的;
(二)离休、退休的;
(三)完全丧失劳动能力,并与单位终止劳动关系的;
(四)出境定居的;
(五)偿还购房贷款本息的;
(六)房租超出家庭工资收入的规定比例的。

依照前款第(二)、(三)、(四)项规定,提取职工住房公积金的,应当同时注销职工住房公积金账户。

职工死亡或者被宣告死亡的,职工的继承人、受遗赠人可以提取职工住房公积金账户内的存储余额;无继承人也无受遗赠人的,职工住房公积金账户内的存储余额纳入住房公积金的增值收益。

第二十五条　职工提取住房公积金账户内的存储余额的,所在单位应当予以核实,并出具提取证明。

职工应当持提取证明向住房公积金管理中心申请提取住房公积金。住房公积金管理中心应当自受理申请之日起3日内作出准予提取或者不准提取的决定,并通知申请人;准予提取的,由受委托银行办理支付手续。

第二十六条　缴存住房公积金的职工,在购买、建造、翻建、大修自住住房时,可以向住房公积金管理中心申请住房公积金贷款。

住房公积金管理中心应当自受理申请之日起15日内作出准予贷款或者不准贷款的决定,并通知申请人;准予贷款的,由受委托银行办理贷款手续。

住房公积金贷款的风险,由住房公积金管理中心承担。

第二十七条　申请人申请住房公积金贷款的,应当提供担保。

第二十八条　住房公积金管理中心在保证住房公积金提取和贷款的前提下,经住房公积金管理委员会批准,可以将住房公积金用于购买国债。

住房公积金管理中心不得向他人提供担保。

第二十九条　住房公积金的增值收益应当存入住房公积金管理中心在受委托银行开立的住房公积金增值收益专户,用于建立住房公积金贷款风险准备金、住房公积金管理中心的管理费用和建设城市廉租住房的补充资金。

第三十条　住房公积金管理中心的管理费用,由住房公积金管理中心按照规定的标准编制全年预算支出总额,报本级人民政府财政部门批准后,从住房公积金增值收益中上交本级财政,由本级财政拨付。

住房公积金管理中心的管理费用标准,由省、自治区、直辖市人民政府建设行政主管部门会同同级财政部门按照略高于国家规定的事业单位费用标准制定。

第五章 监　督

第三十一条　地方有关人民政府财政部门应当加强对本行政区域内住房公积金归集、提取和使用情况的监督,并向本级人民政府的住房公积金管理委员会通报。

住房公积金管理中心在编制住房公积金归集、使用计划时,应当征求财政部门的意见。

住房公积金管理委员会在审批住房公积金归集、使用计划和计划执行情况的报告时,必须有财政部门参加。

第三十二条　住房公积金管理中心编制的住房公积金年度预算、决算,应当经财政部门审核后,提交住房公积金管理委员会审议。

住房公积金管理中心应当每年定期向财政部门和住房公积金管理委员会报送财务报告,并将财务报告向社会公布。

第三十三条　住房公积金管理中心应当依法接受审计部门的审计监督。

第三十四条　住房公积金管理中心和职工有权督促单位按时履行下列义务:

(一)住房公积金的缴存登记或者变更、注销登记;

(二)住房公积金账户的设立、转移或者封存;

(三)足额缴存住房公积金。

第三十五条　住房公积金管理中心应当督促受委托银行及时办理委托合同约定的业务。

受委托银行应当按照委托合同的约定,定期向住房公积金管理中心提供有关的业务资料。

第三十六条　职工、单位有权查询本人、本单位住房公积金的缴存、提取情况,住房公积金管理中心、受委托银行不得拒绝。

职工、单位对住房公积金账户内的存储余额有异议的,可以申请受委托银行复核;对复核结果有异议的,可以申请住房公积金管理中心重新复核。受委托银行、住房公积金管理中心应当自收到申请之日起5日内给予书面答复。

职工有权揭发、检举、控告挪用住房公积金的行为。

第六章 罚　则

第三十七条　违反本条例的规定,单位不办理住房公积金缴存登记或者不为本单位职工办理住房公积金账户设立手续的,由住房公积金管理中心责令限期办理;逾期不办理的,处1万元以上5万元以下的罚款。

第三十八条　违反本条例的规定,单位逾期不缴或者少缴住房公积金的,由住房公积金管理中心责令限期缴存;逾期仍不缴存的,可以申请人民法院强制执行。

第三十九条　住房公积金管理委员会违反本条例规定审批住房公积金使用计划的,

由国务院建设行政主管部门会同国务院财政部门或者由省、自治区人民政府建设行政主管部门会同同级财政部门,依据管理职权责令限期改正。

第四十条 住房公积金管理中心违反本条例规定,有下列行为之一的,由国务院建设行政主管部门或者省、自治区人民政府建设行政主管部门依据管理职权,责令限期改正;对负有责任的主管人员和其他直接责任人员,依法给予行政处分:

(一)未按照规定设立住房公积金专户的;

(二)未按照规定审批职工提取、使用住房公积金的;

(三)未按照规定使用住房公积金增值收益的;

(四)委托住房公积金管理委员会指定的银行以外的机构办理住房公积金金融业务的;

(五)未建立职工住房公积金明细账的;

(六)未为缴存住房公积金的职工发放缴存住房公积金的有效凭证的;

(七)未按照规定用住房公积金购买国债的。

第四十一条 违反本条例规定,挪用住房公积金的,由国务院建设行政主管部门或者省、自治区人民政府建设行政主管部门依据管理职权,追回挪用的住房公积金,没收违法所得;对挪用或者批准挪用住房公积金的人民政府负责人和政府有关部门负责人以及住房公积金管理中心负有责任的主管人员和其他直接责任人员,依照刑法关于挪用公款罪或者其他罪的规定,依法追究刑事责任;尚不够刑事处罚的,给予降级或者撤职的行政处分。

第四十二条 住房公积金管理中心违反财政法规的,由财政部门依法给予行政处罚。

第四十三条 违反本条例规定,住房公积金管理中心向他人提供担保的,对直接负责的主管人员和其他直接责任人员依法给予行政处分。

第四十四条 国家机关工作人员在住房公积金监督管理工作中滥用职权、玩忽职守、徇私舞弊,构成犯罪的,依法追究刑事责任;尚不构成犯罪的,依法给予行政处分。

第七章 附 则

第四十五条 住房公积金财务管理和会计核算的办法,由国务院财政部门商国务院建设行政主管部门制定。

第四十六条 本条例施行前尚未办理住房公积金缴存登记和职工住房公积金账户设立手续的单位,应当自本条例施行之日起60日内到住房公积金管理中心办理缴存登记,并到受委托银行办理职工住房公积金账户设立手续。

第四十七条 本条例自发布之日起施行。

陕西省气象局机关及直属事业单位
补充医疗保险暂行办法

(陕气人函〔2010〕113号 2010年7月22日)

为了减轻省局机关和直属事业单位慢性病及住院职工医疗费用负担,参照《关于西安市城镇职工企业补充医疗保险的指导意见》(市政发〔2002〕28号)及有关规定,结合我局实际,制定本办法。

一、适用范围及人员界定

(一)适用范围。

本办法适用于陕西省气象局机关和直属事业单位参加西安市城镇职工基本医疗保险的在职在编职工及退休职工。

此办法不包括因工伤、计划生育等患病住院的职工,工伤、计划生育医疗费用报销等仍按原有关办法执行。

(二)人员及费用界定。

1. 符合省局补充医疗报销范围的慢性病职工为经市医保办审核,列入享受市医保慢性病补助范围的职工。

2. 住院职工在基本医疗保险规定范围内住院发生的费用,列入省局补充医疗保险报销范围。

3. 省局成立补充医疗保险审核小组,对符合补充医疗报销范围的慢性病及住院职工费用进行认定。省局补充医疗保险审核小组由省局人事处、计财处、离退办、核算中心、直属机关工会领导和有关人员及直属事业单位经办人员(直属单位经办人员轮流,每季度3人)组成。

二、报销及补助范围

参保职工在基本医疗报销范围内因病住院治疗所发生的医疗费,在按西安市基本医疗保险规定报销后,其中符合基本医疗保险规定的个人承担的医疗费,由单位参照本办法给予补充报销。

列入享受市医保慢性病范围的职工,按照市医保慢性病统筹基金支付限额与省医保慢性病统筹基金支付限额的差额,由所在单位计入个人账户发放。

三、报销项目及比例

(一)慢性病。

列入省局补充医疗报销的慢性病职工,省局按照省医保关于门诊特殊慢性病医疗统筹基金年度支付限额与市医保关于门诊特殊慢性病统筹基金年度支付限额的差额,在每年12月列入医疗补助发放。

(二)住院病人。

列入省局补充医疗报销的住院病人,在西安市基本医疗保险范围内住院发生的医疗费用,经市医保办核定统筹基金支付部分或经市医保办报销后,对符合基本医疗保险规定的住院费用中的个人承担金额,按照人员不同,按以下项目比例进行报销。

1. 在职职工。

住院统筹基金起付标准报销20%;符合基本医疗保险规定的住院费用中的个人承担费用(不包括医保规定的完全自费的治疗、检查、床位、药费和其他费用)报销50%。

2. 退休职工。

住院统筹基金起付标准报销20%;符合基本医疗保险规定的住院费用中的个人承担费用(不包括医保规定的完全自费的治疗、检查、床位、药费和其他费用)报销60%。

70岁以上的退休人员,住院统筹基金起付标准报销20%;符合基本医疗保险规定的住院费用中的个人承担费用(不包括医保规定的完全自费的治疗、检查、床位、药费和其他费用)报销65%。

3. 享受国务院特殊津贴人员、省部级以上先进工作者或劳动模范、省以上突出贡献专家、三级以上专业技术人员及其他经省局党组确认的杰出贡献人员列入补充医疗保险照顾对象,在第1条、第2条报销比例基础上上浮5%报销。

4. 住院医疗费在统筹基金起付标准以下的不予报销。

四、报销办法

(一)列入省局补充医疗报销范围的住院职工的医疗费用,由所在单位审核(其中,省局机关在职人员由省局人事处审核,省局机关退休人员由省局离退办审核),报省局补充医疗保险审核小组核定后,到省局财务核算中心报销。

(二)报销所需资料。

1. 住院病人报销所需资料:住院医疗费结算发票及明细单;西安市基本医疗保险职工住院医疗费结算表(所住医院提供)或西安市职工医保住院费用报销单及复印件(异地住院由西安市医保办提供);住院病历首页;诊断证明。

2. 慢性病人所需资料:市医保门诊慢性病审核认定名单。

3. 异地就医住院费用应先由西安市医保办审核报销后,再按照第1条有关要求提供相应资料。

五、报销时间

省局补充医疗报销审核小组每季度初对上季度住院职工医疗费用进行审核和报销。审核时间每年1月、4月、7月、10月的1—10日,报销时间为每年1月、4月、7月、10月的10—20日。

六、经费

省局机关及直属事业单位补充医疗费用所需经费由省局补充医疗保险审核小组按季度申报,省局统筹核批。

七、本办法从2010年1月起施行。

八、本办法为暂行办法,可视工资增长、医疗费支出及经费保障等情况适当调整。如国家和地方政府对医疗保险出台相关新规定的,按照新规定执行。

九、西安市气象局机关及直属事业单位参加西安市基本医疗保险的人员可参照本办法执行,经费自理。

十、本办法由省局人事处负责解释。各单位在试行中如有问题或建议,向省局人事处联系反映。

关于进一步加强商业预付卡管理的通知

(陕气计函〔2014〕14号)

各设区市气象局,杨凌气象局,省局直属各单位,机关各处室:

加强商业预付卡管理是防范利用商业预付卡套现、偷逃税款以及行贿受贿的有效途径,是贯彻落实中央"八项规定"、厉行节约反对浪费制度建设的重要组成部分,是开展党的群众路线教育实践活动中着眼长远、推动反对"四风"长效机制建设的重要举措。为进一步加强全省气象部门商业预付卡管理,认真落实中央"八项规定",严肃财经纪律,促进反腐倡廉,现就有关要求通知如下:

一、各单位严禁以任何理由使用公款(中央财政、地方财政、科技服务和企业资金)通过第三方非金融机构和商场等消费场所办理以"先交费,后消费"为特征的商业预付卡,包括由第三方非金融机构提供的各类储值卡,各类商场、超市提供的购物卡、提货卡以及各类服务机构提供的美容卡、医疗卡等。确需购买商业预付卡的经济业务事项,应事先以书面形式报告,严格遵照国务院办公厅《关于规范商业预付卡管理的意见》办理,不允许使用现金购卡,购卡实名登记,及时、真实、准确履行报销手续、进行会计核算,并在会计资料上如实反映办卡事项,自觉接受各方监督。

二、各级财务核算中心要认真履行职责,加强财务管理和监督,在发票报销或转账时认真与中央公布的第三方非金融机构比对,杜绝以虚假发票报账、挪用预算资金、利用商业预付卡进行公款消费等行为。

三、各级计财部门要配合监察审计部门加强监管,对顶风违纪的,发现一起,查处一起,严肃追究直接责任人和有关领导的责任。

陕西省气象局计划财务处

2014年3月21日

附件

第三方非金融支付机构名单

第三方非金融支付机构名单

序号	公司名称	注册地	业务范围
1	支付宝(中国)网络技术有限公司	浙江杭州	全国
2	银联商务有限公司	上海	全国
3	资和信电子支付有限公司	北京海淀	全国
4	深圳市财付通科技有限公司	深圳	全国
5	通联支付网络服务股份有限公司	上海浦东	全国
6	开联通网络技术服务有限公司	北京海淀	全国
7	易宝支付有限公司	北京石景山	全国
8	快钱支付清算信息有限公司	上海	全国
9	上海汇付数据服务有限公司	上海	全国
10	上海盛付通电子支付服务有限公司	上海	全国
11	钱袋网(北京)信息技术有限公司	北京海淀	—
12	东方电子支付有限公司	上海	全国
13	深圳市快付通金融网络科技服务有限公司	深圳	互联网支付(全国)、预付卡发行与受理(广东省)
14	广州银联网络支付有限公司	广州市	全国
15	北京数字王府井科技有限公司	北京市东城区	北京市
16	北京银联商务有限公司	北京市海淀区	银行卡收单(北京市)、预付卡受理(北京市)、互联网支付(全国)
17	杉德电子商务服务有限公司	上海	全国
18	裕福支付有限公司	北京市朝阳区	全国
19	渤海易生商务服务有限公司	天津市	全国
20	深圳银盛电子支付科技有限公司	深圳	全国
21	迅付信息科技有限公司	上海	全国
22	网银在线(北京)科技有限公司	北京市海淀区	互联网支付(全国)、移动电话支付(全国)、固定电话支付(全国)、银行卡收单(北京市)
23	海南新生信息技术有限公司	海南省海口市	全国
24	上海捷银信息技术有限公司	上海	全国
25	拉卡拉支付有限公司	北京市海淀区	全国
26	上海付费通信息服务有限公司	上海	全国
27	深圳市壹卡会科技服务有限公司	深圳市	全国

续表

序号	公司名称	注册地	业务范围
28	上海银联电子支付服务有限公司	上海市	全国
29	连连银通电子支付有限公司	浙江杭州市	全国
30	联动优势电子商务有限公司	北京市西城区	全国
31	成都摩宝网络科技有限公司	四川成都	全国
32	捷付睿通股份有限公司	内蒙古呼和浩特	全国
33	证联融通电子有限公司	贵州省贵阳市	全国
34	上海得仕企业服务有限公司	上海市	预付卡发行与受理(上海市、北京市)、互联网支付(全国)
35	山东鲁商一卡通支付有限公司	山东省济南市	山东省
36	中付通信息服务股份有限公司	内蒙古呼和浩特	内蒙古
37	上海畅购企业服务有限公司	上海市	上海市、江苏省、浙江省
38	四川商通实业有限公司	四川省成都市	四川省
39	南京市市民卡有限公司	江苏省南京市	江苏省
40	上海富友金融网络技术有限公司	上海市	福建省、江苏省、上海市、浙江省
41	天翼电子商务有限公司	北京市昌平区	全国
42	联通支付有限公司	北京市西城区	全国
43	中移电子商务有限公司	湖南省长沙市	全国
44	上海点佰趣信息科技有限公司	上海市	全国
45	天津城市一卡通有限公司	天津市	天津市
46	江苏瑞祥商务有限公司	江苏省镇江市	江苏省
47	武汉市金源信企业服务信息系统有限公司	湖北省武汉市	湖北省
48	广东银结通电子支付结算有限公司	广东省广州市	广东省
49	现代金融控股(成都)有限公司	四川省成都市	全国
50	国付宝信息科技有限公司	北京市顺义区	全国
51	重庆易极付科技有限公司	重庆市	全国
52	河北一卡通电子支付服务有限公司	河北省石家庄	河北省
53	山西万卡德商务有限公司	山西太原	山西省
54	哈尔滨华通支付网络科技有限公司	黑龙江省哈尔滨	黑龙江
55	商盟商务服务有限公司	浙江省杭州市	预付卡发行与受理(浙江省、上海市)、互联网支付(全国)
56	安徽华夏通支付有限公司	安徽省芜湖市	安徽省
57	河南汇银丰信息技术有限公司	河南省郑州市	河南省
58	贵州汇联通电子商务服务有限公司	贵州省贵阳市	贵州省
59	大连中鼎资讯有限公司	辽宁省大连市	辽宁省
60	宁波银联商务有限公司	浙江省宁波市	宁波市
61	厦门易通卡运营有限责任公司	福建省厦门	福建省

续表

序号	公司名称	注册地	业务范围
62	深圳市钱宝科技服务有限公司	深圳市	全国
63	上海电银信息技术有限公司	上海	全国
64	广州易联商业服务有限公司	广东省广州市	预付卡发行与受理（广东）、移动电话支付（全国）
65	北京海科融通支付服务股份有限公司	北京市海淀区	全国
66	浙江易士企业管理服务有限公司	浙江省杭州市	浙江省
67	中联信(福建)支付服务有限公司	福建省厦门市	福建省
68	深圳市腾付通电子支付科技有限公司	广东省深圳市	全国
69	东方付通信息技术有限公司	上海市	全国
70	广东益民旅游休闲服务有限公司	广东省广州市	广东省
71	易智付科技(北京)有限公司	北京市	全国
72	深圳市泰海网络科技服务有限公司	广东省深圳市	全国
73	上海华势信息科技有限公司	上海市	全国
74	广州市易票联支付技术有限公司	广东省广州市	互联网支付（全国）、银行卡收单（广东省）
75	资和信网络支付有限公司	北京市海淀区	全国
76	深圳市深银联易办事金融服务有限公司	广东省深圳市	广东省
77	上海银生宝电子支付服务有限公司	上海市	全国
78	深圳市银联金融网络有限公司	广东省深圳市	广东省
79	宝付网络科技(上海)有限公司	上海市	全国
80	上海德颐网络技术有限公司	上海市	全国
81	中金支付有限公司	北京市西城区	
82	上海富友支付服务有限公司	上海市	
83	安易联融电子商务有限公司	北京市	北京市、辽宁省、新疆维吾尔自治区、广东省
84	北京爱农驿站科技服务有限公司	北京市	预付卡发行与受理（仅限北京市、上海市）、互联网支付（全国）
85	上海付费通企业服务有限公司	上海市	上海市
86	北京首采联合电子商务有限责任公司	北京市朝阳区	预付卡发行与受理（仅限北京市）、互联网支付（全国）
87	北京中欣银宝通支付服务有限公司	北京市东城区	北京市
88	上海都市旅游卡发展有限公司	上海市	上海市
89	北京市政交通一卡通有限公司	北京市	北京市、河北省、天津市
90	通联商务服务有限公司	上海市	上海市、北京市、江苏省、广东省、山西省

续表

序号	公司名称	注册地	业务范围
91	北京雅酷时空信息交换技术有限公司	北京市海淀区	预付卡发行与受理（北京市、广东省、江苏省、浙江省）、互联网支付（全国）、移动电话支付（全国）
92	上海通卡投资管理有限公司	上海市	上海市、浙江省、安徽省
93	北京中投科信电子商务有限责任公司	北京市海淀区	全国
94	上海商联信电子支付服务有限公司	上海市	上海市
95	安付宝商务有限公司	上海市	预付卡发行与受理（仅限上海市）、互联网支付（全国）、移动电话支付（全国）、固定电话支付（全国）
96	上海便利通电子商务有限公司	上海市	上海市
97	上海纽斯达科技有限公司	上海市	上海市
98	锦江国际商务有限公司	上海市	上海市
99	上海申城通商务有限公司	上海市	上海市
100	上海大众交通商务有限公司	上海市	上海市
101	上海杉德支付网络服务发展有限公司	上海市	上海市、北京市、浙江省、江苏省
102	卡友支付服务有限公司	上海市	全国
103	汇潮支付有限公司	上海市	全国
104	上海瀚银信息技术有限公司	上海市	全国
105	银视通信息科技有限公司	上海市	全国
106	上海东方汇融信息技术服务有限公司	上海市	互联网支付（全国）、预付卡发行与受理（上海市）
107	天津荣程网络科技有限公司	天津市	全国
108	南京苏宁易付宝网络科技有限公司	江苏省南京市	全国
109	双乾网络服务（苏州）有限公司	江苏省苏州	全国
110	山东省电子商务综合运营管理有限公司	山东省济南市	全国
111	深圳市神州通付科技有限公司	广东省深圳市	全国
112	广东嘉联支付技术有限公司	广东省深圳市	全国
113	深圳市快汇宝信息技术有限公司	广东省深圳市	全国
114	北京一九付支付科技有限公司	北京市海淀区	全国
115	北京数码视讯软件技术发展有限公司	北京市顺义区	全国
116	汇元银通（北京）在线支付技术有限公司	北京市海淀区	预付卡发行与受理（仅限为本机构开立的个人网上实名支付账户充值使用）、互联网支付（全国）
117	随行付支付有限公司	北京市海淀区	全国
118	网易宝有限公司	浙江省杭州市	全国
119	浙江贝付科技有限公司	浙江省杭州市	全国

续表

序号	公司名称	注册地	业务范围
120	浙江航天电子信息产业有限公司	浙江省杭州市	预付卡发行与受理(浙江省)、互联网支付(全国)
121	浙江余姚中国塑料城网上交易有限公司	浙江	全国
122	福建国通星驿网络科技有限公司	福建省福州市	全国
123	鹰皇金佰仕网络技术有限公司	湖南省长沙市	互联网支付(全国)、移动电话支付(全国)、预付卡发行与受理(湖南省、北京市、上海市)
124	集付通支付有限公司	广西南宁市	互联网支付(全国)、预付卡发行与受理(广西壮族自治区)
125	新疆润物网络有限公司	新疆乌鲁木齐	全国
126	江苏省电子商务服务中心有限责任公司	江苏南京市	互联网支付(全国)、预付卡发行与受理(江苏省)
127	山东网上有名网络科技有限公司	山东省青岛市	互联网支付(全国)、预付卡发行与受理(北京市、青岛市)
128	上海优乐网络科技股份有限公司	上海市	上海市
129	上海亿付数字技术有限公司	上海市	上海市
130	上海新华传媒电子商务有限公司	上海市	上海市
131	上海商业高新技术发展有限公司	上海市	上海市
132	上海乐易信息技术有限公司	上海市	上海市
133	上海金诚通电子支付服务有限公司	上海市	上海市、江苏省
134	中钢银通信息技术服务有限公司	上海市	上海市
135	上海大千商务服务有限公司	上海市	上海市
136	上海润通实业投资有限公司	上海市	上海市
137	普天银通支付有限公司	上海市	上海市
138	上海巾帼三六五企业服务有限公司	上海市	上海市
139	上海瑞得企业服务有限公司	上海市	上海市
140	江苏爱心消费支付服务有限公司	江苏省钟楼区	江苏省
141	江苏大众书局商务服务有限公司	江苏省南京市	江苏省
142	南京万商商务服务有限公司	江苏省南京市	江苏省
143	江苏鸿兴达邮政商务资讯有限公司	江苏省南京市	江苏省
144	江苏旅通商务有限公司	江苏省常州市	江苏省
145	无锡市民卡有限公司	江苏省无锡市	江苏省
146	苏州市城市信息化建设有限公司	江苏省苏州市	江苏省
147	山东城联一卡通支付有限责任公司	山东省	山东省
148	成都天府通金融服务股份有限公司	四川省成都市	四川省
149	汇通宝支付有限责任公司	广东省广州市	上海市、广东省、福建省

续表

序号	公司名称	注册地	业务范围
150	深圳市中付电子支付科技有限公司	广东省深圳市	深圳市
151	深圳商联商用科技有限公司	广东省深圳市	深圳市
152	西安银信商通网络科技有限责任公司	陕西省西安市	陕西省
153	陕西易通商联网络科技有限公司	陕西省西安市	陕西省
154	陕西邮政西邮寄电子商务有限责任公司	陕西省西安市	陕西省
155	北京恒信通电信服务有限公司	北京市海淀区	北京市
156	北京和融通科技有限公司	北京市西城区	北京市
157	北京商银信商业信息服务有限责任公司	北京市西城区	预付卡发行与受理（北京市、广东省、青海省）、互联网支付（全国）
158	北京市银博盛世电子商务有限公司	北京市西城区	北京市
159	北京银通支付有限公司	北京市西城区	北京市
160	北京交广科技发展有限公司	北京市朝阳区	北京市
161	北京华瑞富达科技有限公司	北京市西城区	北京市
162	北京高汇通商业管理有限公司	北京市朝阳区	预付卡发行与受理（北京市、上海市、浙江省、广东省、辽宁省）、互联网支付（全国）
163	北京润京搜索投资有限公司	北京市东城区	北京市
164	银信联（北京）商务服务有限公司	北京市朝阳区	北京市
165	北京中诚信和支付有限公司	北京市西城区	北京市
166	北京广聚福企业商务服务有限公司	北京市朝阳区	北京市
167	北京商银科技有限公司	北京市海淀区	北京市
168	国旅（北京）信息科技有限公司	北京市东城区	北京市
169	重庆城市通卡有限责任公司	重庆市	重庆市
170	重庆市公众城市一卡通有限责任公司	重庆市	重庆市
171	重庆千礼科技有限公司	重庆市	重庆市
172	河北御嘉商务服务有限公司	河北省石家庄	北京市、河北省
173	山西易联数据处理有限公司	山西省太原市	山西省
174	山西兰花大酒店有限公司	山西省晋城	山西省
175	吉林省通卡支付股份有限公司	吉林省	吉林省
176	哈尔滨金联信网络科技有限公司	哈尔滨黑龙江	黑龙江省
177	杭州盛炬网络技术有限公司	浙江省杭州市	浙江省、上海市
178	舟山市明生商盟科技服务有限公司	浙江省舟山市	浙江省
179	浙江银付通信息科技有限公司	浙江省杭州市	浙江省
180	福建一卡通网络有限责任公司	福建省晋江市	福建省
181	泉州市掌财通网络科技有限公司	福建省泉州市	福建省
182	瑞特商务（泉州）有限公司	福建省泉州市	福建省

续表

序号	公司名称	注册地	业务范围
183	厦门金利卡信息科技有限公司	福建省厦门	福建省
184	安徽省万事通金卡通科技信息服务有限公司	安徽省合肥市	安徽省
185	安徽圣德天开信息科技有限公司	安徽省合肥市	安徽省
186	安徽瑞祥资讯服务有限公司	安徽省合肥市	安徽省
187	江西缴费通信息技术有限公司	江西省南昌市	江西省
188	湖南星广传媒有限公司	湖南省长沙市	湖南省
189	长沙商联电子商务有限公司	湖南省长沙市	湖南省
190	广西支付通商务服务有限公司	广西南宁市	广西壮族自治区
191	海南海岛一卡通支付网络有限公司	海南省海口市	海南省
192	昆明卡互卡科技有限公司	云南昆明市	云南省
193	乐富支付有限公司	云南昆明市	全国
194	云南本元支付管理有限公司	云南昆明市	云南省
195	兰州易家万通企业服务有限公司	甘肃省兰州市	甘肃省
196	青岛百森通支付有限公司	山东省青岛市	青岛市
197	青岛百达通支付服务有限公司	山东省青岛市	青岛市
198	广东汇卡商务服务有限公司	广东省广州市	广东省
199	湖南财信金通电子商务有限责任公司	湖南省长沙市	湖南省
200	上海千悦企业管理有限公司	上海市	上海市
201	中汇电子支付有限公司	天津市	全国
202	辽宁新天数字科技有限公司	辽宁省铁岭市	辽宁省
203	江苏飞银商务智能科技有限公司	江苏省无锡市	江苏省
204	山东高速信联支付有限公司	山东省济南市	山东省
205	中百电子支付服务有限公司	湖北省武汉市	湖北省
206	成都支付通新信息技术服务有限公司	四川省成都市	四川省
207	陕西煤炭交易中心有限公司	陕西省西安市	全国
208	北京亚科技术开发有限责任公司	北京市顺义区	全国
209	石家庄商商网络有限公司	河北省石家庄	河北省
210	杭州市民卡有限公司	浙江省杭州市	预付卡发行与受理(仅限浙江省)、互联网支付(全国)、移动电话支付(全国)
211	合肥新思维商业管理有限责任公司	安徽省合肥市	安徽省
212	郑州建业至尊商务服务有限公司	河南省郑州市	河南省
213	长沙星联商务服务有限公司	湖南省长沙市	湖南省
214	贵州贵金支付网络服务有限公司	贵州省贵阳市	贵州省
215	山东银利企业服务有限公司	山东省青岛市	青岛市

续表

序号	公司名称	注册地	业务范围
216	上海商旅通商务服务有限公司	上海市	上海市
217	南京会购信息科技有限责任公司	江苏省南京市	江苏省
218	江苏金禧智能卡管理有限公司	江苏无锡市	江苏省
219	百联优力(北京)投资有限公司	北京市	全国
220	银盈通支付有限公司	北京市	预付卡发行与受理(仅限北京市、山西省、云南省、贵州省)、互联网支付(全国)
221	北京全顺通商贸有限公司	北京市海淀区	北京市
222	北京恒达万华商业经纪有限公司	北京市东城区	北京市
223	温州之民信息服务有限公司	浙江省温州	浙江省
224	厦门夏商电子商务有限公司	福建省厦门市	浙江省
225	安徽皖垦商务投资服务有限公司	安徽省合肥市	安徽省
226	云南银通企业服务有限公司	云南省昆明市	云南省
227	北京百付宝科技有限公司	北京市海淀区	全国
228	北京中汇金电子商务有限公司	北京市房山区	北京市
229	艾登瑞德(中国)有限公司	江苏省无锡市	江苏省、上海市、北京市、四川省
230	山西金虎信息服务有限公司	山西省太原市	山西省
231	北京国华汇银科技有限公司	北京市海淀区	北京市
232	北京繁星山谷信息技术有限公司	北京市丰台区	北京市
233	宁国百家汇投资管理有限公司	安徽省宁国市	安徽省
234	杭州通策会综合服务有限公司	浙江省杭州市	浙江省
235	上海索迪斯万通服务有限公司	上海市	上海市
236	榆林元亨商务管理有限责任公司	陕西省榆林市	陕西省
237	安徽长润支付商务有限公司	安徽省合肥市	安徽省
238	福建省银通商务服务有限公司	福建省漳州市	福建省
239	黑龙江圣亚科技发展有限公司	黑龙江省哈尔滨市	全国
240	广东信汇电子商务有限公司	广东省珠海市	广东省
241	易通支付有限公司	山东省济南市	全国
242	深圳市兄弟高登科技有限公司	广东省深圳市	广东省、北京市、上海市
243	北京永超科技有限公司	北京市海淀区	北京市、上海市、广东省
244	北京新浪支付科技有限公司	北京市海淀区	全国
245	湖南银河金谷商务服务有限公司	湖南省长沙市	湖南省
246	武汉城市一卡通有限公司	湖北省武汉市	湖北省、湖南省、江西省
247	浙江快捷通网络技术有限公司	浙江省杭州市	全国

续表

序号	公司名称	注册地	业务范围
248	大连先锋商务服务有限公司	辽宁省大连市	预付卡发行与受理(北京市、辽宁省)、互联网支付(全国)
249	汇明商务服务有限公司	江西省南昌市	江西省、湖北省、上海市
250	湖北蓝天星投资有限公司	湖北省武汉市	湖北省

第六部分 会计核算

中华人民共和国会计法

（1985年1月21日第六届全国人民代表大会常务委员会第九次会议通过，1999年10月31日第九届全国人民代表大会常务委员会第十二次会议修订）

第一章 总 则

第一条 为了规范会计行为，保证会计资料真实、完整，加强经济管理和财务管理，提高经济效益，维护社会主义市场经济秩序，制定本法。

第二条 国家机关、社会团体、公司、企业、事业单位和其他组织（以下统称单位）必须依照本法办理会计事务。

第三条 各单位必须依法设置会计账簿，并保证其真实、完整。

第四条 单位负责人对本单位的会计工作和会计资料的真实性、完整性负责。

第五条 会计机构、会计人员依照本法规定进行会计核算，实行会计监督。

任何单位或者个人不得以任何方式授意、指使、强令会计机构、会计人员伪造、变造会计凭证、会计账簿和其他会计资料，提供虚假财务会计报告。

任何单位或者个人不得对依法履行职责、抵制违反本法规定行为的会计人员实行打击报复。

第六条 对认真执行本法，忠于职守，坚持原则，做出显著成绩的会计人员，给予精神的或者物质的奖励。

第七条 国务院财政部门主管全国的会计工作。

县级以上地方各级人民政府财政部门管理本行政区域内的会计工作。

第八条 国家实行统一的会计制度。国家统一的会计制度由国务院财政部门根据本法制定并公布。

国务院有关部门可以依照本法和国家统一的会计制度制定对会计核算和会计监督有

特殊要求的行业实施国家统一的会计制度的具体办法或者补充规定,报国务院财政部门审核批准。

中国人民解放军总后勤部可以依照本法和国家统一的会计制度制定军队实施国家统一的会计制度的具体办法,报国务院财政部门备案。

第二章　会计核算

第九条　各单位必须根据实际发生的经济业务事项进行会计核算,填制会计凭证,登记会计账簿,编制财务会计报告。

任何单位不得以虚假的经济业务事项或者资料进行会计核算。

第十条　下列经济业务事项,应当办理会计手续,进行会计核算:

(一)款项和有价证券的收付;

(二)财物的收发、增减和使用;

(三)债权债务的发生和结算;

(四)资本、基金的增减;

(五)收入、支出、费用、成本的计算;

(六)财务成果的计算和处理;

(七)需要办理会计手续、进行会计核算的其他事项。

第十一条　会计年度自公历1月1日起至12月31日止。

第十二条　会计核算以人民币为记账本位币。

业务收支以人民币以外的货币为主的单位,可以选定其中一种货币作为记账本位币,但是编报的财务会计报告应当折算为人民币。

第十三条　会计凭证、会计账簿、财务会计报告和其他会计资料,必须符合国家统一的会计制度的规定。

使用电子计算机进行会计核算的,其软件及其生成的会计凭证、会计账簿、财务会计报告和其他会计资料,也必须符合国家统一的会计制度的规定。

任何单位和个人不得伪造、变造会计凭证、会计账簿及其他会计资料,不得提供虚假的财务会计报告。

第十四条　会计凭证包括原始凭证和记账凭证。

办理本法第十条所列的经济业务事项,必须填制或者取得原始凭证并及时送交会计机构。

会计机构、会计人员必须按照国家统一的会计制度的规定对原始凭证进行审核,对不真实、不合法的原始凭证有权不予接受,并向单位负责人报告;对记载不准确、不完整的原始凭证予以退回,并要求按照国家统一的会计制度的规定更正、补充。

原始凭证记载的各项内容均不得涂改;原始凭证有错误的,应当由出具单位重开或者更正,更正处应当加盖出具单位印章。原始凭证金额有错误的,应当由出具单位重开,不得在原始凭证上更正。

记账凭证应当根据经过审核的原始凭证及有关资料编制。

第十五条 会计账簿登记,必须以经过审核的会计凭证为依据,并符合有关法律、行政法规和国家统一的会计制度的规定。会计账簿包括总账、明细账、日记账和其他辅助性账簿。

会计账簿应当按照连续编号的页码顺序登记。会计账簿记录发生错误或者隔页、缺号、跳行的,应当按照国家统一的会计制度规定的方法更正,并由会计人员和会计机构负责人(会计主管人员)在更正处盖章。

使用电子计算机进行会计核算的,其会计账簿的登记、更正,应当符合国家统一的会计制度的规定。

第十六条 各单位发生的各项经济业务事项应当在依法设置的会计账簿上统一登记、核算,不得违反本法和国家统一的会计制度的规定私设会计账簿登记、核算。

第十七条 各单位应当定期将会计账簿记录与实物、款项及有关资料相互核对,保证会计账簿记录与实物及款项的实有数额相符、会计账簿记录与会计凭证的有关内容相符、会计账簿之间相对应的记录相符、会计账簿记录与会计报表的有关内容相符。

第十八条 各单位采用的会计处理方法,前后各期应当一致,不得随意变更;确有必要变更的,应当按照国家统一的会计制度的规定变更,并将变更的原因、情况及影响在财务会计报告中说明。

第十九条 单位提供的担保、未决诉讼等或有事项,应当按照国家统一的会计制度的规定,在财务会计报告中予以说明。

第二十条 财务会计报告应当根据经过审核的会计账簿记录和有关资料编制,并符合本法和国家统一的会计制度关于财务会计报告的编制要求、提供对象和提供期限的规定;其他法律、行政法规另有规定的,从其规定。

财务会计报告由会计报表、会计报表附注和财务情况说明书组成。向不同的会计资料使用者提供的财务会计报告,其编制依据应当一致。有关法律、行政法规规定会计报表、会计报表附注和财务情况说明书须经注册会计师审计的,注册会计师及其所在的会计师事务所出具的审计报告应当随同财务会计报告一并提供。

第二十一条 财务会计报告应当由单位负责人和主管会计工作的负责人、会计机构负责人(会计主管人员)签名并盖章;设置总会计师的单位,还须由总会计师签名并盖章。

单位负责人应当保证财务会计报告真实、完整。

第二十二条 会计记录的文字应当使用中文。在民族自治地方,会计记录可以同时使用当地通用的一种民族文字。

在中华人民共和国境内的外商投资企业、外国企业和其他外国组织的会计记录可以同时使用一种外国文字。

第二十三条 各单位对会计凭证、会计账簿、财务会计报告和其他会计资料应当建立档案,妥善保管。会计档案的
保管期限和销毁办法,由国务院财政部门会同有关部门制定。

第三章 公司、企业会计核算的特别规定

第二十四条 公司、企业进行会计核算，除应当遵守本法第二章的规定外，还应当遵守本章规定。

第二十五条 公司、企业必须根据实际发生的经济业务事项，按照国家统一的会计制度的规定确认、计量和记录资产、负债、所有者权益、收入、费用、成本和利润。

第二十六条 公司、企业进行会计核算不得有下列行为：

（一）随意改变资产、负债、所有者权益的确认标准或者计量方法，虚列、多列、不列或者少列资产、负债、所有者权益；

（二）虚列或者隐瞒收入，推迟或者提前确认收入；

（三）随意改变费用、成本的确认标准或者计量方法，虚列、多列、不列或者少列费用、成本；

（四）随意调整利润的计算、分配方法，编造虚假利润或者隐瞒利润；

（五）违反国家统一的会计制度规定的其他行为。

第四章 会计监督

第二十七条 各单位应当建立、健全本单位内部会计监督制度。单位内部会计监督制度应当符合下列要求：

（一）记账人员与经济业务事项和会计事项的审批人员、经办人员、财物保管人员的职责权限应当明确，并相互分离、相互制约；

（二）重大对外投资、资产处置、资金调度和其他重要经济业务事项的决策和执行的相互监督、相互制约程序应当明确；

（三）财产清查的范围、期限和组织程序应当明确；

（四）对会计资料定期进行内部审计的办法和程序应当明确。

第二十八条 单位负责人应当保证会计机构、会计人员依法履行职责，不得授意、指使、强令会计机构、会计人员违法办理会计事项。

会计机构、会计人员对违反本法和国家统一的会计制度规定的会计事项，有权拒绝办理或者按照职权予以纠正。

第二十九条 会计机构、会计人员发现会计账簿记录与实物、款项及有关资料不相符的，按国家统一的会计制度的规定有权自行处理的，应当及时处理；无权处理的，应当立即向单位负责人报告，请求查明原因，作出处理。

第三十条 任何单位和个人对违反本法和国家统一的会计制度规定的行为，有权检举。收到检举的部门有权处理的，应当依法按照职责分工及时处理；无权处理的，应当及时移送有权处理的部门处理。收到检举的部门、负责处理的部门应当为检举人保密，不得将检举人姓名和检举材料转给被检举单位和被检举人个人。

第三十一条 有关法律、行政法规规定,须经注册会计师进行审计的单位,应当向受委托的会计师事务所如实提供会计凭证、会计账簿、财务会计报告和其他会计资料以及有关情况。

任何单位或者个人不得以任何方式要求或者示意注册会计师及其所在的会计师事务所出具不实或者不当的审计报告。

财政部门有权对会计师事务所出具审计报告的程序和内容进行监督。

第三十二条 财政部门对各单位的下列情况实施监督:
(一)是否依法设置会计账簿;
(二)会计凭证、会计账簿、财务会计报告和其他会计资料是否真实、完整;
(三)会计核算是否符合本法和国家统一的会计制度的规定;
(四)从事会计工作的人员是否具备从业资格。

在对前款第(二)项所列事项实施监督时,发现重大违法嫌疑时,国务院财政部门及其派出机构可以向与被监督单位有经济业务往来的单位和被监督单位开立账户的金融机构查询有关情况,有关单位和金融机构应当给予支持。

第三十三条 财政、审计、税务、人民银行、证券监管、保险监管等部门应当依照有关法律、行政法规规定的职责,对有关单位的会计资料实施监督检查。

前款所列监督检查部门对有关单位的会计资料依法实施监督检查后,应当出具检查结论。有关监督检查部门已经作出的检查结论能够满足其他监督检查部门履行本部门职责需要的,其他监督检查部门应当加以利用,避免重复查账。

第三十四条 依法对有关单位的会计资料实施监督检查的部门及其工作人员对在监督检查中知悉的国家秘密和商业秘密负有保密义务。

第三十五条 各单位必须依照有关法律、行政法规的规定,接受有关监督检查部门依法实施的监督检查,如实提供会计凭证、会计账簿、财务会计报告和其他会计资料以及有关情况,不得拒绝、隐匿、谎报。

第五章 会计机构和会计人员

第三十六条 各单位应当根据会计业务的需要,设置会计机构,或者在有关机构中设置会计人员并指定会计主管人员;不具备设置条件的,应当委托经批准设立从事会计代理记账业务的中介机构代理记账。

国有的和国有资产占控股地位或者主导地位的大、中型企业必须设置总会计师。总会计师的任职资格、任免程序、职责权限由国务院规定。

第三十七条 会计机构内部应当建立稽核制度。

出纳人员不得兼任稽核、会计档案保管和收入、支出、费用、债权债务账目的登记工作。

第三十八条 从事会计工作的人员,必须取得会计从业资格证书。

担任单位会计机构负责人(会计主管人员)的,除取得会计从业资格证书外,还应当具备会计师以上专业技术职务资格或者从事会计工作三年以上经历。

会计人员从业资格管理办法由国务院财政部门规定。

第三十九条 会计人员应当遵守职业道德，提高业务素质。对会计人员的教育和培训工作应当加强。

第四十条 因有提供虚假财务会计报告，做假账，隐匿或者故意销毁会计凭证、会计账簿、财务会计报告，贪污，挪用公款，职务侵占等与会计职务有关的违法行为被依法追究刑事责任的人员，不得取得或者重新取得会计从业资格证书。

除前款规定的人员外，因违法违纪行为被吊销会计从业资格证书的人员，自被吊销会计从业资格证书之日起五年内，不得重新取得会计从业资格证书。

第四十一条 会计人员调动工作或者离职，必须与接管人员办清交接手续。

一般会计人员办理交接手续，由会计机构负责人（会计主管人员）监交；会计机构负责人（会计主管人员）办理交接手续，由单位负责人监交，必要时主管单位可以派人会同监交。

第六章　法律责任

第四十二条 违反本法规定，有下列行为之一的，由县级以上人民政府财政部门责令限期改正，可以对单位并处三千元以上五万元以下的罚款；对其直接负责的主管人员和其他直接责任人员，可以处二千元以上二万元以下的罚款；属于国家工作人员的，还应当由其所在单位或者有关单位依法给予行政处分：

（一）不依法设置会计账簿的；

（二）私设会计账簿的；

（三）未按照规定填制、取得原始凭证或者填制、取得的原始凭证不符合规定的；

（四）以未经审核的会计凭证为依据登记会计账簿或者登记会计账簿不符合规定的；

（五）随意变更会计处理方法的；

（六）向不同的会计资料使用者提供的财务会计报告编制依据不一致的；

（七）未按照规定使用会计记录文字或者记账本位币的；

（八）未按照规定保管会计资料，致使会计资料毁损、灭失的；

（九）未按照规定建立并实施单位内部会计监督制度或者拒绝依法实施的监督或者不如实提供有关会计资料及有关情况的；

（十）任用会计人员不符合本法规定的。

有前款所列行为之一，构成犯罪的，依法追究刑事责任。

会计人员有第一款所列行为之一，情节严重的，由县级以上人民政府财政部门吊销会计从业资格证书。

有关法律对第一款所列行为的处罚另有规定的，依照有关法律的规定办理。

第四十三条 伪造、变造会计凭证、会计账簿，编制虚假财务会计报告，构成犯罪的，依法追究刑事责任。

有前款行为，尚不构成犯罪的，由县级以上人民政府财政部门予以通报，可以对单位并处五千元以上十万元以下的罚款；对其直接负责的主管人员和其他直接责任人员，可以处三千元以上五万元以下的罚款；属于国家工作人员的，还应当由其所在单位或者有关单位依法给予撤职直至开除的行政处分；对其中的会计人员，并由县级以上人民政府财政部门吊销会计从业资格证书。

第四十四条 隐匿或者故意销毁依法应当保存的会计凭证、会计账簿、财务会计报告，构成犯罪的，依法追究刑事责任。

有前款行为，尚不构成犯罪的，由县级以上人民政府财政部门予以通报，可以对单位并处五千元以上十万元以下的罚款；对其直接负责的主管人员和其他直接责任人员，可以处三千元以上五万元以下的罚款；属于国家工作人员的，还应当由其所在单位或者有关单位依法给予撤职直至开除的行政处分；对其中的会计人员，并由县级以上人民政府财政部门吊销会计从业资格证书。

第四十五条 授意、指使、强令会计机构、会计人员及其他人员伪造、变造会计凭证、会计账簿，编制虚假财务会计报告或者隐匿、故意销毁依法应当保存的会计凭证、会计账簿、财务会计报告，构成犯罪的，依法追究刑事责任；尚不构成犯罪的，可以处五千元以上五万元以下的罚款；属于国家工作人员的，还应当由其所在单位或者有关单位依法给予降级、撤职、开除的行政处分。

第四十六条 单位负责人对依法履行职责、抵制违反本法规定行为的会计人员以降级、撤职、调离工作岗位、解聘或者开除等方式实行打击报复，构成犯罪的，依法追究刑事责任；尚不构成犯罪的，由其所在单位或者有关单位依法给予行政处分。对受打击报复的会计人员，应当恢复其名誉和原有职务、级别。

第四十七条 财政部门及有关行政部门的工作人员在实施监督管理中滥用职权、玩忽职守、徇私舞弊或者泄露国家秘密、商业秘密，构成犯罪的，依法追究刑事责任；尚不构成犯罪的，依法给予行政处分。

第四十八条 违反本法第三十条规定，将检举人姓名和检举材料转给被检举单位和被检举人个人的，由所在单位或者有关单位依法给予行政处分。

第四十九条 违反本法规定，同时违反其他法律规定的，由有关部门在各自职权范围内依法进行处罚。

第七章 附 则

第五十条 本法下列用语的含义：

单位负责人，是指单位法定代表人或者法律、行政法规规定代表单位行使职权的主要负责人。

国家统一的会计制度，是指国务院财政部门根据本法制定的关于会计核算、会计监督、会计机构和会计人员以及会计工作管理的制度。

第五十一条 个体工商户会计管理的具体办法,由国务院财政部门根据本法的原则另行规定。

第五十二条 本法自 2000 年 7 月 1 日起施行。

事业单位财务规则

(财政部令第 68 号　2012 年 2 月 7 日)

第一章　总　则

第一条　为了进一步规范事业单位的财务行为,加强事业单位财务管理和监督,提高资金使用效益,保障事业单位健康发展,制定本规则。

第二条　本规则适用于各级各类事业单位(以下简称事业单位)的财务活动。

第三条　事业单位财务管理的基本原则是:执行国家有关法律、法规和财务规章制度;坚持勤俭办事业的方针;正确处理事业发展需要和资金供给的关系,社会效益和经济效益的关系,国家、单位和个人三者利益的关系。

第四条　事业单位财务管理的主要任务是:合理编制单位预算,严格预算执行,完整、准确编制单位决算,真实反映单位财务状况;依法组织收入,努力节约支出;建立健全财务制度,加强经济核算,实施绩效评价,提高资金使用效益;加强资产管理,合理配置和有效利用资产,防止资产流失;加强对单位经济活动的财务控制和监督,防范财务风险。

第五条　事业单位的财务活动在单位负责人的领导下,由单位财务部门统一管理。

第二章　单位预算管理

第六条　事业单位预算是指事业单位根据事业发展目标和计划编制的年度财务收支计划。

事业单位预算由收入预算和支出预算组成。

第七条　国家对事业单位实行核定收支、定额或者定项补助、超支不补、结转和结余按规定使用的预算管理办法。

定额或者定项补助根据国家有关政策和财力可能,结合事业特点、事业发展目标和计划、事业单位收支及资产状况等确定。定额或者定项补助可以为零。

非财政补助收入大于支出较多的事业单位,可以实行收入上缴办法。具体办法由财政部门会同有关主管部门制定。

第八条　事业单位参考以前年度预算执行情况,根据预算年度的收入增减因素和措施,以及以前年度结转和结余情况,测算编制收入预算;根据事业发展需要与财力可能,测算编制支出预算。

事业单位预算应当自求收支平衡,不得编制赤字预算。

第九条　事业单位根据年度事业发展目标和计划以及预算编制的规定,提出预算建议数,经主管部门审核汇总报财政部门(一级预算单位直接报财政部门,下同)。事业单位根据财政部门下达的预算控制数编制预算,由主管部门审核汇总报财政部门,经法定程序审核批复后执行。

第十条　事业单位应当严格执行批准的预算。预算执行中,国家对财政补助收入和财政专户管理资金的预算一般不予调整。上级下达的事业计划有较大调整,或者根据国家有关政策增加或者减少支出,对预算执行影响较大时,事业单位应当报主管部门审核后报财政部门调整预算;财政补助收入和财政专户管理资金以外部分的预算需要调增或者调减的,由单位自行调整并报主管部门和财政部门备案。

收入预算调整后,相应调增或者调减支出预算。

第十一条　事业单位决算是指事业单位根据预算执行结果编制的年度报告。

第十二条　事业单位应当按照规定编制年度决算,由主管部门审核汇总后报财政部门审批。

第十三条　事业单位应当加强决算审核和分析,保证决算数据的真实、准确,规范决算管理工作。

第三章　收入管理

第十四条　收入是指事业单位为开展业务及其他活动依法取得的非偿还性资金。

第十五条　事业单位收入包括:

(一)财政补助收入,即事业单位从同级财政部门取得的各类财政拨款。

(二)事业收入,即事业单位开展专业业务活动及其辅助活动取得的收入。其中:按照国家有关规定应当上缴国库或者财政专户的资金,不计入事业收入;从财政专户核拨给事业单位的资金和经核准不上缴国库或者财政专户的资金,计入事业收入。

(三)上级补助收入,即事业单位从主管部门和上级单位取得的非财政补助收入。

(四)附属单位上缴收入,即事业单位附属独立核算单位按照有关规定上缴的收入。

(五)经营收入,即事业单位在专业业务活动及其辅助活动之外开展非独立核算经营活动取得的收入。

(六)其他收入,即本条上述规定范围以外的各项收入,包括投资收益、利息收入、捐赠收入等。

第十六条　事业单位应当将各项收入全部纳入单位预算,统一核算,统一管理。

第十七条　事业单位对按照规定上缴国库或者财政专户的资金,应当按照国库集中收缴的有关规定及时足额上缴,不得隐瞒、滞留、截留、挪用和坐支。

第四章　支出管理

第十八条　支出是指事业单位开展业务及其他活动发生的资金耗费和损失。

第十九条　事业单位支出包括:

（一）事业支出，即事业单位开展专业业务活动及其辅助活动发生的基本支出和项目支出。基本支出是指事业单位为了保障其正常运转、完成日常工作任务而发生的人员支出和公用支出。项目支出是指事业单位为了完成特定工作任务和事业发展目标，在基本支出之外所发生的支出。

（二）经营支出，即事业单位在专业业务活动及其辅助活动之外开展非独立核算经营活动发生的支出。

（三）对附属单位补助支出，即事业单位用财政补助收入之外的收入对附属单位补助发生的支出。

（四）上缴上级支出，即事业单位按照财政部门和主管部门的规定上缴上级单位的支出。

（五）其他支出，即本条上述规定范围以外的各项支出，包括利息支出、捐赠支出等。

第二十条 事业单位应当将各项支出全部纳入单位预算，建立健全支出管理制度。

第二十一条 事业单位的支出应当严格执行国家有关财务规章制度规定的开支范围及开支标准；国家有关财务规章制度没有统一规定的，由事业单位规定，报主管部门和财政部门备案。事业单位的规定违反法律制度和国家政策的，主管部门和财政部门应当责令改正。

第二十二条 事业单位在开展非独立核算经营活动中，应当正确归集实际发生的各项费用数；不能归集的，应当按照规定的比例合理分摊。

经营支出应当与经营收入配比。

第二十三条 事业单位从财政部门和主管部门取得的有指定项目和用途的专项资金，应当专款专用、单独核算，并按照规定向财政部门或者主管部门报送专项资金使用情况；项目完成后，应当报送专项资金支出决算和使用效果的书面报告，接受财政部门或者主管部门的检查、验收。

第二十四条 事业单位应当加强经济核算，可以根据开展业务活动及其他活动的实际需要，实行内部成本核算办法。

第二十五条 事业单位应当严格执行国库集中支付制度和政府采购制度等有关规定。

第二十六条 事业单位应当加强支出的绩效管理，提高资金使用的有效性。

第二十七条 事业单位应当依法加强各类票据管理，确保票据来源合法、内容真实、使用正确，不得使用虚假票据。

第五章 结转和结余管理

第二十八条 结转和结余是指事业单位年度收入与支出相抵后的余额。

结转资金是指当年预算已执行但未完成，或者因故未执行，下一年度需要按照原用途继续使用的资金。结余资金是指当年预算工作目标已完成，或者因故终止，当年剩余的资金。

经营收支结转和结余应当单独反映。

第二十九条 财政拨款结转和结余的管理,应当按照同级财政部门的规定执行。

第三十条 非财政拨款结转按照规定结转下一年度继续使用。非财政拨款结余可以按照国家有关规定提取职工福利基金,剩余部分作为事业基金用于弥补以后年度单位收支差额;国家另有规定的,从其规定。

第三十一条 事业单位应当加强事业基金的管理,遵循收支平衡的原则,统筹安排、合理使用,支出不得超出基金规模。

第六章 专用基金管理

第三十二条 专用基金是指事业单位按照规定提取或者设置的有专门用途的资金。

专用基金管理应当遵循先提后用、收支平衡、专款专用的原则,支出不得超出基金规模。

第三十三条 专用基金包括:

(一)修购基金,即按照事业收入和经营收入的一定比例提取,并按照规定在相应的购置和修缮科目中列支(各列50%),以及按照其他规定转入,用于事业单位固定资产维修和购置的资金。事业收入和经营收入较少的事业单位可以不提取修购基金,实行固定资产折旧的事业单位不提取修购基金。

(二)职工福利基金,即按照非财政拨款结余的一定比例提取以及按照其他规定提取转入,用于单位职工的集体福利设施、集体福利待遇等的资金。

(三)其他基金,即按照其他有关规定提取或者设置的专用资金。

第三十四条 各项基金的提取比例和管理办法,国家有统一规定的,按照统一规定执行;没有统一规定的,由主管部门会同同级财政部门确定。

第七章 资产管理

第三十五条 资产是指事业单位占有或者使用的能以货币计量的经济资源,包括各种财产、债权和其他权利。

第三十六条 事业单位的资产包括流动资产、固定资产、在建工程、无形资产和对外投资等。

第三十七条 事业单位应当建立健全单位资产管理制度,加强和规范资产配置、使用和处置管理,维护资产安全完整,保障事业健康发展。

第三十八条 事业单位应当按照科学规范、从严控制、保障事业发展需要的原则合理配置资产。

第三十九条 流动资产是指可以在一年以内变现或者耗用的资产,包括现金、各种存款、零余额账户用款额度、应收及预付款项、存货等。

前款所称存货是指事业单位在开展业务活动及其他活动中为耗用而储存的资产,包括材料、燃料、包装物和低值易耗品等。

事业单位应当建立健全现金及各种存款的内部管理制度,对存货进行定期或者不定期的清查盘点,保证账实相符。对存货盘盈、盘亏应当及时处理。

第四十条 固定资产是指使用期限超过一年,单位价值在 1000 元以上(其中:专用设备单位价值在 1500 元以上),并在使用过程中基本保持原有物质形态的资产。单位价值虽未达到规定标准,但是耐用时间在一年以上的大批同类物资,作为固定资产管理。

固定资产一般分为六类:房屋及构筑物;专用设备;通用设备;文物和陈列品;图书、档案;家具、用具、装具及动植物。行业事业单位的固定资产明细目录由国务院主管部门制定,报国务院财政部门备案。

第四十一条 事业单位应当对固定资产进行定期或者不定期的清查盘点。年度终了前应当进行一次全面清查盘点,保证账实相符。

第四十二条 在建工程是指已经发生必要支出,但尚未达到交付使用状态的建设工程。

在建工程达到交付使用状态时,应当按照规定办理工程竣工财务决算和资产交付使用。

第四十三条 无形资产是指不具有实物形态而能为使用者提供某种权利的资产,包括专利权、商标权、著作权、土地使用权、非专利技术、商誉以及其他财产权利。

事业单位转让无形资产,应当按照有关规定进行资产评估,取得的收入按照国家有关规定处理。事业单位取得无形资产发生的支出,应当计入事业支出。

第四十四条 对外投资是指事业单位依法利用货币资金、实物、无形资产等方式向其他单位的投资。

事业单位应当严格控制对外投资。在保证单位正常运转和事业发展的前提下,按照国家有关规定可以对外投资的,应当履行相关审批程序。事业单位不得使用财政拨款及其结余进行对外投资,不得从事股票、期货、基金、企业债券等投资,国家另有规定的除外。

事业单位以非货币性资产对外投资的,应当按照国家有关规定进行资产评估,合理确定资产价值。

第四十五条 事业单位资产处置应当遵循公开、公平、公正和竞争、择优的原则,严格履行相关审批程序。

事业单位出租、出借资产,应当按照国家有关规定经主管部门审核同意后报同级财政部门审批。

第四十六条 事业单位应当提高资产使用效率,按照国家有关规定实行资产共享、共用。

第八章 负债管理

第四十七条 负债是指事业单位所承担的能以货币计量,需要以资产或者劳务偿还的债务。

第四十八条　事业单位的负债包括借入款项、应付款项、暂存款项、应缴款项等。

应缴款项包括事业单位收取的应当上缴国库或者财政专户的资金、应缴税费,以及其他按照国家有关规定应当上缴的款项。

第四十九条　事业单位应当对不同性质的负债分类管理,及时清理并按照规定办理结算,保证各项负债在规定期限内归还。

第五十条　事业单位应当建立健全财务风险控制机制,规范和加强借入款项管理,严格执行审批程序,不得违反规定举借债务和提供担保。

第九章　事业单位清算

第五十一条　事业单位发生划转、撤销、合并、分立时,应当进行清算。

第五十二条　事业单位清算,应当在主管部门和财政部门的监督指导下,对单位的财产、债权、债务等进行全面清理,编制财产目录和债权、债务清单,提出财产作价依据和债权、债务处理办法,做好资产的移交、接收、划转和管理工作,并妥善处理各项遗留问题。

第五十三条　事业单位清算结束后,经主管部门审核并报财政部门批准,其资产分别按照下列办法处理:

(一)因隶属关系改变,成建制划转的事业单位,全部资产无偿移交,并相应划转经费指标。

(二)转为企业管理的事业单位,全部资产扣除负债后,转作国家资本金。需要进行资产评估的,按照国家有关规定执行。

(三)撤销的事业单位,全部资产由主管部门和财政部门核准处理。

(四)合并的事业单位,全部资产移交接收单位或者新组建单位,合并后多余的资产由主管部门和财政部门核准处理。

(五)分立的事业单位,资产按照有关规定移交分立后的事业单位,并相应划转经费指标。

第十章　财务报告和财务分析

第五十四条　财务报告是反映事业单位一定时期财务状况和事业成果的总结性书面文件。

事业单位应当定期向主管部门和财政部门以及其他有关的报表使用者提供财务报告。

第五十五条　事业单位报送的年度财务报告包括资产负债表、收入支出表、财政拨款收入支出表、固定资产投资决算报表等主表,有关附表以及财务情况说明书等。

第五十六条　财务情况说明书,主要说明事业单位收入及其支出、结转、结余及其分配、资产负债变动、对外投资、资产出租出借、资产处置、固定资产投资、绩效考评的情况,对本期或者下期财务状况发生重大影响的事项,以及需要说明的其他事项。

第五十七条 财务分析的内容包括预算编制与执行、资产使用、收入支出状况等。

财务分析的指标包括预算收入和支出完成率、人员支出与公用支出分别占事业支出的比率、人均基本支出、资产负债率等。主管部门和事业单位可以根据本单位的业务特点增加财务分析指标。

第十一章 财务监督

第五十八条 事业单位财务监督主要包括对预算管理、收入管理、支出管理、结转和结余管理、专用基金管理、资产管理、负债管理等的监督。

第五十九条 事业单位财务监督应当实行事前监督、事中监督、事后监督相结合，日常监督与专项监督相结合。

第六十条 事业单位应当建立健全内部控制制度、经济责任制度、财务信息披露制度等监督制度，依法公开财务信息。

第六十一条 事业单位应当依法接受主管部门和财政、审计部门的监督。

第十二章 附 则

第六十二条 事业单位基本建设投资的财务管理，应当执行本规则，但国家基本建设投资财务管理制度另有规定的，从其规定。

第六十三条 参照公务员法管理的事业单位财务制度的适用，由国务院财政部门另行规定。

第六十四条 接受国家经常性资助的社会力量举办的公益服务性组织和社会团体，依照本规则执行；其他社会力量举办的公益服务性组织和社会团体，可以参照本规则执行。

第六十五条 下列事业单位或者事业单位特定项目，执行企业财务制度，不执行本规则：

（一）纳入企业财务管理体系的事业单位和事业单位附属独立核算的生产经营单位；

（二）事业单位经营的接受外单位要求投资回报的项目；

（三）经主管部门和财政部门批准的具备条件的其他事业单位。

第六十六条 行业特点突出，需要制定行业事业单位财务管理制度的，由国务院财政部门会同有关主管部门根据本规则制定。

部分行业根据成本核算和绩效管理的需要，可以在行业事业单位财务管理制度中引入权责发生制。

第六十七条 省、自治区、直辖市人民政府财政部门可以根据本规则结合本地区实际情况制定事业单位具体财务管理办法。

第六十八条 本规则自2012年4月1日起施行。

附件

事业单位财务分析指标

1. 预算收入和支出完成率,衡量事业单位收入和支出总预算及分项预算完成的程度。计算公式为:

$$预算收入完成率 = 年终执行数 \div (年初预算数 \pm 年中预算调整数) \times 100\%$$

其中,年终执行数不含上年结转和结余收入数。

$$预算支出完成率 = 年终执行数 \div (年初预算数 \pm 年中预算调整数) \times 100\%$$

其中,年终执行数不含上年结转和结余支出数。

2. 人员支出、公用支出占事业支出的比率,衡量事业单位事业支出结构。计算公式为:

$$人员支出比率 = 人员支出 \div 事业支出 \times 100\%$$

$$公用支出比率 = 公用支出 \div 事业支出 \times 100\%$$

3. 人均基本支出,衡量事业单位按照实际在编人数平均的基本支出水平。计算公式为:

$$人均基本支出 = (基本支出 - 离退休人员支出) \div 实际在编人数$$

4. 资产负债率,衡量事业单位利用债权人提供资金开展业务活动的能力,以及反映债权人提供资金的安全保障程度。计算公式为:

$$资产负债率 = 负债总额 \div 资产总额 \times 100\%$$

事业单位会计准则

(财政部令第72号 2012年12月6日)

第一章 总 则

第一条 为了规范事业单位的会计核算,保证会计信息质量,促进公益事业健康发展,根据《中华人民共和国会计法》等有关法律、行政法规,制定本准则。

第二条 本准则适用于各级各类事业单位。

第三条 事业单位会计制度、行业事业单位会计制度(以下统称会计制度)等,由财政部根据本准则制定。

第四条 事业单位会计核算的目标是向会计信息使用者提供与事业单位财务状况、事业成果、预算执行等有关的会计信息,反映事业单位受托责任的履行情况,有助于会计信息使用者进行社会管理、作出经济决策。

事业单位会计信息使用者包括政府及其有关部门、举办(上级)单位、债权人、事业单位自身和其他利益相关者。

第五条 事业单位应当对其自身发生的经济业务或者事项进行会计核算。

第六条 事业单位会计核算应当以事业单位各项业务活动持续正常地进行为前提。

第七条 事业单位应当划分会计期间,分期结算账目和编制财务会计报告(又称财务报告,下同)。

会计期间至少分为年度和月度。会计年度、月度等会计期间的起讫日期采用公历日期。

第八条 事业单位会计核算应当以人民币作为记账本位币。发生外币业务时,应当将有关外币金额折算为人民币金额计量。

第九条 事业单位会计核算一般采用收付实现制;部分经济业务或者事项采用权责发生制核算的,由财政部在会计制度中具体规定。

行业事业单位的会计核算采用权责发生制的,由财政部在相关会计制度中规定。

第十条 事业单位会计要素包括资产、负债、净资产、收入、支出或者费用。

第十一条 事业单位应当采用借贷记账法记账。

第二章 会计信息质量要求

第十二条 事业单位应当以实际发生的经济业务或者事项为依据进行会计核算,如实反映各项会计要素的情况和结果,保证会计信息真实可靠。

第十三条　事业单位应当将发生的各项经济业务或者事项统一纳入会计核算，确保会计信息能够全面反映事业单位的财务状况、事业成果、预算执行等情况。

第十四条　事业单位对于已经发生的经济业务或者事项，应当及时进行会计核算，不得提前或者延后。

第十五条　事业单位提供的会计信息应当具有可比性。

同一事业单位不同时期发生的相同或者相似的经济业务或者事项，应当采用一致的会计政策，不得随意变更。确需变更的，应当将变更的内容、理由和对单位财务状况及事业成果的影响在附注中予以说明。

同类事业单位中不同单位发生的相同或者相似的经济业务或者事项，应当采用统一的会计政策，确保同类单位会计信息口径一致，相互可比。

第十六条　事业单位提供的会计信息应当与事业单位受托责任履行情况的反映、会计信息使用者的管理、决策需要相关，有助于会计信息使用者对事业单位过去、现在或者未来的情况作出评价或者预测。

第十七条　事业单位提供的会计信息应当清晰明了，便于会计信息使用者理解和使用。

第三章　资　产

第十八条　资产是指事业单位占有或者使用的能以货币计量的经济资源，包括各种财产、债权和其他权利。

第十九条　事业单位的资产按照流动性，分为流动资产和非流动资产。

流动资产是指预计在1年内（含1年）变现或者耗用的资产。

非流动资产是指流动资产以外的资产。

第二十条　事业单位的流动资产包括货币资金、短期投资、应收及预付款项、存货等。

货币资金包括库存现金、银行存款、零余额账户用款额度等。

短期投资是指事业单位依法取得的，持有时间不超过1年（含1年）的投资。

应收及预付款项是指事业单位在开展业务活动中形成的各项债权，包括财政应返还额度、应收票据、应收账款、其他应收款等应收款项和预付账款。

存货是指事业单位在开展业务活动及其他活动中为耗用而储存的资产，包括材料、燃料、包装物和低值易耗品等。

第二十一条　事业单位的非流动资产包括长期投资、在建工程、固定资产、无形资产等。

长期投资是指事业单位依法取得的，持有时间超过1年（不含1年）的各种股权和债权性质的投资。

在建工程是指事业单位已经发生必要支出，但尚未完工交付使用的各种建筑（包括新建、改建、扩建、修缮等）和设备安装工程。

固定资产是指事业单位持有的使用期限超过1年（不含1年），单位价值在规定标准以上,并在使用过程中基本保持原有物质形态的资产,包括房屋及构筑物、专用设备、通用设备等。单位价值虽未达到规定标准,但是耐用时间超过1年(不含1年)的大批同类物资,应当作为固定资产核算。

无形资产是指事业单位持有的没有实物形态的可辨认非货币性资产,包括专利权、商标权、著作权、土地使用权、非专利技术等。

第二十二条　事业单位的资产应当按照取得时的实际成本进行计量。除国家另有规定外,事业单位不得自行调整其账面价值。

应收及预付款项应当按照实际发生额计量。

以支付对价方式取得的资产,应当按照取得资产时支付的现金或者现金等价物的金额,或者按照取得资产时所付出的非货币性资产的评估价值等金额计量。

取得资产时没有支付对价的,其计量金额应当按照有关凭据注明的金额加上相关税费、运输费等确定;没有相关凭据的,其计量金额比照同类或类似资产的市场价格加上相关税费、运输费等确定;没有相关凭据、同类或类似资产的市场价格也无法可靠取得的,所取得的资产应当按照名义金额入账。

第二十三条　事业单位对固定资产计提折旧、对无形资产进行摊销的,由财政部在相关财务会计制度中规定。

第四章　负　债

第二十四条　负债是指事业单位所承担的能以货币计量,需要以资产或者劳务偿还的债务。

第二十五条　事业单位的负债按照流动性,分为流动负债和非流动负债。

流动负债是指预计在1年内(含1年)偿还的负债。

非流动负债是指流动负债以外的负债。

第二十六条　事业单位的流动负债包括短期借款、应付及预收款项、应付职工薪酬、应缴款项等。

短期借款是指事业单位借入的期限在1年内(含1年)的各种借款。

应付及预收款项是指事业单位在开展业务活动中发生的各项债务,包括应付票据、应付账款、其他应付款等应付款项和预收账款。

应付职工薪酬是指事业单位应付未付的职工工资、津贴补贴等。

应缴款项是指事业单位应缴未缴的各种款项,包括应当上缴国库或者财政专户的款项、应缴税费,以及其他按照国家有关规定应当上缴的款项。

第二十七条　事业单位的非流动负债包括长期借款、长期应付款等。

长期借款是指事业单位借入的期限超过1年(不含1年)的各种借款。

长期应付款是指事业单位发生的偿还期限超过1年(不含1年)的应付款项,主要指事业单位融资租入固定资产发生的应付租赁款。

第二十八条　事业单位的负债应当按照合同金额或实际发生额进行计量。

第五章　净资产

第二十九条　净资产是指事业单位资产扣除负债后的余额。

第三十条　事业单位的净资产包括事业基金、非流动资产基金、专用基金、财政补助结转结余、非财政补助结转结余等。

事业基金是指事业单位拥有的非限定用途的净资产，其来源主要为非财政补助结余扣除结余分配后滚存的金额。

非流动资产基金是指事业单位非流动资产占用的金额。

专用基金是指事业单位按规定提取或者设置的具有专门用途的净资产。

财政补助结转结余是指事业单位各项财政补助收入与其相关支出相抵后剩余滚存的、须按规定管理和使用的结转和结余资金。

非财政补助结转结余是指事业单位除财政补助收支以外的各项收入与各项支出相抵后的余额。其中，非财政补助结转是指事业单位除财政补助收支以外的各专项资金收入与其相关支出相抵后剩余滚存的、须按规定用途使用的结转资金；非财政补助结余是指事业单位除财政补助收支以外的各非专项资金收入与各非专项资金支出相抵后的余额。

第三十一条　事业基金、非流动资产基金、专用基金、财政补助结转结余、非财政补助结转结余等净资产项目应当分项列入资产负债表。

第六章　收　入

第三十二条　收入是指事业单位开展业务及其他活动依法取得的非偿还性资金。

第三十三条　事业单位的收入包括财政补助收入、事业收入、上级补助收入、附属单位上缴收入、经营收入和其他收入等。

财政补助收入是指事业单位从同级财政部门取得的各类财政拨款，包括基本支出补助和项目支出补助。

事业收入是指事业单位开展专业业务活动及其辅助活动取得的收入。其中：按照国家有关规定应当上缴国库或者财政专户的资金，不计入事业收入；从财政专户核拨给事业单位的资金和经核准不上缴国库或者财政专户的资金，计入事业收入。

上级补助收入是指事业单位从主管部门和上级单位取得的非财政补助收入。

附属单位上缴收入是指事业单位附属独立核算单位按照有关规定上缴的收入。

经营收入是指事业单位在专业业务活动及其辅助活动之外开展非独立核算经营活动取得的收入。

其他收入是指财政补助收入、事业收入、上级补助收入、附属单位上缴收入和经营收入以外的各项收入，包括投资收益、利息收入、捐赠收入等。

第三十四条　事业单位的收入一般应当在收到款项时予以确认，并按照实际收到的金额进行计量。

采用权责发生制确认的收入,应当在提供服务或者发出存货,同时收讫价款或者取得索取价款的凭据时予以确认,并按照实际收到的金额或者有关凭据注明的金额进行计量。

第七章　支出或者费用

第三十五条　支出或者费用是指事业单位开展业务及其他活动发生的资金耗费和损失。

第三十六条　事业单位的支出或者费用包括事业支出、对附属单位补助支出、上缴上级支出、经营支出和其他支出等。

事业支出是指事业单位开展专业业务活动及其辅助活动发生的基本支出和项目支出。

对附属单位补助支出是指事业单位用财政补助收入之外的收入对附属单位补助发生的支出。

上缴上级支出是指事业单位按照财政部门和主管部门的规定上缴上级单位的支出。

经营支出是指事业单位在专业业务活动及其辅助活动之外开展非独立核算经营活动发生的支出。

其他支出是指事业支出、对附属单位补助支出、上缴上级支出和经营支出以外的各项支出,包括利息支出、捐赠支出等。

第三十七条　事业单位开展非独立核算经营活动的,应当正确归集开展经营活动发生的各项费用数;无法直接归集的,应当按照规定的标准或比例合理分摊。

事业单位的经营支出与经营收入应当配比。

第三十八条　事业单位的支出一般应当在实际支付时予以确认,并按照实际支付金额进行计量。

采用权责发生制确认的支出或者费用,应当在其发生时予以确认,并按照实际发生额进行计量。

第八章　财务会计报告

第三十九条　财务会计报告是反映事业单位某一特定日期的财务状况和某一会计期间的事业成果、预算执行等会计信息的文件。

第四十条　事业单位的财务会计报告包括财务报表和其他应当在财务会计报告中披露的相关信息和资料。

第四十一条　财务报表是对事业单位财务状况、事业成果、预算执行情况等的结构性表述。财务报表由会计报表及其附注构成。

会计报表至少应当包括下列组成部分:

(一)资产负债表;

(二)收入支出表或者收入费用表;

(三)财政补助收入支出表。

第四十二条 资产负债表是指反映事业单位在某一特定日期的财务状况的报表。

资产负债表应当按照资产、负债和净资产分类列示。资产和负债应当分别流动资产和非流动资产、流动负债和非流动负债列示。

第四十三条 收入支出表或者收入费用表是指反映事业单位在某一会计期间的事业成果及其分配情况的报表。

收入支出表或者收入费用表应当按照收入、支出或者费用的构成和非财政补助结余分配情况分项列示。

第四十四条 财政补助收入支出表是指反映事业单位在某一会计期间财政补助收入、支出、结转及结余情况的报表。

第四十五条 附注是指对在会计报表中列示项目的文字描述或明细资料,以及对未能在会计报表中列示项目的说明等。

附注至少应当包括下列内容:

(一)遵循事业单位会计准则、事业单位会计制度(行业事业单位会计制度)的声明;

(二)会计报表中列示的重要项目的进一步说明,包括其主要构成、增减变动情况等;

(三)有助于理解和分析会计报表需要说明的其他事项。

第四十六条 事业单位财务报表应当根据登记完整、核对无误的账簿记录和其他有关资料编制,做到数字真实、计算准确、内容完整、报送及时。

第九章 附 则

第四十七条 纳入企业财务管理体系的事业单位执行企业会计准则或小企业会计准则。

第四十八条 参照公务员法管理的事业单位对本准则的适用,由财政部另行规定。

第四十九条 本准则自 2013 年 1 月 1 日起施行。1997 年 5 月 28 日财政部印发的《事业单位会计准则(试行)》(财预字〔1997〕286 号)同时废止。

政府会计准则

(财会〔2016〕12号)

党中央有关部门,国务院各部委、各直属机构,全国人大常委会办公厅,全国政协办公厅,高法院,高检院,各民主党派中央,各有关人民团体,各省、自治区、直辖市、计划单列市财政厅(局),新疆生产建设兵团财务局:

  为了适应权责发生制政府综合财务报告制度改革需要,规范政府存货、投资、固定资产和无形资产的会计核算,提高会计信息质量,根据《政府会计准则——基本准则》,我部制定了《政府会计准则第1号——存货》、《政府会计准则第2号——投资》、《政府会计准则第3号——固定资产》和《政府会计准则第4号——无形资产》,现予印发,自2017年1月1日起施行。实施范围另行通知。

  执行中有何问题,请及时反馈我部。

  附件:1.政府会计准则第1号——存货
    2.政府会计准则第2号——投资
    3.政府会计准则第3号——固定资产
    4.政府会计准则第4号——无形资产

财政部
2016年7月6日

附件1

政府会计准则第1号——存货

第一章 总 则

第一条 为了规范存货的确认、计量和相关信息的披露,根据《政府会计准则——基本准则》,制定本准则。

第二条 本准则所称存货,是指政府会计主体在开展业务活动及其他活动中为耗用或出售而储存的资产,如材料、产品、包装物和低值易耗品等,以及未达到固定资产标准的用具、装具、动植物等。

第三条 政府储备物资、收储土地等,适用其他相关政府会计准则。

第二章 存货的确认

第四条 存货同时满足下列条件的,应当予以确认:
(一)与该存货相关的服务潜力很可能实现或者经济利益很可能流入政府会计主体;
(二)该存货的成本或者价值能够可靠地计量。

第三章 存货的初始计量

第五条 存货在取得时应当按照成本进行初始计量。

第六条 政府会计主体购入的存货,其成本包括购买价款、相关税费、运输费、装卸费、保险费以及使得存货达到目前场所和状态所发生的归属于存货成本的其他支出。

第七条 政府会计主体自行加工的存货,其成本包括耗用的直接材料费用、发生的直接人工费用和按照一定方法分配的与存货加工有关的间接费用。

第八条 政府会计主体委托加工的存货,其成本包括委托加工前存货成本、委托加工的成本(如委托加工费以及按规定应计入委托加工存货成本的相关税费等)以及使存货达到目前场所和状态所发生的归属于存货成本的其他支出。

第九条 下列各项应当在发生时确认为当期费用,不计入存货成本:
(一)非正常消耗的直接材料、直接人工和间接费用。
(二)仓储费用(不包括在加工过程中为达到下一个加工阶段所必需的费用)。
(三)不能归属于使存货达到目前场所和状态所发生的其他支出。

第十条 政府会计主体通过置换取得的存货,其成本按照换出资产的评估价值,加上支付的补价或减去收到的补价,加上为换入存货发生的其他相关支出确定。

第十一条 政府会计主体接受捐赠的存货,其成本按照有关凭据注明的金额加上相关税费、运输费等确定;没有相关凭据可供取得,但按规定经过资产评估的,其成本按照评估价值加上相关税费、运输费等确定;没有相关凭据可供取得、也未经资产评估的,其成本比照同类或类似资产的市场价格加上相关税费、运输费等确定;没有相关凭据且未经资产评估、同类或类似资产的市场价格也无法可靠取得的,按照名义金额入账,相关税费、运输费等计入当期费用。

第十二条 政府会计主体无偿调入的存货,其成本按照调出方账面价值加上相关税费、运输费等确定。

第十三条 政府会计主体盘盈的存货,按规定经过资产评估的,其成本按照评估价值确定;未经资产评估的,其成本按照重置成本确定。

第四章 存货的后续计量

第十四条 政府会计主体应当根据实际情况采用先进先出法、加权平均法或者个别计价法确定发出存货的实际成本。计价方法一经确定,不得随意变更。

对于性质和用途相似的存货,应当采用相同的成本计价方法确定发出存货的成本。

对于不能替代使用的存货、为特定项目专门购入或加工的存货,通常采用个别计价法确定发出存货的成本。

第十五条 对于已发出的存货,应当将其成本结转为当期费用或者计入相关资产成本。

按规定报经批准对外捐赠、无偿调出的存货,应当将其账面余额予以转销,对外捐赠、无偿调出中发生的归属于捐出方、调出方的相关费用应当计入当期费用。

第十六条 政府会计主体应当采用一次转销法或者五五摊销法对低值易耗品、包装物进行摊销,将其成本计入当期费用或者相关资产成本。

第十七条 对于发生的存货毁损,应当将存货账面余额转销计入当期费用,并将毁损存货处置收入扣除相关处置税费后的差额按规定作应缴款项处理(差额为净收益时)或计入当期费用(差额为净损失时)。

第十八条 存货盘亏造成的损失,按规定报经批准后应当计入当期费用。

第五章 存货的披露

第十九条 政府会计主体应当在附注中披露与存货有关的下列信息:
(一)各类存货的期初和期末账面余额。
(二)确定发出存货成本所采用的方法。
(三)以名义金额计量的存货名称、数量,以及以名义金额计量的理由。
(四)其他有关存货变动的重要信息。

第六章 附 则

第二十条 本准则自 2017 年 1 月 1 日起施行。

附件 2

政府会计准则第 2 号——投资

第一章 总 则

第一条 为了规范投资的确认、计量和相关信息的披露,根据《政府会计准则——基本准则》,制定本准则。

第二条 本准则所称投资,是指政府会计主体按规定以货币资金、实物资产、无形资产等方式形成的债权或股权投资。

第三条 投资分为短期投资和长期投资。

短期投资,是指政府会计主体取得的持有时间不超过 1 年(含 1 年)的投资。

长期投资,是指政府会计主体取得的除短期投资以外的债权和股权性质的投资。

第四条 政府会计主体外币投资的折算,适用其他相关政府会计准则。

第二章 短期投资

第五条 短期投资在取得时,应当按照实际成本(包括购买价款和相关税费,下同)作为初始投资成本。

实际支付价款中包含的已到付息期但尚未领取的利息,应当于收到时冲减短期投资成本。

第六条 短期投资持有期间的利息,应当于实际收到时确认为投资收益。

第七条 期末,短期投资应当按照账面余额计量。

第八条 政府会计主体按规定出售或到期收回短期投资,应当将收到的价款扣除短期投资账面余额和相关税费后的差额计入投资损益。

第三章 长期投资

第九条 长期投资分为长期债权投资和长期股权投资。

第一节 长期债权投资

第十条 长期债券投资在取得时,应当按照实际成本作为初始投资成本。

实际支付价款中包含的已到付息期但尚未领取的债券利息,应当单独确认为应收利息,不计入长期债券投资初始投资成本。

第十一条 长期债券投资持有期间,应当按期以票面金额与票面利率计算确认利息收入。

对于分期付息、一次还本的长期债券投资,应当将计算确定的应收未收利息确认为应收利息,计入投资收益;对于一次还本付息的长期债券投资,应当将计算确定的应收未收利息计入投资收益,并增加长期债券投资的账面余额。

第十二条 政府会计主体按规定出售或到期收回长期债券投资,应当将实际收到的价款扣除长期债券投资账面余额和相关税费后的差额计入投资损益。

第十三条 政府会计主体进行除债券以外的其他债权投资,参照长期债券投资进行会计处理。

第二节 长期股权投资

第十四条 长期股权投资在取得时,应当按照实际成本作为初始投资成本。

(一)以支付现金取得的长期股权投资,按照实际支付的全部价款(包括购买价款和相关税费)作为实际成本。

实际支付价款中包含的已宣告但尚未发放的现金股利,应当单独确认为应收股利,不计入长期股权投资初始投资成本。

(二)以现金以外的其他资产置换取得的长期股权投资,其成本按照换出资产的评估价值加上支付的补价或减去收到的补价,加上换入长期股权投资发生的其他相关支出确定。

(三)接受捐赠的长期股权投资,其成本按照有关凭据注明的金额加上相关税费确定;没有相关凭据可供取得,但按规定经过资产评估的,其成本按照评估价值加上相关税费确定;没有相关凭据可供取得、也未经资产评估的,其成本比照同类或类似资产的市场价格加上相关税费确定。

(四)无偿调入的长期股权投资,其成本按照调出方账面价值加上相关税费确定。

第十五条 长期股权投资在持有期间,通常应当采用权益法进行核算。政府会计主体无权决定被投资单位的财务和经营政策或无权参与被投资单位的财务和经营政策决策的,应当采用成本法进行核算。

成本法,是指投资按照投资成本计量的方法。

权益法,是指投资最初以投资成本计量,以后根据政府会计主体在被投资单位所享有的所有者权益份额的变动对投资的账面余额进行调整的方法。

第十六条 在成本法下,长期股权投资的账面余额通常保持不变,但追加或收回投资时,应当相应调整其账面余额。

长期股权投资持有期间,被投资单位宣告分派的现金股利或利润,政府会计主体应当按照宣告分派的现金股利或利润中属于政府会计主体应享有的份额确认为投资收益。

第十七条 采用权益法的,按照如下原则进行会计处理:

(一)政府会计主体取得长期股权投资后,对于被投资单位所有者权益的变动,应当按照下列规定进行处理:

1.按照应享有或应分担的被投资单位实现的净损益的份额,确认为投资损益,同时调整长期股权投资的账面余额。

2.按照被投资单位宣告分派的现金股利或利润计算应享有的份额,确认为应收股利,同时减少长期股权投资的账面余额。

3.按照被投资单位除净损益和利润分配以外的所有者权益变动的份额,确认为净资产,同时调整长期股权投资的账面余额。

(二)政府会计主体确认被投资单位发生的净亏损,应当以长期股权投资的账面余额减记至零为限,政府会计主体负有承担额外损失义务的除外。

被投资单位发生净亏损,但以后年度又实现净利润的,政府会计主体应当在其收益分享额弥补未确认的亏损分担额等后,恢复确认投资收益。

第十八条 政府会计主体因处置部分长期股权投资等原因无权再决定被投资单位的财务和经营政策或者参与被投资单位的财务和经营政策决策的,应当对处置后的剩余股权投资改按成本法核算,并以该剩余股权投资在权益法下的账面余额作为按照成本法核算的初始投资成本。其后,被投资单位宣告分派现金股利或利润时,属于已计入投资账面余额的部分,作为成本法下长期股权投资成本的收回,冲减长期股权投资的账面余额。

政府会计主体因追加投资等原因对长期股权投资的核算从成本法改为权益法的,应当自有权决定被投资单位的财务和经营政策或者参与被投资单位的财务和经营政策决策时,按成本法下长期股权投资的账面余额加上追加投资的成本作为按照权益法核算的初始投资成本。

第十九条 政府会计主体按规定报经批准处置长期股权投资,应当冲减长期股权投资的账面余额,并按规定将处置价款扣除相关税费后的余额作应缴款项处理,或者按规定将处置价款扣除相关税费后的余额与长期股权投资账面余额的差额计入当期投资损益。

采用权益法核算的长期股权投资,因被投资单位除净损益和利润分配以外的所有者权益变动而将应享有的份额计入净资产的,处置该项投资时,还应当将原计入净资产的相应部分转入当期投资损益。

第四章 投资的披露

第二十条 政府会计主体应当在附注中披露与投资有关的下列信息:
(一)短期投资的增减变动及期初、期末账面余额。
(二)各类长期债权投资和长期股权投资的增减变动及期初、期末账面余额。
(三)长期股权投资的投资对象及核算方法。
(四)当期发生的投资净损益,其中重大的投资净损益项目应当单独披露。

第五章 附 则

第二十一条 本准则自2017年1月1日起施行。

附件 3

政府会计准则第 3 号——固定资产

第一章 总 则

第一条 为了规范固定资产的确认、计量和相关信息的披露,根据《政府会计准则——基本准则》,制定本准则。

第二条 本准则所称固定资产,是指政府会计主体为满足自身开展业务活动或其他活动需要而控制的,使用年限超过 1 年(不含 1 年)、单位价值在规定标准以上,并在使用过程中基本保持原有物质形态的资产,一般包括房屋及构筑物、专用设备、通用设备等。

单位价值虽未达到规定标准,但是使用年限超过 1 年(不含 1 年)的大批同类物资,如图书、家具、用具、装具等,应当确认为固定资产。

第三条 公共基础设施、政府储备物资、保障性住房、自然资源资产等,适用其他相关政府会计准则。

第二章 固定资产的确认

第四条 固定资产同时满足下列条件的,应当予以确认:

(一)与该固定资产相关的服务潜力很可能实现或者经济利益很可能流入政府会计主体;

(二)该固定资产的成本或者价值能够可靠地计量。

第五条 通常情况下,购入、换入、接受捐赠、无偿调入不需安装的固定资产,在固定资产验收合格时确认;购入、换入、接受捐赠、无偿调入需要安装的固定资产,在固定资产安装完成交付使用时确认;自行建造、改建、扩建的固定资产,在建造完成交付使用时确认。

第六条 确认固定资产时,应当考虑以下情况:

(一)固定资产的各组成部分具有不同使用年限或者以不同方式为政府会计主体实现服务潜力或提供经济利益,适用不同折旧率或折旧方法且可以分别确定各自原价的,应当分别将各组成部分确认为单项固定资产。

(二)应用软件构成相关硬件不可缺少的组成部分的,应当将该软件的价值包括在所属的硬件价值中,一并确认为固定资产;不构成相关硬件不可缺少的组成部分的,应当将该软件确认为无形资产。

(三)购建房屋及构筑物时,不能分清购建成本中的房屋及构筑物部分与土地使用权部分的,应当全部确认为固定资产;能够分清购建成本中的房屋及构筑物部分与土地使用权部分的,应当将其中的房屋及构筑物部分确认为固定资产,将其中的土地使用权部分确认为无形资产。

第七条 固定资产在使用过程中发生的后续支出,符合本准则第四条规定的确认条件的,应当计入固定资产成本;不符合本准则第四条规定的确认条件的,应当在发生时计入当期费用或者相关资产成本。

将发生的固定资产后续支出计入固定资产成本的,应当同时从固定资产账面价值中扣除被替换部分的账面价值。

第三章 固定资产的初始计量

第八条 固定资产在取得时应当按照成本进行初始计量。

第九条 政府会计主体外购的固定资产,其成本包括购买价款、相关税费以及固定资产交付使用前所发生的可归属于该项资产的运输费、装卸费、安装费和专业人员服务费等。

以一笔款项购入多项没有单独标价的固定资产,应当按照各项固定资产同类或类似资产市场价格的比例对总成本进行分配,分别确定各项固定资产的成本。

第十条 政府会计主体自行建造的固定资产,其成本包括该项资产至交付使用前所发生的全部必要支出。

在原有固定资产基础上进行改建、扩建、修缮后的固定资产,其成本按照原固定资产账面价值加上改建、扩建、修缮发生的支出,再扣除固定资产被替换部分的账面价值后的金额确定。

为建造固定资产借入的专门借款的利息,属于建设期间发生的,计入在建工程成本;不属于建设期间发生的,计入当期费用。

已交付使用但尚未办理竣工决算手续的固定资产,应当按照估计价值入账,待办理竣工决算后再按实际成本调整原来的暂估价值。

第十一条 政府会计主体通过置换取得的固定资产,其成本按照换出资产的评估价值加上支付的补价或减去收到的补价,加上换入固定资产发生的其他相关支出确定。

第十二条 政府会计主体接受捐赠的固定资产,其成本按照有关凭据注明的金额加上相关税费、运输费等确定;没有相关凭据可供取得,但按规定经过资产评估的,其成本按照评估价值加上相关税费、运输费等确定;没有相关凭据可供取得、也未经资产评估的,其成本比照同类或类似资产的市场价格加上相关税费、运输费等确定;没有相关凭据且未经资产评估、同类或类似资产的市场价格也无法可靠取得的,按照名义金额入账,相关税费、运输费等计入当期费用。

如受赠的系旧的固定资产,在确定其初始入账成本时应当考虑该项资产的新旧程度。

第十三条 政府会计主体无偿调入的固定资产,其成本按照调出方账面价值加上相关税费、运输费等确定。

第十四条 政府会计主体盘盈的固定资产,按规定经过资产评估的,其成本按照评估价值确定;未经资产评估的,其成本按照重置成本确定。

第十五条 政府会计主体融资租赁取得的固定资产,其成本按照其他相关政府会计准则确定。

第四章 固定资产的后续计量

第一节 固定资产的折旧

第十六条 政府会计主体应当对固定资产计提折旧,但本准则第十七条规定的固定资产除外。

折旧,是指在固定资产的预计使用年限内,按照确定的方法对应计的折旧额进行系统分摊。

固定资产应计的折旧额为其成本,计提固定资产折旧时不考虑预计净残值。

政府会计主体应当对暂估入账的固定资产计提折旧,实际成本确定后不需调整原已计提的折旧额。

第十七条 下列各项固定资产不计提折旧:
(一)文物和陈列品;
(二)动植物;
(三)图书、档案;
(四)单独计价入账的土地;
(五)以名义金额计量的固定资产。

第十八条 政府会计主体应当根据相关规定以及固定资产的性质和使用情况,合理确定固定资产的使用年限。

固定资产的使用年限一经确定,不得随意变更。

政府会计主体确定固定资产使用年限,应当考虑下列因素:
(一)预计实现服务潜力或提供经济利益的期限;
(二)预计有形损耗和无形损耗;
(三)法律或者类似规定对资产使用的限制。

第十九条 政府会计主体一般应当采用年限平均法或者工作量法计提固定资产折旧。

在确定固定资产的折旧方法时,应当考虑与固定资产相关的服务潜力或经济利益的预期实现方式。

固定资产折旧方法一经确定,不得随意变更。

第二十条 固定资产应当按月计提折旧,并根据用途计入当期费用或者相关资产成本。

第二十一条 固定资产提足折旧后,无论能否继续使用,均不再计提折旧;提前报废的固定资产,也不再补提折旧。已提足折旧的固定资产,可以继续使用的,应当继续使用,规范实物管理。

第二十二条 固定资产因改建、扩建或修缮等原因而延长其使用年限的,应当按照重新确定的固定资产的成本以及重新确定的折旧年限计算折旧额。

第二节 固定资产的处置

第二十三条 政府会计主体按规定报经批准出售、转让固定资产或固定资产报废、毁损的,应当将固定资产账面价值转销计入当期费用,并将处置收入扣除相关处置税费后的差额按规定作应缴款项处理(差额为净收益时)或计入当期费用(差额为净损失时)。

第二十四条 政府会计主体按规定报经批准对外捐赠、无偿调出固定资产的,应当将固定资产的账面价值予以转销,对外捐赠、无偿调出中发生的归属于捐出方、调出方的相关费用应当计入当期费用。

第二十五条 政府会计主体按规定报经批准以固定资产对外投资的,应当将该固定资产的账面价值予以转销,并将固定资产在对外投资时的评估价值与其账面价值的差额计入当期收入或费用。

第二十六条 固定资产盘亏造成的损失,按规定报经批准后应当计入当期费用。

第五章 固定资产的披露

第二十七条 政府会计主体应当在附注中披露与固定资产有关的下列信息:
(一)固定资产的分类和折旧方法。
(二)各类固定资产的使用年限、折旧率。
(三)各类固定资产账面余额、累计折旧额、账面价值的期初、期末数及其本期变动情况。
(四)以名义金额计量的固定资产名称、数量,以及以名义金额计量的理由。
(五)已提足折旧的固定资产名称、数量等情况。
(六)接受捐赠、无偿调入的固定资产名称、数量等情况。
(七)出租、出借固定资产以及以固定资产投资的情况。
(八)固定资产对外捐赠、无偿调出、毁损等重要资产处置的情况。
(九)暂估入账的固定资产账面价值变动情况。

第六章 附 则

第二十八条 本准则自 2017 年 1 月 1 日起施行。

附件4

政府会计准则第4号——无形资产

第一章 总 则

第一条 为了规范无形资产的确认、计量和相关信息的披露,根据《政府会计准则——基本准则》,制定本准则。

第二条 本准则所称无形资产,是指政府会计主体控制的没有实物形态的可辨认非货币性资产,如专利权、商标权、著作权、土地使用权、非专利技术等。

资产满足下列条件之一的,符合无形资产定义中的可辨认性标准:

(一)能够从政府会计主体中分离或者划分出来,并能单独或者与相关合同、资产或负债一起,用于出售、转移、授予许可、租赁或者交换。

(二)源自合同性权利或其他法定权利,无论这些权利是否可以从政府会计主体或其他权利和义务中转移或者分离。

第二章 无形资产的确认

第三条 无形资产同时满足下列条件的,应当予以确认:

(一)与该无形资产相关的服务潜力很可能实现或者经济利益很可能流入政府会计主体;

(二)该无形资产的成本或者价值能够可靠地计量。

政府会计主体在判断无形资产的服务潜力或经济利益是否很可能实现或流入时,应当对无形资产在预计使用年限内可能存在的各种社会、经济、科技因素做出合理估计,并且应当有确凿的证据支持。

第四条 政府会计主体购入的不构成相关硬件不可缺少组成部分的软件,应当确认为无形资产。

第五条 政府会计主体自行研究开发项目的支出,应当区分研究阶段支出与开发阶段支出。

研究是指为获取并理解新的科学或技术知识而进行的独创性的有计划调查。

开发是指在进行生产或使用前,将研究成果或其他知识应用于某项计划或设计,以生产出新的或具有实质性改进的材料、装置、产品等。

第六条 政府会计主体自行研究开发项目研究阶段的支出,应当于发生时计入当期费用。

政府会计主体自行研究开发项目开发阶段的支出,先按合理方法进行归集,如果最终形成无形资产的,应当确认为无形资产;如果最终未形成无形资产的,应当计入当期费用。

政府会计主体自行研究开发项目尚未进入开发阶段，或者确实无法区分研究阶段支出和开发阶段支出，但按法律程序已申请取得无形资产的，应当将依法取得时发生的注册费、聘请律师费等费用确认为无形资产。

第七条 政府会计主体自创商誉及内部产生的品牌、报刊名等，不应确认为无形资产。

第八条 与无形资产有关的后续支出，符合本准则第三条规定的确认条件的，应当计入无形资产成本；不符合本准则第三条规定的确认条件的，应当在发生时计入当期费用或者相关资产成本。

第三章 无形资产的初始计量

第九条 无形资产在取得时应当按照成本进行初始计量。

第十条 政府会计主体外购的无形资产，其成本包括购买价款、相关税费以及可归属于该项资产达到预定用途前所发生的其他支出。

政府会计主体委托软件公司开发的软件，视同外购无形资产确定其成本。

第十一条 政府会计主体自行开发的无形资产，其成本包括自该项目进入开发阶段后至达到预定用途前所发生的支出总额。

第十二条 政府会计主体通过置换取得的无形资产，其成本按照换出资产的评估价值加上支付的补价或减去收到的补价，加上换入无形资产发生的其他相关支出确定。

第十三条 政府会计主体接受捐赠的无形资产，其成本按照有关凭据注明的金额加上相关税费确定；没有相关凭据可供取得，但按规定经过资产评估的，其成本按照评估价值加上相关税费确定；没有相关凭据可供取得、也未经资产评估的，其成本比照同类或类似资产的市场价格加上相关税费确定；没有相关凭据且未经资产评估、同类或类似资产的市场价格也无法可靠取得的，按照名义金额入账，相关税费计入当期费用。

确定接受捐赠无形资产的初始入账成本时，应当考虑该项资产尚可为政府会计主体带来服务潜力或经济利益的能力。

第十四条 政府会计主体无偿调入的无形资产，其成本按照调出方账面价值加上相关税费确定。

第四章 无形资产的后续计量

第一节 无形资产的摊销

第十五条 政府会计主体应当于取得或形成无形资产时合理确定其使用年限。

无形资产的使用年限为有限的，应当估计该使用年限。无法预见无形资产为政府会计主体提供服务潜力或者带来经济利益期限的，应当视为使用年限不确定的无形资产。

第十六条 政府会计主体应当对使用年限有限的无形资产进行摊销，但已摊销完毕仍继续使用的无形资产和以名义金额计量的无形资产除外。

摊销是指在无形资产使用年限内,按照确定的方法对应摊销金额进行系统分摊。

第十七条　对于使用年限有限的无形资产,政府会计主体应当按照以下原则确定无形资产的摊销年限:

(一)法律规定了有效年限的,按照法律规定的有效年限作为摊销年限;

(二)法律没有规定有效年限的,按照相关合同或单位申请书中的受益年限作为摊销年限;

(三)法律没有规定有效年限、相关合同或单位申请书也没有规定受益年限的,应当根据无形资产为政府会计主体带来服务潜力或经济利益的实际情况,预计其使用年限;

(四)非大批量购入、单价小于1000元的无形资产,可以于购买的当期将其成本一次性全部转销。

第十八条　政府会计主体应当按月对使用年限有限的无形资产进行摊销,并根据用途计入当期费用或者相关资产成本。

政府会计主体应当采用年限平均法或者工作量法对无形资产进行摊销,应摊销金额为其成本,不考虑预计残值。

第十九条　因发生后续支出而增加无形资产成本的,对于使用年限有限的无形资产,应当按照重新确定的无形资产成本以及重新确定的摊销年限计算摊销额。

第二十条　使用年限不确定的无形资产不应摊销。

第二节　无形资产的处置

第二十一条　政府会计主体按规定报经批准出售无形资产,应当将无形资产账面价值转销计入当期费用,并将处置收入大于相关处置税费后的差额按规定计入当期收入或者做应缴款项处理,将处置收入小于相关处置税费后的差额计入当期费用。

第二十二条　政府会计主体按规定报经批准对外捐赠、无偿调出无形资产的,应当将无形资产的账面价值予以转销,对外捐赠、无偿调出中发生的归属于捐出方、调出方的相关费用应当计入当期费用。

第二十三条　政府会计主体按规定报经批准以无形资产对外投资的,应当将该无形资产的账面价值予以转销,并将无形资产在对外投资时的评估价值与其账面价值的差额计入当期收入或费用。

第二十四条　无形资产预期不能为政府会计主体带来服务潜力或者经济利益的,应当在报经批准后将该无形资产的账面价值予以转销。

第五章　无形资产的披露

第二十五条　政府会计主体应当按照无形资产的类别在附注中披露与无形资产有关的下列信息:

(一)无形资产账面余额、累计摊销额、账面价值的期初、期末数及其本期变动情况。

(二)自行开发无形资产的名称、数量,以及账面余额和累计摊销额的变动情况。

（三）以名义金额计量的无形资产名称、数量，以及以名义金额计量的理由。

（四）接受捐赠、无偿调入无形资产的名称、数量等情况。

（五）使用年限有限的无形资产，其使用年限的估计情况；使用年限不确定的无形资产，其使用年限不确定的确定依据。

（六）无形资产出售、对外投资等重要资产处置的情况。

第六章 附 则

第二十六条 本准则自 2017 年 1 月 1 日起施行。

基本建设财务规则

(财政部令第 81 号 2016 年 4 月 26 日)

第一章 总 则

第一条 为了规范基本建设财务行为,加强基本建设财务管理,提高财政资金使用效益,保障财政资金安全,制定本规则。

第二条 本规则适用于行政事业单位的基本建设财务行为,以及国有和国有控股企业使用财政资金的基本建设财务行为。

基本建设是指以新增工程效益或者扩大生产能力为主要目的的新建、续建、改扩建、迁建、大型维修改造工程及相关工作。

第三条 基本建设财务管理应当严格执行国家有关法律、行政法规和财务规章制度,坚持勤俭节约、量力而行、讲求实效,正确处理资金使用效益与资金供给的关系。

第四条 基本建设财务管理的主要任务是:

(一)依法筹集和使用基本建设项目(以下简称项目)建设资金,防范财务风险;

(二)合理编制项目资金预算,加强预算审核,严格预算执行;

(三)加强项目核算管理,规范和控制建设成本;

(四)及时准确编制项目竣工财务决算,全面反映基本建设财务状况;

(五)加强对基本建设活动的财务控制和监督,实施绩效评价。

第五条 财政部负责制定并指导实施基本建设财务管理制度。

各级财政部门负责对基本建设财务活动实施全过程管理和监督。

第六条 各级项目主管部门(含一级预算单位,下同)应当会同财政部门,加强本部门或者本行业基本建设财务管理和监督,指导和督促项目建设单位做好基本建设财务管理的基础工作。

第七条 项目建设单位应当做好以下基本建设财务管理的基础工作:

(一)建立、健全本单位基本建设财务管理制度和内部控制制度;

(二)按项目单独核算,按照规定将核算情况纳入单位账簿和财务报表;

(三)按照规定编制项目资金预算,根据批准的项目概(预)算做好核算管理,及时掌握建设进度,定期进行财产物资清查,做好核算资料档案管理;

(四)按照规定向财政部门、项目主管部门报送基本建设财务报表和资料;

(五)及时办理工程价款结算,编报项目竣工财务决算,办理资产交付使用手续;

(六)财政部门和项目主管部门要求的其他工作。

按照规定实行代理记账和项目代建制的,代理记账单位和代建单位应当配合项目建设单位做好项目财务管理的基础工作。

第二章 建设资金筹集与使用管理

第八条 建设资金是指为满足项目建设需要筹集和使用的资金,按照来源分为财政资金和自筹资金。其中,财政资金包括一般公共预算安排的基本建设投资资金和其他专项建设资金,政府性基金预算安排的建设资金,政府依法举债取得的建设资金,以及国有资本经营预算安排的基本建设项目资金。

第九条 财政资金管理应当遵循专款专用原则,严格按照批准的项目预算执行,不得挤占挪用。

财政部门应当会同项目主管部门加强项目财政资金的监督管理。

第十条 财政资金的支付,按照国库集中支付制度有关规定和合同约定,综合考虑项目财政资金预算、建设进度等因素执行。

第十一条 项目建设单位应当根据批准的项目概(预)算、年度投资计划和预算、建设进度等控制项目投资规模。

第十二条 项目建设单位在决策阶段应当明确建设资金来源,落实建设资金,合理控制筹资成本。非经营性项目建设资金按照国家有关规定筹集;经营性项目在防范风险的前提下,可以多渠道筹集。

具体项目的经营性和非经营性性质划分,由项目主管部门会同财政部门根据项目建设目的、运营模式和盈利能力等因素核定。

第十三条 核定为经营性项目的,项目建设单位应当按照国家有关固定资产投资项目资本管理的规定,筹集一定比例的非债务性资金作为项目资本。

在项目建设期间,项目资本的投资者除依法转让、依法终止外,不得以任何方式抽走出资。

经营性项目的投资者以实物、知识产权、土地使用权等非货币财产作价出资的,应当委托具有专业能力的资产评估机构依法评估作价。

第十四条 项目建设单位取得的财政资金,区分以下情况处理:

经营性项目具备企业法人资格的,按照国家有关企业财务规定处理。不具备企业法人资格的,属于国家直接投资的,作为项目国家资本管理;属于投资补助的,国家拨款时对权属有规定的,按照规定执行,没有规定的,由项目投资者享有;属于有偿性资助的,作为项目负债管理。

经营性项目取得的财政贴息,项目建设期间收到的,冲减项目建设成本;项目竣工后收到的,按照国家财务、会计制度的有关规定处理。

非经营性项目取得的财政资金,按照国家行政、事业单位财务、会计制度的有关规定处理。

第十五条 项目收到的社会捐赠,有捐赠协议或者捐赠者有指定要求的,按照协议或者要求处理;无协议和要求的,按照国家财务、会计制度的有关规定处理。

第三章 预算管理

第十六条 项目建设单位编制项目预算应当以批准的概算为基础,按照项目实际建设资金需求编制,并控制在批准的概算总投资规模、范围和标准以内。

项目建设单位应当细化项目预算,分解项目各年度预算和财政资金预算需求。涉及政府采购的,应当按照规定编制政府采购预算。

项目资金预算应当纳入项目主管部门的部门预算或者国有资本经营预算统一管理。列入部门预算的项目,一般应当从项目库中产生。

第十七条 项目建设单位应当根据项目概算、建设工期、年度投资和自筹资金计划、以前年度项目各类资金结转情况等,提出项目财政资金预算建议数,按照规定程序经项目主管部门审核汇总报财政部门。

项目建设单位根据财政部门下达的预算控制数编制预算,由项目主管部门审核汇总报财政部门,经法定程序审核批复后执行。

第十八条 项目建设单位应当严格执行项目财政资金预算。对发生停建、缓建、迁移、合并、分立、重大设计变更等变动事项和其他特殊情况确需调整的项目,项目建设单位应当按照规定程序报项目主管部门审核后,向财政部门申请调整项目财政资金预算。

第十九条 财政部门应当加强财政资金预算审核和执行管理,严格预算约束。

财政资金预算安排应当以项目以前年度财政资金预算执行情况、项目预算评审意见和绩效评价结果作为重要依据。项目财政资金未按预算要求执行的,按照有关规定调减或者收回。

第二十条 项目主管部门应当按照预算管理规定,督促和指导项目建设单位做好项目财政资金预算编制、执行和调整,严格审核项目财政资金预算、细化预算和预算调整的申请,及时掌握项目预算执行动态,跟踪分析项目进度,按照要求向财政部门报送执行情况。

第四章 建设成本管理

第二十一条 建设成本是指按照批准的建设内容由项目建设资金安排的各项支出,包括建筑安装工程投资支出、设备投资支出、待摊投资支出和其他投资支出。

建筑安装工程投资支出是指项目建设单位按照批准的建设内容发生的建筑工程和安装工程的实际成本。

设备投资支出是指项目建设单位按照批准的建设内容发生的各种设备的实际成本。

待摊投资支出是指项目建设单位按照批准的建设内容发生的,应当分摊计入相关资产价值的各项费用和税金支出。

其他投资支出是指项目建设单位按照批准的建设内容发生的房屋购置支出,基本畜禽、林木等的购置、饲养、培育支出,办公生活用家具、器具购置支出,软件研发和不能计入设备投资的软件购置等支出。

第二十二条 项目建设单位应当严格控制建设成本的范围、标准和支出责任，以下支出不得列入项目建设成本：

（一）超过批准建设内容发生的支出；

（二）不符合合同协议的支出；

（三）非法收费和摊派；

（四）无发票或者发票项目不全、无审批手续、无责任人员签字的支出；

（五）因设计单位、施工单位、供货单位等原因造成的工程报废等损失，以及未按照规定报经批准的损失；

（六）项目符合规定的验收条件之日起3个月后发生的支出；

（七）其他不属于本项目应当负担的支出。

第二十三条 财政资金用于项目前期工作经费部分，在项目批准建设后，列入项目建设成本。

没有被批准或者批准后又被取消的项目，财政资金如有结余，全部缴回国库。

第五章 基建收入管理

第二十四条 基建收入是指在基本建设过程中形成的各项工程建设副产品变价收入、负荷试车和试运行收入以及其他收入。

工程建设副产品变价收入包括矿山建设中的矿产品收入，油气、油田钻井建设中的原油气收入，林业工程建设中的路影材收入，以及其他项目建设过程中产生或者伴生的副产品、试验产品的变价收入。

负荷试车和试运行收入包括水利、电力建设移交生产前的供水、供电、供热收入，原材料、机电轻纺、农林建设移交生产前的产品收入，交通临时运营收入等。

其他收入包括项目总体建设尚未完成或者移交生产，但其中部分工程简易投产而发生的经营性收入等。

符合验收条件而未按照规定及时办理竣工验收的经营性项目所实现的收入，不得作为项目基建收入管理。

第二十五条 项目所取得的基建收入扣除相关费用并依法纳税后，其净收入按照国家财务、会计制度的有关规定处理。

第二十六条 项目发生的各项索赔、违约金等收入，首先用于弥补工程损失，结余部分按照国家财务、会计制度的有关规定处理。

第六章 工程价款结算管理

第二十七条 工程价款结算是指依据基本建设工程发承包合同等进行工程预付款、进度款、竣工价款结算的活动。

第二十八条 项目建设单位应当严格按照合同约定和工程价款结算程序支付工程款。竣工价款结算一般应当在项目竣工验收后 2 个月内完成,大型项目一般不得超过 3 个月。

第二十九条 项目建设单位可以与施工单位在合同中约定按照不超过工程价款结算总额的 5% 预留工程质量保证金,待工程交付使用缺陷责任期满后清算。资信好的施工单位可以用银行保函替代工程质量保证金。

第三十条 项目主管部门应当会同财政部门加强工程价款结算的监督,重点审查工程招投标文件、工程量及各项费用的计取、合同协议、施工变更签证、人工和材料价差、工程索赔等。

第七章 竣工财务决算管理

第三十一条 项目竣工财务决算是正确核定项目资产价值、反映竣工项目建设成果的文件,是办理资产移交和产权登记的依据,包括竣工财务决算报表、竣工财务决算说明书以及相关材料。

项目竣工财务决算应当数字准确、内容完整。竣工财务决算的编制要求另行规定。

第三十二条 项目年度资金使用情况应当按照要求编入部门决算或者国有资本经营决算。

第三十三条 项目建设单位在项目竣工后,应当及时编制项目竣工财务决算,并按照规定报送项目主管部门。

项目设计、施工、监理等单位应当配合项目建设单位做好相关工作。

建设周期长、建设内容多的大型项目,单项工程竣工具备交付使用条件的,可以编报单项工程竣工财务决算,项目全部竣工后应当编报竣工财务总决算。

第三十四条 在编制项目竣工财务决算前,项目建设单位应当认真做好各项清理工作,包括账目核对及账务调整、财产物资核实处理、债权实现和债务清偿、档案资料归集整理等。

第三十五条 在编制项目竣工财务决算时,项目建设单位应当按照规定将待摊投资支出按合理比例分摊计入交付使用资产价值、转出投资价值和待核销基建支出。

第三十六条 项目竣工财务决算审核、批复管理职责和程序要求由同级财政部门确定。

第三十七条 财政部门和项目主管部门对项目竣工财务决算实行先审核、后批复的办法,可以委托预算评审机构或者有专业能力的社会中介机构进行审核。对符合条件的,应当在 6 个月内批复。

第三十八条 项目一般不得预留尾工工程,确需预留尾工工程的,尾工工程投资不得超过批准的项目概(预)算总投资的 5%。

项目主管部门应当督促项目建设单位抓紧实施项目尾工工程,加强对尾工工程资金使用的监督管理。

第三十九条 已具备竣工验收条件的项目,应当及时组织验收,移交生产和使用。

第四十条 项目隶属关系发生变化时,应当按照规定及时办理财务关系划转,主要包括各项资金来源、已交付使用资产、在建工程、结余资金、各项债权及债务等的清理交接。

第八章 资产交付管理

第四十一条 资产交付是指项目竣工验收合格后,将形成的资产交付或者转交生产使用单位的行为。

交付使用的资产包括固定资产、流动资产、无形资产等。

第四十二条 项目竣工验收合格后应当及时办理资产交付使用手续,并依据批复的项目竣工财务决算进行账务调整。

第四十三条 非经营性项目发生的江河清障疏浚、航道整治、飞播造林、退耕还林(草)、封山(沙)育林(草)、水土保持、城市绿化、毁损道路修复、护坡及清理等不能形成资产的支出,以及项目未被批准、项目取消和项目报废前已发生的支出,作为待核销基建支出处理;形成资产产权归属本单位的,计入交付使用资产价值;形成资产产权不归属本单位的,作为转出投资处理。

非经营性项目发生的农村沼气工程、农村安全饮水工程、农村危房改造工程、游牧民定居工程、渔民上岸工程等涉及家庭或者个人的支出,形成资产产权归属家庭或者个人的,作为待核销基建支出处理;形成资产产权归属本单位的,计入交付使用资产价值;形成资产产权归属其他单位的,作为转出投资处理。

第四十四条 非经营性项目为项目配套建设的专用设施,包括专用道路、专用通信设施、专用电力设施、地下管道等,产权归属本单位的,计入交付使用资产价值;产权不归属本单位的,作为转出投资处理。

非经营性项目移民安置补偿中由项目建设单位负责建设并形成的实物资产,产权归属集体或者单位的,作为转出投资处理;产权归属移民的,作为待核销基建支出处理。

第四十五条 经营性项目发生的项目取消和报废等不能形成资产的支出,以及设备采购和系统集成(软件)中包含的交付使用后运行维护等费用,按照国家财务、会计制度的有关规定处理。

第四十六条 经营性项目为项目配套建设的专用设施,包括专用铁路线、专用道路、专用通信设施、专用电力设施、地下管道、专用码头等,项目建设单位应当与有关部门明确产权关系,并按照国家财务、会计制度的有关规定处理。

第九章 结余资金管理

第四十七条 结余资金是指项目竣工结余的建设资金,不包括工程抵扣的增值税进项税额资金。

第四十八条 经营性项目结余资金,转入单位的相关资产。

非经营性项目结余资金,首先用于归还项目贷款。如有结余,按照项目资金来源属于财政资金的部分,应当在项目竣工验收合格后3个月内,按照预算管理制度有关规定收回财政。

第四十九条 项目终止、报废或者未按照批准的建设内容建设形成的剩余建设资金中,按照项目实际资金来源比例确认的财政资金应当收回财政。

第十章 绩效评价

第五十条 项目绩效评价是指财政部门、项目主管部门根据设定的项目绩效目标,运用科学合理的评价方法和评价标准,对项目建设全过程中资金筹集、使用及核算的规范性、有效性,以及投入运营效果等进行评价的活动。

第五十一条 项目绩效评价应当坚持科学规范、公正公开、分级分类和绩效相关的原则,坚持经济效益、社会效益和生态效益相结合的原则。

第五十二条 项目绩效评价应当重点对项目建设成本、工程造价、投资控制、达产能力与设计能力差异、偿债能力、持续经营能力等实施绩效评价,根据管理需要和项目特点选用社会效益指标、财务效益指标、工程质量指标、建设工期指标、资金来源指标、资金使用指标、实际投资回收期指标、实际单位生产(营运)能力投资指标等评价指标。

第五十三条 财政部门负责制定项目绩效评价管理办法,对项目绩效评价工作进行指导和监督,选择部分项目开展重点绩效评价,依法公开绩效评价结果。绩效评价结果作为项目财政资金预算安排和资金拨付的重要依据。

第五十四条 项目主管部门会同财政部门按照有关规定,制定本部门或者本行业项目绩效评价具体实施办法,建立具体的绩效评价指标体系,确定项目绩效目标,具体组织实施本部门或者本行业绩效评价工作,并向财政部门报送绩效评价结果。

第十一章 监督管理

第五十五条 项目监督管理主要包括对项目资金筹集与使用、预算编制与执行、建设成本控制、工程价款结算、竣工财务决算编报审核、资产交付等的监督管理。

第五十六条 项目建设单位应当建立、健全内部控制和项目财务信息报告制度,依法接受财政部门和项目主管部门等的财务监督管理。

第五十七条 财政部门和项目主管部门应当加强项目的监督管理,采取事前、事中、事后相结合,日常监督与专项监督相结合的方式,对项目财务行为实施全过程监督管理。

第五十八条 财政部门应当加强对基本建设财政资金形成的资产的管理,按照规定对项目资产开展登记、核算、评估、处置、统计、报告等资产管理基础工作。

第五十九条 对于违反本规则的基本建设财务行为,依照《预算法》、《财政违法行为处罚处分条例》等有关规定追究责任。

第十二章 附 则

第六十条 接受国家经常性资助的社会力量举办的公益服务性组织和社会团体的基本建设财务行为,以及非国有企业使用财政资金的基本建设财务行为,参照本规则执行。

使用外国政府及国际金融组织贷款的基本建设财务行为执行本规则。国家另有规定的,从其规定。

第六十一条 项目建设内容仅为设备购置的,不执行本规则;项目建设内容以设备购置、房屋及其他建筑物购置为主并附有部分建筑安装工程的,可以简化执行本规则。

经营性项目的项目资本中,财政资金所占比例未超过50%的,项目建设单位可以简化执行本规则,但应当按照要求向财政部门、项目主管部门报送相关财务资料。国家另有规定的,从其规定。

第六十二条 中央项目主管部门和各省、自治区、直辖市、计划单列市财政厅(局)可以根据本规则,结合本行业、本地区的项目情况,制定具体实施办法并报财政部备案。

第六十三条 本规则自2016年9月1日起施行。2002年9月27日财政部发布的《基本建设财务管理规定》(财建〔2002〕394号)及其解释同时废止。

本规则施行前财政部制定的有关规定与本规则不一致的,按照本规则执行。《企业财务通则》(财政部令第41号)、《金融企业财务规则》(财政部令第42号)、《事业单位财务规则》(财政部令第68号)和《行政单位财务规则》(财政部令第71号)另有规定的,从其规定。

会计基础工作规范

(财会字〔1996〕19号　1996年6月17日)

第一章　总　则

第一条　为了加强会计基础工作,建立规范的会计工作秩序,提高会计工作水平,根据《中华人民共和国会计法》的有关规定,制定本规范。

第二条　国家机关、社会团体、企业、事业单位、个体工商户和其他组织的会计基础工作,应当符合本规范的规定。

第三条　各单位应当依据有关法规、法规和本规范的规定,加强会计基础工作,严格执行会计法规制度,保证会计工作依法有序地进行。

第四条　单位领导人对本单位的会计基础工作负有领导责任。

第五条　各省、自治区、直辖市财政厅(局)要加强对会计基础工作的管理和指导,通过政策引导、经验交流、监督检查等措施,促进基层单位加强会计基础工作,不断提高会计工作水平。

国务院各业务主管部门根据职责权限管理本部门的会计基础工作。

第二章　会计机构和会计人员

第一节　会计机构设置和会计人员配备

第六条　各单位应当根据会计业务的需要设置会计机构;不具备单独设置会计机构条件的,应当在有关机构中配备专职会计人员。

事业行政单位会计机构的设置和会计人员的配备,应当符合国家统一事业行政单位会计制度的规定。

设置会计机构,应当配备会计机构负责人;在有关机构中配备专职会计人员,应当在专职会计人员中指定会计主管人员。

会计机构负责人、会计主管人员的任免,应当符合《中华人民共和国会计法》和有关法律的规定。

第七条　会计机构负责人、会计主管人员应当具备下列基本条件:

(一)坚持原则,廉洁奉公;

(二)具有会计专业技术资格;

(三)主管一个单位或者单位内一个重要方面的财务会计工作时间不少于2年;

(四)熟悉国家财经法律、法规、规章和方针、政策,掌握本行业业务管理的有关知识;

(五)有较强的组织能力;

(六)身体状况能够适应本职工作的要求。

第八条 没有设置会计机构和配备会计人员的单位,应当根据《代理记账管理暂行办法》委托会计师事务所或者持有代理记账许可证书的其他代理记账机构进行代理记账。

第九条 大、中型企业、事业单位、业务主管部门应当根据法律和国家有关规定设置总会计师。总会计师由具有会计师以上专业技术资格的人员担任。

总会计师行使《总会计师条例》规定的职责、权限。

总会计师的任命(聘任)、免职(解聘)依照《总会计师条例》和有关法律的规定办理。

第十条 各单位应当根据会计业务需要配备持有会计证的会计人员。未取得会计证的人员,不得从事会计工作。

第十一条 各单位应当根据会计业务需要设置会计工作岗位。

会计工作岗位一般可分为:会计机构负责人或者会计主管人员,出纳,财产物资核算,工资核算,成本费用核算,财务成果核算,资金核算,往来结算,总账报表,稽核,档案管理等。开展会计电算化和管理会计的单位,可以根据需要设置相应工作岗位,也可以与其他工作岗位相结合。

第十二条 会计工作岗位,可以一人一岗、一人多岗或者一岗多人。但出纳人员不得兼管稽核、会计档案保管和收入、费用、债权债务账目的登记工作。

第十三条 会计人员的工作岗位应当有计划地进行轮换。

第十四条 会计人员应当具备必要的专业知识和专业技能,熟悉国家有关法律、法规、规章和国家统一会计制度,遵守职业道德。

会计人员应当按照国家有关规定参加会计业务的培训。各单位应当合理安排会计人员的培训,保证会计人员每年有一定时间用于学习和参加培训。

第十五条 各单位领导人应当支持会计机构、会计人员依法行使职权;对忠于职守、坚持原则、做出显著成绩的会计机构、会计人员,应当给予精神的和物质的奖励。

第十六条 国家机关、国有企业、事业单位任用会计人员应当实行回避制度。

单位领导人的直系亲属不得担任本单位的会计机构负责人、会计主管人员。会计机构负责人、会计主管人员的直系亲属不得在本单位会计机构中担任出纳工作。

需要回避的直系亲属为:夫妻关系、直系血亲关系、三代以内旁系血亲以及配偶亲关系。

第二节 会计人员职业道德

第十七条 会计人员在会计工作中应当遵守职业道德,树立良好的职业品质、严谨的工作作风,严守工作纪律,努力提高工作效率和工作质量。

第十八条 会计人员应当热爱本职工作,努力钻研业务,使自己的知识和技能适应所从事工作的要求。

第十九条 会计人员应当熟悉财经法律、法规、规章和国家统一会计制度,并结合会计工作进行广泛宣传。

第二十条 会计人员应当按照会计法规、法规和国家统一会计制度规定的程序和要求进行会计工作,保证所提供的会计信息合法、真实、准确、及时、完整。

第二十一条 会计人员办理会计事务应当实事求是、客观公正。

第二十二条 会计人员应当熟悉本单位的生产经营和业务管理情况,运用掌握的会计信息和会计方法,为改善单位内部管理、提高经济效益服务。

第二十三条 会计人员应当保守本单位的商业秘密。除法律规定和单位领导人同意外,不能私自向外界提供或者泄露单位的会计信息。

第二十四条 财政部门、业务主管部门和各单位应当定期检查会计人员遵守职业道德的情况,并作为会计人员晋升、晋级、聘任专业职务、表彰奖励的重要考核依据。

会计人员违反职业道德的,由所在单位进行处罚;情节严重的,由会计证发证机关吊销其会计证。

第三节 会计工作交接

第二十五条 会计人员工作调动或者因故离职,必须将本人所经管的会计工作全部移交给接替人员。没有办清交接手续的,不得调动或者离职。

第二十六条 接替人员应当认真接管移交工作,并继续办理移交的未了事项。

第二十七条 会计人员办理移交手续前,必须及时做好以下工作:

(一)已经受理的经济业务尚未填制会计凭证的,应当填制完毕。

(二)尚未登记的账目,应当登记完毕,并在最后一笔余额后加盖经办人员印章。

(三)整理应该移交的各项资料,对未了事项写出书面材料。

(四)编制移交清册,列明应当移交的会计凭证、会计账簿、会计报表、印章、现金、有价证券、支票簿、发票、文件、其他会计资料和物品等内容;实行会计电算化的单位,从事该项工作的移交人员还应当在移交清册中列明会计软件及密码、会计软件数据磁盘(磁带等)及有关资料、实物等内容。

第二十八条 会计人员办理交接手续,必须有监交人负责监交。一般会计人员交接,由单位会计机构负责人、会计主管人员负责监交;会计机构负责人、会计主管人员交接,由单位领导人负责监交,必要时可由上级主管部门派人会同监交。

第二十九条 移交人员在办理移交时,要按移交清册逐项移交;接替人员要逐项核对点收。

(一)现金、有价证券要根据会计账簿有关记录进行点交。库存现金、有价证券必须与会计账簿记录保持一致。不一致时,移交人员必须限期查清。

(二)会计凭证、会计账簿、会计报表和其他会计资料必须完整无缺。如有短缺,必须查清原因,并在移交清册中注明,由移交人员负责。

(三)银行存款账户余额要与银行对账单核对,如不一致,应当编制银行存款余额调节表调节相符,各种财产物资和债权债务的明细账户余额要与总账有关账户余额核对相符;必要时,要抽查个别账户的余额,与实物核对相符,或者与往来单位、个人核对清楚。

(四)移交人员经管的票据、印章和其他实物等,必须交接清楚;移交人员从事会计电算化工作的,要对有关电子数据在实际操作状态下进行交接。

第三十条 会计机构负责人、会计主管人员移交时,还必须将全部财务会计工作、重大财务收支和会计人员的情况等,向接替人员详细介绍。对需要移交的遗留问题,应当写出书面材料。

第三十一条 交接完毕后,交接双方和监交人员要在移交注册上签名或者盖章。并应在移交注册上注明:单位名称,交接日期,交接双方和监交人员的职务、姓名,移交清册页数以及需要说明的问题和意见等。

移交清册一般应当填制一式三份,交接双方各执一份,存档一份。

第三十二条 接替人员应当继续使用移交的会计账簿,不得自行另立新账,以保持会计记录的连续性。

第三十三条 会计人员临时离职或者因病不能工作且需要接替或者代理的,会计机构负责人、会计主管人员或者单位领导人必须指定有关人员接替或者代理,并办理交接手续。

临时离职或者因病不能工作的会计人员恢复工作的,应当与接替或者代理人员办理交接手续。

移交人员因病或者其他特殊原因不能亲自办理移交的,经单位领导人批准,可由移交人员委托他人代办移交,但委托人应当承担本规范第三十五条规定的责任。

第三十四条 单位撤销时,必须留有必要的会计人员,会同有关人员办理清理工作,编制决算。未移交前,不得离职。接收单位和移交日期由主管部门确定。

单位合并、分立的,其会计工作交接手续比照上述有关规定办理。

第三十五条 移交人员对所移交的会计凭证、会计账簿、会计报表和其他有关资料的合法性、真实性承担法律责任。

第三章　会计核算

第一节　会计核算一般要求

第三十六条 各单位应当按照《中华人民共和国会计法》和国家统一会计制度的规定建立会计账册,进行会计核算,及时提供合法、真实、准确、完整的会计信息。

第三十七条 各单位发生的下列事项,应当及时办理会计手续、进行会计核算:

(一)款项和有价证券的收付;

(二)财物的收发、增减和使用;

(三)债权债务的发生和结算;

(四)资本、基金的增减;

(五)收入、支出、费用、成本的计算;

(六)财务成果的计算和处理;

(七)其他需要办理会计手续、进行会计核算的事项。

第三十八条 各单位的会计核算应当以实际发生的经济业务为依据,按照规定的会计处理方法进行,保证会计指标的口径一致、相互可比和会计处理方法的前后各期相一致。

第三十九条 会计年度自公历1月1日起至12月31日止。

第四十条 会计核算以人民币为记账本位币。

收支业务以外国货币为主的单位,也可以选定某种外国货币作为记账本位币,但是编制的会计报表应当折算为人民币反映。

境外单位向国内有关部门编报的会计报表,应当折算为人民币反映。

第四十一条 各单位根据国家统一会计制度的要求,在不影响会计核算要求、会计报表指标汇总和对外统一会计报表的前提下,可以根据实际情况自行设置和使用会计科目。

事业行政单位会计科目的设置和使用,应当符合国家统一事业行政单位会计制度的规定。

第四十二条 会计凭证、会计账簿、会计报表和其他会计资料的内容和要求必须符合国家统一会计制度的规定,不得伪造、变造会计凭证和会计账簿,不得设置账外账,不得报送虚假会计报表。

第四十三条 各单位对外报送的会计报表格式由财政部统一规定。

第四十四条 实行会计电算化的单位,对使用的会计软件及其生成的会计凭证、会计账簿、会计报表和其他会计资料的要求,应当符合财政部关于会计电算化的有关规定。

第四十五条 各单位的会计凭证、会计账簿、会计报表和其他会计资料,应当建立档案,妥善保管。会计档案建档要求、保管期限、销毁办法等依据《会计档案管理办法》的规定进行。

实行会计电算化的单位,有关电子数据、会计软件资料等应当作为会计档案进行管理。

第四十六条 会计记录的文字应当使用中文,少数民族自治地区可以同时使用少数民族文字。中国境内的外商投资企业、外国企业和其他外国经济组织也可以同时使用某种外国文字。

第二节　填制会计凭证

第四十七条 各单位办理本规范第三十七条规定的事项,必须取得或者填制原始凭证,并及时送交会计机构。

第四十八条 原始凭证的基本要求是:

(一)原始凭证的内容必须具备:凭证的名称;填制凭证的日期;填制凭证单位名称或者填制人姓名;经办人员的签名或者盖章;接受凭证单位名称;经济业务内容;数量、单价和金额。

(二)从外单位取得的原始凭证,必须盖有填制单位的公章;从个人取得的原始凭证,必须有填制人员的签名或者盖章。自制原始凭证必须有经办单位领导人或者其指定的人员签名或者盖章。对外开出的原始凭证,必须加盖本单位公章。

(三)凡填有大写和小写金额的原始凭证,大写与小写金额必须相符。购买实物的原始凭证，必须有验收证明。支付款项的原始凭证，必须有收款单位和收款人的收款证明。

（四）一式几联的原始凭证，应当注明各联的用途，只能以一联作为报销凭证。

一式几联的发票和收据，必须用双面复写纸（发票和收据本身具备复写纸功能的除外）套写，并连续编号。作废时应当加盖"作废"戳记，连同存根一起保存，不得撕毁。

（五）发生销货退回的，除填制退货发票外，还必须有退货验收证明；退款时，必须取得对方的收款收据或者汇款银行的凭证，不得以退货发票代替收据。

（六）职工公出借款凭据，必须附在记账凭证之后。收回借款时，应当另开收据或者退还借据副本，不得退还原借款收据。

（七）经上级有关部门批准的经济业务，应当将批准文件作为原始凭证附件。如果批准文件需要单独归档的，应当在凭证上注明批准机关名称、日期和文件字号。

第四十九条 原始凭证不得涂改、挖补。发现原始凭证有错误的，应当由开出单位重开或者更正，更正处应当加盖开出单位的公章。

第五十条 会计机构、会计人员要根据审核无误的原始凭证填制记账凭证。

记账凭证可以分为收款凭证、付款凭证和转账凭证，也可以使用通用记账凭证。

第五十一条 记账凭证的基本要求是：

（一）记账凭证的内容必须具备：填制凭证的日期；凭证编号；经济业务摘要；会计科目；金额；所附原始凭证张数；填制凭证人员、稽核人员、记账人员、会计机构负责人、会计主管人员签名或者盖章。收款和付款记账凭证还应当由出纳人员签名或者盖章。

以自制的原始凭证或者原始凭证汇总表代替记账凭证的，也必须具备记账凭证应有的项目。

（二）填制记账凭证时，应当对记账凭证进行连续编号。一笔经济业务需要填制两张以上记账凭证的，可以采用分数编号法编号。

（三）记账凭证可以根据每一张原始凭证填制，或者根据若干张同类原始凭证汇总填制，也可以根据原始凭证汇总表填制。但不得将不同内容和类别的原始凭证汇总填制在一张记账凭证上。

（四）除结账和更正错误的记账凭证可以不附原始凭证外，其他记账凭证必须附有原始凭证。如果一张原始凭证涉及几张记账凭证，可以把原始凭证附在一张主要的记账凭证后面，并在其他记账凭证上注明附有该原始凭证的记账凭证的编号或者附原始凭证复印件。

一张原始凭证所列支出需要几个单位共同负担的，应当将其他单位负担的部分，开给对方原始凭证分割单，进行结算。原始凭证分割单必须具备原始凭证的基本内容：凭证名称、填制凭证日期、填制凭证单位名称或者填制人姓名、经办人的签名或者盖章、接受凭证单位名称、经济业务内容、数量、单价、金额和费用分摊情况等。

（五）如果在填制记账凭证时发生错误，应当重新填制。

已经登记入账的记账凭证，在当年内发现填写错误时，可以用红字填写一张与原内容相同的记账凭证，在摘要栏注明"注销某月某日某号凭证"字样，同时再用蓝字重新填制一张正确的记账凭证，注明"订正某月某日某号凭证"字样。如果会计科目没有错误，只是金额错误,也可以将正确数字与错误数字之间的差额,另编一张调整的记账凭证,调增金额用蓝字,调减金额用红字。发现以前年度记账凭证有错误的,应当用蓝字填制一张更正的记账凭证。

(六)记账凭证填制完经济业务事项后,如有空行,应当自金额栏最后一笔金额数字下的空行处至合计数上的空行处划线注销。

第五十二条 填制会计凭证,字迹必须清晰、工整,并符合下列要求:

(一)阿拉伯数字应当一个一个地写,不得连笔写。阿拉伯金额数字前面应当书写货币币种符号或者货币名称简写和币种符号。币种符号与阿拉伯金额数字之间不得留有空白。凡阿拉伯数字前写有币种符号的,数字后面不再写货币单位。

(二)所有以元为单位(其他货币种类为货币基本单位,下同)的阿拉伯数字,除表示单价等情况外,一律填写到角分;无角分的,角位和分位可写"00",或者符号"——";有角无分的,分位应当写"0",不得用符号"——"代替。

(三)汉字大写数字金额如零、壹、贰、叁、肆、伍、陆、柒、捌、玖、拾、佰、仟、万、亿等,一律用正楷或者行书体书写,不得用0、一、二、三、四、五、六、七、八、九、十等简化字代替,不得任意自造简化字。大写金额数字到元或者角为止的,在"元"或者"角"字之后应当写"整"字或者"正"字;大写金额数字有分的,分字后面不写"整"或者"正"字。

(四)大写金额数字前未印有货币名称的,应当加填货币名称,货币名称与金额数字之间不得留有空白。

(五)阿拉伯金额数字中间有"0"时,汉字大写金额要写"零"字;阿拉伯数字金额中间连续有几个"0"时,汉字大写金额中可以只写一个"零"字;阿拉伯金额数字元位是"0",或者数字中间连续有几个"0"、元位也是"0"但角位不是"0"时,汉字大写金额可以只写一个"零"字,也可以不写"零"字。

第五十三条 实行会计电算化的单位,对于机制记账凭证,要认真审核,做到会计科目使用正确,数字准确无误。打印出的机制记账凭证要加盖制单人员、审核人员、记账人员及会计机构负责人、会计主管人员印章或者签字。

第五十四条 各单位会计凭证的传递程序应当科学、合理,具体办法由各单位根据会计业务需要自行规定。

第五十五条 会计机构、会计人员要妥善保管会计凭证。

(一)会计凭证应当及时传递,不得积压。

(二)会计凭证登记完毕后,应当按照分类和编号顺序保管,不得散乱丢失。

(三)记账凭证应当连同所附的原始凭证或者原始凭证汇总表,按照编号顺序,折叠整齐,按期装订成册,并加具封面,注明单位名称、年度、月份和起讫日期、凭证种类、起讫号码,由装订人在装订线封签外签名或者盖章。

对于数量过多的原始凭证,可以单独装订保管,在封面上注明记账凭证日期、编号、种类,同时在记账凭证上注明"附件另订"和原始凭证名称及编号。

各种经济合同、存出保证金收据以及涉外文件等重要原始凭证,应当另编目录,单独登记保管,并在有关的记账凭证和原始凭证上相互注明日期和编号。

(四)原始凭证不得外借,其他单位如因特殊原因需要使用原始凭证时,经本单位会计机构负责人、会计主管人员批准,可以复制。向外单位提供的原始凭证复制件,应当在专设的登记簿上登记,并由提供人员和收取人员共同签名或者盖章。

(五)从外单位取得的原始凭证如有遗失,应当取得原开出单位盖有公章的证明,并注明原来凭证的号码、金额和内容等,由经办单位会计机构负责人、会计主管人员和单位领导人批准后,才能代作原始凭证。如果确实无法取得证明的,如火车、轮船、飞机票等凭证,由当事人写出详细情况,由经办单位会计机构负责人、会计主管人员和单位领导人批准后,代作原始凭证。

第三节 登记会计账簿

第五十六条 各单位应当按照国家统一会计制度的规定和会计业务的需要设置会计账簿。会计账簿包括总账、明细账、日记账和其他辅助性账簿。

第五十七条 现金日记账和银行存款日记账必须采用订本式账簿。不得用银行对账单或者其他方法代替日记账。

第五十八条 实行会计电算化的单位,用计算机打印的会计账簿必须连续编号,经审核无误后装订成册,并由记账人员和会计机构负责人、会计主管人员签字或者盖章。

第五十九条 启用会计账簿时,应当在账簿封面上写明单位名称和账簿名称。在账簿扉页上应当附启用表,内容包括:启用日期、账簿页数、记账人员和会计机构负责人、会计主管人员姓名,并加盖名章和单位公章。记账人员或者会计机构负责人、会计主管人员调动工作时,应当注明交接日期、接办人员或者监交人员姓名,并由交接双方人员签名或者盖章。

启用订本式账簿,应当从第一页到最后一页顺序编定页数,不得跳页、缺号。使用活页式账页,应当按账户顺序编号,并须定期装订成册。装订后再按实际使用的账页顺序编定页码。另加目录,记明每个账户的名称和页次。

第六十条 会计人员应当根据审核无误的会计凭证登记会计账簿。登记账簿的基本要求是:

(一)登记会计账簿时,应当将会计凭证日期、编号、业务内容摘要、金额和其他有关资料逐项记入账内,做到数字准确、摘要清楚、登记及时、字迹工整。

(二)登记完毕后,要在记账凭证上签名或者盖章,并注明已经登账的符号,表示已经记账。

(三)账簿中书写的文字和数字上面要留有适当空格,不要写满格;一般应占格距的二分之一。

(四)登记账簿要用蓝黑墨水或者碳素墨水书写,不得使用圆珠笔(银行的复写账簿除外)或者铅笔书写。

(五)下列情况,可以用红色墨水记账:

1. 按照红字冲账的记账凭证,冲销错误记录;

2. 在不设借贷等栏的多栏式账页中,登记减少数;

3. 在三栏式账户的余额栏前,如未印明余额方向的,在余额栏内登记负数余额;

4. 根据国家统一会计制度的规定可以用红字登记的其他会计记录。

(六)各种账簿按页次顺序连续登记,不得跳行、隔页。如果发生跳行、隔页,应当将空行、空页划线注销,或者注明"此行空白"、"此页空白"字样,并由记账人员签名或者盖章。

(七)凡需要结出余额的账户,结出余额后,应当在"借或贷"等栏内写明"借"或者"贷"等字样。没有余额的账户,应当在"借或贷"等栏内写"平"字,并在余额栏内用"Q"表示。

现金日记账和银行存款日记账必须逐日结出余额。

(八)每一账页登记完毕结转下页时,应当结出本页合计数及余额,写在本页最后一行和下页第一行有关栏内,并在摘要栏内注明"过次页"和"承前页"字样;也可以将本页合计数及金额只写在下页第一行有关栏内,并在摘要栏内注明"承前页"字样。

对需要结计本月发生额的账户,结计"过次页"的本页合计数应当为自本月初起至本页末止的发生额合计数;对需要结计本年累计发生额的账户,结计"过次页"的本页合计数应当为自年初起至本页末止的累计数;对既不需要结计本月发生额也不需要结计本年累计发生额的账户,可以只将每页末的余额结转次页。

第六十一条 实行会计电算化的单位,总账和明细账应当定期打印。

发生收款和付款业务的,在输入收款凭证和付款凭证的当天必须打印出现金日记账和银行存款日记账,并与库存现金核对无误。

第六十二条 账簿记录发生错误,不准涂改、挖补、刮擦或者用药水消除字迹,不准重新抄写,必须按照下列方法进行更正:

(一)登记账簿时发生错误,应当将错误的文字或者数字划红线注销,但必须使原有字迹仍可辨认;然后在划线上方填写正确的文字或者数字,并由记账人员在更正处盖章。对于错误的数字,应当全部划红线更正,不得只更正其中的错误数字。对于文字错误,可只划去错误的部分。

(二)由于记账凭证错误而使账簿记录发生错误,应当按更正的记账凭证登记账簿。

第六十三条 各单位应当定期对会计账簿记录的有关数字与库存实物、货币资金、有价证券、往来单位或者个人等进行相互核对,保证账证相符、账账相符、账实相符。对账工作每年至少进行一次。

(一)账证核对。核对会计账簿记录与原始凭证、记账凭证的时间、凭证字号、内容、金额是否一致,记账方向是否相符。

(二)账账核对。核对不同会计账簿之间的账簿记录是否相符,包括:总账有关账户的余额核对,总账与明细账核对,总账与日记账核对,会计部门的财产物资明细账与财产物资保管和使用部门的有关明细账核对等。

(三)账实核对。核对会计账簿记录与财产等实有数额是否相符。包括:现金日记账账面余额与现金实际库存数相核对;银行存款日记账账面余额定期与银行对账单相核对;各种财物明细账账面余额与财物实存数额相核对;各种应收、应付款明细账账面余额与有关债务、债权单位或者个人核对等。

第六十四条 各单位应当按照规定定期结账。

(一)结账前,必须将本期内所发生的各项经济业务全部登记入账。

(二)结账时,应当结出每个账户的期末余额。需要结出当月发生额的,应当在摘要栏内注明"本月合计"字样,并在下面通栏划单红线。需要结出本年累计发生额的,应当在摘要栏内注明"本年累计"字样,并在下面通栏划单红线;12月末的"本年累计"就是全年累计发生额。全年累计发生额下面应当通栏划双红线。年度终了结账时,所有总账账户都应当结出全年发生额和年末余额。

(三)年度终了,要把各账户的余额结转到下一会计年度,并在摘要栏注明"结转下年"字样;在下一会计年度新建有关会计账簿的第一行余额栏内填写上年结转的余额,并在摘要栏注明"上年结转"字样。

第四节 编制财务报告

第六十五条 各单位必须按照国家统一会计制度的规定,定期编制财务报告。

财务报告包括会计报表及其说明。会计报表包括会计报表主表、会计报表附表、会计报表附注。

第六十六条 各单位对外报送的财务报告应当根据国家统一会计制度规定的格式和要求编制。

单位内部使用的财务报告,其格式和要求由各单位自行规定。

第六十七条 会计报表应当根据登记完整、核对无误的会计账簿记录和其他有关资料编制,做到数字真实、计算准确、内容完整、说明清楚。

任何人不得篡改或者授意、指使、强令他人篡改会计报表的有关数字。

第六十八条 会计报表之间、会计报表各项目之间,凡有对应关系的数字,应当相互一致。本期会计报表与上期会计报表之间有关的数字应当相互衔接。如果不同会计年度会计报表中各项目的内容和核算方法有变更的,应当在年度会计报表中加以说明。

第六十九条 各单位应当按照国家统一会计制度的规定认真编写会计报表附注及其说明,做到项目齐全,内容完整。

第七十条 各单位应当按照国家规定的期限对外报送财务报告。

对外报送的财务报告,应当依次编写页码,加具封面,装订成册,加盖公章。封面上应当注明:单位名称,单位地址,财务报告所属年度、季度、月度,送出日期,并由单位领导人、总会计师、会计机构负责人、会计主管人员签名或者盖章。

单位领导人对财务报告的合法性、真实性负法律责任。

第七十一条 根据法律和国家有关规定应当对财务报告进行审计的,财务报告编制单位应当先行委托注册会计师进行审计,并将注册会计师出具的审计报告随同财务报告按照规定的期限报送有关部门。

第七十二条 如果发现对外报送的财务报告有错误,应当及时办理更正手续。除更正本单位留存的财务报告外,并应同时通知接受财务报告的单位更正。错误较多的,应当重新编报。

第四章 会计监督

第七十三条 各单位的会计机构、会计人员对本单位的经济活动进行会计监督。

第七十四条 会计机构、会计人员进行会计监督的依据是：

（一）财经法律、法规、规章；

（二）会计法律、法规和国家统一会计制度；

（三）各省、自治区、直辖市财政厅（局）和国务院业务主管部门根据《中华人民共和国会计法》和国家统一会计制度制定的具体实施办法或者补充规定；

（四）各单位根据《中华人民共和国会计法》和国家统一会计制度制定的单位内部会计管理制度；

（五）各单位内部的预算、财务计划、经济计划、业务计划等。

第七十五条 会计机构、会计人员应当对原始凭证进行审核和监督。

对不真实、不合法的原始凭证，不予受理。对弄虚作假、严重违法的原始凭证，在不予受理的同时，应当予以扣留，并及时向单位领导人报告，请求查明原因，追究当事人的责任。

对记载不准确、不完整的原始凭证，予以退回，要求经办人员更正、补充。

第七十六条 会计机构、会计人员对伪造、变造、故意毁灭会计账簿或者账外设账行为，应当制止和纠正；制止和纠正无效的，应当向上级主管单位报告，请求作出处理。

第七十七条 会计机构、会计人员应当对实物、款项进行监督，督促建立并严格执行财产清查制度。发现账簿记录与实物、款项不符时，应当按照国家有关规定进行处理。超出会计机构、会计人员职权范围的，应当立即向本单位领导报告，请求查明原因，作出处理。

第七十八条 会计机构、会计人员对指使、强令编造、篡改财务报告行为，应当制止和纠正；制止和纠正无效的，应当向上级主管单位报告，请求处理。

第七十九条 会计机构、会计人员应当对财务收支进行监督。

（一）对审批手续不全的财务收支，应当退回，要求补充、更正。

（二）对违反规定不纳入单位统一会计核算的财务收支，应当制止和纠正。

（三）对违反国家统一的财政、财务、会计制度规定的财务收支，不予办理。

（四）对认为是违反国家统一的财政、财务、会计制度规定的财务收支，应当制止和纠正；制止和纠正无效的，应当向单位领导人提出书面意见请求处理。

单位领导人应当在接到书面意见起十日内作出书面决定，并对决定承担责任。

（五）对违反国家统一的财政、财务、会计制度规定的财务收支，不予制止和纠正，又不向单位领导人提出书面意见的，也应当承担责任。

（六）对严重违反国家利益和社会公众利益的财务收支，应当向主管单位或者财政、审计、税务机关报告。

第八十条 会计机构、会计人员对违反单位内部会计管理制度的经济活动，应当制止和纠正;制止和纠正无效的,向单位领导人报告,请求处理。

第八十一条 会计机构、会计人员应当对单位制定的预算、财务计划、经济计划、业务计划的执行情况进行监督。

第八十二条 各单位必须依照法律和国家有关规定接受财政、审计、税务等机关的监督,如实提供会计凭证、会计账簿、会计报表和其他会计资料以及有关情况,不得拒绝、隐匿、谎报。

第八十三条 按照法律规定应当委托注册会计师进行审计的单位,应当委托注册会计师进行审计,并配合注册会计师的工作,如实提供会计凭证、会计账簿、会计报表和其他会计资料以及有关情况,不得拒绝、隐匿、谎报,不得示意注册会计师出具不当的审计报告。

第五章 内部会计管理制度

第八十四条 各单位应当根据《中华人民共和国会计法》和国家统一会计制度的规定,结合单位类型和内容管理的需要,建立健全相应的内部会计管理制度。

第八十五条 各单位制定内部会计管理制度应当遵循下列原则:

(一)应当执行法律、法规和国家统一的财务会计制度。

(二)应当体现本单位的生产经营、业务管理的特点和要求。

(三)应当全面规范本单位的各项会计工作,建立健全会计基础,保证会计工作的有序进行。

(四)应当科学、合理,便于操作和执行。

(五)应当定期检查执行情况。

(六)应当根据管理需要和执行中的问题不断完善。

第八十六条 各单位应当建立内部会计管理体系。主要内容包括:单位领导人、总会计师对会计工作的领导职责;会计部门及其会计机构负责人、会计主管人员的职责、权限;会计部门与其他职能部门的关系;会计核算的组织形式等。

第八十七条 各单位应当建立会计人员岗位责任制度。主要内容包括:会计人员的工作岗位设置;各会计工作岗位的职责和标准;各会计工作岗位的人员和具体分工;会计工作岗位轮换办法;对各会计工作岗位的考核办法。

第八十八条 各单位应当建立账务处理程序制度。主要内容包括:会计科目及其明细科目的设置和使用;会计凭证的格式、审核要求和传递程序;会计核算方法;会计账簿的设置;编制会计报表的种类和要求;单位会计指标体系。

第八十九条 各单位应当建立内部牵制制度。主要内容包括:内部牵制制度的原则;组织分工;出纳岗位的职责和限制条件;有关岗位的职责和权限。

第九十条 各单位应当建立稽核制度。主要内容包括:稽核工作的组织形式和具体分工;稽核工作的职责、权限;审核会计凭证和复核会计账簿、会计报表的方法。

第九十一条 各单位应当建立原始记录管理制度。主要内容包括:原始记录的内容和填制方法；原始记录的格式；原始记录的审核；原始记录填制人的责任；原始记录签署、传递、汇集要求。

第九十二条　各单位应当建立定额管理制度。主要内容包括：定额管理的范围；制定和修订定额的依据、程序和方法；定额的执行；定额考核和奖惩办法等。

第九十三条　各单位应当建立计量验收制度。主要内容包括：计量检测手段和方法；计量验收管理的要求；计量验收人员的责任和奖惩办法。

第九十四条　各单位应当建立财产清查制度。主要内容包括：财产清查的范围；财产清查的组织；财产清查的期限和方法；对财产清查中发现问题的处理办法；对财产管理人员的奖惩办法。

第九十五条　各单位应当建立财务收支审批制度。主要内容包括：财务收支审批人员和审批权限；财务收支审批程序；财务收支审批人员的责任。

第九十六条　实行成本核算的单位应当建立成本核算制度。主要内容包括：成本核算的对象；成本核算的方法和程序；成本分析等。

第九十七条　各单位应当建立财务会计分析制度。主要内容包括：财务会计分析的主要内容；财务会计分析的基本要求和组织程序；财务会计分析的具体方法；财务会计分析报告的编写要求等。

第六章　附　则

第九十八条　本规范所称国家统一会计制度，是指由财政部制定、或者财政部与国务院有关部门联合制定、或者经财政部审核批准的在全国范围内统一执行的会计规章、准则、办法等规范性文件。

本规范所称会计主管人员，是指不设置会计机构、只在其他机构中设置专职会计人员的单位行使会计机构负责人职权的人员。

本规范第三章第二节和第三节关于填制会计凭证、登记会计账簿的规定，除特别指出外，一般适用于手工记账。实行会计电算化的单位，填制会计凭证和登记会计账簿的有关要求，应当符合财政部关于会计电算化的有关规定。

第九十九条　各省、自治区、直辖市财政厅（局）、国务院各业务主管部门可以根据本规范的原则，结合本地区、本部门的具体情况，制定具体实施办法，报财政部备案。

第一百条　本规范由财政部负责解释、修改。

第一百零一条　本规范自公布之日起实施。1984年4月24日财政部发布的《会计人员工作规则》同时废止。

会计从业资格管理办法

(财政部令第 82 号　2016 年 5 月 11 日)

第一章　总　则

第一条　为了加强会计从业资格管理,规范会计人员行为,根据《中华人民共和国会计法》(以下简称《会计法》)及相关法律的规定,制定本办法。

第二条　会计从业资格的取得和管理适用本办法。

第三条　在国家机关、社会团体、企业、事业单位和其他组织(以下统称单位)中担任会计机构负责人(会计主管)的人员,以及从事下列会计工作的人员应当取得会计从业资格:

(一)出纳;

(二)稽核;

(三)资本、基金核算;

(四)收入、支出、债权债务核算;

(五)职工薪酬、成本费用、财务成果核算;

(六)财产物资的收发、增减核算;

(七)总账;

(八)财务会计报告编制;

(九)会计机构内会计档案管理;

(十)其他会计工作。

第四条　单位不得任用(聘用)不具备会计从业资格的人员从事会计工作。

不具备会计从业资格的人员,不得从事会计工作,不得参加会计专业技术资格考试或评审、会计专业技术职务的聘任,不得申请取得会计人员荣誉证书。

第五条　除本办法另有规定外,县级以上地方人民政府财政部门负责本行政区域内的会计从业资格管理。

第六条　新疆生产建设兵团财务局应当按照财政部有关规定,负责所属单位的会计从业资格的管理。

中央军委后勤保障部、中国人民武装警察部队后勤部应当按照财政部有关规定,分别负责中国人民解放军、中国人民武装警察部队系统的会计从业资格的管理。

第二章　会计从业资格的取得

第七条　国家实行会计从业资格考试制度。

第八条 符合下列条件的人员，可以申请参加会计从业资格考试：

（一）遵守会计和其他财经法律、法规；

（二）具备良好的道德品质；

（三）具备会计专业基础知识和技能。

因有《会计法》第四十二条、第四十三条、第四十四条所列违法情形，被依法吊销会计从业资格证书的人员，自被吊销之日起5年以内不得参加会计从业资格考试，不得重新取得会计从业资格证书。

因有提供虚假财务会计报告，做假账，隐匿或者故意销毁会计凭证、会计账簿、财务会计报告，贪污、挪用公款，职务侵占等与会计职务有关的违法行为，被依法追究刑事责任的人员，不得参加会计从业资格考试，不得取得或者重新取得会计从业资格证书。

第九条 县级以上地方人民政府财政部门、新疆生产建设兵团财务局、中央军委后勤保障部、中国人民武装警察部队后勤部应当对申请参加会计从业资格考试人员的条件进行审核，符合条件的，允许其参加会计从业资格考试。

第十条 会计从业资格考试科目为：财经法规与会计职业道德、会计基础、会计电算化（或者珠算）。

会计从业资格考试大纲、考试合格标准由财政部统一制定和公布。

会计从业资格考试科目实行无纸化考试，无纸化考试题库由财政部统一组织建设。会计从业资格无纸化考试管理相关规定由财政部另行制定。

第十一条 会计从业资格各考试科目应当一次性通过。

会计从业资格管理机构应当在考试结束后及时公布考试结果，通知考试通过人员在考试结果公布之日起6个月内，到指定的会计从业资格管理机构领取会计从业资格证书。

通过会计从业资格考试的人员，应当持本人有效身份证件原件，在规定的期限内，到指定的地点领取会计从业资格证书。

通过会计从业资格考试的人员，可以委托代理人领取会计从业资格证书。代理人领取会计从业资格证书时，应当持本人和委托人的有效身份证件原件。

第十二条 各省、自治区、直辖市、计划单列市财政厅（局）（以下简称省级财政部门），新疆生产建设兵团财务局，中央军委后勤保障部、中国人民武装警察部队后勤部，应当按照本办法第五条、第六条规定，负责组织实施会计从业资格考试的下列事项：

（一）制定会计从业资格考试考务规则；

（二）组织会计从业资格考试软件系统的建设及管理；

（三）接收并管理财政部下发的会计从业资格无纸化考试题库；

（四）组织开展会计从业资格考试；

（五）监督检查会计从业资格考试考风、考纪，并依法对违规违纪行为进行处理处罚。

省级财政部门、新疆生产建设兵团财务局、中央军委后勤保障部和中国人民武装警察部队后勤部应当根据本办法制定、公布会计从业资格考试的报考办法、考务规则、考试相关要求、报名条件和考试科目。

第十三条 会计从业资格考试收费标准按照国家物价管理部门的有关规定执行。

第十四条 财政部统一规定会计从业资格证书样式和编号规则。

省级财政部门负责本地区会计从业资格证书的印制;新疆生产建设兵团财务局、中央军委后勤保障部和中国人民武装警察部队后勤部分别负责相应会计从业资格证书的印制。

第十五条 会计从业资格证书是具备会计从业资格的证明文件,在全国范围内有效。

持有会计从业资格证书的人员(以下简称持证人员)不得涂改、出借会计从业资格证书。

第三章 会计从业资格管理

第十六条 持证人员应当接受继续教育,提高业务素质和会计职业道德水平。

持证人员参加继续教育采取学分制管理制度。持证人员继续教育相关规定由财政部另行制定。

第十七条 会计从业资格管理机构应当加强对持证人员继续教育工作的监督、指导。

单位应当鼓励和支持持证人员参加继续教育,保证学习时间,提供必要的学习条件。

第十八条 会计从业资格管理机构应当对开展会计人员继续教育的培训机构进行监督和指导,规范培训市场,确保培训质量。

第十九条 会计从业资格实行信息化管理。会计从业资格管理机构应当建立持证人员从业档案信息系统,及时记载、更新持证人员下列信息:

(一)持证人员的相关基础信息;

(二)持证人员从事会计工作情况;

(三)持证人员的变更、调转登记情况;

(四)持证人员换发会计从业资格证书情况;

(五)持证人员接受继续教育情况;

(六)持证人员受到表彰奖励情况;

(七)持证人员因违反会计法律、法规、规章和会计职业道德被处罚情况。

第二十条 持证人员的姓名、有效身份证件及号码、照片、学历或学位、会计专业技术职务资格、开始从事会计工作时间等基础信息,以及第十九条第(五)和第(六)项内容发生变化的,应当持相关有效证明和会计从业资格证书,到所属会计从业资格管理机构办理从业档案信息变更。会计从业资格管理机构应当在核实相关信息后,为持证人员办理从业档案信息变更。

持证人员的其他相关信息发生变化的,应当登陆所属会计从业资格管理机构指定网站进行信息变更,也可以到所属会计从业资格管理机构办理。

第二十一条 持证人员所属会计从业资格管理机构发生变化的,应当及时办理调转登记手续。

持证人员所属会计从业资格管理机构在各省级财政部门、新疆生产建设兵团财务局各自管辖范围内发生变化的,应当持会计从业资格证书、工作证明(或户籍证明、居住证明)到调入地所属会计从业资格管理机构办理调转登记。

持证人员所属会计从业资格管理机构跨省级财政部门、新疆生产建设兵团财务局、中央军委后勤保障部和中国人民武装警察部队后勤部管辖范围发生变化的,应当及时填写调转登记表,持会计从业资格证书,到原会计从业资格管理机构办理调出手续。持证人员应当自办理调出手续之日起3个月内,持会计从业资格证书、调转登记表和在调入地的工作证明(或户籍证明、居住证明),到调入地会计从业资格管理机构办理调入手续。

第二十二条 持证人员应当妥善保管会计从业资格证书。如有遗失,持证人员应当在履行公告程序后,填写补发申请表,持有关证明材料,向所属会计从业资格管理机构申请补发会计从业资格证书。会计从业资格管理机构核实无误后,应当自受理之日起20个工作日内予以补发。

如有毁损,持证人员应当填写补发申请表,持毁损证书原件,向所属会计从业资格管理机构申请补发会计从业资格证书。会计从业资格管理机构核实无误后,应当自受理之日起20个工作日内予以补发。

第二十三条 会计从业资格证书实行6年定期换证制度。

持证人员应当在会计从业资格证书到期前6个月内,填写定期换证登记表,持有效身份证件原件和会计从业资格证书,到所属会计从业资格管理机构办理换证手续。

第二十四条 有下列情形之一的,会计从业资格管理机构可以撤销持证人员的会计从业资格:

(一)会计从业资格管理机构工作人员滥用职权、玩忽职守,作出给予持证人员会计从业资格决定的;

(二)超越法定职权或者违反法定程序,作出给予持证人员会计从业资格决定的;

(三)对不具备会计从业资格的人员,作出给予会计从业资格决定的。

持证人员以欺骗、贿赂、舞弊等不正当手段取得会计从业资格的,会计从业资格管理机构应当撤销其会计从业资格。

第二十五条 持证人员具有下列情形之一的,会计从业资格管理机构应当注销其会计从业资格:

(一)死亡或者丧失行为能力的;

(二)会计从业资格被依法吊销的。

第二十六条 会计从业资格管理机构应当将领取会计从业资格证书和办理会计从业资格证书换发、调转、变更登记的条件、程序、期限以及需要提交的材料和相关申请登记表格示范文本等在办公场所公示,或者在会计从业资格管理机构指定网站进行公示。相关申请登记表格示范文本应当置放于会计从业资格管理机构办公场所,免费提供,或者由申请人从会计从业资格管理机构指定网站下载。

第二十七条 会计从业资格管理机构应当对下列情况实施监督检查:

(一)从事会计工作的人员持有会计从业资格证书情况;

(二)持证人员换发、调转、变更登记会计从业资格证书情况;

(三)持证人员从事会计工作和执行国家统一的会计制度情况;

(四)持证人员遵守会计职业道德情况;

(五)持证人员接受继续教育情况。

会计从业资格管理机构在实施监督检查时,持证人员应当如实提供有关情况和材料,有关单位应当予以配合。

第二十八条 单位和个人对违反本办法规定的行为有权检举,会计从业资格管理机构应当及时核实、处理,并为检举人保密。

第二十九条 持证人员对会计从业资格管理机构的处理处罚决定,享有陈述权、申辩权;有权依法申请行政复议或者提起行政诉讼。

第四章 法律责任

第三十条 参加会计从业资格考试舞弊的,2年内不得参加会计从业资格考试,由会计从业资格管理机构取消其考试成绩,已取得会计从业资格的,由会计从业资格管理机构撤销其会计从业资格。

第三十一条 持证人员具有下列情形之一的,由会计从业资格管理机构责令其限期改正:

(一)不参加继续教育或参加继续教育未取得规定学分的;

(二)未按照本办法规定办理调转登记的;

(三)未按照本办法规定进行信息更新的。

第三十二条 会计从业资格管理机构及其工作人员在实施会计从业资格管理中滥用职权、玩忽职守、徇私舞弊的,依法给予处分。构成犯罪的,依法追究刑事责任。

第三十三条 会计从业资格管理机构工作人员违反本办法第二十八条规定,将检举人姓名和检举材料转给被检举单位或个人,或者将应当保密的检举信息对外泄露的,由所在单位或者有关单位依法给予处分。构成犯罪的,依法追究刑事责任。

第五章 附 则

第三十四条 省级财政部门、新疆生产建设兵团财务局、中央军委后勤保障部和中国人民武装警察部队后勤部可以根据本办法制定具体实施办法,报财政部备案。

第三十五条 香港特别行政区、澳门特别行政区、台湾地区居民和外国居民在境内取得会计从业资格及相关管理适用本办法。

第三十六条 本办法施行之日前已被聘任为高级会计师或者从事会计工作满20年,且年满50周岁、目前尚在从事会计工作的,经本人申请并提供单位证明等相关材料,会计从业资格管理机构核实无误后,发给会计从业资格证书。

取得注册会计师证书,目前尚在从事会计工作的,经本人申请并提供单位证明等相关材料,会计从业资格管理机构核实无误后,发给会计从业资格证书。

第三十七条 本办法自2016年7月1日起施行。财政部2012年12月10日发布的《会计从业资格管理办法》(财政部令第73号)同时废止。

工会会计制度

(财会〔2009〕7号　2009年5月31日)

第一章　总　则

第一条　为了规范工会会计行为,保证会计信息质量,根据《中华人民共和国会计法》、《中华人民共和国工会法》等有关规定,制定本制度。

第二条　本制度适用于各级工会组织。

第三条　工会会计是各级工会核算、反映、监督工会预算执行和经济活动的专业会计。工会依法建立独立的会计核算管理体系,与工会预算管理体制相适应。

第四条　县级以上(含县级,下同)工会应当设置会计机构,配备专职会计人员。县级以下工会应当根据会计业务的需要设置会计机构或者在有关机构中设置专职会计人员;不具备设置条件的基层工会,应当委托经批准设立从事会计代理记账业务的中介机构代理记账或者聘请兼职会计。

第五条　各级工会应当建立健全内部控制体系,完善岗位责任制度和内部稽核制度。县级以上工会应当组织指导和检查下级工会会计工作,负责制定有关实施细则或补充规定;组织工会会计人员培训,不断提高政策、业务水平。

第六条　工会应当对其自身发生的经济业务进行会计处理和报告。

第七条　工会会计应当以工会的持续运行为前提。

第八条　工会应当划分会计期间,分期结算账目和编制会计报表。会计期间分为年度和中期,中期是指短于一个完整的会计年度的报告期间(如半年度、季度和月度)。

第九条　工会会计应当以货币计量,以人民币作为记账本位币。

第十条　工会会计以收付实现制为基础,以权责发生制为补充。

第十一条　工会会计要素包括:资产、负债、净资产、收入和支出。其平衡公式为:资产＝负债＋净资产。

第十二条　会计应当采用借贷记账法记账。

第十三条　会计记录的文字应当使用中文。在民族自治地方,会计记录可以同时使用当地通用的一种民族文字。

第二章　一般原则

第十四条　工会提供的会计信息应当符合工会宏观管理的要求,满足会计信息使用者的需要,满足本级工会加强财务管理的需要。

第十五条 工会会计应当以实际发生的经济业务为依据，如实反映工会财务状况、各项收支情况及结果，保证会计信息真实可靠、内容完整。

第十六条 工会提供的会计信息应当清晰明了，便于理解和使用。

第十七条 工会会计应当按照规定的会计处理方法进行，前后各期一致，不得随意变更，以确保会计信息口径一致，相互可比。

第十八条 工会会计应当遵循重要性原则。对于重要的经济业务，应当单独反映。

第十九条 工会应当及时进行会计处理和报告，不得提前或延后。

第二十条 资产在取得时应当按照实际成本计量。除另有规定外，一律不得自行调整账面价值。

第二十一条 凡是指定用途的资金，应按规定的用途专款专用，并单独反映。

第三章 资 产

第二十二条 资产是工会拥有或控制的能以货币计量的经济资源。包括流动资产、投资和固定资产等。

第二十三条 流动资产是指预计在一年内（含一年）变现或者耗用的资产。主要包括货币资金、借出款、应收款项、库存物品等。

（一）货币资金包括库存现金、银行存款等。

货币资金应当按照实际发生额入账。工会应当设置库存现金和银行存款日记账，按照业务发生顺序逐日逐笔登记。库存现金的核算应当做到日清月结，其账面余额必须与库存数相符；银行存款的账面余额应当与银行对账单定期核对，如有不符，应编制银行存款余额调节表调节相符。

工会发生外币业务时，应当将有关外币金额折算成人民币金额记账。

（二）借出款是工会因开展工作或发展工运事业的需要而出借给其他工会或工会所属单位的款项。

工会应当对借出款严格管理，借出每笔款项时均需与借款单位签订书面文件，署明用途和还款期限，还款期限通常不应超过三年；对于逾期未还款的借出款，需在年度会计报表附注中说明原因。逾期三年以上、因借款单位原因尚未收回的借出款，报经批准认定确实无法收回或者报经批准认定不再要求借款单位还款的，应及时予以核销。

（三）应收款项包括应收上级经费、应收下级经费、其他应收款等。

应收上级经费是工会应收未收的上级工会应拨付（或划转）工会经费和补助。应收下级经费是本级工会应收下级工会的上缴经费。其他应收款是工会除应收上下级经费以外的其他应收及暂付款项。

应收款项应当按照实际发生额入账。期末，工会应当分析各项应收款项的可收回性，对于确实不能收回的应收款项应报经批准认定后及时予以核销。

（四）库存物品指工会取得的将在日常活动中耗用的材料、物品及达不到固定资产标准的工具、器具等。

库存物品在取得时应当按照其实际成本入账。购入、有偿调入的库存物品以实际支付的价款记账。无偿调拨、接受捐赠的库存物品以其公允价值或者有关凭据注明的金额（加上相关费用）记账。

库存物品在发出（领用或出售等）时，应当根据实际情况在先进先出法、加权平均法、个别计价法中选择一种方法确定发出库存物品的实际成本，一经选定，不得随意变更。

工会应当定期对库存物品进行清查盘点，每年至少全面盘点一次。对于盘盈、盘亏或报废、毁损的库存物品，应当及时查明原因，报经批准认定后及时进行处理。盘盈的库存物品按照其公允价值入账，并计入当期收入；盘亏的库存物品，将其账面余额计入当期支出。报废、毁损的库存物品，先扣除残料价值、可以收回的保险赔偿和责任人赔偿等，将净损失计入当期支出。

第二十四条 投资是指工会按照国家有关法律、行政法规和工会的相关规定，以货币资金、实物资产等方式向其他单位的投资。投资按其流动性分为短期投资和长期投资；按其性质分为股权投资、债权投资等。

（一）投资在取得时应当按照其实际成本入账。以货币资金方式对外投资，以实际支付的款项记账。以实物资产方式对外投资，以评估确认或合同、协议确定的价值记账。

（二）投资期内取得的利息、利润、红利等各项投资收益，应当计入当期收入。

（三）处置（出售）投资时，实际取得价款与投资账面余额的差额，应当计入当期投资收益。

对于因被投资单位破产、被撤销、注销、吊销营业执照或者被政府责令关闭等情况造成难以收回的未处置不良投资，报经批准认定后应当及时核销。

第二十五条 固定资产是指工会使用年限在一年以上，单位价值在规定标准以上，并在使用过程中基本保持原来物质形态的资产。包括房屋及建筑物、专用设备、一般设备、文物和陈列品、图书、其他固定资产。

（一）一般设备单位价值在500元以上，专用设备单位价值在800元以上，为固定资产。单位价值虽未达到规定标准，但是使用时间在一年以上的大批同类物资，按固定资产管理。

（二）固定资产在取得时应当按照其实际成本入账。

购入、有偿调入的固定资产，以实际支付的买价、运输费、保险费、安装费、装卸费及相关税费等记账。

自行建造的固定资产，以建造过程中实际发生的全部必要支出记账。

无偿调入、接受捐赠的固定资产，以其公允价值或者有关凭据注明的金额（加上相关费用）记账。

对固定资产进行改建、扩建，其净增值部分，应当计入固定资产价值。固定资产修理费用直接计入当期支出。

（三）处置（出售）固定资产时，冲减其账面余额并相应减少固定基金，处置中取得的变价收入扣除处置费用后的净收入(或损失)计入当期收入(或支出)。

（四）工会应当定期对固定资产进行清查盘点,每年至少全面盘点一次。对于盘盈、盘亏或报废、毁损的固定资产,应当及时查明原因,报经批准认定后及时进行处理。盘盈的固定资产按照其公允价值入账,并相应增加固定基金;盘亏的固定资产,冲减其账面余额并相应减少固定基金。报废、毁损的固定资产,冲减其账面余额并相应减少固定基金,清理中取得的变价收入扣除清理费用后的净收入(或损失)计入当期收入(或支出)。

第四章　负　债

第二十六条　负债是指工会承担的能以货币计量,需以资产偿付的债务。包括借入款、应付个人收入、应付款项等。

第二十七条　借入款指工会借入的款项。

第二十八条　应付个人收入包括应付工资(离退休费)、应付地方(部门)津贴补贴、应付其他个人收入。

（一）应付工资(离退休费)指应付未付给本单位职工的工资及离退休费。其中,工资指按国家统一规定发放给在职人员的职务工资、级别工资、年终一次性奖金以及经国务院或人事部、财政部批准设立的津贴补贴等。离退休费指按国家统一规定发放给离退休人员的离休、退休费及经国务院或人事部、财政部批准设立的津贴补贴。

（二）应付地方(部门)津贴补贴指应付未付给本单位职工的地方(部门)津贴补贴。其中,地方(部门)津贴补贴指各地区各部门各单位出台的津贴补贴。

（三）应付其他个人收入指应付未付给本单位职工的其他个人收入。其中,其他个人收入指按国家规定发给个人除上述以外的其他收入,包括误餐费、夜餐费,出差人员伙食补助费、市内交通费,出国人员伙食费、公杂费、个人国外零用费,发放给个人的一次性奖励等。

第二十九条　应付款项包括应付上级经费、应付下级经费、其他应付款。

（一）应付上级经费指本级工会按规定应上缴的工会经费及建会筹备金。

（二）应付下级经费指本级工会应付下级工会的各项补助以及应转拨下级工会的工会经费和建会筹备金。

（三）其他应付款指除应付上下级经费之外的其他应付及暂存款项。

第三十条　各项负债应当按照实际发生额入账。

第五章　净资产

第三十一条　净资产是指工会的资产减去负债后的余额。包括固定基金、在建工程占用资金、投资基金、专用基金、后备金、结余。

第三十二条　固定基金指工会固定资产占用的基金。固定基金应当按照实际发生额入账。

在建工程占用资金指工会在建工程完工前累计占用的资金。在建工程占用资金应当按照实际发生额记账,待工程完工后转入固定基金。

第三十三条 投资基金指工会对外投资占用的基金。投资基金应当按照实际发生数额入账。

第三十四条 专用基金指工会按规定依法提取和使用的有专门用途的基金。包括增收留成基金、财务专用基金、工会干部权益保障金。

提取专用基金时,按照实际提取金额计入当期支出;使用专用基金时,按照实际支出金额冲减专用基金余额;专用基金未使用的余额,可滚存下一年度使用。

第三十五条 后备金指县级以上工会按规定依法提取的特殊情况下使用的储备金。

提取后备金时,按照实际提取金额冲减结余;使用后备金时,按照实际支出金额冲减后备金余额;后备金未使用的余额,可滚存下一年度使用。

第三十六条 结余指工会各项收入与支出相抵后滚存的累计余额。

第六章 收 入

第三十七条 收入是指工会根据《工会法》以及有关政策规定开展业务活动所取得的非偿还性资金。收入按照来源分为会费收入、拨缴经费收入、上级补助收入、政府补助收入、行政补助收入、事业收入、投资收益、其他收入。

(一)会费收入指工会会员依照规定向工会组织缴纳的会费。

(二)拨缴经费收入指基层单位行政拨缴、下级工会按规定上缴及上级工会按规定转拨的工会经费中归属于本级工会的经费及建会筹备金。

(三)上级补助收入指本级工会收到的上级工会补助的款项。包括回拨补助、专项补助、超收补助、帮扶补助、送温暖补助、救灾补助、其他补助。

(四)政府补助收入指各级人民政府按照《工会法》和国家的有关规定给予工会的补助款项。

(五)行政补助收入指工会取得的所在单位行政方面按照《工会法》和国家的有关规定给予工会的补助款项。

(六)事业收入指独立核算的工会附属事业单位上缴的收入和非独立核算的附属事业单位的各项事业收入。

(七)投资收益指工会对外投资发生的损益。

(八)其他收入指工会除会费收入、拨缴经费收入、上级补助收入、政府补助收入、行政补助收入、事业收入、投资收益之外的各项收入。

第三十八条 各项收入应当按照实际发生额入账。

第七章 支 出

第三十九条 支出是指工会为开展各项工作和活动所发生的各项资金耗费及损失。

支出按照功能分为职工活动支出、维权支出、业务支出、行政支出、资本性支出、补助下级支出、事业支出、其他支出。

（一）职工活动支出指工会为会员及其他职工开展教育、文体、宣传等活动发生的支出。

（二）维权支出指工会直接用于维护职工权益的支出。

（三）业务支出指工会培训工会干部、加强自身建设及开展业务工作发生的各项支出。

（四）行政支出指工会为行政管理、后勤保障等发生的各项日常支出。

（五）资本性支出指工会从事建设工程、设备工具购置、大型修缮和信息网络购建而发生的实际支出。

（六）补助下级支出指工会为解决下级工会经费不足或根据有关规定给予下级工会的各类补助款项。

（七）事业支出指工会对独立核算的附属事业单位的补助和非独立核算的附属事业单位的各项支出。

（八）其他支出指各级工会除职工活动支出、维权支出、业务支出、行政支出、资本性支出、补助下级支出、事业支出以外的各项支出。

第四十条 各项支出应当按照实际发生额入账。

第八章 会计报表

第四十一条 工会会计报表是反映各级工会财务状况、业务活动和预算执行结果的书面文件。工会会计报表是各级工会领导、上级工会及其他会计报表使用者了解情况，掌握政策，指导工作的重要资料。

第四十二条 工会会计报表主要包括资产负债表、收入支出表和附注。

（一）资产负债表，是反映工会某一会计期末全部资产、负债和净资产情况的报表。

（二）收入支出表，是反映工会某一会计期间全部收入、支出及结余情况的报表。

（三）附注。附注应分析说明工会预算执行情况以及工会在筹集、分配、使用、管理经费过程中的成绩和问题，分析影响预算执行的原因，经费收支变动趋势，提出改进措施、意见和建议。

第四十三条 工会会计报表分为年度会计报表和中期会计报表。以短于一个完整的会计年度的期间（如半年度、季度和月度）编制的会计报表称为中期会计报表。年度会计报表是以整个会计年度为基础编制的会计报表。

第四十四条 工会要负责对所属单位会计报表和下级工会报送的年报进行审核、核批和汇总工作，定期向本级工会领导和上级工会报告本级工会预算执行情况。

第四十五条 会计报表要根据登记完整、核对无误的账簿记录和其他有关资料编制，做到数字准确、内容完整、报送及时。会计报表必须经会计主管人员和单位负责人审阅签章并加盖审查公章后上报。

第九章 附 则

第四十六条 工会填制会计凭证、登记会计账簿、管理会计档案等,应当按照《会计基础工作规范》、《会计档案管理办法》等规定执行。

第四十七条 本制度从 2010 年 1 月 1 日起实施。

会计档案管理办法

(财政部 国家档案局令第79号 2015年12月11日)

第一条 为了加强会计档案管理,有效保护和利用会计档案,根据《中华人民共和国会计法》《中华人民共和国档案法》等有关法律和行政法规,制定本办法。

第二条 国家机关、社会团体、企业、事业单位和其他组织(以下统称单位)管理会计档案适用本办法。

第三条 本办法所称会计档案是指单位在进行会计核算等过程中接收或形成的,记录和反映单位经济业务事项的,具有保存价值的文字、图表等各种形式的会计资料,包括通过计算机等电子设备形成、传输和存储的电子会计档案。

第四条 财政部和国家档案局主管全国会计档案工作,共同制定全国统一的会计档案工作制度,对全国会计档案工作实行监督和指导。

县级以上地方人民政府财政部门和档案行政管理部门管理本行政区域内的会计档案工作,并对本行政区域内会计档案工作实行监督和指导。

第五条 单位应当加强会计档案管理工作,建立和完善会计档案的收集、整理、保管、利用和鉴定销毁等管理制度,采取可靠的安全防护技术和措施,保证会计档案的真实、完整、可用、安全。

单位的档案机构或者档案工作人员所属机构(以下统称单位档案管理机构)负责管理本单位的会计档案。单位也可以委托具备档案管理条件的机构代为管理会计档案。

第六条 下列会计资料应当进行归档:

(一)会计凭证,包括原始凭证、记账凭证;

(二)会计账簿,包括总账、明细账、日记账、固定资产卡片及其他辅助性账簿;

(三)财务会计报告,包括月度、季度、半年度、年度财务会计报告;

(四)其他会计资料,包括银行存款余额调节表、银行对账单、纳税申报表、会计档案移交清册、会计档案保管清册、会计档案销毁清册、会计档案鉴定意见书及其他具有保存价值的会计资料。

第七条 单位可以利用计算机、网络通信等信息技术手段管理会计档案。

第八条 同时满足下列条件的,单位内部形成的属于归档范围的电子会计资料可仅以电子形式保存,形成电子会计档案:

(一)形成的电子会计资料来源真实有效,由计算机等电子设备形成和传输;

(二)使用的会计核算系统能够准确、完整、有效接收和读取电子会计资料,能够输出符合国家标准归档格式的会计凭证、会计账簿、财务会计报表等会计资料,设定了经办、审核、审批等必要的审签程序;

（三）使用的电子档案管理系统能够有效接收、管理、利用电子会计档案，符合电子档案的长期保管要求，并建立了电子会计档案与相关联的其他纸质会计档案的检索关系；

（四）采取有效措施，防止电子会计档案被篡改；

（五）建立电子会计档案备份制度，能够有效防范自然灾害、意外事故和人为破坏的影响；

（六）形成的电子会计资料不属于具有永久保存价值或者其他重要保存价值的会计档案。

第九条　满足本办法第八条规定条件，单位从外部接收的电子会计资料附有符合《中华人民共和国电子签名法》规定的电子签名的，可仅以电子形式归档保存，形成电子会计档案。

第十条　单位的会计机构或会计人员所属机构（以下统称单位会计管理机构）按照归档范围和归档要求，负责定期将应当归档的会计资料整理立卷，编制会计档案保管清册。

第十一条　当年形成的会计档案，在会计年度终了后，可由单位会计管理机构临时保管一年，再移交单位档案管理机构保管。因工作需要确需推迟移交的，应当经单位档案管理机构同意。

单位会计管理机构临时保管会计档案最长不超过三年。临时保管期间，会计档案的保管应当符合国家档案管理的有关规定，且出纳人员不得兼管会计档案。

第十二条　单位会计管理机构在办理会计档案移交时，应当编制会计档案移交清册，并按照国家档案管理的有关规定办理移交手续。

纸质会计档案移交时应当保持原卷的封装。电子会计档案移交时应当将电子会计档案及其元数据一并移交，且文件格式应当符合国家档案管理的有关规定。特殊格式的电子会计档案应当与其读取平台一并移交。

单位档案管理机构接收电子会计档案时，应当对电子会计档案的准确性、完整性、可用性、安全性进行检测，符合要求的才能接收。

第十三条　单位应当严格按照相关制度利用会计档案，在进行会计档案查阅、复制、借出时履行登记手续，严禁篡改和损坏。

单位保存的会计档案一般不得对外借出。确因工作需要且根据国家有关规定必须借出的，应当严格按照规定办理相关手续。

会计档案借用单位应当妥善保管和利用借入的会计档案，确保借入会计档案的安全完整，并在规定时间内归还。

第十四条　会计档案的保管期限分为永久、定期两类。定期保管期限一般分为10年和30年。

会计档案的保管期限，从会计年度终了后的第一天算起。

第十五条　各类会计档案的保管期限原则上应当按照本办法附表执行，本办法规定的会计档案保管期限为最低保管期限。

单位会计档案的具体名称如有同本办法附表所列档案名称不相符的，应当比照类似档案的保管期限办理。

第十六条 单位应当定期对已到保管期限的会计档案进行鉴定,并形成会计档案鉴定意见书。经鉴定,仍需继续保存的会计档案,应当重新划定保管期限;对保管期满、确无保存价值的会计档案,可以销毁。

第十七条 会计档案鉴定工作应当由单位档案管理机构牵头,组织单位会计、审计、纪检监察等机构或人员共同进行。

第十八条 经鉴定可以销毁的会计档案,应当按照以下程序销毁:

(一)单位档案管理机构编制会计档案销毁清册,列明拟销毁会计档案的名称、卷号、册数、起止年度、档案编号、应保管期限、已保管期限和销毁时间等内容。

(二)单位负责人、档案管理机构负责人、会计管理机构负责人、档案管理机构经办人、会计管理机构经办人在会计档案销毁清册上签署意见。

(三)单位档案管理机构负责组织会计档案销毁工作,并与会计管理机构共同派员监销。监销人在会计档案销毁前,应当按照会计档案销毁清册所列内容进行清点核对;在会计档案销毁后,应当在会计档案销毁清册上签名或盖章。

电子会计档案的销毁还应当符合国家有关电子档案的规定,并由单位档案管理机构、会计管理机构和信息系统管理机构共同派员监销。

第十九条 保管期满但未结清的债权债务会计凭证和涉及其他未了事项的会计凭证不得销毁,纸质会计档案应当单独抽出立卷,电子会计档案单独转存,保管到未了事项完结时为止。

单独抽出立卷或转存的会计档案,应当在会计档案鉴定意见书、会计档案销毁清册和会计档案保管清册中列明。

第二十条 单位因撤销、解散、破产或其他原因而终止的,在终止或办理注销登记手续之前形成的会计档案,按照国家档案管理的有关规定处置。

第二十一条 单位分立后原单位存续的,其会计档案应当由分立后的存续方统一保管,其他方可以查阅、复制与其业务相关的会计档案。

单位分立后原单位解散的,其会计档案应当经各方协商后由其中一方代管或按照国家档案管理的有关规定处置,各方可以查阅、复制与其业务相关的会计档案。

单位分立中未结清的会计事项所涉及的会计凭证,应当单独抽出由业务相关方保存,并按照规定办理交接手续。

单位因业务移交其他单位办理所涉及的会计档案,应当由原单位保管,承接业务单位可以查阅、复制与其业务相关的会计档案。对其中未结清的会计事项所涉及的会计凭证,应当单独抽出由承接业务单位保存,并按照规定办理交接手续。

第二十二条 单位合并后原各单位解散或者一方存续其他方解散的,原各单位的会计档案应当由合并后的单位统一保管。单位合并后原各单位仍存续的,其会计档案仍应当由原各单位保管。

第二十三条 建设单位在项目建设期间形成的会计档案,需要移交给建设项目接受单位的,应当在办理竣工财务决算后及时移交,并按照规定办理交接手续。

第二十四条 单位之间交接会计档案时,交接双方应当办理会计档案交接手续。

移交会计档案的单位,应当编制会计档案移交清册,列明应当移交的会计档案名称、卷号、册数、起止年度、档案编号、应保管期限和已保管期限等内容。

交接会计档案时,交接双方应当按照会计档案移交清册所列内容逐项交接,并由交接双方的单位有关负责人负责监督。交接完毕后,交接双方经办人和监督人应当在会计档案移交清册上签名或盖章。

电子会计档案应当与其元数据一并移交,特殊格式的电子会计档案应当与其读取平台一并移交。档案接受单位应当对保存电子会计档案的载体及其技术环境进行检验,确保所接收电子会计档案的准确、完整、可用和安全。

第二十五条 单位的会计档案及其复制件需要携带、寄运或者传输至境外的,应当按照国家有关规定执行。

第二十六条 单位委托中介机构代理记账的,应当在签订的书面委托合同中,明确会计档案的管理要求及相应责任。

第二十七条 违反本办法规定的单位和个人,由县级以上人民政府财政部门、档案行政管理部门依据《中华人民共和国会计法》《中华人民共和国档案法》等法律法规处理处罚。

第二十八条 预算、计划、制度等文件材料,应当执行文书档案管理规定,不适用本办法。

第二十九条 不具备设立档案机构或配备档案工作人员条件的单位和依法建账的个体工商户,其会计档案的收集、整理、保管、利用和鉴定销毁等参照本办法执行。

第三十条 各省、自治区、直辖市、计划单列市人民政府财政部门、档案行政管理部门,新疆生产建设兵团财务局、档案局,国务院各业务主管部门,中国人民解放军总后勤部,可以根据本办法制定具体实施办法。

第三十一条 本办法由财政部、国家档案局负责解释,自2016年1月1日起施行。1998年8月21日财政部、国家档案局发布的《会计档案管理办法》(财会字〔1998〕32号)同时废止。

附表:1. 企业和其他组织会计档案保管期限表
   2. 财政总预算、行政单位、事业单位和税收会计档案保管期限表

附表 1

企业和其他组织会计档案保管期限表

序号	档案名称	保管期限	备注
一	**会计凭证**		
1	原始凭证	30 年	
2	记账凭证	30 年	
二	**会计账簿**		
3	总账	30 年	
4	明细账	30 年	
5	日记账	30 年	
6	固定资产卡片		固定资产报废清理后保管 5 年
7	其他辅助性账簿	30 年	
三	**财务会计报告**		
8	月度、季度、半年度财务会计报告	10 年	
9	年度财务会计报告	永久	
四	**其他会计资料**		
10	银行存款余额调节表	10 年	
11	银行对账单	10 年	
12	纳税申报表	10 年	
13	会计档案移交清册	30 年	
14	会计档案保管清册	永久	
15	会计档案销毁清册	永久	
16	会计档案鉴定意见书	永久	

附表 2

财政总预算、行政单位、事业单位和税收会计档案保管期限表

序号	档案名称	保管期限			备注
		财政总预算	行政单位 事业单位	税收会计	
一	**会计凭证**				
1	国家金库编送的各种报表及缴库退库凭证	10 年		10 年	

续表

序号	档案名称	保管期限			备注
		财政总预算	行政单位事业单位	税收会计	
2	各收入机关编送的报表	10年			
3	行政单位和事业单位的各种会计凭证		30年		包括:原始凭证、记账凭证和传票汇总表
4	财政总预算拨款凭证和其他会计凭证	30年			包括:拨款凭证和其他会计凭证
二	会计账簿				
5	日记账		30年	30年	
6	总账	30年	30年	30年	
7	税收日记账(总账)			30年	
8	明细分类、分户账或登记簿	30年	30年	30年	
9	行政单位和事业单位固定资产卡片				固定资产报废清理后保管5年
三	财务会计报告				
10	政府综合财务报告	永久			下级财政、本级部门和单位报送的保管2年
11	部门财务报告		永久		所属单位报送的保管2年
12	财政总决算	永久			下级财政、本级部门和单位报送的保管2年
13	部门决算		永久		所属单位报送的保管2年
14	税收年报(决算)			永久	
15	国家金库年报(决算)	10年			
16	基本建设拨、贷款年报(决算)	10年			
17	行政单位和事业单位会计月、季度报表		10年		所属单位报送的保管2年
18	税收会计报表			10年	所属税务机关报送的保管2年
四	其他会计资料				
19	银行存款余额调节表	10年	10年		
20	银行对账单	10年	10年	10年	
21	会计档案移交清册	30年	30年	30年	
22	会计档案保管清册	永久	永久	永久	
23	会计档案销毁清册	永久	永久	永久	
24	会计档案鉴定意见书	永久	永久	永久	

注:税务机关的税务经费会计档案保管期限,按行政单位会计档案保管期限规定办理。

中国气象局财务账簿数据库系统管理制度

(气发〔2009〕80号 2009年3月16日)

第一章 总 则

第一条 为保证中国气象局财务网络系统安全、稳定运行,确保财务信息化条件下会计数据真实、准确、安全,根据《中华人民共和国会计法》、财政部《会计电算化管理办法》和《会计基础工作规范》等有关规定,结合中国气象局实际情况,制定本制度。

第二条 中国气象局财务账簿数据库系统的总体目标:以计算机网络为依托实现中国气象局所属各级气象部门财务信息化集中管理,实现财务主管部门和审计监察部门对预算单位财务行为的实时监督和审计,以促进财务行为规范和财务管理水平提高,更加快捷、全面、详实地为管理部门提供有关决策所需要的财务信息支持。

第三条 各级气象部门财务账簿数据库系统实施原则。

(一)独立性原则:预算单位预算权不变、资金使用权不变、财务行为及相应的财务责任不变,财务数据相对独立;

(二)安全性原则:大院建立财务账簿数据库系统专用网络,各省建立财务账簿数据库系统虚拟专用网络,终端采用财务专用电脑,确保预算单位财务数据安全、保密;

(三)方便性原则:财务人员通过财务账簿数据库系统专用网络登陆财务账簿数据库服务器进行会计处理,操作程序简便可行,系统维护更加方便;

(四)实时性原则:确保计划财务管理部门、审计部门、单位领导对财务行为的实时监督和检查,对财务运行状况的实时监控。

第二章 任务和职责

第四条 中国气象局财务账簿数据库系统的管理分三个层次。中国气象局计划财务司负责中国气象局财务账簿数据库系统的规划和管理,监测网络司和国家气象信息中心负责全国气象部门财务账簿数据库系统网络(以下称"财务网络")硬件系统规划、管理和技术指导,兼管大院财务专网的维护和支持,中国气象局财务核算中心负责操作系统、数据库软件、应用财务软件的维护和管理;各省计划财务处负责本省财务账簿数据库系统的规划和管理(包括应用财务软件的维护和管理),各省信息网络管理部门负责本省财务网络的维护和支持;各单位负责本单位硬件设备的维护和权限规定范围内财务软件的使用维护和管理。为便于会计信息交流和共享,实现网络化管理,中国气象局所属单位均统一使用用友政务A++5.2版本财务软件进行会计核算。

第五条 中国气象局计划财务司的职责：

（一）确定中国气象局财务账簿数据库系统的发展计划，指导各单位开展财务账簿数据库系统建设与管理工作。

（二）制定气象部门财务账簿数据库系统的管理办法和操作规程。

（三）就部门财务软件的实施、维护、升级、服务等事项与相关软件公司进行协商。

（四）登陆各省服务器、汇集各级单位数据，检查预算单位经费收支、预算执行情况，监督财务管理和会计核算的合规性。

（五）根据财务管理需要，设计财务报表和财务分析指标，定制财务信息产品。

（六）定期进行财务分析，报送有关领导和部门，为领导提供信息和决策服务。

（七）组织财务账簿数据库系统相关操作人员的培训工作。

第六条 国家气象信息中心的基本任务是：

（一）提出气象部门财务账簿数据库系统硬件、网络配置的意见，按照有关要求检查、指导各省的财务网络建设、管理和维护工作。

（二）指导设备安装调试，对财务账簿数据库系统运行的网络安全环境以及稳定运行提出技术保障方案，并对省局网络技术人员进行培训。

（三）负责在京单位财务专网网络硬件系统维护等技术支持工作。

（四）负责IP地址的分配、密码、密码设备及密钥管理系统的维护管理，制定密码设备管理办法。

（五）协调各直属单位有关财务专网的管理。

第七条 中国气象局财务核算中心的基本任务是：

（一）参与"财务账簿数据库系统"的项目管理，接受委托负责汇总该项目的竣工财务决算。

（二）负责中国气象局大院财务专网系统的运行、维护、管理和财务专网操作系统及应用软件的维护。

（三）负责中国气象局直属企事业单位的财务监督和气象部门财务计算机网络的远程监控，定期进行财务分析及专题分析，报送有关领导和部门，为领导提供信息和决策服务。

（四）根据会计电算化管理的相关规定，制定财务核算中心财务专网系统操作的具体流程和管理规范。

（五）按照设备管理和软件操作密码设置权限的要求，管理本单位的相关工作。

第八条 各省、市、区气象局的职责是：

（一）负责本省财务账簿数据库系统的规划和管理。

（二）负责本省财务网络运行、维护和管理，本省应用财务软件的维护和管理，定期检查，做好日志，发现重大问题及时向上级主管部门报告。

（三）根据会计电算化管理的相关规定，制定本省财务账簿数据库系统操作的具体流程和管理规范。

（四）按照网址、设备管理和软件操作密码设置权限的要求，管理本省的相关工作。

第九条 各预算单位的基本任务是：

（一）为本单位财务人员提供必要的工作条件，在本单位网络管理人员支持下，保障本单位财务账簿数据库系统的正常运行。

（二）根据会计电算化管理的相关规定，制定本单位财务网络系统操作的具体流程和管理规范。

（三）按照终端操作密码设置权限的要求，管理本单位的相关工作。

（四）负责本单位财务会计业务的日常管理工作。

第三章 服务器设备管理制度

第十条 系统服务器及其附属设备为中国气象局和各省财务账簿数据库系统专用设备，其他部门和外来人员不得使用或占用。

第十一条 系统服务器应集中于信息管理部门统一维护和保管。国家气象信息中心、各省信息管理部门负责服务器、网络的维护保障工作，并保证硬件网络维护工作人员的相对稳定，确保硬件网络设施正常安全运行，有权阻止一切违反管理制度的行为。

第十二条 建立定期的硬件检测维修制度，每月全面检查作好检查记录，确保硬件正常运行，以便在遇到故障时得到迅速修复。

第十三条 做好安全用电工作，配用不间断电源及稳压电源支持服务器工作，在断电时应立即结束当前工作，迅速通知相关人员退出系统关机，以利于保护数据的安全及延长不间断电源的使用寿命，严禁非计算机设备利用不间断电源。

第十四条 对服务器的操作严格登记制度，记录操作人、操作时间、操作内容等。

第四章 系统岗位责任

第十五条 中国气象局和各省财务账簿数据库系统工作岗位分为：系统主管、系统管理员、软件操作员、审核记账员、会计档案管理员、系统审查员。在不违背内部牵制原则下，可一人兼任多个岗位。

1. 国家级系统主管：负责组织协调中国气象局财务账簿数据库系统正常运行，协调各部门、各单位的工作关系，负责气象部门财务信息化的实施、管理，落实岗位责任制。国家级系统主管不能兼任任何系统管理员，要求具备会计和计算机知识，以及相关的组织管理经验。

国家级系统主管由中国气象局计划财务司财务处长担任，负责整体系统主管工作。

2. 省级系统主管：负责组织协调本省、区、市气象局局财务账簿数据库系统正常运行，协调本省各部门、各单位的工作关系，负责省内财务信息化的实施、管理、岗位设置、人员分工和设置操作权限，落实岗位责任制。省级系统主管不能兼任系统管理员，要求具备会计和计算机知识，以及相关的组织管理经验。

省级系统主管由各省、区、市气象局计财处长担任，负责本省系统主管工作。

3. 系统管理员：负责中国气象局财务账簿数据库系统的运行环境的建立，组织协调各工作站对软件的运行支持工作,负责保证计算机硬件、软件的正常运行,此岗位要求熟练掌握硬件及软件操作技能。

此岗位按管理级次分别设置三级,一级系统管理员为国家级系统管理员,负责对整个系统集成管理,包括系统维护、升级、设计、改进。二级系统管理员为各省、市、区气象局的系统管理员,负责本省系统的维护管理,包括增加、删除预算单位、账套和增加、删除操作员,管理计算机会计数据,负责数据的日常备份,发现软件或硬件问题应及时解决,发生本单位无法解决的问题时,应及时向软件公司技术人员联系尽快解决,重大问题向一级系统管理员报告。此岗位由各省、市、区气象局计划财务处人员担任。三级系统管理员负责本单位系统管理工作,负责本单位计算机数据的日常备份工作,负责向上级管理部门提交增加、删除账套和增加、删除操作员的申请,此岗位人员不得兼任出纳工作。

4.软件操作员:按照分管的财务会计工作和会计核算要求做好凭证等有关资料的处理工作,负责输入记账凭证和原始凭证等会计数据,按权限进行会计数据处理、输出账务凭证、会计账簿、报表。负责输入会计数据的正确性验核,发现故障应及时向系统管理员报告,要求具备会计软件操作知识,达到会计电算化初级水平。此岗位可由会计人员担任。

5.审核记账员:负责对输入系统的会计数据(记账凭证和原始凭证)进行审核,对不符合财务会计制度和有关规定的凭证以及填制的不符合要求的凭证、金额错误的凭证、会计科目和分录错误的凭证,要求操作人员查明原因并进行修改;对正确的会计凭证,通过财务软件进行审核记账同时登记计算机内的有关会计账簿;对打印输出的账簿、报表进行确认。此岗位可由各单位会计主管担任,要求具备会计和计算机知识,达到会计电算化初级水平。此岗位不得由出纳人员兼任,也不得审核自己输入的凭证(软件有控制)。

6.会计档案管理员:负责管理存档的会计系统的数据软盘(硬盘,光盘)、打印的会计账表、凭证和各种资料的保管工作,作好财务数据资料的安全保密工作。此岗位可由除出纳以外的会计人员兼任。

7.系统审查员:负责监督检查系统安全运行和会计数据的合法性、真实性、准确性的检查监督,防止利用计算机作弊。

此岗位按管理级次分别设置三级:一级系统审查员由中国气象局计划财务司主管财务的司领导兼任,负责系统整体的审查工作;二级系统审查员由各省、市、区气象局计财处长或会计主管兼任,负责本省的系统审查工作;三级系统审查员由各单位财务主管兼任,负责本单位的系统审查工作。

第五章 操作管理

第十六条 系统操作管理:

1.各单位系统三级系统管理员确定本单位各岗位操作人员及其操作权限,报二级系统管理员审核,经二级系统主管批准后,授权二级系统管理员通过系统设定。

2.各单位三级系统管理员初步设计本单位初始账套、增加、删除账套,经本单位三级系统主管及单位主管领导批准后向省计财处提出申请,经省级系统主管审核后,授权二级系统管理员通过系统设定。

3.各岗位所有操作人员都要对系统默认的密码进行修改,使用经过修改的密码,在被授权的范围内进行操作,操作密码只能本人知道,严格保密,并定期更换。出现问题按操作日志记载追究有关操作人员责任。

4.健全内部控制制度,各岗位操作人员必须明确划分操作权限,互相牵制。操作人员必须严格在规定的权限范围内进行操作。

5.在系统运行过程中,操作人员如要离开现场,必须在离开前退出程序或使用系统中的系统封锁,以防止他人越权操作。

6.系统软件自动保存全部的系统操作日志,记录操作人、操作时间、操作内容等内容,以便查询。

第十七条 账务系统操作管理:

1.系统初始化。

账务系统初始化设置必须符合会计制度要求,会计科目由中国气象局定到三级科目,各省负责四级以上科目、账簿格式、凭证类型、辅助核算等的指定,初始设置由二级系统管理员根据中国气象局的统一要求设计方案,由软件公司配合各二级单位进行账务系统初始化工作,初始化工作完成后,须经各预算单位财务主管审核确认。初始设置完成后一般在年度内不进行修改变动,确需修改的要经二级系统主管批准,并保证数据安全。

2.凭证录入。

(1)在应用财务账簿数据库系统时,必须严格按照国家财务会计制度审核原始凭证。

(2)直接输入原始凭证,由系统自动生成记账凭证的,在录入之前,要认真审核原始凭证的合法性、正确性。对不合规、不正确、不完整、签字手续不全的应当拒绝录入,并要求更正。

(3)输入计算机的每一笔经济业务,都要有书面凭证与之对应。

(4)记账凭证编号必须连续。

3.记账凭证的审核与记账。

(1)操作人员每录入一张凭证,结束前要检查无误后再确认保存,录入下一张。

(2)录入的记账凭证须经审核员审核确认后,方可汇总和登记有关账簿。同一张凭证,录入和审核不能是同一个人。

(3)计算机凭证应装订成册,交会计档案管理人员保管。

4.账表的打印和结账。

(1)现金日记账应当每天打印,并与出纳库存现金核对无误;银行存款日记账应按月与银行对账单核对无误,每月打印。

(2)年末必须将全部账簿打印输出,规范装订。

第六章 系统网络运行管理

第十八条 为了最大限度地保护财务数据的安全,中国气象局在京直属单位财务账簿数据库网络为独立专网，物理上不与任何其他网络互联；各省、区、市气象局应建立 VPN 财务专网，网络建设和安全保障措施应符合中国气象局的有关文件要求。

第十九条 各单位接入财务专网的计算机必须为财务账簿数据库系统专用计算机终端，不得接入其他网络。

第二十条 要建立严格的防病毒措施。严禁使用带毒软盘、光盘、U 盘和其他移动存储设备上机操作，各单位都要配备正版杀毒软件。在系统终端上使用软盘、光盘、U 盘和其他移动存储设备前，应当事先进行病毒检查。

第二十一条 二级系统管理人员应每天通过软件对服务器上的财务数据进行两次备份（中午 11 点 50 分和下午 4 点 50 分），保证服务器出现故障后能及时恢复数据资料。每周结束后的一个工作日内要将备份的数据分别刻录到两张光盘上进行双备份，并严格执行异地存放、专人保管，以备后查。

第二十二条 备份在系统终端计算机中的财务数据严禁在局域网中共享，防止存在安全隐患。

第七章　会计电算化档案管理制度

第二十三条 电算化会计资料包括存储在磁介质（软盘、硬盘、光盘）上的会计数据和纸质的会计凭证、会计账簿、会计报表等会计资料。

第二十四条 电算化会计资料，应按财政部的《会计档案管理办法》明确责任，妥善保管。

第二十五条 电算化会计资料的备份要求永久保留。以磁盘、硬盘、光盘等介质保存的数据必须有双备份，存放在不同的地点，并确保安全。以磁性介质存储的数据应定期更新介质、进行再拷贝。

第八章　其　他

第二十六条 会计人员工作交接按照《会计法》和相关规定进行，系统管理员工作交接需单位计划财务管理部门和信息管理部门共同监交。

第二十七条 本规定由中国气象局计划财务司负责解释。

第二十八条 本规定自发布之日起执行。

关于收回财政存量资金预算会计处理
有关问题的通知

(财预〔2015〕81号)

党中央有关部门,国务院各部委、各直属机构,全国人大常委会办公厅,全国政协办公厅,高法院,高检院,各民主党派中央,有关人民团体,有关中央管理企业,各省、自治区、直辖市、计划单列市财政厅(局):

为贯彻落实《国务院办公厅关于进一步做好盘活财政存量资金工作的通知》(国办发〔2014〕70号)有关规定以及《财政部关于推进地方盘活财政存量资金有关事项的通知》(财预〔2015〕15号)、《财政部关于盘活中央部门存量资金的通知》(财预〔2015〕23号)等有关要求,现就收回财政存量资金有关问题通知如下:

一、完善相关科目设置

(一)完善政府收支科目设置。为避免重复列收,在《政府收支分类科目》中单独设置专门反映收回财政存量资金的科目,反映上缴国库但不列入当年预算的资金入库情况。具体而言,在"110 转移性支付"类级科目下增设"11020 收回存量资金"款级科目,款级科目下根据需要设置"1102001 收回部门预算存量资金"、"1102002 收回转移支付存量资金"、"1102003 收回财政专户存量资金"等项级科目,项目科目下再设置"110200101 一般公共预算资金"、"110200102 政府性基金预算资金"、"110200103 国有资本经营预算资金"、"110200201 一般公共预算资金"、"110200202 政府性基金预算资金"、"110200203 国有资本经营预算资金"、"110200301 一般公共预算资金"、"110200302 政府性基金预算资金"、"110200303 国有资本经营预算资金"等目级科目。

(二)完善总预算会计科目设置。在总预算会计的"暂存款"科目下,增设"收回存量资金"科目,在此科目下按照"收回部门预算存量资金"、"收回转移支付存量资金"、"收回财政专户存量资金"等进行明细核算。

二、做好收回结转结余资金的会计处理

(一)收回部门预算结转结余资金。各级财政部门要及时向各部门发文收回结转结余资金。对于国库集中支付结余资金,各级财政部门根据发文调整部门预算指标和用款计划,总预算会计根据发文借记"暂存款-国库集中支付结余",贷记"暂存款-收回部门预算存量资金"。对于非国库集中支付结转结余资金,各部门应根据财政部门收回资金的发文将资金从实拨账户及时缴回国库,总预算会计根据国库入账通知借记"国库存款"科目,贷记"暂存款-收回部门预算存量资金"科目。

(二)收回转移支付结转资金。同级财政收回已经分配到部门的转移支付结转资金,比照收回部门预算结转结余资金的会计核算方式处理。下级财政交回尚未分配到部门的转移支付结转资金,上级政府总预算会计应根据国库入账通知借记"国库存款"科目,贷记"暂存款－收回转移支付存量资金"科目。

三、做好收回结转结余资金再安排使用的会计处理

收回或交回的结转结余资金,由各级财政部门按规定统筹用于经济社会发展亟需资金支持的领域。财政部门安排使用时,按原预算科目支出的,总预算会计根据发文借记"暂存款"科目,贷记"国库存款"科目;调整支出科目的,总预算会计应根据发文按原结转预算科目做冲销处理,借记"暂存款",贷记"一般预算支出"等科目,同时按实际支出预算科目作列支账务处理,借记"一般预算支出"等科目,贷记"国库存款"等科目。

四、做好财政专户资金的有关会计处理

除社保资金、粮食风险基金、教育收费、外国政府和国际金融组织贷款赠款、代管资金以及其他经财政部认定的财政专户资金外,其余财政专户资金中的存量资金应按照财政存量资金进行统计和清理。其中:依据法律法规和国务院、财政部的规定设立的财政支出专户资金中,超过两年以上的结转资金应及时调入国库;其余财政支出专户资金应全部调入国库。调入国库的财政支出专户资金作为权责发生制事项单独核算,并应在两年内使用完毕。财政专户资金收回国库时,总预算会计应根据国库入账通知借记"国库存款"科目,贷记"暂存款－收回财政专户资金"科目。

财政部

2015 年 5 月 18 日

关于基建并账相关事项的通知

(气计函〔2013〕113号)

事业单位的基本建设投资应当按照国家有关规定单独建账、单独核算,同时按照《事业单位会计制度》的规定至少按月并入单位事业账。为了规范会计核算,避免并账过程中的重复或遗漏,现根据气象部门特点对基建并账相关事项通知如下:

一、基建并账范围

各单位在基本建设账套核算(以下简称基建账)的所有项目均应并入事业账,其中资金来源为中央发改委资金、地方发改委资金和借款的基本建设项目支出需按月并入单位事业账,资金来源为中央财政、地方财政和自筹资金项目支出按年细化单位事业账。

二、基本建设账套辅助核算要求

按照年度下达的会计科目体系,各单位基建账资金占用类科目必须严格进行资金来源和项目辅助核算。资金来源中的中央财政拨款和地方财政拨款仅指中央和地方发改委下达的资金;建设项目中含有的中央财政和地方财政资金在资金来源的其他资金下设明细科目区分。

三、发改委项目并账要求

中央发改委和地方发改委安排的基本建设项目支出,按规定在基建账核算,每月底根据基建账资金来源为中央财政拨款和地方财政拨款的各科目本期发生额分析转入事业账,气象部门事业科目体系中相关科目均设置了基建并账明细科目。具体两个账套科目对应转换关系如下表:

基建并账科目转换对照表

基建账套		事业账套		转换方式	备注
科目代码	科目名称	科目代码	科目名称		
占用类					
100101	★建筑安装工程投资	12201 30203 5040210 5040206	同时记在建工程—基建工程科目,非流动资产基金—在建工程科目和事业支出—项目支出—基本建设支出相应明细科目(中央发改委资金),事业支出—项目支出—其他资本性支出相应明细科目(地方发改委资金)	基建账套科目名称前标注★符号的科目以每月借方发生额转换到事业账套;标▲符号的科目以每月借贷方发生额相抵后的余额转换到事业账套	相应科目要根据基建账上不同资金来源(中央财政拨款和地方财政拨款)转入不同事业支出科目
100102	★设备投资				
100103	★待摊投资				
100104	★其他投资				
100105	★待核销基建支出				
100106	★转出投资				
100107	★拨出基建款				
100211	▲器材采购				
100212	▲采购保管费				
100213	▲库存设备				
100214	▲库存材料				
100218	▲材料成本差异				

续表

基建账套		事业账套		转换方式	备注
科目代码	科目名称	科目代码	科目名称		
占用类					
100232	银行存款	10203	基建存款	基建账套科目以每月借、贷方发生额转换到事业账套	
100233	现金	10103	基建现金		
100234	零余额账户用款额度	10303	基建支出用款额度		
100235	财政应返还额度	12503	基建财政应返还额度		
100241	预付备料款	10802	基建预付账款	基建账套科目以每月借、贷方发生额相抵后的余额转换到事业账套	
100242	预付工程款				
100251	应收有偿调出器材及工程款	11007	基建其他应收款		
100252	其他应收款				
100253	应收票据	10502	基建应收票据		
来源类					
20030103	本年基建基金拨款	40103	基建财政拨款	以基建账套科目贷方每月发生额转换到事业账套	基建账上收入每月并账只并中央和地方发改委安排的财政拨款以及借款
20030105	本年国债专款资金拨款				
20030102	本年预算拨款	41314	基建其他收入		
200304	基建投资借款	41314	基建其他收入		
200331	应付器材款	20302	基建应付账款	基建账套科目以每月借、贷方发生额相抵后的余额转换到事业账套	
200332	应付工程款				
200341	应付工资				
200342	应付福利费				
200351	应付有偿调入器材及工程款				
200353	应付票据	20202	基建应付票据		
200352	其他应付款	20711	基建其他应付款		
200361	应交税金				
200364	其他应交款				
200401	留成收入	41312	基建留成收入	同基建拨款科目转换方式	

如果地方发改委资金先拨至各单位事业账的基本账户,再转拨至基建专用账户,如果在事业账上已做收入、支出,并账参照自筹资金并账方式处理。

四、借款项目的并账核算要求

基本建设项目借款有基建投资借款、上级拨入投资借款和其他借款。每月底根据基建账套资金来源为借款的各科目本期发生额分析转入事业账,具体并账方式基本同第三条。

如果借款资金先拨至事业账的基本账户,再转拨至基建专用账户,如果在事业账上已做收入、支出,并账参照自筹资金并账方式处理。

五、自筹资金建设项目的并账核算要求

单位自筹资金建设项目,如果是小型业务项目且不是拼盘项目,直接在事业账"在建工程"、"事业支出"等科目下的明细科目核算;如果是大中型建设项目或者拼盘项目,相应的自筹资金必须由本单位事业账转拨到基建账核算,事业账根据转拨资金金额借记"事业支出—项目支出—结转自筹基建"科目,贷记"银行存款"科目,基建账借记"银行存款"科目,贷记"基建拨款—本年自筹资金拨款"科目。

每年末按基建账上相应项目资金来源为自有资金的实际支出科目转入事业账,借记"事业支出—项目支出—其他资本性支出"明细科目,贷记"事业支出—项目支出—结转自筹基建"科目,同时借记"在建工程"科目,贷记"非流动资产基金—在建工程"科目,剩余资金借记"基本账户存款"或"基建存款"科目贷记"事业支出—项目支出—结转自筹基建"科目。基建账按照年末剩余资金借记"基建拨款—本年自筹资金拨款",贷记"银行存款"科目。

六、财政资金建设项目的并账核算要求

财政和发改委同时安排资金的项目(例如卫星项目),财政资金需要从事业账转到基建账上核算。

以财政资金实施国库集中支付为例,事业账根据额度到账通知借记"零余额用款额度"科目,贷记"财政补助收入"科目,根据转拨资金金额借记"事业支出—项目支出—结转财政基建"科目,贷记"零余额用款额度"科目,基建账借记"零余额用款额度"科目,贷记"基建拨款—本年其他拨款"科目。每年末按基建账上相应项目资金来源为其他资金下中央财政拨款和地方财政拨款的实际支出科目转入事业账,借记"事业支出—项目支出—其他资本性支出"明细科目,贷记"事业支出—项目支出—结转财政基建"科目,同时借记"在建工程"科目,贷记"非流动资产基金—在建工程"科目,剩余资金借记"零余额用款额度"科目,贷记"事业支出—项目支出—结转财政基建"科目。基建账按照年末剩余资金借记"基建拨款—本年其他拨款",贷记"零余额用款额度"科目。

七、交付使用资产的并账原则

按照相关规定,基本建设项目竣工财务决算批复后,交付使用资产与基建拨款对冲,在事业账上记入固定资产,因此交付使用资产科目不需每月并入事业账。

对于期末已完工,且竣工财务决算已批复的基本建设项目,应将事业账套中的"在建工程"和"非流动资产基金—在建工程"科目进行结转,借记"非流动资产基金—在建工程",贷记"在建工程",同时借记"固定资产",贷记"非流动资产基金—固定资产"。

请各单位严格按照要求进行并账处理。

中国气象局计划财务司

2013 年 7 月 2 日

陕西气象部门财务制度汇编

（下　册）

陕西省气象局　编

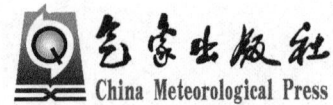

目 录

序

上 册

第一编 预决算管理

第一部分 预算管理 ……………………………………………………（3）
  中华人民共和国预算法 ……………………………………………（3）
  关于专员办加强财政预算监管工作的通知 ………………………（18）
  专员办财政预算监管工作程序 ……………………………………（21）
  关于进一步加强中央农口部门预算执行管理的通知 ……………（25）
  中央部门预算绩效目标管理办法 …………………………………（27）
  关于推进中央部门中期财政规划管理的意见 ……………………（45）
  关于加强和改进中央部门项目支出预算管理的通知 ……………（48）
  关于加强中央部门预算评审工作的通知 …………………………（55）
  关于中央预算单位2016年预算执行管理有关问题的通知 ………（58）
  气象部门基本支出预算管理办法 …………………………………（61）
  气象部门项目支出预算管理办法 …………………………………（64）
  气象部门中央财政预算支出进度管理若干规定 …………………（68）
  关于推进气象部门预算科学化精细化管理的实施意见 …………（72）
  气象部门预算编报工作考核评比办法（试行）……………………（78）
  气象部门预算管理责任制暂行规定 ………………………………（82）
  中国气象局部门预算编制工作规程 ………………………………（84）
  陕西省气象部门预算管理责任制暂行规定实施细则 ……………（90）
  陕西省气象部门中央部门预算编制规程 …………………………（94）
  中央部门财政拨款结转和结余资金管理办法 ……………………（99）
  关于进一步做好盘活财政存量资金工作的通知 …………………（103）
  关于盘活中央部门存量资金的通知 ………………………………（106）

第二部分　决算管理 …………………………………………………………… (108)

部门决算管理制度 ……………………………………………………………… (108)
气象部门年度部门决算评审办法（试行） …………………………………… (115)
气象部门住房改革支出决算工作考核评比暂行办法 ………………………… (118)
气象部门企业财务决算工作考核评比暂行办法 ……………………………… (120)
气象部门决算管理工作规程 …………………………………………………… (122)
陕西省气象部门年度部门决算评审办法（试行） …………………………… (129)
陕西省气象部门决算管理工作规程 …………………………………………… (132)

第三部分　国库集中支付管理 ………………………………………………… (138)

中央财政国库动态监控管理暂行办法 ………………………………………… (138)
气象部门财政国库管理制度改革资金支付管理办法实施细则 ……………… (142)
气象部门财政国库管理制度改革年终预算结余资金管理暂行办法 ………… (153)
气象部门国库集中支付资金归垫管理暂行办法 ……………………………… (155)
气象部门国库集中支付工作考核管理办法 …………………………………… (157)
关于加强公务机票购买管理有关事项的通知 ………………………………… (162)
关于气象部门公务机票购买管理有关事项的通知 …………………………… (164)
关于气象部门公务机票购买管理有关事项的补充通知 ……………………… (166)
气象部门公务卡管理实施办法 ………………………………………………… (167)
关于进一步推进公务卡制度的通知 …………………………………………… (174)

第二编　内部控制与财务管理

第一部分　内控与审计 ………………………………………………………… (177)

行政事业单位内部控制规范（试行） ………………………………………… (177)
中华人民共和国审计法 ………………………………………………………… (187)
中华人民共和国审计法实施条例 ……………………………………………… (193)
陕西省气象部门审计结果整改情况跟踪检查实施细则 ……………………… (202)
党政机关厉行节约反对浪费条例 ……………………………………………… (206)
党政机关厉行节约反对浪费实施细则 ………………………………………… (216)
违规发放津贴补贴行为处分规定 ……………………………………………… (226)
关于在县级气象局建立三人决策制度的通知 ………………………………… (228)
关于在市气象局和省局直属单位建立"三重一大"事项议事决策制度的通知 ……
……………………………………………………………………………………… (230)
关于在市气象局和省局直属单位建立"联签会审"制度的通知 …………… (233)
中共陕西省气象局党组落实党风廉政建设和反腐败工作主体责任实施办法 ……
……………………………………………………………………………………… (235)

第二部分　现金与银行账户管理 (240)

现金管理暂行条例 (240)
中央预算单位银行账户管理暂行办法 (244)
《中央预算单位银行账户管理暂行办法》补充规定 (250)
陕西省预算单位银行账户管理暂行办法 (252)
中央单位财政国库管理制度改革试点资金支付管理办法 (257)
中华人民共和国发票管理办法实施细则 (271)
行政事业单位资金往来结算票据使用管理暂行办法 (275)
气象部门中央行政事业单位资金往来结算票据使用管理办法 (279)

第三部分　各项支出制度 (285)

气象部门因公临时出国经费管理办法 (285)
党政机关会议定点管理办法 (290)
中央和国家机关会议费管理办法 (293)
陕西省气象部门会议费管理办法 (298)
气象部门培训费管理办法 (302)
关于调整中央和国家机关差旅住宿费标准等有关问题的通知 (306)
关于印发《中央和国家机关工作人员赴地方差旅住宿费标准明细表》的通知 (309)
陕西省气象部门差旅费管理办法 (314)
关于规范异地任职、挂职干部交通管理有关事项的通知 (320)
陕西省党政机关国内公务接待管理办法 (322)
陕西省气象局公务接待管理规定 (326)
关于规范各类奖励的通知 (328)

第四部分　专项资金管理 (330)

公益性行业科研专项经费管理试行办法 (330)
中央级公益性科研院所基本科研业务费专项资金管理办法(试行) (338)
调整国家科技计划和公益性行业科研专项经费管理办法若干规定 (341)
公益性行业(气象)科研专项管理办法 (345)
气象部门科研经费监督管理办法 (354)
政府非税收入管理办法 (360)
中央财政"三农"服务专项资金管理办法 (365)
中央财政"三农"服务专项资金绩效评价办法 (367)
气象部门业务经费管理办法(试行) (370)
气象专用及办公设备购置费管理办法 (376)
气象关键技术集成与应用项目管理办法 (378)

山洪地质灾害防治气象保障工程管理办法 …………………………………………（385）
　　陕西省气象软科学研究项目管理办法 ………………………………………………（389）
　　现代气象人才支撑计划专项资金管理暂行办法 ……………………………………（395）
　　陕西省气象局"火车头计划"专项资金管理暂行办法 ………………………………（397）
　　陕西省省级财政专项资金管理暂行办法 ……………………………………………（400）
　　陕西省人工影响天气专项资金管理暂行办法 ………………………………………（405）

第五部分　统计及其他管理 …………………………………………………………（410）
　　气象部门统计工作管理办法 …………………………………………………………（410）
　　陕西省气象部门统计工作管理办法 …………………………………………………（415）
　　陕西省气象局机关财务运行管理办法 ………………………………………………（420）
　　住房公积金管理条例 …………………………………………………………………（424）
　　陕西省气象局机关及直属事业单位补充医疗保险暂行办法 ………………………（430）
　　关于进一步加强商业预付卡管理的通知 ……………………………………………（433）

第六部分　会计核算 ……………………………………………………………………（443）
　　中华人民共和国会计法 ………………………………………………………………（443）
　　事业单位财务规则 ……………………………………………………………………（451）
　　事业单位会计准则 ……………………………………………………………………（459）
　　政府会计准则 …………………………………………………………………………（465）
　　基本建设财务规则 ……………………………………………………………………（480）
　　会计基础工作规范 ……………………………………………………………………（488）
　　会计从业资格管理办法 ………………………………………………………………（501）
　　工会会计制度 …………………………………………………………………………（506）
　　会计档案管理办法 ……………………………………………………………………（513）
　　中国气象局财务账簿数据库系统管理制度 …………………………………………（519）
　　关于收回财政存量资金预算会计处理有关问题的通知 ……………………………（525）
　　关于基建并账相关事项的通知 ………………………………………………………（527）

下 册

第三编 企业及科技服务管理

第一部分 企业管理 ·· (533)
 中华人民共和国公司法 ·· (533)
 中华人民共和国企业国有资产法 ······································ (560)
 企业财务通则 ·· (569)
 小企业会计准则 ·· (580)
 中华人民共和国税收征收管理法 ······································ (597)
 中华人民共和国企业所得税法 ·· (608)
 企业内部控制基本规范 ·· (615)
 气象部门企业财务管理办法 ·· (622)
 关于进一步规范党政领导干部在企业兼职(任职)问题的意见 ·············· (629)
 企业产品成本核算制度(试行) ······································· (631)

第二部分 科技服务管理 ·· (639)
 气象部门事业单位科技服务财务管理办法 ······························ (639)
 陕西省气象部门科技服务管理办法 ···································· (645)
 关于建立全省气象部门科技服务统筹基金的通知 ························ (651)

第四编 国有资产管理

第一部分 资产管理 ·· (655)
 事业单位国有资产管理暂行办法 ······································ (655)
 中央级事业单位国有资产管理暂行办法 ································ (663)
 中央国家机关通用资产配置管理暂行办法 ······························ (670)
 政府机关办公通用软件资产配置标准(试行) ··························· (674)
 驻地方中央垂直管理单位公务用车制度改革实施办法 ···················· (676)
 驻地方中央垂直管理单位公务用车制度改革实施方案制定与报送具体事项 ········
  ·· (678)
 专员办参与驻地方中央垂直管理单位公车改革实施方案审核规程 ·········· (682)
 党政机关公务用车配备使用管理办法 ·································· (686)

气象部门房地产产权管理暂行办法 …………………………………………………（689）
　　关于规范和加强气象部门软件资产管理的通知 …………………………………（695）
　　陕西省气象部门国有资产管理实施办法 …………………………………………（697）

第二部分　资产使用处置 ………………………………………………………………（711）
　　中央级事业单位国有资产处置管理暂行办法 ……………………………………（711）
　　中央级事业单位国有资产使用管理暂行办法 ……………………………………（719）
　　气象部门国有资产使用管理暂行办法 ……………………………………………（724）
　　气象部门国有资产处置管理暂行办法 ……………………………………………（730）
　　关于统一使用气象部门固定资产调拨单及暂估值（调拨）单的通知 …………（739）

第五编　项目建设管理

第一部分　项目规划与申报 ……………………………………………………………（753）
　　党政机关办公用房建设标准 ………………………………………………………（753）
　　气象发展规划管理暂行办法 ………………………………………………………（771）
　　气象台站迁建行政许可管理办法 …………………………………………………（774）
　　气象部门项目咨询管理办法（试行） ……………………………………………（777）
　　气象部门项目论证和评审工作办法 ………………………………………………（780）
　　关于转发《气象部门项目库管理办法》的通知 …………………………………（784）
　　气象部门项目库管理办法 …………………………………………………………（786）
　　气象部门项目论证工作细则 ………………………………………………………（791）
　　陕西省省级财政专项资金项目库管理办法 ………………………………………（794）
　　陕西省气象部门项目库管理实施细则 ……………………………………………（798）
　　关于切实做好中央和地方以及其他投入统筹集约工作的通知 …………………（802）
　　气象重点工程项目建议书编制规范 ………………………………………………（810）
　　气象重点工程项目可行性研究报告编制规范 ……………………………………（819）
　　气象重点工程项目初步设计编制规范 ……………………………………………（830）
　　中国气象局气象小型建设项目可行性研究报告格式 ……………………………（840）

第二部分　项目建设 ……………………………………………………………………（852）
　　气象部门基本建设管理办法 ………………………………………………………（852）
　　中国气象局重点工程建设项目管理办法 …………………………………………（860）
　　中国气象局重点工程建设项目概算管理办法 ……………………………………（863）
　　陕西省气象部门基本建设管理实施细则 …………………………………………（866）
　　中央预算内基建投资项目前期工作经费管理暂行办法 …………………………（873）
　　气象部门基本建设财务管理规定 …………………………………………………（875）

解释《气象部门基本建设财务管理规定》执行中有关问题 …………… (883)
　　关于基本建设项目结余财政资金收回同级财政的通知 ……………… (885)
　　气象部门台站基础设施维修费管理暂行办法 …………………………… (886)
　　陕西省气象部门基本建设项目管理流程图 ……………………………… (888)
　　陕西省气象部门基本建设招投标程序流程图 …………………………… (889)

第三部分　竣工决算与验收 ………………………………………………… (893)
　　建设工程价款结算暂行办法 ……………………………………………… (893)
　　气象部门基本建设项目竣工财务决算管理办法 ………………………… (900)
　　关于《行政事业类项目竣工财务决算》编报及审批权限变动的通知 … (906)
　　气象部门基本建设审计暂行办法 ………………………………………… (907)
　　陕西省气象部门项目建设档案立卷归档规定 …………………………… (910)
　　陕西省气象部门项目执行检查规定 ……………………………………… (915)
　　气象建设项目竣工验收规范 ……………………………………………… (918)

第六编　政府采购

第一部分　国家及财政部法规 ……………………………………………… (945)
　　中华人民共和国政府采购法 ……………………………………………… (945)
　　中华人民共和国政府采购法实施条例 …………………………………… (955)
　　中华人民共和国招标投标法 ……………………………………………… (966)
　　政府采购货物和服务招标投标管理办法 ………………………………… (974)
　　政府采购进口产品管理办法 ……………………………………………… (986)
　　中央行政单位通用办公设备家具配置标准 ……………………………… (992)
　　中央预算单位批量集中采购管理暂行办法 ……………………………… (996)
　　关于中央预算单位实施批量集中采购工作的通知 ……………………… (998)
　　政府采购竞争性磋商采购方式管理暂行办法 ………………………… (1000)
　　关于政府采购竞争性磋商采购方式管理暂行办法有关问题的补充通知 … (1006)
　　中央预算单位变更政府采购方式审批管理办法 ……………………… (1007)

第二部分　部门及省级制度 ……………………………………………… (1010)
　　气象部门政府采购管理实施办法 ……………………………………… (1010)
　　关于政府采购审批事项报送规定的通知 ……………………………… (1017)
　　气象部门政府采购评审专家管理实施意见 …………………………… (1018)
　　气象部门非公开招标方式采购管理暂行办法 ………………………… (1021)
　　中国气象局政府采购监督人员管理办法 ……………………………… (1029)
　　中国气象局政府采购监督人监督工作管理暂行办法 ………………… (1032)
　　中国气象局政府采购中心受托采购事项实施办法 …………………… (1038)

关于申请单一来源采购方式审核前公示有关事项的通知 …………………（1043）
关于气象部门变更政府采购方式财政审批有关问题的通知 ……………（1046）
政府向社会力量购买服务暂行办法 ………………………………………（1052）
关于进一步规范政府采购活动的通知 ……………………………………（1058）
陕西省气象局政府采购管理实施细则 ……………………………………（1062）
关于进一步加强全省气象部门政府采购管理工作的通知 ………………（1068）

第三编

企业及科技服务管理

第一部分　企业管理

中华人民共和国公司法

(1993年12月29日第八届全国人民代表大会常务委员会第五次会议通过，2013年12月28日第十二届全国人民代表大会常务委员会第六次会议修订)

第一章　总　则

第一条　为了规范公司的组织和行为，保护公司、股东和债权人的合法权益，维护社会经济秩序，促进社会主义市场经济的发展，制定本法。

第二条　本法所称公司是指依照本法在中国境内设立的有限责任公司和股份有限公司。

第三条　公司是企业法人，有独立的法人财产，享有法人财产权。公司以其全部财产对公司的债务承担责任。

有限责任公司的股东以其认缴的出资额为限对公司承担责任；股份有限公司的股东以其认购的股份为限对公司承担责任。

第四条　公司股东依法享有资产收益、参与重大决策和选择管理者等权利。

第五条　公司从事经营活动，必须遵守法律、行政法规，遵守社会公德、商业道德，诚实守信，接受政府和社会公众的监督，承担社会责任。公司的合法权益受法律保护，不受侵犯。

第六条　设立公司，应当依法向公司登记机关申请设立登记。符合本法规定的设立条件的，由公司登记机关分别登记为有限责任公司或者股份有限公司；不符合本法规定的设立条件的，不得登记为有限责任公司或者股份有限公司。

法律、行政法规规定设立公司必须报经批准的，应当在公司登记前依法办理批准手续。

公众可以向公司登记机关申请查询公司登记事项,公司登记机关应当提供查询服务。

第七条　依法设立的公司,由公司登记机关发给公司营业执照。公司营业执照签发日期为公司成立日期。

公司营业执照应当载明公司的名称、住所、注册资本、经营范围、法定代表人姓名等事项。

公司营业执照记载的事项发生变更的,公司应当依法办理变更登记,由公司登记机关换发营业执照。

第八条　依照本法设立的有限责任公司,必须在公司名称中标明有限责任公司或者有限公司字样。

依照本法设立的股份有限公司,必须在公司名称中标明股份有限公司或者股份公司字样。

第九条　有限责任公司变更为股份有限公司,应当符合本法规定的股份有限公司的条件。股份有限公司变更为有限责任公司,应当符合本法规定的有限责任公司的条件。

有限责任公司变更为股份有限公司的,或者股份有限公司变更为有限责任公司的,公司变更前的债权、债务由变更后的公司承继。

第十条　公司以其主要办事机构所在地为住所。

第十一条　设立公司必须依法制定公司章程。公司章程对公司、股东、董事、监事、高级管理人员具有约束力。

第十二条　公司的经营范围由公司章程规定,并依法登记。公司可以修改公司章程,改变经营范围,但是应当办理变更登记。

公司的经营范围中属于法律、行政法规规定须经批准的项目,应当依法经过批准。

第十三条　公司法定代表人依照公司章程的规定,由董事长、执行董事或者经理担任,并依法登记。公司法定代表人变更,应当办理变更登记。

第十四条　公司可以设立分公司。设立分公司,应当向公司登记机关申请登记,领取营业执照。分公司不具有法人资格,其民事责任由公司承担。

公司可以设立子公司,子公司具有法人资格,依法独立承担民事责任。

第十五条　公司可以向其他企业投资;但是,除法律另有规定外,不得成为对所投资企业的债务承担连带责任的出资人。

第十六条　公司向其他企业投资或者为他人提供担保,依照公司章程的规定,由董事会或者股东会、股东大会决议;公司章程对投资或者担保的总额及单项投资或者担保的数额有限额规定的,不得超过规定的限额。

公司为公司股东或者实际控制人提供担保的,必须经股东会或者股东大会决议。

前款规定的股东或者受前款规定的实际控制人支配的股东,不得参加前款规定事项的表决。该项表决由出席会议的其他股东所持表决权的过半数通过。

第十七条　公司必须保护职工的合法权益,依法与职工签订劳动合同,参加社会保险,加强劳动保护,实现安全生产。

公司应当采用多种形式,加强公司职工的职业教育和岗位培训,提高职工素质。

第十八条 公司职工依照《中华人民共和国工会法》组织工会,开展工会活动,维护职工合法权益。公司应当为本公司工会提供必要的活动条件。公司工会代表职工就职工的劳动报酬、工作时间、福利、保险和劳动安全卫生等事项依法与公司签订集体合同。

公司依照宪法和有关法律的规定,通过职工代表大会或者其他形式,实行民主管理。

公司研究决定改制以及经营方面的重大问题、制定重要的规章制度时,应当听取公司工会的意见,并通过职工代表大会或者其他形式听取职工的意见和建议。

第十九条 在公司中,根据中国共产党章程的规定,设立中国共产党的组织,开展党的活动。公司应当为党组织的活动提供必要条件。

第二十条 公司股东应当遵守法律、行政法规和公司章程,依法行使股东权利,不得滥用股东权利损害公司或者其他股东的利益;不得滥用公司法人独立地位和股东有限责任损害公司债权人的利益。

公司股东滥用股东权利给公司或者其他股东造成损失的,应当依法承担赔偿责任。

公司股东滥用公司法人独立地位和股东有限责任,逃避债务,严重损害公司债权人利益的,应当对公司债务承担连带责任。

第二十一条 公司的控股股东、实际控制人、董事、监事、高级管理人员不得利用其关联关系损害公司利益。违反前款规定,给公司造成损失的,应当承担赔偿责任。

第二十二条 公司股东会或者股东大会、董事会的决议内容违反法律、行政法规的无效。

股东会或者股东大会、董事会的会议召集程序、表决方式违反法律、行政法规或者公司章程,或者决议内容违反公司章程的,股东可以自决议作出之日起六十日内,请求人民法院撤销。

股东依照前款规定提起诉讼的,人民法院可以应公司的请求,要求股东提供相应担保。

公司根据股东会或者股东大会、董事会决议已办理变更登记的,人民法院宣告该决议无效或者撤销该决议后,公司应当向公司登记机关申请撤销变更登记。

第二章 有限责任公司的设立和组织机构

第一节 设 立

第二十三条 设立有限责任公司,应当具备下列条件:

(一)股东符合法定人数;

(二)有符合公司章程规定的全体股东认缴的出资额;

(三)股东共同制定公司章程;

(四)有公司名称,建立符合有限责任公司要求的组织机构;

(五)有公司住所。

第二十四条 有限责任公司由五十个以下股东出资设立。

第二十五条 有限责任公司章程应当载明下列事项:

(一)公司名称和住所；
(二)公司经营范围；
(三)公司注册资本；
(四)股东的姓名或者名称；
(五)股东的出资方式、出资额和出资时间；
(六)公司的机构及其产生办法、职权、议事规则；
(七)公司法定代表人；
(八)股东会会议认为需要规定的其他事项。
股东应当在公司章程上签名、盖章。

第二十六条 有限责任公司的注册资本为在公司登记机关登记的全体股东认缴的出资额。

法律、行政法规以及国务院决定对有限责任公司注册资本实缴、注册资本最低限额另有规定的，从其规定。

第二十七条 股东可以用货币出资，也可以用实物、知识产权、土地使用权等可以用货币估价并可以依法转让的非货币财产作价出资；但是，法律、行政法规规定不得作为出资的财产除外。

对作为出资的非货币财产应当评估作价，核实财产，不得高估或者低估作价。法律、行政法规对评估作价有规定的，从其规定。

第二十八条 股东应当按期足额缴纳公司章程中规定的各自所认缴的出资额。股东以货币出资的，应当将货币出资足额存入有限责任公司在银行开设的账户；以非货币财产出资的，应当依法办理其财产权的转移手续。

股东不按照前款规定缴纳出资的，除应当向公司足额缴纳外，还应当向已按期足额缴纳出资的股东承担违约责任。

第二十九条 股东认足公司章程规定的出资后，由全体股东指定的代表或者共同委托的代理人向公司登记机关报送公司登记申请书、公司章程等文件，申请设立登记。

第三十条 有限责任公司成立后，发现作为设立公司出资的非货币财产的实际价额显著低于公司章程所定价额的，应当由交付该出资的股东补足其差额；公司设立时的其他股东承担连带责任。

第三十一条 有限责任公司成立后，应当向股东签发出资证明书。
出资证明书应当载明下列事项：
(一)公司名称；
(二)公司成立日期；
(三)公司注册资本；
(四)股东的姓名或者名称、缴纳的出资额和出资日期；
(五)出资证明书的编号和核发日期。
出资证明书由公司盖章。

第三十二条 有限责任公司应当置备股东名册，记载下列事项：

(一)股东的姓名或者名称及住所；
(二)股东的出资额；
(三)出资证明书编号。

记载于股东名册的股东，可以依股东名册主张行使股东权利。

公司应当将股东的姓名或者名称向公司登记机关登记；登记事项发生变更的，应当办理变更登记。未经登记或者变更登记的，不得对抗第三人。

第三十三条 股东有权查阅、复制公司章程、股东会会议记录、董事会会议决议、监事会会议决议和财务会计报告。

股东可以要求查阅公司会计账簿。股东要求查阅公司会计账簿的，应当向公司提出书面请求，说明目的。公司有合理根据认为股东查阅会计账簿有不正当目的，可能损害公司合法利益的，可以拒绝提供查阅，并应当自股东提出书面请求之日起十五日内书面答复股东并说明理由。公司拒绝提供查阅的，股东可以请求人民法院要求公司提供查阅。

第三十四条 股东按照实缴的出资比例分取红利；公司新增资本时，股东有权优先按照实缴的出资比例认缴出资。但是，全体股东约定不按照出资比例分取红利或者不按照出资比例优先认缴出资的除外。

第三十五条 公司成立后，股东不得抽逃出资。

第二节 组织机构

第三十六条 有限责任公司股东会由全体股东组成。股东会是公司的权力机构，依照本法行使职权。

第三十七条 股东会行使下列职权：
(一)决定公司的经营方针和投资计划；
(二)选举和更换非由职工代表担任的董事、监事，决定有关董事、监事的报酬事项；
(三)审议批准董事会的报告；
(四)审议批准监事会或者监事的报告；
(五)审议批准公司的年度财务预算方案、决算方案；
(六)审议批准公司的利润分配方案和弥补亏损方案；
(七)对公司增加或者减少注册资本作出决议；
(八)对发行公司债券作出决议；
(九)对公司合并、分立、解散、清算或者变更公司形式作出决议；
(十)修改公司章程；
(十一)公司章程规定的其他职权。

对前款所列事项股东以书面形式一致表示同意的，可以不召开股东会会议，直接作出决定，并由全体股东在决定文件上签名、盖章。

第三十八条 首次股东会会议由出资最多的股东召集和主持，依照本法规定行使职权。

第三十九条 股东会会议分为定期会议和临时会议。

定期会议应当依照公司章程的规定按时召开。代表十分之一以上表决权的股东,三分之一以上的董事,监事会或者不设监事会的公司的监事提议召开临时会议的,应当召开临时会议。

第四十条 有限责任公司设立董事会的,股东会会议由董事会召集,董事长主持;董事长不能履行职务或者不履行职务的,由副董事长主持;副董事长不能履行职务或者不履行职务的,由半数以上董事共同推举一名董事主持。

有限责任公司不设董事会的,股东会会议由执行董事召集和主持。

董事会或者执行董事不能履行或者不履行召集股东会会议职责的,由监事会或者不设监事会的公司的监事召集和主持;监事会或者监事不召集和主持的,代表十分之一以上表决权的股东可以自行召集和主持。

第四十一条 召开股东会会议,应当于会议召开十五日前通知全体股东;但是,公司章程另有规定或者全体股东另有约定的除外。

股东会应当对所议事项的决定作成会议记录,出席会议的股东应当在会议记录上签名。

第四十二条 股东会会议由股东按照出资比例行使表决权;但是,公司章程另有规定的除外。

第四十三条 股东会的议事方式和表决程序,除本法有规定的外,由公司章程规定。

股东会会议作出修改公司章程、增加或者减少注册资本的决议,以及公司合并、分立、解散或者变更公司形式的决议,必须经代表三分之二以上表决权的股东通过。

第四十四条 有限责任公司设董事会,其成员为三人至十三人;但是,本法第五十条另有规定的除外。

两个以上的国有企业或者两个以上的其他国有投资主体投资设立的有限责任公司,其董事会成员中应当有公司职工代表;其他有限责任公司董事会成员中可以有公司职工代表。董事会中的职工代表由公司职工通过职工代表大会、职工大会或者其他形式民主选举产生。

董事会设董事长一人,可以设副董事长。董事长、副董事长的产生办法由公司章程规定。

第四十五条 董事任期由公司章程规定,但每届任期不得超过三年。董事任期届满,连选可以连任。

董事任期届满未及时改选,或者董事在任期内辞职导致董事会成员低于法定人数的,在改选出的董事就任前,原董事仍应当依照法律、行政法规和公司章程的规定,履行董事职务。

第四十六条 董事会会议由董事长召集和主持;董事长不能履行职务或者不履行职务的,由副董事长召集和主持;副董事长不能履行职务或者不履行职务的,由半数以上董事共同推举一名董事召集和主持。

第四十七条 董事会对股东会负责,行使下列职权:

(一)召集股东会会议,并向股东会报告工作;

(二)执行股东会的决议;

(三)决定公司的经营计划和投资方案;

(四)制订公司的年度财务预算方案、决算方案;

(五)制订公司的利润分配方案和弥补亏损方案;

(六)制订公司增加或者减少注册资本以及发行公司债券的方案;

(七)制订公司合并、分立、解散或者变更公司形式的方案;

(八)决定公司内部管理机构的设置;

(九)决定聘任或者解聘公司经理及其报酬事项,并根据经理的提名决定聘任或者解聘公司副经理、财务负责人及其报酬事项;

(十)制定公司的基本管理制度;

(十一)公司章程规定的其他职权。

第四十八条 董事会的议事方式和表决程序,除本法有规定的外,由公司章程规定。

董事会应当对所议事项的决定作成会议记录,出席会议的董事应当在会议记录上签名。

董事会决议的表决,实行一人一票。

第四十九条 有限责任公司可以设经理,由董事会决定聘任或者解聘。经理对董事会负责,行使下列职权:

(一)主持公司的生产经营管理工作,组织实施董事会决议;

(二)组织实施公司年度经营计划和投资方案;

(三)拟订公司内部管理机构设置方案;

(四)拟订公司的基本管理制度;

(五)制定公司的具体规章;

(六)提请聘任或者解聘公司副经理、财务负责人;

(七)决定聘任或者解聘除应由董事会决定聘任或者解聘以外的负责管理人员;

(八)董事会授予的其他职权。

公司章程对经理职权另有规定的,从其规定。

经理列席董事会会议。

第五十条 股东人数较少或者规模较小的有限责任公司,可以设一名执行董事,不设董事会。执行董事可以兼任公司经理。

执行董事的职权由公司章程规定。

第五十一条 有限责任公司设监事会,其成员不得少于三人。股东人数较少或者规模较小的有限责任公司,可以设一至二名监事,不设监事会。

监事会应当包括股东代表和适当比例的公司职工代表,其中职工代表的比例不得低于三分之一,具体比例由公司章程规定。监事会中的职工代表由公司职工通过职工代表大会、职工大会或者其他形式民主选举产生。

监事会设主席一人,由全体监事过半数选举产生。监事会主席召集和主持监事会会议;监事会主席不能履行职务或者不履行职务的,由半数以上监事共同推举一名监事召集和主持监事会会议。

董事、高级管理人员不得兼任监事。

第五十二条 监事的任期每届为三年。监事任期届满，连选可以连任。

监事任期届满未及时改选，或者监事在任期内辞职导致监事会成员低于法定人数的，在改选出的监事就任前，原监事仍应当依照法律、行政法规和公司章程的规定，履行监事职务。

第五十三条 监事会、不设监事会的公司的监事行使下列职权：

（一）检查公司财务；

（二）对董事、高级管理人员执行公司职务的行为进行监督，对违反法律、行政法规、公司章程或者股东会决议的董事、高级管理人员提出罢免的建议；

（三）当董事、高级管理人员的行为损害公司的利益时，要求董事、高级管理人员予以纠正；

（四）提议召开临时股东会会议，在董事会不履行本法规定的召集和主持股东会会议职责时召集和主持股东会会议；

（五）向股东会会议提出提案；

（六）依照本法第一百五十一条的规定，对董事、高级管理人员提起诉讼；

（七）公司章程规定的其他职权。

第五十四条 监事可以列席董事会会议，并对董事会决议事项提出质询或者建议。

监事会、不设监事会的公司的监事发现公司经营情况异常，可以进行调查；必要时，可以聘请会计师事务所等协助其工作，费用由公司承担。

第五十五条 监事会每年度至少召开一次会议，监事可以提议召开临时监事会会议。

监事会的议事方式和表决程序，除本法有规定的外，由公司章程规定。

监事会决议应当经半数以上监事通过。

监事会应当对所议事项的决定作成会议记录，出席会议的监事应当在会议记录上签名。

第五十六条 监事会、不设监事会的公司的监事行使职权所必需的费用，由公司承担。

第三节 一人有限责任公司的特别规定

第五十七条 一人有限责任公司的设立和组织机构，适用本节规定；本节没有规定的，适用本章第一节、第二节的规定。

本法所称一人有限责任公司，是指只有一个自然人股东或者一个法人股东的有限责任公司。

第五十八条 一个自然人只能投资设立一个一人有限责任公司。该一人有限责任公司不能投资设立新的一人有限责任公司。

第五十九条 一人有限责任公司应当在公司登记中注明自然人独资或者法人独资，并在公司营业执照中载明。

第六十条 一人有限责任公司章程由股东制定。

第六十一条 一人有限责任公司不设股东会。股东作出本法第三十八条第一款所列决定时,应当采用书面形式,并由股东签名后置备于公司。

第六十二条 一人有限责任公司应当在每一会计年度终了时编制财务会计报告,并经会计师事务所审计。

第六十三条 一人有限责任公司的股东不能证明公司财产独立于股东自己的财产的,应当对公司债务承担连带责任。

第四节 国有独资公司的特别规定

第六十四条 国有独资公司的设立和组织机构,适用本节规定;本节没有规定的,适用本章第一节、第二节的规定。

本法所称国有独资公司,是指国家单独出资、由国务院或者地方人民政府授权本级人民政府国有资产监督管理机构履行出资人职责的有限责任公司。

第六十五条 国有独资公司章程由国有资产监督管理机构制定,或者由董事会制订报国有资产监督管理机构批准。

第六十六条 国有独资公司不设股东会,由国有资产监督管理机构行使股东会职权。国有资产监督管理机构可以授权公司董事会行使股东会的部分职权,决定公司的重大事项,但公司的合并、分立、解散、增加或者减少注册资本和发行公司债券,必须由国有资产监督管理机构决定;其中,重要的国有独资公司合并、分立、解散、申请破产的,应当由国有资产监督管理机构审核后,报本级人民政府批准。

前款所称重要的国有独资公司,按照国务院的规定确定。

第六十七条 国有独资公司设董事会,依照本法第四十六条、第六十六条的规定行使职权。董事每届任期不得超过三年。董事会成员中应当有公司职工代表。

董事会成员由国有资产监督管理机构委派;但是,董事会成员中的职工代表由公司职工代表大会选举产生。

董事会设董事长一人,可以设副董事长。董事长、副董事长由国有资产监督管理机构从董事会成员中指定。

第六十八条 国有独资公司设经理,由董事会聘任或者解聘。经理依照本法第四十九条规定行使职权。

经国有资产监督管理机构同意,董事会成员可以兼任经理。

第六十九条 国有独资公司的董事长、副董事长、董事、高级管理人员,未经国有资产监督管理机构同意,不得在其他有限责任公司、股份有限公司或者其他经济组织兼职。

第七十条 国有独资公司监事会成员不得少于五人,其中职工代表的比例不得低于三分之一,具体比例由公司章程规定。

监事会成员由国有资产监督管理机构委派;但是,监事会成员中的职工代表由公司职工代表大会选举产生。监事会主席由国有资产监督管理机构从监事会成员中指定。

监事会行使本法第五十三条第(一)项至第(三)项规定的职权和国务院规定的其他职权。

第三章　有限责任公司的股权转让

第七十一条　有限责任公司的股东之间可以相互转让其全部或者部分股权。

股东向股东以外的人转让股权,应当经其他股东过半数同意。股东应就其股权转让事项书面通知其他股东征求同意,其他股东自接到书面通知之日起满三十日未答复的,视为同意转让。其他股东半数以上不同意转让的,不同意的股东应当购买该转让的股权;不购买的,视为同意转让。

经股东同意转让的股权,在同等条件下,其他股东有优先购买权。两个以上股东主张行使优先购买权的,协商确定各自的购买比例;协商不成的,按照转让时各自的出资比例行使优先购买权。

公司章程对股权转让另有规定的,从其规定。

第七十二条　人民法院依照法律规定的强制执行程序转让股东的股权时,应当通知公司及全体股东,其他股东在同等条件下有优先购买权。其他股东自人民法院通知之日起满二十日不行使优先购买权的,视为放弃优先购买权。

第七十三条　依照本法第七十一条、第七十二条转让股权后,公司应当注销原股东的出资证明书,向新股东签发出资证明书,并相应修改公司章程和股东名册中有关股东及其出资额的记载。对公司章程的该项修改不需再由股东会表决。

第七十四条　有下列情形之一的,对股东会该项决议投反对票的股东可以请求公司按照合理的价格收购其股权:

(一)公司连续五年不向股东分配利润,而公司该五年连续盈利,并且符合本法规定的分配利润条件的;

(二)公司合并、分立、转让主要财产的;

(三)公司章程规定的营业期限届满或者章程规定的其他解散事由出现,股东会会议通过决议修改章程使公司存续的。

自股东会会议决议通过之日起六十日内,股东与公司不能达成股权收购协议的,股东可以自股东会会议决议通过之日起九十日内向人民法院提起诉讼。

第七十五条　自然人股东死亡后,其合法继承人可以继承股东资格;但是,公司章程另有规定的除外。

第四章　股份有限公司的设立和组织机构

第一节　设　立

第七十六条　设立股份有限公司,应当具备下列条件:

(一)发起人符合法定人数;

(二)有符合公司章程规定的全体发起人认购的股本总额或者募集的实收股本总额;

(三)股份发行、筹办事项符合法律规定;

(四)发起人制订公司章程,采用募集方式设立的经创立大会通过;

(五)有公司名称,建立符合股份有限公司要求的组织机构;

(六)有公司住所。

第七十七条 股份有限公司的设立,可以采取发起设立或者募集设立的方式。

发起设立,是指由发起人认购公司应发行的全部股份而设立公司。

募集设立,是指由发起人认购公司应发行股份的一部分,其余股份向社会公开募集或者向特定对象募集而设立公司。

第七十八条 设立股份有限公司,应当有二人以上二百人以下为发起人,其中须有半数以上的发起人在中国境内有住所。

第七十九条 股份有限公司发起人承担公司筹办事务。

发起人应当签订发起人协议,明确各自在公司设立过程中的权利和义务。

第八十条 股份有限公司采取发起设立方式设立的,注册资本为在公司登记机关登记的全体发起人认购的股本总额。在发起人认购的股份缴足前,不得向他人募集股份。

股份有限公司采取募集方式设立的,注册资本为在公司登记机关登记的实收股本总额。

法律、行政法规以及国务院决定对股份有限公司注册资本实缴、注册资本最低限额另有规定的,从其规定。

第八十一条 股份有限公司章程应当载明下列事项:

(一)公司名称和住所;

(二)公司经营范围;

(三)公司设立方式;

(四)公司股份总数、每股金额和注册资本;

(五)发起人的姓名或者名称、认购的股份数、出资方式和出资时间;

(六)董事会的组成、职权和议事规则;

(七)公司法定代表人;

(八)监事会的组成、职权和议事规则;

(九)公司利润分配办法;

(十)公司的解散事由与清算办法;

(十一)公司的通知和公告办法;

(十二)股东大会会议认为需要规定的其他事项。

第八十二条 发起人的出资方式,适用本法第二十七条的规定。

第八十三条 以发起设立方式设立股份有限公司的,发起人应当书面认足公司章程规定其认购的股份,并按照公司章程规定缴纳出资。以非货币财产出资的,应当依法办理其财产权的转移手续。

发起人不依照前款规定缴纳出资的,应当按照发起人协议承担违约责任。

发起人认足公司章程规定的出资后,应当选举董事会和监事会,由董事会向公司登记机关报送公司章程以及法律、行政法规规定的其他文件,申请设立登记。

第八十四条 以募集设立方式设立股份有限公司的,发起人认购的股份不得少于公司股份总数的百分之三十五;但是,法律、行政法规另有规定的,从其规定。

第八十五条 发起人向社会公开募集股份,必须公告招股说明书,并制作认股书。认股书应当载明本法第八十六条所列事项,由认股人填写认购股数、金额、住所,并签名、盖章。认股人按照所认购股数缴纳股款。

第八十六条 招股说明书应当附有发起人制订的公司章程,并载明下列事项:

(一)发起人认购的股份数;

(二)每股的票面金额和发行价格;

(三)无记名股票的发行总数;

(四)募集资金的用途;

(五)认股人的权利、义务;

(六)本次募股的起止期限及逾期未募足时认股人可以撤回所认股份的说明。

第八十七条 发起人向社会公开募集股份,应当由依法设立的证券公司承销,签订承销协议。

第八十八条 发起人向社会公开募集股份,应当同银行签订代收股款协议。

代收股款的银行应当按照协议代收和保存股款,向缴纳股款的认股人出具收款单据,并负有向有关部门出具收款证明的义务。

第八十九条 发行股份的股款缴足后,必须经依法设立的验资机构验资并出具证明。发起人应当自股款缴足之日起三十日内主持召开公司创立大会。创立大会由发起人、认股人组成。

发行的股份超过招股说明书规定的截止期限尚未募足的,或者发行股份的股款缴足后,发起人在三十日内未召开创立大会的,认股人可以按照所缴股款并加算银行同期存款利息,要求发起人返还。

第九十条 发起人应当在创立大会召开十五日前将会议日期通知各认股人或者予以公告。创立大会应有代表股份总数过半数的发起人、认股人出席,方可举行。

创立大会行使下列职权:

(一)审议发起人关于公司筹办情况的报告;

(二)通过公司章程;

(三)选举董事会成员;

(四)选举监事会成员;

(五)对公司的设立费用进行审核;

(六)对发起人用于抵作股款的财产的作价进行审核;

(七)发生不可抗力或者经营条件发生重大变化直接影响公司设立的,可以作出不设立公司的决议。

创立大会对前款所列事项作出决议,必须经出席会议的认股人所持表决权过半数通过。

第九十一条 发起人、认股人缴纳股款或者交付抵作股款的出资后,除未按期募足股份、发起人未按期召开创立大会或者创立大会决议不设立公司的情形外,不得抽回其股本。

第九十二条 董事会应于创立大会结束后三十日内,向公司登记机关报送下列文件,申请设立登记:

(一)公司登记申请书;

(二)创立大会的会议记录;

(三)公司章程;

(四)验资证明;

(五)法定代表人、董事、监事的任职文件及其身份证明;

(六)发起人的法人资格证明或者自然人身份证明;

(七)公司住所证明。

以募集方式设立股份有限公司公开发行股票的,还应当向公司登记机关报送国务院证券监督管理机构的核准文件。

第九十三条 股份有限公司成立后,发起人未按照公司章程的规定缴足出资的,应当补缴;其他发起人承担连带责任。

股份有限公司成立后,发现作为设立公司出资的非货币财产的实际价额显著低于公司章程所定价额的,应当由交付该出资的发起人补足其差额;其他发起人承担连带责任。

第九十四条 股份有限公司的发起人应当承担下列责任:

(一)公司不能成立时,对设立行为所产生的债务和费用负连带责任;

(二)公司不能成立时,对认股人已缴纳的股款,负返还股款并加算银行同期存款利息的连带责任;

(三)在公司设立过程中,由于发起人的过失致使公司利益受到损害的,应当对公司承担赔偿责任。

第九十五条 有限责任公司变更为股份有限公司时,折合的实收股本总额不得高于公司净资产额。有限责任公司变更为股份有限公司,为增加资本公开发行股份时,应当依法办理。

第九十六条 股份有限公司应当将公司章程、股东名册、公司债券存根、股东大会会议记录、董事会会议记录、监事会会议记录、财务会计报告置备于本公司。

第九十七条 股东有权查阅公司章程、股东名册、公司债券存根、股东大会会议记录、董事会会议决议、监事会会议决议、财务会计报告,对公司的经营提出建议或者质询。

第二节 股东大会

第九十八条 股份有限公司股东大会由全体股东组成。股东大会是公司的权力机构,依照本法行使职权。

第九十九条 本法第三十七条第一款关于有限责任公司股东会职权的规定,适用于股份有限公司股东大会。

第一百条 股东大会应当每年召开一次年会。有下列情形之一的,应当在两个月内召开临时股东大会：

(一)董事人数不足本法规定人数或者公司章程所定人数的三分之二时；

(二)公司未弥补的亏损达实收股本总额三分之一时；

(三)单独或者合计持有公司百分之十以上股份的股东请求时；

(四)董事会认为必要时；

(五)监事会提议召开时；

(六)公司章程规定的其他情形。

第一百零一条 股东大会会议由董事会召集，董事长主持；董事长不能履行职务或者不履行职务的，由副董事长主持；副董事长不能履行职务或者不履行职务的，由半数以上董事共同推举一名董事主持。

董事会不能履行或者不履行召集股东大会会议职责的，监事会应当及时召集和主持；监事会不召集和主持的，连续九十日以上单独或者合计持有公司百分之十以上股份的股东可以自行召集和主持。

第一百零二条 召开股东大会会议，应当将会议召开的时间、地点和审议的事项于会议召开二十日前通知各股东；临时股东大会应当于会议召开十五日前通知各股东；发行无记名股票的，应当于会议召开三十日前公告会议召开的时间、地点和审议事项。

单独或者合计持有公司百分之三以上股份的股东，可以在股东大会召开十日前提出临时提案并书面提交董事会；董事会应当在收到提案后二日内通知其他股东，并将该临时提案提交股东大会审议。临时提案的内容应当属于股东大会职权范围，并有明确议题和具体决议事项。

股东大会不得对前两款通知中未列明的事项作出决议。

无记名股票持有人出席股东大会会议的，应当于会议召开五日前至股东大会闭会时将股票交存于公司。

第一百零三条 股东出席股东大会会议，所持每一股份有一表决权。但是，公司持有的本公司股份没有表决权。

股东大会作出决议，必须经出席会议的股东所持表决权过半数通过。但是，股东大会作出修改公司章程、增加或者减少注册资本的决议，以及公司合并、分立、解散或者变更公司形式的决议，必须经出席会议的股东所持表决权的三分之二以上通过。

第一百零四条 本法和公司章程规定公司转让、受让重大资产或者对外提供担保等事项必须经股东大会作出决议的，董事会应当及时召集股东大会会议，由股东大会就上述事项进行表决。

第一百零五条 股东大会选举董事、监事，可以依照公司章程的规定或者股东大会的决议，实行累积投票制。

本法所称累积投票制，是指股东大会选举董事或者监事时，每一股份拥有与应选董事或者监事人数相同的表决权，股东拥有的表决权可以集中使用。

第一百零六条 股东可以委托代理人出席股东大会会议，代理人应当向公司提交股东授权委托书，并在授权范围内行使表决权。

第一百零七条　股东大会应当对所议事项的决定作成会议记录,主持人、出席会议的董事应当在会议记录上签名。会议记录应当与出席股东的签名册及代理出席的委托书一并保存。

第三节　董事会、经理

第一百零八条　股份有限公司设董事会,其成员为五人至十九人。

董事会成员中可以有公司职工代表。董事会中的职工代表由公司职工通过职工代表大会、职工大会或者其他形式民主选举产生。

本法第四十五条关于有限责任公司董事任期的规定,适用于股份有限公司董事。

本法第四十六条关于有限责任公司董事会职权的规定,适用于股份有限公司董事会。

第一百零九条　董事会设董事长一人,可以设副董事长。董事长和副董事长由董事会以全体董事的过半数选举产生。

董事长召集和主持董事会会议,检查董事会决议的实施情况。副董事长协助董事长工作,董事长不能履行职务或者不履行职务的,由副董事长履行职务;副董事长不能履行职务或者不履行职务的,由半数以上董事共同推举一名董事履行职务。

第一百一十条　董事会每年度至少召开两次会议,每次会议应当于会议召开十日前通知全体董事和监事。

代表十分之一以上表决权的股东、三分之一以上董事或者监事会,可以提议召开董事会临时会议。董事长应当自接到提议后十日内,召集和主持董事会会议。

董事会召开临时会议,可以另定召集董事会的通知方式和通知时限。

第一百一十一条　董事会会议应有过半数的董事出席方可举行。董事会作出决议,必须经全体董事的过半数通过。

董事会决议的表决,实行一人一票。

第一百一十二条　董事会会议,应由董事本人出席;董事因故不能出席,可以书面委托其他董事代为出席,委托书中应载明授权范围。

董事会应当对会议所议事项的决定作成会议记录,出席会议的董事应当在会议记录上签名。

董事应当对董事会的决议承担责任。董事会的决议违反法律、行政法规或者公司章程、股东大会决议,致使公司遭受严重损失的,参与决议的董事对公司负赔偿责任。但经证明在表决时曾表明异议并记载于会议记录的,该董事可以免除责任。

第一百一十三条　股份有限公司设经理,由董事会决定聘任或者解聘。

本法第四十九条关于有限责任公司经理职权的规定,适用于股份有限公司经理。

第一百一十四条　公司董事会可以决定由董事会成员兼任经理。

第一百一十五条　公司不得直接或者通过子公司向董事、监事、高级管理人员提供借款。

第一百一十六条　公司应当定期向股东披露董事、监事、高级管理人员从公司获得报酬的情况。

第四节 监事会

第一百一十七条 股份有限公司设监事会,其成员不得少于三人。

监事会应当包括股东代表和适当比例的公司职工代表,其中职工代表的比例不得低于三分之一,具体比例由公司章程规定。监事会中的职工代表由公司职工通过职工代表大会、职工大会或者其他形式民主选举产生。

监事会设主席一人,可以设副主席。监事会主席和副主席由全体监事过半数选举产生。监事会主席召集和主持监事会会议;监事会主席不能履行职务或者不履行职务的,由监事会副主席召集和主持监事会会议;监事会副主席不能履行职务或者不履行职务的,由半数以上监事共同推举一名监事召集和主持监事会会议。

董事、高级管理人员不得兼任监事。

本法第五十二条关于有限责任公司监事任期的规定,适用于股份有限公司监事。

第一百一十八条 本法第五十三条、第五十四条关于有限责任公司监事会职权的规定,适用于股份有限公司监事会。

监事会行使职权所必需的费用,由公司承担。

第一百一十九条 监事会每六个月至少召开一次会议。监事可以提议召开临时监事会会议。

监事会的议事方式和表决程序,除本法有规定的外,由公司章程规定。

监事会决议应当经半数以上监事通过。

监事会应当对所议事项的决定作成会议记录,出席会议的监事应当在会议记录上签名。

第五节 上市公司组织机构的特别规定

第一百二十条 本法所称上市公司,是指其股票在证券交易所上市交易的股份有限公司。

第一百二十一条 上市公司在一年内购买、出售重大资产或者担保金额超过公司资产总额百分之三十的,应当由股东大会作出决议,并经出席会议的股东所持表决权的三分之二以上通过。

第一百二十二条 上市公司设立独立董事,具体办法由国务院规定。

第一百二十三条 上市公司设董事会秘书,负责公司股东大会和董事会会议的筹备、文件保管以及公司股东资料的管理,办理信息披露事务等事宜。

第一百二十四条 上市公司董事与董事会会议决议事项所涉及的企业有关联关系的,不得对该项决议行使表决权,也不得代理其他董事行使表决权。该董事会会议由过半数的无关联关系董事出席即可举行,董事会会议所作决议须经无关联关系董事过半数通过。出席董事会的无关联关系董事人数不足三人的,应将该事项提交上市公司股东大会审议。

第五章　股份有限公司的股份发行和转让

第一节　股份发行

第一百二十五条　股份有限公司的资本划分为股份,每一股的金额相等。

公司的股份采取股票的形式。股票是公司签发的证明股东所持股份的凭证。

第一百二十六条　股份的发行,实行公平、公正的原则,同种类的每一股份应当具有同等权利。

同次发行的同种类股票,每股的发行条件和价格应当相同;任何单位或者个人所认购的股份,每股应当支付相同价额。

第一百二十七条　股票发行价格可以按票面金额,也可以超过票面金额,但不得低于票面金额。

第一百二十八条　股票采用纸面形式或者国务院证券监督管理机构规定的其他形式。

股票应当载明下列主要事项:

(一)公司名称;

(二)公司成立日期;

(三)股票种类、票面金额及代表的股份数;

(四)股票的编号。

股票由法定代表人签名,公司盖章。

发起人的股票,应当标明发起人股票字样。

第一百二十九条　公司发行的股票,可以为记名股票,也可以为无记名股票。

公司向发起人、法人发行的股票,应当为记名股票,并应当记载该发起人、法人的名称或者姓名,不得另立户名或者以代表人姓名记名。

第一百三十条　公司发行记名股票的,应当置备股东名册,记载下列事项:

(一)股东的姓名或者名称及住所;

(二)各股东所持股份数;

(三)各股东所持股票的编号;

(四)各股东取得股份的日期。

发行无记名股票的,公司应当记载其股票数量、编号及发行日期。

第一百三十一条　国务院可以对公司发行本法规定以外的其他种类的股份,另行作出规定。

第一百三十二条　股份有限公司成立后,即向股东正式交付股票。公司成立前不得向股东交付股票。

第一百三十三条　公司发行新股,股东大会应当对下列事项作出决议:

(一)新股种类及数额;

(二)新股发行价格;

（三）新股发行的起止日期；

（四）向原有股东发行新股的种类及数额。

第一百三十四条 公司经国务院证券监督管理机构核准公开发行新股时，必须公告新股招股说明书和财务会计报告，并制作认股书。

本法第八十七条、第八十八条的规定适用于公司公开发行新股。

第一百三十五条 公司发行新股，可以根据公司经营情况和财务状况，确定其作价方案。

第一百三十六条 公司发行新股募足股款后，必须向公司登记机关办理变更登记，并公告。

第二节 股份转让

第一百三十七条 股东持有的股份可以依法转让。

第一百三十八条 股东转让其股份，应当在依法设立的证券交易场所进行或者按照国务院规定的其他方式进行。

第一百三十九条 记名股票，由股东以背书方式或者法律、行政法规规定的其他方式转让；转让后由公司将受让人的姓名或者名称及住所记载于股东名册。

股东大会召开前二十日内或者公司决定分配股利的基准日前五日内，不得进行前款规定的股东名册的变更登记。但是，法律对上市公司股东名册变更登记另有规定的，从其规定。

第一百四十条 无记名股票的转让，由股东将该股票交付给受让人后即发生转让的效力。

第一百四十一条 发起人持有的本公司股份，自公司成立之日起一年内不得转让。公司公开发行股份前已发行的股份，自公司股票在证券交易所上市交易之日起一年内不得转让。

公司董事、监事、高级管理人员应当向公司申报所持有的本公司的股份及其变动情况，在任职期间每年转让的股份不得超过其所持有本公司股份总数的百分之二十五；所持本公司股份自公司股票上市交易之日起一年内不得转让。上述人员离职后半年内，不得转让其所持有的本公司股份。公司章程可以对公司董事、监事、高级管理人员转让其所持有的本公司股份作出其他限制性规定。

第一百四十二条 公司不得收购本公司股份。但是，有下列情形之一的除外：

（一）减少公司注册资本；

（二）与持有本公司股份的其他公司合并；

（三）将股份奖励给本公司职工；

（四）股东因对股东大会作出的公司合并、分立决议持异议，要求公司收购其股份的。

公司因前款第（一）项至第（三）项的原因收购本公司股份的，应当经股东大会决议。公司依照前款规定收购本公司股份后，属于第（一）项情形的，应当自收购之日起十日内注销；属于第（二）项、第（四）项情形的，应当在六个月内转让或者注销。

公司依照第一款第(三)项规定收购的本公司股份,不得超过本公司已发行股份总额的百分之五;用于收购的资金应当从公司的税后利润中支出;所收购的股份应当在一年内转让给职工。

公司不得接受本公司的股票作为质押权的标的。

第一百四十三条 记名股票被盗、遗失或者灭失,股东可以依照《中华人民共和国民事诉讼法》规定的公示催告程序,请求人民法院宣告该股票失效。人民法院宣告该股票失效后,股东可以向公司申请补发股票。

第一百四十四条 上市公司的股票,依照有关法律、行政法规及证券交易所交易规则上市交易。

第一百四十五条 上市公司必须依照法律、行政法规的规定,公开其财务状况、经营情况及重大诉讼,在每会计年度内半年公布一次财务会计报告。

第六章 公司董事、监事、高级管理人员的资格和义务

第一百四十六条 有下列情形之一的,不得担任公司的董事、监事、高级管理人员:

(一)无民事行为能力或者限制民事行为能力;

(二)因贪污、贿赂、侵占财产、挪用财产或者破坏社会主义市场经济秩序,被判处刑罚,执行期满未逾五年,或者因犯罪被剥夺政治权利,执行期满未逾五年;

(三)担任破产清算的公司、企业的董事或者厂长、经理,对该公司、企业的破产负有个人责任的,自该公司、企业破产清算完结之日起未逾三年;

(四)担任因违法被吊销营业执照、责令关闭的公司、企业的法定代表人,并负有个人责任的,自该公司、企业被吊销营业执照之日起未逾三年;

(五)个人所负数额较大的债务到期未清偿。

公司违反前款规定选举、委派董事、监事或者聘任高级管理人员的,该选举、委派或者聘任无效。

董事、监事、高级管理人员在任职期间出现本条第一款所列情形的,公司应当解除其职务。

第一百四十七条 董事、监事、高级管理人员应当遵守法律、行政法规和公司章程,对公司负有忠实义务和勤勉义务。

董事、监事、高级管理人员不得利用职权收受贿赂或者其他非法收入,不得侵占公司的财产。

第一百四十八条 董事、高级管理人员不得有下列行为:

(一)挪用公司资金;

(二)将公司资金以其个人名义或者以其他个人名义开立账户存储;

(三)违反公司章程的规定,未经股东会、股东大会或者董事会同意,将公司资金借贷给他人或者以公司财产为他人提供担保;

(四)违反公司章程的规定或者未经股东会、股东大会同意,与本公司订立合同或者进

行交易；

（五）未经股东会或者股东大会同意，利用职务便利为自己或者他人谋取属于公司的商业机会，自营或者为他人经营与所任职公司同类的业务；

（六）接受他人与公司交易的佣金归为己有；

（七）擅自披露公司秘密；

（八）违反对公司忠实义务的其他行为。

董事、高级管理人员违反前款规定所得的收入应当归公司所有。

第一百四十九条　董事、监事、高级管理人员执行公司职务时违反法律、行政法规或者公司章程的规定，给公司造成损失的，应当承担赔偿责任。

第一百五十条　股东会或者股东大会要求董事、监事、高级管理人员列席会议的，董事、监事、高级管理人员应当列席并接受股东的质询。

董事、高级管理人员应当如实向监事会或者不设监事会的有限责任公司的监事提供有关情况和资料，不得妨碍监事会或者监事行使职权。

第一百五十一条　董事、高级管理人员有本法第一百四十九条规定的情形的，有限责任公司的股东、股份有限公司连续一百八十日以上单独或者合计持有公司百分之一以上股份的股东，可以书面请求监事会或者不设监事会的有限责任公司的监事向人民法院提起诉讼；监事有本法第一百四十九条规定的情形的，前述股东可以书面请求董事会或者不设董事会的有限责任公司的执行董事向人民法院提起诉讼。

监事会、不设监事会的有限责任公司的监事，或者董事会、执行董事收到前款规定的股东书面请求后拒绝提起诉讼，或者自收到请求之日起三十日内未提起诉讼，或者情况紧急、不立即提起诉讼将会使公司利益受到难以弥补的损害的，前款规定的股东有权为了公司的利益以自己的名义直接向人民法院提起诉讼。

他人侵犯公司合法权益，给公司造成损失的，本条第一款规定的股东可以依照前两款的规定向人民法院提起诉讼。

第一百五十二条　董事、高级管理人员违反法律、行政法规或者公司章程的规定，损害股东利益的，股东可以向人民法院提起诉讼。

第七章　公司债券

第一百五十三条　本法所称公司债券，是指公司依照法定程序发行、约定在一定期限还本付息的有价证券。

公司发行公司债券应当符合《中华人民共和国证券法》规定的发行条件。

第一百五十四条　发行公司债券的申请经国务院授权的部门核准后，应当公告公司债券募集办法。

公司债券募集办法中应当载明下列主要事项：

（一）公司名称；

（二）债券募集资金的用途；

(三)债券总额和债券的票面金额；

(四)债券利率的确定方式；

(五)还本付息的期限和方式；

(六)债券担保情况；

(七)债券的发行价格、发行的起止日期；

(八)公司净资产额；

(九)已发行的尚未到期的公司债券总额；

(十)公司债券的承销机构。

第一百五十五条 公司以实物券方式发行公司债券的，必须在债券上载明公司名称、债券票面金额、利率、偿还期限等事项，并由法定代表人签名，公司盖章。

第一百五十六条 公司债券，可以为记名债券，也可以为无记名债券。

第一百五十七条 公司发行公司债券应当置备公司债券存根簿。

发行记名公司债券的，应当在公司债券存根簿上载明下列事项：

(一)债券持有人的姓名或者名称及住所；

(二)债券持有人取得债券的日期及债券的编号；

(三)债券总额，债券的票面金额、利率、还本付息的期限和方式；

(四)债券的发行日期。

发行无记名公司债券的，应当在公司债券存根簿上载明债券总额、利率、偿还期限和方式、发行日期及债券的编号。

第一百五十八条 记名公司债券的登记结算机构应当建立债券登记、存管、付息、兑付等相关制度。

第一百五十九条 公司债券可以转让，转让价格由转让人与受让人约定。

公司债券在证券交易所上市交易的，按照证券交易所的交易规则转让。

第一百六十条 记名公司债券，由债券持有人以背书方式或者法律、行政法规规定的其他方式转让；转让后由公司将受让人的姓名或者名称及住所记载于公司债券存根簿。

无记名公司债券的转让，由债券持有人将该债券交付给受让人后即发生转让的效力。

第一百六十一条 上市公司经股东大会决议可以发行可转换为股票的公司债券，并在公司债券募集办法中规定具体的转换办法。上市公司发行可转换为股票的公司债券，应当报国务院证券监督管理机构核准。

发行可转换为股票的公司债券，应当在债券上标明可转换公司债券字样，并在公司债券存根簿上载明可转换公司债券的数额。

第一百六十二条 发行可转换为股票的公司债券的，公司应当按照其转换办法向债券持有人换发股票，但债券持有人对转换股票或者不转换股票有选择权。

第八章 公司财务、会计

第一百六十三条 公司应当依照法律、行政法规和国务院财政部门的规定建立本公司的财务、会计制度。

第一百六十四条 公司应当在每一会计年度终了时编制财务会计报告,并依法经会计师事务所审计。

财务会计报告应当依照法律、行政法规和国务院财政部门的规定制作。

第一百六十五条 有限责任公司应当依照公司章程规定的期限将财务会计报告送交各股东。

股份有限公司的财务会计报告应当在召开股东大会年会的二十日前置备于本公司,供股东查阅;公开发行股票的股份有限公司必须公告其财务会计报告。

第一百六十六条 公司分配当年税后利润时,应当提取利润的百分之十列入公司法定公积金。公司法定公积金累计额为公司注册资本的百分之五十以上的,可以不再提取。

公司的法定公积金不足以弥补以前年度亏损的,在依照前款规定提取法定公积金之前,应当先用当年利润弥补亏损。

公司从税后利润中提取法定公积金后,经股东会或者股东大会决议,还可以从税后利润中提取任意公积金。

公司弥补亏损和提取公积金后所余税后利润,有限责任公司依照本法第三十四条的规定分配;股份有限公司按照股东持有的股份比例分配,但股份有限公司章程规定不按持股比例分配的除外。

股东会、股东大会或者董事会违反前款规定,在公司弥补亏损和提取法定公积金之前向股东分配利润的,股东必须将违反规定分配的利润退还公司。

公司持有的本公司股份不得分配利润。

第一百六十七条 股份有限公司以超过股票票面金额的发行价格发行股份所得的溢价款以及国务院财政部门规定列入资本公积金的其他收入,应当列为公司资本公积金。

第一百六十八条 公司的公积金用于弥补公司的亏损、扩大公司生产经营或者转为增加公司资本。但是,资本公积金不得用于弥补公司的亏损。

法定公积金转为资本时,所留存的该项公积金不得少于转增前公司注册资本的百分之二十五。

第一百六十九条 公司聘用、解聘承办公司审计业务的会计师事务所,依照公司章程的规定,由股东会、股东大会或者董事会决定。

公司股东会、股东大会或者董事会就解聘会计师事务所进行表决时,应当允许会计师事务所陈述意见。

第一百七十条 公司应当向聘用的会计师事务所提供真实、完整的会计凭证、会计账簿、财务会计报告及其他会计资料,不得拒绝、隐匿、谎报。

第一百七十一条 公司除法定的会计账簿外,不得另立会计账簿。

对公司资产,不得以任何个人名义开立账户存储。

第九章 公司合并、分立、增资、减资

第一百七十二条 公司合并可以采取吸收合并或者新设合并。

一个公司吸收其他公司为吸收合并,被吸收的公司解散。两个以上公司合并设立一个新的公司为新设合并,合并各方解散。

第一百七十三条　公司合并,应当由合并各方签订合并协议,并编制资产负债表及财产清单。公司应当自作出合并决议之日起十日内通知债权人,并于三十日内在报纸上公告。债权人自接到通知书之日起三十日内,未接到通知书的自公告之日起四十五日内,可以要求公司清偿债务或者提供相应的担保。

第一百七十四条　公司合并时,合并各方的债权、债务,应当由合并后存续的公司或者新设的公司承继。

第一百七十五条　公司分立,其财产作相应的分割。

公司分立,应当编制资产负债表及财产清单。公司应当自作出分立决议之日起十日内通知债权人,并于三十日内在报纸上公告。

第一百七十六条　公司分立前的债务由分立后的公司承担连带责任。但是,公司在分立前与债权人就债务清偿达成的书面协议另有约定的除外。

第一百七十七条　公司需要减少注册资本时,必须编制资产负债表及财产清单。

公司应当自作出减少注册资本决议之日起十日内通知债权人,并于三十日内在报纸上公告。债权人自接到通知书之日起三十日内,未接到通知书的自公告之日起四十五日内,有权要求公司清偿债务或者提供相应的担保。

第一百七十八条　有限责任公司增加注册资本时,股东认缴新增资本的出资,依照本法设立有限责任公司缴纳出资的有关规定执行。

股份有限公司为增加注册资本发行新股时,股东认购新股,依照本法设立股份有限公司缴纳股款的有关规定执行。

第一百七十九条　公司合并或者分立,登记事项发生变更的,应当依法向公司登记机关办理变更登记;公司解散的,应当依法办理公司注销登记;设立新公司的,应当依法办理公司设立登记。

公司增加或者减少注册资本,应当依法向公司登记机关办理变更登记。

第十章　公司解散和清算

第一百八十条　公司因下列原因解散:
(一)公司章程规定的营业期限届满或者公司章程规定的其他解散事由出现;
(二)股东会或者股东大会决议解散;
(三)因公司合并或者分立需要解散;
(四)依法被吊销营业执照、责令关闭或者被撤销;
(五)人民法院依照本法第一百八十二条的规定予以解散。

第一百八十一条　公司有本法第一百八十条第(一)项情形的,可以通过修改公司章程而存续。

依照前款规定修改公司章程,有限责任公司须经持有三分之二以上表决权的股东通过,股份有限公司须经出席股东大会会议的股东所持表决权的三分之二以上通过。

第一百八十二条 公司经营管理发生严重困难,继续存续会使股东利益受到重大损失,通过其他途径不能解决的,持有公司全部股东表决权百分之十以上的股东,可以请求人民法院解散公司。

第一百八十三条 公司因本法第一百八十条第(一)项、第(二)项、第(四)项、第(五)项规定而解散的,应当在解散事由出现之日起十五日内成立清算组,开始清算。有限责任公司的清算组由股东组成,股份有限公司的清算组由董事或者股东大会确定的人员组成。逾期不成立清算组进行清算的,债权人可以申请人民法院指定有关人员组成清算组进行清算。人民法院应当受理该申请,并及时组织清算组进行清算。

第一百八十四条 清算组在清算期间行使下列职权:
(一)清理公司财产,分别编制资产负债表和财产清单;
(二)通知、公告债权人;
(三)处理与清算有关的公司未了结的业务;
(四)清缴所欠税款以及清算过程中产生的税款;
(五)清理债权、债务;
(六)处理公司清偿债务后的剩余财产;
(七)代表公司参与民事诉讼活动。

第一百八十五条 清算组应当自成立之日起十日内通知债权人,并于六十日内在报纸上公告。债权人应当自接到通知书之日起三十日内,未接到通知书的自公告之日起四十五日内,向清算组申报其债权。

债权人申报债权,应当说明债权的有关事项,并提供证明材料。清算组应当对债权进行登记。

在申报债权期间,清算组不得对债权人进行清偿。

第一百八十六条 清算组在清理公司财产、编制资产负债表和财产清单后,应当制定清算方案,并报股东会、股东大会或者人民法院确认。

公司财产在分别支付清算费用、职工的工资、社会保险费用和法定补偿金,缴纳所欠税款,清偿公司债务后的剩余财产,有限责任公司按照股东的出资比例分配,股份有限公司按照股东持有的股份比例分配。

清算期间,公司存续,但不得开展与清算无关的经营活动。公司财产在未依照前款规定清偿前,不得分配给股东。

第一百八十七条 清算组在清理公司财产、编制资产负债表和财产清单后,发现公司财产不足清偿债务的,应当依法向人民法院申请宣告破产。

公司经人民法院裁定宣告破产后,清算组应当将清算事务移交给人民法院。

第一百八十八条 公司清算结束后,清算组应当制作清算报告,报股东会、股东大会或者人民法院确认,并报送公司登记机关,申请注销公司登记,公告公司终止。

第一百八十九条 清算组成员应当忠于职守,依法履行清算义务。

清算组成员不得利用职权收受贿赂或者其他非法收入,不得侵占公司财产。

清算组成员因故意或者重大过失给公司或者债权人造成损失的,应当承担赔偿责任。

第一百九十条　公司被依法宣告破产的,依照有关企业破产的法律实施破产清算。

第十一章　外国公司的分支机构

第一百九十一条　本法所称外国公司是指依照外国法律在中国境外设立的公司。

第一百九十二条　外国公司在中国境内设立分支机构,必须向中国主管机关提出申请,并提交其公司章程、所属国的公司登记证书等有关文件,经批准后,向公司登记机关依法办理登记,领取营业执照。

外国公司分支机构的审批办法由国务院另行规定。

第一百九十三条　外国公司在中国境内设立分支机构,必须在中国境内指定负责该分支机构的代表人或者代理人,并向该分支机构拨付与其所从事的经营活动相适应的资金。

对外国公司分支机构的经营资金需要规定最低限额的,由国务院另行规定。

第一百九十四条　外国公司的分支机构应当在其名称中标明该外国公司的国籍及责任形式。

外国公司的分支机构应当在本机构中置备该外国公司章程。

第一百九十五条　外国公司在中国境内设立的分支机构不具有中国法人资格。

外国公司对其分支机构在中国境内进行经营活动承担民事责任。

第一百九十六条　经批准设立的外国公司分支机构,在中国境内从事业务活动,必须遵守中国的法律,不得损害中国的社会公共利益,其合法权益受中国法律保护。

第一百九十七条　外国公司撤销其在中国境内的分支机构时,必须依法清偿债务,依照本法有关公司清算程序的规定进行清算。未清偿债务之前,不得将其分支机构的财产移至中国境外。

第十二章　法律责任

第一百九十八条　违反本法规定,虚报注册资本、提交虚假材料或者采取其他欺诈手段隐瞒重要事实取得公司登记的,由公司登记机关责令改正,对虚报注册资本的公司,处以虚报注册资本金额百分之五以上百分之十五以下的罚款;对提交虚假材料或者采取其他欺诈手段隐瞒重要事实的公司,处以五万元以上五十万元以下的罚款;情节严重的,撤销公司登记或者吊销营业执照。

第一百九十九条　公司的发起人、股东虚假出资,未交付或者未按期交付作为出资的货币或者非货币财产的,由公司登记机关责令改正,处以虚假出资金额百分之五以上百分之十五以下的罚款。

第二百条　公司的发起人、股东在公司成立后,抽逃其出资的,由公司登记机关责令改正,处以所抽逃出资金额百分之五以上百分之十五以下的罚款。

第二百零一条 公司违反本法规定,在法定的会计账簿以外另立会计账簿的,由县级以上人民政府财政部门责令改正,处以五万元以上五十万元以下的罚款。

第二百零二条 公司在依法向有关主管部门提供的财务会计报告等材料上作虚假记载或者隐瞒重要事实的,由有关主管部门对直接负责的主管人员和其他直接责任人员处以三万元以上三十万元以下的罚款。

第二百零三条 公司不依照本法规定提取法定公积金的,由县级以上人民政府财政部门责令如数补足应当提取的金额,可以对公司处以二十万元以下的罚款。

第二百零四条 公司在合并、分立、减少注册资本或者进行清算时,不依照本法规定通知或者公告债权人的,由公司登记机关责令改正,对公司处以一万元以上十万元以下的罚款。

公司在进行清算时,隐匿财产,对资产负债表或者财产清单作虚假记载或者在未清偿债务前分配公司财产的,由公司登记机关责令改正,对公司处以隐匿财产或者未清偿债务前分配公司财产金额百分之五以上百分之十以下的罚款;对直接负责的主管人员和其他直接责任人员处以一万元以上十万元以下的罚款。

第二百零五条 公司在清算期间开展与清算无关的经营活动的,由公司登记机关予以警告,没收违法所得。

第二百零六条 清算组不依照本法规定向公司登记机关报送清算报告,或者报送清算报告隐瞒重要事实或者有重大遗漏的,由公司登记机关责令改正。

清算组成员利用职权徇私舞弊、谋取非法收入或者侵占公司财产的,由公司登记机关责令退还公司财产,没收违法所得,并可以处以违法所得一倍以上五倍以下的罚款。

第二百零七条 承担资产评估、验资或者验证的机构提供虚假材料的,由公司登记机关没收违法所得,处以违法所得一倍以上五倍以下的罚款,并可以由有关主管部门依法责令该机构停业、吊销直接责任人员的资格证书,吊销营业执照。

承担资产评估、验资或者验证的机构因过失提供有重大遗漏的报告的,由公司登记机关责令改正,情节较重的,处以所得收入一倍以上五倍以下的罚款,并可以由有关主管部门依法责令该机构停业、吊销直接责任人员的资格证书,吊销营业执照。

承担资产评估、验资或者验证的机构因其出具的评估结果、验资或者验证证明不实,给公司债权人造成损失的,除能够证明自己没有过错的外,在其评估或者证明不实的金额范围内承担赔偿责任。

第二百零八条 公司登记机关对不符合本法规定条件的登记申请予以登记,或者对符合本法规定条件的登记申请不予登记的,对直接负责的主管人员和其他直接责任人员,依法给予行政处分。

第二百零九条 公司登记机关的上级部门强令公司登记机关对不符合本法规定条件的登记申请予以登记,或者对符合本法规定条件的登记申请不予登记的,或者对违法登记进行包庇的,对直接负责的主管人员和其他直接责任人员依法给予行政处分。

第二百一十条 未依法登记为有限责任公司或者股份有限公司,而冒用有限责任公司或者股份有限公司名义的,或者未依法登记为有限责任公司或者股份有限公司的分公司,而冒用有限责任公司或者股份有限公司的分公司名义的,由公司登记机关责令改正或者予以取缔,可以并处十万元以下的罚款。

第二百一十一条 公司成立后无正当理由超过六个月未开业的,或者开业后自行停业连续六个月以上的,可以由公司登记机关吊销营业执照。

公司登记事项发生变更时,未依照本法规定办理有关变更登记的,由公司登记机关责令限期登记;逾期不登记的,处以一万元以上十万元以下的罚款。

第二百一十二条 外国公司违反本法规定,擅自在中国境内设立分支机构的,由公司登记机关责令改正或者关闭,可以并处五万元以上二十万元以下的罚款。

第二百一十三条 利用公司名义从事危害国家安全、社会公共利益的严重违法行为的,吊销营业执照。

第二百一十四条 公司违反本法规定,应当承担民事赔偿责任和缴纳罚款、罚金的,其财产不足以支付时,先承担民事赔偿责任。

第二百一十五条 违反本法规定,构成犯罪的,依法追究刑事责任。

第十三章 附 则

第二百一十六条 本法下列用语的含义:

(一)高级管理人员,是指公司的经理、副经理、财务负责人,上市公司董事会秘书和公司章程规定的其他人员。

(二)控股股东,是指其出资额占有限责任公司资本总额百分之五十以上或者其持有的股份占股份有限公司股本总额百分之五十以上的股东;出资额或者持有股份的比例虽然不足百分之五十,但依其出资额或者持有的股份所享有的表决权已足以对股东会、股东大会的决议产生重大影响的股东。

(三)实际控制人,是指虽不是公司的股东,但通过投资关系、协议或者其他安排,能够实际支配公司行为的人。

(四)关联关系,是指公司控股股东、实际控制人、董事、监事、高级管理人员与其直接或者间接控制的企业之间的关系,以及可能导致公司利益转移的其他关系。但是,国家控股的企业之间不仅因为同受国家控股而具有关联关系。

第二百一十七条 外商投资的有限责任公司和股份有限公司适用本法;有关外商投资的法律另有规定的,适用其规定。

第二百一十八条 本法自 2006 年 1 月 1 日起施行。

中华人民共和国企业国有资产法

(2008年10月28日第十一届全国人民代表大会常务委员会第五次会议通过)

第一章 总 则

第一条 为了维护国家基本经济制度,巩固和发展国有经济,加强对国有资产的保护,发挥国有经济在国民经济中的主导作用,促进社会主义市场经济发展,制定本法。

第二条 本法所称企业国有资产(以下称国有资产),是指国家对企业各种形式的出资所形成的权益。

第三条 国有资产属于国家所有即全民所有。国务院代表国家行使国有资产所有权。

第四条 国务院和地方人民政府依照法律、行政法规的规定,分别代表国家对国家出资企业履行出资人职责,享有出资人权益。

国务院确定的关系国民经济命脉和国家安全的大型国家出资企业,重要基础设施和重要自然资源等领域的国家出资企业,由国务院代表国家履行出资人职责。其他的国家出资企业,由地方人民政府代表国家履行出资人职责。

第五条 本法所称国家出资企业,是指国家出资的国有独资企业、国有独资公司,以及国有资本控股公司、国有资本参股公司。

第六条 国务院和地方人民政府应当按照政企分开、社会公共管理职能与国有资产出资人职能分开、不干预企业依法自主经营的原则,依法履行出资人职责。

第七条 国家采取措施,推动国有资本向关系国民经济命脉和国家安全的重要行业和关键领域集中,优化国有经济布局和结构,推进国有企业的改革和发展,提高国有经济的整体素质,增强国有经济的控制力、影响力。

第八条 国家建立健全与社会主义市场经济发展要求相适应的国有资产管理与监督体制,建立健全国有资产保值增值考核和责任追究制度,落实国有资产保值增值责任。

第九条 国家建立健全国有资产基础管理制度。具体办法按照国务院的规定制定。

第十条 国有资产受法律保护,任何单位和个人不得侵害。

第二章 履行出资人职责的机构

第十一条 国务院国有资产监督管理机构和地方人民政府按照国务院的规定设立的国有资产监督管理机构,根据本级人民政府的授权,代表本级人民政府对国家出资企业履行出资人职责。

国务院和地方人民政府根据需要,可以授权其他部门、机构代表本级人民政府对国家出资企业履行出资人职责。

代表本级人民政府履行出资人职责的机构、部门,以下统称履行出资人职责的机构。

第十二条 履行出资人职责的机构代表本级人民政府对国家出资企业依法享有资产收益、参与重大决策和选择管理者等出资人权利。

履行出资人职责的机构依照法律、行政法规的规定,制定或者参与制定国家出资企业的章程。

履行出资人职责的机构对法律、行政法规和本级人民政府规定须经本级人民政府批准的履行出资人职责的重大事项,应当报请本级人民政府批准。

第十三条 履行出资人职责的机构委派的股东代表参加国有资本控股公司、国有资本参股公司召开的股东会会议、股东大会会议,应当按照委派机构的指示提出提案、发表意见、行使表决权,并将其履行职责的情况和结果及时报告委派机构。

第十四条 履行出资人职责的机构应当依照法律、行政法规以及企业章程履行出资人职责,保障出资人权益,防止国有资产损失。

履行出资人职责的机构应当维护企业作为市场主体依法享有的权利,除依法履行出资人职责外,不得干预企业经营活动。

第十五条 履行出资人职责的机构对本级人民政府负责,向本级人民政府报告履行出资人职责的情况,接受本级人民政府的监督和考核,对国有资产的保值增值负责。

履行出资人职责的机构应当按照国家有关规定,定期向本级人民政府报告有关国有资产总量、结构、变动、收益等汇总分析的情况。

第三章 国家出资企业

第十六条 国家出资企业对其动产、不动产和其他财产依照法律、行政法规以及企业章程享有占有、使用、收益和处分的权利。

国家出资企业依法享有的经营自主权和其他合法权益受法律保护。

第十七条 国家出资企业从事经营活动,应当遵守法律、行政法规,加强经营管理,提高经济效益,接受人民政府及其有关部门、机构依法实施的管理和监督,接受社会公众的监督,承担社会责任,对出资人负责。

国家出资企业应当依法建立和完善法人治理结构,建立健全内部监督管理和风险控制制度。

第十八条 国家出资企业应当依照法律、行政法规和国务院财政部门的规定,建立健全财务、会计制度,设置会计账簿,进行会计核算,依照法律、行政法规以及企业章程的规定向出资人提供真实、完整的财务、会计信息。

国家出资企业应当依照法律、行政法规以及企业章程的规定,向出资人分配利润。

第十九条 国有独资公司、国有资本控股公司和国有资本参股公司依照《中华人民共和国公司法》的规定设立监事会。国有独资企业由履行出资人职责的机构按照国务院的规定委派监事组成监事会。

国家出资企业的监事会依照法律、行政法规以及企业章程的规定,对董事、高级管理人员执行职务的行为进行监督,对企业财务进行监督检查。

第二十条 国家出资企业依照法律规定,通过职工代表大会或者其他形式,实行民主管理。

第二十一条 国家出资企业对其所出资企业依法享有资产收益、参与重大决策和选择管理者等出资人权利。

国家出资企业对其所出资企业,应当依照法律、行政法规的规定,通过制定或者参与制定所出资企业的章程,建立权责明确、有效制衡的企业内部监督管理和风险控制制度,维护其出资人权益。

第四章 国家出资企业管理者的选择与考核

第二十二条 履行出资人职责的机构依照法律、行政法规以及企业章程的规定,任免或者建议任免国家出资企业的下列人员:

(一)任免国有独资企业的经理、副经理、财务负责人和其他高级管理人员;

(二)任免国有独资公司的董事长、副董事长、董事、监事会主席和监事;

(三)向国有资本控股公司、国有资本参股公司的股东会、股东大会提出董事、监事人选。

国家出资企业中应当由职工代表出任的董事、监事,依照有关法律、行政法规的规定由职工民主选举产生。

第二十三条 履行出资人职责的机构任命或者建议任命的董事、监事、高级管理人员,应当具备下列条件:

(一)有良好的品行;

(二)有符合职位要求的专业知识和工作能力;

(三)有能够正常履行职责的身体条件;

(四)法律、行政法规规定的其他条件。

董事、监事、高级管理人员在任职期间出现不符合前款规定情形或者出现《中华人民共和国公司法》规定的不得担任公司董事、监事、高级管理人员情形的,履行出资人职责的机构应当依法予以免职或者提出免职建议。

第二十四条 履行出资人职责的机构对拟任命或者建议任命的董事、监事、高级管理人员的人选,应当按照规定的条件和程序进行考察。考察合格的,按照规定的权限和程序任命或者建议任命。

第二十五条 未经履行出资人职责的机构同意,国有独资企业、国有独资公司的董事、高级管理人员不得在其他企业兼职。未经股东会、股东大会同意,国有资本控股公司、国有资本参股公司的董事、高级管理人员不得在经营同类业务的其他企业兼职。

未经履行出资人职责的机构同意,国有独资公司的董事长不得兼任经理。未经股东会、股东大会同意,国有资本控股公司的董事长不得兼任经理。

董事、高级管理人员不得兼任监事。

第二十六条 国家出资企业的董事、监事、高级管理人员,应当遵守法律、行政法规以及企业章程,对企业负有忠实义务和勤勉义务,不得利用职权收受贿赂或者取得其他非法收入和不当利益,不得侵占、挪用企业资产,不得超越职权或者违反程序决定企业重大事项,不得有其他侵害国有资产出资人权益的行为。

第二十七条 国家建立国家出资企业管理者经营业绩考核制度。履行出资人职责的机构应当对其任命的企业管理者进行年度和任期考核,并依据考核结果决定对企业管理者的奖惩。

履行出资人职责的机构应当按照国家有关规定,确定其任命的国家出资企业管理者的薪酬标准。

第二十八条 国有独资企业、国有独资公司和国有资本控股公司的主要负责人,应当接受依法进行的任期经济责任审计。

第二十九条 本法第二十二条第一款第一项、第二项规定的企业管理者,国务院和地方人民政府规定由本级人民政府任免的,依照其规定。履行出资人职责的机构依照本章规定对上述企业管理者进行考核、奖惩并确定其薪酬标准。

第五章　关系国有资产出资人权益的重大事项

第一节　一般规定

第三十条 国家出资企业合并、分立、改制、上市,增加或者减少注册资本,发行债券,进行重大投资,为他人提供大额担保,转让重大财产,进行大额捐赠,分配利润,以及解散、申请破产等重大事项,应当遵守法律、行政法规以及企业章程的规定,不得损害出资人和债权人的权益。

第三十一条 国有独资企业、国有独资公司合并、分立,增加或者减少注册资本,发行债券,分配利润,以及解散、申请破产,由履行出资人职责的机构决定。

第三十二条 国有独资企业、国有独资公司有本法第三十条所列事项的,除依照本法第三十一条和有关法律、行政法规以及企业章程的规定,由履行出资人职责的机构决定的以外,国有独资企业由企业负责人集体讨论决定,国有独资公司由董事会决定。

第三十三条 国有资本控股公司、国有资本参股公司有本法第三十条所列事项的,依照法律、行政法规以及公司章程的规定,由公司股东会、股东大会或者董事会决定。由股东会、股东大会决定的,履行出资人职责的机构委派的股东代表应当依照本法第十三条的规定行使权利。

第三十四条 重要的国有独资企业、国有独资公司、国有资本控股公司的合并、分立、解散、申请破产以及法律、行政法规和本级人民政府规定应当由履行出资人职责的机构报经本级人民政府批准的重大事项,履行出资人职责的机构在作出决定或者向其委派参加国有资本控股公司股东会会议、股东大会会议的股东代表作出指示前,应当报请本级人民政府批准。

本法所称的重要的国有独资企业、国有独资公司和国有资本控股公司,按照国务院的规定确定。

第三十五条 国家出资企业发行债券、投资等事项,有关法律、行政法规规定应当报经人民政府或者人民政府有关部门、机构批准、核准或者备案的,依照其规定。

第三十六条 国家出资企业投资应当符合国家产业政策,并按照国家规定进行可行性研究;与他人交易应当公平、有偿,取得合理对价。

第三十七条 国家出资企业的合并、分立、改制、解散、申请破产等重大事项,应当听取企业工会的意见,并通过职工代表大会或者其他形式听取职工的意见和建议。

第三十八条 国有独资企业、国有独资公司、国有资本控股公司对其所出资企业的重大事项参照本章规定履行出资人职责。具体办法由国务院规定。

第二节 企业改制

第三十九条 本法所称企业改制是指:
(一)国有独资企业改为国有独资公司;
(二)国有独资企业、国有独资公司改为国有资本控股公司或者非国有资本控股公司;
(三)国有资本控股公司改为非国有资本控股公司。

第四十条 企业改制应当依照法定程序,由履行出资人职责的机构决定或者由公司股东会、股东大会决定。

重要的国有独资企业、国有独资公司、国有资本控股公司的改制,履行出资人职责的机构在作出决定或者向其委派参加国有资本控股公司股东会会议、股东大会会议的股东代表作出指示前,应当将改制方案报请本级人民政府批准。

第四十一条 企业改制应当制定改制方案,载明改制后的企业组织形式、企业资产和债权债务处理方案、股权变动方案、改制的操作程序、资产评估和财务审计等中介机构的选聘等事项。

企业改制涉及重新安置企业职工的,还应当制订职工安置方案,并经职工代表大会或者职工大会审议通过。

第四十二条 企业改制应当按照规定进行清产核资、财务审计、资产评估,准确界定和核实资产,客观、公正地确定资产的价值。

企业改制涉及以企业的实物、知识产权、土地使用权等非货币财产折算为国有资本出资或者股份的,应当按照规定对折价财产进行评估,以评估确认价格作为确定国有资本出资额或者股份数额的依据。不得将财产低价折股或者有其他损害出资人权益的行为。

第三节 与关联方的交易

第四十三条 国家出资企业的关联方不得利用与国家出资企业之间的交易,谋取不当利益,损害国家出资企业利益。

本法所称关联方,是指本企业的董事、监事、高级管理人员及其近亲属,以及这些人员所有或者实际控制的企业。

第四十四条 国有独资企业、国有独资公司、国有资本控股公司不得无偿向关联方提供资金、商品、服务或者其他资产，不得以不公平的价格与关联方进行交易。

第四十五条 未经履行出资人职责的机构同意，国有独资企业、国有独资公司不得有下列行为：

（一）与关联方订立财产转让、借款的协议；

（二）为关联方提供担保；

（三）与关联方共同出资设立企业，或者向董事、监事、高级管理人员或者其近亲属所有或者实际控制的企业投资。

第四十六条 国有资本控股公司、国有资本参股公司与关联方的交易，依照《中华人民共和国公司法》和有关行政法规以及公司章程的规定，由公司股东会、股东大会或者董事会决定。由公司股东会、股东大会决定的，履行出资人职责的机构委派的股东代表，应当依照本法第十三条的规定行使权利。

公司董事会对公司与关联方的交易作出决议时，该交易涉及的董事不得行使表决权，也不得代理其他董事行使表决权。

第四节　资产评估

第四十七条 国有独资企业、国有独资公司和国有资本控股公司合并、分立、改制，转让重大财产，以非货币财产对外投资，清算或者有法律、行政法规以及企业章程规定应当进行资产评估的其他情形的，应当按照规定对有关资产进行评估。

第四十八条 国有独资企业、国有独资公司和国有资本控股公司应当委托依法设立的符合条件的资产评估机构进行资产评估；涉及应当报经履行出资人职责的机构决定的事项，应当将委托资产评估机构的情况向履行出资人职责的机构报告。

第四十九条 国有独资企业、国有独资公司、国有资本控股公司及其董事、监事、高级管理人员应当向资产评估机构如实提供有关情况和资料，不得与资产评估机构串通评估作价。

第五十条 资产评估机构及其工作人员受托评估有关资产，应当遵守法律、行政法规以及评估执业准则，独立、客观、公正地对受托评估的资产进行评估。资产评估机构应当对其出具的评估报告负责。

第五节　国有资产转让

第五十一条 本法所称国有资产转让，是指依法将国家对企业的出资所形成的权益转移给其他单位或者个人的行为；按照国家规定无偿划转国有资产的除外。

第五十二条 国有资产转让应当有利于国有经济布局和结构的战略性调整，防止国有资产损失，不得损害交易各方的合法权益。

第五十三条 国有资产转让由履行出资人职责的机构决定。履行出资人职责的机构决定转让全部国有资产的，或者转让部分国有资产致使国家对该企业不再具有控股地位的，应当报请本级人民政府批准。

第五十四条 国有资产转让应当遵循等价有偿和公开、公平、公正的原则。

除按照国家规定可以直接协议转让的以外,国有资产转让应当在依法设立的产权交易场所公开进行。转让方应当如实披露有关信息,征集受让方;征集产生的受让方为两个以上的,转让应当采用公开竞价的交易方式。

转让上市交易的股份依照《中华人民共和国证券法》的规定进行。

第五十五条 国有资产转让应当以依法评估的、经履行出资人职责的机构认可或者由履行出资人职责的机构报经本级人民政府核准的价格为依据,合理确定最低转让价格。

第五十六条 法律、行政法规或者国务院国有资产监督管理机构规定可以向本企业的董事、监事、高级管理人员或者其近亲属,或者这些人员所有或者实际控制的企业转让的国有资产,在转让时,上述人员或者企业参与受让的,应当与其他受让参与者平等竞买;转让方应当按照国家有关规定,如实披露有关信息;相关的董事、监事和高级管理人员不得参与转让方案的制定和组织实施的各项工作。

第五十七条 国有资产向境外投资者转让的,应当遵守国家有关规定,不得危害国家安全和社会公共利益。

第六章 国有资本经营预算

第五十八条 国家建立健全国有资本经营预算制度,对取得的国有资本收入及其支出实行预算管理。

第五十九条 国家取得的下列国有资本收入,以及下列收入的支出,应当编制国有资本经营预算:

(一)从国家出资企业分得的利润;
(二)国有资产转让收入;
(三)从国家出资企业取得的清算收入;
(四)其他国有资本收入。

第六十条 国有资本经营预算按年度单独编制,纳入本级人民政府预算,报本级人民代表大会批准。

国有资本经营预算支出按照当年预算收入规模安排,不列赤字。

第六十一条 国务院和有关地方人民政府财政部门负责国有资本经营预算草案的编制工作,履行出资人职责的机构向财政部门提出由其履行出资人职责的国有资本经营预算建议草案。

第六十二条 国有资本经营预算管理的具体办法和实施步骤,由国务院规定,报全国人民代表大会常务委员会备案。

第七章 国有资产监督

第六十三条 各级人民代表大会常务委员会通过听取和审议本级人民政府履行出资

人职责的情况和国有资产监督管理情况的专项工作报告,组织对本法实施情况的执法检查等,依法行使监督职权。

第六十四条 国务院和地方人民政府应当对其授权履行出资人职责的机构履行职责的情况进行监督。

第六十五条 国务院和地方人民政府审计机关依照《中华人民共和国审计法》的规定,对国有资本经营预算的执行情况和属于审计监督对象的国家出资企业进行审计监督。

第六十六条 国务院和地方人民政府应当依法向社会公布国有资产状况和国有资产监督管理工作情况,接受社会公众的监督。

任何单位和个人有权对造成国有资产损失的行为进行检举和控告。

第六十七条 履行出资人职责的机构根据需要,可以委托会计师事务所对国有独资企业、国有独资公司的年度财务会计报告进行审计,或者通过国有资本控股公司的股东会、股东大会决议,由国有资本控股公司聘请会计师事务所对公司的年度财务会计报告进行审计,维护出资人权益。

第八章 法律责任

第六十八条 履行出资人职责的机构有下列行为之一的,对其直接负责的主管人员和其他直接责任人员依法给予处分:

(一)不按照法定的任职条件,任命或者建议任命国家出资企业管理者的;

(二)侵占、截留、挪用国家出资企业的资金或者应当上缴的国有资本收入的;

(三)违反法定的权限、程序,决定国家出资企业重大事项,造成国有资产损失的;

(四)有其他不依法履行出资人职责的行为,造成国有资产损失的。

第六十九条 履行出资人职责的机构的工作人员玩忽职守、滥用职权、徇私舞弊,尚不构成犯罪的,依法给予处分。

第七十条 履行出资人职责的机构委派的股东代表未按照委派机构的指示履行职责,造成国有资产损失的,依法承担赔偿责任;属于国家工作人员的,并依法给予处分。

第七十一条 国家出资企业的董事、监事、高级管理人员有下列行为之一,造成国有资产损失的,依法承担赔偿责任;属于国家工作人员的,并依法给予处分:

(一)利用职权收受贿赂或者取得其他非法收入和不当利益的;

(二)侵占、挪用企业资产的;

(三)在企业改制、财产转让等过程中,违反法律、行政法规和公平交易规则,将企业财产低价转让、低价折股的;

(四)违反本法规定与本企业进行交易的;

(五)不如实向资产评估机构、会计师事务所提供有关情况和资料,或者与资产评估机构、会计师事务所串通出具虚假资产评估报告、审计报告的;

(六)违反法律、行政法规和企业章程规定的决策程序,决定企业重大事项的;

(七)有其他违反法律、行政法规和企业章程执行职务行为的。

国家出资企业的董事、监事、高级管理人员因前款所列行为取得的收入,依法予以追缴或者归国家出资企业所有。

履行出资人职责的机构任命或者建议任命的董事、监事、高级管理人员有本条第一款所列行为之一,造成国有资产重大损失的,由履行出资人职责的机构依法予以免职或者提出免职建议。

第七十二条 在涉及关联方交易、国有资产转让等交易活动中,当事人恶意串通,损害国有资产权益的,该交易行为无效。

第七十三条 国有独资企业、国有独资公司、国有资本控股公司的董事、监事、高级管理人员违反本法规定,造成国有资产重大损失,被免职的,自免职之日起五年内不得担任国有独资企业、国有独资公司、国有资本控股公司的董事、监事、高级管理人员;造成国有资产特别重大损失,或者因贪污、贿赂、侵占财产、挪用财产或者破坏社会主义市场经济秩序被判处刑罚的,终身不得担任国有独资企业、国有独资公司、国有资本控股公司的董事、监事、高级管理人员。

第七十四条 接受委托对国家出资企业进行资产评估、财务审计的资产评估机构、会计师事务所违反法律、行政法规的规定和执业准则,出具虚假的资产评估报告或者审计报告的,依照有关法律、行政法规的规定追究法律责任。

第七十五条 违反本法规定,构成犯罪的,依法追究刑事责任。

第九章 附 则

第七十六条 金融企业国有资产的管理与监督,法律、行政法规另有规定的,依照其规定。

第七十七条 本法自 2009 年 5 月 1 日起施行。

企业财务通则

(财政部令第 41 号　2006 年 12 月 4 日)

第一章　总　则

第一条　为了加强企业财务管理,规范企业财务行为,保护企业及其相关方的合法权益,推进现代企业制度建设,根据有关法律、行政法规的规定,制定本通则。

第二条　在中华人民共和国境内依法设立的具备法人资格的国有及国有控股企业适用本通则。金融企业除外。

其他企业参照执行。

第三条　国有及国有控股企业(以下简称企业)应当确定内部财务管理体制,建立健全财务管理制度,控制财务风险。

企业财务管理应当按照制定的财务战略,合理筹集资金,有效营运资产,控制成本费用,规范收益分配及重组清算财务行为,加强财务监督和财务信息管理。

第四条　财政部负责制定企业财务规章制度。

各级财政部门(以下通称主管财政机关)应当加强对企业财务的指导、管理、监督,其主要职责包括:

(一)监督执行企业财务规章制度,按照财务关系指导企业建立健全内部财务制度。

(二)制定促进企业改革发展的财政财务政策,建立健全支持企业发展的财政资金管理制度。

(三)建立健全企业年度财务会计报告审计制度,检查企业财务会计报告质量。

(四)实施企业财务评价,监测企业财务运行状况。

(五)研究、拟订企业国有资本收益分配和国有资本经营预算的制度。

(六)参与审核属于本级人民政府及其有关部门、机构出资的企业重要改革、改制方案。

(七)根据企业财务管理的需要提供必要的帮助、服务。

第五条　各级人民政府及其部门、机构,企业法人、其他组织或者自然人等企业投资者(以下通称投资者),企业经理、厂长或者实际负责经营管理的其他领导成员(以下通称经营者),依照法律、法规、本通则和企业章程的规定,履行企业内部财务管理职责。

第六条　企业应当依法纳税。企业财务处理与税收法律、行政法规规定不一致的,纳税时应当依法进行调整。

第七条　各级人民政府及其部门、机构出资的企业,其财务关系隶属同级财政机关。

第二章 企业财务管理体制

第八条 企业实行资本权属清晰、财务关系明确、符合法人治理结构要求的财务管理体制。

企业应当按照国家有关规定建立有效的内部财务管理级次。企业集团公司自行决定集团内部财务管理体制。

第九条 企业应当建立财务决策制度,明确决策规则、程序、权限和责任等。法律、行政法规规定应当通过职工(代表)大会审议或者听取职工、相关组织意见的财务事项,依照其规定执行。

企业应当建立财务决策回避制度。对投资者、经营者个人与企业利益有冲突的财务决策事项,相关投资者、经营者应当回避。

第十条 企业应当建立财务风险管理制度,明确经营者、投资者及其他相关人员的管理权限和责任,按照风险与收益均衡、不相容职务分离等原则,控制财务风险。

第十一条 企业应当建立财务预算管理制度,以现金流为核心,按照实现企业价值最大化等财务目标的要求,对资金筹集、资产营运、成本控制、收益分配、重组清算等财务活动,实施全面预算管理。

第十二条 投资者的财务管理职责主要包括:

(一)审议批准企业内部财务管理制度、企业财务战略、财务规划和财务预算。

(二)决定企业的筹资、投资、担保、捐赠、重组、经营者报酬、利润分配等重大财务事项。

(三)决定企业聘请或者解聘会计师事务所、资产评估机构等中介机构事项。

(四)对经营者实施财务监督和财务考核。

(五)按照规定向全资或者控股企业委派或者推荐财务总监。

投资者应当通过股东(大)会、董事会或者其他形式的内部机构履行财务管理职责,可以通过企业章程、内部制度、合同约定等方式将部分财务管理职责授予经营者。

第十三条 经营者的财务管理职责主要包括:

(一)拟订企业内部财务管理制度、财务战略、财务规划,编制财务预算。

(二)组织实施企业筹资、投资、担保、捐赠、重组和利润分配等财务方案,诚信履行企业偿债义务。

(三)执行国家有关职工劳动报酬和劳动保护的规定,依法缴纳社会保险费、住房公积金等,保障职工合法权益。

(四)组织财务预测和财务分析,实施财务控制。

(五)编制并提供企业财务会计报告,如实反映财务信息和有关情况。

(六)配合有关机构依法进行审计、评估、财务监督等工作。

第三章 资金筹集

第十四条 企业可以接受投资者以货币资金、实物、无形资产、股权、特定债权等形式的出资。其中,特定债权是指企业依法发行的可转换债券、符合有关规定转作股权的债权等。

企业接受投资者非货币资产出资时,法律、行政法规对出资形式、程序和评估作价等有规定的,依照其规定执行。

企业接受投资者商标权、著作权、专利权及其他专有技术等无形资产出资的,应当符合法律、行政法规规定的比例。

第十五条 企业依法以吸收直接投资、发行股份等方式筹集权益资金的,应当拟订筹资方案,确定筹资规模,履行内部决策程序和必要的报批手续,控制筹资成本。

企业筹集的实收资本,应当依法委托法定验资机构验资并出具验资报告。

第十六条 企业应当执行国家有关资本管理制度,在获准工商登记后30日内,依据验资报告等向投资者出具出资证明书,确定投资者的合法权益。

企业筹集的实收资本,在持续经营期间可以由投资者依照法律、行政法规以及企业章程的规定转让或者减少,投资者不得抽逃或者变相抽回出资。

除《公司法》等有关法律、行政法规另有规定外,企业不得回购本企业发行的股份。企业依法回购股份,应当符合有关条件和财务处理办法,并经投资者决议。

第十七条 对投资者实际缴付的出资超出注册资本的差额(包括股票溢价),企业应当作为资本公积管理。

经投资者审议决定后,资本公积用于转增资本。国家另有规定的,从其规定。

第十八条 企业从税后利润中提取的盈余公积包括法定公积金和任意公积金,可以用于弥补企业亏损或者转增资本。法定公积金转增资本后留存企业的部分,以不少于转增前注册资本的25%为限。

第十九条 企业增加实收资本或者以资本公积、盈余公积转增实收资本,由投资者履行财务决策程序后,办理相关财务事项和工商变更登记。

第二十条 企业取得的各类财政资金,区分以下情况处理:

(一)属于国家直接投资、资本注入的,按照国家有关规定增加国家资本或者国有资本公积。

(二)属于投资补助的,增加资本公积或者实收资本。国家拨款时对权属有规定的,按规定执行;没有规定的,由全体投资者共同享有。

(三)属于贷款贴息、专项经费补助的,作为企业收益处理。

(四)属于政府转贷、偿还性资助的,作为企业负债管理。

(五)属于弥补亏损、救助损失或者其他用途的,作为企业收益处理。

第二十一条 企业依法以借款、发行债券、融资租赁等方式筹集债务资金的,应当明确筹资目的,根据资金成本、债务风险和合理的资金需求,进行必要的资本结构决策,并签订书面合同。

企业筹集资金用于固定资产投资项目的,应当遵守国家产业政策、行业规划、自有资本比例及其他规定。

企业筹集资金,应当按规定核算和使用,并诚信履行合同,依法接受监督。

第四章　资产营运

第二十二条　企业应当根据风险与收益均衡等原则和经营需要,确定合理的资产结构,并实施资产结构动态管理。

第二十三条　企业应当建立内部资金调度控制制度,明确资金调度的条件、权限和程序,统一筹集、使用和管理资金。企业支付、调度资金,应当按照内部财务管理制度的规定,依据有效合同、合法凭证,办理相关手续。

企业向境外支付、调度资金应当符合国家有关外汇管理的规定。

企业集团可以实行内部资金集中统一管理,但应当符合国家有关金融管理等法律、行政法规规定,并不得损害成员企业的利益。

第二十四条　企业应当建立合同的财务审核制度,明确业务流程和审批权限,实行财务监控。

企业应当加强应收款项的管理,评估客户信用风险,跟踪客户履约情况,落实收账责任,减少坏账损失。

第二十五条　企业应当建立健全存货管理制度,规范存货采购审批、执行程序,根据合同的约定以及内部审批制度支付货款。

企业选择供货商以及实施大宗采购,可以采取招标等方式进行。

第二十六条　企业应当建立固定资产购建、使用、处置制度。

企业自行选择、确定固定资产折旧办法,可以征询中介机构、有关专家的意见,并由投资者审议批准。固定资产折旧办法一经选用,不得随意变更。确需变更的,应当说明理由,经投资者审议批准。

企业购建重要的固定资产、进行重大技术改造,应当经过可行性研究,按照内部审批制度履行财务决策程序,落实决策和执行责任。

企业在建工程项目交付使用后,应当在一个年度内办理竣工决算。

第二十七条　企业对外投资应当遵守法律、行政法规和国家有关政策的规定,符合企业发展战略的要求,进行可行性研究,按照内部审批制度履行批准程序,落实决策和执行的责任。

企业对外投资应当签订书面合同,明确企业投资权益,实施财务监管。依据合同支付投资款项,应当按照企业内部审批制度执行。

企业向境外投资的,还应当经投资者审议批准,并遵守国家境外投资项目核准和外汇管理等相关规定。

第二十八条　企业通过自创、购买、接受投资等方式取得的无形资产,应当依法明确权属,落实有关经营、管理的财务责任。

无形资产出现转让、租赁、质押、授权经营、连锁经营、对外投资等情形时,企业应当签订书面合同,明确双方的权利义务,合理确定交易价格。

第二十九条 企业对外担保应当符合法律、行政法规及有关规定,根据被担保单位的资信及偿债能力,按照内部审批制度采取相应的风险控制措施,并设立备查账簿登记,实行跟踪监督。

企业对外捐赠应当符合法律、行政法规及有关财务规定,制订实施方案,明确捐赠的范围和条件,落实执行责任,严格办理捐赠资产的交接手续。

第三十条 企业从事期货、期权、证券、外汇交易等业务或者委托其他机构理财,不得影响主营业务的正常开展,并应当签订书面合同,建立交易报告制度,定期对账,控制风险。

第三十一条 企业从事代理业务,应当严格履行合同,实行代理业务与自营业务分账管理,不得挪用客户资金、互相转嫁经营风险。

第三十二条 企业应当建立各项资产损失或者减值准备管理制度。各项资产损失或者减值准备的计提标准,一经选用,不得随意变更。企业在制订计提标准时可以征询中介机构、有关专家的意见。

对计提损失或者减值准备后的资产,企业应当落实监管责任。能够收回或者继续使用以及没有证据证明实际损失的资产,不得核销。

第三十三条 企业发生的资产损失,应当及时予以核实、查清责任,追偿损失,按照规定程序处理。

企业重组中清查出的资产损失,经批准后依次冲减未分配利润、盈余公积、资本公积和实收资本。

第三十四条 企业以出售、抵押、置换、报废等方式处理资产时,应当按照国家有关规定和企业内部财务管理制度规定的权限和程序进行。其中,处理主要固定资产涉及企业经营业务调整或者资产重组的,应当根据投资者审议通过的业务调整或者资产重组方案实施。

第三十五条 企业发生关联交易的,应当遵守国家有关规定,按照独立企业之间的交易计价结算。投资者或者经营者不得利用关联交易非法转移企业经济利益或者操纵关联企业的利润。

第五章 成本控制

第三十六条 企业应当建立成本控制系统,强化成本预算约束,推行质量成本控制办法,实行成本定额管理、全员管理和全过程控制。

第三十七条 企业实行费用归口、分级管理和预算控制,应当建立必要的费用开支范围、标准和报销审批制度。

第三十八条 企业技术研发和科技成果转化项目所需经费,可以通过建立研发准备金筹措,据实列入相关资产成本或者当期费用。

符合国家规定条件的企业集团,可以集中使用研发费用,用于企业主导产品和核心技术的自主研发。

第三十九条 企业依法实施安全生产、清洁生产、污染治理、地质灾害防治、生态恢复和环境保护等所需经费,按照国家有关标准列入相关资产成本或者当期费用。

第四十条 企业发生销售折扣、折让以及支付必要的佣金、回扣、手续费、劳务费、提成、返利、进场费、业务奖励等支出的,应当签订相关合同,履行内部审批手续。

企业开展进出口业务收取或者支付的佣金、保险费、运费,按照合同规定的价格条件处理。

企业向个人以及非经营单位支付费用的,应当严格履行内部审批及支付的手续。

第四十一条 企业可以根据法律、法规和国家有关规定,对经营者和核心技术人员实行与其他职工不同的薪酬办法,属于本级人民政府及其部门、机构出资的企业,应当将薪酬办法报主管财政机关备案。

第四十二条 企业应当按照劳动合同及国家有关规定支付职工报酬,并为从事高危作业的职工缴纳团体人身意外伤害保险费,所需费用直接作为成本(费用)列支。

经营者可以在工资计划中安排一定数额,对企业技术研发、降低能源消耗、治理"三废"、促进安全生产、开拓市场等作出突出贡献的职工给予奖励。

第四十三条 企业应当依法为职工支付基本医疗、基本养老、失业、工伤等社会保险费,所需费用直接作为成本(费用)列支。

已参加基本医疗、基本养老保险的企业,具有持续盈利能力和支付能力的,可以为职工建立补充医疗保险和补充养老保险,所需费用按照省级以上人民政府规定的比例从成本(费用)中提取。超出规定比例的部分,由职工个人负担。

第四十四条 企业为职工缴纳住房公积金以及职工住房货币化分配的财务处理,按照国家有关规定执行。

职工教育经费按照国家规定的比例提取,专项用于企业职工后续职业教育和职业培训。

工会经费按照国家规定比例提取并拨缴工会。

第四十五条 企业应当依法缴纳行政事业性收费、政府性基金以及使用或者占用国有资源的费用等。

企业对没有法律法规依据或者超过法律法规规定范围和标准的各种摊派、收费、集资,有权拒绝。

第四十六条 企业不得承担属于个人的下列支出:

(一)娱乐、健身、旅游、招待、购物、馈赠等支出。

(二)购买商业保险、证券、股权、收藏品等支出。

(三)个人行为导致的罚款、赔偿等支出。

(四)购买住房、支付物业管理费等支出。

(五)应由个人承担的其他支出。

第六章　收益分配

第四十七条　投资者、经营者及其他职工履行本企业职务或者以企业名义开展业务所得的收入,包括销售收入以及对方给予的销售折扣、折让、佣金、回扣、手续费、劳务费、提成、返利、进场费、业务奖励等收入,全部属于企业。

企业应当建立销售价格管理制度,明确产品或者劳务的定价和销售价格调整的权限、程序与方法,根据预期收益、资金周转、市场竞争、法律规范约束等要求,采取相应的价格策略,防范销售风险。

第四十八条　企业出售股权投资,应当按照规定的程序和方式进行。股权投资出售底价,参照资产评估结果确定,并按照合同约定收取所得价款。在履行交割时,对尚未收款部分的股权投资,应当按照合同的约定结算,取得受让方提供的有效担保。

上市公司国有股减持所得收益,按照国务院的规定处理。

第四十九条　企业发生的年度经营亏损,依照税法的规定弥补。税法规定年限内的税前利润不足弥补的,用以后年度的税后利润弥补,或者经投资者审议后用盈余公积弥补。

第五十条　企业年度净利润,除法律、行政法规另有规定外,按照以下顺序分配:

(一)弥补以前年度亏损。

(二)提取10%法定公积金。法定公积金累计额达到注册资本50%以后,可以不再提取。

(三)提取任意公积金。任意公积金提取比例由投资者决议。

(四)向投资者分配利润。企业以前年度未分配的利润,并入本年度利润,在充分考虑现金流量状况后,向投资者分配。属于各级人民政府及其部门、机构出资的企业,应当将应付国有利润上缴财政。

国有企业可以将任意公积金与法定公积金合并提取。股份有限公司依法回购后暂未转让或者注销的股份,不得参与利润分配;以回购股份对经营者及其他职工实施股权激励的,在拟订利润分配方案时,应当预留回购股份所需利润。

第五十一条　企业弥补以前年度亏损和提取盈余公积后,当年没有可供分配的利润时,不得向投资者分配利润,但法律、行政法规另有规定的除外。

第五十二条　企业经营者和其他职工以管理、技术等要素参与企业收益分配的,应当按照国家有关规定在企业章程或者有关合同中对分配办法作出规定,并区别以下情况处理:

(一)取得企业股权的,与其他投资者一同进行企业利润分配。

(二)没有取得企业股权的,在相关业务实现的利润限额和分配标准内,从当期费用中列支。

第七章 重组清算

第五十三条 企业通过改制、产权转让、合并、分立、托管等方式实施重组,对涉及资本权益的事项,应当由投资者或者授权机构进行可行性研究,履行内部财务决策程序,并组织开展以下工作:

(一)清查财产,核实债务,委托会计师事务所审计。

(二)制订职工安置方案,听取重组企业的职工、职工代表大会的意见或者提交职工代表大会审议。

(三)与债权人协商,制订债务处置或者承继方案。

(四)委托评估机构进行资产评估,并以评估价值作为净资产作价或者折股的参考依据。

(五)拟订股权设置方案和资本重组实施方案,经过审议后履行报批手续。

第五十四条 企业采取分立方式进行重组,应当明晰分立后的企业产权关系。

企业划分各项资产、债务以及经营业务,应当按照业务相关性或者资产相关性原则制订分割方案。对不能分割的整体资产,在评估机构评估价值的基础上,经分立各方协商,由拥有整体资产的一方给予他方适当经济补偿。

第五十五条 企业可以采取新设或者吸收方式进行合并重组。企业合并前的各项资产、债务以及经营业务,由合并后的企业承继,并应当明确合并后企业的产权关系以及各投资者的出资比例。

企业合并的资产税收处理应当符合国家有关税法的规定,合并后净资产超出注册资本的部分,作为资本公积;少于注册资本的部分,应当变更注册资本或者由投资者补足出资。

对资不抵债的企业以承担债务方式合并的,合并方应当制定企业重整措施,按照合并方案履行偿还债务责任,整合财务资源。

第五十六条 企业实行托管经营,应当由投资者决定,并签订托管协议,明确托管经营的资产负债状况、托管经营目标、托管资产处置权限以及收益分配办法等,并落实财务监管措施。

受托企业应当根据托管协议制订相关方案,重组托管企业的资产与债务。未经托管企业投资者同意,不得改组、改制托管企业,不得转让托管企业及转移托管资产、经营业务,不得以托管企业名义或者以托管资产对外担保。

第五十七条 企业进行重组时,对已占用的国有划拨土地应当按照有关规定进行评估,履行相关手续,并区别以下情况处理:

(一)继续采取划拨方式的,可以不纳入企业资产管理,但企业应当明确划拨土地使用权权益,并按规定用途使用,设立备查账簿登记。国家另有规定的除外。

(二)采取作价入股方式的,将应缴纳的土地出让金转作国家资本,形成的国有股权由企业重组前的国有资本持有单位或者主管财政机关确认的单位持有。

（三）采取出让方式的，由企业购买土地使用权，支付出让费用。

（四）采取租赁方式的，由企业租赁使用，租金水平参照银行同期贷款利率确定，并在租赁合同中约定。

企业进行重组时，对已占用的水域、探矿权、采矿权、特许经营权等国有资源，依法可以转让的，比照前款处理。

第五十八条 企业重组过程中，对拖欠职工的工资和医疗、伤残补助、抚恤费用以及欠缴的基本社会保险费、住房公积金，应当以企业现有资产优先清偿。

第五十九条 企业被责令关闭、依法破产、经营期限届满而终止经营的，或者经投资者决议解散的，应当按照法律、法规和企业章程的规定实施清算。清算财产变卖底价，参照资产评估结果确定。国家另有规定的，从其规定。

企业清算结束，应当编制清算报告，委托会计师事务所审计，报投资者或者人民法院确认后，向相关部门、债权人以及其他的利益相关人通告。其中，属于各级人民政府及其部门、机构出资的企业，其清算报告应当报送主管财政机关。

第六十条 企业解除职工劳动关系，按照国家有关规定支付的经济补偿金或者安置费，除正常经营期间发生的列入当期费用以外，应当区别以下情况处理：

（一）企业重组中发生的，依次从未分配利润、盈余公积、资本公积、实收资本中支付。

（二）企业清算时发生的，以企业扣除清算费用后的清算财产优先清偿。

第八章 信息管理

第六十一条 企业可以结合经营特点，优化业务流程，建立财务和业务一体化的信息处理系统，逐步实现财务、业务相关信息一次性处理和实时共享。

第六十二条 企业应当逐步创造条件，实行统筹企业资源计划，全面整合和规范财务、业务流程，对企业物流、资金流、信息流进行一体化管理和集成运作。

第六十三条 企业应当建立财务预警机制，自行确定财务危机警戒标准，重点监测经营性净现金流量与到期债务、企业资产与负债的适配性，及时沟通企业有关财务危机预警的信息，提出解决财务危机的措施和方案。

第六十四条 企业应当按照有关法律、行政法规和国家统一的会计制度的规定，按时编制财务会计报告，经营者或者投资者不得拖延、阻挠。

第六十五条 企业应当按照规定向主管财政机关报送月份、季度、年度财务会计报告等材料，不得在报送的财务会计报告等材料上作虚假记载或者隐瞒重要事实。主管财政机关应当根据企业的需要提供必要的培训和技术支持。

企业对外提供的年度财务会计报告，应当依法经过会计师事务所审计。国家另有规定的，从其规定。

第六十六条 企业应当在年度内定期向职工公开以下信息：

（一）职工劳动报酬、养老、医疗、工伤、住房、培训、休假等信息。

（二）经营者报酬实施方案。

(三)年度财务会计报告审计情况。

(四)企业重组涉及的资产评估及处置情况。

(五)其他依法应当公开的信息。

第六十七条　主管财政机关应当建立健全企业财务评价体系,主要评估企业内部财务控制的有效性,评价企业的偿债能力、盈利能力、资产营运能力、发展能力和社会贡献。评估和评价的结果可以通过适当方式向社会发布。

第六十八条　主管财政机关及其工作人员应当恰当使用所掌握的企业财务信息,并依法履行保密义务,不得利用企业的财务信息谋取私利或者损害企业利益。

第九章　财务监督

第六十九条　企业应当依法接受主管财政机关的财务监督和国家审计机关的财务审计。

第七十条　经营者在经营过程中违反本通则有关规定的,投资者可以依法追究经营者的责任。

第七十一条　企业应当建立、健全内部财务监督制度。

企业设立监事会或者监事人员的,监事会或者监事人员依照法律、行政法规、本通则和企业章程的规定,履行企业内部财务监督职责。

经营者应当实施内部财务控制,配合投资者或者企业监事会以及中介机构的检查、审计工作。

第七十二条　企业和企业负有直接责任的主管人员和其他人员有以下行为之一的,县级以上主管财政机关可以责令限期改正、予以警告,有违法所得的,没收违法所得,并可以处以不超过违法所得3倍、但最高不超过3万元的罚款;没有违法所得的,可以处以1万元以下的罚款。

(一)违反本通则第三十九条、四十条、四十二条第一款、四十三条、四十六条规定列支成本费用的。

(二)违反本通则第四十七条第一款规定截留、隐瞒、侵占企业收入的。

(三)违反本通则第五十条、五十一条、五十二条规定进行利润分配的。但依照《公司法》设立的企业不按本通则第五十条第一款第二项规定提取法定公积金的,依照《公司法》的规定予以处罚。

(四)违反本通则第五十七条规定处理国有资源的。

(五)不按本通则第五十八条规定清偿职工债务的。

第七十三条　企业和企业负有直接责任的主管人员和其他人员有以下行为之一的,县级以上主管财政机关可以责令限期改正、予以警告。

(一)未按本通则规定建立健全各项内部财务管理制度的。

(二)内部财务管理制度明显与法律、行政法规和通用的企业财务规章制度相抵触,且不按主管财政机关要求修正的。

第七十四条 企业和企业负有直接责任的主管人员和其他人员不按本通则第六十四条、第六十五条规定编制、报送财务会计报告等材料的,县级以上主管财政机关可以依照《公司法》、《企业财务会计报告条例》的规定予以处罚。

第七十五条 企业在财务活动中违反财政、税收等法律、行政法规的,依照《财政违法行为处罚处分条例》(国务院令第427号)及有关税收法律、行政法规的规定予以处理、处罚。

第七十六条 主管财政机关以及政府其他部门、机构有关工作人员,在企业财务管理中滥用职权、玩忽职守、徇私舞弊或者泄露国家机密、企业商业秘密的,依法进行处理。

第十章 附 则

第七十七条 实行企业化管理的事业单位比照适用本通则。

第七十八条 本通则自2007年1月1日起施行。

小企业会计准则

(财会〔2011〕17号 2011年10月18日)

第一章 总 则

第一条 为了规范小企业会计确认、计量和报告行为,促进小企业可持续发展,发挥小企业在国民经济和社会发展中的重要作用,根据《中华人民共和国会计法》及其他有关法律和法规,制定本准则。

第二条 本准则适用于在中华人民共和国境内依法设立的、符合《中小企业划型标准规定》所规定的小型企业标准的企业。

下列三类小企业除外:

(一)股票或债券在市场上公开交易的小企业。

(二)金融机构或其他具有金融性质的小企业。

(三)企业集团内的母公司和子公司。

前款所称企业集团、母公司和子公司的定义与《企业会计准则》的规定相同。

第三条 符合本准则第二条规定的小企业,可以执行本准则,也可以执行《企业会计准则》。

(一)执行本准则的小企业,发生的交易或者事项本准则未作规范的,可以参照《企业会计准则》中的相关规定进行处理。

(二)执行《企业会计准则》的小企业,不得在执行《企业会计准则》的同时,选择执行本准则的相关规定。

(三)执行本准则的小企业公开发行股票或债券的,应当转为执行《企业会计准则》;因经营规模或企业性质变化导致不符合本准则。第二条规定而成为大中型企业或金融企业的,应当从次年1月1日起转为执行《企业会计准则》。

(四)已执行《企业会计准则》的上市公司、大中型企业和小企业,不得转为执行本准则。

第四条 执行本准则的小企业转为执行《企业会计准则》时,应当按照《企业会计准则第38号——首次执行企业会计准则》等相关规定进行会计处理。

第二章 资 产

第五条 资产,是指小企业过去的交易或者事项形成的、由小企业拥有或者控制的、预期会给小企业带来经济利益的资源。

小企业的资产按照流动性,可分为流动资产和非流动资产。

第六条 小企业的资产应当按照成本计量,不计提资产减值准备。

第一节 流动资产

第七条 小企业的流动资产,是指预计在1年内(含1年,下同)或超过1年的一个正常营业周期内变现、出售或耗用的资产。

小企业的流动资产包括:货币资金、短期投资、应收及预付款项、存货等。

第八条 短期投资,是指小企业购入的能随时变现并且持有时间不准备超过1年(含1年,下同)的投资,如小企业以赚取差价为目的从二级市场购入的股票、债券、基金等。

短期投资应当按照以下规定进行会计处理:

(一)以支付现金取得的短期投资,应当按照购买价款和相关税费作为成本进行计量。

实际支付价款中包含的已宣告但尚未发放的现金股利或已到付息期但尚未领取的债券利息,应当单独确认为应收股利或应收利息,不计入短期投资的成本。

(二)在短期投资持有期间,被投资单位宣告分派的现金股利或在债务人应付利息日按照分期付息、一次还本债券投资的票面利率计算的利息收入,应当计入投资收益。

(三)出售短期投资,出售价款扣除其账面余额、相关税费后的净额,应当计入投资收益。

第九条 应收及预付款项,是指小企业在日常生产经营活动中发生的各项债权。包括:应收票据、应收账款、应收股利、应收利息、其他应收款等应收款项和预付账款。

应收及预付款项应当按照发生额入账。

第十条 小企业应收及预付款项符合下列条件之一的,减除可收回的金额后确认的无法收回的应收及预付款项,作为坏账损失:

(一)债务人依法宣告破产、关闭、解散、被撤销,或者被依法注销、吊销营业执照,其清算财产不足清偿的。

(二)债务人死亡,或者依法被宣告失踪、死亡,其财产或者遗产不足清偿的。

(三)债务人逾期3年以上未清偿,且有确凿证据证明已无力清偿债务的。

(四)与债务人达成债务重组协议或法院批准破产重整计划后,无法追偿的。

(五)因自然灾害、战争等不可抗力导致无法收回的。

(六)国务院财政、税务主管部门规定的其他条件。

应收及预付款项的坏账损失应当于实际发生时计入营业外支出,同时冲减应收及预付款项。

第十一条 存货,是指小企业在日常生产经营过程中持有以备出售的产成品或商品、处在生产过程中的在产品、将在生产过程或提供劳务过程中耗用的材料和物料等,以及小企业(农、林、牧、渔业)为出售而持有的或在将来收获为农产品的消耗性生物资产。

小企业的存货包括:原材料、在产品、半成品、产成品、商品、周转材料、委托加工物资、消耗性生物资产等。

(一)原材料,是指小企业在生产过程中经加工改变其形态或性质并构成产品主要实体的各种原料及主要材料、辅助材料、外购半成品(外购件)、修理用备件(备品备件)、包装材料、燃料等。

（二）在产品,是指小企业正在制造尚未完工的产品。包括：正在各个生产工序加工的产品,以及已加工完毕但尚未检验或已检验但尚未办理入库手续的产品。

（三）半成品,是指小企业经过一定生产过程并已检验合格交付半成品仓库保管,但尚未制造完工成为产成品,仍需进一步加工的中间产品。

（四）产成品,是指小企业已经完成全部生产过程并已验收入库,符合标准规格和技术条件,可以按照合同规定的条件送交订货单位,或者可以作为商品对外销售的产品。

（五）商品,是指小企业（批发业、零售业）外购或委托加工完成并已验收入库用于销售的各种商品。

（六）周转材料,是指小企业能够多次使用、逐渐转移其价值但仍保持原有形态且不确认为固定资产的材料。包括：包装物、低值易耗品、小企业（建筑业）的钢模板、木模板、脚手架等。

（七）委托加工物资,是指小企业委托外单位加工的各种材料、商品等物资。

（八）消耗性生物资产,是指小企业（农、林、牧、渔业）生长中的大田作物、蔬菜、用材林以及存栏待售的牲畜等。

第十二条 小企业取得的存货,应当按照成本进行计量。

（一）外购存货的成本包括：购买价款、相关税费、运输费、装卸费、保险费以及在外购存货过程发生的其他直接费用,但不含按照税法规定可以抵扣的增值税进项税额。

（二）通过进一步加工取得存货的成本包括：直接材料、直接人工以及按照一定方法分配的制造费用。

经过1年期以上的制造才能达到预定可销售状态的存货发生的借款费用,也计入存货的成本。

前款所称借款费用,是指小企业因借款而发生的利息及其他相关成本。包括：借款利息、辅助费用以及因外币借款而发生的汇兑差额等。

（三）投资者投入存货的成本,应当按照评估价值确定。

（四）提供劳务的成本包括：与劳务提供直接相关的人工费、材料费和应分摊的间接费用。

（五）自行栽培、营造、繁殖或养殖的消耗性生物资产的成本,应当按照下列规定确定：

1. 自行栽培的大田作物和蔬菜的成本包括：在收获前耗用的种子、肥料、农药等材料费、人工费和应分摊的间接费用。

2. 自行营造的林木类消耗性生物资产的成本包括：郁闭前发生的造林费、抚育费、营林设施费、良种试验费、调查设计费和应分摊的间接费用。

3. 自行繁殖的育肥畜的成本包括：出售前发生的饲料费、人工费和应分摊的间接费用。

4. 水产养殖的动物和植物的成本包括：在出售或入库前耗用的苗种、饲料、肥料等材料费、人工费和应分摊的间接费用。

(六)盘盈存货的成本,应当按照同类或类似存货的市场价格或评估价值确定。

第十三条 小企业应当采用先进先出法、加权平均法或者个别计价法确定发出存货的实际成本。计价方法一经选用,不得随意变更。

对于性质和用途相似的存货,应当采用相同的成本计算方法确定发出存货的成本。

对于不能替代使用的存货、为特定项目专门购入或制造的存货以及提供的劳务,采用个别计价法确定发出存货的成本。

对于周转材料,采用一次转销法进行会计处理,在领用时按其成本计入生产成本或当期损益;金额较大的周转材料,也可以采用分次摊销法进行会计处理。出租或出借周转材料,不需要结转其成本,但应当进行备查登记。

对于已售存货,应当将其成本结转为营业成本。

第十四条 小企业应当根据生产特点和成本管理的要求,选择适合于本企业的成本核算对象、成本项目和成本计算方法。

小企业发生的各项生产费用,应当按照成本核算对象和成本项目分别归集。

(一)属于材料费、人工费等直接费用,直接计入基本生产成本和辅助生产成本。

(二)属于辅助生产车间为生产产品提供的动力等直接费用,可以先作为辅助生产成本进行归集,然后按照合理的方法分配计入基本生产成本;也可以直接计入所生产产品发生的生产成本。

(三)其他间接费用应当作为制造费用进行归集,月度终了,再按一定的分配标准,分配计入有关产品的成本。

第十五条 存货发生毁损,处置收入、可收回的责任人赔偿和保险赔款,扣除其成本、相关税费后的净额,应当计入营业外支出或营业外收入。

盘盈存货实现的收益应当计入营业外收入。

盘亏存货发生的损失应当计入营业外支出。

第二节 长期投资

第十六条 小企业的非流动资产,是指流动资产以外的资产。

小企业的非流动资产包括:长期债券投资、长期股权投资、固定资产、生产性生物资产、无形资产、长期待摊费用等。

第十七条 长期债券投资,是指小企业准备长期(在1年以上,下同)持有的债券投资。

第十八条 长期债券投资应当按照购买价款和相关税费作为成本进行计量。

实际支付价款中包含的已到付息期但尚未领取的债券利息,应当单独确认为应收利息,不计入长期债券投资的成本。

第十九条 长期债券投资在持有期间发生的应收利息应当确认为投资收益。

(一)分期付息、一次还本的长期债券投资,在债务人应付利息日按照票面利率计算的应收未收利息收入应当确认为应收利息,不增加长期债券投资的账面余额。

(二)一次还本付息的长期债券投资,在债务人应付利息日按照票面利率计算的应收未收利息收入应当增加长期债券投资的账面余额。

（三）债券的折价或者溢价在债券存续期间内于确认相关债券利息收入时采用直线法进行摊销。

第二十条　长期债券投资到期,小企业收回长期债券投资,应当冲减其账面余额。处置长期债券投资,处置价款扣除其账面余额、相关税费后的净额,应当计入投资收益。

第二十一条　小企业长期债券投资符合本准则第十条所列条件之一的,减除可收回的金额后确认的无法收回的长期债券投资,作为长期债券投资损失。

长期债券投资损失应当于实际发生时计入营业外支出,同时冲减长期债券投资账面余额。

第二十二条　长期股权投资,是指小企业准备长期持有的权益性投资。

第二十三条　长期股权投资应当按照成本进行计量。

（一）以支付现金取得的长期股权投资,应当按照购买价款和相关税费作为成本进行计量。

实际支付价款中包含的已宣告但尚未发放的现金股利,应当单独确认为应收股利,不计入长期股权投资的成本。

（二）通过非货币性资产交换取得的长期股权投资,应当按照换出非货币性资产的评估价值和相关税费作为成本进行计量。

第二十四条　长期股权投资应当采用成本法进行会计处理。

在长期股权投资持有期间,被投资单位宣告分派的现金股利或利润,应当按照应分得的金额确认为投资收益。

第二十五条　处置长期股权投资,处置价款扣除其成本、相关税费后的净额,应当计入投资收益。

第二十六条　小企业长期股权投资符合下列条件之一的,减除可收回的金额后确认的无法收回的长期股权投资,作为长期股权投资损失：

（一）被投资单位依法宣告破产、关闭、解散、被撤销,或者被依法注销、吊销营业执照的。

（二）被投资单位财务状况严重恶化,累计发生巨额亏损,已连续停止经营 3 年以上,且无重新恢复经营改组计划的。

（三）对被投资单位不具有控制权,投资期限届满或者投资期限已超过 10 年,且被投资单位因连续 3 年经营亏损导致资不抵债的。

（四）被投资单位财务状况严重恶化,累计发生巨额亏损,已完成清算或清算期超过 3 年以上的。

（五）国务院财政、税务主管部门规定的其他条件。

长期股权投资损失应当于实际发生时计入营业外支出,同时冲减长期股权投资账面余额。

第三节　固定资产和生产性生物资产

第二十七条　固定资产,是指小企业为生产产品、提供劳务、出租或经营管理而持有的,使用寿命超过1年的有形资产。

小企业的固定资产包括:房屋、建筑物、机器、机械、运输工具、设备、器具、工具等。

第二十八条 固定资产应当按照成本进行计量。

(一)外购固定资产的成本包括:购买价款、相关税费、运输费、装卸费、保险费、安装费等,但不含按照税法规定可以抵扣的增值税进项税额。以一笔款项购入多项没有单独标价的固定资产,应当按照各项固定资产或类似资产的市场价格或评估价值比例对总成本进行分配,分别确定各项固定资产的成本。

(二)自行建造固定资产的成本,由建造该项资产在竣工决算前发生的支出(含相关的借款费用)构成。

小企业在建工程在试运转过程中形成的产品、副产品或试车收入冲减在建工程成本。

(三)投资者投入固定资产的成本,应当按照评估价值和相关税费确定。

(四)融资租入的固定资产的成本,应当按照租赁合同约定的付款总额和在签订租赁合同过程中发生的相关税费等确定。

(五)盘盈固定资产的成本,应当按照同类或者类似固定资产的市场价格或评估价值,扣除按照该项固定资产新旧程度估计的折旧后的余额确定。

第二十九条 小企业应当对所有固定资产计提折旧,但已提足折旧仍继续使用的固定资产和单独计价入账的土地不得计提折旧。

固定资产的折旧费应当根据固定资产的受益对象计入相关资产成本或者当期损益。

前款所称折旧,是指在固定资产使用寿命内,按照确定的方法对应计折旧额进行系统分摊。应计折旧额,是指应当计提折旧的固定资产的原价(成本)扣除其预计净残值后的金额。预计净残值,是指固定资产预计使用寿命已满,小企业从该项固定资产处置中获得的扣除预计处置费用后的净额。已提足折旧,是指已经提足该项固定资产的应计折旧额。

第三十条 小企业应当按照年限平均法(即直线法,下同)计提折旧。小企业的固定资产由于技术进步等原因,确需加速折旧的,可以采用双倍余额递减法和年数总和法。

小企业应当根据固定资产的性质和使用情况,并考虑税法的规定,合理确定固定资产的使用寿命和预计净残值。

固定资产的折旧方法、使用寿命、预计净残值一经确定,不得随意变更。

第三十一条 小企业应当按月计提折旧,当月增加的固定资产,当月不计提折旧,从下月起计提折旧;当月减少的固定资产,当月仍计提折旧,从下月起不计提折旧。

第三十二条 固定资产的日常修理费,应当在发生时根据固定资产的受益对象计入相关资产成本或者当期损益。

第三十三条 固定资产的改建支出,应当计入固定资产的成本,但已提足折旧的固定资产和经营租入的固定资产发生的改建支出应当计入长期待摊费用。

前款所称固定资产的改建支出,是指改变房屋或者建筑物结构、延长使用年限等发生的支出。

第三十四条 处置固定资产,处置收入扣除其账面价值、相关税费和清理费用后的净额,应当计入营业外收入或营业外支出。

前款所称固定资产的账面价值,是指固定资产原价(成本)扣减累计折旧后的金额。

盘亏固定资产发生的损失应当计入营业外支出。

第三十五条 生产性生物资产,是指小企业(农、林、牧、渔业)为生产农产品、提供劳务或出租等目的而持有的生物资产。包括:经济林、薪炭林、产畜和役畜等。

第三十六条 生产性生物资产应当按照成本进行计量。

(一)外购的生产性生物资产的成本,应当按照购买价款和相关税费确定。

(二)自行营造或繁殖的生产性生物资产的成本,应当按照下列规定确定:

1. 自行营造的林木类生产性生物资产的成本包括:达到预定生产经营目的前发生的造林费、抚育费、营林设施费、良种试验费、调查设计费和应分摊的间接费用等必要支出。

2. 自行繁殖的产畜和役畜的成本包括:达到预定生产经营目的前发生的饲料费、人工费和应分摊的间接费用等必要支出。

前款所称达到预定生产经营目的,是指生产性生物资产进入正常生产期,可以多年连续稳定产出农产品、提供劳务或出租。

第三十七条 生产性生物资产应当按照年限平均法计提折旧。

小企业(农、林、牧、渔业)应当根据生产性生物资产的性质和使用情况,并考虑税法的规定,合理确定生产性生物资产的使用寿命和预计净残值。

生产性生物资产的折旧方法、使用寿命、预计净残值一经确定,不得随意变更。

小企业(农、林、牧、渔业)应当自生产性生物资产投入使用月份的下月起按月计提折旧;停止使用的生产性生物资产,应当自停止使用月份的下月起停止计提折旧。

第四节 无形资产

第三十八条 无形资产,是指小企业为生产产品、提供劳务、出租或经营管理而持有的、没有实物形态的可辨认非货币性资产。

小企业的无形资产包括:土地使用权、专利权、商标权、著作权、非专利技术等。

自行开发建造厂房等建筑物,相关的土地使用权与建筑物应当分别进行处理。外购土地及建筑物支付的价款应当在建筑物与土地使用权之间按照合理的方法进行分配;难以合理分配的,应当全部作为固定资产。

第三十九条 无形资产应当按照成本进行计量。

(一)外购无形资产的成本包括:购买价款、相关税费和相关的其他支出(含相关的借款费用)。

(二)投资者投入的无形资产的成本,应当按照评估价值和相关税费确定。

(三)自行开发的无形资产的成本,由符合资本化条件后至达到预定用途前发生的支出(含相关的借款费用)构成。

第四十条 小企业自行开发无形资产发生的支出,同时满足下列条件的,才能确认为无形资产:

(一)完成该无形资产以使其能够使用或出售在技术上具有可行性;

(二)具有完成该无形资产并使用或出售的意图;

（三）能够证明运用该无形资产生产的产品存在市场或无形资产自身存在市场，无形资产将在内部使用的，应当证明其有用性；

（四）有足够的技术、财务资源和其他资源支持，以完成该无形资产的开发，并有能力使用或出售该无形资产；

（五）归属于该无形资产开发阶段的支出能够可靠地计量。

第四十一条 无形资产应当在其使用寿命内采用年限平均法进行摊销，根据其受益对象计入相关资产成本或者当期损益。

无形资产的摊销期自其可供使用时开始至停止使用或出售时止。有关法律规定或合同约定了使用年限的，可以按照规定或约定的使用年限分期摊销。

小企业不能可靠估计无形资产使用寿命的，摊销期不得低于10年。

第四十二条 处置无形资产，处置收入扣除其账面价值、相关税费等后的净额，应当计入营业外收入或营业外支出。

前款所称无形资产的账面价值，是指无形资产的成本扣减累计摊销后的金额。

第五节　长期待摊费用

第四十三条 小企业的长期待摊费用包括：已提足折旧的固定资产的改建支出、经营租入固定资产的改建支出、固定资产的大修理支出和其他长期待摊费用等。

前款所称固定资产的大修理支出，是指同时符合下列条件的支出：

（一）修理支出达到取得固定资产时的计税基础50%以上；

（二）修理后固定资产的使用寿命延长2年以上。

第四十四条 长期待摊费用应当在其摊销期限内采用年限平均法进行摊销，根据其受益对象计入相关资产的成本或者管理费用，并冲减长期待摊费用。

（一）已提足折旧的固定资产的改建支出，按照固定资产预计尚可使用年限分期摊销。

（二）经营租入固定资产的改建支出，按照合同约定的剩余租赁期限分期摊销。

（三）固定资产的大修理支出，按照固定资产尚可使用年限分期摊销。

（四）其他长期待摊费用，自支出发生月份的下月起分期摊销，摊销期不得低于3年。

第三章　负　债

第四十五条 负债，是指小企业过去的交易或者事项形成的，预期会导致经济利益流出小企业的现时义务。

小企业的负债按照其流动性，可分为流动负债和非流动负债。

第一节　流动负债

第四十六条 小企业的流动负债，是指预计在1年内或者超过1年的一个正常营业周期内清偿的债务。

小企业的流动负债包括：短期借款、应付及预收款项、应付职工薪酬、应交税费、应付利息等。

第四十七条 各项流动负债应当按照其实际发生额入账。

小企业确实无法偿付的应付款项,应当计入营业外收入。

第四十八条 短期借款应当按照借款本金和借款合同利率在应付利息日计提利息费用,计入财务费用。

第四十九条 应付职工薪酬,是指小企业为获得职工提供的服务而应付给职工的各种形式的报酬以及其他相关支出。

小企业的职工薪酬包括:

(一)职工工资、奖金、津贴和补贴。

(二)职工福利费。

(三)医疗保险费、养老保险费、失业保险费、工伤保险费和生育保险费等社会保险费。

(四)住房公积金。

(五)工会经费和职工教育经费。

(六)非货币性福利。

(七)因解除与职工的劳动关系给予的补偿。

(八)其他与获得职工提供的服务相关的支出等。

第五十条 小企业应当在职工为其提供服务的会计期间,将应付的职工薪酬确认为负债,并根据职工提供服务的受益对象,分别下列情况进行会计处理:

(一)应由生产产品、提供劳务负担的职工薪酬,计入产品成本或劳务成本。

(二)应由在建工程、无形资产开发项目负担的职工薪酬,计入固定资产成本或无形资产成本。

(三)其他职工薪酬(含因解除与职工的劳动关系给予的补偿),计入当期损益。

第二节 非流动负债

第五十一条 小企业的非流动负债,是指流动负债以外的负债。

小企业的非流动负债包括:长期借款、长期应付款等。

第五十二条 非流动负债应当按照其实际发生额入账。

长期借款应当按照借款本金和借款合同利率在应付利息日计提利息费用,计入相关资产成本或财务费用。

第四章 所有者权益

第五十三条 所有者权益,是指小企业资产扣除负债后由所有者享有的剩余权益。

小企业的所有者权益包括:实收资本(或股本,下同)、资本公积、盈余公积和未分配利润。

第五十四条 实收资本,是指投资者按照合同协议约定或相关规定投入到小企业、构成小企业注册资本的部分。

(一)小企业收到投资者以现金或非货币性资产投入的资本,应当按照其在本企业注册资本中所占的份额计入实收资本,超出的部分,应当计入资本公积。

(二)投资者根据有关规定对小企业进行增资或减资,小企业应当增加或减少实收资本。

第五十五条 资本公积,是指小企业收到的投资者出资额超过其在注册资本或股本中所占份额的部分。

小企业用资本公积转增资本,应当冲减资本公积。小企业的资本公积不得用于弥补亏损。

第五十六条 盈余公积,是指小企业按照法律规定在税后利润中提取的法定公积金和任意公积金。

小企业用盈余公积弥补亏损或者转增资本,应当冲减盈余公积。小企业的盈余公积还可以用于扩大生产经营。

第五十七条 未分配利润,是指小企业实现的净利润,经过弥补亏损、提取法定公积金和任意公积金、向投资者分配利润后,留存在本企业的、历年结存的利润。

第五章 收 入

第五十八条 收入,是指小企业在日常生产经营活动中形成的、会导致所有者权益增加、与所有者投入资本无关的经济利益的总流入。包括:销售商品收入和提供劳务收入。

第五十九条 销售商品收入,是指小企业销售商品(或产成品、材料,下同)取得的收入。

通常,小企业应当在发出商品且收到货款或取得收款权利时,确认销售商品收入。

(一)销售商品采用托收承付方式的,在办妥托收手续时确认收入。

(二)销售商品采取预收款方式的,在发出商品时确认收入。

(三)销售商品采用分期收款方式的,在合同约定的收款日期确认收入。

(四)销售商品需要安装和检验的,在购买方接受商品以及安装和检验完毕时确认收入。安装程序比较简单的,可在发出商品时确认收入。

(五)销售商品采用支付手续费方式委托代销的,在收到代销清单时确认收入。

(六)销售商品以旧换新的,销售的商品作为商品销售处理,回收的商品作为购进商品处理。

(七)采取产品分成方式取得的收入,在分得产品之日按照产品的市场价格或评估价值确定销售商品收入金额。

第六十条 小企业应当按照从购买方已收或应收的合同或协议价款,确定销售商品收入金额。

销售商品涉及现金折扣的,应当按照扣除现金折扣前的金额确定销售商品收入金额。现金折扣应当在实际发生时,计入当期损益。

销售商品涉及商业折扣的,应当按照扣除商业折扣后的金额确定销售商品收入金额。

前款所称现金折扣,是指债权人为鼓励债务人在规定的期限内付款而向债务人提供的债务扣除。商业折扣,是指小企业为促进商品销售而在商品标价上给予的价格扣除。

第六十一条　小企业已经确认销售商品收入的售出商品发生的销售退回(不论属于本年度还是属于以前年度的销售),应当在发生时冲减当期销售商品收入。

小企业已经确认销售商品收入的售出商品发生的销售折让,应当在发生时冲减当期销售商品收入。

前款所称销售退回,是指小企业售出的商品由于质量、品种不符合要求等原因发生的退货。销售折让,是指小企业因售出商品的质量不合格等原因而在售价上给予的减让。

第六十二条　小企业提供劳务的收入,是指小企业从事建筑安装、修理修配、交通运输、仓储租赁、邮电通信、咨询经纪、文化体育、科学研究、技术服务、教育培训、餐饮住宿、中介代理、卫生保健、社区服务、旅游、娱乐、加工以及其他劳务服务活动取得的收入。

第六十三条　同一会计年度内开始并完成的劳务,应当在提供劳务交易完成且收到款项或取得收款权利时,确认提供劳务收入。提供劳务收入的金额为从接受劳务方已收或应收的合同或协议价款。

劳务的开始和完成分属不同会计年度的,应当按照完工进度确认提供劳务收入。年度资产负债表日,按照提供劳务收入总额乘以完工进度扣除以前会计年度累计已确认提供劳务收入后的金额,确认本年度的提供劳务收入;同时,按照估计的提供劳务成本总额乘以完工进度扣除以前会计年度累计已确认营业成本后的金额,结转本年度营业成本。

第六十四条　小企业与其他企业签订的合同或协议包含销售商品和提供劳务时,销售商品部分和提供劳务部分能够区分且能够单独计量的,应当将销售商品的部分作为销售商品处理,将提供劳务的部分作为提供劳务处理。

销售商品部分和提供劳务部分不能够区分,或虽能区分但不能够单独计量的,应当作为销售商品处理。

第六章　费　用

第六十五条　费用,是指小企业在日常生产经营活动中发生的、会导致所有者权益减少、与向所有者分配利润无关的经济利益的总流出。

小企业的费用包括:营业成本、营业税金及附加、销售费用、管理费用、财务费用等。

(一)营业成本,是指小企业所销售商品的成本和所提供劳务的成本。

(二)营业税金及附加,是指小企业开展日常生产经营活动应负担的消费税、营业税、城市维护建设税、资源税、土地增值税、城镇土地使用税、房产税、车船税、印花税和教育费附加、矿产资源补偿费、排污费等。

(三)销售费用,是指小企业在销售商品或提供劳务过程中发生的各种费用。包括:销售人员的职工薪酬、商品维修费、运输费、装卸费、包装费、保险费、广告费、业务宣传费、展览费等费用。

小企业(批发业、零售业)在购买商品过程中发生的费用(包括:运输费、装卸费、包装费、保险费、运输途中的合理损耗和入库前的挑选整理费等)也构成销售费用。

（四）管理费用，是指小企业为组织和管理生产经营发生的其他费用。包括：小企业在筹建期间内发生的开办费、行政管理部门发生的费用(包括：固定资产折旧费、修理费、办公费、水电费、差旅费、管理人员的职工薪酬等)、业务招待费、研究费用、技术转让费、相关长期待摊费用摊销、财产保险费、聘请中介机构费、咨询费(含顾问费)、诉讼费等费用。

（五）财务费用，是指小企业为筹集生产经营所需资金发生的筹资费用。包括：利息费用(减利息收入)、汇兑损失、银行相关手续费、小企业给予的现金折扣(减享受的现金折扣)等费用。

第六十六条 通常，小企业的费用应当在发生时按照其发生额计入当期损益。

小企业销售商品收入和提供劳务收入已予确认的，应当将已销售商品和已提供劳务的成本作为营业成本结转至当期损益。

第七章 利润及利润分配

第六十七条 利润，是指小企业在一定会计期间的经营成果。包括：营业利润、利润总额和净利润。

（一）营业利润，是指营业收入减去营业成本、营业税金及附加、销售费用、管理费用、财务费用，加上投资收益(或减去投资损失)后的金额。

前款所称营业收入，是指小企业销售商品和提供劳务实现的收入总额。投资收益，由小企业股权投资取得的现金股利(或利润)、债券投资取得的利息收入和处置股权投资和债券投资取得的处置价款扣除成本或账面余额、相关税费后的净额三部分构成。

（二）利润总额，是指营业利润加上营业外收入，减去营业外支出后的金额。

（三）净利润，是指利润总额减去所得税费用后的净额。

第六十八条 营业外收入，是指小企业非日常生产经营活动形成的、应当计入当期损益、会导致所有者权益增加、与所有者投入资本无关的经济利益的净流入。

小企业的营业外收入包括：非流动资产处置净收益、政府补助、捐赠收益、盘盈收益、汇兑收益、出租包装物和商品的租金收入、逾期未退包装物押金收益、确实无法偿付的应付款项、已作坏账损失处理后又收回的应收款项、违约金收益等。

通常，小企业的营业外收入应当在实现时按照其实现金额计入当期损益。

第六十九条 政府补助，是指小企业从政府无偿取得货币性资产或非货币性资产，但不含政府作为小企业所有者投入的资本。

（一）小企业收到与资产相关的政府补助，应当确认为递延收益，并在相关资产的使用寿命内平均分配，计入营业外收入。

收到的其他政府补助，用于补偿本企业以后期间的相关费用或亏损的，确认为递延收益，并在确认相关费用或发生亏损的期间，计入营业外收入；用于补偿本企业已发生的相关费用或亏损的，直接计入营业外收入。

（二）政府补助为货币性资产的，应当按照收到的金额计量。

政府补助为非货币性资产的,政府提供了有关凭据的,应当按照凭据上标明的金额计量;政府没有提供有关凭据的,应当按照同类或类似资产的市场价格或评估价值计量。

(三)小企业按照规定实行企业所得税、增值税、消费税、营业税等先征后返的,应当在实际收到返还的企业所得税、增值税(不含出口退税)、消费税、营业税时,计入营业外收入。

第七十条 营业外支出,是指小企业非日常生产经营活动发生的、应当计入当期损益、会导致所有者权益减少、与向所有者分配利润无关的经济利益的净流出。

小企业的营业外支出包括:存货的盘亏、毁损、报废损失,非流动资产处置净损失,坏账损失,无法收回的长期债券投资损失,无法收回的长期股权投资损失,自然灾害等不可抗力因素造成的损失,税收滞纳金,罚金,罚款,被没收财物的损失,捐赠支出,赞助支出等。

通常,小企业的营业外支出应当在发生时按照其发生额计入当期损益。

第七十一条 小企业应当按照企业所得税法规定计算的当期应纳税额,确认所得税费用。

小企业应当在利润总额的基础上,按照企业所得税法规定进行纳税调整,计算出当期应纳税所得额,按照应纳税所得额与适用所得税税率为基础计算确定当期应纳税额。

第七十二条 小企业以当年净利润弥补以前年度亏损等剩余的税后利润,可用于向投资者进行分配。

小企业(公司制)在分配当年税后利润时,应当按照公司法的规定提取法定公积金和任意公积金。

第八章 外币业务

第七十三条 小企业的外币业务由外币交易和外币财务报表折算构成。

第七十四条 外币交易,是指小企业以外币计价或者结算的交易。

小企业的外币交易包括:买入或者卖出以外币计价的商品或者劳务、借入或者借出外币资金和其他以外币计价或者结算的交易。

前款所称外币,是指小企业记账本位币以外的货币。记账本位币,是指小企业经营所处的主要经济环境中的货币。

第七十五条 小企业应当选择人民币作为记账本位币。业务收支以人民币以外的货币为主的小企业,可以选定其中一种货币作为记账本位币,但编报的财务报表应当折算为人民币财务报表。小企业记账本位币一经确定,不得随意变更,但小企业经营所处的主要经济环境发生重大变化除外。

小企业因经营所处的主要经济环境发生重大变化,确需变更记账本位币的,应当采用变更当日的即期汇率将所有项目折算为变更后的记账本位币。

前款所称即期汇率,是指中国人民银行公布的当日人民币外汇牌价的中间价。

第七十六条 小企业对于发生的外币交易,应当将外币金额折算为记账本位币金额。

外币交易在初始确认时,采用交易发生日的即期汇率将外币金额折算为记账本位币金额；也可以采用交易当期平均汇率折算。

小企业收到投资者以外币投入的资本，应当采用交易发生日即期汇率折算，不得采用合同约定汇率和交易当期平均汇率折算。

第七十七条 小企业在资产负债表日，应当按照下列规定对外币货币性项目和外币非货币性项目进行会计处理：

（一）外币货币性项目，采用资产负债表日的即期汇率折算。因资产负债表日即期汇率与初始确认时或者前一资产负债表日即期汇率不同而产生的汇兑差额，计入当期损益。

（二）以历史成本计量的外币非货币性项目，仍采用交易发生日的即期汇率折算，不改变其记账本位币金额。

前款所称货币性项目，是指小企业持有的货币资金和将以固定或可确定的金额收取的资产或者偿付的负债。货币性项目分为货币性资产和货币性负债。货币性资产包括：库存现金、银行存款、应收账款、其他应收款等；货币性负债包括：短期借款、应付账款、其他应付款、长期借款、长期应付款等。非货币性项目，是指货币性项目以外的项目。包括：存货、长期股权投资、固定资产、无形资产等。

第七十八条 小企业对外币财务报表进行折算时，应当采用资产负债表日的即期汇率对外币资产负债表、利润表和现金流量表的所有项目进行折算。

第九章 财务报表

第七十九条 财务报表，是指对小企业财务状况、经营成果和现金流量的结构性表述。小企业的财务报表至少应当包括下列组成部分：

（一）资产负债表；

（二）利润表；

（三）现金流量表；

（四）附注。

第八十条 资产负债表，是指反映小企业在某一特定日期的财务状况的报表。

（一）资产负债表中的资产类至少应当单独列示反映下列信息的项目：

1.货币资金；

2.应收及预付款项；

3.存货；

4.长期债券投资；

5.长期股权投资；

6.固定资产；

7.生产性生物资产；

8.无形资产；

9.长期待摊费用。

（二）资产负债表中的负债类至少应当单独列示反映下列信息的项目：

1. 短期借款；

2. 应付及预收款项；

3. 应付职工薪酬；

4. 应交税费；

5. 应付利息；

6. 长期借款；

7. 长期应付款。

(三)资产负债表中的所有者权益类至少应当单独列示反映下列信息的项目：

1. 实收资本；

2. 资本公积；

3. 盈余公积；

4. 未分配利润。

(四)资产负债表中的资产类应当包括流动资产和非流动资产的合计项目；负债类应当包括流动负债、非流动负债和负债的合计项目；所有者权益类应当包括所有者权益的合计项目。

资产负债表应当列示资产总计项目，负债和所有者权益总计项目。

第八十一条 利润表，是指反映小企业在一定会计期间的经营成果的报表。

费用应当按照功能分类，分为营业成本、营业税金及附加、销售费用、管理费用和财务费用等。

利润表至少应当单独列示反映下列信息的项目：

(一)营业收入；

(二)营业成本；

(三)营业税金及附加；

(四)销售费用；

(五)管理费用；

(六)财务费用；

(七)所得税费用；

(八)净利润。

第八十二条 现金流量表，是指反映小企业在一定会计期间现金流入和流出情况的报表。

现金流量表应当分别经营活动、投资活动和筹资活动列报现金流量。现金流量应当分别按照现金流入和现金流出总额列报。

前款所称现金，是指小企业的库存现金以及可以随时用于支付的存款和其他货币资金。

第八十三条 经营活动，是指小企业投资活动和筹资活动以外的所有交易和事项。

小企业经营活动产生的现金流量应当单独列示反映下列信息的项目：

(一)销售产成品、商品、提供劳务收到的现金；

(二)购买原材料、商品、接受劳务支付的现金;
(三)支付的职工薪酬;
(四)支付的税费。

第八十四条 投资活动,是指小企业固定资产、无形资产、其他非流动资产的购建和短期投资、长期债券投资、长期股权投资及其处置活动。

小企业投资活动产生的现金流量应当单独列示反映下列信息的项目:
(一)收回短期投资、长期债券投资和长期股权投资收到的现金;
(二)取得投资收益收到的现金;
(三)处置固定资产、无形资产和其他非流动资产收回的现金净额;
(四)短期投资、长期债券投资和长期股权投资支付的现金;
(五)购建固定资产、无形资产和其他非流动资产支付的现金。

第八十五条 筹资活动,是指导致小企业资本及债务规模和构成发生变化的活动。

小企业筹资活动产生的现金流量应当单独列示反映下列信息的项目:
(一)取得借款收到的现金;
(二)吸收投资者投资收到的现金;
(三)偿还借款本金支付的现金;
(四)偿还借款利息支付的现金;
(五)分配利润支付的现金。

第八十六条 附注,是指对在资产负债表、利润表和现金流量表等报表中列示项目的文字描述或明细资料,以及对未能在这些报表中列示项目的说明等。

附注应当按照下列顺序披露:
(一)遵循小企业会计准则的声明。
(二)短期投资、应收账款、存货、固定资产项目的说明。
(三)应付职工薪酬、应交税费项目的说明。
(四)利润分配的说明。
(五)用于对外担保的资产名称、账面余额及形成的原因;未决诉讼、未决仲裁以及对外提供担保所涉及的金额。
(六)发生严重亏损的,应当披露持续经营的计划、未来经营的方案。
(七)对已在资产负债表和利润表中列示项目与企业所得税法规定存在差异的纳税调整过程。
(八)其他需要在附注中说明的事项。

第八十七条 小企业应当根据实际发生的交易和事项,按照本准则的规定进行确认和计量,在此基础上按月或者按季编制财务报表。

第八十八条 小企业对会计政策变更、会计估计变更和会计差错更正应当采用未来适用法进行会计处理。

前款所称会计政策,是指小企业在会计确认、计量和报告中所采用的原则、基础和会计处理方法。会计估计变更,是指由于资产和负债的当前状况及预期经济利益和义务发生了变化,从而对资产或负债的账面价值或者资产的定期消耗金额进行调整。前期差错包括:计算错误、应用会计政策错误、应用会计估计错误等。未来适用法,是指将变更后的会计政策和会计估计应用于变更日及以后发生的交易或者事项,或者在会计差错发生或发现的当期更正差错的方法。

第十章 附 则

第八十九条 符合《中小企业划型标准规定》所规定的微型企业标准的企业参照执行本准则。

第九十条 本准则自2013年1月1日起施行。财政部2004年发布的《小企业会计制度》(财会〔2004〕2号)同时废止。

中华人民共和国税收征收管理法

(2015年4月24日第十二届全国人民代表大会常务委员会第十四次会议修订)

第一章 总 则

第一条 为了加强税收征收管理,规范税收征收和缴纳行为,保障国家税收收入,保护纳税人的合法权益,促进经济和社会发展,制定本法。

第二条 凡依法由税务机关征收的各种税收的征收管理,均适用本法。

第三条 税收的开征、停征以及减税、免税、退税、补税,依照法律的规定执行;法律授权国务院规定的,依照国务院制定的行政法规的规定执行。

任何机关、单位和个人不得违反法律、行政法规的规定,擅自作出税收开征、停征以及减税、免税、退税、补税和其他同税收法律、行政法规相抵触的决定。

第四条 法律、行政法规规定负有纳税义务的单位和个人为纳税人。

法律、行政法规规定负有代扣代缴、代收代缴税款义务的单位和个人为扣缴义务人。

纳税人、扣缴义务人必须依照法律、行政法规的规定缴纳税款、代扣代缴、代收代缴税款。

第五条 国务院税务主管部门主管全国税收征收管理工作。各地国家税务局和地方税务局应当按照国务院规定的税收征收管理范围分别进行征收管理。

地方各级人民政府应当依法加强对本行政区域内税收征收管理工作的领导或者协调,支持税务机关依法执行职务,依照法定税率计算税额,依法征收税款。

各有关部门和单位应当支持、协助税务机关依法执行职务。

税务机关依法执行职务,任何单位和个人不得阻挠。

第六条 国家有计划地用现代信息技术装备各级税务机关,加强税收征收管理信息系统的现代化建设,建立、健全税务机关与政府其他管理机关的信息共享制度。

纳税人、扣缴义务人和其他有关单位应当按照国家有关规定如实向税务机关提供与纳税和代扣代缴、代收代缴税款有关的信息。

第七条 税务机关应当广泛宣传税收法律、行政法规,普及纳税知识,无偿地为纳税人提供纳税咨询服务。

第八条 纳税人、扣缴义务人有权向税务机关了解国家税收法律、行政法规的规定以及与纳税程序有关的情况。

纳税人、扣缴义务人有权要求税务机关为纳税人、扣缴义务人的情况保密。税务机关应当依法为纳税人、扣缴义务人的情况保密。

纳税人依法享有申请减税、免税、退税的权利。

纳税人、扣缴义务人对税务机关所作出的决定，享有陈述权、申辩权；依法享有申请行政复议、提起行政诉讼、请求国家赔偿等权利。

纳税人、扣缴义务人有权控告和检举税务机关、税务人员的违法违纪行为。

第九条 税务机关应当加强队伍建设，提高税务人员的政治业务素质。

税务机关、税务人员必须秉公执法、忠于职守、清正廉洁、礼貌待人、文明服务，尊重和保护纳税人、扣缴义务人的权利，依法接受监督。

税务人员不得索贿受贿、徇私舞弊、玩忽职守、不征或者少征应征税款；不得滥用职权多征税款或者故意刁难纳税人和扣缴义务人。

第十条 各级税务机关应当建立、健全内部制约和监督管理制度。

上级税务机关应当对下级税务机关的执法活动依法进行监督。

各级税务机关应当对其工作人员执行法律、行政法规和廉洁自律准则的情况进行监督检查。

第十一条 税务机关负责征收、管理、稽查、行政复议的人员的职责应当明确，并相互分离、相互制约。

第十二条 税务人员征收税款和查处税收违法案件，与纳税人、扣缴义务人或者税收违法案件有利害关系的，应当回避。

第十三条 任何单位和个人都有权检举违反税收法律、行政法规的行为。收到检举的机关和负责查处的机关应当为检举人保密。税务机关应当按照规定给予奖励。

第十四条 本法所称税务机关是指各级税务局、税务分局、税务所和按照国务院规定设立的并向社会公告的税务机构。

第二章 税务管理

第一节 税务登记

第十五条 企业，企业在外地设立的分支机构和从事生产、经营的场所，个体工商户和从事生产、经营的事业单位（以下统称从事生产、经营的纳税人）自领取营业执照之日起三十日内，持有关证件，向税务机关申报办理税务登记。税务机关应当于收到申报的当日办理登记并发给税务登记证件。

工商行政管理机关应当将办理登记注册、核发营业执照的情况，定期向税务机关通报。

本条第一款规定以外的纳税人办理税务登记和扣缴义务人办理扣缴税款登记的范围和办法，由国务院规定。

第十六条 从事生产、经营的纳税人，税务登记内容发生变化的，自工商行政管理机关办理变更登记之日起三十日内或者在向工商行政管理机关申请办理注销登记之前，持有关证件向税务机关申报办理变更或者注销税务登记。

第十七条 从事生产、经营的纳税人应当按照国家有关规定，持税务登记证件，在银行或者其他金融机构开立基本存款账户和其他存款账户，并将其全部账号向税务机关报告。

银行和其他金融机构应当在从事生产、经营的纳税人的账户中登录税务登记证件号码,并在税务登记证件中登录从事生产、经营的纳税人的账户账号。

税务机关依法查询从事生产、经营的纳税人开立账户的情况时,有关银行和其他金融机构应当予以协助。

第十八条 纳税人按照国务院税务主管部门的规定使用税务登记证件。税务登记证件不得转借、涂改、损毁、买卖或者伪造。

第二节 账簿、凭证管理

第十九条 纳税人、扣缴义务人按照有关法律、行政法规和国务院财政、税务主管部门的规定设置账簿,根据合法、有效凭证记账,进行核算。

第二十条 从事生产、经营的纳税人的财务、会计制度或者财务、会计处理办法和会计核算软件,应当报送税务机关备案。

纳税人、扣缴义务人的财务、会计制度或者财务、会计处理办法与国务院或者国务院财政、税务主管部门有关税收的规定抵触的,依照国务院或者国务院财政、税务主管部门有关税收的规定计算应纳税款、代扣代缴和代收代缴税款。

第二十一条 税务机关是发票的主管机关,负责发票印制、领购、开具、取得、保管、缴销的管理和监督。

单位、个人在购销商品、提供或者接受经营服务以及从事其他经营活动中,应当按照规定开具、使用、取得发票。

发票的管理办法由国务院规定。

第二十二条 增值税专用发票由国务院税务主管部门指定的企业印制;其他发票,按照国务院税务主管部门的规定,分别由省、自治区、直辖市国家税务局、地方税务局指定企业印制。

未经前款规定的税务机关指定,不得印制发票。

第二十三条 国家根据税收征收管理的需要,积极推广使用税控装置。纳税人应当按照规定安装、使用税控装置,不得损毁或者擅自改动税控装置。

第二十四条 从事生产、经营的纳税人、扣缴义务人必须按照国务院财政、税务主管部门规定的保管期限保管账簿、记账凭证、完税凭证及其他有关资料。

账簿、记账凭证、完税凭证及其他有关资料不得伪造、变造或者擅自损毁。

第三节 纳税申报

第二十五条 纳税人必须依照法律、行政法规规定或者税务机关依照法律、行政法规的规定确定的申报期限、申报内容如实办理纳税申报,报送纳税申报表、财务会计报表以及税务机关根据实际需要要求纳税人报送的其他纳税资料。

扣缴义务人必须依照法律、行政法规规定或者税务机关依照法律、行政法规的规定确定的申报期限、申报内容如实报送代扣代缴、代收代缴税款报告表以及税务机关根据实际需要要求扣缴义务人报送的其他有关资料。

第二十六条 纳税人、扣缴义务人可以直接到税务机关办理纳税申报或者报送代扣代缴、代收代缴税款报告表，也可以按照规定采取邮寄、数据电文或者其他方式办理上述申报、报送事项。

第二十七条 纳税人、扣缴义务人不能按期办理纳税申报或者报送代扣代缴、代收代缴税款报告表的，经税务机关核准，可以延期申报。

经核准延期办理前款规定的申报、报送事项的，应当在纳税期内按照上期实际缴纳的税额或者税务机关核定的税额预缴税款，并在核准的延期内办理税款结算。

第三章 税款征收

第二十八条 税务机关依照法律、行政法规的规定征收税款，不得违反法律、行政法规的规定开征、停征、多征、少征、提前征收、延缓征收或者摊派税款。

农业税应纳税额按照法律、行政法规的规定核定。

第二十九条 除税务机关、税务人员以及经税务机关依照法律、行政法规委托的单位和人员外，任何单位和个人不得进行税款征收活动。

第三十条 扣缴义务人依照法律、行政法规的规定履行代扣、代收税款的义务。对法律、行政法规没有规定负有代扣、代收税款义务的单位和个人，税务机关不得要求其履行代扣、代收税款义务。

扣缴义务人依法履行代扣、代收税款义务时，纳税人不得拒绝。纳税人拒绝的，扣缴义务人应当及时报告税务机关处理。

税务机关按照规定付给扣缴义务人代扣、代收手续费。

第三十一条 纳税人、扣缴义务人按照法律、行政法规规定或者税务机关依照法律、行政法规的规定确定的期限，缴纳或者解缴税款。

纳税人因有特殊困难，不能按期缴纳税款的，经省、自治区、直辖市国家税务局、地方税务局批准，可以延期缴纳税款，但是最长不得超过三个月。

第三十二条 纳税人未按照规定期限缴纳税款的，扣缴义务人未按照规定期限解缴税款的，税务机关除责令限期缴纳外，从滞纳税款之日起，按日加收滞纳税款万分之五的滞纳金。

第三十三条 纳税人依照法律、行政法规的规定办理减税、免税。

地方各级人民政府、各级人民政府主管部门、单位和个人违反法律、行政法规规定，擅自作出的减税、免税决定无效，税务机关不得执行，并向上级税务机关报告。

第三十四条 税务机关征收税款时，必须给纳税人开具完税凭证。扣缴义务人代扣、代收税款时，纳税人要求扣缴义务人开具代扣、代收税款凭证的，扣缴义务人应当开具。

第三十五条 纳税人有下列情形之一的，税务机关有权核定其应纳税额：

（一）依照法律、行政法规的规定可以不设置账簿的；

（二）依照法律、行政法规的规定应当设置但未设置账簿的；

(三)擅自销毁账簿或者拒不提供纳税资料的;

(四)虽设置账簿,但账目混乱或者成本资料、收入凭证、费用凭证残缺不全,难以查账的;

(五)发生纳税义务,未按照规定的期限办理纳税申报,经税务机关责令限期申报,逾期仍不申报的;

(六)纳税人申报的计税依据明显偏低,又无正当理由的。

税务机关核定应纳税额的具体程序和方法由国务院税务主管部门规定。

第三十六条 企业或者外国企业在中国境内设立的从事生产、经营的机构、场所与其关联企业之间的业务往来,应当按照独立企业之间的业务往来收取或者支付价款、费用;不按照独立企业之间的业务往来收取或者支付价款、费用,而减少其应纳税的收入或者所得额的,税务机关有权进行合理调整。

第三十七条 对未按照规定办理税务登记的从事生产、经营的纳税人以及临时从事经营的纳税人,由税务机关核定其应纳税额,责令缴纳;不缴纳的,税务机关可以扣押其价值相当于应纳税款的商品、货物。扣押后缴纳应纳税款的,税务机关必须立即解除扣押,并归还所扣押的商品、货物;扣押后仍不缴纳应纳税款的,经县以上税务局(分局)局长批准,依法拍卖或者变卖所扣押的商品、货物,以拍卖或者变卖所得抵缴税款。

第三十八条 税务机关有根据认为从事生产、经营的纳税人有逃避纳税义务行为的,可以在规定的纳税期之前,责令限期缴纳应纳税款;在限期内发现纳税人有明显的转移、隐匿其应纳税的商品、货物以及其他财产或者应纳税的收入的迹象的,税务机关可以责成纳税人提供纳税担保。如果纳税人不能提供纳税担保,经县以上税务局(分局)局长批准,税务机关可以采取下列税收保全措施:

(一)书面通知纳税人开户银行或者其他金融机构冻结纳税人的金额相当于应纳税款的存款;

(二)扣押、查封纳税人的价值相当于应纳税款的商品、货物或者其他财产。

纳税人在前款规定的限期内缴纳税款的,税务机关必须立即解除税收保全措施;限期期满仍未缴纳税款的,经县以上税务局(分局)局长批准,税务机关可以书面通知纳税人开户银行或者其他金融机构从其冻结的存款中扣缴税款,或者依法拍卖或者变卖所扣押、查封的商品、货物或者其他财产,以拍卖或者变卖所得抵缴税款。

个人及其所扶养家属维持生活必需的住房和用品,不在税收保全措施的范围之内。

第三十九条 纳税人在限期内已缴纳税款,税务机关未立即解除税收保全措施,使纳税人的合法利益遭受损失的,税务机关应当承担赔偿责任。

第四十条 从事生产、经营的纳税人、扣缴义务人未按照规定的期限缴纳或者解缴税款,纳税担保人未按照规定的期限缴纳所担保的税款,由税务机关责令限期缴纳,逾期仍未缴纳的,经县以上税务局(分局)局长批准,税务机关可以采取下列强制执行措施:

(一)书面通知其开户银行或者其他金融机构从其存款中扣缴税款;

(二)扣押、查封、依法拍卖或者变卖其价值相当于应纳税款的商品、货物或者其他财产,以拍卖或者变卖所得抵缴税款。

税务机关采取强制执行措施时,对前款所列纳税人、扣缴义务人、纳税担保人未缴纳的滞纳金同时强制执行。

个人及其所扶养家属维持生活必需的住房和用品,不在强制执行措施的范围之内。

第四十一条 本法第三十七条、第三十八条、第四十条规定的采取税收保全措施、强制执行措施的权力,不得由法定的税务机关以外的单位和个人行使。

第四十二条 税务机关采取税收保全措施和强制执行措施必须依照法定权限和法定程序,不得查封、扣押纳税人个人及其所扶养家属维持生活必需的住房和用品。

第四十三条 税务机关滥用职权违法采取税收保全措施、强制执行措施,或者采取税收保全措施、强制执行措施不当,使纳税人、扣缴义务人或者纳税担保人的合法权益遭受损失的,应当依法承担赔偿责任。

第四十四条 欠缴税款的纳税人或者他的法定代表人需要出境的,应当在出境前向税务机关结清应纳税款、滞纳金或者提供担保。未结清税款、滞纳金,又不提供担保的,税务机关可以通知出境管理机关阻止其出境。

第四十五条 税务机关征收税款,税收优先于无担保债权,法律另有规定的除外;纳税人欠缴的税款发生在纳税人以其财产设定抵押、质押或者纳税人的财产被留置之前的,税收应当先于抵押权、质权、留置权执行。

纳税人欠缴税款,同时又被行政机关决定处以罚款、没收违法所得的,税收优先于罚款、没收违法所得。

税务机关应当对纳税人欠缴税款的情况定期予以公告。

第四十六条 纳税人有欠税情形而以其财产设定抵押、质押的,应当向抵押权人、质权人说明其欠税情况。抵押权人、质权人可以请求税务机关提供有关的欠税情况。

第四十七条 税务机关扣押商品、货物或者其他财产时,必须开付收据;查封商品、货物或者其他财产时,必须开付清单。

第四十八条 纳税人有合并、分立情形的,应当向税务机关报告,并依法缴清税款。纳税人合并时未缴清税款的,应当由合并后的纳税人继续履行未履行的纳税义务;纳税人分立时未缴清税款的,分立后的纳税人对未履行的纳税义务应当承担连带责任。

第四十九条 欠缴税款数额较大的纳税人在处分其不动产或者大额资产之前,应当向税务机关报告。

第五十条 欠缴税款的纳税人因怠于行使到期债权,或者放弃到期债权,或者无偿转让财产,或者以明显不合理的低价转让财产而受让人知道该情形,对国家税收造成损害的,税务机关可以依照合同法第七十三条、第七十四条的规定行使代位权、撤销权。

税务机关依照前款规定行使代位权、撤销权的,不免除欠缴税款的纳税人尚未履行的纳税义务和应承担的法律责任。

第五十一条 纳税人超过应纳税额缴纳的税款,税务机关发现后应当立即退还;纳税人自结算缴纳税款之日起三年内发现的,可以向税务机关要求退还多缴的税款并加算银行同期存款利息,税务机关及时查实后应当立即退还;涉及从国库中退库的,依照法律、行政法规有关国库管理的规定退还。

第五十二条 因税务机关的责任,致使纳税人、扣缴义务人未缴或者少缴税款的,税务机关在三年内可以要求纳税人、扣缴义务人补缴税款,但是不得加收滞纳金。

因纳税人、扣缴义务人计算错误等失误,未缴或者少缴税款的,税务机关在三年内可以追征税款、滞纳金;有特殊情况的,追征期可以延长到五年。

对偷税、抗税、骗税的,税务机关追征其未缴或者少缴的税款、滞纳金或者所骗取的税款,不受前款规定期限的限制。

第五十三条 国家税务局和地方税务局应当按照国家规定的税收征收管理范围和税款入库预算级次,将征收的税款缴入国库。

对审计机关、财政机关依法查出的税收违法行为,税务机关应当根据有关机关的决定、意见书,依法将应收的税款、滞纳金按照税款入库预算级次缴入国库,并将结果及时回复有关机关。

第四章 税务检查

第五十四条 税务机关有权进行下列税务检查:

(一)检查纳税人的账簿、记账凭证、报表和有关资料,检查扣缴义务人代扣代缴、代收代缴税款账簿、记账凭证和有关资料;

(二)到纳税人的生产、经营场所和货物存放地检查纳税人应纳税的商品、货物或者其他财产,检查扣缴义务人与代扣代缴、代收代缴税款有关的经营情况;

(三)责成纳税人、扣缴义务人提供与纳税或者代扣代缴、代收代缴税款有关的文件、证明材料和有关资料;

(四)询问纳税人、扣缴义务人与纳税或者代扣代缴、代收代缴税款有关的问题和情况;

(五)到车站、码头、机场、邮政企业及其分支机构检查纳税人托运、邮寄应纳税商品、货物或者其他财产的有关单据、凭证和有关资料;

(六)经县以上税务局(分局)局长批准,凭全国统一格式的检查存款账户许可证明,查询从事生产、经营的纳税人、扣缴义务人在银行或者其他金融机构的存款账户。税务机关在调查税收违法案件时,经设区的市、自治州以上税务局(分局)局长批准,可以查询案件涉嫌人员的储蓄存款。税务机关查询所获得的资料,不得用于税收以外的用途。

第五十五条 税务机关对从事生产、经营的纳税人以前纳税期的纳税情况依法进行税务检查时,发现纳税人有逃避纳税义务行为,并有明显的转移、隐匿其应纳税的商品、货物以及其他财产或者应纳税的收入的迹象的,可以按照本法规定的批准权限采取税收保全措施或者强制执行措施。

第五十六条 纳税人、扣缴义务人必须接受税务机关依法进行的税务检查,如实反映情况,提供有关资料,不得拒绝、隐瞒。

第五十七条 税务机关依法进行税务检查时,有权向有关单位和个人调查纳税人、扣缴义务人和其他当事人与纳税或者代扣代缴、代收代缴税款有关的情况,有关单位和个人有义务向税务机关如实提供有关资料及证明材料。

第五十八条　税务机关调查税务违法案件时,对与案件有关的情况和资料,可以记录、录音、录像、照相和复制。

第五十九条　税务机关派出的人员进行税务检查时,应当出示税务检查证和税务检查通知书,并有责任为被检查人保守秘密;未出示税务检查证和税务检查通知书的,被检查人有权拒绝检查。

第五章　法律责任

第六十条　纳税人有下列行为之一的,由税务机关责令限期改正,可以处二千元以下的罚款;情节严重的,处二千元以上一万元以下的罚款:

(一)未按照规定的期限申报办理税务登记、变更或者注销登记的;

(二)未按照规定设置、保管账簿或者保管记账凭证和有关资料的;

(三)未按照规定将财务、会计制度或者财务、会计处理办法和会计核算软件报送税务机关备查的;

(四)未按照规定将其全部银行账号向税务机关报告的;

(五)未按照规定安装、使用税控装置,或者损毁或者擅自改动税控装置的。

纳税人不办理税务登记的,由税务机关责令限期改正;逾期不改正的,经税务机关提请,由工商行政管理机关吊销其营业执照。

纳税人未按照规定使用税务登记证件,或者转借、涂改、损毁、买卖、伪造税务登记证件的,处二千元以上一万元以下的罚款;情节严重的,处一万元以上五万元以下的罚款。

第六十一条　扣缴义务人未按照规定设置、保管代扣代缴、代收代缴税款账簿或者保管代扣代缴、代收代缴税款记账凭证及有关资料的,由税务机关责令限期改正,可以处二千元以下的罚款;情节严重的,处二千元以上五千元以下的罚款。

第六十二条　纳税人未按照规定的期限办理纳税申报和报送纳税资料的,或者扣缴义务人未按照规定的期限向税务机关报送代扣代缴、代收代缴税款报告表和有关资料的,由税务机关责令限期改正,可以处二千元以下的罚款;情节严重的,可以处二千元以上一万元以下的罚款。

第六十三条　纳税人伪造、变造、隐匿、擅自销毁账簿、记账凭证,或者在账簿上多列支出或者不列、少列收入,或者经税务机关通知申报而拒不申报或者进行虚假的纳税申报,不缴或者少缴应纳税款的,是偷税。对纳税人偷税的,由税务机关追缴其不缴或者少缴的税款、滞纳金,并处不缴或者少缴的税款百分之五十以上五倍以下的罚款;构成犯罪的,依法追究刑事责任。

扣缴义务人采取前款所列手段,不缴或者少缴已扣、已收税款,由税务机关追缴其不缴或者少缴的税款、滞纳金,并处不缴或者少缴的税款百分之五十以上五倍以下的罚款;构成犯罪的,依法追究刑事责任。

第六十四条　纳税人、扣缴义务人编造虚假计税依据的,由税务机关责令限期改正,并处五万元以下的罚款。

纳税人不进行纳税申报，不缴或者少缴应纳税款的，由税务机关追缴其不缴或者少缴的税款、滞纳金，并处不缴或者少缴的税款百分之五十以上五倍以下的罚款。

第六十五条 纳税人欠缴应纳税款，采取转移或者隐匿财产的手段，妨碍税务机关追缴欠缴的税款的，由税务机关追缴欠缴的税款、滞纳金，并处欠缴税款百分之五十以上五倍以下的罚款；构成犯罪的，依法追究刑事责任。

第六十六条 以假报出口或者其他欺骗手段，骗取国家出口退税款，由税务机关追缴其骗取的退税款，并处骗取税款一倍以上五倍以下的罚款；构成犯罪的，依法追究刑事责任。

对骗取国家出口退税款的，税务机关可以在规定期间内停止为其办理出口退税。

第六十七条 以暴力、威胁方法拒不缴纳税款的，是抗税，除由税务机关追缴其拒缴的税款、滞纳金外，依法追究刑事责任。情节轻微，未构成犯罪的，由税务机关追缴其拒缴的税款、滞纳金，并处拒缴税款一倍以上五倍以下的罚款。

第六十八条 纳税人、扣缴义务人在规定期限内不缴或者少缴应纳或者应解缴的税款，经税务机关责令限期缴纳，逾期仍未缴纳的，税务机关除依照本法第四十条的规定采取强制执行措施追缴其不缴或者少缴的税款外，可以处不缴或者少缴的税款百分之五十以上五倍以下的罚款。

第六十九条 扣缴义务人应扣未扣、应收而不收税款的，由税务机关向纳税人追缴税款，对扣缴义务人处应扣未扣、应收未收税款百分之五十以上三倍以下的罚款。

第七十条 纳税人、扣缴义务人逃避、拒绝或者以其他方式阻挠税务机关检查的，由税务机关责令改正，可以处一万元以下的罚款；情节严重的，处一万元以上五万元以下的罚款。

第七十一条 违反本法第二十二条规定，非法印制发票的，由税务机关销毁非法印制的发票，没收违法所得和作案工具，并处一万元以上五万元以下的罚款；构成犯罪的，依法追究刑事责任。

第七十二条 从事生产、经营的纳税人、扣缴义务人有本法规定的税收违法行为，拒不接受税务机关处理的，税务机关可以收缴其发票或者停止向其发售发票。

第七十三条 纳税人、扣缴义务人的开户银行或者其他金融机构拒绝接受税务机关依法检查纳税人、扣缴义务人存款账户，或者拒绝执行税务机关作出的冻结存款或者扣缴税款的决定，或者在接到税务机关的书面通知后帮助纳税人、扣缴义务人转移存款，造成税款流失的，由税务机关处十万元以上五十万元以下的罚款，对直接负责的主管人员和其他直接责任人员处一千元以上一万元以下的罚款。

第七十四条 本法规定的行政处罚，罚款额在二千元以下的，可以由税务所决定。

第七十五条 税务机关和司法机关的涉税罚没收入，应当按照税款入库预算级次上缴国库。

第七十六条 税务机关违反规定擅自改变税收征收管理范围和税款入库预算级次的，责令限期改正，对直接负责的主管人员和其他直接责任人员依法给予降级或者撤职的行政处分。

第七十七条 纳税人、扣缴义务人有本法第六十三条、第六十五条、第六十六条、第六十七条、第七十一条规定的行为涉嫌犯罪的,税务机关应当依法移交司法机关追究刑事责任。

税务人员徇私舞弊,对依法应当移交司法机关追究刑事责任的不移交,情节严重的,依法追究刑事责任。

第七十八条 未经税务机关依法委托征收税款的,责令退还收取的财物,依法给予行政处分或者行政处罚;致使他人合法权益受到损失的,依法承担赔偿责任;构成犯罪的,依法追究刑事责任。

第七十九条 税务机关、税务人员查封、扣押纳税人个人及其所扶养家属维持生活必需的住房和用品的,责令退还,依法给予行政处分;构成犯罪的,依法追究刑事责任。

第八十条 税务人员与纳税人、扣缴义务人勾结,唆使或者协助纳税人、扣缴义务人有本法第六十三条、第六十五条、第六十六条规定的行为,构成犯罪的,依法追究刑事责任;尚不构成犯罪的,依法给予行政处分。

第八十一条 税务人员利用职务上的便利,收受或者索取纳税人、扣缴义务人财物或者谋取其他不正当利益,构成犯罪的,依法追究刑事责任;尚不构成犯罪的,依法给予行政处分。

第八十二条 税务人员徇私舞弊或者玩忽职守,不征或者少征应征税款,致使国家税收遭受重大损失,构成犯罪的,依法追究刑事责任;尚不构成犯罪的,依法给予行政处分。

税务人员滥用职权,故意刁难纳税人、扣缴义务人的,调离税收工作岗位,并依法给予行政处分。

税务人员对控告、检举税收违法违纪行为的纳税人、扣缴义务人以及其他检举人进行打击报复的,依法给予行政处分;构成犯罪的,依法追究刑事责任。

税务人员违反法律、行政法规的规定,故意高估或者低估农业税计税产量,致使多征或者少征税款,侵犯农民合法权益或者损害国家利益,构成犯罪的,依法追究刑事责任;尚不构成犯罪的,依法给予行政处分。

第八十三条 违反法律、行政法规的规定提前征收、延缓征收或者摊派税款的,由其上级机关或者行政监察机关责令改正,对直接负责的主管人员和其他直接责任人员依法给予行政处分。

第八十四条 违反法律、行政法规的规定,擅自作出税收的开征、停征或者减税、免税、退税、补税以及其他同税收法律、行政法规相抵触的决定的,除依照本法规定撤销其擅自作出的决定外,补征应征未征税款,退还不应征收而征收的税款,并由上级机关追究直接负责的主管人员和其他直接责任人员的行政责任;构成犯罪的,依法追究刑事责任。

第八十五条 税务人员在征收税款或者查处税收违法案件时,未按照本法规定进行回避的,对直接负责的主管人员和其他直接责任人员,依法给予行政处分。

第八十六条 违反税收法律、行政法规应当给予行政处罚的行为,在五年内未被发现的,不再给予行政处罚。

第八十七条 未按照本法规定为纳税人、扣缴义务人、检举人保密的,对直接负责的主管人员和其他直接责任人员,由所在单位或者有关单位依法给予行政处分。

第八十八条 纳税人、扣缴义务人、纳税担保人同税务机关在纳税上发生争议时,必须先依照税务机关的纳税决定缴纳或者解缴税款及滞纳金或者提供相应的担保,然后可以依法申请行政复议;对行政复议决定不服的,可以依法向人民法院起诉。

当事人对税务机关的处罚决定、强制执行措施或者税收保全措施不服的,可以依法申请行政复议,也可以依法向人民法院起诉。

当事人对税务机关的处罚决定逾期不申请行政复议也不向人民法院起诉、又不履行的,作出处罚决定的税务机关可以采取本法第四十条规定的强制执行措施,或者申请人民法院强制执行。

第六章 附 则

第八十九条 纳税人、扣缴义务人可以委托税务代理人代为办理税务事宜。

第九十条 耕地占用税、契税、农业税、牧业税征收管理的具体办法,由国务院另行制定。

关税及海关代征税收的征收管理,依照法律、行政法规的有关规定执行。

第九十一条 中华人民共和国同外国缔结的有关税收的条约、协定同本法有不同规定的,依照条约、协定的规定办理。

第九十二条 本法施行前颁布的税收法律与本法有不同规定的,适用本法规定。

第九十三条 国务院根据本法制定实施细则。

第九十四条 本法自 2001 年 5 月 1 日起施行。

中华人民共和国企业所得税法

(2007年3月16日第十届全国人民代表大会第五次会议通过)

第一章 总 则

第一条 在中华人民共和国境内,企业和其他取得收入的组织(以下统称企业)为企业所得税的纳税人,依照本法的规定缴纳企业所得税。

个人独资企业、合伙企业不适用本法。

第二条 企业分为居民企业和非居民企业。

本法所称居民企业,是指依法在中国境内成立,或者依照外国(地区)法律成立但实际管理机构在中国境内的企业。

本法所称非居民企业,是指依照外国(地区)法律成立且实际管理机构不在中国境内,但在中国境内设立机构、场所的,或者在中国境内未设立机构、场所,但有来源于中国境内所得的企业。

第三条 居民企业应当就其来源于中国境内、境外的所得缴纳企业所得税。

非居民企业在中国境内设立机构、场所的,应当就其所设机构、场所取得的来源于中国境内的所得,以及发生在中国境外但与其所设机构、场所有实际联系的所得,缴纳企业所得税。

非居民企业在中国境内未设立机构、场所的,或者虽设立机构、场所但取得的所得与其所设机构、场所没有实际联系的,应当就其来源于中国境内的所得缴纳企业所得税。

第四条 企业所得税的税率为25%。

非居民企业取得本法第三条第三款规定的所得,适用税率为20%。

第二章 应纳税所得额

第五条 企业每一纳税年度的收入总额,减除不征税收入、免税收入、各项扣除以及允许弥补的以前年度亏损后的余额,为应纳税所得额。

第六条 企业以货币形式和非货币形式从各种来源取得的收入,为收入总额。包括:

(一)销售货物收入;

(二)提供劳务收入;

(三)转让财产收入;

(四)股息、红利等权益性投资收益;

(五)利息收入;

(六)租金收入；

(七)特许权使用费收入；

(八)接受捐赠收入；

(九)其他收入。

第七条 收入总额中的下列收入为不征税收入：

(一)财政拨款；

(二)依法收取并纳入财政管理的行政事业性收费、政府性基金；

(三)国务院规定的其他不征税收入。

第八条 企业实际发生的与取得收入有关的、合理的支出，包括成本、费用、税金、损失和其他支出，准予在计算应纳税所得额时扣除。

第九条 企业发生的公益性捐赠支出，在年度利润总额12%以内的部分，准予在计算应纳税所得额时扣除。

第十条 在计算应纳税所得额时，下列支出不得扣除：

(一)向投资者支付的股息、红利等权益性投资收益款项；

(二)企业所得税税款；

(三)税收滞纳金；

(四)罚金、罚款和被没收财物的损失；

(五)本法第九条规定以外的捐赠支出；

(六)赞助支出；

(七)未经核定的准备金支出；

(八)与取得收入无关的其他支出。

第十一条 在计算应纳税所得额时，企业按照规定计算的固定资产折旧，准予扣除。

下列固定资产不得计算折旧扣除：

(一)房屋、建筑物以外未投入使用的固定资产；

(二)以经营租赁方式租入的固定资产；

(三)以融资租赁方式租出的固定资产；

(四)已足额提取折旧仍继续使用的固定资产；

(五)与经营活动无关的固定资产；

(六)单独估价作为固定资产入账的土地；

(七)其他不得计算折旧扣除的固定资产。

第十二条 在计算应纳税所得额时，企业按照规定计算的无形资产摊销费用，准予扣除。

下列无形资产不得计算摊销费用扣除：

(一)自行开发的支出已在计算应纳税所得额时扣除的无形资产；

(二)自创商誉；

(三)与经营活动无关的无形资产；

(四)其他不得计算摊销费用扣除的无形资产。

第十三条 在计算应纳税所得额时,企业发生的下列支出作为长期待摊费用,按照规定摊销的,准予扣除:

(一)已足额提取折旧的固定资产的改建支出;

(二)租入固定资产的改建支出;

(三)固定资产的大修理支出;

(四)其他应当作为长期待摊费用的支出。

第十四条 企业对外投资期间,投资资产的成本在计算应纳税所得额时不得扣除。

第十五条 企业使用或者销售存货,按照规定计算的存货成本,准予在计算应纳税所得额时扣除。

第十六条 企业转让资产,该项资产的净值,准予在计算应纳税所得额时扣除。

第十七条 企业在汇总计算缴纳企业所得税时,其境外营业机构的亏损不得抵减境内营业机构的盈利。

第十八条 企业纳税年度发生的亏损,准予向以后年度结转,用以后年度的所得弥补,但结转年限最长不得超过五年。

第十九条 非居民企业取得本法第三条第三款规定的所得,按照下列方法计算其应纳税所得额:

(一)股息、红利等权益性投资收益和利息、租金、特许权使用费所得,以收入全额为应纳税所得额;

(二)转让财产所得,以收入全额减除财产净值后的余额为应纳税所得额;

(三)其他所得,参照前两项规定的方法计算应纳税所得额。

第二十条 本章规定的收入、扣除的具体范围、标准和资产的税务处理的具体办法,由国务院财政、税务主管部门规定。

第二十一条 在计算应纳税所得额时,企业财务、会计处理办法与税收法律、行政法规的规定不一致的,应当依照税收法律、行政法规的规定计算。

第三章 应纳税额

第二十二条 企业的应纳税所得额乘以适用税率,减除依照本法关于税收优惠的规定减免和抵免的税额后的余额,为应纳税额。

第二十三条 企业取得的下列所得已在境外缴纳的所得税税额,可以从其当期应纳税额中抵免,抵免限额为该项所得依照本法规定计算的应纳税额;超过抵免限额的部分,可以在以后五个年度内,用每年度抵免限额抵免当年应抵税额后的余额进行抵补:

(一)居民企业来源于中国境外的应税所得;

(二)非居民企业在中国境内设立机构、场所,取得发生在中国境外但与该机构、场所有实际联系的应税所得。

第二十四条 居民企业从其直接或者间接控制的外国企业分得的来源于中国境外的股息、红利等权益性投资收益,外国企业在境外实际缴纳的所得税税额中属于该项所得负担的部分,可以作为该居民企业的可抵免境外所得税税额,在本法第二十三条规定的抵免限额内抵免。

第四章 税收优惠

第二十五条 国家对重点扶持和鼓励发展的产业和项目,给予企业所得税优惠。

第二十六条 企业的下列收入为免税收入:
(一)国债利息收入;
(二)符合条件的居民企业之间的股息、红利等权益性投资收益;
(三)在中国境内设立机构、场所的非居民企业从居民企业取得与该机构、场所有实际联系的股息、红利等权益性投资收益;
(四)符合条件的非营利组织的收入。

第二十七条 企业的下列所得,可以免征、减征企业所得税:
(一)从事农、林、牧、渔业项目的所得;
(二)从事国家重点扶持的公共基础设施项目投资经营的所得;
(三)从事符合条件的环境保护、节能节水项目的所得;
(四)符合条件的技术转让所得;
(五)本法第三条第三款规定的所得。

第二十八条 符合条件的小型微利企业,减按20%的税率征收企业所得税。

国家需要重点扶持的高新技术企业,减按15%的税率征收企业所得税。

第二十九条 民族自治地方的自治机关对本民族自治地方的企业应缴纳的企业所得税中属于地方分享的部分,可以决定减征或者免征。自治州、自治县决定减征或者免征的,须报省、自治区、直辖市人民政府批准。

第三十条 企业的下列支出,可以在计算应纳税所得额时加计扣除:
(一)开发新技术、新产品、新工艺发生的研究开发费用;
(二)安置残疾人员及国家鼓励安置的其他就业人员所支付的工资。

第三十一条 创业投资企业从事国家需要重点扶持和鼓励的创业投资,可以按投资额的一定比例抵扣应纳税所得额。

第三十二条 企业的固定资产由于技术进步等原因,确需加速折旧的,可以缩短折旧年限或者采取加速折旧的方法。

第三十三条 企业综合利用资源,生产符合国家产业政策规定的产品所取得的收入,可以在计算应纳税所得额时减计收入。

第三十四条 企业购置用于环境保护、节能节水、安全生产等专用设备的投资额,可以按一定比例实行税额抵免。

第三十五条 本法规定的税收优惠的具体办法,由国务院规定。

第三十六条 根据国民经济和社会发展的需要,或者由于突发事件等原因对企业经营活动产生重大影响的,国务院可以制定企业所得税专项优惠政策,报全国人民代表大会常务委员会备案。

第五章　源泉扣缴

第三十七条　对非居民企业取得本法第三条第三款规定的所得应缴纳的所得税,实行源泉扣缴,以支付人为扣缴义务人。税款由扣缴义务人在每次支付或者到期应支付时,从支付或者到期应支付的款项中扣缴。

第三十八条　对非居民企业在中国境内取得工程作业和劳务所得应缴纳的所得税,税务机关可以指定工程价款或者劳务费的支付人为扣缴义务人。

第三十九条　依照本法第三十七条、第三十八条规定应当扣缴的所得税,扣缴义务人未依法扣缴或者无法履行扣缴义务的,由纳税人在所得发生地缴纳。纳税人未依法缴纳的,税务机关可以从该纳税人在中国境内其他收入项目的支付人应付的款项中,追缴该纳税人的应纳税款。

第四十条　扣缴义务人每次代扣的税款,应当自代扣之日起七日内缴入国库,并向所在地的税务机关报送扣缴企业所得税报告表。

第六章　特别纳税调整

第四十一条　企业与其关联方之间的业务往来,不符合独立交易原则而减少企业或者其关联方应纳税收入或者所得额的,税务机关有权按照合理方法调整。

企业与其关联方共同开发、受让无形资产,或者共同提供、接受劳务发生的成本,在计算应纳税所得额时应当按照独立交易原则进行分摊。

第四十二条　企业可以向税务机关提出与其关联方之间业务往来的定价原则和计算方法,税务机关与企业协商、确认后,达成预约定价安排。

第四十三条　企业向税务机关报送年度企业所得税纳税申报表时,应当就其与关联方之间的业务往来,附送年度关联业务往来报告表。

税务机关在进行关联业务调查时,企业及其关联方,以及与关联业务调查有关的其他企业,应当按照规定提供相关资料。

第四十四条　企业不提供与其关联方之间业务往来资料,或者提供虚假、不完整资料,未能真实反映其关联业务往来情况的,税务机关有权依法核定其应纳税所得额。

第四十五条　由居民企业,或者由居民企业和中国居民控制的设立在实际税负明显低于本法第四条第一款规定税率水平的国家(地区)的企业,并非由于合理的经营需要而对利润不作分配或者减少分配的,上述利润中应归属于该居民企业的部分,应当计入该居民企业的当期收入。

第四十六条　企业从其关联方接受的债权性投资与权益性投资的比例超过规定标准而发生的利息支出,不得在计算应纳税所得额时扣除。

第四十七条　企业实施其他不具有合理商业目的的安排而减少其应纳税收入或者所

得额的,税务机关有权按照合理方法调整。

第四十八条　税务机关依照本章规定作出纳税调整,需要补征税款的,应当补征税款,并按照国务院规定加收利息。

第七章　征收管理

第四十九条　企业所得税的征收管理除本法规定外,依照《中华人民共和国税收征收管理法》的规定执行。

第五十条　除税收法律、行政法规另有规定外,居民企业以企业登记注册地为纳税地点;但登记注册地在境外的,以实际管理机构所在地为纳税地点。

居民企业在中国境内设立不具有法人资格的营业机构的,应当汇总计算并缴纳企业所得税。

第五十一条　非居民企业取得本法第三条第二款规定的所得,以机构、场所所在地为纳税地点。非居民企业在中国境内设立两个或者两个以上机构、场所的,经税务机关审核批准,可以选择由其主要机构、场所汇总缴纳企业所得税。

非居民企业取得本法第三条第三款规定的所得,以扣缴义务人所在地为纳税地点。

第五十二条　除国务院另有规定外,企业之间不得合并缴纳企业所得税。

第五十三条　企业所得税按纳税年度计算。纳税年度自公历1月1日起至12月31日止。

企业在一个纳税年度中间开业,或者终止经营活动,使该纳税年度的实际经营期不足十二个月的,应当以其实际经营期为一个纳税年度。

企业依法清算时,应当以清算期间作为一个纳税年度。

第五十四条　企业所得税分月或者分季预缴。

企业应当自月份或者季度终了之日起十五日内,向税务机关报送预缴企业所得税纳税申报表,预缴税款。

企业应当自年度终了之日起五个月内,向税务机关报送年度企业所得税纳税申报表,并汇算清缴,结清应缴应退税款。

企业在报送企业所得税纳税申报表时,应当按照规定附送财务会计报告和其他有关资料。

第五十五条　企业在年度中间终止经营活动的,应当自实际经营终止之日起六十日内,向税务机关办理当期企业所得税汇算清缴。

企业应当在办理注销登记前,就其清算所得向税务机关申报并依法缴纳企业所得税。

第五十六条　依照本法缴纳的企业所得税,以人民币计算。所得以人民币以外的货币计算的,应当折合成人民币计算并缴纳税款。

第八章　附　则

第五十七条　本法公布前已经批准设立的企业,依照当时的税收法律、行政法规规定,享受低税率优惠的,按照国务院规定,可以在本法施行后五年内,逐步过渡到本法规定的税率;享受定期减免税优惠的,按照国务院规定,可以在本法施行后继续享受到期满为止,但因未获利而尚未享受优惠的,优惠期限从本法施行年度起计算。

法律设置的发展对外经济合作和技术交流的特定地区内,以及国务院已规定执行上述地区特殊政策的地区内新设立的国家需要重点扶持的高新技术企业,可以享受过渡性税收优惠,具体办法由国务院规定。

国家已确定的其他鼓励类企业,可以按照国务院规定享受减免税优惠。

第五十八条 中华人民共和国政府同外国政府订立的有关税收的协定与本法有不同规定的,依照协定的规定办理。

第五十九条 国务院根据本法制定实施条例。

第六十条 本法自2008年1月1日起施行。1991年4月9日第七届全国人民代表大会第四次会议通过的《中华人民共和国外商投资企业和外国企业所得税法》和1993年12月13日国务院发布的《中华人民共和国企业所得税暂行条例》同时废止。

企业内部控制基本规范

(财会〔2008〕7号　2008年5月22日)

第一章　总　则

第一条　为了加强和规范企业内部控制,提高企业经营管理水平和风险防范能力,促进企业可持续发展,维护社会主义市场经济秩序和社会公众利益,根据《中华人民共和国公司法》、《中华人民共和国证券法》、《中华人民共和国会计法》和其他有关法律法规,制定本规范。

第二条　本规范适用于中华人民共和国境内设立的大中型企业。

小企业和其他单位可以参照本规范建立与实施内部控制。

大中型企业和小企业的划分标准根据国家有关规定执行。

第三条　本规范所称内部控制,是由企业董事会、监事会、经理层和全体员工实施的、旨在实现控制目标的过程。

内部控制的目标是合理保证企业经营管理合法合规、资产安全、财务报告及相关信息真实完整,提高经营效率和效果,促进企业实现发展战略。

第四条　企业建立与实施内部控制,应当遵循下列原则:

(一)全面性原则。内部控制应当贯穿决策、执行和监督全过程,覆盖企业及其所属单位的各种业务和事项。

(二)重要性原则。内部控制应当在全面控制的基础上,关注重要业务事项和高风险领域。

(三)制衡性原则。内部控制应当在治理结构、机构设置及权责分配、业务流程等方面形成相互制约、相互监督,同时兼顾运营效率。

(四)适应性原则。内部控制应当与企业经营规模、业务范围、竞争状况和风险水平等相适应,并随着情况的变化及时加以调整。

(五)成本效益原则。内部控制应当权衡实施成本与预期效益,以适当的成本实现有效控制。

第五条　企业建立与实施有效的内部控制,应当包括下列要素:

(一)内部环境。内部环境是企业实施内部控制的基础,一般包括治理结构、机构设置及权责分配、内部审计、人力资源政策、企业文化等。

(二)风险评估。风险评估是企业及时识别、系统分析经营活动中与实现内部控制目标相关的风险,合理确定风险应对策略。

(三)控制活动。控制活动是企业根据风险评估结果,采用相应的控制措施,将风险控制在可承受度之内。

（四）信息与沟通。信息与沟通是企业及时、准确地收集、传递与内部控制相关的信息，确保信息在企业内部、企业与外部之间进行有效沟通。

（五）内部监督。内部监督是企业对内部控制建立与实施情况进行监督检查，评价内部控制的有效性，发现内部控制缺陷，应当及时加以改进。

第六条 企业应当根据有关法律法规、本规范及其配套办法，制定本企业的内部控制制度并组织实施。

第七条 企业应当运用信息技术加强内部控制，建立与经营管理相适应的信息系统，促进内部控制流程与信息系统的有机结合，实现对业务和事项的自动控制，减少或消除人为操纵因素。

第八条 企业应当建立内部控制实施的激励约束机制，将各责任单位和全体员工实施内部控制的情况纳入绩效考评体系，促进内部控制的有效实施。

第九条 国务院有关部门可以根据法律法规、本规范及其配套办法，明确贯彻实施本规范的具体要求，对企业建立与实施内部控制的情况进行监督检查。

第十条 接受企业委托从事内部控制审计的会计师事务所，应当根据本规范及其配套办法和相关执业准则，对企业内部控制的有效性进行审计，出具审计报告。会计师事务所及其签字的从业人员应当对发表的内部控制审计意见负责。

为企业内部控制提供咨询的会计师事务所，不得同时为同一企业提供内部控制审计服务。

第二章 内部环境

第十一条 企业应当根据国家有关法律法规和企业章程，建立规范的公司治理结构和议事规则，明确决策、执行、监督等方面的职责权限，形成科学有效的职责分工和制衡机制。

股东（大）会享有法律法规和企业章程规定的合法权利，依法行使企业经营方针、筹资、投资、利润分配等重大事项的表决权。

董事会对股东（大）会负责，依法行使企业的经营决策权。

监事会对股东（大）会负责，监督企业董事、经理和其他高级管理人员依法履行职责。

经理层负责组织实施股东（大）会、董事会决议事项，主持企业的生产经营管理工作。

第十二条 董事会负责内部控制的建立健全和有效实施。监事会对董事会建立与实施内部控制进行监督。经理层负责组织领导企业内部控制的日常运行。

企业应当成立专门机构或者指定适当的机构具体负责组织协调内部控制的建立实施及日常工作。

第十三条 企业应当在董事会下设立审计委员会。审计委员会负责审查企业内部控制，监督内部控制的有效实施和内部控制自我评价情况，协调内部控制审计及其他相关事宜等。

审计委员会负责人应当具备相应的独立性、良好的职业操守和专业胜任能力。

第十四条 企业应当结合业务特点和内部控制要求设置内部机构,明确职责权限,将权利与责任落实到各责任单位。

企业应当通过编制内部管理手册,使全体员工掌握内部机构设置、岗位职责、业务流程等情况,明确权责分配,正确行使职权。

第十五条 企业应当加强内部审计工作,保证内部审计机构设置、人员配备和工作的独立性。

内部审计机构应当结合内部审计监督,对内部控制的有效性进行监督检查。内部审计机构对监督检查中发现的内部控制缺陷,应当按照企业内部审计工作程序进行报告;对监督检查中发现的内部控制重大缺陷,有权直接向董事会及其审计委员会、监事会报告。

第十六条 企业应当制定和实施有利于企业可持续发展的人力资源政策。人力资源政策应当包括下列内容:

(一)员工的聘用、培训、辞退与辞职。

(二)员工的薪酬、考核、晋升与奖惩。

(三)关键岗位员工的强制休假制度和定期岗位轮换制度。

(四)掌握国家秘密或重要商业秘密的员工离岗的限制性规定。

(五)有关人力资源管理的其他政策。

第十七条 企业应当将职业道德修养和专业胜任能力作为选拔和聘用员工的重要标准,切实加强员工培训和继续教育,不断提升员工素质。

第十八条 企业应当加强文化建设,培育积极向上的价值观和社会责任感,倡导诚实守信、爱岗敬业、开拓创新和团队协作精神,树立现代管理理念,强化风险意识。

董事、监事、经理及其他高级管理人员应当在企业文化建设中发挥主导作用。

企业员工应当遵守员工行为守则,认真履行岗位职责。

第十九条 企业应当加强法制教育,增强董事、监事、经理及其他高级管理人员和员工的法制观念,严格依法决策、依法办事、依法监督,建立健全法律顾问制度和重大法律纠纷案件备案制度。

第三章 风险评估

第二十条 企业应当根据设定的控制目标,全面系统持续地收集相关信息,结合实际情况,及时进行风险评估。

第二十一条 企业开展风险评估,应当准确识别与实现控制目标相关的内部风险和外部风险,确定相应的风险承受度。

风险承受度是企业能够承担的风险限度,包括整体风险承受能力和业务层面的可接受风险水平。

第二十二条 企业识别内部风险,应当关注下列因素:

(一)董事、监事、经理及其他高级管理人员的职业操守、员工专业胜任能力等人力资源因素。

（二）组织机构、经营方式、资产管理、业务流程等管理因素。

（三）研究开发、技术投入、信息技术运用等自主创新因素。

（四）财务状况、经营成果、现金流量等财务因素。

（五）营运安全、员工健康、环境保护等安全环保因素。

（六）其他有关内部风险因素。

第二十三条 企业识别外部风险，应当关注下列因素：

（一）经济形势、产业政策、融资环境、市场竞争、资源供给等经济因素。

（二）法律法规、监管要求等法律因素。

（三）安全稳定、文化传统、社会信用、教育水平、消费者行为等社会因素。

（四）技术进步、工艺改进等科学技术因素。

（五）自然灾害、环境状况等自然环境因素。

（六）其他有关外部风险因素。

第二十四条 企业应当采用定性与定量相结合的方法，按照风险发生的可能性及其影响程度等，对识别的风险进行分析和排序，确定关注重点和优先控制的风险。

企业进行风险分析，应当充分吸收专业人员，组成风险分析团队，按照严格规范的程序开展工作，确保风险分析结果的准确性。

第二十五条 企业应当根据风险分析的结果，结合风险承受度，权衡风险与收益，确定风险应对策略。

企业应当合理分析、准确掌握董事、经理及其他高级管理人员、关键岗位员工的风险偏好，采取适当的控制措施，避免因个人风险偏好给企业经营带来重大损失。

第二十六条 企业应当综合运用风险规避、风险降低、风险分担和风险承受等风险应对策略，实现对风险的有效控制。

风险规避是企业对超出风险承受度的风险，通过放弃或者停止与该风险相关的业务活动以避免和减轻损失的策略。

风险降低是企业在权衡成本效益之后，准备采取适当的控制措施降低风险或者减轻损失，将风险控制在风险承受度之内的策略。

风险分担是企业准备借助他人力量，采取业务分包、购买保险等方式和适当的控制措施，将风险控制在风险承受度之内的策略。

风险承受是企业对风险承受度之内的风险，在权衡成本效益之后，不准备采取控制措施降低风险或者减轻损失的策略。

第二十七条 企业应当结合不同发展阶段和业务拓展情况，持续收集与风险变化相关的信息，进行风险识别和风险分析，及时调整风险应对策略。

第四章 控制活动

第二十八条 企业应当结合风险评估结果，通过手工控制与自动控制、预防性控制与发现性控制相结合的方法,运用相应的控制措施,将风险控制在可承受度之内。

控制措施一般包括:不相容职务分离控制、授权审批控制、会计系统控制、财产保护控制、预算控制、运营分析控制和绩效考评控制等。

第二十九条 不相容职务分离控制要求企业全面系统地分析、梳理业务流程中所涉及的不相容职务,实施相应的分离措施,形成各司其职、各负其责、相互制约的工作机制。

第三十条 授权审批控制要求企业根据常规授权和特别授权的规定,明确各岗位办理业务和事项的权限范围、审批程序和相应责任。

企业应当编制常规授权的权限指引,规范特别授权的范围、权限、程序和责任,严格控制特别授权。常规授权是指企业在日常经营管理活动中按照既定的职责和程序进行的授权。特别授权是指企业在特殊情况、特定条件下进行的授权。

企业各级管理人员应当在授权范围内行使职权和承担责任。

企业对于重大的业务和事项,应当实行集体决策审批或者联签制度,任何个人不得单独进行决策或者擅自改变集体决策。

第三十一条 会计系统控制要求企业严格执行国家统一的会计准则制度,加强会计基础工作,明确会计凭证、会计账簿和财务会计报告的处理程序,保证会计资料真实完整。

企业应当依法设置会计机构,配备会计从业人员。从事会计工作的人员,必须取得会计从业资格证书。会计机构负责人应当具备会计师以上专业技术职务资格。

大中型企业应当设置总会计师。设置总会计师的企业,不得设置与其职权重叠的副职。

第三十二条 财产保护控制要求企业建立财产日常管理制度和定期清查制度,采取财产记录、实物保管、定期盘点、账实核对等措施,确保财产安全。

企业应当严格限制未经授权的人员接触和处置财产。

第三十三条 预算控制要求企业实施全面预算管理制度,明确各责任单位在预算管理中的职责权限,规范预算的编制、审定、下达和执行程序,强化预算约束。

第三十四条 运营分析控制要求企业建立运营情况分析制度,经理层应当综合运用生产、购销、投资、筹资、财务等方面的信息,通过因素分析、对比分析、趋势分析等方法,定期开展运营情况分析,发现存在的问题,及时查明原因并加以改进。

第三十五条 绩效考评控制要求企业建立和实施绩效考评制度,科学设置考核指标体系,对企业内部各责任单位和全体员工的业绩进行定期考核和客观评价,将考评结果作为确定员工薪酬以及职务晋升、评优、降级、调岗、辞退等的依据。

第三十六条 企业应当根据内部控制目标,结合风险应对策略,综合运用控制措施,对各种业务和事项实施有效控制。

第三十七条 企业应当建立重大风险预警机制和突发事件应急处理机制,明确风险预警标准,对可能发生的重大风险或突发事件,制定应急预案、明确责任人员、规范处置程序,确保突发事件得到及时妥善处理。

第五章　信息与沟通

第三十八条　企业应当建立信息与沟通制度,明确内部控制相关信息的收集、处理和传递程序,确保信息及时沟通,促进内部控制有效运行。

第三十九条　企业应当对收集的各种内部信息和外部信息进行合理筛选、核对、整合,提高信息的有用性。

企业可以通过财务会计资料、经营管理资料、调研报告、专项信息、内部刊物、办公网络等渠道,获取内部信息。

企业可以通过行业协会组织、社会中介机构、业务往来单位、市场调查、来信来访、网络媒体以及有关监管部门等渠道,获取外部信息。

第四十条　企业应当将内部控制相关信息在企业内部各管理级次、责任单位、业务环节之间,以及企业与外部投资者、债权人、客户、供应商、中介机构和监管部门等有关方面之间进行沟通和反馈。信息沟通过程中发现的问题,应当及时报告并加以解决。

重要信息应当及时传递给董事会、监事会和经理层。

第四十一条　企业应当利用信息技术促进信息的集成与共享,充分发挥信息技术在信息与沟通中的作用。

企业应当加强对信息系统开发与维护、访问与变更、数据输入与输出、文件储存与保管、网络安全等方面的控制,保证信息系统安全稳定运行。

第四十二条　企业应当建立反舞弊机制,坚持惩防并举、重在预防的原则,明确反舞弊工作的重点领域、关键环节和有关机构在反舞弊工作中的职责权限,规范舞弊案件的举报、调查、处理、报告和补救程序。

企业至少应当将下列情形作为反舞弊工作的重点:

(一)未经授权或者采取其他不法方式侵占、挪用企业资产,牟取不当利益。

(二)在财务会计报告和信息披露等方面存在的虚假记载、误导性陈述或者重大遗漏等。

(三)董事、监事、经理及其他高级管理人员滥用职权。

(四)相关机构或人员串通舞弊。

第四十三条　企业应当建立举报投诉制度和举报人保护制度,设置举报专线,明确举报投诉处理程序、办理时限和办结要求,确保举报、投诉成为企业有效掌握信息的重要途径。

举报投诉制度和举报人保护制度应当及时传达至全体员工。

第六章　内部监督

第四十四条　企业应当根据本规范及其配套办法,制定内部控制监督制度,明确内部审计机构(或经授权的其他监督机构)和其他内部机构在内部监督中的职责权限,规范内部监督的程序、方法和要求。

内部监督分为日常监督和专项监督。日常监督是指企业对建立与实施内部控制的情况进行常规、持续的监督检查;专项监督是指在企业发展战略、组织结构、经营活动、业务流程、关键岗位员工等发生较大调整或变化的情况下,对内部控制的某一或者某些方面进行有针对性的监督检查。

专项监督的范围和频率应当根据风险评估结果以及日常监督的有效性等予以确定。

第四十五条 企业应当制定内部控制缺陷认定标准,对监督过程中发现的内部控制缺陷,应当分析缺陷的性质和产生的原因,提出整改方案,采取适当的形式及时向董事会、监事会或者经理层报告。

内部控制缺陷包括设计缺陷和运行缺陷。企业应当跟踪内部控制缺陷整改情况,并就内部监督中发现的重大缺陷,追究相关责任单位或者责任人的责任。

第四十六条 企业应当结合内部监督情况,定期对内部控制的有效性进行自我评价,出具内部控制自我评价报告。

内部控制自我评价的方式、范围、程序和频率,由企业根据经营业务调整、经营环境变化、业务发展状况、实际风险水平等自行确定。

国家有关法律法规另有规定的,从其规定。

第四十七条 企业应当以书面或者其他适当的形式,妥善保存内部控制建立与实施过程中的相关记录或者资料,确保内部控制建立与实施过程的可验证性。

第七章 附 则

第四十八条 本规范由财政部会同国务院其他有关部门解释。

第四十九条 本规范的配套办法由财政部会同国务院其他有关部门另行制定。

第五十条 本规范自 2009 年 7 月 1 日起实施。

气象部门企业财务管理办法

(气发〔2013〕126号 2013年12月28日)

第一章 总 则

第一条 为了加强气象部门所属企业的财务管理,提高资金效益,规范财务行为,促进统筹集约,明确经济责任,促进气象部门企业的健康发展,根据《公司法》、《企业国有资产法》、《企业财务通则》、《企业内部控制基本规范》等制定本办法。

第二条 各级气象事业单位(包括地方机构编制部门批准的事业单位和自收自支事业单位,以下简称单位)和民间非营利组织及社会团体设立的全资、控股或实际控制的企业(以下简称企业)适用本办法。

第三条 气象部门企业财务管理遵循以下原则:

(一)统一管理。企业管理应以投资者为主体。经营者对投资人负责,企业遵循自主经营的原则,但资金、资产、投资、担保、利润分配等重大事项,经营者应定期向投资者报告。

(二)统筹集约。企业应充分利用各类资源,形成资金和资产的良性循环和集约管理。

(三)经济效益。企业应在发挥社会效益的同时注重营利性,提高整体实力和市场竞争力,确保国有资产保值增值。

(四)风险控制。企业应对实收资本增减,资金筹集,资本运营,资产处置,对外担保,利润分配,企业撤并重组等经营管理事项进行内部风险评估控制。

第四条 无论个人是否参与分红,单位不得以个人集资入股方式设立企业。单位党政领导干部和参公单位人员不得担任企业法定代表人,也不得在企业兼职并领取报酬。

第二章 管理职责

第五条 投资者以对企业投资占企业实收资本的比例或按《公司法》规定的其他方式确定对企业的管理权限。投资者财务管理职责主要包括:

(一)理顺投资关系,建立现代企业制度,对企业承担有限责任。

(二)审议企业章程、企业发展规划、经营战略,审批企业年度财务预算。

(三)决定企业购建、处置重大资产(如房屋、土地、车辆、大型仪器设备)、筹资、投资、担保、捐赠、重组、经营者报酬、利润分配等重大财务事项。

(四)决定企业聘请或者解聘会计师事务所、资产评估机构等中介机构事项。

(五)检查企业财务报告和资产评估报告,对经营成果和财务运行状况、财务会计信息质量进行监督。

(六)评价企业效益,考核经营者经营业绩。

(七)视情况向投资规模较大企业委派或推荐财务总监。规模较大企业指年营业额10000万元及以上或投资在3000万元及以上的全资或者控股企业。

第六条 投资者应当通过股东会、董事会或者其他形式的机构履行对企业的财务监管职责,也可以通过企业章程、内部制度、合同约定等方式将部分财务监管职责授予经营者。

第七条 经营者财务管理职责主要包括:

(一)依法开展独立经营,负责国有资产保值增值,加强企业内部管理等。

(二)拟订企业各项管理制度、发展规划、经营战略,编制年度财务计划。

(三)组织实施企业发展规划、经营战略和年度财务计划等。

(四)执行国家有关职工劳动报酬和劳动保护的规定,依法缴纳社会保险费、住房公积金等,保障职工合法权益。

(五)组织财务预测和财务分析,实施财务控制。

(六)编制并提供企业财务会计报告,如实反映财务信息等情况。

(七)配合有关机构进行依法审计、评估、检查等工作。

第三章 运营管理

第八条 企业应遵循《企业会计准则》,符合《中小企业划型标准规定》的企业遵循《小企业会计准则》。企业应合理选择会计政策。企业会计政策一经选定不得随意变更。因政策环境等因素发生变化确实需要变更的,应报投资者委托的管理机构或董事会批准,同时报当地税务主管部门备案。

第九条 企业应根据国家有关内部控制规范和部门规章,制定并实施财务人员内部牵制制度、审批报销制度、合同管理制度、资产管理制度、存货管理制度以及会计档案管理制度等内部控制制度。

第十条 企业应加强应收款项管理,评估客户信用风险,跟踪客户履约情况,落实收账责任,减少坏账、呆账损失。

第十一条 企业对外投资应进行可行性研究,按照审批权限的规定履行批准程序。企业对外投资应签订书面合同,明确企业投资权益,实施财务监管。依据合同支付投资款项,应按照企业内部审批制度执行。

第十二条 企业合并、分立、转让、公司制改建等,应当在做好可行性研究的基础上,对各项资产进行全面清查,编制清查日资产负债表、财产清册和债权债务清单,与债权银行依法订立债务保全协议,制定包括职工安置、债权债务承继、转让价款结算、企业重整等内容的方案。

第十三条 企业实行公司制改建,母体企业或者存续企业必须与公司制企业实行人、财、物和经营业务分开,防止国有资产流失。子公司实行公司制改建时,对没有纳入改建范围的国有资本,应当划转给母公司或者母公司其他全资子公司持有。

第十四条 企业应加强采购管理,建立完善有效的采购管理制度,达到限额标准的采购事项要在采购活动中严格遵守《中华人民共和国招标投标法》。

第十五条 企业对外担保应根据被担保单位的资信及偿债能力,按照内部审批制度采取相应的风险控制措施,并设立备查账簿登记,实行跟踪监督。

第十六条 企业对外捐赠应制订实施方案,明确捐赠范围和条件,落实执行责任,严格办理捐赠资产交接手续。

第十七条 企业从事期货、期权、证券、外汇交易等业务或者委托其他机构理财,应按规定审批权限报批,并建立交易报告制度。

第十八条 企业发生关联交易的,应按照独立企业之间的交易计价结算。投资者或者经营者不得利用关联交易非法转移企业经济利益或者操纵关联企业的利润。

第四章 资产管理

第十九条 企业应按照《企业国有资产监督管理条例》进行资产管理。

第二十条 企业应当制定存货管理制度,建立健全采购、验收、存储、发货等各个环节的内部控制制度。

(一)采购。企业应加强采购管理,建立完善有效的采购管理制度。企业应当建立合同的财务审核制度,明确业务流程和审批权限,实行财务监控。

(二)验收。由独立于采购人员、材料保管人员的验收人员对采购的材料进行验收入库,并签发材料入库单。采购人员凭采购材料的合法原始凭证和材料入库单到单位财务部门核销相关支出,财务部门对有关原始凭证与采购合同核对一致后予以核销,并按规格、型号等登记材料明细账。

(三)存储。材料保管人员应定期对库存材料进行盘点,并将库存材料盘点表与财务部门材料明细账核对。核对不一致的应当及时查明原因并做相应处置。

(四)发货。销售产品时应编制材料出库单送单位财务部门审核,并相应核销材料明细账;材料保管人员根据财务部门审核后的出库单发货。

第二十一条 企业通过自创、购买、接受投资等方式取得的无形资产,应依法明确权属,落实有关经营、管理财务责任。无形资产出现转让、租赁、质押、授权经营、连锁经营、对外投资等情形时,企业履行相关报批手续后,签订书面合同,明确权利义务,合理确定交易价格。

第二十二条 企业将产权属于自己的资产委托其他单位进行经营的,必须与受托方签订委托经营协议。企业应根据备案的合同定期对资产出租、出借有关单位收取的租金情况等进行检查。

第二十三条 企业在建工程项目交付使用后,应在交付后三个月内办理项目工程结算和竣工财务决算。

第二十四条 企业应建立各项资产损失或者减值准备管理制度。对可收回或者继续使用以及无证据证明实际损失的资产,企业不得核销。

第二十五条 企业发生的资产损失,应及时予以核实、查清责任,追偿损失,按照规定程序处理。

企业重组中清查出的资产损失,经批准后依次冲减未分配利润、盈余公积、资本公积和实收资本。

第二十六条 企业应建立固定资产购建、使用、处置制度。

企业所使用的固定资产要纳入企业财务和资产管理部门统一管理,并建立固定资产台账。对资产的报废、处置、出租、转让、调拨等应按照《企业国有资本与财务管理暂行办法》、《企业国有产权转让管理暂行办法》、《国资委财政部关于企业国有产权转让有关事项的通知》等有关规定执行。

第五章 收入管理

第二十七条 企业应建立健全财务收支计划(预算)审批制度。企业应于每年年底或下年年初编制下一年度的收入、支出、成本、费用、税金、利润等计划(预算),报出资人审批,或由出资人委托董事会(股东会、其他形式机构)审批。

第二十八条 投资者、经营者及其他职工履行本企业职务或者以企业名义开展业务所得的收入,包括销售收入以及对方给予的销售折扣、折让、佣金、手续费、劳务费、提成、返利、业务奖励等收入,全部属于企业收入。

第二十九条 企业要制定相应的内部管理制度,确保收入的完整性。

第三十条 涉及某些科技服务收入的企业应当按照物价部门核定的收费项目和标准组织实施。

第三十一条 企业应建立发票管理制度和领取、使用、缴销管理办法,严禁向服务对象出具空白发票。

第三十二条 企业取得的收入必须及时、足额缴纳到财务部门,严禁私设"小金库"或"账外账"。

第三十三条 企业应遵守银行账户管理的有关规定,由财务部门统一办理银行账户开立、变更等手续,并由财务部门统一负责所有银行账户的使用和管理。

第六章 成本费用管理

第三十四条 企业应建立成本控制系统,强化成本预算约束,推行质量成本控制办法,实行成本定额管理、全员管理和全过程控制。

第三十五条 企业实行费用归口、分级管理和预算控制,建立必要的费用开支范围、标准和报销审批制度。

第三十六条 企业技术研发和科技成果转化项目所需经费,可通过建立研发准备金筹措,据实列入相关资产成本或者当期费用。

第三十七条　企业应严格按照国家和部门规定的成本费用开支范围、开支标准，以及内部成本费用管理制度规定，从严控制成本费用支出、准确核算成本费用。企业成本费用包括产品成本和期间费用。

（一）产品成本是指企业在生产产品过程中所发生的材料费用、职工薪酬等，以及不能直接计入而按一定标准分配计入的各种间接费用。具体包括：直接用于主营业务的材料消耗、人员工资及福利、劳务费、燃料和动力费、固定资产折旧、信息资源费、信息产品加工费、资料费、协作费、制作费、研发费、技术服务费、资产占用费、办公费、取暖费、水电费、物业费、通信费、差旅费、车辆维持费、交通费、会议费、租赁费、运输费、仓储费等各项费用和应缴纳的各项税费。

（二）期间费用是指不计入产品成本的生产经营成本，包括营业费用、管理费用和财务费用。期间费用应当直接计入当期损益。

营业费用包括企业经营过程中发生的运输费、装卸费、包装费、保险费、展览费和广告费，以及为销售本企业商品发生的营销人员工资及福利费、类似工资性质的费用、业务费等。

管理费用包括企业的董事会和行政管理部门在企业的经营管理中发生的，或者应当由企业统一负担的公司经费，包括企业行政管理部门职工工资、修理费、物料消耗、低值易耗品摊销、办公费、差旅费、工会经费、待业保险费、劳动保险费、董事会费、聘请中介机构费、咨询费（含顾问费）、诉讼费、业务招待费、房产税、车船使用税、土地使用税、印花税、技术转让费、无形资产摊销、职工教育经费、研究与开发费、排污费、存货盘亏或盘盈（不包括应计入营业外支出的存货损失）、计提的坏账准备和存货跌价准备等。

财务费用包括应当作为期间费用的利息支出（减利息收入）、汇兑损失（减汇兑收益）以及相关的手续费等。

第三十八条　企业发生销售折扣、折让以及支付必要的佣金、手续费、劳务费、提成、返利、业务奖励等支出的，应依据国家相关管理规定，签订相关合同，履行审批手续。

第三十九条　企业成本核算应严格按照《企业产品成本核算制度（试行）》（财会〔2013〕17号）规定执行。

第四十条　企业应按照劳动合同及国家、部门有关规定支付职工报酬，对经营者和技术骨干可实行与其他职工不同的薪酬办法。

第四十一条　企业应依法为职工支付基本医疗、基本养老、失业、工伤等社会保险费，所需费用直接作为成本（费用）列支。具有持续盈利能力和支付能力的，可以为职工建立补充医疗保险和补充养老保险，所需费用按照省级以上人民政府规定的比例从成本（费用）中提取，超出规定比例的部分，由税后利润支付或由职工个人负担。企业应为从事高危作业的职工缴纳团体人身意外伤害保险费，所需费用按规定直接作为成本（费用）列支。不得为非从事高危作业的职工缴纳商业保险。

第四十二条　企业为职工缴纳住房公积金以及职工住房货币化分配的财务处理，按照国家有关规定执行。职工教育经费按照国家规定的比例列支，专项用于企业职工职业教育和职业培训。工会经费按照国家规定比例提取并拨缴工会。有条件的企业可以为职工支付企业年金。

第四十三条 企业不得承担属于个人的下列支出：

（一）娱乐、健身、旅游、招待、购物、馈赠等支出。

（二）购买商业保险、证券、股权、收藏品等支出。

（三）个人行为导致的罚款、赔偿等支出。

（四）购买住房、支付物业管理费等支出。

（五）应由个人承担的其他支出。

第七章 收益分配

第四十四条 企业出售股权投资，应在获得批准之后按照规定的程序和方式进行。股权投资出售底价，参照资产评估或公允价值结果确定，并按照合同约定收取所得价款。在履行交割时，对尚未收款部分的股权投资，应按照合同约定结算，取得受让方提供的有效担保。

第四十五条 企业发生的年度经营亏损，依照税法的规定弥补。税法规定年限内的税前利润不足弥补的，用以后年度的税后利润弥补，或者经投资者审议后用盈余公积弥补。

第四十六条 企业年度净利润，除法律、行政法规另有规定外，按照以下顺序分配：

（一）弥补以前年度亏损。

（二）提取10％法定公积金。法定公积金累计额达到注册资本50％以后，可以不再提取。

（三）提取任意盈余公积金。任意盈余公积金提取比例由投资者决议。

（四）向投资者分配利润。企业以前年度未分配的利润，并入本年度利润，企业统筹考虑自身发展情况、任务完成情况、投资者资金需求情况等各方面因素后向投资者分配。

第四十七条 企业弥补以前年度亏损和提取盈余公积后，当年没有可供分配的利润时，不得向投资者分配利润，但法律、行政法规另有规定的除外。

第四十八条 企业其他国有资本收益，包括国有产权转让收入、企业清算收入、其他国有资本收益，由企业或者省级以下（含省级）国有资产管理部门授权的机构，据实向上级主管部门申报。

第八章 监督管理

第四十九条 全资企业及控股企业的会计账簿应实现财务电算化，各单位要充分利用财务信息平台，促进企业财务管理从核算型向管理型转化，进一步加强对所属企业财务统一监督与管理。

第五十条 全资企业及控股企业的会计核算应全部纳入各级财务部门或企业集团。控股但不参与经营的企业，会计核算可不纳入，但需报上级主管部门备案。

第五十一条 企业财务管理部门和财务会计人员不履行职责,导致财务管理混乱,造成损失的,应追究其责任,并按相关规定处罚。财务人员涉嫌违纪或犯罪的,应移送纪检监察部门或司法机关处理。经营者授意财务会计人员不按国家、部门规定处理财务会计业务的,按照有关规定追究领导责任和财务管理部门领导及有关会计人员的责任。

经营者决策失误造成重大损失的,应追究领导决策失误责任。

第五十二条 企业应当完善各项内部财务控制制度和民主决策制度。重大支出事项必须集体研究决定。

第五十三条 企业财务情况必须定期公开,接受上级主管部门和群众监督。

第五十四条 加强对企业财务的监督。加强财务信息情况的动态管理,建立财务报告制度。中国气象局不定期对各企业的财务管理进行抽查;各省、自治区、直辖市和计划单列市气象局对所属企业财务信息至少每两年检查一次,不断规范气象部门企业财务管理。对检查中发现的问题,单位应及时整改。对涉嫌违纪或犯罪的,应移送纪检监察部门或司法机关处理,并视问题性质和情节轻重,按照有关规定追究单位领导的责任。

第九章 附 则

第五十五条 各省、自治区、直辖市气象局以及计划单列市气象局可按照本办法,结合实际情况制定实施细则。

第五十六条 气象部门实行企业化管理的事业单位参照本办法执行。

第五十七条 本办法自2014年1月1日起施行,原《气象部门企业财务管理暂行办法》(气办发〔2011〕53号)同时废止。

关于进一步规范党政领导干部在企业兼职(任职)问题的意见

(中组发〔2013〕18号　2013年10月19日)

为贯彻落实中央关于从严管理干部的要求,加强干部队伍建设和反腐倡廉建设,根据《中华人民共和国公务员法》、《中国共产党党员领导干部廉洁从政若干准则》和有关文件规定精神,现就进一步规范党政领导干部在企业兼职(任职)问题提出如下意见。

一、现职和不担任现职但未办理退(离)休手续的党政领导干部不得在企业兼职(任职)。

二、对辞去公职或者退(离)休的党政领导干部到企业兼职(任职)必须从严掌握、从严把关,确因工作需要到企业兼职(任职)的,应当按照干部管理权限严格审批。

辞去公职或者退(离)休后三年内,不得到本人原任职务管辖的地区和业务范围内的企业兼职(任职),也不得从事与原任职务管辖业务相关的营利性活动。

辞去公职或者退(离)休后三年内,拟到本人原任职务管辖的地区和业务范围外的企业兼职(任职)的,必须由本人事先向其原所在单位党委(党组)报告,由拟兼职(任职)企业出具兼职(任职)理由说明材料,所在单位党委(党组)按规定审核并按照干部管理权限征得相应的组织(人事)部门同意后,方可兼职(任职)。

辞去公职或者退(离)休后三年后到企业兼职(任职)的,应由本人向其原所在单位党委(党组)报告,由拟兼职(任职)企业出具兼职(任职)理由说明材料,所在单位党委(党组)按规定审批并按照干部管理权限向相应的组织(人事)部门备案。

三、按规定经批准在企业兼职的党政领导干部,不得在企业领取薪酬、奖金、津贴等报酬,不得获取股权和其他额外利益;兼职不得超过1个;所兼任职务实行任期制的,任期届满拟连任必须重新审批或备案,连任不超过两届;兼职的任职年龄界限为70周岁。

四、按规定经批准到企业任职的党政领导干部,应当及时将行政、工资等关系转入企业,不再保留公务员身份,不再保留党政机关的各种待遇。不得将行政、工资等关系转回党政机关办理退(离)休;在企业办理退(离)休手续后,也不得将行政、工资等关系转回党政机关。

五、按规定经批准在企业兼职(任职)的党政领导干部,要严格遵纪守法,廉洁自律,禁止利用职权和职务上的影响为企业或个人谋取不正当利益。党政领导干部在企业兼职期间的履职情况、是否取酬、职务消费和报销有关工作费用等,应每年年底以书面形式报所在单位党委(党组)。

六、限期对党政领导干部违规在企业兼职(任职)进行清理。各地区各部门各单位要根据本意见规定,按照干部管理权限对领导干部在企业兼职(任职)情况进行一次摸底排查,对发现的问题要限期纠正。凡不符合规定的,必须在本意见下发后3个月内免去或由本人辞去所兼任(担任)的职务。确属工作需要且符合有关规定精神,但未履行审批或备案程序的,必须在本意见下发后3个月内补办手续。兼职(任职)期间违规领取的薪酬,应按中央纪委有关规定执行。

七、清理工作完成后,如再发现党政领导干部有违规在企业兼职(任职)或领取报酬隐瞒不报的行为,一经查实,要按照有关规定严肃处理。各地区各部门各单位在审批和审核党政领导干部在企业兼职(任职)时存在违规行为的,要追究主要领导及有关负责人的责任。

八、党政领导干部在其他营利性组织兼职(任职),按照本意见执行。

参照公务员法管理的人民团体和群众团体、事业单位领导干部,按照本意见执行;其他领导干部,参照本意见执行。

九、各地区各部门各单位可根据本意见精神,按照干部管理权限,制定相应的管理实施办法,加强对各级各类领导干部在企业兼职(任职)的规范管理。

十、本意见自发布之日起施行。以往规定与本意见不一致的,按照本意见执行。

企业产品成本核算制度(试行)

(财会[2013]17号 2013年9月16日)

第一章 总 则

第一条 为了加强企业产品成本核算工作,保证产品成本信息真实、完整,促进企业和经济社会的可持续发展,根据《中华人民共和国会计法》、《企业会计准则》等国家有关规定制定本制度。

第二条 本制度适用于大中型企业,包括制造业、农业、批发零售业、建筑业、房地产业、采矿业、交通运输业、信息传输业、软件及信息技术服务业、文化业以及其他行业的企业。其他未明确规定的行业比照以上类似行业的规定执行。

本制度不适用于金融保险业的企业。

第三条 本制度所称的产品,是指企业日常生产经营活动中持有以备出售的产成品、商品、提供的劳务或服务。

本制度所称的产品成本,是指企业在生产产品过程中所发生的材料费用、职工薪酬等,以及不能直接计入而按一定标准分配计入的各种间接费用。

第四条 企业应当充分利用现代信息技术,编制、执行企业产品成本预算,对执行情况进行分析、考核,落实成本管理责任制,加强对产品生产事前、事中、事后的全过程控制,加强产品成本核算与管理各项基础工作。

第五条 企业应当根据所发生的有关费用能否归属于使产品达到目前场所和状态的原则,正确区分产品成本和期间费用。

第六条 企业应当根据产品生产过程的特点、生产经营组织的类型、产品种类的繁简和成本管理的要求,确定产品成本核算的对象、项目、范围,及时对有关费用进行归集、分配和结转。

企业产品成本核算采用的会计政策和估计一经确定,不得随意变更。

第七条 企业一般应当按月编制产品成本报表,全面反映企业生产成本、成本计划执行情况、产品成本及其变动情况等。

第二章 产品成本核算对象

第八条 企业应当根据生产经营特点和管理要求,确定成本核算对象,归集成本费用,计算产品的生产成本。

第九条 制造企业一般按照产品品种、批次订单或生产步骤等确定产品成本核算对象。

（一）大量大批单步骤生产产品或管理上不要求提供有关生产步骤成本信息的，一般按照产品品种确定成本核算对象。

（二）小批单件生产产品的，一般按照每批或每件产品确定成本核算对象。

（三）多步骤连续加工产品且管理上要求提供有关生产步骤成本信息的，一般按照每种（批）产品及各生产步骤确定成本核算对象。

产品规格繁多的，可以将产品结构、耗用原材料和工艺过程基本相同的产品，适当合并作为成本核算对象。

第十条　农业企业一般按照生物资产的品种、成长期、批别（群别、批次）、与农业生产相关的劳务作业等确定成本核算对象。

第十一条　批发零售企业一般按照商品的品种、批次、订单、类别等确定成本核算对象。

第十二条　建筑企业一般按照订立的单项合同确定成本核算对象。单项合同包括建造多项资产的，企业应当按照企业会计准则规定的合同分立原则，确定建造合同的成本核算对象。为建造一项或数项资产而签订一组合同的，按合同合并的原则，确定建造合同的成本核算对象。

第十三条　房地产企业一般按照开发项目、综合开发期数并兼顾产品类型等确定成本核算对象。

第十四条　采矿企业一般按照所采掘的产品确定成本核算对象。

第十五条　交通运输企业以运输工具从事货物、旅客运输的，一般按照航线、航次、单船（机）、基层站段等确定成本核算对象；从事货物等装卸业务的，可以按照货物、成本责任部门、作业场所等确定成本核算对象；从事仓储、堆存、港务管理业务的，一般按照码头、仓库、堆场、油罐、筒仓、货棚或主要货物的种类、成本责任部门等确定成本核算对象。

第十六条　信息传输企业一般按照基础电信业务、电信增值业务和其他信息传输业务等确定成本核算对象。

第十七条　软件及信息技术服务企业的科研设计与软件开发等人工成本比重较高的，一般按照科研课题、承接的单项合同项目、开发项目、技术服务客户等确定成本核算对象。合同项目规模较大、开发期较长的，可以分段确定成本核算对象。

第十八条　文化企业一般按照制作产品的种类、批次、印次、刊次等确定成本核算对象。

第十九条　除本制度已明确规定的以外，其他行业企业应当比照以上类似行业的企业确定产品成本核算对象。

第二十条　企业应当按照第八条至第十九条规定确定产品成本核算对象，进行产品成本核算。企业内部管理有相关要求的，还可以按照现代企业多维度、多层次的管理需要，确定多元化的产品成本核算对象。

多维度，是指以产品的最小生产步骤或作业为基础，按照企业有关部门的生产流程及其相应的成本管理要求，利用现代信息技术，组合出产品维度、工序维度、车间班组维度、生产设备维度、客户订单维度、变动成本维度和固定成本维度等不同的成本核算对象。

多层次,是指根据企业成本管理需要,划分为企业管理部门、工厂、车间和班组等成本管控层次。

第三章 产品成本核算项目和范围

第二十一条 企业应当根据生产经营特点和管理要求,按照成本的经济用途和生产要素内容相结合的原则或者成本性态等设置成本项目。

第二十二条 制造企业一般设置直接材料、燃料和动力、直接人工和制造费用等成本项目。

直接材料,是指构成产品实体的原材料以及有助于产品形成的主要材料和辅助材料。

燃料和动力,是指直接用于产品生产的燃料和动力。

直接人工,是指直接从事产品生产的工人的职工薪酬。

制造费用,是指企业为生产产品和提供劳务而发生的各项间接费用,包括企业生产部门(如生产车间)发生的水电费、固定资产折旧、无形资产摊销、管理人员的职工薪酬、劳动保护费、国家规定的有关环保费用、季节性和修理期间的停工损失等。

第二十三条 农业企业一般设置直接材料、直接人工、机械作业费、其他直接费用、间接费用等成本项目。

直接材料,是指种植业生产中耗用的自产或外购的种子、种苗、饲料、肥料、农药、燃料和动力、修理用材料和零件、原材料以及其他材料等;养殖业生产中直接用于养殖生产的苗种、饲料、肥料、燃料、动力、畜禽医药费等。

直接人工,是指直接从事农业生产人员的职工薪酬。

机械作业费,是指种植业生产过程中农用机械进行耕耙、播种、施肥、除草、喷药、收割、脱粒等机械作业所发生的费用。

其他直接费用,是指除直接材料、直接人工和机械作业费以外的畜力作业费等直接费用。

间接费用,是指应摊销、分配计入成本核算对象的运输费、灌溉费、固定资产折旧、租赁费、保养费等费用。

第二十四条 批发零售企业一般设置进货成本、相关税费、采购费等成本项目。

进货成本,是指商品的采购价款。

相关税费,是指购买商品发生的进口关税、资源税和不能抵扣的增值税等。

采购费,是指运杂费、装卸费、保险费、仓储费、整理费、合理损耗以及其他可归属于商品采购成本的费用。采购费金额较小的,可以在发生时直接计入当期销售费用。

第二十五条 建筑企业一般设置直接人工、直接材料、机械使用费、其他直接费用和间接费用等成本项目。建筑企业将部分工程分包的,还可以设置分包成本项目。

直接人工,是指按照国家规定支付给施工过程中直接从事建筑安装工程施工的工人以及在施工现场直接为工程制作构件和运料、配料等工人的职工薪酬。

直接材料，是指在施工过程中所耗用的、构成工程实体的材料、结构件、机械配件和有助于工程形成的其他材料以及周转材料的租赁费和摊销等。

机械使用费，是指施工过程中使用自有施工机械所发生的机械使用费，使用外单位施工机械的租赁费，以及按照规定支付的施工机械进出场费等。

其他直接费用，是指施工过程中发生的材料搬运费、材料装卸保管费、燃料动力费、临时设施摊销、生产工具用具使用费、检验试验费、工程定位复测费、工程点交费、场地清理费，以及能够单独区分和可靠计量的为订立建造承包合同而发生的差旅费、投标费等费用。

间接费用，是指企业各施工单位为组织和管理工程施工所发生的费用。

分包成本，是指按照国家规定开展分包，支付给分包单位的工程价款。

第二十六条　房地产企业一般设置土地征用及拆迁补偿费、前期工程费、建筑安装工程费、基础设施建设费、公共配套设施费、开发间接费、借款费用等成本项目。

土地征用及拆迁补偿费，是指为取得土地开发使用权（或开发权）而发生的各项费用，包括土地买价或出让金、大市政配套费、契税、耕地占用税、土地使用费、土地闲置费、农作物补偿费、危房补偿费、土地变更用途和超面积补交的地价及相关税费、拆迁补偿费用、安置及动迁费用、回迁房建造费用等。

前期工程费，是指项目开发前期发生的政府许可规费、招标代理费、临时设施费以及水文地质勘查、测绘、规划、设计、可行性研究、咨询论证费、筹建、场地通平等前期费用。

建筑安装工程费，是指开发项目开发过程中发生的各项主体建筑的建筑工程费、安装工程费及精装修费等。

基础设施建设费，是指开发项目在开发过程中发生的道路、供水、供电、供气、供暖、排污、排洪、消防、通信、照明、有线电视、宽带网络、智能化等社区管网工程费和环境卫生、园林绿化等园林、景观环境工程费用等。

公共配套设施费，是指开发项目内发生的、独立的、非营利性的且产权属于全体业主的，或无偿赠予地方政府、政府公共事业单位的公共配套设施费用等。

开发间接费，指企业为直接组织和管理开发项目所发生的，且不能将其直接归属于成本核算对象的工程监理费、造价审核费、结算审核费、工程保险费等。为业主代扣代缴的公共维修基金等不得计入产品成本。

借款费用，是指符合资本化条件的借款费用。

房地产企业自行进行基础设施、建筑安装等工程建设的，可以比照建筑企业设置有关成本项目。

第二十七条　采矿企业一般设置直接材料、燃料和动力、直接人工、间接费用等成本项目。

直接材料，是指采掘生产过程中直接耗用的添加剂、催化剂、引发剂、助剂、触媒以及净化材料、包装物等。

燃料和动力，是指采掘生产过程中直接耗用的各种固体、液体、气体燃料，以及水、电、汽、风、氮气、氧气等动力。

直接人工，是指直接从事采矿生产人员的职工薪酬。

间接费用，是指为组织和管理厂（矿）采掘生产所发生的职工薪酬、劳动保护费、固定资产折旧、无形资产摊销、保险费、办公费、环保费用、化（检）验计量费、设计制图费、停工损失、洗车费、转输费、科研试验费、信息系统维护费等。

第二十八条 交通运输企业一般设置营运费用、运输工具固定费用与非营运期间的费用等成本项目。

营运费用，是指企业在货物或旅客运输、装卸、堆存过程中发生的营运费用，包括货物费、港口费、起降及停机费、中转费、过桥过路费、燃料和动力、航次租船费、安全救生费、护航费、装卸整理费、堆存费等。铁路运输企业的营运费用还包括线路等相关设施的维护费等。

运输工具固定费用，是指运输工具的固定费用和共同费用等，包括检验检疫费、车船使用税、劳动保护费、固定资产折旧、租赁费、备件配件、保险费、驾驶及相关操作人员薪酬及其伙食费等。

非营运期间费用，是指受不可抗力制约或行业惯例等原因暂停营运期间发生的有关费用等。

第二十九条 信息传输企业一般设置直接人工、固定资产折旧、无形资产摊销、低值易耗品摊销、业务费、电路及网元租赁费等成本项目。

直接人工，是指直接从事信息传输服务的人员的职工薪酬。

业务费，是指支付通信生产的各种业务费用，包括频率占用费，卫星测控费，安全保卫费，码号资源费，设备耗用的外购电力费，自有电源设备耗用的燃料和润料费等。

电路及网元租赁费，是指支付给其他信息传输企业的电路及网元等传输系统及设备的租赁费等。

第三十条 软件及信息技术服务企业一般设置直接人工、外购软件与服务费、场地租赁费、固定资产折旧、无形资产摊销、差旅费、培训费、转包成本、水电费、办公费等成本项目。

直接人工，是指直接从事软件及信息技术服务的人员的职工薪酬。

外购软件与服务费，是指企业为开发特定项目而必须从外部购进的辅助软件或服务所发生的费用。

场地租赁费，是指企业为开发软件或提供信息技术服务租赁场地支付的费用等。

转包成本，是指企业将有关项目部分分包给其他单位支付的费用。

第三十一条 文化企业一般设置开发成本和制作成本等成本项目。

开发成本，是指从选题策划开始到正式生产制作所经历的一系列过程，包括信息收集、策划、市场调研、选题论证、立项等阶段所发生的信息搜集费、调研交通费、通信费、组稿费、专题会议费、参与开发的职工薪酬等。

制作成本，是指产品内容制作成本和物质形态的制作成本，包括稿费、审稿费、校对费、录入费、编辑加工费、直接材料费、印刷费、固定资产折旧、参与制作的职工薪酬等。电影企业的制作成本，是指企业在影片制片、译制、洗印等生产过程所发生的各项费用，包括剧本费、演职员的薪酬、胶片及磁片磁带费、化妆费、道具费、布景费、场租费、剪接费、洗印费等。

第三十二条 除本制度已明确规定的以外，其他行业企业应当比照以上类似行业的企业确定成本项目。

第三十三条 企业应当按照第二十一条至第三十二条规定确定产品成本核算项目，进行产品成本核算。企业内部管理有相关要求的，还可以按照现代企业多维度、多层次的成本管理要求，利用现代信息技术对有关成本项目进行组合，输出有关成本信息。

第四章 产品成本归集、分配和结转

第三十四条 企业所发生的费用，能确定由某一成本核算对象负担的，应当按照所对应的产品成本项目类别，直接计入产品成本核算对象的生产成本；由几个成本核算对象共同负担的，应当选择合理的分配标准分配计入。

企业应当根据生产经营特点，以正常生产能力水平为基础，按照资源耗费方式确定合理的分配标准。

企业应当按照权责发生制的原则，根据产品的生产特点和管理要求结转成本。

第三十五条 制造企业发生的直接材料和直接人工，能够直接计入成本核算对象的，应当直接计入成本核算对象的生产成本，否则应当按照合理的分配标准分配计入。

制造企业外购燃料和动力的，应当根据实际耗用数量或者合理的分配标准对燃料和动力费用进行归集分配。生产部门直接用于生产的燃料和动力，直接计入生产成本；生产部门间接用于生产（如照明、取暖）的燃料和动力，计入制造费用。制造企业内部自行提供燃料和动力的，参照本条第三款进行处理。

制造企业辅助生产部门为生产部门提供劳务和产品而发生的费用，应当参照生产成本项目归集，并按照合理的分配标准分配计入各成本核算对象的生产成本。辅助生产部门之间互相提供的劳务、作业成本，应当采用合理的方法，进行交互分配。互相提供劳务、作业不多的，可以不进行交互分配，直接分配给辅助生产部门以外的受益单位。

第三十六条 制造企业发生的制造费用，应当按照合理的分配标准按月分配计入各成本核算对象的生产成本。企业可以采取的分配标准包括机器工时、人工工时、计划分配率等。

季节性生产企业在停工期间发生的制造费用，应当在开工期间进行合理分摊，连同开工期间发生的制造费用，一并计入产品的生产成本。

制造企业可以根据自身经营管理特点和条件，利用现代信息技术，采用作业成本法对不能直接归属于成本核算对象的成本进行归集和分配。

第三十七条 制造企业应当根据生产经营特点和联产品、副产品的工艺要求，选择系数分配法、实物量分配法、相对销售价格分配法等合理的方法分配联合生产成本。

第三十八条 制造企业发出的材料成本，可以根据实物流转方式、管理要求、实物性质等实际情况，采用先进先出法、加权平均法、个别计价法等方法计算。

第三十九条 制造企业应当根据产品的生产特点和管理要求,按成本计算期结转成本。制造企业可以选择原材料消耗量、约当产量法、定额比例法、原材料扣除法、完工百分比法等方法,恰当地确定完工产品和在产品的实际成本,并将完工入库产品的产品成本结转至库存产品科目;在产品数量、金额不重要或在产品期初期末数量变动不大的,可以不计算在产品成本。

制造企业产成品和在产品的成本核算,除季节性生产企业等以外,应当以月为成本计算期。

第四十条 农业企业应当比照制造企业对产品成本进行归集、分配和结转。

第四十一条 批发零售企业发生的进货成本、相关税金直接计入成本核算对象成本;发生的采购费,可以结合经营管理特点,按照合理的方法分配计入成本核算对象成本。采购费金额较小的,可以在发生时直接计入当期销售费用。

批发零售企业可以根据实物流转方式、管理要求、实物性质等实际情况,采用先进先出法、加权平均法、个别计价法、毛利率法等方法结转产品成本。

第四十二条 建筑企业发生的有关费用,由某一成本核算对象负担的,应当直接计入成本核算对象成本;由几个成本核算对象共同负担的,应当选择直接费用比例、定额比例和职工薪酬比例等合理的分配标准,分配计入成本核算对象成本。

建筑企业应当按照《企业会计准则第 15 号——建造合同》的规定结转产品成本。合同结果能够可靠估计的,应当采用完工百分比法确定和结转当期提供服务的成本;合同结果不能可靠估计的,应当直接结转已经发生的成本。

第四十三条 房地产企业发生的有关费用,由某一成本核算对象负担的,应当直接计入成本核算对象成本;由几个成本核算对象共同负担的,应当选择占地面积比例、预算造价比例、建筑面积比例等合理的分配标准,分配计入成本核算对象成本。

第四十四条 采矿企业应当比照制造企业对产品成本进行归集、分配和结转。

第四十五条 交通运输企业发生的营运费用,应当按照成本核算对象归集。

交通运输企业发生的运输工具固定费用,能确定由某一成本核算对象负担的,应当直接计入成本核算对象的成本;由多个成本核算对象共同负担的,应当选择营运时间等符合经营特点的、科学合理的分配标准分配计入各成本核算对象的成本。

交通运输企业发生的非营运期间费用,比照制造业季节性生产企业处理。

第四十六条 信息传输、软件及信息技术服务等企业,可以根据经营特点和条件,利用现代信息技术,采用作业成本法等对产品成本进行归集和分配。

第四十七条 文化企业发生的有关成本项目费用,由某一成本核算对象负担的,应当直接计入成本核算对象成本;由几个成本核算对象共同负担的,应当选择人员比例、工时比例、材料耗用比例等合理的分配标准分配计入成本核算对象成本。

第四十八条 企业不得以计划成本、标准成本、定额成本等代替实际成本。企业采用计划成本、标准成本、定额成本等类似成本进行直接材料日常核算的,期末应当将耗用直接材料的计划成本或定额成本等类似成本调整为实际成本。

第四十九条 除本制度已明确规定的以外,其他行业企业应当比照以上类似行业的企业对产品成本进行归集、分配和结转。

第五十条 企业应当按照第三十四条至第四十九条规定对产品成本进行归集、分配和结转。企业内部管理有相关要求的,还可以利用现代信息技术,在确定多维度、多层次成本核算对象的基础上,对有关费用进行归集、分配和结转。

第五章 附 则

第五十一条 小企业参照执行本制度。

第五十二条 本制度自 2014 年 1 月 1 日起施行。

第五十三条 执行本制度的企业不再执行《国营工业企业成本核算办法》。

第二部分　科技服务管理

气象部门事业单位科技服务财务管理办法

(气发〔2013〕127号　2013年12月28日)

第一章　总　则

第一条　为加强气象部门科技服务财务管理,根据国家有关规定和中国气象局《关于印发〈气象科技服务管理暂行办法〉的通知》(气发〔2007〕268号)的有关精神,结合气象部门财务管理工作实际情况,制定本办法。

第二条　气象科技服务,是指利用气象业务服务产品、科研成果和资产等国有资源,在确保公益性气象服务的前提下,根据经济社会发展和市场需求,依照国家有关政策和法规开展的各类服务。

第三条　各级气象事业单位(包括地方机构编制部门批准的事业单位和自收自支事业单位,以下简称单位),开展气象科技服务(以下简称科技服务)的财务管理活动,应当遵守此办法。

第四条　各级气象主管机构的计划财务管理部门负责对科技服务进行财务管理和监督。科技服务资金必须纳入单位财务部门统一管理,统一核算。

第五条　各单位主要负责人是科技服务财务管理的第一责任人,对本单位科技服务管理制度的建立健全和有效实施负责。

第二章　预算管理

第六条　单位直接从事科技服务取得的各项收入,附属单位和企业上缴给单位的收入,以及发生的相关支出,应当按照中央部门预算管理规定、中央政府非税收入管理等规定全部纳入本单位部门预算,任何单位(或部门)不得以任何名义将科技服务资金截留在部门预算以外。在编制部门预算时,应按照综合预算的原则统筹考虑财政资金、气象科技服务资金和其他资金情况编制。未纳入部门预算的一律不得支出。

第七条 实行气象科技服务资金目标管理的单位,下达的目标应充分考虑事业发展的需求以及创收的可行性,并与预算编制相结合。

第八条 按本办法第六条规定纳入单位部门预算管理的科技服务收入和支出,应根据年度部门预算编制的要求编制预算。

(一)收入预算。单位从事科技服务取得的各项收入应根据收入性质分别在"事业收入"、"经营收入"和"其他收入"科目中编列;附属单位和企业上缴的收入在"附属单位上缴收入"科目中编列;取得上级单位对本单位的补助经费在"上级补助收入"科目中编列。

(二)支出预算。单位从事科技服务发生的各项支出,凡属于单位自身使用的部分,应视具体支出性质分别在"基本支出"、"项目支出"、"经营支出"中编列,"经营支出"应与"经营收入"配比。其中基本支出预算按照气象部门基本支出综合定额编制,项目支出预算按照批准的项目内容和建设标准编制。不属于单位自身使用的部分,应在"上缴上级支出"或"对附属单位补助支出"中编列。

第三章 投资管理

第九条 单位使用科技服务资金对外投资应按《气象部门国有资产使用管理暂行办法》的规定履行审批程序。

第十条 单位不得利用科技服务资金从事股票、期货、基金、企业债券等投资。

第十一条 单位以非货币性资产进行对外投资的,要按照《国有资产评估管理办法》(国务院令第91号)、《国有资产评估管理若干问题的规定》(财政部令第14号)、《事业单位国有资产管理暂行办法》(财政部令第36号)等有关规定,选择具有相应资质的中介机构进行资产评估。

第十二条 单位对外投资,应当视情况分别记入单位"短期投资"或"长期投资"科目,不得记入"其他应收款"等往来科目。对外投资取得的收益,应当记入单位"其他收入—投资收益"科目,不得直接冲减"短期投资"、"长期投资"科目或"其他应收款"等往来科目。

第四章 收入管理

第十三条 气象科技服务收入是指各级气象部门以气象科学技术为依托,在为国民经济各行业、各部门、各类社会经济组织及公民个人提供服务时取得的收入。具体包括:"专业气象服务收入"、"电视信息广告收入"、"'12121'固定和移动电话收入"、"手机短信收入"、"防雷装置设计技术评价收入"、"雷电灾害风险评估收入"、"气候可行性论证收入"、"防雷装置检测(含新建防雷装置施工跟踪检测)收入"、"气象仪器计量检定收入"、"资产出租出借收入"等。

第十四条 单位应当按照物价部门核定的收费项目和标准组织科技服务收入;对属于市场行为,物价部门没有核定收费标准的科技服务收入项目,其收费标准由单位与服务对象自行协商确定,并在签订的科技服务合同中明确列示收费金额。

第十五条 单位向服务对象按标准收取费用时,需要减免的,应按照有关规定由服务对象出具减免批准文件或减免审批单,并按规定程序办理。

第十六条 单位在向服务对象收取费用时,应按照有关规定使用财政票据或税务部门统一印制的发票,由财务部门统一出具。特殊情况需要科技服务人员出具的,由科技服务人员提出申请,经单位负责人批准后方可领取整本票据或发票,并指定专人负责。单位应建立票据和发票管理制度,规范票据和发票的领用、缴销。严禁向服务对象出具空白票据或发票。

第十七条 单位开展科技服务取得的各项收入,必须按照国家有关税收法规规定,依法纳税。

第十八条 单位取得的科技服务收入必须及时、足额缴纳到单位财务部门,严禁私设"小金库"或"账外账"。以现金方式收取的气象科技服务收入,应在当天交财务部门,特殊情况下经批准后可适当延长,但最多不超过3个工作日。单位财务部门在入账时,应核对以下资料:

(一)所缴的现金或转账支票金额与所开具的票据或发票金额是否一致。

(二)所缴的现金或转账支票金额与物价部门核定的收费项目和标准所计算的应收金额是否一致,如涉及收费减免的,应提供收费减免批准文件或减免审批单。

(三)所缴的现金或转账支票金额与科技服务合同中明确列示的收费金额是否一致。

(四)服务对象以实物或服务抵扣费用的,应按合同执行,合同未明确的必须经批准,并以所开具的票据或发票金额确认收入,同时核对相关实物或服务内容。如服务对象暂未提供相关实物或服务的,应在"应收账款"中反映,并在提供相关实物或服务时相应冲抵"应收账款"。

(五)单位开出发票暂未收到服务对象资金的,科技服务人员应及时将发票记账联交单位财务人员入账,在"应收账款"科目反映。单位应定期对科技服务收入"应收账款"进行催收,避免长时间形成呆账。

第十九条 有条件的单位,应当实行科技服务收入收缴分离的办法。应当完善科技服务各项内部控制制度并严格执行。

第二十条 单位不得以任何名义将本单位资金违规转移到企业作为企业收入。

第二十一条 单位应遵守银行账户管理的有关规定,由财务部门统一办理银行账户开立、变更等手续,并由财务部门统一负责所有银行账户的使用和管理。

第二十二条 单位应完善收入内部控制机制。服务、开票、收费等不得由同一人员担任。对外提供的各类服务报告要统一印制、统一编号,报告应注明被服务对象的详细地址、服务内容、收费依据、标准等,其中收费合同一式四联,服务对象、服务部门、财务部门各一联,管理部门备案一联。单位应不定期对各类收入情况进行检查。

科技服务收入应及时上交财务部门。财务部门收到服务部门交来的款项后,应根据收费标准和相关报告及合同注明的事项,计算应收取的费用,并与实际收到资金、开具发票金额进行核对。实际收到的资金与应收取的费用不一致的,服务部门应书面说明原因。属于减免检测费的,应提供减免文件或其他依据;属于对方欠缴的,服务部门应书面说明原因。相关报告结论页、发票、服务部门的书面说明、减免文件或依据等应作为财务部门入账的原始凭证。

第二十三条　资产出租出借收入及管理。

单位将资产委托下属单位进行出租出借的,受托方取得的资产出租出借收入,应记入受托方"其他应付款"等往来科目,在扣除相关税费后,必须全额上缴委托方;委托方单位收到上缴款后,应记入"其他收入"等收入类科目,不得在"其他应付款"等往来类科目列收列支。受托方不得在受托经营资产取得的收入中开支其自身的支出,委托方不得以抵顶上缴收入等方式在受托方开支有关支出。

单位或受托方出租出借资产时,应与承租方或借入方签订资产租赁(借出)合同。合同应由单位统一编号,一式四份,承租方或借入方、单位或受托方资产经营部门、财务部门各一份,向资产出租出借审批单位备案一份。

资产经营部门收取租金等应及时交财务部门。财务部门收到承租方、借入方或资产经营单位交来的租金后,应核对合同约定租金、实际收到租金、开具发票金额三者的一致性。实际收到的租金与合同约定的租金不一致的,资产经营单位应书面说明原因。属于承租方、借入方欠缴的,承租方、借入方应出具欠条;属于合同变更的,应提供变更后的合同。合同(包括变更后的合同)、发票、资产经营单位的书面说明、承租方或借入方出具的欠条等应作为财务部门入账的原始凭证。

第五章　成本管理

第二十四条　科技服务成本是指单位为开展科技服务而发生的直接物化成本、工资、劳务成本及其他成本费用支出。具体包括:直接用于开展科技服务的材料消耗、固定资产折旧;支付给从事科技服务人员的工资及劳务支出;支付给从事公益气象事业单位和上级管理部门的信息资源费、资料费、协作费;发生的各项税费;开展科技服务所发生的办公费、取暖费、水电费、通信费、差旅费、车辆维持费、交通费、会议费、招待费、租赁费、信息费、劳务费、广告费等各项费用。

第二十五条　单位科技服务成本核算,应按照收入与费用配比原则进行。

第二十六条　固定资产折旧按照规定的折旧方法足额计提,已列入事业支出的固定资产购置成本,其计提的折旧不允许再列入经营支出;发生的取暖费、水电费、通信费、差旅费、车辆维持费、交通费、会议费、房屋租赁费等按照实际发生数如实计入成本,如与单位发生的相关费用无法分清的,按照分摊的原则计算分摊金额计入成本。

第二十七条　单位支付气象信息资源使用费的具体金额应根据客观量化的依据,和有关单位协商确定。支付气象信息资源使用费等有关资金,必须以单位与其他单位签订的合同为依据,不得以现金形式支付,不得将资金直接返回给个人或其他单位。

第二十八条 单位未从事科技服务的人员,其人员支出和其他支出不得挤占单位科技服务成本;应在企业成本中列支的支出不得挤占单位的支出。

第二十九条 严格控制科技服务活动中的现金使用。从事科技服务人员的工资和劳务应以银行卡形式发放;按要求使用公务卡和转账支票,严格控制零星现金支出。

第六章 资产和材料管理

第三十条 单位开展科技服务所使用的固定资产要纳入单位财务和资产管理部门统一管理,并建立固定资产台账。对资产的报废、处置、出租、转让、调拨等应按照《气象部门国有资产处置管理暂行办法》和《气象部门国有资产使用管理暂行办法》执行。

第三十一条 单位将产权属于自己的资产委托其他单位进行经营的,必须与受托方签订委托经营协议。资产出租出借审批单位应根据备案的合同定期对资产出租、出借有关单位收取的租金情况等进行检查。

第三十二条 因工作需要借用的备用金,应定期结账。备用金借用额度和时间由单位统一规定。

第三十三条 建立健全材料采购、验收、存储、发货等各个环节的内部控制制度。

(一)采购。材料的采购程序参照政府采购有关程序执行,并与供货方签订采购合同,有关采购合同应送财务部门备案。

(二)验收。由独立于采购人员、材料保管人员的验收人员对采购的材料进行验收入库,并签发材料入库单。采购人员凭采购材料的合法原始凭证和材料入库单到单位财务部门核销相关支出,财务部门对有关原始凭证与采购合同核对一致后予以核销,并按规格、型号等登记材料明细账。

(三)存储。材料保管人员应定期对库存材料进行盘点,并将库存材料盘点表与财务部门材料明细账核对。核对不一致的应当及时查明原因并做相应处置。

(四)发货。根据与服务对象签订的科技服务合同及施工图纸等材料,应编制材料出库单送单位财务部门审核,并相应核销材料明细账;材料保管人员根据财务部门审核后的出库单发货。

第七章 科技服务净收入的使用

第三十四条 单位科技服务净收入是指单位从事科技服务收入扣除相关成本、税费后的净结余。

第三十五条 科技服务净收入的分配,应当兼顾国家、集体和个人三方面利益。应当从气象事业发展、科技服务自身发展、职工激励机制等各方面统筹考虑科技服务净收入的使用。各气象主管部门要加强气象科技服务收入的统筹管理,并制定具体办法统筹使用。

第三十六条 单位科技服务净收入具体用途包括:弥补以前年度科技服务亏损;科技服务自身发展;人才引进和培训,职工补贴津贴及有关福利、奖励等基本支出;气象业务现代化建设,气象科研和技术开发,气象台站基础设施建设等项目支出。其中用于职工补贴津贴的部分必须严格执行国家补贴津贴有关规定。

第八章 监督检查

第三十七条 单位应当完善科技服务的各项内部财务控制制度和民主决策制度。重大支出事项必须集体研究决定。

第三十八条 科技服务财务情况必须定期公开,接受上级主管部门和群众监督。单位应将科技服务创收和支出的明细项目定期在内部公开。各级财务管理部门应将科技服务收入和支出情况作为局务公开的重要内容,分别在一定范围内公开。

第三十九条 单位应加强对科技服务财务收支情况的动态管理,建立科技服务财务报告制度。中国气象局计划财务司不定期组织对各单位的科技服务财务管理进行抽查;各省、自治区、直辖市和计划单列市气象局对所属单位科技服务资金至少每两年检查一次,不断规范气象科技服务财务管理。对检查中发现的问题,单位应及时整改。对涉嫌违纪的,应移送纪检监察部门处理,对涉嫌违法的,应移交司法机关处理,并视问题性质和情节轻重,按照有关规定追究单位领导的责任。

第四十条 财务管理部门和财务人员不履行职责,导致科技服务财务管理混乱,造成损失的,按照有关规定追究其责任。财务人员涉嫌违纪或违法的,应分别移送纪检监察部门或司法机关处理,并视问题性质和情节轻重,按照有关规定追究财务管理部门领导的责任。

第九章 附 则

第四十一条 各省、自治区、直辖市气象局以及计划单列市气象局可按照本办法,结合实际情况,制定科技服务财务管理实施细则,报中国气象局备案。

第四十二条 气象部门民间非营利组织和社会团体参照本办法执行。

第四十三条 本办法由中国气象局负责解释。

第四十四条 本办法自 2014 年 1 月 1 日起执行。原《气象科技服务财务管理暂行办法》(气发〔2007〕302 号)和《气象科技服务管理补充规定》(气发〔2010〕15 号)同时废止。

陕西省气象部门科技服务管理办法

(陕气发〔2008〕204号 2008年12月12日)

第一章 总 则

第一条 为了加强和规范全省气象科技服务管理,推动气象科技服务持续、健康、快速发展,不断提高气象科技服务的社会经济效益,根据中国气象局科技服务管理有关规定,结合我省实际,制定本办法。

第二条 本办法所称气象科技服务(以下简称科技服务),是指利用气象部门的业务服务产品、科研成果和资产等资源,在确保无偿气象服务的前提下,根据经济社会发展和市场需求,依照国家有关政策和法规开展的以气象信息服务为主的有偿气象服务。

第三条 本省各级气象部门开展科技服务活动应当遵守本办法。

第四条 省局、市局(指各设区市气象局、杨凌气象局,下同)的政策法规、计财、监审、人事等职能机构应当按照各自的职责分工,负责对科技服务实施组织指导和监督管理。

第五条 科技服务发展以科学发展观为统领,坚持公共气象服务方向,将社会效益放在首位,依托基本气象业务,面向经济社会发展需求,以发展气象信息服务为主,突出创新、优化结构,集约协作、完善机制,充分发挥气象科技在防灾减灾、应对气候变化和经济社会可持续发展中的保障作用。

各级气象部门在保障气象决策服务、公众服务前提下,应当大力发展气象科技服务。

第二章 职 责

第六条 省局对全省科技服务工作管理的主要职责是:

(一)研究制定发展规划、相关政策和管理规章制度;

(二)下达年度科技服务工作目标并进行考核;

(三)对全省科技服务工作进行检查、指导;

(四)组织指导科技服务新项目、新产品开发;

(五)组织培训全省科技服务适用人才;

(六)组织经验交流,定期通报、上报科技服务信息;

(七)管理省局科技服务发展基金或专项资金;

(八)评选和奖励科技服务先进集体和个人;

(九)上级规定的其他职责。

第七条 市局和省局直属单位(以下简称各单位)对科技服务工作管理的主要职

责是：

（一）制定实施本单位科技服务发展计划、相关政策和管理规章制度；

（二）对所属机构下达年度科技服务工作目标，并检查考核；

（三）对所属机构科技服务工作进行监督检查和指导；

（四）组织进行科技服务新项目、新产品开发；

（五）按时上报、通报科技服务工作信息，组织经验交流；

（六）管理本单位的科技服务发展基金或专项资金；

（七）对科技服务先进集体和个人进行奖励；

（八）审批所属机构的科技服务项目和贷款项目，审定本单位科技服务实体（企业）的设立、合并、分立、终止等，并及时向省局备案；

（九）对科技服务单位聘用员工执行《劳动合同法》情况进行检查；

（十）上级规定的其他职责。

第三章 目 标

第八条 年度科技服务工作目标主要内容如下：

（一）科技服务在防灾减灾、保障公共安全方面的覆盖面、满意度等社会效益情况；

（二）科技服务经济效益；

（三）重点项目发展情况；

（四）科技服务发展基金或专项资金建立情况；

（五）反馈用于气象事业发展以及用于改善职工工作、生活条件的资金；

（六）省局直属单位上交的科技服务调节资金或气象资源使用费。

第九条 确定年度科技服务工作目标的主要依据是：

（一）上年度科技服务工作目标完成情况；

（二）上级当年目标的总体要求；

（三）当地社会经济发展状况；

（四）资源占有情况；

（五）科技服务项目发展潜力；

（六）单位科技创新和经营能力。

第十条 年度科技服务工作目标的制定、下达与调整按下列程序进行：

（一）省局科技服务管理处室提出各单位年度目标意见；

（二）省局局务会议研究审定；

（三）省局文件下达各单位；

（四）需要变动目标的单位，每年在规定时段上报目标调整书面申请，经省局研究后，书面下达批复意见。

第十一条 承担科技服务任务的单位应按照上级要求，定期上报科技服务报表。

按时上报、质量优异者，予以表彰；逾期上报、不按要求上报、虚报者，单位不能评为科技服务先进集体,当事人不能评为科技服务先进个人。

第十二条 科技服务目标的考核按下达目标时规定的考核办法进行。省局对各单位科技服务目标中数量指标的考核,以各单位上报省局主管处(室)的科技服务报表为准。

第四章 运 行

第十三条 各级气象局应将科技服务纳入本级气象事业发展总体规划,对气象基本业务、气象科研、无偿服务和科技服务进行统筹安排,结合当地实际,采用事业单位或组建企业实体[以下简称"科技服务实体(企业)"]开展科技服务,促进气象事业协调发展。

第十四条 各单位自行决定下属企业的设立、合并、分立、解散和终止经营。

省、市局对直属单位所办企业的章程进行审批。

第十五条 发展科技服务所需资金应采用多渠道、多元化的投入机制。除自筹和申请上级专项经费支持外,可以通过下列形式筹措:

(一)基础设施和业务系统建设可申请项目经费支持;

(二)能够产生明显社会经济效益的科技服务项目积极争取地方政府和有关部门的经费支持;

(三)服务技术和产品研发积极探索与社会相关部门或单位的合作,争取合作单位的经费支持。

禁止以个人承包、职工内部参股分红等形式开展科技服务。

第十六条 非经营性国有资产转经营性资产应报上级主管部门批准,按照国家和本部门关于国有资产管理的相关规定规范运作,确保科技服务国有资产的保值增值。

第十七条 科技服务实体(企业)的重大经营事项应向主管单位汇报、请示。

较大投资的科技开发项目(省局直属单位10万元以上,市局直属单位5万元以上)、较大数额的贷款(数额同上)以及重要对外合作项目合同的签订,均应事先向主管单位书面请示。

服务项目涉及两个以上单位经营的或者涉及跨市区经营的,各单位签订对外合作项目合同时,应事先向省局书面请示。

第十八条 科技服务实体(企业)的劳动人事管理应符合下列规定:

(一)科技服务实体(企业)与气象行政管理职能机构分开;

(二)科技服务单位的主要负责人应当由对其实施直接管理的气象局任命;

(三)具有事业身份的气象职工调入企业工作期间,其收入按照企业的效益情况确定,报同级气象主管机构审批后执行;

(四)采用社会化方式聘用的科技服务从业人员应签订聘用合同,并为其办理失业、医疗、养老等社会保险;

(五)建立科技服务从业人员薪酬、奖惩、职称评定、辞退解聘和人事代理等制度;

(六)科技服务人才的培养、引进、使用等纳入气象部门的人才战略规划。

第十九条 科技服务实体的财务管理应符合下列规定:

（一）按照政府非税收入、"收支两条线"管理等规定，将科技服务收入和支出纳入综合预算；

（二）按照权责发生制建立科技服务财务核算体系和内部控制管理制度，严格成本核算，有效控制经营成本；

（三）科技服务收入、支出统一纳入省、市级财务核算中心集中核算和统一管理；

（四）科技服务单位实行会计委派制，省、市级财务核算中心负责对委派人员的业绩进行综合考核和评价；

（五）县（区）级科技服务实行"县账市管"，项目开支由局长、副局长和纪检员"三人决策"；

（六）科技服务单位应当实行财务公开制度，自觉接受职工的监督，严禁隐瞒、截留、私分、挤占、坐支和挪用科技服务收入。

（七）定期向主管部门报送财务报告、财务报表和有关统计报表。

第二十条　建立基本业务、科研和科技服务的创新互动机制，倡导和鼓励从事科技服务的单位和个人增强自主创新能力，通过技术创新、产品创新和项目创新，提高科技服务的科技含量和核心竞争力。

第二十一条　省、市气象局应当按照"科学规划、整合资源、增强实力、照顾基层"的原则，探索和建立科技服务集约化、规模化发展机制，开展多种形式的对外合作和部门内联合经营，形成"适应需求、优势互补、特色鲜明、充满活力"的科技服务集约、规模化发展格局。

第二十二条　科技服务实体（企业）开展科技服务应该严格执行相关技术、产品和服务标准，不断提高科技服务的规范化、标准化水平，保障科技服务的质量。

第五章　发展基金

第二十三条　各级气象局均应设立科技服务发展基金或专项资金。科技服务基金或专项资金主要用于科技服务实体的技术改造、设备更新、项目开发和科技服务的人员培训、政策调研、信息交流、表彰奖励。

第二十四条　科技服务发展基金或专项资金按科技服务发展需求提取，由省、市局财务核算中心专列会计科目核算，专款专用。省、市科技服务主管部门按年度提出使用计划，报局办公会议审定，按职责分工负责组织实施。

未设立科技服务发展基金或专项资金以及管理不规范的单位，不得申报当年科技服务先进集体。

第六章　监　督

第二十五条　对科技服务工作的监督，实施内部监督和外部监督相结合。各级气象局政策法规、计财、审计和人事等职能部门按照各自职责依据本办法和相关规定对科技服务工作实施内部监督;科技服务实体(企业)应主动接受当地工商、财政、税务、审计等部门的外部监督。

第二十六条 省局负责对各单位进行监督,各单位负责对其下属科技服务实体(企业)进行监督。计财监督、人事监督依据有关法律法规规章的规定和本办法执行。

审计机构依法对气象科技服务收支进行内部审计。科技服务实体(企业)法定代表应按有关规定进行任期经济责任审计。

第二十七条 政策法规监督根据上级和本办法的有关规定进行。监督的重点内容为:科技服务实体(企业)是否遵守法律法规和上级的有关政策进行经营,是否办理各种必要的证照,是否进行必要的资质、资格认证,是否完成上级下达的目标,是否建立了收益反馈机制和发展基金或专项资金等。

第二十八条 科技服务实体(企业)违反国家财经制度,私设小金库,超规定标准分配,滥发工资奖金,内部虚报冒领,生产中违规操作发生事故,除有关部门按规定对该实体(企业)进行经济或证照、资质等方面的处罚外,省局取消该实体(企业)及其相关人员当年评选先进的资格,追究有关领导的责任。

第二十九条 科技服务实体(企业)有下列行为之一的,视情节轻重和危害程度,由省、市局对有关责任人员给予行政处分和经济处罚;构成犯罪的,移交司法机关处理:

(一)违反重大事项汇报、请示程序,超越权限投资、贷款、签订对外合作项目合同的;

(二)擅自担保、以经营性国有资产抵押、违规融资的;

(三)损害员工利益、造成重大损失和社会影响的;

(四)有私设小金库、白条报账、坐支、私借公款等违反财经纪律行为的。

第七章 奖 励

第三十条 省局设立陕西省气象科技服务先进集体奖和陕西省气象科技服务先进个人奖。获奖集体和个人按照陕西省气象局奖励工作规定进行奖励。

第三十一条 科技服务奖励应具备下列条件:

(一)先进集体

1.圆满完成科技服务年度各项目标任务;

2.当年科技服务收入比上年度增幅较大;

3.有已产生经济效益的创新项目;

4.无违法、违纪问题和安全事故。

(二)先进个人

1.出色完成年度本单位确定的个人科技服务工作目标;

2.科技服务收入比上年增长幅度在本单位名列前茅,或在创新项目中成绩突出,或在科技服务管理中有突出贡献;

3.无违法、违纪问题和安全事故。

第三十二条 申报与审批科技服务先进集体奖和个人奖应符合下列程序和要求:

（一）各科技服务实体（企业）申报科技服务先进集体和个人奖，应由单位集体研究决定，填写申报表，于当年12月31日前上报省局科技服务主管处室；

（二）各市气象局和创收任务较大的省局直属单位，最多可申报先进集体1个，先进个人2个；其他单位可申报先进个人1个；

（三）对各单位申报的先进集体和先进个人，由省局科技服务主管处室根据申报表中的事迹和年度科技服务报表及考核等情况初审，按《陕西省气象局奖励工作规定》的程序审批。

第八章 附 则

第三十三条　气象科技服务收入（毛收入）是指：从事科技服务活动实现的全部货币收入与实物资产收入折算之和，扣除横向协作费后的收入。

气象科技服务收益（纯收入）是指：科技服务收入减去直接经营成本和管理费用后的余额。年度科技服务收益包括按规定被当年分配的资金、购置固定资产的费用、承办有关社会管理工作所支出的费用和结转下年度的资金等。

第三十四条　本办法自发布之日起施行，《陕西省气象部门科技服务与产业管理办法》同时废止。

关于建立全省气象部门科技服务统筹基金的通知

(陕气办发〔2013〕34号)

各设区市气象局,杨凌气象局,省局直属各单位、机关各处室:

近年来,我省气象科技服务发展迅速,成效显著。为促进气象科技服务健康发展,充分发挥其对气象事业发展的作用和效益,经省局研究,从2013年起,在全省气象部门建立气象科技服务统筹基金(以下简称统筹基金)。现将有关事项通知如下:

一、统筹基金从全省气象部门各级气象科技服务资金中筹集。省局负责省级气象科技服务单位统筹基金的筹集,各市气象局负责本级和所辖县气象科技服务统筹基金的筹集。

二、省级统筹基金按照上一年度科技服务毛收入的5%～10%提取,市、县气象局按照上一年度科技服务毛收入的3%～8%提取,并纳入各单位目标考核。

三、统筹基金主要用于支持本地区具有推广应用价值,能产生预期效益的气象科技服务项目研究开发,气象业务现代化建设和重大气象科技攻关项目,以及基层气象台站基础设施建设等。

四、统筹基金由省局计财处统一规划使用,各单位在每年年初制订本年度统筹基金的提取和使用方案,报省局计财处审批,不得随意改变提取范围、比例和资金用途。

五、各单位要加强对统筹基金的管理,严格执行国家有关法律、法规,科学管理,规范使用。

陕西省气象局办公室
2013年8月30日

第四编

国有资产管理

第四篇

国计民生与管理

第一部分 资产管理

事业单位国有资产管理暂行办法

(财政部令第36号 2006年5月30日)

第一章 总 则

第一条 为了规范和加强事业单位国有资产管理,维护国有资产的安全完整,合理配置和有效利用国有资产,保障和促进各项事业发展,建立适应社会主义市场经济和公共财政要求的事业单位国有资产管理体制,根据国务院有关规定,制定本办法。

第二条 本办法适用于各级各类事业单位的国有资产管理活动。

第三条 本办法所称的事业单位国有资产,是指事业单位占有、使用的,依法确认为国家所有,能以货币计量的各种经济资源的总称,即事业单位的国有(公共)财产。

事业单位国有资产包括国家拨给事业单位的资产,事业单位按照国家规定运用国有资产组织收入形成的资产,以及接受捐赠和其他经法律确认为国家所有的资产,其表现形式为流动资产、固定资产、无形资产和对外投资等。

第四条 事业单位国有资产管理活动,应当坚持资产管理与预算管理相结合的原则,推行实物费用定额制度,促进事业资产整合与共享共用,实现资产管理和预算管理的紧密统一;应当坚持所有权和使用权相分离的原则;应当坚持资产管理与财务管理、实物管理与价值管理相结合的原则。

第五条 事业单位国有资产实行国家统一所有,政府分级监管,单位占有、使用的管理体制。

第二章 管理机构及其职责

第六条 各级财政部门是政府负责事业单位国有资产管理的职能部门,对事业单位的国有资产实施综合管理。其主要职责是：

（一）根据国家有关国有资产管理的规定，制定事业单位国有资产管理的规章制度，并组织实施和监督检查；

（二）研究制定本级事业单位实物资产配置标准和相关的费用标准，组织本级事业单位国有资产的产权登记、产权界定、产权纠纷调处、资产评估监管、资产清查和统计报告等基础管理工作；

（三）按规定权限审批本级事业单位有关资产购置、处置和利用国有资产对外投资、出租、出借和担保等事项，组织事业单位长期闲置、低效运转和超标准配置资产的调剂工作，建立事业单位国有资产整合、共享、共用机制；

（四）推进本级有条件的事业单位实现国有资产的市场化、社会化，加强事业单位转企改制工作中国有资产的监督管理；

（五）负责本级事业单位国有资产收益的监督管理；

（六）建立和完善事业单位国有资产管理信息系统，对事业单位国有资产实行动态管理；

（七）研究建立事业单位国有资产安全性、完整性和使用有效性的评价方法、评价标准和评价机制，对事业单位国有资产实行绩效管理；

（八）监督、指导本级事业单位及其主管部门、下级财政部门的国有资产管理工作。

第七条　事业单位的主管部门（以下简称主管部门）负责对本部门所属事业单位的国有资产实施监督管理。其主要职责是：

（一）根据本级和上级财政部门有关国有资产管理的规定，制定本部门事业单位国有资产管理的实施办法，并组织实施和监督检查；

（二）组织本部门事业单位国有资产的清查、登记、统计汇总及日常监督检查工作；

（三）审核本部门所属事业单位利用国有资产对外投资、出租、出借和担保等事项，按规定权限审核或者审批有关资产购置、处置事项；

（四）负责本部门所属事业单位长期闲置、低效运转和超标准配置资产的调剂工作，优化事业单位国有资产配置，推动事业单位国有资产共享、共用；

（五）督促本部门所属事业单位按规定缴纳国有资产收益；

（六）组织实施对本部门所属事业单位国有资产管理和使用情况的评价考核；

（七）接受同级财政部门的监督、指导并向其报告有关事业单位国有资产管理工作。

第八条　事业单位负责对本单位占有、使用的国有资产实施具体管理。其主要职责是：

（一）根据事业单位国有资产管理的有关规定，制定本单位国有资产管理的具体办法并组织实施；

（二）负责本单位资产购置、验收入库、维护保管等日常管理，负责本单位资产的账卡管理、清查登记、统计报告及日常监督检查工作；

（三）办理本单位国有资产配置、处置和对外投资、出租、出借和担保等事项的报批手续；

(四)负责本单位用于对外投资、出租、出借和担保的资产的保值增值,按照规定及时、足额缴纳国有资产收益;

(五)负责本单位存量资产的有效利用,参与大型仪器、设备等资产的共享、共用和公共研究平台建设工作;

(六)接受主管部门和同级财政部门的监督、指导并向其报告有关国有资产管理工作。

第九条 各级财政部门、主管部门和事业单位应当按照本办法的规定,明确管理机构和人员,做好事业单位国有资产管理工作。

第十条 财政部门根据工作需要,可以将国有资产管理的部分工作交由有关单位完成。

第三章 资产配置及使用

第十一条 事业单位国有资产配置是指财政部门、主管部门、事业单位等根据事业单位履行职能的需要,按照国家有关法律、法规和规章制度规定的程序,通过购置或者调剂等方式为事业单位配备资产的行为。

第十二条 事业单位国有资产配置应当符合以下条件:

(一)现有资产无法满足事业单位履行职能的需要;

(二)难以与其他单位共享、共用相关资产;

(三)难以通过市场购买产品或者服务的方式代替资产配置,或者采取市场购买方式的成本过高。

第十三条 事业单位国有资产配置应当符合规定的配置标准;没有规定配置标准的,应当从严控制,合理配置。

第十四条 对于事业单位长期闲置、低效运转或者超标准配置的资产,原则上由主管部门进行调剂,并报同级财政部门备案;跨部门、跨地区的资产调剂应当报同级或者共同上一级的财政部门批准。法律、行政法规另有规定的,依照其规定。

第十五条 事业单位向财政部门申请用财政性资金购置规定限额以上资产的(包括事业单位申请用财政性资金举办大型会议、活动需要进行的购置),除国家另有规定外,按照下列程序报批:

(一)年度部门预算编制前,事业单位资产管理部门会同财务部门审核资产存量,提出下一年度拟购置资产的品目、数量,测算经费额度,报主管部门审核;

(二)主管部门根据事业单位资产存量状况和有关资产配置标准,审核、汇总事业单位资产购置计划,报同级财政部门审批;

(三)同级财政部门根据主管部门的审核意见,对资产购置计划进行审批;

(四)经同级财政部门批准的资产购置计划,事业单位应当列入年度部门预算,并在上报年度部门预算时附送批复文件等相关材料,作为财政部门批复部门预算的依据。

第十六条 事业单位向主管部门或者其他部门申请项目经费的,有关部门在下达经费前,应当将所涉及的规定限额以上的资产购置事项报同级财政部门批准。

第十七条　事业单位用其他资金购置规定限额以上资产的,报主管部门审批;主管部门应当将审批结果定期报同级财政部门备案。

第十八条　事业单位购置纳入政府采购范围的资产,应当按照国家有关政府采购的规定执行。

第十九条　事业单位国有资产的使用包括单位自用和对外投资、出租、出借、担保等方式。

第二十条　事业单位应当建立健全资产购置、验收、保管、使用等内部管理制度。

事业单位应当对实物资产进行定期清查,做到账账、账卡、账实相符,加强对本单位专利权、商标权、著作权、土地使用权、非专利技术、商誉等无形资产的管理,防止无形资产流失。

第二十一条　事业单位利用国有资产对外投资、出租、出借和担保等应当进行必要的可行性论证,并提出申请,经主管部门审核同意后,报同级财政部门审批。法律、行政法规另有规定的,依照其规定。

事业单位应当对本单位用于对外投资、出租和出借的资产实行专项管理,并在单位财务会计报告中对相关信息进行充分披露。

第二十二条　财政部门和主管部门应当加强对事业单位利用国有资产对外投资、出租、出借和担保等行为的风险控制。

第二十三条　事业单位对外投资收益以及利用国有资产出租、出借和担保等取得的收入应当纳入单位预算,统一核算,统一管理。国家另有规定的除外。

第四章　资产处置

第二十四条　事业单位国有资产处置,是指事业单位对其占有、使用的国有资产进行产权转让或者注销产权的行为。处置方式包括出售、出让、转让、对外捐赠、报废、报损以及货币性资产损失核销等。

第二十五条　事业单位处置国有资产,应当严格履行审批手续,未经批准不得自行处置。

第二十六条　事业单位占有、使用的房屋建筑物、土地和车辆的处置,货币性资产损失的核销,以及单位价值或者批量价值在规定限额以上的资产的处置,经主管部门审核后报同级财政部门审批;规定限额以下的资产的处置报主管部门审批,主管部门将审批结果定期报同级财政部门备案。法律、行政法规另有规定的,依照其规定。

第二十七条　财政部门或者主管部门对事业单位国有资产处置事项的批复是财政部门重新安排事业单位有关资产配置预算项目的参考依据,是事业单位调整相关会计账目的凭证。

第二十八条　事业单位国有资产处置应当遵循公开、公正、公平的原则。

事业单位出售、出让、转让、变卖资产数量较多或者价值较高的,应当通过拍卖等市场竞价方式公开处置。

第二十九条 事业单位国有资产处置收入属于国家所有,应当按照政府非税收入管理的规定,实行"收支两条线"管理。

第五章 产权登记与产权纠纷处理

第三十条 事业单位国有资产产权登记(以下简称产权登记)是国家对事业单位占有、使用的国有资产进行登记,依法确认国家对国有资产的所有权和事业单位对国有资产的占有、使用权的行为。

第三十一条 事业单位应当向同级财政部门或者经同级财政部门授权的主管部门(以下简称授权部门)申报、办理产权登记,并由财政部门或者授权部门核发《事业单位国有资产产权登记证》(以下简称《产权登记证》)。

第三十二条 《产权登记证》是国家对事业单位国有资产享有所有权,单位享有占有、使用权的法律凭证,由财政部统一印制。

事业单位办理法人年检、改制、资产处置和利用国有资产对外投资、出租、出借、担保等事项时,应当出具《产权登记证》。

第三十三条 事业单位国有资产产权登记的内容主要包括:

(一)单位名称、住所、负责人及成立时间;

(二)单位性质、主管部门;

(三)单位资产总额、国有资产总额、主要实物资产额及其使用状况、对外投资情况;

(四)其他需要登记的事项。

第三十四条 事业单位应当按照以下规定进行国有资产产权登记:

(一)新设立的事业单位,办理占有产权登记;

(二)发生分立、合并、部分改制,以及隶属关系、单位名称、住所和单位负责人等产权登记内容发生变化的事业单位,办理变更产权登记;

(三)因依法撤销或者整体改制等原因被清算、注销的事业单位,办理注销产权登记。

第三十五条 各级财政部门应当在资产动态管理信息系统和变更产权登记的基础上,对事业单位国有资产产权登记实行定期检查。

第三十六条 事业单位与其他国有单位之间发生国有资产产权纠纷的,由当事人协商解决。协商不能解决的,可以向同级或者共同上一级财政部门申请调解或者裁定,必要时报有管辖权的人民政府处理。

第三十七条 事业单位与非国有单位或者个人之间发生产权纠纷的,事业单位应当提出拟处理意见,经主管部门审核并报同级财政部门批准后,与对方当事人协商解决。协商不能解决的,依照司法程序处理。

第六章 资产评估与资产清查

第三十八条 事业单位有下列情形之一的,应当对相关国有资产进行评估:

（一）整体或者部分改制为企业；
（二）以非货币性资产对外投资；
（三）合并、分立、清算；
（四）资产拍卖、转让、置换；
（五）整体或者部分资产租赁给非国有单位；
（六）确定涉讼资产价值；
（七）法律、行政法规规定的其他需要进行评估的事项。

第三十九条 事业单位有下列情形之一的，可以不进行资产评估：
（一）经批准事业单位整体或者部分资产无偿划转；
（二）行政、事业单位下属的事业单位之间的合并、资产划转、置换和转让；
（三）发生其他不影响国有资产权益的特殊产权变动行为，报经同级财政部门确认可以不进行资产评估的。

第四十条 事业单位国有资产评估工作应当委托具有资产评估资质的评估机构进行。事业单位应当如实向资产评估机构提供有关情况和资料，并对所提供的情况和资料的客观性、真实性和合法性负责。

事业单位不得以任何形式干预资产评估机构独立执业。

第四十一条 事业单位国有资产评估项目实行核准制和备案制。核准和备案工作按照国家有关国有资产评估项目核准和备案管理的规定执行。

第四十二条 事业单位有下列情形之一的，应当进行资产清查：
（一）根据国家专项工作要求或者本级政府实际工作需要，被纳入统一组织的资产清查范围的；
（二）进行重大改革或者整体、部分改制为企业的；
（三）遭受重大自然灾害等不可抗力造成资产严重损失的；
（四）会计信息严重失真或者国有资产出现重大流失的；
（五）会计政策发生重大更改，涉及资产核算方法发生重要变化的；
（六）同级财政部门认为应当进行资产清查的其他情形。

第四十三条 事业单位进行资产清查，应当向主管部门提出申请，并按照规定程序报同级财政部门批准立项后组织实施，但根据国家专项工作要求或者本级政府工作需要进行的资产清查除外。

第四十四条 事业单位资产清查工作的内容主要包括基本情况清理、账务清理、财产清查、损益认定、资产核实和完善制度等。资产清查的具体办法由财政部另行制定。

第七章 资产信息管理与报告

第四十五条 事业单位应当按照国有资产管理信息化的要求，及时将资产变动信息录入管理信息系统，对本单位资产实行动态管理，并在此基础上做好国有资产统计和信息报告工作。

第四十六条 事业单位国有资产信息报告是事业单位财务会计报告的重要组成部分。事业单位应当按照财政部门规定的事业单位财务会计报告的格式、内容及要求,对其占有、使用的国有资产状况定期做出报告。

第四十七条 事业单位国有资产占有、使用状况,是主管部门、财政部门编制和安排事业单位预算的重要参考依据。各级财政部门、主管部门应当充分利用资产管理信息系统和资产信息报告,全面、动态地掌握事业单位国有资产占有、使用状况,建立和完善资产与预算有效结合的激励和约束机制。

第八章 监督检查与法律责任

第四十八条 财政部门、主管部门、事业单位及其工作人员,应当依法维护事业单位国有资产的安全完整,提高国有资产使用效益。

第四十九条 财政部门、主管部门和事业单位应当建立健全科学合理的事业单位国有资产监督管理责任制,将资产监督、管理的责任落实到具体部门、单位和个人。

第五十条 事业单位国有资产监督应当坚持单位内部监督与财政监督、审计监督、社会监督相结合,事前监督与事中监督、事后监督相结合,日常监督与专项检查相结合。

第五十一条 事业单位及其工作人员违反本办法,有下列行为之一的,依据《财政违法行为处罚处分条例》的规定进行处罚、处理、处分:

(一)以虚报、冒领等手段骗取财政资金的;

(二)擅自占有、使用和处置国有资产的;

(三)擅自提供担保的;

(四)未按规定缴纳国有资产收益的。

第五十二条 财政部门、主管部门及其工作人员在上缴、管理国有资产收益,或者下拨财政资金时,违反本办法规定的,依据《财政违法行为处罚处分条例》的规定进行处罚、处理、处分。

第五十三条 主管部门在配置事业单位国有资产或者审核、批准国有资产使用、处置事项的工作中违反本办法规定的,财政部门可以责令其限期改正,逾期不改的予以警告。

第五十四条 违反本办法有关事业单位国有资产管理规定的其他行为,依据国家有关法律、法规及规章制度进行处理。

第九章 附 则

第五十五条 社会团体和民办非企业单位中占有、使用国有资产的,参照本办法执行。参照公务员制度管理的事业单位和社会团体,依照国家关于行政单位国有资产管理的有关规定执行。

第五十六条 实行企业化管理并执行企业财务会计制度的事业单位,以及事业单位创办的具有法人资格的企业,由财政部门按照企业国有资产监督管理的有关规定实施监督管理。

第五十七条 地方财政部门制定的本地区和本级事业单位的国有资产管理规章制度，应当报上一级财政部门备案。

中央级事业单位的国有资产管理实施办法，由财政部会同有关部门根据本办法制定。

第五十八条 境外事业单位国有资产管理办法由财政部另行制定。中国人民解放军、武装警察部队以及经国家批准的特定事业单位的国有资产管理办法，由解放军总后勤部、武装警察部队和有关主管部门会同财政部另行制定。

行业特点突出、需要制定行业事业单位国有资产管理办法的，由财政部会同有关主管部门根据本办法制定。

第五十九条 本办法中有关资产配置、处置事项的"规定限额"由省级以上财政部门另行确定。

第六十条 本办法自2006年7月1日起施行。此前颁布的有关事业单位国有资产管理的规定与本办法相抵触的，按照本办法执行。

中央级事业单位国有资产管理暂行办法

(财教〔2008〕13 号　2008 年 3 月 15 日)

第一章　总　则

第一条　为加强中央级事业单位国有资产管理,合理配置和有效利用国有资产,保障和促进各项事业发展,根据《事业单位国有资产管理暂行办法》(财政部令第 36 号),制定本办法。

第二条　本办法适用于执行事业单位财务和会计制度的中央级各类事业单位。

第三条　本办法所称的中央级事业单位国有资产,是指中央级事业单位占有、使用的,依法确认为国家所有,能以货币计量的各种经济资源的总称。

中央级事业单位国有资产包括:国家拨给中央级事业单位的资产,中央级事业单位按照国家政策规定运用国有资产组织收入形成的资产,以及接受捐赠和其他经法律确认为国家所有的资产,其表现形式为流动资产、固定资产、无形资产和对外投资等。

第四条　中央级事业单位国有资产管理活动,应当坚持资产管理与预算管理相结合的原则,推行实物费用定额制度,促进事业资产整合与共享共用,实现资产管理和预算管理的紧密统一;应当坚持所有权和使用权相分离的原则;应当坚持资产管理与财务管理、实物管理与价值管理相结合的原则。

第五条　中央级事业单位国有资产实行国家统一所有,财政部、中央级事业单位主管部门(以下简称主管部门)监管,单位占有、使用的管理体制。

第二章　管理机构及其职责

第六条　财政部是负责中央级事业单位国有资产管理的职能部门,对中央级事业单位国有资产实施综合管理。其主要职责是:

(一)贯彻执行国家有关国有资产管理的法律、行政法规和政策;

(二)根据国家有关国有资产管理的规定,制定中央级事业单位国有资产管理的规章制度,并组织实施和监督检查;

(三)研究制定中央级事业单位实物资产配置标准和相关的费用标准,负责中央级事业单位国有资产的产权登记、产权界定、产权纠纷调处、资产评估监管、资产清查、统计报告等基础管理工作;

(四)按照规定权限审批中央级事业单位有关资产购置、处置和利用国有资产对外投资、出租、出借等事项,组织中央级事业单位长期闲置、低效运转和超标准配置资产的跨部

门调剂工作,建立中央级事业单位国有资产整合、共享和共用机制;

(五)结合事业单位分类改革,推进有条件的中央级事业单位实现国有资产管理的市场化、社会化,加强中央级事业单位转企改制工作中国有资产的监督管理;

(六)负责中央级事业单位国有资产收益的监督管理;财政部驻各地财政监察专员办事处(以下简称专员办)负责当地中央级事业单位国有资产处置收入的监缴等工作;

(七)建立中央级事业单位国有资产管理信息系统,对中央级事业单位国有资产实行动态监管;

(八)研究建立中央级事业单位国有资产安全性、完整性和使用有效性的评价方法、评价标准和评价机制,对中央级事业单位国有资产的配置、使用和处置等实行绩效管理,盘活存量,调控增量,提高资产使用效益;

(九)监督、指导中央级事业单位及其主管部门的国有资产管理工作。

第七条 主管部门负责对本部门所属事业单位的国有资产实施监督管理。其主要职责是:

(一)贯彻执行国家有关国有资产管理的法律、行政法规和政策;

(二)根据财政部有关国有资产管理的规定,制定本部门所属事业单位国有资产管理的实施办法,并组织实施和监督检查;

(三)组织本部门所属事业单位国有资产的清查、登记、统计汇总及日常监督检查工作;

(四)按规定权限审核或者审批所属事业单位有关资产配置、处置事项以及利用国有资产对外投资、出租、出借等事项,负责本部门所属事业单位长期闲置、低效运转和超标准配置资产的调剂工作,优化事业单位国有资产配置,推动事业单位国有资产共享、共用;

(五)督促本部门所属事业单位按规定缴纳国有资产收益;

(六)按照财政部有关规定,组织实施本部门所属事业单位国有资产管理的绩效考评;

(七)接受财政部的监督、指导,并报告有关事业单位国有资产管理工作。

第八条 中央级事业单位负责对本单位占有、使用的国有资产实施具体管理。其主要职责是:

(一)贯彻执行国家有关国有资产管理的法律、行政法规和政策;

(二)根据财政部、主管部门有关国有资产管理的规定,制定本单位国有资产管理的具体办法并组织实施;

(三)负责本单位资产购置、验收入库、维护保管等日常管理,负责本单位资产的账卡管理、清查登记、统计报告及日常监督检查工作;

(四)办理本单位国有资产配置、处置和对外投资、出租、出借等事项的报批手续;根据主管部门授权,审批本单位有关国有资产配置、处置和对外投资、出租、出借等事项;

(五)负责本单位用于对外投资、出租、出借等资产的保值增值,按照规定及时、足额缴纳国有资产收益;

(六)负责本单位存量资产的有效利用,参与大型仪器、设备等资产的共享、共用和公共研究平台建设工作;

（七）接受主管部门和财政部的监督、指导，并报告有关国有资产管理工作。

第九条 财政部、主管部门和中央级事业单位应当按照本办法的规定，明确相关管理机构和工作人员，做好中央级事业单位国有资产管理工作。

第三章 资产配置及使用

第十条 中央级事业单位国有资产配置是指财政部、主管部门、中央级事业单位等根据中央级事业单位履行职能的需要，按照国家有关法律、行政法规和规章制度规定的程序，通过购置或者调剂等方式为中央级事业单位配备资产的行为。

第十一条 中央级事业单位国有资产配置应当符合以下条件：

（一）现有资产无法满足中央级事业单位履行职能的需要；

（二）难以与其他单位共享、共用相关资产；

（三）难以通过市场购买服务方式实现，或者采取市场购买方式成本过高。

第十二条 中央级事业单位国有资产配置应当符合规定的配置标准；没有规定配置标准的，应当从严控制，合理配置。

第十三条 对于中央级事业单位长期闲置、低效运转或者超标准配置的资产，原则上由主管部门进行调剂，并报财政部备案；跨部门的资产调剂须报财政部批准。法律、行政法规另有规定的，依照其规定。

第十四条 中央级事业单位向财政部申请用财政性资金购置规定限额以上资产的，除国家另有规定外，按照下列程序报批：

（一）中央级事业单位的资产管理部门应会同财务部门根据资产的存量情况、使用及其绩效情况，提出拟新购置资产的品目、数量和所需经费的资产购置计划，经单位领导批准后报主管部门审核；

（二）主管部门根据所属事业单位资产存量状况、人员编制和有关资产配置标准等，对其资产购置计划进行审核后，报财政部审批；

（三）经财政部批准的资产购置计划，按照部门预算管理的相关要求列入主管部门年度部门预算。

第十五条 中央级事业单位用非财政性资金购置规定限额以上资产的，报主管部门审批；主管部门应当于批复之日起15个工作日内将批复文件报财政部备案。

第十六条 中央级事业单位购置纳入政府采购范围的资产，应当按照政府采购管理的有关规定实施政府采购。

第十七条 中央级事业单位国有资产的使用包括单位自用和对外投资、出租、出借等方式。

第十八条 中央级事业单位应当建立健全资产购置、验收、保管、使用等内部管理制度。

中央级事业单位应当对实物资产进行定期清查，做到账账、账卡、账实相符，加强对本单位专利权、商标权、著作权、土地使用权、非专利技术等无形资产的管理，防止无形资产流失。

第十九条 中央级事业单位对外投资、出租、出借等,应当符合国家有关法律、行政法规的规定,遵循投资回报、风险控制和跟踪管理等原则,并进行可行性论证,实现国有资产的保值增值。

第二十条 中央级事业单位申报国有资产对外投资、出租、出借等事项,应当附可行性论证报告和拟签订的协议(合同)等相关材料,按以下方式履行审批手续:单项价值在800万元以下的,由财政部授权主管部门进行审批,主管部门应当于批复之日起15个工作日内将审批文件(一式三份)报财政部备案;800万元以上(含800万元)的,经主管部门审核后报财政部审批。

第二十一条 中央级事业单位应当对本单位对外投资、出租、出借的资产实行专项管理,同时在单位财务会计报告中对相关信息进行披露。

第二十二条 中央级事业单位对外投资收益以及利用国有资产出租、出借等取得的收入应当纳入单位预算,统一核算,统一管理。

第四章 资产处置

第二十三条 中央级事业单位国有资产处置,是指中央级事业单位对其占有、使用的国有资产进行产权转让或者注销产权的行为。处置方式包括出售、出让、转让、对外捐赠、报废、报损以及货币性资产损失核销等。

第二十四条 中央级事业单位国有资产处置应遵循公开、公正、公平的原则,严格履行审批手续,未经批准不得擅自处置。

第二十五条 中央级事业单位处置国有资产时,应根据财政部规定附相关材料,按以下方式履行审批手续:单位价值或批量价值在800万元以下的,由财政部授权主管部门进行审批,主管部门应当于批复之日起15个工作日内将批复文件(三份)报财政部备案;800万元以上(含)的,经主管部门审核后报财政部审批。

第二十六条 财政部、主管部门对中央级事业单位国有资产处置事项的批复,以及中央级事业单位按规定处置资产报主管部门备案的文件,是财政部安排中央级事业单位有关资产配置预算项目的参考依据,中央级事业单位应当依据其办理产权变动和进行账务处理。

第二十七条 中央级事业单位出售、出让、转让资产数量较多或者价值较高的,应当通过拍卖等市场竞价方式公开处置。

第二十八条 中央级事业单位国有资产处置收入属于国家所有,应当按照政府非税收入管理和财政国库收缴管理的规定上缴中央财政,实行"收支两条线"管理。

第二十九条 财政部批复资产处置的相关文件,应当抄送中央级事业单位所在地专员办。

第五章 产权登记与产权纠纷处理

第三十条 中央级事业单位国有资产产权登记是国家对中央级事业单位占有、使用的国有资产进行登记，依法确认国有资产所有权和中央级事业单位对国有资产占有、使用权的行为。

第三十一条 中央级事业单位国有资产产权登记主要包括：
（一）单位名称、住所、法定负责人及成立时间；
（二）单位性质、主管部门；
（三）单位资产总额、国有资产总额、主要实物资产金额及其使用状况、对外投资情况；
（四）其他需要登记的事项。

第三十二条 财政部根据国有资产管理工作的需要，开展中央级事业单位国有资产产权登记工作。

第三十三条 产权纠纷是指由于国有资产所有权、经营权、使用权等产权归属不清而发生的争议。

第三十四条 中央级事业单位与其他国有单位和国有企业之间发生国有资产产权纠纷的，由当事人双方协商解决，协商不能解决的，可以向主管部门申请调解；主管部门调解不成的，由主管部门报财政部调解或者依法裁定，必要时报国务院裁定。

第三十五条 中央级事业单位与非国有单位和非国有企业或者个人之间发生产权纠纷的，中央级事业单位应当提出拟处理意见，经主管部门审核并报财政部同意后，与对方当事人协商解决，协商不能解决的，依照司法程序处理。

第六章 资产评估与资产清查

第三十六条 中央级事业单位有下列情形之一的，应当对相关国有资产进行评估：
（一）整体或者部分改制为企业；
（二）以非货币性资产对外投资；
（三）合并、分立、清算；
（四）资产拍卖、转让、置换；
（五）整体或者部分资产租赁给非国有单位；
（六）确定涉讼资产价值；
（七）法律、行政法规规定的其他需要进行评估的事项。

第三十七条 中央级事业单位有下列情形之一的，可以不进行资产评估：
（一）中央级事业单位整体或者部分资产无偿划转；
（二）中央级行政、事业单位下属的事业单位之间的合并、资产划转、置换和转让；
（三）其他不影响国有资产权益的特殊产权变动行为，报经财政部确认可以不进行资产评估的。

第三十八条　中央级事业单位国有资产评估工作应当依据《国有资产评估管理办法》(国务院令第91号)委托具有资产评估资格证书的评估机构进行。中央级事业单位应当如实向资产评估机构提供有关情况和资料,并对所提供的情况和资料的客观性、真实性和合法性负责。

中央级事业单位不得以任何形式干预资产评估机构独立执业。

第三十九条　中央级事业单位国有资产评估项目实行核准制和备案制。核准和备案工作按照国家有关国有资产评估项目核准和备案管理的规定执行。

第四十条　中央级事业单位进行资产清查,应当提出申请,经主管部门审核同意后实施,主管部门应将相关材料报财政部备案。根据国家要求进行的资产清查除外。资产清查工作按照财政部《行政事业单位资产清查暂行办法》(财办〔2006〕52号)、《行政事业单位资产核实暂行办法》(财办〔2007〕19号)有关规定执行。

第七章　资产信息管理与报告

第四十一条　中央级事业单位应当按照国有资产管理信息化的要求,及时将资产变动信息录入管理信息系统,对本单位资产实行动态管理,并在此基础上做好国有资产统计和信息报告工作。

第四十二条　中央级事业单位国有资产信息报告是中央级事业单位财务会计报告的重要组成部分。中央级事业单位应当按照财政部规定的年度部门决算报表的格式、内容及要求,对其占有、使用的国有资产状况做出报告。

第四十三条　财政部、主管部门应当充分利用资产管理信息系统和资产信息报告,全面、动态地掌握中央级事业单位国有资产的占有、使用和处置状况,并作为编制和安排中央级事业单位预算的重要参考依据。

第八章　监督检查

第四十四条　财政部、主管部门、中央级事业单位应当各司其职,建立健全科学合理的中央级事业单位国有资产监督管理责任制,将资产监督、管理的责任落实到具体部门、单位和个人,依法维护中央级事业单位国有资产的安全完整,提高国有资产使用效益。

专员办就地对中央级事业单位资产管理情况进行监督检查。

第四十五条　中央级事业单位国有资产监督应当坚持单位内部监督与财政监督、审计监督、社会监督相结合,事前监督与事中监督、事后监督相结合,日常监督与专项检查相结合。

第四十六条　主管部门及其事业单位违反本办法规定的,财政部依据《财政违法行为处罚处分条例》的规定进行处罚、处分、处理,并视情节轻重暂停或取消其年度资产购置计划的申报资格。

第九章　附　则

第四十七条　参照《中华人民共和国公务员法》管理、执行事业单位财务和会计制度的中央级事业单位和社会团体的国有资产管理，依照本办法执行；执行《民间非营利组织会计制度》的中央级社会团体及民办非企业单位中占有、使用国有资产的，参照本办法执行。

第四十八条　实行企业化管理并执行企业财务和会计制度的中央级事业单位，以及中央级事业单位所办的全资企业和控股企业，按照企业财务及国有资产管理的有关规定实施监督管理。

第四十九条　经国家批准特定中央级事业单位的国有资产管理办法，由有关主管部门会同财政部另行制定。

第五十条　主管部门可以根据本办法和部门实际情况，制定本部门所属事业单位的国有资产管理实施办法，报财政部备案。

中央级事业单位应当根据本办法和主管部门的有关要求，制定本单位的（包括驻外机构）资产管理办法，报主管部门备案。

第五十一条　对涉及国家安全的中央级事业单位国有资产的配置、使用、处置等管理活动，要按照国家有关保密制度的规定，做好保密工作，防止失密和泄密。

第五十二条　中央级事业单位资产配置、资产使用、资产处置、产权登记、产权纠纷处理等具体管理办法，由财政部根据本办法制定。

第五十三条　本办法自 2008 年 3 月 15 日起施行。此前颁布的有关中央级事业单位国有资产管理的规定与本办法相抵触的，按照本办法执行。

中央国家机关通用资产配置管理暂行办法

(国管办〔2007〕293号　2007年9月13日)

第一章　总　则

第一条　为规范中央国家机关通用资产配置行为,保障公务运转,优化资产配置,严禁铺张浪费,降低行政成本,根据有关规定,制定本办法。

第二条　本办法适用于国务院各部委、直属特设机构、直属机构、办事机构、直属事业单位,部委管理的国家局,最高人民法院,最高人民检察院及有关人民团体(以下称各单位)。

第三条　本办法所称通用资产,是指为满足各单位一般办公需要配备的固定资产,包括办公与业务用房、公务用车、办公设备、办公家具等。

第四条　本办法所称通用资产配置是指各单位为保证履行职能的需要,按照国家有关法律、法规和规章制度规定的标准和程序,通过购置、建设、调拨、调剂、租赁和接受捐赠等方式配备通用资产的行为。

第五条　通用资产配置应当遵循保障需要、节俭实用、严格标准、预算约束、政府采购和国产、节能、环保的原则。

第六条　国务院机关事务管理局(以下简称国管局)负责中央国家机关通用资产配置的统一管理工作,会同有关部门制定中央国家机关通用资产配置标准,审核资产购置计划,规范和监督资产配置工作。各单位负责本单位职责范围内的通用资产配置管理工作,并接受国管局的监督指导。

第二章　配置条件

第七条　配置通用资产应符合下列条件:
(一)机构设立或者变更;
(二)新增内设机构和人员编制;
(三)增加工作职能和任务;
(四)现有资产按规定进行处置后需更新配备;
(五)其他应当配备资产的情况。

第八条　因机构设立或者变更需要配置通用资产的,由设立或者变更部门根据职能配置、人员编制和原有部门存量资产状况,以调拨、调剂为主要方式提出资产配置方案,按照规定标准和程序办理。

第九条 各单位因新增内设机构和人员编制、增加工作职能需要配置通用资产的,应先通过内部调剂解决,无法调剂解决的,按照规定标准和程序办理。

第十条 现有资产需更新的,须按规定履行资产处置审批手续后,按照规定标准和程序办理。

第十一条 经批准召开重要会议、举办大型活动及开展临时性工作等需要配置通用资产的,原则上不得购置,应通过调剂、租赁的方式解决。确需购置的,按照规定标准和程序办理。

第三章 配置标准

第十二条 资产配置标准是指对资产配置的数量、价格和技术性能等的设定,是编制购置计划、审核购置预算、实施资产采购和对资产配置进行监督检查的依据。

第十三条 通用资产配置须严格执行政府强制采购节能环保产品制度和本办法规定的有关配置标准。

中央国家机关通用资产配置标准由国管局会同有关部门根据国家有关政策、经济状况、技术水平以及资产普及程度等因素制定并适时调整。

第十四条 办公与业务用房的建设应符合城市规划和国家有关节约用地、节能节水、环境保护和消防安全等规定的要求,按以下标准执行:

(一)办公与业务用房的面积标准、建设标准和装修标准,按照中共中央办公厅、国务院办公厅《关于进一步严格控制党政机关办公楼等楼堂馆所建设问题的通知》(中办发〔2007〕11号)和发展改革委等部门制定的党政机关办公用房建设标准等规定执行。

(二)办公与业务用房的维修标准,按照国管局《关于印发〈中央国家机关办公用房维修标准(试行)〉的通知》(国管房地〔2004〕85号)等规定执行。

(三)租用或购置办公与业务用房的标准,依照办公与业务用房建设标准执行。对于租赁的办公与业务用房,原则上不允许进行整体改造,只能进行满足办公需要的局部改造。

第十五条 公务用车包括部级干部用车、一般公务用车和执法执勤公务用车,其配备、更新按以下标准执行:

(一)部级干部用车配置标准,按中共中央办公厅、国务院办公厅《关于党政机关汽车配备和使用管理的规定》(中办发〔1994〕14号)和《关于调整党政机关汽车配备使用标准的通知》(厅字〔1999〕5号)等规定执行。

(二)一般公务用车配备,根据各单位内设机构、主要职能和人员编制等情况配备,按照国管局《关于印发〈中央国家机关公务用车编制和配备标准的规定〉的通知》(国管财〔2004〕120号)等规定执行,要优先配备国产自主品牌车辆,符合节能、环保要求。未经批准,一律不得配备进口车辆。

(三)执法执勤公务用车除涉及国家安全、刑事侦查和特殊地理环境等因素外,参照上述标准配备更新。执法执勤公务用车与一般公务用车不得重复配备。

各单位不再更新配备越野车,外事活动、会议和其他大型公务活动用车原则上通过社会租赁的方式解决。

第十六条 办公设备包括信息化办公设备、电器设备和其他设备等,按照机构职能、人员编制的一定比例和规定价格、性能规格进行配置,未达到规定使用年限不得更新。

办公设备使用年限由国管局会同有关部门另行分类规定。

第十七条 信息化办公设备的配置必须符合国家有关部门关于安全保密的相关规定,涉密岗位的信息化办公设备须经过安全检查后方可配备使用。

第十八条 办公家具的配置应符合简朴实用、节约资源和环保的原则,不得配备高档和进口家具。

第四章 配置程序

第十九条 办公与业务用房购置、新建、扩建、翻建、维修改造等项目,必须严格按照国务院办公厅转发《国务院机关事务管理局关于改进和加强中央国家机关办公用房管理意见及其实施细则的通知》(国办发〔2001〕58号)、国管局《关于印发〈中央国家机关建设项目管理办法(试行)〉的通知》(国管房地〔2004〕153号)及国家有关基本建设程序等规定执行。

第二十条 公务用车配置程序按国管局《关于进一步规范部级干部公务用车配备更新工作及有关问题的通知》(国管财〔2003〕53号)、《关于印发〈中央国家机关公务用车编制和配备标准的规定〉的通知》(国管财〔2004〕120号)等规定执行。

第二十一条 办公设备及办公家具的配置实行年度购置计划管理。

(一)各单位资产管理部门会同财务部门审核资产存量情况,核实本单位资产配置需求,汇总编制年度资产购置计划,经国管局审核后,作为编制经费预算和进行采购的依据。核准后的资产购置计划不得随意调整,确需调整的,由各单位提出申请,报国管局审批。

(二)资产购置计划应结合下一年度拟处置资产、预计接受捐赠资产和人员增减变化情况等进行编制,列明所需资产的品目、数量、规格型号、适用标准和经费测算等情况。

第二十二条 项目支出涉及配置通用资产的,应纳入资产购置计划,按本办法有关规定执行。

第五章 政府采购

第二十三条 中央国家机关通用资产的采购事项,应遵循公开、公平、公正的原则,采用政府采购方式进行。配置纳入政府集中采购目录的资产,由中央国家机关政府采购中心统一组织采购。

第二十四条 各单位按照有关部门批准的资产购置计划及资产采购预算,根据实际工作需要,向中央国家机关政府采购中心提出采购申请。

第二十五条 中央国家机关政府采购中心根据资产购置计划、资产购置预算和资产配置标准对各单位采购需求进行审核后实施采购。

第六章 管理与监督

第二十六条 各单位应建立健全通用资产账卡、领用、保管、清查盘点等日常管理制度，明确资产使用责任。

第二十七条 各单位资产管理部门应对采购的通用资产进行验收登记，建立资产卡片和资产账目，并将相关信息录入国有资产管理信息系统。

第二十八条 各单位财务部门根据资产管理部门出具的资产入库凭证，按财务制度对各类资产计价方式的相关规定，及时进行账务处理。

第二十九条 各单位资产使用部门须指定专人负责本部门通用资产的领用、保管和清点等工作，保证通用资产的安全完整。

第三十条 国管局会同财政、审计和监察等有关部门对各单位通用资产配置工作管理情况和标准执行情况进行监督检查。

第三十一条 各单位及其工作人员违反本办法，由国管局责令其限期改正，逾期不改的进行通报批评。擅自配置或超标准配置通用资产的，按照《财政违法行为处罚处分条例》及国家有关规定进行处理，并由国管局对已经购置的资产进行处置。

第七章 附 则

第三十二条 中央国家机关所属各级行政单位、参照公务员管理的事业单位和社会团体，以及附属机关服务中心等后勤服务单位的通用资产配置管理参照本办法执行。

第三十三条 各单位根据本办法制定本单位具体实施细则，报国管局备案。

第三十四条 中央国家机关所属驻外机构通用资产配置管理办法由相关单位依据本办法，结合实际情况另行制定，并报国管局备案。

第三十五条 本办法由国管局负责解释。

第三十六条 本办法自 2007 年 10 月 1 日起施行。

政府机关办公通用软件资产配置标准(试行)

(财行〔2013〕98 号　2013 年 5 月 28 日)

第一条　为规范政府机关软件资产配置行为,完善资产配置标准体系,厉行勤俭节约,降低行政成本,根据《国务院办公厅关于进一步做好政府机关使用正版软件工作的通知》(国办发〔2010〕47 号)、行政单位国有资产管理的有关规定,制定本标准。

第二条　本标准适用于各级政府机关办公通用软件资产的配置和管理,是部门预算编制和审核的依据。

第三条　本标准所称政府机关办公通用软件,是指用于满足政府机关行政办公基本需要的软件,包括操作系统软件、办公软件(用于文字、表格等公文处理)和防病毒软件。

第四条　政府机关配置办公通用软件资产,应当遵循安全性、适用性、经济性和正版化的原则。不得配置非正版软件。

第五条　政府机关配置的办公软件应当符合中文办公软件文档格式规范等国家标准。

第六条　政府机关配置办公通用软件资产,原则上遵循以下实物量标准:每台计算机配备一个操作系统软件授权(许可)、一个办公软件授权(许可)、一个防病毒软件授权(许可)。采用网络授权(许可)、用户授权(许可)等方式配置的,应当低于上述标准。

第七条　政府机关配置办公通用软件资产,应当遵循以下价格标准:

(一)在采购计算机硬件时应当预装正版操作系统软件。预装的操作系统软件价格不单独计算,并入计算机硬件价格,统一按照办公设备购置费预算标准执行。

(二)办公软件实行价格上限控制,每个授权(许可)不得超过 600 元。确有特殊工作需要的,报经单位内部财务部门和技术部门批准后,每个授权(许可)不得突破 1400 元。

(三)防病毒软件实行价格上限控制,服务器端每个授权(许可)不得超过 1400 元(含一年服务费);客户端每个授权(许可)不得超过 100 元(含一年服务费)。

具备条件的政府机关,应当优先采用场地授权(许可)方式配置办公软件和防病毒软件。

价格上限是软件的最高价格限制标准,不是必须达到的标准,应当在满足日常办公需要的前提下,厉行勤俭节约。

第八条　政府机关配置的办公通用软件,最低使用年限为 5 年。已达到规定的最低使用年限但仍有使用价值的,应当继续使用。

第九条　政府机关办公通用软件出现下列情形的,可以申请报废:

(一)已达到规定的最低使用年限,且无法继续使用的;

(二)未达到规定的最低使用年限,因技术进步等原因无法继续使用的;

（三）未达到规定的最低使用年限，因计算机硬件报废，预装的操作系统软件无法继续使用的。

政府机关办公通用软件资产的报废，应当经单位内部技术部门鉴定，严格履行资产处置报批手续。

第十条 政府机关办公通用软件资产购置经费应当纳入部门预算，按照预算管理有关规定执行。

第十一条 政府机关采购办公通用软件，应当按照《中华人民共和国政府采购法》规定执行，应当符合党政机关计算机系统安全和保密管理的有关规定。

第十二条 政府机关配置的办公通用软件属于国有资产，应当纳入部门资产管理体系，按照行政单位国有资产管理的规定严格执行。

第十三条 本标准将视经济社会发展、技术进步和产品更新等因素适时更新和调整。

第十四条 对于未列入本标准范围，政府机关因工作确需配置的其他软件，应当遵循安全性、适用性、经济性和正版化的原则进行配置，不得配置与工作无关的各类软件。

第十五条 政府机关应当加强内部管理与监督，接受财政和审计等部门的监督检查。

第十六条 违反本标准规定配置软件资产的，依照《财政违法行为处罚处分条例》等国家有关规定追究法律责任。

第十七条 本标准自2013年7月1日起施行。

驻地方中央垂直管理单位公务用车制度改革实施办法

（中车改办〔2015〕84号　2015年8月7日）

第一条　为规范驻地方的中央垂直管理单位（以下简称中央垂管单位）公务用车制度改革，根据《关于全面推进公务用车制度改革的指导意见》精神和《中央和国家机关公务用车制度改革方案》规定，制定本办法。

第二条　中央垂管单位公务用车制度改革按照属地化原则，与驻在地公务用车制度改革同步推进。

第三条　中央垂管单位应根据驻在地公务用车制度改革总体方案制定本单位具体改革实施方案。方案应包括参改范围、公务交通补贴标准及预算、保留和取消车辆申请、司勤人员安置方案等主要内容。

第四条　参加公务用车制度改革的机构范围、人员范围和车辆范围按照驻在地公务用车制度改革总体方案执行。

第五条　公务用车制度改革中保留的公务用车数量，由中央垂管单位按照驻在地公务用车制度改革总体方案规定分类提出申请。

第六条　公务交通补贴标准按照驻在地公务用车制度改革总体方案确定，公务交通补贴预算由各职级人员发放补贴数汇总形成。各中央垂管单位经审批确认后的公务交通补贴标准和预算逐级上报中央主管部门汇总，报财政部并中央公务用车制度改革领导小组办公室备案。驻京中央垂管单位公务交通补贴标准按照中央和国家机关补贴标准执行。

第七条　如需统筹公务交通补贴的，统筹比例按照驻在地公务用车制度改革总体方案执行。统筹资金使用须公开透明，统筹比例和具体管理办法由各单位制定。

第八条　改革中取消的车辆，由各单位委托驻在地公务用车主管部门经鉴定评估后通过公开拍卖等方式就地处置，处置结果由中央主管部门汇总后报财政部备案。处置收入扣除有关税费后全部上缴中央国库。

第九条　中央垂管单位公务用车制度改革中，司勤人员安置按照驻在地公务用车制度改革总体方案相关规定进行，所需费用由中央财政拨款解决。

第十条　中央垂管二级预算单位公务用车制度改革实施方案，附财政部驻各地监察专员办事处（以下简称专员办）审核意见，由中央主管部门进行审核后，统一或分批报中央公务用车制度改革领导小组办公室审批（一式六份），经批准后，由中央主管部门向二级预算单位下达批复文件；三级及以下预算单位公务用车制度改革实施方案，由专员办会同二级预算单位审批，由中央主管部门汇总分别报中央公务用车制度改革领导小组办公室和财政部备案。

第十一条 各中央主管部门要加强对本系统中央垂管单位公务用车制度改革的指导和管理。中央公务用车制度改革领导小组成员单位对中央垂管单位执法执勤用车配备使用、车辆处置和交通补贴发放等改革情况进行监督检查,纠正和查处违规违纪行为。

第十二条 中央驻地方的非垂管行政单位和参公事业单位参照本办法执行。

第十三条 本办法由中央公车改革领导小组办公室负责解释。

第十四条 本办法自印发之日起施行。

驻地方中央垂直管理单位公务用车制度改革实施方案制定与报送具体事项

(中车改办〔2015〕84号 2015年8月7日)

一、关于制定公务用车制度改革实施方案的要求

驻地方的中央垂直管理单位实施方案(以下简称《实施方案》)应根据驻在地公务用车制度改革总体方案制定,主要内容包括:参改人员范围(即公务交通补贴发放范围)、公务交通补贴标准和预算、保留和取消车辆申请、司勤人员情况及安置方案、车辆停驶和封存计划等。

(一)参改人员范围及需要说明的情况。

《实施方案》要详细说明参改人员情况,包括批复编制数、编制内实有人数、在编在岗人数、在编不在岗人数。分职级统计在编在岗的司局级及以下工作人员(含机关正式行政编制工勤人员)人数。不得将在编不在岗、在岗不在编等不符合政策范围人员(如:长期病休、出国留学或驻外工作、工资关系转走的异地交流人员、人事关系未转入的挂职及借调人员、无行政或参公编制的混岗人员等)列为参改人员。

《实施方案》需附编制核定文件、人事部门出具的参改人员名单。人事部门出具的参改人员名单应包括人员姓名、身份性质、职级、所在部门、所属单位性质等具体信息,按职级分类统计。涉及国家安全、侦察办案等有保密要求的特殊部门、特殊单位,按照有关保密要求处理。

(二)公务交通补贴预算及交通补贴统筹情况。

各单位根据驻在地公务用车制度改革总体方案规定的补贴标准、人员范围等因素,在《实施方案》中详细说明本单位公务交通补贴预算测算情况。

《实施方案》中确定是否实行公务交通补贴统筹及统筹比例。实行公务交通补贴单位统筹的,应明确统筹比例和公务交通补贴统筹资金管理原则。

(三)车辆保留和取消情况。

《实施方案》应说明现有车辆情况,明确保留和取消一般公务用车情况,并详细说明保留车辆的计算过程。附参改车辆原核编文件、预算批复等相关材料。17个执法执勤部门以外单位,因工作需要,确需保留长期固定搭载专业技术设备、用于执行特殊任务的特种专业技术用车(指非执法执勤用车中的特种专业技术用车),由各单位提出申请,附购置车辆预算批复文件以及长期固定装载的特殊专业技术设备明细清单。

17个执法执勤部门范围内的单位,对保留和取消执法执勤用车中的特种专业技术用车和一般执法执勤用车情况要进行说明,并详细说明保留车辆的计算过程。附执法执勤用车原核编文件,其中特种专业技术用车需附长期固定装载的特殊专业技术设备明细清单。

《实施方案》应说明取消车辆的停驶、封存、上交处置的时间安排。报送的现有车辆情况、保留车辆编制申请和拟上交车辆手续情况表等信息,由主管部门按照附表1、附表2、附表3布置填报。

(四)司勤人员安置方案。

各单位应在《实施方案》中详细说明司勤人员总人数及编制情况(总编制数、在编人数、空编人数);司勤人员用工情况(在册正式人员、自聘人员、劳务派遣人员等人数);司勤人员合同签订情况(签订聘用合同、劳动合同等人数),并附在册正式司勤人员编制等证明材料。

对在册正式司勤人员,要明确改革中根据保留公务用车拟设司勤人员岗位数及分布情况(管理岗、专技岗、工勤岗等人数);拟通过竞聘上岗、内部转岗、开辟新的就业岗位、提前离岗、终止(解除)合同分别安置的人员数。对非在册正式司勤人员,要说明按照所签订合同约定的内容进行处理情况;拟清退的借调、退休返聘等其他用工形式司勤人员数。

各单位应测算并详细说明司勤人员安置相关必要支出经费预算,提供相关合同、协议及人事部门签章的安置人员原工资薪金水平。相关必要支出主要指按有关规定和标准支付提前解聘人员的补偿费。

各单位随《实施方案》报送司勤人员情况统计表。该表由主管部门按照附表4布置填报。

(五)组织实施情况。

说明各单位公务用车制度改革工作机构的组织架构、联系方式以及《实施方案》批准后,改革启动时间和计划完成时间。

二、关于报送公务用车制度改革实施方案的要求

各单位《实施方案》由本单位主要负责同志签发。报送时间,根据驻在地公务用车制度改革总体方案规定参改时间或中央主管部门要求确定。《实施方案》报送时,需附驻在地公务用车制度改革总体方案及审核部门要求的其他材料。

根据《驻地方中央垂直管理单位公务用车制度改革实施办法》,二级预算单位的公务用车制度改革实施方案,应附专员办出具的审核意见,由中央主管部门进行审核后,统一或分批报中央公务用车制度改革领导小组办公室审批(一式六份),经批准后,由中央主管部门向二级预算单位下达批复文件;三级及以下预算单位公务用车制度改革实施方案,由专员办会同二级预算单位审批,由中央主管部门汇总分别报中央公务用车制度改革领导小组办公室和财政部备案。

附表 1

现有车辆信息统计表

单位名称:(单位印章)　　　　　填表人:　　　　　电话:

序号	机动车所有人	品牌型号	车牌号码	车型	车架号	发动机号	登记日期	排气量(升)	购置价格(万元)	使用性质	备注
1											
2											
3											
4											
5											
6											
7											
8											
9											
10											

填表说明:

1. 严格按照《机动车行驶证》和《机动车产权登记证书》信息填写"机动车所有人"、"品牌型号"、"车牌号码"、"车型"、"车架号"、"发动机号"、"登记日期"等项目信息;

2. 使用性质,填写"一般公务用车"、"一般执法执勤用车"、"执法执勤特种专业技术用车"、"非执法执勤特种专业技术用车";

3. 在"备注"栏内,明确填写该车辆"保留"或"上交"。

附表 2

保留车辆编制申请表

单位名称:(单位印章)　　　　　填表人:　　　　　电话:

单位人员编制数	单位人员编制总数		
	其中:执法执勤人员编制数		
保留公务用车编制申请数	单位主要负责人用车编制数		
	机要通信用车编制数		
	应急公务用车编制数		
	非执法执勤用特种专业技术用车编制数		
	执法执勤用车编制数		
	其中:	一般执法执勤用车编制数	
		执法执勤特种专业技术用车编制数	
	其他按规定保留用车编制数		

备注:其他按规定保留用车需说明具体规定及对应保留用车编制数。

附表 3

拟上交车辆手续情况表

单位名称：（单位印章）　　　　　　　　填表人：　　　　　　　　　　　　电话：

序号	品牌型号	车牌号码	车型	车架号	登记日期	年检时间	随车工具及文件清单(有"√"，无"×")							
							机动车产权登记证	机动车行驶证	购置附加费凭证	交强险单	备胎	专用扳手	千斤顶	违章
1														
2														
3														
4														
5														

附表 4

公务用车制度改革司勤人员安置情况汇总表

单位名称：（单位印章）

序号	姓名	性别	出生年月	参加工作时间	距退休年龄时间		岗位类别	用工方式	合同形式	拟安置方式	拟安置岗位类别
					5年以内	5年以上					
1											
2											
3											
4											
5											

备注：

1. 岗位类别和拟安置岗位类别指管理岗、专技岗、工勤岗。
2. 用工方式指在册正式人员、自聘人员、劳务派遣人员、其他。
3. 合同形式指聘用合同、劳动合同、其他。
4. 拟安置方式指竞聘上岗，内部转岗，开辟新的就业岗位，提前离岗，终止、解除聘用合同或劳动合同，退回劳务派遣单位。

专员办参与驻地方中央垂直管理单位公车改革实施方案审核规程

(财办行〔2015〕170号 2015年9月24日)

为做好驻地方中央垂直管理单位公务用车制度改革工作,加大审核针对性,提高审核效率,发挥财政监察专员办事处(以下简称专员办)驻地监管优势,制定专员办参与驻地方中央垂直管理单位公车改革实施方案审核规程,供各地参考。

一、审核依据

审核主要依据以下文件:《关于全面推进公务用车制度改革的指导意见》、《中央和国家机关公务用车制度改革方案》、《关于印发〈驻地方中央垂直管理单位公务用车制度改革实施办法〉的通知》(中车改办〔2015〕84号)、《关于地方公务用车制度改革总体方案制定与报送有关事项的通知》(中车改办〔2015〕1号)以及中央垂管单位所在地公车改革实施方案等有关规定。

二、审核流程

中央垂管系统二级预算单位公务用车制度改革实施方案报送专员办审核。实施方案附专员办审核意见,经由中央主管部门审核后,统一或分批报中央公务用车制度改革领导小组办公室审批;三级及以下预算单位公务用车制度改革实施方案,由专员办会同其二级预算单位审批,会同审批的具体流程及方式由专员办与二级预算单位商议确定,审批结果由主管部门汇总后分别报中央公务用车制度改革领导小组办公室和财政部备案。

中央垂管单位公务用车制度改革按照属地化原则,与驻在地公务用车制度改革同步推进。各单位按照驻在地公务用车制度改革方案规定参改时间或上级主管部门通知,向专员办提出书面审核申请并报送审核材料,具体要求参见《驻地方中央垂直管理单位公务用车制度改革实施方案制定与报送具体事项》。各专员办可进一步明确审核材料包含内容。

专员办在收到单位公务用车制度报送材料之日起1个工作日内完成资料初审。对资料不全的,应及时通知单位补充提供资料;对符合政策规定、规范上报且资料齐备的,自资料齐备之日起原则上7个工作日内出具审核意见,10个工作日内出具审批意见。对二级预算单位的审核意见可参考所附《中央垂管单位公车改革方案财政专员办审核意见表》;对三级及以下垂管单位的审批意见应包括参改单位和人员范围、车改补贴标准及预算、保留和取消车辆明细和司勤人员安置等主要内容。审批意见格式执行当地公车改革审批部门的统一要求;当地无统一要求的可自定。

三、审核内容

专员办具体审核内容主要包括以下几方面:

(一)方案完整性审核。垂管单位实施方案文体格式、内容结构是否符合《驻地方中央垂直管理单位公务用车制度改革实施方案制定与报送具体事项》以及驻在地公务用车制度改革方案要求,随方案报送的附件资料是否齐全。专员办可根据审核实际需要,要求垂管单位补充提供审核相关资料。

(二)参改单位及人员范围审核。参改单位及人员范围是否符合驻在地公务用车制度改革方案规定,即行政单位和参照公务员法管理事业单位的在编在岗司局级及以下人员。不得将在编不在岗、在岗不在编等不符合政策范围人员计入发放补贴人数。在编不在岗人员主要指长期病休、公派出国(境)、因私出国(境)陪伴等长期不在本单位工作的编内人员。在岗不在编人员是指各类在本单位工作,但不在本单位行政和参照公务员法管理事业编制内的人员,主要是各类借调人员。挂职(含异地交流,下同)和实习、锻炼人员在何地参改原则上按工资关系确定,并执行工资发放地补贴标准。未转走工资关系的外出挂职人员,如在外地担任领导职务并配有车辆的,作为参改人员申报,但暂不发放公务交通补贴,待其专车取消后再按照规定发放。

垂管单位方案应详细说明人员情况,包括批复编制数、编制内实有人数、在编在岗人数、在编不在岗人数,分职级统计在岗在编司局级及以下参改人员人数。人员统计截止日期按驻在地公务用车改革统一规定执行。参改人员和不参改的司局级领导干部合计数不得突破财政统发工资人数。

(三)公务交通补贴审核。公务交通补贴标准是否按照驻在地公务用车制度改革方案确定,是否符合《关于全面推进公务用车制度改革的指导意见》规定的"不得高于中央和国家机关补贴标准的130%,边疆民族地区和其他边远地区标准不得高于中央和国家机关补贴标准的150%"。统筹公务交通补贴的,统筹比例是否按照驻在地公务用车制度改革方案执行。按照核定的公务交通补贴标准、各职级参改人数,核算各单位申报的公务交通补贴预算是否准确。参改人员职级以组织人事部门认定的职级为准,与工资发放职级保持一致。

(四)司勤人员安置费用预算审核。司勤人员安置方案是否符合驻在地公务用车制度改革相关规定,司勤人员安置相关必要支出经费预算是否合理。结合规定申报的司勤人员情况、拟安置方式和去向等,重点关注提前离岗司勤人员和解聘人员安置费用预算的合规合理性。根据中央和国家机关公车改革情况,司勤人员安置费用主要是少量合同制司勤人员合同解聘补偿金。

(五)公务用车取消和保留车辆编制审核。申请保留和取消一般公务用车和执法执勤用车是否符合驻在地公务用车制度改革方案规定,是否按要求提供相关附件。中央垂管二、三、四级预算单位分别比照省、市、县级政府组成部门,并统筹考虑职能和人员规模等因素核定保留公务用车的种类和数量。

允许配备保留执法执勤用车的单位仅限于2011年党政机关公务用车问题专项治理工作中明确的17个部门(系统)的执法执勤单位。具体为:国务院批准统一着装执法的公安(含铁路、民航等行业公安)、法院、检察院、司法行政(含监狱、强制戒毒)、安全、税务、海关、出入境检验检疫、工商、食品药品监督、纪检监察、交通(海事)、海洋(海监)、农业(动植物检疫、渔船检验、渔政渔港监管等)、林业(森林资源监督检查、野生动植物进出口管理、林业病虫害防治、林业种苗管理等)单位。涉及扣减公务交通补贴经费的,应对部门发放公务交通补贴具体扣减方式的合理性、合规性进行审核。此前，未核定过执法执勤特种专业技术用车编制的，原则上不新核定执法执勤特种专业技术用车。

在上述17个部门（系统）之外，因工作需要，确需保留现场行政执法车辆和长期固定搭载专业技术设备、用于执行特殊任务的特种专业技术用车，可以根据驻在地公车改革方案的规定，按照从严从紧、保障公务需要的原则予以核定。

（六）其他事项审核。除上述各项审核内容以外的事项，由各地专员办按前述审核依据、有关制度开展审核。垂管单位方案中提出的无政策依据或依据不明确的特殊事项应及时提交驻在地公车改革领导小组研究，并同时抄报主管部门和财政部。

四、其他事项

（一）公务用车制度改革情况比较复杂，各地专员办在审核中应对咨询、请示、答复等沟通事项做好电话记录，重大事项及时按程序向驻在地公车改革领导小组或主管部门、财政部请示汇报。

（二）审批审核专员办出具的意见要明确，审核核减情况可做简要说明。一般不出现审核核增情况，如确有核增，应详细说明核增原因。

（三）审核中，垂管单位提出需要变更申报数据的，应视情况由垂管单位重新申报改革方案或以单位名义提交补充材料。

（四）公务用车制度改革时间紧、任务重，为加强沟通协调，按时保质完成垂管单位车改方案审核工作，建议各地专员办统筹安排审核人员，建立内部运转流程，并指定一名联络员具体负责与有关方面的协调沟通。

附表

中央垂管单位公车改革方案财政专员办审核意见表

参改单位名称									
参改单位驻在地									
参改单位性质				预算级次		中央主管部门			
编制人数						编制内实有人数			
参改人员及公务交通补贴预算审核情况	—		合计	正司级	副司级	正处级	副处级	正科级	副科级	科员及以下
	在编在岗参改人数									
	公务交通补贴标准（元/月）									
	公务交通补贴预算（万元/年）									
保留和取消车辆审核情况	—		原有车辆情况		保留编制申报数		保留编制审核数		应取消车辆数
			编制数	实有数					
	合计								
	单位主要负责人用车								
	机要通信车								
	应急车								
	非执法勤特种专业技术车								
	执法执勤用车	小计							
		一般执法执勤车							
		特种专业技术用车							
	其他车辆（如有，应在"其他需说明情况"栏次补充说明具体类型及数量）								
司勤人员安置审核情况	原有司勤人数				拟安置司勤人员情况				留用司勤人数
	合计	正式在编	非正式在编	合计	提前离岗	解除合同	内部转岗	其他	
	司勤人员安置相关必要支出专项经费预算申报数（万元）								
	司勤人员安置相关必要支出专项经费预算审核数（万元）								
其他需说明情况									

填报专员办：(签章)　　　　　　　联系人及电话：　　　　　　　填报时间：

党政机关公务用车配备使用管理办法

(中办发〔2011〕2号　2011年1月6日)

第一条　为加强和规范党政机关公务用车配备使用管理,落实《汽车产业调整和振兴规划》,推动节能减排,降低行政成本,推进公务用车配备使用制度改革,促进党风廉政建设,根据有关规定,制定本办法。

第二条　本办法所称公务车,是指党政机关用于履行公务的机动车辆,分为一般公务用车和执法执勤用车。一般公务用车是指用于办理公务、机要通信、处置突发事件等公务活动的机动车辆。执勤执法用车是指用于办案、监察、稽查、税务征管等执法执勤公务的专用机动车辆。

第三条　党政机关公务用车配备使用遵循经济适用、节能环保、保障公务、节约使用的原则。

第四条　党政机关公务用车实行分级管理。党政机关公务用车主管部门负责本级党政机关公务用车管理工作,指导监督下级党政机关公务用车管理工作。

第五条　党政机关公务用车实行编制管理。车辆编制根据人员编制、领导职数和工作需要等因素确定。

(一)中央和国家机关一般公务用车编制按每20人不超过1辆确定;地方各级党政机关一般公务用车编制标准,由各省、自治区、直辖市参照中央和国家机关标准,结合工作需要和当地实际情况确定。

(二)执法执勤用车编制由财政部门会同公安、国家安全、司法和纪检监察及其他行政执法机关主管部门,根据车辆保障装备标准和工作需要决定。执法执勤用车不得与一般公务车重复配备。

(三)在京中央和国家机关公务用车实行指标管理,由国务院机关事务管理局(以下简称国管局)、中共中央直属机关事务管理局(以下简称中直管理局)会同有关部门制定具体办法并负责组织实施。

第六条　党政机关应配备使用国产汽车。对自主品牌和自主创新的新能源汽车,可以实行政府优先采购。

第七条　党政机关配备公务用车应当严格执行以下标准:

(一)一般公务用车配备排气量1.8升(含)以下、价格18万元以内的轿车,其中机要通信用车配备排气量1.6升(含)以下、价格12万元以内的轿车。配备享受财政补助的自主创新的新能源汽车,以补助后的价格为计价标准。

(二)执法执勤用车除涉及国家安全、侦查办案、应急救援、警卫和特殊地理环境等因素外,依照一般公务车标准配备。

第八条 党政机关原则上不配备越野车。确因地理环境和工作性质特殊的,可以适当配备国产越野车。不得将配备的越野车和警卫车作为领导干部固定用车。

第九条 公务用车使用年限超过八年的可以更新;达到更新年限仍能继续使用的,应当继续使用。不得因领导干部提职、调任等原因提前更新。更新后,旧车处理按照公开公正、规范节约的原则,可以采取与厂家置换等方式进行。

第十条 党政机关确需高于标准配备更新公务用车,或者配备更新越野车的,必须按照规定报公务车主管部门审批,并报同级纪检监察机关备案。

第十一条 公务用车主管部门根据公务用车的配备更新标准和现状,编制年度公务用车配备更新计划。

第十二条 财政部门根据年度使用公务车配备更新计划,统筹安排购置经费,并实行严格管理。财政部门会同公务用车主管部门制定公务用车运行费用定额标准,据以核定公务用车运行费用,列入部门预算。

第十三条 国管局、中直管理局会同汽车行业主管部门按照国家有关汽车产业规划、政策和政府采购的规定,综合考虑车辆技术参数、安全性能、节能减排、售后服务等因素,定期发布党政机关公务用车选用车型目录。公务用车主管部门根据公务用车选用车型目录和年度配备更新计划,严格按照《中华人民共和国政府采购法》等有关规定组织实施公务用车采购。

第十四条 党政机关应当加强公务用车使用管理,严格按照规定用途使用公务用车,不得公车私用,并接受社会监督。

第十五条 党政机关应当建立健全公务用车使用管理制度,降低使用和维修保养成本。

(一)加强公务用车集中管理,统一调度,严禁分散管理使用,减少驾驶,提高使用效率,避免浪费。

(二)严格公务用车使用登记和公示制度,严格登记和公示用车时间、事由、地点、里程、油耗、费用等信息。一般公务用车严格实行回单位停放制度,节假日期间除特殊工作需要外应当封存停驶。

(三)实行公务用车保险、维修、加油政府集中采购和定点保险、定点维修、定点加油制度,健全公务用车油耗、运行费用单车核算和节奖超罚制度,降低运行成本。

第十六条 党政机关工作人员到外地办理公务,除特殊情况外,应当尽量乘用公共交通工具,减少公务用车长途行使。外事接待、会议和集体活动用车应当主要通过社会租赁方式解决。

第十七条 党政机关不得对外出租出借公务用车,不得借用、占用下属单位或者其他单位车辆,不得接受企业捐赠车辆。严禁为公务用车增加高档配置或者豪华内饰,不得在车辆维修等费用中虚列名目或者夹带其他费用。

第十八条 建立公务用车配备更新和使用情况统计报告制度。各省、自治区、直辖市公务用车主管部门负责统计汇总本省、自治区、直辖市公务用车配备更新和使用情况。国管局、中直管理局负责统计汇总中央和国家机关公务用车配备更新和使用情况。公务用车主管部门应当定期向同级党政机关通报或者公示公务用车配备更新和使用情况，接受监督。

第十九条 党政机关应当严格执行公务用车配备使用管理各项规定，把公务用车的配备管理工作纳入领导干部党风廉政建设责任制和节能减排检查考核内容，按照谁主管、谁负责的原则，明确责任分工，加强公务用车配备使用管理工作。纪检监察机关应当加强对公务用车配备使用管理规定执行情况的监督检查，对以下行为依照党纪政纪有关规定处理：

（一）违规核定公务用车编制、审批超标准配备更新车辆；

（二）违规安排公务用车配备更新和运行经费预算；

（三）未经批准擅自配备更新公务用车；

（四）违规使用公务用车。

第二十条 试行公务用车制度改革的地区和部门应当对本地区、本部门公务用车制度改革情况进行总结和完善，不再依照本办法核定公务用车编制和配备更新公务用车。有条件的地区和部门应当结合本地区、本部门实际，加快推进公务用车制度改革。

第二十一条 各级党政机关及其所属行政单位、各级党委和政府直属事业单位、人民团体的公务用车配备使用管理适用本办法。各级党政机关所属事业单位公务用车按照本办法的原则管理，具体办法另行规定。各级人大机关、政协机关、人民法院、人民检察院的公务用车配备使用管理，参照本办法执行。

第二十二条 各省、自治区、直辖市应当依照本办法制定实施办法，报中共中央办公厅和国务院办公厅备案。

第二十三条 本办法由国管局会同有关部门负责解释。

第二十四条 本办法自发布之日起施行。此前有关公务用车配备使用管理的规定，凡与本办法不一致的，按照本办法执行。

气象部门房地产产权管理暂行办法

(气发〔2005〕67号 2005年4月8日)

第一章 总 则

第一条 为规范气象部门房地产产权管理,维护气象部门房地产权益,促进房地产资源的合理配置、有效使用,保障拓展气象服务领域和气象事业可持续发展的需求,依据国家有关法律、法规,结合气象部门的具体情况,制定本办法。

第二条 本办法所称气象部门房地产,是指气象部门事业单位占有的土地和房屋建筑物。包括:

(一)由国家、地方政府划拨的房地产;

(二)由中央财政拨款、单位自筹资金建设、购置形成的房地产;

(三)地方政府对气象部门拨款形成的房地产;

(四)其他部门无偿调拨、转让的房地产;

(五)气象部门实际占有使用的尚无法律规定其归属的房地产;

(六)其他属于气象部门的房地产。

本办法所称产权是指国有土地使用权和房屋所有权。

第三条 部门房地产产权管理实行统一规范,分级管理的原则。中国气象局统一制定全国气象部门房地产产权管理办法,提出房地产产权管理的指导意见。省(区、市)气象局、计划单列市气象局(以下简称省级气象局)、中国气象局直属单位根据中国气象局制定的房地产产权管理办法和指导意见,结合实际情况,制定本地区气象部门、本单位的房地产产权管理实施细则。各单位应当根据规定的职责和权限实施房地产的日常管理。

第四条 气象局行政管理局对全国气象部门房地产产权实施监督管理,省级气象局、中国气象局直属单位计划财务机构对本地区气象部门、本单位的房地产产权实施监督管理。

第五条 各单位管理、使用房地产和利用房地产开展的各类经营活动,必须遵守国家有关房地产管理的法律、法规和中国气象局的有关规定。

第二章 权属登记及基础信息的管理

第六条 权属登记是依法确认房地产产权的法定程序,各单位必须按照当地房地产权属登记办法的规定,依法办理房地产权属登记,未办理房地产权属登记的应当及时补办,新增房地产或原有房地产产权变动后,应当及时向当地房地产管理机关申请登记。

第七条 土地的产权确认后,产权单位房地产管理机构应当在30个工作日内,按照获取土地实际支付费用的原始凭证及相关资料填写固定资产台账。财务机构对固定资产台账的入账金额进行核对后编制记账凭证,记入无形资产明细账和无形资产总账。

第八条 房屋建筑物在交付使用后30个工作日内,产权单位房地产管理机构应当按照建设单位提供的工程竣工图纸、工程总账和明细账等相关内容,填写固定资产台账;财务机构应当根据上述工程总账和明细账等相关内容暂估登记固定资产明细账、固定资产总账。待基建财务竣工决算批复下达后,由房地产管理机构和财务机构根据批复的内容,分别对固定资产台账和固定资产总账、明细账的内容进行调整。

第九条 经批准减少房屋建筑物和土地的,产权单位房地产管理机构和财务机构应当在实施处置后30个工作日内,分别对固定资产台账和财务账进行调减。

第十条 各单位计划财务机构会同房地产管理机构,应当按照中国气象局统一规定的内容,每年对房地产的基本情况进行一次清查核对;根据清查核对的结果,经房地产管理机构负责人审批后,对固定资产台账进行调整,并按照财务管理的有关规定,经批准后对财务账进行调整。

第十一条 中国气象局行政管理局开发统一的管理软件。各单位应当使用统一的管理软件将房地产基础资料录入数据库,按要求由省级气象局汇总、审核后,将年度房地产基础资料报中国气象局。

第十二条 各单位应当指定专门人员对房地产数据库进行管理和维护。

第三章 权属档案管理

第十三条 各单位房地产管理机构应当建立健全房地产权属档案的管理制度。

第十四条 下列文件资料属于房地产权属档案的归档范围:

(一)国有土地使用权证;

(二)土地权属来源证明,包括建设用地规划许可证、转让合同、划拨合同、拆迁许可证、政府同意征地的批文等;

(三)房屋及其所占用的土地使用权权属界定位置图;

(四)土地测绘成果报告;

(五)房屋所有权证;

(六)房屋面积测量成果报告;

(七)房屋状况表;

(八)建设工程规划许可证、附件、附图;

(九)房屋竣工证明及规划验收合格通知书;

(十)房屋建筑物竣工决算资料,包括工程决算批复、竣工图等;

(十一)反映和记载房地产权属状况的信息资料,包括各类介质储存的统计报表、图纸、照片等;

(十二)其他需要存档的房地产权属文件资料。

第十五条　房地产权属登记工作完成后,权属登记人员应当及时将整理好的权属文件资料送本单位房地产管理机构负责人审核后,交档案管理机构立卷归档。

第十六条　归档的房地产权属文件资料,应当是原件;原件已经按规定存入城市建设档案馆或气象档案馆的,可以是复印、复制件。复印、复制件应当由经办人与原件校对、签章,并注明校对日期及原件的存放处。

第十七条　档案管理机构应当按照档案管理的规定对归档的各种房地产权属文件资料进行验收、登记,不符合要求的必须改正。

第十八条　房地产管理机构应当定期检查、核对房地产权属档案,及时补充有关权属文件资料;对破损或者变质的档案,应当及时修复;档案毁损或者丢失的,应当及时采取补救措施,保持房地产权属档案与房地产权属现状的一致性。

第十九条　复制、借用房地产权属文件资料,必须经过房地产管理机构负责人审批并登记备案,并明确借用期限和使用范围;借出的房地产权属文件资料由房地产管理机构督促收回。

第二十条　任何组织和个人都不得将房地产权属文件资料据为己有或者拒不归档。未经有审批权的机构批准,任何组织和个人不得擅自销毁房地产权属档案。

第二十一条　房地产权属文件资料原则上由产权单位存档,也可以由产权单位的上级单位存档。存档单位必须具备以下条件:

(一)有专门的档案管理人员;

(二)有符合档案管理机构要求的档案存放场所;

(三)有健全的档案管理制度。

房地产权属文件资料由产权单位存档的,其上级单位应当保存房地产权属文件资料的复印件,并注明原件的存放处;不具备上述条件的产权单位,应当将房地产权属文件资料交具备条件的上一级档案管理机构存档,本单位应当保存房地产权属文件资料的复印件,并注明原件的存放处。

第二十二条　房地产权属档案的技术规范和业务管理应当按照中国气象局档案管理机构的有关规定、标准执行。

第四章　产权变动管理

第二十三条　以下事项属于房地产产权变动:

(一)房地产转让;

(二)房地产置换;

(三)利用土地进行合作建房;

(四)将房地产用于对企业投资;

(五)利用房地产抵押、担保;

(六)利用土地为职工修建住宅;

(七)由于市政规划引起的房地产减少或迁移;

（八）实施综合改善拆除房屋建筑物；

（九）房屋建筑物报废、损毁；

（十）房地产产权减少的其他事项；

（十一）其他事项。

第二十四条 属于本办法第二十三条房地产产权变动的，必须遵循以下原则：

（一）遵守国家法律、法规和中国气象局有关规定；

（二）符合气象事业发展的需求，并为拓展气象领域留有余地；

（三）不得将事业单位办公、业务在用的房地产作为对企业的投资或用于转让、抵押、担保；

（四）不得影响正常办公和业务的开展。

第二十五条 属于以下房地产产权变动的，必须按照下列规定进行审批：

（一）中国气象局直属单位、省级气象局及其直属单位属于本办法第二十三条第（一）项至第（六）项、第（八）项至第（十）项的，必须报中国气象局审批，但属于中国气象局已经批准的建设规划在实施时发生房地产产权变动的除外；

（二）地、县级气象局属于本办法第二十三条第（一）项至第（六）项、第（十）项的，应当报省级气象局审核后报中国气象局审批；

（三）地、县级气象局属于本办法第二十三条第（八）项、第（九）项的，应当报省级气象局审批。

第二十六条 属于以下房地产产权变动的，应当按照下列规定进行备案：

（一）中国气象局直属单位、省级气象局及其直属单位属于本办法第二十三条第（七）项、第（十一）项以及中国气象局已经批准的省级气象局建设规划在实施时房地产产权发生变动的，应当报中国气象局备案；

（二）属于本办法第二十五条第（三）项由省级气象局审批的，省级气象局应当在批复的同时报中国气象局备案；

（三）地、县级气象局属于本办法第二十三条第（七）项、第（十一）项，以及中国气象局已经批准的建设规划在实施时涉及地、县级气象局房地产产权变动的，应当报省级气象局备案。

第二十七条 产权变动单位在送审时需要提交以下材料：

（一）房地产产权变动的原因或者理由以及相应的证明材料；

（二）可行性论证报告，内容应当包括实现目标、具体措施、变更产权的内容、效益分析等；

（三）拟变动房地产的基本情况说明，内容应当包括土地坐落位置、土地面积、土地来源，房屋建筑物面积、竣工年代、建设投资、建筑结构、使用性质及反映房地产现状的平面图等；

（四）房地产产权的证明文件，内容应当包括房屋所有权证（复印件）、土地使用权证（复印件），无房屋所有权证、土地使用权证的需提交具有法律效力的产权证明文件（复印件），有产权争议的或已经进行抵押、担保的房地产需提交说明材料和相关的法律文件；

（五）属于本办法第二十三条第（一）项至第（五）项的,除提交本条第（一）项至第（四）项要求的材料外,还应当提交与交易方签订的协议意向书;

（六）属于本办法第二十三条第（六）项房地产产权变动的,除本条第（一）项至第（四）项要求的材料外,还应当提交产权变动单位的职工住房情况及当地政府关于职工住房改革的政策性文件;

（七）房屋建筑物发生非正常损毁的,产权单位应当提交资产损失报告,内容包括损坏程度、原因分析和处理意见;

（八）房地产产权变动涉及气象业务的,除本条第（一）项至第（四）项要求的材料外,还应当提交具有审批权限的业务主管部门审批文件。

第二十八条 产权变动单位在备案时需要提交以下材料:

（一）属于本办法第二十六条第（一）项、第（三）项市政规划引起房地产变动的,应当提交地方政府规划部门的文件和具体情况的说明材料;

（二）属于本办法第二十六条第（一）项和第（三）项气象部门建设规划的项目,应当提交审批单位对该建设规划的批件;

（三）属于本办法第二十六条第（二）项的,省级气象局在报中国气象局备案时应当附地、县级气象局的送审材料。

第二十九条 属于本办法第二十三条第（一）项至第（五）项的,产权单位在实施项目的过程中如果需要对协议进行改动,必须经过原审批单位重新审批。

第三十条 属于本办法第二十三条第（一）项至第（五）项的,应当由中国气象局和省级单位分别对省级单位和地、县级单位的房地产产权变动项目实行全过程跟踪管理,随时掌握项目进展情况。出现问题应当及时采取果断措施,避免发生重大损失;项目完成后应当依据可行性论证报告的内容进行检查。

第三十一条 中国气象局按照国家的有关规定,将应当报批和备案的房地产产权变动事项报国家国有资产主管部门进行审批和备案。

第三十二条 由于房地产产权变动而获得的资金应当全部纳入产权单位的收入,按照有关财务制度进行管理。

第五章 责任追究

第三十三条 违反本办法第二章规定,有下列行为之一的,由所在单位责令限期改正;未在限期内改正或造成严重账实不符的,由所在单位对直接责任人员给予通报批评;造成重大损失的,由上级机关或所在单位对主管领导和直接责任人员予以行政处分:

（一）未及时办理房地产权属登记;

（二）未及时将房地产实物量与价值量入账;

（三）未按要求对房地产数据库进行管理的。

第三十四条 违反本办法第十三条至第十九条规定,有下列行为之一的,由上级机关责令限期改正;未在限期内改正的,由上级机关对单位给予通报批评:

(一)未建立房地产权属档案管理制度；

(二)房地产产权资料不全；

(三)未纳入档案管理；

(四)不符合归档要求。

第三十五条　违反本办法第二十条规定,将房地产档案资料据为己有,拒不归档的,由所在单位对直接责任人员给予通报批评并责令限期改正;未在限期内改正的,所在单位对直接责任人员给予行政处分。

第三十六条　违反本办法第二十条规定,擅自销毁房地产档案的,所在单位应当给予直接责任人员行政处分;造成经济损失的,直接责任人员应当承担相应的经济责任。

第三十七条　违反本办法第二十一条规定,将房地产资料存放在不具备规定条件的单位的,由上级机关责令限期改正;未在限期内改正的,由上级机关对单位给予通报批评;造成重大损失的,由上级机关或所在单位对主管领导和直接责任人员予以行政处分。

第三十八条　违反本办法第二十五条规定,在实施转让、置换、投资、抵押、担保等项目前未按规定办理审批手续的,由上级机关对单位给予通报批评;造成重大损失的,由上级机关对主管领导予以行政处分;情节严重的,应当依法追究刑事责任。

第三十九条　违反本办法第二十五条规定,房屋建筑物报废、损毁未经审批的,由上级机关对单位给予通报批评;造成重大损失的,由上级机关或所在单位对主管领导和直接责任人员予以行政处分。

第四十条　违反本办法第二十六条规定,未按要求进行备案的,由上级机关责令限期补办备案手续;未在限期内补办审批手续的,由上级机关对单位给予通报批评。

第四十一条　违反本办法第三十二条规定,房地产收益未纳入财务管理的,按照财务制度的有关规定进行处罚。

第六章　附　则

第四十二条　本办法生效之日前中国气象局下发的有关规定与本办法不一致的,以本办法为准。

第四十三条　本办法自发布之日起生效。

关于规范和加强气象部门软件
资产管理的通知

(中气函〔2011〕118号)

各省、自治区、直辖市气象局,计划单列市气象局,各直属单位,各内设机构:

为贯彻落实国务院关于加强软件资产管理和知识产权保护精神,建立和完善气象部门软件资产管理长效机制,进一步规范和加强软件资产管理,充分发挥软件资产的使用效益,防止损失浪费,按照财政部《关于进一步规范和加强政府机关软件资产管理的意见》(财行〔2011〕7号)和国务院机关事务管理局《关于进一步加强中央行政事业单位软件资产管理工作的通知》(国管资〔2010〕491号)的要求,现就加强气象部门软件资产管理的有关工作通知如下:

一、建立健全软件资产配置环节核算管理工作机制

气象部门通过各种方式形成的软件资产均属于国有资产,应当纳入部门资产管理体系。对达到固定资产价值和使用年限标准的,要按照中华人民共和国国家标准《固定资产分类与代码》(GB/T 14885-2010)等有关规定,将软件资产作为计算机软件类登记入账(小类代码:基础软件代码2010901、支撑软件代码2010902、应用软件代码2010903、其他计算机软件代码2010999),并纳入单位固定资产信息系统进行管理(待"气象部门资产管理信息系统"升级完成后即可登记录入)。

(一)采购的商业软件。应当建立健全软件验收入库、保管和领用制度,建立软件资产账卡,规范软件资产财务入账等基础工作。要严格按照采购合同的约定,重点加强对软件授权证书或许可协议等核心资料管理,确保软件资产安全。

(二)自行开发或升级改造的软件。要切实加强对自行开发、升级软件的财务核算、资产管理和知识产权管理工作。合理确定开发或升级过程中发生的支出,加强软件资产价值核算,及时组织验收,建立或调整软件资产账卡。在原有软件基础上重新开发或升级的软件,按开发、升级发生的支出,增记固定资产价值;自行开发的信息系统应用软件,应当和硬件分开独立入账。要加强对自行开发软件源代码、开发档案、验收文件等技术资料的归档管理,以及自主知识产权保密工作,妥善保管相关软件载体,确保软件资产安全保密。

(三)统一配发使用的软件。取得上级或同级部门基于工作需要统一配发,使用期限在一年以上的软件,应当视同无偿调拨的固定资产进行管理,建立固定资产卡片,加强对软件载体如光盘使用过程中的管理维护,确保相关工作的顺利完成。

二、完善软件资产使用和处置工作程序

软件资产使用和处置要按照《气象部门国有资产使用管理暂行办法》(气发〔2010〕6号)的有关规定,严格履行备案、审批程序。

（一）使用管理。加强软件使用的培训和管理，严格执行软件使用操作规程。加强软件资产日常管理和维护，充分发挥软件资产的使用效益。资产管理部门应当在统一管理软件资产，建立健全软件资产账卡的前提下，根据工作需要委托技术管理等部门具体管理部分软件资产，建立明确的软件资产使用管理责任制。

（二）处置管理。软件资产处置应当严格履行审批手续，坚持优先整合利用。对于确实无法整合利用的，经专业技术鉴定后，应当严格按照国有资产处置程序进行处置，并及时调整资产账卡。以授权形式购置的软件资产到期后，应当及时办理处置手续，停止使用。为专项工作开发或配发的软件在工作任务完成后，失去使用价值且确实无法整合利用的，应当及时进行处置。

三、明确规范和加强软件资产管理工作要求

（一）加强领导，狠抓落实。各单位要把加强资产软件管理作为完善资产管理体系，规范资产管理的重要环节抓紧落实。要对本单位软件情况进行全面、彻底的检查、清查，及时将仍在使用并在有效期内的软件资产全部纳入部门资产体系，达到固定资产价值和使用年限标准的，补入固定资产信息系统和固定资产财务账。

（二）加强监督检查，防止损失浪费。各单位要加强对软件资产管理工作的监督检查，将软件资产的财务核算、配置使用纳入财务检查范围，确保软件资产管理规范工作有序推进。通过财务检查、内部审计等多种形式，自觉规范和加强单位内部软件资产管理，提高资产使用效益，防止损失浪费。

中国气象局

2011年5月4日

陕西省气象部门国有资产管理实施办法

(2013年1月17日局务会审定通过)

第一章 总 则

第一条 为加强全省气象部门国有资产管理,维护国有资产的安全和完整,提高使用效益,促进气象事业持续、快速、健康发展,根据中国气象局《关于印发气象部门国有资产使用和处置管理两个暂行办法的通知》(气发〔2010〕6号)等有关规定,结合全省气象部门的实际,制定本办法。本细则适用于陕西省各级气象局及所属单位。

第二条 国有资产是指各单位占有、使用的、在法律上确认为国家所有、能以货币计量的各种经济资源的总和。包括国家拨给的资产,按照国家规定运用国有资产组织收入形成的资产,以及接受捐赠和其他经法律确认为国家所有的资产,其表现形式为流动资产、固定资产、无形资产和对外投资等。

第三条 国有资产管理活动,应当坚持资产管理与预算管理相结合的原则,推行实物费用定额制度,促进事业资产整合与共享共用,实现资产管理和预算管理的紧密统一;应当坚持所有权和使用权相分离的原则;应当坚持资产管理与财务管理、实物管理与价值管理相结合的原则。

第四条 国有资产的管理实行国家统一所有,按照预算级次分级监管,单位占有、使用的管理体制。

第五条 全省气象部门国有资产管理的主要任务是:健全各项规章制度;明晰产权关系;保障资产的安全和完整;推动资产的合理配置、节约和有效使用实现保值增值。

第六条 全省气象部门国有资产管理的内容包括:产权的登记、界定、变动和纠纷的调处;资产的使用、处置、评估、统计报告和监督。

第二章 管理机构及其职责

第七条 省气象局计划财务机构是全省气象部门国有资产监督管理主管机构,主要职责是:

1. 贯彻执行中国气象局、省政府及省局有关国有资产管理的法规、规章和制度,负责拟定全省气象部门国有资产管理实施办法,并组织实施和监督检查;

2. 负责组织全省气象部门国有资产清查、产权登记、统计汇总的上报;

3. 负责规定权限范围内的资产调拨、转让、报损、报废和非经营性资产转经营性资产的申报、审批工作及其保值增值的监督管理;

4. 负责全省气象部门政府采购政策的制定；

5. 负责向中国气象局国有资产管理机构报告情况，监督、检查、指导下级国有资产主管机构的管理。

第八条 设区市气象局计划财务机构是本市气象部门国有资产监督管理主管机构，主要职责是：

1. 根据上级单位有关国有资产管理的规定，负责制定本市、本单位国有资产管理的具体实施细则并组织实施；

2. 负责本市、本单位资产的账、卡管理；

3. 负责本市、本单位资产清查、登记、统计报告及日常监督检查工作；

4. 负责本市、本单位资产调拨、转让、报损、报废等申报手续；

5. 负责本市、本单位资产的合理配置，参与全省政府采购政策的制定和基建竣工验收等日常管理；

6. 负责本市、本单位拟开办的经营项目论证，履行资产投入的申报手续，并对投入经营的资产实施投资者的监督管理；

7. 负责向省局国有资产主管机构报告工作。

第九条 各预算单位是本单位国有资产保管、使用部门，负责对本单位占有、使用的国有资产实施具体管理。其主要职责是：

1. 根据事业单位国有资产管理的有关规定，制定本单位国有资产管理的具体办法并组织实施；

2. 负责本单位资产购置、验收入库、维护保管等日常管理，负责本单位资产的账卡管理、清查登记、统计报告及日常监督检查工作；

3. 办理本单位国有资产配置、处置和对外投资、出租、出借和担保等事项的报批手续；

4. 负责本单位用于对外投资、出租、出借和担保的资产的保值增值，按照规定及时、足额缴纳国有资产收益；

5. 负责本单位存量资产的有效利用，参与大型仪器、设备等资产的共享、共用和公共研究平台建设工作；

6. 接受主管部门和同级财政部门的监督、指导并向其报告有关国有资产管理工作。

第三章 国有资产使用管理

第十条 国有资产的使用应遵循以下原则：

1. 权属清晰。各单位对外投资和出租、出借的国有资产的权属应当清晰。权属关系不明确或存在权属纠纷的资产不得用于对外投资和出租、出借。

2. 安全完整。各单位要定期对自用和出租、出借的实物资产、对外投资、借出资金进行清查，确保国有资产的安全完整。

3. 风险控制。各单位应对本单位对外投资和出租、出借资产实行专项管理，并在单位财务会计报告中对相关信息进行披露。

4. 注重绩效。各单位对外投资取得的投资收益和出租、出借取得的租金、利息等要全部纳入预算,统一核算,统一管理。鼓励实行国有资产共享共用,提高国有资产的使用效益。

第十一条 各单位应按照国有资产管理信息化的要求,及时将资产变动信息录入管理信息系统,对本单位国有资产实行动态管理。

第十二条 各单位国有资产自用管理应本着实物量和价值量并重的原则,定期清查实物资产,完善资产管理账表及有关资料,做到账账、账卡、账实相符,并对资产丢失、毁损等情况实行责任追究制度。

第十三条 各单位要建立健全自用资产的验收、领用、使用、保管和维护等管理流程,并加强监督检查和绩效考评。

第十四条 各单位实物资产管理部门对购置、接受捐赠、无偿划拨等方式获得的资产应及时办理验收入库手续;自建资产应及时办理竣工验收、竣工财务决算,并按要求办理资产移交、产权登记。各单位财务部门应根据资产的相关凭证或文件及时进行账务处理。对购置的资产,如无实物资产管理部门出具的验收入库单,财务部门不予报销。

第十五条 各单位应当建立资产领用交回制度。资产领用应经主管领导批准,资产出库应及时办理出库手续。办公家具、微机(包括台式和便携式)、相机、摄像机、传真机、打印机、复印机、电话机等资产要落实到使用人,其中多人共同使用同一资产的要指定一名使用代表人。配备或领用以上资产,应当由资产使用人或使用代表人对配备和领用的资产品牌、规格、型号、数量进行核对后签收。使用人员离职或其他原因需要交回配备和领用的以上资产,应当及时交回,并且由实物资产管理部门对交回的资产进行核对后签收。

第十六条 各单位应当做好自用资产的使用管理,定期检查并改善资产使用状况,减少资产的非正常消耗,做到高效节约、物尽其用。

第十七条 各单位应当加强对无形资产的管理和保护,并结合国家知识产权战略的实施,促进科技成果转化。

第十八条 各单位应当建立资产统计报告制度,定期向单位领导报送资产统计报告,及时反映本单位资产使用以及变动情况。

第十九条 对外投资是指各单位利用货币性资金和实物资产等国有资产投资并取得相应收益的行为。各单位应当在保证单位正常运转和事业发展的前提下,严格控制货币性资金对外投资,不得利用财政拨款和财政拨款结余资金对外投资。

第二十条 气象部门对外投资审批权限如下:

1. 各单位对外投资在800万元(含)以上的(实物资产指单项或批量价值的账面原值,下同),由省气象局报中国气象局审核后报财政部审批。

2. 省气象局直属单位对外投资在800万元以下的,由省气象局报中国气象局审批。

3. 各设区市气象局及所属县级气象局对外投资在800万元以下、50万元以上的,逐级报省气象局国有资产主管机构提出初审意见后,报省气象局审批。批复之日起3个工作日内省气象局将审批文件(一式五份)报中国气象局备案。

4. 各设区市气象局及所属县级气象局对外投资在50万元以下的,省气象局授权各设区市气象局审批。批复之日起3个工作日内各设区市气象局将审批文件(一式五份)报省气象局备案。

第二十一条 各单位应当在科学论证、公开决策的基础上提出对外投资申请,附相关材料,报上级单位。上级单位应对所报材料的完整性、决策过程的合规性、拟投资项目资金和实物资产来源的合理性等进行审查,并且按审批权限审批。各单位对外投资效益情况是审核新增对外投资事项时的重要参考依据,审批单位要严格控制对外投资效益低的单位的对外投资行为。

第二十二条 各单位申请利用国有资产对外投资,应当提供以下材料,并对材料的真实性、有效性、准确性负责:

1. 对外投资事项的书面申请;
2. 拟对外投资资产的价值凭证及权属证明,如购货发票或收据、工程决算副本、国有土地使用权证、房屋所有权证、股权证等凭据的复印件(加盖单位公章);
3. 对外投资的可行性分析报告;
4. 拟同意利用国有资产对外投资的会议决议或会议纪要复印件;
5. 单位法人证书复印件、拟合作方法人证书复印件或企业营业执照复印件、个人身份证复印件等;
6. 拟创办经济实体的章程和工商行政管理部门下发的企业名称预先核准通知书;
7. 与拟合作方签订的合作意向书、协议草案或合同草案;
8. 上年度财务报表;
9. 经中介机构审计的拟合作方上年财务报表;
10. 其他材料。

第二十三条 各单位出售、出让、转让、减持对外投资形成的股权,以及注销投资所办企业,按照《气象部门国有资产处置管理暂行办法》的有关规定办理。

第二十四条 各单位经批准利用国有资产进行对外投资的,应当聘请具有相应资质的中介机构,对拟投资资产进行资产评估。资产评估事项按规定履行备案或核准手续。

第二十五条 各单位不得从事以下对外投资事项:

1. 买卖期货、股票;
2. 购买各种企业债券、各类投资基金和其他任何形式的金融衍生品或进行任何形式的金融风险投资;
3. 在各种债务尚未清偿前,利用借入资金和贷款形成的资产对外投资;
4. 其他违反法律、行政法规规定的。

第二十六条 各单位应当加强无形资产对外投资的管理,防止国有资产流失。

第二十七条 各单位应当按照国家有关法律法规,依法履行出资人的职能,加强对外投资形成的股权管理和对所投资全资企业、控股企业的监督管理。

第二十八条 各单位对批准对外投资的资产享有收益权,承担投入资产的安全完整和保值增值的监督责任。

第二十九条　各单位利用国有资产对外投资,应当按照事业单位财务和会计制度的有关规定记入单位"对外投资",取得的收益,应当记入单位"投资收益",并纳入单位预算,统一核算,统一管理,不得用"投资收益"冲减"对外投资"。

第三十条　上级主管部门应当加强事业单位国有资产对外投资的考核。事业单位应当建立和完善国有资产内控机制和保值增值机制,确保国有资产的安全完整,实现国有资产的保值增值。

第三十一条　出租、出借是指各单位将国有实物资产出租、出借并取得相应收益的行为。

第三十二条　气象部门出租、出借资产审批权限如下:

1. 各单位出租、出借资产单项或批量价值在 800 万元(含)以上且出租、出借时间超过六个月(不含)的,由省气象局报中国气象局审核后报财政部审批。

2. 省气象局直属单位出租、出借资产单项或批量价值在 800 万元以下,或出租、出借的资产单项或批量价值虽然超过 800 万元,但出租、出借时间不到六个月的,由省气象局报中国气象局审批。

3. 各设区市气象局及所属县级气象局出租、出借资产单项或批量价值在 800 万元以下、50 万元以上,或出租、出借的资产单项或批量价值虽然超过 800 万元,但出租、出借时间不到六个月的,逐级报省气象局国有资产主管机构提出初审意见后,报省气象局审批。批复之日起 3 个工作日内省气象局将审批文件(一式五份)报中国气象局备案。

4. 各设区市气象局及所属县级气象局出租、出借资产单项或批量价值在 50 万元以下,省气象局授权各设区市气象局审批。批复之日起 3 个工作日内各设区市气象局将审批文件(一式五份)报省气象局备案。

第三十三条　各单位应当在严格论证的基础上提出国有资产出租、出借申请,附相关材料,报上级单位。上级单位应当对所报材料的完整性、决策过程的合规性进行审核,并且按审批权限审批。

第三十四条　各单位申请出租、出借国有资产,应当提供如下材料,并且对材料的真实性、有效性、准确性负责:

1. 拟出租、出借事项的书面申请;

2. 拟出租、出借资产的价值凭证及权属证明,如购货发票或收据、工程决算副本、国有土地使用权证、房屋所有权证、股权证等凭据的复印件(加盖单位公章);

3. 进行出租、出借的可行性分析报告;

4. 单位同意利用国有资产出租、出借的内部决议或会议纪要复印件;

5. 单位法人证书复印件、拟出租出借方的事业单位法人证书复印件或企业营业执照复印件、个人身份证复印件等;

6. 其他材料。

第三十五条　各单位国有资产有下列情形之一的,不得出租、出借:

1. 已被依法查封、冻结的;

2. 未取得其他共有人同意的;

3. 产权有争议的；

4. 其他违反法律、行政法规规定的。

第三十六条 各单位国有资产出租，原则上应当采取公开招租的形式确定出租的价格，必要时可采取评审或者资产评估的办法确定出租的价格。各单位利用国有资产出租、出借的，期限一般不得超过五年。

第三十七条 各单位国有资产出租、出借取得的收入，应当按照预算管理及事业单位财务和会计制度的有关规定纳入单位预算，统一核算、统一管理。其中单位将国有资产委托出租、出借的，受托方应当将取得的收入在扣除有关税费后全额上缴委托方，委托方不得在受托方以抵顶上缴收入等方式列支应由其承担的支出。

第三十八条 各单位对外投资或出租、出借按以下程序办理：

1. 单位申报。各单位申请利用国有资产对外投资或出租、出借，必须按要求附相关材料，以正式文件逐级申报。

2. 上级单位审核。上级单位对下级单位申报的对外投资或出租、出借材料进行审核后，报审批单位。

3. 审批单位审批。审批单位按审批权限对报送的对外投资或出租、出借事项进行审核批复。对数量较大的对外投资或出租、出借，可就有关情况进行实地核查。

4. 评估备案与核准。各单位根据审批单位的批复，委托具有资产评估资质的评估机构对国有资产进行评估，评估结果报审批单位备案。评估结果按照财政部"财企〔2001〕801号"规定须经核准的，报财政部核准。

5. 进行对外投资或出租、出借。各单位依照批准文件，进行商务谈判，签订合同，办理有关对外投资或出租、出借事宜。

第三十九条 各级主管部门应当加强单位国有资产使用行为及其收入的日常监管和专项检查。各单位国有资产使用情况应接受财政部及财政部驻各地财政监察专员办事处（以下简称专员办）的监督检查。

第四十条 对资产单项或批量价值在800万元以下的对外投资和出租、出借，省气象局收到中国气象局的批复文件后，应将复印件报当地专员办备案。省气象局在批复所属地县级气象局对外投资和出租、出借后，应将复印件送当地专员办备案。

第四十一条 各单位在国有资产使用过程中不得有下列行为：

1. 未按规定程序申报，擅自对规定限额以上的国有资产进行对外投资和出租、出借；

2. 对不符合规定的对外投资和出租、出借事项予以审批；

3. 串通作弊、暗箱操作，违规利用国有资产对外投资和出租、出借；

4. 其他违反国家有关规定造成单位资产损失的行为。

第四十二条 单位和个人违反本办法规定的，应根据《财政违法行为处罚处分条例》（国务院令第427号）的规定进行处罚、处理、处分。

第四十三条 各单位应当于每个会计年度终了后，按照财政部规定的部门决算报表格式、内容和要求，对其国有资产的使用情况做出报告，报中国气象局，由中国气象局汇总后报财政部。省气象局的国有资产使用汇总情况，应当同时送当地专员办备案。

第四十四条 对涉及国家安全和秘密的国有资产使用管理活动,应当按照国家有关保密制度的规定,做好保密工作,防止失密和泄密。

第四章 国有资产处置管理

第四十五条 本办法所称的国有资产处置,是指各单位对其占有的国有资产进行产权转让或注销产权的行为,包括无偿调出、出售、报废、报损等。

第四十六条 国有资产的处置应遵循公开、公正、公平和竞争、择优的原则,严格履行审批手续,未经批准不得擅自处置。国有资产处置事项的批复,以及按规定处置国有资产报上级主管部门备案的文件,是各单位资产配置预算项目的参考依据。各单位应当依据其办理产权变动和进行账务处理。账务处理按照现行事业单位财务和会计制度的有关规定执行。

第四十七条 各单位拟处置的国有资产权属应当清晰。权属关系不明确或者存在权属纠纷的资产,须待权属界定明确后予以处置;被设置为担保物的国有资产处置,应当符合《中华人民共和国担保法》、《中华人民共和国物权法》等法律的有关规定。

第四十八条 气象部门国有资产处置的范围包括:闲置资产,报废、淘汰资产,产权转移的资产,盘亏、呆账及非正常损失的资产,以及依照国家有关规定需要处置的其他资产。按资产性质分为流动资产、固定资产、无形资产、对外投资等。处置方式包括无偿调拨(划转)、对外捐赠、出售、转让、置换、报废报损、货币性资产损失核销等。

第四十九条 气象部门闲置国有资产处置审批权限如下:

1. 一次性处置单位价值或批量价值(账面原值,下同)在 800 万元(含)以上的国有资产,应经省气象局国有资产主管机构初审并报中国气象局审核后报财政部审批。

2. 一次性处置单位价值或批量价值在 200 万元以上、800 万元以下国有资产,由省气象局国有资产主管机构报中国气象局审批。

3. 一次性处置单位价值或批量价值在 50 万元以上的仪器设备,逐级报省气象局国有资产主管机构提出初审意见后,报省气象局审批。批复之日起 3 个工作日内省气象局将审批文件(一式五份)报中国气象局备案。

4. 一次性处置资产价值在 50 万元以下的仪器设备的处置,省气象局授权各设区市气象局和省气象局直属单位审批。批复之日起 3 个工作日内处置单位应将审批文件报省气象局备案。

5. 各单位占有使用的房屋、建筑物、公务用车的处置,不论价值大小,必须逐级报省气象局国有资产主管机构提出初审意见后,报省气象局审批。批复之日起 3 个工作日内省气象局将审批文件(一式五份)报中国气象局备案。

6. 土地使用权处置,不论价值大小,一律经省气象局国有资产主管机构初审并报中国气象局审核后报财政部审批。

第五十条 各单位处置国有资产,应当按以下程序办理:

1. 单位申报。各单位处置国有资产,必须填写《气象部门国有资产处置申请表》,并附相关材料,以正式文件向上级主管部门申报。

2. 上级主管部门审核。上级主管部门对单位的申报处置材料进行合规性、真实性等审核后,按照审批权限审批或上报。在审核过程中,上级主管部门认为如有必要,可对拟处置的资产有关情况进行实地核查。

3. 审批单位审批。审批单位按照审批权限对所属单位报送的国有资产处置事项进行审核批复。

4. 评估备案与核准。单位价值在 50 万元(含)以上的资产处置,各单位根据审批单位的批复,委托具有资产评估资质的评估机构对拟处置的国有资产进行评估(气象专用设备应当经过中国气象局业务职能司审核或授权审核),评估结果报上级主管部门备案。评估结果按照国家有关规定须经核准的,报财政部核准。

5. 公开处置。单位对申报处置的国有资产必须进行公开处置。处置资产原值累计达到 20 万元需委托产权交易所处置,处置应签署《中央行政事业单位国有资产处置委托书》,并提供资产批复文件和资产清单。废弃电子产品回收处理需由中国再生资源开发有限公司(简称"中再生公司")委托其属地的中再生公司合作机构处置,各单位的台式计算机、便携式计算机、打印机、复印机、传真机、扫描仪、投影仪、电视机、电冰箱、洗衣机、空调机、影音设备等废弃电器电子类资产的处置应执行统一回收处理制度。

废弃电子产品涉及国家秘密的计算机、移动存储介质、传真机和复印机等资产按国家有关保密规定进行处置。支持公益事业或扶持地方发展的捐赠资产可不上资产处置交易平台。

第五十一条 资产处置按规定程序上报审批后,处理结果应按有关规定及时归档并通知本单位财务机构调整固定资产有关账务。

第五十二条 无偿调拨(划转)是指在不改变国有资产性质的前提下,以无偿转让的方式变更国有资产占有、使用权的行为。

第五十三条 无偿调拨(划转)的资产包括:

1. 长期闲置不用、低效运转、超标准配置的资产;

2. 因单位撤销、合并、分立而移交的资产;

3. 隶属关系改变,上划、下划的资产;

4. 其他需调拨(划转)的资产。

第五十四条 无偿调拨(划转)应当按以下程序办理:

1. 气象部门内部各单位之间的国有资产无偿调拨(划转),由划出单位提出申请,上级主管部门按本办法第四十九条规定的权限审批。

2. 中国气象局重点工程建设项目和统一布局建设项目中涉及资产无偿调拨的,其各主要建设单位(项目办公室)应将资产调拨单于实物资产调拨后 10 个工作日内下发至调入单位。资产调拨单应当一式二联(调出方、调入方各执一联),资产调拨单内容应当包括项目名称、资产名称、资产数量、资产型号、资产价格、调拨日期等内容,并加盖调入单位和调出单位公章(或财务章)。

3. 各单位将所属国有资产无偿调拨(划转)到气象部门外其他中央单位和地方单位

的,划出单位应与接收方协调一致,并提出申请逐级报中国气象局审核后送财政部审批。

4.地方单位将国有资产无偿调拨(划转)给各单位的,各单位应将接收资产的有关情况逐级上报中国气象局备案。中国气象局在15个工作日内报财政部备案。

第五十五条 各单位申请国有资产无偿调拨(划转),应提交以下材料:

1.无偿调拨(划转)申请文件;

2.《气象部门国有资产处置申请表》;

3.资产价值凭证及产权证明,如购货发票或收据、工程决算副本、国有土地使用权证、房屋所有权证、股权证等凭据的复印件(加盖单位公章);

4.因单位撤销、合并、分立而移交资产的,需提供撤销、合并、分立的批文;

5.拟无偿调拨(划转)国有资产的名称、数量、规格、单价等清单;

6.将所属国有资产无偿调拨(划转)到气象部门外其他中央单位的,提供双方意向性协议,以及接收方主管部门同意无偿调拨(划转)的有关文件;

7.将所属国有资产无偿调拨(划转)到地方单位的,提供省(区、市)和计划单列市气象局同意划出的相关文件,以及接收方省级财政厅(局)同意接收的相关文件;

8.其他相关材料。

第五十六条 对外捐赠是指各单位依照《中华人民共和国公益事业捐赠法》,自愿无偿将其有权处分的合法财产捐赠给合法的受赠人的行为,包括实物资产捐赠、无形资产捐赠和货币性资产捐赠等。

第五十七条 各单位国有资产对外捐赠,应提交以下材料:

1.对外捐赠申请文件;

2.《气象部门国有资产处置申请表》;

3.捐赠报告,包括捐赠事由、途径、方式、责任人、资产构成及其数额、交接程序等;

4.捐赠单位出具的捐赠事项对本单位财务状况和业务活动影响的分析报告,使用货币资金对外捐赠的,应提供货币资金的来源说明等;

5.捐赠单位决定捐赠事项的有关文件;

6.能够证明捐赠资产价值的有效凭证,如购货发票或收据、工程决算副本、记账凭证、固定资产卡片及产权证明等凭据的复印件(加盖单位公章);

7.其他相关材料。

第五十八条 实际发生的对外捐赠,应当依据受赠方出具的同级财政部门统一印(监)制的捐赠收据或者捐赠资产交接清单确认;对无法索取同级财政部门统一印(监)制的捐赠收据的,应当依据受赠方所在地城镇街道、乡镇等基层政府组织出具的证明确认。

第五十九条 各单位无偿调拨(划转)或接受捐赠的国有资产,应及时办理入账手续,并逐级上报中国气象局备案。

第六十条 出售、出让、转让是指变更单位国有资产所有权或占有、使用权并取得相应收益的行为。

第六十一条 各单位国有资产出售、出让、转让,应当通过产权交易机构、证券交易系统、协议方式以及国家法律、行政法规规定的其他方式进行。单位国有资产出售、出让、转让应当严格控制产权交易机构和证券交易系统之外的直接协议方式。

第六十二条　各单位国有资产出售、出让、转让,以上级主管部门备案或核准的资产评估报告所确认的评估价值作为市场竞价的参考依据,意向交易价格低于评估结果90%的,应当按规定权限报上级主管部门重新确认后交易。

第六十三条　各单位申请出售、出让、转让国有资产,应提交以下材料:
1. 出售、转让申请文件;
2.《气象部门国有资产处置申请表》;
3. 资产价值凭证及产权证明,如购货发票或收据、工程决算副本、国有土地使用权证、房屋所有权证、股权证等凭据的复印件(加盖单位公章);
4. 出售、转让方案,包括资产的基本情况,处置的原因、方式等;
5. 出售、转让合同草案,属于股权转让的,还应提交股权转让可行性报告;
6. 其他相关材料。

第六十四条　置换是指各单位与其他单位以非货币性资产为主进行的交换。这种交换不涉及或只涉及少量的货币性资产(即补价)。

第六十五条　各单位申请国有资产置换,应提交以下材料:
1. 置换申请文件;
2.《气象部门国有资产处置申请表》;
3. 资产价值凭证及产权证明,如购货发票或收据、工程决算副本、国有土地使用权证、房屋所有权证、股权证等凭据的复印件(加盖单位公章);
4. 对方单位拟用于置换资产的基本情况说明、是否已被设置为担保物等;
5. 双方草签的置换协议;
6. 对方单位的法人证书或营业执照的复印件(加盖单位公章);
7. 单位近期的财务报告;
8. 其他相关材料。

第六十六条　是指按有关规定或经有关部门、专家鉴定,对已不能继续使用的资产进行产权注销的资产处置行为。

第六十七条　气象部门报废处置资产最低使用年限标准如下:
(1)台式计算机6年。
(2)笔记本电脑6年。
(3)显示器(大屏幕显示屏)6年。
(4)复印机6年(或复印速度小于等于20页/分钟的,总页数达到50万页;复印速度大于20分钟的,总页数达到80万页)。
(5)扫描仪8年。
(6)激光(喷墨)打印机7年。
(7)针式打印机8年。
(8)一体机6年(或打印、复印、传真总页数达到120万张)。
(9)传真机10年。

(10)碎纸机 10 年。

(11)投影仪 8 年。

(12)数码摄影、摄像设备 8 年。

(13)其他摄影、摄像设备 10 年。

(14)服务器 6 年。

(15)小型机 8 年。

(16)路由(交换)设备 6 年。

(17)网络安全设备 4 年。

(18)电冰箱 10 年。

(19)电视机 10 年。

(20)空调 10 年。

(21)洗衣机 8 年。

(22)电开水器 5 年。

(23)办公家具长期使用(损坏无法修复可报废)。

(24)公务用车使用年限超过 8 年或车辆行驶超过 40 万公里;车辆无法达到交通管理部门年度检查标准及无法通过环保部门审验;其他经财政部门批准进行处置的车辆。

专业性设备按照行业标准执行,没有行业标准的可参照本标准执行。

对已达到规定使用年限但尚可继续使用的资产,各单位要继续使用,充分发挥资产的使用效益,对未达到规定使用年限标准的,且没有损毁的资产,各单位不得自行处置,财政部门一律不安排更新资金。各单位要加强对固定资产使用、处置和更新过程的监督检查,确保国有资产安全完整。

第六十八条 报损是指由于发生呆账损失、非正常损失等原因,按有关规定对资产损失进行产权注销的资产处置行为。

第六十九条 各单位申请国有资产报废、报损,应提交以下材料:

1.报废、报损申请文件;

2.《气象部门国有资产处置申请表》;

3.能够证明盘亏、毁损以及非正常损失资产价值的有效凭证,如购货发票或收据、工程决算副本、记账凭证、固定资产卡片、盘点表及产权证明等凭据的复印件(加盖单位公章);

4.报废、报损价值清单;

5.非正常损失责任事故的鉴定文件及对责任者的处理文件;

6.因房屋拆除等原因需办理资产核销手续的,提交相关职能部门的房屋拆除批复文件、建设项目拆建立项文件、双方签订的房屋拆迁补偿协议;

7.其他相关材料。

第七十条 各单位国有资产对外投资、担保(抵押)发生损失申请损失处置的,应提交以下材料:

1.对外投资、担保(抵押)损失处置申请文件;

2.《气象部门国有资产处置申请表》；

3. 被投资单位的清算审计报告及注销文件；

4. 债权或股权凭证、形成呆坏账的情况说明和具有法定依据的证明材料；

5. 申请仲裁或提起诉讼的，提交相关法律文书；

6. 其他相关材料。

第七十一条　核销是指各单位按现行财务与会计制度，对确认形成损失的货币性资产（现金、银行存款、应收账款、应收票据等）进行核销的行为。

第七十二条　各单位申请货币性资产损失核销，应提交以下材料：

1. 货币性资产损失核销申请文件；

2.《气象部门国有资产处置申请表》；

3. 债务人已被依法宣告破产、撤销、关闭，用债务人清算财产清偿后仍不能弥补损失的，提供宣告破产的民事裁定书以及财产清算报告、注销工商登记或吊销营业执照的证明、政府有关部门决定关闭的文件；

4. 债务人死亡或者依法被宣告失踪、死亡的，提供其财产或遗产不足清偿的法律文件；

5. 涉及诉讼的，提供判决裁定申报单位败诉的人民法院生效判决书或裁定书，或虽胜诉但因无法执行被裁定终止执行的法律文件。

第七十三条　处置收入是指在出售、出让、转让、置换、报废、报损等处置国有资产过程中获得的收入，包括出售实物资产和无形资产的收入、置换差价收入、报废报损残值变价收入、保险理赔收入、转让土地使用权收益等。

第七十四条　各单位国有资产处置收入，在扣除相关税金、评估费、拍卖佣金等费用后，按照政府非税收入管理和财政国库收缴管理的规定上缴中央国库，实行"收支两条线"管理。

土地使用权转让收益，按照《财政部关于将中央单位土地收益纳入预算管理的通知》（财综〔2006〕63号）规定，上缴中央国库，实行"收支两条线"管理。

出售实物资产和无形资产收入、置换差价收入、报废报损残值变价收入、保险理赔收入等上缴中央国库，实行"收支两条线"管理。

科技成果转化（转让）收入，按照《国务院办公厅转发科技部等部门关于促进科技成果转化若干规定的通知》（国办发〔1999〕29号）的有关规定，在扣除奖励资金后上缴中央国库。国家另有规定的，从其规定。

第七十五条　各单位利用国有资产对外投资形成的股权（权益）的出售、出让、转让收入，按以下规定办理：

1. 利用现金对外投资形成的股权（权益）的出售、出让、转让，属于单位收回对外投资，股权（权益）出售、出让、转让收入纳入单位预算，统一核算，统一管理。

2. 利用实物资产、无形资产对外投资形成的股权（权益）的出售、出让、转让收入，按以下情形分别处理：

（1）收入形式为现金的，扣除投资收益，以及税金、评估费等相关费用后，上缴中央国库,实行"收支两条线"管理;投资收益纳入单位预算,统一核算,统一管理。

(2)收入形式为资产和现金的,现金部分扣除投资收益,以及税金、评估费等相关费用后,上缴中央国库,实行"收支两条线"管理。

3.利用现金、实物资产、无形资产混合对外投资形成的股权(权益)的出售、出让、转让收入,按照本条第1、2项的有关规定分别管理。

第七十六条 各单位国有资产处置收入和利用国有资产对外投资形成的股权(权益)的出售(出让、转让)收入以及土地使用权转让收益,在收入取得后2个工作日内,全额直接缴入省气象局中央财政汇缴专户。

第七十七条 省气象局国有资产主管机构对三级预算单位在授权范围内审批的国有资产处置情况进行监督,可定期或不定期对国有资产处置情况开展监督检查。

第七十八条 各单位应当于每个会计年度终了后,按照财政部规定的部门决算报表格式、内容和要求,对其国有资产的使用情况做出报告,报省气象局,由省气象局汇总后报中国气象局。

第五章 责 任

第七十九条 各单位在国有资产处置过程中不得有下列行为:

1.未按规定程序申报,擅自越权对规定限额以上的国有资产进行处置;

2.对不符合规定的申报处置材料予以审批;

3.串通作弊、暗箱操作,压价处置国有资产;

4.截留资产处置收入;

5.其他造成单位资产损失的行为。

第八十条 单位和个人违反本办法规定的,应根据《财政违法行为处罚处分条例》(国务院令第427号)等国家有关规定追究法律责任。

第六章 附 则

第八十一条 执行《民间非营利组织会计制度》的气象学会涉及国有资产处置的,参照本办法执行。

第八十二条 地方机构编制部门批准的地方气象事业机构,其国有资产的处置按照当地有关部门规定执行。当地没有规定的,参照本办法的原则执行,并于每个会计年度终了后,将地方气象事业机构的资产处置情况抄送省气象局备案。

第八十三条 各单位所办全资企业及控股企业的国有资产处置,按照《企业财务通则》(财政部令第41号)、《企业国有资本与财务管理暂行办法》(财企〔2001〕325号)、《企业国有产权转让管理暂行办法》(国资委、财政部2003年第3号令)执行。

第八十四条 对涉及国家安全和秘密的国有资产处置,应当按照国家有关保密制度的规定,做好保密工作,防止失密和泄密。

第八十五条 各设区市气象局和省气象局直属单位可按照本办法制定实施细则,并报省气象局备案。

第八十六条 本办法自公布之日起执行。此前颁布的有关规定与本办法不一致的,以本办法为准。

第二部分 资产使用处置

中央级事业单位国有资产处置管理暂行办法

(财教〔2008〕495号 2008年12月16日)

第一章 总 则

第一条 为规范中央级事业单位国有资产处置行为,维护国有资产的安全和完整,保障国家所有者权益,根据《事业单位国有资产管理暂行办法》(财政部令第36号)和《中央级事业单位国有资产管理暂行办法》(财教〔2008〕13号),制定本办法。

第二条 本办法适用于执行事业单位财务和会计制度的中央级各类事业单位。

第三条 本办法所称的中央级事业单位国有资产处置,是指中央级事业单位对其占有、使用的国有资产,进行产权转让或注销产权的行为。

第四条 中央级事业单位国有资产处置应遵循公开、公正、公平和竞争、择优的原则,严格履行审批手续,未经批准不得擅自处置。

第五条 财政部、中央级事业单位主管部门(以下简称主管部门)按照规定权限对中央级事业单位国有资产处置事项进行审批(审核)或备案。

第六条 财政部、主管部门对中央级事业单位国有资产处置事项的批复,以及中央级事业单位按规定处置国有资产报主管部门备案的文件,是财政部安排中央级事业单位有关资产配置预算项目的参考依据,中央级事业单位应当依据其办理产权变动和进行账务处理。账务处理按照现行事业单位财务和会计制度的有关规定执行。

第七条 中央级事业单位拟处置的国有资产权属应当清晰。权属关系不明确或者存在权属纠纷的资产,须待权属界定明确后予以处置;被设置为担保物的国有资产处置,应当符合《中华人民共和国担保法》、《中华人民共和国物权法》等法律的有关规定。

第二章 处置范围和基本程序

第八条 中央级事业单位国有资产处置的范围包括：闲置资产，报废、淘汰资产，产权或使用权转移的资产，盘亏、呆账及非正常损失的资产，以及依照国家有关规定需要处置的其他资产。按资产性质分为流动资产、固定资产、无形资产、对外投资等。

处置方式包括无偿调拨（划转）、对外捐赠、出售、出让、转让、置换、报废报损、货币性资产损失核销等。

第九条 中央级事业单位国有资产处置按以下权限予以审批：

（一）中央级事业单位一次性处置单位价值或批量价值（账面原值，下同）在 800 万元人民币（以下简称规定限额）以上（含 800 万元）的国有资产，经主管部门审核后报财政部审批。

（二）中央级事业单位一次性处置单位价值或批量价值在规定限额以下的国有资产，由财政部授权主管部门进行审批。主管部门应当于批复之日起 15 个工作日内，将批复文件（一式三份）报财政部备案。

第十条 财政部批复的中央级事业单位国有资产处置文件，应当抄送财政部驻当地财政监察专员办事处（以下简称专员办）；中央级事业单位收到主管部门国有资产处置的批复文件后，将复印件报当地专员办备案。

第十一条 中央级事业单位处置规定限额以上的国有资产，应当按以下程序办理：

（一）单位申报。中央级事业单位处置国有资产，须填写《中央级事业单位国有资产处置申请表》，并附相关材料，以正式文件向主管部门申报。

（二）主管部门审核。主管部门对中央级事业单位的申报处置材料进行合规性、真实性等审核后，报财政部审批。

（三）财政部审批。财政部对主管部门报送的国有资产处置事项进行审核批复。数量较大的国有资产处置，财政部可委托专员办对国有资产处置有关情况进行实地核查。

（四）评估备案与核准。中央级事业单位根据财政部的批复，委托具有资产评估资质的评估机构对国有资产进行评估，评估结果报财政部或主管部门备案。评估结果按照国家有关规定须经核准的，报财政部核准。

（五）公开处置。中央级事业单位对申报处置的国有资产进行公开处置。

中央级事业单位处置规定限额以下的国有资产，按照单位申报—主管部门审批—评估备案与核准—公开处置的程序，由主管部门审批后，报财政部备案。

第三章 无偿调拨（划转）和捐赠

第十二条 无偿调拨（划转）是指在不改变国有资产性质的前提下，以无偿转让的方式变更国有资产占有、使用权的行为。

第十三条 无偿调拨（划转）的资产包括：

（一）长期闲置不用、低效运转、超标准配置的资产；
（二）因单位撤销、合并、分立而移交的资产；
（三）隶属关系改变，上划、下划的资产；
（四）其他需调拨（划转）的资产。

第十四条 无偿调拨（划转）应当按以下程序办理：
（一）同一部门所属事业单位之间、事业单位与行政单位之间以及事业单位对企业的国有资产无偿调拨（划转），按规定限额审批。
（二）跨部门国有资产的无偿调拨（划转）。划出方和接收方协调一致（附意向性协议），分别报主管部门审核同意后，由划出方主管部门报财政部审批，并附接收方主管部门同意无偿调拨（划转）的有关文件。
（三）跨级次国有资产的无偿调拨（划转）。中央级事业单位国有资产无偿调拨（划转）给地方的，应附省级主管部门和财政部门同意接收的相关文件，由中央级事业单位主管部门报财政部审批；地方单位国有资产无偿调拨（划转）给中央级事业单位的，经地方单位同级财政部门审批后，办理国有资产无偿调拨（划转）手续。中央级事业单位应将接收资产的有关情况报主管部门备案。主管部门应在15个工作日内报财政部备案。

第十五条 中央级事业单位申请国有资产无偿调拨（划转），应提交以下材料：
（一）无偿调拨（划转）申请文件；
（二）《中央级事业单位国有资产处置申请表》；
（三）资产价值凭证及产权证明，如购货发票或收据、工程决算副本、国有土地使用权证、房屋所有权证、股权证等凭据的复印件（加盖单位公章）；
（四）因单位撤销、合并、分立而移交资产的，需提供撤销、合并、分立的批文；
（五）拟无偿调拨（划转）国有资产的名称、数量、规格、单价等清单；
（六）其他相关材料。

第十六条 对外捐赠是指中央级事业单位依照《中华人民共和国公益事业捐赠法》，自愿无偿将其有权处分的合法财产赠予合法的受赠人的行为，包括实物资产捐赠、无形资产捐赠和货币性资产捐赠等。

第十七条 中央级事业单位国有资产对外捐赠，应提交以下材料：
（一）对外捐赠申请文件；
（二）《中央级事业单位国有资产处置申请表》；
（三）捐赠报告，包括捐赠事由、途径、方式、责任人、资产构成及其数额、交接程序等；
（四）捐赠单位出具的捐赠事项对本单位财务状况和业务活动影响的分析报告，使用货币资金对外捐赠的，应提供货币资金的来源说明等；
（五）主管部门、中央级事业单位决定捐赠事项的有关文件；
（六）能够证明捐赠资产价值的有效凭证，如购货发票或收据、工程决算副本、记账凭证、固定资产卡片及产权证明等凭据的复印件（加盖单位公章）；
（七）其他相关材料。

第十八条 实际发生的对外捐赠，应当依据受赠方出具的同级财政部门或主管部门统一印（监）制的捐赠收据或者捐赠资产交接清单确认；对无法索取同级财政部门或主管部门统一印（监）制的捐赠收据的，应当依据受赠方所在地城镇街道、乡镇等基层政府组织出具的证明确认。

第十九条 中央级事业单位接受捐赠的国有资产，应及时办理入账手续，并报主管部门备案。主管部门应在15个工作日内报财政部备案。

第四章 出售、出让、转让和置换

第二十条 出售、出让、转让是指变更中央级事业单位国有资产所有权或占有、使用权并取得相应收益的行为。

第二十一条 中央级事业单位国有资产出售、出让、转让，应当通过产权交易机构、证券交易系统、协议方式以及国家法律、行政法规规定的其他方式进行。中央级事业单位国有资产出售、出让、转让应当严格控制产权交易机构和证券交易系统之外的直接协议方式。

第二十二条 中央级事业单位国有资产出售、出让、转让，以按规定权限由财政部、主管部门备案或核准的资产评估报告所确认的评估价值作为市场竞价的参考依据，意向交易价格低于评估结果90％的，应当按规定权限报财政部或主管部门重新确认后交易。

第二十三条 中央级事业单位申请出售、出让、转让国有资产，应提交以下材料：

（一）出售、出让、转让申请文件；

（二）《中央级事业单位国有资产处置申请表》；

（三）资产价值凭证及产权证明，如购货发票或收据、工程决算副本、国有土地使用权证、房屋所有权证、股权证等凭据的复印件（加盖单位公章）；

（四）出售、出让、转让方案，包括资产的基本情况，处置的原因、方式等；

（五）出售、出让、转让合同草案，属于股权转让的，还应提交股权转让可行性报告；

（六）其他相关材料。

第二十四条 置换是指中央级事业单位与其他单位以非货币性资产为主进行的交换。这种交换不涉及或只涉及少量的货币性资产（即补价）。

第二十五条 中央级事业单位申请国有资产置换，应提交以下材料：

（一）置换申请文件；

（二）《中央级事业单位国有资产处置申请表》；

（三）资产价值凭证及产权证明，如购货发票或收据、工程决算副本、国有土地使用权证、房屋所有权证、股权证等凭据的复印件（加盖单位公章）；

（四）对方单位拟用于置换资产的基本情况说明、是否已被设置为担保物等；

（五）双方草签的置换协议；

（六）对方单位的法人证书或营业执照的复印件（加盖单位公章）；

（七）中央级事业单位近期的财务报告；

（八）其他相关材料。

第五章 报废报损和核销

第二十六条 报废是指按有关规定或经有关部门、专家鉴定,对已不能继续使用的资产,进行产权注销的资产处置行为。

第二十七条 报损是指由于发生呆账损失、非正常损失等原因,按有关规定对资产损失进行产权注销的资产处置行为。

第二十八条 中央级事业单位申请国有资产报废、报损,应提交以下材料:

(一)报废、报损申请文件;

(二)《中央级事业单位国有资产处置申请表》;

(三)能够证明盘亏、毁损以及非正常损失资产价值的有效凭证。如购货发票或收据、工程决算副本、记账凭证、固定资产卡片、盘点表及产权证明等凭据的复印件(加盖单位公章);

(四)报废、报损价值清单;

(五)非正常损失责任事故的鉴定文件及对责任者的处理文件;

(六)因房屋拆除等原因需办理资产核销手续的,提交相关职能部门的房屋拆除批复文件、建设项目拆建立项文件、双方签订的房屋拆迁补偿协议;

(七)其他相关材料。

第二十九条 中央级事业单位国有资产对外投资、担保(抵押)发生损失申请损失处置的,应提交以下材料:

(一)对外投资、担保(抵押)损失处置申请文件;

(二)《中央级事业单位国有资产处置申请表》;

(三)被投资单位的清算审计报告及注销文件;

(四)债权或股权凭证、形成呆坏账的情况说明和具有法定依据的证明材料;

(五)申请仲裁或提起诉讼的,提交相关法律文书;

(六)其他相关材料。

第三十条 货币性资产损失核销是指单位按现行财务与会计制度,对确认形成损失的货币性资产(现金、银行存款、应收账款、应收票据等)进行核销的行为。

第三十一条 中央级事业单位申请货币性资产损失核销,应提交以下材料:

(一)货币性资产损失核销申请文件;

(二)《中央级事业单位国有资产处置申请表》;

(三)债务人已被依法宣告破产、撤销、关闭,用债务人清算财产清偿后仍不能弥补损失的,提供宣告破产的民事裁定书以及财产清算报告、注销工商登记或吊销营业执照的证明、政府有关部门决定关闭的文件;

(四)债务人死亡或者依法被宣告失踪、死亡的,提供其财产或遗产不足清偿的法律文件;

(五)涉及诉讼的,提供判决裁定申报单位败诉的人民法院生效判决书或裁定书,或虽胜诉但因无法执行被裁定终止执行的法律文件。

第六章　处置收入和支出管理

第三十二条　处置收入是指在出售、出让、转让、置换、报废报损等处置国有资产过程中获得的收入，包括出售实物资产和无形资产的收入、置换差价收入、报废报损残值变价收入、保险理赔收入、转让土地使用权收益等。

第三十三条　中央级事业单位国有资产处置收入，在扣除相关税金、评估费、拍卖佣金等费用后，按照政府非税收入管理和财政国库收缴管理的规定上缴中央国库，实行"收支两条线"管理。

土地使用权转让收益，按照《财政部关于将中央单位土地收益纳入预算管理的通知》（财综〔2006〕63号）规定，上缴中央国库，实行"收支两条线"管理。

出售实物资产和无形资产收入、置换差价收入、报废报损残值变价收入、保险理赔收入等上缴中央国库，实行"收支两条线"管理。

科技成果转化（转让）收入，按照《国务院办公厅转发科技部等部门关于促进科技成果转化若干规定的通知》（国办发〔1999〕29号）的有关规定，在扣除奖励资金后上缴中央国库。

国家另有规定的，从其规定。

第三十四条　中央级事业单位利用国有资产对外投资形成的股权（权益）的出售、出让、转让收入，按以下规定办理：

（一）利用现金对外投资形成的股权（权益）的出售、出让、转让，属于中央级事业单位收回对外投资，股权（权益）出售、出让、转让收入纳入单位预算，统一核算，统一管理。

（二）利用实物资产、无形资产对外投资形成的股权（权益）的出售、出让、转让收入，按以下情形分别处理：

1. 收入形式为现金的，扣除投资收益，以及税金、评估费等相关费用后，上缴中央国库，实行"收支两条线"管理；投资收益纳入单位预算，统一核算，统一管理。

2. 收入形式为资产和现金的，现金部分扣除投资收益，以及税金、评估费等相关费用后，上缴中央国库，实行"收支两条线"管理。

（三）利用现金、实物资产、无形资产混合对外投资形成的股权（权益）的出售、出让、转让收入，按照本条第（一）、（二）项的有关规定分别管理。

第三十五条　中央级事业单位应上缴的国有资产处置收入和应上缴的利用国有资产对外投资形成的股权（权益）的出售（出让、转让）收入，根据实际情况，按以下方式上缴：

（一）已开设中央财政汇缴专户的预算单位，按照财政部非税收入收缴制度有关规定，在取得处置收入后2个工作日内，全额缴入中央财政汇缴专户。

（二）未开设中央财政汇缴专户的预算单位，应按下列不同情况上缴国有资产处置收入：

1. 一级预算单位。由财政部为其开设中央财政汇缴专户，一级预算单位在取得处置收入后2个工作日内,全额缴入其中央财政汇缴专户。

2. 二级预算单位。其主管一级预算单位为行政事业单位的,二级预算单位如无下属预算单位,由财政部为其主管一级预算单位开设中央财政汇缴专户,二级预算单位在取得处置收入后2个工作日内,全额直接缴入一级预算单位的中央财政汇缴专户;二级预算单位如有下属预算单位,由财政部为二级预算单位开设中央财政汇缴专户,二级预算单位在取得处置收入后2个工作日内,全额直接缴入其中央财政汇缴专户。其主管部门为企业集团的,由财政部为二级预算单位开设中央财政汇缴专户,二级预算单位在取得处置收入后2个工作日内,全额直接缴入其中央财政汇缴专户。

3. 三级及三级以下预算单位。由财政部为其主管二级预算单位开设中央财政汇缴专户,三级及三级以下预算单位在取得处置收入后2个工作日内,全额直接缴入其主管二级预算单位的中央财政汇缴专户。

第三十六条 中央级事业单位上缴的国有资产处置收入,纳入预算管理。事业单位因事业发展产生的资产配置需求,在编制部门预算时由财政部根据有关资产配置标准及中央财力情况统筹安排。

第七章 监督检查和法律责任

第三十七条 财政部对主管部门在授权范围内审批的中央级事业单位国有资产处置情况进行监督,可定期或不定期对中央级事业单位国有资产处置情况开展专项检查。

专员办对所在地的中央级事业单位国有资产处置情况进行监督检查。

第三十八条 主管部门应建立国有资产处置事后检查制度,定期或不定期对所属事业单位资产处置情况进行监督检查。

第三十九条 主管部门和中央级事业单位在国有资产处置过程中不得有下列行为:

(一)未按规定程序申报,擅自越权对规定限额以上的国有资产进行处置;

(二)对不符合规定的申报处置材料予以审批;

(三)串通作弊、暗箱操作,压价处置国有资产;

(四)截留资产处置收入;

(五)其他造成单位资产损失的行为。

第四十条 财政部、主管部门、中央级事业单位和个人违反本办法规定的,应根据《财政违法行为处罚处分条例》(国务院令第427号)等国家有关规定追究法律责任。

第八章 附 则

第四十一条 执行《民间非营利组织会计制度》的中央级社会团体及民办非企业单位涉及国有资产处置的,参照本办法执行。

第四十二条 主管部门可根据本办法的规定,结合本部门实际情况,制定本部门所属事业单位国有资产处置管理办法。主管部门可以根据实际工作需要,授权所属事业单位一定限额的国有资产处置权限,报财政部备案。

第四十三条 对涉及国家安全和秘密的中央级事业单位国有资产处置,应当按照国家有关保密制度的规定,做好保密工作,防止失密和泄密。

第四十四条 事业单位所办全资企业及控股企业的国有资产处置,按照《企业财务通则》(财政部令第41号)、《企业国有资本与财务管理暂行办法》(财企〔2001〕325号)、《企业国有产权转让管理暂行办法》(国资委 财政部令第3号)等有关规定,由财政部实施监督管理。

第四十五条 本办法自2009年1月1日起施行。此前颁布的有关规定与本办法不一致的,以本办法为准。

中央级事业单位国有资产使用管理暂行办法

(财教〔2009〕192号　2009年8月28日)

第一章　总　则

第一条　为了规范和加强中央级事业单位国有资产使用管理,提高资产使用效益,防止国有资产流失,根据《事业单位财务规则》、《事业单位国有资产管理暂行办法》、《中央级事业单位国有资产管理暂行办法》,制定本办法。

第二条　本办法适用于执行事业单位财务和会计制度的中央级各类事业单位。

第三条　中央级事业单位国有资产使用应遵循权属清晰、安全完整、风险控制、注重绩效的原则。

第四条　中央级事业单位国有资产使用包括单位自用、对外投资和出租、出借等。国有资产使用应首先保证事业发展的需要。

第五条　财政部、中央级事业单位主管部门(以下简称主管部门)按照规定权限对中央级事业单位国有资产对外投资和出租、出借等事项进行审批(审核)或备案。中央级事业单位负责本单位国有资产使用的具体管理。

第六条　财政部、主管部门对中央级事业单位国有资产使用事项的批复,以及中央级事业单位报主管部门备案的文件,是中央级事业单位办理产权登记和账务处理的重要依据。账务处理按照国家事业单位财务和会计制度的有关规定执行。

第七条　中央级事业单位应对本单位对外投资和出租、出借资产实行专项管理,并在单位财务会计报告中对相关信息进行披露。

第八条　中央级事业单位国有资产使用应按照国有资产信息化管理的要求,及时将资产变动信息录入管理信息系统,对本单位国有资产实行动态管理。

第九条　中央级事业单位拟对外投资和出租、出借的国有资产的权属应当清晰。权属关系不明确或者存在权属纠纷的资产不得进行对外投资和出租、出借。

第二章　资产自用

第十条　中央级事业单位资产自用管理应本着实物量和价值量并重的原则,对实物资产进行定期清查,完善资产管理账表及有关资料,做到账账、账卡、账实相符,并对资产丢失、毁损等情况实行责任追究制度。

第十一条　中央级事业单位要建立健全自用资产的验收、领用、使用、保管和维护等内部管理流程,并加强审计监督和绩效考评。

第十二条 中央级事业单位国有资产管理部门对单位购置、接受捐赠、无偿划拨等方式获得的资产应及时办理验收入库手续,严把数量、质量关,验收合格后送达具体使用部门;自建资产应及时办理竣工验收、竣工财务决算编报以及按要求办理资产移交和产权登记。中央级事业单位财务管理部门应根据资产的相关凭证或文件及时进行账务处理。

第十三条 中央级事业单位应建立资产领用交回制度。资产领用应经主管领导批准。资产出库时保管人员应及时办理出库手续。办公用资产应落实到人,使用人员离职时,所用资产应按规定交回。

第十四条 中央级事业单位应认真做好自用资产使用管理,经常检查并改善资产使用状况,减少资产的非正常损耗,做到高效节约、物尽其用,充分发挥国有资产使用效益,防止国有资产使用过程中的损失和浪费。

第十五条 财政部、主管部门应积极引导和鼓励中央级事业单位实行国有资产共享共用,建立资产共享共用与资产绩效、资产配置、单位预算挂钩的联动机制。中央级事业单位应积极推进本单位国有资产的共享共用工作,提高国有资产使用效益。

第十六条 中央级事业单位应加强对无形资产的管理和保护,并结合国家知识产权战略的实施,促进科技成果转化。

第十七条 中央级事业单位应建立资产统计报告制度,定期向单位领导报送资产统计报告,及时反映本单位资产使用以及变动情况。

第三章 对外投资

第十八条 中央级事业单位利用国有资产对外投资,单项或批量价值(账面原值,下同)在800万元人民币以上(含800万元)的,经主管部门审核后报财政部审批;单项或批量价值在800万元以下的,由主管部门按照有关规定进行审批,并于批复之日起15个工作日内将审批文件(一式三份)报财政部备案。

第十九条 中央级事业单位应在科学论证、公开决策的基础上提出对外投资申请,附相关材料,报主管部门审核或者审批。主管部门应对中央级事业单位申报材料的完整性、决策过程的合规性、拟投资项目资金来源的合理性等进行审查,并报财政部审批或者备案。

中央级事业单位对外投资效益情况是主管部门审核新增对外投资事项的参考依据。主管部门要严格控制资产负债率过高的中央级事业单位的对外投资行为。

第二十条 中央级事业单位申请利用国有资产对外投资,应提供如下材料,并对材料的真实性、有效性、准确性负责:

(一)中央级事业单位对外投资事项的书面申请;

(二)拟对外投资资产的价值凭证及权属证明,如购货发票或收据、工程决算副本、国有土地使用权证、房屋所有权证、股权证等凭据的复印件(加盖单位公章);

(三)中央级事业单位进行对外投资的可行性分析报告;

(四)中央级事业单位拟同意利用国有资产对外投资的会议决议或会议纪要复印件;

(五)中央级事业单位法人证书复印件、拟合作方法人证书复印件或企业营业执照复印件、个人身份证复印件等;

(六)拟创办经济实体的章程和工商行政管理部门下发的企业名称预先核准通知书;

(七)中央级事业单位与拟合作方签订的合作意向书、协议草案或合同草案;

(八)中央级事业单位上年度财务报表;

(九)经中介机构审计的拟合作方上年财务报表;

(十)其他材料。

第二十一条 中央级事业单位转让(减持)对外投资形成的股权,按照《中央级事业单位国有资产处置管理暂行办法》的有关规定办理。

第二十二条 中央级事业单位经批准利用国有资产进行对外投资的,应聘请具有相应资质的中介机构,对拟投资资产进行资产评估。资产评估事项按规定履行备案或核准手续。

第二十三条 中央级事业单位不得从事以下对外投资事项:

(一)买卖期货、股票,国家另有规定的除外;

(二)购买各种企业债券、各类投资基金和其他任何形式的金融衍生品或进行任何形式的金融风险投资,国家另有规定的除外;

(三)利用国外贷款的事业单位,在国外债务尚未清偿前利用该贷款形成的资产对外投资;

(四)其他违反法律、行政法规规定的。

第二十四条 中央级事业单位应在保证单位正常运转和事业发展的前提下,严格控制货币性资金对外投资。不得利用财政拨款和财政拨款结余对外投资。

第二十五条 中央级事业单位应加强无形资产对外投资的管理,防止国有资产流失。

第二十六条 中央级事业单位利用国有资产进行境外投资的,应遵循国家境外投资项目核准和外汇管理等相关规定,履行报批手续。

第二十七条 中央级事业单位应加强对外投资形成的股权的管理,依法履行出资人的职能。

第二十八条 中央级事业单位利用国有资产对外投资取得的收益,应按照预算管理及事业单位财务和会计制度的有关规定纳入单位预算,统一核算,统一管理。

第二十九条 财政部、主管部门应加强对中央级事业单位国有资产对外投资的考核。中央级事业单位应建立和完善国有资产内控机制和保值增值机制,确保国有资产的安全完整,实现国有资产的保值增值。

第四章 出租、出借

第三十条 中央级事业单位国有资产出租、出借,资产单项或批量价值在800万元人民币以上(含800万元)的,经主管部门审核后报财政部审批;资产单项或批量价值在800万元以下的,由主管部门按照有关规定进行审批,并于15个工作日内将审批结果(一式三份)报财政部备案。

第三十一条 中央级事业单位国有资产出租、出借,应在严格论证的基础上提出申请,附相关材料,报主管部门审核或者审批。主管部门应对中央级事业单位申报材料的完整性、决策过程的合规性进行审查,按规定报财政部审批或者备案。

第三十二条 中央级事业单位申请出租、出借国有资产,应提供如下材料,并对材料的真实性、有效性、准确性负责:

(一)中央级事业单位拟出租、出借事项的书面申请;

(二)拟出租、出借资产的价值凭证及权属证明,如购货发票或收据、工程决算副本、国有土地使用权证、房屋所有权证、股权证等凭据的复印件(加盖单位公章);

(三)中央级事业单位进行出租、出借的可行性分析报告;

(四)中央级事业单位同意利用国有资产出租、出借的内部决议或会议纪要复印件;

(五)中央级事业单位法人证书复印件、拟出租出借方的事业单位法人证书复印件或企业营业执照复印件、个人身份证复印件等;

(六)其他材料。

第三十三条 中央级事业单位国有资产有下列情形之一的,不得出租、出借:

(一)已被依法查封、冻结的;

(二)未取得其他共有人同意的;

(三)产权有争议的;

(四)其他违反法律、行政法规规定的。

第三十四条 中央级事业单位国有资产出租,原则上应采取公开招租的形式确定出租的价格,必要时可采取评审或者资产评估的办法确定出租的价格。中央级事业单位利用国有资产出租、出借的,期限一般不得超过五年。

第三十五条 中央级事业单位国有资产出租、出借取得的收入,应按照预算管理及事业单位财务和会计制度的有关规定纳入单位预算,统一核算、统一管理。

第五章 监督管理

第三十六条 财政部、主管部门应加强对中央级事业单位国有资产使用行为及其收入的日常监督和专项检查。

财政部驻各地财政监察专员办事处(以下简称专员办)对所在地的中央级事业单位国有资产使用情况进行监督检查。

第三十七条 财政部批复的中央级事业单位国有资产对外投资和出租、出借文件,应抄送相关的专员办;中央级事业单位收到主管部门对其国有资产对外投资和出租、出借的批复文件后,应将复印件报当地专员办备案。

第三十八条 主管部门、中央级事业单位在国有资产使用过程中不得有下列行为:

(一)未按规定权限申报,擅自对规定限额以上的国有资产进行对外投资和出租、出借;

(二)对不符合规定的对外投资和出租、出借事项予以审批；

(三)串通作弊,暗箱操作,违规利用国有资产对外投资和出租、出借；

(四)其他违反国家有关规定造成单位资产损失的行为。

第三十九条 主管部门、中央级事业单位违反本办法规定的,依照《财政违法行为处罚处分条例》等国家有关规定追究法律责任。

第四十条 中央级事业单位应依照《中华人民共和国企业国有资产法》、《中华人民共和国公司法》、《企业财务通则》和《企业国有产权转让管理暂行办法》等企业国有资产监管的有关规定,加强对所投资全资企业和控股企业的监督管理。

第四十一条 中央级事业单位应于每个会计年度终了后,按照财政部规定的部门决算报表格式、内容和要求,对其国有资产使用情况做出报告,报主管部门的同时抄送当地专员办备案,由主管部门汇总后报财政部。

第六章 附 则

第四十二条 参照《中华人民共和国公务员法》管理并执行事业单位财务和会计制度的中央级事业单位国有资产使用管理,按照本办法执行。

执行《民间非营利组织会计制度》的中央级社会团体及民办非企业单位国有资产使用管理,参照本办法执行。

实行企业化管理并执行企业财务和会计制度的中央级事业单位,其国有资产使用按照企业国有资产监督管理的有关规定实施监督管理。

第四十三条 主管部门应依据本办法,结合本部门实际制定本部门所属事业单位(包括驻外机构)国有资产使用的具体实施办法,报财政部备案。主管部门可以根据实际工作需要,授予所属事业单位一定限额的国有资产使用权限并报财政部备案。

第四十四条 对涉及国家安全的中央级事业单位国有资产使用管理活动,应按照国家有关保密制度的规定,做好保密工作,防止失密和泄密。

第四十五条 本办法自2009年9月1日起施行。此前颁布的有关规定与本办法不一致的,以本办法为准。

气象部门国有资产使用管理暂行办法

(气发〔2010〕6 号 2010 年 1 月 12 日)

第一章 总 则

第一条 为规范和加强气象部门国有资产使用管理,提高资产使用效益,防止国有资产及经营收益流失,根据财政部《中央级事业单位国有资产使用管理暂行办法》(财教〔2009〕192 号)的有关规定,结合气象部门实际,制定本办法。

第二条 本办法适用于纳入中央部门预算编制范围的气象部门各级预算单位(以下简称各单位)。

第三条 本办法所称的国有资产使用包括单位自用、对外投资和出租、出借等。国有资产使用应首先保证单位正常运转和事业发展的需要。

第四条 国有资产使用实行分级管理。计划财务部门按照规定权限对国有资产配置、对外投资和出租、出借等事项进行审批(审核)或备案。各单位负责本单位国有资产使用的具体管理。

第五条 国有资产的使用应遵循以下原则:

(一)权属清晰。各单位对外投资和出租、出借的国有资产的权属应当清晰。权属关系不明确或存在权属纠纷的资产不得用于对外投资和出租、出借。

(二)安全完整。各单位要定期对自用和出租、出借的实物资产、对外投资、借出资金进行清查,确保国有资产的安全完整。

(三)风险控制。各单位应对本单位对外投资和出租、出借资产实行专项管理,并在单位财务会计报告中对相关信息进行披露。

(四)注重绩效。各单位对外投资取得的投资收益和出租、出借取得的租金、利息等要全部纳入预算,统一核算,统一管理。鼓励实行国有资产共享共用,提高国有资产的使用效益。

第六条 各单位应按照国有资产管理信息化的要求,及时将资产变动信息录入管理信息系统,对本单位国有资产实行动态管理。

第二章 资产自用

第七条 各单位国有资产自用管理应本着实物量和价值量并重的原则,定期清查实物资产,完善资产管理账表及有关资料,做到账账、账卡、账实相符,并对资产丢失、毁损等情况实行责任追究制度。

第八条 各单位要建立健全自用资产的验收、领用、使用、保管和维护等管理流程,并加强监督检查和绩效考评。

第九条 各单位实物资产管理部门对购置、接受捐赠、无偿划拨等方式获得的资产应及时办理验收入库手续;自建资产应及时办理竣工验收、竣工财务决算,并按要求办理资产移交、产权登记。

各单位财务部门应根据资产的相关凭证或文件及时进行账务处理。对购置的资产,如无实物资产管理部门出具的验收入库单,财务部门不予报销。

第十条 各单位应当建立资产领用交回制度。资产领用应经主管领导批准,资产出库应及时办理出库手续。办公家具、微机(包括台式和便携式)、相机、摄像机、传真机、打印机、复印机、电话机等资产要落实到使用人,其中多人共同使用同一资产的要指定一名使用代表人。配备或领用以上资产,应当由资产使用人或使用代表人对配备和领用的资产品牌、规格、型号、数量进行核对后签收。使用人员离职或其他原因需要交回配备和领用的以上资产,应当及时交回,并且由实物资产管理部门对交回的资产进行核对后签收。

第十一条 各单位应当做好自用资产的使用管理,定期检查并改善资产使用状况,减少资产的非正常消耗,做到高效节约、物尽其用。

第十二条 各单位应当加强对无形资产的管理和保护,并结合国家知识产权战略的实施,促进科技成果转化。

第十三条 各单位应当建立资产统计报告制度,定期向单位领导报送资产统计报告,及时反映本单位资产使用以及变动情况。

第三章 对外投资

第十四条 对外投资是指各单位利用货币性资金和实物资产等国有资产投资并取得相应收益的行为。各单位应当在保证单位正常运转和事业发展的前提下,严格控制货币性资金对外投资,不得利用财政拨款和财政拨款结余资金对外投资。

第十五条 各单位对外投资在 800 万元(含)以上的(实物资产指单项或批量价值的账面原值,下同),经中国气象局审核后报财政部审批;中国气象局直属事业单位、各省(区、市)和计划单列市气象局及其直属单位,对外投资在 800 万元以下的,由中国气象局审批;各省(区、市)和计划单列市气象局所属地、县级气象局对外投资在 800 万元以下的,由中国气象局授权各省(区、市)和计划单列市气象局审批。各单位于批复之日起 7 个工作日内将审批文件(一式四份)报中国气象局备案,中国气象局于 5 个工作日内报财政部备案。

第十六条 各单位应当在科学论证、公开决策的基础上提出对外投资申请,附相关材料,报上级单位。上级单位应对所报材料的完整性、决策过程的合规性、拟投资项目资金和实物资产来源的合理性等进行审查,并且按审批权限审批。

各单位对外投资效益情况是审核新增对外投资事项时的重要参考依据,审批单位要严格控制对外投资效益低的单位的对外投资行为。

第十七条 各单位申请利用国有资产对外投资,应当提供以下材料,并对材料的真实性、有效性、准确性负责:

(一)对外投资事项的书面申请;

(二)拟对外投资资产的价值凭证及权属证明,如购货发票或收据、工程决算副本、国有土地使用权证、房屋所有权证、股权证等凭据的复印件(加盖单位公章);

(三)对外投资的可行性分析报告;

(四)拟同意利用国有资产对外投资的会议决议或会议纪要复印件;

(五)单位法人证书复印件、拟合作方法人证书复印件或企业营业执照复印件、个人身份证复印件等;

(六)拟创办经济实体的章程和工商行政管理部门下发的企业名称预先核准通知书;

(七)与拟合作方签订的合作意向书、协议草案或合同草案;

(八)上年度财务报表;

(九)经中介机构审计的拟合作方上年财务报表;

(十)其他材料。

第十八条 各单位出售、出让、转让、减持对外投资形成的股权,以及注销投资所办企业,按照《气象部门国有资产处置管理暂行办法》的有关规定办理。

第十九条 各单位经批准利用国有资产进行对外投资的,应当聘请具有相应资质的中介机构,对拟投资资产进行资产评估。资产评估事项按规定履行备案或核准手续。

第二十条 各单位不得从事以下对外投资事项:

(一)买卖期货、股票;

(二)购买各种企业债券、各类投资基金和其他任何形式的金融衍生品或进行任何形式的金融风险投资;

(三)在各种债务尚未清偿前,利用借入资金和贷款形成的资产对外投资;

(四)其他违反法律、行政法规规定的。

第二十一条 各单位应当加强无形资产对外投资的管理,防止国有资产流失。

第二十二条 各单位应当按照国家有关法律法规,依法履行出资人的职能,加强对外投资形成的股权管理和对所投资全资企业、控股企业的监督管理。

第二十三条 各单位利用国有资产对外投资,应当按照事业单位财务和会计制度的有关规定记入单位"对外投资",取得的收益,应当记入单位"投资收益",并纳入单位预算,统一核算,统一管理,不得用"投资收益"冲减"对外投资"。

第二十四条 上级主管部门应当加强事业单位国有资产对外投资的考核。事业单位应当建立和完善国有资产内控机制和保值增值机制,确保国有资产的安全完整,实现国有资产的保值增值。

第四章 出租、出借

第二十五条 出租、出借是指各单位将国有实物资产出租、出借并取得相应收益的行为。

第二十六条 各单位出租、出借的资产,单项或批量价值在800万元(含)以上且出租、出借时间超过六个月(不含)的,经中国气象局审核后报财政部审批;中国气象局直属事业单位、各省(区、市)和计划单列市气象局及其直属单位,出租、出借的资产单项或批量价值在800万元以下,或出租、出借的资产单项或批量价值虽然超过800万元,但出租、出借时间不到六个月的,由中国气象局审批;各省(区、市)和计划单列市气象局所属地、县级气象局,出租、出借的资产单项或批量价值在800万元以下,或出租、出借的资产单项或批量价值虽然超过800万元,但出租、出借时间不到六个月的,由中国气象局授权各省(区、市)和计划单列市气象局审批,各单位于批复之日起7个工作日内将审批文件(一式四份)报中国气象局备案,中国气象局于5个工作日内报财政部备案。

第二十七条 各单位应当在严格论证的基础上提出国有资产出租、出借申请,附相关材料,报上级单位。上级单位应当对所报材料的完整性、决策过程的合规性进行审核,并且按审批权限审批。

第二十八条 各单位申请出租、出借国有资产,应当提供如下材料,并且对材料的真实性、有效性、准确性负责:

(一)拟出租、出借事项的书面申请;

(二)拟出租、出借资产的价值凭证及权属证明,如购货发票或收据、工程决算副本、国有土地使用权证、房屋所有权证、股权证等凭据的复印件(加盖单位公章);

(三)进行出租、出借的可行性分析报告;

(四)单位同意利用国有资产出租、出借的内部决议或会议纪要复印件;

(五)单位法人证书复印件、拟出租出借方的事业单位法人证书复印件或企业营业执照复印件、个人身份证复印件等;

(六)其他材料。

第二十九条 各单位国有资产有下列情形之一的,不得出租、出借:

(一)已被依法查封、冻结的;

(二)未取得其他共有人同意的;

(三)产权有争议的;

(四)其他违反法律、行政法规规定的。

第三十条 各单位国有资产出租,原则上应当采取公开招租的形式确定出租的价格,必要时可采取评审或者资产评估的办法确定出租的价格。各单位利用国有资产出租、出借的,期限一般不得超过五年。

第三十一条 各单位国有资产出租、出借取得的收入,应当按照预算管理及事业单位财务和会计制度的有关规定纳入单位预算,统一核算,统一管理。其中单位将国有资产委托出租、出借的,受托方应当将取得的收入在扣除有关税费后全额上缴委托方,委托方不得在受托方以抵顶上缴收入等方式列支应由其承担的支出。

第五章　对外投资或出租、出借的程序

第三十二条　各单位对外投资或出租、出借按以下程序办理：

（一）单位申报。各单位申请利用国有资产对外投资或出租、出借，必须按要求附相关材料，以正式文件逐级申报。

（二）上级单位审核。上级单位对下级单位申报的对外投资或出租、出借材料进行审核后，报审批单位。

（三）审批单位审批。审批单位按审批权限对报送的对外投资或出租、出借事项进行审核批复。对数量较大的对外投资或出租、出借，可就有关情况进行实地核查。

（四）评估备案与核准。各单位根据审批单位的批复，委托具有资产评估资质的评估机构对国有资产进行评估，评估结果报审批单位备案。评估结果按照财政部"财企〔2001〕801号"规定须经核准的，报财政部核准。

（五）进行对外投资或出租、出借。各单位依照批准文件，进行商务谈判，签订合同，办理有关对外投资或出租、出借事宜。

第六章　监督管理

第三十三条　各级主管部门应当加强单位国有资产使用行为及其收入的日常监管和专项检查。

各单位国有资产使用情况应接受财政部及财政部驻各地财政监察专员办事处（以下简称专员办）的监督检查。

第三十四条　对资产单项或批量价值在800万元以下的对外投资和出租、出借，中国气象局直属事业单位和各省（区、市）和计划单列市气象局收到中国气象局的批复文件后，应将复印件报当地专员办备案。各省（区、市）和计划单列市气象局在批复所属地县级气象局对外投资和出租、出借后，应将复印件送当地专员办备案。

第三十五条　各单位在国有资产使用过程中不得有下列行为：

（一）未按规定程序申报，擅自对规定限额以上的国有资产进行对外投资和出租、出借；

（二）对不符合规定的对外投资和出租、出借事项予以审批；

（三）串通作弊、暗箱操作，违规利用国有资产对外投资和出租、出借；

（四）其他违反国家有关规定造成单位资产损失的行为。

第三十六条　单位和个人违反本办法规定的，应根据《财政违法行为处罚处分条例》（国务院令第427号）等国家有关规定追究法律责任。

第三十七条　各单位应当于每个会计年度终了后，按照财政部规定的部门决算报表格式、内容和要求，对其国有资产的使用情况做出报告，报中国气象局，由中国气象局汇总后报财政部。中国气象局直属事业单位、各省（区、市）和计划单列市气象局的国有资产使

用汇总情况,应当同时送当地专员办备案。

第七章 附 则

第三十八条 各单位气象学会涉及国有资产对外投资和出租、出借的,参照本办法执行。

第三十九条 地方机构编制部门批准的地方气象事业机构,其国有资产使用、对外投资和出租、出借管理按照当地有关部门规定执行。

当地没有规定的,参照本办法的原则执行。其中对外投资、出租和出借的有关审批,由各省(区、市)和计划单列市气象局自行审批或授权审批,并于每个会计年度终了后,将地方气象事业机构的国有资产使用、对外投资、出租和出借情况抄送中国气象局。

第四十条 各省(区、市)气象局和计划单列市气象局,可根据本办法的规定,结合本地气象部门实际情况制定实施细则,并报中国气象局备案。

第四十一条 对涉及国家安全和秘密的国有资产使用管理活动,应当按照国家有关保密制度的规定,做好保密工作,防止失密和泄密。

第四十二条 本办法由中国气象局计划财务司负责解释。

第四十三条 本办法自下发之日起施行。此前有关规定与本办法不一致的,以本办法为准。

气象部门国有资产处置管理暂行办法

(气发〔2010〕6号　2010年1月12日)

第一章　总　则

第一条　为规范气象部门国有资产处置行为，维护国有资产的安全和完整，防止国有资产流失，根据《中央级事业单位国有资产处置管理暂行办法》(财教〔2008〕495号)的有关规定，结合气象部门实际，特制定本办法。

第二条　本办法适用于纳入中央部门预算编制范围的气象部门各级预算单位(以下简称各单位)。

第三条　本办法所称的国有资产处置，是指各单位对其占有的国有资产进行产权转让或注销产权的行为。

第四条　国有资产处置实行分级管理。计划财务部门按照规定权限对国有资产处置事项进行审批(审核)或备案。各单位负责按照国有资产处置的批复办理产权变动、注销和进行账务处理。

第五条　国有资产的处置应遵循公开、公正、公平和竞争、择优的原则，严格履行审批手续，未经批准不得擅自处置。国有资产处置事项的批复，以及按规定处置国有资产报上级主管部门备案的文件，是各单位资产配置预算项目的参考依据。各单位应当依据其办理产权变动和进行账务处理。账务处理按照现行事业单位财务和会计制度的有关规定执行。

第六条　各单位拟处置的国有资产权属应当清晰。权属关系不明确或者存在权属纠纷的资产，须待权属界定明确后予以处置；被设置为担保物的国有资产处置，应当符合《中华人民共和国担保法》、《中华人民共和国物权法》等法律的有关规定。

第二章　处置范围和基本程序

第七条　气象部门国有资产处置的范围包括：闲置资产，报废、淘汰资产，产权转移的资产，盘亏、呆账及非正常损失的资产，以及依照国家有关规定需要处置的其他资产。按资产性质分为流动资产、固定资产、无形资产、对外投资等。

处置方式包括无偿调拨(划转)、对外捐赠、出售、转让、置换、报废报损、货币性资产损失核销等。

第八条　各单位一次性处置单位价值或批量价值(账面原值，下同)在800万元(含)以上的国有资产，经中国气象局审核后报财政部审批。一次性处置单位价值或批量价值在 800 万元以下的国有资产,由中国气象局审批。其中以下情况由中国气象局授权各省(区、市)和计划单列市气象局、中国气象局直属事业单位审批:

(一)除土地使用权(含随土地使用权一并处置的地面建筑物)、重大自然灾害导致的资产报废报损处置外,各单位一次性处置单位价值或批量价值在 200 万元(不含)以下的国有资产;

(二)重大自然灾害导致的资产报废、报损,一次性处置单位价值或批量价值在 800 万元以下的国有资产;

(三)中国气象局重点工程建设项目中,一次性无偿调拨价值或批量价值在 800 万元(不含)以下的国有资产;

(四)气象部门内部各单位之间价值或批量价值在 800 万元(不含)以下的捐赠。

中国气象局授权各单位处置的资产,各单位应于批复之日起 7 个工作日内将审批文件(一式四份)报中国气象局备案,中国气象局于 5 个工作日内报财政部备案。

第九条 各单位处置国有资产,应当按以下程序办理:

(一)单位申报。各单位处置国有资产,须填写《气象部门国有资产处置申请表》,并附相关材料,以正式文件向上级主管部门申报。

(二)上级主管部门审核。上级主管部门对单位的申报处置材料进行合规性、真实性等审核后,按照审批权限审批或上报。在审核过程中,上级主管部门认为如有必要,可对拟处置的资产有关情况进行实地核查。

(三)审批单位审批。审批单位按照审批权限对所属单位报送的国有资产处置事项进行审核批复。一次性处置单位价值或批量价值在 800 万元及以上的国有资产,经中国气象局审核后报财政部审批。

(四)评估备案与核准。单位价值在 50 万元(含)以上的资产处置,各单位根据审批单位的批复,委托具有资产评估资质的评估机构对拟处置的国有资产进行评估(气象专用设备应当经过中国气象局业务职能司审核或授权审核),评估结果报上级主管部门备案。评估结果按照国家有关规定须经核准的,报财政部核准。

(五)公开处置。单位对申报处置的国有资产进行公开处置。

第三章 无偿调拨(划转)和对外捐赠

第十条 无偿调拨(划转)是指在不改变国有资产性质的前提下,以无偿转让的方式变更国有资产占有、使用权的行为。

第十一条 无偿调拨(划转)的资产包括:

(一)长期闲置不用、低效运转、超标准配置的资产;

(二)因单位撤销、合并、分立而移交的资产;

(三)隶属关系改变,上划、下划的资产;

(四)其他需调拨(划转)的资产。

第十二条 无偿调拨(划转)应当按以下程序办理:

（一）气象部门内部各单位之间的国有资产无偿调拨（划转），由划出单位提出申请，上级主管部门按本办法第八条规定的权限审批。

（二）中国气象局重点工程建设项目和统一布局建设项目中涉及资产无偿调拨的，其各主要建设单位（项目办公室）应将资产调拨单于实物资产调拨后10个工作日内下发至调入单位。资产调拨单应当一式二联（调出方、调入方各执一联），资产调拨单内容应当包括项目名称、资产名称、资产数量、资产型号、资产价格、调拨日期等内容，并加盖调入单位和调出单位公章（或财务章）。

（三）各单位将所属国有资产无偿调拨（划转）到气象部门外其他中央单位和地方单位的，划出单位应与接收方协调一致，并提出申请逐级报中国气象局审核后送财政部审批。

（四）地方单位将国有资产无偿调拨（划转）给各单位的，各单位应将接收资产的有关情况逐级上报中国气象局备案。中国气象局在15个工作日内报财政部备案。

第十三条 各单位申请国有资产无偿调拨（划转），应提交以下材料：

（一）无偿调拨（划转）申请文件；

（二）《气象部门国有资产处置申请表》；

（三）资产价值凭证及产权证明，如购货发票或收据、工程决算副本、国有土地使用权证、房屋所有权证、股权证等凭据的复印件（加盖单位公章）；

（四）因单位撤销、合并、分立而移交资产的，需提供撤销、合并、分立的批文；

（五）拟无偿调拨（划转）国有资产的名称、数量、规格、单价等清单；

（六）将所属国有资产无偿调拨（划转）到气象部门外其他中央单位的，提供双方意向性协议，以及接收方主管部门同意无偿调拨（划转）的有关文件；

（七）将所属国有资产无偿调拨（划转）到地方单位的，提供省（区、市）和计划单列市气象局同意划出的相关文件，以及接收方省级财政厅（局）同意接收的相关文件；

（八）其他相关材料。

第十四条 对外捐赠是指各单位依照《中华人民共和国公益事业捐赠法》，自愿无偿将其有权处分的合法财产捐赠给合法的受赠人的行为，包括实物资产捐赠、无形资产捐赠和货币性资产捐赠等。

第十五条 各单位国有资产对外捐赠，应提交以下材料：

（一）对外捐赠申请文件；

（二）《气象部门国有资产处置申请表》；

（三）捐赠报告，包括捐赠事由、途径、方式、责任人、资产构成及其数额、交接程序等；

（四）捐赠单位出具的捐赠事项对本单位财务状况和业务活动影响的分析报告，使用货币资金对外捐赠的，应提供货币资金的来源说明等；

（五）捐赠单位决定捐赠事项的有关文件；

（六）能够证明捐赠资产价值的有效凭证，如购货发票或收据、工程决算副本、记账凭证、固定资产卡片及产权证明等凭据的复印件（加盖单位公章）；

（七）其他相关材料。

第十六条 实际发生的对外捐赠，应当依据受赠方出具的同级财政部门统一印（监）

制的捐赠收据或者捐赠资产交接清单确认；对无法索取同级财政部门统一印(监)制的捐赠收据的，应当依据受赠方所在地城镇街道、乡镇等基层政府组织出具的证明确认。

第十七条　各单位无偿调拨(划转)或接受捐赠的国有资产，应及时办理入账手续，并逐级上报中国气象局备案。

第四章　出售、出让、转让和置换

第十八条　出售、出让、转让是指变更单位国有资产所有权或占有、使用权并取得相应收益的行为。

第十九条　各单位国有资产出售、出让、转让，应当通过产权交易机构、证券交易系统、协议方式以及国家法律、行政法规规定的其他方式进行。单位国有资产出售、出让、转让应当严格控制产权交易机构和证券交易系统之外的直接协议方式。

第二十条　各单位国有资产出售、出让、转让，以上级主管部门备案或核准的资产评估报告所确认的评估价值作为市场竞价的参考依据，意向交易价格低于评估结果90％的，应当按规定权限报上级主管部门重新确认后交易。

第二十一条　各单位申请出售、出让、转让国有资产，应提交以下材料：

(一)出售、转让申请文件；

(二)《气象部门国有资产处置申请表》；

(三)资产价值凭证及产权证明，如购货发票或收据、工程决算副本、国有土地使用权证、房屋所有权证、股权证等凭据的复印件(加盖单位公章)；

(四)出售、转让方案，包括资产的基本情况、处置的原因、方式等；

(五)出售、转让合同草案，属于股权转让的，还应提交股权转让可行性报告；

(六)其他相关材料。

第二十二条　置换是指各单位与其他单位以非货币性资产为主进行的交换。这种交换不涉及或只涉及少量的货币性资产(即补价)。

第二十三条　各单位申请国有资产置换，应提交以下材料：

(一)置换申请文件；

(二)《气象部门国有资产处置申请表》；

(三)资产价值凭证及产权证明，如购货发票或收据、工程决算副本、国有土地使用权证、房屋所有权证、股权证等凭据的复印件(加盖单位公章)；

(四)对方单位拟用于置换资产的基本情况说明、是否已被设置为担保物等；

(五)双方草签的置换协议；

(六)对方单位的法人证书或营业执照的复印件(加盖单位公章)；

(七)单位近期的财务报告；

(八)其他相关材料。

第五章 报废、报损和核销

第二十四条 报废是指按有关规定或经有关部门、专家鉴定,对已不能继续使用的资产进行产权注销的资产处置行为。

第二十五条 报损是指由于发生呆账损失、非正常损失等原因,按有关规定对资产损失进行产权注销的资产处置行为。

第二十六条 各单位申请国有资产报废、报损,应提交以下材料:
(一)报废、报损申请文件;
(二)《气象部门国有资产处置申请表》;
(三)能够证明盘亏、毁损以及非正常损失资产价值的有效凭证,如购货发票或收据、工程决算副本、记账凭证、固定资产卡片、盘点表及产权证明等凭据的复印件(加盖单位公章);
(四)报废、报损价值清单;
(五)非正常损失责任事故的鉴定文件及对责任者的处理文件;
(六)因房屋拆除等原因需办理资产核销手续的,提交相关职能部门的房屋拆除批复文件、建设项目拆建立项文件、双方签订的房屋拆迁补偿协议;
(七)其他相关材料。

第二十七条 各单位国有资产对外投资、担保(抵押)发生损失申请损失处置的,应提交以下材料:
(一)对外投资、担保(抵押)损失处置申请文件;
(二)《气象部门国有资产处置申请表》;
(三)被投资单位的清算审计报告及注销文件;
(四)债权或股权凭证、形成呆坏账的情况说明和具有法定依据的证明材料;
(五)申请仲裁或提起诉讼的,提交相关法律文书;
(六)其他相关材料。

第二十八条 核销是指各单位按现行财务与会计制度,对确认形成损失的货币性资产(现金、银行存款、应收账款、应收票据等)进行核销的行为。

第二十九条 位申请货币性资产损失核销,应提交以下材料:
(一)货币性资产损失核销申请文件;
(二)《气象部门国有资产处置申请表》;
(三)债务人已被依法宣告破产、撤销、关闭,用债务人清算财产清偿后仍不能弥补损失的,提供宣告破产的民事裁定书以及财产清算报告、注销工商登记或吊销营业执照的证明、政府有关部门决定关闭的文件;
(四)债务人死亡或者依法被宣告失踪、死亡的,提供其财产或遗产不足清偿的法律文件;
(五)涉及诉讼的,提供判决裁定申报单位败诉的人民法院生效判决书或裁定书,或虽胜诉但因无法执行被裁定终止执行的法律文件。

第六章　处置收入和支出管理

第三十条　处置收入是指在出售、出让、转让、置换、报废、报损等处置国有资产过程中获得的收入，包括出售实物资产和无形资产的收入、置换差价收入、报废报损残值变价收入、保险理赔收入、转让土地使用权收益等。

第三十一条　各单位国有资产处置收入，在扣除相关税金、评估费、拍卖佣金等费用后，按照政府非税收入管理和财政国库收缴管理的规定上缴中央国库，实行"收支两条线"管理。

土地使用权转让收益，按照《财政部关于将中央单位土地收益纳入预算管理的通知》（财综〔2006〕63号）规定，上缴中央国库，实行"收支两条线"管理。

出售实物资产和无形资产收入、置换差价收入、报废报损残值变价收入、保险理赔收入等上缴中央国库，实行"收支两条线"管理。

科技成果转化（转让）收入，按照《国务院办公厅转发科技部等部门关于促进科技成果转化若干规定的通知》（国办发〔1999〕29号）的有关规定，在扣除奖励资金后上缴中央国库。

国家另有规定的，从其规定。

第三十二条　各单位利用国有资产对外投资形成的股权（权益）的出售、出让、转让收入，按以下规定办理：

（一）利用现金对外投资形成的股权（权益）的出售、出让、转让，属于单位收回对外投资，股权（权益）出售、出让、转让收入纳入单位预算，统一核算，统一管理。

（二）利用实物资产、无形资产对外投资形成的股权（权益）的出售、出让、转让收入，按以下情形分别处理：

1. 收入形式为现金的，扣除投资收益，以及税金、评估费等相关费用后，上缴中央国库，实行"收支两条线"管理；投资收益纳入单位预算，统一核算，统一管理。

2. 收入形式为资产和现金的，现金部分扣除投资收益，以及税金、评估费等相关费用后，上缴中央国库，实行"收支两条线"管理。

（三）利用现金、实物资产、无形资产混合对外投资形成的股权（权益）的出售、出让、转让收入，按照本条第（一）、（二）项的有关规定分别管理。

第三十三条　各单位应上缴的国有资产处置收入和应上缴的利用国有资产对外投资形成的股权（权益）的出售（出让、转让）收入，根据实际情况，按以下方式上缴：

（一）已开设中央财政汇缴专户的单位，按照财政部非税收入收缴制度有关规定，在取得处置收入后2个工作日内，全额缴入中央财政汇缴专户。

（二）未开设中央财政汇缴专户的单位，应按下列不同情况上缴国有资产处置收入：

1. 中国气象局。由财政部为中国气象局开设中央财政汇缴专户，中国气象局在取得处置收入后2个工作日内，全额缴入其中央财政汇缴专户。

2. 中国气象局在京直属事业单位。由财政部为中国气象局开设中央财政汇缴专户,中国气象局在京直属事业单位在取得处置收入后 2 个工作日内,全额直接缴入中国气象局的中央财政汇缴专户。

3. 省(区、市)和计划单列市气象局。由财政部为其开设中央财政汇缴专户,省(区、市)和计划单列市气象局及其所属地、县气象局在取得处置收入后 2 个工作日内,全额直接缴入省(区、市)和计划单列市气象局的中央财政汇缴专户。

第三十四条 各单位上缴的国有资产处置收入,纳入预算管理。单位因事业发展产生的资产配置需求,在编制部门预算时由中国气象局根据有关资产配置标准及中央财力情况统筹安排。

第七章 监督检查和法律责任

第三十五条 中国气象局对二级预算单位在授权范围内审批的国有资产处置情况进行监督,可定期或不定期对国有资产处置情况开展监督检查。

第三十六条 各单位在国有资产处置过程中不得有下列行为:

(一)未按规定程序申报,擅自越权对规定限额以上的国有资产进行处置;

(二)对不符合规定的申报处置材料予以审批;

(三)串通作弊、暗箱操作,压价处置国有资产;

(四)截留资产处置收入;

(五)其他造成单位资产损失的行为。

第三十七条 各单位和个人违反本办法规定的,应根据《财政违法行为处罚处分条例》(国务院令第 427 号)等国家有关规定追究法律责任。

第八章 附 则

第三十八条 执行《民间非营利组织会计制度》的气象学会涉及国有资产处置的,参照本办法执行。

第三十九条 地方机构编制部门批准的地方气象事业机构,其国有资产的处置按照当地有关部门规定执行。

当地没有规定的,参照本办法的原则执行。由各省(区、市)和计划单列市气象局自行审批或授权审批,并于每个会计年度终了后,将地方气象事业机构的资产处置情况抄送中国气象局。

第四十条 各单位所办全资企业及控股企业的国有资产处置,按照《企业财务通则》(财政部令第 41 号)、《企业国有资本与财务管理暂行办法》(财企〔2001〕325 号)、《企业国有产权转让管理暂行办法》(国资委 财政部令第 3 号)等有关规定,由财政部实施监督管理。

第四十一条 各省(区、市)和计划单列市气象局可根据本办法的规定,结合本地气象部门实际情况制定实施细则,并报中国气象局备案。制定本地气象部门国有资产处置管理实施细则,可以根据实际工作需要,授权所属事业单位一定限额的国有资产处置权限。

第四十二条 对涉及国家安全和秘密的国有资产处置,应当按照国家有关保密制度的规定,做好保密工作,防止失密和泄密。

第四十三条 本办法自下发之日起施行。此前颁布的有关规定与本办法不一致的,以本办法为准。

附1

气象部门国有资产处置申请表

申报单位(签章)　　　　　申报日期　年　月　日　　　　　　　　　金额:万元

序号	资产名称	资产类别					资产来源	型号规格	单位	数量(股份)	购置(投资)日期	价值			处置方式	备注
		流动资产	固定资产	无形资产	对外投资	其他资产						账面原值	已折旧额	账面净值		
处置原因																
上级预算单位意见	资产管理部门负责人(签章)　年 月 日						计划财务部门负责人(签章)　年 月 日						单位负责人(签章)　年 月 日			
审批单位意见	资产管理部门负责人(签章)　年 月 日						计划财务部门负责人(签章)　年 月 日						单位负责人(签章)　年 月 日			

说明:

1. 本表适用于事业单位国有资产出售、出让、转让、置换、报废报损、货币性资产核销等处置事项申请。
2. 资产类别。(1)固定资产:①土地、房屋及构筑物;②通用设备;③专用设备;④交通运输设备;⑤电气设备;⑥电子产品及通信设备;⑦仪器仪表及其他;⑧文艺体育设备;⑨图书、文物及陈列品;⑩家具用具及其他。(2)流动资产:①货币性资金;②有价证券;③应收账款;④应付账款;⑤其他。(3)无形资产:①专利权;②著作权;③商标权;④土地使用权;⑤其他。(4)对外投资。(5)其他资产。
3. 资产来源:(1)财政性资金形成(包括预算外资金);(2)单位自筹资金形成;(3)单位合并形成;(4)上级拨付资金形成;(5)上级调入形成;(6)接受捐赠形成;(7)其他。
4. 资产处置方式:(1)拍卖;(2)招投标;(3)协议转让;(4)其他方式。
5. 表中资产类别、资产来源、资产处置方式等均用代码填写。

附 2

气象部门国有资产处置申请表

申报单位(签章)　　　　　申报日期　年　月　日　　　　　　　　　　金额:万元

序号	资产名称	资产类别					型号规格	单位	数量(股份)	购置(投资)日期	价值				处置方式	备注
		流动资产	固定资产	无形资产	对外投资	其他资产					账面原值	已折旧额	账面净值	评估价值		
处置原因																
划出方	上级单位意见	资产管理部门负责人签章　　　　　　年　月　日					计划财务部门负责人签章　　　　　　年　月　日				单位负责人签章　　　　　　年　月　日					
	审批单位意见	资产管理部门负责人签章　　　　　　年　月　日					计划财务部门负责人签章　　　　　　年　月　日				单位负责人签章　　　　　　年　月　日					
接收方	上级单位意见	资产管理部门负责人签章　　　　　　年　月　日					计划财务部门负责人签章　　　　　　年　月　日				单位负责人签章　　　　　　年　月　日					
	审批单位意见	资产管理部门负责人签章　　　　　　年　月　日					计划财务部门负责人签章　　　　　　年　月　日				单位负责人签章　　　　　　年　月　日					

说明:

1. 本表适用于事业单位国有资产无偿调拨(划转)、对外捐赠等处置事项申请。

2. 资产类别。(1)固定资产:①土地、房屋及构筑物;②通用设备;③专用设备;④交通运输设备;⑤电气设备;⑥电子产品及通信设备;⑦仪器仪表及其他;⑧文艺体育设备;⑨图书、文物及陈列品;⑩家具用具及其他。(2)流动资产:①货币性资金;②有价证券;③应收账款;④预付账款;⑤其他。(3)无形资产:①专利权;②著作权;③商标权;④土地使用权;⑤其他。(4)对外投资。(5)其他资产。

3. 资产处置方式:(1)同部门之间不改变资产属性的调拨;(2)跨部门之间调拨;(3)中央级单位和地方单位之间资产无偿调拨;(4)固定资产捐赠;(5)流动资产捐赠;(6)无形资产捐赠;(7)其他形式捐赠;(8)其他。

4. 表中资产类别、资产处置方式等均用代码填写。

关于统一使用气象部门固定资产调拨单及暂估值(调拨)单的通知

(气计函〔2010〕204号)

各省(自治区、直辖市)气象局,计划单列市气象局,各直属单位,局办公室,离退休干部办公室:

为进一步规范气象部门固定资产调拨及固定资产暂估值入账的管理,根据气象部门国有资产使用和处置管理相关规定,现就"气象部门固定资产调拨单"和"气象部门固定资产暂估值(调拨)单"使用事项通知如下:

一、"气象部门固定资产调拨单"使用规定

(一)各单位应严格按照《气象部门国有资产使用管理暂行办法》(气发〔2010〕6号)第八条、第九条和《气象部门国有资产处置管理暂行办法》(气发〔2010〕6号)第十条、第十一条、第十二条的规定使用"气象部门固定资产调拨单"。

(二)"气象部门固定资产调拨单"是财务记账的必备手续,而"气象部门国有资产处置申请表"是资产处置审批手续,二者不可混淆与混用。

(三)气象部门内部各单位之间无偿调拨固定资产应使用"气象部门固定资产调拨单"和"气象部门国有资产处置申请表"。

(四)以下固定资产调拨只需使用"气象部门固定资产调拨单",不需使用"气象部门国有资产处置申请表":

1. 重点工程项目和统一布局建设项目中,各主要建设单位(项目办公室)统一采购后需要无偿调拨的固定资产;

2. 中国气象局气象探测中心下拨的气象应急储备物资中达到固定资产标准的器材;

3. 各省(区、市)气象局装备保障中心统一采购后需调拨的固定资产(不含消耗品,如探空仪、探空气球等)。

(五)固定资产调拨单据号应分年分月按4位流水码编写。凡按暂估值调拨的固定资产,在完成竣工财务决算后,办理固定资产调拨手续时,需在固定资产调拨单上同时填写"气象部门固定资产暂估值(调拨)单"单据号,并在备注中填写暂估值金额,以便核对。

(六)经费来源项目名称应按部门预算批复的项目名称填写。

二、"气象部门固定资产暂估值(调拨)单"使用规定

(一)基建项目中新购或新建的固定资产,项目当年未竣工,尚未编制竣工财务决算,未办理资产移交手续,应根据采购或建设成本确定资产的暂估值。

(二)暂估值入实物资产账,但不得入财务账;需待项目竣工财务决算后,按决算批复价值登记财务账,同时按决算批复价值调整实物资产账中的相应资产价值。

(三)"气象部门固定资产暂估值(调拨)单"使用范围如下:

1. 气象部门内部各单位需暂估入账(无偿调拨)的固定资产;

2. 重点工程项目和统一布局建设项目中,各主要建设单位(项目办公室)统一采购后,竣工财务决算前需要无偿调拨的固定资产的。

(四)"气象部门固定资产暂估值(调拨)单"单据号应分年分月按 4 位流水码编写。

(五)确定暂估值的固定资产,如不涉及调拨的,则在填写"气象部门固定资产暂估值(调拨)单"时,不需要填写"调出单位预算代码"、"调出单位(公章)"及"调出单位(财务章)"三栏内容。

(六)按暂估值调拨入账的固定资产,待项目竣工交付使用资产价值确定后,无论批复价值是否与暂估值一致,都应补填"气象部门固定资产调拨单"。

附件:1. 气象部门固定资产调拨单
     2. 气象部门固定资产暂估值(调拨)单

中国气象局计划财务司
2010 年 9 月 15 日

附件1

气象部门固定资产调拨单

调拨单据号：＊＊＊＊年＊＊月 第＊＊＊＊号

调出单位预算代码：　　　　　　　　原暂估值(调拨)单据号：＊＊＊＊年＊＊月 第＊＊＊＊号

调出单位 （公章）	调出单位 （财务章）
负责人签字： 资产管理员签字： 　　　　　　年　月　日	财务负责人签字： 经办人签字： 　　　　　　年　月　日

固定资产名称	型号及品牌	经费来源 项目名称	购置日期	数量 （台/件/个）	生产厂家	单价 （元）

固定资产总额 （人民币小写）	￥
固定资产总额 （人民币大写）	
调入单位名称	|调入单位预算代码：

调入单位 （公章）	调入单位 （财务章）
负责人签字： 资产管理员签字： 　　　　　　年　月　日	财务负责人签字： 财务人员签字： 　　　　　　年　月　日

调出单位其他备注	
填写说明	1. 资产调出单位必须将调拨单内所有信息填写完整。 2. 经费来源项目名称指：部门预算批复的项目名称。 3. 单位名称必须与公章一致。 4. 资产调入单位收到调拨单后应盖章并将前两联及时寄回调出单位作为冲账凭证。 5. 出具此单必须一式五联有效，即调出单位财务、实物资产管理部门各一联；调入单位财务、实物资产管理部门各一联；调出单位存根一联。

第一联　调出单位财务存单

气象部门固定资产调拨单

调拨单据号：＊＊＊＊年＊＊月 第＊＊＊＊号

调出单位预算代码：　　　　　　　原暂估值(调拨)单据号：＊＊＊＊年＊＊月 第＊＊＊＊号

调出单位 （公章）		调出单位 （财务章）	
负责人签字：		财务负责人签字：	
资产管理员签字：		经办人签字：	
年　月　日		年　月　日	
固定资产名称	型号及品牌	经费来源项目名称	购置日期	数量 （台/件/个）	生产厂家	单价 （元）
固定资产总额 （人民币小写）	￥					
固定资产总额 （人民币大写）						
调入单位名称		调入单位预算代码：				
调入单位 （公章） || 调入单位 （财务章）			
负责人签字： || 财务负责人签字：			
资产管理员签字： || 财务人员签字：			
年　月　日 || 　　　　　　　　年　月　日			
调出单位其他备注						
填写说明	1. 资产调出单位必须将调拨单内所有信息填写完整。 2. 经费来源项目名称指：部门预算批复的项目名称。 3. 单位名称必须与公章一致。 4. 资产调入单位收到调拨单后应盖章并将前两联及时寄回调出单位作为冲账凭证。 5. 出具此单必须一式五联有效，即调出单位财务、实物资产管理部门各一联；调入单位财务、实物资产管理部门各一联；调出单位存根一联。					

第二联　调出单位实物资产部门存单

气象部门固定资产调拨单

调拨单据号：＊＊＊＊年＊＊月　第＊＊＊＊号

调出单位预算代码：　　　　　　　原暂估值(调拨)单据号：＊＊＊＊年＊＊月　第＊＊＊＊号

<table>
<tr><td colspan="4">调出单位
（公章）

负责人签字：

资产管理员签字：

年　月　日</td><td colspan="3">调出单位
（财务章）

财务负责人签字：

经办人签字：

年　月　日</td></tr>
<tr><td>固定资产名称</td><td>型号及品牌</td><td>经费来源
项目名称</td><td>购置日期</td><td>数量
（台/件/个）</td><td>生产厂家</td><td>单价
（元）</td></tr>
<tr><td></td><td></td><td></td><td></td><td></td><td></td><td></td></tr>
<tr><td></td><td></td><td></td><td></td><td></td><td></td><td></td></tr>
<tr><td></td><td></td><td></td><td></td><td></td><td></td><td></td></tr>
<tr><td></td><td></td><td></td><td></td><td></td><td></td><td></td></tr>
<tr><td></td><td></td><td></td><td></td><td></td><td></td><td></td></tr>
<tr><td></td><td></td><td></td><td></td><td></td><td></td><td></td></tr>
<tr><td></td><td></td><td></td><td></td><td></td><td></td><td></td></tr>
<tr><td></td><td></td><td></td><td></td><td></td><td></td><td></td></tr>
<tr><td>固定资产总额
（人民币小写）</td><td colspan="6">￥</td></tr>
<tr><td>固定资产总额
（人民币大写）</td><td colspan="6"></td></tr>
<tr><td>调入单位名称</td><td colspan="2"></td><td colspan="4">调入单位预算代码：</td></tr>
<tr><td colspan="4">调入单位
（公章）

负责人签字：

经办人签字：

年　月　日</td><td colspan="3">调入单位
（财务章）

财务负责人签字：

财务人员签字：

年　月　日</td></tr>
<tr><td>调出单位其他备注</td><td colspan="6"></td></tr>
<tr><td>填写说明</td><td colspan="6">1. 资产调出单位必须将调拨单内所有信息填写完整。
2. 经费来源项目名称指：部门预算批复的项目名称。
3. 单位名称必须与公章一致。
4. 资产调入单位收到调拨单后应盖章并将前两联及时寄回调出单位作为冲账凭证。
5. 出具此单必须一式五联有效，即调出单位财务、实物资产管理部门各一联；调入单位财务、实物资产管理部门各一联；调出单位存根一联。</td></tr>
</table>

第三联　调入单位财务存单

气象部门固定资产调拨单

调拨单据号：＊＊＊＊年＊＊月　第＊＊＊＊号

调出单位预算代码：　　　　　　　原暂估值（调拨）单据号：＊＊＊＊年＊＊月　第＊＊＊＊号

调出单位 （公章）		调出单位 （财务章）	
负责人签字：		财务负责人签字：	
资产管理员签字：		经办人签字：	
年 月 日		年 月 日	
固定资产名称	型号及品牌	经费来源 项目名称	购置日期	数量 （台/件/个）	生产厂家	单价 （元）
固定资产总额 （人民币小写）	¥					
固定资产总额 （人民币大写）						
调入单位名称		调入单位预算代码：				
调入单位 （公章）					调入单位 （财务章）	
负责人签字：					财务负责人签字：	
资产管理员签字：					财务人员签字：	
年 月 日					年 月 日	
调出单位其他备注						
填写说明	1. 资产调出单位必须将调拨单内所有信息填写完整。 2. 经费来源项目名称指：部门预算批复的项目名称。 3. 单位名称必须与公章一致。 4. 资产调入单位收到调拨单后应盖章并将前两联及时寄回调出单位作为冲账凭证。 5. 出具此单必须一式五联有效，即调出单位财务、实物资产管理部门各一联；调入单位财务、实物资产管理部门各一联；调出单位存根一联。					

第四联　调入单位实物资产部门存单

气象部门固定资产调拨单

调拨单据号： ＊＊＊＊年＊＊月 第＊＊＊＊号

调出单位预算代码：　　　　　　　原暂估值（调拨）单据号：＊＊＊＊年＊＊月 第＊＊＊＊号

调出单位 （公章）	调出单位 （财务章）
负责人签字：	财务负责人签字：
资产管理员签字：	经办人签字：
年　月　日	年　月　日

固定资产名称	型号及品牌	经费来源 项目名称	购置日期	数量 （台/件/个）	生产厂家	单价 （元）

固定资产总额 （人民币小写）	¥
固定资产总额 （人民币大写）	
调入单位名称		调入单位预算代码：	

调入单位 （公章）	调入单位 （财务章）
负责人签字：	财务负责人签字：
经办人签字：	财务人员签字：
年　月　日	年　月　日

调出单位其他备注	
填写说明	1. 资产调出单位必须将调拨单内所有信息填写完整。 2. 经费来源项目名称指：部门预算批复的项目名称。 3. 单位名称必须与公章一致。 4. 资产调入单位收到调拨单后应盖章并将前两联及时寄回调出单位作为冲账凭证。 5. 出具此单必须一式五联有效，即调出单位财务、实物资产管理部门各一联；调入单位财务、实物资产管理部门各一联；调出单位存根一联。

第五联　调出单位存根联

附件 2

气象部门固定资产暂估值(调拨)单

调出单位预算代码：　　　　　　　　　暂估值调拨单据号：＊＊＊＊年＊＊月　第＊＊＊＊号

调出单位 （公章）		调出单位 （财务章）		
负责人签字： 经办人签字： 　　　　　　　　年　月　日				财务负责人签字： 经办人签字： 　　　　　　　　年　月　日
固定资产名称	型号及品牌	经费来源 项目名称	购置日期	数量 （台/件/个）	生产厂家	单价 （元）
固定资产总额 （人民币小写）	¥					
固定资产总额 （人民币大写）						
调入单位名称	|| 调入单位预算代码：			
调入单位 （公章）			调入单位 （财务章）			
负责人签字： 经办人签字： 　　　　　　　年　月　日			财务负责人签字： 经办人签字： 　　　　　　　年　月　日			
调出单位其他备注						
填写说明	1. 资产调出单位必须将调拨单内所有信息填写完整。 2. 经费来源项目名称指：部门预算批复的项目名称。 3. 单位名称必须与公章一致；资产调入单位收到调拨单后应盖章并将前两联迅速寄回调出单位作为冲账凭证。 4. 暂估值是指项目未形成竣工财务决算而新购资产或新建的估计值；项目竣工后调出单位下发正式调拨单。 5. 出具此单必须一式五联有效，即调出单位财务、实物资产管理部门各一联；调入单位财务、实物资产管理部门各一联；调出单位存根一联。					

第一联　调出单位财务存单

气象部门固定资产暂估值(调拨)单

调出单位预算代码：　　　　　　　　　　暂估值调拨单据号：　＊＊＊＊年＊＊月 第＊＊＊＊号

	调出单位 （公章） 负责人签字： 经办人签字： 　　　　　　　　年　月　日		调出单位 （财务章） 财务负责人签字： 经办人签字： 　　　　　　　　年　月　日		
固定资产名称	型号及品牌	经费来源 项目名称	购置日期	数量 （台/件/个）	生产厂家	单价 （元）
固定资产总额 （人民币小写）	￥					
固定资产总额 （人民币大写）						
调入单位名称			调入单位预算代码：			
	调入单位 （公章） 负责人签字： 经办人签字： 　　　　　　　　年　月　日		调入单位 （财务章） 财务负责人签字： 经办人签字： 　　　　　　　　年　月　日			
调出单位其他备注						
填写说明	1. 资产调出单位必须将调拨单内所有信息填写完整。 2. 经费来源项目名称指：部门预算批复的项目名称。 3. 单位名称必须与公章一致；资产调入单位收到调拨单后应盖章并将前两联迅速寄回调出单位作为冲账凭证。 4. 暂估值是指项目未形成竣工财务决算而新购资产或新建的估计值；项目竣工后调出单位下发正式调拨单。 5. 出具此单必须一式五联有效，即调出单位财务、实物资产管理部门各一联；调入单位财务、实物资产管理部门各一联；调出单位存根一联。					

第二联　调出单位实物资产部门存单

气象部门固定资产暂估值(调拨)单

调出单位预算代码：　　　　　　　　暂估值调拨单据号：＊＊＊＊年＊＊月　第＊＊＊＊号

调出单位 （公章）	调出单位 （财务章）
负责人签字：	财务负责人签字：
经办人签字：	经办人签字：
年　月　日	年　月　日

固定资产名称	型号及品牌	经费来源 项目名称	购置日期	数量 (台/件/个)	生产厂家	单价 (元)

固定资产总额 （人民币小写）	￥
固定资产总额 （人民币大写）	
调入单位名称	调入单位预算代码：

调入单位 （公章）	调入单位 （财务章）
负责人签字：	财务负责人签字：
经办人签字：	经办人签字：
年　月　日	年　月　日

调出单位其他备注	
填写说明	1. 资产调出单位必须将调拨单内所有信息填写完整。 2. 经费来源项目名称指：部门预算批复的项目名称。 3. 单位名称必须与公章一致；资产调入单位收到调拨单后应盖章并将前两联迅速寄回调出单位作为冲账凭证。 4. 暂估值是指项目未形成竣工财务决算而新购资产或新建的估计值；项目竣工后调出单位下发正式调拨单。 5. 出具此单必须一式五联有效，即调出单位财务、实物资产管理部门各一联；调入单位财务、实物资产管理部门各一联；调出单位存根一联。

第三联　调入单位财务存单

气象部门固定资产暂估值(调拨)单

调出单位预算代码：　　　　　　　　　　　暂估值调拨单据号：　＊＊＊＊年＊＊月　第＊＊＊＊号

	调出单位 （公章）		调出单位 （财务章）		
负责人签字：			财务负责人签字：		
经办人签字：			经办人签字：		
		年　月　日			年　月　日
固定资产名称	型号及品牌	经费来源 项目名称	购置日期	数量 （台/件/个）	生产厂家	单价 （元）
固定资产总额 （人民币小写）	￥					
固定资产总额 （人民币大写）						
调入单位名称			调入单位预算代码：			
	调入单位 （公章）		调入单位 （财务章）		
负责人签字：			财务负责人签字：		
经办人签字：			经办人签字：		
		年　月　日			年　月　日
调出单位其他备注						
填写说明	1. 资产调出单位必须将调拨单内所有信息填写完整。 2. 经费来源项目名称指：部门预算批复的项目名称。 3. 单位名称必须与公章一致；资产调入单位收到调拨单后应盖章并将前两联讯速寄回调出单位作为冲账凭证。 4. 暂估值是指项目未形成竣工财务决算而新购资产或新建的估计值；项目竣工后调出单位下发正式调拨单。 5. 出具此单必须一式五联有效，即调出单位财务、实物资产管理部门各一联；调入单位财务、实物资产管理部门各一联；调出单位存根一联。

第四联　调入单位实物资产部门存单

气象部门固定资产暂估值(调拨)单

调出单位预算代码：　　　　　　　　暂估值调拨单据号：＊＊＊＊年＊＊月 第＊＊＊＊号

调出单位		调出单位		
（公章）		（财务章）		
负责人签字：		财务负责人签字：		
经办人签字：		经办人签字：		
年 月 日				年 月 日
固定资产名称	型号及品牌	经费来源项目名称	购置日期	数量（台/件/个）	生产厂家	单价（元）
固定资产总额（人民币小写）	￥					
固定资产总额（人民币大写）						
调入单位名称			调入单位预算代码：			
调入单位（公章）			调入单位（财务章）			
负责人签字：			负责人签字：			
经办人签字：			经办人签字：			
年 月 日			年 月 日			
调出单位其他备注						
填写说明	1. 资产调出单位必须将调拨单内所有信息填写完整。 2. 经费来源项目名称指：部门预算批复的项目名称。 3. 单位名称必须与公章一致；资产调入单位收到调拨单后应盖章并将前两联迅速寄回调出单位作为冲账凭证。 4. 暂估值是指项目未形成竣工财务决算而新购资产或新建的估计值；项目竣工后调出单位下发正式调拨单。 5. 出具此单必须一式五联有效，即调出单位财务、实物资产管理部门各一联；调入单位财务、实物资产管理部门各一联；调出单位存根一联。					

第五联　调出单位存根联

第五编

项目建设管理

第一部分　项目规划与申报

党政机关办公用房建设标准

(发改投资〔2014〕2674号　2014年11月24日)

第一章　总　则

第一条　为规范党政机关办公用房建设,提高投资决策科学化水平,合理确定党政机关办公用房的建设内容、建设规模和标准,满足办公使用功能的需要,加强管理和监督,制定本建设标准。

第二条　本建设标准是党政机关办公用房建设项目决策和建设的全国统一标准,是编制、评估和审批党政机关办公用房建设项目的项目建议书、可行性研究报告、初步设计以及对项目建设进行监督检查的重要依据。

第三条　本建设标准适用于全国乡(镇、苏木)级及以上党的机关、人大机关、行政机关、政协机关、审判机关、检察机关,工会、共青团、妇联等人民团体机关,以及各级机关组成机构、直属机构、派出机构和直属事业单位(以下统称党政机关)办公用房的新建(或购置)、改建和扩建工程。配备、租用办公用房参照执行。

第四条　党政机关办公用房建设必须贯彻艰苦奋斗、勤俭节约、反对浪费的方针,按照统筹兼顾、适用为主、满足办公需要的原则进行建设。

集中建设或联合建设的办公用房,应充分利用公共服务和附属设施,打破系统、部门之间的界限,实行统一规划、集中管理、共同使用。

第五条　党政机关办公用房建设必须符合土地利用和城乡规划要求,从严控制用地规模,严格土地审批,节约集约用地,严禁超标准占地、低效利用土地,不得占用耕地,新建项目不得配套建设大型广场、公园等设施。

第六条　党政机关办公用房建设应做到庄重、朴素、经济、适用和资源节约,不得定位为城市标志性建筑。外立面不得搞豪华装修,内装修应简洁朴素。

第七条 党政机关办公用房的建设规模应根据使用单位的类别和各级别编制定员,按照本建设标准的规定确定建筑面积。严禁超规模、超标准、超投资建设党政机关办公用房。

第八条 党政机关办公用房的建设除应符合本建设标准外,还应符合国家关于安全、资源节约、环境保护、卫生、绿色建筑等标准和规范要求。

第二章 建筑分类与面积指标

第九条 党政机关办公用房根据单位级别和性质分为五类,其适用对象见表1。

表1 党政机关办公用房类别划分

类别	适用对象
中央机关	中央部(委)级党的机关、人大机关、行政机关、政协机关、审判机关、检察机关,工会、共青团、妇联等人民团体机关,以及各机关派出机构和直属事业单位
省级机关	省(自治区、直辖市)级党的机关、人大机关、行政机关、政协机关、审判机关、检察机关,工会、共青团、妇联等人民团体机关,以及各机关的组成机构、直属机构、派出机构和直属事业单位
市级机关	市(地、州、盟)级党的机关、人大机关、行政机关、政协机关、审判机关、检察机关,工会、共青团、妇联等人民团体机关,以及各机关的组成机构、直属机构、派出机构和直属事业单位
县级机关	县(市、旗)级党的机关、人大机关、行政机关、政协机关、审判机关、检察机关,工会、共青团、妇联等人民团体机关,以及各机关的组成机构、直属机构、派出机构和直属事业单位
乡级机关	乡(镇、苏木)级党的机关、人大机关、行政机关及其他机关

第十条 党政机关办公用房由基本办公用房(办公室、服务用房、设备用房)、附属用房两部分组成,并应符合表2的规定。

表2 党政机关办公用房功能分类

办公用房		包括内容
基本办公用房	办公室	包括领导人员办公室和一般工作人员办公室
	服务用房	包括会议室、接待室、档案室、图书资料室、机关信息网络用房、机要保密室、文印室、收发室、医务室、值班室、储藏室、物业及工勤人员用房、开水间、卫生间等
	设备用房	包括变配电室、水泵房、水箱间、中水处理间、锅炉房(或热力交换站)、空调机房、通信机房、电梯机房、建筑智能化系统设备用房等
附属用房		包括食堂、停车库(汽车库,自行车库,电动车、摩托车库)、警卫用房、人防设施等

注:表中所称领导人员是指独立法人单位的领导班子成员。

第十一条 各级工作人员办公室使用面积不应超过表3的规定。

表3　各级工作人员办公室使用面积

类别	适用对象	使用面积(平方米/人)
中央机关	部级正职	54
	部级副职	42
	正司(局)级	24
	副司(局)级	18
	处级	12
	处级以下	9
省级机关	省级正职	54
	省级副职	42
	正厅(局)级	30
	副厅(局)级	24
	正处级	18
	副处级	12
	处级以下	9
市级机关	市级正职	42
	市级副职	30
	正局(处)级	24
	副局(处)级	18
	局(处)级以下	9
县级机关	县级正职	30
	县级副职	24
	正科级	18
	副科级	12
	科级以下	9
乡级机关	乡级正职	由省级人民政府按照中央规定和精神自行做出规定,原则上不得超过县级副职
	乡级副职	
	乡级以下	

注:1.副省级城市、副部级单位副职办公室面积指标按不超过省(部)级副职标准执行,其组成部门的正、副局(司)级人员办公室面积指标按不超过省级机关或中央机关相应的正、副厅(局、司)级标准执行。副市(厅)、副县(处)级单位以此类推。

2.中央机关司(局)级派出机构、事业单位按省级机关厅(局)级单位标准执行,处级派出机构、事业单位按市级机关局(处)级单位标准执行;省级机关处级直属机构、派出机构、事业单位按市级机关局(处)级单位标准执行,科级派出机构、事业单位按县级机关科级单位标准执行。其他以此类推。

3.各级党政机关领导人员办公室可在上列规定的办公室使用面积范围内配备休息室。

4.省部级领导人员、省(自治区、直辖市)所属厅(局)正职和市(地、州、盟)、县(市、区、旗)党政正职办公室可在上列规定的办公室使用面积范围内配备不超过6平方米的卫生间。

第十二条 服务用房使用面积不应超过表4的规定。

表4 服务用房编制定员人均使用面积

类别	使用面积（平方米/人）	计算方法
中央机关 省级机关	7～9	200人及以下取上限，400人及以上取下限，中间值用公式$(1100-x)/100$计算确定
市级机关	6～8	200人及以下取上限，400人及以上取下限，中间值用公式$(1000-x)/100$计算确定
县级机关	6～8	100人及以下取上限，200人及以上取下限，中间值用公式$(500-x)/50$计算确定
乡级机关	由省级人民政府按照中央规定和精神自行做出规定，原则上不得超过县级机关	—

注：表中 x 为编制定员。

第十三条 设备用房使用面积应根据地理位置、建设规模以及相关设备需求确定，宜按办公室和服务用房使用面积之和的9%测算。

第十四条 党政机关办公用房应合理确定门厅、走廊、电梯厅等面积，提高使用面积系数。基本办公用房建筑总使用面积系数，多层建筑不应低于65%，高层建筑不应低于60%。

第十五条 附属用房建筑面积，不应超过下列规定：

1. 食堂：食堂餐厅及厨房建筑面积按编制定员计算，编制定员100人及以下的，人均建筑面积为3.7平方米；编制定员超过100人的，超出人员的人均建筑面积为2.6平方米。

2. 停车库：总停车位数应满足城乡规划建设要求，汽车库建筑面积指标为40平方米/辆，超出200个车位以上部分为38平方米/辆，可设置新能源汽车充电桩；自行车库建筑面积指标为1.8平方米/辆；电动车、摩托车库建筑面积指标为2.5平方米/辆。

3. 警卫用房：宜按警卫编制定员及武警营房建筑面积标准计算，人均建筑面积为25平方米。

4. 人防设施：应按国家人防部门规定的设防范围和标准计列建筑面积，本着平战结合、充分利用的原则，在平时可以兼作地下车库、物品仓库等。

第十六条 党政机关办公用房总建筑面积可按下式计算得出：

$$S=[A+B+(A+B)\times 9\%]/K+C$$

式中：

S——总建筑面积；

A——各级工作人员办公室总使用面积；

B——服务用房总使用面积；

K——基本办公用房建筑总使用面积系数；

C——附属用房总建筑面积。

第三章　选址、布局与建设用地

第十七条　党政机关办公用房选址应符合当地土地利用总体规划和城乡规划的要求,在规划确定的城镇建设用地范围内,选择位置适合、交通便利、环境适宜、基础设施和地质条件良好、有利于安全保卫的地点。

第十八条　党政机关办公用房在城市中的布局宜相对集中。联合建设时,其设备用房和附属用房等应统一规划与建设。

第十九条　党政机关办公用房的建筑总平面布置应遵循功能组织合理、建筑组合紧凑、服务资源共享的原则,科学合理组织和利用地上、地下空间。

第二十条　党政机关办公用房建设用地包括:建筑主体及其附属建筑用地、道路及停车用地、绿化用地等。

第二十一条　党政机关办公用房改建、扩建工程应充分利用原有场地和设施,减少新增用地。

第二十二条　党政机关办公用房建设用地不得用于建造与办公无关的居住或商用建筑等,不得占用风景名胜资源。

第二十三条　党政机关办公用房的建筑容积率不应小于表5的规定,并应满足所在地城乡规划与建设的相关控制要求。

表 5　建筑容积率指标

类别	容积率
中央机关	2.0
省级机关	2.0
市级机关	1.2
县级机关	1.0
乡级机关	由省级人民政府按照中央规定和精神自行做出规定

第二十四条　党政机关办公用房总停车位数应满足当地城乡规划建设要求,地面停车场面积指标为:汽车25平方米/辆,自行车1.2平方米/辆,电动车、摩托车1.8平方米/辆。

第二十五条　党政机关办公用房建设用地的绿地率不宜低于30%,并应满足当地城乡规划和建设有关绿地的控制要求。绿化植被应采用本土植物,不得移栽大树、古树,以降低绿化成本。

第四章　建筑标准

第二十六条　党政机关办公用房不宜建造一、二层的低层建筑,也不应建造超高层、超大体量的建筑。

第二十七条　党政机关基本办公用房建筑面积小于(等于)表 6 的规定时,不宜单独建设。

表 6　建筑面积控制指标

类别	建筑面积(平方米)
中央机关	6000
省级机关	6000
市级机关	4000
县级机关	2000
乡级机关	——

第二十八条　党政机关办公用房标准层每层建筑面积不应低于表 7 的规定。

表 7　标准层建筑面积

分类	建筑面积(平方米)
四层及以下办公用房	600
五层及以上多层办公用房	1000
高层办公用房	1200

第二十九条　党政机关办公用房入口门厅高度不应超过两层,门厅的使用面积不应超过表 8 的规定。

表 8　入口门厅的使用面积指标

类别	使用面积(平方米)
中央机关	300
省级机关	300
市级机关	240
县级机关	120
乡级机关	由省级人民政府按照中央规定和精神自行做出规定,原则上不得超过县级机关

第三十条　党政机关办公用房不得在办公区域内建设阶梯式和有舞台灯光音响、舞台机械、同声传译的会堂、报告厅、大型会议室。建筑物内不宜设置阳光房、采光中厅、室内花园、景观走廊等超出办公用房功能的其他空间或房间。

第三十一条　党政机关办公用房标准层的层高应根据办公室净高要求、结构形式及设施情况确定,不得超越净高规定或结构及设施的合理技术条件加大层高。办公室的净高应符合下列规定:

1. 有集中空调设施并有吊顶的标准单间办公室宜为 2.5~2.7 米;
2. 无集中空调设施的标准单间办公室宜为 2.6~2.8 米;
3. 有集中空调设施并有吊顶的大空间办公室宜为 2.6~2.8 米;
4. 无集中空调设施的大空间办公室宜为 2.8~3.0 米。

第三十二条　党政机关办公用房标准层的走道净宽应符合下列规定:

1. 走道长度≤40 米时,单面布房的走道净宽不宜小于 1.5 米且不宜大于 1.8 米,双面布房的走道净宽不宜小于 1.8 米且不宜大于 2.1 米。

2. 走道长度＞40 米时，单面布房的走道净宽不宜小于 1.5 米且不宜大于 2.1 米，双面布房的走道净宽不宜小于 1.8 米且不宜大于 2.5 米。

第三十三条　五层及五层以上的党政机关办公用房应设置乘客电梯，办公用房的办公区域不应设置自动扶梯。

第三十四条　党政机关办公用房应满足国家有关无障碍规范的要求。

第三十五条　党政机关办公用房的建设应满足功能需求，党政机关一般工作人员办公室宜采用大开间，提高办公室利用率。

第三十六条　党政机关办公用房建筑应符合国家有关建筑设计防火、抗震、节能规范等的规定，并确保建筑在设计使用年限期间能正常使用。

第五章　建筑装修

第三十七条　党政机关办公用房装修设计应构造简洁、色彩适宜，营造庄重、实用、协调的装饰效果，因地制宜地选用节能环保装修材料或构配件。

第三十八条　党政机关办公用房室内装修包括楼地面、墙面、柱面、天棚、内门窗、轻质隔墙、细部等，不包括活动家具、窗帘、饰物等。

第三十九条　党政机关办公用房装修标准可分为基本装修、中级装修、中高级装修三类，并宜符合表 9 的规定。

表 9　装修标准

分类	装修要求
基本装修	选用建筑所在地区经济型普通装修材料或构配件 楼地面可选用普通 PVC 地材、地砖、水泥砂浆等；墙、柱面选用普通涂料；天棚刷普通涂料或普通饰面板吊顶；门采用普通复合木门
中级装修	选用建筑所在地区中等价位的装修材料或构配件 楼地面可选用中档复合木地板、PVC 地材、石材、地砖等；墙、柱面可选用中档饰面板、涂料或壁纸；天棚可做中档饰面板吊顶；门采用中档复合木门或玻璃门
中高级装修	选用建筑所在地区中等价位、局部选用中高价位的装修材料或构配件 楼地面可选用中高档石材、木材、普通化纤地毯；墙、柱面可选用中档饰面板或涂料；天棚可做中高档饰面板吊顶；门采用中高档复合木门或玻璃门

注：同等档次室内装修材料，提倡采用新型环保节能材料。

第四十条　党政机关办公用房建筑装修应符合表 10 的规定。

表 10　装修选用标准

类别 房间或部位		中央机关、省级机关	市级机关	县级机关	乡级机关
办公室	一般工作人员办公室	基本	基本	基本	基本
	领导人员办公室	中高级	中级	中级或基本	基本

续表

类别 房间或部位		中央机关、省级机关	市级机关	县级机关	乡级机关
服务用房	会议室、接待室	中高级或中级	中级	中级或基本	基本
	其他用房	基本	基本	基本	基本
设备用房		基本	基本	基本	基本
附属用房		基本	基本	基本	基本
主入口门厅及电梯厅		中高级	中级	中级或基本	基本

第四十一条 党政机关办公用房的办公室及办公区走廊等应采用普通灯具和高效节能型光源，会议室、接待室及主入口门厅可采用装饰性灯具，配用高效节能型光源，但不应选用豪华灯具。

第四十二条 采暖地区一般工作人员办公室不应做装饰性暖气罩。

第四十三条 党政机关办公用房室外装修包括墙面、柱面、外门窗、门头、台阶、坡道等。

第四十四条 党政机关办公用房室外装修设计，应综合考虑所在地区传统文化特色、经济状况、城镇景观及周边建筑风貌，做到实用、协调、庄重。外墙面不宜大面积采用玻璃幕墙，主入口不应使用铜质门、豪华旋转门。

第四十五条 党政机关办公用房装修工程造价包括：室内装修工程、室外装修工程造价。装修工程造价占建筑安装工程费用的比例，不宜超过表11的规定。

表11 装修工程造价占建筑安装工程费用的比例

类别	比例（%）
中央机关	35
省级机关	35
市级机关	35
县级机关	30
乡级机关	25

第六章 室内环境与建筑设备

第四十六条 党政机关办公用房室内环境应符合公共建筑节能设计标准的规定。其中，办公室冬季采暖设定温度不应高于20℃，夏季制冷设定温度不应低于26℃。

第四十七条 党政机关办公用房的一个主立面朝向外窗的窗墙比不应大于0.6，其余朝向外窗的窗墙比不应大于0.4，并满足自然采光的要求。

第四十八条 采用集中采暖、空调系统的办公用房，应设置分楼层或分室内区域或分用户的室温可调控装置，并按使用部门或耗能部门设置热、冷量分摊计量装置。

第四十九条 党政机关办公用房的给水系统应充分利用城镇给水管网直接供水，其供水设备宜采用管网叠压供水设备。

第五十条 党政机关办公用房不得采用冲洗水量大于 9 升的便器及水箱,洗手(脸)盆宜采用感应式水嘴、延时自闭水嘴,便器采用感应式或延时自闭冲洗阀。卫生器具和配件均应采用节水型产品。

第五十一条 各类用房或部位的照度标准值应符合表 12 的规定。

表 12　照度标准值

房间或部位	照度标准值(lx)
办公室、会议室、接待室、文印室、门厅等	300
档案室、资料室等	200

第五十二条 走廊、楼梯间、门厅等公共场所的照明,宜采用集中控制,并按建筑使用条件和天然采光状况采取分区、分组控制措施。

第七章　智能化系统

第五十三条 党政机关办公用房智能化系统宜由智能化集成系统、信息设施系统、信息化应用系统、公共安全系统、建筑设备管理系统等构成,党政机关可根据各自需要和实际情况配置相应的办公用房智能化系统。

第五十四条 中央机关、省级机关、市级机关办公用房宜设置智能化集成系统。智能化集成系统建设应根据办公用房规模、办公业务的综合性以及建筑设备的控制要求综合考虑确定。

第五十五条 党政机关办公用房信息设施系统宜包括用户电话交换系统、信息网络系统、综合布线系统、有线电视系统、广播系统、会议系统等。系统配置标准宜符合表 13 的规定。

表 13　信息设施系统配置标准

信息设施系统	中央机关、省级机关	市级机关	县级机关	乡级机关
用户电话交换系统	●	●	●	○
信息网络系统	●	●	●	●
综合布线系统	●	●	●	●
有线电视系统	●	●	●	●
广播系统	●	●	○	○
会议系统	●	●	●	○

注:●表示可配置;○表示不宜配置。

第五十六条 党政机关办公用房信息化应用系统宜包括办公业务系统、物业运营管理系统、智能卡应用系统、信息安全管理系统等。系统配置标准宜符合表 14 的规定。

表 14　信息化应用系统配置标准

信息化应用系统	中央机关、省级机关	市级机关	县级机关	乡级机关
办公业务系统	●	●	●	○
物业运营管理系统	●	●	○	○
智能卡应用系统	●	●	○	○
信息安全管理系统	●	●	●	○

注：●表示可配置；○表示不宜配置。

第五十七条　党政机关办公用房公共安全系统宜包括火灾自动报警系统、安全技术防范系统及与政府职能相关的应急响应系统等。办公用房内（或部分区域）对安全技术防范具有其他特殊要求的范围，应实施符合特殊安全技术防范管理规定所要求的安全技术措施。系统配置标准宜符合表 15 的规定。

表 15　公共安全系统配置标准

公共安全系统		中央机关、省级机关	市级机关	县级机关	乡级机关
火灾自动报警系统		按国家现行有关标准进行配置			
安全技术防范系统	安全防范综合管理系统	●	●	○	○
	入侵（周界）报警系统	●	●	●	●
	视频安防监控系统	●	●	●	●
	出入口控制系统	●	●	●	○
	电子巡查管理系统	●	●	○	○
应急响应系统		应纳入国家各级行政区域应急体系			

注：●表示可配置；○表示不宜配置。

第五十八条　党政机关办公用房综合布线系统建设，应根据各类机关办公工作业务和办公人员的岗位职能，配置相应的数据信息端口和电话通信端口。

第八章　附　则

第五十九条　本建设标准由国家发展和改革委员会、住房和城乡建设部负责解释。

第六十条　本建设标准自发布之日起施行，《国家计委关于印发党政机关办公用房建设标准的通知》（计投资〔1999〕2250 号）同时停止执行。

附 1

本建设标准用词和用语说明

1. 为便于在执行本建设标准条文时区别对待,对要求严格程度不同的用词说明如下:
1)表示很严格,非这样做不可的用词:
正面词采用"必须",反面词采用"严禁"。
2)表示严格,在正常情况下均应这样做的用词:
正面词采用"应",反面词采用"不应"或"不得"。
3)表示允许稍有选择,在条件许可时首先应这样做的用词:
正面词采用"宜",反面词采用"不宜";
4)表示有选择,在一定条件下可以这样做的,采用"可"。
2. 本建设标准中指明应按其他有关标准、规范执行的写法为"应按……执行"或"应符合……的要求(或规定)"。

附 2

党政机关办公用房建设标准条文说明

第一章 总 则

第一条 原国家计委 1999 年颁布《党政机关办公用房建设标准》(计投资〔1999〕2250 号,以下简称 1999 年标准)之后,随着我国经济社会发展,办公用房的功能与过去相比有较大的变化。为贯彻落实《党政机关厉行节约反对浪费条例》,规范党政机关办公用房建设内容、规模和标准,满足办公使用功能和建筑安全、资源节约的要求,加强管理和监督,需要制定既符合我国现实情况又适当考虑发展需要的党政机关办公用房建设标准。

第二条 本建设标准是加强党政机关办公用房建设管理和合理确定各级党政机关办公用房建设水平的全国统一标准,具有强制性、规范性,目的是使党政机关办公用房项目的前期工作和建设实施有章可循,监督检查有规可依。

第三条 本建设标准所称党政机关办公用房的概念是根据中共中央办公厅、国务院办公厅关于严格控制党政机关办公楼等楼堂馆所建设的有关精神确定的。民主党派机关办公用房建设参照本标准执行。

第四条 党政机关办公用房的建设应遵循统筹兼顾、适用为主、满足办公需要的原则,这是基于我国国情和各地区财力的实际差异考虑的。从节约投资、资源共享角度考虑,应充分利用公共服务和附属设施,打破系统、部门之间的界限,实行统一规划、集中管理、共同使用。

第五条 本条明确了党政机关办公用房建设应遵守的土地使用基本原则。我国是人口众多、土地资源短缺的国家,可利用的土地资源十分有限,因此,党政机关办公用房建设必须执行国家有关土地政策,在城乡规划确定的建设用地上建设办公用房,并且合理组织各项功能,提高土地利用效率,节约用地。调研中我们了解到,部分城市的党政机关办公用房配套建设了大型广场、公园等,造成土地资源浪费,群众对此反映强烈,因此条文规定,不得配套建设大型广场、公园等设施。

第六条 根据党政机关办公用房的使用功能,考虑我国的现实情况,党政机关办公用房应以适用为主,符合党政机关的定位,符合办公实际要求。考虑到个别地区党政机关办公用房存在贪大求洋的情况,条文规定党政机关办公用房不得作为城市标志性建筑。

第七条 办公用房的建设规模要按使用单位的类别和各级别编制定员,依据本建设标准规定的各级工作人员办公室使用面积、服务用房人均使用面积、设备用房使用面积、使用面积系数和附属用房建筑面积等指标计算确定。

第八条 党政机关办公用房的建设除执行本建设标准外,还应执行其他有关标准、规范的要求。

第二章 建筑分类与面积指标

第九条 党政机关办公用房的建筑分类。1999 年标准将党政机关办公用房分为三级,一级办公用房适用于中央部(委)级机关、省级机关以及相当于该级别的其他机关,二级办公用房适用于市级机关以及相当于该级别的其他机关,三级办公用房适用于县级机关以及相当于该级别的其他机关,并按级别给出了人均建筑面积指标。本建设标准改为五类,增加了 1999 年标准未包括的乡(镇、苏木)级,并弱化了办公用房的等级概念,直接以中央机关、省级机关、市级机关、县级机关、乡级机关进行划分。

第十条 党政机关办公用房功能分类。根据使用功能,办公用房一般划分为基本办公用房(办公室、服务用房、设备用房)、附属用房两类。

第十一条 各级工作人员办公室使用面积指标。具体指标是在 1999 年标准的基础上结合调研情况,并按照《关于党政机关停止新建楼堂馆所和清理办公用房的通知》(中办发〔2013〕17 号)等文件精神,本着实事求是、从严控制、向基层和普通机关工作人员倾斜的原则综合确定的。表 3 中使用面积 18 平方米及以上的,是按设置单间考虑的。同时,考虑到乡级机关办公用房实际情况各地差异很大,比较复杂,本条规定的乡级机关各级工作人员办公室使用面积、第十二条规定的乡级机关服务用房人均使用面积、第二十三条规定的乡级机关建筑容积率指标、第二十九条规定的乡级机关入口门厅使用面积指标,由省级人民政府按照中央规定和精神自行做出规定。

关于注 1 中的"依次类推",举例如下:某副省级城市所辖某区政府(副市级机关),其正职办公室面积指标适用地市级机关市级副职,其副职办公室面积指标不超过地市级机关市级副职。某副省级城市政府组成部门(副厅级单位),其正职办公室面积指标不超过省级机关正厅级,其副职办公室面积指标不超过省级机关副厅级。

第十二条 服务用房使用面积指标。根据调研情况,会议、接待等服务用房使用面积一般为5~10平方米/人,本标准给出的指标是根据调研情况综合确定的。通常情况下,各级党政机关办公用房可设置一个容纳全体人员参加的大型会议室或报告厅,并根据人员规模设置包括党组(党委)会议室、电视电话会议室在内的若干大、中、小型会议室,可根据人员规模设置一个或两个接待室。该指标不包括召开党代会和人大、政协会议以及政府全会等所需用房。

第十三条 设备用房使用面积指标。根据调研情况,设备用房面积一般占到办公室及服务用房面积之和的5%~10%,由于规模、地域及设备需求的不同,以上指标差距较大。本建设标准在优化设计方案的基础上,规定宜将设备用房面积比例控制在9%以内。

第十四条 基本办公用房建筑总使用面积系数(总使用面积与总建筑面积之比值)。规定控制指标是为了提高建筑面积利用率,纠正办公用房门厅大、走廊宽、电梯厅过大的问题,增加办公室的有效使用面积。办公用房建筑总使用面积系数中,高层建筑由于垂直及水平交通、管井等原因,其系数一般略低于多层建筑。

第十五条 附属用房建筑面积指标。

食堂建筑面积指标的确定是在综合实际调研情况的基础上,采用了《饮食建筑设计规范》(JGJ 64—89)中一级食堂标准:每座位建筑面积3.7平方米,编制定员超过100人的,超出人员的人均建筑面积考虑了0.7的同时就餐系数。

党政机关办公用房的建设应该充分考虑利用社会停车设施,对于大型办公用房建筑确需建设独立汽车库的,要充分利用办公用房的人防地下室或半地下室作为汽车库。按有关标准规定,汽车库建筑面积小型汽车一般按每车位40平方米计算,考虑到停车位数量较多时,每车位平均建筑面积可以有效降低的因素,超出200个停车位以上部分按每车位38平方米计算。地面停车数量与汽车库停车数量比例,应根据建设项目的具体情况进行确定。

党政机关办公用房的建设应该充分考虑利用地面存放自行车,对于大型办公用房建筑确需建设地下自行车库的,要充分利用办公用房的人防地下室或半地下室作为自行车库。按有关标准规定,自行车库建筑面积一般按每车位1.8平方米计算。根据目前各地的实际情况,本建设标准增加了电动车、摩托车库的建设标准,一般按每车位2.5平方米计算。

警卫用房的建设参照《武警内卫执勤部队营房建筑面积标准(试行)》(〔2003〕武后字第39号)和2009年《中国人民解放军营房建筑面积标准》的有关规定,可按25平方米/人进行总体控制。

国家人防部门对办公用房人防设施的建设有专门规定,因此人防设施的建设应按国家规定的设防要求和面积指标计算建筑面积。按照平战结合、充分利用的原则,同时考虑今后发展的需要,可与地下汽车库建设一并考虑。

第三章 选址、布局与建设用地

第十七条 本条规定了党政机关办公用房的选址原则。党政机关办公用房选址的要求,主要是从保障其行政需求和使用方便,以及相应的安全、卫生和服务大众等方面考虑的。

第十八条　本条规定了党政机关办公用房在城市布局中的总体要求。布局相对集中有利于提高行政和办事效率。

联合建设办公用房,能够共同使用后勤服务、设备设施等用房,可以达到减少投资、提高管理水平与行政效率的目的,也有利于节约用地。

第十九条　本条规定了党政机关办公用房建筑总平面布置的基本原则。

第二十条　本条明确了党政机关办公用房建设用地的构成。建筑主体及其附属建筑用地是指党政机关办公用房建筑基底占地及建筑周边必需的维护用地;道路及停车用地是指党政机关办公建筑用地内专用的车辆或行人通道以及机动车和非机动车停车场所;绿化用地是指党政机关办公用房用地内用来维护环境的用地。

第二十一条　本条从节约用地的角度考虑,规定党政机关办公用房改建、扩建工程应充分利用原有场地和设施。

第二十二条　本条禁止在办公用房建设用地内建设与办公无关的其他建筑,禁止占用属于公共空间的风景名胜资源。

第二十三条　城乡规划对城镇中不同区位建设用地的建筑容积率、建筑密度和绿地率等指标都有相应的控制要求。党政机关办公用房由于在城镇中所处的位置不同,其建设用地的相关控制要求也会不同。比如:位于城市中心地段、用地十分紧张的,其建筑容积率可相对较高;紧邻历史建筑、建筑高度受到限制的,其容积率会相对较低等。本条给出建筑容积率的低限控制要求,有利于节约集约用地。

第二十四条　汽车,自行车、电动车、摩托车尽量在地面安排停车位,不能满足需要的,按照第十五条第二款的规定建设停车库。

第二十五条　本条是根据国家规范《城市居住区规划设计规范》(GB 50180),并结合党政机关办公用房的具体情况确定的。

第四章　建筑标准

第二十六条　本条规定党政机关办公用房不宜建造一、二层的低层建筑,是为了节约土地资源,提高建设用地的利用率。同时,为控制建筑的建造成本,也规定了党政机关办公用房不应建造超高层、超大体量建筑。

第二十七条　本条规定有利于节约土地资源,提高建设用地的利用率。党政机关办公用房的集中或合并建设是行之有效的方法,同时可使建造党政机关办公用房涉及的其他方面资源进行整合,如服务用房、附属用房的合并使用,动力及相关建筑设施的共用等,都会大大降低总体的建造费用和日常的运营费用。

第二十八条　办公用房标准层的建筑面积应体现经济合理性,由于低层、多层、高层办公用房都需要相应且必要的竖向交通设施,而这些竖向交通设施所占标准层的建筑面积在同一类办公用房中是基本相同的。标准层的建筑面积越小,竖向交通设施所占标准层建筑面积的比例就越大,那么办公所用的使用面积就越小,使用系数也就越低。经调查,有些党政机关办公用房为追求高度、外表形象,其标准层建筑面积过小,导致办公用房的建造不经济、使用不合理。

第二十九条 办公用房门厅的基本功能是满足进出办公用房人员的集散要求,同时也有一定的展示需求。但少数已建成的党政机关办公用房的主要门厅,过于高大、豪华,造成了不必要的浪费,引起人民群众不满。门厅不能高过两层是根据《关于进一步严格控制党政机关办公楼等楼堂馆所建设问题的通知》(中办发〔2007〕11号)确定的。各级党政机关办公用房入口门厅的使用面积指标是根据实地调查测算确定的。

第三十条 本条是根据《关于进一步严格控制党政机关办公楼等楼堂馆所建设问题的通知》(中办发〔2007〕11号)确定的。

第三十一条 办公用房标准层的层高与建筑的结构形式、设施状况有关,而建筑的结构形式、设施状况又与各地的建造条件、气候条件有关。因此,未直接规定层高,而是区分不同情况规定标准层中办公室的净高。其中,各类数值依据相关规范和标准制定。

第三十二条 办公用房标准层主要由各类办公室组成,标准层中的水平交通是由走道组成。走道过窄将影响水平交通或紧急疏散,过宽则降低标准层的使用系数,减少标准层的使用面积,造成不必要的浪费。本条的各个数值是通过对多个办公用房走道宽度实地调查测算而确定的。

第三十三条 五层及五层以上的党政机关办公用房应设置乘客电梯的规定,是依据《办公建筑设计规范》(JGJ 67—2006)的相关条文,并结合党政机关办公用房使用的需求与实际情况确定的。

第三十五条 推广采用办公室空间布置形式。采用大开间开放式办公形式,可根据使用需要采用轻质隔墙,便于灵活布置,提高面积利用率,这是今后办公建筑空间布置的发展方向。

第三十六条 每栋建筑自建造完成到最终拆除是一个寿命周期,每栋建筑的设计也有一个依据建筑科学确定的设计使用年限。建筑的寿命周期与设计使用年限两者有关联但并不一致,有的建筑由于建造质量好,功能设计合理,其寿命周期大大超过了设计使用年限,而另一些建筑却由于各种原因,尚未到达其规定的设计使用年限就已经结束了寿命周期。如果在保证建筑功能正常使用的前提下,建筑自身的寿命周期越长,也就越节约。本条从节约资源的角度出发,规定党政机关办公用房起码应保证在设计使用年限期间能正常使用。

第五章 建筑装修

第三十七条 营造适宜的视觉环境是装修工程的重要功能之一,本条对装修的风格、视觉效果提出要求。因地制宜选用装修材料或构配件,目的是为了节约投资。

第三十八条 本条明确了室内装修所包含的项目范围。

第三十九条 本条是根据实际调研情况确定的。

第四十条 本条规定了各类办公用房不同房间或部位进行装修设计的选择标准。由于党政机关办公用房的类别不同,建筑所处地区经济发展水平不同,周边城镇环境、气候及建筑风貌不同,各类用房的使用功能不同,装修材料或构件的品种、规格和色彩丰富多样,同一种材料因档次不同价差较大等因素,确定了中高级、中级和基本三个装修档次。相关房间或部位的装修标准,是根据调研情况和办公用房的实际需要确定的。

第四十一条 本条是根据适用、节能的原则确定的。

第四十二条 装修工程做装饰性暖气罩是北方地区较常见做法,一般没有实际的使用功能,这样做会降低暖气散热效率,不利于建筑节能,不利于节约建设资金。

第四十三条 本条明确了室外装修所包含的项目范围。

第四十四条 本条规定了办公用房室外装修应遵循的原则。玻璃幕墙与非透明外墙相比,热工性能相差较多,从建筑节能、控制造价的角度,不宜提倡在建筑立面大面积采用玻璃幕墙。主入口不应使用铜质门、豪华旋转门,能够体现党政机关办公用房装修实用、经济、庄重的原则,避免浪费。

第四十五条 对装修工程造价作出规定是控制投资的方法之一,本条文限制的百分比,是在对已建党政机关办公用房装修造价调查统计以及对类似公共建筑装修造价的分析基础上确定的。

第六章 室内环境与建筑设备

第四十六条 《公共建筑节能设计标准》(GB 50189-2005)中,对于办公用房的集中采暖系统室内设计计算温度为:门厅、楼(电)梯,16℃;办公室,20℃;会议室、接待室、多功能厅,18℃。冬季室内温度设定越高,能耗越多。一般来说,室内温度每调低1℃,能耗可减少5%~10%。而夏季办公室室内设计计算温度为25℃。夏季室内设定温度越低,能耗会越高。一般来说,室内温度每调高1℃,能耗可减少8%~10%。

本条的规定是根据2007年6月1日国务院办公厅《关于严格执行公共建筑空调温度控制标准》的通知中"夏季室内空调温度设置不得低于26℃,冬季室内空调温度设置不得高于20℃"的规定确定的。

第四十七条 各个朝向窗墙面积比是指不同朝向外墙面上的窗、阳台门包括幕墙透明部分的总面积与所在朝向建筑的外墙面总面积(包括该朝向的窗、阳台门及幕墙的透明部分的总面积)之比。

窗墙面积比的确定要综合考虑多方面的因素,其中最主要的是不同地区冬、夏季日照情况(日照时间长短、太阳总辐射强度、阳光入射角大小)、季风影响、室外空气温度、室内采光设计标准以及外窗开窗面积与建筑能耗等因素。一般普通窗户(包括阳台门的透明部分)的保温隔热性能比外墙差很多,窗墙面积比越大,采暖和空调能耗也越大。因此,从降低建筑能耗的角度出发,必须限制窗墙面积比。

近年来,公共建筑的窗墙面积比有越来越大的趋势,这是由于人们希望公共建筑更加通透明亮,建筑立面更加美观,建筑形态更为丰富。但是,与非透明的外墙相比,在可接受的造价范围内,透明的窗和幕墙的热工性能相差得较多。因此,不宜提倡在建筑立面上大面积应用玻璃(或其他透明材料的)幕墙。如果希望建筑的立面有玻璃的质感,提倡使用非透明的玻璃幕墙,即玻璃的后面仍然是保温隔热材料和普通墙体。

党政机关办公用房不应采用通透玻璃幕墙形式,应该控制各朝向立面窗墙比,对于主立面,给予了较大窗墙比的选择,其余朝向在考虑天然采光的前提下宜采用较小窗墙比,以节省能耗。

第四十八条 2005年12月6日建设部、发展改革委、财政部、人事部、民政部、劳动和社会保障部、税务总局、环保总局八部委印发的《关于进一步推进城镇供热体制改革的意见》(建城〔2005〕220号)明确提出:新建住宅和公共建筑必须安装楼前热计量表和散热器恒温控制阀,新建住宅同时还要具备分户热计量条件。

集中空调系统的冷量和热量计量与我国北方地区的采暖热计量一样,是一项重要的建筑节能措施。设置能量计量装置不仅有利于管理与收费,用户也能及时了解和分析用能情况,加强管理,提高节能意识和节能的积极性,自觉采取节能措施。根据文件精神并为了增强国家公务人员的节能意识,规定应设置分楼层或分室内区域或分用户室温可调控装置,便于主动调控室温。

第四十九条 为节约能源,并减少饮用水水质污染,办公用房底部的用水点应充分利用市政管网水压直接供水。管网叠压式供水设备近几年在北京、天津、广州、福州等城市中得到推广应用。设备主要由流量调节器(稳流补偿器)和变频调速供水设备组成,流量调节器(稳流补偿器)上设有真空抑制器(负压抑制器)。特点是不需要设水池(箱),供水设备直接从市政供水管网上吸水加压,解决了水池(箱)污染的问题,可充分利用市政供水管网的水压,节能效果显著。真空抑制器(负压抑制器)保证设备不产生负压,污染市政管网。供水设备厂商成套供应,安装简单,施工周期短,占地小等,符合节能、节水的原则。但其使用也是有条件的,首先建设单位和设计单位应与自来水公司进行技术咨询和沟通,对建设项目周边的市政管网情况(如:管径、水压、供水量及用水负荷等)进行综合评价。在自来水公司确认该项目所在区域市政管网具备使用条件后方能采用管网叠压供水设备,并应确保不对市政管网产生回流污染。我国目前已有《管网叠压供水设备》(CJ/T 254—2007)及《管网叠压供水技术规程》(CECS 221:2007)的规定,为管网叠压供水设备的设计、使用、安装与维护提供了保证。

第五十条 采用节水型卫生器具和配件是节水的重要措施。党政机关更应严格执行国家的相关节水规定,不采用国家明令禁止使用的卫生设备。

第五十一条 《建筑照明设计标准》(GB 50034)从照明质量、照明数量以及照明节能等方面做了规定,必须严格执行。

第五十二条 公共场所的照明采用集中控制,主要是为了避免长明灯,有利于节约能源。

第七章 智能化系统

第五十三条 依据《智能建筑设计标准》(GB/T 50314—2006),结合党政机关办公用房功能需求确定。

第五十四条 智能化集成系统是指,将不同功能的建筑智能化系统,通过统一的信息平台实现集成,以形成具有信息汇集、资源共享及优化管理等综合功能的系统。

根据实际调研情况,中央机关、省级机关、市级机关办公业务综合性较强,办公用房的功能结构较完整、建筑物规模较大、建筑机电设备系统较复杂,参照《智能建筑设计标准》(GB/T 50314—2006),本条规定这些办公用房宜设置能提供建筑综合管理功能的智能化集成系统。

第五十五条 信息设施系统是为确保建筑物与外部信息通信网的互联及信息畅通,对语音、数据、图像和多媒体等各类信息的接收、交换、传输、存储、检索和显示等进行综合处理的多种类信息系统加以组合,提供实现建筑物业务及管理等应用功能的信息通信基础设施。

第五十六条 信息化应用系统是以建筑物信息设施系统和建筑设备管理系统等为基础,为满足建筑物各类业务和管理功能的多种类信息设备与应用软件而组合的系统。

第五十七条 公共安全系统是为应对火灾、非法侵入、各类重大安全事故等危及安全的各种突发事件构建的技术防范保障体系。

安全技术防范综合管理系统是安防监控中心对各安全防范信息集成综合管理的系统。

入侵(周界)报警系统是采用探测技术对建筑物周界防护、办公用房内的区域防护和重点实物目标防护的系统。

视频安防监控系统是对办公用房内的主要公共活动场所、重要部位等进行视频有效监视、记录和画面再现的装置。

出入口控制系统是对建筑物内(外)通行门、出入口、主要通道、办公区域、重要办公室门等处设置出的入口控制装置。

电子巡查管理系统是通过读卡器或其他方式对保安人员巡查的工作状态进行运行记录并对意外情况及时报警的装置。

第五十八条 综合布线系统是支持语音、数据、图像和多媒体等各种业务信息传输的基础传输通道。

第八章 附 则

第五十九条 本条是关于建设标准解释权的规定。

第六十条 本条是关于建设标准施行时间以及1999年标准同时停止执行的规定。

气象发展规划管理暂行办法

(气发〔2010〕115号 2010年5月24日)

第一章 总 则

第一条 为加强气象发展规划管理,完善发展规划体系,规范管理程序,依照国家有关规定,制定本办法。

第二条 依照规定批准的气象发展规划是事业发展的指导性文件,是制定政策和落实项目的依据。

第三条 本办法所称发展规划是指总体规划、综合性规划和专项规划。

第四条 总体规划是指气象事业发展战略性、纲领性、全局性的规划,是指导气象事业整体发展、制定政策措施、建设重大项目和编制其他规划的重要依据。

第五条 综合性规划是以气象现代化体系和特定区域为对象编制的规划,是指导特定业务体系发展或区域气象事业发展、制定有关政策以及确定重大项目的依据。综合性规划划分为国家级、区域级和省级。

第六条 专项规划是以气象工作的特定专业领域为对象编制的规划,是总体规划和综合性规划在特定专业领域的细化,是指导气象特定专业领域发展以及审核重大项目、安排投资的依据。

第七条 编制和实施规划,应当遵循下列原则:

(一)坚持贯彻落实科学发展观,遵循国家关于气象事业发展的总体要求;

(二)坚持从实际出发,遵循气象事业发展规律;

(三)坚持科学化、民主化,广泛听取意见;

(四)坚持统筹兼顾,加强规划间衔接和协调。

第八条 中国气象局负责全国气象事业发展规划管理,具体工作由中国气象局规划管理部门承担;区域中心所在省级气象局负责区域级综合性规划和相关专项规划的管理工作;各省级气象局负责区域内综合性规划及相关专项规划的管理工作。

第九条 编制气象发展规划,应当履行前期工作、起草、征求意见、衔接、论证、批准、公布等程序。

第二章 规划主要内容

第十条 发展规划文本一般包括现状分析、发展目标、主要任务、项目建设、保障实施的政策措施等内容,规划期一般为五年,可以展望到十年以上。

第十一条 在规划文本中,发展目标要尽可能量化细化,建设任务要具体明确,项目技术方案要切实可行,政策措施具有可操作性。

(一)侧重于指导发展的规划,规划文本应包括现状需求、目标原则、建设任务、总体布局、保障措施等内容。

(二)侧重于建设性的规划,规划文本应包括现状需求、发展趋势、目标原则、布局和规模、建设项目、投资方案、效益分析、保障措施等内容。

第十二条 规划编制要制定工作方案,内容包括规划编制的必要性、规划期、规划标准及深度、规划主要内容框架、衔接单位和范围、论证方式、进度安排、编制经费来源和报请审批的依据或理由等。工作方案作为确定规划立项的依据。

第三章 规划编制

第十三条 每年初中国气象局规划管理部门根据需要和有关工作安排,草拟本年度规划编制计划,报中国气象局确定后开展规划编制工作。

第十四条 总体规划由中国气象局规划管理部门负责组织起草;国家级综合性规划和专项规划按照职责分工由中国气象局相关职能部门提出编制方案,报请中国气象局批准后组织起草;区域级综合性规划由区域气象中心所在省级气象部门提出并组织起草,中国气象局也可根据需要向区域气象中心所在省级气象部门下达规划编制任务;省级综合性规划由所在省提出并组织起草;省级及省级以下气象部门根据需要编制专项规划。

第十五条 组织编制单位要根据工作方案,做好调查研究、项目论证、规划立项等前期工作。

第十六条 组织编制单位要根据实际情况,采取多种方式征求有关部门、单位和地方政府及公众的意见。

第十七条 组织编制单位须将规划草案送有关部门、单位和地方政府进行衔接,综合性规划和专项规划要服从总体规划,下级规划要服从上级规划,规划之间不得相互矛盾。

未经衔接的规划草案不得报请批准和公布实施。

第十八条 组织编制单位要在规划报请批准之前,组织有关方面专家进行充分论证,并出具书面论证报告。

未经论证的规划草案不得报请批准和公布实施。

第四章 规划审批和发布

第十九条 总体规划由中国气象局规划管理部门负责提请中国气象局审定并报请国务院或国家发改委审批发布;国家级综合性规划和专项规划由负责组织编制单位报请中国气象局审批发布;重大的国家级综合性规划和专项规划由中国气象局报请国务院或国家发改委审批发布。

第二十条 区域级综合性规划由区域气象中心所在省级气象部门报请中国气象局审

批发布。

第二十一条 中国气象局安排的省级综合性规划,由所在省级气象部门自行审批发布,并报中国气象局备案。地方政府安排的省级综合性规划,由地方政府审批发布。根据需要,省级综合性规划也可报请中国气象局审批发布或由中国气象局和地方政府联合审批发布。

第二十二条 规划按程序批准后须在一个月内公开发布,但法律、法规和条例等另有规定或涉及国家秘密的除外。

第二十三条 中国气象局规划管理部门建立规划信息库。有关部门在规划发布的同时,须将电子文档和纸质文件报送中国气象局规划管理部门输入信息库。

第五章 规划实施

第二十四条 规划经批准发布后,组织编制单位须及时制定实施方案,内容包括落实责任、考核指标、监督检查、总结评估、规划修编等方面。

第二十五条 规划确定的指标完成情况须纳入中国气象局职能部门和各级气象部门的绩效评价和政绩考核内容。

第二十六条 中国气象局职能部门和各级气象部门须严格执行规划,在制定政策、审核项目、安排投资和投资使用等方面,不得违反规划有关规定。

第二十七条 中国气象局规划管理部门和各省级气象部门要加强规划实施的监督检查,及时纠正违反规划的行为并严厉查处。

第二十八条 规划组织编制单位要对规划实施情况进行监测、评估和总结。实施期限超过3年的规划要进行中期评估,评估结果经批准机关审查同意后,作为规划修编的重要依据;规划实施期满,要进行总结评估,并报批准机关审查,作为气象事业后续发展的重要依据。

第二十九条 需修编的规划要及时修编,规划编制单位要尽快提出修编方案,按照本办法规定的规划编制程序进行修编,经审批后生效。

第六章 附 则

第三十条 对未按规定编制、批准、发布、实施规划的,责令整改。

第三十一条 法律、行政法规对编制和实施发展规划另有规定的,从其规定。

第三十二条 本办法自印发之日起施行。

气象台站迁建行政许可管理办法

(中国气象局令第30号 2016年4月7日)

第一条 为规范气象台站迁建行政许可行为,保护公民、法人和其他组织的合法权益,保障和监督气象主管机构有效实施行政管理,根据《中华人民共和国行政许可法》、《中华人民共和国气象法》、《气象设施和气象探测环境保护条例》等有关法律法规,制定本办法。

第二条 本办法适用于因国家重点工程建设或者城市(镇)总体规划变化,确实无法避免影响气象探测环境,且无法采取补救措施,需要迁建气象台站的行政许可。

本办法所称迁建,是指将气象台站的观测场所、探测设施及配套的附属和基础设施等从现址迁移到新址的活动。

第三条 国务院气象主管机构负责大气本底站、国家基准气候站和国家基本气象站迁建行政许可的审批和管理,并对其他气象台站迁建行政许可行为进行监督管理。

省、自治区、直辖市气象主管机构负责本行政区域内其他气象台站迁建行政许可的审批和管理,并承担大气本底站、国家基准气候站和国家基本气象站迁建行政许可的初审和管理。

第四条 申请迁建气象台站的,应当由建设单位或者县级以上地方人民政府向本省、自治区、直辖市气象主管机构提出申请。

第五条 拟迁新址必须同时满足以下要求:

(一)能够代表现址所在区域的天气气候特征;

(二)符合全国气象观测站网布局;

(三)符合法律、法规、标准和国务院气象主管机构对气象探测环境的技术规范和管理规定;

(四)占地面积满足观测场地、探测设施、业务用房和辅助用房以及配套设施的布局要求,并预留与气象台站功能相适应的业务发展空间;

(五)具备必要的供电、供水、交通、通信等基础条件;

(六)涉及无线电业务的,符合《中华人民共和国无线电管理条例》的相关规定。

第六条 申请人在提出申请时,应向受理机构提供以下材料:

(一)气象台站迁建申请表。

(二)气象台站选址报告书。

(三)拟迁新址的土地使用权证。未取得土地使用权证的应当提供当地城乡规划、国土资源部门有关迁移气象台站新址用地的意见和当地国土资源部门出具的同意办理新址土地证的意见。

(四)当地人民政府编制拟迁新址的气象探测环境保护专项规划并纳入城市(镇)控制性详细规划的相关文件或承诺,落实迁建立项批复或所需经费的相关文件,提出现址气探测环境保护工作情况报告。

（五）已批准或正在实施的拟迁新址所在地的城市（镇）总体规划图及其批复文件，或国家重点工程建设项目实施方案及其批复文件。

（六）事业单位法人证书或企业法人营业执照正、副本。

（七）委托代理的，应出具代理委托函、代理人的事业单位法人证书或企业法人营业执照正、副本。

（八）申请人对所提供材料真实性负责的承诺。

第七条 迁建气象台站的申请由省、自治区、直辖市气象主管机构受理。

省、自治区、直辖市气象主管机构应当在收到全部申请材料之日起五个工作日内，按照《中华人民共和国行政许可法》第三十二条的规定作出受理或者不予受理的书面决定，并出具书面凭证。对于不予受理的，应当书面说明理由。

第八条 申请迁建大气本底站、国家基准气候站和国家基本气象站的，省、自治区、直辖市气象主管机构应当自受理之日起二十个工作日内完成初审，并签署意见后报送国务院气象主管机构审批。国务院气象主管机构应当自收到申请材料后二十个工作日内作出决定。

申请迁建其他气象台站的，省、自治区、直辖市气象主管机构应当自受理之日起二十个工作日内作出决定。

二十个工作日内不能作出决定的，按照《中华人民共和国行政许可法》第四十二条规定执行。

第九条 国务院或省、自治区、直辖市气象主管机构在审批过程中需要按照《中华人民共和国行政许可法》第四十五条规定进行技术审查（含现场踏勘）的，所需时间不计入审批时间内。

技术审查（含现场踏勘）时间一般不超过三个月。国务院或省、自治区、直辖市气象主管机构应当将所需时间书面告知申请人。

第十条 申请人依法享有要求听证的权利，国务院或省、自治区、直辖市气象主管机构在作出直接涉及申请人与他人之间重大利益关系的许可决定前，应当告知申请人、利害关系人享有要求听证的权利；申请人、利害关系人在被告知听证权利之日起五个工作日内提出听证申请的，国务院或省、自治区、直辖市气象主管机构应当在二十个工作日内组织听证。听证程序按照《中华人民共和国行政许可法》第四十八条规定的程序进行。

省、自治区、直辖市对听证另有规定的，从其规定。

第十一条 国务院或省、自治区、直辖市气象主管机构作出行政许可决定，应当自作出决定之日起十个工作日内向申请人送达行政许可的书面决定。

第十二条 省、自治区、直辖市气象主管机构作出准予其他气象台站迁建的行政许可决定，应当自作出决定之日起十五个工作日内将行政许可审批材料报国务院气象主管机构备案。

第十三条 行政许可的有效期为三年。作出行政许可决定的气象主管机构，应当在行政许可决定中注明行政许可有效期的截止时间。申请人应当在行政许可有效期内按照基本建设程序和要求，完成气象台站建设工作，达到业务运行标准。

未在行政许可有效期内按照基本建设程序和要求,完成气象台站建设工作,达到业务运行标准的,申请人应当按照申请条件重新申请。

第十四条 申请人取得行政许可后,如果申请内容有变更,应当重新申请。

第十五条 地方各级气象主管机构应当对申请人从事气象台站迁建行政许可事项的活动进行监督检查。

第十六条 新址建设工程完成后,申请人应及时向省、自治区、直辖市气象主管机构提出验收的申请,由作出许可决定的气象主管机构按照国务院气象主管机构有关业务规定组织验收。

第十七条 迁建国家基准气候站、国家基本气象站和国家一般气象站的,应当按照国务院气象主管机构的规定,在新址与旧址之间进行至少一年的连续对比观测。

第十八条 新址正式启用应当符合国务院气象主管机构有关业务规定。

第十九条 新址启用和对比观测完成之前,应当按照《气象设施和气象探测环境保护条例》、国家有关标准和国务院气象主管机构有关要求严格保护旧址的气象探测环境。

第二十条 有下列情形之一的,作出行政许可决定的气象主管机构应当依法办理气象台站迁建行政许可的注销手续:

(一)未在行政许可有效期内完成气象台站迁建工作;

(二)申请人的法人资格依法被中止的;

(三)依照本办法被撤销行政许可的;

(四)因不可抗力导致行政许可事项无法实施的;

(五)法律、法规规定的应当注销行政许可的其他情形。

第二十一条 有下列情形之一的,作出行政许可决定的气象主管机构或者其上级气象主管机构,根据利害关系人的请求或者依据职权,可以撤销行政许可:

(一)气象主管机构工作人员滥用职权、玩忽职守做出准予行政许可决定的;

(二)超越法定职权作出准予行政许可决定的;

(三)违反法定程序作出准予行政许可决定的;

(四)对不具备申请资格或者不符合法定条件的申请人准予行政许可的;

(五)依法可以撤销行政许可的其他情形。

第二十二条 有下列情形之一的,作出行政许可决定的气象主管机构依据职权,应当撤销行政许可:

(一)被许可人以欺骗、贿赂等不正当手段取得行政许可的;

(二)取得许可后不按规定进行建设的或超越许可范围的;

(三)向负责监督检查的气象主管机构隐瞒有关情况、提供虚假材料或者拒绝提供反映其活动情况的真实材料的;

(四)法律、法规规定的其他违法行为。

第二十三条 省、自治区、直辖市气象主管机构可以根据本办法制定实施细则,并报国务院气象主管机构备案。

第二十四条 本办法自 2016 年 9 月 1 日起施行。

气象部门项目咨询管理办法(试行)

(气发〔2013〕133号　2013年12月31日)

第一章　总　则

第一条　为加强气象部门项目咨询管理,促进气象工程咨询发展,提高项目决策和管理水平,依据国家投资、工程咨询有关政策及气象部门项目管理相关规定,制定本办法。

第二条　本办法适用于气象部门项目咨询活动和气象部门所属单位申请工程咨询资格管理工作。

第三条　本办法所称项目,是指全部或部分使用中央预算内资金,纳入中国气象局项目库管理,需履行项目审批程序的建设项目。

本办法所称咨询,是指具有工程咨询资格的单位(以下简称工程咨询单位)遵循独立、公正、科学的原则,综合运用多学科知识、工程实践经验、现代科学技术和管理方法,为气象项目决策与实施提供咨询的智力服务,包括项目建议书及可行性研究报告编制、工程设计、评估咨询、项目管理等。

第二章　气象部门项目咨询活动管理

第四条　气象部门项目建设实行"先咨询、后决策"制度,项目应委托工程咨询单位进行咨询。

第五条　总资金1000万元及以上的项目可行性研究报告须委托具有相应专业咨询资格的工程咨询单位编写,初步设计须由具有相应专业资质的设计单位编写;项目建议书和总资金1000万元以下项目的可行性研究报告现阶段可由项目建设单位或项目牵头单位组织编写,鼓励委托工程咨询单位编写。

其中,气象业务类项目应委托具有气象工程咨询资格的工程咨询单位编写。

第六条　项目总资金在200万元以上的,项目建议书、可行性研究报告在审批前应委托工程咨询单位进行咨询评估。如无相应的工程咨询单位,则按照中国气象局有关项目评审规定进行评审。

第七条　承担咨询评估任务的工程咨询单位应按照有关规定,广泛听取各方面意见,形成客观、公正的咨询评估报告,重大分歧意见应在咨询评估报告中全面、如实反映,按规定时限提交咨询评估报告,并对咨询评估结论负责。

第八条　工程咨询单位可为同一项目提供一个或若干个阶段的咨询服务。但是,对可能影响其公正性的不同咨询服务,应采取回避措施。

工程咨询单位承担编制某一项目的项目建议书、可行性研究报告、初步设计文件的，不能再参与同一项目的项目建议书、可行性研究报告以及初步设计文件的咨询评估任务。

第九条 咨询收费应当按照有关规定，由当事人在咨询合同中约定。

第三章 气象部门工程咨询单位管理

第十条 按照《工程咨询单位资格认定办法》规定，工程咨询资格划分专业，申请单位可以按照条件申请一项或多项专业、一个或多个服务范围的咨询资格。

第十一条 气象部门所属单位申请工程咨询资格的，须为具有独立法人资格的企业、事业单位。

第十二条 工程咨询单位资格等级分为甲级、乙级、丙级，各级工程咨询单位资格申请标准按照《工程咨询单位资格认定办法》执行。

第十三条 中国气象局鼓励气象部门所属单位根据自身专业技术力量、技术水平和工程咨询业绩条件申请相应等级的气象工程咨询资格或其他专业咨询资格，并开展相应的咨询业务。

丙级工程咨询资格要求的工程咨询业绩条件较低，新申请工程咨询资格的单位，一般应从丙级资格做起。

第十四条 工程咨询单位可从事以下咨询业务：

（一）规划咨询，含行业、专项和区域发展规划编制、咨询；

（二）编制项目建议书（含项目投资机会研究、预可行性研究）；

（三）编制项目可行性研究报告、项目申请报告和资金申请报告；

（四）评估咨询，含项目建议书、可行性研究报告、项目申请报告与初步设计评估，以及项目后评价、概预决算审查等；

（五）工程设计；

（六）招标代理；

（七）工程监理、设备监理；

（八）工程项目管理，含工程项目的全过程或若干阶段的管理服务。

工程设计、招标代理、工程监理、设备监理资格，由国务院有关主管部门认定。

第十五条 根据国家规定，国家发展改革委是工程咨询单位资格认定的行政管理部门，中国气象局是气象部门所属单位申请工程咨询资格的初审部门。

中国气象局计划财务主管机构承担气象部门所属单位申请工程咨询资格初审的具体工作。

第十六条 气象部门所属单位初次申请工程咨询资格、资格升级、有效期满重新申报资格，先由中国气象局提出初审意见，再报国家发展改革委审定批准。

第十七条 申请单位应按照《工程咨询单位资格认定办法》要求，通过《中国工程咨询业务管理系统》填写申请材料。

省级气象部门负责对所属申请单位申请材料的真实性进行审查，并出具真实性审查意见,将申请材料和真实性审查意见文本文件报送中国气象局计划财务主管机构。

中国气象局直属单位申请材料直接报送中国气象局计划财务主管机构。

第十八条 中国气象局计划财务主管机构收到申请材料后,先进行材料合规性审查,聘请有关专家进行评审或进行实地考察,提出初审意见,将申请材料报国家发展改革委审定。符合条件的,由国家发展改革委批准,并颁发工程咨询单位资格证书。

第十九条 工程咨询单位资格升级、降级、变更和终止,按《工程咨询单位资格认定办法》规定执行。

第二十条 工程咨询资格认定每年定期集中受理,集中评审。受理时间由国家发展改革委提前向社会公告,中国气象局同时在部门内下发通知。

第二十一条 中国气象局支持成立气象工程咨询行业协会,鼓励获得气象工程咨询资格的单位加入气象工程咨询行业协会。

第四章 监督检查和法律责任

第二十二条 取得工程咨询资格的气象部门所属单位依法开展工程咨询活动,建立相应的自检制度,按照规定接受监督检查,对其咨询服务成果承担法律责任。

第二十三条 取得工程咨询资格的气象部门所属单位在开展工程咨询业务过程中违法违规的,气象部门所属单位未取得工程咨询资格而擅自从事工程咨询业务的,按照国家有关法律及《工程咨询单位资格认定办法》有关规定处理。

第二十四条 工程咨询单位在对气象部门项目进行咨询评估时弄虚作假或者咨询评估结论意见严重失实的,三年内不得聘请其从事气象部门项目的咨询评估工作;造成损失的,依法承担赔偿责任;构成犯罪的,提请司法机关依法追究刑事责任。

第二十五条 工程咨询资格初审工作人员违反规定的,按《工程咨询单位资格认定办法》有关规定处理。

第五章 附 则

第二十六条 本办法由中国气象局计划财务主管机构负责解释。

第二十七条 本办法自印发之日起施行。

气象部门项目论证和评审工作办法

(气发〔2004〕82号)

第一章 总 则

第一条 为加强气象部门项目管理,推动项目决策民主化和科学化进程,提高决策工作质量与效率,依据《气象部门项目支出预算管理办法》、《气象部门基本建设管理办法》和《中国气象局部门项目库管理暂行规定》等有关部门规定,特制定本办法。

第二条 本办法中的项目是指纳入中国气象局部门项目库管理的基本建设类项目、行政事业类项目和其他类项目。总投资(或总经费)在50万元及以上的项目均需经过项目建设(或实施)单位自行组织的论证和审批单位的评审。

第三条 项目的论证和评审工作应该坚持客观、公正、科学、合理、实事求是的原则,遵循政策、技术与经济相结合的论证和评审方法。

第二章 项目论证和评审工作的分工

第四条 项目论证工作是指项目实施单位在正式上报《项目建议书》前,对项目的必要性和可行性、技术方案、投资估算和预期的社会经济效益等自行组织的专家论证。专家论证意见应作为项目负责单位签署上报意见的依据。

第五条 项目评审工作是指项目审批单位在正式审批项目《可行性研究报告》前,组织的专项评估审核,由项目审批单位组织有关专家,或委托中介咨询机构完成,重点对项目的可行性、技术方案、投资估算和预期的社会经济效益进行评估审核。专家评审意见应作为审批单位审批项目的重要依据。

第六条 按照基本建设项目分级管理和项目审批权限的相关规定,项目评审工作分为中国气象局级评审和省局级评审,分别由中国气象局和各省(区、市)气象局或计划单列市气象局计划财务管理职能机构负责组织处理。计划财务管理职能机构在收到有关项目的《项目建议书》或《可行性研究报告》时,应及时分送主管业务职能管理机构征询意见,以确定是否提交论证或评审。

第七条 中国气象局计划财务管理职能机构承担中国气象局级项目评审的组织工作,主要负责中国气象局重点工程项目(含国债项目)、各专业计划所属项目、中国气象局直属单位项目、省及省以下总投资在1000万元以上(含1000万元)项目以及中国气象局认为有必要组织评审的项目(超出中国气象局审批权限的项目除外)。

第八条 各省(区、市)气象局和计划单列市气象局计划财务管理职能机构承担省局级项目的评审工作,主要负责其本级及其下属单位总投资在 1000 万元以下,50 万元以上项目以及省局认为有必要组织评审的项目。

第三章　项目论证和评审工作的准备

第九条　在组织论证或评审之前,项目编报单位必须提供完整的和符合要求的《项目建议书》或《可行性研究报告》,编制内容和格式应符合《气象部门基本建设管理办法》中规定的有关要求。

第十条　申请评审的《可行性研究报告》还应当附有下列材料:
(一)上级部门下发或批复的有关依据性文件;
(二)项目建议书的专家论证意见;
(三)市场调查、考察性文件;
(四)多方案比选情况及专家意见;
(五)位置图、布置图或方案图及其说明;
(六)拟采用邀请招标或不采用招标的,应说明其理由或原因;
(七)与有关单位或部门签订的协议书、意向书;
(八)相关的财务报表或经济分析表;
(九)与项目有关的其他文件材料。

第十一条　中国气象局和省(区、市)气象局或计划单列市气象局的计划财务管理职能机构在收到项目编报单位的《项目建议书》或《可行性研究报告》(及相关资料)后,首先对项目的申报程序性和文件完整性进行审查。如符合论证和评审的基本要求,要尽快组织《项目建议书》或《可行性研究报告》的论证或评审工作。对不符合论证或评审基本要求的《项目建议书》或《可行性研究报告》,要及时向编报单位反馈审查意见。

第四章　项目论证和评审工作的组织形式

第十二条　项目的论证和评审工作,在条件许可的情况下,应委托具备相应资质的中介咨询机构承担,也可以临时组成的某项目的《项目建议书》或《可行性研究报告》的论证或评审小组(或者委员会)的形式完成。

第十三条　项目审批单位或受委托的中介咨询机构应建立和完善项目评审专家库,专家应具有副高(副研)以上技术职称,并进行分类管理。在进行评审之前,评审组织应从对应专业的项目评审专家库中随机抽取。论证或评审小组(或者委员会)由 5 人以上单数组成,应确保熟悉专业的专家占 2/3。项目建设单位的人员一般不得进入本项目的论证或评审小组(或者委员会)。

第五章　项目论证和评审内容

第十四条　项目编报单位自行组织的专家论证,应完成以下论证要点:

(一)是否符合国家投资、地方投资、自筹投资的投资方向,是否符合气象事业发展长远规划和总体布局;

(二)项目的产品需求状况是否良好,前景是否乐观;

(三)建设条件是否优越,外部配套条件是否具备;

(四)所采用的技术方案是否先进、经济、适用;

(五)项目建设的风险分析;

(六)建设投资估算的合理性;

(七)用静态法估算项目的投资效益、社会效益。

第十五条 项目审批单位组织的专家评审,应完成以下评审要点:

(一)建设项目的必要性评审。

1.分析项目是否符合国家的投资方向,是否符合气象部门事业发展规划与需要;

2.项目的建设规模及各功能块的规模分配是否经济、合理,符合供求关系。

(二)建设条件与建成后的使用条件的评审。

1.项目所需的建设资金是否有可靠的来源;

2.分析项目的选址是否合理,是否符合城市规划和单位总体规划以及城市环境与观测场保护的有关规定;

3.项目建设过程中及建成使用后,各附属配套条件是否能够落实,供应保障是否可靠,相关配套工程是否同步建设。

(三)工艺、技术、设备的评审。

1.分析项目采用的工艺、技术、设备是否符合国家的技术政策,是否先进、适用、可靠,是否有利于资源的综合利用,有利于提高产品的质量、降低能耗和提高工作效率;

2.项目所采用的新工艺、新技术、新设备是否安全可靠,是否通过了有关的试验或技术鉴定;

3.引进技术和设备有无必要,是否符合国家规定或国情;

4.所选设备的性能价格比是否为最优化;

(四)建筑工程设计方案和标准的评审。

1.建筑工程的设计方案是否经济、合理;

2.工程地质、水文、气象、地震等自然条件对工程的影响及采取的对策;

3.建筑工程采用的标准是否符合国家有关规定。

(五)建设项目的招标范围、招标组织形式、招标方式的意见的评审。

(六)基础经济数据的核算与评审。

1.分析投资估算的依据是否符合国家或地区的有关规定,工程内容和费用是否齐全,有无高估冒算和任意提高建设标准,有无漏项、少算、压低造价等情况,分析投资的构成比例是否合理;

2.属于有直接经济效益的项目要分析各项成本费用的计算是否合理、正确,对产品投放市场后的价格定位和收入预测以及税金计算是否符合实际或国家规定,按年对获利额进行鉴定与分析;

3.分析项目的建设期(建设进度)、投产期、生产期的确定是否符合国家有关规定和一般规律。

(七)效益评审(评估):具体包括财务效益评审,国民经济效益评估,社会效益评估,不确定性(风险)分析评估等。

(八)项目的总评价。

第六章 项目论证和评审的结论

第十六条 项目论证或评审会议的最终结论,由项目论证或评审小组(或者委员会)的组长根据项目论证或评审小组(或委员会)成员的意见整理,并形成书面的《论证意见书》或《评审意见书》,并附有专家主要修改意见纪录。对论证或评审的项目的论证结论难以达成共识的,《论证意见书》或《评审意见书》要对不同意见作出反应。

第十七条 项目建议书的《论证意见书》应对项目的必要性进行阐述,同时初步分析投资建设的可能性。对存在的问题必须提出明确意见。

第十八条 可行性研究报告的《评审意见书》应对建设项目的必要性、技术和实施方案的可行性、经济上的合理性的"三性"进行评价,并对存在问题必须提出明确意见或改进建议。

第十九条 《论证意见书》和《评审意见书》是建设项目决策与审批工作的依据性文件。要与《项目建议书》和《可行性研究报告》一并归档。

第七章 附 则

第二十条 各省(区、市)气象局、计划单列市气象局可依据本办法的原则精神,结合各自的实际情况和特点,制定相应的实施细则,并报送中国气象局备案。

第二十一条 本办法由中国气象局计划财务管理职能机构负责解释。

第二十二条 本办法自下发之日起施行。

关于转发《气象部门项目库管理办法》的通知

(陕气发〔2009〕102号)

各设区市气象局、省局直属各单位、机关各处室：

为了进一步规范气象部门项目管理工作，根据中央财政预算改革的要求，中国气象局修订完善了气象部门项目库管理规定。现将中国气象局《关于印发〈气象部门项目库管理办法〉的通知》(气发〔2009〕93号)转发给你们，请组织计财、业务人员学习。结合我省实际，提出以下要求，请一并贯彻执行：

一、项目库实行分级管理，省级项目总库设在省局计财处，省局职能处室、直属各单位及各市气象局设项目分库。县局不设项目库，其项目入库工作由其所属市局管理。

二、实行"先审批后入库"制度。申报入库的项目必须按照项目类别和管理权限履行审批手续(可行性研究报告立项批复)。

三、业务类所有项目及基础设施类总投资1000万元(含1000万元)以上的项目由中国气象局审批。基础设施类总投资1000万元以下的项目由省气象局审批。

四、中国气象局审批的项目申报程序。各单位根据事业发展规划、年度工作重点任务及项目指南编制项目，于4月15日前正式行文报省气象局。4月20日前，省局各职能处室完成对其分管业务项目的初审，提出书面初审意见。省局计财处组织召开业务项目审查会，确定年度业务项目的上报。各职能处室根据业务项目审查会意见，于4月底之前将通过审查的项目正式行文上报中国气象局。中国局批复同意立项的项目，省局分管职能处室要及时转批复给项目申报单位。

五、省气象局审批的项目申报程序。从每年7月开始至次年6月为下下一年度项目申报时间，各单位根据事业发展规划、项目指南、基础设施建设重点领域编制项目，按项目分级管理原则，逐级正式上报，6月10日为项目申报截止时间。省局计划财务处负责对项目初审、组织评审及批复。

项目的申报请示件要求。项目申报单位要"一事一文"向上一级单位正式行文上报。请示正文应包括如下内容：简要阐述项目建设的理由、意义及必要性，说明项目的主要建设内容及总投资，分析投资构成及落实情况。

六、项目库运行流程：各级项目库分初选库、正式库、预算下达库和执行库，按以下流程运行。

各单位将批准的项目(包括：可行性研究报告、论证及评审意见、论证及评审专家名单、批复件、基础信息等内容)先录入初选库进行审查；

经过审查并附加审定通过标志的项目进入本级正式库，并统筹考虑进行排序，向省局项目总库申报；

已下达预算的项目进入预算下达库；

项目的执行情况进入执行分析库。

七、项目库上报时间。

1.各单位应于每年6月10日至20日前，将所有项目录入本级项目库，通过"中国气象行业建设项目管理信息系统"向省局计财处申报下一年度项目，规定时间以外申报的，不予受理。

救灾项目全年受理申报，救灾项目只能申报当年受灾项目。

2.预算下达库。每年11月前接收上级下达的预算下达库，录入本级预算下达库。

3.执行分析库。各单位将上一年度项目的执行情况信息录入本年度的执行分析库，于每年1月20日前上报省局计划财务处项目总库。

八、50万元以上项目组织专家论证、评审。论证、评审组织管理和要求严格按照省局《关于转发〈气象部门项目论证和评审工作办法〉的通知》(陕气发〔2004〕119号)执行。

九、项目审批按其资金来源实行分类管理。对全部或部分使用中央财政资金安排的气象建设项目按照项目类别及管理权限履行审批手续。对于全部使用非中央财政资金安排的气象建设项目实施审核和备案制管理，并按《关于加强总体规划做好各类资金统筹集约工作的通知》(陕气发〔2007〕224号)规定执行。

十、各单位应按照预算管理级次申报项目，不得越级申报和代编项目。

十一、《项目可行性研究报告》的格式及填写内容应符合《气象部门项目支出预算管理办法》(气发〔2007〕149号)的有关要求。

十二、各单位要按照统筹集约原则筹措项目，原则上每年各单位只能申报业务类和基础设施类项目各一个。

十三、已列入项目库的项目，由于财力等原因本年度未能安排的，可滚动至下年度继续备选安排。列入项目库中的项目，包括上年延续项目和新增项目。

陕西省气象局

2009年4月30日

气象部门项目库管理办法

(气发〔2009〕93号　2009年4月30日)

第一章　总　则

第一条　为了进一步推进气象部门项目管理规范化、程序化、科学化，根据中央财政预算改革的要求和《气象部门项目支出预算管理办法》与《气象部门基本建设管理办法》，结合气象部门实际，制定本办法。

第二条　本办法适用于气象部门"中国气象行业建设项目管理信息系统"（即项目库）管理及相关工作。

第二章　项目库及其分类

第三条　项目库是中国气象局设立的对申请投资（经费）项目进行规范化、程序化管理的数据库系统。项目库实行分级管理，包括项目总库和项目分库。

第四条　项目总库由中国气象局计划财务司负责管理。

第五条　项目分库分别由各省（区、市）气象局及地（市）级气象局、计划单列市气象局、中国气象局有关内设机构和直属单位负责管理。

第六条　各级项目库分初选库、正式库、预算下达库和执行分析库，并按以下流程运行：

（一）项目均先进入初选库进行审查；

（二）经过审查并附加审定通过标志的项目进入本级正式库，只有正式库内的项目方可向上一级项目库申报；

（三）已下达预算的项目进入预算下达库；

（四）项目的执行情况进入执行分析库。

第七条　项目库中项目实行分类管理。按照项目的性质分为常规项目和救灾项目两大类型，按照项目的建设内容分为基础设施项目和业务项目两大类别。

第三章　项目申报

第八条　各单位应根据中国气象局《年度项目申报指南》和《年度业务项目申报指导意见》，结合本单位气象事业发展的实际情况进行下年度项目编报。《年度项目申报指南》由中国气象局于每年三月份下发。《年度业务项目申报指导意见》由中国气象局相关业务内设机构组织制定,随同《年度项目申报指南》一并下发。

第九条 各省(区、市)气象局、计划单列市气象局、中国气象局直属单位应于每年7月1日—5日通过"中国气象行业建设项目管理信息系统"向中国气象局计划财务司申报下一年度申请进入项目总库的各类项目。在规定时限以外申报的,不予受理。

救灾项目全年受理申报,原则上只能申报受灾年度救灾和灾后恢复重建项目,不得申报其他年度项目。

第十条 各省(区、市)气象局、计划单列市气象局、中国气象局直属单位申报的业务项目,由计划财务司汇总后,于每年7月10日向中国气象局有关内设机构分发,并进入其项目分库。中国气象局有关内设机构对业务项目进行审核、排序后,于7月20日前将审核结果反馈给计划财务司,进入项目总库。

第十一条 各单位应按照预算管理级次申报项目,不得越级申报和代编项目。

第十二条 申报的项目应同时具备以下条件:

(一)项目基本信息填写真实、完整。按"中国气象行业建设项目管理信息系统"的要求,认真填写申报项目的各项内容,不缺项,不漏项。

(二)手续完备,材料齐全。申报项目已附加"审定通过标志"和年度排序码。提交符合要求的《项目可行性研究报告》及其行政审批文件,《项目可行性研究报告》的格式及填写内容应符合《气象部门项目支出预算管理办法》(气发〔2007〕149号)的有关要求。

(三)台站规划内容翔实,更新及时,台站基础设施建设项目符合台站规划和气象探测环境保护要求,涉及站址迁移的应按要求提交有关审批文件。业务项目建设任务明确,总体目标和阶段目标指标量化,便于考核。

(四)总投资在50万元及以上项目应按要求提交专家论证意见和审批单位评审意见,专家论证和评审工作按《气象部门项目论证和评审工作办法》(气发〔2004〕82号)的要求执行。

第十三条 基础设施项目申报实行投资总量和项目数量控制。每年度申报进入项目总库的项目,投资总量以二级预算单位为单位原则上不得超出上一年度下达项目投资总量的120%,项目数量为二级预算单位本级不多于3个,三级、四级预算单位每单位不多于1个,同时近5年累计投资不超出中国气象局确定的投资规模。

第十四条 各省(区、市)气象局及地(市)级气象局、计划单列市气象局、中国气象局直属单位和有关内设机构在申报项目时,应根据项目的不同类别和资金可能,按照项目的轻重缓急、择优遴选后,分类进行排序。

第四章 项目审核和遴选

第十五条 项目审核的内容主要包括:

(一)申报的项目是否符合《年度项目申报指南》和《年度业务项目申报指导意见》的要求;

(二)项目单位及所申报的项目是否符合规定的申报条件;

（三）可行性研究报告是否符合规定的填报要求，是否已按审批权限完成行政审批手续，总投资在50万元及以上的建设项目是否已按规定完成专家论证和评审，相关材料是否齐全等；

（四）项目的申报内容是否真实完整，台站基础设施建设项目是否符合台站规划和气象探测环境保护要求，业务建设项目是否符合中国气象事业发展规划和统筹集约要求；

（五）项目的规模及开支标准是否符合有关规定；

（六）资产购置项目是否已按规定履行有关审批手续；

（七）申报项目的投资总量和项目数量是否符合规定；

（八）是否已按要求进行项目排序，项目排序是否合理等。

第十六条 为加强项目之间的衔接，避免重复建设和资源浪费，业务项目实行归口审核，并按相关管理办法的要求执行。

第十七条 中国气象局有关业务内设机构负责对业务项目进行审核，在各单位排定顺序的基础上，根据业务发展需求，经统筹考虑、综合平衡和调整，将通过审核的项目重新排序后反馈给计划财务司。

第十八条 中国气象局计划财务司负责对基础设施项目进行审核，在各单位排定顺序的基础上，根据基础设施建设重点，对申报项目进行统筹考虑、综合平衡和调整。

第十九条 中国气象局从部门项目总库中分类选取审核后的项目，编制中国气象局年度项目支出预算和基本建设年度投资计划申请，分别报送上级有关部门。

第二十条 所有项目均以年度部门预算批复为准，项目预算投资核定后，原则上不再调整。

第五章 项目审批及其权限

第二十一条 项目审批按其资金来源实行分类管理。对于全部或部分使用中央财政资金安排的气象建设项目实施审批制管理。对于全部使用非中央财政资金安排的气象建设项目实施审核制和备案制管理，并按《气象建设项目审核和备案管理暂行办法》（气发〔2007〕124号）的要求执行。

第二十二条 申报的项目入库前必须按照项目类别和管理权限履行审批手续。由中国气象局负责审批的项目，各单位须在每年4月底前正式行文将项目可行性研究报告上报中国气象局审批。

第二十三条 基础设施项目审批权限按中国气象局《关于调整气象部门基本建设项目审批权限的通知》（气发〔2002〕237号）要求执行。

第二十四条 业务项目由中国气象局负责审批。

第二十五条 中国气象局直属单位申报的项目一律由中国气象局负责审批。

第六章 项目库管理

第二十六条 项目库实行滚动管理。已列入项目库的项目，由于财力等原因本年度未能安排的,可滚动至下年度继续备选安排。列入项目库中的项目,包括上年延续项目和新增项目。

第二十七条 中国气象局计划财务司于每年预算下达后向各省(区、市)气象局、计划单列市气象局、中国气象局直属单位和局有关内设机构的项目分库反馈下发预算下达库。

第二十八条 中国气象局有关内设机构应于每年预算"二上"后15日内,将本单位管理的修购专项、行业专项、新技术推广项目等预算项目反馈给计划财务司进入项目总库。

第二十九条 各单位须在每年1月底前将本单位上一年度(截止至12月31日)的执行分析库、单位基础信息和更新的台站规划上报项目总库,并正式行文上报项目执行情况分析报告,中国气象局计划财务司每年对项目执行情况进行分析、评估,并视情况对各单位项目执行情况进行通报。

第三十条 各单位应高度重视项目库管理工作,设专人负责项目库管理,确保项目库基础信息真实、有效,切实提高项目申报质量,及时上报项目执行情况。

第三十一条 中国气象局计划财务司每年对各单位申报项目的质量情况进行评比,并视情况进行通报。

第三十二条 有下列行为之一的,经核实后,将对相关单位做出在下一年度核减项目的处罚,情节严重的,将建议有关部门按照规定对相关责任人给予相应处罚。

(一)未按批准的项目预算使用项目资金,擅自改变项目内容,变更项目资金使用范围的;

(二)未按规定实施政府采购的;

(三)未按规定上报项目执行分析库或执行情况分析报告的;

(四)未按规定及时进行项目验收和总结,项目执行进度缓慢的;

(五)项目结束后,三个月内未做项目竣工财务决算和项目竣工财务决算审计的;

(六)项目管理不善、有违反财经纪律现象的。

第七章 附 则

第三十三条 各省(区、市)气象局、计划单列市气象局、中国气象局直属单位可以根据本办法,制定本单位项目库的具体管理细则。

第三十四条 新疆生产建设兵团和黑龙江省农垦总局气象年度小型建设项目的管理参照本办法执行。

第三十五条 本办法由中国气象局计划财务司负责解释。

第三十六条 本办法自下发之日起施行,《中国气象局部门项目库管理暂行规定》(气发〔2002〕417号)同时废止。

附件

气象部门项目库管理关键时间节点表

——1月底前,各单位将本单位上一年度(截止至12月31日)的执行分析库、单位基础信息和更新的台站规划上报项目总库,并正式行文上报项目执行情况分析报告。

——3月底前,中国气象局下发《年度项目申报指南》和《年度业务项目申报指导意见》。

——4月底前,各单位正式行文上报应由中国气象局负责审批的项目可行性研究报告。

——7月1日—5日,各单位通过"中国气象行业建设项目管理信息系统"向中国气象局计划财务司申报下一年度申请进入项目总库的各类项目。

——7月10日,中国气象局计划财务司将各单位申报的业务项目汇总后,分发给相关业务内设机构审核。

——7月20日前,中国气象局有关内设机构将业务项目的审核结果反馈给计划财务司,计划财务司同时完成基础设施项目审核。

——预算下达后,中国气象局计划财务司将预算下达库下发给各单位。

气象部门项目论证工作细则

(气办发〔2013〕56号 2013年12月20日)

第一章 总 则

第一条 为强化项目管理,不断提高项目决策和管理的科学性,规范建设项目的专家论证工作程序,依据国家相关法律法规以及气象部门规章,细化《气象部门基本建设管理办法》和《气象部门项目论证和评审工作办法》文件要求,形成本细则。

第二条 本细则中的项目是指全部或部分使用中央预算内资金,纳入中国气象局项目库管理,需履行项目审批程序的建设项目。

第三条 项目总资金在120万元(本细则所指限额)及以上的项目均需经过项目建设(或实施)单位组织的论证。限额以下项目可根据项目实际情况确定是否组织论证。

第二章 论证项目编报

第四条 总资金1000万元及以上的项目应编制项目建议书,待项目建议书审批后,方能进入可行性研究报告编制环节;总资金1000万元以下项目直接进入可行性研究报告编制。限额以上项目在上报项目建议书和可行性研究报告时均需附上专家论证意见。

第五条 气象部门应完善和规范气象工程项目咨询管理工作。总资金1000万元及以上的项目可行性研究报告需由具有工程咨询资质的工程咨询单位编写;项目建议书和总资金1000万元以下项目的可行性研究报告现阶段可由项目建设单位或项目牵头单位组织编写,鼓励由具备工程咨询资质的工程咨询单位编写。

第六条 项目申报或建设单位必须提供完整的《项目建议书》、《可行性研究报告》,编制内容和格式应符合中国气象局要求。

第三章 论证组织要求及程序

第七条 论证专家组由5人及以上单数组成,专家一般应具有高级工程师(副研究员或相当等级)及以上技术职称(对于县一级的项目,根据本地实际情况可适当调整对技术职称的要求标准),应确保熟悉所论证项目专业的专家占2/3及以上;论证专家组中应该有熟悉项目管理或经济财务知识背景的专家参与。

第八条 不具备所论证项目专业知识的领导干部或管理人员一般不得进入本项目的论证专家组;项目申报单位或建设单位的人员一般不得进入本项目的论证专家组。

第九条　进行论证前,项目建设单位应该将项目论证相关材料至少提前一个工作日以纸质或电子文档方式提交论证专家组,专家组成员均确认认同(口头、电话、传真、书面、信件、电子邮件等方式),方能召开论证会。论证会召开过程中应对此予以公示。

第十条　项目论证会流程一般如下:

(一)项目建设单位介绍专家成员,明示项目建议书或可行性研究报告材料专家预审同意召开论证会的情况;

(二)成立论证专家组,推选专家组组长;

(三)项目建设单位介绍论证材料;

(四)论证专家组质疑、质询、讨论;

(五)专家填写个人意见书;

(六)专家组组长组织讨论并形成论证意见书。

第十一条　专家论证咨询费严格按照国家有关财务规章制度执行。逐步推广通过银行转账方式支付发放专家咨询费,减少现金发放形式。

第四章　论证内容及论证意见

第十二条　项目建议书论证重点把握以下方向:

(一)对照建设单位业务发展规划和台站建设规划、省部合作协议、国家重点工程项目等论证项目立项依据;

(二)从气象事业发展、能力提升、技术进步、存在差距等论证项目必要性;

(三)从建设目标、建设原则、系统功能、建设内容与拟建规模、建设地点的初步设想、建设条件状况等进行论证;

(四)从投资估算总投资和分类投资、项目建设实施方案以及工期进度进行论证;

(五)从经济效益、社会效益、生态效益分析进行论证。

第十三条　项目建议书论证意见书应对项目立项的必要性和初步分析投资建设的可能性给出明确意见。

第十四条　可行性研究报告论证可重点把握以下方向:

(一)从项目建设内容和规模,总体设计方案的组成、结构与层次、信息流程、主要技术指标,分系统建设内容、功能、结构、布局、软硬件配置、配套基础设施等进行论证;

(二)投资估算从建筑工程费用、安装费用、设备及工器具购置费、工程建设其他费用、基本预备费等进行论证;

(三)资金筹措从资金来源、比例结构、落实情况等进行论证;

(四)对采购组织方式及采购方式进行论证;

(五)从经济效益、社会效益、生态效益分析进行论证。

第十五条　项目可行性研究报告论证意见书应对项目建设的必要性、技术和实施方案的可行性、经济上的合理性给出明确意见。

第十六条　项目论证过程中每个专家均应独自填写个人意见书,并在意见书中明确选择"同意通过论证"、"同意通过论证,有保留意见"或"不同意通过论证"其中之一;持"同意通过论证"和"同意通过论证,有保留意见"的专家人员达到专家组成员 2/3 及以上,专家组应形成论证意见书;"不同意通过论证"的专家人员达到专家组成员 1/3 以上,论证会终止。

第十七条 项目论证意见书需明确项目是否通过论证,对项目建议书或可行性研究报告可提出需要进一步完善或补充的内容。项目论证意见书专家签字后应扫描形成电子文档并附在上报项目建议书或可行性研究报告材料中。

第十八条 项目建设单位针对项目论证意见书中提出的建议对项目建议书和可行性研究报告进行修改完善,在上报审批材料中应对修改完善之处作出说明;同时,对于专家个人意见书中提出的意见和建议是否采纳及其理由以附件或附录形式给出说明,尤其对于持"不同意通过论证"的专家个人意见列出专门章节予以解释说明。

第十九条 专家论证意见书、专家个人意见书暂不制订统一格式,各单位可因地制宜,突出重点,各有特色。

第五章 附 则

第二十条 其他不属本细则管理范畴的项目的论证可参照本细则执行。

第二十一条 本细则由中国气象局计划财务司负责解释。

第二十二条 本细则自印发之日起施行。

陕西省省级财政专项资金项目库管理办法

(陕财办预〔2013〕80号 2013年6月27日)

第一章 总 则

第一条 为加强省级财政专项资金管理,建立科学、规范、高效的运行机制,根据《中华人民共和国预算法》和《陕西省人民政府关于进一步加强财政专项资金管理和改革的意见》有关规定,结合我省实际,制定本办法。

第二条 省级财政专项资金项目库(以下简称项目库)是对省级财政专项资金项目进行规范化、程序化管理的数据库系统。项目库分为省级部门项目库和省财政项目库。

第三条 省级所有财政专项资金都要实行项目库管理,做到横向到边、纵向到底、各级联网、数据共享。

第四条 项目库管理应遵循以下基本原则:

(一)统一建设、分工负责原则。省财政厅负责统一制定项目库管理的规章制度、办法,统一建设项目库管理信息系统。省级主管部门按照职责及权限分工负责管理本部门项目库。

(二)保证重点、滚动管理原则。项目库项目按照规范程序进行申报审核,择优排序,保证重点,及时入库,定时清结,滚动管理。

(三)全程监管、追踪问效原则。项目库中已安排的项目实行预算分配、执行、监督、决算和绩效评价全过程管理,确保项目资金安全、规范、有效使用。

第二章 项目库的建立与项目分类

第五条 省级部门项目库由省级主管部门设立,对省级相关单位申报的项目和各市县对口部门汇总报送的项目进行审核、筛选、排序后进入项目库。省级部门项目库由本部门履行预算管理工作的处室或部门指定的职能机构具体管理。

省级部门项目库管理的主要职责:

(一)根据本部门工作职责和经济社会发展的需要,会同财政等相关部门提出专项资金项目安排的重点、方向和绩效目标,发布项目征集指南或文件,征集具体项目;

(二)开展项目评审论证,对所征集的项目进行评审汇总,将符合条件的项目择优筛选、排序后形成项目计划,并报送省财政项目库;

(三)组织开展项目绩效评价;

(四)配合省财政厅开展对省财政项目库的清理和滚动管理;

（五）检查监督项目库中已安排项目的实施情况。

第六条 省财政项目库由省财政厅设立，对省级主管部门和各市县财政部门申报的项目进行审核、筛选、排序后，进入项目库。省财政项目库由负责省级部门预算编制的机构具体管理。

省财政项目库管理的主要职责：

（一）制定省级财政专项资金项目库管理制度和办法；

（二）审查省级部门和市县财政部门上报的项目，提出审核意见；

（三）组织开展重点项目的绩效评价；

（四）检查监督项目库中已安排项目的实施情况；

（五）定期组织项目库清理；

（六）开发、管理和维护项目库系统。

第七条 项目库项目实行分类管理。

（一）按资金分配方式分为：申报项目类和因素分配类；

（二）按照项目设立主体分为：中央部委确定项目，省委、省政府确定项目，部门项目和其他项目；

（三）按项目实施期限分为：跨年度项目、一次性项目和经常性项目；

（四）按项目入库时间顺序分为：延续项目、结转备选项目、新增项目。

第三章 项目的申报与审核

第八条 根据省财政设立的专项资金类别，除基本建设资金外，其他申报项目类的资金，项目申报与审核程序如下：

（一）每年7月份，省级主管部门（或会同省财政厅）发布项目征集指南或文件，征集下年度具体项目；

（二）项目单位按照指南要求，通过项目库系统申报项目，同时，填报项目标准文本，并附报相关的法人证明文件、企业营业执照、组织机构代码以及与项目相关的审批（核准、备案）文件等；

（三）市县主管部门会同同级财政部门对申报的项目进行审核筛选排序后，将符合条件的项目汇总上报省级部门项目库；

（四）省级主管部门会同省财政厅对市县和省级相关部门上报的项目进行审核，其中对社会影响较深、数额较大、专业性较强的重点项目，可根据需要组织专家或委托中介机构进行评审，并依据审核通过的项目，编制项目计划。

第九条 项目审核的主要内容包括：申报的项目是否符合国家和省上的相关政策规定；申报的条件和程序是否符合规定；申报的内容是否真实、准确、完整；申报的资金规模、支出标准是否符合相关规定。

第十条 各级主管部门和项目单位是项目管理和执行的主要责任人，对审核申报的项目或提供的资金分配因素数据的真实性负责。

第十一条 有下列情形之一的项目,不得进入省级部门项目库或省财政项目库:

(一)重复申报的项目;

(二)越级申报的项目;

(三)需经发展和改革、土地、环保和许可权管理等相关部门审批(核准、备案),但尚未取得批复文件的项目;

(四)近三年内存在项目验收不合格、绩效考评较差、会计信息不实、违纪违规等不良记录的项目单位申报的项目;

(五)申报资料不实、弄虚作假的项目。

第十二条 基本建设资金项目计划由省发展和改革委员会确定后纳入部门项目库管理,同时报送省财政项目库。

第十三条 按因素分配管理的资金,项目计划和预算下达按以下程序进行:

(一)切块分配市县的资金,由省财政厅按照相关因素数据进行测算分配,并下达预算。对省财政下达的专项资金,市县要根据项目库管理的要求,征集、审核项目,下达项目计划及资金预算,并将最终结果上报省财政项目库备案。

(二)按特定任务、对象分配补助补贴的资金,由省级或市县相关部门提供资金分配因素数据,经省财政厅审核后确定分配计划,并下达资金预算。分配因素数据和分配计划结果纳入省财政项目库管理。

第十四条 省级财政专项资金中属于配套中央专款安排项目的资金,按照财政部要求具体办理。项目计划和资金预算纳入省财政项目库管理。

第四章 项目的批复与实施

第十五条 每年10月底前,省级主管部门和市县财政部门将编制的下年度省级专项资金预算和项目计划报送省财政厅。经省财政厅审核,对符合条件的项目纳入省财政项目库,并结合当年省本级财力状况,按照保障重点,统筹兼顾的原则,确定项目,于12月底前汇总编制下年度省级专项资金预算。

第十六条 省本级年度财政预算经法定程序批准后,由省财政厅按照确定的专项资金预算数通知省级各主管部门和市县财政部门。省级主管部门(或会同省财政厅)依此下达项目计划,其中对需公示的项目进行公示后再予下达。省财政厅依据项目计划下达资金预算。

第十七条 项目计划和预算一经批复下达,部门和项目单位不得随意调整。如项目发生终止、撤销、变更的,项目单位需按程序报省级主管部门审核调整项目计划,省财政厅相应调整预算。因重大政策调整或难以预料的特殊因素确需增加项目或追加预算的,由省级主管部门和省财政厅审核后按照规定的程序报批。

第十八条 纳入政府采购或国库集中支付的项目应当按照政府采购管理和国库集中支付的有关规定执行。

第五章 项目的清理与滚动

第十九条 省级主管部门要设专人负责项目库管理,及时更新项目库信息,确保项目库基础信息真实、有效,切实提高项目申报质量,及时上报项目执行情况。

第二十条 省财政厅和省级主管部门要定期开展项目库项目的清理工作,有下列情形之一的项目,要及时调整清理出项目库:

(一)撤销或被有关部门勒令终(中)止的项目;

(二)因不可抗力影响无法继续实施或被发现有严重违反国家法律、法规行为的项目;

(三)入库三年仍未安排资金的项目;

(四)验收或绩效考核不合格的项目。

第二十一条 延续项目要严格按照立项时核定的分年度预算逐年编报。项目的名称、编码、资金的使用方向不得变动,如有内容变动或项目到期需继续安排预算的,应视同新增项目重新申报。

第二十二条 清理后保留的延续项目和备选项目,滚动转入下一年度省级部门项目库,在以后年度安排项目时优先给予安排。

第六章 项目的监督检查与绩效评价

第二十三条 各级主管部门和财政部门要对项目的申报、实施和资金使用管理情况进行全程监督、检查。对违反国家有关法律、法规和财务规章制度的,按照相关规定处理。

第二十四条 项目实施完成后,项目单位和主管部门要及时组织验收,并将项目完成情况及验收结果及时反馈给省级部门项目库和省财政项目库。

第二十五条 实行项目预算绩效管理制度,绩效评价结果记入项目库管理系统,作为以后年度项目审批立项和安排预算的依据。

第七章 附 则

第二十六条 应急、处置突发事件等有特殊要求的专项资金项目可暂不执行本办法。

第二十七条 各市县财政部门可根据本办法,结合实际,制定本级财政专项资金项目库管理办法。

第二十八条 本办法自印发之日起 30 日后施行。

陕西省气象部门项目库管理实施细则

(2012年10月24日局务会审定通过)

第一章 总 则

第一条 为了进一步推进陕西省气象部门项目管理规范化、程序化、科学化,根据中央财政预算改革的要求和中国气象局《气象部门基本建设管理办法》与《气象部门项目库管理办法》,结合陕西气象部门实际,制定本细则。

第二条 本细则适用于陕西省气象部门。

第三条 项目库是中国气象局设立的对申请中央投资(经费)项目进行规范化、程序化管理的数据库系统。由陕西省气象局计划财务处负责全省项目库管理。由各地(市)气象局、省局直属各单位、省局机关各处室(以后简称:各单位)负责本单位(部门)项目库管理。

第四条 项目库按照项目的性质分为常规项目和救灾项目,按照项目的建设内容分为基础设施项目和业务项目。

第二章 项目申报

第五条 各单位应根据上级部门《年度项目申报指南》和《年度业务项目申报指导意见》,结合本单位气象事业发展的实际情况进行下年度项目编报。

第六条 常规项目:项目申报各单位应于每年4月底前向陕西省气象局上报下一年度拟申报的项目,经筛选审定后,于5月底前完成可行性研究报告的编制上报,经陕西省气象局组织审查、评审、批复后,7月5日前录入项目库。在规定时限以外申报的,原则上不予受理。

救灾项目:各单位应当年申报,陕西省气象局全年受理。

第七条 各单位申报的业务项目,应于4月底前完成可行性研究报告编制,经陕西省气象局审定后上报中国气象局,并于7月5日前录入项目库。

第八条 各单位应按照预算管理级次申报,不得越级申报和代编项目。

第九条 申报的项目应同时具备以下条件:

(一)项目基本信息填写真实、完整,各项内容不缺项,不漏项。

(二)手续完备,材料齐全。提交符合要求的《项目可行性研究报告》及其行政审批文件。并附加"审定通过标志"和年度排序码。

(三)台站基础信息及规划内容翔实,及时更新。台站基础设施建设项目符合台站规划和气象探测环境保护要求,涉及站址迁移的应按要求提交有关审批文件。业务项目建设任务明确,总体目标和阶段目标指标量化,便于考核。

(四)中央投资在 50 万元及以上项目应按要求提交专家论证意见和审批单位评审意见。

第十条 基础设施项目申报实行投资总量和项目数量控制。

每年申报项目,投资总量不得超出上一年度的 150%,项目数量陕西省气象局机关(各处室)不多于 3 个,陕西省气象局直属单位、市级气象局每单位不多于 2 个,县局每单位不多于 1 个,同时近 5 年该单位累计投资不超出中国气象局确定的投资规模。

第十一条 各单位在申报项目时,应根据项目的不同类别和资金可能,按照项目的轻重缓急、择优遴选后,分类进行排序。

第三章 项目审核和遴选

第十二条 项目审核的内容主要包括:

(一)申报的项目是否符合《年度项目申报指南》和《年度业务项目申报指导意见》的要求;

(二)项目单位及所申报的项目是否符合规定的申报条件;

(三)可行性研究报告是否符合规定的填报要求,是否已按审批权限完成行政审批手续,中央投资在 50 万元及以上的建设项目是否已按规定完成专家论证和评审,相关材料是否齐全等;

(四)项目的申报内容是否真实完整,台站基础设施建设项目是否符合台站规划和气象探测环境保护要求,业务项目是否符合中国气象事业发展规划和统筹集约要求;

(五)项目的规模及开支标准是否符合有关规定;

(六)资产购置项目是否已按规定履行有关审批手续;

(七)申报项目的投资总量和项目数量是否符合规定;

(八)是否已按要求进行项目排序,项目排序是否合理等。

第十三条 陕西省气象局有关内设机构负责对业务项目进行审核,根据业务发展需求,统筹考虑、综合平衡,并将审核通过的项目上报中国气象局。

第十四条 陕西省气象局计划财务处,根据建设重点,在对基础设施项目统筹考虑、综合平衡基础上,进行排序。

第四章 项目审批及其权限

第十五条 项目审批按其资金来源实行分类管理。对于全部或部分使用中央财政资金安排的气象建设项目实施审批制管理。对于全部使用非中央财政资金安排的气象建设项目实施审核制和备案制管理。

第十六条 中央投资 1000 万元以上的基础设施项目和所有业务项目,由中国气象局审批。中央投资1000万元及以下的基础设施项目,由陕西省气象局审批。

第五章 项目库维护

第十七条 项目库实行分级管理。各级项目库分初选库、正式库、预算下达库和执行分析库,按以下流程运行:

(一)编写项目可行性研究报告,经省局评审、批复后方可录入各单位当年初选库;

(二)经过核对并附加审定通过标志的项目进入本级正式库,只有正式库内的项目方可向上一级项目库申报;

(三)已下达预算的项目进入预算下达库;

(四)项目的执行情况进入执行分析库。

第十八条 项目库实行滚动管理。已列入项目库的项目,由于财力等原因本年度未能安排的,经陕西省气象局确认后,可滚动至下年度继续备选安排。

第十九条 各单位应在每年1月底前填报执行分析库,更新单位基础信息和台站规划,并上报项目执行情况分析报告,陕西省气象局对全省项目执行情况进行分析、评估、通报。

第二十条 各单位应设专人负责项目库管理,确保项目库基础信息真实、及时、有效。

第六章 罚 则

第二十一条 有下列行为之一,将核减下一年度项目安排,情节严重的,建议有关部门按照规定对责任人给予相应处罚。

(一)未按批准的项目预算使用项目资金,擅自改变项目内容,变更项目资金使用范围的;

(二)未按规定实施政府采购的;

(三)未按规定填报执行分析库,更新单位基础信息和台站规划的,未按规定上报项目执行情况分析报告的;

(四)未按规定及时进行项目验收和总结,项目执行进度缓慢的;

(五)项目结束后,三个月内未做项目竣工财务决算和项目竣工财务决算审计的;

(六)项目管理不善、有违反财经纪律现象的。

第七章 附 则

第二十二条 本细则由陕西省气象局计划财务处负责解释。

第二十三条 本细则自下发之日起施行。

附件

陕西省气象部门项目库管理关键时间节点表

——1月底前,填报执行分析库,更新单位基础信息和台站规划,并上报项目执行情况分析报告

——4月底前,各单位上报应由中国气象局负责审批的项目可行性研究报告。向陕西省气象局上报下一年度拟申报的基础设施项目表。

——5月底前,各单位上报应由陕西省气象局负责审批的基础设施项目可行性研究报告。

——7月1日—5日,各单位通过项目库录入下一年度各类项目。

关于切实做好中央和地方以及其他投入统筹集约工作的通知

(气发〔2007〕124号)

各省(区、市)气象局,计划单列市气象局,各直属单位,各内设机构:

  为统筹安排和使用各类气象投入,集中有限资金和资源着力推进业务技术体制改革,推进气象事业的集约化发展,现就切实做好中央、地方以及其他投入统筹集约工作有关事宜通知如下:

  一、深刻认识统筹集约工作的重要意义

  改革开放以来,中央和地方各级政府加大了对气象事业的投入,特别是"十五"以来,中央、地方和其他投入稳步增长,初步实现了气象投入的多元化和规模化,气象现代化建设快速推进,气象事业发展质量、速度和效益稳步提高。当前面临气象事业发展、改革和创新的紧迫任务,面临深化业务技术体制的更高要求,在统筹集约中央、地方以及其他投入,充分发挥投资效益上还存在一些问题,主要表现在:各地集中财力办大事的合力不强,节俭意识有待提高,存在急功近利、盲目建设、贪大图洋的错误倾向,统筹使用各类资金的措施还不够落实;各级气象现代化建设规划和项目缺少顶层设计和有效衔接,规划引领的基础性作用尚未有效发挥,统一部署多渠道投资项目,发挥投资综合效益尚缺乏有效的调控手段;各类资金管理和效益评估相对薄弱,亟待推行综合预算和绩效预算。这些问题必须要用改革和发展的思路来解决。

  当前气象事业面临贯彻国务院三号文件,不断开创中国气象事业发展新局面的大好形势,业务技术体制处于改革关键时期。做好气象投入统筹集约工作,是全力推进业务技术体制改革,不断提升气象现代化水平和事业发展核心竞争力,不断提高气象业务水平和服务能力,为经济社会发展作出更大更多的贡献,进而不断巩固和提升气象事业的地位和作用的需要。同时也是将全社会气象事业的发展和建设统一到国务院三号文件和中国气象事业发展战略范畴,加快经济结构调整、推进集约化进程、管好用好政府投资的需要。充分发挥规划牵引、项目带动、预算保障,规范各类资金使用,对实现气象事业又好又快的发展具有重要意义。

  二、统筹集约工作的基本原则

  1.坚持重点突破,着力加强"十一五"期间重大工程的集约化建设。以统筹国家、地方财政投入和科技服务收入为重点,以引导"十一五"重大项目集约化建设为着力点,强化中央投入的主渠道地位以及对地方财政投入、自筹资金的引领和带动作用,促进气象现代化建设协调发展,形成合力,为提高气象业务服务能力打下良好的基础。

  2.坚持规划先行,充分发挥规划的引领作用。强化规划衔接工作,发挥规划对建设项目的统筹和协调作用,严格把已批准的各级各类规划作为投资决策、审批项目的基本依据。从而规范投资行为,做好顶层设计,确保各类项目的科学、规范和有序建设。

3. 坚持多渠道投入的统筹安排和集约化使用。在不核减中央对各地投资的前提下,逐步推行综合预算,整合各类资源,统筹安排各类资金。要采取有效手段,加强上下配合,集中有限财力,明确投资重点,努力实现气象事业的又好又快地发展。

4. 坚持项目集约,统筹推进业务技术体制改革各项建设。推行非中央财政支出建设项目国家和省两级的审核和备案制,加大对地方投资和自筹经费等其他项目建设的引导和调控。严格项目审批和管理,加强项目的审核和备案工作,确保建设项目能够按照业务体制改革的目标整体推进。

三、规范投资行为,完善统筹集约的相关措施

1. 规范和强化规划审批制度。严格审批国家级专业规划、区域规划和省级综合规划,强化区域规划在本区域推进业务技术体制改革的统领作用。通过规划审批,统筹协调国家和地方、区域和各省的重大项目建设布局和投资安排,今后凡没有进入规划的项目一律不得批准实施(具体要求见附件1)。

2. 实行气象建设项目的审核制和备案制。对非中央投资的气象建设项目,总投资超过 300 万元(包括 300 万元)的项目实行中国气象局审核制,300 万元以下,超过 100 万元(包括 100 万元)的项目实行省级气象局审核和中国气象局备案制,对少于 100 万元,30 万元(含 30 万元)以上的项目,实行省级气象局备案制(具体要求见附件2)。

3. 逐步推行综合预算制,优化资源配置。按照集约化的原则推行综合预算,地方财政资金按地方政府预算管理的要求进行管理,科技服务收支实行预算制和资金使用计划审批制,结余资金严格按照《气象部门财政拨款结余资金管理规定》进行管理(具体要求见附件3)。

4. 建立投资责任追究制度。完善集约统筹气象投入工作的奖惩制度,明确各级单位责任,将集约统筹工作与年度目标考核工作相结合,把奖惩措施落到实处,确保各类制度的实施(具体要求见附件4)。

四、加强对统筹集约工作的组织领导与监督管理

1. 加强领导。统筹集约工作由中国气象局党组统一领导,相关职能机构和区域气象中心具体指导协调,省级气象部门组织实施。各区域中心要加强对省级规划和建设项目的指导和衔接,各省局要加强对规划、项目和预算工作的领导和指导,并加强对地、县气象投入的管理。

2. 明确责任。发挥国家和区域级在事业集约化发展中的组织、协调和指导作用,中国气象局相关职能机构负责区域、省级规划的衔接、审查和批复、建设项目的审核和备案等工作。强化区域中心对本区域内各省规划和项目的衔接工作。省局要进一步明确相关机构的工作任务和职责,制定相应的配套政策,实施对地、县气象投入的统筹。

3. 加大检查监督力度。强化财务监管,重点抓好地县级气象部门以及各级企业实体的财务和创收资金的财务管理和审计监督,建立和完善省级和地市级财务核算中心,推进财务监控系统建设。完善地方建设项目稽查、验收制度,视不同情况实行自查、抽查和重点检查，依照《气象建设项目竣工验收规范》(QX/T 31—2005)，重点加强地方投资建设项目的联合业务验收。

中国气象局
2007年4月21日

附件1

气象部门规划审批暂行办法

一、为充分发挥规划在履行公共服务职能、合理配置资源、统筹投资安排中的作用，切实通过规划推进气象投入的统筹和事业发展的集约化，根据《国务院关于加强规划编制工作的若干意见》（国发〔2005〕33号）有关规定，制定本办法。

二、施行审批制的气象事业发展规划主要包括：国家级专业规划、区域总体规划和专业规划、省级总体规划（含计划单列市，下同）。按照审批权限，以上规划均由中国气象局审批。规划审批工作由中国气象局计划财务司会同有关职能机构，组织规划的衔接、审查和批复工作，批准后的规划将严格作为审批项目和安排投资的依据。

三、规划衔接工作主要包括目标、任务、重点工程、建设布局和资金安排的衔接，具体由计划财务司负责。规划的审查工作主要包括对技术路线、业务布局和建设方案的审查，具体由有关职能机构负责。衔接和审查工作主要围绕中国气象局关于多轨道业务和功能体系建设的统一部署以及各级规划之间的相互支撑展开。

四、规划编制牵头单位提请审批时，应当向中国气象局报送规划编制说明、论证报告以及规划文本。其中，规划编制说明要载明规划编制过程、征求意见、初步衔接、专家论证的情况以及未采纳的重要意见和理由。未经衔接和专家论证的规划不得报请批准和公布实施。

五、国家级专业规划的审批。

1. 审批要求。规划要充分发挥国家级各专业领域在全国的引领和核心指导作用，以多轨道业务和功能体系建设，以及科学管理、科技创新、制度与文化建设等领域五年期间的发展和建设为主要内容。

2. 审批程序。国家级专业规划均由职能机构作为牵头单位向中国气象局提交规划草案，由计划财务司提出衔接方案并会签相关职能机构，汇总后提出批复意见并提交局长办公会审议。审批后的规划由中国气象局发布。

六、区域级规划的审批。

1. 审批要求。规划要与发展区域经济以及国家功能区定位紧密结合，细化、落实国家级规划在区域的建设和任务，立足于区域内的集约化发展，以区域观测站网布局与建设、资源开发、资源共享和重大保障服务等为规划重点。

2. 审批程序。由各区域中心向中国气象局提交规划草案。有关职能机构负责提出审查调整意见,计划财务司负责提出衔接方案和批复意见并提交局长办公会审议。批复意见包括任务、项目和布局的调整方案,投资匡算和投资渠道等。审批后的规划由中国气象局发布。

七、省级综合规划的审批。

1. 审批要求。规划要紧密结合各地的战略定位,从全行业和地方经济发展需求出发,充分体现大气象大服务的要求。全面落实国家级重大项目在各地的配套建设,以多轨道业务、站网布局、信息共享、防灾体系等领域的建设为主要内容。

2. 审批程序。省级综合规划采取双重审批制。规划编制牵头单位要将以重大项目建设为重点的规划草案报地方政府或发展改革部门审批、公布,并抄报中国气象局备案。以公布的规划为基础,各牵头单位负责将细化到年度任务和投资需求的五年期实施计划报中国气象局。在征求所属区域中心意见基础上,由有关职能机构负责审查,计划财务司负责衔接并提出批复意见,提交局长办公会审议。批复意见包括主要任务和项目建设调整方案,中央、地方以及自筹资金的统筹安排等。规划编制牵头单位每年要对实施计划滚动修订,并报计划财务司备案。

八、省级专业规划和省级以下规划由各省气象局参照此办法自行审批,批复中重点做好项目的衔接和业务的统一布局。

九、本办法自发布之日起执行,由中国气象局计划财务司负责解释。

附件2

气象建设项目审核和备案管理暂行办法

一、为进一步规范和完善气象建设项目的立项审批、审查和备案工作,更好地优化资源配置,加快气象事业集约化发展,积极推进和更好完成气象业务技术体制改革的建设任务,按照国家的有关管理规定,特制定本办法。

二、实施气象建设项目的审核制和备案制管理,以不核减中央财政对各单位的投资为原则,有利于全面统筹各渠道对气象建设项目的资金投入和建设内容,有利于做好建设项目的相互衔接,有利于增强中央、地方和其他渠道资金对气象事业投入的合力,减少不必要的审批环节,提高工作效率,避免重复建设,提高投资效益。

三、审核制和备案制管理的气象建设项目,以各省(自治区、直辖市)气象局、计划单列市气象局,中国气象局各直属单位、有关企业为管理单位,由各管理单位负责上报管理范围内的审核制和备案制的气象建设项目。

四、实施审核制和备案制的项目范围

1. 凡属全部使用非中央财政资金安排的气象建设项目,均纳入审核制和备案制管理;全部或部分使用中央财政资金的气象建设项目仍严格按审批制管理执行。

2. 凡超过300万元(包括300万元)非中央财政资金的气象建设项目,均实行中国气象局审核制。凡在300万元以下,超过100万元(包括100万元)非中央财政资金的气象建设项目,均实行省(自治区、直辖市)气象局、计划单列市气象局审核制。各单位须将有关材料上报到审核单位。

3. 凡在 300 万元以下,超过 100 万元(包括 100 万元)非中央财政资金的气象建设项目,均实行中国气象局备案制。凡少于 100 万元,30 万元(含 30 万元)以上非中央财政资金的气象建设项目,均实行省(自治区、直辖市)气象局、计划单列市气象局备案制。各单位须将相关材料上报到备案单位。

五、审核制项目的上报

1. 上报途径、方法:审核制气象建设项目须经"气象建设项目信息管理系统"上报。其中项目类别的大类(基础设施类和气象业务类)、中类(职能管理分类)与审批制项目的类别相同,在项目小类中增设"审核制"按钮,输入时要点入"审核制"按钮,以区别于其他类别的项目。未连通"气象建设项目信息管理系统"的单位须通过中国气象局公文系统上报。

2. 上报时间:每年 4 月 5 日前为各省(自治区、直辖市)气象局、计划单列市气象局集中上报审核制气象建设项目的时间,其他单位的项目和其他时段临时新增补落实的建设项目可随时上报,"气象建设项目信息管理系统"全年开放,随时接收。

3. 上报内容:资金落实依据、立项批复、项目可行性研究报告或实施方案(要有主要建设内容、总投资额、完成时间、绩效目标、论证意见等)。

六、备案制项目的上报

1. 上报途径、方法:备案制气象建设项目须经《气象建设项目信息管理系统》上报;其中项目类别的大类(基础设施类和气象业务类)、中类(职能管理分类)与审批制项目的类别相同,在项目小类中增设"备案制"按钮,输入时要点入"备案制"按钮,以区别于其他类别的项目。未连通"气象建设项目信息管理系统"的单位通过中国气象局公文系统上报。

2. 上报时间:每年 4 月 5 日前为各省(自治区、直辖市)气象局、计划单列市气象局集中上报备案制气象建设项目的时间,其他单位的项目和其他时段临时新增补落实的建设项目可随时上报,"气象建设项目信息管理系统"全年开放,随时接收。

3. 上报内容:资金落实依据、立项批复、项目实施方案(要有主要建设内容、总投资额、完成时间、绩效目标、论证意见等)。

七、审核制项目的处理程序

"气象建设项目信息管理系统"收集到各单位上报的审核制项目后,按基础设施类项目由计划财务司,气象业务类建设项目由相关业务职能司审核的要求,分发到相应职能部门,各职能部门要依据气象事业发展规划和气象业务体制改革的精神,在收到项目审核要求的 15 个工作日内,在项目审核的"备注"栏提出审核意见,计划财务司负责归纳、整理有关意见,在 15 个工作日内与项目上报单位进行沟通,所形成的《项目审核意见书》反馈给项目上报单位,指导建设项目的执行,同时供投资决策、规划和项目衔接单位参考。上报的审核制建设项目,若超过规定日期而没有反馈意见的,视同认可。

八、备案制项目的处理程序

"气象建设项目信息管理系统"收集到各单位上报的备案制项目后,按基础设施类项目和气象业务类建设项目分发到相应职能部门,供投资决策、项目衔接单位备查或参考。若有具体意见应及时反馈给项目上报单位。

九、对于实施审核制和备案制管理的气象建设项目,各单位也要根据气象建设项目的督导和检查管理办法,实行实施方案督导和项目检查,也要在同期的项目执行情况报告中反映,并依照《气象建设项目竣工验收规范》(QX/T 31—2005)进行验收。

十、实施审核制和备案制管理的气象建设项目,各建设单位更应坚持科学决策和民主决策,务必按建设程序认真做好项目的前期和有关执行工作。

十一、各省(自治区、直辖市)气象局、计划单列市气象局,根据本办法的管理要求,制定各自的审核制和备案制建设项目的管理实施细则。

十二、本办法自印发之日起执行,由中国气象局计划财务司负责解释。

附件3

气象部门资金使用管理暂行办法

一、为进一步优化资源配置,集约统筹中央财政投入、地方财政投入、科技服务收入和结余资金等各项资金的使用,避免重复建设,提高发展质量,发挥投入效益,特制定本办法。

二、充分发挥中央财政投入的主渠道作用,在不核减各单位中央财政资金的前提下,逐步推行综合预算,整合各类资源,统筹安排各类资金。

三、中央财政资金中的人员经费、日常公用经费,区域、省、地、县级及台站业务运行经费按定额进行分配和管理;国家级业务运行经费按单项核定进行管理;项目支出按项目库管理。

四、地方财政资金按地方政府预算管理的要求进行管理。各省(自治区、直辖市)气象局、计划单列市气象局在向地方财政申报有关项目时,要围绕中国气象局和地方政府的中心工作和重点任务,与中央财政资金统筹考虑、有机衔接。各省(自治区、直辖市)气象局、计划单列市气象局在向地方报送"二上"预算和年度决算的同时,必须将有关报表及说明抄报中国气象局备案。

五、科技服务收支实行预算制和资金使用计划审批制管理。按规定纳入部门预算的科技服务收入按预算制进行管理;未纳入部门预算的科技服务收入实行资金使用计划审批制管理,即各省(区、市)气象局要对未纳入部门预算的科技服务收入资金使用计划进行分级审批,单位必须按照批复的预算依法组织收入和合理安排支出。

六、预算单位所属科技服务实体实行预算制管理。科技服务实体要按预算管理的有关要求编制年度预算,各单位要对直属科技服务实体的年度预算进行审批,并按批准的预算安排支出。

七、结余资金实行预算制和批复制进行管理。各单位要严格按照《气象部门财政拨款结余资金管理规定》(另行下发)的要求和程序使用结余资金。结余资金的使用要围绕中国气象局中心工作和重点任务,统筹考虑、有机衔接。

八、各单位在申报项目时,要充分考虑现有存量资源情况,新上项目要与已有资产有机结合。中国气象局将加快推进财务联网和固定资产管理信息系统建设,建立实物资产定额消耗标准,并按照"资产管理与预算管理紧密衔接、统筹集约"的原则对各单位预算及项目进行审核。

九、加强项目的绩效考评工作。按照财政部《中央部门预算支出绩效考评管理办法(试行)》,各单位对所有项目都必须进行绩效考评。中国气象局将在预算批复时将绩效目标随预算一并批复,并据此进行监督检查。

十、本办法自发布之日起执行,由中国气象局计划财务司负责解释。

附件4

气象部门投资责任追究制度

一、为保障《气象部门规划审批暂行办法》、《气象建设项目审核和备案管理暂行办法》、《气象部门资金作用管理暂行办法》的实施,顺利推进集约统筹工作,特制定本制度。

二、投入资金集约化管理责任实行"统一规划、集约管理、分级负责"以及"建章立制、监督执行、权责匹配、奖惩分明"的原则,实行分级、分环节、分类别管理,各司其职,各负其责。

三、严格执行《气象部门规划审批暂行办法》,各单位要严格按照办法规定的要求提交规划审批。强化各级规划在所辖范围内多轨道业务建设以及建设项目上的统筹协调,强化各级规划在重大项目建设上的细化。凡没有列入规划的项目,一律不能批准建设,安排项目投资。

四、严格执行《气象建设项目审核和备案暂行办法》。对若未经审核,自行建设的非中央投资项目,要追究分管领导责任,并视情况减扣下年度该单位项目投资数;对按规定未上报备案的单位,亦追究分管领导责任。

五、严格实行项目稽查,推进财务联网监管,提高投资效益。建立非中央投资建设项目稽查制度,每年采取多种方式对非中央投资建设项目进行抽查,实施项目全过程监管。推进财务账簿数据库系统建设,加大各级财务部门监督检查力度。

六、严格执行《气象部门资金使用管理暂行办法》。对不按要求将有关资金纳入综合预算的单位,除扣减年度目标考核分数外,中国气象局还将按未纳入的比例相应扣减中央财政预算;对不按要求将地方财政预决算、科技服务收入支出情况和所属企业及独立核算实体的资金使用抄报中国气象局备案的,除扣减单位年度目标考核分数外,中国气象局将在全国气象部门范围内进行通报批评。

七、严格执行"结余资金管理规定",上级单位每年对各单位结余资金进行清理、公布,各单位要按照规定要求对结余资金进行合理安排。对于严格执行的单位,在结余资金的安排上给予政策奖励,对于不执行的单位,特别是随意转移资金、突击花钱等违规违纪现象发生的单位,除按照国家有关规定进行惩处外,视情况在年度预算方面要给予减扣。

八、按照随年度预算批复一并下发的绩效考评目标,开展绩效考评的监督与检查,对绩效考评优秀的单位,除在全国计财部门进行通报表扬外,视情况在下年度预算方面给予一定奖励,对绩效考评不合格的单位,除扣减年度目标考核分数外,视情况在下年度预算中给予一定的减扣。

九、建立奖惩制度,开展执行评比。执行上述四个"办法"的各环节涉及各相关单位,各单位要做好配套工作,完成相关环节的主要工作任务,如果某环节的责任与任务尚未完成,或者影响整个工作进程,造成一定的损失,则按照各暂行办法的要求追究相关单位领导责任,并在年终目标考核中给予扣分和相应体现。对上述四个"办法"或者某个办法执行较好的单位,要分别给予通报表扬和相应奖励,并在年终目标考核中有所体现。

十、对隐瞒、少报资金;转移、滥用资金;漏报、不报项目;擅自扩大项目规模等情况造成重复建设、浪费资源等较为严重后果的事件,要进行严厉惩处。根据各办法的具体内容,暂设立通报批评、年度目标考核不达标、减扣年度预算等方式进行处理。对于违规行为则按相关制度给予惩处。

十一、本制度自发布之日起执行,由中国气象局计划财务司负责解释。

气象重点工程项目建议书编制规范

(气办发〔2010〕56号　2010年10月27日)

1　总　则

1.1　为规范气象重点工程项目建议书的编制,明确编制原则、内容和深度,根据《中国气象局重点工程建设项目管理办法》要求,特制定本规范。

1.2　本规范适用于由国务院或国家级、省级发展改革部门审批立项的气象业务建设项目。

1.3　气象重点工程项目建议书是进行项目可行性研究报告的依据。

1.4　项目建议书应按照国家基本建设的规划、方针政策、相关规定和标准,以及主管部门批复的相关文件进行编制。

1.5　项目建议书的编制应做到编制依据可靠、结构内容完整、文本格式规范、附件齐全,项目建议书内容深度能满足对项目建设必要性和项目是否可行进行初步判断。主要内容和深度应符合以下要求:

(1)通过调查现状,在充分占有信息资料的基础上,提出需求,论证项目建设的必要性。

(2)根据需求信息,确定项目的建设目标(包括分期目标)、建设原则、建设规模、建设地点和建设工期。

(3)提出项目建设方案,确定建设内容。

(4)提出项目实施计划、投资估算和资金筹措方案。要求投资估算误差率在±20%。

(5)提出项目建设管理、运行维护管理方案。

(6)从技术、经济、环境和社会条件等方面归纳总结项目建设的合理性。

1.6　项目建议书内容的深度要求随项目条件的不同而有所差别或有所侧重。

1.7　项目建议书的编制除应遵循本规范外,还应符合国家法律、法规及有关强制性条文的规定。

2　基本规定

2.1　项目建议书文档应统一命名为:项目名称+项目建议书。

2.2　项目建议书由前引部分、正文部分和可选的补充部分组成。

2.2.1　前引部分应包括以下内容:

(1)封面;

(2)编制单位资质证明;

(3)编制人员名单;

(4)目录。

2.2.2 正文部分应按下列内容和顺序编写:

(1)项目简述;

(2)项目建设的依据和必要性;

(3)需求分析;

(4)总体建设方案,对项目建设目标、原则、建设内容、拟建规模和建设地点、实施安排等的初步设想;

(5)投资估算;

(6)项目建设管理、建成后人才需求和维持经费预测;

(7)经济效益、社会效益和生态效益的估计;

(8)结论与建议。

2.2.3 补充部分主要包括相关附件。

2.3 项目建议书编制时使用的基本术语应参照有关国家标准、气象行业标准、国际标准以及国际、国内的惯用术语。除此之外,对理解项目建议书有重要影响的术语,应给出定义。

2.4 项目建议书中宜使用汉语,必要时可在汉语词汇后加注相应的外文词汇并放在圆括号内。在确实需要使用无相应汉语词汇的外文词汇时,应在第一次出现时加以说明。若使用外文词汇较多,应集中汇集为词汇表。

2.5 项目建议书中使用缩略词汇或简称时,应在第一次出现的地方在圆括号内注明非缩略词汇或全称。

2.6 项目建议书编制大纲见本规范附录A。

3 项目建议书主要内容

3.1 前引部分。

3.1.1 封面内容应包括项目名称、编制单位和编制日期,并加盖编制单位公章,需要时按规定标注相应的密级。样式见附录B。

3.1.2 工程咨询资格证书,根据装订需要,用A4纸进行复印。

3.1.3 编制人员名单应按以下顺序列出:审定、审核、校核、编写,并加盖主要编制人员的注册印章。样式见附录C。

3.2 正文部分。

3.2.1 项目简述应按下列内容和顺序编写:

(1)项目概况:包括项目名称、项目主管部门和建设单位。

(2)编制依据:简述编制项目建议书所依据的经批准或审查的专项规划、相关规划或主管部门的相关文件等。

(3)建设内容概况:概述项目的现状条件、建设目标、总体建设任务和本期建设任务以及建设方案等。

(4)投资及来源:简述项目总体(规划)投资和本期投资、资金筹措方案。

(5)效益:简述项目实施后所产生的社会、经济、环境、财务等方面的影响或作用。

(6)结论。

3.2.2 项目的依据和必要性应按下列内容和顺序编写:

(1)提出项目的背景和依据:应从项目所在区域社会经济的发展要求出发概述项目建设的环境,简述区域自然地理背景,并从科学理论、实践情况以及国家、行业、地方政府的相关法律、法规、政策和批文等方面来描述项目建设的依据。

(2)发展现状:简述与项目相关的气象设备设施、数据产品和服务能力现状及实际业务工作开展情况,与项目相关的已建或在建项目状况,分析项目建设的有利或限制条件。存在的主要问题和差距:分析现有系统的缺陷或不足以及实际工作中需要改进的方面,分析归纳存在的主要问题与差距。

(3)项目建设的意义和必要性:从宏观形势、气象发展、能力提升、技术进步、存在差距、需解决的主要问题、可能取得的主要效益等方面分析论证项目建设的必要性。

3.2.3 需求分析应按下列内容编写:

(1)外部需求和业务目标分析:分析与项目相关的来自政府、社会、公众、行业等对项目建设的具体要求和气象部门需达成的业务目标。

(2)业务需求分析:分析满足项目相关的外部需求、达成业务目标所必需的气象设备设施、数据产品和服务能力的要求。

3.2.4 总体建设方案应按下列内容和顺序编写:

(1)建设目标:根据需求分析,提出项目建设的总体目标和分期目标。

(2)建设原则:依据国家相关法律和规范,以及项目自身的特点,提出项目建设的原则。

(3)建设内容与规模:根据项目建设目标,按照国家政策和总体效益优化原则,分析研究应用部门的要求,结合项目总体目标,提出项目建设内容与规模。

(4)总体功能:项目的总体组成、结构与层次关系等的初步设想,阐述项目建成后能实现的各种功能与作用。

(5)建设条件状况:根据项目建设内容和技术方案,初步提出需要的软硬件环境和其他资源,包括自然环境、人文环境、安全环境等方面。说明为满足项目主体要求需要的土建工程及其他配套工程的主要内容与规模。

(6)建设地点的初步设想:根据建设条件,选取若干个被选的建设地点,并对各被选建设地点进行分析介绍,并指出建设用地与当地土地主管部门的初步协商情况(征用土地的,应附土地意向性协议)。

(7)项目实施的初步设想:根据项目建设需要及相关技术要求,初步提出实施进度安排。

3.2.5 投资估算:估算总投资和分类投资,投资估算表应按国家相关标准的规定进行编制。主要表格有:总投资估算表、设备及工器具购置费估算表、建筑工程投资估算表、安装工程投资估算表、其他费用估算表、分年度投资表等。其分项表格较多时,宜作为建议书的附件。

3.2.6 建设和运行管理应按下列内容和顺序编写:

(1)建设管理:提出建设期管理体制、法人形式、招标管理等建议方案。

(2)项目建成后人才需求:提出与运行维护人员相关的要求,包括人员数量、技术要求、培训计划等。

(3)运行管理费预测:提出运行期管理体制、组织结构及职责、保障措施等相关经费及来源建议方案。

3.2.7 经济效益、社会效益和生态效益应按下列内容和顺序编写:

(1)经济效益:预测项目建成以后运行期间有可能产生的各种收益,结合项目的经济投入对项目进行经济效益分析。

(2)社会效益:结合气象重点工程项目作为公益性项目的特点,重点分析项目建成以后的社会效益,对不能量化的效益进行定性分析,对可量化的效益说明估算方法及结果。

(3)生态效益:分析项目建成以后对生态环境的影响,并进行评价。

3.2.8 结论与建议应对项目的合理性和可行性提出明确的结论,为项目决策提供科学依据,应按下列内容和顺序编写:

(1)结论:从技术、经济、管理、效益等方面对项目进行全方位的评价和总结,归纳项目建议书的结论。

(2)建议:对存在的问题及下一步工作提出建议。

3.3 补充部分。

附件应按"附件1、附件2、附件3……"顺序编号,并装订在正文之后,也可单独印装成册。如单独印装成册,也应按封面、目录、附件正文及附件的附录等顺序进行编排,其封面除增加附件标题外,其余与正文封面相同,样式见附录D。

4 编排与印制

4.1 项目建议书封面中的"项目名称"和"项目建议书"几个字宜用小初号黑体加粗,编制单位名称宜用二号宋体加粗,日期宜用二号宋体加粗。

4.2 项目建议书的目录层次宜设置为2~3层;要标示页码,页码要单独编排,不与正文同排;目录字体宜为1级标题选用四号黑体字,其余用四号宋体字;"目录"两字宜为四号宋体加粗,并居中,"目"与"录"两字中间空半角三格。

4.3 项目建议书正文部分的章节序号宜采用阿拉伯数字分级编号。一级标题宜用三号黑体字,二级标题宜用四号黑体字,其余标题及正文宜用四号宋体字。

4.4 附图名和附表名的字体宜使用四号黑体字,附图名列在图下居中,附表名在表上方居中。附图、附表编号为:A-B,其中A为该册章节号,B为该章节图表顺序号(图和表分别编号)。如第四章的第一个图(或表),即表示为图(或表)4-1。附件要全部编排在正文后。

4.5 项目建议书设计用文字处理软件统一采用 WINWORD(包括附表),附图可采用 VISIO 绘制;宜用 A4(210mm×297mm)标准大小的白纸编排和印刷,左侧装订。同时宜制作电子介质的副本。

5 保 密

5.1 涉及保密内容的项目建议书的编制、印刷、传送、使用及保存,应按《中华人民共和国保守国家秘密法》和有关规定执行。

5.2 涉及保密内容的项目建议书,应在封面右上角明确标注保密等级。

附录 A

气象重点工程项目建议书编制大纲

1 项目概况
2 项目依据和必要性
   2.1 项目背景和依据
   2.2 发展现状
   2.3 存在的主要问题和差距
   2.4 项目建设的意义和必要性
3 需求分析
   3.1 外部需求和业务目标分析
   3.2 业务需求分析
4 总体建设方案
   4.1 建设目标
   4.2 建设原则
   4.3 建设内容与拟建规模
   4.4 建设条件
   4.5 建设地点
   4.6 项目实施
5 投资估算
6 建设与运行管理
   6.1 建设管理
   6.2 项目建成后人才需求
   6.3 运行管理费预测
7 经济效益、社会效益和生态效益
   7.1 经济效益
   7.2 社会效益
   7.3 生态效益
8 结论与建议
   8.1 结论
   8.2 建议
附件

注:各节可进一步细化。

附录 B

封面样式

（具体项目名称）
项目建议书

（编制单位名称）
××××年××月

附录 C

编制人员名单页样式

审定：××

审核：××××××

校核：××××××

编写人员：××××××××
×××××××××

参编人员：××××××××
×××××××××

附录 D

附件封面样式

（具体项目名称）
项目建议书
附件 X：（附件名称）

（编制单位名称）
××××年××月

气象重点工程项目可行性研究报告编制规范

(气办发〔2010〕56号 2010年10月27日)

1 总 则

1.1 为规范气象重点工程项目可行性研究报告的编制,明确编制原则、内容和深度,根据《中国气象局重点工程建设项目管理办法》要求,特制定本规范。

1.2 本规范适用于由国务院或国家级、省级发展改革部门审批立项的气象业务建设项目。

1.3 气象重点工程项目可行性研究报告是进行初步设计的依据。

1.4 可行性研究报告应依据相关项目规划、项目建议书等进行编制,主要内容和深度应符合下列要求:

(1)对现状和需求进行调查分析,论证项目建设的必要性。
(2)确定项目的建设目标、建设规模和建设原则。
(3)通过比选确定项目总体及分项目选址布局和建设方案。
(4)提出建设管理方案。
(5)说明建设方案的设备配置及相应的配套工程,估算项目投资。要求投资估算误差率在±15%。
(6)从技术、经济、社会、效益和环境等方面论证项目建设方案的可行性。

1.5 气象重点工程项目可行性研究报告的编制除应遵循本规范外,还应符合国家法律、行政法规及有关强制性条文的规定。

2 基本规定

2.1 可行性研究报告的文档应统一命名为:项目名称+可行性研究报告。

2.2 可行性研究报告应由前引部分、正文部分和可选的补充部分组成。

2.2.1 前引部分应包括以下内容:
(1)封面;
(2)编制单位资质证明;
(3)目录。

2.2.2 正文部分应按下列顺序和内容编写:
(1)总论;
(2)必要性和需求分析;

(3)建设任务和规模；
(4)总体布局；
(5)建设方案；
(6)节能措施；
(7)环境影响评价；
(8)劳动安全卫生与消防；
(9)组织机构、人力资源配置与招标投标；
(10)项目实施安排；
(11)投资估算与资金筹措；
(12)效益分析；
(13)风险分析；
(14)结论与建议。

2.2.3 补充部分主要包括相关附件。

2.3 可行性研究报告编制时使用的基本术语应参照有关国家标准、行业标准、国际标准以及国际、国内的惯用术语。除此之外，对理解报告有重要影响的术语，应做出必要的定义。

2.4 可行性研究报告中的词汇宜使用汉语，必要时可在汉语词汇后加注相应的外文词汇并放在圆括号内。在确需使用无相应汉语词汇的外文词汇时，应在第一次出现时加以说明。若使用的外文词汇较多，应集中汇集为词汇表。

2.5 可行性研究报告中使用缩略词汇或简称时，应在第一次出现的地方在圆括号内注明非缩略词汇或全称。

2.6 可行性研究报告编制大纲见附录 A。

3 报告主要内容

3.1 前引部分。

3.1.1 封面内容应包括项目名称、编制单位和编制日期，并加盖编制单位公章，需要时按规定标注相应的密级。样式见附录 B。

3.1.2 工程咨询资质证书，根据装订需要，用 A4 纸进行复印。

3.1.3 编制人员名单应按以下顺序列出：审定、审核、校核、编写，并加盖主要编制人员的注册印章。样式见附录 C。

3.2 正文部分。

3.2.1 总论应按下列顺序和内容编写：

(1)项目背景：简述项目的基本情况，包含项目名称、承办单位概况、可行性研究报告编制依据、项目提出的理由及过程、关键术语定义与说明等。

(2)项目概况：简述项目建设目标、内容与规模、拟建地点、项目建设周期、主要建设条件、项目投入总资金及来源、主要技术经济指标、项目建成后的效益情况等。

(3)结论与建议:概要描述项目可行性研究的结论,对于需要国家、有关部门解决的问题以及本部门需要进一步落实的工作,可以提出相关建议。

3.2.2 必要性和需求分析应按下列顺序和内容编写:

(1)背景分析:分析项目所在区域自然地理条件、社会经济发展情况、气象灾害情况和气象资源条件。人工影响天气项目应分析项目所在区域水资源利用情况、空中云水资源情况及作业条件。

(2)现状与差距:分析与项目相关的气象设备设施、数据产品和服务能力现状及实际业务工作开展情况。简要描述国内外已建项目和相关环境的现状以及同类系统的现状与发展趋势等。分析归纳存在的主要差距、主要问题、问题的表现形式及产生根源等。

(3)项目建设必要性:从宏观形势、行业发展、能力提升、技术进步、可能取得的效益等方面论述系统建设的必要性。

(4)业务需求:分析与项目相关的来自政府、社会、公众、行业等对项目建设的具体要求和气象部门需达成的业务目标。分析需要项目建设提供的气象设备设施、数据产品和服务能力的要求,业务功能、业务流程和业务量分析,涉及办公业务楼的项目应提供人员编制情况和面积需求的计算。

(5)信息系统需求:对于通信网络、计算、存储和软件开发等信息化项目需描述现有信息系统情况及功能需求、性能需求和数据信息量分析与预测。

3.2.3 建设任务和规模应按下列顺序和内容编写:

(1)建设目标:按照国家政策和项目总体效益优化的原则,以及项目的需求分析,根据需要和可能,论证和确定项目建设的总体目标和分期目标。

(2)建设原则:依据国家相关法律和规范以及项目本身特点,确定项目建设原则与建设策略。

(3)建设内容与规模:依据项目总体目标、建设条件分析等,经方案比选,确定项目总体建设内容和建设规模等。

3.2.4 总体布局应按下列顺序和内容编写:

(1)总体功能与结构:依据建设目标,阐述整个系统建成后能实现的各种功能与效用及总系统的组成、结构与层次等。

(2)总体布局:根据总体功能与结构提出布局原则,论述系统设施在各个省县区域的分布和规模。

(3)站址选择:根据总体布局,并考虑各个区域的自然、地理、社会、环境和经济等状况,进一步细化系统实施的具体分布,详细说明站址的位置、占地面积、规模等信息。提供土地的可使用依据,如土地使用证、土地协议等。

3.2.5 建设方案应按下列顺序和内容编写:

(1)总体建设方案:根据项目建设内容和特点,提出项目总体技术集成方案,主要设备类型、数量、主要技术指标要求,主要建、构筑物建设方案等。

(2)项目中含多个分项目,可顺序描述多个分项目的建设方案,每个分项目建设方案按下列顺序和内容编写:

a)建设内容:详述该分项目的建设目标、建设内容和建设规模。
b)功能:详述该分项目所要实现的具体功能。
c)结构:详述该分项目系统的组成、结构与层次等。
d)布局:具体说明该分项目的地区布局和站址选择。
e)设备配置:根据系统构成和技术方案,初步确定设备的类型、数量、主要技术指标要求及运行环境和其他资源等。

3.2.6 节能措施应按下列顺序和内容编写:
(1)能耗指标分析:分析本项目用水、电、气等各种资源消耗情况。
(2)节能措施:提出项目节能措施和解决方案,并说明节能效果。

3.2.7 环境影响评价应按下列顺序和内容编写:
(1)项目建设和运行对环境的影响:分析项目建设和运行过程中对自然、生态、社会、名胜古迹等环境的正面和负面影响。
(2)环境影响评价:通过调查分析环境条件,识别和分析拟建项目影响环境的因素,提出治理和保护环境的措施,比选和优化环境保护方案。

3.2.8 劳动安全卫生与消防应按下列顺序和内容编写:
(1)劳动安全卫生措施方案:分析职业安全和卫生隐患,提出职业安全和卫生措施以及解决方案。
(2)消防:分析消防安全隐患,提出消防措施和解决方案。

3.2.9 组织机构、人力资源配置与招标投标应按下列顺序和内容编写:
(1)组织机构:描述项目建设单位的组织建设和管理体系、机构设置和相关职责,明确项目实施和管理的分工和责任。
(2)人力资源配置:提出项目建设和运行维护的技术力量和人员配置,以及系统建设和应用的人员培训计划、培训方案和培训经费测算依据等。
(3)招标投标:根据《中华人民共和国招标投标法》的有关规定,对需要实施招标的项目,应列出招标范围、招标方式和招标组织形式。具体内容按《工程建设项目可行性研究报告增加招标内容和核准招标事项暂行规定》(国家计委9号令)要求编制并提供附件"招标基本情况表"。

3.2.10 项目实施进度应按下列顺序和内容编写:
(1)项目建设期:提出项目建设期和建设各阶段的划分。
(2)实施进度计划:描述项目实施进程安排,绘制项目实施进度表。

3.2.11 投资估算与资金筹措应按下列顺序和内容编写:
(1)投资估算依据:说明投资估算的原则、依据和取费标准等。
(2)建设投资估算:按国家相关标准的规定进行编制,估算项目建设的投资,建设投资包括建筑工程费用、设备及工器具购置费、安装工程费、工程建设其他费用、基本预备费、涨价预备费及建设期利息。其分项表格较多时,宜作为报告的附表。
(3)业务运行费估算:结合系统运行方案,对系统建成后的年运行经费进行估算,包括通信线路租费、系统维护费、系统运行耗材费、通信服务费等。

(4)资金筹措:明确项目投资的资金来源和落实情况,包括:中央投资和地方自筹资金,列出项目资金来源、比例结构、落实情况等信息。

(5)分年投资计划:提出分年度资金使用计划。

3.2.12 效益分析应按下列顺序和内容编写:

(1)社会效益:分析项目对国民经济和社会发展产生的促进作用。

(2)经济效益:分别描述项目的直接经济效益和间接经济效益,尽可能用量化指标描述。

(3)生态效益:描述项目对环境和生态系统的产生影响,评价项目的生态效益。

3.2.13 风险分析应按下列顺序和内容编写:

(1)风险识别和分析:识别和分析项目的潜在的技术、预算、管理、进度计划、安全等方面对系统建设的影响以及可能存在的风险。

(2)风险对策和管理:提出应对风险的对策和风险管理措施。

3.2.14 结论与建议应按下列顺序和内容编写:

(1)结论:归纳可行性研究的结论。

(2)建议:对可行性研究中存在的主要争议和未解决的主要问题提出解决办法或建议。

3.3 补充部分。

附件应按"附件1、附件2、附件3……"顺序编号,并装订在正文之后,也可单独印装成册。如单独印装成册,也应按封面、目录、附件正文及附件的附录等顺序进行编排,其封面除增加附件标题外,其余与正文封面相同,样式见附录D。

4 编排与印制

4.1 可行性研究报告封面中的"项目名称"和"可行性研究报告"几个字宜用小初号黑体加粗,编制单位名称宜用二号宋体加粗,日期宜用二号宋体加粗。

4.2 可行性研究报告的目录层次宜设置为3～4层;要标示页码,页码要单独编排,不与正文同排;目录字体宜为1级标题选用四号黑体字,其余用四号宋体字;"目录"两字宜使四号宋体加粗,并居中,"目"与"录"两字中间空半角三格。

4.3 可行性研究报告正文部分的章节序号宜采用阿拉伯数字分级编号。一级标题宜用三号黑体字,二级标题宜用四号黑体字,其余标题及正文宜用四号宋体字。

4.4 附图名和附表名字体宜使用四号黑体字,附图名列在图下居中,附表名在表上方居中。附图、附表编号为:A-B,其中A为该册章节号,B为该章节图表顺序号(图和表分别编号)。如第四章的第一个图(或表),即表示为图(或表)4-1。附件要全部编排在正文后。

4.5 可行性研究报告设计用文字处理软件统一采用WINWORD(包括附表),附图可采用VISIO绘制;宜用A4(210mm×297mm)标准大小的白纸编排和印刷,左侧装订。同时宜制作电子介质的副本。

5 保密

5.1 涉及保密内容的可行性研究报告的编制、印刷、传送及使用,应按《中华人民共和国保守国家秘密法》和有关规定执行。

5.2 涉及保密内容的可行性研究报告,应在封面上明确标注保密等级。

5.3 涉密等级应与项目建议书批复一致。

附录 A

气象重点工程项目可行性研究报告编制大纲

1 总论
    1.1 项目背景
    1.2 项目概况
    1.3 结论与建议
2 必要性和需求分析
    2.1 背景分析
    2.2 现状与差距
    2.3 项目建设必要性
    2.4 业务需求
    2.5 信息系统需求
3 建设任务和规模
    3.1 建设目标
    3.2 建设原则
    3.3 建设内容与规模
4 总体布局
    4.1 总体功能与结构
    4.2 总体布局
    4.3 站址选择
5 建设方案
    5.1 分项目1建设方案
        5.1.1 建设内容
        5.1.2 功能
        5.1.3 结构
        5.1.4 布局
        5.1.5 设备配置
    5.2 分项目2建设方案(同5.1)
6 节能措施
    6.1 能耗指标分析
    6.2 节能措施
7 环境影响评价
    7.1 项目建设和运行对环境的影响
    7.2 环境影响评价
8 劳动安全卫生与消防

8.1　劳动安全卫生措施方案
　　8.2　消防
9　组织机构、人力资源配置与招标投标
　　9.1　组织机构
　　9.2　人力资源配置
　　9.3　招标投标
10　项目实施进度
　　10.1　项目建设期
　　10.2　实施进度计划
11　投资估算与资金筹措
　　11.1　投资估算依据
　　11.2　建设投资估算
　　11.3　业务运行费估算
　　11.4　资金筹措
　　11.5　分年度投资计划
12　效益分析
　　12.1　社会效益
　　12.2　经济效益
　　12.3　生态效益
13　风险分析
　　13.1　风险识别和分析
　　13.2　风险对策和管理
14　结论与建议
　　14.1　结论
　　14.2　建议
附件

注：1. 各节可进一步细化；

2. 分项目2建设方案的编写顺序如同分项目1,如果还有其他分项目,可以顺次增加新的节,也可以将分项目建设方案各成一章。

附录 B

封面样式

（具体项目名称）
可行性研究报告

（编制单位名称）
××××年××月

附录 C

编制人员名单页样式

审定：××

审核：××××××

校核：××××××

编写人员：××××××××××
××××××××

参编人员：××××××××××
××××××××

附录 D

附件封面样式

（具体项目名称）
可行性研究报告
附件 X：（附件名称）

（编制单位名称）
××××年××月

气象重点工程项目初步设计编制规范

(气办发〔2010〕56号　2010年10月27日)

1　总　则

1.1　为规范气象重点工程项目初步设计的编制,明确编制原则、内容和深度,根据《中国气象局重点工程建设项目管理办法》的要求,特制订本规范。

1.2　本规范适用于由国务院或国家级、省级发展改革部门审批立项的气象业务建设项目。

1.3　气象重点工程项目初步设计是进行项目实施建设的重要依据。

1.4　初步设计应依据可行性研究报告进行编制,应做到编制依据可靠、结构内容完整、文本格式规范、附图附表附件齐全,初步设计文件应能满足编制施工招标文件、主要设备材料订货和编制施工图设计文件的需要,建筑工程应落实土地、规划、环保、市政、人防等方面的要求,并进行初步地质勘查工作。主要内容和深度应符合下列要求:

(1)详细描述用户需求、系统建设目标与任务,明确业务处理流程、功能和性能需求。

(2)根据需求分析,进行系统总体设计。

(3)根据系统的组成和技术特点,进行系统划分,并对各组成部分分别进行设计。

(4)根据系统设计,确定系统建设方案、软硬件配置及配套设施。提出项目建设与运行管理方案。

(5)编制项目投资概算和实施计划。要求投资概算误差率在±10%。

1.5　气象重点工程项目初步设计的编制除应遵循本规范外,还应符合国家法律、行政法规及有关强制性条文的规定。

2　基本规定

2.1　初步设计的文档应统一命名为:项目名称＋初步设计。

2.2　初步设计应由前引部分、正文部分和可选的补充部分组成。

2.2.1　前引部分应包括以下内容:

(1)封面;

(2)编制单位资质证明;

(3)编制人员名单;

(4)目录。

2.2.2　正文部分应按下列顺序和内容编写:

(1)总体设计;
(2)分项目设计;
(3)项目实施计划与管理;
(4)技术培训;
(5)投资概算;
(6)有关问题说明。

2.2.3 补充部分主要包括相关附件。

2.3 初步设计编制时使用的基本术语应参照有关国家标准、行业标准、国际标准以及国际、国内的惯用术语。除此之外,对理解初步设计有重要影响的术语,应做出必要的定义。

2.4 初步设计中的词汇宜使用汉语,必要时可在汉语词汇后加注相应的外文词汇并放在圆括号内。在确需使用无相应汉语词汇的外文词汇时,应在第一次出现时加以说明。若使用的外文词汇较多,应集中汇集为词汇表。

2.5 初步设计中使用缩略词汇或简称时,应在第一次出现的地方在圆括号内注明非缩略词汇或全称。

2.6 初步设计编制大纲见附录 A。

3 初步设计主要内容

3.1 前引部分。

3.1.1 封面内容应包括项目名称、编制单位和编制日期,并加盖编制单位公章,需要时按规定标注相应的密级。样式见附录 B。

3.1.2 编制单位资质证书,根据装订需要,用 A4 纸进行复印。

3.1.3 编制人员名单应按以下顺序列出:审定、审核、校核、编写,并加盖主要编制人员的注册印章。样式见附录 C。

3.2 正文部分。

3.2.1 总体设计应按下列顺序和内容编写:

(1)概述:

a)项目建设的背景:简述项目由来、可行性研究概要等。

b)项目建设的需求分析:从宏观形势、气象发展、能力提升、技术进步、存在差距、需解决的主要问题、可能取得的主要效益等方面分析论证项目建设的必要性。与建设单位职能和建设依据结合分析说明现状情况(包括气象设备设施、数据产品和服务能力现状、其他相关项目建设基础),提出存在的主要问题,分析项目建设业务要求和相关功能、性能需求和信息量分析与预测。

c)项目建设的前期准备工作:从准备工作情况和大型设备选址情况来说明项目建设前的准备工作。

d)项目设计概要:介绍本项目设计的主要内容以及在各章节的分布。

(2)设计依据：列出项目可行性研究报告和相应的审批文件（如当地规划部门的规划意见书、当地人防部门意见等）以及引用的国家标准、行业标准、国际标准和主要参考文献等。

(3)设计原则：从应用、技术、建设、运行维护管理、经济等方面确定设计的基本准则。

(4)项目建设目标与任务：

a)项目建设目标：根据需解决的主要问题和时间要求，确定项目建设所要达到的水平。提出量化可考核的指标，若分期建设的项目要说明总目标和本期目标的关系。

b)项目建设任务：从建设目标出发，描述系统的建设范围、建设规模及主要建设内容及建设期。

(5)总体功能：根据需求分析，结合实际情况，描述项目建成后的总体功能。

(6)总体结构：根据需求分析和系统的总体功能，结合项目技术特点，设计系统总体结构。

(7)总体布局：根据系统总体结构提出布局原则，阐述系统设施在各个省县区域的分布和规模。

(8)信息总流程：根据系统总体结构以及各分系统的布局和功能，分析描述数据及数据流程。

(9)接口设计：根据本系统的功能与结构、与外部有关系统的相互关系、各分项目之间的相互关系，设计与外部有关系统、各分项目之间相互之间接口。

3.2.2 分项目设计应按下列顺序和内容编写：

(1)功能设计：确定分项目的主要功能和性能指标。

(2)结构设计：确定分项目的各组成部分及其相互关系。

(3)布局设计：根据框架结构和技术特点，设计各部分的布局。

(4)信息流程：根据分项目设计结构以及布局和功能，分析描述数据及数据流程。

(5)接口设计：根据各部分之间的相互关系，设计接口。

(6)技术性能要求：根据系统设计，进行设备主要性能需求测算确定系统所需软硬件、其他资源和运行环境的类型、数量、主要技术指标要求等。

(7)主要设备的选型：根据技术性能要求，结合设备市场具体情况选取合适的设备，并具体说明选型依据及拟选择设备的主要性能指标。

(8)安装工艺、场地及运输要求：重要设备安装的相关要求。

(9)主要设备材料清单：根据主要设备选型结果以及安装工艺和场地要求，编制主要设备材料清单。

(10)分项目投资概算：根据设备以及相关土建配套设施，进行分项目投资概算。

(11)有关问题说明：解释其他上文中描述不够清楚或者容易引起异议的问题。

3.2.3 项目实施计划与管理应按下列顺序和内容编写：

(1)项目实施计划：从项目工期、阶段划分以及各阶段的主要工作等方面来说明项目实施计划。

(2)项目管理：

a)工程建设管理机构:提出建设管理组织机构、项目法人组建方案,制定项目建设风险、成本、质量、进度控制及文档资料管理的初步方案。

b)工程建设监理:根据项目的实际情况,提出工程监理单位的资质要求。

(3)项目运行管理:

a)业务运行:明确运行管理组织机构、人员的组成,确定系统运行管理模式,估算运行维护管理经费,明确经费来源等。

b)技术保障:制定项目的技术保障体系,明确经费来源。

3.2.4 技术培训应按下列顺序和内容编写:

(1)概述:描述项目运行管理需要工作人员的数量以及所需具备的素质、上岗标准等。

(2)人员配置计划:分析直接相关业务人员现状,分析工程对人员需求与现状的差距,确定管理、技术、操作等人员配备计划及可实现性。

(3)培训目标:根据项目运行对工作人员的要求以及上岗标准等制定培训目标。

(4)培训内容和规模:根据项目运行所需工作人员的数量以及专业情况,结合培训目标,确定培训的内容和规模。

(5)培训的组织和管理:根据培训的内容与规模,结合项目进度,安排培训的时间和地点,确定培训的组织和管理形式。其中培训费应具体说明:培训人员岗位、数量,培训内容、培训天数、费用标准、培训单位地点等。

3.2.5 投资概算应包括下列内容:

(1)投资概算依据:说明投资概算的原则、依据和取费标准等,详细列出所有依据、取费标准的细目。

(2)投资概算项目及标准:详细列出各分项目的投资概算标准及金额。

(3)总投资概算:根据各分项目的投资概算,综合出本项目的总投资概算,投资概算表的格式与内容应符合国家相关标准、政策法规的规定,当分项表格较多时,宜抽出作为初步设计的附件。

(4)资金筹措:说明建设资金的组成及来源。

(5)分年度投资计划表:根据项目进度安排,确定项目阶段投资计划。

(6)业务运行费估算:根据项目实际情况进行估算。

3.2.6 有关问题的说明应按下列顺序和内容编写:

(1)对原设计的主要变更:初步设计与可研报告在建设目标、规模、内容、方案、投资等方面的变化、调整情况,充分说明变更理由。

(2)其他需要说明的问题。

3.3 补充部分。

附件应按"附件1、附件2、附件3……"顺序编号,并装订在正文之后,也可单独印装成册。如单独印装成册,也应按封面、目录、附件正文及附件的附录等顺序进行编排,其封面除增加附件标题外,其余与正文封面相同,样式见附录D。

4 编排与印制

4.1 初步设计封面中的"项目名称"和"初步设计"几个字宜用小初号黑体加粗,编制单位名称宜用二号宋体加粗,日期宜用二号宋体加粗。

4.2 初步设计的目录层次宜设置为 3～4 层;要标示页码,页码要单独编排,不与正文同排;目录字体宜为 1 级标题选用四号黑体字,其余用四号宋体字;"目录"两字宜使四号宋体加粗,并居中,"目"与"录"两字中间空半角三格。

4.3 初步设计正文部分的章节序号宜采用阿拉伯数字分级编号。一级标题宜用三号黑体字,二级标题宜用四号黑体字,其余标题及正文宜用四号宋体字。

4.4 附图名和附表名字体宜使用四号黑体字,附图名列在图下居中,附表名在表上方居中。附图、附表编号为:A-B,其中 A 为该册章节号,B 为该章节图表顺序号(图和表分别编号)。如第四章的第一个图(或表),即表示为图(或表)4-1。附件要全部编排在正文后。

4.5 初步设计文字处理软件统一采用 WINWORD(包括附表),附图可采用 VISIO 绘制;宜用 A4(210mm×297mm)标准大小的白纸编排和印刷,左侧装订。同时宜制作电子介质的副本。

5 保　密

5.1 涉及保密内容的项目初步设计的编制、印刷、传送、使用及保存,应按《中华人民共和国保守国家秘密法》和有关规定执行。

5.2 涉及保密内容的工程项目初步设计,应在封面右上角明确标注保密等级。

5.3 涉密等级应与项目建议书批复或可行性研究报告批复一致。

附录 A

气象重点工程项目初步设计编制大纲

1 总体设计
　　1.1 概述
　　1.2 设计依据
　　1.3 设计原则
　　1.4 项目建设目标与任务
　　1.5 总体功能
　　1.6 总体结构
　　1.7 总体布局
　　1.8 信息总流程
　　1.9 接口设计
2 分项目设计
　　2.1 分项目1设计
　　　　2.1.1 功能设计
　　　　2.1.2 结构设计
　　　　2.1.3 布局设计
　　　　2.1.4 信息流程
　　　　2.1.5 接口设计
　　　　2.1.6 技术性能要求
　　　　2.1.7 主要设备的选型
　　　　2.1.8 安装工艺、场地及运输要求
　　　　2.1.9 主要设备材料清单
　　　　2.1.10 分项目投资概算
　　　　2.1.11 有关问题说明
　　2.2 分项目2设计(同2.1)
3 项目实施计划与管理
　　3.1 项目实施计划
　　3.2 项目管理
　　　　3.2.1 工程建设管理机构
　　　　3.2.2 工程招投标
　　　　3.2.3 工程建设监理
　　3.3 项目运行管理
　　　　3.3.1 业务运行
　　　　3.3.2 技术保障

4 技术培训
    4.1 概述
    4.2 培训目标
    4.3 培训内容和规模
    4.4 培训的组织和管理
5 投资概算
    5.1 投资概算依据
    5.2 投资概算项目及标准
    5.3 总投资概算
    5.4 资金筹措
    5.5 分年度投资计划表
    5.6 业务运行费估算
6 有关问题的说明
    6.1 原设计的主要变更
    6.2 其他需要说明的问题
附件

注：1. 各节可进一步细化；
    2. 分项目 2 设计的编写顺序如同分项目 1 设计，如果还有其他分项目，可以顺次增加新的节。

附录 B

封面样式

(具体项目名称)
初步设计

(编制单位名称)
××××年××月

附录 C

编制人员名单页样式

审定：××

审核：××××××

校核：××××××

编写人员：××××××××××
××××××××××

参编人员：××××××××××
××××××××××

附录 D

附件封面样式

(具体项目名称)
初步设计
附件 X:(附件名称)

(编制单位名称)
××××年××月

中国气象局气象小型建设项目可行性研究报告格式

项目名称：
项目建设单位(盖章)：
编制单位(盖章)：
编制负责人(签字)：
编制日期：　　年　　月　　日

中国气象局制

项目建设单位(或牵头单位)
承 诺 书

  本项目可行性研究报告根据国家有关法律法规和规章制度,按规定程序和要求编报。本单位法定代表人、本项目负责人、计财机构负责人保证该项目可行性研究报告中的各项内容真实、客观和准确,并承担由此引起的相关责任。

        法定代表人(签字):

            年 月 日

        项目负责人(签字):

            年 月 日

        计财机构负责人(签字):

            年 月 日

项目建设单位(或牵头单位)基本情况表

	项目名称				
	项目类别	□基础设施　　□业务　　□其他			
项目建设单位	单位名称				
	单位性质	□事业单位　　□科研机构　　□企业　　□其他			
	单位组织机构代码				
	单位法定代表人姓名				
	电子邮箱				
	通信地址				
	邮政编码				
相关责任人	项目负责人	姓　名			
		身份证号			
		工作单位			
		电话号码		手机号码	
		电子邮箱		邮政编码	
		通信地址			
	项目联系人	姓　名			
		电话号码		手机号码	
		传真号码			
		电子邮箱			
	计划财务机构负责人	姓　名			
		身份证号			
		电话号码		手机号码	
		电子邮箱			

（可行性研究报告编制单位资质页）

（目录页）

（正文大纲）

1 项目背景与建设的必要性
    1.1 项目提出的理由
    1.2 现状分析
    1.3 需求及必要性分析
2 项目建设目标和绩效考核指标
    2.1 项目建设目标
    2.2 绩效考核指标
3 项目建设内容与规模
4 项目实施地点及建设条件
    4.1 建设场址
    4.2 建设条件
5 项目技术方案
6 项目组织管理和技术培训方案
    6.1 项目组织管理方案
    6.2 技术培训方案
7 项目实施进度计划
8 投资估算与资金筹措
    8.1 投资估算的有关说明
    8.2 项目总投资估算
    8.3 资金来源与落实情况
9 项目效益分析和风险分析
    9.1 效益分析
    9.2 风险分析
10 招标或采购的方式和内容
11 专家论证意见和专家名单

附表 6-1 项目参加人员基本情况表
附表 8-1 项目总投资估算表
附表 8-2 建筑与安装工程费估算表
附表 8-3 设备购置费估算表
附表 8-4 应用软件开发费估算表
附表 8-5 技术培训费估算表
附表 8-6 各建设单位投资估算明细表（涉及多个建设单位时填写）
附表 8-7 各建设单位分工及投资汇总表

附表 10-1　招标、采购基本情况表

注:1. 可研报告编制要求详见"气象小型建设项目可行性研究报告编制说明"。
　　2. 上述各附表具体格式见 Excel 文件"气象小型建设项目可行性研究报告相关附表"(略)。

气象小型建设项目可行性研究报告编制说明

一、适用范围

本可行性研究报告编制格式适用于气象部门基本建设总投资在 3000 万元以下的气象小型基础设施建设项目和业务建设项目。

编制格式包括文本格式和相关表格格式,文本格式详见"气象小型建设项目可行性研究报告编制格式";表格格式详见"气象小型建设项目可行性研究报告相关附表",包括表 6-1、表 8-1 至表 8-7、表 10-1 共计 9 个表格。编制单位在上报可行性研究报告 Word 文本的同时,须提供上述各 Excel 表格。

气象大中型项目可行性研究报告格式按照气象部门有关规定执行。

二、总体要求

1. 可行性研究报告编制准备。可行性研究报告是投资决策、项目设计、实施、后评价等的依据性文件。在编制项目可行性研究报告之前,应深入调查,全面收集资料,进行详细分析研究。要认真阅读《气象部门基本建设管理办法》(气发〔2012〕23 号),并了解其他相关制度的要求与规定。

2. 可行性研究报告编制原则。可行性研究报告编制必须坚持科学性、客观性和公正性原则。项目投资估算应符合有关政策法规,经济合理,确保投资效益;相关标准应参照国家基本建设管理规定和气象部门经费相关管理办法中的有关规定执行,避免项目重复申报和重复建设。

3. 可行性研究报告有关具体填报的规范性要求。

(1)名称的规范性:可行性研究报告的文档应统一命名为:项目名称＋可行性研究报告;附表的文档应统一命名为:项目名称＋可行性研究报告附表。

所有项目建设单位应是预算能够直接下达的最终单位,应填写规范全称。各建设单位名称应与各自的组织机构代码一致,组织机构代码指企事业单位国家标准代码,无组织机构代码的单位填写"000000000",如有特殊情况需说明原因。

(2)签字盖章:项目可行性研究报告纸介质文本必须经项目建设单位(或牵头单位)的法定代表人签字、项目负责人签字、计财机构负责人签字以及编制负责人签字。纸介质材料中所有的签字之处,除提供打印名字外,还必须由本人签字,不得以本人名章代替;建设单位、编制单位除打印单位规范全称外,还须加盖公章。通过"中国气象行业建设项目管理信息系统"和公文系统上报的项目可行性研究报告中须附手写签字和盖章页的扫描件。

4. 对多家单位承担建设的项目编制说明。对于多家单位承担建设的项目，由项目牵头单位统一组织编制项目可行性研究报告。应在统筹确定项目总体建设目标、建设内容、总体建设方案的基础上，确定各单位的建设内容，明确各单位的投资。特别是涉及全国性、区域性的业务建设项目，要按照集约化原则进行总体设计，注重项目建设的整体性和系统性，避免各建设单位的分散建设、重复开发；软硬件的配备也应尽量规范、统一，避免同样功能的设备在各建设单位的投资中出现型号、价格的不一致。各建设单位的项目投资都必须在"表 8-6　各建设单位投资估算明细表"、"表 8-7　各建设单位分工及投资汇总表"中列示，原则上经费不得转拨。

5. 可行性研究报告编制单位资质页：《气象部门基本建设管理办法》规定，"估算总投资在 1000 万元及以上的建设项目，建设单位须委托具有相应资质的工程咨询机构编制可行性研究报告"。若投资在 1000 万元以下，但技术复杂、专业性强的建设项目，也可视需要委托有相应资质的工程咨询机构编制可行性研究报告。由具有工程咨询资质单位编制的可行性研究报告，应附 A4 纸大小的工程咨询资质证书复印件。

6. 目录页：目录按可行性研究报告内容的顺序编排，根据报告的框架结构，给出二级或三级标题的目录，以及附件的编号和标题。

三、可行性研究报告正文编制说明

（一）项目背景与建设的必要性

1. 项目提出的理由：阐述拟建项目的背景和原因；列举项目建设所依据的规划、文件和其他资料（可作为附件）。

2. 现状分析：阐述拟建项目现状情况及存在问题。若属分期建设项目，需说明前期项目的建设、运行及使用情况。

（1）业务建设项目：要说明现有相关业务系统的状况，包括系统的运行情况、分布层级或布局，主要设备台套数量及运行状况等，并说明存在的问题。

（2）基础设施建设项目：要说明现有用房或场地状况，如总占地面积、总建筑面积、建设年代，结构形式、建筑高度、楼层数、配套设施等，并说明存在的问题。根据具体情况，可附现状照片、危房鉴定证明等。房屋改造加固项目提供原建筑物的平面、立面、剖面建筑图等。

3. 需求及必要性分析：分析与拟建项目相关的外部需求；从业务、功能、规模等方面进行项目的内部需求分析。总结论述项目建设的意义和必要性。

（二）项目建设目标和绩效考核指标

1. 项目建设目标：根据前述需求分析，提出拟建项目的总体目标。若属分期建设项目，需阐明整体项目的建设目标，同时提出本期项目建设目标。

2. 绩效考核指标：绩效考核指标是衡量项目预期产出、预期效果和服务对象满意程度等的绩效指标，是衡量项目建设目标是否实现的指标。绩效考核指标应尽可能定量。如业务建设项目可包括：实现的业务能力，提高的业务服务水平，可提供的业务服务内容，新产品名称，业务成果，形成的专利产品、专有技术等；基础设施建设项目可选用项目建设的质量、进度、安全、技术经济等方面指标作为绩效考核指标。

(三)项目建设内容与规模

明确项目的建设性质(新建、改建、扩建),阐明项目建设内容与规模。其中:

1.业务建设项目:阐述项目建设主要内容和规模,包括各个系统及分布层级,主要设备台套数量等。

2.基础设施建设项目:说明建筑物/构筑物的基本信息,如总占地面积、总建筑面积、容积率、建筑密度、建筑高度、楼层数、配套设施等;说明装修、改造的内容、规模等。

(四)项目实施地点及建设条件

阐明项目建设的实施地点及建设条件,其中:

1.业务建设项目:阐明业务系统的建设地点,具体到场站位置或建筑楼层位置,阐明与业务建设相关的系统建设环境条件。

2.基础设施建设项目:阐明项目建设的场址位置和周边建筑情况,附建设地点位置图、地形图、现状总平面布局示意图等;阐明建设场址的自然条件,如地形地貌、气象、水文地质、地震设防等级等;阐明建设场址的市政条件,包括供水、供电、供气、供热、通信、交通等条件;阐明拆迁及三通一平情况等。

涉及用地的项目,应提供建设项目用地证明材料,如规划选址预审、建设用地预审、环境影响评价审批文件等,作为附件附后。对于已征地项目,也应提供相关用地证明材料,如国有土地产权证明、建设用地规划许可证及相关附图、建设用地批准书等;提供征地落实证明材料,如征地协议、划拨文件等。

涉及台站搬迁的项目,应附有台站搬迁批复。

涉及探测环境的项目,应根据中国气象局对台站探测环境保护的有关要求,提供探测环境不受建设影响的证明。

(五)项目技术方案

阐述拟建项目的技术方案,重大关键的建设内容应有方案比选。设计中应注意考虑节能与环保措施。其中:

1.业务建设项目技术方案。

(1)项目总体设计:阐明建设项目的总体功能、结构(附结构图)、布局、流程(附流程图);阐明与现有相关业务和工程的关系;

若属分期建设项目,还应阐明整体项目的总体结构,并说明本期项目与整体项目以及其他各期项目的关系。

(2)分系统设计:阐明每个分系统的功能、结构(附结构图)、布局、流程(附流程图);列明主要软硬件设备配置,与"表8-3 设备购置费估算表"对应一致;

对于应用软件开发,应阐明软件的基本功能组成、业务流程(数据流)图,给出每个软件模块的功能说明和开发人月数,与"表8-4 应用软件开发费估算表"对应一致。

2.基础设施建设项目建设方案。

主要包括总平面布置、建筑设计、结构设计、给排水设计、电气设计、暖通设计等,与"表8-2 建筑与安装工程费估算表"对应一致。

其中,属于建筑物类的基础设施建设项目的建设方案包括:

(1)总平面布置:包括项目占地位置、用地范围、交通组织、竖向布置、硬化与绿化布置等。

(2)建筑设计:包括平面设计(每层房间名称、使用功能、面积等,各楼层平面图,建筑主要面积分配表等);立面设计(立面设计说明,提供标注檐高的建筑立面图);竖向设计(竖向交通楼梯介绍);主要构造做法(墙体、门窗、屋面、室内外装修等)。

(3)结构设计:包括结构物设计基准限期、建筑安全等级及抗震设防等级、结构选型、载荷取值、基础设计等。

(4)给排水设计:介绍本建筑的给水设计和排水设计(含室内、室外)。

(5)电气设计:介绍本建筑的强电设计和弱电设计,以及防雷设计等(含室内、室外)。

(6)暖通设计:介绍本建筑的采暖、空调与通风设计等(含室内、室外)。

属于构筑物类的基础设施建设项目的建设方案包括:

(1)总平面布置:包括项目占地位置、用地范围、交通组织、竖向布置、硬化与绿化布置等。

(2)构筑物土建:包括平面设计、立面设计(包括高度在内)、结构形式(砌筑方式)、基础方案、抗震设防。

(3)管道设计:包括管网位置、管道走向、管线材质、敷设方式、连接方式等。

(4)节能环保:包括新技术、新材料和新工艺,绿色节能等方面的设计。

(5)安全防护:包括防火、防爆、防腐蚀、隔音、隔热、避雷等方面的设计。

(六)项目组织管理和技术培训方案

1.项目组织管理方案:提出项目建设管理组织机构方案,明确项目实施与管理的分工和责任,注意与"表8-7 各建设单位分工及投资汇总表"对应一致;人员条件要说明项目负责人的组织管理能力,项目主要成员情况,详填"表6-1 项目参加人员基本情况表"。

2.技术培训方案:提出人员培训计划和费用估算,填写"表8-5 技术培训费估算表"。

(七)项目实施进度计划

明确项目建设周期,以月为单位,阐明项目主要建设阶段划分及进度安排。

(八)投资估算与资金筹措

1.投资估算的有关说明:说明投资估算的原则、依据和取费标准等。

2.项目总投资估算:说明项目总投资情况。填写"表8-1 项目总投资估算表"、"表8-2 建筑与安装工程费估算表"、"表8-3 设备购置费估算表"、"表8-4 应用软件开发费估算表"、"表8-5 技术培训费估算表"、"表8-6 各建设单位投资估算明细表"、"表8-7 各建设单位分工及投资汇总表"。

3.资金来源与落实情况:明确项目投资的资金来源和落实情况,填写"表8-1 项目总投资估算表"、"表8-7 各建设单位分工及投资汇总表"相关栏,若有地方投资须附投资承诺函。

(九)项目效益分析和风险分析

1.效益分析:分析项目建成后产生的社会、经济和生态效益。

2.风险分析:分析项目建设和运行中的潜在风险因素,提出规避风险对策和措施。

(十)招标或采购的方式和内容

根据建设内容,区别属于招标或政府采购的内容,并填写"表 10-1　招标、采购基本情况表"。注意名称、金额与前面文字、表格保持一致,且同一内容不能同时出现在招标和采购栏目中。

1.招标。

根据项目建设内容,提出建设项目涉及的各项招标内容。

气象部门基础设施建设项目,包括建筑物、构筑物的新建、改建、扩建及其相关装修、拆除、修缮项目等,按照《中华人民共和国招标投标法》及其实施条例依法开展招投标活动,招标具体范围和规模标准按照国家规定执行。

项目中有必须进行招标的内容,须填写"表 10-1　招标、采购基本情况表"。

2.采购。

根据项目建设内容,提出建设项目涉及的各项采购内容。

气象部门业务建设项目、按照招标投标法及其实施条例必须进行招标的工程建设项目以外的基础设施建设项目根据《中华人民共和国政府采购法》、《气象部门政府采购管理实施办法》(气发〔2005〕73 号)等政府采购规定要求开展采购活动。

项目中有必须进行采购的内容,须填写"表 10-1　招标、采购基本情况表"。业务项目采购内容包括气象业务的工程、货物或服务。

表 10-1 中的"F 其他采购方式"是指其中包括"协议供货"、"定点采购"、"网上竞价"、"电子反拍"、"批量集中"等形式。

(十一)专家论证意见和专家名单

1.项目论证按照《气象部门项目论证和评审工作办法》(气发〔2004〕82 号)和《气象部门项目论证工作细则》(气办发〔2013〕56 号)规定执行。

2.可行性研究报告中附论证意见和专家名单的签字扫描版。

四、投资估算相关表格(表 8-1 至表 8-7)填写说明

1.投资估算是在项目的建设规模、技术方案等确定基础上,估算项目投入总资金。项目建设投资主要由建筑与安装工程费、设备购置费、应用软件开发费、工程建设其他费用构成。

2.投资估算的范围和深度:投资估算的范围应与项目建设方案所涉及的范围、所确定的各项建设内容相一致;估算内容全面、计算合理,无高估和漏项;估算准确度在±10% 以内。

3."表 8-1 项目总投资估算表":表 8-1 是工程建设所有费用的汇总表,是在分别估算各建设内容的建筑与安装工程费(表 8-2)、设备购置费(表 8-3)、应用软件开发费(表 8-4)等之后,汇总到项目总投资估算表中的工程费用中(表 8-1、1 栏),在此基础上估算工程建设其他费用(表 8-1、2 栏)。

4."表 8-2　建筑与安装工程费估算表":建筑工程费是指为建造永久性建筑物和构筑物所需要的费用,如观测场建设、业务用房、设备基础、道路围墙、场室改造等;安装工程费是指需要使用大型机械进行安装的设备安装费用,也包括需要安装的气象设备的安装费。

5."表8-3 设备购置费估算表":项目主要设备的数量、单价、合价等,需说明设备的简要规格和参考型号。设备购置费由设备原价和设备运杂费构成,应包含设备到达建设地点所花费的各种费税,也包含固化在硬件中的软件费用。该表也包括单独购置的系统软件、应用软件的费用。

6."表8-4 应用软件开发费估算表":应用软件开发费是指开发各应用系统所需费用。应分别列出各应用系统建设工作量(按人月计费),要细化到模块一级,并简述各模块的功能,估算每个模块的人月数,再根据人月单价计算每个模块的开发费用,估算应用软件开发费用。人月单价分委托和自主开发两种情况,根据软件系统的难度、复杂度和规模计费,其中委托开发按(1.0~2.0)万元/人月计,自主开发按(0.5~0.8)万元/人月计,并考虑软件的复用率。

7."表8-5 技术培训费估算表":技术培训费是与项目建设以及运行相关的技术培训直接发生的各项费用支出。应明确培训的对象、培训内容、培训人数、培训天数和培训单价,其中培训费包含住宿费、伙食费、培训场地费、讲课费、培训资料费、交通费、其他费等。培训费按国家和气象部门有关规定执行,综合定额标准按0.045万元/人天计。15天以内的培训按照综合定额标准控制;超过15天的培训,超过天数按照综合定额标准的80%控制;超过30天的培训,超过天数按照综合定额标准的70%控制。上述天数含报到撤离时间,报到和撤离时间分别不得超过1天。

8."表8-6 各建设单位投资估算明细表":涉及多个建设单位时还需填写该表,要分别填写项目各建设单位的各类投资明细。其中每个建设单位某类投资的内容、价格和合计数,加总在一起后必须与该类投资的总表对应一致,比如,每个建设单位的"设备购置费"内容、价格和合计数,加总后一定要与"表8-3 设备购置费"中的内容和数量对应一致;"各建设单位合计"投资额应与"表8-1 项目总投资估算表"中"合计"投资额相等。

9."表8-7 各建设单位分工及投资汇总表":填写项目各建设单位名称、组织机构代码、任务分工、任务负责人、投资额及投资来源。单位名称须为预算最终下达单位的规范全称。

10.工程建设其他费用(表8-1,2栏)。

(1)建设单位管理费:是指建设单位从项目开工之日起至办理竣工财务决算之日止发生的管理性质的费用。包括:不在原单位发工资的工作人员工资、基本养老保险费、基本医疗保险费、失业保险费,办公费、差旅交通费、劳动保护费、工具用具使用费、固定资产使用费、零星购置费、招募生产工人费、技术图书资料费、印花税、施工现场津贴、竣工验收费和其他管理性质开支。施工现场津贴标准比照当地财政部门制定的差旅费标准执行,与差旅费不重复享受。不得列支业务招待费。建设单位管理费实行总额控制,分年度据实列支。工程总投资额3000万元以下的项目建设单位管理费率见下表。

详细规定见《基本建设财务管理规定》(财建〔2002〕394号)。

工程总概算(万元)	费率(%)	算例	
		工程总概算(万元)	建设单位管理费(万元)
1000 以下	1.5	1000	1000×1.5%=15
1001～3000	1.2	3000	15+(3000-1000)×1.2%=39

(2)审计费:指项目委托中介机构审计的费用。审计费按项目总投资额的 1‰～3‰ 计取。

(3)可行性研究费:指委托具有工程咨询资质的单位用于编制可行性研究报告的费用。总投资额在 1000 万元及以下的项目可行性研究费按照 3.0 万～5.0 万元控制,1000 万～3000 万元(含 3000 万元)的项目可行性研究费按照 5.0 万～12.0 万元控制;3000 万元以上的项目参照《建设项目前期工作咨询收费暂行规定》(计价格〔1999〕1283 号)相关规定。不委托具有工程咨询资质的单位编制可行性研究报告的,不列支此项费用。

(4)工程设计费:指委托具有相关资质的设计单位用于编制建设项目初步设计文件、施工图设计文件、非标准设备设计文件、施工图预算文件、竣工图文件等服务所收取的费用,以建筑与安装费为计费额计取。建筑与安装费 3000 万元以下的项目费率见下表,计费额介于两者之间时,用内插法计算。具体规定参见《工程勘察设计收费管理规定》(计价格〔2002〕10 号)。

序号	建筑与安装费(万元)	设计费(万元)
1	200	9
2	500	20.9
3	1000	38.8
4	3000	103.8

(5)技术培训费:详见"四(7)表 8-5 技术培训费估算表"相关内容。

(6)监理费:指委托具有相关资质的监理单位用于提供建设工程施工阶段的质量、进度、费用控制管理和安全生产监督、合同、信息等方面协调管理服务,以及勘察、设计、保修等阶段的相关服务发生的费用,以建筑与安装费为计费额计取。建筑与安装费 3000 万元以下的项目费率见下表,计费额介于两者之间时,用内插法计算。具体规定参见《建设工程监理与相关服务收费管理规定》(发改价格〔2007〕670 号)。

序号	建筑与安装费(万元)	监理费(万元)
1	500	16.5
2	1000	30.1
3	3000	78.1

(7)土地使用费:指为取得项目建设土地而所支付的土地征用及迁移补偿费、土地复垦及补偿费、土地使用税、耕地占用税。

(8)其他:指建设单位除上述费用外,项目必须列支的其他费用,需说明具体用途。

小型建设项目在编制投资估算时不考虑基本预备费或不可预见费,但项目在执行过程中发生不可预见因素,需要调整投资的,可以按程序向中国气象局提出申请。

上述取费均为上限控制额,须在此控制额以内计取费用,不得突破。

五、编排格式

1. 目录部分

可行性研究报告的目录层次宜设置为2至3层;"目录"两字宜用四号黑体字并居中,"目"与"录"两字中间空两个汉字的间隔。目录中的文字宜用小四号宋体,与页码之间用"……"连接并两端对齐,页码不加括号。目录页单独编排页码,宜用五号正体大写罗马数字,单数页排在页面右下侧,双数页排在页面左下侧。

2. 正文部分

(1)章、节采用阿拉伯数字分级编号,章的标题从阿拉伯数字1开始编号,节是章的细分,应使用阿拉伯数字对节编号。第一级的节(例如5.1,5.2等)可分为第二级的节(例如5.1.1,5.1.2等),需要时,可分到第三级(例如5.1.1.1,5.1.1.2等)。如果需要进一步细分,则使用带圆括弧的阿拉伯数字序号(例如(1)、(2)等)以及带圆括弧的小写英文字母序号(例如(a)、(b)等)。

(2)章、节的编号与标题之间空一个汉字的间隙;章的标题左对齐,宜用小三号黑体字;第一级节的标题空一个汉字起排,宜用四号宋体字;其余标题及正文均空两个汉字起排,宜用四号宋体字。正文行间距为1.5倍行距。

(3)正文页单独编排页码,宜用五号Times New Roman字体阿拉伯数字,单数页排在页面右下侧,双数页排在页面左下侧。

3. 附表和附图

(1)每个附表、附图均应有编号和名称。附图的编号形式为"图 A-B",附表为"表 A-B",其中A为所在章号,B为该章中图或表的顺序号。如第四章的第一个图或表,即表示为"图4-1"或"表4-1"。附图、附表的名称紧接在附图、附表的编号后空一个汉字,文字宜用五号黑体字,其中附图名位于图下方居中,附表名位于表上方居中。

(2)附表、附图一般排在正文部分相应位置,若附表、附图过大,可视情况作为附录或附件。

4. 附件

附件应按其在正文部分出现的先后次序编排,按"附件1、附件2、附件3……"顺序编号。

第二部分 项目建设

气象部门基本建设管理办法

(气发〔2012〕23号 2012年11月19日)

第一章 总 则

第一条 为加强气象部门基本建设管理,规范基本建设程序和行为,确保工程质量,提高投资效益。根据国家有关规定,制定本办法。

第二条 本办法所称基本建设项目是指全部或部分使用中央预算内基本建设投资以及地方人民政府和建设单位与之配套的项目建设投资,以扩大业务能力或新增工程效益为主要目的而实施的新建、改扩建、续建项目。

第三条 气象基本建设投资主要用于公益性、基础性和示范引导性气象项目,须形成新的固定资产或业务能力,下列项目不应列入气象基本建设投资计划:

(一)投资在5万元以下(含5万元)的零星单台(件)设备、仪器、器具购置和单项土建工程项目;

(二)按规定由行政、事业、外事费用列支的项目;

(三)其他按照国家有关规定不能在中央预算内投资中安排的项目或列支的费用。

第四条 气象部门基本建设管理遵循科学管理、分级负责、严格程序、讲求效益的原则。要充分应用现代化管理手段,提高基本建设管理水平和科学决策水平。

第二章 管理职责划分

第五条 中国气象局计划财务司是气象部门基本建设的管理部门,主要职责有:

(一)制定和修订气象部门基本建设管理规章制度。

(二)负责以下项目的项目建议书、可行性研究报告、初步设计的审批,视情况参加该类建设项目的竣工验收和预决算的审查认定:

1. 中国气象局重点工程项目(中央预算内投资限额3000万元以下);

2. 中国气象局直属单位建设项目;

3. 小型业务类建设项目;

4. 省(区、市)气象局或计划单列市气象局中央预算内投资在1000万元及以上、3000万元以下的建设项目;

5. 中国气象局认为有必要的其他建设项目。

(三)负责"中国气象行业建设项目管理信息系统"管理。

(四)负责组织省级气象部门和中国气象局直属单位基本建设管理人员的培训。

(五)负责对全国气象部门基本建设进行检查、指导。

第六条 省(区、市)气象局、计划单列市气象局、中国气象局直属单位负责计划财务的职能部门是本单位基本建设的管理部门,主要职责有:

(一)制定和修订本单位基本建设管理规章制度。

(二)负责以下项目的可行性研究报告、初步设计的审批,视情况参加该类建设项目的竣工验收和预决算的审查认定:

1. 省(区、市)气象局或计划单列市气象局中央预算内投资在1000万元以下的基础设施建设项目;

2. 经中国气象局授权的小型业务类建设项目;

3. 经中国气象局授权的省(区、市)气象局或计划单列市气象局中央预算内投资在1000万元及以上、3000万元以下的建设项目;

4. 省(区、市)气象局或计划单列市气象局认为有必要的其他建设项目。

(三)负责本单位"中国气象行业建设项目管理信息系统"管理。

(四)负责组织下级单位基本建设管理人员的培训。

(五)负责对下级气象部门基本建设进行检查、指导。

第七条 项目建设单位负责项目建设的全过程管理,主要职责有:

(一)负责编报项目建议书、可行性研究报告、初步设计等;

(二)负责工程施工、建设进度、质量、安全及运行管理;

(三)负责组织工程竣工验收;

(四)负责资料档案管理。

第三章 基本建设项目管理程序

第八条 气象部门基本建设项目从立项到建成交付使用应执行下列程序。一般情况下,完成上一道程序后方可转入下一道程序。

(一)编报项目建议书;

(二)编报可行性研究报告;

（三）纳入项目库管理；
（四）下达项目计划、预算；
（五）编报实施方案或初步设计；
（六）勘察、设计、监理、预算编制等委托或招标并签订相应合同；
（七）办理建设用地规划许可证、开工许可证等手续；
（八）工程施工招投标、签订施工合同；
（九）工程施工与管理；
（十）工程竣工验收；
（十一）工程结算审计与付款；
（十二）项目竣工财务决算审计、固定资产移交；
（十三）项目竣工验收；
（十四）资料整理归档；
（十五）绩效考评或后评价。

第四章 中国气象行业建设项目管理信息系统的管理

第九条 "中国气象行业建设项目管理信息系统"的基础信息是了解基层气象台站基本建设情况的重要途径，也是投资决策的重要依据。基础信息由省级、地市级气象部门计划财务部门负责录入，每半年至少更新一次。

第十条 台站（园区）规划是各单位基本建设的蓝图，也是项目审核的重要依据。台站（园区）规划按照中国气象局相关管理规定和审批流程批准后，应及时录入"中国气象行业建设项目管理信息系统"并组织实施。任何单位和个人不得擅自改变台站（园区）规划，确因情况变化需要变更的，须按原审批程序报批，并在"中国气象行业建设项目信息管理系统"台站规划模块中修改。

第十一条 各单位每年结合本单位实际需求，依据《气象部门项目库管理办法》（气发〔2009〕93号）进行项目编制和申报。

第十二条 中国气象局项目总库下发项目预算下达库后，各省（区、市）和计划单列市及中国气象局直属单位每月底负责填报本单位项目执行分析库，每年一月底完成上一年度本单位建设项目执行情况分析报告，形成正式文件上报中国气象局。

第五章 建设项目前期准备工作

第十三条 基本建设前期工作是从建设项目酝酿到开工建设以前进行的各项工作，是基本建设程序中重要的阶段。

基本建设前期工作主要包括：编写项目建议书、编制可行性研究报告、编报实施方案或初步设计、编制工程预算、招投标，以及按照管理权限提请地方建设主管部门审批等。

第十四条 估算总投资在1000万元及以上的建设项目应当按要求编写项目建议书。

项目建议书应根据国家需要和气象发展规划,在经过调查研究、收集资料、踏勘场址、初步分析经济效益和社会效益的基础上提出。

第十五条 基本建设项目均应编报可行性研究报告。

项目建设单位向项目管理部门报送可行性研究报告时,应附上以下材料:

(一)城建规划部门的规划选址意见书;

(二)国土部门的用地预审文件;

(三)环境保护部门的环评审批文件;

(四)需要气象业务主管部门审批的,还应附上业务审批意见;

(五)可行性研究报告的专家论证意见;

(六)其他必要的材料。

根据建设项目的性质、规模、投资及复杂程度,可行性研究报告的内容和所附材料,可以有所侧重或者合理简化。

技术复杂和有特殊要求的建设项目,还应提出两个以上设计方案,便于项目管理部门比较和审查。

第十六条 估算总投资在1000万元及以上的建设项目,建设单位须委托具有相应资质的工程咨询机构编制可行性研究报告,并附上专家论证意见。

可行性研究报告批准前,项目管理部门应视项目的重要程度组织评审;可行性研究报告批准后,如因情况变化,需要改变内容时,须报经原批准单位同意。

第十七条 估算总投资在1000万元及以上的建筑安装工程都应进行初步设计,对技术复杂和有特殊要求的建设项目,还应进行技术设计。抗震设防、消防、人防等应严格按照国家有关规定执行。初步设计的总概算应控制在已批准的可行性研究报告规定的范围以内,建设内容超过可行性研究报告投资范围10%以上,或总概算超过可行性研究报告批复估算10%以上的,项目可行性研究报告需重新报批。

初步设计批准后,不得随意修改。建设单位根据批准的初步设计进行施工图设计。

第十八条 施工图设计应遵循国家强制性建设规范和限额设计的原则,经审查的施工图预算原则上不得突破批准的初步设计概算。

第十九条 气象部门基本建设项目执行招投标制度,基础设施建设项目的招投标实行属地化管理原则。必须进行招投标的建设项目,其招标文件、施工合同应接受上级计划财务部门、监察审计部门审查。

任何单位和个人不得将依法必须招标的项目化整为零或者以其他任何方式规避招标。

第二十条 凡列入集中采购目录以内的或者采购限额标准以上的货物、工程、服务,必须进行政府采购,具体要求按《中华人民共和国政府采购法》、《气象部门政府采购管理实施办法》(气发〔2005〕73号)等相关规定执行。

第二十一条 在具备相应市场环境、相关配套制度较完善的地区,气象部门基本建设项目可采用代建制方式进行建设,充分利用专业化项目管理单位的专业能力,提高项目建设质量,加强投资控制,为项目更好地执行提供保障。采用代建制方式建设的项目,中国气象局在项目安排、资金筹措方面给予政策倾斜。

第六章 工程施工管理

第二十二条 建设项目实行项目责任人终身负责制。建设项目实施前,建设单位须成立项目领导小组,并从中产生项目责任人。

第二十三条 工程建设要坚持先勘察、后设计、再施工的原则。必须委托有相应资质的单位进行勘察、设计,严禁使用没有加盖设计单位和图纸审核单位图章的施工图。在基本建设中要积极推广使用新技术、新材料和新工艺,执行《公共建筑节能设计标准》(GB 50189-2005),依靠科学技术,确保工程效益和质量。

第二十四条 实行工程施工变更签证审批制度。工程建设必须严格按图纸施工,经项目责任人确认需要变更的,视变更内容的重要性,上报项目领导小组或上级基本建设主管部门批准后实施。

第二十五条 建设项目应当委托具有相应资质的工程监理单位进行监理,并与监理单位依法订立合同,明确双方的权利、义务及索赔条件、范围等。

第二十六条 建设项目的勘察、设计、施工、设备材料的采购要依法订立合同。合同应明确工程价款及价款调整的范围,应明确质量要求、履约担保和违约处罚条款。

第二十七条 建设项目实行质量监督制度。按属地化管理,新建、改建、扩建等工程,需到地方建设主管部门办理建设用地规划许可证、工程施工许可证的,应到当地建筑工程质量监督机构办理工程质量监督手续。

第二十八条 建设项目实行质量保修制度。建设单位在与施工单位签订施工承包合同时,在国家建筑建设部门有关质量保修标准要求下,明确建设工程的保修范围、保修期限和保修责任。

第七章 计划、财务、审计管理

第二十九条 气象部门基本建设投资计划要贯彻执行国家有关法律、法规,做好基本建设资金的筹集、分配和使用,依法监督和考核基本建设计划、支出预算执行情况,严格控制建设成本,提高投资效益。

第三十条 项目预算一经批复,任何单位和个人不得擅自调整项目预算。确需调整的,必须按规定的程序报中国气象局审核后报财政部审批。

第三十一条 建设项目要加强设计概算、施工图预算、项目竣工财务决算管理。建设单位依据施工合同、施工图预算,按工程进度拨款。建设项目竣工后必须编制工程竣工决算,依批准的竣工决算调整固定资产账。

第三十二条 申请调整概算的项目,凡概算调增幅度超过原批复概算10%及以上的,原则上先商请审计单位进行审计,待审计结束后,区分不可抗因素和人为因素对概算调整的内容和原因进行审查,视具体情况进行概算调整,必要时组织专家评审后方予核定批准。

申请调整概算时,应提交以下材料:

(一)原初步设计文件及初步设计批复文件;

(二)由具备相应资质单位编制的调整概算书,调整概算与原批复概算对比表,并分类定量说明调整概算的原因、依据和计算方法;

(三)与调整概算有关的招标及合同文件,包括变更洽商部分;

(四)调整概算所需的其他材料。

第三十三条 对由于价格上涨、政策调整等不可抗因素造成调整概算超过原批复概算的,经核定后予以调整,调整的价差不作为计取其他费用的基数;对由于勘察、设计、施工、设备材料供应、监理单位过失造成调整概算超过原批复概算的,根据违约责任扣减有关责任单位的费用,超出的投资不作为计取其他费用的基数。对过失情节严重的责任单位,建议相关管理部门依法给予处罚并公告。

第三十四条 气象部门基本建设项目工程价款结算应按照财政部《建设工程价款结算暂行办法》(财建〔2004〕369号)中的相关规定在合同条款中进行约定。其中,工程款支付额度如下:

(一)工程预付款可根据所在地区基本建设项目实际情况确定,但最高不超过合同价款的30%。为确保资金安全,应有相应的抵押办法(如对等的履约保证金、银行履约保函或其他等);

(二)工程进度款累积支付额度(工程预付款已分期抵扣)应控制在合同价款的60%~90%;

(三)结算审计后应预留5%的工程尾款作为工程维修质保金。

第三十五条 气象部门基本建设财务管理要求按财政部《基本建设财务管理规定》(财建〔2002〕394号)和中国气象局基本建设财务管理有关规定执行。

第三十六条 气象部门基本建设项目审计按照《气象部门基本建设审计办法》(气发〔2002〕315号)中相关规定执行。中国气象局负责内部审计的职能部门负责组织开展对中国气象局直属单位的基本建设项目审计工作,并指导省(区、市)气象局监察审计部门组织开展对省及省以下气象局基本建设项目审计工作。

第八章 竣工验收及绩效考评与后评价

第三十七条 气象部门建设项目实行竣工验收制度。竣工验收分为工程竣工验收和项目竣工验收。

(一)工程竣工验收,指组成项目每一个单项工程的验收工作。由建设单位负责组织实施,当地工程质量监督机构会同勘察、设计、工程监理、施工等部门组成验收小组,按照批准的初步设计或实施方案及国家规定的工程竣工验收规范组织验收;

(二)项目竣工验收,指依据《气象建设项目竣工验收规范》(QX/T 31—2005)规定,由相应项目管理部门组织,对建设项目实施全过程进行验收。

第三十八条 气象部门建设项目推行项目绩效考评制度。项目申报时应确定明确的绩效目标,作为绩效考评的依据。项目完成后,项目建设单位及时填报《项目绩效报告》,其项目管理部门按中国气象局统一要求组织开展绩效考评,完成《项目绩效评价报告》。

第三十九条 气象部门建设项目推行后评价制度。后评价制度主要包括项目预期目标实现、建设方案和工程设计、建设周期、合同执行和项目投资效益(社会效益和经济效益)等评价内容。中国气象局根据实际工作情况,委托有资质的社会中介机构,有选择性地对部分项目开展后评价工作。

第九章 资料档案管理

第四十条 建设项目档案资料包括基本建设项目的提出、调研、可行性研究、评估、批复、勘测、设计、招投标、施工、设备调试、竣工、使用等活动中形成的文字材料、图纸、图表、计算材料、声像材料等。

第四十一条 建设单位应按照《中华人民共和国档案法》、基本建设项目档案资料管理规定和中国气象局档案管理的有关规定,并结合属地相关要求,从项目申请立项时,即开始进行档案资料的积累、整理、审查工作;项目竣工验收时,同步完成资料的验收和归档工作。

第四十二条 档案资料的汇总整理。

(一)建设项目实行总承包的,各分包单位负责收集、整理分包范围内的档案资料,交总包单位汇总、整理。竣工时由总包单位向建设单位提交完整、准确的项目档案资料。

(二)建设项目由建设单位分别向若干单位发包的,各承包单位负责收集、整理所承包工程的档案资料,交建设单位汇总、整理,或由建设单位委托一个承包单位汇总、整理。

第四十三条 施工单位要按规定编制好竣工图。工程竣工验收前,建设单位组织检查竣工图的质量。

第十章 奖励与惩罚

第四十四条 对工程质量优良的项目,建设资金如有结余,可根据国家有关法规对相关人员给予奖励。

第四十五条 建设项目竣工决算内部审查有效益的,经项目管理部门认定后,按实际核减施工单位决算总金额1‰的比例提取奖金,奖励内部审查人员。

第四十六条 建设项目未按规定的程序和审批权限进行立项而擅自开工建设的,责令停工并进行通报批评,视情况对已建设项目进行处置,并视造成损失情况,由项目管理部门追究建设单位及其上一级主管单位的责任人责任。

第四十七条 由于建设单位管理不善、失职渎职,擅自扩大规模、提高标准、增加建设内容,故意漏项和报小建大等造成调整概算超过原批复概算的,将给予通报批评。对于超概算严重、性质恶劣的,应向项目管理部门报告并追究项目单位的法律责任。

第四十八条 违反本办法规定不进行项目竣工财务决算审计,不进行竣工决算工作,造成国有资产流失的；未及时办理竣工验收手续、未经竣工验收或验收不合格即交付使用的，由项目管理部门追究建设单位及其责任人责任。

第四十九条 违反国家有关规定，由项目管理部门追究主要责任人的责任，并视情节轻重，由纪检监察部门给予党纪、政纪处分。

第十一章 附　则

第五十条 小型业务类建设项目根据建设内容特点，其项目管理程序可适度、合理简化。

第五十一条 各省级气象部门和中国气象局直属单位可根据本办法制定实施细则。

第五十二条 对本规定中引用的具有发文时间和文件号的国家、部门文件，若其文件原发布单位对该文件进行修订，则以其修订后正式发布的同名文件为准。

第五十三条 本规定自发布之日起施行。中国气象局2001年12月14日下发的《气象部门基本建设管理办法》（气发〔2001〕220号）同时废止。

中国气象局重点工程建设项目管理办法

(气发〔2009〕314号 2009年8月10日)

第一章 总 则

第一条 为进一步加强中国气象局重点工程建设项目(以下简称"重点工程")管理,规范管理程序,明确管理职责,提高项目建设质量和投资效益,依据国家基本建设有关规定和气象工程特点,制定本办法。

第二条 本办法适用于由国务院或国家发展和改革委员会审批立项的业务基本建设项目。

第三条 按国家基本建设程序,重点工程建设一般分为申报立项、建设准备、建设实施和验收评价等四个阶段。

第二章 职责与分工

第四条 重点工程实行局领导按分工指导、业务司主管、计划财务司协管、纪检监察机构监督、项目建设单位实施的管理体制。局长办公会议确定重点工程分管局领导、主管业务司和主要项目建设单位等事项。

第五条 分管局领导根据需要召开局长专题协调会议,听取重点工程主管业务司和项目建设单位汇报,审定业务布局和技术方案、重要建设内容,协调解决项目建设管理中出现的重要问题,确定需要提交局长办公会议审议的重大事项。

第六条 业务司是重点工程建设的主管单位,负责组织编制项目建议书,指导编制并组织审查项目可行性研究报告、初步设计及实施方案,监督检查项目质量安全与执行情况。

第七条 计划财务司负责组织项目的评审报批、年度投资计划与预算下达、财务监管、竣工验收和后评价工作。

第八条 中国气象局审计室负责组织项目内部控制制度执行的监督检查、工程造价审核、竣工财务决算审计和审计风险评价。

第九条 项目建设单位负责项目建设的全过程管理。各项目建设单位对本单位项目建设进度、质量、资金管理及运行管理等负总责。

第十条 对事关全局的重点工程项目,成立项目管理办公室(以下简称"项目办"),承担项目建设管理过程中的组织、协调、沟通等职责及日常性事务工作。项目办设在主要项目建设单位并接受其领导,项目办负责人由中国气象局指定或委派。对不需要成立项目办的重点工程项目,由主要项目建设单位承担相关的管理职责及日常性事务工作。

第十一条 重点工程项目实行工程总师(组)制,工程总师(组)对项目的技术工作负全责。工程总师（组）可设在项目办或主要项目建设单位。

第十二条 中国气象局工程咨询和评估单位接受委托承担项目设计、咨询、论证及项目后评价等工作。

第三章　申报立项

第十三条 申报立项阶段主要包括项目建议书和可行性研究报告的编制、论证、评审和报批。

第十四条 业务司负责组建编写组，并组织项目建议书编制、论证；计划财务司组织评审，按程序报国家发展和改革委员会审批。

第十五条 项目建议书批复后，由局长办公会议研究确定重点工程分管局领导、主管业务司、主要项目建设单位和是否成立项目办及有关事项。

第十六条 依据批复的项目建议书，业务司指导项目办或主要项目建设单位编制、论证可行性研究报告，计划财务司组织评审并按程序报国家发展和改革委员会审批。

第四章　建设准备

第十七条 建设准备阶段主要包括初步设计编制与审查、概算审核与报批、实施方案制定、建设条件准备等内容。

第十八条 依据批复的可行性研究报告，业务司指导项目办或主要项目建设单位编制初步设计并组织审查。

第十九条 计划财务司组织初步设计概算审核工作，并按程序报国家发展和改革委员会审批。

第二十条 依据批复的初步设计概算，业务司指导项目办或主要项目建设单位修订初步设计并报中国气象局审批。

第二十一条 依据审定的初步设计，项目办或主要项目建设单位承担实施方案制定、建设条件准备等工作，业务司负责实施方案审查并报分管局领导审批。

第五章　建设实施

第二十二条 建设实施阶段主要包括年度建设任务安排、投资计划管理、政府采购或招投标管理、质量安全管理等内容。

第二十三条 项目办或主要项目建设单位根据实施方案提出年度建设需求，编制年度投资计划、预算并报业务司审核。计划财务司商业务司统筹安排投资并报中国气象局审定。

第二十四条 项目实施中建设内容必须进行调整的，由项目办或主要项目建设单位提出需求，经业务司和计划财务司审核后报中国气象局审定。

第二十五条 项目办或主要项目建设单位负责编制政府采购计划和预算，报业务司和计划财务司审查后由各项目建设单位负责组织实施。

第二十六条 项目办或主要项目建设单位负责组织制定质量安全管理标准、规范。各项目建设单位加强对实施阶段各环节的质量安全控制，建立健全工程质量安全检查制度。业务司加强对项目建设情况的监督检查。

第二十七条 各项目建设单位及其财务管理人员严格执行《会计法》、《国有建设单位会计制度》、《基本建设财务管理办法》、《气象部门基本建设财务管理规定》等基本建设有关规定。

第二十八条 逐步推行项目集成和监理制，承担公司由项目办或主要项目建设单位通过招标选聘。

第二十九条 项目办或主要项目建设单位负责汇总编制月、季度项目进展及分析报告，及时反映项目实施情况、存在问题及相关建议。

第六章 验收评价

第三十条 验收评价阶段主要包括竣工验收和项目后评价。

第三十一条 项目竣工一年后，业务司负责组织项目业务验收，计划财务司牵头组织竣工验收。

第三十二条 项目竣工三年后，计划财务司组织项目后评价工作。

第三十三条 项目竣工验收后的运行管理等工作，按照中国气象局有关规范、标准执行。

第七章 监督管理

第三十四条 项目建设管理各相关单位要按照职责分工，加强项目监督检查，着重加强建设程序、政府采购或招投标活动、建设实施过程、工程质量与安全监管。

第三十五条 纪检监察机构应加强对参与重点工程项目建设的机关、公务员、其他行政人员及其他工作人员实施监察。单位和个人对重点工程项目中的违法行为，有权控告和检举，有关机构应当依照各自职责及时处理。

第三十六条 参加项目建设管理的单位和个人，应遵守并执行本办法。对违反本办法造成严重后果的，纪检监察机构牵头协调有关部门要严肃追究责任单位领导和有关人员责任。

第八章 附 则

第三十七条 各建设单位应依据本办法制定管理细则，明确管理职责和程序，规范资金使用权限。

第三十八条 本办法自颁发之日起施行。《中国气象局重点工程项目建设管理办法（试行）》同时废止。

中国气象局重点工程建设项目概算管理办法

(气发〔2016〕49号 2016年7月8日)

第一章 总 则

第一条 为加强中国气象局重点工程建设项目管理,规范概算调整行为,根据有关法律法规和《中央预算内直接投资项目管理办法》、《中央预算内直接投资项目概算管理暂行办法》、《中国气象局重点工程建设项目管理办法》,制定本办法。

第二条 本办法适用于由国务院或国家发展和改革委员会审批立项并核定概算的中国气象局重点工程建设项目概算管理。

第二章 概算控制

第三条 概算由国家发展和改革委员会核定并经中国气象局批复后,除项目建设期价格大幅上涨、政策调整、地质条件发生重大变化和自然灾害等不可抗力因素外,不得突破。

第四条 经批复的概算应作为项目建设实施和控制投资的依据。项目主管部门、项目单位(成立相应项目管理办公室的工程,项目单位为项目管理办公室;未成立项目管理办公室的工程,项目单位为牵头项目建设单位)和设计单位、监理单位等参建单位应当加强项目投资全过程管理,确保项目总投资控制在概算以内。

第五条 中国气象局作为项目主管部门,由计划财务司和项目主管职能司具体履行概算管理职责,按照批复概算严格控制,在施工图设计(含装修设计)、招标、结构封顶、装修、设备安装等重要节点联合开展概算控制检查,制止和纠正违规超概算行为。

第六条 项目单位在计划财务司和主管职能司的指导及监督下对概算管理负主要责任,按照批复概算严格执行。概算批复后,项目单位应当按季度向计划财务司和主管职能司报告项目进度和概算执行情况。

第七条 项目单位应明确由一个设计单位对项目设计负总责,统筹各专业各专项设计,并要求设计单位依照法律法规、设计规范和概算文件,履行概算控制责任。初步设计及概算批复后,项目实行限额设计,施工图设计(含装修设计)及预算应当符合初步设计及概算。

第八条 项目单位应对监理单位、工程咨询单位、评估单位、招标代理单位、勘察单位、施工单位、设备材料供应商等参建单位提出要求,履行相应的概算监督责任和概算控制责任。

第三章 概算调整

第九条 本办法所称概算调整，是指自项目初步设计及概算经批复之日起至竣工验收正式交付使用之日止，对已批复的初步设计各组成项目（按照国家发展和改革委员会核定概算的最小一级子项目）概算进行调整（增加、减少等）的行为。

第十条 项目初步设计及概算批复后，应当严格执行，不得擅自增加建设内容、扩大建设规模、提高建设标准或改变设计方案。

第十一条 因项目建设期价格大幅上涨、政策调整、地质条件发生重大变化、自然灾害等不可抗力因素及确需对原项目技术方案进行完善优化等原因导致原批复概算不能满足工程实际需要的，可以申请概算调整。涉及初步设计调整的，在变更前由项目单位提出设计变更方案，经主管职能司商计划财务司审核后报中国气象局审定；未经批准的，不得擅自调整实施。

第十二条 对于各组成项目之间累计概算调整的数额超过总投资10%的，或总投资规模超出原批复概算的，由项目单位汇总调整情况报中国气象局申请调整概算，由计划财务司牵头报中国气象局审定后报送国家发展和改革委员会审批。概算调增幅度超过原批复概算10%的，原则上由国家发展和改革委员会先商请审计机关进行审计，并依据审计结论进行核定概算调整。

第十三条 对于项目总投资不超过原批复概算，且各组成项目之间的累计概算调整数额不超过总投资10%的，由项目单位汇总调整情况报中国气象局申请调整概算，由计划财务司牵头委托评审后报中国气象局审批，同时报国家发展和改革委员会备案。

第十四条 申请概算调整时，项目单位应编制完整、真实的概算调整文件，调整的项目应与原批复概算相对应。概算调整文件包括以下材料：

（一）原初步设计及概算文件和批复核定文件；

（二）由具有工程造价或工程咨询资质单位编制的概算调整报告，主要包括：项目基本情况，变更主要内容及规模，概算调整原因、依据和计算方法等，并附调整变化对照清单、调整后概算表及其与原批复概算对比表；

（三）与概算调整有关的招标、合同文件及结算资料（包括变更部分），以及政府纪要、部门文件、企业报价单等有关证明材料；

（四）达到初步设计深度的设计变更专题报告、专家论证意见、原设计单位审查意见，以及设计变更的批复文件；

（五）施工图设计（含装修设计）及预算文件等概算调整所需的其他材料。

第十五条 申请概算调整的项目，对于使用预备费可以解决的，不予调整；预备费的使用，由项目单位提交申请报主管职能司，主管职能司商计划财务司批复。

第十六条 申请概算调整的项目，如有未经批准擅自增加建设内容、扩大建设规模、提高建设标准、改变设计方案等原因造成超概算的，除按照第十二到十五条提交概算调整文件报批外，必须同时界定违规超概算的责任主体，以及对相关责任单位及责任人的处理意见,并提出自行筹措违规超概算投资的意见。

第四章 法律责任

第十七条 计划财务司和项目主管职能司未履行概算管理和监督责任的,应当及时改正。对直接负责的主管人员和其他责任人员依法追究行政或者法律责任。

第十八条 项目单位未履行概算调整程序,擅自调整项目资金使用的,或因项目单位擅自增加建设内容、扩大建设规模、提高建设标准、改变设计方案,管理不善等造成超概算的,应对直接负责的主管人员和其他责任人员依法追究行政或者法律责任,并暂停该单位下一年度申报其他中央预算内基本建设项目。

第十九条 因设计单位未按照经批复的初步设计及概算编制施工图设计(含装修设计)及预算,设计质量低劣存在错误、失误、漏项等造成超概算的,项目单位应根据法律法规和合同约定向设计单位追偿,并由中国气象局报国家发展和改革委员会按有关规定处理。

第二十条 因项目咨询单位、评估单位、招投标代理单位、勘察单位、施工单位、监理单位、设备材料供应商等参建单位过错造成超概算的,项目单位可以根据法律法规和合同约定向有关参建单位追偿,并由中国气象局报国家发展和改革委员会按有关规定处理。

第五章 附　则

第二十一条 按照本办法规定经审查批准的概算调整文件作为项目竣工决算的依据;概算调整未获批准的项目,仍以原批复概算作为竣工决算的依据。

第二十二条 由中国气象局核定概算的中央预算内投资项目,参照本办法加强概算管理,严格控制概算。各省(区、市)局和计划单列市局可以参照本办法制订本省(区、市)和计划单列市气象项目的概算管理办法。

第二十三条 本办法由中国气象局负责解释,自印发之日起施行。

陕西省气象部门基本建设管理实施细则

(2013年1月17日局务会审定通过)

第一章 总 则

第一条 根据中国气象局《气象部门基本建设管理办法》,结合全省气象部门实际,制定本细则。

第二条 本细则所称的气象基本建设(以下简称基建)项目是指:使用中央预算内基本建设投资(以下简称投资),以扩大业务能力或新增工程效益为主要目的而实施的新建、改扩建、续建项目。投资主要用于公益性、基础性和示范引导性气象项目,须形成新的固定资产或业务能力。

下列项目不应列入气象基本建设投资计划:

(一)投资在5万元以下(含5万元)的零星单台(件)设备、仪器、器具购置和单项土建工程项目;

(二)按规定由行政、事业、外事费用列支的项目;

(三)其他按照国家有关规定不能在中央预算内投资中安排的项目或列支的费用。

第三条 气象部门基本建设管理遵循科学管理、分级负责、严格程序、讲求效益的原则。要充分应用现代化管理手段,提高基本建设管理水平和科学决策水平。

第二章 管理职责划分

第四条 陕西省气象局计划财务处是全省气象部门基本建设的管理部门,主要职责有:

(一)制定和修订省级及以下气象部门基本建设管理规章制度。

(二)负责以下项目的项目建议书上报,可行性研究报告、初步设计(或实施方案)的审批,视情况参加基建项目的招标、竣工验收和预决算的审查认定。

1.基建项目(投资在1000万元及以下)可行性研究报告、初步设计(实施方案)的审批;

2.基建项目(投资在1000万元以上)项目建议书、项目可行性研究报告,小型业务类基建项目可行性研究报告的上报;

3.陕西省气象局认为有必要的其他基建项目。

(三)负责省级项目库的管理。

(四)负责组织全省气象部门基本建设管理人员的培训。

(五)负责对全省气象部门基本建设进行统筹调剂、检查、指导。

(六)负责全省基建计划的安排和建设进度的督导。

第五条 各地级市气象局和省局直属各单位负责计划财务的职能部门是本单位基本建设的管理部门,主要职责有:

(一)制定和修订本单位基本建设管理规章制度;

(二)负责基建项目和小型业务项目可行性研究报告、初步设计(实施方案)、招标、竣工验收和预决算的审查上报;

(三)负责本单位项目库的管理;

(四)负责组织项目建设单位管理人员的培训;

(五)负责对基本建设工程进行协调、检查、指导;

(六)负责基建计划的实施,项目建设进度的定期信息报送。

第六条 项目建设单位负责项目建设的全过程管理,主要职责有:

(一)负责编制项目建议书、可行性研究报告、初步设计(或实施方案)等;

(二)负责基建项目工程招标、开工报建、工程施工、建设进度、质量、安全及运行管理;

(三)负责组织工程竣工验收、编制预决算;

(四)负责资料档案管理。

第三章 基本建设管理程序

第七条 基建项目从立项到建成交付使用应按以下程序执行:

(一)编报项目建议书(投资在1000万元以上);

(二)编报可行性研究报告(投资在1000万元及以下);

(三)审批可行性研究报告(50万元以上组织评审);

(四)纳入项目库管理(附加审定标志并排序);

(五)下达项目投资计划、预算;

(六)编报初步设计(投资在50万元以上的基建项目)或实施方案;

(七)勘察、设计、监理、预算编制等委托或招标并签订相应合同;

(八)办理建设用地规划、施工图、开工等许可手续;

(九)工程施工招标、签订施工合同;

(十)工程施工与管理;

(十一)工程竣工验收;

(十二)工程结算审计与付款;

(十三)项目竣工财务决算审计、固定资产移交;

(十四)项目竣工验收;

(十五)资料整理归档;

(十六)绩效考评或后评价。

第四章 项目库的管理

第八条 项目库是中国气象局设立的对申请投资（经费）项目进行规范化、程序化管理的数据库系统。里面的基础信息是了解基层气象台站基本建设情况的重要途径，也是投资决策的重要依据。基础信息由各单位负责录入并及时更新。

第九条 台站（园区）规划是各单位基本建设的蓝图，也是项目审核的重要依据。台站（园区）规划批准后，也应及时录入项目库。

第十条 各单位要按照项目库管理有关规定进行项目编制和申报。

第十一条 项目库下发项目预算下达库后，各单位每月底负责填报本单位项目执行分析库，每年一月底完成上一年度本单位基建项目执行情况分析报告。

第五章 基建项目前期准备工作

第十二条 基建前期工作是从基建项目申报到开工建设进行的各项工作，是基本建设程序中重要的阶段。

基建前期工作主要包括：编写项目建议书（园区规划）、编制可行性研究报告（环境报批、规划图、现状图、单体效果图）、编报实施方案或初步设计（地质勘查）、施工图设计、编制工程预算、组织招投标，以及按照管理权限办理有关报建手续等。

第十三条 投资在1000万元以上的基建项目应当按要求编报项目建议书。

项目建议书应根据国家需要和气象发展规划，在经过调查研究、收集资料、踏勘场址、提出规划、效果图，分析经济效益和社会效益的基础上提出。

第十四条 基建项目均应编报可行性研究报告，同时应附以下材料：

（一）城建规划部门的规划选址意见书；

（二）国土部门的用地预审文件；

（三）上级气象业务主管部门出具的建筑物构筑物建设气象观测环境报批表；

（四）可行性研究报告的专家论证意见；

（五）其他材料（政府迁建文件、投资承诺书、资金转账单、园区建设规划图、现状图、新建单体效果图等）。

根据基建项目的性质、规模、投资及复杂程度，可行性研究报告的内容和所附材料，可以有所侧重或者合理简化。技术复杂和有特殊要求的基建项目，还应提出两个以上设计方案并详述技术路线，便于项目管理部门比较和评审。

第十五条 投资在1000万元及以上的基建项目，建设单位须委托具有相应资质的工程咨询机构，编制项目建议书和可行性研究报告，并附专家论证意见。

投资在1000万元以下的项目由省气象局组织评审，对可行性研究报告进行批复。

第十六条 投资在1000万元及以上的建筑安装工程都应进行初步设计，抗震设防、消防、人防等应严格按照国家有关规定执行。初步设计的总概算应控制在已批准的可行性研究报告规定的范围以内。

初步设计批准后,不得随意修改。建设单位根据批准的初步设计进行施工图设计。

第十七条 施工图设计应遵循国家强制性建设规范和限额设计的原则,经审查的施工图预算原则上不得突破批准的初步设计概算。

第十八条 基建项目执行工程招投标制度,基建项目的招标实行属地化管理原则。招标文件、施工合同应接受上级计划财务部门、监察审计部门审查。

任何单位和个人不得将依法必须招标的项目化整为零或者以其他任何方式规避招标。

第十九条 凡列入集中采购目录以内的或者采购限额标准以上的货物、工程、服务,必须进行政府采购。

第二十条 在具备相应市场环境、相关配套制度较完善的地区,气象部门基本基建项目可采用代建制方式进行建设,充分利用专业化项目管理单位的专业能力,提高项目建设质量,加强投资控制,为项目更好地执行提供保障。采用代建制方式建设的项目,在项目安排、资金筹措方面给予政策倾斜。

第六章 工程施工管理

第二十一条 基建项目实行项目责任人终身负责制。基建项目实施前,建设单位须成立项目领导小组,并从中产生项目责任人。

第二十二条 工程建设要坚持先勘察、后设计、再施工的原则。必须委托有相应资质的单位进行勘察、设计,严禁使用没有加盖设计单位和图纸审核单位图章的施工图。

第二十三条 实行工程施工变更签证审批制度。工程建设必须严格按图纸施工,需要变更的由项目责任人确认,必要时应上报上级基本建设主管部门批准后实施。

第二十四条 基建项目应当委托具有相应资质的工程监理单位进行监理,并与监理单位依法订立合同,明确双方的权利、义务及索赔条件、范围等。

第二十五条 基建项目的勘察、设计、施工、设备材料的采购要依法订立合同。合同应明确工程价款及价款调整的范围,应明确质量要求、履约担保和违约处罚条款。

第二十六条 基建项目实行质量监督制度。按属地化管理,新建、改建、扩建等工程,需到地方建设主管部门办理建设用地规划许可证、工程施工许可证的,应到当地建筑工程质量监督机构办理工程质量监督手续。

第二十七条 基建项目实行质量保修制度。建设单位在与施工单位签订施工承包合同时,在国家建筑建设部门有关质量保修标准要求下,明确建设工程的保修范围、保修期限和保修责任。

第七章 计划、财务、审计管理

第二十八条 基建投资计划要贯彻执行国家有关法律、法规,做好基本建设资金的筹集、分配和使用,依法监督和考核基本建设计划、支出预算执行情况,严格控制建设成本,提高投资效益。

第二十九条 基建项目投资计划一经下达,任何单位和个人不得擅自调整项目计划。

第三十条 基建项目要加强设计概算、施工图预算、项目竣工财务决算管理。建设单位依据施工合同、施工图预算,按工程进度拨款。基建项目竣工后必须编制工程竣工决算,依批准的竣工决算调整固定资产账。

第三十一条 申请调整概算的项目,凡概算调增幅度超过原批复概算10%及以上的,原则上先商请审计单位进行审计,待审计结束后,区分不可抗因素和人为因素对概算调整的内容和原因进行审查,视具体情况进行概算调整,必要时组织专家评审后方予核定批准。申请调整概算时,应提交以下材料:

(一)原初步设计文件及初步设计批复文件;

(二)由具备相应资质单位编制的调整概算书,调整概算与原批复概算对比表,并分类定量说明调整概算的原因、依据和计算方法;

(三)与调整概算有关的招标及合同文件,包括变更洽商部分;

(四)调整概算所需的其他材料。

第三十二条 对由于价格上涨、政策调整等不可抗因素造成调整概算超过原批复概算的,经核定后予以调整,调整的价差不作为计取其他费用的基数;对由于勘察、设计、施工、设备材料供应、监理单位过失造成调整概算超过原批复概算的,根据违约责任扣减有关责任单位的费用,超出的投资不作为计取其他费用的基数。对过失情节严重的责任单位,建议相关管理部门依法给予处罚并公告。

第三十三条 基建项目工程价款结算应按照相关规定在合同条款中进行约定。其中,工程款支付额度如下:

(一)工程预付款可根据所在地区基本基建项目实际情况确定,但最高不超过合同价款的30%。为确保资金安全,应有相应的抵押办法(如对等的履约保证金、银行履约保函或其他等)。

(二)工程进度款累积支付额度(工程预付款已分期抵扣)应控制在合同价款的60%～90%。

(三)结算审计后应预留5%的工程尾款作为工程维修质保金。

第三十四条 基建财务管理要按照有关财务管理规定执行。

第三十五条 基建项目审计按照相关规定执行。

第八章 竣工验收及绩效考评与后评价

第三十六条 基建项目实行竣工验收制度。竣工验收分为工程竣工验收和项目竣工验收。

(一)工程竣工验收,指组成项目每一个单项工程的验收工作。由建设单位负责组织实施,当地工程质量监督机构会同勘察、设计、工程监理、施工等部门组成验收小组,按照批准的初步设计或实施方案及国家规定的工程竣工验收规范组织验收;

(二)项目竣工验收,指依据《气象基建项目竣工验收规范》(QX/T 31—2005),由相应基建管理部门组织,对基建项目实施全过程进行验收。

第三十七条 基建项目推行项目绩效考评制度。项目申报时应明确绩效目标,作为绩效考评的依据。项目完成后,项目建设单位及时填报《项目绩效报告》,由项目管理部门组织开展绩效考评,完成《项目绩效评价报告》。

第三十八条 气象部门基建项目推行后评价制度。后评价制度主要包括项目预期目标实现、建设方案和工程设计、建设周期、合同执行和项目投资效益(社会效益和经济效益)等评价内容。

第九章 资料档案管理

第三十九条 基建项目档案资料包括基本基建项目的提出、调研、可行性研究、评估、批复、勘测、设计、招投标、施工、设备调试、竣工、使用等活动中形成的文字材料、图纸、图表、计算材料、声像材料、电子资料等。

第四十条 建设单位应按照《中华人民共和国档案法》、基建项目档案资料管理规定和中国气象局档案管理的有关规定,并结合属地相关要求,从项目申请立项时,即开始进行档案资料的积累、整理、审查工作;项目竣工验收时,同步完成资料的验收和归档工作。

第四十一条 档案资料的汇总整理:

(一)基建项目实行总承包的,各分包单位负责收集、整理分包范围内的档案资料,交总包单位汇总、整理。竣工时由总包单位向建设单位提交完整、准确的项目档案资料。

(二)基建项目由建设单位分别向若干单位发包的,各承包单位负责收集、整理所承包工程的档案资料,交建设单位汇总、整理,或由建设单位委托一个承包单位汇总、整理。

第四十二条 施工单位要按规定编制好竣工图。工程竣工验收前,建设单位组织检查竣工图的质量。

第十章 奖励与惩罚

第四十三条 对工程质量优良的项目,建设资金如有结余,可根据国家有关法规对相关人员给予奖励。

第四十四条 基建项目竣工决算审查有效益的,经项目管理部门认定后,按实际核减施工单位决算总金额1‰的比例提取奖金,奖励有关人员。

第四十五条 基建项目未按规定的程序和审批权限进行立项而擅自开工建设的,责令停工并进行通报批评,视情况对已建项目进行处置,并视造成损失情况,由项目管理部门追究建设单位及其上一级主管单位的责任人责任。

第四十六条 由于建设单位管理不善、失职渎职,擅自扩大规模、提高标准、增加建设内容,故意漏项和报小建大等造成调整概算超过原批复概算的,将给予通报批评。对于超概算严重、性质恶劣的,追究项目单位的法律责任。

第四十七条 违反本办法规定不进行项目竣工财务决算审计，不进行竣工决算工作，造成国有资产流失的；未及时办理竣工验收手续、未经竣工验收或验收不合格即交付使用的，由项目管理部门追究建设单位及其责任人责任。

第四十八条 违反国家有关规定，由项目管理部门追究主要责任人的责任，并视情节轻重，由纪检监察部门给予党纪、政纪处分。

第十一章 附 则

第四十九条 小型业务类基建项目根据建设内容特点，其项目管理程序可适度、合理简化。

第五十条 本细则自发布之日起施行。2002年印发的《陕西省气象局基本建设管理实施细则》（陕气发〔2002〕104号）同时废止。

中央预算内基建投资项目前期工作
经费管理暂行办法

(财建〔2006〕689号 2006年10月26日)

第一条 为加强和规范中央预算内基建投资项目前期工作经费管理,强化预算约束,提高资金使用效益,根据《中华人民共和国预算法》、《中华人民共和国预算法实施条例》、《基本建设财务管理规定》(财建〔2002〕394号),制定本办法。

第二条 本办法所称前期工作是指从建设项目的立项申请、可行性研究、初步设计到项目开工前所进行的一系列工作,主要包括项目建议书、可行性研究报告、初步设计等工作环节的材料编制、招标、评估、审查、报送及相关工作。

第三条 本办法所称中央预算内基建投资项目前期工作经费(以下简称前期费)是指从中央预算内基建投资(含国债项目资金)中安排的用于项目前期工作的专项经费。

第四条 前期费安排范围:

1. 中央本级项目的前期工作;
2. 跨地区、跨流域以及对经济和社会发展全局有重大影响的地方项目的前期工作;
3. 经国务院批准的其他项目的前期工作。

第五条 具体项目的前期费根据国民经济和社会发展规划、中央预算内基建投资规模、项目建设内容等合理确定。

第六条 前期费的使用范围:

1. 勘察费;
2. 设计费;
3. 研究试验费;
4. 可行性研究费;
5. 前期工作的标底编制及招标管理费;
6. 概算审查费;
7. 咨询评审费;
8. 技术图书资料费、差旅交通费、业务招待费等管理费用;
9. 经同级财政部门批准的与前期工作相关的其他费用。

有关开支标准应按国家相关规定执行。

第七条 财政部在国家有关部门提出的前期费投资计划的基础上,审核下达前期费预算。

第八条 预算经核定下达后必须严格执行,除特殊情况外一律不得调整。对确需调整的项目,应严格按照预算调整的相关规定执行。

第九条 前期费拨付应遵循以下原则：

1.严格按照前期费预算、分月用款计划、前期工作进度、基本建设程序、合同等要求拨付资金；

2.实行政府采购和国库集中支付的项目，其前期费的拨付应根据政府采购和国库集中支付相关规定办理。

第十条 前期费实行总额控制，分年度据实列支。

第十一条 对批准建设的项目，其前期费应列入批准的项目概算内，按照相关规定计入建设成本。

第十二条 对没有被批准或批准后又被取消的建设项目，其发生的前期费由使用单位向主管部门提出申请，由项目主管部门报同级财政部门批准后作核销处理；已安排的前期费如有结余，其结余资金应按规定及时就地上缴国库，列政府收支分类"其他收入"科目，严禁挪作他用。

第十三条 当年未完成的前期工作，其前期费可结转下年继续使用。

第十四条 有关部门、单位要按照基本建设财务会计制度对前期费进行严格管理和核算。

前期工作完成后，有关部门、单位要及时组织审查，对项目前期费的使用情况以及后续工作等进行深入分析，并及时向主管部门报送分析评价报告。重大项目的分析评价报告要报送财政等有关部门。

第十五条 对经审查未通过的前期工作，要按审查的结论意见，由原前期工作承担单位继续完成，增加的费用由相关责任单位负担。

第十六条 前期费的使用和管理要接受财政、审计等部门的监督检查。

第十七条 对违反规定，弄虚作假，截留、挤占、挪用前期费或前期工作中存在严重问题的单位，财政部门将根据《财政违法行为处罚处分条例》（国务院令第427号）及国家有关规定，追缴截留、挤占、挪用的前期费，停止拨付尚未拨付的前期费，对有关人员追究责任，触犯法律的要移送司法机关处理。

第十八条 国民经济和社会发展中长期规划、总体规划、专项规划、区域规划等，如涉及具体项目前期工作，与前期工作相关的工作经费的管理比照本办法执行；如不涉及具体项目前期工作，其工作经费的管理按有关规定执行。

第十九条 本办法自发布之日起30日后施行。

第二十条 本办法由财政部负责解释。

气象部门基本建设财务管理规定

(气发〔2003〕281号)

第一章 总 则

第一条 为了适应社会主义市场经济体制,规范基本建设投资行为,加强气象部门基本建设财务管理和监督,控制建设成本,提高投资效益,根据《财政部关于印发〈基本建设财务管理规定〉的通知》(财建〔2002〕394号)等有关文件规定,结合气象部门实际,制定本规定。

第二条 本规定适用于各级气象部门有基本建设投资项目的建设单位,包括当年安排基本建设投资、当年虽未安排投资但有在建工程、有停缓建项目和资产已交付使用但未办理竣工决算项目的建设单位。

第三条 基本建设财务管理的基本任务是:贯彻执行国家有关法律、行政法规、方针政策;依法、合理、及时筹集、使用建设资金;做好基本建设资金的预算编制、执行、控制、监督和考核工作,严格控制建设成本,减少资金损失和浪费,提高投资效益。

第四条 各级气象部门的财务部门是主管基本建设财务的职能部门,对基本建设的财务活动实施财务管理和监督。

第五条 各建设单位要做好基本建设财务管理的基础工作,按规定设置独立的财务管理机构或指定有从业资格的专业人员专人负责基本建设财务工作,按规定单独设账用于核算基本建设成本;严格按照批准的(概)预算以及建设内容,做好账簿设置和会计账务处理,建立健全内部财务管理制度;对基本建设活动中的材料、设备采购、存货、各项财产物资及时做好原始记录;及时掌握工程进度,定期进行财产物资清查;按规定及时、准确向上一级主管部门报送各类基本建设会计报表。

第六条 在基本建设财务管理工作中,各建设单位应根据批准的项目概(预)算、基本建设投资计划和财政性基本建设支出预算,做好基本建设资金的筹集、分配和供应工作,有计划地、及时地满足基本建设工程项目的需要。

第七条 各建设单位要严格按照《国有建设单位会计制度》、《国有建设单位会计制度补充规定》和《气象部门财政国库管理制度改革试点会计核算暂行办法》等规定,认真做好基本建设项目会计核算等工作。

第二章 基本建设财政资金的申请

第八条 气象部门基本建设财政资金的支付实行财政直接支付和财政授权支付两种

方式。基本建设财政资金实行财政直接支付和财政授权支付的范围以中国气象局下达的文件为准。

第九条 分月用款计划是办理气象部门基本建设财政资金支付的重要依据,建设单位依据分月用款计划办理财政直接支付和财政授权支付手续。基本建设项目的分月用款计划按照项目实施进度编制。

第十条 实行财政直接支付的建设单位,应依据下达的年度基本建设计划、分月用款计划、工程进度和有关支付凭证,填写中央基层预算单位财政直接支付申请书,逐级报主管部门审核后,报送财政部驻所在地财政监察专员办事处审核并签署意见后,报中国气象局;财政部国库支付执行机构审核中国气象局报送的财政直接支付申请无误后,通知代理银行及时将资金支付到收款单位或用款单位。

第十一条 财政授权支付适用于除财政直接支付范围之外的所有的基本建设项目。实行财政授权支付的建设单位,根据财政部审核批复的用款额度支用资金,当月未支付的额度在年度内可以累加使用。

第十二条 年度终了,代理银行将零余额账户财政直接支付和财政授权支付额度余额全部注销。下年度,根据财政部确认的结转数,视同增加预算指标,按规定重新申请使用。

第十三条 基本建设财政资金国库集中支付的具体要求按照《气象部门财政国库管理制度改革试点资金支付管理办法实施细则》执行。

第三章　建设成本的管理

第十四条 建设成本包括建筑安装工程投资支出、设备投资支出、待摊投资支出、其他投资支出。

第十五条 建筑安装工程投资支出是指建设单位按项目概算内容发生的建筑工程和安装工程的实际成本,其中不包括被安装设备本身的价值以及按照合同规定支付给施工企业的预付备料款和预付工程款。

第十六条 设备投资支出是指建设单位按照项目概算内容发生的各种设备的实际成本,包括需要安装设备、不需要安装设备和为生产准备的不够固定资产标准的工具、器具的实际成本。

需要安装设备是指必须将其整体或几个部位装配起来,安装在基础上或建筑物支架上才能使用的设备;不需要安装设备是指不必固定在一定位置或支架上就可以使用的设备。

第十七条 待摊投资支出是指建设单位按项目概算内容发生的,按照规定应当分摊计入交付使用资产价值的各项费用支出,包括:建设单位管理费、土地征用及迁移补偿费、土地复垦及补偿费、勘察设计费、研究试验费、可行性研究费、临时设施费、设备检验费、负荷联合试车费、合同公证及工程质量监理费、(贷款)项目评估费、国外借款手续费及承诺费、社会中介机构审计(查)费、招投标费、经济合同仲裁费、诉讼费、律师代理费、土地使用税、耕地占用税、车船使用税、汇兑损益、报废工程损失、坏账损失、借款利息、固定资产损失、器材处理亏损、设备盘亏及毁损、调整器材调拨价格折价、其他待摊投资等。

建设单位要严格按照规定的内容和标准控制待摊投资支出，不得将非法的收费、摊派等计入待摊投资支出。

第十八条 其他投资支出是指建设单位按项目概算内容发生的构成基本建设实际支出的房屋购置和基本畜禽、林木等购置、饲养、培育支出以及取得各种无形资产和递延资产发生的支出。

第十九条 建设单位管理费是指建设单位从项目开工之日起至办理竣工财务决算之日止发生的管理性质的开支。包括：不在原单位发工资的工作人员工资、基本养老保险费、基本医疗保险费、失业保险费，办公费、差旅交通费、劳动保护费、工具用具使用费、固定资产使用费、零星购置费、招募生产工人费、技术图书资料费、印花税、业务招待费、施工现场津贴、竣工验收费和其他管理性质开支。

业务招待费支出不得超过建设单位管理费总额的10％。

施工现场津贴标准比照当地财政部门制定的差旅费标准执行。

第二十条 建设单位管理费实行总额控制，分年度据实列支。

建设单位管理费的总额控制数以项目审批部门批准的项目投资总概算为基数，并按投资总概算的不同规模分档计算。具体计算方法见附件一。

第二十一条 建设单位发生单项工程报废，必须经有关部门鉴定。报废单项工程的净损失经财政部门批准后，作增加建设成本处理，计入待摊投资。

第二十二条 非经营性项目发生的江河清障、航道清淤、飞播造林、补助群众造林、退耕还林（草）、封山（沙）育林（草）、水土保持、城市绿化、取消可行性研究费、项目报废及其他经财政部门认可的不能形成资产部分的投资，作待核销处理。在财政部门批复竣工决算后，冲销相应的资金。形成资产部分的投资，计入交付使用资产价值。

第二十三条 非经营性项目为项目配套的专用设施投资，包括专用道路、专用通信设施、送变电站、地下管道等，产权归属本单位的，计入交付使用资产价值；产权不归属本单位的，作转出投资处理，冲销相应的资金。

第二十四条 建设单位在建设期间的存款利息收入计入待摊投资，冲减工程成本。

第二十五条 建设项目隶属关系发生变化时，应及时进行财务关系划转，要认真做好各项资产和债权、债务清理交接工作，主要包括各项投资来源、已交付使用的资产、在建工程、结余资金、各项债权和债务等，由划转双方的主管部门报同级财政部门审批，并办理资产、财务划转手续。

第二十六条 建设单位应当严格执行工程价款结算的制度规定，坚持按照规范的工程价款结算程序支付资金。建设单位与施工单位签订的施工合同中确定的工程价款结算方式要符合财政支出预算管理的有关规定。工程建设期间，建设单位与施工单位进行工程价款结算，建设单位必须按工程结算价款总额的5％预留工程质量保证金，待保修期满后再清算。

第四章 竣工财务决算的编制

第二十七条 基本建设项目竣工时,应编制基本建设项目竣工财务决算。建设周期长、建设内容多的项目,单项工程竣工,对具备交付使用条件的,可编制单项工程竣工财务决算。建设项目全部竣工后应编制竣工财务总决算。

第二十八条 基本建设项目竣工财务决算是正确核定新增固定资产价值、反映竣工项目建设成果的文件,是办理固定资产交付使用手续的依据。各编制单位要认真执行有关的财务核算办法,严肃财经纪律,实事求是地编制基本建设项目竣工财务决算,做到编报及时,数字准确,内容完整。

第二十九条 建设单位及其主管部门应加强对基本建设项目竣工财务决算的组织领导,组织专门人员,及时编制竣工财务决算。设计、施工、监理等单位应积极配合建设单位做好竣工财务决算编制工作。建设单位应在项目竣工后3个月内完成竣工财务决算的编制工作,如3个月内编出确有困难的,报经负责审批该竣工财务决算的主管部门同意后,可适当延期,但最迟不得超过6个月。在竣工财务决算未经批复之前,原机构不得撤销,项目负责人及财务主管人员不得调离。

第三十条 在编制基本建设项目竣工财务决算前,建设单位要认真做好各项清理工作。清理工作主要包括基本建设项目档案资料的归集整理、账务处理、财产物资的盘点核实及债权债务的清偿,做到账账、账证、账实、账表相符。各种材料、设备、工具、器具等,要逐项盘点核实,填列清单,妥善保管,或按照国家规定进行处理,不准任意侵占、挪用。

第三十一条 基本建设项目竣工财务决算的依据,主要包括:项目建议书、可行性研究报告、初步设计、概算调整及其批准的文件;招投标文件(书);历年投资计划;经审核批准的项目预算;合同、工程结算书等有关资料;有关的财务核算制度、办法;其他有关资料。

第三十二条 基本建设项目竣工财务决算的内容,主要包括以下两个部分:

(一) 基本建设项目竣工财务决算报表

主要有以下报表(表式见附件二):

1. 封面;
2. 基本建设项目概况表;
3. 基本建设项目竣工财务决算表;
4. 基本建设项目交付使用资产总表;
5. 基本建设项目交付使用资产明细表。

(二)竣工财务决算说明书

主要包括以下内容:

1. 基本建设项目概况;
2. 会计账务的处理、财产物资清理及债权债务的清偿情况;
3. 基建结余资金等分配情况;
4. 主要技术经济指标的分析、计算情况;

5. 基本建设项目管理及决算中存在的问题、建议；

6. 决算与概算的差异和原因分析；

7. 需说明的其他事项。

第三十三条 基本建设项目竣工财务决算大中小型划分标准。项目投资额在 3000 万元（含 3000 万元）以上的为大中型项目，其他项目为小型项目。

第三十四条 基本建设项目的竣工财务决算，按下列要求报批。

（一）中央级项目

1. 小型项目。

属国家确定的重点项目，其竣工财务决算经中国气象局审核后报财政部审批。

中央级小型基本建设项目总投资超过 1000 万元（含 1000 万元）的竣工项目，报中国气象局审批；中央级小型基本建设项目总投资低于 1000 万元的竣工项目，由各省、自治区、直辖市气象局，计划单列市气象局根据自身情况自行确定批复权限范围。局各直属单位的基本建设项目的竣工财务决算报中国气象局审批。

2. 大、中型项目。

中央级大、中型基本建设项目竣工财务决算审核后报财政部审批。

（二）地方级项目

地方级基本建设项目竣工财务决算的报批，执行地方财政部门的规定。

第三十五条 财政部对中央级大中型项目、国家确定的重点小型项目竣工财务决算的审批实行"先审核、后审批"的办法。即先委托投资评审机构或经财政部认可的有资质的中介机构对项目单位编制的竣工财务决算进行审核，再按规定批复。对审核中减的概算内投资，经财政部审核确认后，按投资来源比例归还投资方。

第三十六条 气象部门小型基本建设项目总投资超过 100 万元（含 100 万元）竣工财务决算的审批实行"先审核、后审批"的办法，即由各级财务部门委托有资质的中介机构或内审机构对建设单位编制的竣工财务决算进行审核后，审批单位再按规定进行审批。其中，建设单位项目总投资超过 1000 万元（含 1000 万元）的项目的竣工财务决算须连同审核报告逐级上报中国气象局审批。

中国气象局局各直属单位的所有基本建设项目的竣工财务决算的审批实行"先审核、后审批"的办法，即由局各直属单位的财务部门委托有资质的中介机构或内审机构对竣工财务决算进行审核后连同审核报告一并上报中国气象局审批。

第三十七条 已批复竣工决算的项目，应在决算批复后 90 日内，办理固定资产移交手续，同时进行相应的账务处理。

第五章 结余资金分配

第三十八条 建设项目在编制竣工财务决算前要认真清理结余资金。应变价处理的库存设备、材料以及应处理的自用固定资产要公开变价处理，应收、应付款项要及时清理，清理出来的结余资金，30%作为建设单位的留成收入，主要用于项目配套设施建设、职工奖励和工程质量奖,70%按投资来源比例归还投资方。

第三十九条 项目建设单位应当将应交财政的竣工结余资金在竣工财务决算批复后30日内上交财政。

第六章 会计报表的编制

第四十条 建设单位会计报表是综合反映建设单位资金来源、资金使用和财务状况的会计报表。建设单位会计报表所提供的会计信息,是监督基本建设投资的合理使用、分析概预算执行情况、考核投资效果的重要依据,各单位应加强对建设单位会计报表编制工作,做到编报及时、数字准确、内容完整。

第四十一条 建设单位会计报表按现行规定有两种类型:即基本建设支出预算执行情况季度报表和国有建设单位决算报表。

第四十二条 基本建设支出预算执行情况季度报表是按季反映建设单位基本建设资金的到位、使用和投资完成情况的综合报表,是向上级主管部门和投资决策提供及时、准确、真实、有效的信息,因此,各单位要严格按照有关规定认真填报基本建设支出预算执行情况季度报表,并于季后10日内报送中国气象局计划财务司。

第四十三条 建设单位在建设过程中每个年度终了都要编制年度财务决算,年度财务决算是综合反映一定时期建设单位资金来源、资金使用和财务状况的会计报表,是检查资金使用、基建投资计划执行情况和投资效果的主要依据。年度财务决算报表必须要做到数据真实可靠、内容全面完整、编报及时、财务说明清楚。

年度财务决算的编报要求、报送时间、方式等,由中国气象局每年根据财政部规定具体布置。

第四十四条 建设单位在编制年度财务决算报表时必须编写财务情况说明,其主要内容包括:概算完成情况分析、在建工程情况分析、交付使用资产分析、转出投资及其他待摊投资的说明。财务情况说明必须简明扼要,条理清楚,有情况、有说明、有分析、有建议。

第四十五条 基本建设年度财务决算实行逐级批复。经财政部审核批复后,由中国气象局、省局逐级对建设单位的财务决算进行批复。

建设单位对主管部门的年度基本建设财务决算批复,必须认真执行,并做好相应的账务处理。

第七章 财务档案的管理

第四十六条 基本建设财务档案包括基本建设会计凭证、会计账簿、会计报表、竣工财务决算及其他资料:如项目建议书、项目可行性研究报告、初步设计、总概算及批复文件,经批准的施工图预(决)算、合同、工程结算书等有关资料,历年投资计划、批复文件等有价值的资料均应立卷归档,以备后查。

第四十七条 各单位的基本建设财务档案及建设项目有关资料,必须存放有序,妥善保管。

第四十八条 基本建设财务档案的保管年限按照《会计档管理办法》(财会字〔1998〕32号)规定执行。

第八章 附 则

第四十九条 各省、自治区、直辖市气象局,计划单列市气象局,局各直属单位可根据本规定,制定具体实施细则并报中国气象局计划财务司备案。

第五十条 本规定由中国气象局计划财务司负责解释。

第五十一条 中国气象局计划财务司下发的《关于加强基本建设项目竣工财务决算工作的函》(气计函〔2003〕106号中如有与本规定不一致的,以本规定为准。

第五十二条 本规定自下发之日起执行。中国气象局1999年印发的《气象部门基本建设财务管理办法》(中气计发〔1999〕152号)同时废止。

附件一

建设单位管理费总额控制数费率表

单位:万元

工程总概算	费率(%)	算例	
		工程总概算	建设单位管理费
1000以下	1.5	1000	$1000 \times 1.5\% = 15$
1001~5000	1.2	5000	$15 + (5000 - 1000) \times 1.2\% = 63$
5001~10000	1	10000	$63 + (10000 - 5000) \times 1\% = 113$
10001~50000	0.8	50000	$113 + (50000 - 1000) \times 0.8\% = 433$
50001~100000	0.5	100000	$433 + (100000 - 50000) \times 0.5\% = 683$
100001~200000	0.2	200000	$683 + (200000 - 100000) \times 0.2\% = 883$
200000以上	0.1	280000	$883 + (280000 - 200000) \times 0.1\% = 963$

附件二

决算报表封面

建设单位：	建设项目名称：
主管部门：	建设性质：

基本建设项目竣工财务决算报表

建设单位负责人：　　　　　　　　建设单位财务负责人：

编报日期：　　　　年　　月　　日

解释《气象部门基本建设财务管理规定》执行中有关问题

(气计函〔2004〕49号)

各省、自治区、直辖市气象局,计划单列市气象局,各直属单位:

2002年年底财政部制定并下发了《基本建设财务管理规定》(财建〔2003〕394号),同时废止了1998年印发的《基本建设财务管理若干规定》(财基字〔1998〕4号)。2003年年底,财政部下发《关于解释〈基本建设财务管理规定〉执行中有关问题的通知》(财建〔2003〕724号,以下简称《通知》)文件,就新出台规定中的有关问题作了进一步的解释。根据《通知》和《气象部门基本建设财务管理规定》(气发〔2003〕281号,以下简称《规定》),现就有关问题说明如下:

1. 在建项目执行新旧财务制度如何衔接。凡在2002年10月后开工的在建项目按照新制度来执行,2002年10月前开工的在建项目可继续执行原基建财务制度。但基本建设项目在《规定》下发后竣工的,其竣工财务决算的审批按《规定》执行。

2. 一个建设单位同时承建多个建设项目可否统一核算。根据基本建设有关规定,每个基本建设项目都必须单独建账、单独核算;同一个建设项目,不论其建设资金来源性质,原则上必须在同一账户核算和管理。

3. 项目存款利息的处理。项目存款是指建设项目的所有建设资金,包括财政拨款等,其产生的利息收入一律冲减建设工程成本。

4. 建设单位按规定留成的非经营性项目的结余资金,主要用于项目配套设施建设、职工奖励和工程质量奖,使用时需报同级财政部门审批。

基建财务制度已明确建设单位留成资金的使用范围,主管部门需对其使用情况进行监督,可不必再进行审批。

5. 建设单位管理费开支的起止时间和计算基数。基本建设财务制度明确建设单位管理费是指建设单位从项目开工之日起至办理竣工财务决算之日止发生的管理性质开支。考虑到不少建设项目前期筹建期间管理性开支没有渠道,财政部将建设单位管理费修改为:建设单位从筹建之日起至办理竣工财务决算之日止发生的管理性质开支,建设单位管理费以项目投资总概算为计算基数。

6. 建设单位单项工程报废处理。建设单位单项工程报废是指建设单位原因造成的报废,施工单位施工造成的单项工程报废由施工单位承担责任。单项工程报废净损失按项目财务隶属关系由同级财政部门批准后,计入待摊投资。

7. 基本建设项目年度财务决算与竣工财务决算审批的问题。

根据《通知》,财政部对部门基本建设项目年度财务决算不再审批,中国气象局也将从

2003年起不再对年度财务决算进行审批;每年年度财务决算汇审后上报的数据为准,结转下年度。项目竣工财务决算的审批仍按《规定》执行。

8. 建设项目收尾工程预留工程质量保证金如何确定。按规定,可根据项目工程价款结算总额的5%预留工程质量保证金。

9. 违反基本建设财务制度如何处理。对没有严格执行基本建设财务制度,或违反基本财务制度的行为,各级主管部门可根据国务院《关于违反财政法规处罚的暂行规定》,通过口头警告限期纠正、通报批评、停止拨款、收回拨款,撤销项目和对直接责任人行政处分等手段进行处罚。

中国气象局计划财务司

关于基本建设项目结余财政资金收回同级财政的通知

(财建〔2015〕707号)

党中央有关部门,国务院各部委、各直属机构,全国人大常委会办公厅,全国政协办公厅,高法院,高检院,各民主党派中央,有关人民团体,新疆生产建设兵团,有关中央管理企业;各省、自治区、直辖市、计划单列市财政厅(局):

为贯彻落实《国务院办公厅关于进一步做好盘活财政存量资金工作的通知》(国办发〔2014〕70号)精神,根据财政部《关于盘活中央部门存量资金的通知》(财预〔2015〕23号)、《关于盘活地方存量资金的通知》(财预〔2015〕15号)、《关于收回财政存量资金预算会计处理有关问题的通知》(财预〔2015〕81号)的有关规定,现将基本建设项目(以下简称项目)结余财政资金有关事项通知如下:

一、项目主管部门应督促项目建设单位在项目竣工后抓紧办理工程价款结算和清理项目结余的财政资金,结余的财政资金一律收回同级财政统筹使用。

二、对于国库集中支付的结余资金,项目主管部门应在项目竣工后3个月内按规定申请预算调整,由同级财政部门发文收回结余的财政资金并相应调整部门预算指标和用款计划;对于非国库集中支付的结余资金,项目主管部门应在项目竣工后3个月内将结余的财政资金上交同级国库。

三、收回的财政资金,按财政部《关于收回财政存量资金预算会计处理有关问题的通知》(财预〔2015〕81号)的有关规定科目反映。

四、财政部《基本建设财务管理规定》(财建〔2002〕394号)有关结余的财政资金30%由项目建设单位用于配套工程的规定和财政部《关于基本建设项目竣工结余财政性资金处理有关事宜的通知》(财建〔2013〕454号)不再执行。

特此通知。

财政部
2015年7月30日

气象部门台站基础设施维修费管理暂行办法

(气办发〔2011〕59号 2011年12月21日)

第一条 为加强气象部门台站基础设施维修费管理,提高经费使用效益,根据《中央本级项目支出预算管理办法》(财预〔2007〕38号)等制定本办法。

第二条 本办法所称气象部门台站基础设施维修费(以下简称维修费),是指中央财政在中国气象局部门预算中安排,用于气象部门台站基础设施维修、维护、改造的专项补助经费。

第三条 本办法适用于管理和使用维修费的各级气象部门和单位。

第四条 维修费的管理和使用遵循以下原则:

(一)坚持确保业务运行的原则。优先考虑受自然灾害影响毁损严重、急需维修的台站,确保各项气象业务正常运行。

(二)坚持重点支持西部的原则。重点考虑西部地区气象台站基础设施维修,同时兼顾中东部气象台站的维修。

(三)坚持统筹使用资金的原则。中央财政安排的维修费要与地方财政安排的有关资金统筹使用,共同支持气象部门台站基础设施维修和维护。

(四)坚持区别基本建设的原则。维修费是对基本建设形成的固定资产,通过维修、维护、改造等方式和手段,以恢复其原有功能并使国有资产保值增值,区别于新建、改建、扩建。

第五条 维修费用于各级气象部门基础设施维修、维护、改造所发生的直接费用,主要包括材料费、施工费、设计费、人工费、设备购置费等支出。

专家咨询费、会议费、劳务费、印刷费、国际合作与交流费等不得在维修经费中开支。

第六条 本办法所称基础设施是指气象部门开展业务工作所需的房屋及相应的配套设施。房屋包括办公及业务用房、附属用房。

(一)办公及业务用房包括行政管理用房、会议室、会商室、科普陈列室、观测用房、制氢房等。

(二)附属用房包括配电供暖、安全保卫、仓储、食堂、值班用房及周转用房等附属建筑房屋。其中:值班用房是指工作人员在夜间、法定节假日等非标准工作时间内轮流值班休息的场所;周转房是为短期内无法解决住宿的职工安排的过渡性住宿和生活场所。

配套设施是指为满足业务需要,建设的除房屋外的其他基础设施,包括供水、供电、供暖、供气、道路、围墙、大门、护坡(堡坎)、排污、文体设施、庭院环境、消防等。

第七条 申请维修费应符合以下条件:

(一)房屋修缮。房屋主体结构老化或损坏,屋面渗漏,墙体裂缝等,影响气象业务工作的开展。

(二)房屋改造。因气象观测、预报预警等业务布局调整,需要对房屋建筑物进行非结构性改造,以满足气象业务功能需求。

(三)配套基础设施。水、电、暖、气、排污等老化或损坏,道路、围墙、大门、护坡(堡坎)等出现裂缝或倒塌,消防设施不能达到安全检查标准,文体设施、庭院环境等损坏,通过维修或改造实现正常运行或满足需求。

第八条 维修费对单个项目的支持额度一般控制在 120 万元以内,高海拔以及一、二类艰苦台站可根据实际情况适当放宽,但最高不超过 180 万元。

(一)房屋维修工程造价不得超过 2000 元/平方米。

(二)房屋改造工程造价不得超过 2500 元/平方米。

(三)消防设施和基础业务保障设备,单价原则上不超过 5 万元。

(四)配套基础设施维修标准按照当地标准核定,以恢复原有功能为目标。

第九条 省级气象部门按照维修费有关要求,组织本省(区、市,下同)下年度维修项目的评审并排序,于每年 6 月底前,通过"中国气象行业建设项目管理信息系统",向中国气象局申报进入项目总库的项目,满足条件的方可入库。入库项目应优先考虑基层气象台站,省级所属台站申报项目数量和金额应控制在本省申报项目总数和总金额 10% 以内,地级所属台站申报项目数量和金额应控制在本省申报项目总数和总金额的 20% 以内。

第十条 中国气象局根据各省维修情况及财力可能,提出下年度维修费总需求,随部门预算"一上"报送财政部。财政部对申报情况进行审核后,视财力状况将维修费纳入中国气象局部门预算。

第十一条 中国气象局按照财政预算安排情况,及时对各省申报的维修项目进行审核,确定下年度各省维修项目及维修费数额,商财政部同意后随部门预算批复下达。

第十二条 省级气象部门的申报内容应符合以下要求:

(一)基本信息填写真实、完整。包括"中国气象行业建设项目管理信息系统"要求的各项内容,不缺项,不漏项。申报项目附加"审定通过标志"和年度排序码。

(二)手续完备,材料齐全。需提交符合要求的《项目可行性研究报告》及其行政审批文件,《项目可行性研究报告》的格式及填写内容应符合《气象部门项目支出预算管理办法》(气发〔2007〕149 号)的有关要求。

第十三条 各级气象部门申报维修项目时应确定明确的绩效目标,作为绩效考评的依据。项目完成后,建设单位应及时填报《项目绩效报告》,其上级主管单位要按照中国气象局统一要求组织开展绩效评价,完成《项目绩效评价报告》。中国气象局将对项目执行情况和绩效评价情况进行抽查,并将抽查结果作为下一年度经费分配的重要依据。

第十四条 各级气象部门要加强对维修费的管理、检查和监督,确保专款专用,并积极配合财政、审计等有关部门做好审计、稽查等工作。

第十五条 对因维修费使用不规范、管理混乱等问题被审计机关、财政部驻各地财政监察专员办事处等通报或被媒体曝光并核实的,依照《财政违法行为处罚处分条例》(国务院令第 427 号)等有关规定进行处理、处罚和处分。

第十六条 本办法自发布之日起施行。

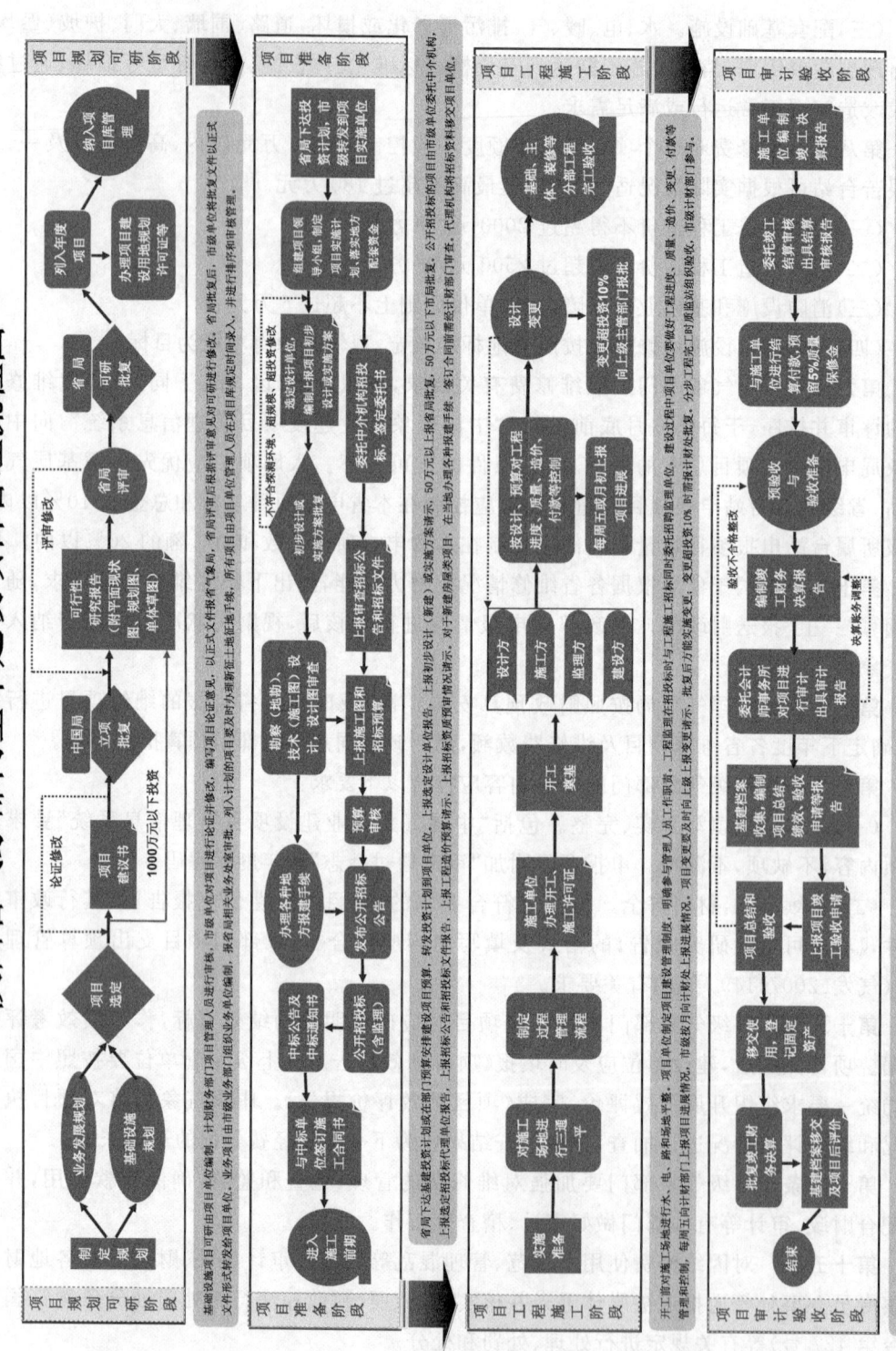

陕西省气象部门基本建设招投标程序流程图

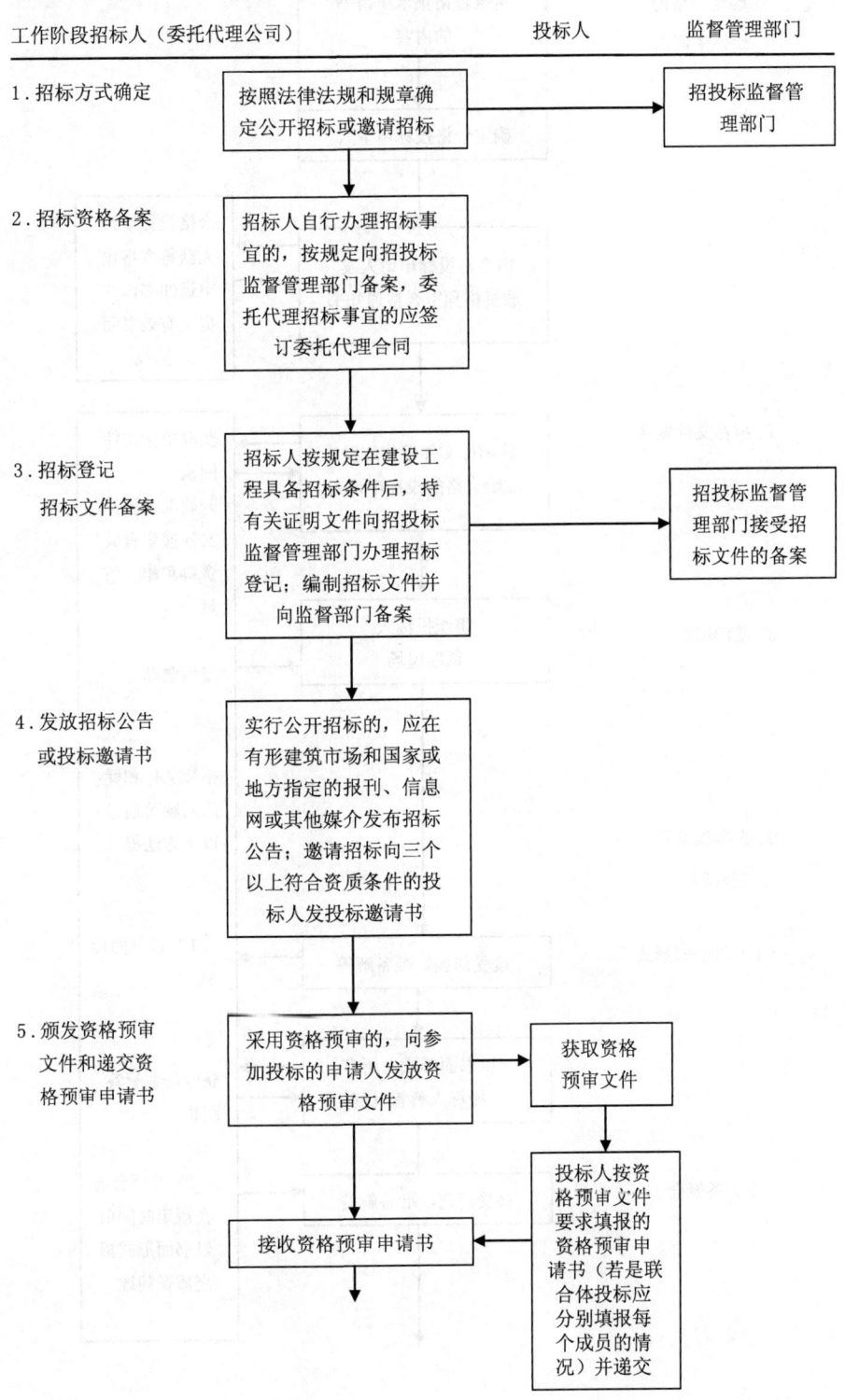

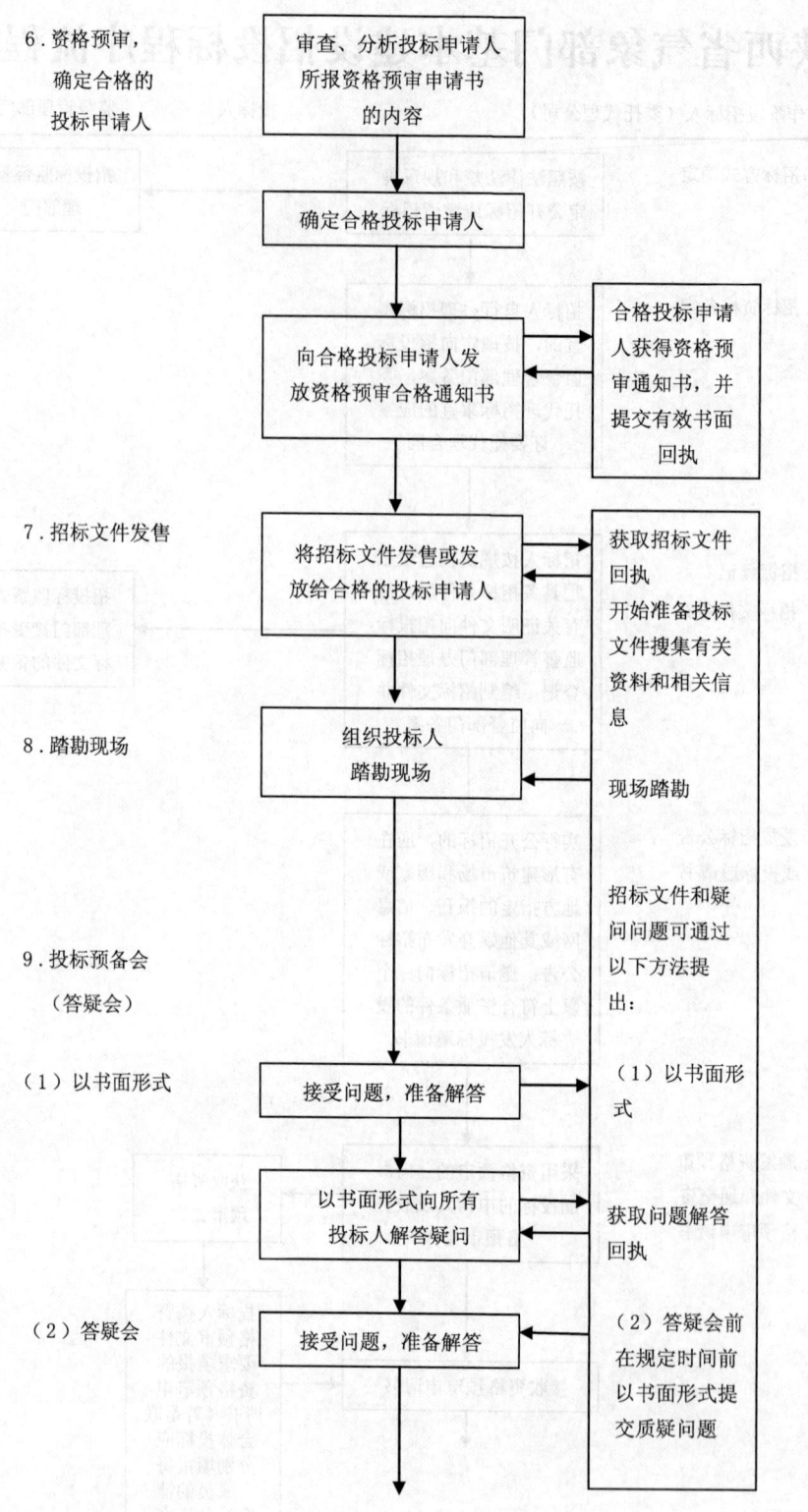

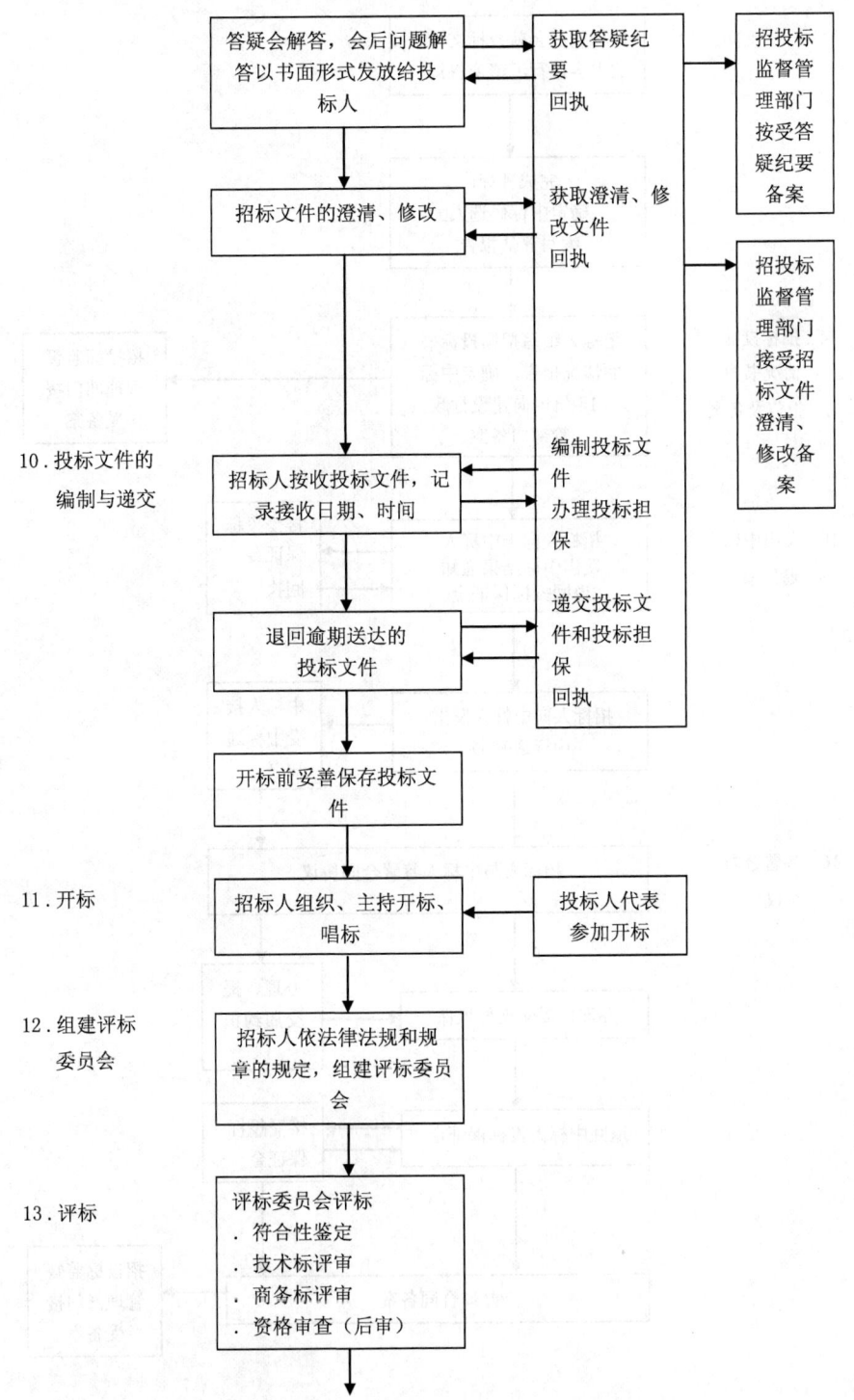

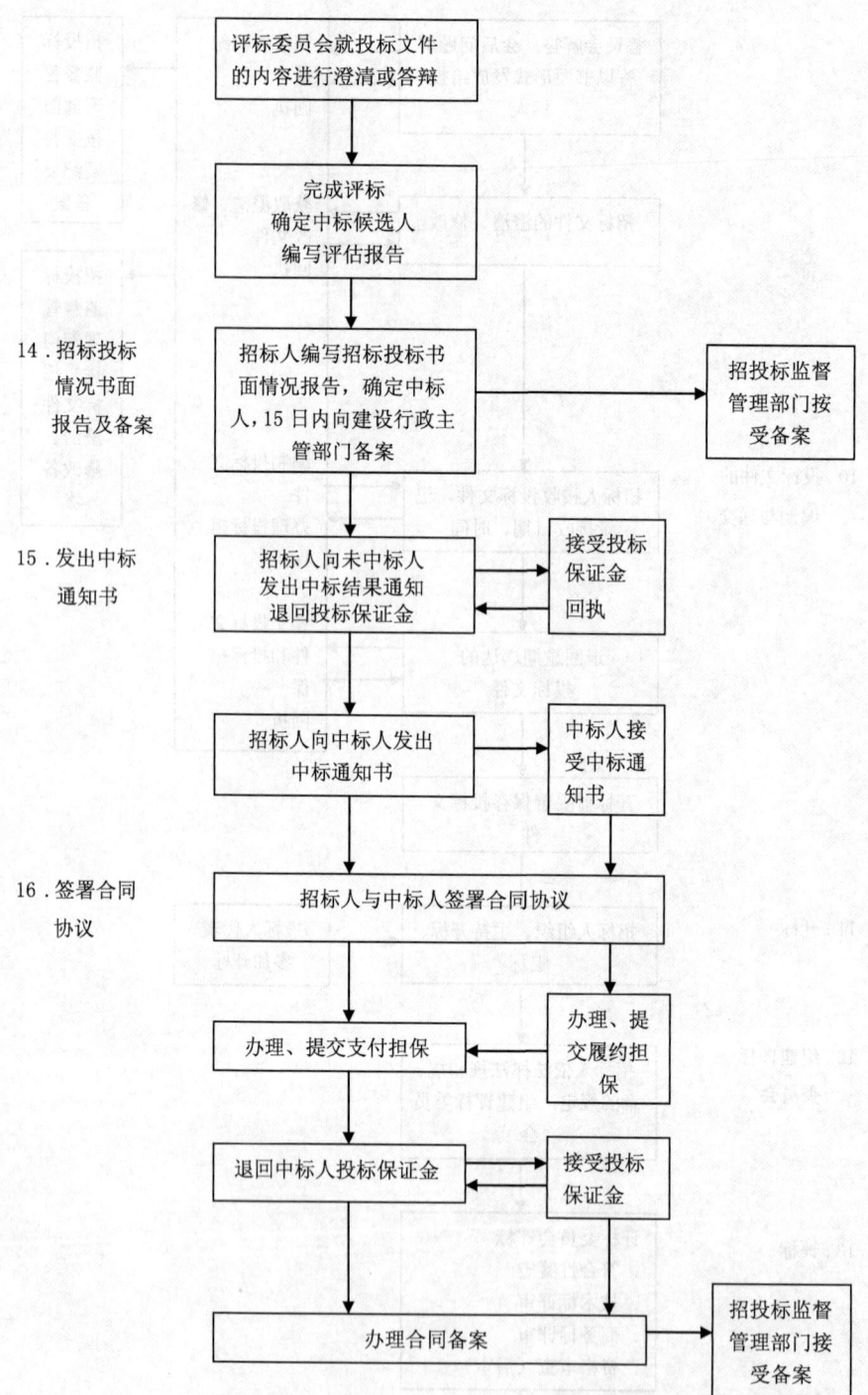

第三部分　竣工决算与验收

建设工程价款结算暂行办法

(财建[2004]369号　2004年10月20日)

第一章　总　则

第一条　为加强和规范建设工程价款结算,维护建设市场正常秩序,根据《中华人民共和国合同法》、《中华人民共和国建筑法》、《中华人民共和国招标投标法》、《中华人民共和国预算法》、《中华人民共和国政府采购法》、《中华人民共和国预算法实施条例》等有关法律、行政法规制订本办法。

第二条　凡在中华人民共和国境内的建设工程价款结算活动,均适用本办法。国家法律法规另有规定的,从其规定。

第三条　本办法所称建设工程价款结算(以下简称"工程价款结算"),是指对建设工程的发承包合同价款进行约定和依据合同约定进行工程预付款、工程进度款、工程竣工价款结算的活动。

第四条　国务院财政部门、各级地方政府财政部门和国务院建设行政主管部门、各级地方政府建设行政主管部门在各自职责范围内负责工程价款结算的监督管理。

第五条　从事工程价款结算活动,应当遵循合法、平等、诚信的原则,并符合国家有关法律、法规和政策。

第二章　工程合同价款的约定与调整

第六条　招标工程的合同价款应当在规定时间内,依据招标文件、中标人的投标文件,由发包人与承包人(以下简称"发、承包人")订立书面合同约定。

非招标工程的合同价款依据审定的工程预（概）算书由发、承包人在合同中约定。

合同价款在合同中约定后，任何一方不得擅自改变。

第七条 发包人、承包人应当在合同条款中对涉及工程价款结算的下列事项进行约定：

（一）预付工程款的数额、支付时限及抵扣方式；

（二）工程进度款的支付方式、数额及时限；

（三）工程施工中发生变更时，工程价款的调整方法、索赔方式、时限要求及金额支付方式；

（四）发生工程价款纠纷的解决方法；

（五）约定承担风险的范围及幅度以及超出约定范围和幅度的调整办法；

（六）工程竣工价款的结算与支付方式、数额及时限；

（七）工程质量保证（保修）金的数额、预扣方式及时限；

（八）安全措施和意外伤害保险费用；

（九）工期及工期提前或延后的奖惩办法；

（十）与履行合同、支付价款相关的担保事项。

第八条 发、承包人在签订合同时对于工程价款的约定，可选用下列一种约定方式：

（一）固定总价。合同工期较短且工程合同总价较低的工程，可以采用固定总价合同方式。

（二）固定单价。双方在合同中约定综合单价包含的风险范围和风险费用的计算方法，在约定的风险范围内综合单价不再调整。风险范围以外的综合单价调整方法，应当在合同中约定。

（三）可调价格。可调价格包括可调综合单价和措施费等，双方应在合同中约定综合单价和措施费的调整方法，调整因素包括：

1. 法律、行政法规和国家有关政策变化影响合同价款；
2. 工程造价管理机构的价格调整；
3. 经批准的设计变更；
4. 发包人更改经审定批准的施工组织设计（修正错误除外）造成费用增加；
5. 双方约定的其他因素。

第九条 承包人应当在合同规定的调整情况发生后14天内，将调整原因、金额以书面形式通知发包人，发包人确认调整金额后将其作为追加合同价款，与工程进度款同期支付。发包人收到承包人通知后14天内不予确认也不提出修改意见，视为已经同意该项调整。

当合同规定的调整合同价款的调整情况发生后，承包人未在规定时间内通知发包人，或者未在规定时间内提出调整报告，发包人可以根据有关资料，决定是否调整和调整的金额，并书面通知承包人。

第十条 工程设计变更价款调整。

（一）施工中发生工程变更，承包人按照经发包人认可的变更设计文件，进行变更施工,其中,政府投资项目重大变更,需按基本建设程序报批后方可施工。

(二)在工程设计变更确定后14天内,设计变更涉及工程价款调整的,由承包人向发包人提出,经发包人审核同意后调整合同价款。变更合同价款按下列方法进行:

1. 合同中已有适用于变更工程的价格,按合同已有的价格变更合同价款;

2. 合同中只有类似于变更工程的价格,可以参照类似价格变更合同价款;

3. 合同中没有适用或类似于变更工程的价格,由承包人或发包人提出适当的变更价格,经对方确认后执行。如双方不能达成一致的,双方可提请工程所在地工程造价管理机构进行咨询或按合同约定的争议或纠纷解决程序办理。

(三)工程设计变更确定后14天内,如承包人未提出变更工程价款报告,则发包人可根据所掌握的资料决定是否调整合同价款和调整的具体金额。重大工程变更涉及工程价款变更报告和确认的时限由发承包双方协商确定。

收到变更工程价款报告一方,应在收到之日起14天内予以确认或提出协商意见,自变更工程价款报告送达之日起14天内,对方未确认也未提出协商意见时,视为变更工程价款报告已被确认。

确认增(减)的工程变更价款作为追加(减)合同价款与工程进度款同期支付。

第三章 工程价款结算

第十一条 工程价款结算应按合同约定办理,合同未作约定或约定不明的,发、承包双方应依照下列规定与文件协商处理:

(一)国家有关法律、法规和规章制度;

(二)国务院建设行政主管部门、省、自治区、直辖市或有关部门发布的工程造价计价标准、计价办法等有关规定;

(三)建设项目的合同、补充协议、变更签证和现场签证,以及经发、承包人认可的其他有效文件;

(四)其他可依据的材料。

第十二条 工程预付款结算应符合下列规定:

(一)包工包料工程的预付款按合同约定拨付,原则上预付比例不低于合同金额的10%,不高于合同金额的30%,对重大工程项目,按年度工程计划逐年预付。计价执行《建设工程工程量清单计价规范》(GB 50500—2003)的工程,实体性消耗和非实体性消耗部分应在合同中分别约定预付款比例。

(二)在具备施工条件的前提下,发包人应在双方签订合同后的一个月内或不迟于约定的开工日期前的7天内预付工程款,发包人不按约定预付,承包人应在预付时间到期后10天内向发包人发出要求预付的通知,发包人收到通知后仍不按要求预付,承包人可在发出通知14天后停止施工,发包人应从约定应付之日起向承包人支付应付款的利息(利率按同期银行贷款利率计),并承担违约责任。

(三)预付的工程款必须在合同中约定抵扣方式,并在工程进度款中进行抵扣。

（四）凡是没有签订合同或不具备施工条件的工程，发包人不得预付工程款，不得以预付款为名转移资金。

第十三条 工程进度款结算与支付应当符合下列规定：

（一）工程进度款结算方式。

1. 按月结算与支付。即实行按月支付进度款、竣工后清算的办法。合同工期在两个年度以上的工程，在年终进行工程盘点，办理年度结算。

2. 分段结算与支付。即当年开工、当年不能竣工的工程按照工程形象进度，划分不同阶段支付工程进度款。具体划分在合同中明确。

（二）工程量计算。

1. 承包人应当按照合同约定的方法和时间，向发包人提交已完工程量的报告。发包人接到报告后 14 天内核实已完工程量，并在核实前 1 天通知承包人，承包人应提供条件并派人参加核实，承包人收到通知后不参加核实，以发包人核实的工程量作为工程价款支付的依据。发包人不按约定时间通知承包人，致使承包人未能参加核实，核实结果无效。

2. 发包人收到承包人报告后 14 天内未核实完工程量，从第 15 天起，承包人报告的工程量即视为被确认，作为工程价款支付的依据，双方合同另有约定的，按合同执行。

3. 对承包人超出设计图纸（含设计变更）范围和因承包人原因造成返工的工程量，发包人不予计量。

（三）工程进度款支付。

1. 根据确定的工程计量结果，承包人向发包人提出支付工程进度款申请，14 天内，发包人应按不低于工程价款的 60%，不高于工程价款的 90% 向承包人支付工程进度款。按约定时间发包人应扣回的预付款，与工程进度款同期结算抵扣。

2. 发包人超过约定的支付时间不支付工程进度款，承包人应及时向发包人发出要求付款的通知，发包人收到承包人通知后仍不能按要求付款，可与承包人协商签订延期付款协议，经承包人同意后可延期支付，协议应明确延期支付的时间和从工程计量结果确认后第 15 天起计算应付款的利息（利率按同期银行贷款利率计）。

3. 发包人不按合同约定支付工程进度款，双方又未达成延期付款协议，导致施工无法进行，承包人可停止施工，由发包人承担违约责任。

第十四条 工程完工后，双方应按照约定的合同价款及合同价款调整内容以及索赔事项，进行工程竣工结算。

（一）工程竣工结算方式。

工程竣工结算分为单位工程竣工结算、单项工程竣工结算和建设项目竣工总结算。

（二）工程竣工结算编审。

1. 单位工程竣工结算由承包人编制，发包人审查；实行总承包的工程，由具体承包人编制，在总包人审查的基础上，发包人审查。

2. 单项工程竣工结算或建设项目竣工总结算由总（承）包人编制，发包人可直接进行审查，也可以委托具有相应资质的工程造价咨询机构进行审查。政府投资项目，由同级财政部门审查。单项工程竣工结算或建设项目竣工总结算经发、承包人签字盖章后有效。

承包人应在合同约定期限内完成项目竣工结算编制工作,未在规定期限内完成的并且提不出正当理由延期的,责任自负。

(三)工程竣工结算审查期限。

单项工程竣工后,承包人应在提交竣工验收报告的同时,向发包人递交竣工结算报告及完整的结算资料,发包人应按以下规定时限进行核对(审查)并提出审查意见。

	工程竣工结算报告金额	审查时间
1	500万元以下	从接到竣工结算报告和完整的竣工结算资料之日起20天
2	500万~2000万元	从接到竣工结算报告和完整的竣工结算资料之日起30天
3	2000万~5000万元	从接到竣工结算报告和完整的竣工结算资料之日起45天
4	5000万元以上	从接到竣工结算报告和完整的竣工结算资料之日起60天

建设项目竣工总结算在最后一个单项工程竣工结算审查确认后15天内汇总,送发包人后30天内审查完成。

(四)工程竣工价款结算。

发包人收到承包人递交的竣工结算报告及完整的结算资料后,应按本办法规定的期限(合同约定有期限的,从其约定)进行核实,给予确认或者提出修改意见。发包人根据确认的竣工结算报告向承包人支付工程竣工结算价款,保留5%左右的质量保证(保修)金,待工程交付使用一年质保期到期后清算(合同另有约定的,从其约定),质保期内如有返修,发生费用应在质量保证(保修)金内扣除。

(五)索赔价款结算。

发承包人未能按合同约定履行自己的各项义务或发生错误,给另一方造成经济损失的,由受损方按合同约定提出索赔,索赔金额按合同约定支付。

(六)合同以外零星项目工程价款结算。

发包人要求承包人完成合同以外零星项目,承包人应在接受发包人要求的7天内就用工数量和单价、机械台班数量和单价、使用材料和金额等向发包人提出施工签证,发包人签证后施工,如发包人未签证,承包人施工后发生争议的,责任由承包人自负。

第十五条 发包人和承包人要加强施工现场的造价控制,及时对工程合同外的事项如实纪录并履行书面手续。凡由发、承包双方授权的现场代表签字的现场签证以及发、承包双方协商确定的索赔等费用,应在工程竣工结算中如实办理,不得因发、承包双方现场代表的中途变更改变其有效性。

第十六条 发包人收到竣工结算报告及完整的结算资料后,在本办法规定或合同约定期限内,对结算报告及资料没有提出意见,则视同认可。

承包人如未在规定时间内提供完整的工程竣工结算资料,经发包人催促后14天内仍未提供或没有明确答复,发包人有权根据已有资料进行审查,责任由承包人自负。

根据确认的竣工结算报告,承包人向发包人申请支付工程竣工结算款。发包人应在收到申请后15天内支付结算款,到期没有支付的应承担违约责任。承包人可以催告发包人支付结算价款,如达成延期支付协议,承包人应按同期银行贷款利率支付拖欠工程价款的利息。如未达成延期支付协议,承包人可以与发包人协商将该工程折价,或申请人民法院将该工程依法拍卖,承包人就该工程折价或者拍卖的价款优先受偿。

第十七条 工程竣工结算以合同工期为准,实际施工工期比合同工期提前或延后,发、承包双方应按合同约定的奖惩办法执行。

第四章 工程价款结算争议处理

第十八条 工程造价咨询机构接受发包人或承包人委托,编审工程竣工结算,应按合同约定和实际履约事项认真办理,出具的竣工结算报告经发、承包双方签字后生效。当事人一方对报告有异议的,可对工程结算中有异议部分,向有关部门申请咨询后协商处理,若不能达成一致的,双方可按合同约定的争议或纠纷解决程序办理。

第十九条 发包人对工程质量有异议,已竣工验收或已竣工未验收但实际投入使用的工程,其质量争议按该工程保修合同执行;已竣工未验收且未实际投入使用的工程以及停工、停建工程的质量争议,应当就有争议部分的竣工结算暂缓办理,双方可就有争议的工程委托有资质的检测鉴定机构进行检测,根据检测结果确定解决方案,或按工程质量监督机构的处理决定执行,其余部分的竣工结算依照约定办理。

第二十条 当事人对工程造价发生合同纠纷时,可通过下列办法解决:
(一)双方协商确定;
(二)按合同条款约定的办法提请调解;
(三)向有关仲裁机构申请仲裁或向人民法院起诉。

第五章 工程价款结算管理

第二十一条 工程竣工后,发、承包双方应及时办清工程竣工结算,否则,工程不得交付使用,有关部门不予办理权属登记。

第二十二条 发包人与中标的承包人不按照招标文件和中标的承包人的投标文件订立合同的,或者发包人、中标的承包人背离合同实质性内容另行订立协议,造成工程价款结算纠纷的,另行订立的协议无效,由建设行政主管部门责令改正,并按《中华人民共和国招标投标法》第五十九条进行处罚。

第二十三条 接受委托承接有关工程结算咨询业务的工程造价咨询机构应具有工程造价咨询单位资质,其出具的办理拨付工程价款和工程结算的文件,应当由造价工程师签字,并应加盖执业专用章和单位公章。

第六章 附 则

第二十四条 建设工程施工专业分包或劳务分包,总(承)包人与分包人必须依法订立专业分包或劳务分包合同,按照本办法的规定在合同中约定工程价款及其结算办法。

第二十五条 政府投资项目除执行本办法有关规定外,地方政府或地方政府财政部门对政府投资项目合同价款约定与调整、工程价款结算、工程价款结算争议处理等事项,如另有特殊规定的,从其规定。

第二十六条 凡实行监理的工程项目,工程价款结算过程中涉及监理工程师签证事项,应按工程监理合同约定执行。

第二十七条 有关主管部门、地方政府财政部门和地方政府建设行政主管部门可参照本办法,结合本部门、本地区实际情况,另行制订具体办法,并报财政部、建设部备案。

第二十八条 合同示范文本内容如与本办法不一致,以本办法为准。

第二十九条 本办法自公布之日起施行。

气象部门基本建设项目竣工财务决算管理办法

(气发〔2013〕70号 2013年8月6日)

第一章 总 则

第一条 为了加强气象部门基本建设项目竣工财务决算管理,规范基本建设项目竣工财务决算编制、审计工作,保证资产及时准确移交,提高投资效益,根据《基本建设财务管理规定》(财建〔2002〕394号)和《财政部关于进一步加强中央基本建设项目竣工财务决算工作的通知》(财办建〔2003〕91号)等规章、制度制定本办法。

第二条 本办法适用气象部门有基本建设投资项目的建设单位。投资来源包括:中央和地方财政性资金、单位自筹资金、基建借款和其他资金。

第三条 基本建设项目竣工时,应编制项目竣工财务决算。建设周期长、建设内容多的大中型建设项目和中国气象局重点工程项目,单项工程竣工具备交付使用条件的,可编制单项工程竣工财务决算。建设项目全部竣工后应编制竣工财务总决算。

第四条 各建设单位应按规定设置独立的财务管理机构或指定专人负责基本建设财务工作,严格按照批准的概预算建设内容,做好账务设置和财务管理,在项目竣工后三个月内完成竣工财务决算的编制工作。项目竣工财务决算未经批复之前,原机构不得撤销,项目负责人及财务主管人员不得调离。对于大中型建设项目和中国气象局重点工程项目不得在项目建设周期内调整会计核算人员。

第二章 决算编制

第五条 基本建设项目竣工财务决算编制先决条件:项目竣工、通过业务验收(新建或改扩建项目要经过有资质的质检部门出具工程验收意见及合格证,业务项目要经过业务主管部门组织的业务验收)、涉及调整的项目要按照有关规定完成可行性研究报告或初步设计调整。

第六条 基本建设项目竣工财务决算编制前需要做的清理工作,主要包括以下内容:

(一)基本建设项目档案的归集整理。建设单位在项目建设过程中必须有专人管理项目档案,防止项目建设资料遗失或缺失。项目竣工后要对项目档案资料进行整理归档,项目建设档案保存时限应长于建设项目成果的留存时限。

(二)财产物资的盘点。建设单位要对项目建设产生的各项材料、设备、工具、器具、房屋建筑物等,逐项盘点核实,并保证账实一致。

(三)清偿债权债务。截止竣工决算日,建设单位应对项目的债权债务进行清理,原则上除按规定保留的工程尾款、质保金外,不应再有其他债权债务。

(四)账务处理清晰。建设单位应按《国有建设单位会计制度》建立会计账簿、设置会计科目,会计核算符合基本建设财务管理有关规定,保证账账、账证、账表、账实相符。

(五)待核销基本建设支出符合规定支出范围和认定标准。

(六)转出投资手续完备。根据规定产权不归属本单位且做转出投资处理的资产,需要产权单位开具接收证明。

(七)清理结余资金。经营性项目的结余资金,转入生产经营企业的有关资产;非经营性项目的结余资金,首先用于归还项目贷款,如有结余,30%作为建设单位留成收入,主要用于项目配套设施建设、其他工程建设等,70%按投资来源比例归还投资者,其中财政资金缴回同级财政部门。

第七条 基本建设项目竣工财务决算编制依据,具体包括:国家有关法律、法规及制度;经批准的项目建议书、可行性研究报告、初步设计(含概算)、概算调整及其批准文件;历年下达的投资计划、经财政部门(或上级财务管理部门)审核批准的项目预算;项目实施方案;会计核算及财务管理资料;招投标及政府采购文件、项目合同(协议)、工程结算等其他有关资料。

第八条 基本建设项目竣工财务决算编制组织管理。建设单位应加强对基本建设项目竣工财务决算的组织领导,组织专门人员,及时编制竣工财务决算。建设单位应协调设计、施工、监理等单位(主要指土建项目)配合做好项目竣工财务决算编制工作。对于不涉及土建的小型基本建设项目(含业务项目),项目管理部门及项目执行部门(单位)要积极配合财务管理部门做好项目竣工财务决算编制工作。

第九条 基本建设项目竣工财务决算编制内容,主要包括以下三部分:

(一)基本建设项目竣工财务决算报表(见附表1)

1. 封面;

2. 建竣决 01 表:基本建设项目概况表;

3. 建竣决 02 表:基本建设项目竣工财务决算表;

4. 建竣决 03 表:基本建设项目交付使用资产总表;

5. 建竣决 04 表:基本建设项目交付使用资产明细表;

6. 建竣决 05 表:待摊投资明细表;

7. 建竣决 06 表:转出投资明细表;

8. 建竣决 07 表:待摊投资分配明细表;

9. 建竣决 08 表:基本建设工程决算审核汇总表。

建竣决 07、08 表只需总投资 1000 万元(含 1000 万元)以上的项目填写。

(二)竣工财务决算说明书

竣工财务决算说明书主要包括以下内容:

1. 基本建设项目概况:要说明项目立项审批的文件依据,项目建设的总体情况;

2. 会计账务处理、财产物资清理及债权债务的清偿情况;

3. 基本建设支出预算、投资计划和资金到位情况;

4. 待摊投资分摊原则及分摊情况；

5. 转出投资情况；

6. 基建结余资金形成等情况；

7. 前期工作经费使用及摊销情况；

8. 项目概算、预算执行情况及分析，主要分析决算与概预算的差异及原因；

9. 尾工工程及预留费用情况；

10. 历次审计、核查、稽查及整改情况；

11. 主要技术经济指标的分析、计算情况；

12. 基本建设项目管理经验、问题和建议；

13. 预备费动用情况（重点工程项目）；

14. 招投标情况、政府采购情况、合同（协议）履行情况；

15. 征地拆迁补偿情况、移民安置情况；

16. 需要说明的其他事项；

17. 编表说明，主要是对报表各项指标填写的说明。

小型基本建设项目上述内容可根据情况适当合并简化，大中型项目及中国气象局重点工程项目上述内容必须完整。

（三）随报表应附的相关材料

1. 项目立项、可研及初步设计批复文件（复印件）；

2. 项目历年投资计划及中央财政预算文件（复印件）；

3. 业务验收报告（土建项目需附项目质检报告）；

4. 档案归档验收表（详见附表2）；

5. 项目竣工财务决算审计报告（项目总投资在200万元以上的基本建设项目竣工财务决算需附中介机构出具的审计报告，土建项目还需附工程结算审核报告）；

6. 按批复的投资概算编制的投资送审表（详见附表3，只需总投资3000万元以上项目填报）；

7. 其他与项目决算相关的资料，如转出投资证明等。

第十条 基本建设项目竣工财务决算的编制口径。基本建设项目竣工后，为体现项目的完整性，要对项目所有来源资金（包括中央、地方财政资金和自筹资金等）编制项目竣工财务决算。

第三章 决算审计

第十一条 基本建设项目竣工财务决算审计，按照《气象部门基本建设审计办法》（气发〔2002〕315号）执行。其中项目办或牵头建设单位汇总上报的重点工程项目，由项目办或牵头建设单位向中国气象局审计室（以下简称"审计室"）出具委托函，审计室按照政府采购的相关规定选定会计师事务所开展项目汇总竣工财务决算审计工作。审计进场前召开由审计室、计划财务司、项目办或牵头建设单位与会计师事务所参加的工作协调会，对项目汇总竣工财务决算审计工作提出要求。审计过程中,遇有重大事项,审计室及时与计划财务司沟通。

建设单位在接到审计单位出具的审计报告后10个工作日内,根据情况对竣工财务决算进行调整,并在竣工财务决算说明中报告审计意见落实情况。

第十二条 基本建设项目竣工财务决算审计报告主要内容:项目概况、审核依据、原则及方法、审计结论(含项目投资计划、资金来源到位情况、概算与执行情况对比、项目支出审计情况、未完工程及预留费用审计情况、工程结算审核情况、交付使用资产及转出投资审计情况、工程损失、损毁情况、工程尾款及结余资金审计情况、竣工财务决算(送审稿)审计情况、工程物资设备招投标及政府采购审计情况等)、有关事项说明(待摊费用分摊、存款利息冲抵成本情况及其他需要说明的事项)、对项目的总体评价、审计报告附表等。

第四章 决算审核和批复

第十三条 基本建设项目竣工财务决算审核要求:

(一)气象部门省级单位所属小型基本建设项目竣工财务决算审批实行"先审核、后审批"的办法,即由省级财务部门负责审核建设单位编制的项目竣工财务决算。

(二)中国气象局各直属单位基本建设项目竣工财务决算审批实行"先审核、后审批"的办法,即由计划财务司负责审核项目竣工财务决算。

(三)大中型项目、国家确定的重点小型项目(含中国气象局重点工程项目)竣工财务决算实行"先审核、再复核、后上报"的办法。即先由省级单位负责对建设单位编制的竣工财务决算进行审核,再由中国气象局计划财务司进行复核。

(四)基本建设项目竣工财务决算审核的重点内容是:项目是否按规定程序和权限进行立项、可研和初步设计报批工作;项目建设是否超标准、超规模、超概算投资;项目竣工财务决算金额的正确性审核;项目竣工财务决算资料的完整性审核;项目建设过程中存在主要问题整改情况审核。

(五)审核及复核单位对上报资料不全的,应在接到竣工财务决算10个工作日内通知建设单位补报材料;对竣工财务决算有关指标与以往基本建设资料不一致的,通知建设单位做出书面说明或退回重新修改;对竣工财务决算有关指标与审计报告不一致及审计意见落实不到位的,退回建设单位重新修改决算并限时上报;对审计报告不准确、内容不完整的,退回委托审计的部门,进行补充审计或重新审计。

第十四条 建设单位项目竣工财务决算由批准基本建设项目可行性研究报告的单位或部门审批。具体如下:

(一)省、自治区、直辖市气象局和计划单列市气象局审批本单位及所属单位总投资1000万元以下的基本建设项目;

(二)中国气象局审批省、自治区、直辖市气象局和计划单列市气象局总投资1000万元(含1000万元)至3000万元基本建设项目和中国气象局直属单位3000万元以下基本建设项目;

（三）气象部门3000万元以上（含3000万元）基本建设项目，由中国气象局复核后报财政部审批。

（四）由地方政府批复的资金来源单一的基本建设项目，按地方规定履行竣工财务决算审批手续。

（五）审批单位对上报资料齐全，审计意见全部整改落实到位的项目竣工财务决算，应在收到上报的项目竣工财务决算后60个工作日内批复项目决算。

第五章　备案和资产移交

第十五条　气象部门基本建设项目竣工财务决算实行备案制度。每年3月31日前，各省、自治区、直辖市气象局、计划单列市气象局和各直属单位根据上年度本单位及所属单位基本建设项目竣工财务决算完成情况填写竣工财务决算备案表（详见附表4）报中国气象局备案。

第十六条　建设单位应根据批复的竣工财务决算，填制固定资产移交清单，办理固定资产财务入账及资产登记手续。工程规模较大且竣工财务决算审批时间较长的项目，可根据需要，在决算批复前先行移交固定资产实物并按决算价暂估入固定资产台账。待决算批复下达后再正式办理固定资产财务入账手续，并按决算批复资产价值对已登记固定资产台账的固定资产指标进行相应调整。

第十七条　基本建设项目竣工财务决算归档要求：

（一）建设单位应建立健全基本建设项目档案资料管理制度，及时收集、整理、归档从项目筹划到工程竣工验收各环节的文件资料，并在建设项目竣工验收后，移交档案管理部门。

（二）项目的档案资料收集整理工作要与项目建设进程同步。项目申请立项时，即应开始进行文件材料的积累、整理、审查工作；项目竣工验收时，完成文件材料的归档和验收工作。

（三）基本建设项目文件材料归档范围和保管期限，一般可根据《基本建设项目档案资料管理暂行规定》（国档发〔1998〕4号）、《气象部门基本建设档案管理办法》（中气办发〔1997〕10号）和《气象部门重点工程项目档案管理暂行办法》（气发〔2004〕7号）执行。特殊专业的项目建设单位可参照制定补充细则。

（四）基本建设项目财务档案包括会计凭证、会计账簿、会计报表、竣工财务决算及其他资料，如项目建议书、项目可行性研究报告、初步设计、总概算及批复文件，经批准的施工图预（决）算、招投标和政府采购文件、合同、工程变更洽商、结算书等有关资料。财务档案的保管期限按照《会计档案管理办法》（财会字〔1998〕32号）规定执行。

（五）小型基本建设项目在竣工财务决算批复后30个工作日内，大中型项目、国家确定的重点小型项目在竣工财务决算上报后30个工作日内，负责基本建设项目管理的部门或机构及财务核算部门，应将全部基本建设项目档案按档案管理要求移交本单位档案管理部门。

第六章 附 则

第十八条 本办法由中国气象局负责解释。
第十九条 本办法自下发之日起施行。

附表 1—4:略

关于《行政事业类项目竣工财务决算》编报及审批权限变动的通知

(气计函〔2010〕31号)

各省、自治区、直辖市气象局，计划单列市气象局，各直属单位，行政管理局，中国气象局办公室：

为加强气象支出项目管理，凡纳入项目库管理的由气象支出安排的除专项业务费以外的行政事业类项目（以下简称项目），应编制《行政事业类项目竣工财务决算》。现将有关编报及审批权限变动问题通知如下：

一、有关单位应在项目执行完毕后一个月内编制行政事业类项目竣工财务决算，连同编制说明、审计报告、项目批复文件报上级单位审批，并办理新增固定资产移交手续。竣工财务决算表式见附件。形成新增固定资产的标准，应按事业单位财务制度有关规定执行。

二、各省（区、市）气象局及计划单列市气象局所属预算单位金额不足1000万元（不含）的项目，竣工财务决算由省（区、市）气象局及计划单列市气象局审批；各省（区、市）气象局及计划单列市气象局所属预算单位金额超过1000万元的项目，以及中国气象局各直属单位、中国气象局办公室、中国气象局离退休干部办公室的项目，竣工财务决算由中国气象局计划财务司审批。

本文件下发之日起《关于做好〈行政事业类项目竣工财务决算〉编报及审批工作的通知》（气计函〔2004〕127号）废止。

特此通知。

附件：行政事业类项目竣工财务决算表式（略）

中国气象局计划财务司
2010年2月11日

气象部门基本建设审计暂行办法

(气发〔2002〕315号　2002年10月10日)

第一条　为加强气象部门基本建设审计监督,促进基本建设工程项目管理,节约资金,提高资金使用效益,根据《中华人民共和国审计法》和《中华人民共和国内部审计条例》及有关法律、法规,结合气象部门实际,特制定本办法。

第二条　气象部门基本建设审计是指气象部门内审机构依法对本部门、本单位及所属单位各类工程项目(含维修工程项目)的立项审计、招标程序审计、计划审计、开工前审计、预结算审计、施工期间审计和决算审计、施工全程审计等与基本建设工程相关的其他审计,也可根据各级领导的要求进行审计。

第三条　气象部门内审机构依据国家和部门有关法律、法规,对各类基本建设项目及其相关经济活动的真实性、合法性、有效性,进行审计监督,并依法出具审计报告。

第四条　对基本建设项目立项审计主要审查下列内容:

(一)建设项目是否列入部门或地方政府批准的年度建设计划;

(二)建设项目初步设计的依据、设计方案的论证和总概算的编制、审批等情况;

(三)建设项目征地审批及有关情况;

(四)建设资金来源和落实情况;

(五)与建设项目立项有关的其他问题。

第五条　对基本建设项目招标程序审计主要审查下列内容:

(一)对自行办理招标项目的招标人合法资格的确认;

(二)评标人和评标委员会合法资格的审定;

(三)公开招标公告、公开项目信息、公开报名队伍、公开预审资格、公开招标文件、公开评标办法、公开评标结果的审计。

第六条　基本建设年度计划审计应当在主管部门报批前进行,或对计划的执行情况和存在的主要问题进行跟踪审计。计划审计应主要审查下列内容:

(一)基本建设年度计划编制的依据;

(二)计划安排的投资规模、投资结构和投资分配比例;

(三)上级或地方政府投资的新建、扩建项目的建设条件,资金来源和落实情况,续建项目和收尾工程所需投资保障情况;

(四)合建项目、自筹资金建设项目的建设条件,以及所需资金的来源和落实情况;

(五)与计划编报有关的其他问题。

第七条　对基本建设项目开工前审计应当于项目开工前30天进行,并于开工前10天出具审核报告。主要审查下列内容:

(一)已经批准的建设项目立项等前期准备工作文件和年度计划情况；

(二)建设资金的来源渠道和落实情况；

(三)施工图纸设计面积和装修标准以及有关部门审批情况；

(四)材料、设备定购和落实情况；

(五)施工队伍的选定情况；

(六)招标工程是否依法进行招标,标书内容及标底完整情况；

(七)施工合同是否依法签订；

(八)施工现场"三通一平"情况；

(九)是否依法取得开工许可证及其他手续完备情况；

(十)与建设项目开工有关的其他问题。

第八条 对基本建设工程预算的审计,应当于签订施工合同前30天进行。主要审查下列内容：

(一)工程预算编制的依据；

(二)工程量的计算规则、计量定额套用的合规、正确情况；

(三)设备、材料用量与定额含量或设计含量的一致情况；

(四)设备、材料的计价情况；

(五)预算项目与图纸的相符情况；

(六)各项综合取费基数、费率、工程类别与相应施工企业资质等级的对应和执行标准情况；

(七)预算控制在概算允许范围以内的情况；

(八)招标工程的标底编制情况；

(九)与预算编制有关的其他问题。

第九条 对工程项目建设期间的审计,主要审查下列内容：

(一)各项内控制度的建立健全和执行情况；

(二)建设工期和施工进度,资金、材料到位情况；

(三)隐蔽工程验收记录、施工日志记录和施工进度月报表等；

(四)物资定购、采购、储存和使用等情况；

(五)施工合同和协议书的执行情况；

(六)其他有关问题。

第十条 对基本建设工程的竣工结算,应当进行重点审计。

建设单位应提供下列文件资料：

(一)工程预算、竣工结算书和工程量计算书；

(二)施工图纸、图纸会审记录、设计变更图纸、经济签证和竣工图纸；

(三)开工和竣工报告、隐蔽工程验收记录,施工质量检查记录、施工日志、竣工验收会议纪要；

(四)施工组织设计、施工合同和协议书；

(五)全套招投标文件；

(六)建设单位拨付工程款明细表和材料供应明细表;

(七)与结算有关的其他文件资料。

第十一条 对竣工结算审计,应当在审查本办法第八条规定的预算审查内容的基础上,重点审查对工程项目造价产生影响的以下内容:

(一)工程项目实施过程中发生的设计变更和现场签证;

(二)预收、预付款的抵扣情况;

(三)设备和工程材料价格的变化情况;

(四)工程项目实施过程中的建筑经济政策变化情况;

(五)补充合同或协议的内容。

第十二条 对基建项目竣工决算审计主要审查下列内容:

(一)决算编制依据;

(二)工程项目的设计方案;

(三)续建项目当年和以前年度累计完成工作量,项目投资情况及存在的问题;

(四)项目实际建设内容、投资完成情况、竣工验收和遗留问题的处理情况;

(五)库存材料、设备的实际成本和差异的摊销,以及剩余物资、结余资金清理情况;

(六)设备投资、其他投资和待摊投资的完成情况以及交付使用资产的结转情况;

(七)决算报表的真实、合法及完整情况;

(八)与竣工决算有关的其他问题。

第十三条 各级气象部门应当配备具有基本建设审计专业知识的专职或兼职工作人员,现有人员通过学习培训掌握专业知识。

第十四条 基建审计可以采取以下方式进行:有能力开展基本建设审计的单位,可以独立开展此项审计工作;基本建设审计力量不足的单位可以采取委托社会中介审计机构开展审计;或由本单位内审机构牵头组织基本建设审计力量较强的单位进行联合审计。

第十五条 委托会计师事务所的工作统一由内审机构负责组织实施,应当按照公平、公正、公开的原则及有关招投标程序确定审计中介机构。并负责协调审计方、施工方、建设管理单位等方面工作;定期和不定期的将审计结果向有关主管领导和管理部门报告。发生的基本建设审计费用从建设单位项目概算的待摊投资中支出。

第十六条 建设管理单位应当积极配合审计工作,按照进度,及时提供与基本建设审计相关的各种文件资料和必要的工作条件。

第十七条 对在基本建设中严重违反财经法规的责任人员,内审机构有责任向有关部门建议按有关规定给予当事人相应的处分或处理;对构成犯罪的,有权提请司法机关依法追究刑事责任。

第十八条 对在基建审计中坚持原则,清正廉洁,降低工程造价,避免资金损失,取得重大经济效益的内审机构和个人,各级气象部门应当按照有关规定给予表彰或物质奖励。

第十九条 各省、自治区、直辖市气象局,计划单列市气象局可根据实际情况,依照本办法制定具体实施办法。

第二十条 本办法由中国气象局审计室负责解释,自下发之日起施行。

陕西省气象部门项目建设档案立卷归档规定

(陕气发〔2004〕113号)

第一条 为加强我省气象部门项目建设档案管理，根据国家和本省有关规定，制定本规定。

第二条 本规定所称项目是指基本建设项目、气象行政事业项目和其他项目。

基本建设项目，是指总投资在5万元以上的新建、改建、扩建、迁建、恢复工程，具有整体性的固定资产建设，以及与之有关的各类设备的购置和安装工程，包括总投资在5万元以上附属设施建设和房屋改造装修工程。

气象行政事业项目，是指行政事业单位由各类事业费开支并按规定进行管理的项目。主要包括：专项计划项目、专项业务项目、气象新技术推广项目、大型修缮项目、大型购置项目等。

其他项目，是指基本建设项目和行政事业项目之外发生的支出项目。

第三条 本规定所称项目建设档案，是指基本建设项目、气象行政事业项目和其他项目，从项目的提出、立项、审批、勘察设计、施工、调试、竣工验收及竣工决算审计全过程中形成的具有考查利用价值的文字、电子材料。

第四条 项目建设档案管理应纳入相应项目法人责任制进行管理。项目建设单位应指派专人管理项目建设档案，负责有关项目档案的收集、积累、整理、立卷和归档工作。

第五条 项目建设单位应自项目竣工之日起三个月内完成项目建设档案的归档工作并及时将项目档案整理、装订成册，供验收及事后查用。

县局项目建设档案应形成正副本。正本交所属设区市气象局档案室归档，副本交本单位档案室归档；设区市气象局的项目建设档案直接交本单位档案室归档；省气象局及直属单位项目建设档案交省局办公室档案室归档。

第六条 项目档案管理实行项目责任人终身负责制，各单位应按照统一领导、分级管理的原则，确保档案资料的完整、准确、安全。

第七条 基本建设项目归档内容包括：封面；目录；项目报建内容；项目设计内容；项目管理内容；项目施工内容；设备验收内容；竣工验收内容；竣工决算内容。

第八条 项目报建内容包括：

(一)项目建设书及批复；

(二)选址报告(迁建项目的站址勘察报告)及批复(含论证意见)；

(三)项目论证意见及会议纪要；

(四)台站规划(平面图、鸟瞰图)、论证意见及批复和地方有关部门的站址保护文件；

(五)项目可行性研究报告及批复；

(六)项目评审意见及会议纪要;
(七)向地方有关部门立项的申请文件及批复;
(八)开工报告及批复。

第九条 项目设计内容包括:

(一)工程地质、水文地质、勘察设计、勘察报告、地质图、勘察记录、化验试验报告及地基土的说明;

(二)地形、地貌、控制点、建筑物及重要设备安装测量定位及观测记录;

(三)水文、气象、地震及其他设计资料;

(四)项目初步设计文件;

(五)项目初步设计论证意见及批复;

(六)施工图设计;

(七)施工图审查意见。

第十条 项目管理内容包括:

(一)土地证或征用土地协议及批准文件和拆迁、补偿协议书。

(二)地方有关部门批准的规划许可证。

(三)项目建设、勘察、设计、监理等分项的招投标资料及合同。

1. 招标公告;
2. 考察报告(研究确定入围投标单位的会议纪要);
3. 发标文件;
4. 评标办法;
5. 开标会议纪要;
6. 材料采购情况等方面资料(包括采购小组人员名单、采购的协议或合同);
7. 中标通知书;
8. 合同及合同附件。

第十一条 项目施工内容包括:

(一)施工许可证;

(二)工程图纸技术交底、图纸会审纪要;

(三)施工组织设计、施工计划、施工技术措施、施工安全措施、施工工艺及采用新技术、新材料情况;

(四)建筑主要材料及构件出厂合格证、质量合格证和检验报告;

(五)国家有关规定必须进行检验的材料及试件、试块试验检验报告;

(六)设计变更、工程变更文件;

(七)施工定位测量、地质勘查报告;

(八)地基处理检验报告;

(九)施工记录、日记;

(十)隐蔽工程验收记录;

(十一)工程记录、测试、沉陷、位移、变形观测记录及事故处理报告;

(十二)分项、分部、单位工程质量的检查、评定;
(十三)交工验收记录。

第十二条 设备内容包括:
(一)工艺说明、试验、技术总结;
(二)设备、材料出厂合格证、检验报告;
(三)设备、材料装箱单、开箱记录、工具单、备品备件单;
(四)设备、图纸、说明书;
(五)设备采购合同;
(六)设备安装调试、测定数据、性能鉴定;
(七)设备验收会议纪要、同意交付使用文件。

第十三条 竣工验收内容包括:
(一)工程验收报告;
(二)监理公司的工程评估报告;
(三)监理公司的监理工作总结;
(四)项目稽查、督导、整改报告;
(五)项目审计报告。
(六)竣工报告;
(七)项目竣工验收报告;
(八)全部竣工图(含院内隐蔽的上下水、供电及信号线、管线);
(九)竣工验收会议纪要;
(十)基本建设项目验收表。

第十四条 竣工决算及其他内容包括:
(一)项目投资计划;
(二)工程概算;
(三)中标单位工程预算;
(四)申请项目进行决算文件;
(五)委托社会中介机构进行工程审查的委托书或招标形式,确定中介单位的有关文件;
(六)工程竣工审查报告;
(七)工程竣工财务决算审查报告;
(八)工程竣工审查及竣工财务决算审查批复;
(九)固定资产移交情况;
(十)房屋产权证。

第十五条 行政事业费项目和其他项目归档内容包括:
(一)项目申报书;
(二)项目论证意见及会议纪要;
(三)上级同意项目建设的批文;

(四)项目设计文件(包括初步设计、技术设计、关键技术设计、设计评价、鉴定及审批情况);

(五)项目的概算、预算;

(六)项目招标资料;

(七)项目采购资料;

(八)项目合同或协议(包括培训合同);

(九)项目决算批复;

(十)项目总结验收材料;

(十一)设备安装、调试及验收;

(十二)引进设备情况(包括方案、合同、培训及审批等)。

(十三)其他相关内容。

第十六条 项目建设档案的建档应与项目建设同步进行,从项目立项开始,建设单位就应按本规定的有关要求进行资料的积累、整理、审查。

项目建设档案材料必须完整、准确、系统,保障该项目使用、维护管理及改建的需要。

第十七条 项目建设单位应按本规定的有关要求,责成各承建单位(勘察、设计、施工、监理)进行相关资料的形成、积累、整理和保管,并在项目竣工验收之日起2个月内将相关资料移交建设单位。该职责应在合同中予以明确。

第十八条 基本建设项目竣工图应由项目承建方编制,并在合同中予以明确。基本建设项目竣工图按以下原则编制:

(一)竣工图必须与竣工的产品相一致。

(二)竣工图应有明显的"竣工图"字样,有编制单位名称、制图人、审核人、技术负责人、结构工程师、建筑工程师和编制日期等内容。

(三)凡按设计施工图进行施工变化的,由承建单位在原施工图上加盖"竣工图"标志,作为竣工图。

(四)凡在施工中,虽有一般性设计变更,但能将原施工图加以修改补充作为竣工图的,可不重新编制,由施工单位负责在原施工图上注明修改的部分,并附以设计变更通知单和施工说明,加盖"竣工图"标志后,作为竣工图。

(五)凡结构改变,平面布置改变或重大改变,不宜在原施工图上修改,应重新绘制改变后的竣工图。属设计原因造成的,由设计单位重新绘制,属施工原因造成的,由施工单位重新绘制。施工单位负责加盖"竣工图"标志。

第十九条 项目建设档案的案卷质量应符合以下要求:

(一)项目建设档案应收集齐全、完整、列出档案目录,并做到图物相符;文字材料应字迹工整,采用黑色、蓝色墨水;复印件应字迹清楚;竣工图应是新兰图、图面整洁、线条清楚,修改符合技术要求,图纸反差良好。

(二)案卷应统一规格尺寸,按当地有关档案规定执行。

(三)图纸应按裁图线裁切整齐;采用图面折向里方,标题栏、竣工图章露在面上的折叠方法,图纸折叠后大水应以4#图基本幅面的尺寸为准(297mm×210mm)(折叠方法见附件);小于5#图纸的文件资料要用4#白纸(297mm×210mm)衬托。

(四)案卷文字必须装订成册,图纸也必须装订成册;并装入卷盒内存放。

第二十条 本规定自公布之日起执行。

附件:略

陕西省气象部门项目执行检查规定

(陕气发〔2004〕113号)

第一条 为了加强我省气象部门基本建设项目的管理,搞好基本建设项目的后评价工作,提高基本建设项目的决策水平及建设资金的使用效益,根据国家和本省有关规定,结合我省基本建设项目管理的实际情况,制定本规定。

第二条 本规定所称项目是指省局下达实施的中央投资安排的基本建设项目、气象行政事业费项目、地方政府投资下达的基本建设项目。

第三条 项目检查分省气象局、设区市气象局两级进行。省气象局的项目检查工作由省气象局计划财务主管机构组织实施;设区市气象局的项目检查工作由其计划财务管理机构组织实施。项目执行检查组一般由三人及以上组成。

第四条 项目执行检查实行常规检查和重点检查制度。项目常规检查包括项目自查和抽查。项目的自查,由设区市局计划财务主管机构组织实施;项目的抽查由省局计划财务主管机构组织。

第五条 执行检查的项目应是按项目可行性研究报告要求在计划工期内已完成的。检查的主要内容包括项目的前期、中期、后期及项目费用的管理及控制情况。

第六条 项目的前期,主要检查项目建设程序履行情况,包括:

(一)基本建设项目的建议书、可行性研究报告及事业费项目的申报书是否按要求编报;是否按项目审批权限经上级部门批复立项;台站综合改造项目是否编制了台站规划;台站规划是否已经省局论证批复;在当地城市规划区的台站规划,是否经当地规划部门批准同意;已批复立项的项目是否纳入本单位项目库管理;是否按要求编制了项目初步设计,初步设计是否按项目限额经上级主管部门批复;是否将省局下达的项目投资计划转下达;按规定应向地方主管部门报建的项目是否实施了报建。

(二)是否按《陕西省气象局基本建设管理实施细则》有关规定,对项目的工程建设、勘察、设计、监理、重要材料和设备采购进行了招标;工程建设是否在有关媒体上发布了招标公告、是否有发标文件、是否有施工企业考察报告;是否按规定程序组织了开标;是否形成开标会议纪要;勘察、设计、监理、重要材料和设备采购应实行招标的项目是否按规定程序进行了招标,并形成开标会议纪要;应纳入政府采购的是否按规定程序进行了采购;是否按中标价订立了合同。

(三)是否有上级批复的开工报告。

第七条 项目中期,主要检查项目的实施质量、进度及造价控制情况,包括:

(一)是否组织了专门机构和人员;是否制定了临时机构的纪律制度、财务报销制度及材料采购制度。

(二)是否按规定邀请监理单位实施工程质量、造价、进度监督;实施监理的项目、施工组织设计是否经监理单位总监签字。

(三)工程进度款是否按合同规定支付;项目变更是否经上级主管部门同意;台站综改是否按批复的规划进行;是否按项目可行性研究报告或申报书所确定的内容实施,有无随意扩大或缩小项目的建设规模,有无随意增加或减少项目的投资,是否按合同工期要求的进度实施;隐蔽工程是否按规定程序验收;施工现场管理情况、质量监督情况、施工安全管理情况。

第八条 项目后期,主要检查项目建设的验收情况,包括:

(一)是否按规定程序组织了初验,是否上报了验收报告。

(二)是否按要求进行了竣工验收;是否形成竣工验收的会议纪要。

(三)是否有项目质量保修书。

(四)是否按规定要求整理建设项目档案;建设项目档案是否齐全、归档是否及时。

(五)项目投入使用后是否达到可行性研究报告或申报书所确定的项目目标,是否达到预期效益。

第九条 项目费用的管理与控制检查包括:

(一)项目可行性研究报告或申报书所列项目的概算或估算测算依据是否充分、合理。

(二)有无随意调整投资计划情况。

(三)财务报销制度执行是否严格;项目是否分户核算;支出是否符合国家及部门财务制度;有无挪用项目资金情况;是否在规定时间内报送基本建设项目年度财务决算;财务决算报表是否全面、真实;是否对项目的竣工财务决算进行了批复。

(四)是否按规定进行了项目竣工决算的审查以及项目竣工财务决算的审计;

(五)是否按批复的竣工财务决算进行了固定资产账目移交及登记。

第十条 项目常规检查是各单位定期进行自查及省局依据各单位自查情况定期进行抽查。

(一)项目自查,是由各市局及项目建设单位对照本规定的第六条的内容逐一进行检查,并在每年元月二十日及六月二十日之前,通过"计划管理综合信息系统"将自查情况报告(项目库要求的数据和文字材料)上报省气象局。并将当年竣工的总投资300万元以上的项目,形成专项报告报省气象局。自查报告是评定各单位项目执行情况的依据,也是省局确定项目抽查单位的依据。

(二)项目抽查,是省局依据各单位上报的项目自查情况,综合考虑不同类别项目及省局当年重点建设任务,有选择性的进行项目检查。原则上每个市局都要抽查部分项目。抽查省局直属单位的项目数不少于省局直属单位总项目数的一半。检查组依照"项目执行情况检查评分表"(附表,略)的检查内容和评分标准对所选择的单位进行检查、评分。检查组在完成检查工作之后,向被检查的单位反馈结果,并写出项目检查情况报告(包括项目执行检查及评分情况、存在的主要问题、提出的建议)。

第十一条 项目重点检查,是对总投资300万元以上的项目或省局临时要求检查的项目进行不定期检查。省局计划财务主管机构根据项目的性质、内容等情况,会同有关处室组成检查组,对项目进行检查。检查完成后,将检查结果反馈被检查单位,并写出重点检查情况报告报省局。

第十二条 检查组实行组长负责制。项目检查组人员在进行项目检查时,应严格按照省局有关规定,科学公正,实事求是对项目进行检查、评分,确保项目检查真实有效,并对检查项目及其项目检查报告的真实性负责。

第十三条 项目常规抽查工作,每年进行一次,一般于每年的 3 至 9 月份进行。项目重点检查,按省局临时要求或视项目的执行情况,不定期进行检查,检查次数不限。

第十四条 省局计划财务主管机构负责组织项目执行情况的检查评比。

(一)评比分为自查情况评比和抽查情况评比及重点检查情况评比。自查情况评比主要依据各单位每年上报的两次自查报告(包括依据"项目执行情况检查评分表"自行评分);抽查与重点检查评比主要依据各检查组提交的被检查单位的项目检查情况报告及重点检查情况报告。

(二)评比分为优秀、合格、不合格三个档次。被检查单位项目的综合得分基本建设项目在 110 分以上、事业费项目在 101 分及以上的为优秀;综合得分基本建设项目在 110 分以下 90 分及以上、事业费类项目在 101 分以下 81 分及以上的为合格;综合得分基本建设项目在 90 分、事业费项目在 81 分以下的为不合格。

(三)评定档次以省局抽查和重点检查的结果为主,同时参考单位的自查情况。评为优秀的单位,省局给予通报表扬;评为不合格的单位,除给予通报批评外,视情况追究有关人员责任。

第十五条 各单位应严肃认真地对待项目自查。对在自查过程中发现的问题上报并自行纠正的,一般不予追究;若隐瞒不报,被抽查或重点检查出的问题,或被举报经查实确有问题,省局将追究有关责任人的行政责任。

第十六条 本规定自公布之日起执行。

气象建设项目竣工验收规范

(QX/T 31—2005)

1 范围

本标准规定了气象建设项目竣工验收的依据、要求、验收工作的组织、验收程序和内容、竣工决算的编制和对竣工验收文件要求。

本标准适用于使用国家或地方财政资金以及使用其他资金的气象建设项目的竣工验收工作。

2 规范性引用文件

下列文件中的条款通过本标准的引用而成为本标准的条款。凡是注日期的引用文件，其随后所有的修改单（不包括勘误的内容）或修订版均不适用于本标准，然而，鼓励根据本标准达成协议的各方研究是否可使用这些文件的最新版本。凡是不注日期的引用文件，其最新版本适用于本标准。

GB/T 50326-2001 建设工程项目管理规范

DA/T 28-2002 国家重大建设项目文件归档要求与档案整理规范

3 术语和定义

下列术语和定义适用于本标准。

3.1 气象建设项目

使用国家或地方财政资金以及使用其他资金用于气象建设项目。

3.2 大中型项目

总投资额在3000万元及以上的气象建设项目。

3.3 小型项目

总投资额在3000万元以下的气象建设项目。

3.4 限额

基本建设投资的规定数额。

本标准所适用的限额为1000万元。

3.5 工程价款结算

对建设工程的发承包合同价款进行约定和依据合同约定进行工程预付款、工程进度款、工程竣工价款结算的活动。

3.6 竣工财务决算

凡是新建、改建和扩建或单项工程，在工程竣工后，必须由建设单位编制向上级主管部门报告建设成果和财务状况的总结性文件，该文件作为办理交付使用、正确核定新增固定资产价值、考核建设成本的依据。

3.7 验收准备

建设项目竣工验收前,以建设单位为主,组织施工单位、设计单位、勘察单位、监理单位和审计单位、质检单位为竣工验收做的准备工作。

3.8 预验收

在验收准备工作的基础上,由建设单位组织设计单位、施工单位、监理单位、审计单位、使用单位及有关单位进行的验收工作。

3.9 正式验收

竣工验收三个阶段的最后阶段,其验收内容与 3.11 的竣工验收相同。

3.10 单项验收

整个项目工程中一个独立的项目或工程已按设计要求建设完成,并能满足用户要求或具备运行条件,且实施单位和监理工程师已初验通过,在此条件下进行的验收。

3.11 竣工验收

气象建设项目完工后,按照规定的程序和要求,由主管部门组织进行的整体验收。

4 竣工验收的内容

4.1 项目的完成情况

项目建设总体完成,是否按批准的可行性研究报告和初步设计的内容建成,并具备交付使用条件。少量不影响整体使用的未完成的附属项目应具有未完成一览表,包括工程量、预算造价、完成时间等。

4.2 项目质量

项目质量是否达到设计质量要求和标准,并具有包括由质检、环保、消防、安全、劳动、卫生和土地等部门的鉴定意见,其中不能提供鉴定意见的应具有原因说明材料。

4.3 项目技术性能

设备或业务系统的性能指标是否达到设计和合同指标要求,满足业务运行需求,安全性、可靠性和经济性应达到设计要求。

4.4 运行准备情况

试运行情况是否达到正式业务运行要求,各项管理制度、运行规程已建立,人员及技术保障能力满足要求。

4.5 用户使用情况

项目是否交付用户使用且应能满足用户要求。

4.6 项目资金到位及使用情况

资金到位及使用是否符合国家有关投资、财务管理规定,项目建设资金实际落实情况,资金支出范畴及结构情况,项目资金管理情况以及各项支出的合理性。

4.7 项目投资使用及效益分析

包括投资估算、设计概算、施工图预算、竣工结算、财务决算、投资效益分析、经费使用自查情况。

4.8 固定资产

固定资产登记造册,固定资产构成情况,并附有固定资产交接表、固定资产证书,编制固定资产卡。

4.9 档案资料

建设项目档案资料是否齐全，并装订成册，且按档案管理规定存档。

4.10 项目组织管理情况及其他需要验收的内容

5 竣工验收工作的组织

5.1 大中型气象建设项目

由国家级主管部门（国家发展和改革委员会、财政部、科技部）组织或由其委托有关部门组织验收。

5.2 限额及限额以上小型建设项目

由国务院气象主管机构或由其委托有关部门组织验收。

5.3 限额以下建设项目

由省级气象部门或地方主管部门组织验收，也可由其委托有关部门组织验收，具体额度和范围由省级气象部门自行制订。视情况中国气象局也可对此类项目组织验收。

5.4 竣工验收工作受理部门

由气象主管部门组织的项目竣工验收工作，均由其相应的计划财务管理机构负责受理竣工验收申请和组织开展竣工验收工作。

6 竣工验收工作的依据

6.1 气象建设项目竣工验收应以相关文件、标准、规范和合同资料为主要依据。应包括：上级主管部门批准的项目建议书、可行性研究报告、初步设计（或实施方案）、建设项目总概算、年度投资计划、设计变更报告及核定单、建设单位现场签证、概算调整、招投标文件、施工合同、建设项目财务决算报告、建设项目竣工结算审计报告、开工报告批准书以及其他文件和规定。

6.2 气象建设项目的设计文件。应包括：施工图纸、设计说明书、竣工图纸、设计变更签证，各种设备、产品、材料的技术说明书及相关资料。

6.3 现行国家、行业技术标准、规范及相关技术文件。

6.4 建设项目的勘察、设计、施工、监理、设备、材料的招投标文件及其合同。

6.5 引进技术或成套设备还应出具国外提供的相关文件资料。

7 竣工验收的工作程序

7.1 竣工验收工作程序分验收准备、预验收和正式验收三个阶段。

7.2 视建设项目的规模大小、复杂程度可分为单项验收和项目的全部验收。

7.3 单项验收是整个项目全部验收的组成部分，也可视为全部验收的验收准备和预验收工作。单项验收时，要填写单项验收鉴定书（格式见附录C）。

7.4 验收准备。

由建设单位组织施工、设计、监理、勘察、审计、质检等单位，做好下述验收准备工作。

7.4.1 核实项目的完成情况，列出已完成工程和未完成工程一览表（包括工程量、预算造价、完成时间）。

7.4.2 提出竣工决算报告。

7.4.3 检查建设项目质量，查明须返工或修补的工程，提出竣工时间。

7.4.4 收集、整理、汇总建设项目的档案资料,分类编目,绘制好工程竣工图,并装订成册。

7.4.5 登载固定资产,编制固定资产构成分析表。

7.4.6 落实项目投入使用的准备工作,提出业务试运行考核情况报告。

7.4.7 业务项目在正式验收前应通过有关部门(一般为上级业务主管部门)的业务验收,并提交业务测试报告、运行情况报告和业务验收报告。

7.4.8 编写竣工验收报告。

7.5 预验收。

7.5.1 验收准备完成后,进行预验收。

7.5.2 检查、核实竣工项目准备移交使用单位的所有档案资料的完整性、准确性和符合档案归档要求的情况。

7.5.3 核查项目建设标准和项目质量,是否符合相关标准、设计文件,对存在的隐患和遗留问题提出处理建议。

7.5.4 检查财务账表是否齐全、数据是否真实、开支是否合理,是否符合国家相关规定。

7.5.5 检查试运行情况和投入业务使用准备工作的进展情况。

7.5.6 协调项目各有关单位,排除存在的争议问题。

7.5.7 督促返工工程、补做工程、收尾工程的完工。

7.5.8 填写预验收确认书(格式见附录B)。

7.5.9 编写项目竣工预验收报告和移交业务使用准备情况报告。

7.6 正式验收。

7.6.1 预验收合格后,项目建设单位填报竣工验收申请书(格式见附录A),向上级主管部门提出正式验收申请,经审核后,组织进行正式验收。

7.6.2 视建设项目的重要性、规模大小和隶属关系组成验收委员会(或验收组)进行正式验收。在进行正式验收时,对已进行单项验收合格的项目可以将单项验收报告作为正式验收附件。

7.6.3 竣工验收委员会(或验收组)应由上级主管的计划财务管理部门、业务管理部门、审计部门、档案管理部门、资产管理部门、投资方、业务使用单位的人员组成;土建工程的竣工验收委员会(或验收组)还应当包括地方质检、环保、劳动、消防、人防、防雷及其他有关部门的人员组成。接管(使用)单位、施工单位、勘察单位、监理单位、设计单位人员应参加验收工作。

7.6.4 竣工验收委员会(或验收组)的主要工作职责是:

7.6.4.1 审查项目是否达到竣工验收、交付使用的要求。

7.6.4.2 听取并审查项目建设情况报告、预验收鉴定报告、投资使用情况报告(概预决三算分析、效益分析)、用户检查使用情况报告、档案归档情况报告、审计报告等方面的工作报告。

7.6.4.3 审查各种档案资料,如项目的可行性研究报告、设计文件、概(预)算、有关项目建设的重要会议记录以及各种合同、协议、工程技术经济和管理档案等，审议通过建设单位提出的竣工报告（包括相应附件），审查建设项目竣工结算报告和建设项目财务决算报告。

7.6.4.4 检查工程施工情况，审查设计、施工质量。对项目主要建筑工程，主体设备和公用设施进行复验，审查试运行规程，检查试运行准备工作，监督检查业务使用系统的全部带负荷运转工作情况；检查准备工作，考核试运行情况和实际形成的能力，确定正式交付使用的日期。

7.6.4.5 处理验收交接过程中出现的有关问题，对未完工的部分收尾工程，审查其内容、数量、投资和完成期限，由建设单位负责完成，这部分实际投资可依据具体情况进行结算，直接列入竣工决算。

7.6.4.6 审核检验建设单位整理完的工程建设文件和技术档案。核定移交工程清单，签订交工验收证书；审查技术经济指标对比分析报告。

7.6.4.7 签订竣工验收鉴定书（格式见附录D）。

7.6.4.8 编写竣工验收工作总结报告。

8 申请竣工验收的项目必备条件与时间要求

8.1 申请竣工验收的项目必备条件

8.1.1 完成批准的可行性研究报告、初步设计和投资计划文件中规定的各项建设内容。

8.1.2 建设项目竣工验收条件按项目类别不同而有所区别。

8.1.2.1 基础设施类建设项目

基础设施类建设项目已按设计要求建成，能够投入使用。必要的环境保护设施，劳动安全、卫生设施，消防设施、人防设施等配套建设内容已按设计要求建成并达到国家和地方规定的要求。对特殊项目还应有电磁影响报告、地质灾害报告、防雷工程与检测报告等。

8.1.2.2 业务类建设项目

a.业务类建设项目的主要设备和配套设备经试运行合格，形成业务能力并能够提供设计文件所规定的产品。

b.具有完整的测试大纲、测试方案、测试数据、分析各项测试结果后形成的测试报告，建设单位通过内部的测试和检查，确认业务系统已达到原设计要求和技术标准。

c.业务试运行时间达到规定时限的要求，且运行情况正常。

d.对建设项目中还存在少量未解决的问题，但不影响正常业务的，可以进行验收，但要限期解决。

e.通过业务验收，投入业务运行的准备工作能适应投入业务运行的需要。

f.从国外引进新技术或进口设备的项目以及中外合资、合作建设的项目，应先按照签订的合同规定的设计文件、技术标准进行验收。

8.1.3 其他条件

8.1.3.1 建设项目设计质量、施工质量及主要设备质量已经有关的质量监督部门检验并作出合格评定。

8.1.3.2　建设项目的竣工决算已通过社会中介机构或部门的审核(计)。

8.1.3.3　建设项目的档案资料齐全、完整,符合国家有关建设项目档案验收规定。

8.2　申请竣工验收的时间要求

8.2.1　建设项目工程全部完成并符合竣工验收工作条件的,应及时组织验收。建设项目竣工验收期限的确定,应当在主要设备已安装配套,经调试合格并经试运行,符合有关专业技术标准和技术规范要求,能正常投入业务使用时,申请办理竣工验收手续;土建工程应在竣工后的3个月内申请办理竣工验收手续。办理竣工验收确有困难的,经验收主管部门批准可适当延期。

8.2.2　验收受理部门在规定期限内对收到的竣工验收申请予以答复,并尽快组织验收。

8.2.3　已基本符合竣工验收工作条件的建设项目,如果只是零星土建工程和少数非主要设备未按项目设计规定的内容全部建成,但不影响项目的正常使用或运行,则应按8.2.1规定时限办理竣工验收手续。对未完工程应按照项目设计留足投资,限期完成。

8.2.4　已经形成部分业务能力或实际上已经使用的建设项目或单项工程,近期不能按照原设计规模续建的,应从实际出发,缩小规模,报上级主管部门批准后,对完成的工程或安装的设备,及时组织验收,移交固定资产。

9　竣工财务决算的编制

9.1　竣工财务决算应包括从筹建到竣工投产过程的全部实际支出费用,即建筑工程费用、安装工程费用、设备工器具购置费用、技术开发费用和其他费用。

9.2　竣工决算应包括竣工财务决算报表、竣工财务决算报告书、项目资金来源应用情况、工程造价比较分析4个部分组成。

9.3　建设项目在办理竣工验收手续之前应对所有财产和物资进行清理,按要求编制建设项目竣工财务决算报表,分析概(预)算的执行情况,考核投资效果。

9.4　建设项目竣工财务决算报表应按财务管理的有关规定报上级主管部门审查。

9.5　建设项目经竣工验收后,应及时办理固定资产移交手续,一般在3个月内完成。

10　竣工验收的主要文件

10.1　竣工验收工作形成的主要报告性文件包括项目建设情况报告、技术测试报告、用户使用情况报告、项目投资使用情况报告、财务决算报告、竣工结算审核报告、财务决算审计报告和竣工验收鉴定书。

10.2　项目建设情况报告中应概要说明项目建设过程,提供项目工程的质量、环保、消防、劳动、安全、卫生和土地使用的评审意见,相关单位与负责人应签章。

10.3　技术测试报告应反映建设项目(主要技术设备、业务系统)的主要技术性能指标,存在的主要问题,负责测试的单位与人员应签章。

10.4　用户使用情况报告应反映用户实际使用的情况,满意程度和存在问题,使用单位和负责人应签章。

10.5　项目投资使用情况报告应反映建设项目工程预算执行情况及工程结算、竣工决算的审查意见和项目的经济效益分析情况。

10.6 竣工验收鉴定书应就整个建设项目的建设情况、工程质量、技术性能、财务情况、档案资料、经济效益等给出综合性鉴定意见,对存在问题应如实反映并提出处理意见。

10.7 竣工验收鉴定书是建设项目建成后在验收阶段由验收委员会(或验收组)集体作出对建设项目的评价性、结论性文件,应由验收委员会(或验收组)成员签名。

11 竣工验收不合格的建设项目处理

11.1 对于竣工验收不合格的建设项目,验收委员会(或验收组)应明确通知项目建设单位,限期整改,整改完成后再作验收鉴定。

11.2 竣工验收不合格的建设项目,且已既成事实无法整改的,应由建设单位与施工单位按合同协商解决。协商不一致的,建设单位或施工单位可以向有管辖权的人民法院提起诉讼。

12 档案管理

12.1 气象建设项目档案是指项目在立项、征地、规划许可、审批、招投标、承包合同、勘察、设计、施工、监理、设备配置、调整测试、技术开发、质量检验评定、竣工验收、财务管理及固定资产移交等全过程中形成的文字、图表、声像等形式的全部文件资料。

12.2 项目建设单位负责项目文件的收集、整理和建档工作,项目文件资料收集要达到完整、齐全、准确、系统的要求。

12.3 竣工验收通过后,所有文件资料按档案分级管理的规定,向有关档案管理部门移交,严格履行档案交接手续。

附录 A
（规范性附录）

气象建设项目竣工验收申请书

气象建设项目竣工验收

申 请 书

申请单位（公章）：

申请验收项目名称：

申请日期：　年　月　日

建议验收日期：　年　月　日

建设项目	法人单位				
	名称				
	地址				
	项目总投资	批准总投资：		实际总投资：	
	规模	建筑单体____栋(座)；总建筑面积____ m²； 总占地面积____ m²。 设备台(套)： 配套设施：			
设计单位	名称				
	地址		邮政编码		
	资质证编号		资质等级		
	联系人		联系电话		
施工单位	名称				
	地址		邮政编码		
	资质证编号		资质等级		
	联系人		联系电话		
监理单位	名称				
	地址		邮政编码		
	资质证编号		资质等级		
	联系人		联系电话		
审计单位	名称				
	地址		邮政编码		
	资质证编号		资质等级		
	联系人		联系电话		

建设项目审批有关文件		
建设项目主要文件名称	审批文号	批准时间

建设项目预验收情况
申请单位(公章)：　　　　　　　　　　　　　　　　经办人：　　年　月　日
附件：

附录 B
（规范性附录）

预验收确认书格式

气象建设项目
预验收确认书

单项工程名称：

总工程项目名称：

项目法人单位：

上级主管单位：

填表日期：　　年　　月　　日

中国气象局编制

预验收确认书内容基本要求：

一、编写说明

1.本确认书由项目法人单位负责编写。

2.上级主管单位指项目法人单位的上级主管法人单位。

3.进行全部项目预验收时，单项工程名称可以不填；对单项工程进行预验收时，除填写单项工程名称外，还应填写总工程项目的名称。

4.开工、完工日期是指所验收的项目（验收的是单项工程项目就填写单项工程项目，若验收的是总工程项目就填写总工程项目）的开工、完工日期。

5.本确认书所列内容要求必须填写完整真实。

二、前言（主持预验收单位、参加单位、预验收时间、地点等）

三、项目概况

1.建设项目名称及建设地点；

2.项目设计、施工、监理、使用等单位；

3.建设项目主要技术指标、要求；

4.项目建设实施过程简要情况（包括准备阶段、开工日期、完工日期，工程量、主要技术措施及效果，可以借鉴的经验等）；

5.项目监理情况。

四、质量事故及缺陷处理

五、施工达标自检情况说明（由施工单位根据自检统计情况填写）

六、项目质量达标监理情况说明（由监理单位根据监理抽检统计填写）

七、质量评定说明（主要单项工程个数和优良品率、质量等级等情况）

八、存在问题及处理意见

九、验收结论

十、其他需要说明的事项

十一、保留意见（含保留意见人签字）

十二、存在问题处理记录（实施单位处理情况和验收意见、验收日期）

十三、附件目录

预验收成员名单					
姓 名	单 位	职称/职务	签 名	备 注	

附录 C
（规范性附录）

单项验收鉴定书格式

气象建设项目
单项验收鉴定书

单项工程项目名称：

总工程项目名称：

项目法人单位：

填报日期： 年 月 日

中国气象局编制

单项验收鉴定书内容编写要求：

一、前言（主持验收单位、参加单位、验收时间、地点等）

二、项目概况

1. 建设项目名称及建设地点；

2. 项目设计、施工、监理、使用等单位；

3. 建设项目主要技术指标、要求；

4. 项目建设实施过程简要情况（包括准备阶段、开工日期、完工日期，工程量、主要技术措施及效果，可以借鉴的经验等）；

5. 项目监理情况。

三、验收的单项建设项目名称、范围和内容

四、与整个工程项目及相关项目的关系

五、项目质量鉴定

六、对项目建设和使用的建议、意见

七、存在问题及处理意见（包括处理方案、技术要求、技术措施、责任单位，完成时间和复验责任单位等）

八、鉴定结论

九、单项工程项目验收小组成员名单签字表

十、附件

1. 提交验收小组的资料目录；

2. 提交验收备查资料目录；

3. 预验收签证书目录；

4. 保留意见（含保留意见人签字）；

5. 其他材料。

附录 D
（规范性附录）

竣工验收鉴定书格式

气象建设项目
竣工验收鉴定书

建设项目名称：

项目法人单位：

主持验收单位：

填表日期：　　年　　月　　日

中国气象局编制

竣工验收鉴定书内容基本要求：

一、编写说明

1. 本鉴定书由项目鉴定组织单位负责编写。

2. 本鉴定书所列内容必须完整真实。

二、建设项目概况

1. 项目名称、所属单位和位置（要表述清楚）。

2. 项目主要建设内容：包括批准机关单位及文号，项目建设标准、技术要求，批准的建设期限，项目总投资及投资来源，要求叙述到单项工程项目。

3. 项目建设有关单位：应包括项目法人、设计、勘察、施工、监理，主要设备制造、安装、软件开发，咨询、质量监督、质量检测，使用等单位。

4. 项目建设过程：包括项目开工日期、完工日期，主要项目的建设情况，建设过程中发现的主要问题和处理情况，解决的主要技术难点。

5. 项目完成情况和主要工程量：竣工验收时对项目的总体形象面貌，实际完成的工程量与批准设计的工程量对比，主要工程量说明。

6. 其他需要说明的事项，如征地、人员安置，项目建设中的工伤事故等。

三、预算执行情况及分析

包括年度投资计划执行、预算及调整，竣工审计，竣工决算等。

四、单项工程验收、项目预验收及工程项目移交情况

包括验收时间、主持单位，遗留问题及处理情况。

五、项目初期运行及效益情况

六、项目质量鉴定情况

包括单项工程、整体项目质量情况、项目质量鉴定等级。

七、存在的主要问题和处理意见

八、验收结论

包括验收中遗留的具体问题，负责处理的责任单位、完成的时间、负责验收的单位，以及对项目存在问题的处理意见、解决办法建议，对项目运行管理的建议等。

九、附件

1. 分发验收委员会委员的资料目录。

2. 验收委员个人保留意见（要有保留委员个人签名）。

参加验收单位代表签字

参加单位	单位名称	单位代表签字	联系方式
验收主持单位			
项目法人单位			
上级主管单位			
项目监理单位			
项目设计单位			
项目勘察单位			
项目施工单位			
质量监督单位			
项目使用单位			
竣工验收日期	年 月 日至 年 月 日		
竣工验收地点			

竣工验收委员会委员签字表

	姓名	单位(全称)	职务/职称	签名	备注
主任委员					
副主任委员					
副主任委员					
委员					
委员					
委员					
委员					
委员					
委员					
委员					
委员					

附录 E
(规范性附录)

竣工验收应提交的主要报告

E.1 《项目建设情况报告》内容提要

E.1.1 项目概况。

项目位置、项目布置,主要技术指标、主要建设内容,项目建议书、可行性研究报告、初步设计(或实施方案)等文件的批复过程等。

E.1.2 主要项目建设过程及重大问题处理情况。

主要项目及重要设施开工、完工日期,主要技术问题处理,重大设计变更及其对整个建设项目的影响等。

E.1.3 项目建设管理情况。

项目建设管理机构设置及工作情况。

主要工程、设备招投标情况。

项目预算与投资计划。要求能反映批准预算与实际执行情况,每年计划安排,投资来源及完成情况,预算调整的主要原因。

合同管理。应反映项目所采用的合同类型、合同执行结果。

系统集合。主要硬件设备、设施,采购供应情况,系统软件、主要应用软件开发,系统功能等情况。

道路、水、电、暖、气等设施建设、运行情况。

价款结算与资金筹措。应反映项目法人筹资方式、资金筹措对项目建设的影响、合同价款的结算方法和特殊问题的处理,以及至竣工验收时款项拖欠情况。

竣工财务决算项目实际造价和投资成果,投资构成、工期、工程造价及概(预)算执行情况等。

项目管理的其他有关问题。

E.1.4 建设项目质量与技术性能。

说明项目建设是否达到可行性研究报告中提出的建设内容和建设目标,初步设计或技术设计等有关技术指标;项目建设质量是否符合有关规定。建设项目质量包括工程的质量鉴定、环保、消防、劳动、安全、卫生和土地使用部门的评定意见,技术性能主要指设备或业务系统的技术性能指标应达到设计指标要求,应能满足业务运行需求。

E.1.5 业务运行准备情况。

包括运行期间的故障发生情况,各项管理制度、运行规程的建立情况,业务运行人员和技术保障能力是否满足业务运行要求等情况。

E.1.6 预验收阶段和单项项目工程验收情况和验收中提出的遗留问题处理情况等。

E.1.7 完工项目移交情况,尚存在的遗留问题及处理意见。

E.1.8 经验与建议。

E.1.9 附件目录。

E.1.10 主要图纸资料目录。

如规划图、工程位置图、工程布局图、主要建筑物平面图、立面图、剖面图、道路、水、电、暖、气的总图、分布图、施工图、主要设备布局图、技术图纸资料（原理、安装、使用、维修等）、附件、主要软件等等。

E.2 《项目投资使用情况报告》内容提要

E.2.1 项目建设概况（包括项目名称、项目类别、建设规模、建设性质、建设期限、概算总投资、实际工期等）。

E.2.2 项目建设、投资来源依据文件。

E.2.3 根据批准的有关项目设计、概算、计划等指标及投资说明。

E.2.4 项目实际投资的到位数情况（按年度说明历年下达计划额度和资金到位情况，历年投资完成和资金结余情况）。

E.2.5 资金使用情况。

说明项目总投资情况：从建筑工程投资、安装工程投资、设备投资、项目管理费、试验费、勘察设计费、软件开发和购置、培训费、其他投资等几方面分析说明。

E.2.6 建设项目开工日期和竣工日期发生的全部基本建设支出，包括形成资产价值的交付使用说明。

E.2.7 建设项目工程结算审核和竣工决算审计情况及其审查意见。

E.2.8 项目竣工决算情况。

E.2.9 项目的经济效益分析情况。

E.2.10 需要说明的其他事项。

附件：建设项目竣工财务决算报告。

E.3 《用户使用情况报告》内容提要

E.3.1 项目与所确定的建设目标和任务的比较情况。

项目建设规模；

项目质量；

项目的进度。

E.3.2 使用过程中发现的存在问题。

E.3.3 项目取得的成绩和效益。

从用户角度对项目建设和取得的社会和经济效益等等方面进行详细的说明和评价。

E.3.4 解决存在问题的建议和意见。

对项目建设中存在的问题，特别是遗留问题进行详细的说明，并提出具体的解决办法和建议。

E.4 《测试报告内容》内容提要

E.4.1 前言。

测试的必要性和制订方案的目的；

测试方案的适用范围；

说明本测试方案适用于哪些系统或项目。

E.4.2　测试的技术依据、目标和内容。

测试的技术依据,如国家和部门制定的标准或规范、本产品的功能规格书、系统设计书、承包合同书、协议书等；

简述本次测试要达到的目标；

测试项目的主要内容,简要列出主要的测试项目。

E.4.3　测试工作的组织和管理。

测试工作的组织和领导；

测试组的职责和人员组成；

测试技术保障组的职责和人员组成；

测试的地点、时间。

E.4.4　测试文档管理。

列出本次测试活动中的文档资料。

E.4.5　测试工作的技术报告。

测试的总体情况；

测试的结论意见。

E.4.6　附件:测试记录。

附录 F
（规范性附录）

验收提供的资料参考目录

F.1　项目建议书及有关单位批文

F.2　建设项目可行性研究报告及有关单位批文

F.3　实施方案及有关单位批文

F.4　初步设计（或实施方案）和技术设计基础资料

F.5　项目建设中的有关咨询报告

F.6　项目建设中有关招投标文件

F.7　项目建设中有关合同及协议书文件

F.8　分部及单元建设质量评定资料

F.9　土建工程征用土地批文及附件

F.10　项目建设有关会议记录及有关批示文件

F.11　项目建设监理资料

F.12　施工图纸、设计变更、施工技术说明、竣工图纸

F.13　重大事故处理记录，重大事项记录

F.14　设备出厂有关技术资料，设备或业务项目软件的安装调试、性能鉴定资料

F.15　设备或业务项目测试验收报告及运行情况等资料

F.16　各种原材料的质量鉴定、检查检测资料

F.17　业务项目中开发软件的程序源代码、数据标准和格式、程序流程图和程序编译软件说明等资料

F.18　竣工财务决算报告及有关资料

F.19　竣工审计报告

F.20　项目建设中有关重大事件的声像资料

F.21　建设项目档案归档情况报告

F.22　建设项目质量评定报告

F.23　其他需要报告的事项

第六编

政府采购

第六篇

改革诗测

第一部分　国家及财政部法规

中华人民共和国政府采购法

（2002年6月29日第九届全国人民代表大会常务委员会第二十八次会议通过，2014年8月31日第十二届全国人民代表大会常务委员会第十次会议修订）

第一章　总　则

第一条　为了规范政府采购行为，提高政府采购资金的使用效益，维护国家利益和社会公共利益，保护政府采购当事人的合法权益，促进廉政建设，制定本法。

第二条　在中华人民共和国境内进行的政府采购适用本法。

本法所称政府采购，是指各级国家机关、事业单位和团体组织，使用财政性资金采购依法制定的集中采购目录以内的或者采购限额标准以上的货物、工程和服务的行为。

政府集中采购目录和采购限额标准依照本法规定的权限制定。

本法所称采购，是指以合同方式有偿取得货物、工程和服务的行为，包括购买、租赁、委托、雇用等。

本法所称货物，是指各种形态和种类的物品，包括原材料、燃料、设备、产品等。

本法所称工程，是指建设工程，包括建筑物和构筑物的新建、改建、扩建、装修、拆除、修缮等。

本法所称服务，是指除货物和工程以外的其他政府采购对象。

第三条　政府采购应当遵循公开透明原则、公平竞争原则、公正原则和诚实信用原则。

第四条　政府采购工程进行招标投标的，适用招标投标法。

第五条　任何单位和个人不得采用任何方式，阻挠和限制供应商自由进入本地区和本行业的政府采购市场。

第六条　政府采购应当严格按照批准的预算执行。

第七条 政府采购实行集中采购和分散采购相结合。集中采购的范围由省级以上人民政府公布的集中采购目录确定。

属于中央预算的政府采购项目，其集中采购目录由国务院确定并公布；属于地方预算的政府采购项目，其集中采购目录由省、自治区、直辖市人民政府或者其授权的机构确定并公布。

纳入集中采购目录的政府采购项目，应当实行集中采购。

第八条 政府采购限额标准，属于中央预算的政府采购项目，由国务院确定并公布；属于地方预算的政府采购项目，由省、自治区、直辖市人民政府或者其授权的机构确定并公布。

第九条 政府采购应当有助于实现国家的经济和社会发展政策目标，包括保护环境，扶持不发达地区和少数民族地区，促进中小企业发展等。

第十条 政府采购应当采购本国货物、工程和服务。但有下列情形之一的除外：

（一）需要采购的货物、工程或者服务在中国境内无法获取或者无法以合理的商业条件获取的；

（二）为在中国境外使用而进行采购的；

（三）其他法律、行政法规另有规定的。

前款所称本国货物、工程和服务的界定，依照国务院有关规定执行。

第十一条 政府采购的信息应当在政府采购监督管理部门指定的媒体上及时向社会公开发布，但涉及商业秘密的除外。

第十二条 在政府采购活动中，采购人员及相关人员与供应商有利害关系的，必须回避。供应商认为采购人员及相关人员与其他供应商有利害关系的，可以申请其回避。

前款所称相关人员，包括招标采购中评标委员会的组成人员，竞争性谈判采购中谈判小组的组成人员，询价采购中询价小组的组成人员等。

第十三条 各级人民政府财政部门是负责政府采购监督管理的部门，依法履行对政府采购活动的监督管理职责。

各级人民政府其他有关部门依法履行与政府采购活动有关的监督管理职责。

第二章 政府采购当事人

第十四条 政府采购当事人是指在政府采购活动中享有权利和承担义务的各类主体，包括采购人、供应商和采购代理机构等。

第十五条 采购人是指依法进行政府采购的国家机关、事业单位、团体组织。

第十六条 集中采购机构为采购代理机构。设区的市、自治州以上人民政府根据本级政府采购项目组织集中采购的需要设立集中采购机构。

集中采购机构是非营利事业法人，根据采购人的委托办理采购事宜。

第十七条 集中采购机构进行政府采购活动，应当符合采购价格低于市场平均价格、采购效率更高、采购质量优良和服务良好的要求。

第十八条 采购人采购纳入集中采购目录的政府采购项目,必须委托集中采购机构代理采购;采购未纳入集中采购目录的政府采购项目,可以自行采购,也可以委托集中采购机构在委托的范围内代理采购。

纳入集中采购目录属于通用的政府采购项目的,应当委托集中采购机构代理采购;属于本部门、本系统有特殊要求的项目,应当实行部门集中采购;属于本单位有特殊要求的项目,经省级以上人民政府批准,可以自行采购。

第十九条 采购人可以委托集中采购以外的采购代理机构,在委托的范围内办理政府采购事宜。

采购人有权自行选择采购代理机构,任何单位和个人不得以任何方式为采购人指定采购代理机构。

第二十条 采购人依法委托采购代理机构办理采购事宜的,应当由采购人与采购代理机构签订委托代理协议,依法确定委托代理的事项,约定双方的权利义务。

第二十一条 供应商是指向采购人提供货物、工程或者服务的法人、其他组织或者自然人。

第二十二条 供应商参加政府采购活动应当具备下列条件:
(一)具有独立承担民事责任的能力;
(二)具有良好的商业信誉和健全的财务会计制度;
(三)具有履行合同所必需的设备和专业技术能力;
(四)有依法缴纳税收和社会保障资金的良好记录;
(五)参加政府采购活动前三年内,在经营活动中没有重大违法记录;
(六)法律、行政法规规定的其他条件。

采购人可以根据采购项目的特殊要求,规定供应商的特定条件,但不得以不合理的条件对供应商实行差别待遇或者歧视待遇。

第二十三条 采购人可以要求参加政府采购的供应商提供有关资质证明文件和业绩情况,并根据本法规定的供应商条件和采购项目对供应商的特定要求,对供应商的资格进行审查。

第二十四条 两个以上的自然人、法人或者其他组织可以组成一个联合体,以一个供应商的身份共同参加政府采购。

以联合体形式进行政府采购的,参加联合体的供应商均应当具备本法第二十二条规定的条件,并应当向采购人提交联合协议,载明联合体各方承担的工作和义务。联合体各方应当共同与采购人签订采购合同,就采购合同约定的事项对采购人承担连带责任。

第二十五条 政府采购当事人不得相互串通损害国家利益、社会公共利益和其他当事人的合法权益;不得以任何手段排斥其他供应商参与竞争。

供应商不得以向采购人、采购代理机构、评标委员会的组成人员、竞争性谈判小组的组成人员、询价小组的组成人员行贿或者采取其他不正当手段谋取中标或者成交。

采购代理机构不得以向采购人行贿或者采取其他不正当手段谋取非法利益。

第三章 政府采购方式

第二十六条 政府采购采用以下方式：
（一）公开招标；
（二）邀请招标；
（三）竞争性谈判；
（四）单一来源采购；
（五）询价；
（六）国务院政府采购监督管理部门认定的其他采购方式。
公开招标应作为政府采购的主要采购方式。

第二十七条 采购人采购货物或者服务应当采用公开招标方式的，其具体数额标准，属于中央预算的政府采购项目，由国务院规定；属于地方预算的政府采购项目，由省、自治区、直辖市人民政府规定；因特殊情况需要采用公开招标以外的采购方式的，应当在采购活动开始前获得设区的市、自治州以上人民政府采购监督管理部门的批准。

第二十八条 采购人不得将应当以公开招标方式采购的货物或者服务化整为零或者以其他任何方式规避公开招标采购。

第二十九条 符合下列情形之一的货物或者服务，可以依照本法采用邀请招标方式采购：
（一）具有特殊性，只能从有限范围的供应商处采购的；
（二）采用公开招标方式的费用占政府采购项目总价值的比例过大的。

第三十条 符合下列情形之一的货物或者服务，可以依照本法采用竞争性谈判方式采购：
（一）招标后没有供应商投标或者没有合格标的或者重新招标未能成立的；
（二）技术复杂或者性质特殊，不能确定详细规格或者具体要求的；
（三）采用招标所需时间不能满足用户紧急需要的；
（四）不能事先计算出价格总额的。

第三十一条 符合下列情形之一的货物或者服务，可以依照本法采用单一来源方式采购：
（一）只能从唯一供应商处采购的；
（二）发生了不可预见的紧急情况不能从其他供应商处采购的；
（三）必须保证原有采购项目一致性或者服务配套的要求，需要继续从原供应商处添购，且添购资金总额不超过原合同采购金额百分之十的。

第三十二条 采购的货物规格、标准统一、现货货源充足且价格变化幅度小的政府采购项目，可以依照本法采用询价方式采购。

第四章　政府采购程序

第三十三条　负有编制部门预算职责的部门在编制下一财政年度部门预算时,应当将该财政年度政府采购的项目及资金预算列出,报本级财政部门汇总。部门预算的审批,按预算管理权限和程序进行。

第三十四条　货物或者服务项目采取邀请招标方式采购的,采购人应当从符合相应资格条件的供应商中,通过随机方式选择三家以上的供应商,并向其发出投标邀请书。

第三十五条　货物和服务项目实行招标方式采购的,自招标文件开始发出之日起至投标人提交投标文件截止之日止,不得少于二十日。

第三十六条　在招标采购中,出现下列情形之一的,应予废标:
(一)符合专业条件的供应商或者对招标文件作实质响应的供应商不足三家的;
(二)出现影响采购公正的违法、违规行为的;
(三)投标人的报价均超过了采购预算,采购人不能支付的;
(四)因重大变故,采购任务取消的。
废标后,采购人应当将废标理由通知所有投标人。

第三十七条　废标后,除采购任务取消情形外,应当重新组织招标;需要采取其他方式采购的,应当在采购活动开始前获得设区的市、自治州以上人民政府采购监督管理部门或者政府有关部门批准。

第三十八条　采用竞争性谈判方式采购的,应当遵循下列程序:
(一)成立谈判小组。谈判小组由采购人的代表和有关专家共三人以上的单数组成,其中专家的人数不得少于成员总数的三分之二。
(二)制定谈判文件。谈判文件应当明确谈判程序、谈判内容、合同草案的条款以及评定成交的标准等事项。
(三)确定邀请参加谈判的供应商名单。谈判小组从符合相应资格条件的供应商名单中确定不少于三家的供应商参加谈判,并向其提供谈判文件。
(四)谈判。谈判小组所有成员集中与单一供应商分别进行谈判。在谈判中,谈判的任何一方不得透露与谈判有关的其他供应商的技术资料、价格和其他信息。谈判文件有实质性变动的,谈判小组应当以书面形式通知所有参加谈判的供应商。
(五)确定成交供应商。谈判结束后,谈判小组应当要求所有参加谈判的供应商在规定时间内进行最后报价,采购人从谈判小组提出的成交候选人中根据符合采购需求、质量和服务相等且报价最低的原则确定成交供应商,并将结果通知所有参加谈判的未成交的供应商。

第三十九条　采取单一来源方式采购的,采购人与供应商应当遵循本法规定的原则,在保证采购项目质量和双方商定合理价格的基础上进行采购。

第四十条　采取询价方式采购的,应当遵循下列程序:
(一)成立询价小组。询价小组由采购人的代表和有关专家共三人以上的单数组成,其中专家的人数不得少于成员总数的三分之二。询价小组应当对采购项目的价格构成和评定成交的标准等事项作出规定。

(二)确定被询价的供应商名单。询价小组根据采购需求,从符合相应资格条件的供应商名单中确定不少于三家的供应商,并向其发出询价通知书让其报价。

(三)询价。询价小组要求被询价的供应商一次报出不得更改的价格。

(四)确定成交供应商。采购人根据符合采购需求、质量和服务相等且报价最低的原则确定成交供应商,并将结果通知所有被询价的未成交的供应商。

第四十一条　采购人或者其委托的采购代理机构应当组织对供应商履约的验收。大型或者复杂的政府采购项目,应当邀请国家认可的质量检测机构参加验收工作。验收方成员应当在验收书上签字,并承担相应的法律责任。

第四十二条　采购人、采购代理机构对政府采购项目每项采购活动的采购文件应当妥善保存,不得伪造、变造、隐匿或者销毁。采购文件的保存期限为从采购结束之日起至少保存十五年。

采购文件包括采购活动记录、采购预算、招标文件、投标文件、评标标准、评估报告、定标文件、合同文本、验收证明、质疑答复、投诉处理决定及其他有关文件、资料。

采购活动记录至少应当包括下列内容:

(一)采购项目类别、名称;

(二)采购项目预算、资金构成和合同价格;

(三)采购方式,采用公开招标以外的采购方式的,应当载明原因;

(四)邀请和选择供应商的条件及原因;

(五)评标标准及确定中标人的原因;

(六)废标的原因;

(七)采用招标以外采购方式的相应记载。

第五章　政府采购合同

第四十三条　政府采购合同适用合同法。采购人和供应商之间的权利和义务,应当按照平等、自愿的原则以合同方式约定。

采购人可以委托采购代理机构代表其与供应商签订政府采购合同。由采购代理机构以采购人名义签订合同的,应当提交采购人的授权委托书,作为合同附件。

第四十四条　政府采购合同应当采用书面形式。

第四十五条　国务院政府采购监督管理部门应当会同国务院有关部门,规定政府采购合同必须具备的条款。

第四十六条　采购人与中标、成交供应商应当在中标、成交通知书发出之日起三十日内,按照采购文件确定的事项签订政府采购合同。

中标、成交通知书对采购人和中标、成交供应商均具有法律效力。中标、成交通知书发出后,采购人改变中标、成交结果的,或者中标、成交供应商放弃中标、成交项目的,应当依法承担法律责任。

第四十七条 政府采购项目的采购合同自签订之日起七个工作日内,采购人应当将合同副本报同级政府采购监督管理部门和有关部门备案。

第四十八条 经采购人同意,中标、成交供应商可以依法采取分包方式履行合同。

政府采购合同分包履行的,中标、成交供应商就采购项目和分包项目向采购人负责,分包供应商就分包项目承担责任。

第四十九条 政府采购合同履行中,采购人需追加与合同标的相同的货物、工程或者服务的,在不改变合同其他条款的前提下,可以与供应商协商签订补充合同,但所有补充合同的采购金额不得超过原合同采购金额的百分之十。

第五十条 政府采购合同的双方当事人不得擅自变更、中止或者终止合同。

政府采购合同继续履行将损害国家利益和社会公共利益的,双方当事人应当变更、中止或者终止合同。有过错的一方应当承担赔偿责任,双方都有过错的,各自承担相应的责任。

第六章 质疑与投诉

第五十一条 供应商对政府采购活动事项有疑问的,可以向采购人提出询问,采购人应当及时作出答复,但答复的内容不得涉及商业秘密。

第五十二条 供应商认为采购文件、采购过程和中标、成交结果使自己的权益受到损害的,可以在知道或者应知其权益受到损害之日起七个工作日内,以书面形式向采购人提出质疑。

第五十三条 采购人应当在收到供应商的书面质疑后七个工作日内作出答复,并以书面形式通知质疑供应商和其他有关供应商,但答复的内容不得涉及商业秘密。

第五十四条 采购人委托采购代理机构采购的,供应商可以向采购代理机构提出询问或者质疑,采购代理机构应当依照本法第五十一条、第五十三条的规定就采购人委托授权范围内的事项作出答复。

第五十五条 质疑供应商对采购人、采购代理机构的答复不满意或者采购人、采购代理机构未在规定的时间内作出答复的,可以在答复期满后十五个工作日内向同级政府采购监督管理部门投诉。

第五十六条 政府采购监督管理部门应当在收到投诉后三十个工作日内,对投诉事项作出处理决定,并以书面形式通知投诉人和与投诉事项有关的当事人。

第五十七条 政府采购监督管理部门在处理投诉事项期间,可以视具体情况书面通知采购人暂停采购活动,但暂停时间最长不得超过三十日。

第五十八条 投诉人对政府采购监督管理部门的投诉处理决定不服或者政府采购监督管理部门逾期未作处理的,可以依法申请行政复议或者向人民法院提起行政诉讼。

第七章 监督检查

第五十九条 政府采购监督管理部门应当加强对政府采购活动及集中采购机构的监督检查。

监督检查的主要内容是：

（一）有关政府采购的法律、行政法规和规章的执行情况；

（二）采购范围、采购方式和采购程序的执行情况；

（三）政府采购人员的职业素质和专业技能。

第六十条 政府采购监督管理部门不得设置集中采购机构，不得参与政府采购项目的采购活动。

采购代理机构与行政机关不得存在隶属关系或者其他利益关系。

第六十一条 集中采购机构应当建立健全内部监督管理制度。采购活动的决策和执行程序应当明确，并相互监督、相互制约。经办采购的人员与负责采购合同审核、验收人员的职责权限应当明确，并相互分离。

第六十二条 集中采购机构的采购人员应当具有相关职业素质和专业技能，符合政府采购监督管理部门规定的专业岗位任职要求。

集中采购机构对其工作人员应当加强教育和培训；对采购人员的专业水平、工作实绩和职业道德状况定期进行考核。采购人员经考核不合格的，不得继续任职。

第六十三条 政府采购项目的采购标准应当公开。

采用本法规定的采购方式的，采购人在采购活动完成后，应当将采购结果予以公布。

第六十四条 采购人必须按照本法规定的采购方式和采购程序进行采购。

任何单位和个人不得违反本法规定，要求采购人或者采购工作人员向其指定的供应商进行采购。

第六十五条 政府采购监督管理部门应当对政府采购项目的采购活动进行检查，政府采购当事人应当如实反映情况，提供有关材料。

第六十六条 政府采购监督管理部门应当对集中采购机构的采购价格、节约资金效果、服务质量、信誉状况、有无违法行为等事项进行考核，并定期如实公布考核结果。

第六十七条 依照法律、行政法规的规定对政府采购负有行政监督职责的政府有关部门，应当按照其职责分工，加强对政府采购活动的监督。

第六十八条 审计机关应当对政府采购进行审计监督。政府采购监督管理部门、政府采购各当事人有关政府采购活动，应当接受审计机关的审计监督。

第六十九条 监察机关应当加强对参与政府采购活动的国家机关、国家公务员和国家行政机关任命的其他人员实施监察。

第七十条 任何单位和个人对政府采购活动中的违法行为，有权控告和检举，有关部门、机关应当依照各自职责及时处理。

第八章 法律责任

第七十一条 采购人、采购代理机构有下列情形之一的,责令限期改正,给予警告,可以并处罚款,对直接负责的主管人员和其他直接责任人员,由其行政主管部门或者有关机关给予处分,并予通报:
(一)应当采用公开招标方式而擅自采用其他方式采购的;
(二)擅自提高采购标准的;
(三)以不合理的条件对供应商实行差别待遇或者歧视待遇的;
(四)在招标采购过程中与投标人进行协商谈判的;
(五)中标、成交通知书发出后不与中标、成交供应商签订采购合同的;
(六)拒绝有关部门依法实施监督检查的。

第七十二条 采购人、采购代理机构及其工作人员有下列情形之一,构成犯罪的,依法追究刑事责任;尚不构成犯罪的,处以罚款,有违法所得的,并处没收违法所得,属于国家机关工作人员的,依法给予行政处分:
(一)与供应商或者采购代理机构恶意串通的;
(二)在采购过程中接受贿赂或者获取其他不正当利益的;
(三)在有关部门依法实施的监督检查中提供虚假情况的;
(四)开标前泄露标底的。

第七十三条 有前两条违法行为之一影响中标、成交结果或者可能影响中标、成交结果的,按下列情况分别处理:
(一)未确定中标、成交供应商的,终止采购活动;
(二)中标、成交供应商已经确定但采购合同尚未履行的,撤销合同,从合格的中标、成交候选人中另行确定中标、成交供应商;
(三)采购合同已经履行的,给采购人、供应商造成损失的,由责任人承担赔偿责任。

第七十四条 采购人对应当实行集中采购的政府采购项目,不委托集中采购机构实行集中采购的,由政府采购监督管理部门责令改正;拒不改正的,停止按预算向其支付资金,由其上级行政主管部门或者有关机关依法给予其直接负责的主管人员和其他直接责任人员处分。

第七十五条 采购人未依法公布政府采购项目的采购标准和采购结果的,责令改正,对直接负责的主管人员依法给予处分。

第七十六条 采购人、采购代理机构违反本法规定隐匿、销毁应当保存的采购文件或者伪造、变造采购文件的,由政府采购监督管理部门处以二万元以上十万元以下的罚款,对其直接负责的主管人员和其他直接责任人员依法给予处分;构成犯罪的,依法追究刑事责任。

第七十七条 供应商有下列情形之一的,处以采购金额千分之五以上千分之十以下的罚款,列入不良行为记录名单,在一至三年内禁止参加政府采购活动,有违法所得的,并

处没收违法所得,情节严重的,由工商行政管理机关吊销营业执照;构成犯罪的,依法追究刑事责任:

(一)提供虚假材料谋取中标、成交的;
(二)采取不正当手段诋毁、排挤其他供应商的;
(三)与采购人、其他供应商或者采购代理机构恶意串通的;
(四)向采购人、采购代理机构行贿或者提供其他不正当利益的;
(五)在招标采购过程中与采购人进行协商谈判的;
(六)拒绝有关部门监督检查或者提供虚假情况的。

供应商有前款第(一)至(五)项情形之一的,中标、成交无效。

第七十八条 采购代理机构在代理政府采购业务中有违法行为的,按照有关法律规定处以罚款,可以在一至三年内禁止其代理政府采购业务,构成犯罪的,依法追究刑事责任。

第七十九条 政府采购当事人有本法第七十一条、第七十二条、第七十七条违法行为之一,给他人造成损失的,并应依照有关民事法律规定承担民事责任。

第八十条 政府采购监督管理部门的工作人员在实施监督检查中违反本法规定滥用职权,玩忽职守,徇私舞弊的,依法给予行政处分;构成犯罪的,依法追究刑事责任。

第八十一条 政府采购监督管理部门对供应商的投诉逾期未作处理的,给予直接负责的主管人员和其他直接责任人员行政处分。

第八十二条 政府采购监督管理部门对集中采购机构业绩的考核,有虚假陈述,隐瞒真实情况的,或者不作定期考核和公布考核结果的,应当及时纠正,由其上级机关或者监察机关对其负责人进行通报,并对直接负责的人员依法给予行政处分。

集中采购机构在政府采购监督管理部门考核中,虚报业绩,隐瞒真实情况的,处以二万元以上二十万元以下的罚款,并予以通报;情节严重的,取消其代理采购的资格。

第八十三条 任何单位或者个人阻挠和限制供应商进入本地区或者本行业政府采购市场的,责令限期改正;拒不改正的,由该单位、个人的上级行政主管部门或者有关机关给予单位责任人或者个人处分。

第九章 附 则

第八十四条 使用国际组织和外国政府贷款进行的政府采购,贷款方、资金提供方与中方达成的协议对采购的具体条件另有规定的,可以适用其规定,但不得损害国家利益和社会公共利益。

第八十五条 对因严重自然灾害和其他不可抗力事件所实施的紧急采购和涉及国家安全和秘密的采购,不适用本法。

第八十六条 军事采购法规由中央军事委员会另行制定。

第八十七条 本法实施的具体步骤和办法由国务院规定。

第八十八条 本法自2003年1月1日起施行。

中华人民共和国政府采购法实施条例

(国务院令第658号 2015年1月30日)

第一章 总 则

第一条 根据《中华人民共和国政府采购法》(以下简称政府采购法),制定本条例。

第二条 政府采购法第二条所称财政性资金是指纳入预算管理的资金。

以财政性资金作为还款来源的借贷资金,视同财政性资金。

国家机关、事业单位和团体组织的采购项目既使用财政性资金又使用非财政性资金的,使用财政性资金采购的部分,适用政府采购法及本条例;财政性资金与非财政性资金无法分割采购的,统一适用政府采购法及本条例。

政府采购法第二条所称服务,包括政府自身需要的服务和政府向社会公众提供的公共服务。

第三条 集中采购目录包括集中采购机构采购项目和部门集中采购项目。

技术、服务等标准统一,采购人普遍使用的项目,列为集中采购机构采购项目;采购人本部门、本系统基于业务需要有特殊要求,可以统一采购的项目,列为部门集中采购项目。

第四条 政府采购法所称集中采购,是指采购人将列入集中采购目录的项目委托集中采购机构代理采购或者进行部门集中采购的行为;所称分散采购,是指采购人将采购限额标准以上的未列入集中采购目录的项目自行采购或者委托采购代理机构代理采购的行为。

第五条 省、自治区、直辖市人民政府或者其授权的机构根据实际情况,可以确定分别适用于本行政区域省级、设区的市级、县级的集中采购目录和采购限额标准。

第六条 国务院财政部门应当根据国家的经济和社会发展政策,会同国务院有关部门制定政府采购政策,通过制定采购需求标准、预留采购份额、价格评审优惠、优先采购等措施,实现节约能源、保护环境、扶持不发达地区和少数民族地区、促进中小企业发展等目标。

第七条 政府采购工程以及与工程建设有关的货物、服务,采用招标方式采购的,适用《中华人民共和国招标投标法》及其实施条例;采用其他方式采购的,适用政府采购法及本条例。

前款所称工程,是指建设工程,包括建筑物和构筑物的新建、改建、扩建及其相关的装修、拆除、修缮等;所称与工程建设有关的货物,是指构成工程不可分割的组成部分,且为实现工程基本功能所必需的设备、材料等;所称与工程建设有关的服务,是指为完成工程所需的勘察、设计、监理等服务。

政府采购工程以及与工程建设有关的货物、服务,应当执行政府采购政策。

第八条 政府采购项目信息应当在省级以上人民政府财政部门指定的媒体上发布。采购项目预算金额达到国务院财政部门规定标准的,政府采购项目信息应当在国务院财政部门指定的媒体上发布。

第九条 在政府采购活动中,采购人员及相关人员与供应商有下列利害关系之一的,应当回避:

(一)参加采购活动前3年内与供应商存在劳动关系;

(二)参加采购活动前3年内担任供应商的董事、监事;

(三)参加采购活动前3年内是供应商的控股股东或者实际控制人;

(四)与供应商的法定代表人或者负责人有夫妻、直系血亲、三代以内旁系血亲或者近姻亲关系;

(五)与供应商有其他可能影响政府采购活动公平、公正进行的关系。

供应商认为采购人员及相关人员与其他供应商有利害关系的,可以向采购人或者采购代理机构书面提出回避申请,并说明理由。采购人或者采购代理机构应当及时询问被申请回避人员,有利害关系的被申请回避人员应当回避。

第十条 国家实行统一的政府采购电子交易平台建设标准,推动利用信息网络进行电子化政府采购活动。

第二章　政府采购当事人

第十一条 采购人在政府采购活动中应当维护国家利益和社会公共利益,公正廉洁,诚实守信,执行政府采购政策,建立政府采购内部管理制度,厉行节约,科学合理确定采购需求。

采购人不得向供应商索要或者接受其给予的赠品、回扣或者与采购无关的其他商品、服务。

第十二条 政府采购法所称采购代理机构,是指集中采购机构和集中采购机构以外的采购代理机构。

集中采购机构是设区的市级以上人民政府依法设立的非营利事业法人,是代理集中采购项目的执行机构。集中采购机构应当根据采购人委托制定集中采购项目的实施方案,明确采购规程,组织政府采购活动,不得将集中采购项目转委托。集中采购机构以外的采购代理机构,是从事采购代理业务的社会中介机构。

第十三条 采购代理机构应当建立完善的政府采购内部监督管理制度,具备开展政府采购业务所需的评审条件和设施。

采购代理机构应当提高确定采购需求,编制招标文件、谈判文件、询价通知书,拟订合同文本和优化采购程序的专业化服务水平,根据采购人委托在规定的时间内及时组织采购人与中标或者成交供应商签订政府采购合同,及时协助采购人对采购项目进行验收。

第十四条 采购代理机构不得以不正当手段获取政府采购代理业务,不得与采购人、供应商恶意串通操纵政府采购活动。

采购代理机构工作人员不得接受采购人或者供应商组织的宴请、旅游、娱乐，不得收受礼品、现金、有价证券等，不得向采购人或者供应商报销应当由个人承担的费用。

第十五条 采购人、采购代理机构应当根据政府采购政策、采购预算、采购需求编制采购文件。

采购需求应当符合法律法规以及政府采购政策规定的技术、服务、安全等要求。政府向社会公众提供的公共服务项目，应当就确定采购需求征求社会公众的意见。除因技术复杂或者性质特殊，不能确定详细规格或者具体要求外，采购需求应当完整、明确。必要时，应当就确定采购需求征求相关供应商、专家的意见。

第十六条 政府采购法第二十条规定的委托代理协议，应当明确代理采购的范围、权限和期限等具体事项。

采购人和采购代理机构应当按照委托代理协议履行各自义务，采购代理机构不得超越代理权限。

第十七条 参加政府采购活动的供应商应当具备政府采购法第二十二条第一款规定的条件，提供下列材料：

（一）法人或者其他组织的营业执照等证明文件，自然人的身份证明；

（二）财务状况报告，依法缴纳税收和社会保障资金的相关材料；

（三）具备履行合同所必需的设备和专业技术能力的证明材料；

（四）参加政府采购活动前3年内在经营活动中没有重大违法记录的书面声明；

（五）具备法律、行政法规规定的其他条件的证明材料。

采购项目有特殊要求的，供应商还应当提供其符合特殊要求的证明材料或者情况说明。

第十八条 单位负责人为同一人或者存在直接控股、管理关系的不同供应商，不得参加同一合同项下的政府采购活动。

除单一来源采购项目外，为采购项目提供整体设计、规范编制或者项目管理、监理、检测等服务的供应商，不得再参加该采购项目的其他采购活动。

第十九条 政府采购法第二十二条第一款第五项所称重大违法记录，是指供应商因违法经营受到刑事处罚或者责令停产停业、吊销许可证或者执照、较大数额罚款等行政处罚。

供应商在参加政府采购活动前3年内因违法经营被禁止在一定期限内参加政府采购活动，期限届满的，可以参加政府采购活动。

第二十条 采购人或者采购代理机构有下列情形之一的，属于以不合理的条件对供应商实行差别待遇或者歧视待遇：

（一）就同一采购项目向供应商提供有差别的项目信息；

（二）设定的资格、技术、商务条件与采购项目的具体特点和实际需要不相适应或者与合同履行无关；

（三）采购需求中的技术、服务等要求指向特定供应商、特定产品；

(四)以特定行政区域或者特定行业的业绩、奖项作为加分条件或者中标、成交条件;
(五)对供应商采取不同的资格审查或者评审标准;
(六)限定或者指定特定的专利、商标、品牌或者供应商;
(七)非法限定供应商的所有制形式、组织形式或者所在地;
(八)以其他不合理条件限制或者排斥潜在供应商。

第二十一条　采购人或者采购代理机构对供应商进行资格预审的,资格预审公告应当在省级以上人民政府财政部门指定的媒体上发布。已进行资格预审的,评审阶段可以不再对供应商资格进行审查。资格预审合格的供应商在评审阶段资格发生变化的,应当通知采购人和采购代理机构。

资格预审公告应当包括采购人和采购项目名称、采购需求、对供应商的资格要求以及供应商提交资格预审申请文件的时间和地点。提交资格预审申请文件的时间自公告发布之日起不得少于5个工作日。

第二十二条　联合体中有同类资质的供应商按照联合体分工承担相同工作的,应当按照资质等级较低的供应商确定资质等级。

以联合体形式参加政府采购活动的,联合体各方不得再单独参加或者与其他供应商另外组成联合体参加同一合同项下的政府采购活动。

第三章　政府采购方式

第二十三条　采购人采购公开招标数额标准以上的货物或者服务,符合政府采购法第二十九条、第三十条、第三十一条、第三十二条规定情形或者有需要执行政府采购政策等特殊情况的,经设区的市级以上人民政府财政部门批准,可以依法采用公开招标以外的采购方式。

第二十四条　列入集中采购目录的项目,适合实行批量集中采购的,应当实行批量集中采购,但紧急的小额零星货物项目和有特殊要求的服务、工程项目除外。

第二十五条　政府采购工程依法不进行招标的,应当依照政府采购法和本条例规定的竞争性谈判或者单一来源采购方式采购。

第二十六条　政府采购法第三十条第三项规定的情形,应当是采购人不可预见的或者非因采购人拖延导致的;第四项规定的情形,是指因采购艺术品或者因专利、专有技术或者因服务的时间、数量事先不能确定等导致不能事先计算出价格总额。

第二十七条　政府采购法第三十一条第一项规定的情形,是指因货物或者服务使用不可替代的专利、专有技术,或者公共服务项目具有特殊要求,导致只能从某一特定供应商处采购。

第二十八条　在一个财政年度内,采购人将一个预算项目下的同一品目或者类别的货物、服务采用公开招标以外的方式多次采购,累计资金数额超过公开招标数额标准的,属于以化整为零方式规避公开招标,但项目预算调整或者经批准采用公开招标以外方式采购除外。

第四章 政府采购程序

第二十九条 采购人应当根据集中采购目录、采购限额标准和已批复的部门预算编制政府采购实施计划，报本级人民政府财政部门备案。

第三十条 采购人或者采购代理机构应当在招标文件、谈判文件、询价通知书中公开采购项目预算金额。

第三十一条 招标文件的提供期限自招标文件开始发出之日起不得少于5个工作日。

采购人或者采购代理机构可以对已发出的招标文件进行必要的澄清或者修改。澄清或者修改的内容可能影响投标文件编制的，采购人或者采购代理机构应当在投标截止时间至少15日前，以书面形式通知所有获取招标文件的潜在投标人；不足15日的，采购人或者采购代理机构应当顺延提交投标文件的截止时间。

第三十二条 采购人或者采购代理机构应当按照国务院财政部门制定的招标文件标准文本编制招标文件。

招标文件应当包括采购项目的商务条件、采购需求、投标人的资格条件、投标报价要求、评标方法、评标标准以及拟签订的合同文本等。

第三十三条 招标文件要求投标人提交投标保证金的，投标保证金不得超过采购项目预算金额的2%。投标保证金应当以支票、汇票、本票或者金融机构、担保机构出具的保函等非现金形式提交。投标人未按照招标文件要求提交投标保证金的，投标无效。

采购人或者采购代理机构应当自中标通知书发出之日起5个工作日内退还未中标供应商的投标保证金，自政府采购合同签订之日起5个工作日内退还中标供应商的投标保证金。

竞争性谈判或者询价采购中要求参加谈判或者询价的供应商提交保证金的，参照前两款的规定执行。

第三十四条 政府采购招标评标方法分为最低评标价法和综合评分法。

最低评标价法，是指投标文件满足招标文件全部实质性要求且投标报价最低的供应商为中标候选人的评标方法。综合评分法，是指投标文件满足招标文件全部实质性要求且按照评审因素的量化指标评审得分最高的供应商为中标候选人的评标方法。

技术、服务等标准统一的货物和服务项目，应当采用最低评标价法。

采用综合评分法的，评审标准中的分值设置应当与评审因素的量化指标相对应。

招标文件中没有规定的评标标准不得作为评审的依据。

第三十五条 谈判文件不能完整、明确列明采购需求，需要由供应商提供最终设计方案或者解决方案的，在谈判结束后，谈判小组应当按照少数服从多数的原则投票推荐3家以上供应商的设计方案或者解决方案，并要求其在规定时间内提交最后报价。

第三十六条 询价通知书应当根据采购需求确定政府采购合同条款。在询价过程中，询价小组不得改变询价通知书所确定的政府采购合同条款。

第三十七条 政府采购法第三十八条第五项、第四十条第四项所称质量和服务相等，是指供应商提供的产品质量和服务均能满足采购文件规定的实质性要求。

第三十八条 达到公开招标数额标准,符合政府采购法第三十一条第一项规定情形,只能从唯一供应商处采购的,采购人应当将采购项目信息和唯一供应商名称在省级以上人民政府财政部门指定的媒体上公示,公示期不得少于5个工作日。

第三十九条 除国务院财政部门规定的情形外,采购人或者采购代理机构应当从政府采购评审专家库中随机抽取评审专家。

第四十条 政府采购评审专家应当遵守评审工作纪律,不得泄露评审文件、评审情况和评审中获悉的商业秘密。

评标委员会、竞争性谈判小组或者询价小组在评审过程中发现供应商有行贿、提供虚假材料或者串通等违法行为的,应当及时向财政部门报告。

政府采购评审专家在评审过程中受到非法干预的,应当及时向财政、监察等部门举报。

第四十一条 评标委员会、竞争性谈判小组或者询价小组成员应当按照客观、公正、审慎的原则,根据采购文件规定的评审程序、评审方法和评审标准进行独立评审。采购文件内容违反国家有关强制性规定的,评标委员会、竞争性谈判小组或者询价小组应当停止评审并向采购人或者采购代理机构说明情况。

评标委员会、竞争性谈判小组或者询价小组成员应当在评审报告上签字,对自己的评审意见承担法律责任。对评审报告有异议的,应当在评审报告上签署不同意见,并说明理由,否则视为同意评审报告。

第四十二条 采购人、采购代理机构不得向评标委员会、竞争性谈判小组或者询价小组的评审专家作倾向性、误导性的解释或者说明。

第四十三条 采购代理机构应当自评审结束之日起2个工作日内将评审报告送交采购人。采购人应当自收到评审报告之日起5个工作日内在评审报告推荐的中标或者成交候选人中按顺序确定中标或者成交供应商。

采购人或者采购代理机构应当自中标、成交供应商确定之日起2个工作日内,发出中标、成交通知书,并在省级以上人民政府财政部门指定的媒体上公告中标、成交结果,招标文件、竞争性谈判文件、询价通知书随中标、成交结果同时公告。

中标、成交结果公告内容应当包括采购人和采购代理机构的名称、地址、联系方式,项目名称和项目编号,中标或者成交供应商名称、地址和中标或者成交金额,主要中标或者成交标的的名称、规格型号、数量、单价、服务要求以及评审专家名单。

第四十四条 除国务院财政部门规定的情形外,采购人、采购代理机构不得以任何理由组织重新评审。采购人、采购代理机构按照国务院财政部门的规定组织重新评审的,应当书面报告本级人民政府财政部门。

采购人或者采购代理机构不得通过对样品进行检测、对供应商进行考察等方式改变评审结果。

第四十五条 采购人或者采购代理机构应当按照政府采购合同规定的技术、服务、安全标准组织对供应商履约情况进行验收,并出具验收书。验收书应当包括每一项技术、服务、安全标准的履约情况。

政府向社会公众提供的公共服务项目,验收时应当邀请服务对象参与并出具意见,验收结果应当向社会公告。

第四十六条 政府采购法第四十二条规定的采购文件,可以用电子档案方式保存。

第五章 政府采购合同

第四十七条 国务院财政部门应当会同国务院有关部门制定政府采购合同标准文本。

第四十八条 采购文件要求中标或者成交供应商提交履约保证金的,供应商应当以支票、汇票、本票或者金融机构、担保机构出具的保函等非现金形式提交。履约保证金的数额不得超过政府采购合同金额的10%。

第四十九条 中标或者成交供应商拒绝与采购人签订合同的,采购人可以按照评审报告推荐的中标或者成交候选人名单排序,确定下一候选人为中标或者成交供应商,也可以重新开展政府采购活动。

第五十条 采购人应当自政府采购合同签订之日起2个工作日内,将政府采购合同在省级以上人民政府财政部门指定的媒体上公告,但政府采购合同中涉及国家秘密、商业秘密的内容除外。

第五十一条 采购人应当按照政府采购合同规定,及时向中标或者成交供应商支付采购资金。

政府采购项目资金支付程序,按照国家有关财政资金支付管理的规定执行。

第六章 质疑与投诉

第五十二条 采购人或者采购代理机构应当在3个工作日内对供应商依法提出的询问作出答复。

供应商提出的询问或者质疑超出采购人对采购代理机构委托授权范围的,采购代理机构应当告知供应商向采购人提出。

政府采购评审专家应当配合采购人或者采购代理机构答复供应商的询问和质疑。

第五十三条 政府采购法第五十二条规定的供应商应知其权益受到损害之日,是指:

(一)对可以质疑的采购文件提出质疑的,为收到采购文件之日或者采购文件公告期限届满之日;

(二)对采购过程提出质疑的,为各采购程序环节结束之日;

(三)对中标或者成交结果提出质疑的,为中标或者成交结果公告期限届满之日。

第五十四条 询问或者质疑事项可能影响中标、成交结果的,采购人应当暂停签订合同,已经签订合同的,应当中止履行合同。

第五十五条 供应商质疑、投诉应当有明确的请求和必要的证明材料。供应商投诉的事项不得超出已质疑事项的范围。

第五十六条 财政部门处理投诉事项采用书面审查的方式,必要时可以进行调查取证或者组织质证。

对财政部门依法进行的调查取证,投诉人和与投诉事项有关的当事人应当如实反映情况,并提供相关材料。

第五十七条 投诉人捏造事实、提供虚假材料或者以非法手段取得证明材料进行投诉的,财政部门应当予以驳回。

财政部门受理投诉后,投诉人书面申请撤回投诉的,财政部门应当终止投诉处理程序。

第五十八条 财政部门处理投诉事项,需要检验、检测、鉴定、专家评审以及需要投诉人补正材料的,所需时间不计算在投诉处理期限内。

财政部门对投诉事项作出的处理决定,应当在省级以上人民政府财政部门指定的媒体上公告。

第七章 监督检查

第五十九条 政府采购法第六十三条所称政府采购项目的采购标准,是指项目采购所依据的经费预算标准、资产配置标准和技术、服务标准等。

第六十条 除政府采购法第六十六条规定的考核事项外,财政部门对集中采购机构的考核事项还包括:

(一)政府采购政策的执行情况;

(二)采购文件编制水平;

(三)采购方式和采购程序的执行情况;

(四)询问、质疑答复情况;

(五)内部监督管理制度建设及执行情况;

(六)省级以上人民政府财政部门规定的其他事项。

财政部门应当制定考核计划,定期对集中采购机构进行考核,考核结果有重要情况的,应当向本级人民政府报告。

第六十一条 采购人发现采购代理机构有违法行为的,应当要求其改正。采购代理机构拒不改正的,采购人应当向本级人民政府财政部门报告,财政部门应当依法处理。

采购代理机构发现采购人的采购需求存在以不合理条件对供应商实行差别待遇、歧视待遇或者其他不符合法律、法规和政府采购政策规定内容,或者发现采购人有其他违法行为的,应当建议其改正。采购人拒不改正的,采购代理机构应当向采购人的本级人民政府财政部门报告,财政部门应当依法处理。

第六十二条 省级以上人民政府财政部门应当对政府采购评审专家库实行动态管理,具体管理办法由国务院财政部门制定。

采购人或者采购代理机构应当对评审专家在政府采购活动中的职责履行情况予以记

录,并及时向财政部门报告。

第六十三条 各级人民政府财政部门和其他有关部门应当加强对参加政府采购活动的供应商、采购代理机构、评审专家的监督管理,对其不良行为予以记录,并纳入统一的信用信息平台。

第六十四条 各级人民政府财政部门对政府采购活动进行监督检查,有权查阅、复制有关文件、资料,相关单位和人员应当予以配合。

第六十五条 审计机关、监察机关以及其他有关部门依法对政府采购活动实施监督,发现采购当事人有违法行为的,应当及时通报财政部门。

第八章 法律责任

第六十六条 政府采购法第七十一条规定的罚款,数额为 10 万元以下。

政府采购法第七十二条规定的罚款,数额为 5 万元以上 25 万元以下。

第六十七条 采购人有下列情形之一的,由财政部门责令限期改正,给予警告,对直接负责的主管人员和其他直接责任人员依法给予处分,并予以通报:

(一)未按照规定编制政府采购实施计划或者未按照规定将政府采购实施计划报本级人民政府财政部门备案;

(二)将应当进行公开招标的项目化整为零或者以其他任何方式规避公开招标;

(三)未按照规定在评标委员会、竞争性谈判小组或者询价小组推荐的中标或者成交候选人中确定中标或者成交供应商;

(四)未按照采购文件确定的事项签订政府采购合同;

(五)政府采购合同履行中追加与合同标的相同的货物、工程或者服务的采购金额超过原合同采购金额 10%;

(六)擅自变更、中止或者终止政府采购合同;

(七)未按照规定公告政府采购合同;

(八)未按照规定时间将政府采购合同副本报本级人民政府财政部门和有关部门备案。

第六十八条 采购人、采购代理机构有下列情形之一的,依照政府采购法第七十一条、第七十八条的规定追究法律责任:

(一)未依照政府采购法和本条例规定的方式实施采购;

(二)未依法在指定的媒体上发布政府采购项目信息;

(三)未按照规定执行政府采购政策;

(四)违反本条例第十五条的规定导致无法组织对供应商履约情况进行验收或者国家财产遭受损失;

(五)未依法从政府采购评审专家库中抽取评审专家;

(六)非法干预采购评审活动;

(七)采用综合评分法时评审标准中的分值设置未与评审因素的量化指标相对应;

（八）对供应商的询问、质疑逾期未作处理；
（九）通过对样品进行检测、对供应商进行考察等方式改变评审结果；
（十）未按照规定组织对供应商履约情况进行验收。

第六十九条 集中采购机构有下列情形之一的，由财政部门责令限期改正，给予警告，有违法所得的，并处没收违法所得，对直接负责的主管人员和其他直接责任人员依法给予处分，并予以通报：

（一）内部监督管理制度不健全，对依法应当分设、分离的岗位、人员未分设、分离；
（二）将集中采购项目委托其他采购代理机构采购；
（三）从事营利活动。

第七十条 采购人员与供应商有利害关系而不依法回避的，由财政部门给予警告，并处 2000 元以上 2 万元以下的罚款。

第七十一条 有政府采购法第七十一条、第七十二条规定的违法行为之一，影响或者可能影响中标、成交结果的，依照下列规定处理：

（一）未确定中标或者成交供应商的，终止本次政府采购活动，重新开展政府采购活动。
（二）已确定中标或者成交供应商但尚未签订政府采购合同的，中标或者成交结果无效，从合格的中标或者成交候选人中另行确定中标或者成交供应商；没有合格的中标或者成交候选人的，重新开展政府采购活动。
（三）政府采购合同已签订但尚未履行的，撤销合同，从合格的中标或者成交候选人中另行确定中标或者成交供应商；没有合格的中标或者成交候选人的，重新开展政府采购活动。
（四）政府采购合同已经履行，给采购人、供应商造成损失的，由责任人承担赔偿责任。

政府采购当事人有其他违反政府采购法或者本条例规定的行为，经改正后仍然影响或者可能影响中标、成交结果或者依法被认定为中标、成交无效的，依照前款规定处理。

第七十二条 供应商有下列情形之一的，依照政府采购法第七十七条第一款的规定追究法律责任：

（一）向评标委员会、竞争性谈判小组或者询价小组成员行贿或者提供其他不正当利益；
（二）中标或者成交后无正当理由拒不与采购人签订政府采购合同；
（三）未按照采购文件确定的事项签订政府采购合同；
（四）将政府采购合同转包；
（五）提供假冒伪劣产品；
（六）擅自变更、中止或者终止政府采购合同。

供应商有前款第一项规定情形的，中标、成交无效。评审阶段资格发生变化，供应商未依照本条例第二十一条的规定通知采购人和采购代理机构的，处以采购金额 5‰ 的罚款，列入不良行为记录名单，中标、成交无效。

第七十三条 供应商捏造事实、提供虚假材料或者以非法手段取得证明材料进行投诉的，由财政部门列入不良行为记录名单，禁止其 1 至 3 年内参加政府采购活动。

第七十四条 有下列情形之一的,属于恶意串通,对供应商依照政府采购法第七十七条第一款的规定追究法律责任,对采购人、采购代理机构及其工作人员依照政府采购法第七十二条的规定追究法律责任:

(一)供应商直接或者间接从采购人或者采购代理机构处获得其他供应商的相关情况并修改其投标文件或者响应文件;

(二)供应商按照采购人或者采购代理机构的授意撤换、修改投标文件或者响应文件;

(三)供应商之间协商报价、技术方案等投标文件或者响应文件的实质性内容;

(四)属于同一集团、协会、商会等组织成员的供应商按照该组织要求协同参加政府采购活动;

(五)供应商之间事先约定由某一特定供应商中标、成交的;

(六)供应商之间商定部分供应商放弃参加政府采购活动或者放弃中标、成交;

(七)供应商与采购人或者采购代理机构之间、供应商相互之间,为谋求特定供应商中标、成交或者排斥其他供应商的其他串通行为。

第七十五条 政府采购评审专家未按照采购文件规定的评审程序、评审方法和评审标准进行独立评审或者泄露评审文件、评审情况的,由财政部门给予警告,并处2000元以上2万元以下的罚款;影响中标、成交结果的,处2万元以上5万元以下的罚款,禁止其参加政府采购评审活动。

政府采购评审专家与供应商存在利害关系未回避的,处2万元以上5万元以下的罚款,禁止其参加政府采购评审活动。

政府采购评审专家收受采购人、采购代理机构、供应商贿赂或者获取其他不正当利益,构成犯罪的,依法追究刑事责任;尚不构成犯罪的,处2万元以上5万元以下的罚款,禁止其参加政府采购评审活动。

政府采购评审专家有上述违法行为的,其评审意见无效,不得获取评审费;有违法所得的,没收违法所得;给他人造成损失的,依法承担民事责任。

第七十六条 政府采购当事人违反政府采购法和本条例规定,给他人造成损失的,依法承担民事责任。

第七十七条 财政部门在履行政府采购监督管理职责中违反政府采购法和本条例规定,滥用职权、玩忽职守、徇私舞弊的,对直接负责的主管人员和其他直接责任人员依法给予处分;直接负责的主管人员和其他直接责任人员构成犯罪的,依法追究刑事责任。

第九章 附 则

第七十八条 财政管理实行省直接管理的县级人民政府可以根据需要并报经省级人民政府批准,行使政府采购法和本条例规定的设区的市级人民政府批准变更采购方式的职权。

第七十九条 本条例自2015年3月1日起施行。

中华人民共和国招标投标法

(1999年8月30日第九届全国人民代表大会常务委员会第十一次会议通过)

第一章 总 则

第一条 为了规范招标投标活动,保护国家利益、社会公共利益和招标投标活动当事人的合法权益,提高经济效益,保证项目质量,制定本法。

第二条 在中华人民共和国境内进行招标投标活动,适用本法。

第三条 在中华人民共和国境内进行下列工程建设项目包括项目的勘察、设计、施工、监理以及与工程建设有关的重要设备、材料等的采购,必须进行招标:

(一)大型基础设施、公用事业等关系社会公共利益、公众安全的项目;

(二)全部或者部分使用国有资金投资或者国家融资的项目;

(三)使用国际组织或者外国政府贷款、援助资金的项目。

前款所列项目的具体范围和规模标准,由国务院发展计划部门会同国务院有关部门制订,报国务院批准。

法律或者国务院对必须进行招标的其他项目的范围有规定的,依照其规定。

第四条 任何单位和个人不得将依法必须进行招标的项目化整为零或者以其他任何方式规避招标。

第五条 招标投标活动应当遵循公开、公平、公正和诚实信用的原则。

第六条 依法必须进行招标的项目,其招标投标活动不受地区或者部门的限制。任何单位和个人不得违法限制或者排斥本地区、本系统以外的法人或者其他组织参加投标,不得以任何方式非法干涉招标投标活动。

第七条 招标投标活动及其当事人应当接受依法实施的监督。

有关行政监督部门依法对招标投标活动实施监督,依法查处招标投标活动中的违法行为。

对招标投标活动的行政监督及有关部门的具体职权划分,由国务院规定。

第二章 招 标

第八条 招标人是依照本法规定提出招标项目、进行招标的法人或者其他组织。

第九条 招标项目按照国家有关规定需要履行项目审批手续的,应当先履行审批手续,取得批准。

招标人应当有进行招标项目的相应资金或者资金来源已经落实,并应当在招标文件中如实载明。

第十条 招标分为公开招标和邀请招标。

公开招标,是指招标人以招标公告的方式邀请不特定的法人或者其他组织投标。

邀请招标,是指招标人以投标邀请书的方式邀请特定的法人或者其他组织投标。

第十一条 国务院发展计划部门确定的国家重点项目和省、自治区、直辖市人民政府确定的地方重点项目不适宜公开招标的,经国务院发展计划部门或者省、自治区、直辖市人民政府批准,可以进行邀请招标。

第十二条 招标人有权自行选择招标代理机构,委托其办理招标事宜。任何单位和个人不得以任何方式为招标人指定招标代理机构。

招标人具有编制招标文件和组织评标能力的,可以自行办理招标事宜。任何单位和个人不得强制其委托招标代理机构办理招标事宜。

依法必须进行招标的项目,招标人自行办理招标事宜的,应当向有关行政监督部门备案。

第十三条 招标代理机构是依法设立、从事招标代理业务并提供相关服务的社会中介组织。

招标代理机构应当具备下列条件:

(一)有从事招标代理业务的营业场所和相应资金;

(二)有能够编制招标文件和组织评标的相应专业力量;

(三)有符合本法第三十七条第三款规定条件,可以作为评标委员会成员人选的技术、经济等方面的专家库。

第十四条 从事工程建设项目招标代理业务的招标代理机构,其资格由国务院或者省、自治区、直辖市人民政府的建设行政主管部门认定。具体办法由国务院建设行政主管部门会同国务院有关部门制定。从事其他招标代理业务的招标代理机构,其资格认定的主管部门由国务院规定。

招标代理机构与行政机关和其他国家机关不得存在隶属关系或者其他利益关系。

第十五条 招标代理机构应当在招标人委托的范围内办理招标事宜,并遵守本法关于招标人的规定。

第十六条 招标人采用公开招标方式的,应当发布招标公告。依法必须进行招标的项目的招标公告,应当通过国家指定的报刊、信息网络或者其他媒介发布。

招标公告应当载明招标人的名称和地址、招标项目的性质、数量、实施地点和时间以及获取招标文件的办法等事项。

第十七条 招标人采用邀请招标方式的,应当向三个以上具备承担招标项目的能力、资信良好的特定的法人或者其他组织发出投标邀请书。

投标邀请书应当载明本法第十六条第二款规定的事项。

第十八条 招标人可以根据招标项目本身的要求,在招标公告或者投标邀请书中,要求潜在投标人提供有关资质证明文件和业绩情况,并对潜在投标人进行资格审查;国家对投标人的资格条件有规定的,依照其规定。

招标人不得以不合理的条件限制或者排斥潜在投标人,不得对潜在投标人实行歧视待遇。

第十九条 招标人应当根据招标项目的特点和需要编制招标文件。招标文件应当包括招标项目的技术要求、对投标人资格审查的标准、投标报价要求和评标标准等所有实质性要求和条件以及拟签订合同的主要条款。

国家对招标项目的技术、标准有规定的,招标人应当按照其规定在招标文件中提出相应要求。

招标项目需要划分标段、确定工期的,招标人应当合理划分标段、确定工期,并在招标文件中载明。

第二十条 招标文件不得要求或者标明特定的生产供应者以及含有倾向或者排斥潜在投标人的其他内容。

第二十一条 招标人根据招标项目的具体情况,可以组织潜在投标人踏勘项目现场。

第二十二条 招标人不得向他人透露已获取招标文件的潜在投标人的名称、数量以及可能影响公平竞争的有关招标投标的其他情况。

招标人设有标底的,标底必须保密。

第二十三条 招标人对已发出的招标文件进行必要的澄清或者修改的,应当在招标文件要求提交投标文件截止时间至少十五日前,以书面形式通知所有招标文件收受人。该澄清或者修改的内容为招标文件的组成部分。

第二十四条 招标人应当确定投标人编制投标文件所需要的合理时间;但是,依法必须进行招标的项目,自招标文件开始发出之日起至投标人提交投标文件截止之日止,最短不得少于二十日。

第三章 投 标

第二十五条 投标人是响应招标、参加投标竞争的法人或者其他组织。

依法招标的科研项目允许个人参加投标的,投标的个人适用本法有关投标人的规定。

第二十六条 投标人应当具备承担招标项目的能力;国家有关规定对投标人资格条件或者招标文件对投标人资格条件有规定的,投标人应当具备规定的资格条件。

第二十七条 投标人应当按照招标文件的要求编制投标文件。投标文件应当对招标文件提出的实质性要求和条件作出响应。

招标项目属于建设施工的,投标文件的内容应当包括拟派出的项目负责人与主要技术人员的简历、业绩和拟用于完成招标项目的机械设备等。

第二十八条 投标人应当在招标文件要求提交投标文件的截止时间前,将投标文件送达投标地点。招标人收到投标文件后,应当签收保存,不得开启。投标人少于三个的,招标人应当依照本法重新招标。

在招标文件要求提交投标文件的截止时间后送达的投标文件,招标人应当拒收。

第二十九条 投标人在招标文件要求提交投标文件的截止时间前,可以补充、修改或者撤回已提交的投标文件,并书面通知招标人。补充、修改的内容为投标文件的组成部分。

第三十条 投标人根据招标文件载明的项目实际情况,拟在中标后将中标项目的部分非主体、非关键性工作进行分包的,应当在投标文件中载明。

第三十一条 两个以上法人或者其他组织可以组成一个联合体,以一个投标人的身份共同投标。

联合体各方均应当具备承担招标项目的相应能力;国家有关规定或者招标文件对投标人资格条件有规定的,联合体各方均应当具备规定的相应资格条件。由同一专业的单位组成的联合体,按照资质等级较低的单位确定资质等级。

联合体各方应当签订共同投标协议,明确约定各方拟承担的工作和责任,并将共同投标协议连同投标文件一并提交招标人。联合体中标的,联合体各方应当共同与招标人签订合同,就中标项目向招标人承担连带责任。

招标人不得强制投标人组成联合体共同投标,不得限制投标人之间的竞争。

第三十二条 投标人不得相互串通投标报价,不得排挤其他投标人的公平竞争,损害招标人或者其他投标人的合法权益。

投标人不得与招标人串通投标,损害国家利益、社会公共利益或者他人的合法权益。

禁止投标人以向招标人或者评标委员会成员行贿的手段谋取中标。

第三十三条 投标人不得以低于成本的报价竞标,也不得以他人名义投标或者以其他方式弄虚作假,骗取中标。

第四章 开标、评标和中标

第三十四条 开标应当在招标文件确定的提交投标文件截止时间的同一时间公开进行;开标地点应当为招标文件中预先确定的地点。

第三十五条 开标由招标人主持,邀请所有投标人参加。

第三十六条 开标时,由投标人或者其推选的代表检查投标文件的密封情况,也可以由招标人委托的公证机构检查并公证;经确认无误后,由工作人员当众拆封,宣读投标人名称、投标价格和投标文件的其他主要内容。

招标人在招标文件要求提交投标文件的截止时间前收到的所有投标文件,开标时都应当当众予以拆封、宣读。

开标过程应当记录,并存档备查。

第三十七条 评标由招标人依法组建的评标委员会负责。

依法必须进行招标的项目,其评标委员会由招标人的代表和有关技术、经济等方面的专家组成,成员人数为五人以上单数,其中技术、经济等方面的专家不得少于成员总数的三分之二。

前款专家应当从事相关领域工作满八年并具有高级职称或者具有同等专业水平,由招标人从国务院有关部门或者省、自治区、直辖市人民政府有关部门提供的专家名册或者招标代理机构的专家库内的相关专业的专家名单中确定；一般招标项目可以采取随机抽取方式，特殊招标项目可以由招标人直接确定。

与投标人有利害关系的人不得进入相关项目的评标委员会；已经进入的应当更换。

评标委员会成员的名单在中标结果确定前应当保密。

第三十八条　招标人应当采取必要的措施，保证评标在严格保密的情况下进行。任何单位和个人不得非法干预、影响评标的过程和结果。

第三十九条　评标委员会可以要求投标人对投标文件中含义不明确的内容作必要的澄清或者说明，但是澄清或者说明不得超出投标文件的范围或者改变投标文件的实质性内容。

第四十条　评标委员会应当按照招标文件确定的评标标准和方法，对投标文件进行评审和比较；设有标底的，应当参考标底。评标委员会完成评标后，应当向招标人提出书面评标报告，并推荐合格的中标候选人。

招标人根据评标委员会提出的书面评标报告和推荐的中标候选人确定中标人。招标人也可以授权评标委员会直接确定中标人。

国务院对特定招标项目的评标有特别规定的，从其规定。

第四十一条　中标人的投标应当符合下列条件之一：

（一）能够最大限度地满足招标文件中规定的各项综合评价标准。

（二）能够满足招标文件的实质性要求，并且经评审的投标价格最低；但是投标价格低于成本的除外。

第四十二条　评标委员会经评审，认为所有投标都不符合招标文件要求的，可以否决所有投标。

依法必须进行招标的项目的所有投标被否决的，招标人应当依照本法重新招标。

第四十三条　在确定中标人前，招标人不得与投标人就投标价格、投标方案等实质性内容进行谈判。

第四十四条　评标委员会成员应当客观、公正地履行职务，遵守职业道德，对所提出的评审意见承担个人责任。

评标委员会成员不得私下接触投标人，不得收受投标人的财物或者其他好处。

评标委员会成员和参与评标的有关工作人员不得透露对投标文件的评审和比较、中标候选人的推荐情况以及与评标有关的其他情况。

第四十五条　中标人确定后，招标人应当向中标人发出中标通知书，并同时将中标结果通知所有未中标的投标人。

中标通知书对招标人和中标人具有法律效力。中标通知书发出后，招标人改变中标结果的，或者中标人放弃中标项目的，应当依法承担法律责任。

第四十六条　招标人和中标人应当自中标通知书发出之日起三十日内，按照招标文件和中标人的投标文件订立书面合同。招标人和中标人不得再行订立背离合同实质性内容的其他协议。

招标文件要求中标人提交履约保证金的，中标人应当提交。

第四十七条 依法必须进行招标的项目,招标人应当自确定中标人之日起十五日内,向有关行政监督部门提交招标投标情况的书面报告。

第四十八条 中标人应当按照合同约定履行义务,完成中标项目。中标人不得向他人转让中标项目,也不得将中标项目肢解后分别向他人转让。

中标人按照合同约定或者经招标人同意,可以将中标项目的部分非主体、非关键性工作分包给他人完成。接受分包的人应当具备相应的资格条件,并不得再次分包。

中标人应当就分包项目向招标人负责,接受分包的人就分包项目承担连带责任。

第五章 法律责任

第四十九条 违反本法规定,必须进行招标的项目而不招标的,将必须进行招标的项目化整为零或者以其他任何方式规避招标的,责令限期改正,可以处项目合同金额千分之五以上千分之十以下的罚款;对全部或者部分使用国有资金的项目,可以暂停项目执行或者暂停资金拨付;对单位直接负责的主管人员和其他直接责任人员依法给予处分。

第五十条 招标代理机构违反本法规定,泄露应当保密的与招标投标活动有关的情况和资料的,或者与招标人、投标人串通损害国家利益、社会公共利益或者他人合法权益的,处五万元以上二十五万元以下的罚款,对单位直接负责的主管人员和其他直接责任人员处单位罚款数额百分之五以上百分之十以下的罚款;有违法所得的,并处没收违法所得;情节严重的,暂停直至取消招标代理资格;构成犯罪的,依法追究刑事责任。给他人造成损失的,依法承担赔偿责任。

前款所列行为影响中标结果的,中标无效。

第五十一条 招标人以不合理的条件限制或者排斥潜在投标人的,对潜在投标人实行歧视待遇的,强制要求投标人组成联合体共同投标的,或者限制投标人之间竞争的,责令改正,可以处一万元以上五万元以下的罚款。

第五十二条 依法必须进行招标的项目的招标人向他人透露已获取招标文件的潜在投标人的名称、数量或者可能影响公平竞争的有关招标投标的其他情况的,或者泄露标底的,给予警告,可以并处一万元以上十万元以下的罚款;对单位直接负责的主管人员和其他直接责任人员依法给予处分;构成犯罪的,依法追究刑事责任。

前款所列行为影响中标结果的,中标无效。

第五十三条 投标人相互串通投标或者与招标人串通投标的,投标人以向招标人或者评标委员会成员行贿的手段谋取中标的,中标无效,处中标项目金额千分之五以上千分之十以下的罚款,对单位直接负责的主管人员和其他直接责任人员处单位罚款数额百分之五以上百分之十以下的罚款;有违法所得的,并处没收违法所得;情节严重的,取消其一年至二年内参加依法必须进行招标的项目的投标资格并予以公告,直至由工商行政管理机关吊销营业执照;构成犯罪的,依法追究刑事责任。给他人造成损失的,依法承担赔偿责任。

第五十四条 投标人以他人名义投标或者以其他方式弄虚作假,骗取中标的,中标无效,给招标人造成损失的,依法承担赔偿责任;构成犯罪的,依法追究刑事责任。

依法必须进行招标的项目的投标人有前款所列行为尚未构成犯罪的,处中标项目金额千分之五以上千分之十以下的罚款,对单位直接负责的主管人员和其他直接责任人员处单位罚款数额百分之五以上百分之十以下的罚款;有违法所得的,并处没收违法所得;情节严重的,取消其一年至三年内参加依法必须进行招标的项目的投标资格并予以公告,直至由工商行政管理机关吊销营业执照。

第五十五条 依法必须进行招标的项目,招标人违反本法规定,与投标人就投标价格、投标方案等实质性内容进行谈判的,给予警告,对单位直接负责的主管人员和其他直接责任人员依法给予处分。

前款所列行为影响中标结果的,中标无效。

第五十六条 评标委员会成员收受投标人的财物或者其他好处的,评标委员会成员或者参加评标的有关工作人员向他人透露对投标文件的评审和比较、中标候选人的推荐以及与评标有关的其他情况的,给予警告,没收收受的财物,可以并处三千元以上五万元以下的罚款,对有所列违法行为的评标委员会成员取消担任评标委员会成员的资格,不得再参加任何依法必须进行招标的项目的评标;构成犯罪的,依法追究刑事责任。

第五十七条 招标人在评标委员会依法推荐的中标候选人以外确定中标人的,依法必须进行招标的项目在所有投标被评标委员会否决后自行确定中标人的,中标无效。责令改正,可以处中标项目金额千分之五以上千分之十以下的罚款;对单位直接负责的主管人员和其他直接责任人员依法给予处分。

第五十八条 中标人将中标项目转让给他人的,将中标项目肢解后分别转让给他人的,违反本法规定将中标项目的部分主体、关键性工作分包给他人的,或者分包人再次分包的,转让、分包无效,处转让、分包项目金额千分之五以上千分之十以下的罚款;有违法所得的,并处没收违法所得;可以责令停业整顿;情节严重的,由工商行政管理机关吊销营业执照。

第五十九条 招标人与中标人不按照招标文件和中标人的投标文件订立合同的,或者招标人、中标人订立背离合同实质性内容的协议的,责令改正;可以处中标项目金额千分之五以上千分之十以下的罚款。

第六十条 中标人不履行与招标人订立的合同的,履约保证金不予退还,给招标人造成的损失超过履约保证金数额的,还应当对超过部分予以赔偿;没有提交履约保证金的,应当对招标人的损失承担赔偿责任。

中标人不按照与招标人订立的合同履行义务,情节严重的,取消其二年至五年内参加依法必须进行招标的项目的投标资格并予以公告,直至由工商行政管理机关吊销营业执照。

因不可抗力不能履行合同的,不适用前两款规定。

第六十一条 本章规定的行政处罚,由国务院规定的有关行政监督部门决定。本法已对实施行政处罚的机关作出规定的除外。

第六十二条 任何单位违反本法规定,限制或者排斥本地区、本系统以外的法人或者其他组织参加投标的,为招标人指定招标代理机构的,强制招标人委托招标代理机构办理招标事宜的,或者以其他方式干涉招标投标活动的,责令改正;对单位直接负责的主管人员和其他直接责任人员依法给予警告、记过、记大过的处分,情节较重的,依法给予降级、撤职、开除的处分。

个人利用职权进行前款违法行为的,依照前款规定追究责任。

第六十三条 对招标投标活动依法负有行政监督职责的国家机关工作人员徇私舞弊、滥用职权或者玩忽职守,构成犯罪的,依法追究刑事责任;不构成犯罪的,依法给予行政处分。

第六十四条 依法必须进行招标的项目违反本法规定,中标无效的,应当依照本法规定的中标条件从其余投标人中重新确定中标人或者依照本法重新进行招标。

第六章 附 则

第六十五条 投标人和其他利害关系人认为招标投标活动不符合本法有关规定的,有权向招标人提出异议或者依法向有关行政监督部门投诉。

第六十六条 涉及国家安全、国家秘密、抢险救灾或者属于利用扶贫资金实行以工代赈、需要使用农民工等特殊情况,不适宜进行招标的项目,按照国家有关规定可以不进行招标。

第六十七条 使用国际组织或者外国政府贷款、援助资金的项目进行招标,贷款方、资金提供方对招标投标的具体条件和程序有不同规定的,可以适用其规定,但违背中华人民共和国的社会公共利益的除外。

第六十八条 本法自2000年1月1日起施行。

政府采购货物和服务招标投标管理办法

(财政部令第 18 号 2004 年 8 月 11 日)

第一章 总 则

第一条 为了规范政府采购当事人的采购行为,加强对政府采购货物和服务招标投标活动的监督管理,维护社会公共利益和政府采购招标投标活动当事人的合法权益,依据《中华人民共和国政府采购法》(以下简称政府采购法)和其他有关法律规定,制定本办法。

第二条 采购人及采购代理机构(以下统称"招标采购单位")进行政府采购货物或者服务(以下简称"货物服务")招标投标活动,适用本办法。

前款所称采购代理机构,是指集中采购机构和依法经认定资格的其他采购代理机构。

第三条 货物服务招标分为公开招标和邀请招标。

公开招标,是指招标采购单位依法以招标公告的方式邀请不特定的供应商参加投标。

邀请招标,是指招标采购单位依法从符合相应资格条件的供应商中随机邀请三家以上供应商,并以投标邀请书的方式,邀请其参加投标。

第四条 货物服务采购项目达到公开招标数额标准的,必须采用公开招标方式。因特殊情况需要采用公开招标以外方式的,应当在采购活动开始前获得设区的市、自治州以上人民政府财政部门的批准。

第五条 招标采购单位不得将应当以公开招标方式采购的货物服务化整为零或者以其他方式规避公开招标采购。

第六条 任何单位和个人不得阻挠和限制供应商自由参加货物服务招标投标活动,不得指定货物的品牌、服务的供应商和采购代理机构,以及采用其他方式非法干涉货物服务招标投标活动。

第七条 在货物服务招标投标活动中,招标采购单位工作人员、评标委员会成员及其他相关人员与供应商有利害关系的,必须回避。供应商认为上述人员与其他供应商有利害关系的,可以申请其回避。

第八条 参加政府采购货物服务投标活动的供应商(以下简称"投标人"),应当是提供本国货物服务的本国供应商,但法律、行政法规规定外国供应商可以参加货物服务招标投标活动的除外。

外国供应商依法参加货物服务招标投标活动的,应当按照本办法的规定执行。

第九条 货物服务招标投标活动,应当有助于实现国家经济和社会发展政策目标,包括保护环境,扶持不发达地区和少数民族地区,促进中小企业发展等。

第十条 县级以上各级人民政府财政部门应当依法履行对货物服务招标投标活动的

监督管理职责。

第二章 招 标

第十一条 招标采购单位应当按照本办法规定组织开展货物服务招标投标活动。

采购人可以依法委托采购代理机构办理货物服务招标事宜,也可以自行组织开展货物服务招标活动,但必须符合本办法第十二条规定的条件。

集中采购机构应当依法独立开展货物服务招标活动。其他采购代理机构应当根据采购人的委托办理货物服务招标事宜。

第十二条 采购人符合下列条件的,可以自行组织招标:

(一)具有独立承担民事责任的能力;

(二)具有编制招标文件和组织招标能力,有与采购招标项目规模和复杂程度相适应的技术、经济等方面的采购和管理人员;

(三)采购人员经过省级以上人民政府财政部门组织的政府采购培训。

采购人不符合前款规定条件的,必须委托采购代理机构代理招标。

第十三条 采购人委托采购代理机构招标的,应当与采购代理机构签订委托协议,确定委托代理的事项,约定双方的权利和义务。

第十四条 采用公开招标方式采购的,招标采购单位必须在财政部门指定的政府采购信息发布媒体上发布招标公告。

第十五条 采用邀请招标方式采购的,招标采购单位应当在省级以上人民政府财政部门指定的政府采购信息媒体发布资格预审公告,公布投标人资格条件,资格预审公告的期限不得少于七个工作日。

投标人应当在资格预审公告期结束之日起三个工作日前,按公告要求提交资格证明文件。招标采购单位从评审合格投标人中通过随机方式选择三家以上的投标人,并向其发出投标邀请书。

第十六条 采用招标方式采购的,自招标文件开始发出之日起至投标人提交投标文件截止之日止,不得少于二十日。

第十七条 公开招标公告应当包括以下主要内容:

(一)招标采购单位的名称、地址和联系方法;

(二)招标项目的名称、数量或者招标项目的性质;

(三)投标人的资格要求;

(四)获取招标文件的时间、地点、方式及招标文件售价;

(五)投标截止时间、开标时间及地点。

第十八条 招标采购单位应当根据招标项目的特点和需求编制招标文件。招标文件包括以下内容:

(一)投标邀请;

(二)投标人须知(包括密封、签署、盖章要求等);

(三)投标人应当提交的资格、资信证明文件；
(四)投标报价要求、投标文件编制要求和投标保证金交纳方式；
(五)招标项目的技术规格、要求和数量，包括附件、图纸等；
(六)合同主要条款及合同签订方式；
(七)交货和提供服务的时间；
(八)评标方法、评标标准和废标条款；
(九)投标截止时间、开标时间及地点；
(十)省级以上财政部门规定的其他事项。
招标人应当在招标文件中规定并标明实质性要求和条件。

第十九条 招标采购单位应当制作纸质招标文件，也可以在财政部门指定的网络媒体上发布电子招标文件，并应当保持两者的一致。电子招标文件与纸质招标文件具有同等法律效力。

第二十条 招标采购单位可以要求投标人提交符合招标文件规定要求的备选投标方案，但应当在招标文件中说明，并明确相应的评审标准和处理办法。

第二十一条 招标文件规定的各项技术标准应当符合国家强制性标准。

招标文件不得要求或者标明特定的投标人或者产品，以及含有倾向性或者排斥潜在投标人的其他内容。

第二十二条 招标采购单位可以根据需要，就招标文件征询有关专家或者供应商的意见。

第二十三条 招标文件售价应当按照弥补招标文件印制成本费用的原则确定，不得以营利为目的，不得以招标采购金额作为确定招标文件售价依据。

第二十四条 招标采购单位在发布招标公告、发出投标邀请书或者发出招标文件后，不得擅自终止招标。

第二十五条 招标采购单位根据招标采购项目的具体情况，可以组织潜在投标人现场考察或者召开开标前答疑会，但不得单独或者分别组织只有一个投标人参加的现场考察。

第二十六条 开标前，招标采购单位和有关工作人员不得向他人透露已获取招标文件的潜在投标人的名称、数量以及可能影响公平竞争的有关招标投标的其他情况。

第二十七条 招标采购单位对已发出的招标文件进行必要澄清或者修改的，应当在招标文件要求提交投标文件截止时间十五日前，在财政部门指定的政府采购信息发布媒体上发布更正公告，并以书面形式通知所有招标文件收受人。该澄清或者修改的内容为招标文件的组成部分。

第二十八条 招标采购单位可以视采购具体情况，延长投标截止时间和开标时间，但至少应当在招标文件要求提交投标文件的截止时间三日前，将变更时间书面通知所有招标文件收受人，并在财政部门指定的政府采购信息发布媒体上发布变更公告。

第三章 投 标

第二十九条 投标人是响应招标并且符合招标文件规定资格条件和参加投标竞争的法人、其他组织或者自然人。

第三十条 投标人应当按照招标文件的要求编制投标文件。投标文件应对招标文件提出的要求和条件作出实质性响应。

投标文件由商务部分、技术部分、价格部分和其他部分组成。

第三十一条 投标人应当在招标文件要求提交投标文件的截止时间前,将投标文件密封送达投标地点。招标采购单位收到投标文件后,应当签收保存,任何单位和个人不得在开标前开启投标文件。

在招标文件要求提交投标文件的截止时间之后送达的投标文件,为无效投标文件,招标采购单位应当拒收。

第三十二条 投标人在投标截止时间前,可以对所递交的投标文件进行补充、修改或者撤回,并书面通知招标采购单位。补充、修改的内容应当按招标文件要求签署、盖章,并作为投标文件的组成部分。

第三十三条 投标人根据招标文件载明的标的采购项目实际情况,拟在中标后将中标项目的非主体、非关键性工作交由他人完成的,应当在投标文件中载明。

第三十四条 两个以上供应商可以组成一个投标联合体,以一个投标人的身份投标。

以联合体形式参加投标的,联合体各方均应当符合政府采购法第二十二条第一款规定的条件。采购人根据采购项目的特殊要求规定投标人特定条件的,联合体各方中至少应当有一方符合采购人规定的特定条件。

联合体各方之间应当签订共同投标协议,明确约定联合体各方承担的工作和相应的责任,并将共同投标协议连同投标文件一并提交招标采购单位。联合体各方签订共同投标协议后,不得再以自己名义单独在同一项目中投标,也不得组成新的联合体参加同一项目投标。

招标采购单位不得强制投标人组成联合体共同投标,不得限制投标人之间的竞争。

第三十五条 投标人之间不得相互串通投标报价,不得妨碍其他投标人的公平竞争,不得损害招标采购单位或者其他投标人的合法权益。

投标人不得以向招标采购单位、评标委员会成员行贿或者采取其他不正当手段谋取中标。

第三十六条 招标采购单位应当在招标文件中明确投标保证金的数额及交纳办法。招标采购单位规定的投标保证金数额,不得超过采购项目概算的百分之一。

投标人投标时,应当按招标文件要求交纳投标保证金。投标保证金可以采用现金支票、银行汇票、银行保函等形式交纳。投标人未按招标文件要求交纳投标保证金的,招标采购单位应当拒绝接收投标人的投标文件。

联合体投标的,可以由联合体中的一方或者共同提交投标保证金,以一方名义提交投标保证金的,对联合体各方均具有约束力。

第三十七条 招标采购单位应当在中标通知书发出后五个工作日内退还未中标供应商的投标保证金,在采购合同签订后五个工作日内退还中标供应商的投标保证金。招标采购单位逾期退还投标保证金的,除应当退还投标保证金本金外,还应当按商业银行同期贷款利率上浮20%后的利率支付资金占用费。

第四章 开标、评标与定标

第三十八条 开标应当在招标文件确定的提交投标文件截止时间的同一时间公开进行;开标地点应当为招标文件中预先确定的地点。

招标采购单位在开标前,应当通知同级人民政府财政部门及有关部门。财政部门及有关部门可以视情况到现场监督开标活动。

第三十九条 开标由招标采购单位主持,采购人、投标人和有关方面代表参加。

第四十条 开标时,应当由投标人或者其推选的代表检查投标文件的密封情况,也可以由招标人委托的公证机构检查并公证;经确认无误后,由招标工作人员当众拆封,宣读投标人名称、投标价格、价格折扣、招标文件允许提供的备选投标方案和投标文件的其他主要内容。

未宣读的投标价格、价格折扣和招标文件允许提供的备选投标方案等实质内容,评标时不予承认。

第四十一条 开标时,投标文件中开标一览表(报价表)内容与投标文件中明细表内容不一致的,以开标一览表(报价表)为准。

投标文件的大写金额和小写金额不一致的,以大写金额为准;总价金额与按单价汇总金额不一致的,以单价金额计算结果为准;单价金额小数点有明显错位的,应以总价为准,并修改单价;对不同文字文本投标文件的解释发生异议的,以中文文本为准。

第四十二条 开标过程应当由招标采购单位指定专人负责记录,并存档备查。

第四十三条 投标截止时间结束后参加投标的供应商不足三家的,除采购任务取消情形外,招标采购单位应当报告设区的市、自治州以上人民政府财政部门,由财政部门按照以下原则处理:

(一)招标文件没有不合理条款、招标公告时间及程序符合规定的,同意采取竞争性谈判、询价或者单一来源方式采购;

(二)招标文件存在不合理条款的,招标公告时间及程序不符合规定的,应予废标,并责成招标采购单位依法重新招标。

在评标期间,出现符合专业条件的供应商或者对招标文件作出实质响应的供应商不足三家情形的,可以比照前款规定执行。

第四十四条 评标工作由招标采购单位负责组织,具体评标事务由招标采购单位依法组建的评标委员会负责,并独立履行下列职责:

(一)审查投标文件是否符合招标文件要求,并作出评价;

(二)要求投标供应商对投标文件有关事项作出解释或者澄清;

(三)推荐中标候选供应商名单,或者受采购人委托按照事先确定的办法直接确定中标供应商;

(四)向招标采购单位或者有关部门报告非法干预评标工作的行为。

第四十五条 评标委员会由采购人代表和有关技术、经济等方面的专家组成,成员人数应当为五人以上单数。其中,技术、经济等方面的专家不得少于成员总数的三分之二。采购数额在300万元以上、技术复杂的项目,评标委员会中技术、经济方面的专家人数应当为五人以上单数。

招标采购单位就招标文件征询过意见的专家,不得再作为评标专家参加评标。采购人不得以专家身份参与本部门或者本单位采购项目的评标。采购代理机构工作人员不得参加由本机构代理的政府采购项目的评标。

评标委员会成员名单原则上应在开标前确定,并在招标结果确定前保密。

第四十六条 评标专家应当熟悉政府采购、招标投标的相关政策法规,熟悉市场行情,有良好的职业道德,遵守招标纪律,从事相关领域工作满八年并具有高级职称或者具有同等专业水平。

第四十七条 各级人民政府财政部门应当对专家实行动态管理。

第四十八条 招标采购单位应当从同级或上一级财政部门设立的政府采购评审专家库中,通过随机方式抽取评标专家。

招标采购机构对技术复杂、专业性极强的采购项目,通过随机方式难以确定合适评标专家的,经设区的市、自治州以上人民政府财政部门同意,可以采取选择性方式确定评标专家。

第四十九条 评标委员会成员应当履行下列义务:

(一)遵纪守法,客观、公正、廉洁地履行职责;

(二)按照招标文件规定的评标方法和评标标准进行评标,对评审意见承担个人责任;

(三)对评标过程和结果,以及供应商的商业秘密保密;

(四)参与评标报告的起草;

(五)配合财政部门的投诉处理工作;

(六)配合招标采购单位答复投标供应商提出的质疑。

第五十条 货物服务招标采购的评标方法分为最低评标价法、综合评分法和性价比法。

第五十一条 最低评标价法,是指以价格为主要因素确定中标候选供应商的评标方法,即在全部满足招标文件实质性要求前提下,依据统一的价格要素评定最低报价,以提出最低报价的投标人作为中标候选供应商或者中标供应商的评标方法。

最低评标价法适用于标准定制商品及通用服务项目。

第五十二条 综合评分法,是指在最大限度地满足招标文件实质性要求前提下,按照招标文件中规定的各项因素进行综合评审后,以评标总得分最高的投标人作为中标候选供应商或者中标供应商的评标方法。

综合评分的主要因素是：价格、技术、财务状况、信誉、业绩、服务、对招标文件的响应程度，以及相应的比重或者权值等。上述因素应当在招标文件中事先规定。

评标时，评标委员会各成员应当独立对每个有效投标人的标书进行评价、打分，然后汇总每个投标人每项评分因素的得分。

采用综合评分法的，货物项目的价格分值占总分值的比重（即权值）为百分之三十至百分之六十；服务项目的价格分值占总分值的比重（即权值）为百分之十至百分之三十。执行统一价格标准的服务项目，其价格不列为评分因素。有特殊情况需要调整的，应当经同级人民政府财政部门批准。

$$评标总得分 = F_1 \times A_1 + F_2 \times A_2 + \cdots + F_n \times A_n$$

$F_1, F_2, \cdots, F_n$ 分别为各项评分因素的汇总得分；

$A_1, A_2, \cdots, A_n$ 分别为各项评分因素所占的权重（$A_1 + A_2 + \cdots + A_n = 1$）。

第五十三条 性价比法，是指按照要求对投标文件进行评审后，计算出每个有效投标人除价格因素以外的其他各项评分因素（包括技术、财务状况、信誉、业绩、服务、对招标文件的响应程度等）的汇总得分，并除以该投标人的投标报价，以商数（评标总得分）最高的投标人为中标候选供应商或者中标供应商的评标方法。

$$评标总得分 = B/N$$

B 为投标人的综合得分，$B = F_1 \times A_1 + F_2 \times A_2 + \cdots + F_n \times A_n$，其中：$F_1, F_2, \cdots, F_n$ 分别为除价格因素以外的其他各项评分因素的汇总得分；$A_1, A_2, \cdots, A_n$ 分别为除价格因素以外的其他各项评分因素所占的权重（$A_1 + A_2 + \cdots + A_n = 1$）。

N 为投标人的投标报价。

第五十四条 评标应当遵循下列工作程序。

（一）投标文件初审。初审分为资格性检查和符合性检查。

1. 资格性检查。依据法律法规和招标文件的规定，对投标文件中的资格证明、投标保证金等进行审查，以确定投标供应商是否具备投标资格。

2. 符合性检查。依据招标文件的规定，从投标文件的有效性、完整性和对招标文件的响应程度进行审查，以确定是否对招标文件的实质性要求作出响应。

（二）澄清有关问题。对投标文件中含义不明确、同类问题表述不一致或者有明显文字和计算错误的内容，评标委员会可以书面形式（应当由评标委员会专家签字）要求投标人作出必要的澄清、说明或者纠正。投标人的澄清、说明或者补正应当采用书面形式，由其授权的代表签字，并不得超出投标文件的范围或者改变投标文件的实质性内容。

（三）比较与评价。按招标文件中规定的评标方法和标准，对资格性检查和符合性检查合格的投标文件进行商务和技术评估，综合比较与评价。

（四）推荐中标候选供应商名单。中标候选供应商数量应当根据采购需要确定，但必须按顺序排列中标候选供应商。

1. 采用最低评标价法的，按投标报价由低到高顺序排列。投标报价相同的，按技术指标优劣顺序排列。评标委员会认为，排在前面的中标候选供应商的最低投标价或者某些分项报价明显不合理或者低于成本，有可能影响商品质量和不能诚信履约的，应当要求其在规定的期限内提供书面文件予以解释说明,并提交相关证明材料;否则,评标委员会可以取消该投标人的中标候选资格,按顺序由排在后面的中标候选供应商递补,以此类推。

2. 采用综合评分法的,按评审后得分由高到低顺序排列。得分相同的,按投标报价由低到高顺序排列。得分且投标报价相同的,按技术指标优劣顺序排列。

3. 采用性价比法的,按商数得分由高到低顺序排列。商数得分相同的,按投标报价由低到高顺序排列。商数得分且投标报价相同的,按技术指标优劣顺序排列。

(五)编写评标报告。评标报告是评标委员会根据全体评标成员签字的原始评标记录和评标结果编写的报告,其主要内容包括:

1. 招标公告刊登的媒体名称、开标日期和地点;
2. 购买招标文件的投标人名单和评标委员会成员名单;
3. 评标方法和标准;
4. 开标记录和评标情况及说明,包括投标无效投标人名单及原因;
5. 评标结果和中标候选供应商排序表;
6. 评标委员会的授标建议。

第五十五条 在评标中,不得改变招标文件中规定的评标标准、方法和中标条件。

第五十六条 投标文件属下列情况之一的,应当在资格性、符合性检查时按照无效投标处理:

(一)应交未交投标保证金的;
(二)未按照招标文件规定要求密封、签署、盖章的;
(三)不具备招标文件中规定资格要求的;
(四)不符合法律、法规和招标文件中规定的其他实质性要求的。

第五十七条 在招标采购中,有政府采购法第三十六条第一款第(二)至第(四)项规定情形之一的,招标采购单位应当予以废标,并将废标理由通知所有投标供应商。

废标后,除采购任务取消情形外,招标采购单位应当重新组织招标。需要采取其他采购方式的,应当在采购活动开始前获得设区的市、自治州以上人民政府财政部门的批准。

第五十八条 招标采购单位应当采取必要措施,保证评标在严格保密的情况下进行。

任何单位和个人不得非法干预、影响评标办法的确定,以及评标过程和结果。

第五十九条 采购代理机构应当在评标结束后五个工作日内将评标报告送采购人。

采购人应当在收到评标报告后五个工作日内,按照评标报告中推荐的中标候选供应商顺序确定中标供应商;也可以事先授权评标委员会直接确定中标供应商。

采购人自行组织招标的,应当在评标结束后五个工作日内确定中标供应商。

第六十条 中标供应商因不可抗力或者自身原因不能履行政府采购合同的,采购人可以与排位在中标供应商之后第一位的中标候选供应商签订政府采购合同,以此类推。

第六十一条 在确定中标供应商前,招标采购单位不得与投标供应商就投标价格、投标方案等实质性内容进行谈判。

第六十二条 中标供应商确定后,中标结果应当在财政部门指定的政府采购信息发布媒体上公告。公告内容应当包括招标项目名称、中标供应商名单、评标委员会成员名单、招标采购单位的名称和电话。

在发布公告的同时，招标采购单位应当向中标供应商发出中标通知书，中标通知书对采购人和中标供应商具有同等法律效力。

中标通知书发出后，采购人改变中标结果，或者中标供应商放弃中标，应当承担相应的法律责任。

第六十三条　投标供应商对中标公告有异议的，应当在中标公告发布之日起七个工作日内，以书面形式向招标采购单位提出质疑。招标采购单位应当在收到投标供应商书面质疑后七个工作日内，对质疑内容作出答复。

质疑供应商对招标采购单位的答复不满意或者招标采购单位未在规定时间内答复的，可以在答复期满后十五个工作日内按有关规定，向同级人民政府财政部门投诉。财政部门应当在收到投诉后三十个工作日内，对投诉事项作出处理决定。

处理投诉事项期间，财政部门可以视具体情况书面通知招标采购单位暂停签订合同等活动，但暂停时间最长不得超过三十日。

第六十四条　采购人或者采购代理机构应当自中标通知书发出之日起三十日内，按照招标文件和中标供应商投标文件的约定，与中标供应商签订书面合同。所签订的合同不得对招标文件和中标供应商投标文件作实质性修改。

招标采购单位不得向中标供应商提出任何不合理的要求，作为签订合同的条件，不得与中标供应商私下订立背离合同实质性内容的协议。

第六十五条　采购人或者采购代理机构应当自采购合同签订之日起七个工作日内，按照有关规定将采购合同副本报同级人民政府财政部门备案。

第六十六条　法律、行政法规规定应当办理批准、登记等手续后生效的合同，依照其规定。

第六十七条　招标采购单位应当建立真实完整的招标采购档案，妥善保管每项采购活动的采购文件，并不得伪造、变造、隐匿或者销毁。采购文件的保存期限为从采购结束之日起至少保存十五年。

第五章　法律责任

第六十八条　招标采购单位有下列情形之一的，责令限期改正，给予警告，可以按照有关法律规定并处罚款，对直接负责的主管人员和其他直接责任人员，由其行政主管部门或者有关机关依法给予处分，并予通报：

（一）应当采用公开招标方式而擅自采用其他方式采购的；

（二）应当在财政部门指定的政府采购信息发布媒体上公告信息而未公告的；

（三）将必须进行招标的项目化整为零或者以其他任何方式规避招标的；

（四）以不合理的要求限制或者排斥潜在投标供应商，对潜在投标供应商实行差别待遇或者歧视待遇，或者招标文件指定特定的供应商、含有倾向性或者排斥潜在投标供应商的其他内容的；

(五)评标委员会组成不符合本办法规定的;

(六)无正当理由不按照依法推荐的中标候选供应商顺序确定中标供应商,或者在评标委员会依法推荐的中标候选供应商以外确定中标供应商的;

(七)在招标过程中与投标人进行协商谈判,或者不按照招标文件和中标供应商的投标文件确定的事项签订政府采购合同,或者与中标供应商另行订立背离合同实质性内容的协议的;

(八)中标通知书发出后无正当理由不与中标供应商签订采购合同的;

(九)未按本办法规定将应当备案的委托招标协议、招标文件、评标报告、采购合同等文件资料提交同级人民政府财政部门备案的;

(十)拒绝有关部门依法实施监督检查的。

第六十九条 招标采购单位及其工作人员有下列情形之一,构成犯罪的,依法追究刑事责任;尚不构成犯罪的,按照有关法律规定处以罚款,有违法所得的,并处没收违法所得,由其行政主管部门或者有关机关依法给予处分,并予通报:

(一)与投标人恶意串通的;

(二)在采购过程中接受贿赂或者获取其他不正当利益的;

(三)在有关部门依法实施的监督检查中提供虚假情况的;

(四)开标前泄露已获取招标文件的潜在投标人的名称、数量、标底或者其他可能影响公平竞争的有关招标投标情况的。

第七十条 采购代理机构有本办法第六十八条、第六十九条违法行为之一,情节严重的,可以取消其政府采购代理资格,并予以公告。

第七十一条 有本办法第六十八条、第六十九条违法行为之一,并且影响或者可能影响中标结果的,应当按照下列情况分别处理:

(一)未确定中标候选供应商的,终止招标活动,依法重新招标;

(二)中标候选供应商已经确定但采购合同尚未履行的,撤销合同,从中标候选供应商中按顺序另行确定中标供应商;

(三)采购合同已经履行的,给采购人、投标人造成损失的,由责任人承担赔偿责任。

第七十二条 采购人对应当实行集中采购的政府采购项目不委托集中采购机构进行招标的,或者委托不具备政府采购代理资格的中介机构办理政府采购招标事务的,责令改正;拒不改正的,停止按预算向其支付资金,由其上级行政主管部门或者有关机关依法给予其直接负责的主管人员和其他直接责任人员处分。

第七十三条 招标采购单位违反有关规定隐匿、销毁应当保存的招标、投标过程中的有关文件或者伪造、变造招标、投标过程中的有关文件的,处以二万元以上十万元以下的罚款,对其直接负责的主管人员和其他直接责任人员,由其行政主管部门或者有关机关依法给予处分,并予通报;构成犯罪的,依法追究刑事责任。

第七十四条 投标人有下列情形之一的,处以政府采购项目中标金额千分之五以上千分之十以下的罚款,列入不良行为记录名单,在一至三年内禁止参加政府采购活动,并

予以公告,有违法所得的,并处没收违法所得,情节严重的,由工商行政管理机关吊销营业执照;构成犯罪的,依法追究刑事责任:

(一)提供虚假材料谋取中标的;

(二)采取不正当手段诋毁、排挤其他投标人的;

(三)与招标采购单位、其他投标人恶意串通的;

(四)向招标采购单位行贿或者提供其他不正当利益的;

(五)在招标过程中与招标采购单位进行协商谈判、不按照招标文件和中标供应商的投标文件订立合同,或者与采购人另行订立背离合同实质性内容的协议的;

(六)拒绝有关部门监督检查或者提供虚假情况的。

投标人有前款第(一)至(五)项情形之一的,中标无效。

第七十五条 中标供应商有下列情形之一的,招标采购单位不予退还其交纳的投标保证金;情节严重的,由财政部门将其列入不良行为记录名单,在一至三年内禁止参加政府采购活动,并予以通报:

(一)中标后无正当理由不与采购人或者采购代理机构签订合同的;

(二)将中标项目转让给他人,或者在投标文件中未说明,且未经采购招标机构同意,将中标项目分包给他人的;

(三)拒绝履行合同义务的。

第七十六条 政府采购当事人有本办法第六十八条、第六十九条、第七十四条、第七十五条违法行为之一,给他人造成损失的,应当依照有关民事法律规定承担民事责任。

第七十七条 评标委员会成员有下列行为之一的,责令改正,给予警告,可以并处一千元以下的罚款:

(一)明知应当回避而未主动回避的;

(二)在知道自己为评标委员会成员身份后至评标结束前的时段内私下接触投标供应商的;

(三)在评标过程中擅离职守,影响评标程序正常进行的;

(四)在评标过程中有明显不合理或者不正当倾向性的;

(五)未按招标文件规定的评标方法和标准进行评标的。

上述行为影响中标结果的,中标结果无效。

第七十八条 评标委员会成员或者与评标活动有关的工作人员有下列行为之一的,给予警告,没收违法所得,可以并处三千元以上五万元以下的罚款;对评标委员会成员取消评标委员会成员资格,不得再参加任何政府采购招标项目的评标,并在财政部门指定的政府采购信息发布媒体上予以公告;构成犯罪的,依法追究刑事责任:

(一)收受投标人、其他利害关系人的财物或者其他不正当利益的;

(二)泄露有关投标文件的评审和比较、中标候选人的推荐以及与评标有关的其他情况的。

第七十九条 任何单位或者个人非法干预、影响评标的过程或者结果的,责令改正;由该单位、个人的上级行政主管部门或者有关机关给予单位责任人或者个人处分。

第八十条 财政部门工作人员在实施政府采购监督检查中违反规定滥用职权、玩忽职守、徇私舞弊的,依法给予行政处分;构成犯罪的,依法追究刑事责任。

第八十一条 财政部门对投标人的投诉无故逾期未作处理的,依法给予直接负责的主管人员和其他直接责任人员行政处分。

第八十二条 有本办法规定的中标无效情形的,由同级或其上级财政部门认定中标无效。中标无效的,应当依照本办法规定从其他中标人或者中标候选人中重新确定,或者依照本办法重新进行招标。

第八十三条 本办法所规定的行政处罚,由县级以上人民政府财政部门负责实施。

第八十四条 政府采购当事人对行政处罚不服的,可以依法申请行政复议,或者直接向人民法院提起行政诉讼。逾期未申请复议,也未向人民法院起诉,又不履行行政处罚决定的,由作出行政处罚决定的机关申请人民法院强制执行。

第六章 附 则

第八十五条 政府采购货物服务可以实行协议供货采购和定点采购,但协议供货采购和定点供应商必须通过公开招标方式确定;因特殊情况需要采用公开招标以外方式确定的,应当获得省级以上人民政府财政部门批准。

协议供货采购和定点采购的管理办法,由财政部另行规定。

第八十六条 政府采购货物中的进口机电产品进行招标投标的,按照国家有关办法执行。

第八十七条 使用国际组织和外国政府贷款进行的政府采购货物和服务招标,贷款方或者资金提供方与中方达成的协议对采购的具体条件另有规定的,可以适用其规定,但不得损害国家利益和社会公共利益。

第八十八条 对因严重自然灾害和其他不可抗力事件所实施的紧急采购和涉及国家安全和秘密的采购,不适用本办法。

第八十九条 本办法由财政部负责解释。

各省、自治区、直辖市人民政府财政部门可以根据本办法制定具体实施办法。

第九十条 本办法自2004年9月11日起施行。财政部1999年6月24日颁布实施的《政府采购招标投标管理暂行办法》(财预字〔1999〕363号)同时废止。

政府采购进口产品管理办法

(财库〔2007〕119号 2007年12月27日)

第一章 总 则

第一条 为了贯彻落实《国务院关于实施〈国家中长期科学和技术发展规划纲要(2006—2020年)〉若干配套政策的通知》(国发〔2006〕6号),推动和促进自主创新政府采购政策的实施,规范进口产品政府采购行为,根据《中华人民共和国政府采购法》等法律法规规定,制定本办法。

第二条 国家机关、事业单位和团体组织(以下统称采购人)使用财政性资金以直接进口或委托方式采购进口产品(包括已进入中国境内的进口产品)的活动,适用本办法。

第三条 本办法所称进口产品是指通过中国海关报关验放进入中国境内且产自关境外的产品。

第四条 政府采购应当采购本国产品,确需采购进口产品的,实行审核管理。

第五条 采购人采购进口产品时,应当坚持有利于本国企业自主创新或消化吸收核心技术的原则,优先购买向我方转让技术、提供培训服务及其他补偿贸易措施的产品。

第六条 设区的市、自治州以上人民政府财政部门(以下简称为财政部门)应当依法开展政府采购进口产品审核活动,并实施监督管理。

第二章 审核管理

第七条 采购人需要采购的产品在中国境内无法获取或者无法以合理的商业条件获取,以及法律法规另有规定确需采购进口产品的,应当在获得财政部门核准后,依法开展政府采购活动。

第八条 采购人报财政部门审核时,应当出具以下材料:

(一)《政府采购进口产品申请表》(详见附1);

(二)关于鼓励进口产品的国家法律法规政策文件复印件;

(三)进口产品所属行业的设区的市、自治州以上主管部门出具的《政府采购进口产品所属行业主管部门意见》(详见附2);

(四)专家组出具的《政府采购进口产品专家论证意见》(详见附3)。

第九条 采购人拟采购的进口产品属于国家法律法规政策明确规定鼓励进口产品的,在报财政部门审核时,应当出具第八条第(一)款、第(二)款材料。

第十条 采购人拟采购的进口产品属于国家法律法规政策明确规定限制进口产品

的,在报财政部门审核时,应当出具第八条第(一)款、第(三)款和第(四)款材料。

采购人拟采购国家限制进口的重大技术装备和重大产业技术的,应当出具发展改革委的意见。采购人拟采购国家限制进口的重大科学仪器和装备的,应当出具科技部的意见。

第十一条 采购人拟采购其他进口产品的,在报财政部门审核时,应当出具第八条第(一)款材料,并同时出具第(三)款或者第(四)款材料。

第十二条 本办法所称专家组应当由五人以上的单数组成,其中,必须包括一名法律专家,产品技术专家应当为非本单位并熟悉该产品的专家。

采购人代表不得作为专家组成员参与论证。

第十三条 参与论证的专家不得作为采购评审专家参与同一项目的采购评审工作。

第三章 采购管理

第十四条 政府采购进口产品应当以公开招标为主要方式。因特殊情况需要采用公开招标以外的采购方式的,按照政府采购有关规定执行。

第十五条 采购人及其委托的采购代理机构在采购进口产品的采购文件中应当载明优先采购向我国企业转让技术、与我国企业签订消化吸收再创新方案的供应商的进口产品。

第十六条 采购人因产品的一致性或者服务配套要求,需要继续从原供应商处添购原有采购项目的,不需要重新审核,但添购资金总额不超过原合同采购金额的10%。

第十七条 政府采购进口产品合同履行中,采购人确需追加与合同标的相同的产品,在不改变合同其他条款的前提下,且所有补充合同的采购金额不超过原合同采购金额的10%的,可以与供应商协商签订补充合同,不需要重新审核。

第十八条 政府采购进口产品合同应当将维护国家利益和社会公共利益作为必备条款。合同履行过程中出现危害国家利益和社会公共利益问题的,采购人应当立即终止合同。

第十九条 采购人或者其委托的采购代理机构应当依法加强对进口产品的验收工作,防止假冒伪劣产品。

第二十条 采购人申请支付进口产品采购资金时,应当出具政府采购进口产品相关材料和财政部门的审核文件。否则不予支付资金。

第四章 监督检查

第二十一条 采购人未获得财政部门采购进口产品核准,有下列情形之一的,责令限期改正,并给予警告,对直接负责的主管人员和其他直接责任人员,由其行政主管部门或者有关机关给予处分,并予通报:

(一)擅自采购进口产品的;

(二)出具不实申请材料的;

(三)违反本办法规定的其他情形。

第二十二条 采购代理机构在代理政府采购进口产品业务中有违法行为的,给予警告,可以按照有关法律规定并处罚款;情节严重的,可以依法取消其进行相关业务的资格;构成犯罪的,依法追究刑事责任。

第二十三条 供应商有下列情形之一的,处以采购金额5‰以上10‰以下的罚款,列入不良行为记录名单,在1~3年内禁止参加政府采购活动,有违法所得的,并处没收违法所得,情节严重的,由工商行政管理机关吊销营业执照;涉嫌犯罪的,移送司法机关处理:

(一)提供虚假材料谋取中标、成交的;

(二)采取不正当手段诋毁、排挤其他供应商的;

(三)与采购人、其他供应商或者采购代理机构恶意串通的;

(四)向采购人、采购代理机构行贿或者提供其他不正当利益的;

(五)在招标采购过程中与采购人进行协商谈判的;

(六)拒绝有关部门监督检查或者提供虚假情况的。

供应商有前款第(一)至(五)项情形之一的,中标、成交无效。

第二十四条 专家出具不实论证意见的,按照有关法律规定追究法律责任。

第五章 附 则

第二十五条 采购人采购进口产品的,应当同时遵守国家其他有关法律法规的规定。涉及进口机电产品招标投标的,应当按照国际招标有关办法执行。

第二十六条 本办法未作出规定的,按照政府采购有关规定执行。

第二十七条 涉及国家安全和秘密的项目不适用本办法。

第二十八条 本办法自印发之日起施行。

附 1

政府采购进口产品申请表

申请单位	
申请文件名称	
申请文号	
采购项目名称	
采购项目金额	
采购项目所属项目名称	
采购项目所属项目金额	
项目使用单位	
项目组织单位	
申请理由	
	盖章

附 2

政府采购进口产品所属行业主管部门意见

一、基本情况	
申请单位	
拟采购产品名称	
拟采购产品金额	
采购项目所属项目名称	
采购项目所属项目金额	
二、申请理由	
☐1.中国境内无法获取：	
☐2.无法以合理的商业条件获取：	
☐3.其他。	
原因阐述：	
三、进口产品所属行业主管部门意见	
盖章	

年　月　日

附 3

政府采购进口产品专家论证意见

一、基本情况	
申请单位	
拟采购产品名称	
拟采购产品金额	
采购项目所属项目名称	
采购项目所属项目金额	
二、申请理由	
□1.中国境内无法获取：	
□2.无法以合理的商业条件获取：	
□3.其他。	
原因阐述：	
三、专家论证意见	
      专家签字 年　月　日	

中央行政单位通用办公设备家具配置标准

(财资〔2016〕27号 2016年5月17日)

第一条 为了规范中央行政单位资产配置，健全中央预算标准体系和资产配置标准体系，保障中央行政单位运行，根据国家有关规定，制定本标准。

第二条 中共中央直属机关，国务院各部委、直属机构、直属事业单位、办事机构，全国人大常委会办公厅，全国政协办公厅，最高人民法院，最高人民检察院，各民主党派中央本级，有关人民团体及中央垂直管理系统行政单位（以下简称中央行政单位）配置通用办公设备、家具适用本标准。

第三条 本标准所称通用办公设备、家具，是指普遍适用于中央行政单位，满足办公基本需要的设备、家具，不含专业类设备、家具。

对未列入本标准资产品目内的其他通用办公设备、家具，应当按照与单位履行职能需要相适应的原则，从严控制。

第四条 本标准是中央预算标准体系和资产配置标准体系的重要组成部分，是编制和审核资产配置计划和配置预算，实施政府采购和资产处置管理等工作的基本依据。

第五条 本标准包括资产品目、配置数量上限、价格上限、最低使用年限和性能要求等内容。

资产品目根据办公设备、家具普遍适用程度确定。

配置数量上限根据单位机构设置、职能、编制内实有人数等确定，是不得超出的数量标准，具体数量由各单位结合实际，按照节约的原则合理配置。

价格上限根据办公设备、家具市场行情确定，是不得超出的价格标准，具体价格由各单位结合实际，按照节约的原则合理配置。因特殊原因确需超价格上限采购的，应按规定履行审批手续。

最低使用年限根据办公设备、家具的使用频率和耐用程度等确定，是通用办公设备、家具使用的低限标准。未达到最低使用年限的，除损毁且无法修复外，原则上不得更新。已达到使用年限仍可以使用的，应当继续使用。

性能要求是对通用办公设备、家具功能、属性、材质等方面的规定。

第六条 中央行政单位配置办公设备应当按照《中华人民共和国政府采购法》的规定，配置具有较强安全性、稳定性、兼容性，且能耗低、维修便利的设备，不得配置高端设备。

中央行政单位配置办公家具应当充分考虑办公布局，符合简朴实用要求，不得配置豪华家具，不得使用名贵木材。

第七条 本标准根据经济社会发展水平、市场价格变化等因素，适时调整。

第八条 中央行政单位应当根据本标准的有关规定,结合内设机构职能、工作需要和预算安排情况,在不超出按本标准计算的数量总量内,统筹合理安排本单位内设机构通用办公设备、家具的配置。

第九条 参照公务员法管理的事业单位和执行行政单位财务和会计制度的其他中央事业单位和社会团体配置通用办公设备、家具的,依照本标准执行。驻外机构办公设备家具配置标准另行制定。

第十条 本标准自 2016 年 7 月 1 日起施行。《中央国家机关办公设备和办公家具配置标准(试行)》(国管资〔2009〕221 号)和《中央行政单位通用办公设备家具购置费预算标准(试行)》(财行〔2011〕78 号)同时废止。

附1

中央行政单位通用办公设备配置标准表

资产品目			数量上限（台）	价格上限（元）	最低使用年限（年）	性能要求
台式计算机（含预装正版操作系统软件）			结合单位办公网络布置以及保密管理的规定合理配置。涉密单位台式计算机配置数量上限为单位编制内实有人数的150%；非涉密单位台式计算机配置数量上限为单位编制内实有人数的100%	5,000	6	按照《中华人民共和国政府采购法》的规定，配置具有较强安全性、稳定性、兼容性，且能耗低、维修便利的设备，不得配置高端设备
便携式计算机（含预装正版操作系统软件）			便携式计算机配置数量上限为单位编制内实有人数的50%。外勤单位可增加便携式计算机数量，同时酌情减少相应数量的台式计算机	7,000	6	
打印机	A4	黑白	单位A3和A4打印机的配置数量上限按单位编制内实有人数的80%计算，由单位根据工作需要选择配置A3或A4打印机。其中，A3打印机配置数量上限按单位编制内实有人数的15%计算。原则上不配备彩色打印机，确有需要的，经单位资产管理部门负责人同意后根据工作需要合理配置，配置数量上限按单位编制内实有人数的3%计算	1,200	6	
		彩色		2,000		
	A3	黑白		7,600	6	
		彩色		15,000	6	
	票据打印机		根据机构职能和工作需要合理配置	3,000	6	
复印机			编制内实有人数在100人以内的单位，每20人可以配置1台复印机，不足20人的按20人计算；编制内实有人数在100人以上的单位，超出100人的部分每30人可以配置1台复印机，不足30人的按30人计算	35,000	6年或复印30万张纸	
一体机/传真机			配置数量上限按单位编制内实有人数的30%计算	3,000	6	
扫描仪			配置数量上限按单位编制内实有人数的5%计算	4,000	6	
碎纸机			配置数量上限按单位编制内实有人数的5%计算	1,000	6	
投影仪			编制内实有人数在100人以内的单位，每20人可以配置1台投影仪，不足20人的按20人计算；编制内实有人数在100人以上的单位，超出100人的部分每30人可以配置1台投影仪，不足30人的按30人计算	10,000	6	

注：价格上限中的价格指单台设备的价格。

附 2

中央行政单位通用办公家具配置标准表

资产品目		数量上限(套、件、组)	价格上限(元)	最低使用年限(年)	性能要求
办公桌		1套/人	司局级:4,500;处级及以下:3,000	15	充分考虑办公布局,符合简朴实用、经典耐用要求,不得配置豪华家具,不得使用名贵木材
办公椅			司局级:1,500;处级及以下:800		
沙发	三人沙发	视办公室使用面积,每个处级及以下办公室可以配置1个三人沙发或2个单人沙发,司局级办公室可以配置1个三人沙发和2个单人沙发	3,000	15	
	单人沙发		1,500		
茶几	大茶几	视办公室使用面积,每个办公室可以选择配置1个大茶几或者1个小茶几	1,000	15	
	小茶几		800		
桌前椅		1个/办公室	800	15	
书柜		司局级:2组/人	2,000	15	
		处级及以下:1组/人	1,200	15	
文件柜		1组/人	司局级:2,000;处级及以下:1,000	20	
更衣柜		1组/办公室	司局级:2,000;处级及以下:1,000	15	
保密柜		根据保密规定和工作需要合理配置	3,000	20	
茶水柜		1组/办公室	1,500	20	
会议桌		视会议室使用面积情况配置	会议室使用面积在50(含)平方米以下:1600元/平方米;50~100(含)平方米:1200元/平方米;100平方米以上:1000元/平方米	20	
会议椅		视会议室使用面积情况配置	800	15	

注:1.配置具有组合功能的办公家具,价格不得高于各单项资产的价格之和。

2.价格上限中的价格指单件家具的价格。

中央预算单位批量集中采购管理暂行办法

(财库〔2013〕109号 2013年8月21日)

第一条 为了深化政府集中采购改革,进一步规范政府采购行为,提高财政资金使用效益,根据党中央、国务院厉行节约反对浪费要求和政府采购有关法律制度规定,制定本办法。

第二条 列入国务院公布的《中央预算单位政府集中采购目录及标准》中的集中采购机构采购品目应当逐步实施批量集中采购,中央预算单位要严格执行批量集中采购相关规定。对已纳入批量集中采购范围,因时间紧急或零星特殊采购不能通过批量集中采购的品目,中央预算单位可报经主管预算单位同意后通过协议供货方式采购,但各部门协议供货采购数量不得超过同类品目上年购买总数的10%。

第三条 实行批量集中采购的通用办公设备、家具的经费预算应当严格执行《中央行政单位通用办公设备家具购置费预算标准(试行)》(财行〔2011〕78号)规定,用于科研、测绘等特殊用途的专用办公设备、家具及其他采购品目经费预算应当按财政部批复的部门预算执行。

第四条 财政部定期公布批量集中采购品目,集中采购机构应当按照相关工作安排,综合考虑预算标准、办公需要、市场行情及产业发展等因素,提出相应品目完整、明确、符合国家法律法规及政府采购政策要求的采购需求技术服务标准报财政部。财政部在组织完成对相关技术服务标准的论证后发布中央预算单位批量集中采购品目基本配置标准(以下简称基本配置标准)。

第五条 中央预算单位应当执行基本配置标准,并根据预算及实际工作需要,确定当次采购品目不同的档次或规格。部分主管预算单位因特殊原因需要另行制定本部门统一执行的通用或专用办公设备等配置标准的,应当按基本配置标准规范确定相应配置指标,且相关指标不得指向特定的品牌或供应商。同时,还应明确专用办公设备等品目的预算金额上限。

第六条 中央预算单位应当加强对批量集中采购工作的计划安排,协调处理好采购周期、采购数量与品目配备时限的关系。应当认真组织填报批量集中采购计划,保证品目名称、配置标准、采购数量、配送地点和最终用户联系方式等内容的准确完整。各主管预算单位应于当月十日前向财政部报送本部门批量集中采购汇总计划,并明确当期采购工作的部门联系人。

第七条 集中采购机构应当广泛征求中央预算单位、供应商及相关专家意见,科学合理编制采购文件。应当根据每期不同品目的需求特点及计划数量,依法采用公开招标、询价等采购方式,于二十五个工作日内完成采购活动。应当及时将中标供应商名称、中标产品完整的技术服务标准等信息在中国政府采购网和各集中采购机构网站上公告。因需求特殊等原因导致采购活动失败的,应当及时通知相关中央预算单位调整需求标准,并重新组织采购。

第八条 中央预算单位应当通过中国政府采购网或各集中采购机构网站查询相关中标信息,严格按照计划填报数量和当期中标结果,及时与中标供应商或授权供货商签订采购合同。验收时,应当根据中标公告中的技术服务标准,认真核对送货时间、产品配置技术指标等内容并填写验收书。验收后,应当按照合同约定及时付款。对中标供应商在履约过程中存在的违约问题,应当通过验收书或其他书面形式向集中采购机构反映。

第九条 集中采购机构应当根据采购文件约定,督促供应商在中标通知公告发出后二十个工作日内,将中标产品送到中央预算单位指定地点。应当统一协调处理合同签订、产品送达、产品验收及款项支付等履约过程中出现的问题,分清责任。对于中央预算单位在验收书上或书面反映的产品质量、服务问题,应当及时组织核查或第三方检测机构检测,并按采购文件及有关合同的约定追究中标供应商赔偿责任。

第十条 各主管预算单位应当加强对本部门批量集中采购工作的管理,建立健全配置标准的制定和适用、协议供货方式审核、合同签订及验收付款等内部管理制度。应当指定专人配合集中采购机构统一协调处理计划执行、合同签订、产品验收及款项支付等事宜,对未按规定超标准采购及规避批量集中采购等行为,应当追究相关人员责任。

第十一条 集中采购机构应当切实做好批量集中采购执行工作。应当按照财政部推进批量集中采购工作安排,及时拟定包括需求标准、评审方式、合同草案条款及采购方式适用标准等内容的实施方案,并按照实施方案组织好采购活动,协调处理履约相关问题,保障批量集中采购活动规范、优质、高效的协调推进。应当将违约处理情况和季度批量集中采购执行情况报财政部备案。

第十二条 财政部应当加强对批量集中采购工作的组织监督管理,将批量集中采购工作纳入集中采购机构的业务考核范围。对主管预算单位及所属单位规避批量集中采购、不执行采购计划以及无故延期付款等行为应当及时进行通报批评。应当根据集中采购机构提供的报告,对中标供应商虚假承诺或拒不按合同履约的行为进行严肃处理。

第十三条 本办法自 2013 年 9 月 1 日起施行。《关于进一步推进中央单位批量集中采购试点工作的通知》(财办库〔2011〕87 号)、《关于完善台式计算机和打印机批量集中采购试点工作的补充通知》(财办库〔2012〕340 号)同时废止。

关于中央预算单位实施批量集中采购工作的通知

(财办库〔2013〕334号)

党中央有关部门办公厅(室),国务院各部委、各直属机构办公厅(室),全国人大常委会办公厅,全国政协办公厅,高法院办公厅,高检院办公厅,中共中央直属机关采购中心、中央国家机关政府采购中心、全国人大机关采购中心:

为进一步深化政府集中采购工作,规范政府采购行为,根据《中央预算单位批量集中采购管理暂行办法》(财库〔2013〕109号)的有关规定,现就中央预算单位实施批量集中采购工作的有关事项通知如下:

一、批量集中采购范围

中央预算单位采购满足办公需求的台式计算机、打印机、便携式计算机、复印机、传真机、扫描仪、复印纸、空调机和碎纸机原则上全部纳入批量集中采购范围,用于科研、测绘等工作的专用台式计算机、便携式计算机也纳入批量集中采购范围。其中,台式计算机不包括低泄射计算机、无盘工作站、图形工作站、工控机;便携式计算机不包括移动图形工作站、加固型笔记本等特殊用途设备;空调机不包括用于机房、基站等特殊场所的空调机;打印机不包括便携式打印机等。

二、采购计划填报时间

台式计算机、打印机和便携式计算机的采购计划按月填报,当月填报下月计划。复印机、传真机、扫描仪、复印纸、空调机和碎纸机的采购计划按季填报,每季度最后一个月填报下一季度计划。各主管预算单位应于当月10日前将所属单位采购计划审核汇总后报送至财政部。

三、采购流程图和配置参考

中央预算单位批量集中采购工作基本流程图、中央预算单位批量集中采购问题反馈处理流程图以及《20××年中央预算单位批量集中采购品目配置参考》(以下简称《配置参考》),详见中国政府采购网(http://www.ccgp.gov.cn/)"中央单位批量集中采购"专栏。《配置参考》将定期在政府采购计划管理系统中更新,不再另行发文通知。

四、本通知自印发之日起施行

台式计算机、打印机的采购计划按规定时间报送,新推开批量集中采购品目的采购计划,各主管预算单位于2013年12月10日前开始汇总报送。

各单位在填报时如遇口径等问题,请及时与财政部国库司政府采购管理一处联系,电话:010-68552389,也可与主管预算单位联系。

如遇中标供应商不按合同约定供货、服务或产品质量不合格等问题,请及时与集中采购机构联系。中央国家机关政府采购中心电话010-83084967、010-63099478(空调),中共中央直属机关采购中心电话010-82273286。

如遇系统软件操作问题,请及时与北京用友政务软件有限公司联系,电话:400-6550-933[分机号:33713、33714、33715、33716、33717、33718]。

财政部办公厅
2013年9月4日

政府采购竞争性磋商采购方式管理暂行办法

(财库〔2014〕214号　2014年12月31日)

第一章　总　则

第一条　为了规范政府采购行为,维护国家利益、社会公共利益和政府采购当事人的合法权益,依据《中华人民共和国政府采购法》(以下简称政府采购法)第二十六条第一款第六项规定,制定本办法。

第二条　本办法所称竞争性磋商采购方式,是指采购人、政府采购代理机构通过组建竞争性磋商小组(以下简称磋商小组)与符合条件的供应商就采购货物、工程和服务事宜进行磋商,供应商按照磋商文件的要求提交响应文件和报价,采购人从磋商小组评审后提出的候选供应商名单中确定成交供应商的采购方式。

第三条　符合下列情形的项目,可以采用竞争性磋商方式开展采购:

(一)政府购买服务项目;

(二)技术复杂或者性质特殊,不能确定详细规格或者具体要求的;

(三)因艺术品采购、专利、专有技术或者服务的时间、数量事先不能确定等原因不能事先计算出价格总额的;

(四)市场竞争不充分的科研项目,以及需要扶持的科技成果转化项目;

(五)按照招标投标法及其实施条例必须进行招标的工程建设项目以外的工程建设项目。

第二章　磋商程序

第四条　达到公开招标数额标准的货物、服务采购项目,拟采用竞争性磋商采购方式的,采购人应当在采购活动开始前,报经主管预算单位同意后,依法向设区的市、自治州以上人民政府财政部门申请批准。

第五条　采购人、采购代理机构应当按照政府采购法和本办法的规定组织开展竞争性磋商,并采取必要措施,保证磋商在严格保密的情况下进行。

任何单位和个人不得非法干预、影响磋商过程和结果。

第六条　采购人、采购代理机构应当通过发布公告、从省级以上财政部门建立的供应商库中随机抽取或者采购人和评审专家分别书面推荐的方式邀请不少于3家符合相应资格条件的供应商参与竞争性磋商采购活动。

符合政府采购法第二十二条第一款规定条件的供应商可以在采购活动开始前加入供

应商库。财政部门不得对供应商申请入库收取任何费用,不得利用供应商库进行地区和行业封锁。

采取采购人和评审专家书面推荐方式选择供应商的,采购人和评审专家应当各自出具书面推荐意见。采购人推荐供应商的比例不得高于推荐供应商总数的50%。

第七条 采用公告方式邀请供应商的,采购人、采购代理机构应当在省级以上人民政府财政部门指定的政府采购信息发布媒体发布竞争性磋商公告。竞争性磋商公告应当包括以下主要内容:

(一)采购人、采购代理机构的名称、地点和联系方法;
(二)采购项目的名称、数量、简要规格描述或项目基本概况介绍;
(三)采购项目的预算;
(四)供应商资格条件;
(五)获取磋商文件的时间、地点、方式及磋商文件售价;
(六)响应文件提交的截止时间、开启时间及地点;
(七)采购项目联系人姓名和电话。

第八条 竞争性磋商文件(以下简称磋商文件)应当根据采购项目的特点和采购人的实际需求制定,并经采购人书面同意。采购人应当以满足实际需求为原则,不得擅自提高经费预算和资产配置等采购标准。

磋商文件不得要求或者标明供应商名称或者特定货物的品牌,不得含有指向特定供应商的技术、服务等条件。

第九条 磋商文件应当包括供应商资格条件、采购邀请、采购方式、采购预算、采购需求、政府采购政策要求、评审程序、评审方法、评审标准、价格构成或者报价要求、响应文件编制要求、保证金交纳数额和形式以及不予退还保证金的情形、磋商过程中可能实质性变动的内容、响应文件提交的截止时间、开启时间及地点以及合同草案条款等。

第十条 从磋商文件发出之日起至供应商提交首次响应文件截止之日止不得少于10日。

磋商文件售价应当按照弥补磋商文件制作成本费用的原则确定,不得以营利为目的,不得以项目预算金额作为确定磋商文件售价依据。磋商文件的发售期限自开始之日起不得少于5个工作日。

提交首次响应文件截止之日前,采购人、采购代理机构或者磋商小组可以对已发出的磋商文件进行必要的澄清或者修改,澄清或者修改的内容作为磋商文件的组成部分。澄清或者修改的内容可能影响响应文件编制的,采购人、采购代理机构应当在提交首次响应文件截止时间至少5日前,以书面形式通知所有获取磋商文件的供应商;不足5日的,采购人、采购代理机构应当顺延提交首次响应文件截止时间。

第十一条 供应商应当按照磋商文件的要求编制响应文件,并对其提交的响应文件的真实性、合法性承担法律责任。

第十二条 采购人、采购代理机构可以要求供应商在提交响应文件截止时间之前交纳磋商保证金。磋商保证金应当采用支票、汇票、本票或者金融机构、担保机构出具的保函等非现金形式交纳。磋商保证金数额应当不超过采购项目预算的2%。供应商未按照磋商文件要求提交磋商保证金的,响应无效。

供应商为联合体的,可以由联合体中的一方或者多方共同交纳磋商保证金,其交纳的保证金对联合体各方均具有约束力。

第十三条 供应商应当在磋商文件要求的截止时间前,将响应文件密封送达指定地点。在截止时间后送达的响应文件为无效文件,采购人、采购代理机构或者磋商小组应当拒收。

供应商在提交响应文件截止时间前,可以对所提交的响应文件进行补充、修改或者撤回,并书面通知采购人、采购代理机构。补充、修改的内容作为响应文件的组成部分。补充、修改的内容与响应文件不一致的,以补充、修改的内容为准。

第十四条 磋商小组由采购人代表和评审专家共3人以上单数组成,其中评审专家人数不得少于磋商小组成员总数的2/3。采购人代表不得以评审专家身份参加本部门或本单位采购项目的评审。采购代理机构人员不得参加本机构代理的采购项目的评审。

采用竞争性磋商方式的政府采购项目,评审专家应当从政府采购评审专家库内相关专业的专家名单中随机抽取。符合本办法第三条第四项规定情形的项目,以及情况特殊、通过随机方式难以确定合适的评审专家的项目,经主管预算单位同意,可以自行选定评审专家。技术复杂、专业性强的采购项目,评审专家中应当包含1名法律专家。

第十五条 评审专家应当遵守评审工作纪律,不得泄露评审情况和评审中获悉的商业秘密。

磋商小组在评审过程中发现供应商有行贿、提供虚假材料或者串通等违法行为的,应当及时向财政部门报告。

评审专家在评审过程中受到非法干涉的,应当及时向财政、监察等部门举报。

第十六条 磋商小组成员应当按照客观、公正、审慎的原则,根据磋商文件规定的评审程序、评审方法和评审标准进行独立评审。未实质性响应磋商文件的响应文件按无效响应处理,磋商小组应当告知提交响应文件的供应商。

磋商文件内容违反国家有关强制性规定的,磋商小组应当停止评审并向采购人或者采购代理机构说明情况。

第十七条 采购人、采购代理机构不得向磋商小组中的评审专家作倾向性、误导性的解释或者说明。

采购人、采购代理机构可以视采购项目的具体情况,组织供应商进行现场考察或召开磋商前答疑会,但不得单独或分别组织只有一个供应商参加的现场考察和答疑会。

第十八条 磋商小组在对响应文件的有效性、完整性和响应程度进行审查时,可以要求供应商对响应文件中含义不明确、同类问题表述不一致或者有明显文字和计算错误的内容等作出必要的澄清、说明或者更正。供应商的澄清、说明或者更正不得超出响应文件的范围或者改变响应文件的实质性内容。

磋商小组要求供应商澄清、说明或者更正响应文件应当以书面形式作出。供应商的澄清、说明或者更正应当由法定代表人或其授权代表签字或者加盖公章。由授权代表签字的,应当附法定代表人授权书。供应商为自然人的,应当由本人签字并附身份证明。

第十九条 磋商小组所有成员应当集中与单一供应商分别进行磋商,并给予所有参加磋商的供应商平等的磋商机会。

第二十条 在磋商过程中,磋商小组可以根据磋商文件和磋商情况实质性变动采购需求中的技术、服务要求以及合同草案条款,但不得变动磋商文件中的其他内容。实质性变动的内容,须经采购人代表确认。

对磋商文件作出的实质性变动是磋商文件的有效组成部分,磋商小组应当及时以书面形式同时通知所有参加磋商的供应商。

供应商应当按照磋商文件的变动情况和磋商小组的要求重新提交响应文件,并由其法定代表人或授权代表签字或者加盖公章。由授权代表签字的,应当附法定代表人授权书。供应商为自然人的,应当由本人签字并附身份证明。

第二十一条 磋商文件能够详细列明采购标的的技术、服务要求的,磋商结束后,磋商小组应当要求所有实质性响应的供应商在规定时间内提交最后报价,提交最后报价的供应商不得少于3家。

磋商文件不能详细列明采购标的的技术、服务要求,需经磋商由供应商提供最终设计方案或解决方案的,磋商结束后,磋商小组应当按照少数服从多数的原则投票推荐3家以上供应商的设计方案或者解决方案,并要求其在规定时间内提交最后报价。

最后报价是供应商响应文件的有效组成部分。符合本办法第三条第四项情形的,提交最后报价的供应商可以为2家。

第二十二条 已提交响应文件的供应商,在提交最后报价之前,可以根据磋商情况退出磋商。采购人、采购代理机构应当退还退出磋商的供应商的磋商保证金。

第二十三条 经磋商确定最终采购需求和提交最后报价的供应商后,由磋商小组采用综合评分法对提交最后报价的供应商的响应文件和最后报价进行综合评分。

综合评分法,是指响应文件满足磋商文件全部实质性要求且按评审因素的量化指标评审得分最高的供应商为成交候选供应商的评审方法。

第二十四条 综合评分法评审标准中的分值设置应当与评审因素的量化指标相对应。磋商文件中没有规定的评审标准不得作为评审依据。

评审时,磋商小组各成员应当独立对每个有效响应的文件进行评价、打分,然后汇总每个供应商每项评分因素的得分。

综合评分法货物项目的价格分值占总分值的比重(即权值)为30%至60%,服务项目的价格分值占总分值的比重(即权值)为10%至30%。采购项目中含不同采购对象的,以占项目资金比例最高的采购对象确定其项目属性。符合本办法第三条第三项的规定和执行统一价格标准的项目,其价格不列为评分因素。有特殊情况需要在上述规定范围外设定价格分权重的,应当经本级人民政府财政部门审核同意。

综合评分法中的价格分统一采用低价优先法计算,即满足磋商文件要求且最后报价最低的供应商的价格为磋商基准价,其价格分为满分。其他供应商的价格分统一按照下列公式计算:

磋商报价得分=(磋商基准价/最后磋商报价)×价格权值×100

项目评审过程中，不得去掉最后报价中的最高报价和最低报价。

第二十五条 磋商小组应当根据综合评分情况，按照评审得分由高到低顺序推荐3名以上成交候选供应商，并编写评审报告。符合本办法第二十一条第三款情形的，可以推荐2家成交候选供应商。评审得分相同的，按照最后报价由低到高的顺序推荐。评审得分且最后报价相同的，按照技术指标优劣顺序推荐。

第二十六条 评审报告应当包括以下主要内容：

（一）邀请供应商参加采购活动的具体方式和相关情况；

（二）响应文件开启日期和地点；

（三）获取磋商文件的供应商名单和磋商小组成员名单；

（四）评审情况记录和说明，包括对供应商的资格审查情况、供应商响应文件评审情况、磋商情况、报价情况等；

（五）提出的成交候选供应商的排序名单及理由。

第二十七条 评审报告应当由磋商小组全体人员签字认可。磋商小组成员对评审报告有异议的，磋商小组按照少数服从多数的原则推荐成交候选供应商，采购程序继续进行。对评审报告有异议的磋商小组成员，应当在报告上签署不同意见并说明理由，由磋商小组书面记录相关情况。磋商小组成员拒绝在报告上签字又不书面说明其不同意见和理由的，视为同意评审报告。

第二十八条 采购代理机构应当在评审结束后2个工作日内将评审报告送采购人确认。采购人应当在收到评审报告后5个工作日内，从评审报告提出的成交候选供应商中，按照排序由高到低的原则确定成交供应商，也可以书面授权磋商小组直接确定成交供应商。采购人逾期未确定成交供应商且不提出异议的，视为确定评审报告提出的排序第一的供应商为成交供应商。

第二十九条 采购人或者采购代理机构应当在成交供应商确定后2个工作日内，在省级以上财政部门指定的政府采购信息发布媒体上公告成交结果，同时向成交供应商发出成交通知书，并将磋商文件随成交结果同时公告。成交结果公告应当包括以下内容：

（一）采购人和采购代理机构的名称、地址和联系方式；

（二）项目名称和项目编号；

（三）成交供应商名称、地址和成交金额；

（四）主要成交标的的名称、规格型号、数量、单价、服务要求；

（五）磋商小组成员名单。

采用书面推荐供应商参加采购活动的，还应当公告采购人和评审专家的推荐意见。

第三十条 采购人与成交供应商应当在成交通知书发出之日起30日内，按照磋商文件确定的合同文本以及采购标的、规格型号、采购金额、采购数量、技术和服务要求等事项签订政府采购合同。

采购人不得向成交供应商提出超出磋商文件以外的任何要求作为签订合同的条件，不得与成交供应商订立背离磋商文件确定的合同文本以及采购标的、规格型号、采购金额、采购数量、技术和服务要求等实质性内容的协议。

第三十一条 采购人或者采购代理机构应当在采购活动结束后及时退还供应商的磋商保证金,但因供应商自身原因导致无法及时退还的除外。未成交供应商的磋商保证金应当在成交通知书发出后5个工作日内退还,成交供应商的磋商保证金应当在采购合同签订后5个工作日内退还。

下列情形之一的,磋商保证金不予退还:

(一)供应商在提交响应文件截止时间后撤回响应文件的;

(二)供应商在响应文件中提供虚假材料的;

(三)除因不可抗力或磋商文件认可的情形以外,成交供应商不与采购人签订合同的;

(四)供应商与采购人、其他供应商或者采购代理机构恶意串通的;

(五)磋商文件规定的其他情形。

第三十二条 除资格性检查认定错误、分值汇总计算错误、分项评分超出评分标准范围、客观分评分不一致、经磋商小组一致认定评分畸高、畸低的情形外,采购人或者采购代理机构不得以任何理由组织重新评审。采购人、采购代理机构发现磋商小组未按照磋商文件规定的评审标准进行评审的,应当重新开展采购活动,并同时书面报告本级财政部门。

采购人或者采购代理机构不得通过对样品进行检测、对供应商进行考察等方式改变评审结果。

第三十三条 成交供应商拒绝签订政府采购合同的,采购人可以按照本办法第二十八条第二款规定的原则确定其他供应商作为成交供应商并签订政府采购合同,也可以重新开展采购活动。拒绝签订政府采购合同的成交供应商不得参加对该项目重新开展的采购活动。

第三十四条 出现下列情形之一的,采购人或者采购代理机构应当终止竞争性磋商采购活动,发布项目终止公告并说明原因,重新开展采购活动:

(一)因情况变化,不再符合规定的竞争性磋商采购方式适用情形的;

(二)出现影响采购公正的违法、违规行为的;

(三)除本办法第二十一条第三款规定的情形外,在采购过程中符合要求的供应商或者报价未超过采购预算的供应商不足3家的。

第三十五条 在采购活动中因重大变故,采购任务取消的,采购人或者采购代理机构应当终止采购活动,通知所有参加采购活动的供应商,并将项目实施情况和采购任务取消原因报送本级财政部门。

第三章 附 则

第三十六条 相关法律制度对政府和社会资本合作项目采用竞争性磋商采购方式另有规定的,从其规定。

第三十七条 本办法所称主管预算单位是指负有编制部门预算职责,向同级财政部门申报预算的国家机关、事业单位和团体组织。

第三十八条 本办法自发布之日起施行。

关于政府采购竞争性磋商采购方式管理暂行办法有关问题的补充通知

(财库〔2015〕124号)

党中央有关部门,国务院各部委、各直属机构,全国人大常委会办公厅,全国政协办公厅,高法院,高检院,各民主党派中央,有关人民团体,各省、自治区、直辖市、计划单列市财政厅(局),新疆生产建设兵团财务局,各集中采购机构:

为了深入推进政府采购制度改革和政府购买服务工作,促进实现"物有所值"价值目标,提高政府采购效率,现就《财政部关于印发〈政府采购竞争性磋商采购方式管理暂行办法〉的通知》(财库〔2014〕214号)有关问题补充通知如下:

采用竞争性磋商采购方式采购的政府购买服务项目(含政府和社会资本合作项目),在采购过程中符合要求的供应商(社会资本)只有2家的,竞争性磋商采购活动可以继续进行。采购过程中符合要求的供应商(社会资本)只有1家的,采购人(项目实施机构)或者采购代理机构应当终止竞争性磋商采购活动,发布项目终止公告并说明原因,重新开展采购活动。

请遵照执行。

财政部
2015年6月30日

中央预算单位变更政府采购方式审批管理办法

(财库〔2015〕36号　2015年1月15日)

第一章　总　则

第一条　为了加强中央预算单位政府采购管理,规范中央预算单位变更政府采购方式审批管理工作,根据《中华人民共和国政府采购法》、《政府采购非招标采购方式管理办法》及政府采购相关制度规定,制定本办法。

第二条　中央预算单位达到公开招标数额标准的货物、服务采购项目,需要采用公开招标以外采购方式的,应当在采购活动开始前,按照本办法规定申请变更政府采购方式。

本办法所称公开招标以外的采购方式,是指邀请招标、竞争性谈判、竞争性磋商、单一来源采购、询价以及财政部认定的其他采购方式。

第三条　变更政府采购方式申请应当由中央主管预算单位向财政部提出。财政部应当按照政府采购法和本办法规定进行审批。

第四条　中央主管预算单位应当加强对本部门所属预算单位变更政府采购方式工作的指导和监督。中央预算单位应当提交完整、明确、合规的申请材料,并对申请材料的真实性负责。

第二章　变更方式申请

第五条　中央预算单位应当建立和完善采购方式变更内部管理制度,明确采购、财务、业务相关部门(岗位)责任。业务部门应当结合工作实际,根据经费预算和资产配置等采购标准,提出合理采购需求。采购部门(岗位)应当组织财务、业务等相关部门(岗位),根据采购需求和相关行业、产业发展状况,对拟申请采用采购方式的理由及必要性进行内部会商。会商意见应当由相关部门(岗位)人员共同签字认可。

第六条　中央预算单位申请单一来源采购方式,符合政府采购法第三十一条第一项情形的,在进行单位内部会商前,应先组织3名以上专业人员对只能从唯一供应商处采购的理由进行论证。专业人员论证意见应当完整、清晰和明确,意见不明确或者含混不清的,属于无效意见,不作为审核依据。专业人员论证意见中应当载明专业人员姓名、工作单位、职称、联系电话和身份证号码。专业人员不能与论证项目有直接利害关系,不能是本单位或者潜在供应商及其关联单位的工作人员。

第七条　中央预算单位申请采用公开招标以外采购方式的,应当提交以下材料。

(一)中央主管预算单位出具的变更采购方式申请公文,公文中应当载明以下内容:中央预算单位名称、采购项目名称、项目概况等项目基本情况说明,拟申请采用的采购方式和理由,联系人及联系电话等。申请变更为单一来源采购方式的,还需提供拟定的唯一供应商名称、地址。

(二)项目预算金额、预算批复文件或者资金来源证明。

(三)单位内部会商意见。申请变更为单一来源采购方式的,如符合政府采购法第三十一条第一项情形,还需提供专业人员论证意见。

第八条 非中央预算单位所能预见的原因或者非中央预算单位拖延造成采用招标所需时间不能满足需要而申请变更采购方式的,中央预算单位应当提供项目紧急原因的说明材料。

第九条 中央预算单位因采购任务涉及国家秘密需要变更采购方式的,应当提供由国家保密机关出具的本项目为涉密采购项目的证明文件。

第十条 中央预算单位符合《政府采购非招标采购方式管理办法》第二十七条第一款第一项情形和第二款情形,申请采用竞争性谈判采购方式的;公开招标过程中提交投标文件或者经评审实质性响应招标文件要求的供应商只有一家时,申请单一来源采购方式的,除按照本办法第七条第一项和第二项要求提供有关申请材料外,还应当提供以下材料:

(一)在中国政府采购网发布招标公告的证明材料;

(二)中央预算单位、采购代理机构出具的对招标文件和招标过程没有供应商质疑的说明材料;

(三)评标委员会或3名以上评审专家出具的招标文件没有不合理条款的论证意见。

第十一条 中央主管预算单位在同一预算年度内,对所属多个预算单位因相同采购需求和原因采购同一品目的货物或者服务,拟申请采用同一种采购方式的,可统一组织一次内部会商后,向财政部报送一揽子方式变更申请。

第十二条 中央预算单位一般应通过"政府采购计划管理系统"报送采购方式变更申请,对系统中已导入政府采购预算的,不再提供部门预算批复文件复印件。因采购任务涉及国家秘密需要变更采购方式的,应当通过纸质文件报送。

第十三条 中央预算单位申请采用单一来源采购方式,符合政府采购法第三十一条第一项情形的,在向财政部提出变更申请前,经中央主管预算单位同意后,在中国政府采购网上进行公示,并将公示情况一并报财政部。

因采购任务涉及国家秘密需要变更为单一来源采购方式的,可不进行公示。

第十四条 中央预算单位申请变更为单一来源采购方式的申请前公示,公示期不得少于5个工作日,公示材料为单一来源采购征求意见公示文书和专业人员论证意见。因公开招标过程中提交投标文件或者经评审实质性响应招标文件要求的供应商只有一家时,申请采用单一来源采购方式的,公示材料还包括评审专家和代理机构分别出具的招标文件无歧视性条款、招标过程未受质疑相关意见材料。

单一来源采购征求意见公示文书内容应包括:中央预算单位、采购项目名称和内容;公示的期限;拟采购的唯一供应商名称;中央主管预算单位、财政部政府采购监管部门的联系地址、联系人和联系电话。

第十五条　任何供应商、单位或者个人对采用单一来源采购方式公示有异议的,可以在公示期内将书面意见反馈给中央预算单位,并同时抄送中央主管预算单位和财政部。

第十六条　中央预算单位收到对采用单一来源采购方式公示的异议后,应当在公示期满5个工作日内,组织补充论证,论证后认为异议成立的,应当依法采取其他采购方式;论证后认为异议不成立的,应当将异议意见、论证意见与公示情况一并报财政部。

第三章　审批管理

第十七条　财政部收到变更采购方式申请后应当及时审查,并按下列情形限时办结:

(一)变更政府采购方式申请的理由和申请材料符合政府采购法和本办法规定的,财政部应当在收到材料之日起,7个工作日内予以批复。

(二)申请材料不符合本办法规定的,财政部应当在3个工作日内通知中央主管预算单位修改补充。办结日期以财政部重新收到申报材料时算起。

(三)变更政府采购方式申请的理由不符合政府采购法规定的,财政部应当在收到材料之日起,3个工作日内予以答复,并将不予批复的理由告知中央主管预算单位。

第十八条　中央预算单位应当按照财政部的批复文件,依法开展政府采购活动,未经批准,擅自采用公开招标以外采购方式的,财政部将依据政府采购法及有关法律法规予以处理。

第四章　附　则

第十九条　中央预算单位采购限额标准以上公开招标数额标准以下的货物、工程和服务,以及达到招标规模标准依法可不进行招标的政府采购工程建设项目,需要采用公开招标以外采购方式的,由单位根据《政府采购非招标采购方式管理办法》及有关制度规定,自主选择相应采购方式。

第二十条　本办法自2015年3月1日起实施。原《中央单位变更政府采购方式审批管理暂行办法》(财库〔2009〕48号)、《财政部关于对中央单位申请单一来源采购实行审核前公示相关问题的通知》(财库〔2011〕130号)停止执行。

第二部分 部门及省级制度

气象部门政府采购管理实施办法

(气发〔2005〕73 号 2005 年 4 月 14 日)

第一章 总 则

第一条 为了加强气象部门政府采购管理,建立和规范气象部门政府采购运行机制,根据《中华人民共和国政府采购法》和财政部《中央单位政府采购管理实施办法》,结合气象部门实际情况,制定本办法。

第二条 本办法适用于气象部门政府采购管理与执行工作,包括气象部门中央预算管理的各级机关、事业单位和社会团体(以下统称"各级预算单位")的政府采购活动。

第三条 本办法所称气象部门政府采购,是指各级预算单位按照政府采购法律、行政法规和制度规定的方式和程序,使用财政性资金(预算资金和预算外资金)和与之配套的单位自筹资金,采购国务院公布的集中采购目录内或者采购限额标准以上的货物、工程和服务的行为。

第四条 气象部门政府采购组织形式分为政府集中采购、部门集中采购和单位自行采购。

政府集中采购,是指各级预算单位将属于政府集中采购目录中的政府采购项目,委托政府设立的集中采购机构代理的采购活动。

部门集中采购,是指中国气象局统一组织实施的采购活动。

单位自行采购也称分散采购,是指各级预算单位实施政府集中采购和部门集中采购范围以外、达到规定的采购限额标准以上的政府采购项目的采购活动。

第五条 中国气象局计划财务司(以下简称计划财务司)是气象部门政府采购归口管理机构,负责全国气象部门政府采购活动的监督管理。

中国气象局行政管理局(以下简称行政管理局)是气象部门政府采购执行机构,负责气象部门集中采购活动的组织实施。

各级预算单位是采购人,负责本级单位政府采购活动的组织实施。上级预算单位应同时负责对下级预算单位政府采购活动的监督管理和集中采购活动的组织协调。

第六条 计划财务司的主要职责:

(一)根据国家政府采购法律、法规及规章制度,制定气象部门政府采购管理实施办法;

(二)对气象部门政府采购活动实施管理,监督检查政府采购法规执行情况;

(三)组织编制、汇审上报气象部门政府采购预算,拟定和申报部门集中采购项目;

(四)协调采购项目使用单位与部门政府采购执行机构之间的工作关系;

(五)审核汇总和报送气象部门政府采购备案和审批事项、部门政府采购实施情况和统计报表;

(六)负责组织政府采购管理人员的培训。

第七条 行政管理局的主要职责:

(一)根据集中采购目录和部门政府采购预算,编报集中采购实施计划;

(二)组织实施政府集中采购项目的采购,负责对中央国家机关集中采购机构的委托代理事务,签订相关的采购合同并监督、验收合同履约情况;

(三)组织实施部门集中采购项目的采购,细化相关的采购项目和确定采购方式,组织部门集中采购招标或委托招标活动、评审专家选聘,合同签订和履约验收;

(四)编报部门集中采购信息统计报表;

(五)负责部门政府采购执行人员的业务培训;

(六)接受气象部门采购人委托,代理其他政府采购项目的采购。

第八条 各级预算单位的主要职责:

(一)严格执行政府采购法律、法规和规章制度;

(二)编制政府采购预算并逐级审核汇总报送上级主管部门;

(三)向上级主管部门报送政府采购实施计划及相关资料;

(四)组织实施单位自行采购工作;

(五)依法签订和履行政府采购合同;

(六)编报本单位政府采购信息统计报表。

第九条 各级预算单位政府采购工作应实行内部统一管理,建立和完善内部监督制约机制。各级预算单位及下属预算单位政府采购活动的监督管理由计划财务机构负责,可另行组织专门人员负责政府采购项目的执行。

第十条 各级预算单位达到公开招标数额标准的采购项目,应当采用公开招标采购方式。因特殊情况需要采取公开招标以外的邀请招标、竞争性谈判、询价和单一来源等采购方式的,应当在采购活动开始前,逐级报送计划财务司并经财政部批准后实施。

第十一条 气象部门采取公开招标方式的政府采购项目的采购信息,应当在政府主管部门指定的政府采购信息发布媒体上公告。其中,委托政府集中采购机构代理采购的信息,由该机构承办公告事宜;部门集中采购的信息,由行政管理局办理公告事宜;单位自行采购达到公开招标数额标准的采购项目信息,在当地政府采购信息发布媒体上公告。必须公告的政府采购信息包括:招标公告、中标或成交结果。

第十二条 气象部门政府采购工作基本流程:

(一)编制政府采购预算;

(二)编制政府采购实施计划;

(三)实施政府采购(政府集中采购、部门集中采购、单位自行采购);

(四)保存政府采购信息资料,编报年度政府采购信息统计报表。

第二章 政府采购备案和审批

第十三条 政府采购备案和审批,是指行政管理局、二级预算单位按照规定以文件形式报送备案或审批的有关政府采购文件及采购活动事项,送计划财务司审核汇总后报财政部依法予以备案或审批的管理行为。

第十四条 除财政部另有规定外,备案事项不需要回复意见。下列事项应报计划财务司送财政部备案:

(一)气象部门及二级预算单位有关政府采购的实施办法;

(二)因部门预算调整或采购需求变化,应当补报的政府采购预算,或已经批复政府采购预算的变更;

(三)中央单位政府采购评审专家库以外的部门集中采购评审专家人选;

(四)政府集中采购和部门集中采购实施计划;

(五)调整后的政府集中采购和部门集中采购实施计划;

(六)经财政部批准,采用公开招标以外采购方式的执行情况;

(七)部门集中采购项目的合同副本;

(八)国家法律、行政法规规定的其他需要备案的事项。

第十五条 审批事项应当经财政部依法批准后方可组织实施。下列事项应报计划财务司送财政部审批:

(一)达到公开招标数额标准的采购项目,因特殊情况需要采用公开招标以外的采购方式的;

(二)因特殊情况需要采购非本国货物、工程或服务的;

(三)财政直接支付项目因采购合同变更而涉及支付金额的;

(四)国家法律、行政法规规定的其他需要审批的事项。

第十六条 在备案和审批管理中,中国气象局可以根据财政部的授权,对二级预算单位及基层预算单位实施备案或审批管理。

第三章 政府采购预算和计划

第十七条 各级预算单位在编制下一财政年度中央部门预算时,应根据经费预算和采购需求的预测情况,按"政府采购预算表"确定的品目和标准,将该财政年度政府采购项目及资金预算在部门预算中单列,逐级审核上报,由计划财务司审核汇总后报财政部。

预算执行年度中因经费预算及采购需求变化,可补充编制调整政府采购预算,按预算管理程序上报备案。

第十八条 根据财政部批复的部门预算,预算管理机构将政府采购预算随部门预算批复下级预算单位(补充编报备案的政府采购预算不需批复)执行。

第十九条 各级预算单位按照政府采购预算,分别制定政府集中采购、部门集中采购实施计划。二级预算单位应当自接到上级下达的部门预算之日起10个工作日内,将政府集中采购实施计划和部门集中采购实施计划报送行政管理局审核汇总,送计划财务司报财政部备案。

政府集中采购实施计划,是指各级预算单位根据政府集中采购项目(不含财政部公布的协议供货项目),按照项目构成、使用单位、采购数量、技术规格、使用时间等内容编制的具体采购计划。政府集中采购项目按国务院颁发的目录及标准执行。

部门集中采购实施计划,是指各级预算单位根据气象部门集中采购项目,按照项目构成、使用单位、采购数量、技术规格、使用时间等内容编制的具体采购计划。气象部门集中采购项目按国务院颁发的目录及部门确定的细化范围执行。

第二十条 各级预算单位按照预算管理程序补充调整政府采购预算的,需相应调整政府集中采购实施计划或部门集中采购实施计划并上报备案。

第二十一条 无政府采购预算的政府采购项目,不得实施采购。

第四章 政府集中采购

第二十二条 气象部门属于政府集中采购目录内的项目,委托政府集中采购机构代理采购。其中属于国家统一招标的协议供货项目,各级预算单位可按财政部公布的中标范围,自行组织询价采购。

中国气象局机关和直属单位的政府集中采购项目,应报送行政管理局汇总后委托中央国家机关政府采购中心代理采购;

各地气象部门所属预算单位的政府集中采购项目,可报送行政管理局委托中央国家机关政府采购中心代理采购,也可委托地方政府集中采购机构代理采购并抄送行政管理局备案。

第二十三条 气象部门采购人为委托方,与政府集中采购机构(中央国家机关政府采购中心或地方政府集中采购机构),应当在集中采购开始前签订委托代理协议,明确委托的事项、双方的权利与义务。委托代理协议需具体确定双方在编制采购文件、确定评标办法与中标标准、组建评标委员会、评标、定标等方面的权利和义务。

气象部门委托方根据情况,可就采购信息发布、确定中标人、签订合同、验收等事项,委托政府集中采购机构办理。

集中采购委托代理协议可以按项目签订,也可以按年度签订一揽子协议,具体项目有特殊要求的，再另行签订补充协议。

第二十四条 采购协议供货或定点采购项目，一次性采购批量较大的，应当与中标供应商就价格再次谈判或询价。

第二十五条 政府集中采购程序和主要内容：

（一）根据政府采购预算，编制集中采购实施计划。按本办法第十九条的规定执行；

（二）签订委托协议。按本办法第二十三条的规定执行；

（三）制定操作方案。政府集中采购机构汇总气象部门委托方的政府集中采购实施计划，并与委托方协商后，制定具体操作方案，包括协议供货采购、定点采购方案。

（四）组织采购。政府集中采购机构采用公开招标方式或财政部批准的其他采购方式，按照经备案或审批的操作方案开展采购活动。

（五）确定中标、成交结果。政府集中采购机构被授权确定中标或成交结果的，应当在评标、谈判或询价工作完成后 3 个工作日内，将中标结果通知委托方，并发出中标或成交通知书，同时发布中标或成交公告。

政府集中采购机构不承办确定中标或成交结果事项的，应当在评标、谈判或询价工作完成后，将采购结果报委托方，由委托方确定中标或成交供应商，并发中标或成交通知书和公告。

（六）气象部门委托方应当自中标、成交通知书发出 30 日内，与中标、成交供应商签订采购合同。

第五章 部门集中采购

第二十六条 气象部门的部门集中采购项目，实行部门集中采购，由行政管理局负责组织实施。部门集中采购项目的具体事务，由行政管理局政府采购中心承办。其招投标事务可委托政府集中采购机构或其他政府采购代理机构承办。

第二十七条 部门集中采购的评审专家应当从财政部的中央单位政府采购评审专家库中随机抽取确定。因气象部门集中采购项目的特殊性，政府采购专家库不能满足需求时，行政管理局可选择有关的评审专家人选，由计划财务司报财政部备案后确定。

第二十八条 部门集中采购工作程序：

（一）细化部门集中采购项目。行政管理局根据国务院颁发的气象部门集中采购项目，结合部门实际情况，拟订部门集中采购项目的具体品目、范围和实施办法，商计划财务司和相关管理机构并报中国气象局批准后，下达组织各级预算单位实施。

（二）根据政府采购预算，编制部门集中采购计划。按本办法第十九条的规定执行。

（三）制定工作方案。行政管理局审核汇总部门集中采购实施计划后，制定具体工作方案。

（四）实施采购。行政管理局确定相应的采购方式并组织采购，包括采购信息公告、招标、评标、中标或成交结果发布、组织签订采购合同及合同履约和验收等。

如委托政府采购集中采购机构或其他政府采购代理机构代理采购，需签订委托代理协议。

第六章 单位自行采购与其他事项

第二十九条 单位自行采购可以由各级预算单位自行组织实施,也可以委托政府集中采购机构或其他政府采购代理机构代理采购。

第三十条 单位自行采购活动应当依照法定的采购方式和程序实施,并完整保存采购文件。

第三十一条 单位自行采购应当按照本办法的规定实行备案和审批管理。

第七章 采购合同及履约验收、采购信息资料

第三十二条 政府采购应当签订书面合同。采购合同应当由采购人与中标、成交供应商签订,也可以根据具体组织形式委托上级执行机构、政府集中采购机构或其他政府采购代理机构与中标、成交供应商签订,但需在合同条款中明确各自的权利和义务。

第三十三条 部门集中采购合同应当自签订之日起 15 个工作日内,将合同副本报财政部备案。

第三十四条 中标、成交通知书发出时间超过 30 日,采购人或中标、成交供应商任何一方拒绝签订合同的,违约一方应当向对方支付采购文件中规定的违约金。

第三十五条 各级预算单位、集中采购机构和其他政府采购代理机构,应当按照合同约定,对履约情况进行验收。重大采购项目应当委托国家专业检测机构办理验收事务。

履约验收应当依据事先规定的标准和要求,不得增加新的验收内容或标准。凡符合事先确定标准的,即为验收合格。当事人对验收结论有异议的,应当请国家有关专业检测机构进行检测。

第三十六条 政府采购合同订立后,不得擅自变更、中止或者终止。经合同双方当事人协商一致的,可以依法变更合同。

第三十七条 各级预算单位应当按合同约定及时支付采购资金。实行国库集中支付试点改革的单位,按国库集中支付规定程序办理资金支付;未实行国库集中支付改革试点的单位,按现行办法支付。

第三十八条 各级预算单位应当健全政府采购基础管理工作,建立采购文件档案管理制度,及时收集、整理政府采购各环节的文件资料(采购预算和计划、采购合同、资金支付凭证等),按照国家档案管理规定妥善保存,如实填报政府采购信息统计报表。

第八章 监督检查

第三十九条 各级气象部门政府采购管理机构,按照管理权限,依法履行政府采购监督管理职责,对政府采购执行机构和各级预算单位的政府采购法律、行政法规和规章制度执行情况进行监督检查。

第四十条 气象部门政府采购管理机构对政府采购活动进行监督检查的主要内容：
（一）政府采购法律、法规、制度和政策的执行情况；
（二）政府采购预算和政府采购实施计划的编制、执行情况；
（三）政府集中采购目录和部门集中采购项目的执行情况；
（四）政府采购备案或审批事项的落实情况；
（五）政府采购信息在政府指定媒体上的发布情况；
（六）内部政府采购制度和监督制约机制建设情况；
（七）部门集中采购评审专家选聘和使用情况；
（八）政府采购合同的订立、履行、验收和资金支付情况；
（九）其他有关事项。

第四十一条 气象部门政府采购执行机构应当加强内部管理，建立内部监督制约机制，全面、规范地做好各级预算单位委托的集中采购事务。

第四十二条 政府采购管理、纪检监察、审计等机构对各级预算单位采购活动中的违纪违法行为，按照各自职责依法予以处理。

第九章 附　则

第四十三条 地方政府预算安排的政府采购按照地方政府规定执行，但属于《气象技术装备使用许可证》范围内的装备采购应当按照《气象技术装备供应管理办法》执行。

第四十四条 各省（自治区、直辖市）气象局、计划单列市气象局可根据本办法并结合本地气象部门实际情况制定具体实施细则。

第四十五条 本办法由中国气象局计划财务司负责解释。气象部门现行政府采购规定有关条文与本办法有抵触的，以本办法为准。

第四十六条 本办法自发布之日起施行。中国气象局2001年5月18日印发的《气象部门政府采购管理实施办法》同时废止。

关于政府采购审批事项报送规定的通知

(气计函〔2006〕194号)

各省(区、市)气象局,计划单列市气象局,各直属单位,各内设机构:

为了规范气象部门政府采购审批事项报送工作,根据《气象部门政府采购管理实施办法》的相关规定,现将政府采购审批事项的报送内容与格式通知如下:

一、各二级预算单位应将本级及所属下级预算单位的政府采购审批事项汇总后以正式公文报送计划财务司,同时抄送中纪委驻中国气象局纪检组。

二、政府采购审批事项报送文件,应按以下内容和顺序拟定:

1. 项目基本情况。

(1)单位名称,指所报政府采购审批事项的执行单位全称;

(2)项目名称,指所报政府采购审批事项的项目名称,应与部门预算中的项目名称一致;

(3)项目预算下达年份及采购预算金额,指所报政府采购审批事项的项目预算下达年份及采购预算金额,如为跨年度项目则列明历次下达年份及采购预算金额。

2. 项目背景。

项目背景指所上报政府采购审批事项的立项情况及前期准备工作等。

3. 申请的采购方式及理由。

达到公开招标数额标准、因特殊情况不能采用公开招标方式的采购项目,应明确拟申请何种采购方式,并需说明采用非公开招标方式的理由,包括拟采购项目的市场调研过程、国内外供应情况、技术指标和相关要求等。有关理由应就拟申请的采购方式、按《政府采购法》规定的必要条件,作针对性说明。

4. 需要说明的其他情况。

三、政府采购审批事项文件还应包括以下附件:

1. 政府采购审批事项的采购项目的部门预算表。

2. 达到公开招标数额标准的采购项目申请非公开招标采购方式的,应附专家论证意见书和专家组名单。

3. 相关的技术指标、市场情况等资料。

四、报请的政府采购审批事项,经财政部批准后方可执行,并于执行后30日内将采购执行情况反馈给计划财务司。

各单位在上报政府采购审批事项过程中如有疑问,请及时与我司联系。

中国气象局计划财务司
2006年9月7日

气象部门政府采购评审专家管理实施意见

(气办发〔2007〕44号　2007年5月23日)

为进一步规范气象部门政府采购评审专家管理和使用工作,根据财政部、监察部《政府采购评审专家管理办法》和财政部《政府采购货物和服务招标投标管理办法》等有关规章制度,就加强气象部门政府采购评审专家管理制定实施意见如下。

一、气象部门推荐"中央单位政府采购评审专家"的程序与条件

(一)气象部门在职人员和离退休人员,均可通过各级预算单位公开征集和推荐、专家推荐或本人自我推荐,申请"中央单位政府采购评审专家"候选资格。候选人资格需逐级审核,由各二级预算单位汇总报送中国气象局,计划财务司会同相关职能机构复审后,报财政部审核登记。

(二)气象部门申请中央单位政府采购评审专家候选人应符合以下条件:

1.具有较高的业务素质和良好的职业道德,在政府采购评审过程中能以客观公正、廉洁自律、遵纪守法为行为准则;

2.从事相关专业领域工作满8年,具有本科及以上文化程度,高级专业技术职称或者具有同等专业水平,精通专业业务,熟悉产品情况,在其专业领域享有一定声誉;

3.熟悉政府采购、招标投标的相关政策法规和业务知识,能胜任政府采购评审工作;

4.本人愿意以独立身份参加政府采购评审工作,并接受政府财政部门的监督管理;

5.没有违纪违法等不良记录;

6.政府财政部门要求的其他条件。

不完全具备上述第2条所列条件的人员,如在相关工作领域有突出的专业特长并熟悉商品市场销售行情,且符合评审专家其他资格条件的,也可以申请"中央单位政府采购评审专家"资格。

(三)对具备申请条件的人员,各级预算单位申报评审专家人选时应提供以下材料:

1.个人学历证书复印件;

2.专业资格证明文件的复印件;

3.本人身份证复印件;

4.《中央单位政府采购评审专家推荐表》(见附件1)。

各二级预算单位负责上述各条所列申报材料的核实。

二、气象部门政府采购活动中评审专家的抽取

(一)各级预算单位的政府采购项目(含政府集中采购、部门集中采购和分散采购)所需评审专家,都应当从政府主管部门的专家库中抽取。

(二)各级预算单位在政府采购活动中抽取评审专家,按以下分类执行:

1.京内单位货物类、服务类采购所需评审专家,从财政部"中央单位政府采购评审专家库"中抽取;

2.京外单位货物类、服务类采购所需评审专家,从当地政府财政部门专家库中抽取;

3.各级预算单位工程类采购所需评审专家,从当地政府建设主管部门的专家库中抽取。

(三)自行组织的招标(谈判、询价等)活动,评审专家由采购单位负责抽取。采购单位若将采购工作(含评审专家的抽取)委托给政府集中采购机构、部门集中采购机构或者其他采购代理机构,可由接受委托的采购机构负责抽取评审专家。

(四)采购单位抽取评审专家必须在开标前或竞争性谈判、询价开始前两个工作日以内进行,并应在开标前或竞争性谈判、询价前确定评标委员会(或竞争性谈判小组、询价小组,下同)成员名单。

(五)部门集中采购机构和采购单位自行抽取评审专家时,应有本级或上级政府采购管理机构和纪检监察机构派人在场监督。

任何单位和个人不得指定评审专家,不得违规干预评审专家抽取工作。

(六)评审专家抽取结果及通知情况应当场记录备案,以备后查。

(七)各级预算单位应当建立政府采购评审专家抽取信息保密制度,涉及有关信息的人员对被抽取专家的姓名和联系方式等内容负有保密责任。评标委员会的成员名单应在中标结果公告前或竞争性谈判、询价结果正式确定前严格保密。

如发生泄密问题,抽取单位及相关人员承担责任。

(八)抽取过程中如出现财政部"中央单位政府采购评审专家库"或当地政府的评审专家库中没有采购项目所需评审专家,或评审专家数量达不到评标所需的规定人数情况时,按以下办法处理:

1.由采购单位或委托采购的代理机构另行选择或补足评审专家。另选或补足的评审专家,不得在采购单位在职人员或离退休人员中产生,且应符合本实施意见中评审专家候选人的条件。

2.由采购单位另行选择或补足评审专家的,采购单位应在评审工作结束后5日内,将参加该项目的全部评审专家(其中另行选择或补足的专家须注明)名单逐级上报计划财务司送财政部备案。

(九)采购单位在与评审专家联系确认参加评审时,不得随意抬高评标难度,人为造成无人能评的情况。

(十)需要抽取财政部"中央单位政府采购评审专家库"评审专家的单位,采用网上远端抽取方式,直接登录中国政府采购网"评审专家库"专栏,按"中央单位政府采购评审专家抽取流程"(见附件2)进行抽取。每个采购项目有三次评审专家抽取机会。

三、政府采购评标委员会的组成及有关要求

(一)经抽取确认的评审专家与采购人代表,组成评标委员会。

评标委员会组成人数:公开招标或邀请招标,由五人及以上单数组成;竞争性谈判或询价,由三人及以上单数组成。

评审专家的人数不得少于评标委员会成员总数的三分之二。

（二）评审专家由经济类专家、技术类专家和法律类专家组成。经济类专家是指熟悉评审项目市场行情和使用情况的专家；技术类专家是指熟悉评审项目专业技术知识的专家；法律类专家是指熟悉评审项目相关法律的专家。

评审专家可以全部为技术类专家。

（三）招标采购单位就招标文件（或竞争性谈判文件、询价文件）征询过意见的专家，不得再作为评审专家参加评标（或竞争性谈判、询价）。

采购人代表列为评标委员会成员后，不得增派代表占用评审专家身份参与本单位采购项目的评标。

（四）评标委员会设负责人的，应由其全体成员共同推举产生。

各级预算单位在政府采购活动中，涉及评审专家推荐、抽取及使用，应严格执行本实施意见。对未列入本实施意见的其他有关评审专家及评标事项，依照财政部、监察部《政府采购评审专家管理办法》和财政部《政府采购货物和服务招标投标管理办法》等规章的有关规定执行。

附件1—2：略

气象部门非公开招标方式采购管理暂行办法

(气发〔2009〕79号　2009年3月14日)

第一章　总　则

第一条　为加强对气象部门非公开招标采购方式的管理,规范采购程序,强化审核与监督措施,突出政府采购信息公开、公平竞争、政策引导的特点,制定本办法。

第二条　本办法所称的非公开招标采购方式包括:邀请招标、竞争性谈判、询价和单一来源采购方式。

第三条　本办法所称以非公开招标采购方式实施采购的项目分为以下两类:

(一)采购预算达到国家规定的公开招标限额而因特殊情况需采取非公开招标方式采购工程、货物和服务的项目;

(二)政府集中采购品目内或采购限额标准以上,但采购预算未达到国家规定的公开招标限额,而采取非公开招标方式采购工程、货物和服务的项目。

第二章　审核程序

第四条　对预算达到国家规定的公开招标限额而因特殊情况需采取非公开招标方式采购的事项,由采购单位填制《非公开招标采购方式审批表》,经二级预算单位审核后,连同申请采用非公开招标采购方式文件(具体要求见气计函〔2006〕194号《关于政府采购审批事项报送规定的通知》),报中国气象局计划财务司。计划财务司按以下程序审核:

(一)预算审核。对有关支出内容是否有预算、超预算以及是否编列政府采购预算情况进行审核。凡属于无预算、超预算或未编列政府采购预算的,计划财务司将采购申请退回申请单位,待办理有关预算调整手续或补报政府采购预算后再行申请。

(二)网上公示。对通过预算审核的申请事项,将拟采购设备或服务的具体技术指标和条件(不指定具体品牌、规格和型号),在"中国政府采购网"(政府采购指定媒体)上公示并征集供应商。公示及征集供应商时间不低于7天。

公示期满后,如征集到的供应商超过3家(含)的,不得采取非公开招标采购方式。

(三)业务审核。如网上征集到的供应商未达到3家的,申请单位将《非公开招标采购方式审批表》及征集供应商情况,送项目主管职能司就变更采购方式进行审核,涉及专业仪器设备购置的送监测网络司进行审核。

(四)合规性审核。计划财务司会同驻局纪检组对《非公开招标采购方式审批表》就采购事项和申报材料是否符合国家有关法律、法规进行审核后报财政部。

第五条　对政府集中采购品目内或采购限额标准以上但采购预算未达到公开招标限额的事项,原则上采取邀请招标、竞争性谈判或询价的采购方式。需要采取单一来源采购方式的,由采购单位填制《非公开招标采购方式审批表》,报二级预算单位审核。具体程序如下:

(一)预算审核。二级预算单位计划财务部门对有关支出内容是否有预算、超预算以及是否编列政府采购预算情况进行审核。凡属于无预算、超预算或未编列政府采购预算的,应将采购申请退回申请单位,待办理有关预算调整手续或补报政府采购预算后再行申请。

(二)采购方式审核。对通过预算审核的申请事项,由单位计划财务部门依照《政府采购法》第二十九、三十、三十二条对采购方式进行审核,符合邀请招标、竞争性谈判、询价方式的,不得采取单一来源采购方式。

(三)网上公示。经对采购方式进行审核,需要采用单一来源采购方式的,由单位计划财务部门将拟采购设备或服务的具体技术指标和条件(不得指定具体品牌、规格和型号),在"中国政府采购网"(政府采购指定媒体)上公示并征集供应商。公示及征集供应商时间不低于7天。

公示期满后,如征集到的供应商超过2家(含)的,不得采取单一来源采购方式。

(四)业务和合规性审核。如网上征集到的供应商只有1家的,由单位计划财务部门、业务管理部门、监察审计部门签署意见后,由采购单位或采购代理机构按单一来源采购方式组织商务谈判。

(五)中国气象局园区单位采取单一来源采购方式的,在按照《中国气象局园区单位政府采购项目监督管理办法》(气计函〔2007〕171号)向计划财务司上报存档备查材料时,应当将公示征集供应商资料一并上报。

第六条　对涉及国家机密的事项,不采取公示办法,按本办法第四条一、三、四款或第五条一、二、四款执行。

第七条　采购单位应按照批准的预算和项目拟订采购设备或服务的具体技术指标和条件,不得随意提高技术指标和条件。

第八条　各单位计划财务部门应严格把关,对达到公开招标标准而采取非公开招标采购方式的事项,未能提供财政部批准变更采购方式文件和《非公开招标采购方式审批表》的不予报销;对未达到公开招标标准而采取单一来源采购方式的,未提供公示情况和《非公开招标采购方式审批表》的不予报销。

第三章　采购程序

第九条　邀请招标应当遵循以下程序:

货物和服务项目采用邀请招标方式的,按《政府采购货物和服务招标投标管理办法》(财政部第18号令)执行;

工程项目采用邀请招标方式的,按《招标投标法》执行。

第十条 竞争性谈判、询价、单一来源采购应当遵循下列基本程序：

（一）制定竞争性谈判、询价、单一来源谈判文件（以下统称"采购文件"）；

（二）成立竞争性谈判、询价、单一来源谈判小组；

（三）确定参加竞争性谈判或询价的供应商；

（四）竞争性谈判、询价或单一来源谈判；

（五）确定成交供应商；

（六）签订采购合同；

（七）验收。

第十一条 评标委员会、竞争性谈判小组和询价小组的组成与抽取，应当按照《气象部门政府采购评审专家管理实施意见》（气办发〔2007〕44号）执行。

第十二条 公开招标限额标准以下的项目采用竞争性谈判或询价采购方式时，如需发布资格预审公告征集供应商，应由采购人或采购代理机构在"中国政府采购网"发布公告。资格预审公告应当公布采购项目的名称、数量或者采购项目的性质以及参加谈判或报价供应商应当具备的资格条件，资格预审公告的期限不得少于7天。

采用资格预审公告征集供应商的项目，由采购人或采购代理机构在政府采购管理部门和监察审计部门的监督下，从符合项目资格条件的供应商中随机抽取不少于三家供应商，参加竞争性谈判或询价，并向其提供采购文件。

第十三条 达到公开招标限额以上，经财政部批准变更为竞争性谈判、询价或单一来源采购方式的中国气象局园区单位采购项目，在项目竞争性谈判、询价或单一来源谈判前，应由二级预算单位通知计划财务司和驻局纪检组，计划财务司和驻局纪检组采用抽查方式到现场监督谈判活动。

第十四条 竞争性谈判、询价和单一来源谈判过程，应当由采购人或采购代理机构指定专人负责记录，并存档备查。

第十五条 竞争性谈判小组和询价小组在确定成交或淘汰参加谈判或询价的供应商时，必须按照采购文件事先规定的标准进行。必须采用最低评标价法，即在符合采购需求、质量和服务相等的前提下，以提出最低报价的供应商作为成交供应商。

任何单位和个人不得非法干预、影响评审办法的确定，以及评审过程和结果。

第十六条 竞争性谈判、询价和单一来源谈判结束后，竞争性谈判、询价和单一来源谈判小组应当向采购人提交项目评审报告。

第十七条 采购人应当在收到评审报告后五个工作日内，按照评审报告中推荐的成交候选供应商顺序确定成交供应商；也可以事先以书面形式授权竞争性谈判或询价小组直接确定成交供应商。

第十八条 在确定成交供应商后两个工作日内，采购人或采购代理机构以书面形式通知成交供应商和未成交供应商。同时对于达到公开招标限额以上、经财政部批准变更采购方式的项目，采购人或采购代理机构应在"中国政府采购网"上公告其采购结果。

第十九条 采购人应当在成交通知书发出之日起三十日内，按照采购文件确定的事项签订政府采购合同，所签订的合同不得对采购文件和成交供应商的响应文件作实质性修改。

以联合体形式参加谈判或询价活动的,采购人应当与联合体各方签订采购合同,联合体各方就采购合同约定的事项对采购人承担连带责任。

第二十条 采购人或采购代理机构不得向成交供应商提出任何不合理的要求作为签订合同的条件,不得与成交供应商私下订立背离合同实质性内容的协议。

第二十一条 成交供应商因不可抗力或者自身原因不能履行政府采购合同的,采购人可以与排位在成交供应商之后第一位的成交候选供应商签订政府采购合同,以此类推。

第二十二条 采取单一来源采购方式的,采购人在采购活动开始前,应当进行市场调查,确定技术规格和合理的采购预算。经过公示后,批准采用单一来源采购方式的,编制采购文件,由采购人邀请相关专家组成单一来源谈判小组,与供应商就采购项目的质量、价格和服务进行商务谈判,签订采购合同。

第四章 采购文件

第二十三条 采购人或采购代理机构应当根据采购项目特点、采购方式特点和需求,编制采购文件。

采购文件应当包括以下内容:采购方式,谈判程序,采购原则,响应性文件编制要求(应标明实质性条款),技术规格要求和数量(包括附件、图纸等),项目商务要求,报价要求,合同主要条款及合同签订方式,评定成交的标准,提交响应性文件截止时间、谈判或询价时间及地点等。

第二十四条 采购文件规定的各项技术标准应当符合国家标准(包括强制性标准和行业标准)。竞争性谈判文件和询价文件中不得要求或者标明特定的供应商或者产品,以及含有倾向性或者排斥潜在供应商的内容。

第二十五条 采购文件应当明确要求供应商对采购文件提出的要求和条件作出实质性应答,并要求将参加谈判或询价响应性文件密封送达规定地点。凡在采购文件规定的提交响应文件截止时间后送达的,采购人或采购代理机构应当拒收。

第二十六条 采购文件中允许两个以上供应商组成一个联合体共同参加竞争性谈判或询价活动的,应当在采购文件中明示。同时,应明确规定联合体各供应商均应当具备《政府采购法》第二十二条规定的条件,并应当向采购人或采购代理机构提交联合协议,载明联合体各方承担的工作和义务。联合体各方签订联合协议后,不得再以自己名义单独参加同一项目的政府采购活动,也不得组成新的联合体参加同一项目政府采购活动。

采购人或采购代理机构不得强制供应商组成联合体,不得限制供应商之间的竞争。

第二十七条 采购文件中应明确规定,参加谈判或询价的供应商根据采购文件载明的采购项目实际情况,拟在成交后将成交项目的非主体、非关键性工作交由他人完成的,应当在提交的响应性文件中载明。

第二十八条 采购人需对采购文件作实质性变动的,应当在规定的截止时间前,以书面形式告知所有参加谈判或询价的供应商,递交响应性文件的截止时间相应顺延。

供应商在规定的截止时间前,可以对所递交的响应性文件进行补充、修改或者撤回,并书面通知采购人或采购代理机构。补充、修改的内容为响应性文件的组成部分。

第二十九条 采购人或采购代理机构可以根据需要,就采购文件征询有关专家或者供应商的意见。

第三十条 采购人、采购代理机构对采购文件应当妥善保存,不得伪造、变造、隐匿或者销毁。采购文件的保存期限为从采购结束之日起至少保存十五年。

第五章 竞争性谈判采购

第三十一条 采用竞争性谈判方式采购的,原则上由采购人直接邀请不少于三家供应商参加谈判。

第三十二条 采用竞争性谈判方式采购的,自谈判文件发出之日起至参加谈判供应商递交响应性文件截止之日止,一般项目不得少于五个工作日,大型或技术复杂项目不得少于十个工作日。(公开招标后应供应商不足而流标的项目除外)。

第三十三条 竞争性谈判小组进行谈判应当遵循以下工作程序:

(一)实质性响应审查。竞争性谈判小组依据谈判文件的规定,从供应商递交的响应性文件的有效性、完整性和对谈判文件的响应程度进行审查,以确定是否对谈判文件的实质性要求作出响应。未对谈判文件做实质性响应的供应商,不得进入具体谈判程序。

(二)谈判。竞争性谈判小组应当通过随机方式确定参加谈判供应商的谈判顺序,所有成员集中与单一供应商按照顺序分别进行谈判。

竞争性谈判小组可根据供应商的响应内容、报价及谈判情况,按谈判文件规定的谈判轮次谈判,并给予每个正在参加谈判的供应商相同的机会。

最后一轮谈判结束后,参加谈判的供应商应当对谈判的承诺和最后报价以书面形式确认,并由法定代表人或其授权人签署。

(三)推荐成交候选供应商。供应商最后一轮谈判报价及承诺,作为竞争性谈判小组向采购人推荐成交候选供应商的依据。

在推荐确定成交候选供应商之前,竞争性谈判小组认为,排在前面的成交候选供应商的最低投标价或者某些分项报价明显不合理或者低于成本,有可能影响商品质量和不能诚信履约的,应当要求其在规定期限内提供书面文件予以说明,并提交相关证明材料。否则,竞争性谈判小组可以取消该供应商的成交候选资格,按顺序由排在后面的成交候选供应商递补,以此类推。

(四)编写评审报告。谈判工作完成后,竞争性谈判小组根据谈判情况和结果编写评审报告。评审报告主要内容包括:

1.谈判日期和地点、资格预审情况;

2.购买谈判文件及参加谈判的供应商名单;

3.竞争性谈判小组的组成及人员名单;

4.谈判过程、方法和标准;

5.谈判结果和成交候选供应商排序表;

6.竞争性谈判小组向采购人提出确定成交供应商的建议。

第三十四条 谈判的任何一方在未征得另一方同意的情况下,不得向第三方透露与谈判有关的一切技术资料、价格或其他信息。

第三十五条 采购人或采购代理机构在采购活动开始前,有充足理由说明货物的制造商或服务的提供商只有两家时(达到公开招标限额而经财政部批准改为竞争性谈判的项目,以公示征集供应商结果为准),经二级预算单位计划财务处批准后,可按照竞争性谈判方式采购。

第六章 询价采购

第三十六条 采取询价采购方式的,自采购文件发出之日起至规定截止之日不得少于三个工作日(采用邮递方式的,剔除邮递时间)。

第三十七条 被询价的供应商只能一次报价不得更改,并对采购文件所列出的全部商务、技术要求做出响应。

第三十八条 询价小组应当遵循以下工作程序:

(一)实质性响应审查。询价小组依据询价文件的规定,就报价文件的有效性、完整性和对采购文件的响应程度进行审查,以确定是否对采购文件的实质性要求作出响应。

采购小组如有疑问的,可以书面形式或者当面向供应商进行质询,质询内容不得涉及对采购文件或报价作实质性的变更。被询价供应商的澄清、说明或者补正应当采用书面形式,由其授权的代表签字,并不得超出响应性文件的范围或者改变响应性文件的实质性内容。

(二)报价排序。采购小组将全部满足采购文件实质性要求的供应商的报价,由低到高排列供应商顺序,报价相同的,按技术指标优劣顺序排列。

(三)推荐成交候选供应商。询价小组按照最低评标价法,推荐报价最低的供应商为成交候选供应商。

在推荐确定成交候选供应商之前,询价小组认为排在前面的成交候选供应商的最低投标价或者某些分项报价明显不合理或者低于成本,有可能影响商品质量和不能诚信履约的,应当要求其在规定期限内提供书面文件予以说明,并提交相关证明材料。否则,询价小组可以取消该供应商的成交候选资格,按顺序由排在后面的成交候选供应商递补,以此类推。

(四)编写评审报告。询价工作完成后,询价小组根据全体成员签字的原始询价记录和询价结果编写评审报告,并送采购人。评审报告主要内容包括:

1.询价日期和地点、资格预审公告情况及结果;

2.购买采购文件以及参加询价的供应商名单;

3.询价小组组成及成员名单;

4.询价记录和评定情况及说明,包括成交和淘汰供应商名单及原因;

5.询价结果和成交候选供应商排序表；

6.询价小组向采购人提出确定成交供应商的建议。

第七章 附 则

第三十九条 本办法由中国气象局计划财务司负责解释。

第四十条 本办法自发布之日起施行。

附

非公开招标采购方式审批表

填报单位:(公章)　　　　　　　　　　　　　　　　　　　　　日期:

预算项目名称		金额	万元
采购项目名称		金额	万元

采用非公开招标方式理由

采购项目技术指标

公告情况(登载媒体、公告时间、征集到供应商名称及数量)

业务部门意见
负责人签字:

监审部门意见
负责人签字:

计财部门意见
负责人签字:

中国气象局政府采购监督人员管理办法

(气计函〔2013〕56号　2013年5月13日)

第一章　总　　则

第一条　为了规范中国气象局政府采购监督人员管理工作,确保政府采购工作公开、公平、公正的开展,根据《中华人民共和国招标投标法》、《中华人民共和国政府采购法》、《气象部门招标工作纪律及责任追究的规定》等法律、规定,制定本办法。

第二条　本办法所称政府采购监督人员(以下简称"监督人员"),是指符合本办法规定条件和要求,从事政府采购监督活动的工作人员。

第三条　监督人员实行"单位推荐,统一管理,随机抽取,管用分离"的管理原则。

第四条　中国气象局计划财务司(以下简称"计财司")负责对监督人员资格进行审核、认定,并建立和管理监督人员库。

第五条　监督人员参与气象部门在京开展的政府采购现场监督活动适用本办法,其中包括:

(一)评审专家的抽取;

(二)开标过程;

(三)评标过程;

(四)其他需要进行监督的政府采购活动。

第二章　监督人员资格管理

第六条　监督人员应当具备以下条件:

(一)中国气象局直属单位从事财务、监察审计工作的在职工作人员;

(二)具有较高的业务素质和良好的职业道德,在政府采购的监督过程中能够以客观公正、廉洁自律、遵纪守法为行为准则;

(三)熟悉政府采购、招标投标的相关政策法规、业务理论知识和实务操作,能够胜任政府采购监督工作;

(四)没有违纪违法等不良记录;

(五)从事监督工作要求的其他条件。

第七条　凡符合监督人员条件的,由所在单位推荐,经计财司审核后,确定为监督人员,并向其颁发《政府采购监督人员聘书》。

第八条　监督人员因工作调动、退休等原因发生变动的,由其所在单位推荐符合条件的人员进行替补。

第三章 监督人员的权利义务

第九条 监督人员享有以下权利：
（一）依法对政府采购活动中抽取评标专家、开标、评标等环节的监督，不受任何单位或个人的干预；
（二）及时制止监督过程中发现的违法违规现象，必要时可暂停或中止相关政府采购活动；
（三）向招标人和有关监督机构反映招标活动中发现的违法违规行为；
（四）按规定获得参加监督活动的劳务报酬；
（五）法律、法规规定的其他权利。

第十条 监督人员承担以下义务：
（一）准时参加政府采购活动并客观公正地进行监督；
（二）遵守监督工作纪律，不得私下接触招标人、投标人，不得收受他人的财物或者其他好处，不得透露对投标文件的评审和比较、中标候选人的推荐情况以及与评标有关的其他情况；
（三）积极协助和配合有关监督机构的监督检查；
（四）具有法定回避情形的，应当主动提出回避；
（五）积极参加相关培训，不断提高业务水平；
（六）法律、法规规定的其他义务。

第四章 监督人员的使用与管理

第十一条 中国气象局资产管理事务中心（以下简称"资产中心"）负责监督人员的抽取工作。

第十二条 采购单位向资产中心提出抽取项目监督人员的申请，并派代表在资产中心监督下从监督人员库中随机抽取1名监督人员。

第十三条 资产中心对抽取结果进行确认，并向采购单位出具确认函。

第十四条 监督人员的抽取时间原则上应当在相应政府采购活动前半天或前一天进行。

第十五条 监督人员因故不能参加监督活动，应当在知晓抽取结果时或相关政府采购活动开始前4小时的工作时间请假。

第十六条 监督人员不得参加与自己有利害关系的政府采购项目的监督活动。对与自己有利害关系的监督项目，如受到邀请，应主动提出回避。计财司、资产中心和采购单位也可要求该监督人员回避。

第十七条 监督人员有下列情形之一的，应当主动提出回避：
（一）与招标人、投标人的主要负责人存有近亲属关系；

(二)与招标人、投标人、采购代理人存在人事或劳动关系;

(三)与招标人、投标人有其他社会关系或经济利益关系,可能影响公正监督的;

(四)项目主管单位的工作人员。

第十八条 监督人员的培训工作由计财司会同相关内设机构和单位负责组织,每年组织一次监督人员的业务培训。

第十九条 监督人员的考核工作由计财司会同相关内设机构组织实施,包括参加政府采购监督活动、遵守监督工作纪律、公正履行职责等情况。考核结果作为监督人员续聘、解聘的依据。

第五章 违规处罚

第二十条 监督人员有下列情况之一的,将作为不良行为予以通报批评:

(一)未按规定时间参与监督工作,影响政府采购工作的;

(二)未及时制止相关违规行为,但对评审结果没有实质性影响的;

(三)违反政府采购规定,向外界透露有关评标情况及其他信息的;

(四)在一个年度内,出席监督工作少于抽中次数三分之一的;

(五)未按规定参加监督人员培训的。

第二十一条 监督人员有下列情况之一的,计财司将取消其监督人员资格,并将相关情况通报其所在单位:

(一)违反国家有关廉洁自律规定,私下接触或收受参与政府采购活动的供应商及有关单位的财物或者好处的;

(二)违反政府采购规定向外界透露有关评审情况及其他信息,给招标结果带来实质性影响的;

(三)未及时制止相关违规行为,对评审结果造成实质性影响的;

(四)违规影响和干预评标结果的;

(五)受到有关行政监督部门行政处罚的;

(六)有其他违法违纪行为的。

第六章 附 则

第二十二条 监督人员所在单位应当对监督人员从事监督工作予以支持,保证监督人员顺利开展监督活动。

第二十三条 监督人员劳务报酬按《气象部门业务经费管理办法(试行)》(气发〔2007〕163号)规定标准执行,所需经费从采购单位相关费用中列支。

第二十四条 各省(区、市)气象局要加强对本单位及所属单位政府采购活动的监督,可根据本办法制定本省(区、市)气象局的办法。

第二十五条 本办法由计财司负责解释。

中国气象局政府采购监督人监督工作管理暂行办法

(气计函〔2014〕106号 2014年6月4日)

第一章 总 则

第一条 为了规范中国气象局政府采购监督人监督工作管理，确保政府采购工作公开、公平、公正开展，根据《中华人民共和国招标投标法》《中华人民共和国政府采购法》、《气象部门招标工作纪律及责任追究的规定》《中国气象局政府采购监督人员管理办法》等法律、规定，制定本办法。

第二条 中国气象局政府采购监督人（以下简称"监督人"）在气象部门开展的政府采购活动中，对公开招标、邀请招标采购活动的监督适用本办法。

第二章 评标专家抽取的监督

第三条 监督人在招标代理机构（采购代理机构）对评标专家抽取过程的监督中，发现下列情况应及时提醒、纠正和制止。经监督人提醒后，相关问题未得到纠正的，监督人应拒绝在相关记录上签字，并将有关情况报告计财司。

（一）未按程序抽取评标专家；

（二）未在规定的政府采购专家库中抽取评标专家；

（三）抽取的评标专家在专家数量、专家构成不符合相关规定要求；

（四）在特殊情况下确定的评标专家不符合相关的规定。

第三章 开标过程的监督

第四条 监督人应对开标过程进行全程监督，并承担以下工作：

（一）监督投标文件（含单独密封的开标一览表）密封性检查的过程；

（二）核对开标记录；

（三）其他需要监督人参与、核对和确认的事项。

第五条 监督人在招标代理机构（采购代理机构）开标过程中，发现下列情况应及时提醒、纠正和制止。经监督人提醒后，相关问题未得到纠正的，监督人应拒绝在相关记录上签字，并将有关情况报告计财司。

（一）在开标前未宣读开标工作纪律；

（二）将在规定的投标截止时间之后才提交投标文件的投标人作为有效投标人；

（三）在规定的开标时间到达后，递交投标文件的投标人已达到三家仍未开标；

（四）将开标一览表、投标文件正本、投标文件副本未单独密封或虽单独密封但密封不符合要求的投标人作为有效投标人；

（五）同一投标人代表分别代表两个或以上投标人，开标时仍列为有效投标人；

（六）投标人的开标一览表未填写总价、总价大小写金额不符、存在选择性报价或有条件报价等招标文件规定的无效投标人情况，仍作为有效投标人；

（七）在投标价低于本次政府采购预算（指招标标的，下同）的投标人不足三家，且采购人对超过部分愿意支付的情况下，有选择性地接受投标价超过本次政府采购预算的投标人；

（八）唱标金额与投标金额不一致；

（九）存在开标过程中其他违反法律、法规和招标文件约定的情况；

（十）监督人在开展本办法第四条规定工作时，受到干扰或阻碍。

第四章 评标过程的监督

第六条 监督人应对评标过程进行全程监督，并承担以下工作：

（一）协助核对评标委员会成员身份证件；

（二）收取并暂时保管评标委员会成员通信工具；

（三）检查评标室录音、录像设备是否开启并正常工作；

（四）协助核对评标结果记录；

（五）其他需要监督人参与、核对和确认的事项。

第七条 监督人在评标委员会评标过程中，发现下列情况应及时提醒、纠正和制止。经监督人提醒后，相关问题未得到纠正的，监督人应拒绝在相关记录上签字，并将有关情况报告资产中心监察审计室（以下简称监审室）。

（一）在评标开始前未宣读评标工作纪律；

（二）因特殊情况需要重新抽取评标专家，未按规定进行抽取；

（三）发现评标委员会成员存在回避情形未回避；

（四）评标委员会成员未签署承诺书；

（五）评标委员会组成人数不符合规定；

（六）评标委员会正式组成且所有成员到场前，对投标文件（不含开标一览表）进行开封；

（七）开标后有效投标人不足三家仍继续评标；

（八）评标委员会成员在评标未结束前早退；

（九）评标委员会在评标过程中另行制定评标标准、方法，或对招标文件规定的评标标准、方法进行修改或补充；

（十）评标委员会成员在评标过程中发表倾向性、引导性意见；

（十一）招标代理机构（采购代理机构）工作人员在评标过程中发表倾向性、引导性意见，或者干涉评标委员会正常工作；

（十二）存在评标过程中其他违反法律、法规和招标文件规定的情况；

（十三）监督人在开展本办法第六条规定工作时，受到干扰或阻碍。

第五章 监督过程的管理

第八条 监督人确定后，监审室与监督人签订《监督人承诺书》并交监审室。

第九条 监审室向监督人发放《政府采购监督情况反馈表》（以下简称《反馈表》），监督人根据监督实际情况对《反馈表》规定的内容逐项填写，对《反馈表》未规定但认为有必要备案的内容，在《反馈表》备注栏填写。

第十条 监督人填写《反馈表》完毕后，在评标工作完成后一个工作日之内，将《反馈表》交监审室存档。

第六章 监督内容建档、检查和管理

第十一条 监审室负责对《反馈表》建档、检查和管理工作，并定期向计财司报告相关情况。

第十二条 监审室应对监督人的现场监督进行不定期的检查，并对监督人未按要求填写《反馈表》的，应及时提出并纠正。对存在问题又不及时进行纠正的监督人，应及时向计财司报告。

第十三条 因工作需要查阅《反馈表》档案的，应报计财司批准，在监审室人员的陪同下进行查阅。未经批准，任何单位及个人不得查阅。

第十四条 对违反规定的监督人，将按照《中国气象局政府采购监督人员管理办法》进行处理。

第七章 附 则

第十五条 对询价、竞争性谈判、单一来源谈判等非招标方式采购活动的监督参照本办法执行。

第十六条 各省（区、市）气象局参照本办法，结合本单位实际情况，制定相关办法。

第十七条 本办法由计财司负责解释。

第十八条 本办法自下发之日起执行。

附件1

监督人承诺书

本人已接受中国气象局委托担任　　　　　　（项目编号：　　　）的监督人，在此次监督过程中，本人将切实履行法律、法规所赋予的权利和义务，独立、客观、公正地开展相关工作，并做如下承诺。

一、本人将切实履行下列义务：

1. 为政府采购工作提供真实、可靠的监督记录；

2. 遵守职业道德，严格遵守政府采购监督工作纪律，不向外界泄露监督情况。

二、本人将严格遵守以下纪律：

1. 坚守工作岗位，在评标工作结束前，不离开评标地点。如有特殊情况确需离开的，报请采购中心项目负责人同意后才离开。

2. 除采购单位给予合理监督报酬以外，不收受其他有关利害关系人的任何现金、有价证券和礼物。

三、本人无任何下列情形：

1. 参与本采购项目投标供应商主要负责人的近亲属。

2. 与投标及其附属机构有隶属关系和利益联系。

3. 是投标人的项目主管部门或者行政监督部门的人员。

4. 与参与本采购项目的供应商有经济利益关系，可能影响公正监督的。即有下列情况之一的：

（1）配偶或直系亲属在参加该采购项目的供应商中任职或担任顾问或者与参加该采购项目供应商发生过法律纠纷；

（2）与参与本采购项目的供应商有其他经济利益关系，可能影响公正监督。

本人如存在上述情形之一的，应立即提出回避申请。

本人如违反上述承诺，则同意取消本人监督人资格并承担相应的法律责任，同时愿意接受公开谴责、组织处理和法律追究。

特此承诺。

承诺人（签字）：

时间：

附件 2

政府采购监督情况反馈表

编号：　　　　　　　　　　　　监督人：　　　　　　　　　　填写日期：　　年　月　日

	项目名称			
	采购单位			
	代理机构			
	采购方式		采购金额	
	监督人姓名		联系电话	
抽取专家情况	是否按程序抽取评审专家		□是	□否
	是否在规定的政府采购专家库中抽取评审专家		□是	□否
	抽取的评审专家在专家数量、构成是否符合相关规定要求		□是	□否
	特殊情况下确定的评审专家是否符合相关的规定		□是	□否
开标情况	是否在开标开始前宣读了招标工作纪律		□是	□否
	是否将在规定的投标截止时间之后才提交投标文件的投标人作为有效投标人		□是	□否
	在规定的开标时间到达后，符合开标条件但仍未开标		□是	□否
	监督人和投标人代表是否检查相关文件的密封情况		□是	□否
	是否将密封不符合要求的投标人作为有效投标人		□是	□否
	同一投标人代表分别代表两个或以上投标人，开标时是否列为有效投标人		□是	□否
	是否将不符合要求的投标一览表的投标人列为有效投标人		□是	□否
	在投标价低于采购预算的投标人不足三家时，采购人是否存在有选择性地接受超过采购预算投标人的情况		□是	□否
	唱标金额与投标金额是否一致		□是	□否
	开标过程中是否存在其他违反法律、法规和招标文件约定的情况（如有，请在备注中说明）		□是	□否
	监督人在开标过程中履行职责时，是否受到干扰或阻碍（如有，请在备注中说明）		□是	□否

续表

评标情况	是否对评审专家的身份进行核实	□是	□否
	是否在评审开始前宣读了评审工作纪律	□是	□否
	唱标后有效投标人不足三家未废标仍继续评标	□是	□否
	发现评审专家、采购人代表应回避时，但未回避	□是	□否
	评审专家或采购人代表是否签署承诺书	□是	□否
	评审委员会组成人数是否符合规定	□是	□否
	需要重新抽取评审专家时，是否按规定抽取	□是	□否
	评审委员会正式组成且所有成员到场前，投标文件(不含投标一览表)进行了开封	□是	□否
	对评标过程进行监督的录音、录像设备是否开启并正常工作	□是	□否
	是否收取并保管评审委员会成员通信工具	□是	□否
	是否有评审专家和采购人代表在评审未结束前提前离开	□是	□否
	评审委员会在评审过程中是否另行制定评标标准、方法，或对招标文件规定的评标标准、方法进行修改或补充	□是	□否
	评审委员会成员在评标过程中是否发表倾向性、引导性意见	□是	□否
	其他工作人员在评标过程中是否发表倾向性、引导性意见，是否干涉评审委员会正常工作	□是	□否
	是否对评标结果记录进行核对	□是	□否
	评审过程中是否存在其他违反法律、法规和招标文件约定的情况(如有，请在备注中说明)	□是	□否
	监督人在评审过程中履行职责时，是否受到干扰或阻碍(如有，请在备注中说明)	□是	□否
备注	其他需说明的内容(如空格不够，可另行附页)：		

监督人签字(手签)：

中国气象局政府采购中心受托采购事项实施办法

(气计函〔2014〕134号 2014年7月22日)

第一章 总 则

第一条 为理顺中国气象局政府采购中心与采购人的委托关系,明确各方的责任,根据《中华人民共和国政府采购法》、《中华人民共和国招标投标法》及财政部和中国气象局有关规定,制定本办法。

第二条 本办法适用于气象部门采购人委托中国气象局资产管理事务中心(以下简称"资产中心")组织的政府采购。

第三条 中国气象局政府采购中心(以下简称"采购中心")是资产中心所属业务中心,具体负责气象部门政府采购组织实施工作。

第四条 本办法所称采购人是指委托资产中心组织政府采购活动的委托人。气象部门二级预算单位的采购,可直接委托资产中心;三级及以下预算单位的采购,应通过其二级预算单位委托资产中心。批量、协议供货商的采购,由相关职能司授权二级预算单位委托资产中心。

第五条 相关职能司、资产中心、采购人之间应就每年拟委托资产中心进行采购的计划、气象部门政府集中采购目录草拟,以及其他有关事项进行沟通。

第二章 采购委托

第六条 采购人在委托资产中心之前,应先确认以下事项:

(一)采购的货物、工程或服务属于《气象部门集中采购目录》范围;

(二)有关项目已经得到批准,相关资金的预算已经落实;

(三)采购的货物、工程或服务所涉及的政府采购预算、政府采购计划已批复;

(四)采取非公开招标采购方式或采购进口产品,需要财政部门审批的,已经获得批准。

第七条 对采购人编制采购文件(即招标文件、竞争性谈判文件、询价文件、单一来源谈判文件,下同)的要求如下。

(一)采购人在编制采购文件中,应对以下事项进行明确:

1. 供应商的资质和业绩等要求;

2. 拟采购产品的数量(包括备件、辅助设备的数量);

3. 拟采购产品的技术要求,如产品技术指标、基本性能等;

4. 技术服务要求,包括售前、售中和售后服务,如安装、调试、培训、维护等;

5. 在法律法规规范下的评分标准、办法;

6. 其他需要明确的事项,如质保期、交货期及地点、付款条件等。

(二)采购人应合理设置相关采购要求和条件,不得设置明显高于项目要求的资质条件、与项目无关的条件;不得设歧视性、排他性、倾向性条款。具体包括:

1. 不得设置关于规模的限制条件,包括注册资本、资产总额、营业收入、从业人员、利润、纳税额等;

2. 不得将非强制性认证标准(即自愿认证标准)、业绩要求设为供货商的必备条件;

3. 不得设置明显高于项目要求的资质条件、与项目无关的条件;

4. 不得指定品牌、名称、原产地等;

5. 技术指标不得采用某一供应商的专利或者特有的技术,不得以某一品牌的指标代替通用指标;

6. 通用类货物技术标准要符合市场一般配置标准,不得设置超出一般配置标准的条件;

7. 其他具有排他和倾向性的条款。

采购中心应根据采购方式、采购内容向采购人提供采购文件的模板。在委托前及采购文件编制中,采购人应加强与采购中心的沟通,采购中心应提供相关法律法规的支持。

第八条 采购人应以行文方式向资产中心发送《关于委托实施×××项目采购的函》(以下简称《委托函》,具体格式参见附件1),并同时提交以下材料:①采购文件(送审稿);②项目建设内容的说明;③项目及预算情况说明;④政府采购预算及采购计划情况说明;⑤采取非公开招标采购方式或采购进口产品且需要财政部门审批的,应提供财政部门相关审批文件。其中:项目及预算情况、政府采购预算及采购计划批复情况说明须经采购人计划财务机构确认并盖章及签字。

第九条 资产中心收到采购人的《委托函》及相关材料后,由采购中心对采购人提交材料的完整性和规范性等方面进行审查。对材料不完整或不规范的,应及时通知采购人补充、完善。资产中心应在收到《委托函》,或采购人补充、完善相关资料3个工作日内确定是否受理并通知采购人;对不受理委托的,应将不受理的原因反馈采购人。

第三章 采购文件技术审查

第十条 资产中心受理采购项目后,应组织采购中心根据中国气象局有关规定组织技术评审委员会对采购文件(送审稿)进行技术审查。

第十一条 采购文件技术审查一般在委托受理确定后3个工作日内进行,具体时间由采购中心商采购人确定,并于技术审查前1个工作日将相关事宜通知采购人。采购人应派熟悉该项目的相关技术人员在审查时介绍相关情况。

第十二条 技术审查结束后1个工作日内,采购中心应将采购文件(送审稿)的审查意见反馈采购人。采购人对采购文件(送审稿)进行修改、完善、确认后,形成采购文件(正式稿),连同《采购文件审批表》(格式见附件2)送采购中心。

第四章 采购组织实施

第十三条 采购文件(正式稿)确认后,采购中心依据不同的采购方式依法发布采购文件:

(一)采取公开招标方式采购的,于收到《采购文件审批表》后2个工作日内,在"中国政府采购网(www.ccgp.gov.cn)"上发布公开招标公告。

(二)采取邀请招标方式采购的,于收到《采购文件审批表》后2个工作日内,在"中国政府采购网(www.ccgp.gov.cn)"上发布资格预审公告。公告期结束后1个工作日内,采购中心应将提交资格证明文件的潜在供应商名单交采购人,由采购人审核后在符合资格条件的潜在供应商中随机选取不少于3个潜在投标人,并行文通知采购中心。采购中心收到后应于2个工作日内审核后并发出投标邀请书。

(三)采取竞争性谈判、询价方式采购的,采购人应通过发布公告或从省级以上财政部门建立的供应商库中随机抽取的方式,确定不少于3家符合谈判文件规定的资格条件的潜在供应商。潜在供应商名单随《采购文件审批表》一并送采购中心。采购中心收到后2个工作日内审核后发出谈判邀请书。

(四)采用单一来源采购的,采购人应确定潜在供应商名单(采购单位自行推荐相关经验人员组成谈判小组的,还需提供谈判小组成员名单),并随《采购文件审批表》一并送采购中心。采购中心收到后2个工作日内审核后发出谈判邀请书。

第十四条 招标公告或者资格预审公告、投标(谈判)邀请书发出后,采购人提出补充、修改,应将修改内容书面提交采购中心,由采购中心审核后在1个工作日内发出公告或通知,并书面通知潜在供应商,并按法律、法规顺延投(开、评)标时间或谈判时间。采取非公开招标方式且需要重新确定邀请投标对象或谈判对象,应按规定重新确定邀请投标对象或谈判对象。

第十五条 招标公告或者资格预审公告、投标(谈判)邀请书发出后,采购人因故取消或暂停采购的,采购人应书面通知采购中心,由采购中心审核后在1个工作日内发布公告或通知,并书面通知潜在供应商。

第十六条 采购人应在确定评审委员会或谈判小组组成成员名单之前,根据《中国气象局政府采购监督人员管理办法》(气计函〔2013〕56号)及《中国气象局政府采购监督人员抽取流程》抽取并确定采购监督人。

第十七条 评审委员会或谈判小组由专家和采购人代表组成。采取公开招标、邀请招标方式、竞争性谈判和询价等采购方式的,评审委员会专家按规定从政府采购专家库中抽取;采取单一来源谈判方式的,评审委员会专家由采购人推荐或由采购中心商采购人确定,由采购人推荐的,应在谈判前至少1工作日将专家名单书面提交采购中心。

第十八条 采购人应于开标或谈判前1工作日,确定采购人代表。采购人代表的人数由采购中心根据评审委员会或谈判小组组成人数,按"不超过评审委员会或谈判小组人数的三分之一"确定并通知采购人。

采购人代表应携带《关于委派采购人代表参加评审的函》（具体格式参考附件3）、本人有效身份证件、加盖采购人公章并密封的《招标采购预算说明》（具体格式参考附件4）准时到场。

第十九条 评标或谈判结束后，采购中心应填写《采购项目评审结果呈报表》（格式见附件5），将过程的完整资料进行扫描并形成电子文档，交采购人。采购人应于3个工作日内签署意见并提交采购中心，采购中心应于收到相关意见2个工作日内，在财政部门指定的政府信息发布媒体上发布采购结果公告。

第五章 采购合同签订及归档

第二十条 采购人在采购中心发出中标（成交）通知书之日起30日内，与供应商签订采购合同，并于合同签订之日起10个工作日内将合同副本或复印件（包括电子版）送采购中心存档。在签订采购合同过程中，采购人有要求的，采购中心应给予协助和配合。

第二十一条 采购中心和采购人应分别对相关采购资料进行归档，归档期限为自采购结束之日起15年。

第六章 质疑及投诉

第二十二条 采购中心收到对采购文件的质疑，应立即将收到的质疑以书面形式反馈采购人，对技术服务指标等需委托单位答复的质疑，由采购人对相关意见进行分析并做出不认可、全部或部分认可、取消此次采购的意见，说明理由以书面反馈采购中心，采购中心审核后反馈质疑人并负责处理相关事宜。在采购人确定反馈意见时，涉及相关法律、法规的，采购中心应提供必要的支持协助。

第二十三条 采购中心收到对采购结果质疑的，应立即将收到的质疑以书面形式反馈采购人，涉及技术服务指标等需要委托单位答复的质疑，由采购人对相关意见进行分析，做出答复并说明理由以书面反馈采购中心，采购中心审核后反馈质疑人并负责处理相关事宜。在采购人确定反馈意见时，涉及相关法律、法规的，采购中心应提供必要的支持。

第二十四条 收到对采购文件或采购结果的质疑，但不涉及技术服务指标等的，由采购中心提出相关意见，并商采购人后予以答复并说明理由。

第二十五条 在处理质疑过程中，需要评审委员会进行复议的，由采购中心组织，委托单位应委派原委派的采购人代表参与。

第二十六条 政府采购监督管理部门收到投诉后，在核查中，采购中心、采购人应积极配合。

第七章 附 则

第二十七条 采购时间要求比较紧迫的，采购人应提前就有关问题与采购中心沟通。

采购中心在符合规定的情况下,应尽量予以满足。

第二十八条 春节、国庆放假前2日内,采购中心原则上不得发布招标公告和招标结果的公示。

第二十九条 因质疑、投诉以及其他原因,需要调整开(评)标时间、和谈判时间的,由采购中心商采购人确定,并按法律、法规的规定进行调整。

第三十条 本办法自下发之日起执行。

附件1—5:略

关于申请单一来源采购方式审核前公示有关事项的通知

(气计函〔2015〕15号)

各省(区、市)气象局、计划单列市气象局,各直属单位:

根据《中央预算单位变更政府采购方式审批管理办法》(财库〔2015〕36号)和《关于中央预算单位申请单一来源采购方式审核前公示有关事项的通知》(财办库〔2015〕8号)的有关规定,现将有关事项通知如下:

一、《中央预算单位变更政府采购方式审批管理办法》(财库〔2015〕36号)将于2015年3月1日起实施。根据该办法,各单位申请单一来源采购方式的,需在中国政府采购网上按规定格式和要求进行公示。

二、公示由各二级预算单位按照《关于中央预算单位申请单一来源采购方式审核前公示有关事项的通知》(财办库〔2015〕8号)所附操作指南自主进行。

三、需使用数字安全证书(UKEY)登录中国政府采购网点击右上方"财政部政府采购管理交易系统"或访问网址 http://pub.ccgp.gov.cn/loginx/进入公示操作界面。请各单位填写《外部用户证书申请及变更表(外网)》(见附件1),于2月6日前将签字盖章的纸质表格寄送至中国气象局计财司资产与资金处。《外部用户证书申请及变更表(外网)》第4部分"申请单位审核意见"由各二级预算单位签署同意并盖章。

附件:1. 外部用户证书申请及变更表(外网)
    2. 关于中央预算单位申请单一来源采购方式审核前公示有关事项的通知(财办库〔2015〕8号)
    3. 中央预算单位变更政府采购方式审批管理办法(财库〔2015〕36号)(略)

中国气象局计划财务司
2015年1月27日

附件 1

外部用户证书申请及变更表(外网)

1. 申请人及单位信息						
申请人姓名		人员类型		☐正式 ☐借调	联系电话	
身份证件号码						
*申请人电子邮箱						
申请人单位全称						
通信地址					邮编	
机构类型	☐预算单位 ☐商业银行 ☐其他_____					
组织机构编码				预算单位编码		
申请人签字：				年 月 日		
2. 证书业务申请						
申请类型	☐证书申请 ☐证书延期 ☐证书更新 ☐证书补办 ☐证书冻结 ☐证书解冻 ☐证书注销					
申请理由	单一来源方式变更申请自主公示					
USBKey序列号						
3. 证书权限						
访问的应用系统	序号	应用系统名称			财政部业务主管单位	
	1	财政部政府采购管理交易系统			国库司	
	2					
	3					
4. 申请单位审核意见						
申请单位(盖章)：				年 月 日		
5. 财政部业务主管单位审核意见						
财政部业务主管单位(盖章)：				年 月 日		
6. 财政部信息网络中心意见						
财政部信息网络中心(盖章)：				年 月 日		
7. 证书领取						
签字：				年 月 日		

说明：1. 带*为选填项，不带*为必填项；
   2. 对带有选项的，在确定的选项上打√；
   3. "USBkey 序列号"，只在申请证书延期、更新、注销时由申请人填写。

附件 2

关于中央预算单位申请单一来源采购方式审核前公示有关事项的通知

(财办库〔2015〕8 号)

党中央有关部门办公厅(室),国务院各部委、各直属机构办公厅(室),全国人大常委会办公厅秘书局,全国政协办公厅秘书局,高法院办公厅,高检院办公厅,有关人民团体办公厅(室),新疆生产建设兵团财务局:

根据《政府采购非招标采购方式管理办法》和《中央预算单位变更政府采购方式审批管理办法》(财库〔2015〕36 号)的有关规定,现将中央预算单位申请变更单一来源采购方式审核前公示的有关事项通知如下:

一、自 2015 年 3 月 1 日起,中央预算单位对符合政府采购法第三十一条第一项规定情形的采购项目,申请变更单一来源采购方式的,需经主管预算单位同意,并在中国政府采购网上按规定格式和要求进行公示。

二、中央预算单位应使用数字安全证书(UKEY)登陆中国政府采购网点击右上方"财政部政府采购管理交易系统"(以下简称系统)或访问网址(http://pub.ccgp.gov.cn/loginx/)进入公示操作界面。中央预算单位申请 UKEY 需填写《外部用户证书申请及变更表(外网)》(见附件),由主管预算单位汇总后交财政部信息网络中心统一制发。财政部原则上为每个单位提供 2 个 UKEY。

三、中央主管预算单位可通过系统为所属单位变更单一来源采购方式进行统一公示,也可在系统中设置本部门所属预算单位的公示权限,由预算单位自主公示。中央主管预算单位应在 2015 年 2 月 10 日前将本部门系统管理人员及所属预算单位的 UKEY 申请表交财政部信息网络中心,联系电话:4008101996-8。

附件:略

财政部办公厅
2015 年 1 月 19 日

关于气象部门变更政府采购方式财政审批有关问题的通知

(气计函〔2015〕28号)

各省、自治区、直辖市气象局,计划单列市气象局,各直属单位,各内设机构:

根据财政部《中央预算单位变更政府采购方式审批管理办法》(财库〔2015〕36号)的规定,结合气象部门的实际情况,现将气象部门变更政府采购方式财政审批有关问题通知如下:

一、适用范围

气象部门各级预算单位达到公开招标数额标准的货物、服务采购项目,因特殊原因需要采用公开招标以外采购方式的,应当在采购活动开始前,报中国气象局计划财务司审查、报财政部审批。

公开招标以外其他采购方式是指邀请招标、竞争性谈判、竞争性磋商、单一来源采购、询价以及财政部认定的其他采购方式。

二、申报主体

各二级预算单位应将本级及所属下级预算单位的变更政府采购方式事项汇总,以公文方式报送中国气象局计划财务司审查。

中国气象局统一布局,在同一预算年度内多个预算单位采购同一品目的货物或者服务,拟申请变更为同一种采购方式的,由主管业务司委托中国气象局政府采购中心牵头申报,指定一个二级预算单位提供相应技术支撑,并通知各采购执行单位做好配合工作。

三、申请变更采购方式的流程和材料

1. 内部会商。采购执行单位组织二级预算单位计财机构、项目主管业务机构的相关人员,根据采购需求和相关行业、产业发展情况,对拟申请采用采购方式的理由及必要性进行内部会商。会商意见应当由采购执行单位、计财机构、相关业务机构共同签字认可。因只能从唯一供应商处采购而申请变更为单一来源采购方式的,还需要由采购项目执行单位组织3名以上专业人员对只能从唯一供应商处采购的理由进行论证,分别手写出具《单一来源采购论证意见》(见附件1)。专业人员不能与论证项目有直接利害关系,不能是采购项目执行单位或者潜在供应商及其关联单位的工作人员。

由主管业务司委托中国气象局政府采购中心牵头申报的,会商意见应由中国气象局政府采购中心组织计财司、主管业务司的相关人员共同出具。因只能从唯一供应商处采购而申请变更为单一来源采购方式的,由政府采购中心组织专业人员论证。

因公开招标失败申请变更采购方式的,不需要进行内部会商。

2. 网上公示(单一来源)。因只能从唯一供应商处采购而直接申请变更为单一来源采购方式,由负责申报的二级预算单位在中国政府采购网上进行公示(操作指南见附件2),公示期不得少于5个工作日,公示材料为单一来源采购征求意见公示文书(格式见附件3)和单一来源采购专业人员论证意见表(格式见附件4)。因公开招标过程中提交投标文件或者经评审实质性响应招标文件要求的供应商只有一家而申请单一来源方式采购的,公示材料还包括评标委员会或3名以上评审专家、代理机构分别出具的招标文件无歧视性条款、招标过程未受质疑相关意见材料。由主管业务司委托中国气象局政府采购中心牵头申报的,由中国气象局政府采购中心进行公示。公示有异议的,应在公示期满5个工作日内,组织补充论证。论证后认为异议成立的,应当依法采取其他采购方式;论证后认为异议不成立的,应将异议意见、论证意见与公示情况一并报送计划财务司审查。因采购任务涉及国家秘密需要变更为单一来源采购方式的,可不进行公示。

3. 负责申报的二级预算单位向中国气象局计划财务司报送正式公文。由主管业务司委托中国气象局政府采购中心牵头申报的,由中国气象局政府采购中心向计划财务司报送公文。

公文按照以下顺序和内容拟定。

(1)项目基本情况。

①单位名称:指申请变更政府采购方式项目的执行单位全称;

②采购项目名称:指申请变更政府采购方式的项目名称;

③项目金额:指申请变更政府采购方式项目的预算金额;

④所属项目名称:指变更政府采购方式项目所属预算批复文件中的项目名称;

⑤预算批复总数:指所属项目在预算批复文件中的项目预算金额;

⑥预算下达年份;

⑦申请变更为单一来源的,需提供拟定的唯一供应商名称、地址;

⑧联系人及联系方式。

(2)项目背景。指申请变更政府采购方式项目的重要性、立项情况及前期准备工作等。

(3)申请变更的采购方式和变更理由。主要阐述项目执行单位选择此项产品或服务的必要性;拟申请变更的采购方式及变更理由;采购项目的市场调研情况、相关技术指标等。

同时应报送的附件如下:

(1)申请变更政府采购方式项目所属项目的部门预算批复表(当页)。

(2)未经公开招标直接申请变更采购方式的,应提供单位内部会商意见。

(3)因只能从唯一供应商处采购而直接申请变更为单一来源采购方式的,应提供公示情况和3名以上专业人员分别手写出具的《单一来源采购论证意见》。公示有异议,经补充论证认为异议不成立的,应提供异议意见、论证意见和公示情况。

(4)因公开招标失败申请变更采购方式的,应提供在中国政府采购网发布招标公告的证明材料、二级预算单位和采购代理机构出具的对招标文件和招标过程没有供应商质疑的说明材料、评标委员会或3名以上评审专家出具招标文件没有不合理条款的论证意见。

(5)因非采购执行单位所能预见的原因或者非采购执行单位拖延造成采用招标时间

不能满足需要而申请变更采购方式的,应提供项目紧急原因的说明材料。

(6)因采购任务涉及国家秘密需要变更采购方式的,应提供由国家保密机关出具的本项目为涉密采购项目的证明文件。

4.中国气象局计划财务司对申请材料进行审查。符合规定的,由计划财务司出具变更采购方式的申请公文,并将申请公文及需报送财政部审批的其他申请材料反馈给负责申报的二级预算单位。由主管业务司委托中国气象局政府采购中心牵头申报的,计划财务司将全部申请材料反馈给中国气象局政府采购中心和相关二级预算单位。不符合规定的,计划财务司应在3个工作日内通知申请单位修改补充。

5.各二级预算单位收到申请材料后,通过"政府采购计划管理系统"报送采购方式变更申请。由主管业务司委托中国气象局政府采购中心牵头申报的,相关采购执行单位应通过"政府采购计划管理系统"报送采购计划,由中国气象局财务核算中心统一勾选相关采购计划、上传申请材料,一揽子向财政部报送变更申请。

四、其他要求

1.各二级预算单位应最迟在部门预算批复后10个工作日内将申请变更政府采购方式的正式公文报送计划财务司。

2.各二级预算单位应严格预算审核,对于未编报相应政府采购预算、政府采购预算额度不足、采购内容与项目初设、可研等不符的,应先履行相应调整手续。

3.本文件自2015年3月1日起生效。原《关于气象部门变更政府采购方式和采购进口产品财政审批有关问题的通知》(气计函〔2012〕245号)中变更政府采购方式财政审批相关要求停止执行,采购进口产品财政审批相关要求仍有效。如既需变更政府采购方式又需政府采购进口产品,专家组应按政府采购进口产品的相关要求组成,相关附件应按两方面要求完整提供。

4.专业人员论证意见应当完整、清晰和明确,意见不明确或者含混不清的,属于无效意见,不作为审核依据。

5.未收到财政部批复同意变更政府采购方式的,不得开展该项目的采购活动。

6.财政部批复同意变更政府采购方式后,凡是列入部门集中采购目录的,各二级预算单位应在收到财政部批复后5个工作日内委托中国气象局政府采购中心组织采购。

附件:1.单一来源采购论证意见
  2.中央预算单位单一来源方式变更自主公示操作指南(略)
  3.单一来源采购征求意见公示文书
  4.单一来源采购专业人员论证意见表
  5.中央预算单位变更政府采购方式审批管理办法(财库〔2015〕36号)(略)

中国气象局计划财务司
2015年2月16日

附件 1

单一来源采购论证意见

采购项目名称			
拟申请变更的政府采购方式			
专业人员姓名		身份证号码	
职务/职称		联系电话	
工作单位			
专业人员论证意见（手写）			

专 业 人 员 签 字
年 月 日

附件 3

＊＊＊(二级预算单位)＊＊＊项目单一来源采购征求意见公示

＊＊＊(二级预算单位)申请＊＊＊(采购执行单位)＊＊＊(采购项目)采用单一来源方式采购,项目具体内容为＊＊＊。该项目拟由＊＊＊(供应商名称)提供(或承担)。现将有关情况向潜在政府采购供应商征求意见。征求意见期限从＊＊年＊月＊日起至＊＊年＊月＊日止。

潜在政府采购供应商对公示内容有异议的,请于公示期满后两个工作日内以实名书面(包括联系人、地址、联系电话)形式将意见反馈至财政部国库司政府采购管理一处(联系电话:01068552921;01068552272;01068552231)和中国气象局计划财务司(地址:北京市海淀区中关村南大街46号,联系人:郭晋,联系电话:010－68409833)。

附:
1. 专家论证意见及专家姓名、工作单位、职称(略);
2. 评审专家和代理机构分别出具的招标文件无歧视性条款、招标过程未受质疑相关意见材料(略)。

＊＊年＊月＊日

附件 4

单一来源采购专业人员论证意见表

时间：　　年　月　日

中央主管预算单位	中国气象局
中央预算单位	（填写采购执行单位名称）
项目名称	
项目背景	
专家 1 论证意见	 姓名：　　　工作单位：　　　职称：
专家 2 论证意见	 姓名：　　　工作单位：　　　职称：
专家 3 论证意见	 姓名：　　　工作单位：　　　职称：

政府向社会力量购买服务暂行办法

(陕财办综〔2014〕117号 2014年10月15日)

第一章 总 则

第一条 为进一步规范和推进政府向社会力量购买服务工作,加快政府职能转变,深化社会领域改革,促进服务业发展和服务型政府建设,为人民群众提供更好的公共服务,根据《国务院办公厅关于政府向社会力量购买服务的指导意见》(国办发〔2013〕96号)和《陕西省人民政府办公厅关于政府向社会力量购买服务的实施意见》(陕政办发〔2014〕107号)有关精神,制定本办法。

第二条 本办法所称政府向社会力量购买服务(以下简称政府购买服务),是指通过发挥市场机制作用,把政府直接向社会公众提供的一部分公共服务事项,按照一定的方式和程序,交由具备条件的社会组织、机构和企业等社会力量承担,并由政府根据合同约定向其支付费用的公共服务供给方式。

第三条 政府购买服务根据《中华人民共和国预算法》、《中华人民共和国政府采购法》、《中华人民共和国合同法》等法律法规组织实施。政府购买服务按照"公平、公开、竞争、择优"的原则进行。

第二章 购买主体

第四条 政府购买服务的主体(以下简称购买主体)是全省各级行政机关和参照公务员法管理、具有行政管理职能的事业单位。

其他纳入行政编制管理且经费由财政负担的党政机关、群团组织,其代表政府向社会提供公共服务的部分,也应根据实际需要,通过购买服务方式提供公共服务。

第三章 承接主体

第五条 承接政府购买服务的主体(以下简称承接主体),包括依法在民政部门登记成立或经国务院批准免予登记的社会组织,以及依法在工商行政管理或行业主管部门登记成立的企业、机构等社会力量。

第六条 政府购买服务的承接主体应具备以下基本条件:

(一)依法设立,具有独立承担民事责任的能力。

(二)治理结构健全,内部管理和监督制度完善。

（三）具有独立、健全的财务管理、会计核算和资产管理制度。

（四）具备提供公共服务所必需的设施、人员和专业技术能力。

（五）具有依法缴纳税收和社会保险费的良好记录。

（六）在参与政府购买服务竞争前三年内无违法经营行为或重大违纪行为，企业按规定报送年度报告且信用记录良好，资质审查合格且社会信誉良好，能够按要求提供相关评估或质量等级证书。

（七）承接主体承接公共服务应符合国家有关政事分开、政社分开、政企分开的要求，与购买主体无行政隶属或者依附、挂靠关系。

（八）法律、法规规定以及具体购买服务项目要求的其他条件。

第七条 承接主体的其他资格条件和准入门槛由财政部门会同有关登记管理机关、行业主管部门研究确定，具体服务项目的具体承接条件由购买主体会同财政部门根据购买服务项目的性质和质量要求确定，并向社会会示。获得3A以上评估等级的社会组织，可优先获得政府购买服务。

第八条 鼓励事业单位参与政府购买服务。通过政府购买服务推动事业单位分类改革，推动事业单位与主管部门理顺关系和去行政化，推进有条件的事业单位转为企业或社会组织。按照"费随事转"的原则，建立政府购买服务经费安排与事业单位机构编制管理相互协调，相互约束的机制。

第九条 通过政府购买服务推动行业协会、商会、研究会、基金会等社会团体组织与行政机关限期脱钩。在两年过渡期内，通过购买服务方式给予行业协会、商会、研究会、基金会等组织适当支持，但要相应核减财政直接拨款。过渡期结束后，行业协会、商会、研究会、基金会作为政府购买服务的承接主体，按照有关行业组织规定管理，不再直接拨付财政经费。

第四章 购买内容

第十条 政府购买服务的内容为适合采取市场化方式提供、社会力量能够承担的公共管理和服务事项，凡属事务性管理服务，原则上都要纳入政府购买服务范围，政府购买服务突出公共性、公益性。重点考虑、优先安排与保障和改善民生密切相关的领域和项目。

第十一条 各级政府要加强政府购买服务研究，要按照财力与事权相统一的原则，根据政府职能，并与经济社会发展水平相适应，合理确定政府购买服务的内容和范围。对不属于政府职责范围，以及应当由政府直接提供、不适合社会力量承担的管理和服务事项，不得向社会力量购买。

第十二条 对于政府新增的或临时性、阶段性的管理和服务事项，凡适合社会力量承担的，都应按照政府购买服务的方式进行，不再增加新的财政供养机构和人员。

第十三条 对于已经转移、取消或者下放的政府职能和事项，不得安排财政资金购买服务。

第十四条 除法律法规另有规定,或涉及国家安全、保密事项以及司法审判、行政行为等不适合向社会力量购买,以及不属于政府职能的服务项目外,下列事项可以通过政府购买服务的方式,逐步交由社会力量承担：

（一）基本公共服务事项。基本公共教育、劳动就业服务、人才服务、社会保险、社会救助、社会福利、基本养老服务、优抚安置服务、基本医疗卫生、人口和计划生育服务、基本住房保障、公共文化、公共体育、基本公共安全服务、残疾人基本公共服务、环境保护、交通运输、市政管理、三农服务等领域适宜由社会力量承担的基本公共服务事项。

（二）社会管理服务事项。社会组织管理、社区事务、社工服务、法律援助、慈善救济、公益服务、人民调解、安置帮教、社区矫正、司法鉴定、公共公益宣传等领域适宜由社会力量承担的公共服务事项。

（三）行业管理与协调事项。行业规划、行业规范、行业职业资格认定、行业调查、行业统计分析、贸易纠纷诉讼、处理行业投诉等领域适宜由社会力量承担的公共服务事项。

（四）中介技术服务事项。项目评估、项目评审、检验检疫检测、技术服务、业务咨询、资产评估、审计服务、绩效评价等领域适宜由社会力量承担的公共服务事项。

（五）其他公共服务事项。法律服务、决策咨询、课题研究、会议经贸活动、展览服务等领域适宜由社会力量承担的公共服务事项。

第十五条 各级财政部门应会同有关部门,根据《陕西省人民政府向社会力量购买服务指导目录》,按照有利于转变政府职能,有利于降低服务成本,有利于提升服务质量水平和资金效益的原则,积极稳妥地研究制定本级政府购买服务的指导性目录,明确政府购买服务的种类、性质和内容,并根据经济社会发展变化、政府职能转变及公众需求等情况及时进行动态调整。

第五章 购买资金

第十六条 政府向社会力量购买服务所需资金列入财政预算,并在部门预决算中明细反映。按照以事定费的原则,从部门预算经费或经批准的专项资金等既有预算中统筹安排,不得截留、挪用和滞留,确保专款专用。

第十七条 购买主体在编制部门预算时,应根据同级党委、政府工作部署和本单位工作实际,结合本级政府购买服务指导性目录,同时编制年度购买服务计划,报同级财政部门。

财政部门应按照有关政策规定,对购买主体报送的购买服务计划进行审核,并将结果反馈给购买主体及相关部门。

第十八条 购买主体提供公共服务,对预算已安排资金且明确通过购买方式提供的服务项目,按相关规定执行;对预算已安排资金但尚未明确通过购买方式提供的服务项目,可根据实际情况,调整通过政府购买服务方式实施。

第十九条 财政部门和购买主体应充分发挥行业主管部门、行业协会和专家等专业优势,结合项目特点,综合物价水平、工资水平、社会保障规定、税费成本等因素,对购买内容进行合理定价,既要节约财政资金,又要保证承接主体的运营成本及合理回报。

第二十条 政府购买服务所需资金由购买主体依据购买服务合同,按现行政府采购预算管理资金支付程序支付。也可以根据政府购买服务的不同形式,由财政部门审核购买服务合同后,采取其他支付方式。

第六章 购买程序

第二十一条 政府购买服务项目经财政部门审核同意后,购买主体要及时按照政府采购有关程序通过相关媒体向社会公开购买服务项目的服务内容、服务标准、服务要求、购买程序、承接标准、评估方法和评价结果等相关信息。并具体组织政府购买服务活动。

第二十二条 购买主体购买公共服务,应根据购买内容的市场发育程度、服务供给特点等因素,按照方式灵活、程序简便、竞争有序、结果评价的原则组织实施。

对符合政府采购竞争性条件的,应按照《中华人民共和国政府采购法》等相关规定统一纳入采购程序,通过公开招标、邀请招标、竞争性谈判、询价、单一来源采购等方式选择承接主体。

对具有特殊性、不符合竞争性条件的,经政府采购监管部门审批后,可以采取委托、承包、特许经营、战略合作等方式选择承接主体。

对于受市场主体发育不足等因素制约、现阶段难以形成有效竞争的服务项目,购买主体可以采取将大额项目分包、新增项目另授等措施,有针对性地培育和发展多元承接主体,促进建立良性的市场竞争关系。

第二十三条 购买主体要及时与所确定的承接主体签订购买服务合同,明确购买服务的范围、数量、质量、价格、绩效目标、服务期限、资金支付方式、权利义务和违约责任等内容,并将合同报同级财政部门备案。

第二十四条 承接主体应严格履行合同义务,认真组织实施服务项目,按时完成服务项目任务,保证服务数量、质量和效果,主动接受有关部门、服务对象及社会监督,严禁分包、转包。

第二十五条 购买主体应加强履约管理,督促承接主体严格履行合同,及时了解掌握购买项目实施进度及资金运作情况,开展相关调查,并根据实际需求积极帮助承接主体做好与相关政府部门、服务对象的沟通、协调。

第二十六条 承接主体实施合同约定的服务事项后,购买主体应及时组织对合同履行情况进行检查验收,并根据合同约定,按照现行的财政财务管理制度和国库集中支付管理制度,办理资金支付。

第七章 绩效管理

第二十七条 财政部门应按照建立全过程预算绩效管理机制的要求,积极推进政府购买服务绩效评价工作。强调结果导向,强化部门支出责任,加强成本效益分析,控制公共成本，节约社会资源，注重结果应用。评价结果向社会公布，并作为以后编报购买服务计划和选择承接主体的重要参考依据。

第二十八条 购买主体要会同财政部门，围绕购买服务流程、专业方法、质量控制、监督管理、需求评估、成本核算、招投标管理、绩效考核、能力建设等环节，做好相关标准研制，逐步建立科学合理、协调配套的购买服务标准体系。

承接主体要加强服务项目标准体系建设，科学设定服务需求和目标要求，合理编制规范性服务标准文本。

第二十九条 购买主体要会同财政部门、承接主体探索建立由购买主体、服务对象及第三方机构组成的综合性评价机制，对购买服务项目数量、质量和资金使用绩效等进行考核评价。

第三十条 鼓励利用政府购买服务的方式积极推进第三方评价。坚持过程评价与结果评价、短期效果评价与长远效果评价、社会效益评价与经济效益评价相结合，确保评价工作的全面性、客观性和科学性。

第八章　监督管理

第三十一条 强化政府购买服务的社会监督。购买主体应建立健全政府购买服务信息公开机制，除涉密事项外，要及时在本单位门户网站、中国政府采购网等相关媒体披露、公开与政府购买服务相关的信息，包括承接主体的选择标准、选择结果、考评标准、考评结果等信息。实现政府购买服务的事前、事中、事后全程社会公开，主动接受社会监督。任何单位和个人有权对政府购买服务中的违法行为进行检举，有关部门应当依照各自职责及时处理。

第三十二条 购买主体要建立健全内部监督管理制度，严格遵守相关财政财务管理规定，确保资金规范管理和使用，防止截留、挪用和滞留资金。要督促承接主体健全财务报告制度，及时组织具有合法资质的注册会计师对其财务报告进行审计。要建立监督检查机制，加强对政府购买服务的全过程监督，积极配合有关部门将承接主体的购买服务行为纳入年检、评估、执法等监管体系。

第三十三条 财政部门应会同审计、监察等有关部门加强对政府购买服务的监督，确保政府购买服务资金规范管理的合理使用。对发现的违法违规行为，依照《财政违法行为处罚处分条例》等法律法规追究相关机构和人员的责任。对在政府购买服务工作中做出突出贡献、取得良好社会和经济效益的社会组织，可给予奖励性补助。

第三十四条 民政、工商行政管理以及行业主管等部门要按照职责分工，将社会力量承接政府购买服务行为纳入评估、执法等监管体系。并会同购买主体、财政部门建立相应的信用记录及应用机制，不断健全守信激励和失信惩戒机制。社会组织登记管理机关负责核实社会组织的资质及相关条件，向购买主体提供社会组织名录。

第三十五条 承接主体应对购买服务的项目资金进行规范的财务管理的会计核算，接受并配合相关部门对资金使用情况进行监督检查和绩效评价，按要求提供相关资料。

第三十六条 建立政府购买服务退出机制,对违反有关规定弄虚作假、分包、转包、冒领财政资金以及有其他违法违规行为的承接主体,依法给予行政处罚,列入政府购买服务黑名单。违反法律法规的,依法追究法律责任。

第九章 附 则

第三十七条 市、县人民政府可根据本办法制定实施细则。

第三十八条 本办法自2014年11月1日实行,有效期至2016年10月30日。

关于进一步规范政府采购活动的通知

(陕财办采资〔2014〕143号)

各设区市、杨凌示范区、韩城市、省管县财政局,省级各部门、单位,各政府采购代理机构:

为进一步规范采购行为,提高采购效率,强化政府采购监管,保障采购活动有序进行,按照国家有关规定,并结合我省实际,现就有关问题进一步明确如下,请遵照执行。

一、规范政府采购业务委托代理工作

(一)经审批为部门集中采购的项目,由采购单位自行选定社会代理机构(指除政府集中采购机构以外且在省级以上财政部门登记的代理机构,下同),任何单位及个人不得向采购单位推荐或指定,社会代理机构确定后,采购单位须以文件形式送财政部门备案。鼓励通过竞争或随机抽取等方式选择社会代理机构。对于采购金额巨大、社会关注度较高的采购项目,可通过公开招标或竞争性谈判的方式择优选定社会代理机构。各社会代理机构要加强管理,不允许其他社会代理机构及个人以本公司名义承揽和代理业务,否则,财政部门一经查实,列入不良行为记录名单,并视严重程度,暂停其3个月至半年的代理业务。同时,各社会代理机构要将本公司缴纳社会保险费人员情况报送财政部门,实行动态管理。由于社会代理机构工作失误等原因,1年内累计被有效投诉2次(含)以上的,须经财政部门认定后,暂停其代理业务半年。

(二)各代理机构(含政府集中采购机构和社会代理机构,下同)要严格按照财政部门审批的采购方式组织采购,不得建议采购单位以各种理由申请变更采购方式。受托代理采购的,要与采购单位签订《政府采购委托代理协议》,明确代理的范围、内容及双方的权利、义务和责任等事宜。在财政部门办理有关采购业务时,须出具委托代理协议。

(三)各社会代理机构的代理服务费要严格按照国家现行规定收取,不允许超过国家标准收取,严禁以返还代理费等不正当方式承揽代理业务。政府集中采购机构代理的采购项目,不得收取任何代理费用。

(四)政府集中采购机构不得将代理的项目委托给社会代理机构。确因时间紧急或技术复杂等原因不具备代理能力的,需书面报告同级财政部门同意后,由采购单位自主委托社会代理机构。

(五)各采购单位办理政府采购审批手续后,须在3日内向代理机构提供详细采购需求以及技术参数,不能提供的,代理机构在5日内退回至政府采购管理部门。如需论证或公开征询供应商意见的,代理机构须在3日内完成。采用公开招标和邀请招标方式的,代理机构须在5日内完成招标文件的起草工作;采用其他采购方式的,代理机构须在3日内完成采购文件的起草工作。公开招标和邀请招标的项目,从接到采购任务到发布中标公告须于40日内完成;其他采购项目,从接到采购任务到发布成交公告须于20日内完成。

不能按时完成的,代理机构需向同级财政部门报告情况,财政部门要加强考核。

二、规范采购文件编制和评审工作

(一)采购文件中必须细化有关指标的量化得分范围,在综合得分的每一类项下,应根据项目情况划分若干子项。对无效响应文件的实质性条款,必须在采购文件中予以明示。评审过程中,评审专家在采购文件规定的评审标准内评审及赋分的,即为合理,对畸高畸低的重大差异赋分可以提请评标委员会或竞争性谈判小组复核或书面说明理由。对拒绝复核、拒绝说明理由的,须报告同级财政部门处理,代理机构不得擅自废止畸高畸低的赋分。

(二)各代理机构可根据各自实际制定标准化采购文本,但必须以国家法律法规及我省的制度规定为依据,不得突破。凡是与国家法律法规及我省的制度规定不相符的条款,一律无效。同时,各代理机构制定的标准化采购文本只是规范其内部工作流程的文本,对外不具有法律效力。各代理机构不得以标准化采购文本规定为由,对评审专家畸高畸低的赋分作为无效处理,从而导致评审结果的改变。

(三)供应商资质审查应由评标委员会、谈判和询价小组负责。评标委员会、谈判和询价小组因评审工作繁重,可委托代理机构工作人员审查,但必须对其结果进行核查确认。采购单位其他人员不得参与资质审查。

(四)采购公告中需公布采购预算,分标段或分包的,需分开公布采购预算。采购预算公布后,若供应商报价超出采购预算,作为不实质性响应采购文件处理。

(五)如果采购文件中提及需供应商出具无重大违法记录证明的,由供应商所在地的检察机关提供,但须事先在采购文件中明示。

(六)为避免同一品牌同一型号产品出现多个投标人的现象,应当在采购文件中明确规定,同一品牌同一型号产品只能由一家供应商参加,如果有多家代理商参加同一品牌同一型号产品投标的,选取报价最低的供应商。

三、规范采购文件发售和公告工作

(一)竞争性谈判项目公告时间不得少于7天,询价项目公告时间不得少于3天。公开招标文件发售时间不得少于7个工作日,其他采购文件发售时间不得少于2个工作日。各代理机构在采购文件发售期内,不得以审查资质、提供授权书等任何理由限制潜在供应商获取采购文件,财政部门若接到举报,取消其该项目的代理资格。供应商对采购文件有质疑的,公开招标项目在投标截止时间5日前书面提出,竞争性谈判项目在响应截止时间2日前书面提出,询价项目在响应截止时间1日前书面提出,在此之后提出的质疑为无效质疑。代理机构须按质疑程序及时作出答复,若对采购文件做出实质性变动,须按规定延长截止时间。

(二)采购文件售价应当以弥补采购文件印制成本为原则,不得以营利为目的,鼓励免费获取或网上免费下载采购文件。确需收取采购文件工本费的,不设标段的标书售价最高不得超过500元;分标段出售标书的,每标段标书售价不得超过300元,具体由社会代理机构在上述标准内掌握执行。严禁将标书售价与采购金额挂钩。

(三)中标(成交)供应商确定后,中标(成交)结果应当在陕西政府采购网上公告。公告内容包括招标（谈判）项目名称、中标（成交）供应商名单、评标委员会（谈判小组）成员名单、招标采购单位的名称和电话。中标（成交）公告发布之日起7个工作日满无异议后，招标采购单位向中标、成交供应商发出中标（成交）通知书。

四、规范非招标采购活动的管理

（一）询价采购包括采购限额标准以内的货物和服务项目。其中，属于政府集中采购的项目由集中采购机构组织询价，属于部门集中采购的项目由社会代理机构组织询价。

（二）主管预算单位即为一级预算单位（或主管部门）。二级及以下预算单位拟采用非招标采购方式的，应先报经一级预算单位同意后，向设区的市级以上财政部门申请批准。各设区市财政部门可授权县（市、区）财政部门审批同级预算单位的非招标采购方式的申请。

（三）采用竞争性谈判、询价方式实施采购的，谈判文件、询价通知书可以由谈判小组或询价小组制定，也可以由代理机构根据采购单位提出的采购需求制定，并经谈判小组或询价小组确认。代理机构编制谈判文件、询价通知书的，需在谈判、询价开始前由谈判小组或询价小组对谈判文件或询价通知书进行确认。达到公开招标数额标准的采购项目，竞争性谈判小组或询价小组由5人（含）以上单数组成。对于技术复杂、专业性强的竞争性谈判采购项目，通过随机方式难以确定合适的评审专家的，经一级预算单位同意推荐报同级财政部门批准后纳入专家库统一抽取和管理。

（四）谈判文件、询价通知书不得标明特定供应商或品牌，推行协议供货制度的地方，采购项目属于协议供货范围的，按采购限额实施采购，达到公开招标限额的，可以组织公开招标，也可以由采购单位推荐三个以上协议供货品牌或供应商参与谈判，但谈判文件也须谈判小组确认。

（五）参与谈判或询价的供应商通过发布公告征集，征集不够的，可由采购单位或谈判及询价小组推荐。在采购过程中符合竞争要求的供应商不足3家的，且采购单位或谈判及询价小组不推荐的，须终止谈判、询价采购活动，发布项目终止公告并说明原因，重新开展采购活动。竞争性谈判项目重新开展采购活动时，经财政部门批准，也可以采取公开招标方式。若继续采用竞争性谈判方式的，实质性响应的供应商仍然不足3家，且只有2家的，采购单位、代理机构须报经财政部门批准后，可以继续与2家供应商进行竞争性谈判。只有1家的，先按废标处理，如采购单位有特殊需求，须报经财政部门批准后，与该供应商进行单一来源谈判。

（六）竞争性谈判项目必须实行多次报价。第一次报价后，谈判小组可以变更采购需求，最后报价为最终报价。如采购需求没有实质性变化，各供应商的报价应逐次降低，本次报价超过上次报价的，为无效报价。出现相同报价的，可再次报价，直至产生唯一最低报价。

（七）保证金不予退还时，采购单位或代理机构需向同级财政部门登记备案。

（八）成交供应商拒绝签订政府采购合同的，采购单位按照谈判小组或询价小组推荐的成交供应商之后第一位的候选供应商作为新成交供应商并与之签订采购合同，依次类推；若属于供应商原因的，采购单位书面告知财政部门后，将其列入不良行为记录名单。

若采购单位不与成交供应商签订采购合同,财政部门可暂停审批其采购活动,直至签订并履行采购合同。

(九)为保证原有采购项目一致性或者服务配套的要求,继续从原供应商处采购不超过原合同采购金额10%的采购项目,报经财政部门批准后追加;超出部分,按采购限额组织采购。拟采用单一来源方式采购的,按单一来源采购程序进行。

陕西省财政厅办公室
2014年12月30日

陕西省气象局政府采购管理实施细则

(2013年1月17日局务会审定通过)

第一章 总 则

第一条 为了规范全省气象部门政府采购行为,加强气象事业预算及支出管理,提高资金使用效益,根据中国气象局《气象部门政府采购管理实施办法》和陕西省财政厅印发的《陕西省政府采购管理暂行办法》,制定本实施细则。

第二条 本细则适用于省、市、县气象局及直属单位(以下简称采购单位)。

第三条 全省气象部门政府采购工作坚持调研不决策、决策不采购、采购严把质量关、采购与调研相分离的基本原则。

第四条 全省气象部门政府采购是指各采购单位以购买、租赁、委托或雇用等方式,使用财政性资金(中央和地方预算内资金及纳入预算管理的经营性收入)获取货物、工程及服务的采购活动。

第二章 组织形式和范围

第五条 全省气象部门政府采购的组织形式分为联合集中采购、部门统一采购和单位分散采购。

第六条 全省气象部门政府采购范围可分为货物、工程、服务三大类。

(一)货物类。

1. 电器设备,包括:电视机、电冰箱、空调、空气调节设备及计划购置在5000元以上其他电器设备等;

2. 办公自动化设备,包括:计算机、传真机、数码相机、摄像机、复印机、速印机、碎纸机、投影仪、扫描仪、刻录机、打印机及计划购置在5000元以上其他办公自动化设备等;

3. 家具,包括:屏风隔断、办公桌、文件柜、资料柜、档案柜及计划购置在5000元以上其他办公家具等;

4. 专用材料,包括:计划购置在5000元以上图书资料、专业器材及其他专用材料等;

5. 专用设备,包括:手机、对讲机、计划购置在5000元以上移动通讯设备、网络设备、档案保密设备、大型机动车辆及其他专用设备;

6. 地面、高空、辐射、农气、特种业务和人工影响天气高炮炮弹、火箭弹等各项业务类气象器材的采购。

(二)工程类。

包括：工程概算在5万元以上的集中供暖供热供气工程、修缮装饰工程、系统集成网络工程及其他各类工程等。

（三）服务类。

包括：车辆定点维修、车辆统一保险、财产保险、全年计划超过2万元的印刷、维修概算在1万元以上的一般设备、维修概算在1万元以上的专用设备。

第七条 除财政部实行联合集中采购的商品和中国气象局确定部门统一采购的商品以外，列入全省气象部门政府采购范围的三大类统一纳入单位分散采购的范围。分散采购目录由省气象局计划财务主管机构每年公布一次。

第八条 省气象局计划财务主管机构负责全省政府采购的组管理工作，按照预算拨款级次实行分级管理。

第九条 省气象局计划财务主管机构政府采购管理的主要职责：

（一）推动和监管全省气象部门各项政府采购活动；

（二）制定政府采购实施细则；

（三）汇总上报全省年度政府采购预算（省气象局直属地方气象机构的年度政府采购预算报省财政厅）；

（四）汇总上报全省联合集中采购和部门统一采购清单，组织签订政府采购合同；

（五）管理全省分散采购工作；

（六）编报全省年度政府采购统计信息；

（七）监督检查本采购单位及下属采购单位政府采购工作；

（八）组织培训政府采购人员；

（九）制定政府采购奖励与处罚规定等。

第十条 各采购单位主要职责：

（一）组织本采购单位及下属采购单位政府采购工作；

（二）制定本采购单位政府采购具体操作规定；

（三）编报本采购单位年度政府采购预算；

（四）上报本采购单位联合集中采购和部门统一采购清单，签订和履行政府采购合同；

（五）组织本采购单位分散采购工作；

（六）编报本采购单位年度政府采购统计信息；

（七）监督检查本采购单位及下属采购单位政府采购工作。

第三章 管理程序

第十一条 全省气象部门政府采购管理程序主要包括：

（一）编制政府采购预算表；

（二）制定政府采购计划；

（三）确定政府采购组织形式；

（四）选定政府采购方式；

（五）执行政府采购方式；
（六）验收货物、服务或工程；
（七）支付资金、结算记账等。

第十二条 各采购单位每年应按照部门预算中政府采购预算表规定的内容，将本采购单位年度采购项目及资金计划填入政府采购预算表并编入部门预算上报（含网络传输）省气象局计划财务主管机构，省气象局计划财务主管机构按照采购的组织形式汇总上报中国气象局计财司或省财政厅。

第十三条 各采购单位应根据部门预算和政府采购计划，按照政府采购程序组织开展采购活动。纳入联合集中采购的项目和部门统一采购的项目由省气象局协助中国气象局组织实施。纳入单位分散采购的项目由各采购单位组织实施。

第十四条 联合集中采购应遵循下列程序：

（一）各采购单位接到省气象局下达的政府采购计划后，应当在20天之内向省气象局提交联合集中采购目录规定的具体采购项目清单，经省气象局初审并汇总后上报中国气象局。

采购清单包括：项目构成、使用单位、采购数量、技术规格、资金来源构成、使用（开工）时间、货物配送单位及其他有关事项等。

（二）省气象局按照中国气象局制定的政府采购实施方案，协助中国气象局开展具体的采购活动。

（三）省气象局与中国气象局确定的中标人（由中国气象局评标委员会推荐产生）积极配合，协助签订合同（也可以配合中国气象局委托招标代理机构与中标人签订合同），并协助组织有关验收工作。

（四）实行财政直接拨付的采购项目，在资金结算时，各采购单位根据合同约定向省气象局提出付款申请，省气象局汇总后向中国气象局提出付款申请，经财政部审核后将资金直接拨付中标供应商。

第十五条 部门统一采购应当遵循下列工作程序：

（一）省气象局按照中国气象局下达的部门统一采购项目，下达各采购单位，各采购单位应根据要求，按时提交具体采购清单。

（二）省气象局汇总各采购单位所上报的采购清单，并按照相应的采购方式配合中国气象局组织采购。

（三）省气象局与中国气象局确定的中标人积极配合，并协助做好签订合同及有关组织验收工作。

（四）实行部门统一采购的采购项目，在资金结算时，由各采购单位按照合同及有关约定向省气象局提出付款申请，经省气象局初审后将采购资金汇总上报中国气象局，由中国气象局直接拨付中标供应商。

第十六条 凡单位分散采购属于从预算内资金支付的地方政府采购，应按同级地方政府采购有关规定执行。

凡单位分散采购属于从中国气象局预算内资金支付的政府采购，还应符合下列规定。

（一）单项合同估算价在 100 万元以上的重要设备及材料等货物的采购、单项合同估算价在 50 万元以上的勘察设计监理等服务采购、30 万元以上的基建项目材料采购（含装修装饰材料等设备采购）均应实行公开招投标。公开招投标活动应按《中华人民共和国招投标法》和《全国气象部门基本建设管理办法》有关规定执行。

（二）5 万元以上 30 万元以下基建项目的材料采购（含装修材料及安装材料等设备采购）、0.5 万元以上 5 万元以下小型维修装修改扩建项目的材料采购（含装修材料及安装材料等设备采购）和 5 万元以上的单项或批量采购原则上也要按招投标程序进行，无法招投标的，必须通过议标的形式，选择 5 个以上供应商，择优确定中标商。

（三）0.5 万元以上 5 万元以下的事业费维修项目的材料采购和 0.5 万元以上 5 万元以下的单项或批量采购，应由采购单位领导集体研究决定，并成立由主管领导牵头、纪检、财务及相关人员组成的不少于 5 人的集体采购小组。采购方式可以为：公开招标、邀请招标、竞争性谈判、询价和单一来源。

（四）0.5 万元以上的单项及批量采购或服务类项目（含车辆维修、车辆和财产保险），属于标准规格且价格弹性不大的，经采购单位集体研究批准，可采取询价采购的方式，由集体采购小组负责对商家信誉、商品价格、性能、质量、售后服务等进行综合考察后进行采购。车辆维修、车辆和财产保险经办人员不得少于 2 人。

（五）0.5 万元以上的单项及批量采购项目，属于下列情形之一的，经采购单位集体研究批准可以采用单一来源采购方式：

1. 只能从供应商处采购，或供应商拥有专有权，且无其他合适替代标的；
2. 原采购的后续维修、零配件供应、更换或扩充，必须向原供应商采购的；
3. 在原招投标的范围内，补充合同的价格不超过原合同价格 20% 并与原供应商订立契约的；
4. 预先声明需对原有采购进行后续扩充的。

（六）0.1 万元以上 0.5 万元以下的各类采购活动，由采购单位自行决定。

第四章　资金支付

第十七条　政府采购资金付款方式主要有财政直接支付、部门统一支付、采购单位分散支付三种。

财政直接支付是指财政部按照政府采购合同约定，将政府采购资金通过代理银行直接支付给中标供应商的付款方式。

部门统一支付是指中国气象局按照部门统一采购合同约定，将部门统一采购资金通过代理银行直接支付给中标供应商的付款方式。

采购单位分散支付是指各采购单位自行将采购资金支付给中标供应商的付款方式。

第十八条　实行财政直接支付和部门统一支付方式的具体采购项目和范围，由省气象局按中国局要求随政府采购计划下达给各单位。省气象局计划财务主管机构和各采购单位应对采购项目和范围进行适时补充。

第十九条 实行财政直接支付和部门统一支付方式的政府采购资金,在不改变采购单位预算和会计管理职责的前提下,由财政部和中国局在付款之前,按预算额度将采购资金预留并按合同时间要求,分别支付给中标供应商,不再下拨各采购单位。

第二十条 实行单位分散支付方式的政府采购资金,由各采购单位按照全年采购计划,逐月编制用款计划并填报预算资金申请拨款书,经省气象局计划财务主管机构初审、汇总后上报中国气象局或财政厅审核,然后再下拨各采购单位,由采购单位支付给中标商。

采购单位实行差额支付的,应由各采购单位提前支付本单位应付的自筹资金后,方可提出预算内资金拨款申请。支付必须按先自筹资金,后预算内资金的顺序执行。

采购单位全部从自筹资金中支付的,应由各采购单位直接支付给中标供应商。

第二十一条 实行政府采购后,节余的预算资金原则上用于平衡预算,也可以报经中国气象局批准后,留归采购单位安排其他预算支出或结转下年度使用。

第五章 监 督

第二十二条 省气象局计划财务主管机构和纪检监察审计机构,应加强对政府采购活动的管理、检查和监督。重点检查:政府采购活动是否符合法律、法规和规章制度;是否按照批准的计划进行;有无超计划或无计划采购行为;政府采购范围、方式和管理是否符合规定;政府采购资金支付是否符合规定等。

第二十三条 采购发票必须是国家规定的正式票据,必须有经手人(2个人以上)、验收人、审批人签字。省气象局财务结算机构应加强对政府采购票据的审核,对未严格按政府采购程序进行采购的有关票据,一律不准报销。

第二十四条 在采购过程中,采购人员不得利用工作之便谋取私利。

第二十五条 采购单位应按照政务公开的基本要求如实向本单位职工、上级有关部门通报采购项目预算的执行情况、采购标准、采购方式、采购程序、采购合同的履行情况,接受监督与检查。

第二十六条 各采购单位正在进行的政府采购如有严重违反规定,可能给国家、社会公众、单位造成重大损害或导致采购无效的,由省气象局计划财务主管机构责成采购单位停止采购,并及时作出处理。

第二十七条 国有资产管理部门在采购项目结束后,应及时办理新增国有资产的登记、入账。未办理登记入账手续的,财务结算机构不应予以报销。

第六章 附 则

第二十八条 省局对全省需要集中采购的项目,成立相关人员组成的临时集体采购小组,按照本细则的有关规定组织采购。

第二十九条 本细则下列用语的含义是:

（一）联合集中采购是指中国气象局按照财政部要求，会同省气象局组织进行并纳入政府联合集中采购目录所列项目的采购活动，联合集中采购目录由省气象局按照中国气象局年度政府采购计划确定。

（二）部门统一采购是指省气象局按照中国气象局统一组织实施并下达的联合集中采购目录之外的大宗或具有批量的需要统一进行采购的采购活动。部门统一采购目录由省气象局计划财务机构按计财司年度政府采购计划统一确定。目前主要指探空仪器的购置，采购单位主要涉及省气象技术装备中心。

（三）单位分散采购是指各采购单位按照政府采购规定，组织采购联合集中采购和部门统一采购范围以外其他项目的采购活动。

（四）公开招标采购，是指采购单位以招标公告的方式邀请3个以上不特定的供应商投标的采购方式。

（五）邀请招标采购，是指采购单位招标人以投标邀请书的方式邀请5个以上特定的供应商投标的采购方式。

（六）询价采购，是指采购单位对3家以上的供应商提供的报价进行比较，以确保价格具有竞争性的采购方式。

（七）单一来源采购，是指采购单位向供应商直接购买的采购方式

第三十条 各采购单位应按本细则制定具体操作规定，报省气象局计划财务主管机构备案。

关于进一步加强全省气象部门
政府采购管理工作的通知

(陕气计函〔2014〕43号)

各设区市气象局,杨凌气象局,省局直属各单位,机关各处室:

为切实加强政府采购管理工作的规范化水平,规范政府采购行为、提高财政资金使用效益,促进我省气象部门政府采购活动的公开、公平、规范、依法有序开展,根据《中华人民共和国政府采购法》以及《气象部门政府采购管理实施办法》等相关法律法规,现将政府采购活动管理工作的有关事项通知如下:

一、进一步明确政府采购范围

各级预算单位(以下简称采购人)使用财政性资金(预算资金和预算外资金)和与之配套的单位自筹资金,采购国务院公布的集中采购目录内或者采购限额标准以上的货物、工程和服务的行为,均属于政府采购范围,必须执行政府采购制度。

其中批量采购范围是:

(1)台式计算机(不包括低泄射计算机、无盘工作站、图形工作站、工控机)、打印机(不包括便携式打印机、针式打印机)、便携式计算机(不包括移动图形工作站、加固型笔记本等特殊用途设备)实行按月报批量采购,在每月6日前报送下月批量采购计划;

(2)复印机、传真机、扫描仪、空调机(不包括用于机房、基站等特殊场所的空调机,这里所说的用于机房、基站等特殊场所的空调机指的是精密恒温恒湿空调等专用空调,对于安装在实验室或机房的普通民用空调,需要参加批量集中采购)实行按季报批量采购,在每季度末的6日前(3月、6月、9月、12月的6日前)报送下季度批量采购计划。

二、依法编制政府采购预算,执行政府采购计划

各级预算单位在编制下一财政年度部门预算时,对使用财政性资金采购政府采购目录以内或采购限额标准以上的货物、工程和服务的项目,应纳入部门预算,同时做好政府采购预算和采购计划的相互衔接工作,确保采购计划严格按采购预算的项目和数额执行。无政府采购预算的政府采购项目,不得实施采购。

三、坚持以公开招标为主要采购方式

公开招标是政府采购的主要方式。凡是达到公开招标数额以上的项目,必须公开招标,招标公告应在政府采购指定媒介上发布。满足下列条件之一,须按相关规定进行公开招标:

1. 政府采购货物或服务的项目,单项或批量采购金额一次性达到120万元以上的必须采用公开招标采购方式。

2. 工程项目200万元以上的应采用公开招标采购方式。采购单位不得将政府采购项

目化整为零多次重复采购,规避公开招标。达到公开招标数额但因特殊原因不能公开招标的,采购单位必须书面说明并提供相关依据。招标过程中,参加投标的供应商不足三家,或者评标中出现符合专业条件的供应商或者对招标文件做出实质响应的供应商不足三家的,须逐级上报并经财政部门批准后方可采取其他采购方式。

采取邀请招标、竞争性谈判、询价和单一来源方式采购的,必须按照政府采购法及有关规定的程序进行。属于协议供货和服务定点范围的项目,采购单位必须到协议供货和服务定点单位采购中标的产品和服务。

四、加强自身队伍建设,不断提高监管水平

要高度重视政府采购监督管理队伍的建设,加强政府采购工作人员的法律意识,严格执行廉洁自律的有关规定,不得私下接触或收受参与政府采购活动供应商及有利害关系人的财物或者牟取其他不正当利益,不得违规向采购单位、采购代理机构和供应商等收取任何监管费用,及以政府采购名义从事有损政府采购形象的其他活动。

五、做好采购资料、文件、档案的保管工作

采购单位应按规定妥善、完整地归档保存与采购项目和采购活动有关的采购文件、资料,不得伪造、变造、隐匿或销毁。同时应自觉遵守其他有关法律法规和政策制度的规定和要求。

为各单位更好的学习政府采购相关法律、法规,落实政府采购政策功能,提高政府采购管理工作水平,现将政府采购相关法律法规及管理办法整理下发,请各单位认真学习,严格执行政府采购法律、法规,规范政府采购行为。

陕西省气象局计划财务处
2014 年 8 月 15 日